지은이 **수징난**(東景南)

강소성(江蘇省) 단양(丹陽) ○○○○○○○○○○○○○○○○○○○○○○○○○○○자를 졸업하고 양저우(揚州) 사범대학에서 강의를 했다. ○○○○○○○○○○○(○○大學) 중문과에 들어가서 중국 고대문학을 연구했다. 이 시기에는 문학 창작에도 관심을 기울여서 많은 문학작품을 발표했다. 1981년에 석사학위를 취득한 뒤 쑤저우대학(蘇州大學) 중문과에서 강의를 했다. 1992년에 교수로 승진하여 고대문학 연구소 주임, 중화문화연구소 소장을 역임했다. 1995년부터 저장대학(浙江大學)으로 옮겨서 저장대학 고적연구소, 중외문화교류센터, 송학연구센터에서 교수, 박사지도교수를 역임했다. 2024년 5월 22일에 서거했다.

학문 연구의 범위가 매우 넓어서 대학원 연구 시절부터 문학, 역사, 철학 등의 여러 분야에 걸쳐 연구를 했다. 장자, 맹자, 양웅, 양천, 사마상여 등을 주제로 한 수많은 논문을 발표했고, 1982년 이후 송명의 이학, 경학, 역학(易學), 불교와 도교 문화 연구로 전향하여 주렴계의 태극도, 노자와 태극도와 보어(N. H. D. Bohr)의 역학(力學), 석도(石濤)의 회화미학, 방언학 등에 관한 100여 편의 논문을 발표했다. 특히 주자와 왕양명을 중심 연구 주제로 삼아서 주희와 양명의 평생 학문과 사상, 문학 창작, 정치 활동을 수많은 문헌 자료를 근거로 입체적으로 분석하고 다차원적 사유의 시각에서 해석하여 2000년에 『주자대전(朱子大傳)』(『주자평전』, 역사비평사, 2015), 2019년에 『양명대전(陽明大傳)』(『양명평전』, 역사비평사, 2024)으로 펴냈다.

옮긴이 **김태완**(金泰完)

영양인(英陽人), 경북 봉화에서 태어나서 유년기와 청소년기를 보냈다. 서울로 올라와 숭실대학교에서 철학을 공부했다. 퇴계와 율곡의 유학을 주로 공부했으며, 율곡 이이의 책문을 텍스트로 삼아 조선 지식인들의 이론과 실천의 조화를 주제로 연구해서 박사학위를 받았다. 박사학위 연구의 주제를 살려 『책문, 이 시대가 묻는다』, 『율곡문답』, 『경연, 왕의 공부』를 출간했다.

숭실대학교 철학과와 경원대학교 한의학과 등 여러 대학에서 강의를 했고, 국사편찬위원회 사료연구원, 광주광역시 소재 대안학교인 지혜학교의 철학교육연구소 소장을 역임했다. 현재 전남대학교 호남학연구원의 특별연구원으로 있다.

저서 및 역서로는 『도교』, 『상수역학』, 『중국의 고대 축제와 가요』, 『고전이 된 삶』, 『살기 좋은 세상을 향한 꿈 맹자』, 『주자평전』, 『성학집요』, 『시냇가로 물러나 사는 즐거움』, 『어울림을 배우다』 등이 있다.

양명 평전

上

성인을 꿈꾼 소년

YangmingDaChuan (阳明大传)

양명평전, 上 — 성인을 꿈꾼 소년

초판 1쇄 인쇄 2024년 7월 16일
초판 1쇄 발행 2024년 8월 12일

지은이 수징난
옮긴이 김태완
펴낸이 정순구
책임편집 박민애 조수정
기획편집 조원식 정윤경
마케팅 황주영

출력 블루엔
용지 한서지업사
인쇄 한영문화사
제본 대원바인더리

펴낸곳 (주) 역사비평사
등록 제300-2007-139호 (2007.9.20)
주소 10497 경기도 고양시 덕양구 화중로 100 (비전타워21), 506호
전화 02-741-6123~5
팩스 02-741-6126
홈페이지 www.yukbi.com
전자우편 yukbi88@naver.com

한국어출판권 ⓒ 역사비평사, 2024
ISBN 978-89-7696-591-2 04990 // 978-89-7696-590-5 04990 (set)

책값은 표지 뒷면에 표시되어 있습니다.
잘못 만들어진 책은 구입하신 서점에서 바꾸어 드립니다.

陽明評傳

양명평전

上 성인을 꿈꾼 소년

心
忍
程

수징난 지음
김태완 옮김

역사비평사

양명평전, 上 — 성인을 꿈꾼 소년

차례

양명평전, 中 ─ 문무를 겸비한 심학의 종사

차례

양명평전, 下 — 성인이 된 보통사람

차례

일러두기

1. 이 책은 중국 항저우杭州 저장대학浙江大學 수징난束景南 교수의 『陽明大傳』(上海 復旦大學出版社, 2020)을 완역한 것이다.

2. 왕양명 문집의 권수는 上海古籍出版社 刊, 『王陽明全集』(2012)을 저본으로 하였다.

3. 본문에서 괄호 안의 별표(*)는 원서의 괄호 주이다.

4. 운문으로 이루어진 부賦, 사辭는 원문을 병기했으나 전문奏文이나 제문은 원문을 병기하지 않은 경우가 있다.

5. 인물의 생몰 연대를 가능한 한 찾아서 밝혔으며, 제왕의 경우에는 생몰년이 아닌 재위 기간으로 명기했다. 중국 측 정보의 출처에 따라 생몰 연대에 1~2년 차이가 있기도 한데, 이는 음력을 양력으로 환산하면서 일어난 일로 보인다.

6. 인명은 편지나 상소 등의 원문에서 관례상 이름만 쓰는데 경우에 따라 성과 이름을 함께 밝혀 주었고, 고유명사의 약어도 필요한 경우에 원래의 용어를 살렸다.
   [예] 헌부獻夫(방헌부), 신호宸濠(주신호) 등 / 주학 → 주자학 등

7. 시문의 경우에 본문에서는 제목을 번역했지만 각주에서 출전으로 밝혔을 때는 한자 독음으로 표기하였다.
   [예] 본문: 「장동소에게 앞의 운을 따서 지어 부치다(寄張東所次前韻)」
      각주: 「기장동소차전운寄張東所次前韻」

8. 인명과 자가 함께 나올 때에는 성명을 함께 쓰고 뒤에 자를 붙였다.
   [예] 黃勉之省曾→ 황성증 면지

9. 외자로 된 지명은 인용 원문에서는 외자 그대로, 본문에서는 정확한 명칭으로 옮기거나 괄호 안에 이름을 기입하였다.
   [예] 감贛 → 감주贛州 / 건虔 → 건주虔州 / 남南(남안), 정汀(정주) 등

10. 『전습록』을 인용한 부분에서 제자의 말은 합쇼체로, 양명의 말은 해라체로 옮겨 썼다. 또한 편지에서는 서로 합쇼체로 하되 가족 간 아랫사람에게는 해라체로 옮겼다.

11. 각주는 원주와 역자가 보완한 주가 섞여 있는데 특별한 내용이 아니면 일일이 구분하여 표시하지 않았다. 그러나 주석의 내용이 길거나 오해의 여지가 있을 때는 [역주]라고 밝혔다.

12. 번역어를 선택할 때 고심한 사안 중 하나는 두음법칙 문제였다. 지금은 한자 원음에 관한 감각이 무뎌져서 단어 중간이나 끝의 'ㄹ' 음가가 소실되는 경향을 보이고 있다. 그러나 이 책에서는 'ㄹ' 음가를 갖는 글자가 중간이나 뒤에 나올 경우에는 가능한 한 원음을 살려주기로 한다. 그 대신 성분별로 구별하여서 썼다.

[예] 周濂溪—주렴계 / 致良知—치량지 / 朱陸同異—주륙동이 / 答陸原靜—답육원정 /
吏部郎中—이부낭중 / 員外郎—원외랑 등

13. 저자의 글은 화려체의 특징이 강하며 전아한 문언문의 기풍이 느껴진다. 이러한 원문의 맥락과 감성을 살리기 위해 한 글자라도 놓치지 않고 가능한 한 적확하게 옮기려고 노력하였다. 그리하여 어색한 어휘나 난삽한 문장이 적지 않을 듯하다. 원서는 워낙 만연체가 주를 이루는 데다 사고의 흐름과 서술의 맥락이 끝도 없을 듯이 이어지는 문장이 계속된다. 부득이 문장을 잘라서 좀 더 단순한 여러 문장으로 나누기도 하였고, 한 문단이 서너 쪽으로 이어지는 경우에는 여러 단락으로 나누기도 하였다. 번역을 하는 과정에서 역자 나름의 기준과 일관성을 지키려고 하였는데, 아래에서 그 사례를 몇 가지 예시한다.

(1) 한문이나 중국어는 한 문장이나 한 단락에서 같은 어휘를 피하려고 하는 경향이 있다. 또한 지시체는 같을지라도 용어에 따라 미묘한 의미의 차이가 있을 수도 있고 뉘앙스가 달라질 수도 있다. 士子學子, 士子學者 등 거의 동일한 의미를 갖는 중복된 지칭도 뉘앙스에 따라 그 미묘한 어감을 구별하여 옮겼다.

[예] 京師—경사 / 京—서울 / 京都—경도

士子는 선비로, 學子와 學者는 맥락에 따라 학자, 학생, 배우는 사람 등으로 옮겼다.

(2) 저자는 본문과 각주에서 곳곳에 '생각건대', '살피건대'로 옮길 수 있는 '按'을 많이 쓰는데 처음에는 그대로 옮기고, 꼭 필요한 경우가 아니면 생략하였다.

(3) 상황에 따라 개념어와 번역어를 혼용하였다. 또한 술어＋목적어 구조의 한문 구문을 개념으로 쓸 때는 동사＋목적어 순으로, 우리말 맥락으로 쓸 때는 목적어＋술어의 순으로 바꾸기도 하였다.

[예] 隨處體認天理 → '처한 상황에 따라 천리를 체인함' 또는 '수처체인천리'

體認天理 → 천리체인天理體認

(4) 핵심적인 어휘 가운데 하나인 意는 의식, 의지, 의념, 뜻 등으로 다양한 해석이 가능한데, 『대학』 텍스트에서는 '뜻'으로 일괄 번역하고, 평전의 본문에서는 맥락에 따라 의념, 의식, 의지 등으로 번역하기도 하였다. '發'도 '나타나다', '드러나다', '표현되다' 등으로 상황에 따라 번역어를 선택하였다.

(5) '앎을 끝까지 이루다', '앎을 지극히 하다', '양지를 끝까지 이루다', '양지를 지극히 하다' 등으로 번역할 수 있는 '致知', '致良知'는 대부분 '앎을 그대로 이루다', '양지를 그대로 이루다'로 번역하였다.

(6) 『논어』 「술이」의 '五十以學易'은 대체로 주자의 집주를 따라 '마침내 역을 배우면…'으로 번역하는데, 평전의 본문에는 글자 그대로 '쉰에 역을 배우면…'으로 읽을 수 있는 맥락이 있다. 양명이 공부를 하는 과정에서는 '마침내…'로, 자기 삶을 술회하여서 감정을 이입한 부분에서는 '쉰에…'로 번역하였다.

白鹿會講考亭金石播風雅

陽明論道傳習文章醒世心

戊戌冬 景南 書

저자 수징난이 『양명대전』(『양명평전』)을 탈고한 뒤 쓴 글씨

한국어판 서문

___

나의 『양명대전: '마음'을 구속하는 길(陽明大傳: 心的救贖之路)』이 한국에서 김태완 선생의 번역으로 출판된다는 기쁜 소식을 들었다.(이 책 『양명평전』을 가리킨다. —편집자 주) 또다시 중국 인민과 한국 인민의 문화 교류와 문명의 대화라는 염원을 이룰 수 있게 되었다. 내 평생의 학술 연구는 주로 주희와 왕양명 연구에 집중되었는데, 이 또한 한국의 인민과 학자들이 가장 흥취를 느끼고 관심을 기울이는 중요한 양대 과제이며 나 스스로도 일찌감치 진지하게 받아들였다. 지난 2015년에 나의 『주자대전』을 김태완 선생이 번역하여 한국어판 『주자평전』으로 출판하였는데 한국과 중국 대륙 및 동아시아 국가에 커다란 반향을 불러일으켰다. 한국의 인민과 학자들이 한국어판 『주자평전』의 출판을 뜨겁게 환영한 일은 지금까지도 잊을 수 없으며, 또한 나에게 『양명대전』을 저술하도록 자신감과 힘을 불어넣어주었다. 2017년에 『왕양명연보장편王陽明年譜長編』이 출판되어서 나는 곧 이 책을 가지고 한국에서 순회강연을 진행하였는데 전남대학, 부산대학, 충남대학(*강화양명학 국제학술대회) 등에서 양명학에 관한 학술 발표를 하였다. 『왕양명연보장편』은 한국 인민에게 가장 환영을 받은 양명학 연구서이다. 한국의 인민은 또한 나의 『양명대전』이 세상에 나오기를 너무나 기대하였다. 이제 『양명대전』이 한국어로 번역되어서 출판된다. 나는 이 책으로 분명 한국 인민이 심중에서 중대한 동아시아 문화의 심령에 대해 감응을 일으켜서 진심으로 기쁨을 느낄 것이라고 직각적으로 예감한다.

역사적으로 볼 때 500년 동안 양명학 연구는 끊임없이 진보하고 심화하였으나 수많은 문제가 여전히 해결되지 않고 있어서 대량의 오심誤審(誤案), 해결하지 못한 과제(迷案), 현안懸案과 공백이 존재하였다. 그 때문에 양명학을 둘러싼 신비와 자욱한 안개를 전면적으로 걷어내지 못하고 있다. 근대 이래 양명학 연구는 반대로 신비화·현학화하는 추세로 한 걸음 더 나아가 공허한 이야기, 과장된 이야기, 현허한 담론이 학계에 가득 찼다. 그리하여 나는 10여 년 시간을 들여서 『양명대전』을 썼는데 그 관점은 사실 매우 단순하다. 그것은 바로 역사적으로 진실한 왕양명으로 환원하고, 왕양명의 심학이 궁극적으로 어떤 사상체계인지를 명료하게 밝히는 것이다.

왕양명의 진실한 대전기를 쓰는 일은 500년 동안 완성하지 못한 중대한 문화적 과제이며, 현대 시대가 학자들에게 부여한 의리상 거부할 수 없는 역사적 사명이다. 먼저 크나큰 용기와 굳센 의지로 왕양명과 관련 있는 전체 문헌 자료를 샅샅이 찾아내고 수집하여서 복잡하게 뒤섞여 불분명한 역사적 사실을 고증하여서 확정하고, 양명 심학의 본체공부론本體工夫論 사상체계의 형성과 발전의 역정을 밝혀내야 비로소 늠연한 양명의 대전기를 써낼 수 있다. 그리하여 나는 10여 년의 시간을 들여서 전면적으로 왕양명에 대한 역사 자료를 수집하고 2만여 종의 고적을 조사 및 열람한 뒤 문헌의 진위와 사실 진상 여부를 고증하여서 확정하였다. 그런 뒤 다시 10여 년 동안 양명이 평생 동안 걸어온 행적과 경력 및 심학사상이 형성되어서 발전한 역정을 하나하나 탐색하여 이 『양명대전』을 완성하였다.

양명학에 대한 이 전기의 새로운 연구는 '전기(傳)'와 '학문(學)'이라는 두 가지 측면에서 노력하여 참신한 진전을 이루었다. 첫째, 왕양명이 평생 동안 걸어온 행적과 경력에 대한 연구에서 양명의 곡절이 복잡한 평생의 행적을 전면적으로 탐구하여 밝혀서 그동안 유행한 오류의 학설(誤說)을 무너뜨리고 수많은 오판과 오류의 문제, 해결하지 못한 과제, 현안 등을 해결하고자 하였다. 그리하여 양명의 일생에서 오랫동안 남아 있던 갖가지 공백을 채우고 양명의 심층 심리 상태의 세계를 열어 보여서 인생 역정을 펼쳐 드러내었다. 이렇듯 파들파들 생생하고 피와 살을 가진 인물로 전면적으로 그려냄으로써 왕양명을 '신'에서 '사람'으로 돌려놓았다. 둘째, 왕양명의 심학사상에 대한 연구에서 왕양명 일생의 심학사상 형성, 발전과 변화의 역정을 전면적으로 전개하여서 전통적인 관습적 사유와 사상 노선을 돌파하였으며, 그 결과 양명의 심학을 새로이 자리매김하고, 새로이 개척하고, 새로이 탐색하였다.

나는 왕양명의 심학사상을 사람의 '마음'을 구속하는 사상체계, 곧 치량지致良知의 공부를 통해 심본체로 복귀하는 본체공부론의 사상체계로 자리매김하였다. 그는 유가의 '심일분수心一分殊'의 체용體用을 모형으로 삼아 '하나(一)'를 근본으로 하는(合一) 존재론의 철학체계를 제시하였다. 전체 본체론의 심학체계에서 볼 때 그의 심학은 바로 본체와 공부가 '합일하는' 사상체계로서 유가의 체용일원體用一源, 본체와 공부 일관의 심성 도덕론 원칙을 선명하게 체현하였다. 나누어서 볼 때 마음의 본체론상에서 양명은 존재론의 관점으로 3대 '합일'의 심본론을 제시하였다. (1) 마음이 곧 이치이며, 마음과 이치는 합일한다고 인정하였다. 마음은 원만구족하며 마음 바깥에 이치가 없고 바깥에서 구하기를 기다리지 않는다. (2) 마음이 곧 사물이며, 마음과 사물은 합일한다고 인정하였다. 마음 바깥에 사물이 없으며 바깥을 향한 격물구리格物求理를 반대한다. (3) 마음이 곧 앎이며, 마음과 앎은 합일한다고 인정하였다.

마음은 곧 양지이며 사람마다 마음속에 양지를 지니고 있으니 마음이 지선의 본체가 되어서 선을 알고 악을 알며 옳음을 알고 그름을 안다.

　마음의 공부론상에서 양명은 앎과 행함의 3대 '합일'의 실천 공부를 제시하였다. (1) 지행합일의 실천 방법론. 양명은 앎이 곧 행함이며 행함이 곧 앎으로서 앎과 행함은 합일한다고 인정하였다. "앎은 행함의 시초이며 행함은 앎의 완성이다.", "앎은 행함의 주의主意이며 행함은 앎의 공부이다." 앎과 행함의 상호작용과 병행을 주장하였다. 이를 일종의 실천 방법론으로 삼아서 한편으로 앎과 행함의 일치를 강조하여서 알면 행해야 하고 말을 하면 몸으로 옮겨야(做) 하며 인식을 하면 실천을 해야 한다고 하였다. 또 한편으로 행함이 앎을 완전하게 한다고 강조하여서 실천이 인지認知를 드높이고 실천이 참된 앎을 이끌어낸다고 하였다. (2) 치량지의 도덕 실천 공부. 그는 『대학大學』의 '치지致知'를 '치량지'로 해석하여서 이른바 '치량지'는 사실 '양지'에서 공부를 한다는 뜻이라고 하였다. 이는 일종의 사람의 주체성, 도덕성, 정신성의 수행 공부를 끝까지 추구하고(推致) 크게 내건 것으로서 두 가지 측면에서 '끝까지 추구하려는' 요구를 포함하였다. 첫째, '가림을 제거함(去蔽)'이니, 곧 끊임없이 양지의 마음을 덮고 가리는 사욕을 깨끗하게 제거하여서 마음으로 하여금 밝음을 회복하고 미혹에서 깨달음으로 이르게 한다. 둘째, '넓혀서 채움(擴充)'이니, 곧 끊임없이 양지의 마음을 충실하게 채우고 보존하고 길러서 마음속의 이치를 사사물물에 미루어가고 사사물물로 하여금 저마다 그 이치를 갖추고 그 합당함을 얻게 한다. (3) 사상마련事上磨煉의 실행과 실천(實做) 공부. 양명은 마음속의 이치에 대해 심체의 자아체인自我體認을 행하여서 마음속의 이치(앎, 知)를 인식해야 할 뿐만 아니라 더욱 중요한 것은 일에서 실행과 실천을 하고 일에서 갈고닦아(事上磨煉) 드높여서 앎을 행함으로 전화해야 하며, 이렇게 해야 비로소 이치에 따라 행하고, 행함을 성취할 수 있다고 인정한다. 이는 바로 내가 20년 동안 양명 심학을 연구하여서 도달한 간단명료한 깨달음이었다. 나는 양명 심학이 신비한 현학이 아니라고 믿기 때문에 『양명대전』을 쓸 때 양명 심학의 '본의'를 힘껏 탐구하여서 양명 심학사상의 정수와 본지로 환원하였고 나의 과도한 주관적 전석과 부연 해석을 최대한 피하였다.

양명이 세상을 떠난 뒤 양명 심학은 동아시아 각국으로 전파되었는데, 사실 모두 역시 각 민족의 '수용(接受)의 관점'에서 양명의 심학을 받아들이고 독해하고 발전시켰다. 한국에서는 문화적 전통에 기반을 두고 양명 심학을 받아들여서 하곡霞谷 정제두鄭齊斗와 같은 저명한 심학의 대가를 배출하는 등 심학에 대해서도 자기 고유의 인식과 발전을 이루었다. 한국과 중국 사이에 장구하게 전개된 양명 심학의 교류 및 대화와 상호작용은 21세기에도 계속하여 심화와 발전이 필요하다. 나는 한국어판 『양명대전』의 출판이 21세기 한중 양명 심학 문화의 대화와 상호작용에 새로운 교류의 플랫폼을 제공하기를 희망한다. 금년(2022년)은 마침 왕양명이 태어난 지 550년이 되는 해로서 각국에서는 550주년 기념 대형 학술대회와 학술 세미나 활동을 거행하였다. 한국어판 『양명대전』의 출판은 왕양명 탄신 550주년을 기념하여 세계에 헌정하는 두터운 예물이라고 할 수 있다.

2022년 6월 20일
항저우杭州 서호西湖 갈령葛嶺 북쪽 기슭에서
수징난

네 차례 심학의 깨달음(心學四悟):
왕양명 심학사상 발전 역정의 네 '이정표'

사람 '마음(心)'의 선 지향, 사람 '마음'의 밝음 회복, 사람 '마음'의 구속救贖, 사람 '마음'의 복귀는 수천 수백 년 동안 인류의 진화 발전을 저해한 오래되고 중대한 화두로서, 역시 쉼 없이 양지良知의 자아를 탐구했던 심학대사心學大師 왕양명의 '현존재(Dasein)'의 일생을 성가시게 하였다. 그는 일생 동안 온 힘을 다해 침륜沈淪하고 소외된 '마음'의 광명으로 복귀하는 길을 추구하였고, 죽을 때까지 '발본색원拔本塞源'을 하였고, 타락하여서 각성하지 못하는 세상 사람을 향해 '마음의 본체를 회복하라(復心體)!'는 고통스러운 외침을 터뜨렸다.

> 저 성인의 마음은 천지만물을 한 몸으로 삼고서 천하 사람을 보되 안과 밖, 멀고 가까움의 (구별이) 없으며, 모든 혈기血氣를 지닌 이를 모두 겨레붙이의 형제와 핏덩이의 겨레붙이로 여겨서 편안하고 온전하게 하여, 가르치고 길러서 이로써 만물일체의 염원을 완수하고자 하지 않음이 없었다. 천하 사람의 마음은 시초에는 역시 성인과 다름이 있지 않지만 다만 자아를 내세우는(有我) 사사로움이 그 사이에 끼어들고 물욕이 가려서 틈이 벌어지

며, 큰 것(大者)은 작아지고 통하는 것(通者)은 막혀서 사람은 저마다 자기만의 마음을 소유하게 되었으며, 심지어 부모와 자식, 형과 아우를 원수처럼 보는 이도 있게 되었다. 성인이 이를 근심하여 이 때문에 그 천지만물을 한 몸으로 삼는 인(仁)을 미루어서 천하를 가르치고, 그들로 하여금 모두 사사로움을 극복하고 가림을 제거하여서 심체(心體)의 동연(同然)을 회복하게 하였다.

그 가르침의 큰 발단은 요(堯)·순(舜)·우(禹)가 서로 주고받은 이른바 "도심은 은미하니 정밀하고 한결같아야 진실로 그 중도를 잡으리라(道心惟微, 惟精惟一, 允執厥中)."라고 한 말씀이다. 그리고 그 절목(節目)은 순이 설(契)에게 명하여서 이른바 "부모와 자식에게는 친함이 있고, 임금과 신하에게는 의리가 있으며, 지아비와 지어미에게는 분별이 있고, 어른과 어린아이에게는 차례가 있으며, 벗과 벗에게는 믿음이 있다(父子有親, 君臣有義, 夫婦有別, 長幼有序, 朋友有信)."고 한 다섯 가지일 뿐이다. 당(唐)(요)·우(虞)(순)·삼대(三代)의 세상에서 가르치는 이는 오직 이로써 가르침을 삼았고, 배우는 이는 오직 이로써 배움을 삼았다. …… 잡다한 견문, 번잡한 기송(記誦), 들뜨고 넘치는 사장(辭章), 어지러이 다투어 공리(功利)를 추구함이 없었고 다만 그들로 하여금 부모에게 효도하고 어른을 공경하고 벗들에게 신의를 지켜서 심체의 동연을 회복하게 하였다.

대체로 심학은 순수하고 밝아서 만물일체의 인을 온전하게 하기 때문에 이런 까닭에 정신이 흘러서 관통하고 지기(志氣)가 통달하여서 남과 나(人己)의 구분, 대상과 자아(物我)의 구별이 있지 않았다. 비유하자면 한 사람의 몸에 …… 대체로 원기(元氣)가 충만해지고 혈맥이 뻗어나가 통하니 이 때문에 가렵고 아프거나 숨을 내쉬고 들이마시는 가운데 감촉(感觸)하는 것마다 신통하게 반응하여서 말을 하지 않아도 깨닫는 신묘함이 있었다. 이는 성인의 학문이 지극히 쉽고 간단하며 알기 쉽고 따르기 쉬운 까닭이다. 학문에 쉽게 통달하고 재능이 쉽게 완성되는 까닭은 바로 큰 발단이 오직 심체의 동연을 회복하는 데 있기 때문이다.[1]

양명의 이러한 발본색원, 심체의 동연을 회복하는 '마음 회복(復心)'의 통절한 외침은 16세기 인류에게는 세상을 일깨우고 백성을 구제하는, 인심人心 복귀를 부르짖는 가장 크나큰 '호소문'이라 일컬을 만하다. 실제로 양명의 심학心學은 바로 치량지致良知와 복심체復心體의 본체공부론本體工夫論, 곧 치량지의 공부를 통해 마음의 본체로 복귀하는 사상체계이다. 그는 일생 동안 이러한 치량지, 복심체의 심학을 탐구하였으며 또한 이 치량지, 복심체의 험난한 심로心路를 힘들게 지나오면서 자아와 타자의 마음을 구속救贖하였다.

그에 의하면, 심체의 본연은 지극히 선하나 다만 도심道心은 은미하고 인심人心은 위태하기 때문에 지극히 선한 마음의 본체가 물욕物欲에 더럽혀지고 사사로운 악(私惡)에 가려져서 현실 사람의 마음이 뿌리 뽑히고 근원이 막히며(本拔源塞), 침륜하고 소외되며, 양지를 잃어버려서 본연의 '선'에서 '악'의 심연으로 가라앉게 된다. 일체 사람이라는 존재의 가치, 의의意義, 신념은 '마음'의 침륜과 타락 속에서 붕괴하고 쪼개져서 '내가 있음을 의식하는 사사로움에 의해 벌어지고 물욕의 가림에 의해 가로막히며(間於有我之私, 隔於物欲之蔽)', 자아와 타자는 현실 세계의 침륜성, 황탄함, 파괴성 가운데에서 간격이 생기고 소외되는 것이다. 이 때문에 그의 양지심학良知心學의 인문적 과제는 바로 양지를 일깨워서 마음의 사사로움을 극복하고 마음의 가림을 제거하며, 심체의 본연적인 동연을 회복하여서 사람들을 보편적인 인심의 함닉陷溺 속에서 구해내는 것이다.

---

1 『왕양명전집王陽明全集』 권2 「전습록傳習錄·답고동교서答顧東橋書」.

이러한 사람 '마음'의 구원은 사람의 양지를 정화하고 사람의 심령세계를 중건할, 곧 마음의 회복(復心)을 의미하는데, 이것이 바로 그의 치량지, 복심체라는 심본철학心本哲學의 진정한 인문정신이 깃든 곳이다. 「발본색원론拔本塞源論」에서 양명은 하늘을 슬퍼하고 사람을 가엾이 여기며, 참담하고 비통하며 분노와 한탄의 붓을 들어서 뿌리가 뽑히고 근원이 막히며 소외되고 침륜한 사람의 마음을 담은 역사화를 그려냈다.

양명의 심학은 쉽고 간단하며 넓고 큰(易簡廣大) 치량지致良知, 복심체의 심본철학의 체계를 세운 사상이다. 따라서 마음은 본체이며, 마음의 본체는 원만구족圓滿具足하고 마음과 사물이 합일하며(心物合一), 마음과 이치가 합일하며(心理合一), 본체와 작용이 합일하며(體用合一), 앎과 행함이 합일하며(知行合一), 몸과 마음과 의지와 앎과 사물과 사태가 합일하며(身心意知物事合一), 형이상과 형이하가 합일하며(形上形下合一), 주체와 객체가 합일하며(主客合一), 사람과 천지만물이 혼연일체가 된다. 이는 일종의 주객 '합일'의 철학적 사유의 모형으로서 광대한 '주일主一'의 철학사상 체계를 제시함으로써 주관과 객관의 이원적 대립의 사유 방식을 초월하고, '유물唯物'과 '유심唯心'을 통일하고, 사람 '마음'의 진정한 존재를 따져 묻는 데서 출발하여 최종적으로는 소외된 사람 '마음'의 복귀에 도달하는 것이다. 이 때문에 양명의 말대로라면 이러한 '하나(一)'를 주로 하는(*'합일'을 주로 하는) 본체공부론의 사상체계는 '위선거악爲善去惡(선을 행하고 악을 제거함)'을 종극적인 인문적 귀결(指歸)로 삼은 사상으로서, 이는 양명이 이미 전통적인 관념론(*유심론)의 시야를 초월하여서 더욱 진정한 존재론의 궁극적인 인문적 사고로 전향하였음을 분명히 나타낸다.

양명은 이러한 치량지, 복심체의 '하나'를 주로 하는 심본철학에 이르기까지 파란만장한 탐구의 역정을 거쳤다. 초년의 심학사상 이전의 시기에 양명은 탐구의 길에서 진퇴를 반복하고 곤혹과 미망에 사로잡혔으며, 또한 갈림 길에서 길을 잃고 방황하며 되돌아가기도 하였다. 그러나 그는 숱한 고생을 하며 갈고닦은 끝에 불교와 도교(佛道), 정주 관학程朱官學의 짙은 안개를 돌파하고 '구화산九華山'에 노닐던 참선의 길(禪路), '모산茅山'에 노닐던 신선의 길(仙路)에서 '태산泰山'에 노니는 유학의 길(儒路)을 걸어서 공맹孔孟의 학으로 돌아오는 심학의 길을 밟아나갔다. 이어서 그는 심학의 길로 한 발 더 나아가는 과정에서 온갖 고생을 하며 갈고닦아 날로 발전하고 새로워져서 마침내 양지심학의 최정상에 올랐으며, 양지심학의 궁극적 경계의 제고提高를 실현하였다. 그는 중단 없이 탐구해나가는 심로의 역정에서 하나하나 자아의 '마음 깨달음(心悟)'이라는 빛나는 족적을 남겼다.

양명이 양지심학 사상의 발전에서 이룬 이러한 '마음 깨달음'을 탐구하여 밝힌 일은 더욱 중요한 의미가 있지만 대부분의 사람들은 지금까지 양명의 '마음 깨달음'을 신비화하여서 말을 하면 할수록 현허玄虛해졌다. 사실 이른바 '마음 깨달음'은 결코 현허한 신비가 아니다. 이것은 사람들이 장기간의 사색을 통하여 찰나의 순간에 일어나는 깨달음을 얻는 일종의 새로운 인식, 새로운 감지感知를 가리키는 데 지나지 않는다. 이것은 낡은 인식을 버리고 새로운 인식을 얻는 돈오頓悟의 초월이며, 낡은 감지를 버리고 새로운 감지를 깨닫는 돈오의 초월이다. 이는 사람의 인식 과정에서 늘 일어나는 인지認知의 비약 현상인 것이다.

기표記標(signifiant, 能指)는 기의記意(signifié, 所指)를 지향한다. 마음 '깨달음'은 직접 자극을 받아 깨달은 풍부한 의미(意指) 내용(內蘊)을 갖추고 있는데, 이른바 '깨달음'이란 요컨대 '무엇'을 깨달아 아는 깨달음을 가리키는 것으로서 느껴서 깨달은 그 '무엇'의 의미 내용을 따져서 묻는 것이다. 그러나 '깨달음'에 외재하는 신비한 형식은 '깨달음'의 구체적이고 풍부한 이성의 내용을 가로막아버린다. 이 때문에 사람들의 인식 가운데에서 생겨나는 '마음 깨달음'에 대해 우리가 먼저 관심을 기울여야 할 것은 그가 무엇을 '깨닫고', 그의 마음이 '깨달은' 것이 무엇인가 하는 것이지 이 '깨달음'에 외재하는 언어적 표현(言筌)의 신비성에 관심을 기울이는 것이 아니다.

평생 양명이 일군 양지심학에 대한 길고 긴 탐구의 길에는 결코 단 한 차례 '용장의 깨달음(龍場之悟)'만 있었던 것이 아니다. 그가 심학을 깨닫는 과정에서 발생한 크고 작은 '마음 깨달음'은 모두 양명의 심학사상이 발전해 나아간 '관절점關節點'을 분명하게 이해한 것으로서, 특히 그에게 가장 관건이 되는 네 차례 큰 '마음 깨달음'은 모두 저마다 구체적이고 특정한 심학사상의 깨달은 내용을 지니고 있다. 이러한 마음 깨달음의 이성적 내용을 가로막고 있는 외재적인 신비한 언어적 표현을 걷어내야만 이 중요한 사중四重의 마음 깨달음이라는 양명 심학의 참된 내용이 비로소 크고 밝게 빛날 수 있다. 또한 이로 인하여 비로소 평생 양명이 일군 양지심학 사상이 정립되어간 내재적인 맥락과 진로를 정확하게 파악할 수 있으며, 따라서 그의 치량지, 복심체라는 심본철학의 인문정신을 진정으로 널리 떨칠 수 있다.

1. 홍치弘治 18년(1505) '심학의 깨달음(心學之悟)'
  ─ 백사 심학白沙心學의 길을 밟다

양명의 홍치 18년(1505) '을축년의 깨달음(乙丑之悟)'은 바로 심학의 깨달음이다. 이는 그가 공맹유학으로 회귀한 '태산의 사색'을 기점으로 하여 진백사陳白沙(진헌장陳獻章, 1428~1500)의 심학을 전환점으로 삼아 심학을 향해 나아간 한차례 사상의 전형轉形으로서, 이로부터 그가 진정으로 심학의 길을 밟아나갔음을 의미한다. 담감천湛甘泉(담약수湛若水, 1466~1560)은 「서별敍別」에서 다음과 같이 말한다. "정자鄭子(*정백흥鄭伯興)는 백사를 존숭(崇尊)하였고 나와 는 막역하였다. 주자朱子(*주절朱節, 1475~1523)는 나와는 막역하였으며 양명에 게서 배웠다. 양명은 백사를 숭배하였고, 백사는 주周(주돈이周敦頤, 1017~1073) 와 정程(정호程顥, 1032~1085)의 학문을 터득하였다."[2] 양명이 백사를 존숭하였 다고 한 담약수의 말은 바로 홍치 18년 양명의 '심학의 깨달음'을 가리킨다. 바로 이해에 백사의 문인 장후張詡(1456~1515)가 새로 편집해 펴낸 『백사선생 전집白沙先生全集』을 서울에 있는 왕화王華(1446~1522)와 양명에게 증정하였 다. 이 『백사선생전집』이 양명으로 하여금 '심학의 깨달음'을 격발하였던 것 이다.

양명은 『백사선생전집』을 심혈을 기울여서 깊이 연구한 뒤 백사 심학의 종지宗旨를 크게 깨닫고 흥분하여서 백사의 심학에 대해 자기가 느끼고 깨 달은 바를 평가하는 글을 썼다. "백사 선생의 학문은 본원本源이 있기에 이 렇게 진실하다(學有本源, 恁地眞實). 가령 그 쓰임을 보면 당연히 저절로 (다른 학문과) 크게 변별이 된다. 지금 행적(行事)을 고찰하건대, 부모를 섬기고 벗 에게 신의가 있으며(事親信友), 사양하고 받아들이고 취하고 주며(辭受取予), 나아가고 물러나고 말을 하고 침묵하는(進退語默) 사이에 어느 하나라도 도 에 관련되지 않음이 없었다(無一不概於道). 한 시대의 유명한 명망 있는 귀족 과 뛰어난 선비(名公碩彦), 예컨대 나일봉羅一峰(나륜羅倫, 1431~1478)·장풍산章 楓山(장무章懋, 1436~1521)·팽혜안彭惠安(팽소彭韶, 1430~1495)·장정산莊定山(장 창莊昶, 1437~1499)·장동소張東所(장후張詡, 1456~1515)·하의려賀醫閭(하흠賀欽, 1437~1510) 같은 사람들이 모두 마음을 기울여서 높이고 복종하였으니(推服)

---

2 담약수湛若水, 『천옹대전집泉翁大全集』 권15 「서별敍別」.

그 유풍流風을 충분히 입증할 수 있다."[3]

이는 양명이 홍치 18년 자신의 '심학의 깨달음'을 기록한 글이다. "학문은 본원이 있기에 이렇게 진실하다."라고 한 말은 바로 백사가 위로부터 계승한 정호·이통李侗(1093~1163)·육구연陸九淵(1139~1193)으로 이어지는 심학 유맥 儒脈의 연원을 가리킨다. "어느 하나라도 도와 관련되지 않음이 없었다."라고 한 말은 바로 '묵좌징심默坐澄心, 체인천리體認天理(묵묵히 앉아서 마음을 맑게 하고 천리를 체인한다)'한 백사 심학의 종지를 가리킨다. 그러므로 그는 또 즉시 백사의 '묵좌징심, 체인천리'를 자기 심학의 좌우명으로 삼고서 새로운 심학을 탐구하는 심로의 역정을 시작하였는데, 이 '묵좌징심, 체인천리'라는 좌우명의 확립은 곧 양명의 홍치 18년 '심학의 깨달음'의 지표를 이루었다.

'심학의 깨달음'은 양명이 평생 동안 심학의 길로 나아가는 기점으로서 양명이 심학의 길로 나아가게 된 것은 진백사의 영향을 직접 받은 것임을 선명하게 표명하였다. 진백사의 '묵좌징심, 체인천리'는 송宋의 유학자 이통을 계승한 것이지만 그는 이통의 이 이학理學 명제를 심학의 명제로 전화시켰다. 이학의 발전이라는 유맥의 진로에서 볼 때 이통은 '성즉리性卽理', '이일분수理一分殊'로부터 '묵좌징심, 체인천리'를 도출하였고, 따라서 그의 '묵좌징심, 체인천리'는 기본적으로 이학의 철학 명제인데, 주희가 이를 받아들였다. 그러나 진백사는 '심즉리心卽理', '심리합일心理合一'로부터 이통의 '묵좌징심, 체인천리'를 전석詮釋하였기 때문에 그의 '묵좌징심, 체인천리'는 이미 심학의 의의를 갖는 철학 명제였다. 양명은 분명히 진백사의 심학 전석의 논리에 따라 '묵좌징심, 체인천리'의 사상을 받아들였고, 감천 담약수의 '심학의 깨달음'과 일치하는 길을 따라갔다.

---

3 위시량魏時亮, 『대유학수大儒學粹』 권8 상上 「백사진선생白沙陳先生」.

이통 이학의 특징은 바로 본체론 상에 있었는데 한편으로는 이理가 내 마음에 있으며 마음이 만리萬理를 포함하고 있다고 여기고 이理가 사물 가운데 있으며 이 하나(理一)가 개별 사물(分殊)에 있다고 여기는 것이다. 따라서 공부론상에서 한편으로는 '정중체인靜中體認'을 말하고 다른 한편으로는 '분수체인分殊體認'을 말하였다. 정중체인은 바로 '묵좌징심'이며 분수체인은 바로 '체인천리'이다. 이른바 '묵좌징심'은 고요함으로써 마음을 굳게 지키고 묵조징관黙照澄觀하여서 마음을 맑게 하고 고요히 앉아서 대본大本과 달도達道를 체인하며, 마음이 고요한 가운데 희로애락이 아직 일어나지 않았을 때(未發時)의 기상氣象을 체인하며, 고요하고 한결같은(靜一) 가운데 심체를 체인하는 것이다. 이른바 '분수체인'은 사물을 대하여 이치를 궁구하고(卽物窮理) 사물을 탐구하여 이치를 추구하는(格物求理) 것으로서, '분수分殊'로 말미암아 '이일理一'을 체인하는 것이다.

정중체인과 분수체인의 통일은 심학과 이학을 통합한 이통의 사상체계를 구성하였다. 그러나 진백사는 이통의 묵좌징심과 체인천리의 사상을 수용하여서 자신의 사상체계를 동정일여動靜一如, 체용일치體用一致, 내외합일內外合一의 본체공부론 심학체계로 간주하고서 한편으로는 '이른바 텅 비고 밝고 고요하고 한결같은(虛明精一) 것이 주체가 되어 …… 이는 심학의 법문法門임'[4]을 강조하고, 다른 한편으로는 '일상생활에서 처한 상황에 따라(隨處) 천리를 체인하고',[5] '온갖 변화(萬化) 가운데에서 한 몸(一體)의 실상을 알면 본성(性)을 말할 수 있음'[6]을 강조하였다. 물론 진백사의 사상체계 역시 철저하지

---

4 『진헌장집陳獻章集』 권1 「서자제대당서옥시후書自題大塘書屋詩後」.

5 『진헌장집』 권2 「유언담민택遺言湛民澤」.

6 『진헌장집陳獻章集』 부록 1 「태극함허太極涵虛」.

못한 심학체계로서 양명이 나중에 말한 "비유하자면 이 밥 한 그릇을 다른 사람은 먹지 않았고, 백사는 먹기는 하였지만 다 먹지는 못하였다."[7]라고 말한 것과 같다. 그러나 백사의 이 '다 먹지는 못한' 철저하지 못한 심학체계는 양명이 심학을 향해 가는 길에 가장 좋은 교량이 되었다.

따라서 홍치 18년 양명의 '심학의 깨달음'은 실제로는 '백사 심학의 깨달음'이었으며, 그가 진백사의 '묵좌징심, 체인천리'의 심학 종지를 세워서 자기 심학의 좌우명으로 삼은 것은 사장詞章의 학에서 성현의 학(*心性之學)으로 향한 전향의 완성을 상징하고 있다. 그는 사장의 학을 초월하고 송유宋儒의 학(*정주학程朱學)을 초월하여서 진백사의 심학을 따랐는데, 이는 바로 양명의 제 1차 마음의 깨달음(心悟), 곧 심학의 깨달음이었다. 그는 15세 때 격죽格竹에 실패한 뒤 송유에 대한 회의와 미망迷茫에 사로잡혀서 방황을 하다가 비로소 심학의 실지實地를 밟고 견실한 귀결에 이르게 되었던 것이다.

홍치 18년 '심학의 깨달음'은 양명이 심학사상을 형성하는 데에서 진백사의 심학이 결정적인 영향을 끼쳤음을 시사하고 있다. 그러나 홍치 18년 '심학의 깨달음'이 양명에게 끼친 영향 또한 심원한 것이었다. 설령 나중에 양명이 백사를 초월하여 자기의 양지심학을 세운 뒤에도 진백사를 여전히 높이 존경하고 우러르는 마음을 품고서 백사의 심학체계로부터 심학사상의 '마음의 샘(心泉)'을 길어 올렸다 하더라도 말이다.

만년에 양명은 백부伯府(신건백 관저)에 독서루讀書樓를 세우고 진백사의 「제심천題心泉(마음의 샘에 제하다)」이라는 시를 다락의 벽에 크게 써 붙인 뒤 만년의 좌우명으로 삼고서 이 독서루의 이름을 '천천루天泉樓'라고 지었다. 이는 천천루에서 끊임없이 진백사 심학의 '마음의 샘'을 길어 올려서 날마다

---

7 황종희黃宗羲, 『명유학안明儒學案』 권29 「주사우서천선생시희主事尤西川先生時熙」.

늘 새로워지기 위해서였다. 그 가운데 가장 눈길을 끄는 것은 바로 이 천천루에서 양명이 진백사의 '시의 가르침(詩教)'을 길어내 진백사의 '고시가법古詩歌法'을 바탕으로 하여 '구성사기가법九聲四氣歌法'을 창립했다는 점이다.

그는 시 한 수를 지어서 동운董澐(1457~1534)에게 주었다.[8]

너희 몸은 저마다 절로 천진하니	爾身各各自天眞
남에게 구하거나 남에게 물을 것 없네	不用求人更問人
양지를 이루어서 덕업을 성취할 뿐	但致良知成德業
옛글을 좇아 정신을 낭비하지 말라	謾從故紙費精神
건곤은 역이지만 원래 그림이 아닌데	乾坤是易原非畵
심성은 어찌 형태가 있어 먼지가 낄까?	心性何形得有塵
선생은 선의 말씀을 배운다 말하지 말라	莫道先生學禪語
이 말은 분명 그대 위해 한 말일세	此言端的爲君陳

여기서 말하는 '선생'이 누구인지 종래에는 알려지지 않았으나 동운의 화답시 「경건히 선사의 운을 따서 읊으며 가르침을 구하다(敬次先師韻求教)」를 근거로 삼을 수 있다.[9]

학문은 마땅히 참된 한마음에서 시작해야 하나니	爲學當從一念眞
견문으로 이 시대 사람들을 놀라게 하지 말라	莫將聞見駭時人
고요하고 묵묵하여 함이 없는 곳을 알기만 하면	要知靜默無爲處

---

8 『왕양명전집』 권20 「시제생삼수示諸生三首」.

9 동운, 『종오도인어록從吾道人語錄』, 「구심록求心錄」.

저절로 원만하고 텅 비어서 헤아릴 수 없는 신령함이 있다네	自有圓虛不測神
곡식 씨앗은 북돋워 기르기를 일삼아야 하고	穀種滋培須有事
거울 빛은 닦아도 도리어 먼지가 앉네	鏡光拂拭反生塵
감추인 뒤에 방위와 형체가 없는 신령과 역이 드러남을	藏而後發無方體
강문 벽옥루의 진 선생에게 듣네	聽取江門碧玉陳

여기서 말하는 '강문의 진 선생(江門陳)'은 바로 진백사를 가리키니, 양명의 시에서 말하는 '선생'은 진백사를 가리키는 것임에 틀림이 없다. 이른바 "고요하고 묵묵하여 함이 없는 곳을 알기만 하면"이라고 한 구절은 바로 진백사의 '묵좌징심, 체인천리'를 가리킨다. 또한 "거울 빛은 닦아도 도리어 먼지가 앉네"라고 한 구절은 바로 진백사의 「제심천」 시에서 말하는 "먼지가 날린들 해가 없다(飛塵亦無害)"[10] 한 구절을 가리킨다. 이 때문에 양명의 시에서 말하는 "이 말은 분명 그대 위해 한 말"이라는 구절의 '이 말'은 틀림없이 바로 진백사의 시 「제심천」을 가리킨다.

『백사선생전집』을 읽고 마음으로 깨달은 평어評語를 지었고, 진백사의 '묵좌징심, 체인천리'를 좌우명으로 삼은 것으로 진백사의 '고시가법'을 취하여서 '구성사기가법'을 창립하고, 진백사의 「제심천」 시를 크게 써서 좌우명으로 삼은 것은 양명이 일생 동안 진백사의 심학사상에 영향을 받은 모든 과정을 보여주는 것이다. 또한 이는 양명의 일생 양지심학의 형성과 발전에서 홍치 18년 '심학의 깨달음'이 지닌 중요한 의의를 충분히 나타내고 있다.

---

10 『진헌장집』, 권4 「제심천증황숙인題心泉贈黃叔仁」.

2. 정덕正德 4년(1509) '용장의 깨달음(龍場之悟)'
—상산을 인정하고 주자를 비판하며(是陸非朱), 백사 심학을 초월하다

양명의 정덕 4년(*1509) '용장의 깨달음'은 결코 양지의 깨달음이 아니다. 양명의 자술自述에 의하면 그의 용장의 깨달음은 실제로 '주학朱學이 그름을 깨닫고 육학陸學이 옳음을 깨닫는(悟朱學之非, 覺陸學之是)' 깨달음, 곧 '육상산을 인정하고 주자를 비판하는' 깨달음이다. 구체적으로 말하면 이러한 시륙비주是陸非朱의 깨달음은 세 방면의 '깨달음'을 포함하고 있다. 첫째, 불교(釋), 도교(老) 두 사상의 그름을 깨닫고서 유가의 '간단하고 쉬우며 넓고 큰(簡易廣大)' 심학을 세운 것이다. 둘째, 주자의 외부를 향한 격물格物(*理在物中, 求理於物, 이치는 사물 가운데 있으며 사물에서 이치를 추구한다)의 그름을 깨닫고서 고본古本『대학大學』의 내부를 향한 격물(向內格物), 스스로 마음에서 추구한다(自求於心)는 취지(*正心, 마음을 바로잡음 / 吾心自足, 내 마음은 자족하다 / 天下之物, 本無理可格, 천하의 사물에는 본래 끝까지 탐구해야 할 이치가 없다)를 세운 것이다. 셋째, 주자의 경지쌍수敬知雙修, 선지후행先知後行의 그름을 깨닫고서 심학의 지행합일知行合一의 가르침을 세운 것이다.

양명의 '용장의 깨달음'은 진백사의 '묵좌징심' 체인으로부터 들어가서 진백사의 '수처체인천리隨處體認天理(처한 상황에 따라 천리를 체인함)'를 떨쳐버리고 소옹邵雍(1011~1077) 심학의 심법心法인 역학易學을 통해 지행합일의 심학 본체공부론의 경계에 도달한 것이다. 전덕홍錢德洪(1496~1574)은 양명이 용장역에서 '격물치지格物致知의 취지'를 크게 깨닫고서 "비로소 성인의 도는 내 본성이 자족한 것이며 사물에서 이치를 추구하려는 것은 잘못임을 알았다."[11]

---

11 『왕양명전집』 권33 「연보年譜」 1.

하고 명확하게 말한다.

이는 마음이 곧 이치이며(心卽理), 마음이 곧 태극이며(心卽太極), 마음은 온 갖 이치를 구비하고 있으며(心具萬理), 마음은 만물을 포함하고 있기(心舍萬物) 때문에 내 본성은 원만자족圓滿自足하며, 이치는 내 마음에 있으며(理在吾心), 마음 바깥에 이치가 없으니(心外無理) 저절로 밖에서 추구할 필요가 없으며, 외부를 향해 격물하여서 이치를 추구해서는 안 되고 다만 모름지기 그 마음 을 스스로 추구하여서 마음속의 이치를 탐구하여 바르게 해야 함(格正心中)을 양명이 크게 깨달았음을 말한다. 또한 이것은 일종의 굉대하게 활짝 열리고 (宏大開闊), 간단하고 쉬우며 곧바로 파악되는(簡易直截) 심학 본체공부론의 깨 달음으로서 이러한 '격물치지'에 대한 큰 깨달음 가운데에는 본체론의 깨달 음과 공부론의 깨달음이라는 다음과 같은 두 가지 큰 깨달음을 포함한다.

(1) '격물' 상에서 양명은 '심즉리'를 깨닫고서 심학 본체론으로 삼았는데, 이는 이치가 내 마음에 있으며 격물은 마음속의 이치를 탐구하여서 바르게 하는(格正) 것이지 바깥 사물의 이치에 이르는(格) 것이 아님을 인식하는 것이 다. 그리하여 그는 격물을 '정심正心(마음을 바르게 함)'으로 해석한다.

(2) '치지' 상에서 양명은 '치지'를 깨닫고서 심학 공부론으로 삼았는데, 이는 '앎(知)'은 또한 '행함(行)'이니 앎이 곧 행함이며, 행함이 곧 앎이며, 앎을 그대로 이룸(致知)이 곧 앎을 행함(行知)인 것이다. 그리하여 그는 '치지'를 '지 행합일'로 해석한다.

전덕홍은 양명의 용장의 깨달음을 '양지의 깨달음'이라 말하지 않고 '지 행합일'설을 양명 평생 학술 사상의 세 차례 변화 가운데 첫 번째 변화로 간 주하는데, 실제로는 바로 양명 심학사상의 변천 과정 중에서 관건이 되는 '깨 달음'으로 인식한 것이다. 이 용장의 깨달음은 양명의 '마음은 온갖 이치를 갖추고 있고 앎과 행함은 하나로 합한다(心具萬里, 知行合一)'는 심학 본체론

체계의 탄생을 선포하였다.

양명은 이러한 총체적인 심학 본체공부론의 깨달음 아래에서 더욱 웅대한 심학문화의 관점에서 주자학을 다시 자세히 살펴보고 주학과 육학의 동이同異를 비교한 뒤 또다시 활연히 세 가지를 깨닫게 되었다. 이는 그가 육상산을 인정하고 주자를 비판한 삼부작을 저술하는 계기가 되었다.

첫째, 주희의 오경五經 주소注疏의 설을 새롭게 자세히 들여다보고서 번쇄한 훈고 주해의 오류를 발견한 것인데, 이는 그가 『오경억설五經臆說』을 쓰도록 추동하였다. 이것이 바로 황관黃縮(1477~1551)이 "어느 날 저녁, 홀연히 크게 깨닫고서 마치 미친 사람처럼 펄쩍 뛰었다. 기억하고 있던 '오경'의 말씀으로 입증을 하니 하나하나 딱 들어맞았는데 오직 회암晦庵(주희)의 주소注疏와는 서로 어긋나는 듯했다. 마음속에서 끊임없이 생각을 한 끝에 『오경억설』을 지었다."[12]라고 한 것이다.

양명의 『오경억설』은 주희의 오경 주소의 설을 비평하는 것으로부터 파고들어간다. 그의 '억설'은 실질적으로는 일종의 '심설心說'이다. 그는 『오경억설』의 '원년춘왕정월元年春王正月'을 다음과 같이 말한다. "원元(으뜸)은 시작이다. …… 그러므로 천하의 으뜸은 왕에게 있고, 한 나라의 으뜸은 군주에게 있고, 군주의 으뜸은 마음에 있다. 원이라는 것은 하늘에서는 만물을 낳는 인仁인데 사람에게서는 곧 마음이 된다. …… 임금(人君)이 된 자는 더욱 마땅히 마음을 깨끗이 하고 사려를 씻어서 유신維新의 시작으로 삼아야 한다. 그러므로 원년元年은 임금이 마음을 바로잡는 시초이다."[13] 마음으로 원을 해석하고 마음으로 천지의 시초를 말한 것은 틀림없는 소옹 심학의 심법이다. 양

---

12 『왕양명전집』 권38 「양명선생행장陽明先生行狀」.

13 『왕양명전집』 권26 「오경억설13조五經臆說十三條」.

명이 마음으로 경전(經)을 설명하고 마음으로 역사(史)를 설명하는 것은 유가 경전을 완전히 심학으로 전석한 것이다.

둘째, 주희의 『대학』 정본定本 및 그 『대학장구大學章句』의 격물치지설을 다시 새롭게 자세히 살펴본 뒤 주희의 『대학』 정본과 '격물' 보전장補傳章의 오류, 『대학장구』는 성문聖門의 본지가 아님을 발견한 양명은 곧 『대학』의 고본을 정하고 격물이 곧 정심正心이라는 『대학』의 종지를 확립하였는데, 이는 그가 『대학고본방석大學古本傍釋』을 쓰도록 추동하였다. 이것이 바로 전덕홍이 말한 바 "선생이 용장에 계실 때 주자의 『대학장구』가 성문聖門의 본지가 아님을 의심하고 먼저 고본을 베껴서 자세히 읽고 정밀하게 사색한 뒤 비로소 성인의 학문은 본래 간단하고 쉽고 분명하며(簡易明白), 그 책은 다만 한 편일 뿐으로 원래 경經과 전傳으로 나뉘지 않았으며, 격물치지는 성의誠意에 근본을 두니 원래 누락되어서 보완할 만한 전傳은 없으며, 성의를 주로 하여서 치지격물의 공부를 하므로 '경敬'이라는 글자 하나를 보탤 필요가 없다."[14] 라고 한 것이다.

전덕홍은 양명의 '격물치지'의 깨달음을 분명하게 설명함으로써 그의 심학적 『대학』 체계와 주희의 이학적 『대학』 체계가 근본적으로 같지 않음을 보여주었다. 양명의 이 『대학』의 깨달음은 근본적으로 주학을 거꾸러뜨린 것으로서 그로 하여금 나중에 『대학고본방석』을 쓰도록 추동했을 뿐만 아니라 '치량지'의 학으로 통하는 길을 직접 열어젖혔다.

셋째, 주희의 전체 저작을 다시 새롭게 자세히 들여다보고서 주희의 초년설과 만년설이 전혀 같지 않으며, 만년의 주희 사상은 이미 육구연으로 전향했기 때문에 역시 주학(*성학性學)에서 육학(*심학心學)으로 전향하였다고 할

수 있으므로 만년의 설이야말로 주희 사상의 정론이라는 사실을 발견하였다. 그리하여 양명은 '주자만년정론朱子晚年定論'설을 주장하였다. 이것이 바로 황관이 "공은 이로 인해 『주자대전朱子大全』을 가져다 열람하고 만년의 논의를 보고서 그 배운 바가 그릇되었으며 자기를 속이고 남을 속이는 설까지 있음을 저절로 알게 되었다. 그러고 말하기를 '회옹晦翁(주희)도 이미 스스로 뉘우쳤다.' 하였다. 날마다 배우는 사람들과 강론하고 탐구하며 체득하고 관찰하였는데 더욱 정밀하고 명료해졌으며 좇아서 배우는 사람들이 많아졌다."[15] 라고 한 것이다.

사실 '주자만년정론'을 처음 주장한 사람은 정민정程敏政(1446~1499)이다. 그는 『도일편道一編』에서 처음으로 주자와 육상산의 학문이 초기에는 달랐으나 만년에는 같아졌다는(早異晚同) 설을 주장하고, 주자의 만년정론이 이미 육학과 서로 같다고 여겼다. 양명은 홍치 연간(1488~1505)에 이미 『도일편』을 읽어보았다. 따라서 그는 용장역에서 『주자전서朱子全書』를 거듭 읽은 뒤 깨달자마자 머릿속에서 정민정의 '주자만년정론'설이 번뜩 떠올랐다. 다만 용장역에서는 그의 '주자만년정론' 사상이 이제 막 싹을 틔웠을 뿐이다. 나중에 남도南都(남경南京)에서 주자와 육상산 학문의 같은 점과 다른 점을 논전하면서 비로소 그의 '주자만년정론' 사상이 최종적으로 형성되었고 아울러 이 논전이 그로 하여금 『주자만년정론』이라는 책을 쓰도록 추동하였던 것이다.

'용장의 깨달음'이라는 유맥儒脈에서 볼 때 양명은 결국 『대학』의 '격물치지'설을 깨달음으로써 마음을 본체로 삼고 지행합일을 공부로 삼는 심학 본체 공부론 체계를 세웠다. 그러나 그는 '격물치지'설에서 또다시 주로 '격물'의 사유 맥락에서 깨달음으로써 '격물'을 '정심'으로 해석하고 심구중리心具衆理, 심

---

15 『왕양명전집』 권38 「양명선생행장」.

외무물心外無物, 오성자족吾性自足, 불가외구不假外求, 지행합일이라는 심학적 인식의 경지에 도달하였다. 그러나 그는 '치지'의 사유 맥락에서 깨달음으로써 『대학』에서 말하는 '치지'와 『맹자』에서 말하는 '양지良知'를 연계하고 '치지'를 '치량지'로 해석하여서 양지를 체體로, 치량지를 공부로 삼는 심학적 인식의 경지에는 아직 도달하지 못하였다. 이 때문에 그의 '용장의 깨달음'은 역시 심학의 깨달음으로서는 철저하지 못하였다. 그는 백사의 심학은 초월하였지만 아직 육구연의 심학은 초월하지 못하였던 것이다. 그러나 이러한 '격물'의 사유 맥락에서 깨달은 '용장의 깨달음'은 오히려 양명이 훗날 '치지'의 사유 맥락에서 깨달은 '양지의 깨달음'을 위한 충분조건을 준비하였다.

3. 정덕 14년(1519) '양지의 깨달음(良知之悟)'
　　—양지심학 건립

양명의 '양지의 깨달음'은 정덕 14년(1519)에 일어났다. 이해 4월 안복安福의 추수익鄒守益(1491~1562)이 감주贛州에서 수학하며 양명에게 '격물치지'설을 물었는데, 이는 양명이 '치지'의 사유 맥락에서 추수익으로 하여금 '치량지'의 설을 크게 천명闡明하도록 자극하였다. 나중에 경정향耿定向(1524~1596)이 「동곽추선생전東廓鄒先生傳」에서 '양지의 깨달음'의 과정을 다음과 같이 또렷하게 기술하였다. "(*수익이) 하루는 『대학』, 『중용』을 읽고서 의혹이 생겨서 말하기를 '자사子思가 증자曾子에게 수학하였는데 『대학』에서는 격물치지(格知)를 앞세우고 『중용』에서는 신독愼獨을 맨 앞에 내세운 까닭은 무엇 때문인가?' 하며 쌓인 의문이 풀리지 않았다. 기묘년(1519), 선생 나이 29세 때 건대虔臺에서 왕(양명) 공에게 나아가 질의를 하였다. 왕 공이 말씀하시기를 '앎을 그대로 이룬다는 것(致知)은 사사물물事事物物에서 내 마음의 양지를 이루는 것이다. 사사물물에서 내 마음의 양지를 그대로 이루면 사사물물에서 모두 그 이치를 터득할 것이다. 독獨이란 이른바 양지이다. 신독이란 양지를 그대로 이루는 방법이다. 경계하고 삼가고 무서워하고 두려워하는(戒愼恐懼) 것은 홀로 있을 때 삼가는(愼獨) 방법이다. 『대학』, 『중용』의 취지는 하나이다.'라고 하셨다. 선생은 활연히 깨닫고서 마침내 엄숙하게 폐백을 바치고 스승으로 섬겼다."[16]

섭표聶豹(1487~1563)는 이때 그들 두 사람의 '격물치지' 강론을 "양지의 신비를 오묘하게 깨달았다(妙悟良知之秘)."라고 일컬었다. "양명이 건남虔南(감주贛州)에서 강학을 한다는 소문을 듣고 배를 저어가 그를 따랐다. 한번 보고 서로 마음이 맞아 양지의 신비를 오묘하게 깨달았다. 의혹이 풀리고 자신감이 생겨서 말하기를 '도가 여기에 있도다(道在是矣).' 하였다. 그동안 읽었던 수만 권 서적을 돌이켜보니 찌꺼기(糟粕)와 같았다. 이에 북쪽을 향해 네 번 절하고 종신토록 시귀蓍龜처럼 받들었다. 선생이 증여한 시에 '그대는 지금 참으로 하루 만에 엄청난 진보를 이루었고, 나 또한 당년에 오래 미혹에 빠져서 괴로워했네(君今一日眞千里, 我亦當年苦舊迷).'[17] 하였는데, 대체로 서로 늦게 알게 된 사실을 한탄하는 말이었다."[18]

이 한차례 '양지의 깨달음'은 양명과 추수익 두 사람이 학문을 강론하고 도를 논하면서(講學論道) 서로 영혼이 교감하고 통하는 가운데 격발한 '신묘한 깨달음(妙悟)', 곧 미혹으로부터 깨달음에 이른 것임을 알 수 있다. 양명의 시

---

16 경정향耿定向, 『경천대선생문집耿天臺先生文集』 권14 「동곽추선생전東廓鄒先生傳」.

17 『왕양명전집』 권20 「임여환이이시기차운위별林汝桓以二詩寄次韻爲別」.

18 섭표聶豹, 『쌍강문집雙江文集』 권13 「대사성동곽추공칠십수서大司成東廓鄒公七十壽序」.

에서 "그대는 지금 참으로 하루 만에 엄청난 진보를 이루었다"라고 한 구절은 추수익의 '양지의 깨달음'을 말하며, "나 또한 당년에 오래 미혹에 빠져서 괴로워했네"라고 한 구절은 양명 자신의 '양지의 깨달음'을 말한다.

'양지의 깨달음'은 '양지'와 '치량지'에 대한 마음의 깨달음(心悟)으로서 새로이 각성한 신묘한 세가지 깨달음을 포함한다. 첫째, '치지'의 깨달음이다. 치지란 바로 사사물물에서 내 마음의 양지를 이루는 것이니 치지가 곧 치량지임을 인식한 것이다. 둘째, '양지'의 깨달음이다. 양지란 바로 내 마음이 '홀로 있음(獨)'(*獨知, 홀로 앎)을 가리키는 것이기 때문에 신독愼獨이 곧 치량지이며, 계신공구戒愼恐懼가 곧 신독이자 또한 치량지임을 인식한 것이다. 셋째, '격물'의 깨달음이다. 격물이란 바로 사사물물에서 내 마음의 양지를 이루고 그리하여 사사물물에서 그 이치를 터득하는 것임을 인식한 것이다. 마음 바깥에는 이치가 없으며 이치는 사물에 있지 않기 때문에 이 마음은 치량지를 통해 마음속의 이치를 사사물물에 미루어가고, 그리하여 사사물물에서 그 이치를 터득한다. 이것을 바로 '격물'이라 한다.

정덕 14년 동안 양명은 줄곧 온전히 '양지의 깨달음'이라는 새로운 사유의 맥락을 따라가면서 자기의 양지심학을 발전시켰다. 7월에 이르러 양명은 성성省城인 남창南昌에서 배움을 구하기 위해 사방 각지로부터 찾아온 선비(士子)에게 '양지'의 가르침을 강조하기 시작하였다. 이러한 광경(幕)을 눈으로 직접 본 추수익은 다음과 같이 말하였다. "선생이 남창에서 개강을 하셨다. 문인 서분舒芬(1484~1527)·위량필魏良弼(1492~1575)·왕신王臣(?~1483)·요득온饒得溫·위량정魏良政(1525, 향시 장원)·위량기魏良器 등이 오랫동안 교유한 사람들과 함께 모였다. …… 일찍이 학자들에게 말씀하시기를 '우리 무리(吾黨)는 학문의 두뇌를 알아야 한다. 손쓸 곳이 없음은 염려하지 말라. 다만 객기客氣가 근심을 끼쳐서 실제로 양지를 이루려고 하지 않을까 두려울 뿐이다.'

하셨다."[19] 그 가운데에서도 진구천陳九川(1494~1562)이 양명과 함께 남창에서 학문을 강론하고 양지심학을 토론한 일은 양명이 초보적으로 이미 치량지의 본체공부론 심학체계를 세우기 시작했음을 나타내고 있다.

양명은 주로 세 가지 측면에서 자기의 이 치량지 본체공부론 심학체계를 정요精要하고 상세하게 풀이하였다(闡釋). 첫째, 『대학』의 '치지'와 『맹자』의 '양지'를 결합하여서 양지를 본체로 삼고 치량지를 공부로 삼아 격물, 치지와 정심, 성의의 공부를 관통시켰다. 양명은 진구천이 '명명덕明明德' 공부를 함에는 '성의', '정심'으로부터 한 걸음씩 나아가 '치지', '격물' 등 단계적으로 이르는 방법이 없다고 지적하였다. 왜냐하면 그는 '치지'가 곧 '치량지'이며, '지知'가 곧 '양지'의 본체임을 인식하지 못하고 있었기 때문이다. '양지'의 본체와 '치량지'의 공부에 밝으면 곧 저절로 '성의'로 인해 '치지', '격물'에 이르고 곧바로 '양지'의 본원에 도달할 수 있다. '성의' 이전에 또 '격물', '치지'의 공부가 있는 까닭은 바로 여기서 말하는 '물物'은 '이理'를 가리키고 '지'는 '양지'를 가리키기 때문이다. 격물은 곧 정심으로서 바르지 않은 것을 바로잡아 바른 데로 귀착하는 것이며, 치지는 곧 치량지로서 사사물물에 양지를 미루어서 미치게 하는 것이다. 이와 같이 양명은 '성의'의 공부를 '격물', '치지'의 공부와 통하게 하였다.

둘째, 『대학』의 삼강팔목三綱八目에 의거하고 신身(몸)·심心(마음)·의意(뜻)·지知(앎)·물物(사물)을 일체로 삼아서 심 – 의 – 지 – 물의 다중 논리구조를 가진 층위의 심학사상 체계를 세웠다. 양명은 신·심·의·지·물을 한 가지 일로 강조하였는데 특히 물과 신·심·의·지의 일체를 강조하였다. 왜냐하면 그가 보기에 마음 바깥에 대상사물이 없고(心外無物), 마음 바깥에 이치가 없기

---

19 『왕양명전집』 권5 「여양사명與楊仕鳴」 2.

(心外無理) 때문에 '뜻(意)'은 공중에 매달려 존재할 수는 없으므로 반드시 사물 가운데에서 현현해야 하며 사물(物處)에 낙착되어야(落實) 한다. 따라서 사물은 뜻이 붙어 있고(着在) 들러붙는(涉着) 곳이다. 이는 마음은 온갖 이치를 포함하고 있고 만물을 안고 있으며 내 마음은 곧 우주이므로 마음은 안과 밖이 없고, 신·심·의·지·물은 하나이며 한 사물이니 안과 밖의 구분이 없다. 분명히 이는 심을 '체(*本體)'로 삼고 신·의·지·물을 '용用(*現象)'으로 삼는 것으로서 체와 용이 하나같고(體用一如), 현상과 본질에 간격이 없는(顯微無間) 것이다.

셋째, 『대학』의 격물치지와 『중용』의 계신공구戒愼恐懼를 결합하여서 묵좌징심默坐澄心과 사상마련事上磨鍊(구체적인 일에 나아가 갈고닦음)을 통일한 치량지의 공부론 체계를 세웠다. 양명은 동動과 정靜을 통일된 것으로 인식하여서 정 가운데 동이 있고, 동 가운데 정이 있다고 여겼다. 묵좌징심(*體認心體)의 마음이 '고요한(靜)' 것은 일종의 동과 정이 합일한 마음이 '안정된(定)' 것이며, 일종의 활발발活潑潑한 '본체를 주로 한(主其本體)' 것이므로 또한 모름지기 '사상마련'과 결합해야 비로소 동정이 일관한 치량지의 공부를 형성할 수 있다.

치량지의 공부는 두 가지 측면에서 치지 공부를 포함하고 있다. 첫째는 '거폐去蔽'이다. 양지를 덮어 가리는 사욕私欲, 먼지와 오물(塵汚)을 깨끗이 제거하는 데 끊임없이 힘을 써서 양지로 하여금 맑고 신령스레 각성하게 하여서(澄明靈覺) 선을 알고 악을 알게 하는(*默坐澄心, 正念頭) 것이다. 둘째는 '확충擴充'이다. 끊임없이 양지를 확충하고 사사물물에 양지를 미루어서(推致) 사사물물로 하여금 저마다 그 이치를 구비하게 하는(*事上磨鍊) 것이다. 따라서 양명의 치량지 공부는 한편으로는 "곧 저 정좌의 마음은 공부를 일관하는 것이니 어찌 모름지기 다시 염두念頭를 일으켜야 하겠는가?"라고 하여 묵좌징심의 체인 공부를 일으켜서 양지를 가린 것을 제거하기를 강조하였다. 다른 한편으로는 "사람은 모름지기 구체적인 일에 나아가 갈고닦아야 유익하다."[20] 하여 양지의 마음을 확충하기를 강조하였다.

정덕 14년 양명이 이 '양지의 깨달음'과 치량지의 심학 본체공부론을 체계로 한 철학적 사유의 맥락을 구축한 것에 대해 비위도費緯裯는 『성종집요聖宗集要』에서 가장 잘 총결하였다. "(*양명은) 신호宸濠(주신호朱宸濠, 1476~1521)를 주벌한 뒤 남창南昌에 거처하면서 비로소 '치량지'의 학을 내세워서 말하기를 '성인의 학문은 심학이다. 송의 유학자(宋儒)는 지식을 앎으로 여겼으므로 모름지기 널리 듣고 잘 기억하는 것(博聞强記)을 일삼았는데, 이미 알았어도 행함은 또한 끝내 종신토록 행해지지 않았고 또한 끝내 종신토록 알지 못하였다. 성현이 사람을 가르친 내용은 바로 본심本心의 밝음이 곧 앎이고 본심의 밝음을 속이지 않는 것이 곧 행함이라는 것이다.' 하였다. 이에 『맹자』의 이른바 '양지'를 들어서 『대학』의 '치지'와 결합하여서 '치량지'라고 하고 이로써 참된 앎을 곧 행함으로 삼고 마음의 깨달음(心悟)을 격물로 삼고, 천리를 양지로 삼았던 것이다."[21]

이로부터 '양지'는 양명 심학사상 체계의 더없는 '대두뇌大頭腦'요, 유가 성문聖門의 '정법안장正法眼藏'이며, 사람마다 모두 마음속에 갖춘 '태극太極', 세상 사람을 밝게 비추는, 사람의 마음을 구속하는 길의 '밝은 등불(明燈)'이 되었다.

---

20 『왕양명전집』 권3 「전습록」 하.

21 비위도費緯裯, 『성종집요聖宗集要』 권6 「왕수인王守仁」.

4. 가정 6년(1527) '천천의 깨달음(天泉之悟)'
— 전심비장傳心秘藏, 양지심학 궁극의 교법教法

가정 6년 9월의 '천천증도회天泉證道會'는 실제로 양지심학에 대한 종극의 깨달음이다. 양명은 자신의 '왕문사구교王門四句教'를 초월하였으며 또한 바로 '왕문팔구교王門八句教(*사유교四有教와 사무교四無教)'를 깨달았다. 천천증도회에서 그는 '왕문사구교'의 구설을 발표하지 않고(*생각건대 '왕문사구교'는 가정 5년 봄에 이미 제출되었다) '왕문팔구교'의 신설을 발표하였다. 이는 왕기王畿(1498~1583)와 전덕홍 두 사람이 질문을 제기함으로써 격발된 양지심학의 깨달음이다. 왕기는 「천천증도기天泉證道記」에서 다음과 같이 명석하게 기술한다.

선생님(夫子)께서 말씀하셨다. "바로 두 사람이 이런 질문을 하기를 바랐다. 내 교법은 원래 두 종류가 있다. 사무설四無說은 상등 근기(上根)의 사람을 위해 가르침을 세운 것이고, 사유설四有說은 중등 근기(中根) 이하의 사람을 위해 가르침을 세운 것이다. 상등 근기인 사람은 선이 없고 악이 없는(無善無惡) 심체心體를 깨달아 바로 무無에서 근기根基를 세운다. 뜻(意)과 앎(知), 사물(物)이 모두 무에서 생기며, 하나에 명료하면 백 가지에 해당한다(一了百當). 곧 본체가 바로 공부이니 쉽고 간단하며 직절하여서(易簡直截) 다시 남거나 모자람이 없다. 이는 돈오頓悟의 학문이다. 중등 근기 이하의 사람은 아직 본체를 깨닫지 못하여서 선이 있고 악이 있는(有善有惡) 데에서 근기를 세움을 면하지 못한다. 마음(心)과 앎, 사물이 모두 있음(有)에서 생기니 모름지기 선을 행하고 악을 제거하는 공부를 하여서 처한 상황에 따라 (隨處) 하나하나 다스려서(對治) 그로 하여금 점점 깨달아 들어가 있음으로부터 없음으로 돌아가고 다시 본체로 환원하게 해야 한다. (이 둘은) 공부를 이루면 하나이다.

　세간에 상등 근기인 사람은 쉽게 얻지 못하니 다만 중등 근기 이하의 사람에게 나아가 가르침을 세워서 이 길로 통하게 하는 것이다. 여중汝中(왕기)의 소견은 상등 근기의 사람을 접하는 교법이다. 덕홍德洪의 소견은 중등 근기 이하의 사람을 접하는 교법이다. 여중의 소견은 내가 오래전부터 말하려던 것인데(我久欲發) 아마도 사람이 믿지 못하고 다만 엽등躐等의 병폐만 늘어날까 염려하여 지금까지 속으로 쌓아두고만 있었다. 이는 마음으로 전하는 비장의 진리(傳心秘藏)로서 안자顔子(안회)와 명도明道(정호)도 감히 말하지 못한 것이다. 지금 이미 설파하였으니 역시천기天機를 발설할 때인지라 어찌 다시 감추겠는가(秘)? 그러나 이 가운데에 집착해서는 안 된다.

　만약 사무四無의 견해에 집착하면 뭇사람의 뜻과 통할 수 없으므로 다만 상등 근기의 사람을 접할 뿐 중등 근기 이하의 사람은 접하여서 전수할 길이 없다. 만약 사유四有의 견해에 집착하여서 뜻에 선이 있고 악이 있음을 인정하면 다만 중등 근기 이하의 사람만 접할 수 있을 뿐 상등 근기의 사람은 역시 접하여서 전수할 길이 없다. 다만 우리 사람의 평범한 마음(凡心)은 다 요해하지 못하여서(未了) 비록 이미 깨달았다고 하더라도 때에 따라 점차 수양하는(漸修) 공부를 하는 것이 문제가 되지 않는다. 이와 같지 않으면 범인을 초월하여 성인의 경지에 들어가기 충분하지 않으니 이른바 상승上乘의 법은 중승中乘, 하승下乘을 겸하여서 닦는다는 것이다.

　여중의 이런 뜻은 반드시 잘 지켜야지 남에게 가벼이 보여서는 안 된다. 개괄하여 말하면 도리어 누설하게 된다. 덕홍은 도리어 모름지기 여기서 한 단계(一格) 더 나아가야 비로소 현묘하게 통달할(玄通) 수 있을 것이다. 덕홍은 자질과 품성(資性)이 침착하고 굳세며, 여중은 자질과 품성이 밝고 명랑하다. 그러므로 그 터득한 바가 또한 저마다 (자기 자질과 품성에) 가까운 바에 따른 것이다. 만약 서로 장점을 취하여서 보탬이 되도록 하여 내 교법이 위 아래로 모두 통하게 할 수 있다면 비로소 잘 배운 것이 될 뿐이다."

이로부터 천천증오天泉證悟의 논쟁이 나라 안(海內)에 서로 전해졌고 도맥 道脈이 비로소 하나로 귀결되었다.[22]

왕기도 이 천천의 회합을 '천천증오'라고 일컬었다. 이는 양명이 '사유교' 와 '사무교'의 사상을 일찍부터 잠재적으로 인식하고서 '오래전부터 이야기 하려던 것'임을 말한다. 그러므로 천천의 회합에서 왕기와 전덕홍의 질문을 받자 곧바로 알아차리고서(一觸卽悟) '왕문팔구교'를 제출하여 그의 양지심학 의 '전심비장傳心祕藏'으로 삼아 제자들이 이 '교법'에 따라 수행하기를 바랐 던 것이다.

그는 천천의 회합 이후부터 세상을 떠날 때까지 줄곧 제자와 학자들에게 '왕문팔구교'의 교법을 널리 주장하였다. 그는 산에서 나와 양광兩廣(광동과 광서)으로 부임하는 중에 왕기, 전덕홍 등 절중浙中의 학자들에게 다음과 같 이 명확하게 제시하였다. "내가 이 뜻(*사유교와 사무교)을 쌓은 지 이미 오래 인데 가벼이 말하지 않고 제군이 스스로 깨닫기를 기다렸다. 이제 여중이 끄 집어냈으니 역시 천기를 발설해야 할 때이다. 내가 비록 산을 나가지만 덕홍, 여중과 사방 동지가 서로 동중洞中(양명동)을 지키면서 이 건의 일을 끝까지 궁구하라." 심지어 강서 학자들을 대면하고서 "제군은 다만 양식을 싸들고 절중(浙)으로 가서 그들과 함께 모여 스스로 터득해야 한다. 내가 돌아오기를 기다려도 늦지 않다."[23]라고 말하였다.

---

22 『왕룡계전집王龍溪全集』 권1 「천천증도기天泉證道記」.

23 『왕룡계전집』 권20 「서산전군행장緖山錢君行狀」.

그러나 양명은 양광에 도착하자마자 가장 먼저 섭표와 편지를 주고받으며 '왕문팔구교'의 토론을 전개하였다. 강서와 절중의 제자와 학자들이 양명동에 함께 모여서 그의 '왕문팔구교'의 '전심비장'을 탐구하고 토론하기 바란 것은 도를 발전시키라는 양명의 마지막 '유촉遺囑'이 되었고, 나중에 강서와 절중의 제자와 학자들도 이 도를 발전시키라는 양명의 '유촉'을 완성하였다.

양명이 '왕문팔구교(*사유교와 사무교)'로 원래의 '왕문사구교(*一無三有敎)'를 대체하려고 한 까닭은 실제로 그가 '왕문사구교'의 교법敎法이 치우쳤고 실용에 절실하지 않음을 간파했기 때문이다. 왜냐하면 현실의 사람들(*世人)은 모두 '뿌리가 뽑히고 근원이 막혀서(本拔源塞)' 근기가 없는 소외된 사람들로서 서로 다른 정도로 인심人心이 침륜하고 양지가 미혹되고 잃어버린 사람들인데 이런 사람들이 직접 심체를 체인하고(體認心體), 양지를 그대로 이루고(致良知), 심체를 회복하고(復心體), 뿌리로 돌아가 근원에 통하고(本歸源通), 범인을 초월하여서 성인의 경지에 들어가기를(超凡入聖) 바라는 것은 현실적이지 않기 때문이다. 또한 그들이 '왕문사구교'의 '선이 없고 악이 없는 것이 마음의 본체(無善無惡心之體)'라고 한 제1구에 따라 본체에서 착수하여 수행하기를 바라는 것은 통하지 않는다는 말이다. 따라서 그는 '사유교'를 제시하여서 보충하고, 제1구를 고쳐서 '마음에 선이 있고 악이 있다(心有善有惡)'고 한 것은 뿌리를 뽑고 근원을 막으며, 마음에 선이 있고 악이 있는 현실의 사람들(*世人)이 공부에서 착수하여 하나하나 착실하게 순서를 밟아나가는 수행을 하고 단계를 뛰어넘어서 엽등하지 못하게 하려는 것이다. 이를 위해 양명의 '왕문팔구교'는 두 가지 '전심비장'의 사상을 두드러지게 나타냈다.

첫째, 체용일원體用一源, 심일분수心一分殊, 지행합일知行合一 사상이다. 양명은 일찍이 중국 전통철학 중의 체용일원, 형상형하形上形下 합일의 사상을 인식하고서 마음은 체이고 사물은 용이며, 마음 하나(心一)는 체이고 분수는 용이며, 형상의 본체는 지극히 선하고 영원하며, 형하의 발용은 선으로 나타나고 악으로 나타난다고 인식하였다. 이로 인해 체(*形上未發)에서 말하면 마음·뜻·앎·사물 자체는 본연으로서 선이 없고 악이 없다. 다만 용(*形下已發)에서 말하면 마음·뜻·앎·사물이 발하여서 작용을 함에 선이 있고 악이 있다. 이 사상은 '왕문사구교'에서는 아직 충분히 관철되지 않아서 체와 용, 본체와 공부의 범주가 혼동되었다. 그러나 '왕문팔구교'에서는 명석하게 표현되어서 체와 용, 본체와 공부의 범주 및 수행 방법의 진로가 구분되었다.

둘째, 사람의 '앎(知)'은 근기가 서로 다르다는 사실에 의거하여서 사람에 따라 가르침을 베푸는(因人設敎) 사상이다. 양명도 일찍이 사람의 앎은 근기가 서로 다르다는 점을 인식하였다. 그는 『중용』에서 말한 "어떤 사람은 나면서부터 알고, 어떤 사람은 배워서 알고, 어떤 사람은 애를 써서 안다(或生而知之, 或學而知之, 或困而知之)."라는 구절에 근거하여 사람의 앎을 세 등급으로 나누었다. 나면서 알고 편안히 행하는(生知安行) 사람은 성인이다. 배워서 알고 이롭기 때문에 행하는 사람은(學知利行) 현인이다. 애를 써서 알고 힘을 써서 행하는(困知勉行) 사람은 배우는 사람이다. 『중용』에 대응하여 양지심학의 수행상에서 그는 사람의 수행의 근기도 하등 근기의 사람, 중등 근기의 사람, 상등 근기의 사람 등 세 등급으로 나눈다. 더 나아가 사람의 인품을 '마음을 다하고 하늘을 알며(盡心知天)', '마음을 보존하고 하늘을 섬기며(存心事天)', '몸을 닦아서 기다리는(修身以俟)' 세 등급으로 나누었다. 근기가 같지 않고 가르침을 세움에 구별이 있으며, 수행 방법과 진로 및 도달하는 경계도 같지 않으므로 근기가 서로 다른 사람을 대상으로 하여 모름지기 재질에 따라 가르침을 베풀어서 엽등을 하지 못하게 한 것이다. 이 가르침을 베푸는 사상도 '왕문사구교'에서는 관철되지 못하였으나 '왕문팔구교'에서는 절실하게 실용적인 실행 방법을 얻게 되었다.

의심할 바 없이 양명의 '왕문팔구교(*사유교와 사무교)'는 '왕문사구교(*一無三有教)'에 상대적으로 양지심학 교육 방법의 종극적인 상승을 실현하였다. 그것은 양지심학을 형이상학의 현묘한 사유의 껍데기를 벗겨버리고 진정으로 절실하게 행할 수 있는 도덕실천(道德踐履)의 실천론 공부의 철학이 되게 하였다. 이것은 '왕문사구교'를 떨쳐버렸으나 '왕문사구교'를 포함하였다. 그것은 사람을 완전히 선한 본래의 자아를 갖는 선천적이며 추상적인 존재로 간주하는 전통적인 인문적 시각을 내다버리고서, 피와 살을 지니고 뿌리가 뽑히고 근원이 막혔으며 근기와 기질이 서로 다른 현실의 소외된 자아를 투시(審視)의 중심으로 삼아서 소외된 인심과 생활세계(生存世界)의 가치 빈곤과 사람의 귀숙 문제를 깊이 고려하고 있다. 그것은 인심, 생명과 존재에 대한 우환의 사유(憂思)이다.

이러한 심물합일心物合一, 지행합일의 심학체계는 두 가지 사상적 초월을 실현하였다. 하나는 전통 유가 사대부의 그러한 좁은 우군憂君·우국憂國·우민憂民의 사상 경계를 초월하여서 우인憂人·우심憂心·우도憂道의 종극적인 인문적 관심으로 상승하였다. 다른 하나는 전통적인 유심론(*관념론)의 시야와 주객의 이원분립적인 사유방식을 초월하여서 본질적이고 참된(本眞) '존재론'의 시야와 주객합일의 사유방식으로 상승하였다.

한마디로 말해서 양명의 양지심학은 일종의 실천이성의 장력張力으로 충만한 심성도덕 수양론으로서 그 취지가 사람 '마음(心)'의 문제를 해결하는 데 있는 사상체계이다. 그것은 타락하고 소외된 인심의 복귀를 귀결(指歸)로 삼아 사람들에게 치량지를 통해 심체로 복귀하여 진정으로 가치와 의의가 있는 사람이 될 수 있는 방법을 가르친다.

양명의 치량지, 복심체의 심본 철학사상 체계는 '사람' 스스로의 존재 문제를 해결하는 인문학이며, 사람들에게 '사람'이 되는 방법을 가르치는 생존

철학이다. 사람 스스로가 '현존재'가 되는 존재의 근본 문제에는 두 가지가 있다. '사람의 본성(人性)' 문제와 '사람의 마음(人心)' 문제이다. 유가의 사상은 바로 사람의 '본성(性)' 문제와 사람의 '마음(心)' 문제를 해결하는 심성론 도덕철학 체계이다. 주희의 '성즉리'와 '복성復性'의 성학性學이 바로 사람의 '본성' 문제를 해결하는 데 주로 뜻을 둔 사상체계라고 한다면, 양명의 '심즉리'와 '복심復心'의 심학心學은 바로 사람의 '마음'을 해결하는 데 주로 뜻을 둔 사상체계이다. 이 둘은 유가의 심성론 철학 체계 내에서 서로 보완하고 함께 발전하는 관계를 이루고 있다. 그들은 모두 '사람(人)'을 구속하는 같은 길을 달려가서 사람을 사람답게 하였다. 격물, 궁리, 진성盡性의 '성일분수性—分殊'와 치량지, 복심체의 '심일분수心—分殊'는 바로 그들이 뿌리가 뽑히고 근원이 막힌(拔本塞源) 소외된 현실의 사람(*世人)에게 내린, 세상을 구하고 인민을 구제하며 소외에서 벗어나게 하는 두 첩의 철학적 양방良方이었다. 이를 사용하여 '시적 의식으로(詩意地)' 현존재인 인간의 당장의 생존 방식과 인생이 처한 곤경의 문제를 해결하고 이로써 소외에서 벗어나는 사람, 곧 '인성적으로 이 대지 위에 거주하는'[24] 사람으로 하여금 '가려짐(遮蔽)'으로부터 '명징함(澄明)'에 이르러서 본질적이고 진실한 상태에 있는 '사람의 본성'과 '사람의 마음'의 대단히 아름다운 광채가 서로 휘황찬란하게 반영하는 매력을 충분히 발산하게 하였다.

---

24 [역주] 횔덜린(F. Hölderlin)의 시 *In lieblicher Bläue*의 구절 "공업은 많으나 인간은 이 대지에 시인으로서 거주한다(Voll Verdienst, doch dichterisch, wohnet der Mensch auf dieser Erde)."를 패러디한 것으로 생각된다.

1장

하늘 위 '석기린石麒麟'의 강생

비도산秘圖山 왕씨 가족의 굴기崛起

역사의 온갖 풍상과 변전(滄桑)을 겪은 소흥紹興의 옛 성은 전당강錢塘江과 요강姚江 중간에 웅거하고 있다. 상고 이래로 역사의 폭풍우가 휘몰아쳐 휩쓸 때마다 소흥 고성 장벽의 얼룩덜룩한 진흙과 모래를 씻어버리고 거칠고 상스러운 월越문화라는 풍부하고 두터운 찌꺼기를 남겨놓았다. 고대에 소흥은 황복荒服의 나라로 일컬어졌다. 전설에 따르면 대우大禹가 치수를 할 때 소흥에 이르러서 대대적으로 제후를 모아놓고 도산塗山(*모산茅山)에서 공적을 심사하였다고 한다. 나중에 도산의 이름은 회계산會稽山으로 바뀌었는데 이 황복의 땅 옛 성의 이름이 바로 회계會稽이다. 대우는 회계산의 동굴에서 황제黃帝의 『수경水經』을 얻어 물과 땅을 잘 다스렸는데 이 동굴이 바로 우혈禹穴이라고 불린다. 나중에 대우가 또 순수巡狩를 하다가 회계에 이르러서 병으로 세상을 떠나 회계의 산음山陰에 묻혔는데, 그곳에 대우릉大禹陵이 축조되어서 세세손손 제향을 받았다.

춘추春秋(B.C.770~B.C.476)와 전국戰國(B.C.475~B.C.221)의 교체기에 이르러서 오吳나라와 월越나라가 패권을 다투던 중 풍운이 급변하여 월나라의 왕 구천勾踐(?~B.C.464)이 오나라를 멸한 뒤 월나라는 동남에서 가장 강대한 패

권국이 되었다. 구천은 범려范蠡(B.C.536~B.C.448)에게 명하여 성곽을 건축하게 하였는데, 범려는 천상의 자궁紫宮을 본떠서 회계성을 세웠다. 서북에는 비익루飛翼樓를 세워서 천문天門을 상징하고, 동남에는 누석두漏石竇를 열어서 지호地戶를 상징하였다. 동남의 사마문司馬門에는 유대遊臺를 세우고, 산꼭대기에는 층루層樓를 세워서 천기를 관찰하였다. 구산龜山 위에는 영대靈臺를 짓고 높은 누각을 세워서 구름을 관찰하였다. 와룡산臥龍山 아래에는 규모가 광대한 월왕대越王臺를 세워서 구천이 와신상담臥薪嘗膽하여 원수를 갚고 치욕을 씻은 패업霸業을 표장하였다.

이로부터 회계는 발전하여서 절동浙東을 웅대하게 진압하는 '동남의 중심(東南之維)'이 되었다. 월문화의 발상지를 상징하는, 인문人文이 집중된 동남의 대도회는 광활한 남월南越의 대지 위에서 한 막 한 막 변환막측變幻莫測한 역사화의 두루마리를 펼쳐냈던 것이다.

옛 운하가 회계성 동쪽에서 곧바로 요강으로 통한다. 요강은 태평산太平山에서 발원하여 소흥의 온화한 바람과 난초의 향기를 띠고 동쪽으로 흘러 열여덟 굽이를 구불구불 돌아 자계慈溪를 지나 북으로 꺾어서 바다로 들어간다. 여요餘姚의 현성縣城은 요강 기슭에 자리를 잡고 있는데 풍광이 빼어나고 수많은 인걸을 배출한(鍾靈毓秀) 오월吳越의 요충지였으며, 인문의 유맥儒脈 상에서 회계성과 천 가닥 만 가닥으로 얽혀 있다.

전하는 바에 따르면 순舜의 어머니가 요허姚墟에서 대순大舜을 낳았기 때문에 요姚를 성으로 삼았다고 한다. 순이 곤궁할 때 역산歷山에서 밭을 간 적이 있었는데, 요堯로부터 선양禪讓을 받은 뒤 후손(支庶)이 모두 여요餘姚, 상우上虞 일대에 분봉分封되었다. '우虞'를 나라 이름으로 삼았으므로 상우라고 하였고, '요'를 성으로 삼았으므로 여요라고 하였다. 한 줄기 강도 요강(*순강舜江)이라고 하였다. 여요의 현성 북쪽에도 역산이 있는데 전설에 따르면 순이 경작한 곳이라고 한다. 밭으로는 상전象田이 있고 우물로는 순정舜井이 있는데 실제로 모두 순의 후예들이 경작하고 거주한 땅이다.

여요의 산수도 회계와 마찬가지로 기이하고 빼어나며 웅장하고 수려하다. 성 바깥에서는 산과 강이 서로 만나 남쪽으로는 도승嶀嵊으로 이어지고 북쪽으로는 전당에 접하면서 강을 옷깃으로 삼고 바다를 베개로 삼아(襟江枕海) 얽혀 있다. 성 안으로는 풍산豊山이 북으로 달리고 비도秘圖가 남으로 달리며, 요강이 동서를 가로지르고 죽산竹山과 서석산西石山이 중류를 진압하여 서 있고(鎭立), 용천산龍泉山·봉산鳳山·황산黃山이 주위를 둘러싸고 있어 산자수명山紫水明하고 풍기風氣를 비장한 '무릉도원(世外桃源)'이었다. 위魏(220~266), 진晉(266~420) 이래 중원의 대지에 전쟁의 불길이 면면히 이어지자 북방의 세가世家와 대족大族이 어지러이 장강을 건너 남쪽으로 옮겨왔는데, 회계군은 여요현과 함께 북방 왕씨의 세족과 의관衣冠을 갖춘 사람들이 장강을 건너 남쪽으로 건너와서 맨 처음 선택한 산수의 거주지였다.

연원이 깊고 오랫동안 이어진 북방의 태원왕씨太原王氏 세족은 진秦(B.C.221~B.C.207), 한漢(B.C.202~220) 때 왕위王威(?~208)가 그대로 태원에 머물면서 태원왕씨의 세계世系를 전승하였고, 왕원王元(후한 초)의 한 지파는 산동山東 낭야琅琊로 이주하여서 낭야왕씨의 시조가 되었다. 또한 서한西漢 말년 왕길王吉(?~B.C.48)의 한 지파는 임기臨沂로 이주하여서 임기왕씨의 시조가 되었다. 서진西晉(266~316) 말년에 왕람王覽(206~278)의 손자 왕도王導(276~339)는 강을 건너 금릉金陵에 거주하여 오의왕씨烏衣王氏의 시조가 되어서 오의왕씨의 세계를 형성하였다. 왕람의 증손 왕희지王羲之(303~361/321~379)는 강을 건너 소흥에 거주하여 소흥의 왕씨 시조가 되어서 소흥왕씨의 세계를 형성하였다. 왕도의 오의왕씨 세계는 끊이지 않고 면면히 이어져서 송宋(960~1279) 왕실이 남쪽으로 옮겨갔을 때 왕도王道의 한 지파는 여항餘杭으로 이주하였다. 왕도의 아들 왕보지王補之는 또 상우의 달계達溪로 이주하여서 달계왕씨의 시조가 되었고, 남송 말년 왕보지의 증손 왕계王季가 전란을 피하여 상우 달계에서 여요 비도산으로 이주하여서 여요 비도왕씨의 시조가 되었는데 왕양명은 바로 왕계의 10세손이다.[1]

원래 여요의 비도산은 용천산에서 뻗어 나온 작은 산이다. 산은 높은 것이 중요하지 않고 신선이 있으면 신령하듯이(山不在高, 有仙則靈), 비도산은 신령하고 기이한 산수의 승경이다. 산 정상에는 천연 석궤石匱가 있는데 그 속에는 대우의 신령하고 신비한 그림(秘圖)을 간직하고 있다. 비도산 아래에는 호수 하나가 있는데 비도호秘圖湖라고 불리는 이 호수는 흐르는 물이 맑고 깨끗하며 꽃과 나무가 무성하게 우거지고 배롱나무가 가볍게 나부끼며 대숲이 하늘을 찌를 듯이 솟아서 소흥 난정蘭亭의 풍광과 기상을 보인다. 이 비도 호반은 세가世家, 대족大族, 소객騷客, 은사隱士들이 거주하는 낙원이 되었다.

비도산의 원래 이름은 방장산方丈山이다. 일찍이 진대秦代에 산의 남쪽 기슭에 현서縣署를 건립하였다. 전하는 바에 따르면 삼국시대 주연朱然 (182~249)도 비도산 기슭에 여요의 옛 성을 축조했다고 한다. 당唐 천보天寶 연간(742~756)에 방장산을 비도산으로 개명하고 산 남쪽에 엄공당嚴公堂·고풍각高風閣·수성관壽聖觀 등을 세웠다. 북송시대 여요의 현서는 규모가 확대되었다. 비도산을 등지고 청신당淸新堂·한묵당翰墨堂·불기실不欺室·감지헌鑒止軒·취두정翠寶亭·수야정秀野亭 등을 건립하였고, 고풍각 뒤에는 조은정釣隱亭을, 한묵당 앞에는 부용정芙蓉亭을 세우고 간각刊刻을 수집하여 소장하였는

---

1 생각건대, 여요 비도왕씨의 원류와 파천播遷에 관해서는 역대의 견해에 오류가 있다. 상세한 것은 『왕양명연보장편王陽明年譜長編』(束景南, 上海古籍出版社, 2017)을 참조하라.(저자의 주석에서 개인적 견해를 밝힐 때는 '按'이라 썼는데, '살피건대', '생각건대'와 같이 옮길 수 있으나 꼭 필요하다고 생각되는 경우를 제외하고는 생략한다. — 역자)

데 대부분 소동파蘇東坡(소식蘇軾, 1037~1101)의 명첩名帖이다.

남송 말에 이르러서 왕계가 비도산으로 이주한 뒤 왕씨 가족은 비도 호반 최대의 은거 유민이 되었다. 그들은 원대元代(1271~1368) 내내 출사出仕를 통해 관리가 되기를 원하지 않았다. 원 지정至正 20년(*1360) 3월 월수越帥 유인본劉仁本(?~1368)이 군사를 다스리기 위해 여요에 왔다가 여요의 주서州署 뒷면에 있는 비도산에서 신령한 우(神禹)가 영험하고 신비한 그림을 숨긴 곳을 찾아냈다. 비도 호반의 경치가 소흥의 난정과 판에 박은 듯 똑같다는 사실을 알고서 매우 놀라고 기이하게 여겨 즉시 우영정雩詠亭을 짓고, 문인文人, 아사雅士 42명을 불러모아 비도 호반에서 상사수계上巳修禊인 '속난정회續蘭亭會'를 열었다.

그는 「속난정회보참군유밀시병서續蘭亭會補參軍劉密詩幷序」를 지었다.[2]

지정 경자년(1360) 봄, 나(仁本)는 회계의 여요에서 군사를 다스리게 되었다. 이에 용천의 왼쪽 기슭, 주서의 뒷산을 구경하다가 신령한 우가 그림을 숨긴 곳을 찾아냈다. 물이 바위틈에서 흘러나와 웅덩이는 못이 되고 트인 곳은 흐르는 샘이 되었다. 풀과 나무는 떨기지어 무성하고 길에는 배롱나무가 줄을 지었으며, 사이사이에 대숲이 있어서 난정의 경관을 방불케 하였다. 이로 인해 우영정을 지어서 드러내고 모임을 위해 구월甌越에서 온 선비 42인과 함께 수계를 하였다. 진대 사람들의 난정회 그림과 시를 가져다가 빠지고 부족한 부분을 저마다 하나씩 맡아 보충을 하였는데 모두 몇 수가 되었다. 이로 인해 '속난정회'라고 하였다.

至正庚子春, 仁本治師會稽之餘姚, 乃相龍泉之左麓, 州署之後山, 得神

---

2 유인본劉仁本, 『만력소흥부지萬曆紹興府志』 권9 「고적지古迹志」.

禹秘圖之處. 水出巖罅, 瀦爲方沼, 疏爲流泉. 卉木叢茂, 行列紫薇, 間以竹篁, 彷佛乎蘭亭景狀. 因作雩詠亭以表之, 合甌越來會之士得四十二人, 同修禊事. 取晉人蘭亭會圖詩缺不足者, 各占其次補之, 總若干首, 因曰續蘭亭會云.

우주를 굽어보고 올려다보며	俯仰宇宙
이 산천을 둘러보네	睠此山川
초목은 무성하고	欣欣卉木
샘물은 졸졸 흐르네	泠泠流泉
어찌 홀로 이것만 즐기랴!	豈伊獨樂
위로 천년을 벗하리!	尙友千年
잔을 돌리며 읊조리는데	飛觴拊詠
만물은 기뻐하네	萬化陶然

따뜻한 봄이 기름진 은택을 베풀어	陽春沐膏澤
초목이 우북하게 자라네	草木生微喧
신령한 그림은 그윽하고 신비하니	靈圖發幽秘
여기에 우의 자취 남아 있음을 느끼네	感此禹迹存
선비들 줄지어 모여들어	衣冠繼芳集
시냇가에 앉아 맑은 술 단지 끌어당기네	臨流引淸樽
성정이 저절로 편안해지니	性情聊自適
치란은 다시 말해 무엇하리!	理亂復奚言

수계를 한 아사 42명 가운데 한 사람인 '비도은자秘圖隱者' 정이鄭彝는 산

음山陰 우곡虞谷의 시를 보충하였다.[3]

감흥이 일어 옛 선인을 그리워하고	興懷古先
우러러 현묘한 조화를 관찰하네	仰觀玄造
중니(공자)는 물이 흘러감을 탄식하였고	尼嘆逝川
굴평(굴원)은 방초를 마음에 품었네	平念芳草
늦은 봄 만상이 조화로워	莫春維和
이에 그윽한 회포를 펼치네	爰舒幽抱
흰 망아지는 새하얗고	皎焉白駒
꾀꼬리는 지저귀네	嚶其黃鳥
일찍이 수레를 몰아 그윽한 기슭에서 쉬니	凤駕稅幽麓
가득 찬 술잔은 물결 따라 흐르네	泛醴循流瀾
거친 풀은 바위 여울을 덮고	荒蕪被巖瀨
화사한 꽃들은 숲에서 빛나네	葩萼耀林端
천천히 시운이 가까이 다가와	靡靡時運近
이에 가파른 산을 어루만지네	斯焉撫巉岏
먼 데 손님 모여서 주인은 기뻐하고	主欣遠賓集
흐뭇하게 즐거움이 남았네	陶然有餘歡

유인본의 '속난정회'는 세상 사람들에게 비도산 아래 비도 호반의 고상한 사람과 은사가 거주하는 '무릉도원'의 비경을 드러냈다.

---

3 『만력소흥부지萬曆紹興府志』권9「고적지古迹志」.

바로 이때 왕계의 증손 왕강王綱(1302~1371)이 비도왕씨 대가족의 가업을 어렵사리 이어가고 있었는데, 그도 '비도은자'의 한 사람으로서 세상에 몸을 숨긴 '은유隱儒'였다. 그는 비도산 아래 은거하였기에 유인본이 비도 호반에서 거행한 '속난정회'를 목도하였다. 그는 젊었을 때 고칙성高則誠(고명高明, 1305~?)의 겨레붙이인 고원장高元章과 산수 사이에서 교유하며 지냈다. 원 말에 사회가 크게 어지러워지자 모친을 모시고 오설산五泄山으로 피하여 그곳에 거주하였으며, 종남산終南山의 은사 조연독趙緣督을 만나 그로부터 서법筮法을 전수받았다. 신묘한 책략과 신비한 술법(神算秘術)에 능한 유백온劉伯溫(유기劉基, 1311~1375)이 늘 그를 찾아와 만남을 가졌다. 두 사람은 도와 술법을 담론하면서 의기투합하였다. 왕강이 유백온에게 예언하였다. "그대는 참으로 왕좌王佐의 재주가 있으나 외모가 그 마음에 조금 걸맞지 않으니 마땅히 많이 베풀고 적게 받아야 하오. 이 늙은이(老夫)는 마음이 구학丘壑에 있으니 그대가 뒷날 뜻을 얻더라도 다행히 세상 인연에 얽매이지 않게 한다면 좋겠소."**4** 그러나 유백온은 훗날 조정에 왕강을 천거하였다.

홍무洪武 4년(1371) 왕강은 문학文學으로 부름을 받고 서울로 가서 병부낭중兵部郎中에 제배除拜되었다. 이때 조주潮州 일대에는 민란이 일어났다. 조정에서는 왕강을 광동참의廣東參議에 임명하여 조주로 가서 병량兵糧을 징발하는 일을 감독하고 조주 백성의 귀순을 권유하게 하였다. 왕강은 아들 왕언달王彦達과 함께 배 한 척을 타고 광동의 조주로 가서 그곳 백성을 권유하며 민란을 평정하였다. 그런데 왕강은 돌아오는 길에 증성增城을 지날 때 해적을 만나 변을 당하였다. 왕언달은 적의 소굴로 들어가 울면서 꾸짖고 죽을힘을 다하여 마침내 양가죽으로 부친의 시신을 싸서 돌아와 여요의 화산禾山에

---

4 『왕양명전집王陽明全集』 권38 「왕성상선생전王性常先生傳」.

매장하였다. 왕언달은 부친이 충성을 다하고 죽은 것을 비통하게 여겨서 그로부터 몸소 비도산 아래에서 밭을 갈며 모친을 봉양하였다. 스스로 '비도어은秘圖漁隱'이라는 호를 짓고 죽을 때까지 벼슬하지 않았다. 그는 비도왕씨의 선조가 남긴 서적(遺書)을 모두 아들 왕여준王與準에게 맡기면서 다음과 같이 말하였다. "다만 선조의 업을 폐하지 말 따름이며 벼슬에 나아가기를 바라지 말라."

왕여준은 비도왕씨의 염퇴恬退의 지조를 지키는 은거한 선비(隱儒)의 가풍을 계승하여서 문을 닫아걸고 학문에 힘써 왕씨 선조가 남긴 서적을 모두 독파하였다. 또한 사명四明의 조趙 선생으로부터 『역』을 배웠다. 조 선생은 그에게 출사를 권했으나 그는 다음과 같이 대답하였다. "전에 선생님께 '세상에 숨어서 번민하지 않는(遯世無悶)' 가르침을 들었습니다. 저(왕여준)는 청컨대 종신토록 이 말씀을 일삼겠습니다." 그는 또 당년에 왕강이 종남산 조 은사로부터 얻은 서법筮法 서적을 자세히 연구하고 신기한 서술筮術을 습득하여서 사람들에게 점을 쳐주었는데 신기하게도 점을 보는 족족 들어맞아 원근에 소문이 났고 현령縣令조차도 사람을 보내 그에게 점서占筮를 물었다. 이에 왕여준은 "나는 술사術士도 될 수 없구나. 종일 공문公門에 분주히 드나들면서 화복禍福을 이야기해야 하다니."라고 하였다.

그는 달아나 사명산四明山 석실로 들어가서 한 해 동안 돌아오지 않았다. 부部의 사자使者가 사람을 보내서 찾아 잡아오도록 하였다. 왕여준은 낭떠러지에서 떨어져 다리를 다치는 바람에 붙잡혔다. 부의 사자는 그가 은둔한 어진 군자임을 눈치채고 말하였다. "족하足下가 벼슬하지 않으면 끝내 죄를 입을까 두려우니 차라리 자식을 대신하게 하는 것이 어떻겠소?" 왕여준은 어쩔수 없이 아들 왕걸王傑을 읍상邑庠의 제자원弟子員에 보임시키는 데 동의하였다. 그는 탄식하면서 말하였다. "나는 돌에 다친 것이 아니다. 서둔棲遯의 계책을 이룰 수 없었으므로 돌이 나에게 덕을 베푼 것이니 감히 잊을 수 없구나."[5] 왕여준은 이로부터 스스로 '둔석옹遯石翁'이라는 호를 짓고 은둔 생활을 하다가 세상을 떠났다.

그는 역학易學과 예학禮學을 정밀하게 연구하였고 수천 글자로 된 『역미易微』를 저술하였다. 비도왕씨 큰 겨레는 그의 대에 이르러서 이미 쇠퇴하였다. 나중에 양명은 감탄하며 말하였다. "아! 우리 할아버지께서는 고황제(명태조明太祖) 시대에 절의를 보이셨다. 이 땅에서 제사를 이어가게 하셨는데 세월이 오래되어 황폐해졌다. 오히려 유사有司가 여유가 없어서 그런 것이 아니라 실로 우리 자손의 가문의 복(門祚)이 쇠미했던 탓에 영령을 계승하여 현양하지 못하였기 때문이다. 전승이 어두워지고 끊어진 지 80~90년이라 말을 하고 생각함에 가슴이 쓰리고 슬프다."[6] 그러나 왕여준은 오히려 후세에 오래지 않아 가문이 부흥하리라고 믿었다.

한번은 그가 점을 쳐서 비도호 남쪽에 살 곳을 정하였는데, 시초蓍草로 본괘本卦는 '대유大有'를, 지괘之卦는 '진震'을 얻은 뒤 아들 왕걸에게 말하였다. "나의 선대에는 성함이 극에 달해서 쇠해졌는데 이제 쇠함이 극에 달하였으니 당연히 회복할 터이다. 그러나 반드시 내 뒤 다음다음 세대(再世)에야 비로소 흥할 것인가? 흥하면 반드시 성대하고 또한 오래갈 것이다."[7] 그의 예언은 과연 왕화王華(1446~1522)와 양명의 대에서 이루어졌다.

왕걸의 호는 괴리자槐里子이다. 비도왕씨 선조인 송대 왕호王祜(923~987)를 추념하여 뜰에 홰나무(槐) 세 그루를 심고 이름을 '삼괴당三槐堂'이라고 하

---

5 이상 『왕양명전집』 권38 「둔석선생전遯石先生傳」.

6 『왕양명전집』 권25 「제육세조광동참의성상부군문祭六世祖廣東參議性常府君文」.

7 『왕양명전집』 권38 「둔석선생전」.

였다. 왕걸은 어린 시절부터 성현의 학문에 뜻을 두어 14세 때 이미 사서오경 및 송대 대유학자의 학설을 모두 통달하였다. 그는 아버지의 명에 따라 읍상의 제자원으로 들어갔는데 교유敎諭인 정정程晶이 그를 한 번 보고 사람들에게 "이 사람은 오늘날의 황숙도黃叔度(황헌黃憲, 109~156)이다."라고 하였다. 그러나 그는 과거에 응시하여 출사할 생각이 없었다.

선덕宣德(선종宣宗, 1425~1435) 시대에 조정에서는 중앙과 지방에 기이한 재능을 지녔고 풍헌風憲의 직책을 감당할 수 있는 사람을 추천하여서 임용하라고 명하였다. 현령 황유黃維(1408, 거인)가 왕걸에게 명하여 억지로 부름에 응하게 하였다. 그러나 왕걸은 자기에게 주어진 자리(名額)를 학우 왕숙앙汪叔昻에게 양보하였다. 이후 현학縣學에서 공생貢生을 선발하는데 또 왕걸에게 차례가 돌아왔으나, 그는 모친이 연로하다는 이유로 사양하고 자기 자리를 학우 이문소李文昭에게 양보하였다. 왕걸은 상기를 마치고 나서야 공생에 응하여 명경明經으로 남옹南雍에 들어갔다. 좨주祭酒 진경종陳敬宗(1377~1459)은 그에게 대학자로 큰 기대를 걸고서 제자의 반열에 나아가지 못하게 하였다. 왕걸은 남옹에서 옛 성현의 가르침을 새기면서 사람들에게 다음과 같이 말하였다. "배우는 사람이 증점曾點의 정신(意思)을 볼 수 있다면 쇄연하여 어디에서도 자득自得하지 않음이 없으니 작록爵祿이 마음을 움직이지 못함은 말할 것이 없다."[8]

그는 남옹에서 『역춘추설易春秋說』, 『주례고정周禮考正』 등의 책을 저술하여 명성이 높았다. 진경종이 조정에 왕걸을 천거하였으나 조정의 명이 내리기도 전에 병으로 세상을 떠났다. 원고는 흩어지고 잃어버렸으며, 집안은 빈궁하여서 그가 왕륜王倫에게 남겨준 것은 겨우 서적(書史) 몇 상자뿐이었다.

---

8 『왕양명전집』 권38 「괴리선생전槐里先生傳」.

왕륜이 바로 양명의 조부이다. 비도왕씨는 그의 대에 이르러서 왕여준이 말한 대로 '쇠함이 극에 달하였으니 당연히 회복할' 시기였다. 그는 타고난 성품이 대나무를 사랑했던지라 '대나무 없이는 못 사는(不可居無竹)' 소동파를 본받아 자기가 거주하는 헌옥軒屋 주위에 하늘을 찌를 듯 대나무를 빽빽이 둘러 심어놓고서 날마다 대숲 사이에서 읊조리며 지내면서 스스로 호를 '죽헌竹軒'이라 하였다. 늘 손님에게 대숲을 가리키면서 다음과 같이 말했다. "이것은 나의 곧고(直) 선량하고(諒) 견문이 많은(多聞) 벗이니 어찌 하루라도 서로 버려둘 수 있겠는가!" 그는 어려서부터 왕걸의 정훈庭訓을 받아 총명하고 지혜로우며 일찍 성취하였다. 왕걸은 왕륜에게 서적 몇 상자를 남겨주었는데, 왕륜은 책 상자를 열 때마다 매번 눈물을 글썽이며 이렇게 말하였다. "이것은 우리 선대가 늘려놓은 것이다. 후손인 내가 더 늘리지 않으면 장차 흩어질 것이다."[9] 그는 어려서부터 하루 종일 이 상자에 들어 있는 서적을 입으로 외고 마음으로 새겼는데, 특히 『의례儀禮』, 『좌씨전左氏傳』, 『사기史記』를 즐겨 읽었다. 비록 가정형편은 청한淸寒하였으나 그는 오히려 괴로운 가운데에서 즐거움을 누리고, 평소 고(琴)를 잘 탔으며 시를 읊고 부賦를 짓기를 좋아하여서 은유隱儒의 가풍을 실추시키지 않았다.

왕륜의 나이 약관에 절동·절서의 대가들이 모두 그를 초빙하여 자제들의 스승으로 삼았다. 그러나 그는 집안이 가난하고 모친이 늙어서 끝내 평생 출사를 하지 못하고, 집안에서 사숙私塾을 열어 생도를 가르치며 생계를 유지하였다. 그는 아들 왕화를 가르치면서 문인 제자들을 화기애애하고도 엄숙하게 가르치고 이끌었다. 부인 잠씨岑氏는 집안일을 잘 꾸려나갔다. 왕륜은 한가할 때는 같은 마을의 국장옹菊莊翁 위요魏瑤 등과 시를 읊으며 주고받

---

9 『왕양명전집』 권38 「죽헌선생전竹軒先生傳」.

았고 결사結社를 맺었다. 그는 흉금이 쇄연하여서 자못 도연명陶淵明(도잠陶潛, 352/365~427)이나 임화정林和靖(임포林逋, 967~1028)과 같은 '은유'의 기백과 풍도가 있었다. 그는 비도왕씨 부흥의 희망을 완전히 왕화에게 맡기고, 왕씨 큰 겨레에게 막힌 운수가 극에 달한 뒤 통하는 운수로 바뀌는(否極泰來) 기회가 오기를 기대하였다.

왕화는 태어나면서부터 놀랄 만큼 명민하고 총명하였다. 전하는 바에 따르면 그가 태어날 때 조모 맹씨孟氏가 꿈을 꾸었는데, 그 꿈에 시어머니가 붉은 옷(緋衣)을 입고 옥띠(玉帶)를 두른 동자를 안고 와서 자기에게 건네주며 말하기를 "며느리가 나를 효도로 섬기니 손부도 너를 효도로 섬긴다. 내가 네 시아버지와 함께 하느님(上帝)께 빌어서 이 손자를 네게 준다. 대대로 영화가 다하지 않으리라."라고 하였다고 한다. 이리하여 이 손자의 이름을 왕화라고 짓고 형의 이름은 왕영王榮이라고 지었다. 하느님이 신동을 내려주는 꿈에 부응한 것이었다. 이 이야기는 아마도 왕륜이 지어낸 것일 터이나 비도왕씨 가문의 영화가 부흥하기를 기대하는 가족의 잠재적 심리를 반영하고 있다. 가족의 이러한 잠재적 심리는 나중에 왕화에게서 다시 한번 표현되어서 또 자기의 출생과 양명의 출생을 신화화한 이야기를 지어낸다.

왕화는 전생에 신동이었는지, 막 말을 하게 되자 조부 괴리자 왕걸이 그를 품에 안고서 입으로 옛 시가를 읊어주었는데 한 번 듣자마자 곧바로 욀 수 있었다. 조금 더 자라서 글을 읽게 되자 눈으로 본 것은 잊어버리지 않았다. 여섯 살 때 그는 또래 동무들과 물가에서 놀다가, 술에 잔뜩 취해 자루를 기슭에 던져두고 발을 씻고 있는 어떤 과객을 보았다. 왕화가 자루를 열어보니 그 속에는 금 몇십 덩이가 들어 있었다. 그는 다른 사람이 가져갈까 봐 자루를 물속에 던져 넣고 앉아서 취객이 가지러 오기를 기다렸다. 얼마 안 있어 과연 취객이 울면서 돌아왔다. 왕화는 그에게 물었다. "금을 찾으려고 하지요?" 그리고 자루를 던진 물속 지점을 알려주었다. 취객은 자루를 찾은 뒤 금 한 덩이를 주며 사례하려고 하였다. 왕화는 귀엽게 웃으며 사양하였다. "어르신의 금 수십 덩이도 가져가지 않았는데 한 덩이를 받겠어요?"

왕화는 어려서부터 부지런히 배우고 열심히 글을 읽어서 비도왕씨의 가학家學을 계승하였는데 특히 예학과 역학에 정통하였다. 어느 해 봄날, 태부인 잠씨가 창 아래에서 베를 짜고 있었는데 왕화가 곁에 앉아 글을 읽고 있었다. 이때 고을에서는 봄맞이 마을행사(社會)를 대대적으로 거행하고 있어서 집집마다 어린아이들이 모두 뛰어나가 구경을 하였다. 그런데 왕화는 그대로 앉아서 차분한 마음으로 글을 읽었다. 태부인이 그에게 물었다. "너도 잠시 나가서 구경하련?" 왕화가 대답하였다. "할머니(大人)는 틀렸어요. 봄 구경이 어찌 책 구경만 하겠어요?" 잠 부인이 기뻐하면서 말하였다. "네 말이 맞다. 내가 말을 잘못했구나."

열한 살 때 왕화는 동네의 선생 전희총錢希寵을 스승으로 삼아 그의 밑에서 수학하였다. 한 달 만에 대구對句를 배우고 두 달 만에 시를 배웠으며 다시 몇 달 만에 문장을 배웠다. 반년 만에 학당의 제생諸生은 어느 누구도 왕화와 견줄 수 없었다. 전희총은 찬탄하면서 말하였다. "이해가 다 가면 나는 더 이상 너에게 가르칠 것이 없겠다." 한 번은 현령縣令이 수행원 한 무리를 거느리고 숙학塾學에 온 적이 있었다. 동학들은 저마다 학업을 멈추고 둘러서서 현관縣官을 보았는데 왕화만은 책상 앞에 그대로 앉아서 주위에 아무것도 보이는 것이 없다는 듯 경서를 낭송하였다. 전희총이 그에게 물었다. "너혼자 아랑곳하지 않으니, 현령이 네게 거만하다면서 꾸짖는다면 어찌하려느냐?" 왕화가 대답하였다. "현령도 사람일 뿐입니다. 보아서 무엇하겠습니까? 만약 글 읽기를 그치지 않는다면 그가 또한 어찌 꾸짖겠습니까?" 전희총이 죽헌 왕륜에게 말하였다. "아드님(公子)의 덕기德器가 이와 같으니 단연코 비범합니다."

열네 살 때 왕화는 또래의 어린 친구들(親朋子弟) 몇 명과 함께 산에 들어가 용천龍泉의 산사山寺에서 글을 읽었다. 용천사에는 요괴가 나타나서 해코지를 한다는 전설이 전해오고 있었다. 이날 밤에 정말로 괴이한 일이 일어나서 또래 가운데 어린 친구들이 다쳤다. 어린 친구들은 모두 어지러이 달아나 돌아가버렸고 왕화만 그대로 절에 남아서 글을 읽었는데, 밤중에 귀신의 장난은 다시 일어나지 않았다. 절의 중들은 왕화도 달아나게 할 생각으로 매일 밤 귀신으로 꾸미고 소란을 피웠다. 중들은 귀신이 부르짖는 소리를 내고 기와와 돌을 방 안으로 던지고 방문을 두드리며 으르렁댔다. 그러나 옷깃을 가다듬고 반듯이 꿇어앉은 왕화의 신색神色은 태연자약하였다.

중들은 달리 방법이 없어서 그에게 물었다. "요괴가 해코지를 하여서 여러 사람이 다쳤는데 그대는 홀로 두렵지 않은 것이오?" 왕화가 대답하였다. "내가 무엇을 두려워하겠소?" 중이 물었다. "다들 가버린 뒤 그대는 다시 본 것이 있소?" 왕화가 답하였다. "내가 무엇을 보았겠소?" 중이 다시 물었다. "이 요괴는 건드리기만 하면 해코지를 그치게 할 수 없소. 그대는 어찌 홀로 본 것이 없다 하시오?" 왕화가 웃으면서 답하였다. "내가 본 것은 사미沙彌 몇 명이 장난질하는 것뿐이었소." 중이 거짓으로 말했다. "이 어찌 우리 절의 돌아가신 여러 사형이 장난질한 것이라 하오?" 왕화가 웃으면서 말했다. "돌아가신 여러 사형이 아니라 바로 여러 사제를 보았을 뿐이오." 중이 꾸며대며 말했다. "그대는 우리 동무들이 장난질하는 것을 직접 보았소? 다만 억설일 뿐이오." 왕화가 말했다. "내가 비록 직접 보지는 못했지만 만약 당신들이 직접 한 일이 아니라면 어찌 내가 반드시 무언가를 보았는지 알 수 있겠소?" 중은 마지막으로 사실을 털어놓았다. "실은 우리가 이 장난으로 그대를 시험해보았을 뿐이오. 그대는 하늘이 내린 사람이오. 뒷날의 복덕福德을 어찌 헤아릴 수 있겠소!" 왕화는 용천사에서 열심히 글을 읽으며 전해오는 귀신 이야기를 두려워하지 않았다. 나중에 학자들은 모두 그를 '용산 선생龍山先生'이라고 일컬었다.

천순天順 6년(*1462), 열일곱 살이 된 왕화는 용천산에서 열심히 글을 읽던 나날을 마무리하고 용천산을 나왔다. 그는 「삼례대론三禮大論」한 편을 작성해서 현학에 응시하였다. 현령은 그의 비범하고 기이한 문장에 경이를 느꼈다. 며칠 뒤 다시 전문적인 출제를 하여서 그를 시험해보았다. 시제試題가 내걸리자 왕화는 일필휘지로 작성하였다. 현령은 예전에 그가 지은 적 있던 '숙구宿構'와 우연히 들어맞은 것이 아닌가 의심을 품고 다시 시제를 내어서 시험을 해보았다. 왕화는 민첩한 사유를 발휘하여 물 흐르듯이 시제에 답하였다. 현령은 기뻐하면서 그에게 말하였다. "그대는 뒷날 반드시 천하의 장원이 되리라." 왕화는 순조롭게 현학에 선발되었다.[10]

그런데 뜻밖에도 천순 6년 현학에 들어가 성화成化 16년(*1480) 향시鄕試에서 거인擧人에 합격할 때까지 이 18년의 시간은 오히려 왕화에게는 평생 가장 곤궁하고 신산한 나날이 되었다.[11] 아마도 그는 현학에 있을 때 매 회 열리는 향시에 참가하였으나 모두 낙제해서 합격하지 못하였을 것이다. 집안

---

10 『왕양명전집』권38 「해일선생행장海日先生行狀」.

11 천순 6년 이후 성화 10년(1474)까지 왕화의 행적과 출처에 관해서는 육심陸深(1477~1544)의 「해일선생행장」과 양일청楊一淸(1454~1530)의 「해일선생묘지명海日先生墓誌銘」에서는 모두 말하기를 꺼리거나 빠뜨렸다. 지금 『성화십육년절강향시록成化十六年浙江鄕試錄』에는 다음과 같이 기록되어 있다. "제1명, 이민李旼, 전당錢塘 현학 증광생增廣生, 『역』: 제2명, 왕화, 여요현 유사儒士, 『예기』." 왕화를 '여요현 유사'라 일컫고 '여요현 제생諸生'이라고 일컫지 않은 까닭은 당연히 왕화가 여요 현학을 졸업한 뒤 이어진 향시에 참가하였다가 잇따라 실패하고 바로 자제사子弟師로 밖에 나가서 생계를 도모했기 때문에 그를 '여요 유사'라고 하였던 것이다.

이 가난하여 앉아서 밥을 받아먹을 수 없었던 그는 가족을 부양하기 위해 현학을 졸업한 뒤 곧 지방 '유사儒士'의 신분으로 밖으로 나가 사방에서 자제사子弟師(＊숙사塾師)가 되어서 입에 풀칠을 하였다. 스물여섯 살 때인 성화 7년(1471)에 왕화는 비로소 비도왕씨의 옛 거처에서 이사를 하여 막씨루莫氏樓를 세내고서 정씨鄭氏와 혼례를 하였다.[12]

성화 8년(＊1472) 9월 30일, 왕화가 전해 향시에서 또 한 차례 낙제하고 1년 뒤 양명이 막씨루에서 탄생하였다. 비도왕씨 가문은 잇달아 두 '신동'을 배출하였는데 비도왕씨 가족의 '쇠함이 극에 달하였으니 당연히 회복할' 서광이 마침내 비치기 시작한 것이다.

---

12 황관黃綰의 「양명선생행장陽明先生行狀」에서는 "정씨는 잉태한 지 14개월 만에 공을 낳았다."라고 하였으니 왕화와 정씨가 혼례를 올린 때는 성화 7년(1471)이다. 또한 비도산에는 정씨 큰 겨레도 은거하였는데 예를 들어 정이鄭彛는 스스로 '비도은자'라고 일컬었다. 왕씨와 정씨 두 겨레는 대대로 같은 지역에서 서로 사이좋게 지냈으므로 왕화가 아내로 맞은 정씨는 어쩌면 비도산 정씨 큰 겨레의 사람일 터이다.

서운루瑞雲樓:
'석기린石麒麟' 탄생

막씨루는 용천산 북쪽 기슭에 자리하고 있는데 비도왕씨의 옛 거처와 가깝다. 정씨 부인은 아마 비도산에 은거한 정씨 가문 출신의 규수였으리라. 그녀는 성화 7년(*1471)에 이 빈궁한 수재 왕화에게 시집을 와서 14개월이나 배 속에 양명을 품고 있었다. 드디어 성화 8년 9월 30일 해시亥時(21~23시)에 양명이 막씨루에서 태어났다.

전하는 바에 따르면, 양명이 태어날 때 조모 잠 태부인의 꿈에 붉은 도포를 입고 옥띠를 두른 신인이 오색구름을 타고 내려와 갓난아이 하나를 잠 태부인에게 건네주면서 "네 아들로 주노라."라고 하니, 잠씨가 "저는 이미 아들이 있습니다. 제 며느리가 저를 효도로 섬기니, 원컨대 예쁜 아기를 손자로 삼고 싶습니다."[13]라고 하였다. 신인이 응답하였다. 꿈에서 깨어난 잠씨는 곧 갓 태어난 아기의 울음소리를 들었다. 왕륜은 매우 경이로운 생각이 들어서 이 아기의 이름을 왕운王雲이라 짓고 나중에 이 막씨루도 서운루瑞雲樓라고 고쳐 불렀다.

---

13 전덕홍錢德洪, 「후서운루기後瑞雲樓記」, 『광서여요현지光緒餘姚縣志』 권14 「고적古蹟」.

이 신인과 주고받은 이야기는 아마도 왕륜과 왕화가 허구로 지어냈을 터인데 왕화가 신동으로 강생했다는 이야기와 쏙 빼닮았다. 실제로 신인과 주고받았다는 양명의 강생 이야기는 여러 판본이 전해진다.

왕동궤王同軌(1535~1620)는 더욱 신기한 강생 판본을 제시하였다.

> 여요의 해일옹海日翁 왕화는 장원 종백宗伯(문장과 학문으로 존경받는 학자)이
> 다. 선대는 모두 가난한 선비였으나 음덕陰德 쌓기를 좋아하였으며 청렴하
> 고 근신하여서 깨끗하였고 다랍지 않았다. 해일이 아직 급제하지 않았을
> 때 다음과 같은 꿈을 꾸었다. 여러 신이 천제天帝에게 아뢰기를 "이 사람
> 은 9세世가 청렴하고 가난했으나 한 몸의 보응이 아직 여유가 없습니다."
> 라고 하였다. 천제가 "그에게 10세世의 부귀를 허락하노라." 하고 말한 뒤
> 제신諸神에게 명하여서 음악을 연주하게 하고 문곡성文曲星을 이끌어 보내
> 며 그에게 아들로 삼게 하였다. (그가) 몸소 채련綵聯을 보았는데 '수정승선
> 업守正承先業, 수모유후곤垂謨裕後昆(선대의 업을 지키고 바르게 계승하며 계책
> 을 내려서 후세를 넉넉하게 한다)'이라 하였다. 뒤에 문성공文成公을 낳아서 이
> 름을 수인守仁이라 하였다. 손자 이하는 정正이라, 승承이라 하였으니 모두
> 신이 말한 열 글자로 이름 순서를 정한 것이다.[14]

나중에 비도왕씨가 정말로 양명에서 시작하여 '수·정·승·선·업'의 배열로 항렬의 이름을 차례로 붙인 것으로 볼 때 곧 양명이 문곡성(*석기린石麒麟)의 하생下生이라는 이야기도 분명히 왕륜과 왕화가 지어낸 것이며, 이 항렬이름자의 차례도 틀림없이 왕륜과 왕화가 정하였을 터이다. 이는 그들이 비

---

14 왕동궤王同軌, 『이담류증耳談類增』 권4 「해일옹몽海日翁夢」.

도왕씨 큰 거레의 부흥을 기대하는 가문의 급박한 잠재적 심리를 더욱 강렬하게 드러내고 있다.

양명이 구름을 타고 인간계로 내려온 신동이라는 이야기와 음악을 연주하는 가운데 인간계로 내려온 문곡성이라는 이야기는 앞뒤로 서로 들어맞듯이 일맥상통한다. 잠 태부인의 꿈에서 양명이 구름을 타고 인간계로 내려온 신동이었다는 이야기로 말하자면, 왕륜과 왕화가 성화 8년(1472)에 양명의 이름을 왕운이라고 지어준 것과 관련된다. 왕화의 꿈에서 양명이 음악을 연주하는 가운데 인간계로 내려온 문곡성(석기린)이었다는 이야기로 말하자면, 왕륜과 왕화가 성화 12년(1476)에 양명의 이름을 왕수인王守仁으로 고치고 자를 백안伯安이라 한 것과 관련된다. 비도왕씨가 '수·정·승·선·업'의 항렬에 따라 이름자를 차례로 붙인 것으로 볼 때 양명은 음악을 연주하는 가운데 인간계로 내려온 문곡성이었다는 꿈과 들어맞는 것이다.

나중에 왕화도 서릉徐陵(507~583)의 경우와 마찬가지로 (양명을) 인간계로 내려온 '석기린'으로 여기고서 정성을 다하여 양육하였다. 『진서陳書』「서릉전徐陵傳」에 다음과 같이 전한다.

서릉은 자가 효목孝穆이다. …… 모친 장씨臧氏가 일찍이 꿈을 꾸었는데, 오색구름이 봉鳳으로 변하여서 왼쪽 어깨 위에 앉았다. 이윽고 서릉을 낳았다. 이때 보지寶志라는 상인上人(스님)이 있었는데, 세상에서는 그가 도를 터득했다고 일컬었다. 서릉의 나이 몇 살 때 집안사람이 그를 데리고 가서 인사를 드리게 했는데 보지가 손으로 그의 이마를 문지르면서 말하였다. "하늘 위의 석기린이다." 광택 혜운光宅惠雲(?~594) 법사가 늘 감탄하기를, 서릉이 일찍 성취할 것이라 하면서 '안회顏回'라고 불렀다. 여덟 살 때 글을 지을 수 있었으며 열두 살 때 장자莊子(B.C.369~B.C.286)와 노자老子의

사상을 통달하였다.[15]

　양명의 조모가 오색구름이 내려오는 꿈을 꾼 뒤 양명이 태어났고, 왕화는
문곡성이 인간계로 내려오는 꿈을 꾸었으며, 신승神僧은 양명의 이마를 문지
르며 '이 아이(寧馨兒)'라고 일컬었고, 양명이 여덟 살이 되었을 때 시를 지을
줄 알고 불교와 노자의 사상(義)에 통달하였다는 사실은 모두 서릉에 견주어
서 양명을 인간계로 내려온 '석기린'으로 여긴 것이다. 나중에 양명이 왕수인
으로 이름을 바꾸고 자를 백안이라 한 것은 물론 『논어論語』에서 말한 "앎이
거기에 미치고 인으로 그것을 지키다(知及之, 仁能守之)."[16]라는 말을 따온 것이
지만 양명의 자를 '백안'으로 한 것으로 볼 때 왕화가 양명에게 지어준 이름
과 자는 '석기린'의 깊은 뜻을 담은 것이다. 공자의 말씀(說法)에 따르면 기린
은 어진 짐승(仁獸)이며 태평하고 평안한 세상이라야 나타나므로, 왕화가 양
명에게 지어준 이름인 수인守仁과 자 백안伯安은 의심할 바 없이 양명을 태
평하고 평안한 세상에 나온 '기린'으로 인정한 것이다. 또 기린은 학문의 짐
승(文獸)이니 '석기린'은 문곡성을 은밀히 가리키며, 또한 왕화의 꿈에 천제가
문곡성에게 명하여 인간계에 내려가라고 한 것과 서로 들어맞는다.[17]
　그러나 인간계에 내려온 석기린은 끝없는 고난을 겪어야만 할 숙명에 처

---

15 『진서陳書』 권26 「서릉전徐陵傳」.

16 『논어』 「위령공衛靈公」.

17 옛사람은 오늘날의 기린(장경록長頸鹿, giraffe)을 '기린麒麟'이라고 여겼는데, 기린은 14개
　월 동안 임신하였다가 새끼를 낳는다. 또 전설에 요堯의 모친이 14개월 회임한 뒤 요를
　낳았다고 한다. 그러므로 14개월 회임한 뒤 낳았다는 것은 제왕이나 귀인이 세상에 나
　옴을 상징한다. 양명이 14개월 만에 태어났다는 설은 역시 암암리에 귀인이 세상에 나
　옴을 빗댄 것이며, 실제 사실은 아니다. '정씨가 14개월 임신하였다'라고 한 말 역시 양
　명이 세상에 내려온 석기린임을 암시한다.

하였다. 양명은 세상에 태어난 뒤 5년 동안 말을 하지 못하였다(*일종의 '소아자폐증'일 듯하다). 이 5년 동안 왕화는 생계를 위해 오랫동안 밖으로 분주하게 떠돌며 자제사의 일을 하였다. 양명은 서운루에서 오로지 정성껏 몸소 집안일을 돌보고 건사하는 어머니 정씨에게 의지했다. 왕륜은 가숙을 열어 학생들을 가르치면서 청한하게 나날을 보냈다.

성화 10년(1474) 왕화는 또 한 차례 가을 시험(秋試)에 응시하였으나 이전과 마찬가지로 낙방하였다. 그는 상심하여서 다음과 같이 말하였다. "성화 갑오년(1474) 가을 시험에서 독학督學 장시민張時敏 공이 가장 먼저 나(왕화)와 사천謝遷(1449~1531) 공을 함께 천거하였다. 그해에 사천 공은 합격(發解)하였는데 나는 떨어졌다."[18] 성화 11년에 이르러서 왕화는 절강浙江 포정사布政使 영량寧良(1445, 진사)의 초빙을 받아 자제사가 되어서 멀리 기양祁陽에 부임하였다. 그는 매장서옥梅莊書屋에서 3년을 거주하며 영량의 아들 영굉寧竑을 가르쳤다. 이때 양명은 서운루에서 아직 말문도 열리지 못한 상태였으며, 왕화는 기양에서 자제사를 맡아 과거와 벼슬길에 실낱같은 희망의 빛을 맞이하고 있는 듯해 보였다.

그는 기양에서 보낸 생활과 자신이 꿈을 꾼 일을 「서몽당기瑞夢堂記」에서 다음과 같이 말하였다.

> 성화 갑오년 가을 시험……이듬해 사 공은 장원급제하였다. 나는 이때 방백方伯 영량 공의 부름을 받고 자제 굉을 매장서옥에서 가르쳤다. 밤에 꿈을 꾸었는데 집에 돌아가니 마치 어린아이 시절인 듯 하였다. 군중을 좇아 봄맞이 놀이를 보러 갔는데 사람들이 흰색 흙소(土牛) 한 마리를 주었다.

---

18 왕화王華, 「서몽당기瑞夢堂記」. 정시용程時用의 『풍세류편風世類編』 권8에 보인다.

붉은 덮개로 덮여 있었고, 크고 작은 각종 깃발(旌纛)과 부절(幡節) 등이 늘어서고 풍악을 울리며(鼓吹) 인도하였다. 방백 창려昌黎 두杜 공이 견여肩輿를 타고 따랐다. 동문으로 들어가서 집에 이르러 멈추었다. 꿈에서 깨어난 뒤 굉에게 이야기하였다. 굉이 말하였다. "소는 일원대무一元大武(머리 하나, 큰 발)입니다. 봄은 한 해의 머리(首)이니 시험의 시기입니다. 장원狀元은 또 춘원春元(정월 초하루)이라고도 합니다. 쇠(金)는 흰색이며 그 신神은 신辛입니다. 소의 신은 축丑입니다. 중간의 해는 신辛이 아닙니까?(*성화 17년 신축을 가리킨다) 풍악을 울리며 앞을 인도한 것은 화개華蓋와 의장대의 호위로서 본가로 돌려보내주는 것입니다. 본가로 돌아가도록 보내는데 두 공이 따른 것은, 생각건대 이해 경조윤京兆尹은 두 공이 아니겠습니까?" 나는 웃으며 말하였다. "허! 이럴 수 있는가? 그대의 말은 거의 허황한 꿈같은 일이로다(隍中之鹿)." 경자년(1480)에 이르러서야 비로소 향천鄕薦을 받았다. 신축년(1481)에 1등으로 합격하였다(傳臚第一). 명을 받아 본가로 돌려보내주는 일을 맡은 자는 과연 두 공이었다. 비로소 꿈속의 일이 거짓이 아님을 믿게 되었다. 마침내 '매장서옥'을 '서몽당瑞夢堂'이라 바꾸고 글을 써서(操觚) 이를 기록하였다.[19]

왕화의 이 「서몽당기」는 그가 성화 17년(1481)에 장원한 뒤 쓴 글인데 실제로는 그가 나중에 허구로 가져다 붙여서 해석한 것이니, 그가 매장서옥의 이름을 '서몽당'으로 바꾼 것은 막씨루의 이름을 '서운루'로 고친 것과 같다. 그는 보통의 꿈을 꾸었을 뿐인데 뜻밖에도 6, 7세의 어린 영굉에게 길흉을 물어보았으니 어이없다는 생각이 들게 한다.

---

19 『풍세류편』 권8 「서몽당기」.

나중에 주량공周亮工(1612~1672)은 더욱 과장된 필치로 이 사건을 언급하였다.

성화 을미년(1475) 여요의 문정공文正公 사천이 진사에 급제하였는데, 사공도 장(장시민) 공이 발탁한 선비였다. 영(영량) 공이 글을 보내 공(왕화)을 위로하였는데 장원급제한 사 공의 말로 서로 권면하였다. 공(왕화)이 영씨 아들에게 말하였다. "아버님(尊公)께서 실의에 빠진 나를 염려하시어 이런 말씀으로 권면하셨으니 어찌 내가 참으로 소홀히 여길 수 있겠느냐?" 이날 밤 공은 꿈속에서 봄맞이 소(春牛, *土牛라고도 함)를 맞이하여 집에 이르렀다. 소의 색깔은 흰색이고, 풍악을 울리면서 이끌어왔는데, 마치 왕자王者의 의장대가 따르는 듯하였으며 뒤에는 방백 두杜 공이 마지막에 있었다. 공이 잠에서 깨어나 기이하게 여기고 영씨 아들에게 말하였다. 영씨 아들은 나이가 이제 예닐곱 살(齠齔)이었는데, 잠시 눈동자를 모으고 생각하더니 이마에 손을 얹고서 두 번 절하고 말하였다. "이는 선생님께서 장원을 하실 징조입니다." 공이 그 까닭을 따져 물으니 영씨 아들이 답하였다. "소는 일원대무—元大武라고 합니다. 봄맞이 소는 춘방春榜(春試)의 으뜸이라는 뜻입니다. 소는 축丑에 속하며 흰색은 금金을 주로 삼습니다. 신축년에 장원하실 것입니다." 공이 물었다. "왕자의 의장대 호위는 무엇을 말하는가?" 영씨 아들이 답하였다. "장원을 축하하는 잔치를 대궐에서 마치면 의장대의 절반을 딸려 보내는 것입니다." 공이 다시 물었다. "뒤의 두 공은 무엇을 말하는가?" 영씨 아들이 말했다. "듣건대 경조京兆(경조윤)는 응당 장원을 따라 유가遊街를 합니다. 생각건대 이해에 두 공이 경조윤이 되지 않겠습니까?" 공이 웃으면서 말하였다. "네 말이 어찌 그리 허탄하냐?" 영씨 아들이 말하였다. "뒷날 저절로 징험될 것입니다. 청컨대 글로 기록해두십시

오." 공이 웃으면서 말하였다. "징험되고 나서 기록해도 늦지 않다." 이어
서 경자년(1480)에 공은 향천에서 수석을 하였고, 신축년에 진사 급제하였
는데 이 꿈을 기억하지 못하고 있었다. 마침 유가를 하게 되어서 공이 말
위에서 돌아보았더니 뒤따르는 수레에 과연 두 공이 타고 있었다. 이때 두
공은 과연 경조윤이었다. 공은 문득 이전의 꿈을 기억하고는 크게 기이하
게 여겼다. 영씨 아들은 자기 말이 징험된 것을 기뻐하여 서재(齋)의 이름
을 '서몽당'이라 하고 공에게 기문을 부탁하였다. 공은 이에 「서몽당기」를
써서 주었다.[20]

영굉이 꿈을 풀이한 일은 예닐곱 살 어린애가 한 말이라고는 전혀 믿을
수 없으므로 실제로 이와 같이 꿈을 풀이한 일은 없었을 것이다. 왕화는 그
대로 매장서옥에서 지내며 어린아이인 영굉을 가르치고 보살피는 일로 청한
한 나날을 보냈다.

성화 13년(1477) 왕화가 기양에서 3년을 보냈을 때 다시 향시를 볼 수 있
는 기회가 찾아왔다. 그는 비로소 기양과 고별하고 여요의 집으로 돌아왔다.
이때 양명은 이미 말문이 트여서 말을 하고 있었고, 영특하고 비범한 총명과
예지를 드러냈다. 어느 날 그는 홀연 죽헌 왕륜이 읽었던 글을 암송하였다.
왕륜은 깜짝 놀라 그에게 어떻게 기억하여 욀 수 있느냐고 물었다. 그가 대
답하기를 "할아버지께서 읽으실 때 듣고 속으로 기억하고 있었어요."라고 하
였다. 이 일은 왕륜으로 하여금 양명이 확실히 하늘이 내린 '신동'이며 '문곡
성'임을 굳게 믿게 하였다. 그리하여 그는 양명의 이름을 수인으로 다시 짓고

---

20 주량공周亮工(1612~1672), 『서영書影』 권10. 육심은 「해일선생행장」에서 이 일이 더욱 황탄
하기 때문에 믿을 수 없다고 서술하였다.

자를 백안이라 하였다(*결코 신승이 이마를 문질렀기 때문에 이름을 고친 것이 아니다).

왕화는 집으로 돌아온 뒤 가을 시험이라는 큰일에 몰두하였으나 뜻밖에도 다시 낙방하였다. 양명이 이미 입을 열어서 말을 하고 글을 읽을 줄 알았기 때문에 왕화는 곧 다시 밖으로 나가서 자제사 일을 하지 않고 가숙에 머물면서 양명과 다른 왕씨 자제를 가르쳤다. 양명의 숙부 왕덕성王德聲도 양명과 함께 왕화의 가정교육을 받았다.

양명은 나중에 왕덕성과 함께 왕화의 가정교육을 받았던 나날을 추억하는 시를 썼다.[21]

여요로 돌아가는 덕성 숙부를 배웅하다　　　　　　送德聲叔父歸姚

나(수인)는 덕성 숙부와 함께 가군 용산 선생에게서 배웠다. 숙부는 여러 차례 과거시험에 실패하였다. 어느 날 부모가 연로하시어 늠생廩生을 사양하고 돌아가서 봉양하려고 하였다. 벗들이 억지로 벼슬에 나아가라고 하니 대뜸 웃으며 말하였다. "옛사람은 부모를 하루 봉양하는 것을 삼공三公의 자리와 바꾸지 않는다고 하였다네. 내가 어찌 노모를 두고 낡은 유관儒冠을 취득하겠는가!" 아! 숙부 같은 이는 참으로 안팎(內外), 경중輕重의 구분을 알았다고 하겠다. ……

守仁與德聲叔父共學於家君龍山先生. 叔父屢困場屋, 一旦, 以親老辭廩歸養. 交遊強之出, 輒笑曰, 古人一日養, 不以三公易. 吾豈以一老母博一弊儒冠乎? 嗚呼! 若叔父可謂眞知內外輕重之分矣. ……

---

21 『왕양명전집』 권20 「송덕성숙부귀요送德聲叔父歸姚」.

함께 공부하던 더벅머리 시절이 기억나는데	猶記垂髫共學年
지금은 살쩍도 머리카락도 다 세었네	於今鬢髮兩蒼然
궁하고 통함을 뜬구름같이 여겼는데	窮通只好浮雲看
세월은 참으로 흐르는 물과 같이 지나갔네	歲月眞同逝水懸
돌아가는 새는 넓은 하늘 제 갈 길로 가고	歸鳥長空隨所適
가을 강가엔 끝없이 나뭇잎만 지네	秋江落木正無邊
어느 때나 양명동으로 돌아가	何時却返陽明洞
등나무 사이 달빛과 솔바람에 바위를 쓸고 쉬어볼까	蘿月松風掃石眠

양명은 이 1년여간의 짧은 가정교육을 받는 동안 시를 쓰고 글을 짓는 법을 배워서 익히게 되었다.

이듬해 왕화는 다시 양명을 데리고 사방으로 나가서 자제사 일을 하였다. 양명은 아버지를 따라다니면서 가르침을 받고 배우는 과정에서 복잡한 사회 현실과 맞닥뜨리며 식견을 더욱 넓혔다. 이때는 양명의 지식이 급격히 쌓이고 사상이 급격히 변하던 시기로서 양명은 매우 어린 나이에 불교·도교에 커다란 흥취를 느꼈다. 대략 성화 14년(1478) 말에 왕화는 양명과 함께 여요로 돌아와 해를 보냈는데, 왕륜은 또 양명에게 『예기』의 「곡례曲禮」를 전수하였다.

성화 15년 정월 초에 왕화는 또 양명을 데리고 해염海鹽으로 가서 자제사 일을 하며 자성사資聖寺 행화루杏花樓에 우거寓居하였다. 양명은 불교 사찰의 선원禪院에서 생활하는 환경 속에서 종소리와 범어梵語에 눈과 귀가 푹 젖어 들면서 불교와 도교를 좋아하는 동심을 키웠다. 그는 나중에 자기가 여덟 살 때부터 불교와 노자를 좋아하여 불교와 노자의 이설異說에 30여 년 동안 빠져 있었다고 하였는데, 이는 바로 자성사 행화루에서 생활하는 가운데 시작되었음을 가리킨다.

그는 행화루에 걸려 있는 장녕張寧(1426~1496)의 「자성고행루상화시資聖古杏樓賞花詩」라는 시 한 수를 보았다.[22]

어디에서 술 가득 든 잔을 찾을까?	何處招尋泛羽觴
누각 근처에 꽃이 피어 봄빛이 한창이네	高樓花近淨年芳
저녁 비 내리는 황량한 마을에서 술을 사니	荒村暮雨曾沽酒
절간의 봄바람은 담을 넘지 못하네	梵境春風不出墻
이 늙은이 거듭 곡강원을 생각하는데	老我重思曲江院
지금 오교장에 누운 이 그 누구인가?	是誰今臥午橋莊
만나는 사람은 모두 난간에 기대었으니	相逢盡是憑欄者
한가함 찾아서 죽방을 지났다고 말하지 말라	莫道偸閑過竹房

양명도 곧 벽에 큰 글씨로 시 한 수를 써서 붙였다.[23]

자성사 행화루	資聖寺杏花樓
봄바람 불어 날마다 살구꽃 피네	東風日日杏花開
봄눈이 정이 많아 꽃으로 피웠네	春雪多情故換胎
흰 바탕은 오얏꽃인가도 싶고	素質飜疑同苦李

---

22 『천계해염현도경天啓海鹽縣圖經』 권3 「자성사행화루資聖寺杏花樓」의 주注.

23 『천계해염현도경』 권3 「자성사행화루」. 양명이 지은 이 시 아래 주에 다음과 같이 씌어 있다. "왕수인은 어릴 때 자성사에서 해일 공으로부터 가르침을 받았는데 절에는 행화루 가 있었다."

담담한 빛깔은 추위 속에 핀 매화를 닮았네 　　　　　淡粧新解學寒梅

철석같은 마음은 누가 준 것인가? 　　　　　　　　心成鐵石還誰賦

얼어붙은 푸른 가지는 누군가 시기함일세 　　　　　凍合青枝亦任猜

술 파는 곳 못 찾아 헤매고 돌아오니 　　　　　　迷却晚來沽酒處

오교는 참으로 돌아오는 이를 맞이하는 파교인가 하네 　午橋眞訝灞橋回

그 뒤 이해 겨울에 여요로 돌아갈 때 양명은 또 고별시 한 수를 지었다.[24]

자성사 승방에 묵으며 　　　　　　　　　　　寓資聖僧房

제방에 해가 지니 바다는 누른 빛 　　　　　　　落日平堤海氣黃

작은 정자 옆 마른 버드나무에 외로운 배를 대네 　短亭衰柳艤孤航

저녁 조수를 타고 물고기 새우를 시장에 가져오고 　魚蝦入市乘潮晚

죽은 이를 애도하며 나팔 불며 성으로 돌아오네 　鼓角收城返悼亡

인간세상 도와 인연이 있어 고을의 학관을 만나고 　人世道緣逢郡博

나그네 돌아갈 꿈에 승방을 석별하네 　　　　　客途歸夢惜僧房

한 해에 몇 번이나 여기에 머물렀던가 　　　　　一年幾度頻留此

다른 날 다시 오면 고향이로세 　　　　　　　他日重來是故鄉

　양명은 자기가 자성사 행화루에 묵은 일을 일종의 '인간세상에서 도와 맺은 인연(人世道緣)'으로 여겼고, 해염의 자성사는 그의 정신의 '고향'이 되었다. 이 시 두 수는 양명이 여덟 살 때 불교와 노자를 좋아하기 시작했다는 사

---

24 『만력가흥부지萬曆嘉興府志』 권29 「우자성승방寓資聖僧房」.

실의 표지이며 명백한 증거가 되었다.

30년 뒤 그는 스스로 이를 후회하면서 말하였다. "나도 어려서부터 두 사상(二氏)에 독실히 뜻을 두고서 스스로 이미 얻은 바가 있다고 여겼으나 유자가 배우기에는 충분하지 않다고 여겼다. 그 뒤 오랑캐 땅에 거주한 지 3년에 …… 비로소 30년 동안 기력을 잘못 사용했음을 스스로 탄식하며 뉘우쳤다."[25] 그러나 이 30년 동안 불교와 도교를 배워서 터득한 이치는 영원히 그의 마음속 깊은 곳에 쌓여 있었다.

왕화와 양명이 성화 15년 말에 해염을 떠나 여요로 돌아오게 된 까닭은 왕화가 다음 해 향시에 응시하고자 했기 때문이다. 그래서 성화 16년(1480)에 양명은 서운루에서 죽헌 왕륜으로부터 교육을 받았고, 왕화는 곧 가을 향시를 준비하는 데 온 힘을 기울였다. 이번에는 마침내 왕화에게 시운時運이 돌아와서 향시에 제2명第二名으로 합격하였다.

장일규蔣一葵(1594, 거인)는 왕화가 이때 합격한 곡절을 다음과 같이 말한다.

이민李旻(1445~1590)은 자가 자양子陽이며, 호가 동애東崖이다. 전당 사람이다. 왕화와 동갑(同庚)이나 생일이 35일 빠르다. 경자년(1480)에 고관이 왕화를 해수解首(해원解元, 향시의 제1명)로 뽑았는데, 감림監臨(감독)인 사謝 어사御使가 백의白衣라는 이유로 왕화를 꺼려서 이민으로 바꾸었다. 이민, 왕화는 모두 영선소營膳所의 정식 반원(正班)이었다. 반주班主인 문文이라는 자가 '한 번에 장원 둘이 나온다(一擧中雙元)'는 구절을 얻는 꿈을 꾸고서 이런 일이 있을 리가 없다고 여겼으나 나중에 수석이 잇달아 나왔다.[26]

---

25 『왕양명전집』 권1 「전습록傳習錄」 상.

26 『요산당외기堯山堂外記』 권18.

예학은 비도왕씨 가문이 대대로 전수한 가학이다. 왕화와 양명은 모두 『예기』를 연구하여서 가문을 일으켰고, 잇달아 거인擧人과 진사進士에 합격하였다. 『예기』에는 『중용』, 『대학』 편이 있기 때문에 예기학禮記學은 또한 사서학四書學과 관통한다.

왕화는 이때 향시에서 뚜렷이 두각을 나타내 예학에 참된 지식과 탁견을 갖고 있음을 충분히 보여주었다. 그의 『예기』 시권試卷은 역대 묘제廟祭의 예를 논한 것으로서 핵심을 정확하게 잘 요약하였다. 그의 사서 시권은 정전제井田制를 논하였는데, 선왕이 남겨놓은 왕제王制의 의미를 말하였다. 그의 「제5문第五問」은 절중浙中의 진황賑荒과 구재救災, 석당石塘을 수축하는 방법을 논한 것으로서 매우 실용적인 내용이다. 이것들은 모두 그의 예학이 시대에 따라 예를 제정하고(因時制禮), 옛것을 지금의 용도에 적용한다는(古爲今用) 실학적인 특색을 갖고 있어서 고관의 눈에 띄었음을 나타내고 있다.

왕화의 예기학은 왕륜이 그에게 전수해준 것으로서, 왕화가 『예기』로 과거에 합격하고 돌아온 일은 왕륜이 양명에게 더욱 정성껏 『예기』 전체를 전수하도록 자극하였다. 훗날 양명도 『예기』를 연구하여 과거시험에 응시하였는데 이때 왕륜이 그에게 기초를 닦아주었으며 왕화는 그의 본보기가 되었던 것이다.

이듬해(1481) 봄 왕화는 경사京師(서울)에서 시행되는 회시會試에 참가하였다. 왕화의 꿈은 마침내 이루어져서 장원, 즉 정시廷試 제1갑甲 제1인人으로 합격하였다. 『성화십칠년진사등과록成化十七年進士登科錄』에는 장원 왕화를 다음과 같이 소개하고 있다.

> 왕화, 절강 소흥부紹興府 여요현 민적民籍에 올라 있다. 유사儒士이며 『예기』를 연구하였다. 자는 덕휘德輝이며 항렬은 둘째이다. 나이는 36세이며

9월 29일 생이다. 증조는 여준, 조는 걸(*국자생國子生), 부는 천서天敍이다. 모는 잠씨이다. 구경하具慶下(양친이 모두 살아계심)이다. 형은 영榮이고 아우는 곤袞·면冕·보黼·불黻이다. 정씨에게 장가들었다. 절강 향시의 제2명이며, 회시의 제33명이다.[27]

동시에 이 신과新科 장원을 한 진사의 전시殿試와 영예로운 은상恩賞을 상세하게 기술하였는데 왕화가 꿈에서 보았다고 한 광경과 똑같았다.

성화 17년(1481) 3월 15일 아침, 모든 공사貢士가 내부內府의 전시殿試에 나아왔다. 상上이 봉천전奉天殿에 납시어 친히 책문策問을 내리셨다. 3월 17일 아침, 문무백관이 조복朝服으로 반열에 입시하였다. 이날 금의위錦衣衛가 노부鹵簿를 단폐丹陛와 단지丹墀에 설치하였다. 상이 봉천전에 납시었다. 홍려시鴻臚寺의 관원이 제칙制敕을 전하고 이름을 불렀다. 예부禮部의 관원이 황방黃榜을 받들고 나왔다. 풍악을 연주하며 인도하는 가운데 장안좌문長安左文 밖으로 나와 명단을 내걸었다. 순천부順天府의 관원이 산개傘蓋와 의장대의 호위로 장원을 집으로 돌려보냈다. 3월 18일, 장원에게 조복과 관대冠帶 및 진사의 보초寶鈔를 하사하였다. 3월 20일, 장원이 여러 진사를 거느리고 표문表文을 올려서 사은謝恩하였다. 3월 21일, 장원이 여러 진사를 거느리고 선사先師 공자의 사당에 나아가 석채례釋菜禮를 행하였다. 예부가 주청을 하여서 공부工部에 명하여 국자감에 돌을 세우고 이름을 새기게 하였다.[28]

---

27 『성화십칠년진사등과록成化十七年進士登科錄』.

28 『성화십칠년진사등과록』.

왕화는 자기 집안에 전승된 견실하고 심후한 예학으로 장원이라는 높은 성적으로 합격하였지만 여기에는 역시 미묘한 기우機遇가 있어서 그에게 천하제일의 장원이라는 꿈을 이루게 해주었던 것이다.

시현경施顯卿(1494~?)은 이 비밀스러운 일을 다음과 같이 말한다.

국조國朝의 성화 신축년(1481) 과거 때 산동의 유후劉珝(1426~1490)가 내각에 있었는데 그 서석西席(*생각건대 숙사塾師를 가리킨다)은 바로 여요의 황순黃珣(1447~1514)이었다. 하루는 유후가 아들을 시켜서 황순에게 다음과 같은 내용의 편지(柬)를 보냈다. "한漢에는 일곱 황제(七制)가 있었고, 당唐에는 세 황제(三宗)가 있었으며, 송과 원이 한·당보다 뛰어난 점이 여덟 가지가 있는데 말할 수 있겠소?" 황순이 대답하였다. "다만 각본刻本에 늘 그렇게 나와 있습니다." 대체로 유후의 뜻은 서석으로 하여금 상세하게 고찰하여서 책문에 답안을 작성해 장원을 차지하라는 것이었는데 황순이 제대로 깨닫지 못했던 것이다. 다른 날 황순의 향리 사람 왕화가 찾아왔다가 책상 앞에서 이 편지를 본 뒤 아마도 정시의 책문이 아닐까 생각하고 돌아가는 즉시 붓을 잡고 글을 완성하였다. 당일에 과연 이 책문이 출제되었다. 왕화는 마침내 천하제일의 장원이 되었고 황순이 제2등을 차지하였다. 황순은 본래 이 편지를 누설할 수 없었고 유후도 다른 사람이 알았을 것이라 생각하지 못하였다. 이 일은 동파東坡(소식蘇軾)가 이방숙李方叔(이치李廌)에게 편지를 보냈다가 두 장씨(二章: 장돈章惇[1035~1105]의 아들 장지章持·장원章援 형제)가 얻어간 일과 자못 흡사하다.[29]

---

29 시현경, 『고금기문류기古今奇聞類記』 권3 「득간철괴得柬掇魁」. 황종희黃宗羲(1610~1695)의 『요강일시姚江逸詩』 권5 「황순전黃珣傳」을 참조하라.

명대의 유사儒士는 과거에 합격하여 출사하기 전에는 대개 고관대작의 문하에 들어가 자제사(*숙사)를 하였는데, 본래는 과거에서 입신하여 고관대작의 후원과 지지를 얻고자 하는 희망을 갖고 있었다. 유후는 호부상서로 입각한 각로閣老였는데, 이해의 전시책殿試策 문제는 응당 그에게서 나온 것일 터이다. 그는 숙사인 황순에게 암시를 주었으나 뜻밖에도 왕화가 천기天機를 간파하여서 먼저 사상적인 준비를 할 수 있었다. 왕화의 이 책문 대권對卷(대책시권對策試卷)은 기세가 드높고 고금을 융통하고 높은 견지에서 투철하게 조망하며(高屋建瓴) 고금의 치도治道의 대법을 한눈에 명료하게 정리하였다. 가장 사람들의 주목을 끄는 점은 그가 예학과 사서학을 관통하는 자신의 사상에서 출발하여 '심학心學'을 제시하였고, 아울러 이런 '심학'을 이용하여 삼대三代 이래 치도의 대법을 논술하였다는 사실이다.

그는 문장을 시작하는 맨 첫 머리에 이러한 천하를 다스리는 '심학'을 다음과 같이 제출하였다.

신이 듣건대, 임금(人君)이 천하를 다스림에는 체體가 있고 용用이 있습니다. 체란 무엇입니까? 도가 그것입니다. 용이란 무엇입니까? 법이 그것입니다. 도는 하늘에 근원을 두었으니 바꿀 수 없는 것이며 법에 근저根柢가 됩니다. 법은 시대에 따라 마땅한 규범을 제정하는 것이니 도를 품절品節하는 것입니다. 도는 확립되어 있으나 법이 미비하면 백성의 생활이 성취되지 않고 백성의 근심이 제거되지 않아서 족히 다스림을 말할 수 없습니다. 법은 구비되어 있으나 도가 확립되지 않으면 강상綱常이 무너지고 풍속이 퇴폐해지니 또한 어찌 그것으로 다스림을 행할 수 있겠습니까! 그러므로 잘 다스리는 자는 한낱 법에만 의존해서는 천하 사람을 다스릴 수 없으니 중요한 것은 반드시 도에 근본을 두어야 한다는 사실입니다. 법을 잘 운용하는 자는 한낱 명분에 따라서 천하 사람을 속여서는 안 됩니다. 그러므로 중요한 것은 반드시 실질에서 법을 추구해야 한다는 사실입니다. 하·상·주가 천하에 큰 정치를 이룰 수 있었던 까닭은 이것을 얻었기 때문입니다. 한·당·송의 다스림이 옛날과 같지 않은 까닭은 모두 이것을 잃어버렸기 때문입니다. 그런즉 오늘날 정치이념(化理)을 추구하고 정론定論을 추구하려면 역시 삼왕三王의 도를 높이고 삼왕의 법을 행하며 온전한 본체(道)와 위대한 작용(法)을 모두 실현하는 데 힘쓰고 따라서는 안 되는 한·당·송을 비루하게 여겨야 합니다. 어찌 기필코 이것을 도외시하고 다른 것을 추구하겠습니까? …… 공경히 생각건대, 황제 폐하께서는 예지와 총명이 천성에 근본을 두시며, 관대하고 어질며 장중하고 경건하심(寬仁莊敬)이 몸소 행함(躬行)에 나타나 있습니다. 일조사종一祖四宗(명의 太祖·太宗·眞宗·仁宗·英宗)의 위대한 기업(鴻圖)을 크게 계승하고 이제삼왕二帝三王의 심학에 묵묵히 들어맞으시며, 함양하신 것이 깊고 천리가 밝으며, 역사의 교훈을 오래 연구하시고 세상의 만사에 익숙하십니다. 이 때문에 18년 동안 성덕이 날로 새롭고 다스림의 효험이 날로 높아갑니다. …… 신은 폐하의 마음이 곧 묻기를 좋아하고 살피기를 좋아하며, 사서士庶에게도 물어보는 옛 제왕의 마음임을 알고 있습니다.[30]

마음은 온갖 이치(萬理)를 구비하고 있으며 도와 법은 한마음에 근본을 두고 있기에 왕화는 이러한 체와 용이 하나이며(體用一源), 도와 법이 서로 바탕을 이루고(道法兼資), 이름과 실상이 서로 의존하는(名實相須) 삼대의 법을 '심학'이라고 일컬었다. 이러한 '심학'은 사람의 마음이란 지극히 텅 비고 지극

---

30 『성화십칠년진사등과록』.

히 신령하여서(至虛至靈) 만사와 만물에 대응할 수 있으며, 마음은 뭇 이치(衆理)를 구비하고 있으므로 천하가 잘 다스려지는 것은 한마음에 달려 있고, 마음은 사욕에 의해 가려지므로 반드시 마음을 바로잡아서(正心) 심체心體의 밝음을 회복해야 하며, 마음을 바로잡는 요체는 뜻이 성실함(意誠)에 있음을 강조한다.

그는 책론策論의 마지막에서 이러한 '심학'을 다음과 같이 상세히 논술한다.

도에 대해서는 정밀하고 미묘한 핵심(精微之蘊)을 탐구하려 하고, 법에 대해서는 제작의 상세함을 참작하려 하고, 이른바 명분과 실상에 관해서는, 삼대에서는 이 두 가지가 서로 의존함으로써 다스려지고 후세에서는 서로 의존하지 않아서 다스림이 옛날과 같지 않게 된 까닭을 탐구하려고 해야 합니다. 신이 생각하기에 이는 다름 아니라 폐하의 한마음을 돌리고 옮기는 사이에 있을 뿐입니다. 대체로 사람의 한마음은 지극히 텅 비고 지극히 신령하니 뭇 이치를 구비한 까닭(所以)도 여기에 있고, 만사에 대응하는 원리(所以)도 여기에 있습니다. 다만 기품氣稟에 얽매이고 물욕에 가려져서 그 온전한 본체와 위대한 작용(全體大用)이 비로소 밝지 않게 되는 것입니다. 폐하께서 진실로 먼저 마음에서 밝히어 본연의 바름을 회복하고(先明諸心, 復其本然之正) 외부 유혹의 사사로움을 제거하여서 후세의 잡박한 정치에 속박되지 않고 유속流俗의 현실 유지(因循) 논리에 끝내 미혹되지 않는다면, 도에 대해 반드시 그 정밀하고 미묘한 핵심을 탐구하여서 일상생활의 인륜(彝倫) 사이에 나타나게 되므로 저마다 바꿀 수 없는 당연한 법칙을 다할 수 있게 될 것입니다. …… 비록 그러하나 임금의 다스림은 본래 한마음에 근본을 두고 있으며 마음을 바르게 하는 요체는 더욱 뜻이 성실함에 있습니다. 『대학』에서 "그 마음을 바르게 하고자 하는 자는 먼저 그 뜻을 성실하게 한다(欲正其心者, 先誠其意)."라고 하였으니, 뜻이 성실하지 않으면 마음을 바르게 하여 다스림에 적용할 수 없을 것입니다. 신은 원컨대 폐하께서 이치를 궁구하여서 그 앎을 끝까지 이루고 성실함을 보존하여서 근본을 세우며 …… 그러면 한 이치(一理)가 혼융하고 정치의 모든 기틀(萬機)이 치밀해져서 장차 본체와 작용이 겸하게 되어 온전해지고 근본과 말단이 갖추어져서 실행됨을 볼 것입니다. 오늘날 폐하의 정치의 도는 삼왕과 동일한 도심道心의 정수(精微)이며, 오늘날 폐하의 정치의 법은 삼왕과 동일한 시중時中의 오묘한 작용입니다.[31]

왕화의 '심학' 사상의 특징은 뭇 이치를 구비하고 있는 마음(心具衆理)을 본체로 삼고 뜻을 성실히 하여서 앎에 이름을 공부로 삼으며, 마음을 바로잡고 덮어 가린 것을 제거함으로써 심체를 회복하는 것, 곧 '먼저 마음에서 밝히어 본연의 바름을 회복'하는 것이다. 왕화의 이러한 복심復心의 본체공부론 심학사상은 바로 명대에 심학사상이 굴기한 변화의 역정과 정확하게 일치하며 명대 초 이래 심학의 유맥이 발전한 경로와 연계된다.

실제로 이학理學은 명대 초부터 이미 '성학性學(*人性)'을 중시하는 연구에서 '심학(*人心)'을 중시하는 연구로 방향의 전환이 이루어지기 시작하였다. 생사가 오가는 전란을 겪은 주원장朱元璋(1328~1398)은 '인심'이 무너지고 타락한 것을 '인성'이 무너지고 타락한 것보다 훨씬 더 심각하게 느꼈다. 그래서 그는 앞장서서 '마음'을 다스려야 한다고 제창하였는데, '사람의 한마음은 가장 점검하기 어렵다(人之一心, 最難點檢).', '마음은 몸의 장수이다. 만약 한 가지 일이라도 이치에 맞지 않으면 모든 일이 어그러진다. 그러므로 늘 스스

---

31 『성화십칠년진사등과록』.

로 점검해야 한다(心爲身之主帥, 若一事不合理, 則百事皆廢, 所以常自點檢).', '사람의 마음은 놓치기 쉽고 다잡아 지니기는 어렵다(人心易放, 操存爲難).'고 인식하였다. 이 때문에 그는 '심지를 가지런하게 신명을 대하듯(齋整心志, 對越神明)'하여서 인심의 밝음을 회복하고 '순결한 한마음(精白一心)'을 실현해야 한다고 주장하였다.[32]

주체朱棣(1360~1424, 성조成祖, 영락제永樂帝)는 손수 『성학심법聖學心法』을 지어서 성인의 심학 심법을 체계적으로 논술하고, 덕을 닦아 심체의 밝음을 회복하는 사상을 다음과 같이 제시하였다. "만사는 반드시 한마음에 뿌리를 두니 먼저 마음에서 밝히고 그 지극한 경지를 추구하여 세워서 본체로 하여금 밝음을 회복하고 투철하게 관통하여서 털끝만큼의 가림도 없게 해야 한다(萬事必根於一心, 先明諸心, 立求其至, 使本體復明, 貫通透徹, 無毫髮之蔽).", "덕을 닦아서 천심에 합한다(修德以合天心)."[33] 그는 온갖 이치가 내 마음에 구비되어 있으니 마음을 바르게 하여 천리를 밝힘으로써 마음이 하늘과 합일한다고 여겼다. 그리하여 그는 다음과 같이 강조한다. "한마음이 밝으면 온갖 이치가 밝아진다. 한마음이 바르면 온갖 이치가 바르게 된다(一心明, 萬理明. 一心正, 萬理正).", "내 마음이 밝으니 천지만물의 이치가 모두 내 마음에 구비되어 있다(吾心旣明, 天地萬物之理皆具於吾心)."[34]

왕화가 전시 시권에서 기술한 내용은 대부분 『성학심법』에서 인용한 것들이다. 명 초기의 통치자들이 마음을 회복하는(復心) 심법을 중시하고 제창한 것은 심학이 흥기하는 계기가 되었으며, 명 초기의 이학가들은 이미 '마

---

32 여계등余繼登, 『전고기문典故紀聞』 권3.

33 주체朱棣, 『성학심법聖學心法』 「서序」.

34 주체, 『성학심법』 권2 「학문學問」.

음'과 '심법'을 중점적으로 말하는 방향으로 돌아서고 있었다.

유백온劉伯溫(유기, 1311~1375)의 심성론은 '한마음을 주로 함(主一心)'을 강조하여서[35] 경건을 주로 하여 마음을 밝히고(明心), 마음을 세우고(立心), 마음을 기르고(養心), 마음을 견고하게(固心) 하여서 묵묵히 앉아 마음을 맑게 하고(默坐澄心), 마음을 비워서 이치를 관조하는(虛心觀理) 심법 함양을 주장하였다.[36] 이는 이미 후대 진백사의 '묵좌징심, 체인천리'의 심학 종지와 서로 부합한다.

잠계潛溪 송렴宋濂(1310~1381)은 마음을 이치로 삼아서 '육경이 모두 심학(六經皆心學)'이라는 설을 주장하면서 다음과 같이 인식하였다.

> 육경은 모두 심학이다. 마음속의 이치는 구비하지 않음이 없으므로 육경의 말씀은 해당하지 않는 것이 없다. 육경은 내 마음의 이치를 기록한 것이다. 이런 까닭에 하늘을 말한 것으로는 『역易』만큼 분명한 것이 없으니 (『역』은) 내 마음으로 말미암아 태극太極에 나아간다. 일을 말한 것으로는 『서書』만큼 분명한 것이 없으니 (『서』는) 내 마음을 정치의 중추기구(府)로 삼는다. 뜻을 말한 것으로는 『시詩』만큼 분명한 것이 없으니 (『시』는) 내 마음으로 말미암아 본성과 감정을 통괄한다. 이치를 말한 것으로는 『춘추春秋』만큼 분명한 것이 없으니 (『춘추』는) 내 마음으로 말미암아 선악을 분별한다. 체모를 말한 것으로는 『예禮』만큼 분명한 것이 없으니 (『예』는) 내 마음으로 말미암아 천부의 질서를 정한다. 인민을 이끌어감에는 『악樂』보다 나은 것이 없으니 (『악』은) 내 마음으로 말미암아 인간세계의 조화를 갖춘다.

---

35 『유기집劉基集』 권14 「연주連珠·연련주演連珠」.

36 『유기집』 권1 「욱리자郁離子」.

…… 마음이 이 이치를 가지고 있기 때문에 경전은 이런 말씀을 담고 있다. …… 그러나 성인의 한마음은 모두 이치이다(一心皆理). 사람에게는 이 치가 본래 갖추어져 있으나 욕망이 그것을 해쳐서 대체로 그 바름을 온전 하게 할 수 없다. 그러므로 성인은 다시 그 마음이 본래 지닌 것을 근거로 삼고 육경으로써 가르쳤다. …… 아! 성인의 도는 오직 마음을 다스림에 있다.[37]

영락 연간(1402~1424)에 이르러서 한편으로 경헌敬軒 설선薛瑄(1389~1464) 은 '복성復性'의 깃발을 내걸고서 정주 이학程朱理學의 성학性學을 힘써 창도 하였고, 다른 한편으로 강재康齋 오여필吳與弼(1391~1469)은 '복심復心'의 깃 발을 내걸고서 명대 심학의 물꼬를 텄다. 심학은 강재의 제자 백사 진헌장에 이르러서 정립되었는데 자연히 왕화에게도 주목을 받았다.

더욱 주의할 만한 사실은, 절동浙東은 본래 심학의 전통이 깊고 두터운 문 화의 지역으로서 남송 시대에 항주·소흥·여요로부터 자계慈溪·영파寧波에 이르기까지 모두 육씨(육구연)의 심학을 신봉하는 한 무리의 학자들이 활약하 였는데, 그들 사상의 특징은 바로 강서江西 육씨의 심학을 절중浙中의 사공학 事功學과 결합하여서 독자적인 특색을 갖춘 심학을 형성하였다는 점이다.

'용상甬上(절강성 영파)의 네 선생'인 양간楊簡(1141~1226), 심환沈煥(1139~1191), 서린舒璘(1136~1199), 원섭袁燮(1144~1224)은 절중 육학陸學의 분파를 이루었 다. 그들은 자주 육학의 묵좌징관默坐澄觀·발명본심發明本心을 절학浙學의 추 존사공推尊事功, 공리행도公利行道와 결합하였다. 여요에서도 강서 육씨의 심 학을 존신하는 한 무리의 학자들이 호숭례胡崇禮(호준胡撙, 1147~1195)를 대표

---

37 『잠계전집潛溪前集』 권6 「육경론六經論」.

로 하여 육씨의 형이상학적 심학이 구비한 형이하학적인 사공의 세속적 작용(功用)을 신뢰하였다.

섭적葉適(1150~1223)은 그들이 육씨 심학의 묵조징관을 수행하는 향내向內의 공부에 열중했다고 묘사한다.

> 처음에 주원회朱元晦(주희, 1130~1200), 여백공呂伯恭(여조겸呂祖謙, 1137~1181)이 도학道學으로 민閩(복건福建), 절浙(절강浙江)의 선비를 가르쳤다. 육자정陸子靜(육구연陸九淵, 1139~1193)이 이후에 나타나서 요령을 잡고 간단하고 빠른 길을 주장하니 제생諸生 중에는 그가 주장을 펼치자마자 감동하고 깨닫는 사람이 있었다. 그리하여 월越 사람들 가운데 그 학문을 배우는 사람이 특히 많았다. 비가 오면 삿갓을 쓰고 밤에는 등불을 들고 모두 숭례의 집에 모여 조용히 앉아서(澄坐) 내관內觀을 하였다. …… 선비들은 명성을 이룬 자라도 숭례를 존중하지 않는 사람이 없었다.[38]

왕화의 전시 시권을 보면 그의 심학도 육씨의 심학과 절중의 사공학이 결합한 색채를 띠고 있었다. 양명의 심학도 원래는 비도왕씨 가학의 연원이 있었으며 진백사의 심학과도 소통할 수 있었다.

왕화가 장원급제를 하면서 그 자신과 양명의 생활은 완전히 변하였다. 3월 24일 조정에서는 왕화에게 한림원편수翰林院編修를 제수하였다. 왕화는 조정의 권력 조직 상층에 진입하였고 양명도 서운루의 좁은 세계에서 벗어나게 되었다.

---

38 『수심문집水心文集』 권17 「호숭례묘지명胡崇禮墓志銘」.

대나무를 탐구하다(格竹):
경사京師의 숙관塾館에서 교육을 받다

　　성화 18년(*1482) 봄, 서울에 머물던 왕화는 죽헌옹 왕륜을 봉양하기 위해 모셔왔다. 왕륜은 곧 양명과 함께 경사로 올라갔다. 배가 진강鎭江의 금산金山을 지나갈 때 금산은 드넓은 강 가운데 두드러지게 우뚝 솟은 모습만 보였는데 마치 중류에 선 돌기둥(砥柱) 같았다. 묘고봉妙高峰 아래에는 수많은 돛배가 다투어 지나갔고 끝없는 장강이 출렁출렁 동으로 흘러갔다. 진강수鎭江守는 달밤에 왕륜을 맞이하여 한 무리의 소인騷人, 선객禪客과 함께 금산사金山寺에 올라가서 술을 마시며 시를 지었다.

　　양명은 뭇 시객詩客이 아직 구절을 읊조려 시편을 완성하기도 전에 그들 곁에서 즉흥으로 시 한 수를 읊었다.[39]

주먹만 한 금산을 던져서	金山一點大如拳
유양 물에 비친 하늘을 깨뜨려볼까	打破維揚水底天
취하여 묘고대에 기대니 달이 떠오르고	醉倚妙高臺上月

---

39 전덕홍錢德洪, 『왕양명전집』 권33 「양명선생연보陽明先生年譜」 1.

옥퉁소 소리는 용궁 속 잠든 용을 깨우네　　　　　　玉簫吹徹洞龍眠

뭇 소인묵객은 모두 깜짝 놀라서 양명에게 눈앞의 경물을 보고 다시 폐월산방蔽月山房에 관한 시를 짓게 하였다. 양명은 또 입에서 나오는 대로 시 한 수를 읊었다.[40]

산은 가깝고 달은 멀어서 달이 작게 보이니	山近月遠覺月小
곧바로 이 산이 달보다 크다 하네	便道此山大於月
하늘만큼 큰 눈을 가진 사람 있다면	若人有眼大如天
산이 작고 달이 더 큼을 볼 수 있으리	還見山小月更闊

이 시는 자못 선가禪家의 깨달음을 촉발하는 기봉機鋒, 오게悟偈와 유사하다. 산에 뜬 달의 크기와 변화로 일에는 크고 작은 것이 없으며, 물건은 있는 것도 아니고 없는 것도 아니며, 일체의 변화는 모두 허상이요 환상으로서 실재하지 않는 가상假相이며, 사람의 '마음이 움직이는(心動)' 착상着相임을 설명하고 있다. 양명은 시를 통해 선을 말하여서 사람들로 하여금 선가의 '월인만천月印萬川'의 고사를 연상하게 하였다.

양명은 이러한 신동, 재자才子의 '광배光背(光環)'를 띠고 경사로 들어가서 장안서가長安西街에 거주하였다. 왕화가 봉직하는 한림원은 장안동가長安東街에 있었고, 왕화의 관사官舍는 장안서가에 있었다. 장안서가에는 저명한 장안가방長安街坊이라는 커다란 저자(坊)가 있었는데 간단히 장안가라고도 하고

---

40 『왕양명전집』권33 「연보」 1.

시옹방時雍坊이라고도 불렀다. 왕화와 양명은 바로 장안가방에 거주하였다.[41] 이 장안가방은 경사에서 가장 떠들썩한 번화가였다. 불교 사찰과 도교 도관이 빽빽이 들어서 있었고, 삼교구류三敎九流가 뒤섞여 있었다.

'제일총림第一叢林'이라며 기림을 받는 대흥륭사大興隆寺는 장안가방 북쪽에 위치해 있었는데,[42] 양명은 대흥륭사 옆에 거주하였다. 불교와 도교를 좋아하는 양명에게 대흥륭사는 가장 즐겨 찾는 곳이었다. 이 대흥륭사는 금 세종金世宗 대정大定 연간(1161~1189)에 창건한 고찰로, 원래는 경수궁慶壽宮이

---

41 『광서순천부지光緒順天府志』권13 「경사지京師志·방항坊巷」에서 다음과 같이 말한다. "서장안가西長安街의 중앙에는 저자가 있는데, 장안가라 하며 정井이 하나이다. 시가의 남쪽은 하조연河漕沿이라 하며, 아래에 마른 도랑(渠)이 있다." 양명은 장안가방에 거주하였다. 추수익鄒守益은 양명이 '장안가를 돌아다녔다(走長安街)' 했고, 전덕홍은 양명이 '동학 생도와 함께 장안가를 돌아다녔다(與同學生走長安街)' 했는데 모두 장안가방을 가리키니 더욱 양명이 장안가방에 거주하였음을 알 수 있다. 장안가방은 대부분 경관京官의 거주지였다. 그러므로 『광서순천부지』 '장안가방' 아래에 특별히 왕세정王世貞(1526~1590)의 『예원치언藝苑卮言』의 다음 내용을 인용하였다. "최자종崔子鐘(최선崔銑, 1478~1541)은 급히 술 마시기를 좋아하였다. 일찍이 오고五鼓(五更)에 장안가의 달빛 아래에서 거닐다가(踏月) 바닥에 자리를 깔고 앉았다. 이 문정李文正(*이동양李東陽)이 당시 원상元相(丞相)이었다. 천자께 조회를 하려고 가는데 우연히 일찍 가게 되었다. 멀리서 바라보고 말하기를, '자종이 아닌가?' 하였다. 최자종이 바로 수레 옆으로 달려가서 손을 맞잡고 말하였다. '선생님께서는 잠시 함께하시겠습니까?' 이 문정이 답하였다. '좋소.' 곧 옷을 벗고 술잔을 기울이다가 화성火城(조회를 하기 위해 설치한 의장의 횃불)이 점차 많아지자 비로소 헤어졌다." 여기서 말하는 '장안가'도 장안가방을 가리킨다. 『광서순천부지』는 그 아래에 또 석보石珤(1464~1528)의 『웅봉집熊峰集』에서 다음 내용을 인용하였다. "한림편수 이종역李宗易(이시李時, 1471~1539)이 시옹방 저택 뒤에 정자를 세우고 이름을 '오풍午風'이라 하였다. 남성南城(江西, 睦安)의 시독侍讀 나경명羅景鳴(나기羅玘, 1447~1519)이 그 위에 예서로 썼다." 여기서 말하는 '시옹방'도 장안가방을 가리킨다.

42 『광서순천부지』권13 「경사지·방항」에서 다음과 같이 말한다. "서장안가에는 중앙에 저자가 있는데 장안가이다. …… 북쪽에 쌍탑경수사雙塔慶壽寺가 있는데 금金 때부터 전해지는 사찰이다. 『사관寺觀』에 자세히 나와 있다." 쌍탑경수사가 곧 대흥륭사이다.

라 일컬었다. 원대에 이르러 대경수사大慶壽寺로 이름이 바뀌었는데 절 안에 우뚝하게 높고 장엄하며 화려한 큰 탑 두 좌座를 세운 뒤 다시 쌍탑사雙塔寺로 이름을 고쳤다. 명대의 고승 요광효姚廣孝(1335~1418)가 쌍탑경수사雙塔慶壽寺에서 병으로 서거하였다. 정통正統 연간(1436~1449)에 대태감大太監 왕진王振(?~1449)이 백성 2만여 명의 노역을 동원하여 쌍탑경수사를 대대적으로 수리하였다. 은자銀子 수십만 냥을 들여서 황금빛과 푸른빛으로 휘황찬란하게 조성하였으며, 절 앞에 높고 거대한 패루牌樓를 세워서 '제일총림'이라는 편액을 내걸고 이름을 대흥륭사로 고쳤다. 대자은사大慈恩寺라고도 하였다. 이로부터 대흥륭사는 경사에서 이름이 가장 높아져서 황제도 친히 이곳을 찾아 경전을 묻고 불법을 배우며 '제자'라 칭하였다. 조정 대신 대부분도 대흥륭사 주변에 거주하기를 좋아하였고, 부름을 받아 서울에 온 지방 고위관료(大員)와 명현名賢도 대흥륭사에 묵으면서 불경을 강론하고 불법을 논하였다.

장안가방 일대에는 대흥륭사 이외에도 오현묘五顯廟·문창각文昌閣·토지묘土地廟·관제묘關帝廟·화신묘火神廟·마신묘馬神廟·성황묘城隍廟·장상공묘張相公廟(*河神)·취봉사鷲峰寺·영제궁靈濟宮·현령궁顯靈宮 등이 있었는데, 대부분 닭싸움이나 개 경주 등 도박을 하는 무리나 점을 치고 관상을 보며 사주풀이를 하는(賣卦相命) 점쟁이들이 모여서 활동하는 장소였다.

성황묘 시장은 규모가 더욱 성대하였다. 손국미孫國敉(1584~1651)는 다음과 같이 말한다. "사당의 시장(廟市)은 성의 서쪽 도성황묘都城隍廟에 시장이 있어서 생긴 이름이다. 서쪽의 사당에서 동쪽의 형부刑部 거리에 이르기까지 3리 정도 걸쳐 있다."[43] 성황묘 시장은 점을 치고 굿을 하는 사람들(相卜巫祝), 장돌뱅이와 행상, 잡기와 공연, 닭싸움과 조롱鳥籠을 들고 새 울음을 즐기는

---

43 손국미孫國敉, 『연도유람지燕都遊覽志』.

사람들이 가장 활발하게 교류하고 활동하는 시장이다.

이 밖에 규모가 더욱 굉장한 조천궁朝天宮이 있는데, 이는 북경 성내 최대 황가皇家의 도관으로서 대홍륭사와 이름을 나란히 한다. 조천궁은 선덕宣德 8년(*1433)에 건립되었다. 선종宣宗(선덕제, 1425~1435)은 백관에게 조명詔命을 내려서 앞으로 대홍륭사와 조천궁에서 의례를 거행하겠다고 하였다. 성화 17년(1481) 6월 왕화가 장원급제하여 한림편수에 임명되고, 양명이 경사로 오기 1년쯤 전에 헌종憲宗(성화제成化帝, 1464~1487)은 다시 조천궁을 대규모로 중수하고 친히 붓(宸翰)에 먹물을 묻혀서 어시御詩 한 수를 짓고 돌에 새겨서 조천궁에 비석을 세운 뒤 천하에 보이게 하였다.[44]

원기가 혼돈한 곳은 하느님이 거주하는 곳이요	元氣鴻濛帝所居
삼청의 경계는 신의 도읍이로다	三淸景界神所都
별과 별자리는 북두성을 끼고 돌고	星辰環拱天之樞
바람과 우레는 하늘 끝까지 뒤흔드네	風雷鼓蕩天之隅
거북과 뱀은 뒤얽혀서 신령의 관부를 밝히고	龜蛇蟠結昭靈府
문창제군은 도로써 현허를 두루 교화하네	文昌道化彌玄虛
여러 조사는 통달하고 밝아서 부를 수 있을 듯하고	諸祖通明如可呼
여러 진인은 오묘하게 응함이 없는 때가 없네	諸眞妙應無時無
본래 어리석은 만백성을 가련하게 여기고	矜憐萬姓本來愚
만물을 길러냄은 거대한 용광로와 같네	長養萬物同洪爐
이 현묘한 가르침은 함부로 전할 것이 아니요	眷玆玄敎匪妄傳
고금에 숭배하여서 더욱 정성과 경건을 바치네	古今崇事殊精虔

---

44 『제경경물략帝京景物略』 권4 「조천궁」.

아름다운 궁궐 옥 같은 집이 곳곳에 있고	琳宮玉宇在在然
금빛 보배로운 신상에는 노을빛이 어렸네	金身寶像霞光連
기린은 끊임없이 용의 침을 태우고	麒麟不斷焚龍涎
담병에 높이 꽂은 옥빛 꽃은 신선하도다	膽瓶高揷瓊葩鮮
맑은 등잔 앞에서는 봄가을로 기도를 올리고	春祈秋報淸鐙前
번당가에는 아침저녁으로 우러러 예를 올리네	朝瞻夕禮幡幢邊
금성 서북쪽에는 조천궁이 있으니	禁城西北名朝天
겹겹 처마와 거대한 서까래 삼천 칸이라네	重檐巨棟三千間
우리 할아버지 선황제 때 창건하여서	創自我祖宣皇時
짐이 지금 계승하여 새로 꾸몄네	朕今承繼載新之
휘황찬란함은 선조의 규모를 덜어내지 않았고	輝煌不減先成規
천지신명 오르내리니 난과 봉이 따르네	神祇下上鸞鳳隨
백관은 여기 참예하여 의례를 익히고	百官預於玆肄儀
도사는 여기서 날마다 복을 비네	羽士日於玆祝釐
우리 조상 사당의 밝은 영령이 편안하기를 축원하며	祝我祖廟明靈綏
우리 자위께서 장수의 낙을 오래 누리시기를 축원하네	祝我慈闈樂耆頤
축원하나니 우리 황실과 백성	祝我皇圖民物熙
천추만년 무궁하게 길이 빛나기를	千秋萬載無窮期

양명은 장안가방에 거주하면서 이와 같이 불교와 도교의 분위기가 가득 차고 짙은 환경 속에서 생활하였으며, 대흥륭사와 조천궁은 그가 불교를 배우고 도를 물은 대표적인 장소였다. 소년 양명도 늘 불교·도교·관상(相)·점 복(卜) 등에 드나들면서 방일放逸하고, 광달曠達하며 검속하지 않고, 임협任俠 을 좋아하며, 말 타고 활쏘기를 즐기는 성격으로 변하였다. 담약수는 양명이

"처음에는 임협을 익히는 데 빠졌고, 두 번째는 말을 타고 활쏘기를 익히는 데 빠졌고, 세 번째는 사장辭章을 익히는 데 빠졌고, 네 번째는 신선을 익히는 데 빠졌으며", "자라서는 임협을 좋아하여 말을 달리고 검을 시험하며 옛사람의 경지에 드나들었다. 여러 차례 변화한 뒤 신선으로 달아나고 선禪으로 달아났다."[45]라고 하였다. 황관은 그가 "성격이 호방하여서 얽매이지 않았으며 임협을 좋아하여 …… 어려서는 임협을 좋아하였고 자라서는 사장詞章과 신선(仙), 불교(釋)를 좋아하였다."[46]라고 하였는데, 이는 주로 양명이 어렸을 때 경사에서 보낸 한 시기 생활의 행적을 가리킨다.

추수익은 『왕양명선생도보王陽明先生圖譜』에서 양명이 장안가방에서 꾀꼬리(黃雀)를 두고 관상쟁이와 다툰 일을 다음과 같이 서술한다.

하루는 장안가를 돌아다니면서 꾀꼬리를 가지고 놀았는데, 여러 사람이 모여서 관상쟁이가 하는 말을 듣고 있는 광경을 보고 있다가 꾀꼬리를 잃어버렸다. 마침내 관상쟁이에게 물어내라고 졸라댔다. 관상쟁이가 상을 봐주는 것으로 갚기로 하였다. "수염이 옷깃에 닿으면 그때에는 성인의 영역(聖境)에 들어가리라. 수염이 상단대上丹臺에 닿으면 그때에는 성태聖胎를 맺으리라. 수염이 하단전下丹田에 닿으면 그때에는 성인의 경지를 원만하게 이루리라(聖果圓)." 선생이 크게 웃으며 꾀꼬리를 잊고 돌아갔다. 이로부터 책을 대하고 고요히 앉아서 성학을 사색하였는데 학문의 경지로 들어가는 곳을 얻지 못하였다. 공이 괴이하게 여겨서 물었다. "글 읽는 소리를 들을 수 없구나." 선생이 말하였다. "첫째가는(第一等) 일을 하려고 합니다." 공이

---

45 담약수, 『왕양명전집』 권38 「양명선생묘지명陽明先生墓志銘」.
46 황관, 『왕양명전집』 권38 「양명선생행장陽明先生行狀」.

말하였다. "글을 읽어서 과거에 급제하는 것을 버려두고 또 무엇을 일삼으려느냐?" 선생이 대답하였다. "글을 읽어서 과거에 급제하는 것은 역시 둘째가는 일입니다. 성현이 되는 것이 바로 첫째가는 일입니다."[47]

고대의 관상쟁이(相士) 중에는 꾀꼬리가 물어오는 패를 보고 팔자를 점치는 점술(相法)을 쓰는 사람들이 있었는데 양명의 수중에 있던 꾀꼬리가 바로 패를 물어 와서 팔자를 점치는 데 쓰이는 것이었다. 소년 양명의 사상과 성정의 변화는 표면상으로는 마치 관상쟁이가 점을 쳐서 그에게 성현이 될 운명(命)이라고 알려준 것을 계기로 그가 몸과 마음을 수렴하고(收斂) 착실하게 글을 읽어서 성현이 되는 학문에 힘쓴 것 때문으로 보인다. 그러나 실제로는 주로 왕화가 그에게 숙사를 구해주고 숙관에서 정통 유가 사상의 교육을 한 결과이다. 왕화는 양명이 경사에서 거주하던 2년째(*성화 19년) 되던 해에 양명을 숙관에 들여보낸다.

추수익은 『왕양명선생도보』에서 양명이 숙관에서 맨 처음 교육을 받은 상황을 다음과 같이 말한다.

(*성화) 19년 계묘(1483)에 용산 공이 명하여 숙사에 나아갔다. 매우 엄격하게 독려하고 공부를 시켜서 선생은 답답하여 즐겁지 않았다. 숙사가 외출한 틈을 타서 동학을 데리고 수업을 빼먹고 나가 놀았다. 몸이 매우 가볍고 민첩하여서 깎아지른 절벽에 선 높은 나무에 가지를 잡고 올라가는

---

47 추수익, 『왕양명선생도보王陽明先生圖譜』. 전덕홍의 「양명선생연보」를 참조하라. 황관의 「양명선생행장」에서는 다만 "시내에 나가 놀다가 참새를 파는 자와 다투었다. 관상쟁이가 보고 이상하게 여겨서 돈을 주고 참새를 사서 공에게 주고 서관書館으로 돌려보냈다."라고 하였는데, 비교적 모호하다.

데 마치 평지를 걷는 듯하였다. 공이 이를 알고서 방에 가두고 경서의經書
義를 짓게 하였다. 한동안 지시받은 대로 글을 짓고는 몰래 자물쇠를 열고
빠져나가 놀았다. 공이 돌아와서 과제를 검사하니 빠뜨린 것이 없었다. 오
랜 뒤 사실을 알아차리고 근심하였다.[48]

전덕홍은 「양명선생연보」에서 양명이 숙관에서 교육을 받고 사상이 변화
한 과정을 말한다.

이듬해 숙사에게 나아갔다. 선생은 호방하고 얽매임이 없어서 용산 공이
늘 근심하였는데 오직 죽헌 공이 그를 알아주었다. 하루는 동학 생도들과
장안가를 돌아다니다가 관상쟁이를 만났다. 그가 기이하게 여기어 말하기
를 "내가 네 상을 봐줄 테니 나중에 반드시 내 말을 기억해라. 수염이 옷
깃에 닿으면 그때에는 성인의 영역에 들어가리라. 수염이 상단대에 닿으면
그때에는 성태를 맺으리라. 수염이 하단전에 닿으면 그때에는 성인의 경지
가 원만해지리라." 하였다. 선생은 그 말에 느낀 바가 있어서 그때부터 글
을 대할 때마다 문득 고요히 앉아서 깊이 사색을 하였다. 일찍이 숙사에게
묻기를 "무엇을 첫째가는 일로 삼아야 합니까?" 하였다. 숙사가 말하기를
"오직 글을 읽고 과거에 급제해야 할 뿐이다."라고 하였다. 선생이 의혹을
품고 말하였다. "과거에 합격하는 일은 어쩌면 첫째가는 일이 아닐 듯합니
다. (첫째가는 일이라 하면) 아마도 글을 읽고 성현을 배우는 것일 뿐입니다."
용산 공이 듣고 웃으면서 말하였다. "너는 성현이 되려고 하느냐!"[49]

---

48 추수익, 『왕양명선생도보』.
49 『왕양명전집』 권33 「연보」 1.

왕화는 양명을 위해 숙사를 청하였는데, 짐작건대 석곡石谷 오백통吳伯通
(1439~1502)일 것이다. 나중에 양명이 오백통에게 쓴 편지는 다음과 같다.

저(生)는 임자년(1492)에 스승님(函丈)과 작별하고 곧 태학太學에서 공부를
하였습니다(羈縻). …… '선생님(先生)' 문하에 있으면서 선생님을 위해 꾀한
일들이 이처럼 탄식할 일을 해서는 안 되었습니다. …… 또한 우선 수년
동안 뵙지 못한 회포를 펴서 문하에 죄를 청합니다. 엎드려 생각건대 대현
군자께서는 …… 인하여 수록收錄을 내려주시어 다시 '문하의 선비(門下士)'
가 되게 해주신다면 어찌 경행慶幸과 감격을 이길 수 있겠습니까!⁵⁰

양명은 오백통을 '선생님'이라는 존칭으로 일컬으며 스스로는 '문하의 선
비'라고 하였는데, 오백통이 양명의 어린 시절 스승이었음을 분명히 알 수 있
다. 오백통은 당시 일대명유一大名儒였다. 그는 천순天順 7년(1463)에 진사가
되었고, 홍치弘治 원년(1488)에 안찰사按察使로 나간 뒤 경사에 20여 년 체류
하였는데 벼슬길이 순조롭지 않았다. 아마도 그 사이에 숙관을 열어서 학생
들을 가르쳤을 것이다. 왕화가 양명을 오백통의 숙관에 들여보냄으로써 양명
은 그의 '문하의 선비'가 되었다. 오백통은 정주 이학程朱理學을 존신하였으
니 양명은 숙관에서 주로 정주의 이학을 교육받았던 것이다.

성화 19년 양명이 숙관에 들어가 수업을 받던 그해에 양명의 생활에 두
가지 커다란 사건이 일어났다. 하나는 그가 심학의 대유大儒 진백사를 만난
일이고, 또 다른 하나는 제양諸讓(1475, 진사)이 딸 제씨를 그와 정혼시키기로
약속한 일이다.

---

50 『신간양명선생문록新刊陽明先生文錄』 권2 「봉석곡오선생서奉石谷吳先生書」.

앞서 견소見素 임준林俊(1452~1527)은 서울에서 형부원외랑刑部員外郎을 지냈는데 왕화와 이웃하여 살았다. 양명은 임준 형제를 알게 되었고 두 집안은 늘 오가면서 학문을 강론하고 도를 논하였다. 나중에 양명은 임준에게 보낸 편지에서 이 일을 언급하였다.

> 집사께서는 행실이 효도와 우애가 깊고 학문이 깊고 넓으며 재주가 뛰어나고 위대하시며 기운이 바르고 크며 절조가 충직하고 곧으십니다. 저(某)는 약관弱冠에 가군家君을 따라 경사에 와서 다행히 나란히 이웃하여 살게 되었고(幸接比鄰) 또 영제令弟와 서로 오가며 사귈 수 있었는데, 그때는 참으로 늘 뵙고 말씀을 들을 수 있어서 마음으로 기뻐하고 성심으로 복종하였습니다(熟聞習見, 心悅而誠服). 다만 천박하고 열등한 자질로서 감히 자주 가르침을 청하지는 못하였습니다. ……[51]

이른바 '다행히 나란히 이웃하여 살았다'는 말은 바로 임준도 장안가 대흥륭사 부근에 거주하였으며, 왕화, 양명과 서로 가까이 이웃하여서 두 집안이 같은 곳에 살면서 익숙하게 알게 되었던 사실을 가리킨다. 그래서 양명은 임준 형제와 늘 오가면서 학문을 논하였고 임준에 대해 '늘 뵙고 말씀을 들을 수 있어서 마음으로 기뻐하고 성심으로 복종하는' 자세를 갖게 되었던 것이다.

양명과 임준 형제가 날마다 서로 오가며 학문을 논하던 바로 그때인 3월 30일 백사 진헌장이 부름을 받아 서울에 왔는데 역시 대흥륭사에 거주하게 되었다. 진백사는 초년에 향시에 합격하였지만 그 뒤 세 차례나 공거公車에

---

51 『왕양명전집』 권27 「여임견소與林見素」.

서 합격하지 못하였다. 강재 오여필을 스승으로 삼고 백사白沙(광동廣東 강문江門)의 숲으로 돌아가서 30년 동안 성정을 고요히 간직하고 도를 논하여서(習靜論道) 일대 심학의 대유가 되었다. 좨주祭酒 형양邢讓(1427~1471)이 경탄하며 말하기를 "참된 유자가 다시 나타났다(眞儒復出矣)!"하였다. 성화 18년 광동 좌포정사左布政使 팽소彭韶(1430~1495), 순무우도어사巡撫右都御史 주영朱英(1417~1485)이 모두 진백사를 천거하여 조정에 나아가게 되었다. 진백사는 성화 19년 3월에야 서울에 들어와서 장안가방 대흥륭사에 우거하게 되었다.

문인 장후張詡(1456~1515)는 「백사선생행장白沙先生行狀」에서 다음과 같이 말한다.

> 선생이 부득이하여 드디어 몸을 일으켜서 경사에 이르셨다. …… 좨주인 아무개 선생은 같은 성省 사람인데 평소 선생의 높은 이름을 꺼려서 선생이 경사에 이르자 사람을 시켜서 선생을 청하여 자기 집에 묵게 하였다. 이윽고 선생은 경수사의 아무개 우사寓舍 뒤에 집을 세내어서 거주하였다. 이로 인해 갖가지 술책을 동원하여 남몰래 연줄이 있는 사람을 시켜서 선생을 헐뜯었다. 학사 아무개(*장원정張元禎, ?~1506)가 보고서 좋지 않게 여겼다가 벼슬을 떼었다.[52]

나중에 진백사는 「옛 벗 장겸소를 그리워하며(有懷故友張兼素)」(장불張黻, 1472, 진사)를 지어서 자기가 경사에서 우거하던 상황을 추억하며 다음과 같이 읊었다.[53]

---

52 『진헌장집陳獻章集』 부록 2에 보인다.
53 『진헌장집』 권6 「유회고우장겸소有懷故友張兼素」.

만 리 장안에서 내 병을 보살피고	萬里長安看我病
밤 이슥하여 말 두 필로 등불을 들고 나왔었지	夜闌兩馬出携燈
지금은 다만 서애에 있으니	如今只有西涯在
강가엔 풀이 마르고 무덤엔 이슬만 무젖었네	宿草江邊露滿塋

'장안'은 장안가(*방)의 대흥륭사를 가리킨다. 진백사가 서울에서 반년을 기다리는 동안 그와 가장 친밀한 관계로 날마다 학문을 강론한 사람은 바로 임준이다. 양일청楊一淸(1454~1530)은 「임공준묘지명林公俊墓志銘」에서 말하기를 "진백사 선생은 천거를 받아 서울에 와서 날마다 강학을 하여 크게 소득이 있었다."[54] 하였다. 『양원집楊園集』에 실려 있는 「근고록近古錄」에서도 "사구司寇 임준이 형조刑曹에서 벼슬을 하였다. 진백사가 천거를 받고 서울에 왔다. 공이 날마다 그와 더불어 학문을 강하여서 얻은 것이 있었다."[55] 하였다.

임준의 『견소집見素集』 뒤의 부록에 실린 「편년기략編年紀略」에서는 더욱 분명하게 서술하고 있다.

> 18년 임인(1482) 정월에 임기 3년을 채운 뒤 칙령으로 계급이 승덕랑承德郎으로 올랐고 국장공菊莊公에 봉해져서 관직에 나아갔다. 모친 황씨黃氏, 부인 방씨方氏는 모두 안인安人이 되었다. 백사 진헌장과 함께 이학을 강론하여 밝혔다. 진헌장이 경사에 와서 오랫동안 거처할 곳을 얻지 못하였는데 공이 총재冢宰 윤민尹旼(1423~1505)에게 천거하였다. 윤민이 제본題本을

---

54 『국조헌징록國朝獻徵錄』 권45 「영록대부태자태보형부상서견소임공준묘지명榮祿大夫太子太保刑部尙書見素林公俊墓志銘」.

55 『양원집楊園集』 「근고록近古錄」.

갖추어서 상주하자 곧 검토檢討에 임명하라는 명이 있었다.[56]

임준이 진백사와 함께 날마다 학문을 강론하고 도를 논할 수 있었던 까닭은 분명 그가 진백사와 나란히 이웃하여 거주하였기 때문이다. 그리고 양명이 또 임준과 나란히 이웃하여 살았던 시기는 임준이 진백사와 날마다 학문을 강론하고 도를 논한 시기와 맞물리고 마침 양명이 임준의 집안을 드나들면서 배움을 묻고 도를 묻던 시기에 해당한다. 양명은 자연스럽게 임준과 진백사 두 사람이 학문을 강론하고 도를 논하는 모습을 늘 볼 수 있었다. 양명이 "늘 뵙고 말씀을 들을 수 있어서 마음으로 기뻐하고 성심으로 복종하였습니다."라고 한 말에는 그가 임준과 진백사 두 사람이 학문을 강론하고 도를 논하는 모습을 '늘 뵙고 말씀을 들은' 일이 포함된다.

왕화로 말하자면 그는 더욱더 진백사를 볼 수 있었다. 왜냐하면 이때 진백사는 심학의 대유로서 부름을 받고 도성에 왔기에 전국의 관심이 집중되었고, 그가 경사에서 지낸 반년 동안 공경대부가 "날마다 문 앞에 수백 명씩 찾아와서 모두 성인이 다시 나왔다고 하였다."[57]라고 했기 때문이다. 왕화는 심학을 신봉하였으므로 나란히 이웃하여 거주한 이 심학의 대유를 배방拜訪하려고 한 것은 필연적인 일이었다. 왕화와 임준은 모두 심학을 존신하였으므로 서로 교류하고 우호를 다지며 자주 내왕하였다. 진백사는 임준의 천거로 한림검토가 되었고 왕화는 한림편수를 맡고 있었기 때문에 왕화와 진백사는 틀림없이 한림원에서 서로 만날 수 있었을 것이다. 진백사가 대흥륭사에서 거주한 기간이 반년이나 되었으니 왕화는 늘 양명을 데리고 진백사를 예방할

---

56 『견소집見素集』 부록 상 「편년기략編年紀略」.

57 완용령阮榕齡, 『편차진백사선생연보編次陳白沙先生年譜』에 보인다.

수 있었던 것이다.

왕화와 양명이 진백사를 알았던 사실은 2년째에 백사의 문인 장후가 서울에 와서 진사에 합격한 일로 한층 더 실증할 수 있다. 성화 20년(1484)의 회시에서 왕화는 정시廷試의 미봉관彌封官을 맡았는데 양명은 아버지 용산 공이 고관考官이 되어서 과거장에 들어가 시권을 평가할 때 모셨다. 그리고 백사의 문인 동소東所 장후는 이해에 스승의 명을 받들어 회시에 참가하여 진사가 되었으니 그는 실제로는 왕화의 '문생門生'이었고 장옥場屋(과거시험장)에서 왕화·양명과 알게 되었다. 나중에 장후가 홍치 18년(1505) 경사에서 『백사선생전집』을 왕화와 양명에게 증정하였으니 역시 양명과 장후가 아주 일찍부터 잘 알고 있었음을 알 수 있으며, 장후는 양명이 가장 일찍 알게 된 백사의 제자라고 할 수 있다.

이로써 양명이 왜 진백사를 평생 존경하고 숭앙하였으며, 초년에 진백사의 '묵좌징심, 체인천리'를 좌우명으로 삼고 심학의 길로 정진해가면서 만년에 이르러 진백사의 「제심천題心泉」을 좌우명으로 삼고 '구성사기가법九聲四氣歌法'을 창안했는지 설명할 수 있다.

양명이 경사에서 영향을 받은 사상은 매우 잡박하였으나 그의 활발한 사유는 그가 남달리 기민한 재능을 가지고 있음을 드러냈기에 개암介庵 제양은 이를 한눈에 알아보고서 그에게 흔쾌히 딸을 시집보내기로 허락하였던 것이다. 제양은 여요 사람으로서 왕화와는 일찍부터 알고 지냈으며 두 사람은 금석金石의 교제를 맺어왔다. 그는 성화 11년(1475)에 진사가 되었는데 『성화십일년진사등과록成化十一年進士登科錄』에서는 그를 다음과 같이 소개하고 있다. "제양은 호적이 절강 소흥부 여요현에 등록되어 있다. 국자생國子生이며 『예기』를 전공하였다. 자는 양화養和이다. 항렬은 열한 번째이고 나이는 서른일곱이며, 7월 12일생이다. 증조부는 화중和仲, 조부는 승중勝仲, 아버지는 호

浩(*형부주사刑部主事에 봉해졌다)이다. 어머니는 방씨方氏(*태안인太安人에 증직되었다), 계모는 섭씨葉氏이다. 엄시하嚴侍下(아버지만 계시다)이다. 형은 악諤·정正(*안찰사첨사按察使僉事)·영영詠·혜譓·간간諫(*공사貢士)이며, 아우는 밀謐이다. 장씨張氏에게 장가들었다. 절강 향시 제34명이며 회시 제56명이다."[58]

성화 19년(1483) 제양은 이부낭중이 되었으며, 8월에 순천부 향시에 주고관이 되어서 왕화를 만나러 왔다가 마침 장난을 치고 있는 양명을 보고 눈에들어서 당장 그에게 딸을 시집보내기로 약속을 정하였다. 양명은 나중에 「제외구개암선생문祭外舅介庵先生文」에서 이 일을 다음과 같이 서술한다.[59]

아! 아프도다!	鳴呼痛哉
누가 우리 공더러	孰謂我公
이제 삶을 그쳤다고 하는가!	而止於斯
공은 우리 아버지와	公與我父
금석의 기약을 하셨습니다	金石相期
공은 이부의 관리가 되어	公爲吏部
경사에서 시험을 주관하셨습니다	主考京師
저의 아버지를 보러 오셨는데	來視我父
마침 저는 아이들과 놀고 있었습니다	我方兒嬉
공이 말씀하시기를 '그대의 아들인가?'	公曰爾子
내 딸을 시집보내겠다 하셨습니다	我女妻之

---

58 『성화십일년진사등과록成化十一年進士登科錄』.

59 왕수인王守仁, 「제외구개암선생문祭外舅介庵先生文」. 『요강제씨종보姚江諸氏宗譜』 권6에 보인다.

공은 저를 비루하게 여기지 않고	公不我鄙
아이들 중에서 저를 알아보셨습니다	識我於兒
공의 덕을 입고	服公之德
공의 사사로운 은혜를 받았습니다	感公之私

양명은 제양의 가르침도 받았다. 불행하게도 양명의 모친 정씨가 2년째 되던 해에 세상을 떠나자 제양이 장인의 신분으로서 편지를 보내 위문하였다. 양명은 다음과 같이 말한다. "제가 중년에 어머니를 잃은 것을 불쌍히 여기시고 저의 아버지께 편지를 보내 위로하시며 저를 때에 맞게 가르치셨습니다"[60] 왕화는 정씨를 여요의 혈호穴湖에 장사 지냈다.

성화 21년(1485) 왕화는 서울에서 조씨趙氏에게 장가들어 계실繼室로 들였고 양씨楊氏를 측실側室로 들였다. 이해에 조씨는 겨우 17세였고, 양명은 14세로서 이미 정혼하여 장가들기를 기다리고 있었으니, 스스로 '중년'이라고 일컬은 뜻은 소년 시절이 지나갔음을 말하려는 것이다. 후세에 조씨가 어린아이인 양명을 양육하고 사랑으로 대하여 아무리 사소한 부분이라도 미치지 않음이 없었다고 말하는 것은 사실과 맞지 않다.

전덕홍은 현모양처로서 조씨의 모습을 다음과 같이 말한다.

부인의 타고난 성품은 효성스럽고 근신하였다. 겨우 계례笄禮를 할 나이가 되자 규합閨閤에서 나가지 않았기에 이성異姓 형제들은 얼굴을 보기가 힘들었으며, 옛날 규문閨門의 정숙함을 갖추고 있었다. 용산 선생에게 시집와서는 공경과 순종이 날로 더하였는데, 서로 대하기를 마치 손님이나 벗을

---

60 『요강제씨종보』 권6 「제외구개암선생문」.

대하듯 하여서 옛날 김을 매는 남편에게 들밥을 날라주었다는(饁耨) 공경함
이 있었다. 비록 첩과 몸종(妾媵)이 많았으나 늘 실을 자아서 길쌈을 일삼
았다. 여러 자식이 그만두기를 권하면 정색을 하고 즐거워하지 않았으며,
깊이 경계하는 말을 하여서 옛날 주부가 몸소 길쌈을 했다는 검소함이 있
었다. 사람은 만약 자기 자식이 아니라면 갈대 솜을 옷에 넣어주기 마련이
다(絮蘆而守). 그러나 양명은 유년 시절에 장난이 심하여서 정훈庭訓이 매우
엄격하였다. 부인은 "이 아이는 총명하고 슬기로우니 뒷날 반드시 크게 성
취할 것입니다."라고 하면서 세심하게 보살피고 기르되 신경을 쓰지 않은
곳이 없었으니 자애롭지 않고서 어찌 이렇게 할 수 있었겠는가? 만약 자기
이익을 추구한다면 자질구레한 재산도 각각 나누는(分荊鬭禽) 법이다. 백씨
와 숙씨가 세상을 일찍 뜨고 남겨진 아이들은 모두 아직 어렸는데 부인은
이들을 염려하여 버려두지 않고 경사로 데리고 와서 자기가 낳은 아이들
처럼 보살폈으니 의롭지 않고서 어찌 이렇게 할 수 있었겠는가? 만약 나라
의 법도를 사사롭게 이용하고자 한다면(私國) 서자에게 잠시 맡겨두고(攝隱)
적자가 장성하기를 기다리는(俟桓) 법이다. 용산 선생이 소종백少宗伯(예부
禮部의 차관)으로 있을 때 관례에 따라 음보蔭補로 아들을 국자감에 넣을 수
있었다. 당시 수문守文은 어리고 수검守儉은 비록 장성하였으나 서출이어
서 선생은 유예했다가 수문에게 기회를 주려고 하였다. 그러자 부인이 말
하기를 "수검은 유독 우리 아이가 아닙니까?"라고 하였으니 공정하지 않고
서 어찌 이렇게 할 수 있었겠는가?[61]

---

61 『경야선생문집涇野先生文集』 권5 「고봉일품부인왕모조내군육십서誥封一品夫人王母趙內君
六十序」.

이는 모두 뒷날의 일을 말한 것이다. 양명은 이때 주로 숙관에서 교육을 받고 있었으며, 왕화는 그에게 매우 엄격한 가정교육(庭訓)을 행하고 있었다. 성화 22년에 양명은 숙관에서 교육을 받아 이미 성취하였고, 스스로 송유의 격물궁리格物窮理 학문을 터득하여서 성현이 될 수 있는 분수가 있다고 여겼다. 그러나 안으로 수렴하는(內斂) 유가 심성의 학은, 말을 타고 활을 쏘며 문무도략(文韜武略)을 좋아하는, 얽매이지 않고 방일한 그의 성격을 결코 바꾸지 못하였고 오히려 그로 하여금 더욱 침잠하여서 병서를 읽고 병법을 익히며 천하의 군사적 업무에 관심을 기울여서 개연히 사방을 경략하려는(經略四方) 의지를 떨쳐 일으키게 하였다.

그는 나중에 자기가 어린 시절(童年) 병법과 지방지地方志를 즐겨 읽었던 일을 추억하였다.

고평高平은 곧 옛날의 장평長平이다. 전국시대 진秦나라의 백기白起(?~B. C.257)가 조趙나라를 공격하여서 항복한 병졸 40만을 이곳에 생매장하여 죽였는데 지금까지 천하가 이를 원통해한다. 그래서 나는 어린아이(童子) 때 장평이 있음을 알았다. 강개하고 기이한 것을 좋아하는 선비로서 한번 그 땅에 가서 천고의 평온하지 않은 원한을 위로하려고 생각했지만, 그렇게 할 수 없었다. 혹은 때로 고평의 지도와 지방지를 살펴보고서 산천과 형세가 방불한가를 탐구하였다. 나는 일찍이 그 지방지를 살펴보고서 먼 옛날의 일이라 아무것도 사실을 제대로 분명히 알 수 없다고 여겼으나, 그런 일이 없었다고는 말할 수 없다.[62]

---

62 『왕양명전집』 권29 「고평현지서高平縣志序」.

여기서 말하는 '어린아이'란 서울 숙관에서 수학하던 때의 양명을 가리킨다. 병서와 지방지를 즐겨 읽는 일은 군사작전에서 산천의 형세를 고찰하는 전술을 중시하는 그의 병법 사상을 형성하였다.

바로 이 한 해 동안 조정의 정국은 들끓어서 내우외환이 점점 더 극렬해졌다. 북쪽 변방의 전란은 긴박하였고 농민 봉기가 사방에서 일어났다. 대략 봄여름 사이에 막북漢北 타타르(韃靼)의 한 갈래(別部)인 나해那孩가 3만 인마人馬를 거느리고 대녕大寧과 금산金山으로 쳐들어와서 곧바로 노하老河에 이르러 삼위三衛(올량합兀良哈 부락에 설치한 세 지역인 타안朶顔·태녕泰寧·복여福餘)의 두목인 백안伯顔 등을 공격하여서 죽이고 1만에 이르는 사람과 가축을 노략질하였다. 삼위의 백성은 노인을 부축하고 아이를 이끌고서(扶老携孺) 대대적으로 도망하였다.

변방에 도적이 쳐들어온 사건은 서울로 빠르게 전해져서 왕화와 양명도 이 소식을 전해 들었다. 조정 대신들에게는 변방의 근심을 해결할 수 있는 아무런 계책도 없었다. 감숙甘肅을 순무巡撫하는 우부도어사右副都御史 당유唐瑜(1423~1494)마저도 비변방략備邊方略을 아뢰는 상소에서 뜻밖에 비현실적인 황당한 주장을 펼친 탓에 탈봉奪俸 3개월의 처벌을 받았다. 양명의 흉중에는 도적이 변경을 침입한 이 같은 사건에 자극을 받아 변방의 도적을 토벌하고 공적을 세운 '마복파馬伏波(마원馬援, B.C.14~49)'를 본받기 위한 호방하고 강한 의지가 일어났다.

한번은 그가 직접 남쪽을 정벌하러 가서 광서廣西에 있는 마복파의 사당에 이르러 사당 벽에 제사題辭를 쓰고 시 한 수를 제題하는 꿈을 꾸었다.[63]

---

63 『동한양벽리후집董漢陽碧里後集』「잡존雜存·동주몽銅柱夢」. 전덕홍의 『양명선생연보』와 추수익의 『양명선생도보』를 참조하라.

제사　　　　　　　　　　　　　　　　　　　題辭

'구리 기둥을 부러뜨리면 교지를 멸하리라.' 한 표문에 참배하고 돌아오니
마음이 눈처럼 깨끗하다.

銅柱折, 交趾滅, 拜表歸來白如雪.

제시　　　　　　　　　　　　　　　　　　　題詩

갑옷을 싸서 돌아온 마복파　　　　　　　　卷甲歸來馬伏波
어린 시절 병법을 익혔더니 이제는 살쩍이 세었네　　早年兵法鬢毛皤
구름 뚫고 선 구리 기둥 우레에 부러졌어도　　雲埋銅柱雷轟折
여섯 글자 새겨진 글 아직 닳지 않았네　　　　六字題文尙不磨

　이는 그가 평소에 병서를 읽고 병법을 익히는 가운데 자연스럽게 변경의
도적을 토벌하려는 생각을 깊이 품었기 때문에 직접 남쪽을 정벌하고 시를
제하는 모습이 꿈속에 나타날 수 있었던 것이다.
　그는 남쪽의 교지交趾를 정벌한 마복파를 본받아 관문 밖으로 나가서 변
방의 정황을 살펴보고자 하였다. 대략 가을 중에 그는 혼자서 거용관居庸關을
몰래 빠져나가 산천의 형세를 관찰하고, 사방의 소수민족이 거주하는 촌락을
탐방하고, 보堡를 설치하여 적을 막아낼 대책을 강구하고, 호족胡族의 기사법
騎射法을 배우고서 한 달 남짓 뒤에야 비로소 경사로 돌아왔다. 그에게 이 일
은 조정의 재보宰輔에게 글을 올려서 변방의 근심을 없애는 실전의 방략을
진술하기 위한 준비가 되었다.
　또한 양명은 도적이 침입하는 엄중한 변경의 근심은 치열해지는 유민流民

의 봉기와 얽히고설켜서 함께 일어난 것임을 간파하였다. 정월부터 광서 요족瑤族이 대규모 반란을 일으켜서 성을 공격하고 약탈하였다. 귀주貴州에서도 묘족苗族 1만여 명이 봉기하여 소란을 피웠다. 경기京畿 지역에서조차 석영石英·왕용王勇의 반란이 일어나서 조정을 놀라게 하였다. 양명은 또 적을 사로잡아 오겠다고 포승줄을 청했던(請纓) '종동終童(종군終軍, B.C.133~B.C.112)'을 본받아 조정에 글을 올려서 스스로 석영·왕용의 반란을 정벌하겠다고 청할 생각을 하였다.

나중에 너무 '날뛴다(狂)'고 왕화의 꾸짖음을 받아서 글을 끝내 올리지 못하였다. '사방을 경략하려는' 양명의 노력은 성공하지 못하였다. 이로부터 그는 숙관에서 정주의 이학 연구에 더욱 침잠하였다. 주희가 남긴 서적을 열심히 읽으며 두루 탐구하고 송유의 격물의 학을 익혔다. 주희는 이치가 사물 가운데 있으니 모름지기 사물을 탐구하여(格物) 이치를 궁구하라고(窮理) 하였다. 양명은 곧 시험 삼아 실제로 천하의 모든 사물을 탐구하려는(格) 생각을 하였다. 어느 날 그는 서재에 앉아서 창밖 정자 앞에 있는 푸른 대나무 몇 그루를 마주 대하고 대나무 속의 '이치(理)'를 탐구하고자 하였다. 그는 창 앞에 앉아서 '대나무(竹)'를 이레 동안 탐구했으나 대나무의 '이치'는 탐구하지 못하였고 도리어 큰 병을 얻었다.

이 '대나무' 탐구(格竹)의 일화는 황직黃直(1500~1579)이 편집한 「양명선생유언록陽明先生遺言錄」에 다음과 같이 실려 있다.

> 나(某)는 15~16세 때 곧 성인의 도에 뜻을 두었다. 그러나 선유先儒의 격물치지설에서 들어갈 바가 없는 듯하여 줄곧 놓아두고 있었다. 하루는 서재에 있다가 대나무 몇 그루를 대하고 그 이치의 소이연所以然을 탐구하려(格) 하였는데, 아득하여 터득하지 못하였다. 마침내 며칠 동안 깊이 사색하다 끝

내 심한 병을 얻어 거의 일어나지도 못하였다. 이에 성인의 도는 아마도 내 분수로는 미칠 수 없는 것이라 의심하고 시세에 따라 과거에 응시하기 위한 학업을 익혔다. 그 뒤로도 마음속으로는 스스로 그만두지 못하고 대략이나마 사색을 해보려고 하였으나 묵은 병이 또 일어났다. 이에 또 감정이 내키는 대로 불교, 도교의 학문을 익혔다(舊病又發, 於是又放情去學二氏之學).[64]

『전습록』에도 다음과 같이 기록되어 있다.

뭇사람이 다만 격물은 회옹晦翁(주희)을 따라야 한다고 말하는데 일찍이 그의 말대로 해본 적이 있는가? 나는 실제로 그렇게 해보았다. 초년에 전우동錢友同과 함께 성현이 되려면 천하 사물을 탐구해야 하는데 지금 어떻게 하면 이런 커다란 역량을 얻을 수 있을까 하고 토론하였다. 이어서 정자 앞의 대나무를 가리키며 탐구해보라고 하였다. 전 선생은 밤낮으로 대나무의 도리를 탐구하느라 심사心思를 다 쓰고 사흘째에 이르러 정신이 지쳐서 병이 나고 말았다. 당초에는 그에게 말하기를 이는 정력이 부족한 까닭이라 하고 내가 이어서 직접 탐구해나갔다. 밤낮으로 탐구해도 그 이치를 터득하지 못하였다. 이레째가 되자 나도 사색에 지쳐서 병이 났다. 드디어 서로 탄식하기를, 성현이란 될 수 없는 것이며 달리 사물을 탐구할 수 있는 커다란 역량이 없다고 하였다.[65]

---

64 황직黃直이 편집한 『양명선생유언록陽明先生遺言錄』 하. 『속전습록續傳習錄』에도 보인다. 『속전습록』은 고영춘郜永春(1531~1609)의 『황명삼유언행요록皇明三儒言行要錄』의 『양명선생요록陽明先生要錄』 권2 「어록語錄」 하에 보이는데, 그 가운데 '서筮'를 '경莖'으로 썼다. 이것이 옳다.

65 『왕양명전집』 권3 「전습록」 하.

양명이 말하는 '전우동'은 당연히 서울 숙관의 동학이다. 두 사람이 '대나무'를 탐구한 일은 분명히 주희의 격물궁리설을 완전히 오해한 것이다. 주희가 말하는 격물궁리는 사사물물事事物物이 저마다 그 이치를 지니고 있으며, 풀 한 포기, 나무 한 그루 모두 그 이치가 있다고 인식하는 것이다. 이 '이치'는 사물의 발전과 운동 변화의 규칙을 가리킨다. 그는 '이칙理則', '물칙物則', '물리物理'를 일컬었던 것이다. 이른바 탐구(格)란 바로 사물의 발전과 운동 변화의 규칙을 탐구·궁구한다는 뜻이다.

주희가 예를 든 것으로 말하자면 농작물은 모두 저마다 생장의 규율이 있어서 어느 때 파종하고, 어느 때 뿌리가 나고 싹이 트며, 어느 때 꽃이 피고 열매를 맺으며, 어느 때 거름을 주고, 어느 때 물을 대며, 어느 때 수확을 하는가 하는 일체의 일이 모두 일정한 규율을 가지고 있는데, 이러한 것을 농작물이 생장하는 '이치'와 식물을 심고 가꾸는 '이치'라고 한다. 곧 격물궁리는 식물을 가꾸는 실천 중에 농작물을 심어서 가꾸고 농작물이 생장하는 규율을 인식하고 탐구하는 것이지, 결코 농작물(*대나무 포함)의 체내에 볼 수 있고 만질 수 있는 구체적인 '이치'라는 물건이 존재해서 이를 볼 수 있고 탐구할 수 있음을 말하는 것이 아니다.

양명과 전우동이 함께 그곳에 앉아서 골똘히 '대나무(竹)'를 뚫어지게 바라보았는데 이는 결코 '탐구(格)'라 할 수 없으니, 당연히 볼 수 있고 만질 수 있는 '이치'라는 물건을 탐구하지 못하였던 것이다. 바꾸어 말하면 만약 심학가가 말하는 대로 '이치'가 사물 가운데 있지 않고 마음 가운데 있다고 한다면(*심즉리心卽理) 마음속에서 사물을 탐구하여 골똘히 '마음'을 뚫어지게 바라본다고 해도 곧 대나무의 '이치'라는 이 물건은 더욱 보지도 탐구해내지도 못한다. 그러므로 양명이 대나무 탐구에 실패한 일은 다만 그가 주자학을 오해했음을 반영할 뿐 그가 심학을 깨달았다는 사실을 나타내는 것은 아니다. 대나무 탐구의 실패는 양명으로 하여금 주자학에 대해 실망과 회의를 느끼게 하였고, 스스로 성현이 될 수 있는 분수가 없다고 여기게 하였다. 그는 심학으로 전향하지 않고 과거 공부와 사장의 학으로 전향하였다. 전덕홍은 "선생은 스스로 성현의 분수가 없다고 여겨서 포기하고 세태에 따라 사장의 학으로 나아갔다."[66]고 하였다. 양명 스스로도 "이에 성인의 도는 아마도 내 분수로는 미칠 수 없는 것이라 의심하고 시세에 따라 과거에 응시하기 위한 학업을 익혔다." 하였다.

양명이 대나무 탐구에 실패한 일은 양명의 소년기 시절 사상의 발전 변화에서 중요한 의의를 갖는다. 전체적으로 보아 양명이 경사의 숙관에서 수학한 다섯 해는 양명 사상의 곡절이 격변하던 시기이다. 그는 불교와 노자의 학문을 좋아하던 데서 정주의 이학을 신봉하는 데로 전향하였고, 또한 정주의 이학을 좋아하던 데에서 과거 공부와 사장의 학을 익히는 데로 전향하였으며, 또한 다시 불교와 노자 두 학문에 도취하였다. 대나무 탐구는 그의 사상 변화의 역정에서 하나의 전환점이다. 대나무 탐구의 실패는 정주 이학에 대한 회의를 갖게 하였으며, 자신에게는 성현이 될 분수가 없다고 스스로 인정하게 한 것이다. 글을 올리지도 못하였고, '사방을 경략하려는' 길도 막혔다. 남은 길은 과거 공부에 전념하는 것뿐이었고, 과거를 보아 출사하는 길로 달려가는 것뿐이었다.

양명이 대나무를 탐구한 이듬해(성화 23, 1487) 2월에 왕화는 회시의 동고관同考官으로 충원되었는데, 이 과거에서는 유명한 현자를 더욱 많이 얻었다. 예컨대 문삼文森(1462~1525)·석보石珤(1464~1528)·유춘劉春(1459~1521)·오정거吳廷擧(1487, 진사)·이당李堂(1462~1524)·양자기楊子器(1458~1513)·양렴楊廉

---

66 『왕양명전집』 권33 「연보」 1.

(1452~1525)·나기羅玘(1447~1519)·비굉費宏(1468~1535)·하후夏鍭(1455~1537)·부규傅珪(1459~1515)·장면蔣冕(1462~1532)·반부潘府(1453~1525) 등이 모두 왕화의 '문생門生'이 되었고, 양명도 바로 이때 그들과 알게 되었으며 나중에 양명은 평생 그들과 줄곧 왕래하며 교유하였다. 그들이 높은 성적으로 진사가 된 것은 소년 양명에게도 과거에 응시하여 벼슬길에 나아가려는 웅대한 마음을 격려하였다.

8월 19일 헌종憲宗(성화제成化帝, 1464~1487)이 졸하고 9월 6일 효종孝宗(홍치제弘治帝, 1487~1505)이 즉위하였다. 새 황제의 등극으로 조정에는 개혁(更化)과 승평昇平의 새로운 기운이 나타났다. 이듬해는 대비大比의 해였다. 양명은 숙관에 가만히 앉아 있을 수 없었다. 마침 이때 그는 숙관에서 5년 동안의 배움을 마친 상태였다. 대략 겨울 즈음 양명은 숙관의 학업을 마치고 5년 동안 우거하던 경사와 고별하고 여요로 돌아가서 과거에 응시하여 출사하는 길에 들어섰다.

여요로 돌아와서 거주하다:
과거 공부를 하는 길

새 황제 홍치제의 태평성세 아래에서 과거는 천하 선비들이 꿈에도 그리던 벼슬길로 나아가는 가장 유일하고 올바른 길이었다. 그러나 16세의 양명은 여전히 그저 일개 숙관의 동생童生일 뿐이었다. 왕화는 원래 자기가 경관京官으로 있는 만큼 아들 하나는 음보蔭補로 국자감에 넣을 수 있을 것이라고 생각하여 양명을 태학에 들여보내려고 하였으나 헌종(성화제)이 세상을 뜨는 바람에 그의 이 꿈은 잠시 실현될 수 없게 되었다. 양명으로서는 과거를 보아 출사하는 길로 매진할 수밖에 없었다. 그래서 왕화는 성화 23년(1487)에 양명을 여요로 돌아가게 하였는데, 실제로 이는 양명으로 하여금 여요의 현학縣學에 들어가서 현학 제생의 '수재秀才'가 되어서 향시를 볼 수 있는 자격을 얻게 하려는 것이었다.

양명은 아버지의 명을 받들어 여요로 돌아가서 비도왕씨의 옛집에 거주하였다. 양명이 여요 옛집에 돌아와서 가장 먼저 한 일은 바로 홍도洪都로 가서 결혼을 마무리짓는 일이었다. 이때 제양은 홍도에서 강서 포정사참의布政司參議로 재직하고 있었는데 편지를 보내 양명을 데릴사위로 삼으려고 하였다. 왕화가 양명에게 말하였다. "네 장인의 명이 있는데 너는 감히 지체하려느냐?"[67] 이에 홍치 원년(1488) 7월 양명은 홀로 멀리 홍도로 가서 제양을 만난 뒤 포정사의 관서에서 납채례納采禮를 행하였다. 그리고서 곧 제양이 거주하는 관사에서 제씨와 혼례를 올렸다.

설에 따르면 결혼한 당일에 뜻밖에도 양명은 유명한 철주궁鐵柱宮으로 달아나 궁의 도사와 대좌하고 양생 수련의 도를 담론했는데, 밤이 늦도록 이야기하느라 돌아가지 않아서 새 신부가 싸늘한 동방洞房에 남겨졌다고 한다. 제양은 사람을 보내 찾아다녔지만 찾지 못하였고, 양명은 이튿날 아침이 되어서야 돌아왔다.

이 기이한 이야기는 전덕홍의 「양명선생연보」에 기록된 것 이외에 양명의 제자 한양漢陽 동곡董穀(1541, 진사)도 더욱 상세하게 서술하고 있다.

> 양명이 나이가 차서 아내를 맞이하게 되었을 때 신부의 아버지가 강서에서 벼슬살이를 했기에 그곳으로 갔다. 하루는 홀로 철주관鐵柱觀에서 노닐다가 한 고요한 방으로 가서 노승 한 사람을 만나 앉아서 이야기를 나누었는데 터득한 것이 있었다. 스님이 이에 책 한 권(編)을 내어서 선생에게 주고 작별하였다. 그러면서 말하기를 "30년 뒤에 다시 만납시다." 하였다. 나중에 신호宸濠를 평정할 때 홍도에 들어가서 다시 그곳을 노닐었다. 노승은 그대로 있었는데 선생에게 다음과 같은 시를 지어 주었다.

삼십 년 전 그대를 보았는데	三十年前曾見君
다시 온다는 소식 내가 먼저 들었네	再來消息我先聞
그대는 생사를 털끝처럼 가벼이 여기니	君於生死輕毫末

---

67 「요강제씨종보」 권6 「제외구개암선생문」.

뉘라서 강상의 반을 맡기겠는가?　　　　　　誰把綱常任半分

궁벽한 바닷가에서도 아름다운 덕을 공경할 줄 아니　窮海也知欽令德

하늘이 응당 이 문화를 없애지 않으리　　　　老天應未喪斯文

동쪽으로 돌아가다 무이에 이르거든　　　　東歸若到武夷去

흰 구름이 천년 향등을 누르리라　　　　　　千載香燈鎭白雲

선생도 어떤 문장을 지었는데 지금은 기록을 잃어버렸다. 옛날에 스님이
주었던 책도 결국은 어떤 책인지 알 수 없다.[68]

　전덕홍과 동곡이 기록한 내용은 분명히 모두 육상陸相(1493, 진사)의 『양명
산인부해전陽明山人浮海傳』에서 나온 이야기인데 본래 믿을 만하지 않다.[69] 동
곡은 양명이 철주궁에서 도사와 도를 담론한 일이 신혼 첫날밤에 일어난 일
이 아님을 명확하게 말하였다. 양명이 남창南昌에서 어느 날 철주궁으로 가
서 도사와 양생의 도를 담론했다고 한 말은 전적으로 가능한 일이다. 다만
양명이 신혼 첫날밤 철주궁에서 도사와 양생의 도를 담론하느라 돌아오지 않
았다는 말은 분명히 허망한 설이다. 양명은 스스로 "묵은 병이 또 일어났다.
이에 또 감정이 내키는 대로 불교와 도교의 학문을 익혔다."라고 밝히고 있
듯이 대나무를 탐구하다 실패한 뒤 다시 불교와 노자 두 학문에 깊이 빠져들
었다. 따라서 그가 남창에서 철주궁으로 가서 도사와 양생 수련의 도를 담론
한 일은 결코 괴이하지는 않다.
　신혼의 양명은 남창에서 1년 반 동안 거주하였다. 이 신혼 생활 중에 그

---

68 『동한양벽리후집董漢陽碧里後集』「잡존雜存·철주노승鐵柱老僧」.

69 상세한 고증은 『왕양명연보장편』에 보인다.

는 주로 포정사의 관서에서 독서하고 글씨를 쓰면서 보냈고, 서법書法이 크게 진보하였다. 이는 자연스레 그가 이후 과거시험에 응시하기 위한 준비가 되었다. 그러나 그는 독서와 글씨를 정주 이학의 격물궁리 사상과 결합하였다.

전덕홍은 양명이 남창에서 독서하고 글씨를 쓴 일을 다음과 같이 말한다.

> 관서에는 종이가 여러 상자 쌓여 있었는데 선생이 날마다 가져다 글씨를 연습하였다. 돌아갈 때쯤에는 여러 상자가 모두 비었고 서법이 크게 진보하였다. 선생은 일찍이 배우는 사람들에게 다음과 같이 알려주었다. "내가 처음 글씨를 배울 때 옛 법첩을 대하고 베꼈는데(對模古帖) 그저 글자 형태만 익혔다. 나중에는 붓을 들면 경솔하게 종이에 대지 않고 깊이 생각하고 고요히 사려하여 마음에 형태를 그려보았다. 오랫동안 이렇게 하자 비로소 서법에 통하였다. 그 뒤 명도明道 선생(정호程顥, 1032~1085)의 글을 읽었더니 '나는 글자를 쓸 때 매우 경건하게 쓰며 글자를 잘 쓰려고 하지 않는다. 다만 이것이 배움이다(吾作字甚敬, 非是要字好, 只此是學).'라고 하였다. 이미 글자를 잘 쓰려고 하지 않는다면 무엇을 배운단 말인가? 바로 옛사람은 오로지 때에 따라(隨時), 상황에 따라(隨事) 마음에서 배웠음을 알아야 한다. 이 마음이 정밀하고 밝으면(精明) 글자를 잘 쓰는 것은 역시 그 안에 들어 있다." 나중에 배우는 사람들과 격물을 토론하면서 이 일화를 자주 들어서 증명하였다.[70]

양명이 '옛 법첩을 대하고 베꼈다' 한 말은 주로 당의 승려 회소懷素(737~799)의 자첩字帖을 임모臨摹한 것이다. 한번은 그가 회소의 「자서첩自敍帖」을 임

70 『왕양명전집』 권33 「연보」 1.

모하고 뒷면에 다음과 같이 발문跋文을 제하였다. "홍치 2년(1489) 백안伯安 왕수인이 승려 회소의 글씨를 다당서재茶鐺書齋에서 베껴 쓴다."[71] 회소의 글씨를 배운 일은 이 시기 불교와 도교를 좋아한 양명에게는 역시 매우 커다란 영향을 미쳤다. 나중에 양명은 자기가 홍치 5년(1492)부터 정덕 원년(1506)까지 경사에서 지었던 시문을 모아 편집한 뒤 이름을 『상국유上國游』라고 지었다. 이는 바로 회소의 「자서첩」에서 "서쪽으로 상국上國(서울)에서 노닐며 당대의 명공을 뵙고 그에 관한 일을 이것저것 엮었다(西遊上國, 謁見當代名公, 錯綜其事)."라고 한 말에서 나왔다. 그는 스스로를 서울에서 노닌 회소에 견주었던 것이다.

이때 왕화는 조정에서 관운이 점점 좋아지고 있었다. 그는 앞서 홍치 원년(1488) 윤정월에 명을 받고 『헌종실록憲宗實錄』 편수에 참여하였고, 경연의 강관講官으로 충원되었다. 홍치 2년이 되자 그는 9년 임기가 만료되어서 승진할 수 있는 가능성이 높았다. 그러나 뜻밖에도 겨울에 왕륜의 병이 위독하다는 소식이 전해져서 그는 즉시 병을 구실로 나아가지 않았다. 조정에서는 사람을 보내 직책을 맡으라고 독촉하였고 친우도 일단 관직을 맡아 전임한 다음에 다시 사직을 고려하라고 권유하였다. 왕화는 다음과 같이 대답하였다. "부모가 편찮으신데 이미 기어가서 약을 달여 모시지 못했으면서 또 분주하게 전임을 도모하려고 쫓아다니겠는가! 모름지기 집에서 다행히 괜찮으시다는 소식이 오면 그때 나아가더라도 어찌 늦겠는가!"[72]

남창에서 양명은 왕륜의 병이 위독하다는 소식을 듣고 곧바로 12월에 부

---

71 양명의 이 글씨 진적眞迹은 '쉬바오왕說寶網'에 공개되어 있다. 『왕양명일문집고편년王陽明佚文輯考編年』을 참조하라.

72 『왕양명전집』 권38 「해일선생행장」.

인 제씨와 함께 여요로 돌아갔다. 주목을 끄는 점은 그가 배를 타고 광신廣信(광서廣西 오주梧州)을 지나갈 때 일재一齋 누량婁諒(1422~1491)을 예방했다는 사실이다. 누량의 맏아들 누성婁性이 왕화와 동년이었기 때문에 왕화는 누량·누성과 일찍부터 서로 알고 지냈다. 누량은 강재 오여필의 제자로서 진백사와 달리 여전히 정주 이학을 존신하는 정통 대유였다. 주희의 주경궁리主敬窮理 위주로 배운 그는 일찍이 많은 돈을 들여서 고본『주자어류朱子語類』를 베낀 뒤 "내 도가 모두 여기에 있다!"[73]라고 하였다.

그는 방문한 양명에게 사상의 대증약對症藥을 처방하였는데 하나는 송유 격물의 학이었고, 다른 하나는 성인은 배워서 이를 수 있다는 가르침이었다 (聖人可學而至). 전덕홍은 "선생은 제씨 부인과 함께 돌아가다가 배가 광신에 이르렀을 때 일재 누량을 뵈었다. 누량이 송유 격물의 학을 말하면서 '성인은 반드시 배워서 이를 수 있다.'고 하였다. 마침내 깊이 깨달았다(遂深契之)."[74] 하였다. 담약수는 다음과 같이 말한다. "17년에 일재에게서 '성인은 배울 수 있다.'는 말을 듣고 말하기를 '깨우친 바가 있었다.' 하였습니다.", "배움에 뜻을 두고 두 단계를 넘었는데 광신의 관사에서 누 공이 한마디 하기를 '성인은 배워서 이를 수 있다.' 하였습니다."[75]

양명은 대나무 탐구에 실패한 뒤 바로 송유 격물의 학에 실망을 느꼈고 또 스스로 성현이 될 분수가 없다고 인정하고 있었는데, 누량의 가르침은 양명의 이 두 가지 '마음의 병'을 포착하였다. 그리하여 양명으로 하여금 '마침내 깊이 깨닫게' 하였던 것이다. 이는 바로 그가 성현이 되는 것과 송유 격

---

73 『하동암선생문집夏東巖先生文集』 권5 「누일재선생행실婁一齋先生行實」.

74 『왕양명전집』 권33 「연보」 1.

75 『왕양명전집』 권38 「양명선생묘지명」.

물의 학에 대한 믿음을 회복하였다는 뜻이다. 이 역시 당연히 양명이 과거에 급제하여 벼슬길로 나아가기 위해서는 반드시 지녀야 할 신념이었다.

12월에 양명은 여요로 돌아왔다. 왕륜은 홍치 3년(1490) 정월에 세상을 떠났다. 왕화도 정월에 서울에서 여요로 달려와 상을 치르고 죽헌 왕륜을 혈호산穴湖山에 장사지내고 여묘살이를 하면서 상을 입었다. 복상(丁憂) 기간에 왕화는 시간이 있을 때마다 양명과 왕씨 종인宗人의 자제와 친우들에게 가정교육을 행하였다. 양명은 비도왕씨 가족의 옛집에 거주하면서 고모부 목상牧相, 종숙 왕면王冕·왕계王階·왕궁王宮, 태숙太叔 왕극창王克彰, 종숙 왕덕성王德聲과 함께 왕씨 가숙에 들어가서 교육을 받았다. 왕화는 그들에게 경전의 뜻을 강론하고 분석하며 부지런히 경전과 역사서를 읽도록 독촉하였는데, 실제로는 주로 다음 번 향시를 준비할 수 있게 한 것이다. 양명은 과거 공부를 하는 가운데 몸과 마음을 닦는 학문에 더욱 관심을 기울여서 지난날 방일하고 얽매이지 않던 습기習氣를 씻어냈다.

전덕홍은 이때 양명이 왕씨 가숙에서 받은 교육을 다음과 같이 묘사하였다.

이듬해 용산 공이 외간外艱(부친상)으로 여요에 돌아와서 종제 면·계·궁과 매서妹婿(매부) 목상과 선생에게 경전의 뜻을 강하고 분석해주었다. 선생은 낮에는 여러 사람과 함께 학업을 익히고 밤에는 여러 경전과 역사서를 찾아와서 읽었는데 자정에 이르기가 일쑤였다. 네 사람은 그의 문자 수준이 날로 진보함을 보고서 그에 미치지 못함을 부끄러워하였다. 나중에 (양명이 따로 경전과 역사서를 읽는 것을) 알고서 말하기를 "저 사람은 이미 마음이 과거 공부에서 벗어나 있다. 우리가 어찌 그에게 미치겠는가!" 하였다. 선생은 사람을 대할 때 본래 사근사근하고 장난치기를 좋아하였는데 하루는 이를 뉘우치고 드디어 단정하게 앉아서 말을 조심하였다. 네 사람은 믿지 못하였다. 선생은 정색을 하고 말하였다. "나는 옛날에는 방일하였으나 지금은 잘못을 알았습니다." 그 뒤로 네 사람도 점차 용모를 반듯하게 하였다(斂容).[76]

왕극창과 왕덕성도 다시 와서 왕화에게서 가정교육을 받았다. 석천石川 왕극창은 비도왕씨 가족 중에서 배분輩分(항렬)이 가장 높아서 양명은 그를 '우리 겨레 가운데 가장 뛰어난 분(吾宗白眉)'이라고 일컬었다. 전덕홍은 다음과 같이 말한다. "극창은 호가 석천이며 스승의 겨레 숙조叔祖(종조)이다. 스승께 강의를 듣고 제자의 반열에 나아갔으며 물러나 자기 방에 앉아 있을 때에는 집안사람의 예를 행하였다(양명이 극창을 종조로 대우하였다)."[77] 왕극창은 처음에는 왕화를 따라 수학하였고 나중에는 또 양명을 따라 수학하였으며 죽을 때까지 벼슬하지 않았다.

그리하여 양명은 나중에 다음과 같이 말한다.

석천 종조부(叔公)는 우리 겨레 가운데 가장 뛰어난 분이시다. 주장하는 바는 혹 잘못이 없지 않지만 그 지향은 맑고 저속하지 않아서 유속流俗의 더러운 폐단을 바로잡을 수 있었다. 오늘날 또 밤낮으로 서로 어울림에 무엇보다도 석천으로 인해 곧고 진실하고 견문이 많은 벗을 찾아 서로 더불어 강습하고 토론할 수 있었다.[78]

---

76 『왕양명전집』 권33 「연보」 1.

77 『왕양명전집』 권26 「여극창태숙與克彰太叔」 제호 아래.

78 왕수인, 「여제서與弟書」, 『신축소하기辛丑消夏記』 권5.

바로 이해에 양명의 숙관 스승이었던 석곡 오백통이 절강 제학부사提學副使로 부임하여서 학정學政을 감독하였기에 양명은 순조롭게 여요 현학에 들어갈 수 있었다. 양명은 나중에 오백통에게 보낸 편지에서 다음과 같이 말한다.

> 저는 임자년(1492)에 스승님을 작별하고(壬子歲拜違函丈) 곧 태학에 들어갔습니다. 중간에 8~9년 동안 활동하고 쉬는 사이 우러러 사모하며 자나 깨나 생각이 미치는 바가 스승님 아래 있지 않다는 사실에 관한 것이었으니 예컨대 대낮에⋯⋯ 선생님 문하에 있으면서 선생님을 위해 꾀한 일들이 이처럼 탄식할 일을 해서는 안 되었습니다. ⋯⋯ 인하여 수록收錄을 내려주셔서 다시 문하의 선비(門下士)가 되게 해주신다면 어찌 경행慶幸과 감격을 이기겠습니까![79]

'임자년에 스승님을 작별했다'는 말은 양명이 홍치 5년(1492) 가을에 향시에 합격한 뒤 오백통과 작별하고 경사로 들어가서 이듬해 회시에 응시한 일을 가리킨다. 이에 앞서 오백통은 절강 제학부사로 부임하였는데, 양명을 선발하여 여요 현학에 들어가 제생이 되어서 홍치 5년 향시에 응시할 수 있는 자격을 얻게 하였다. 이에 양명은 스스로 '문하의 선비'라고 일컬었던 것이다.

『만력항주부지萬曆杭州府志』에는 오백통이 현학 제생을 선발한(拔識) 일을 다음과 같이 말한다.

> 오백통은 자가 원명元明이며 사천四川 광안주廣安州 사람이다. 천순天順 갑신년(1464)에 진사가 되었다. 홍치 3년(1490)에 절강 제학부사로 발탁되었

---

79 『신간양명선생문록속편新刊陽明先生文錄續編』 권2 「봉석곡오선생서奉石谷吳先生書」.

다. 백가百家에 정통하였고 특히 성명학性命學에 뛰어났다. 법규(科條)를 엄격하게 세워서 제사諸士를 감독하였고, 제사도 그를 엄격하게 섬겼다. 정확하고 합당하게 감별하여서(甄別) 사람들을 잘 장려하고 진출시켰다. 예컨대 호단민胡端敏(호세녕胡世寧, 1469~1530)·손충렬孫忠烈(손수孫燧, 1460~1519)·진종간秦從簡(진문秦文, 1462~1529) 같은 이들은 모여 있는 무리(疇伍) 속에서 알아보고 선발한 인물들인데, 이들은 나라의 그릇으로 기대를 모았다. 나중에 모두 충절忠節을 세워서 당시 공덕으로 세상에 이름을 떨쳤다.[80]

이른바 '모여 있는 무리'란 절강부 현학의 제생諸生(*제사諸士)을 가리키는데, 여기에서 호세녕·손수·진문 등은 언급하고 오히려 가장 중요한 왕양명은 빠뜨렸다.

홍치 3년(1490)부터 홍치 5년까지 양명은 줄곧 여요 현학에서 과거 공부에 전념하며 성명학을 배우고 오백통과 친밀한 관계를 유지하면서 학문과 사상이 크게 진보하였다. 그는 홍치 5년 8월에 항주에서 거행한 향시에 충만한 자신감을 갖고서 참가하였다. 홍치 5년 절강의 향시는 오백통이 주고관이었고 그가 선발한 제사는 모두 좋은 성적으로 거인擧人에 합격하였다.

장한張瀚(1510~1593)은 『송창몽어松窗夢語』에서 오백통이 이 향시에서 선발한 제사의 내적 정황을 다음과 같이 언급하였다.

호단민(*호세녕)은 제생이며 창화昌化에 임시로 호적(寄籍)이 등록되어 있다. 독학사督學使(*오백통)가 공의 시권을 보고 기이하게 여겨서 말하기를 "작은 고을에 어찌 이런 기이한 인재가 있는가?" 하고, 또 "풀 속의 영지이

80 『만력항주부지萬曆杭州府志』 권62 「명환名宦」.

며 새 가운데 단봉이다(草裏靈芝, 鳥中丹鳳)."라고 평가하였다. 나중에 물어보아 인화仁和 사람인 것을 알고서 "내 본래 이곳 선비가 아님을 알았다." 하였다. 이어서 해수解首(해원解元, 향시의 1등)로 뽑으려 하였는데 호단민이 말하기를 "아직 요강의 왕수인만 못합니다." 하였다. 독학이 "왕수인도 해수로 뽑을 만하다."라고 하였다. 또 말하기를 "아직 천태天台의 진문만 못합니다."라고 하였다. 그러자 독학이 "이 사람은 작은 재주는 있지만 크게 쓸 수는 없다."라고 하였다. 나중에 진문이 제1등에 뽑혔고, 호단민이 제2등, 왕수인이 제6등에 뽑혔다. 훗날 진문은 공을 세운 것이 없고, 왕수인은 신호를 붙잡고 신건백新建伯에 봉해졌으며, 호단민은 신호의 간사함을 미리 적발하여서 지위가 대사마大司馬에 이르렀다.[81]

왕세정王世貞(1526~1590)은 절강의 홍치 5년 향시에서 합격한 '세 인걸(三傑)'을 다음과 같이 전문적으로 언급하였다.

절강의 임자년(1492) 거인은 여요의 손수 공, 전당錢塘의 호세녕 공, 여요의 왕수인 공이다. 신호의 변란에 호 공은 안찰부사로서 그가 점차 발호할 것을 지적하였고, 손 공은 순무우부도어사로서 변란에서 순절殉節하였고, 왕 공은 제독우부도어사로서 그 난을 평정하였다. 호 공은 태자태보太子太保, 병부상서에 이르렀고 소보少保에 증직되었으며 시호는 단민端敏이다. 손 공은 예부상서에 증직되었고 시호는 충렬忠烈이다. 왕 공은 신건백에 봉해졌고 후작에 증직되었으며 시호는 문성文成이다.[82]

---

81 『송창몽어松窗夢語』 권6 「감우기感遇記」.
82 『엄산당별집弇山堂別集』 권3 「임자절강삼인壬子浙江三仁」.

이 절강의 향시는 실제로 작지 않은 풍파를 일으켰다. 유세절劉世節은 『유충선공연보劉忠宣公年譜』에서 이 과거장(場屋)의 풍파를 다음과 같이 언급하였다.

홍치 5년(1492) 임자에 공(*유대하劉大夏, 1436~1516)은 절강 좌포정사가 되어서 …… 이해에 절강 향시의 시기가 되었을 때 큰비가 쏟아붓듯이 내려서 공원貢院의 호사號舍가 모두 떠내려가버렸다. 제생이 비를 피하여 모두 공당公堂으로 뛰어들어왔다. 안찰사가 쫓아내라고 명령하자 제생은 다급해져서 기와와 자갈을 안찰사에게 던졌다. 이에 안찰사가 달아나 숨었다. 당의 계단이 떠들썩하였다. 감림監臨(감독)이 크게 두려워하고 내일 다시 시험을 치르게 하려고 하였다. 이에 공이 말하기를 "법제가 아닙니다. 또 비는 소나기이니 형세가 반드시 저녁에 갤 것입니다."라고 하였다. 그러고서 무관 한 사람에게 상(案) 위에 서서 말을 전하게 하였다. "제생은 마땅히 저마다 자기 행동을 검속해야 한다. 잘 살펴본 뒤 시험을 보기로 결정한 자는 남고 그렇지 않은 자는 나가라!" 모든 제생이 공의 말을 들은 뒤 이윽고 나가는 자가 구름처럼 빠져나갔다. 감림은 두려워하며 결국 무리가 다 빠져나갈 것이라 생각하였다. 어스름 저녁에 비가 그치자 촛불을 청하는 제생이 아직 800여 명이나 되었다. 그제야 공의 처리가 합당했다고 기뻐하였다. 이해에 시험에 응시한 자는 적었지만 주사主司(과거의 주시관主試官)가 정밀하게 검열하여서 뽑힌 사람이 가장 성대하였는데(得人最盛) 왕수인·호세녕·손수가 모두 그 문하에서 나왔다.[83]

---

83 『유충선공연보劉忠宣公年譜』.

과거장에서 소란이 일어난 일은 평범한 응시생을 도태시키고 마침내 양명을 남들보다 더욱 돋보이게 하였다. 그는 오백통의 문인일 뿐만 아니라 유대하의 '문생'이었던 것이다. 이 향시는 '뽑힌 사람이 가장 성대하여' 호세녕과 손수 이외에도 진문·진번陳璠·정문해程文楷(?~1497)·정만鄭滿(1492, 거인)·위조단魏朝端(위한魏瀚의 아들)·장문연張文淵(*아마도 장체인張體仁일 것이다. 1499, 진사)·육칭陸偁(1457~1540)·요막姚鏌(1465~1538) 등이 있었는데, 이들은 모두 훗날 세상에 이름을 알렸으며 양명과 친밀한 관계를 유지하였다. 여요 한 현에서만 한렴韓廉(1496, 진사)·강영姜榮·위조단·오천우吳天祐·제문실諸文實·양변楊忭·육당陸唐·문인재聞人才·주약朱躍·양우楊祐·방새方璽·제충諸忠·양량楊梁 등 15인이 급제하여서 여요는 '인문회췌人文薈萃'의 영예를 안았다.

양명이 홍치 5년 향시에서 합격한 일은 그가 과거를 보아 출사하는 길에서 전환점이 되었을 뿐만 아니라 사상을 발전시키는 과정에서 새로운 경지에 도달했음을 뚜렷이 나타낸다. 양명의 사서四書 시권은 그의 사서학四書學 사상이 이미 성숙했음을 확실하게 나타낸다. 가장 주목을 끈 것은 그가 '마음(心)'을 논한 『논어』 시권(*'지사인인志士仁人' 절)인데 '마음의 본체는 밝게 빛난다(心體光明)', '마음은 정해진 주체가 있다(心有定主)'라는 설을 발표하여서 사람의 눈과 귀를 새롭게 하고 마음을 시원하게 하며, 가슴을 들끓게 하고 안목을 크게 키웠다.

문장은 다음과 같다.

성인은 마음에 주체를 지닌 자이나 그 마음을 확고히 해야만 덕이 그곳에서 온전해질 수 있습니다. 저 지사志士와 인인仁人은 모두 마음에 정해진 주체가 있어서 사사로움에 미혹되지 않는 자입니다. 이 때문에 사람으로서 나는 삶과 죽음의 즈음에 당면하여 오직 마음에 부끄러움이 없기를 추구할 뿐 내 몸은 무엇이 아깝겠습니까! 이는 부자夫子께서 천하의 의지가 없고 인하지 않은 자 때문에 개탄하시고 이것을 말씀하여 가르쳐주신 것입니다. 예컨대 천하의 일은 변화무상하며 삶과 죽음에 매우 깊게 연계되어 있으니 본래 어려움에 처하였을 때 구차히 면하고 삶을 추구하여서 인을 해치는 자가 있는가 하면, 위기를 보고 목숨을 버리면서도 인을 성취하는 자가 있습니다. 이는 바로 옳고 그름이 결정되는 연유이며, 일상의 감정(恒情)이 쉽게 미혹되는 것입니다.

내가 지사와 인인에게서 취할 것이 있겠습니까? 지사란 몸에 강상綱常의 중임을 짊어지고 의지와 사려를 고결하게 하며 늘 천하의 근본 준칙(大閑)을 세우려고 생각합니다. 이른바 인인이란 몸에 하늘의 덕을 온전히 모아 가져서 심체心體가 빛나기에 반드시 천하의 큰 절개를 곧게 하려고 합니다(所謂仁人者, 以身會天德之全, 而心體之光明, 必欲有以貞天下之大節). 이 두 부류의 사람들은 본래 모두 사태가 변하여도 놀라지 않고 이로움과 해로움이 마음을 빼앗지 못하며 죽음과 삶에 전혀 얽매이지 않습니다. 이 때문에 재앙과 근심이 바야흐로 성해질 때 본래 어려움을 피하여서 온전함을 추구할 수도 있습니다.

그러나 어려움에 처하여 스스로 면한다면 몸은 편안히 할 수 있어도 마음은 편안하게 할 수 없으니, 이는 목숨을 훔치는 자가 하는 일이며 저 두 부류의 사람들은 달갑게 여기지 않는 바가 있습니다. 뜻하지 않게 변고를 만나면 본래 요행히 삶을 도모하는 수가 있습니다. 그러나 살아남는 것이 일의 순리를 따르는 것이 아니라면 내 삶은 이 때문에 온전할 수 있으나 내 인은 이 때문에 잃어버리니, 이는 패덕한 자의 일이며 저 두 부류의 사람들은 하지 않습니다.

저 두 부류의 사람들이 하는 일에는 오로지 이치와 욕망(理欲)이 병존하는 기틀이 없으며, 목숨을 바치고 뜻을 이루어서 천하의 곧음을 안정시키려는 것이니 비록 죽음에 이르더라도 유감이 없습니다. 마음과 자취(心迹) 둘 다 온전히 할 수 있는 형세가 없으며, 몸을 내주고 어려움에 뛰어들어서 천하의 도를 착하게 하려는 것이니 비록 몸이 멸하더라도 후회하지 않습니다.

나라와 집안(國家)이 기울어지고 엎어지고도 남는 처지를 당하였을 때 몸을 바쳐서 극심한 어려움을 겪는 근심을 받아들이는 자는 어진 사람입니다. 그는 어려움에 나아가 피하지 않으며 달게 받아들이고 사양하지 않으니 대체로 참으로 내 마음의 공변됨을 보존할 수 있으며(可以存吾心之公), 장차 목숨을 바쳐서 행하되 존망存亡이 따라오는 것은 헤아리지 않습니다. 엎어지고 떠도는(顚沛流離) 위급한 상황에 처하였을 때 몸을 버림으로써 죽어서 편안한 휴식을 얻는 자는 어진 사람입니다. 그는 일에 직면하여서 두려워하지 않으며 죽음을 마치 돌아가는 것처럼 여기니 대체로 내 마음의 인을 온전히 할 수 있으며(可以全吾心之仁), 장차 몸을 맡겨서 따르고 삶이 오든 죽음이 오든 아까워하지 않습니다.

이는 내 마음이 중하고 내 몸이 가볍기 때문이니 강개하고 격렬하게 인을 이루는 계책이며 본래 지사의 용감한 행동이요, 또한 인인이 넉넉히 하는 일입니다. 그러니 머뭇거리고 위축되어서 한때 구차히 온전함을 구하는 자를 보면 참으로 어떻겠습니까! 마음을 보존함으로써 살고 몸을 보존함으로써 얽매이며 조용히 의에 나아가서 명분과 의리의 공변됨을 밝히는 것은 본래 인인이 편안히 여기는 바이며 지사 또한 결단하는 바입니다. 그러니 회피하고 숨어 엎드려서 바랄 수 없는 불사不死를 추구하는 것을 보면 또 어떻겠습니까! 이로써 지사의 행위를 보면 천하의 의지가 없는 자가 부끄러워할 것이며, 인인의 행위를 보면 천하의 불인한 자가 생각할 것임을

알 수 있습니다.[84]

양명이 지사志士, 인인仁人을 논하는 시각은 독특하다. 그는 '마음(心)'으로써 '지사, 인인'을 말하며, '심학'으로써 인학仁學을 말한다. 그가 보기에 마음은 광명한 본체이며, 따라서 천하를 바르게 하고 '천하의 큰 절개를 곧게 할' 수 있다. 마음은 몸의 주체이다. 성인은 마음에 정해진 주체를 지니고 있기 때문에 덕이 온전하고 지극히 선하게 할 수 있으며, 지사와 인인은 마음에 정해진 주체가 있기 때문에 인을 행하고 의를 굳게 잡을 수 있어서 공변됨과 사사로움에 미혹되지 않는다. 인은 바로 덕이 온전한 것이며 바로 하늘의 덕이다. 이 때문에 마음이 곧 인이다. 이른바 지사와 인인은 인한 마음과 덕이 부합한 자이다. 그러므로 그는 다음과 같이 말한다. "이른바 인인이란 몸에 하늘의 덕을 온전히 모아 가져서 심체心體가 빛나기에 반드시 천하의 큰 절개를 곧게 하려고 한다." 심체가 광명하고 마음에 정해진 주체가 있게 하려면 반드시 '존심存心'의 수양 공부를 하여야 한다. 존심은 바로 마음을 편안히 하는(安心) 것이니 존심을 통해 '내 마음의 인을 온전히 하며', '내 마음의 공변됨을 보존하며', '그 마음을 편안히' 한다. 곧 심체의 광명을 회복하는 것이다.

분명히 이러한 '심학'은 지사, 인인에 관한 그의 전체 논술 가운데 관철되어 있는데, 왕화가 전시 시권에서 제출한 '심학'과 판에 박은 듯이 빼닮았다(如出一轍). 심학은 왕화의 가학家學이다. 이러한 심학사상은 비록 그가 나중에 제출한 심즉리心卽理의 심학 및 치량지致良知의 심학과는 거리가 매우 멀지만 오히려 나중에 이러한 심학의 시초로서 맹아萌芽와 원두源頭가 되었다.

---

84 『흠정사서문欽定四書文』 권5 「화치사서문化治四書文」.

이는 그가 전통적인 '인성' 복귀를 부르짖는 데에서 '인심'을 다시 밝히는 데에 깊은 관심을 기울이는 쪽으로 전향했음을 나타낸다.

　다만 이러한 심학의 칼끝은 이 시기 그가 송유 격물의 학을 부지런히 익힘으로써 가려져 있었다. 그리하여『중용』시권(*'시에 이르기를, 솔개는 날아서 하늘에 이르고[詩云鳶飛戾天]' 절)에서 그는 정주 이학의 '이일분수理一分殊'를 전용하여 "솔개는 날아서 하늘에 이르고 물고기는 못에서 뛴다(鳶飛戾天, 魚躍于淵)."라는 사상을 다음과 같이 논술하였다.

> 『중용』은『시』를 근거로 하여(卽) 한 이치가 하늘과 땅 사이에 가득 차 있음을 말함으로써 비은費隱의 뜻을 밝혀냈습니다. 대체로 하늘과 땅 사이에 가득 찬 모든 것은 사물입니다. 모두가 사물이면 모두가 도인 것입니다. 『시』를 근거로 하여 살펴봄에 거의 도를 잘 이야기한 것은 반드시 사물을 읊었기 때문입니까! 지금 저 하늘과 땅 사이는 오직 이理와 기氣일 뿐입니다. 이理는 기氣를 제어하고, 기氣는 이理를 싣고 있으니 본래 한 기틀로 있어서 떨어지지 않는 것입니다. 어째서인지 사람들은 다만 사물에서 사물을 보되 사물에서 도를 보지는 못하며, 도에서 도를 보되 도에 존재하지 않는 사물이 없음을 보지는 못합니다(人但見物於物, 而不能見道於物 見道於道, 而不能見無物 不在於道也). 일찍이『시』에서 이런 사실을 접하고 오묘한 이치(妙)를 터득하였습니다. "솔개는 날아서 하늘에 이르고 물고기는 못에서 뛴다."라고 한 구절에서는 솔개와 물고기를 일컬었지만 뜻은 솔개와 물고기에 그치지 않으며, 하늘과 못을 근거로 들었지만(卽) 보는 것이 하늘과 못에 막히지 않습니다. 이 시를 지은 자는 아마도 도를 알았던 것입니까! 대체로 만물은 순수한 변화(化醇)의 자취를 드러내고 내 도는 기틀을 충만하게 채우고 있습니다(蓋萬物 …… 吾道蓋充周之機). 느끼고 만나고 모이고 흩어

지는(感遇聚散) 사이에 가르침(敎) 아님이 없으며, 상을 형성하고 법을 본받는 일(成象效法)이 명命 아님이 없습니다. 위로 하늘과 아래로 땅 사이에 있는 모든 것은 조화와 생육(化育)의 유행流行이며 유행에 합한 것은 모두 이 이치가 밝게 드러난 것입니다. 형태가 있는 것에서부터 형태의 궁극에 이르기까지 사물이 아무리 많더라도 그것을 품고 더욱 빛나는 것은 유동流動하고 충만한 한 태화太和가 보지하고 합하게 하는(保合) 것일 뿐입니다. 상이 있는 것에서부터 상의 궁극에 이르기까지 사물이 아무리 길러지더라도 그것을 간직하고 더욱 드러내는 것은 흘러넘치고 두루 퍼져 있는 한 성명性命을 저마다 바르게 하는(各正) 것일 뿐입니다. 사물은 솔개나 물고기에 그치지 않으니 이를 예로 들어보면 모든 사물을 알 수 있습니다. 위와 아래는 하늘과 못에 그치지 않으니 넓혀서 살펴보면 곳곳에서 (위와 아래를) 볼 수 있습니다. 이는 대체로 사물을 남겨놓지 않는(不可遺) 공간이 없으면 기가 드나들 수 없는 공간이 없으며, 기가 드나들 수 없는 공간이 없으면 이理가 올라탈 수 없는 공간이 없습니다. 천기天機가 위와 아래에 뚜렷이 드러나는 것이 진실로 이와 같은 것입니까![85]

양명은 천지 사이를 가득 채우는 것이 모두 이치이며 천지 사이를 가득 채우는 것이 모두 사물이므로 도道(*理)가 곧 사물이고 사물이 곧 도(*理)라고 인식하였다. 천지 사이에는 오직 하나의 도가 운행하며 하나의 이치가 우주를 가득 채우고 있어서 이理는 기氣를 부리고 기氣는 이理를 싣고 있다. 이것이 바로 정·주가 말하는 '이일분수理一分殊'이다. 이理는 사물 가운데 있기 때문에 사물에 나아가서 도를 관찰하고 사물을 탐구하여서 이치를 궁구해야(格

---

85 『흠정사서문』 권5 「화치사서문」.

物窮理) 한다. 그러므로 그는 "사람들은 다만 사물에서 사물을 보되 사물에서 도를 보지는 못하며, 도에서 도를 보되 도에 존재하지 않는 사물이 없음을 보지는 못합니다."라고 강조하여서 말하였다. 이것이 바로 주회가 말한 '분수체 인分殊體認'이다.

양명은 바로 이러한 '이일분수'로 '솔개는 날아서 하늘에 이르고 물고기는 못에서 뛴다'는 사상을 설명하였다. 이 두 시구는 '만물은 순수한 변화의 자취를 드러내고 내 도는 기틀을 충만하게 채우고 있음'을 형상화하고 묘사한 것으로서, 도가 하늘과 땅 사이의 위아래에서 조화하고 생육하고 유행함을 나타내며, 도가 유형有形에서 무형無形에 이르기까지, 유상有象에서 무상無象에 이르기까지 유포되어서 채워 넘침을 드러낸다고 여겼던 것이다. 이 『중용』의 시권은 21세의 양명이 정주 이학의 인식에서 도달한 수준을 뚜렷이 보여준다.

향시 합격은 양명의 인생 행로에서 새로운 기점이 되었다. 12월에 그는 여요를 떠나 이듬해 회시에 응시하기 위해 경사로 갔다. 이때 제양도 바로 상복을 벗고 일어나서 다시 조정에 나아갔는데, 양명을 보고 매우 크게 격려하였다. 양명은 다음과 같이 말한다. "공이 상복을 벗자 조정에서는 서울로 청하였습니다. 저는 외람되게도 향시에 합격하였고 얼마 안 있어 북쪽으로 가게 되었습니다. 공을 여차旅次에서 뵈니 공이 기뻐하며 말씀하시기를, 사위는 자질이 아름다우니 스스로 채우기를 소홀히 말라 하셨습니다."[86]

홍치 6년(1493) 2월 그는 회시에 응시하였다. 뜻밖에도 그는 남궁南宮(예부의 회시)에서 낙방하였다. 전덕홍과 임준의 말에 근거하면 그는 대체로 기휘忌諱에 저촉하여서 낙방한 듯하다. 전덕홍은 「양명선생연보」에서 다음과

---

86 『요강제씨종보』 권6 「제외구개암선생문」.

같이 말한다.

이듬해 봄, 회시에서 낙방하였는데 진신搢紳의 지인이 모두 와서 위로해주었다. 재상 이서애李西涯(이동양李東陽, 1447~1516)가 장난으로 말하기를 "너는 올해 낙방했으니 다음 과거에는 반드시 장원할 것이다. 시험 삼아 '다음 과거에는 장원(來科狀元賦)'이라는 부를 지어보아라." 하였다. 선생은 붓을 들어 즉시 써냈다. 여러 원로가 놀라서 "천재로세, 천재야!" 하였다. 그가 물러난 뒤에 그를 꺼리는 자가 말하기를 "이 사람이 1등을 하면 우리같은 사람은 눈에 뵈지도 않을 걸세."라고 하였다.[87]

양명은 지나치게 예리한 칼끝을 다 드러냈기 때문에 그를 꺼리는 자에 의해 떨어졌던 것으로 보인다. 그러나 양명은 결코 의기소침해지지 않았다. 4월에 그가 서울에서 나와 여요로 돌아갈 때 또 제양이 그를 매우 크게 격려하였다. 양명은 나중에 다음과 같이 말한다.[88]

남궁 시험에서 낙방한 뒤에도	南宮下第
공은 저를 가벼이 여기지 않았습니다	公弗我輕
말씀하시기를, 이롭건 불리하건	曰利不利
때에 따라 맞이할 뿐	適時之迎
어려움과 순조롭지 못한 굴욕은	屯蹇屈辱
너를 옥으로 완성하기 위한 것이라 하셨습니다	玉汝於成

---

87 『왕양명전집』 권33 「연보」 1.

88 『요강제씨종보』 권6 「제외구개암선생문」.

공의 가르침을 받들어	拜公之教
아침 일찍부터 밤늦게까지 몸을 편안히 하지 않았습니다	夙夜匪寧
몇 달 동안 공을 따라 배워서	從公數月
저의 어리석고 어두움을 계몽하였습니다	啓我愚盲
우리 공께서는 이 임무를 맡아	我公是任
저에게 정겹게 말씀하셨습니다	語我以情
이 직분은 참으로 괴로운 것인데	此職良苦
저는 마침 가르침을 만났던 것입니다	而我適丁
저는 말하기를, 날카로운 기량은	予謂利器
어려움을 만나면 드러나니	當難則呈
공의 재질은 비록 발휘하지 못하였으나	公才雖屈
이 또한 운명이라 하였습니다	亦命所令
공이 말씀하시기를 아하!	公曰戲耳
네 말이 진실하다 하셨습니다	爾言則誠
갈 때가 되자 간절히	臨行懇懇
저에게 명예와 절조를 지키라 하셨습니다	教我名節
성문을 왔다갔다하며	躑躅都門
격려하고 작별하였습니다	撫勵而別

양명이 여요로 돌아온 뒤 마침 왕화가 상복을 벗게 되자 조정에서는 윤5월에 왕화를 발탁하여 우춘방우유덕右春坊右諭德으로 삼고 경연 강관으로 충원하였다. 왕화는 4년 동안 벼슬길에 드리웠던 어두운 그늘에서 벗어났고, 양명도 여요에서 과거 공부를 하던 생활을 끝냈다. 가을 9월에 왕화는 양명을 데리고 서울로 가서 직책을 맡았다.

배가 남도南都(남경南京)를 지나갈 때 임준이 의미심장한 장시 한 수를 지어서 조정으로 돌아가는 왕화를 송별하였다.[89]

조정으로 돌아가는 왕덕휘를 송별하다　　　　　　　　送王德輝還朝

하늬바람은 뜨락 나무에서 멎고　　　　　　　　　西風息庭樹
달은 다듬이 방망이에 지네　　　　　　　　　　落月在雙杵
옷을 걷고 새벽별을 기다리다　　　　　　　　　攬衣候殘星
강 물가에서 작별하네　　　　　　　　　　　　送別江之滸

강기슭 단풍잎은 붉은데 하늘에선 서리를 내리고　岸楓葉赤天雨霜
해는 나오지 않아 강은 처량하다　　　　　　　日出未出江蒼凉
국화주 흰 술에 봄기운 돌고　　　　　　　　　黃花白酒動春色
저녁놀에 외로운 오리는 돌아가는 배를 재촉하네　落霞孤鶩催歸航
나그네에게 시간은 새처럼 지나가니　　　　　　客子流光一過鳥
갈수록 이별은 많고 만남은 적어지네　　　　　別時轉多會轉少
튼튼한 새 날개는 은하수까지 날고　　　　　　健翮宜凌霄漢間
나른한 몸은 다만 속세에 얽매이네　　　　　　倦身祇愛風塵表
장원한 학사인 그대는 외롭지 않으니　　　　　狀頭學士君不孤
천년의 문기가 사람을 부지하네　　　　　　　千年文氣須人扶
육조의 전적은 진의 불에 탔으나　　　　　　　六朝典籍要秦火
이 말은 과격해 보여도 속은 우활하지 않네　　此語外激中非迂

---

89 임준林俊, 「송왕덕휘환조送王德輝還朝」. 『석창역대시선石倉歷代詩選』 권415에 보인다.

평소 홀로 터득한 말은 행할 수 있고	平生獨得言可爲
지자는 도를 완성하여 자질이 변하였네	知者道完質變青
황제의 풍화는 경박해지고 문장은 화려한데	黃皇風薄麗藻君
백안에게 들뜨고 경박하다 말하네	歸語伯安浮艶輕
상의 술병 주의 솥을 일소하니 저절로 진실하고	一掃商彝周鼎自有眞
만 마리 말을 천 가닥 줄로 꾀네	拽以萬馬酬千縉
너무 일찍 이름 날리는 것을 남들은 꺼리니	聲名太早物所忌
지금 사람이 옛사람과 다름을 믿지 못하겠네	未信今人非古人

　　임준이 시에서 한 말은 비교적 함축적이다. "나그네에게 시간은 새처럼 지나가니, 갈수록 이별은 많고 만남은 적어지네'라고 한 구절은 당년에 서울에서 그와 진백사의 강학론도講學論道를 포괄하여 왕화, 양명과 함께 교유하고 강학하던 일을 회고한 것이다. 또한 "육조의 전적은 진의 불에 탔으나, 이 말은 과격해 보여도 속은 우활하지 않네'라고 한 구절은 명의 통치자가 정주 이학을 존중하고 육씨의 심학(*백사학白沙學까지 포괄)을 금하는 것을 은근히 지적한 것으로 보이며, 왕화, 양명이 과거 시권에서 '심학'을 언급한 일에 대해 경계를 제시한 것으로 보인다. "백안에게 들뜨고 경박하다 말하네. 상의 술병 주의 솥을 일소하니 저절로 진실하고"라고 한 구절 역시 양명이 이 시기에 시부詩賦와 사장辭章의 학에 탐닉한 일에 대한 충고이다. 그는 양명이 과거에 실패한 것이 결코 나쁜 일이 아니며 명성을 너무 일찍 얻게 되면 반드시 남의 시기를 받게 되므로 "너무 일찍 이름 날리는 것을 남들은 꺼리니, 지금 사람이 옛사람과 다름을 믿지 못하겠네"라고 하였다. 상경하여 '서울에서 노니는(上國游)' 양명에게 임준의 이러한 말은 많건 적건 역시 일종의 선의에서 보인 경계이다.

양명이 경사에 도착하자마자 왕화는 그를 태학에 들여보냈다. 양명은 6년 동안 여요에서 과거 공부를 하던 생활과 작별하고 다시 3년간 태학에서 교육을 받는 혹한의 생활을 시작하여서 완성을 보지 못한 과거와 출사의 길을 계속하여 걸어갔다.

2장

태학의 상사생上舍生: 옛 시문 짓기를 좋아하는 문사文士

북옹北雍에서 :
'상국유上國游'의 전주곡

왕화는 홍치 6년(1493) 9월에 경사로 돌아왔다. 10월에 그는 경연 강관의 직분으로 효종孝宗(홍치제, 1487~1505)에게 「권학소勸學疏」를 올려, 늘 경연에 나와 성학聖學과 성정聖政에 부지런히 힘쓰라고 권하면서 다음과 같이 말하였다. "밝고 빛나는 학문의 경지를 계속하여 빛내는(緝熙) 일을 귀하게 여기소서. 지금 해마다 경연에 서너 차례 납실 뿐이며 일강日講을 베풀어도 열흘에 한두 차례 행하신다면 계속하여 빛내는 공부에 간극이 있지 않겠습니까? 비록 타고난 성덕聖德이 견실하며 스스로 쉬지 않고 부지런히 힘쓰신다(乾乾不息) 하더라도 송유 정이程頤(1033~1107)가 말한 바 본원本源을 함양하고 덕성을 훈도薰陶하는 일은 반드시 현명한 사대부를 접하는 시간이 많아야만 일폭십한一暴十寒의 근심을 면할 수 있습니다."[1] 효종은 경연에 참석하는 차수를 늘림으로써 성학을 존숭尊崇하고 현명한 사대부를 많이 만나 제덕帝德을 훈도하겠다는 뜻을 피력하였다.

이때는 바로 과거의 대비大比가 중간에 쉬는 기간이어서 왕화는 「권학소」

---

1 『왕양명전집』 권38 「해일선생행장海日先生行狀」.

를 올림과 동시에 양명을 태학에 들여보내 한편으로는 양명이 진일보한 성학
聖學의 교육을 받고 서울의 현명한 사대부들과 광범위하게 교유하게 하였으
며, 다른 한편으로는 양명이 장차 태학생의 경력(資歷)으로 다음 회시에 참가
하여 순조롭게 과거를 보아 출사하기를 기대하였다.

양명이 북옹北雍에 들어가 상사생上舍生이 됨으로써 그의 일생에서 중요
한 '상국유上國游'(서울에서 학문을 익히고 시문을 짓고 병사들과 교제를 함)가 시
작되었다. 훗날 양명은 태학에서 교육을 받던 생활과 정문해·임정앙林庭棢
(1472~1541)·왕인지王寅之·유경소劉景素 등 일반 태학의 현명한 사대부와 교
유한 정황을 「정수부묘비程守夫墓碑」에서 다음과 같이 추억한다.

내 벗 정수부程守夫(정문해) …… 군의 부친 미도味道 공은 우리 아버님과
동년의 진사로서 서로 매우 두텁게 교제하였습니다. 그러므로 나와 군은
집안끼리 통하는 우의友誼가 있습니다. 홍치 임자년(1492)에 또 함께 향시
에 합격하였고, 곧 함께 북옹에서 학업을 마쳤으니 친밀하게 지낸 지 4년
남짓입니다. 바람 불고 눈 내리는 새벽과 꽃이 피고 달이 뜨는 저녁, 교외
동산의 산수가 아름다운 곳에서 함께 노닐지 않은 적이 없었습니다. 함께
한 시간은 매우 길었고 함께한 자취는 매우 친밀하였으나 군이 흥분해서
말하거나 찌푸린 기색을 보인 적이 없었으며, 정이 날로 더욱 두터웠고 예
가 날로 공손하였습니다. 가정에서는 화목하고 자득하여서 집안사람이나
바깥사람을 대함에 차별이 없었습니다. 나라 안의 선비들과 교제를 함에는
귀한 이 천한 이와 어린 사람 장년을 가리지 않았고 모두 공경하고 사랑하
였습니다. 비록 거칠고 비루하고 난폭하고 사나운 사람이라도 군을 만나면
영향을 받아서 마음에 젖어들지 않는 자가 없었습니다. 이때를 당하여 나
는 바야흐로 과거 공부와 사장을 익히는 데 몰두하여 서로 뽐내고 잘난 체

하는 것을 일삼았는데(予方馳騖於擧業詞章, 以相矜高爲事), 비록 군을 아끼고 중히 여길 줄은 알았으나 그 천부의 자질이 얻기 어려운 것임을 알지는 못하였습니다.[2]

양명이 태학에서 상사생 생활을 한 3년 동안의 시기는 과거 공부와 시부, 사장의 학에 탐닉하던 시기였다. 그는 스스로 '나는 바야흐로 과거 공부와 사장을 익히는 데 몰두하여서 서로 뽐내고 잘난 체하는 것을 일삼았다.'고 하였다. 그러나 그는 여전히 성현의 학과 성현의 도를 탐구하는 데 잠심하였다. 정문해도 오백통이 그의 글을 기이하게 여겼으며 양명과 같은 해에 합격하였고, 아울러 양명과 함께 같은 해에 태학에 들어가서 매우 가깝게 4년을 같이 지냈다. 두 사람은 과거 공부에 매진하고 사장의 학을 배웠으며, 가장 많이 교유하고 수창酬唱하였다. 또한 태학에서 그들 두 사람과 함께 가장 친밀하게 교유하고 수창을 하며 강학론도를 같이한 동사생同舍生으로는 임정앙·왕인지·유경소 등이 있다.

양명은 나중에 자신이 왕인지·유경소와 함께 태학에서 학업을 익히고 교육을 받으며 학문을 강론하고 도를 논하던 일을 다음과 같이 말한다.

왕년에 저(僕)는 왕인지·유경소와 함께 태학에서 공부를 하였는데, 매 계고季考에서 인지가 늘 경소보다 앞섰습니다. 그러나 인지는 스스로 경전을 강론하고 익히는 데 경소만 못하다 여기다가 하루는 제자의 예를 갖추어서 그를 스승으로 받들었습니다. 저는 매양 탄복하면서 인지와 같은 사람은 참으로 호걸의 선비라고 생각하였습니다. 가령 인지가 이 마음을 바꾸

---

2 『왕양명전집』, 권25 「정수부묘비程守夫墓碑」.

어서 도를 추구했더라면 어찌 성현에 미치지 못하였겠습니까? 그러나 인
지는 자기를 낮추는 일은 할 수 있었으나 도를 추구하지는 못하였습니다.[3]

임정앙은 홍치 8년(1495)의 향시에서 합격하고 이해에 태학에 들어가 양
명과 서로 알게 되었으며, 홍치 12년(1499)에 또 양명과 함께 나란히 진사에
합격하였다. 『순안현지淳安縣志』에서 "정문해는 …… 홍치 5년에 향천鄕薦을
받고 왕수인·임정앙과 우애가 좋았으며, 주고받은 시문이 상자에 가득하였다
(賡和盈几)."[4]라고 하였는데, 이는 바로 양명·정문해·임정앙 세 사람이 태학에
서 수창하고 교유한 사실을 가리킨다. 애석하게도 세 사람이 주고받아 상자
에 가득했던 시문은 모두 흩어져버렸다.

홍치 7년(1494) 5월 경사는 큰 더위로 혹심하게 무더웠는데 양명은 감회
시感懷詩 한 수를 지어서 정문해에게 주었다.[5]

**혹독한 더위에 감회가 있어 소릉(두보)이 열에 시달리며 이 상서를 그리워한
시의 운을 써서 동년의 형 정수부 음백에게 드림**

毒熱有懷用少陵執熱懷李尙書韻寄年兄程守夫吟伯

새벽에 장맛비 내려 젖은 땅을 바라보네	曉來梅雨望沾凌
오래 앉아 있으려니 천지가 벌건 난로처럼 찌는 듯하네	坐久紅爐天地蒸

---

3 『왕양명전집』 권20 「답저시허答儲柴虛」 서書 2.

4 『광서순안현지光緖淳安縣志』 권10 「문원文苑」.

5 『광서순안현지』 권15 「독열유회용소릉집열회이상서운기년형정수부음백毒熱有懷用少陵執
熱懷李尙書韻寄年兄程守夫吟伯」.

북방이라 추을 텐데 도리어 혹심하게 더워서	幽朔多寒還酷熱
청허하게 말 없으나 질펀하게 열기가 날아오르네	清虛無語漫飛昇
이 시간 머리에는 천 송이 눈이 부러운데	此時頭羨千莖雪
어디서 몸은 백 길 얼음에 기대볼까?	何處身倚百丈冰
경쾌하게 열어구를 따라 가려 하나	且欲冷然從御寇
바다에 뗏목 띄워 내 도를 전하려 해도 탈것이 없네	海桴吾道未須乘

이 시는 양명이 태학에서 빈궁한 가운데 애써(淸苦) 학습을 하고 생활하던 정경을 반영한 시로서 그가 태학에서 지은 시부와 사장의 대표작이다. 그가 익힌 시부와 사장의 학은 성당盛唐 시대의 두시杜詩를 좇아 '고시문古詩文(*송 이래의 '금시문今詩文'을 겨냥하여 한 말)'을 배운 것으로서 이는 그가 복고復古로 혁신을 삼아 시가문학 창작의 길을 걷기 시작했음을 나타낸다.

홍치 8년(1495) 정월, 양명의 장인 제양이 졸하였다. 그는 4월에 「제외구개암선생문」을 지어서 침통하게 제사를 올렸다.[6]

홍치 8년, 세차가 을묘인 해 여름 4월 초하루가 경인인 달에 금대에 머무는 사위 왕수인은 처 제씨를 데리고 남쪽을 향해 울면서 절하고 고 산동 포정사 좌참정 악부 제 공의 영령께 제사를 올려 아룁니다.

維弘治八年, 歲次乙卯, 夏四月甲寅朔, 寓金臺甥王守仁帥妻諸氏南向泣拜, 馳奠於故山東布政使司左參政岳父諸公之靈曰.

아! 아프도다!   嗚呼痛哉

---

6 『요강제씨종보姚江諸氏宗譜』 권6 「제외구개암선생문」.

누가 우리 공더러	孰謂我公
이제 삶을 그쳤다고 하는가!	而止於斯
공은 저희 아버지와	公與我父
금석의 기약을 하셨습니다	金石相期
공은 이부의 관리가 되어	公爲吏部
경사에서 시험을 주관하셨습니다	主考京師
저희 아버지를 보러 오셨는데	來視我父
마침 저는 아이들과 놀고 있었습니다	我方兒嬉
공이 말씀하시기를, 그대의 아들인가?	公曰爾子
내 딸을 시집보내겠다 하셨습니다	我女妻之
공은 저를 비루하게 여기지 않고	公不我鄙
아이들 중에서 저를 알아보셨습니다	識我於兒
공의 덕을 입고	服公之德
공의 사사로운 은혜를 느꼈습니다	感公之私
제가 중년에	憫我中年
어머니를 잃은 것을 불쌍히 여기시고	而失其慈
저희 아버지께 편지를 보내 위로하시며	慰書我父
저를 때에 맞게 가르치셨습니다	教我以時
홍치 기유년(1489)에	弘治己酉
공은 강서에서 참의로 계셨는데	公參江西
편지를 보내 저를 부르셨습니다	書來召我
저희 아버지께서 말씀하시기를, 아!	我父曰咨
네 장인의 명이 있으니	爾舅有命
너는 감히 지체하려느냐 하셨습니다	爾則敢遲

겨우 혼인을 마치자마자	甫畢媾好
두 분은 모두 부친상을 당하셨습니다	重艱外罹
공과 저희 아버지는	公與我父
잇달아 귀향하셨습니다	相繼以歸
공이 상복을 벗자	公旣服闋
조정에서는 서울로 청하였습니다	朝請於京
저는 외람되게도 향시에 합격하였고	我濫鄕擧
얼마 안 있어 북쪽으로 가게 되었습니다	尋亦北行
공을 여차에서 뵈니	見公旅次
공이 기뻐하며 말씀하시기를, 사위는	公喜曰甥
자질이 아름다우니	爾質則美
스스로 채우기를 소홀히 말라 하셨습니다	勿小自盈
남궁 시험에서 낙방한 뒤에도	南宮下第
공은 저를 가벼이 여기지 않았습니다	公弗我輕
말씀하시기를, 이롭건 불리하건	曰利不利
때에 따라 맞이할 뿐	適時之迎
어려움과 순조롭지 못한 굴욕은	屯蹇屈辱
너를 옥으로 완성하기 위한 것이라 하셨습니다	玉汝於成
공의 가르침을 받들어	拜公之教
아침 일찍부터 밤늦게까지 몸을 편안히 하지 않았습니다	夙夜匪寧
몇 달 동안 공을 따라 배워서	從公數月
저의 어리석고 어두움을 계몽하였습니다	啓我愚盲
우리 공께서는 이 임무를 맡아	我公是任
저에게 정겹게 말씀하셨습니다	語我以情

이 직분은 참으로 괴로운 것인데	此職良苦
저는 마침 가르침을 만났던 것입니다	而我適丁
저는 말하기를, 날카로운 기량은	予謂利器
어려움을 만나면 드러나니	當難則呈
공의 재질은 비록 발휘하지 못하였으나	公才雖屈
이 또한 운명이라 하였습니다	亦命所令
공이 말씀하시기를 아하!	公曰戱耳
네 말이 진실하다 하셨습니다	爾言則誠
갈 때가 되자 간절히	臨行懇懇
저에게 명예와 절조를 지키라 하셨습니다	敎我名節
성문을 왔다갔다하며	躑躅都門
격려하고 작별하였습니다	撫勵而別
누가 말했습니까? 이번에 가면	孰謂斯行
바로 영결이 되리라고!	遽成永訣
아! 아프도다!	嗚呼痛哉
공을 이별한 지 반년 만에	別公半載
선정의 영예가 날로 뚜렷해졌습니다	政譽日徹
선비의 여론은 기쁨으로 들끓어서	士論歡騰
제 마음은 기뻤습니다	我心則悅
작년에 편지로 이르시기를	昨歲書云
건업에 일이 있다 하셨는데	有事建業
대여섯 달 뒤	五六月餘
소식이 홀연 끊어졌습니다	音問忽絶
오랜만에 소식이 오기를	久乃有傳

편한 길로 월로 돌아가셨다 하였습니다	便道歸越
이어서 아저씨(왕곤)에게 물었더니	繼得叔問
말하기를, 아직 출발하지도 않았는데	云未起轍
가만히 생각건대 시간을 허락한 것은 괴이하다	竊怪許時
반드시 나쁜 결과를 얻으리라 하였습니다	必値冗結
누가 한 번 앓고서	孰知一疾
꺾일 줄 알았겠습니까!	而已頹折
서강의 위(위한) 공으로부터	西江魏公
부음이 홀연 왔는데	訃音來忽
창졸간에 듣고서	倉劇聞之
저는 놀라서 가슴이 찢어질 지경이었습니다	驚仆崩裂
공의 사람됨이	以公爲人
평소 질병이 없는 듯했으니	且素無疾
반드시 참언일 터인데	謂必讒言
공을 누가 질시했단 말입니까?	公則誰疾
반드시 잘못된 말일 터인데	謂必訛言
잘못된 말은 쉽게 나옵니다	訛言易出
위 공의 편지에	魏公之書
이월 엿새라 하였으니	二月六日
제가 아저씨에게 물은 뒤로	後我叔問
열흘 하고도 이레입니다	一旬又七
오고 가고 천리이니	往返千里
진실한지 아닌지는 기필하기 어려운지라	信否叵必
참말인지 아닌지	是耶否耶

무엇으로 다 알았겠습니까?	曷從而悉
꿈인지 생시인지	醒耶夢耶
만에 하나 이런 일이 있단 말입니까?	萬折或一
한(한방문) 공이 남쪽으로 왔기에	韓公南來
기어가서 질문을 하였더니	匍匐往質
한 공이 말하기를 그러하다 하여서	韓曰其然
저는 그 방에서 조문을 하였습니다	我弔其室
아! 아프도다!	嗚呼痛哉
전에는 혹시라도 빈말이기를 바랐는데	向也或虛
지금은 참말이 되었습니다	今也則實
누가 우리 공이	孰謂我公
과연 그러하다 하였습니까?	而果然也
하늘이 우리 공에게	天於我公
그렇게 한 것입니까?	而乃爾耶
공이 또한 그러한데	公而且然
하물며 다른 사람이겠습니까?	況其他耶
공이 지금 서거하셨으니	公今逝矣
제가 어찌 희망을 갖겠습니까?	我曷望耶
조정 신하가 모두 의논하여서	廷臣僉議
막 벼슬을 올리려고 하여	方欲加遷
주소를 장차 올리려고 하는데	奏疏將上
부음이 홀연 전해졌습니다	而訃忽傳
아! 아프도다!	嗚呼痛哉
지금이 그러합니다	今也則然

공의 몸이 떠나시니	公身且逝
바깥사람들이야 무슨 말을 하겠습니까?	外物奚言
공의 여러 자제는	公之諸子
건장하고 현명하니	旣壯且賢
참으로 공이 서거하셔도	諒公之逝
다시 무엇이 걱정이겠습니까?	復亦何懸
눈을 감을 수 없으심은	所不瞑者
두 서자가 다박머리 아이인 때문인데	二庶髫年
어진 형이 넷 있으니	有賢四兄
필시 안전할 터입니다	必克安全
공이 일찍이 저에게 말씀하시기를	公曾謂予
우리 형은 후사가 없으니	我兄無嗣
서자 아이를 보내서	欲遣庶兒
제사를 잇게 하겠다 하셨습니다	以承其祀
예전에는 서자가 하나였으나	昔也庶一
지금은 둘이 남았는데	今遺其二
아울러 끊어진 핏줄을 잇는 것이	竝以繼絶
어찌 공의 뜻이 아니겠습니까?	豈非公意
효도하는 맏형이 있어서	有孝元兄
능히 공의 뜻을 이을 것인데	能繼公志
차마 공의 마음을	忍使公心
이루지 않겠습니까?	而有不遂
사람으로 하여금 슬피 울며 부르짖다가	令人悲號
깨어나서 다시 넘어지게 합니다	蘇而復躓

멀고 먼 만 리에	迢迢萬里
하늘 끝 땅 구석에서	涯天角地
살아계실 때에는 반자식이었으나	生爲半子
돌아가심에 제사를 올리지 못하며	死不能禭
영구를 보지 못하고	不見其柩
상차에서 곡을 하지 못하니	不哭於次
산이 앞을 막은 듯이 답답하고	痛絶關山
(애통이) 가슴을 찌르는 듯합니다	中心若刺
저는 실로 공을 저버렸으니	我實負公
살아 있음에 부끄러움이 남습니다	生有餘愧
하늘과 땅은 장구하나	天長地久
이 한이 어찌 끝나겠습니까!	其恨曷旣
저희 아버지가 울면서 말씀하시기를	我父泣曰
너는 공의 사위이니	爾爲公婿
마땅히 빨리 전을 올려라	宜先馳奠
나는 갑자기 그리하지 못하니	我未可遽
슬픔의 단서가 천 갈래 만 갈래인지라	哀緒萬千
실로 예를 갖추지 못하겠다 하셨습니다	實弗能備
바람을 향해 한 번 부르짖으니	臨風一號
바람이 어디서 오는지 모르겠습니다	不知所自
아! 슬프도다!	嗚呼哀哉
아! 아프도다!	嗚呼痛哉
흠향하소서!	尙饗

이는 양명 평생 가장 비통하고 고통스럽게 쓴 제문이었다. 제양의 서거는 태학에 있던 양명에게는 매우 큰 타격이었다. 양명은 제문에서 자신과 제양 사이에 서로 왕래하며 격려하고 갈고닦았던 사위와 장인의 친밀한 정을 회고 하였는데, 그 가운데에서 양명이 태학에서 과거 공부와 사장을 익히던 시기를 전후하여 과거와 벼슬길에서 발버둥치고 있었던 그림자를 간파할 수 있다.

제문에서 언급한 사람 중 '아저씨'는 숙부 이직易直 왕곤王袞을 가리키는 데, 그는 당시 비도왕씨의 옛집에 거주하면서 나오지 않았다. '서강의 위 공' 은 오송五松 위한魏澣을 가리키는데, 이때 이미 강서 포정사를 치사致仕하고 여요로 돌아와서 거주하였다. '한 공'은 의암宜庵 한방문韓邦問(1442~1530)을 가리키는데, 사천四川 좌포정사를 역임하였다. 당시 부모상을 당하여 소흥으 로 돌아왔다가 홍치 8년 2월에 일이 있어 서울로 가는 길에 왕화·양명에게 제양이 서거한 소식을 알려주었다. '우리 형'과 '서자'는, 제양에게 서출 아들 남야南野 제수諸綉가 있었는데 제양의 형 제정諸正에게 양자로 보내 후사를 삼게 한 일을 가리킨다. 또한 제문에서 양명이 태학에서 '상국유'하는 가운데 조정 안팎의 현명한 사대부와 수창하고 교유한 사실을 알 수 있다.

이 제문의 작법은 별도의 격식을 갖추고 있으며 성음聲音과 감정이 아울 러 무성하게 쓰어져서 시 같기도 하고 노래 같기도 하여 매우 깊은 감동을 준다. 양명이 태학에 있던 동안 창작한 시부와 사장의 대표작이라 할 수 있 으며, 그 스스로 추구한 복고혁신復古革新의 '고시문' 창작이 이미 점차 성숙 한 경지에 이르렀음을 상징하고 있다. 아직 과거에 합격하여 벼슬길에 들어 서지도 않은 태학의 상사생이 이를 기화로 이미 시부와 사장을 잘 짓는 고수 라고 그 명예를 우쩍 떨쳐서 조정 안팎의 현명한 사대부가 모두 그에게 서문 이나 글을 지어달라고 청하게 되었다.

바로 이해에 고평高平의 현령縣令 양자기楊子器(1496, 知常熟縣)가 『고평현지高平縣志』를 엮은 뒤 사람을 멀리 서울까지 보내서 양명에게 서문을 지어 달라고 청하였다. 유당柳塘 양자기는 성화 23년(1487)에 진사에 합격하였으며 왕화의 '문생'으로서 이미 사림士林에서 저명한 대가였다. 그런 그가 오히려 아직 벼슬길에 들어서지 않은 태학생에게 서문을 청한 사실은 양명의 학문과 뛰어난 재능을 매우 높이 평가하고 있었음을 나타낸다.

양명이 지은 서문은 그의 참된 재주와 충실한 학문을 잘 드러내고 있다.

『고평지高平志』는 고평의 산천, 토전土田, 풍속, 물산을 기록하지 않은 것이 없어서 고평이라 하였으니 그 지역에 있는 모든 것을 열거하였다. 고평에 관한 「우공禹貢」, 「직방職方」의 서술 내용은 이미 알 수 없다. 한漢 이래 『지리군국지地理郡國志』, 『방여승람方輿勝覽』, 『산해경山海經』 같은 책들은 간략해서 누락된 것이 많거나 황당해서 이치에 맞지 않으니 이런 기록으로는 유감이 없을 수 없다.

우리 명조(我朝)의 『일통지一統志』는 그 강綱이 「우공」보다 간략하나 버려진 것이 없고, 목目이 「직방」보다 상세하나 군더더기가 없다. 그러나 그 규모는 두루 넓고도 간략하여 참으로 천하만세를 위해 편찬한 책이며 이 일은 왕자王者의 일이다. 또한 저 주州와 현縣의 지志를 편찬하는 일은 본래 유사有司인 자의 직분이니 늦출 수 있겠는가?

홍치 을묘년(1495)에 자계慈溪의 양명보楊明甫(양자기) 군은 택주澤州 고평의 현령이었다. 그가 행정을 펼치고 법령을 반포하니 백성이 기뻐서 복종하였다. 이에 전야田野를 다니고 부로父老에게 나아가 고을의 연혁을 물어서 장차 폐기된 것을 보수하고 무너진 것을 일으키려고 하였다. 그러나 고을에는 예로부터 지방지가 없어서 상고할 만한 근거가 없었다. 명보가 크게 탄식하며 말하기를 "이 큰 궐실은 그 책임이 내게 있다."라고 하였다. 드디어 널리 자료를 묻고 채집하며 감춰진 자료를 수집하고 의심스러운 것을 빼버리고 간접 정보를 얻고 직접 자료에 근거하며, 자기가 얻은 견문으로 보충하여서 『일통지』의 범례에 따라 중요한 절목을 총괄하고 사훈司訓(縣學教諭) 이영李英에게 집필을 맡겨서 한 달을 넘기지 않아 편집이 완성되었다. 이에 극히 번잡하고 복잡한 가운데, 모습(聲色)을 드러내지 않고 수천 년 동안 어지러이 흩어지고 잃어버렸던 과거사와 버려지고 폐기되고 닳아 없어진 자취가 다시 찬연히 완전해졌다. 명보는 겸손하게 물러나 마치 간여하지 않은 듯하였다. 고을의 인사들은 감동하고 서로 축하하면서 옛날에 들어보지 못했던 일을 홀연히 보게 됨을 놀라워하고 장차 없어질 수도 있는 오늘날의 일이 다시 밝아짐에 기뻐하였다. (양자기가 사람을 보내서) 경사로 달려와 나에게 서문을 청하였다.

살피건대, 고평高平은 곧 옛날의 장평長平이다. 전국시대 진秦나라의 백기白起가 조趙나라를 공격하여서 항복한 병졸 40만을 이곳에 생매장하여 죽였는데 지금까지 천하가 이를 원통해한다. 그래서 나는 어린아이 때 장평이 있음을 알았다. 강개하고 기이한 것을 좋아하는 선비로서 한번 그 땅에 가서 천고의 평온하지 않은 원한을 위로하려고 생각했지만, 그렇게 할 수 없었다. 어떤 사람은 고평의 지도와 지방지를 살펴보고서 산천과 형세가 방불한가를 탐구하였다. 나는 일찍이 그 지방지를 살펴보고서 시대가 멀어 아무것도 사실을 제대로 분명히 알 수 없다고 여겼으나, 그런 일이 없다고는 말할 수 없다.

대체로 일찍이 다음과 같이 논의하였다. 조나라 사람들 40만이 머리를 숙이고 진나라에 항복하였는데 진나라가 끝내 그들을 생매장시켜 죽이고서 조금도 불쌍히 여기거나 (죽임을) 꺼리지 않았으니 진나라의 혹독하고 포학함은 이미 죽임으로써도 용서하지 못한다. 당시 제후로서 그보다 앞서 역시 스스로 이런 과오를 저지른 자가 있었다.

저 선왕이 나라를 세우고 지역을 나눈 것은 모두 일정하게 기획하고 경륜하는 제도가 있었다. 예컨대 지금 이른바 지방지와 같은 종류의 책은 산천의 험하고 평탄함, 봉강의 넓고 좁음, 전지의 비옥하고 척박함, 공부의 많고 적음, 풍속이 마땅하게 여기는 것, 땅의 소산을 기록하여서 정연하게 분류하였다(紀其山川之險夷, 封疆之廣狹, 土田之饒瘠, 貢賦之多寡, 俗之所宜, 地之所産, 井然有方). 그리하여 나라를 소유한 자의 자손이 대대로 지키게 하고 자기 뜻대로 보태거나 덜어내거나 취하거나 주거나 할 수 없게 하였다. 그런 뒤에야 신뢰를 따지고 화목을 닦아서 저마다 선대의 소유를 보존하며 감히 법제를 무릅쓰고 서로 침범하지 않게 되었다.

전국시대의 군주는 자기가 싫증내지 않고 욕망을 펼치는 데 방해되는 것을 싫어하여서 모두 그 문서를 없애버렸다. 이에 강한 자가 약한 자를 능멸하고 다수가 소수를 사납게 대하며, 약한 나라를 겸병하고 권력과 지위를 참절僭竊하여서 선왕의 법제가 쓸어버린 듯이 고찰할 길이 없게 되어서 결국 간사한 영웅이 다시 꺼리는 바가 없었다. 그러므로 진나라가 감히 이렇게 하였던 것이다. 그런즉 일곱 나라가 망하자 실로 연유를 증험할 만한 문헌文獻이 충분하지 않고 선왕의 법제가 존속하지 않게 되었다. 전적典籍과 도지圖志의 관계됨이 어찌 대단하지 않겠는가!

지금 천하는 하나로 통합되어서 황제의 교화가 온 사방에 두루 미치지만 주현州縣의 관리는 문서를 갖추고 세월이나 헤아릴 뿐 도지를 보기를 쓸모없는 물건으로 여긴다. 민생에 합당하게 하고 풍속을 일으켜서 적체된 것을 소통하고 폐단을 보완하는 근거가(宜其民, 因其俗, 以興滯補弊) 반드시 지志에 힘입는 것을(必於志焉是賴) 알지 못하는데, 지의 편찬이야말로 본래 왕정에 처음 힘써야 할 일이다(王政之首務). 또한 지금 저 한 집안에도 반드시 족보가 있어야 계통을 가지런히 할 수 있는데 하물며 주현은 어떠하겠는가! 거대한 천하는 주현이 합쳐진 것이다. 다스려지지 않는 주현이 없어야 천하가 다스려진다. 명보가 홀로 지방지를 편찬하는 데 급급하였으니 소견이 또한 원대하지 않은가![7]

이 서문은 양명이 태학에서 수학하는 동안 지은 '고문'의 대표작으로서 그가 과거 공부를 하기 위해 지은 '팔고문八股文'과는 그 취지가 크게 다르다고 할 수 있다. 이 문장에서 그는 심성의 형이상학적 현학玄學의 문제는 언급하지 않고 곧바로 나라를 경영하고 다스리며, 세상을 경륜하고 실용적(經世致用)인 것에 관계된 실학의 도리를 논술하였다. 그는 지방지와 도경圖經의 편찬을 '왕정에 처음 힘써야 할 일'로 언급하였는데, 이는 지방지와 도경이 역대 선왕의 큰 도리와 법제를 기록한 책으로서 '산천의 험하고 평탄함, 봉강의 넓고 좁음, 전지의 비옥하고 척박함, 공부의 많고 적음, 풍속이 마땅하게 여기는 것, 땅의 소산을 기록하여서 정연하게 분류한' 것으로 인식하였다.

고대의 선왕이 나라를 세우고 지역을 나눈 데에는 모두 일정하게 기획하고 경륜하는 제도가 있었다. 전국시대의 칠웅七雄이 멸망한 까닭은 바로 지방지와 역사서와 문헌이 징험하기에 충분하지 않아서 선왕의 법제가 쓸어버린 듯이 남아 있지 않았기 때문이다. 따라서 지금 세상에 정치를 하는 자가 천하를 크게 잘 다스리고 '민생에 합당하게 하고 풍속을 일으켜서 적체된 것을 소통하고 폐단을 보완'하려고 생각한다면 지방지와 도경이 가장 중요한 '귀감'이 되는 책이니 반드시 '지에 힘입어야' 한다.

양명의 이 서문은 그가 태학에서 과거 공부를 하는 동안 이미 현실의 문

---

7 『왕양명전집』 권29 「고평현지서高平縣志序」.

제에 충분히 관심을 기울여서 사고하고 있었음을 나타내고 있다. 이는 바로 당년에 왕면·왕계·왕궁(양명의 종제)·목상牧相(양명의 고모부)이 일찍이 "저 사람은 이미 마음이 과거 공부에서 벗어나 있다. 우리가 어찌 그에게 미치겠는가!"라고 한 말과 같다. 그의 내심에 있는 성현의 학은 심성격치心性格致의 학일 뿐만 아니라 경세치용의 실학을 포함하고 있었다.

태학에서 양명의 마음은 이미 과거 공부에서 벗어나 있었고 초연히 터득한 바가 있었다. 그로 말하자면 과거에 응시하여 진사에 합격할 수 있는지 여부는 조만간에 판가름 날 터이며 이미 중요한 일이 아니었다. 홍치 9년(1496) 2월 그는 회시에 참가하였으나 그를 꺼리는 자가 중간에서 농간을 부린 탓에 또 한 번 낙방하였다. 그러나 그는 오히려 담담하게 대처하였다. 동사생 한 명이 과거에 낙방하여서 부끄러워할 때 양명은 그에게 "세상은 과거에 합격하지 못한 것을 부끄러워하지만 나는 과거에 합격하여서 마음이 흔들릴까 부끄러워한다."[8]라면서 위로하였다.

그는 앞날에 대한 자신감이 더욱 충만하였다. 과거에 낙방하고 태학에서 학업을 마친 일은 오랫동안 억압되어 있던, 성현의 학을 배우고 '옛 시문'의 사장을 짓는 웅대한 그의 마음을 아주 대대적으로 풀어놓았다. 이때 왕화는 벼슬길에서 순조롭고 득의만면한(春風得意) 시기를 맞이하였다. 3월에 그는 일강관日講官에 임명되었다. 4월에는 동궁보도東宮輔導에 선발되었다. 양명도 옛 시문을 잘 짓는 명사로서 태학을 나와 현실에 더욱 바싹 접근하였다. 경사의 문단에서 활약하기 시작했던 것이다. 5월에 호부낭중 이방보李邦輔(이문 안李文安, 1481, 진사)가 홀연 유주柳州의 지부地府로 나갔다.

양명은 다음과 같은 함축적인 「송이류주서送李柳州序」를 지어서 이방보를

---

8 『왕양명전집』 권33 「연보」 1.

전송하였다.

유주는 경사에서 7000여 리 떨어진 오령五嶺(호남, 강서, 광동과 광서 사이의 장강과 주강珠江 유역의 분수령과 주위의 군산群山. 월성령越城嶺·도방령都龐嶺·맹자령萌渚嶺·기전령騎田嶺·대유령大庾嶺)의 남쪽에 있다. 영남의 고을은 대체로 낮고 습하며 풍토병과 전염병(瘴癘)이 많고, 그 풍토는 여러 이민족과 섞여서 영향을 받았기에 옛날부터 중원과는 유사하지 않다. 당송唐宋 시대에는 그 지역이 황복荒服의 끝이었다. 그 지역에 파견되는 관리는 반드시 폄적貶謫을 당한 자는 아닐지라도 폄적을 당해서 온 자가 대부분이었다. 선비가 조정에 나아가 의기意氣가 굳세어서 시대를 거스르고 동료들(僚衆)에게 받아들여지지 못하여서 서로 물리치고 배척을 당하면 반드시 먼 지역으로 쫓겨가게 된다. 그러므로 폄적을 당해서 가는 자는 어쩌면 반드시 모두 현명한 사군자(賢士君子)는 아닐지라도 현명한 사군자가 대부분이다.

나는 일찍이 현명한 사군자를 다음과 같이 논하였다. 평소 일을 맡아 처리하여 공을 이루는 것은 요컨대 남들과 다름이 없다. 곤궁하고 빈핍한 상황에 처해서 의지를 더욱 떨쳐 일으키고 절조가 더욱 견고해진 뒤에야 마음의 자취가 시속時俗과 서로 매우 멀어지게 된다. 그런즉 반드시 현명한 사군자라야 그 같은 상황에 이르게 되는 것은 아니지만 그런 상황에 처한 뒤에야 현명한 사군자임을 알 수 있다.

당 때 유종원柳宗元(773~819)이 유주 자사로 나갔고, 유분劉蕡(?~848)은 쫓겨나서 유주의 사호司戶(사호참군司戶參軍)가 되었다. 유분의 충의忠義야 이미 말할 필요도 없고, 유종원은 애초에 비록 자초한 일 때문에 쫓겨나기는 했어도 유주에서는 예교禮教로써 백성을 다스리고 스스로 갈고닦으며 분발하여서 마침내 세상에 널리 알려졌다. 옛사람이 말하기를 "너를 옥으로 완성한다(庸玉汝於成也)."고 하였는데 믿을 만하지 않은가?

이로부터 그 지역에 잠시 노닌 사람으로는 범조우范祖禹(1041~1098)·장정견張廷堅(1091, 진사)·손적孫覿(1081~1169)·고영高穎(1124, 진사)·유홍도劉洪道(1128, 京東東路 安撫使)·호몽욱胡夢昱(1185~1226) 등인데 모두 충현忠賢하고 강직한 선비로서 앞뒤로 서로 끊이지 않고 이어졌다. 그러므로 유주는 비록 중원의 땅은 아니지만 그 지역에 오는 사람은 대부분 현명한 선비였다. 이 때문에 풍습이 이들의 교화를 받아 바뀌고 의관衣冠과 문물이 성해져서 예의의 지역이 되었다.

우리 명 황조는 대대로 문명한 군주가 이어지고 화합하여서(重熙累洽) 멀고 가까운 곳에 차이가 없고 세상은 화평하며 시절은 태평하여서 풍토병과 전염병이 발병하지 않았다. 재화는 모두 동남쪽에서 나왔다. 이에 영남은 드디어 제일가는 고을이 되었고, 조정은 반드시 청렴하고 유능한 사람을 뽑아서 임명하였다. 그러므로 오늘날 유주는 이미 당송唐宋의 유주가 아닌데 오늘날 그 지역의 관리가 된 자가 어찌 홀로 옛날에 비견되지 않겠는가! 그 중요성과 전문성이 역시 매우 뚜렷하다 하겠다.

홍치 병진년(1496) 유주의 지부에 결원이 생겨서 내강內江 이방보 군이 지관地官(戶部) 정랑으로서 명을 받고 갔다. 사람들은 모두 이방보가 지관에 10여 년 있으면서 능력과 명성이 뛰어나 진신縉紳으로부터 인정을 받았으니 만 리 밖으로 멀리 가는 것은 합당하지 않다고 여겼다. 나와 이방보는 서로 알아주는 사이이니 어찌 멀리 이별함을 애석하게 여기지 않겠는가? 돌아보면, 이방보가 지관의 상조上曹 정랑에 있을 때 청렴하다는 명성이 높았고 능력과 공적이 있었으며 승진이 빠르거나 늦음에 태연하였고 넉넉하고 여유로우며 영화롭고 안락한 생활을 누렸다. 이런 모든 일은 사람들에게 아주 어려운 일은 아니며 사람들 또한 이방보를 그다지 대단하게 여기지도 않았으니 그 속에 어떤 어려움이 있는지를 알지 못하기 때문이다.

지금 수천 리 여러 개의 관문을 지나서 궁벽하고 험난한 지역으로 나가 외부의 심각한 상황에 전혀 영향을 받지 않는 깨끗한 자질을 펼칠 수 있게 되었으니 이방보의 절조와 지려는 대부분의 사람들 사이에서 모두 드러났다(邦輔之節操志慮, 庶幾盡白於人). 그리고 임무는 무겁고 갈 길은 먼데 참으로 오늘날 진신搢紳의 기대와 바람을 저버리지 않을 것이니 어찌 아름답지 않은가! 처한 바가 어렵고 험함을 무릅쓴다는 평판을 얻고 절조는 명성에 걸맞은 아름다움을 띠게 된 것은 다른 사람들이 모두 바라는 것을 채우려 하지 않았고, 더하여 자만하는 마음도 갖지 않았기 때문이다(夫所處冒艱險之名, 而節操有相形之美, 以不滿人之望, 加之以不自滿之心). 이방보가 가는 길에 내가 홀로 흔쾌히 여기고 기뻐하는 까닭이다.[9]

이방보는 바로 이문안李文安이다. 그는 성화 17년(1481) 진사에 합격하였는데 왕화와 동년이어서 양명이 '상국유'의 교제를 맺은 현명한 사대부 중 한 사람이었다. 그러나 이문안은 벼슬길이 순조롭지 못해서 주사主事와 소관小官으로 15년 동안이나 머물렀는데 홀연 바깥으로 내쳐져서 유주의 지부가 되었기에 조정의 여론이 떠들썩하였으며, 이문안에 대해 불공평하다는 생각을 갖게 되었다. 양명은 조정의 부당한 용인用人에 불만을 품었으나 조정을 정면으로 비평하지는 않았다. 그리고 오히려 이문안이 개연히 부임한 일로 그의 고상한 절조와 품덕을 칭송하면서 '처한 바가 어렵고 험함을 무릅쓴다는 평판을 얻고 절조는 명성에 걸맞은 아름다움을 띠게 된 것은 다른 사람들이

---

9 『왕양명전집』, 권29 「송이류주서送李柳州序」.

모두 바라는 것을 채우려 하지 않았고, 더하여 자만하는 마음도 갖지 않았기 때문'이며, '이방보의 절조와 지려는 대부분의 사람들 사이에서 모두 드러났다'고 인정하였다. 이는 실은 양명 스스로의 상황으로서, 이문안이 궁벽한 고을로 멀리 추방당한 일을 빌려서 과거에 낙방했어도 절조와 지향을 고치지 않겠다는 자기의 결심을 표현한 것이다.

똑같은 사정이 또 좌부左府(좌군도독부左軍都督府) 경력經歷 낙롱駱瓏(1481, 진사)의 신변에서도 일어났다. 낙롱도 왕화와 동년인데 홀연 5월에 조주潮州 지부로 추방되었다. 양명은 유사한 서문을 지어서 부임하는 낙롱을 송별하였다. 양명이 지은 「송이류주서」가 이문안을 유주로 폄적된 유종원에 빗대었다고 한다면 「송낙온량조주태수서送駱蘊良潮州太守序」는 낙롱을 조주에 폄적된 한유韓愈(768~824)에 빗대었다.

서문에서 다음과 같이 말한다.

옛날 한퇴지韓退之(한유)가 조주 자사로 있을 때 (그가 지은) 시문에 조주의 풍토와 물산을 서술한 것이 있었는데 대체로 조주를 장독瘴毒(풍토병)이 심하고 험한 지역이라고 하였다. 해남 수海南帥(영남절도사嶺南節度使) 공규孔戣 (752~824)가 조주는 지역이 작고 녹봉이 박하였기에 특별히 한퇴지에게 얼마간(千十百)의 돈을 주어서 궁핍한 생활에 보태주었다. 조주는 대체로 바닷가의 궁벽한 고을일 뿐이었다. 지금 영남의 여러 고을(郡)은 풍족하다고 일컫지만 반드시 조주를 으뜸으로 치며, 심지어 강江(장강), 회淮(회수)처럼 비록 재화가 풍부한 지역이라 하더라도 역시 미치지 못하는 바가 있다. 어쩌면 조주의 토지가 옛날에는 척박했으나(嗇) 지금은 풍부해진(豐) 것인가? 아니면 한퇴지가 폄적된 뒤 불평하는 말이 격해서 과장한 점이 없지 않았던 것인가?

한퇴지는 형부시랑으로서 불골佛骨(부처의 사리) 영접에 대해 간했다가 천자가 크게 노하여서 그를 반드시 죽음에 처하려고 하였다. 배도裵度(765~839)와 최군崔群(772~832) 무리가 해명을 하여서 비로소 조주에 폄적될 수 있었다. 그런즉 조주가 당시에는 좋은 지역이 되지 못했음을 또한 대략 알 수 있다. 지금의 평판은 직접 가서 눈으로 볼 수 있으니 참으로 근거 없이 전해진 말은 아니다. 특히 그 지역이 옛날과 다른 까닭은 요컨대 원인이 있다.

나는 다음과 같이 말한 적이 있다. 수령(牧守)이 고을을 다스리는 일은 농부가 밭을 다스리는 일에 비유할 수 있다. 농부가 상등의 전지(上田)를 한 해 다스리지 않으면 수확이 반으로 줄고, 두 해 다스리지 않으면 먹을거리가 없고, 세 해 다스리지 않으면 잡초가 우거지고 황폐해져서 기왓조각(瓦礫)처럼 된다. 진실로 심고 가꾸는 방법을 다하고 갈고 김매는 절차를 부지런히 하면 하등 토지의 수확이 상등 토지와 같아진다.

강, 회 지역은 본래 물산이 풍부하고 인구가 많은 곳이라 일컬어졌으나 전쟁을 겪고 재해를 입어서 조잔凋殘하고 척박해졌는데 (이런 변화는) 본래 의당 있을 수 있는 일이다. 지금은 대대로 문명한 군주가 이어지고 화합한 (重熙累洽) 때인데 백성이 곳곳에서 견딜 수 없다는 탄식을 하고 있으니 어찌 풍속이 평소 사치와 안일에 익숙하며 윗사람이 또 이어서 세금을 무겁게 거두고 부역이 빈번하여 사방에서 착취가 행해지기 때문이 아니겠는가? 그렇다면 비록 선량한 수령이 있다 하더라도 역시 잠시 동안 선정의 혜택을 볼 뿐 장기간 학정에 시달릴 터이니(一曝十寒) 살아갈 수 있는 방도는 거의 없을 터이다.

조주는 큰 바다에 면하고 있어 오랫동안 백성이 넉넉하고 부유하다는 명성이 없었으나 그 백성이 공부貢賦 외에 모두 저마다 땅에서 이익을 얻어 안주하며 생업이 검소하고 질박하였으며, 또한 한퇴지·이덕유李德裕

(787~850)·진요좌陳堯佐(963~1044) 등이 서로 이어서 부임하여 사정을 살펴서 어루만지고 위로하여 어려움을 해결해주었다. 그리하여 오늘날과 같이 백성이 부유해진 것은 실로 이로부터 비롯되었다. 최근 10여 년 동안 부유하고 성하다는 명성을 떨치고 있으나 그 형세가 오래 지속되고 아무런 변화가 없을 수는 없으며, 또한 유사有司인 자가 장차 조주의 부유함을 돌아보고 그곳으로 가려고 할 것이다. 그런즉 나는 오늘의 조주가 다시 뒷날의 강, 회가 될까 두려워하여 매우 염려한다.

올해 조주의 지부에 결원이 생겨서 제기諸暨의 낙온량(낙롱) 공이 좌부경력으로 이 직임에 발탁되어서 간다. 공은 일찍이 안륙安陸의 수령을 지냈는데 (그 고을을) 오늘에 이르도록 부유하고 풍족하게 하여서 이름이 났으며 마침내 이로써 그 지역에 중한 울타리를 세웠다. 그 뒤를 이어서 부임하여 그의 궤적을 따라 다스리는 자는 대부분 명성이 자자하였다. 경력좌부도독의 일을 맡아서는 병부兵府의 행정이 깨끗해져서 부수府帥로부터 아래로는 막속幕屬의 군리軍吏에 이르기까지 예로써 존경하고 두려움으로 받들었으며 서로 이야기하지 않아도 생각이 같았다. 그는 조주에서도 안륙을 다스렸던 방식으로 다스리며 또 윗사람과 아랫사람의 마음을 얻어서 마치 오늘날에도 병부에 있을 때처럼 어떤 일을 행하면 따르지 않음이 없고 또 혁신을 하면 듣지 않음이 없으며 아름다운 정치 치적이 과연 족히 뒷사람이 준수하는 바가 될 터이니 조주의 부유하고 풍족함은 장차 끝내 아무 탈 없이 보존될 것이며 한 지역의 백성과 신령은 복을 누릴 것이다.[10]

「송이류주서」와 「송낙온량조주태수서」 두 편은 내용은 달라도 주제는 같

---

10 『왕양명전집』 권29 「송낙온량조주태수서送駱蘊良潮州太守序」.

은데(異曲同工) 이는 모두 현실의 첨예한 조정 정치의 폐단에 관한 문제를 언급하고 있다. 양명은 감히 민감하고 예리한 비평의 안목으로 조정의 정국을 주시하고 대담하게 거리낌 없이 직설적으로 '옛 시문'을 지었던 것이다.

6월에 조정에서는 남경南京의 병부낭중兵部郎中 누성婁性(1481, 진사)의 원안寃案을 평번平反(안건을 재심리하여 공정하게 판결함)하였다. 서울에 있는 현명한 사대부들은 시회詩會 한 자리를 열고 시를 지어서 벼슬을 그만두고 돌아가는 누성을 송별하였다. 양명은 태학 출신의 명사로서 이 시회에 참가하였다. 원래 야정野亭 누성은 누량의 맏아들이며 왕화와 동년이다. 누량은 홍치 4년(*1491)에 세상을 떠났다. 누성은 홍치 7년(1494) 남경의 병부낭중을 지낼 때 고우호高郵湖의 제방을 수축하였는데 직접 작업을 감독하여서 매우 빨리 보수를 끝냈다. 이에 효종은 '강제거康濟渠'라는 이름을 하사하였다. 그러나 누성은 오히려 권귀權貴와 환관(閹官)의 박해를 받았다.

『국각國榷』에는 이 커다란 원안이 다음과 같이 기록되어 있다.

홍치 7년(1494) 5월 무인戊寅에 남경의 병부낭중 누성이 삭적削籍되었다. 처음에 남경의 수비태감守備太監 장종蔣琮이 누성을 탄핵하기를, 숙주宿州에 생사生祠를 세웠다 하고 또 조례皂隸의 은銀을 침탈하였다 하여서 관료를 파견하여 조사하였다. 또 장종은 누성이 편지를 조작하고 남경 병부원외랑 원렴袁濂(1456~1532)이 선가船價를 침탈했을 때 누성이 소를 올려서 변호했다고 탄핵하였다. 그런데 광양위지휘동지廣洋衛指揮同知 석문통石文通이 장종을 탄핵하기를, 취보산聚寶山의 맥을 훼손하고 상인을 죽이고 군장軍匠을 점유하는 등 여러 불법을 자행했다고 하였다. 장종은 또 여러 차례 참소하여서 수백 명을 끌어들여 큰 옥사를 일으켰다. 또 관리를 파견하여 옥에서 누성을 장물죄贓物罪에 연좌시켜서 면직하였다. 남경 병부우시랑 왕계王繼

(1432~1503)가 마침 입조하였는데 그를 들어 쓰지 않고 대옥臺獄(어사대의 감옥)에 가두었다가 속장贖杖을 받고서 직임을 돌려주었다.[11]

이태 뒤에 이 대규모 옥사는 마침내 분명하게 밝혀져서 평번되었고, 누성은 다시 서울로 들어가 벼슬을 사직하고(掛冠) 전원으로 돌아갈 수 있었다.

왕화가 시회를 열자 서울의 현명한 사대부들은 어지러이 시를 지어서 억울함을 부르짖고 『백구련구白駒聯句』를 편집하여서 누성에게 주었다.

반강半江 조관趙寬(1457~1505)이 특별히 「백구련구인白駒聯句引」을 지었는데 그 내용은 다음과 같다.

> 『백구련구』는 춘방春坊(동궁) 유덕諭德 왕덕휘王德輝(왕화)가 누원선婁原善(누성) 군을 사제私第로 전송할 때 자리에 있던 제공諸公이 이별의 말을 주고받아 지은 글이다. 시는 모두 17수이다. 제호를 '백구白駒'라고 한 것은 『시』의 "잡아매고 묶어서 오늘 저녁 내내 잡아둔다(縶之維之, 以永今夕)."라는 뜻을 취하여, 군이 마침내 떠나감을 애석하게 여기고 군이 잠시라도 머묾을 다행으로 여겼기 때문이다.
>
> 누 군은 진사로 남경 병부낭중을 역임하였는데 정직을 자기 몸가짐의 도로 삼았으며, 뜻있는 일을 하는 데 용감하였기에 권신의 미움을 받아서 끝내 직책을 잃었다(落職). 오랜 뒤 공론이 점차 회복되어서 마침내 관작(冠帶)을 얻고 전원으로 돌아갔다. 그리고 덕휘는 군의 동년 벗이며 동갑으로 서로 잘 지냈으므로 이 모임을 열었다.
>
> 자리에 함께한 사람은 춘방중윤春坊中允 장천서張天瑞(1450~1504), 찬선

---

11 『국각國榷』 권42.

贊善 비지충費之充(1468~1535), 한림편수翰林編修 서徐 아무개, 검토檢討 모유지毛維之(1463~1545), 형부부랑刑部副郎 부일창傅日彰, 이부주사吏部主事 항세경杭世卿(1452~1534) 및 덕휘의 총기冢器(적장자)이며 향진사鄕進士인 왕수인 등이다. 나는 연가年家(동년 사이의 집안)의 끄트머리로서 참예하였다.

　시가 완성되자 덕휘가 나에게 마땅히 책자(簡)의 머리에 글을 쓰라고 하여서 마침내 연대하여 시를 읊게 된 연유를 서술하고 인문引文으로 삼는다.

홍치 병진년(1496) 6월 20일12

　양명의 연구시聯句詩도 조정이 조성한 대규모 원안을 비판하는 관점과 누성의 불행한 운명을 동정하는 태도를 표현하였다. 조관의 인문에서 언급한 장천서, 비지충(*비굉費宏), 서 아무개, 모유지(*모기毛紀), 부일창, 항세경(*항제杭濟), 조관 등은 모두 실제로 양명이 서울에서 '상국유'로 우의를 맺은 주요한 현명한 사대부들이며, 그들을 통해서 양명도 조정의 부패를 속속들이 알수 있었다.

　홍치의 제정帝政은 사실 시작하자마자 난맥상을 드러냈고 조정 내의 투쟁은 한층 심각해졌다. 7월에 예과도급사중禮科都給事中 여헌呂獻(1484, 진사)이 응천부應天府(남경) 부승府丞으로 충임되는 일이 벌어졌다. 이에 양명은 「송여비문선생소윤경승서送呂조文先生少尹京丞序」를 지어서 함축적으로 다음과 같이 말했다.

　옛날 소망지蕭望之(약B.C.114~B.C.47)가 간의대부諫議大夫로 있었는데 천자는 소망지의 의론이 넉넉하며 재능이 재상을 맡을 만하다 여기고 장차

12『반강조선생문집半江趙先生文集』권12「백구련구인白駒聯句引」.

고을의 일을 맡겨서 그의 능력을 관찰하고자 하였다. 소망지는 좌우의 습유拾遺(간관諫官)를 계속 맡으려 하였으나, 나중에는 삼보三輔(삼진三秦: 수도와 경기 지역을 셋으로 나눠서 관할하는 기구)를 시험 삼아 맡게 되었다. 한 원제漢元帝(B.C.49~B.C.33) 치세에 소망지는 마침내 현상賢相으로 일컬어졌다. 옛날 영명한 군주는 장차 이 사람에게 임무를 부여할 때 먼저 그의 말을 받아들이고 또 반드시 그의 행실을 고찰하였으며, 장차 중요한 임무를 맡길 때에는 반드시 그의 재질을 노성하게 만들었다. 그러므로 등용하면 합당하지 않음이 없었고 공적은 성취하지 않음이 없었다. 한 선제漢宣帝(B.C.74~B.C.48)와 같은 이는 역사에서 명분과 실상을 종합했다고 평가하는데 대체로 헛된 말이 아니다.

신창新昌(절강 소흥)의 여비문呂조文(여헌) 공은 예과도급사중으로서 남쪽 경조京兆(남경)의 소윤으로 발탁되었다. 급사給事는 간관이다. 경조는 삼보의 으뜸이다. 급사를 경조로 시험하는 것은 간관을 삼보로 시험하는 것이다. 앞뒤로 명칭과 작위가 우연히 소망지와 같은 것은 다만 바른 도리를 총애하여 곧은 말을 펼 수 있게 하려는 것일(寵直道而開諫言) 뿐만 아니라 그 사이에 본래 의도를 은미하게 내보인 것이다. 여 공은 순수하고 돈독한 학문과 충성스럽고 곧은 행실로 갑진년(1484)에 진사가 되었고, 10여 년을 간관으로 지냈다. 조정에서 정사를 논하며 건의하여 밝힌 것이 어떠한가? 위에 의견을 제시하여 반영된 것이 어떠한가?

명성과 영광은 사람에게 있고 공도公道는 천하에 있다. 성천자가 일을 살피고 말을 고찰하면서 고굉의 양신을 이르게 하여 당(요)·우(순)의 성대한 시절을 이루고자 한다면(聖天子詢事考言, 方欲致股肱之良, 以希唐虞之盛) 이목耳目의 역할을 하는 기관이 오직 중하지 않은가? 그런즉 공이 경조에 발탁되었으니 본래 일찍이 말한 내용이 오늘날 신임을 받은 것이며, (또한)

모름지기 다른 때에 크게 쓰기 위함이다. 현명한 자질을 시험받는 것은 한 선제가 소망지를 시험한 것과 일치하나, 그를 신임하고 임명하는 일에서 나는 결코 저들(한 선제와 소망지)과 같지 않음을 안다. 군이 결행을 하였으니 이미 상의 뜻이 공公·경卿·대부大夫·사士가 유신維新의 정치에 귀를 기울여서 말한 바에 부합하게 하고자 함에 있음을 살핀 것이다. 또한 날마다 그 효험을 바라고 쓰이기를 기다리려는 것이라 하겠다. 어찌 이 결행에 아무 생각이 없었겠는가!

학사 사謝 공(*사천謝遷, 1449~1531) 무리가 공과 함께 과거에 합격하고 같은 지역 출신의 우호로서 술을 마시고 전송하였는데, 나(某)에게도 마땅히 말을 해야 한다고 하였다. 나는 생각건대, 군의 문학文學과 정사政事가 평소 이미 반드시 그러하리라 신뢰를 받고 있으니 말을 털끝만큼이라도 더할 수 없음을 알고 있다. 그리고 관례를 뛰어넘어 발탁된 영예 또한 시속에서 회자되는 것은 달갑지 않다. 저 명예의 아름다움과 훗날이 기대되는 성대함은 본래 군과는 마땅히 부합하는 바이며 실로 제공이 술을 마시고 전송하는 정이다. 그러므로 나란히 서문을 써서 증정한다.[13]

이 또한 조정을 완곡하게 비평하는 문장이다.

여헌은 성화 20년(*1484)에 진사에 합격했으며 왕화의 '문생'으로서 양명과 일찍부터 아는 사이였다. 응천부 승은 사실 권한이 없는 한직閑職이므로 그가 도급사중에서 남경 승으로 나간 것은 한 선제 때 소망지가 간의대부로 있다가 삼보로 나간 것과 같다고 말할 수는 없다. 양명은 이 글에서 여헌에게 부임하여서 훌륭한 일을 하라고 위로와 격려를 하기 위해 이렇게 비교를

---

13 『왕양명전집』 권29 「송여비문선생소윤경승서送呂文先生少尹京丞序」.

한 것인데, 실제로는 효종의 용인이 잘못된 판단으로 일어난 일임을 완곡하게 간하는 것이다. 이른바 "바른 도리를 총애하여 곧은 말을 펼 수 있게 하려는 것", "성천자가 일을 살피고 말을 고찰하면서 고굉의 양신을 이르게 하여 당·우의 성대한 시절을 이루고자 한다"는 말은 모두 효종을 은미하게 풍자하고 간하는 말이며, 결코 정말로 그러하다는 말이 아니다. 여헌이 남경 승으로 나가게 된 진정한 원인은 바로 그의 곧은 말과 이론이 효종에게 죄를 얻었기 때문이다.

『신창현지新昌縣志』의 「여헌전呂獻傳」은 이 일의 진상을 다음과 같이 말하였다.

태감 이광李廣(?~1498)이 세력을 믿고 뇌물을 받아서 부유한 사람의 아이를 부마駙馬로 삼으려 했는데 여헌이 이를 탄핵하여 그만두게 하였다. 또 재이災異로 인하여 여덟 가지 일을 아뢰었는데, 예컨대 대신을 채찍질하여서 하늘의 변고에 응답하고, 청귀淸貴를 억눌러서 지극한 공정함을 밝히라고 한 주장은 사람이 감히 더욱 말하지 못하는 내용들이었다. 효릉孝陵(명 태조와 황후의 합장릉)에 재변이 생기자 직언을 하는 소를 올려서 잘못을 곧이곧대로 진술하였는데 상이 기쁘게 받아들였다. 이때 수녕후壽寧侯 장학령張鶴齡(1492, 수녕백壽寧伯 습작) 형제가 궁액宮掖(궁정)의 세력을 믿고 한 시대에 기세를 떨쳤는데, 후정後庭에서 연회를 베풀며 아무런 제재 없이 드나들었다. 여헌은 반복해서 극력 논핵하다가 상이 노하여 정장廷杖 30대에 처해졌으며 금의위錦衣衛의 옥에 갇혔다. 여헌은 강개하여 시를 읊었다. 이윽고 그의 말이 곧다고 하여 풀려나서 예과급사중으로 옮겼다.[14]

---

14 『민국신창현지民國新昌縣志』 권11 「여헌전呂獻傳」.

이광은 효종이 가장 총애한 태감이다. 바로 이광이 남몰래 효종으로 하여금 '민간의 아이(民間子)'를 데리고 들어와 내궁內宮에서 양육하여 태자(*곧 무종)로 세우게 하였다. 또한 장학령 형제는 효종이 가장 믿고 총애하는 내권內眷의 귀 척으로서 궁중에서 횡행하며 발호하였다. 환관과 귀척을 총애하고 믿는 일은 효종이 죽을 때까지 고치지 못한 양대 '황제의 병(帝病)'이었으니 감히 직언으 로 간한 여헌은 마음속 깊이 미워하고 통절하게 여기는 대상이었으며, 그를 바깥 웅천부(남경) 승으로 내친 것은 간쟁하는 신하를 몰아내는 관용적인 수 법이었다. 양명은 여헌이 바깥으로 추방된 일을 통해 효종의 진면목을 명료 하게 보았다고 할 수 있다.

양명은 경사에서 조정의 혼탁함과 혼란을 느끼고 서울을 떠나 여요로 돌 아가서 다음 회시를 준비해야겠다는 생각을 하였다. 왕화도 일찌감치 소흥으 로 이사할 작정이었다. 바로 이때 퉁진佟珍(1475, 진사)이 기복起復하여 입조 하고 곧이어 소흥의 지부로 승진 발탁되었는데, 왕화와 양명에게는 기대해도 좋을 만한 징조였다. 퉁진은 왕화·양명 부자의 오랜 벗이었다.

양명은 흥분하여 「송소흥퉁태수서送紹興佟太守序」를 지어서 퉁진의 정치 치적을 칭송하고, 퉁진이 소흥을 잘 다스리기를 바라면서 다음과 같이 말하 였다.

> 성화 신축년(1481, *생각건대 성화 임인년이라 해야 한다)에 나는 경사에 와서
> 장안서가에 거주하였다. 얼마 뒤 문선랑文選郎 퉁 공이 왔기에 그와 이웃
> 이 되었다. 그의 모습은 헌칠하게(頎然) 빼어났고 그의 기질은 탁 트여서(熙
> 然) 온화하였다. 개결하되 남들과의 관계를 끊지 않았고 너그럽되 맺고 끊
> 음이 분명하였다. 나는 일찍이 사람들에게 사사로이 말하기를 이 사람은
> 참으로 낭묘廊廟(조정)의 그릇이라 하였다. 이윽고 그가 다른 일로 외직에

보임되었는데, 서로 보지 못한 지 몇 년이 되었다.

홍치 계축년(1493)에 공은 소주蘇州의 이수貳守가 되었다. 소주는 큰 고을로 번화하고 사치를 숭상하며 교활하고(機巧) 허위가 많았다. 공이 이르자 고을의 사치한 풍조가 소박해지고 진실해져서 허위가 소멸되었다. 직무에 부지런하며 밤낮으로 게으르지 않았다. 당시 나는 서울에 가서 소주의 사대부와 인민이 그를 칭송하는 것을 보았다. 이에 비로소 그가 다만 덕기德器를 지녔을 뿐만 아니라 관리의 직무에도 점차 능력을 발휘했음을 알게 되었다.

갑인년(1494)에는 가흥嘉興의 수령으로 옮겼다. 가흥은 재화의 부세가 풍부한 지역으로, 인민은 겸병의 고통을 받고 풍속은 무단武斷에 의해 잔약해졌다. 공은 큰 호미를 강경하게 휘둘러서 우거진 넝쿨을 잘라내고 좋은 곡식을 일으키고 싶었다. 나는 가흥의 백성이 기뻐하며 좇아서 북을 울리고 춤을 추며 사대부들이 그를 존경하여 우러르는 것을 보았다. 또한 공이 엄격하고 분명하며 과단성이 있어서 관리의 일에 차근차근 할 뿐만이 아님을 알게 되었다. 이에 본래 그의 능력이 이와 같이 헤아릴 수 없음을 감탄하였다.

올해 우리 고을은 태수가 결원이었다. 우리 고을은 번화하고 화려하기가 소주에 미치지 못하지만 돈독하며 소박하기가 혹 지나치며, 재화의 부세가 가흥과 같지 않으나 순수하고 선함은 넘친다. 이 또한 오·월 사이에서 통하는 여론이다. 그러나 근년 이래 풍습이 시대와 함께 달라져서 소주와 같이 번화하지는 않으나 또한 혹 문란함이 있으며, 가흥과 같은 재화의 부세가 없으나 역시 혹 (수령이) 그와 같이 강탈함을 그대로 따랐다. 매양 사대부와 함께 논의하면서 번번이 탄식하고 감회를 일으키되 어찌 옛날 소주 사람들을 교화했던 것처럼 교화하겠으며, 어찌 옛날 가흥 백성을 변화시킨 것처럼 변화시키겠는가 하였다.

바야흐로 공을 얻을 수 없음을 생각하고 있었는데, 공은 마침 기복하여서 입조하였다. 우리 고을에 공이 없음을 두려워하였는데 천자가 마침 수령으로 삼았다. 사대부들은 감동의 빛을 띠고 서로 축하하면서 사람이 축원하던 바이며 하늘이 반드시 따르는 뜻이 있어서 고을 백성의 복 또한 아직 끊어지지 않았다고 여겼다. 또한 공이 결행함에 서로 더불어 술잔을 들어서 여덟 고을 백성의 경사로 삼았다.

그러나 두려워하지 않을 수 없다. 공은 본래 낭묘의 그릇으로서 바깥에 나가 거한 지 10여 년에 소주와 가흥에서 수령으로 지냈는데, 경사 선비의 여론은 이미 돌아옴이 너무 느리다고 애석해하니 우리 고을 수령으로 얼마나 있을 수 있겠는가? 또한 천자의 의지는 한 고을을 복되게 하는 데 있지 않고 천하를 복되게 하는 데 있다. 비록 그러하나 공이 소주와 가흥을 떠난 것은 또한 몇 년이 지났음에도 은덕과 덕택의 영향은 지금도 줄어들지 않았다.[15]

원래 양명은 일찍이 성화 18년(1482) 경사에서 이미 퉁진과 서로 알고 지냈으며, 나란히 이웃하고 살면서 그의 정치 능력을 매우 신임하고 알아주었다. 왕화는 줄곧 소흥의 왕희지王羲之가 자기 선조라고 여겼으며, 산음山陰의 아름다운 산수와 왕희지의 옛집을 그리워하였고 일찍부터 소흥으로 이사할 생각을 하였다. 그즈음 양명은 태학에서 학업을 마쳤고, 퉁진이 또 소흥의 지부로 부임해왔으므로 왕화는 소흥으로 이사할 시기가 마침내 도래했음을 느꼈던 것이다. 그는 대비大比의 간헐 기간 중에 있는 양명을 여요로 돌아오게

---

15 『왕양명전집』 권29 「송소흥퉁태수서送紹興佟太守序」.

하고 소흥으로 이사하는 큰일을 결정하였다.

9월에 양명은 경도京都와 고별하고 여요로 돌아갔다. 그의 심상치 않은 '상국유'가 잠시 중단되었고, 소흥에 칩거하며 다음 과거시험인 회시를 기다리는 생활을 시작하였다.

정입요명靜入窈冥(고요히 그윽하고 어두운 곳으로 들어가다) : 윤 진인尹眞人에게서 도를 배우다

양명은 과거에서 낙방하고 한동한 실의에 빠져, 여요로 돌아와서는 산림에 칩거하면서 나갈 기회를 기다리는 '산인山人'이 되려고 생각하였다. 그가 '상국유'에서 교제했던 한 무리의 공경과 사대부는 도리어 그를 경화京華(서울)에 명성이 자자한 시인이며 명사로서 보내주었다.

호부좌시랑 유대하劉大夏(1436~1516)는 송별시 한 수를 지어서 그를 천리를 내달리는 천리마에 견주었다.[16]

남쪽으로 돌아가는 왕 상사를 보내며	送王上舍南還
우군의 후손 재주와 슬기가 가멸하고	右軍孫子富才猷
청운만리 품은 뜻은 아직 식지 않았네	萬里靑雲志未休
재주 펼치기 잠시 그만두고 궁궐을 떠나	獻藝暫辭金闕去
벽옹에서 노닐다 책을 싸서 돌아가네	束書還向辟雍遊

---

16 『유대하집劉大夏集』 권3 「송왕상사남환送王上舍南還」.

버드나무 꾀꼬리는 새벽에 보금자리를 떠나고　　　　綠楊黃鳥離莛曉

푸른 물가 붉은 마름에 고향 가을 생각나네　　　　碧渚紅菱故國秋

온갖 꽃 보기를 그친 늙은 천리마는　　　　　　　看取百花收老驥

소금 수레 끌채에 오래 묶여 있지는 않으리　　　　鹽車未必久淹留

한림편수 고청顧淸(1460~1528)은 송별시 한 수를 지어서 그를 소리 높여 울며 남쪽으로 날아가는 단봉丹鳳에 비유하였다.[17]

과거에 낙방하고 여요로 돌아가는 왕백안을 보내며　送王伯安下第還餘姚

아침 해는 현란하게 빛나는데　　　　　　　　　五十光中炫早曦

단산의 가을날에 봉이 남으로 날아가네　　　　丹山秋日鳳南飛

힘찬 날개로 하늘에 날아오를 수 있을까?　　　常疑勁翮冲霄漢

중원의 그물 성긴지 믿을 수 없네　　　　　　未信中原結網稀

오, 월의 하늘은 쌍궐과 이어지고　　　　　　吳越天連雙闕回

봉래산 구름 가까이 별이 빛나네　　　　　　蓬萊雲近一星輝

살구꽃 핀 강가 봄은 바다 같으니　　　　　　杏花江上春如海

푸른 옷에 하늬바람 불기를 기다리지 말라　　莫待西風吹綠衣

한림검토 석보石珤(1464~1528)는 송별시 한 수를 지어서 구천을 치솟아오르는 곤붕鵾鵬에 비유하였다.[18]

---

17 『동강가장집東江家藏集』 권7 「송왕백안하제환여요送王伯安下第還餘姚」.

18 『옹봉집熊峰集』 권1 「송왕백안환강동送王伯安還江東」.

강동으로 돌아가는 왕백안을 보내며　　　　　　　送王伯安還江東

나는 내 시를 읊으려 하여	吾欲歌吾詩
시를 읊어서 두루마리 가득 찼네	歌詩已盈卷
그대 돌아가는 길 급함을 알기에	知君歸駕速
불빛 찬란한 다리를 읊지 못하네	不作題橋炫
봄엔 난이 가을엔 국화가 피듯	春蘭與秋菊
모든 일 차례로 돌아간다네	萬事類輪轉
산의 용이 되는 데는 보탬이 되지 못했지만	未成山龍補
피곤한 곤붕은 쉬게 하네	且息鵾鵬倦
사람은 해 비치는 곳에서 오고	人從日邊來
표범은 산중에서 털빛이 변하네	豹向山中變
먼 길에 하늬바람 불고	長路多西風
구름을 보니 북쪽으로 흐르네	看雲亦北面
누가 꽃을 보고 눈물을 흘리는지	誰垂見花淚
화살촉은 코뿔소를 맞히네	自鏃達犀箭
나라의 무사는 겨룰 이 없고	國士稱無雙
몇몇 기이한 인재는 싸움에 능하네	數奇本能戰
하물며 듣기에 옥서의 늙은이	況聞玉署翁
지난날 청궁 잔치에서 모셨다 하네	昨侍青宮燕
정신이 놀라 붓을 놀리고	神驚兎穎出
눈이 자욱을 받아 머리가 아찔하네	目擊龍頭眩
그대 학문은 연원이 있고	君學有源委
글의 마당을 홀로 좌우하네	文場許獨擅

높이 읊조리니 하늘에 닿고	高吟激青空
휘갈겨 글을 쓰니 흰 비단이 뒤집히네	逸草飜白練
도끼를 휘두르니 홀연 바람이 일고	運斤忽成風
뒤쫓는 발걸음이 번개처럼 빠르네	疾足詑追電
의지는 굽혀도 솜씨는 기이하니	志屈藝乃奇
높은 재주를 그대는 못 보는가?	才高君不見
복파 장군은 궁할수록 견고해졌고	伏波窮益堅
회음후는 병졸이 많을수록 좋았다네	淮陰多益善
큰 나무는 열 아름이 넘고	木大須十圍
정한 금은 백 번을 불려야 한다네	金精亦百煉
높고 높은 봉래궁	巍巍蓬萊宮
울울한 백수전	鬱鬱白獸殿
그대가 올린 글을 보니	看君來獻書
맨 먼저 현량으로 천거받으리라	首被賢良薦

이른바 "그대 학문은 연원이 있고, 글의 마당을 홀로 좌우하네"라는 구절은 양명이 시인이면서 학자로서 성현의 학문을 익히고 시부사장詩賦詞章의 학문을 닦은 것을 높이 평가한 말이다. "높이 읊조리니 하늘에 닿고"라는 구절은 양명이 지은 소쇄한 '옛 시(古詩)'를 긍정한 것이다. "휘갈겨 글을 쓰니 흰 비단이 뒤집히네"라는 구절은 씩씩한(壯遒) '옛글(古文)'을 격하게 상찬한 것이다. "도끼를 휘두르니 홀연 바람이 일고, 뒤쫓는 발걸음이 번개처럼 빠르네"라는 구절은 양명의 전체 문장과 학문에 대한 충정 어린 찬탄이다. 그리고 "복파 장군은 궁할수록 견고해졌고, 회음후는 병졸이 많을수록 좋았다네"라는 구절은 병서를 읽고 병법을 익히고 용병을 잘 아는 이 학문의 수재(文秀

才)에 대한 전례가 없는 칭찬과 인정이다.

양명 스스로도 도끼를 휘둘러 바람을 일으키고(運斤成風), 빠른 걸음으로 번개를 뒤쫓고(疾足追電), 글의 마당을 홀로 좌우하는 '이태백'이라 자인하였다. 그러하였기에 배가 제녕濟寧(*임성任城)을 지날 때 태백루太白樓에 올라가 구경하면서 시선詩仙 이태백을 조문하는 형식을 빌려서 즉흥으로 다음과 같이 기세가 웅혼한 「태백루부太白樓賦」를 지었다.[19]

병진년(1496) 초겨울에 조각배를 띄워서	歲丙辰之孟冬兮
나는 남쪽으로 가네	泛扁舟余南征
제천의 거센 파도를 깔보고	凌濟川之驚濤兮
임성의 높은 건물을 바라보네	覽層構乎任城
태백이 살던 옛집이라 하는데	曰太白之故居兮
엄연히 옛 풍모가 남아 있구나	儼高風之猶在
채 후가 나를 이끌고 높이 올라가서	蔡侯導余以從陟兮
사해를 휘둘러 바라보네	將放觀乎四海
나뭇잎은 슬렁슬렁 어지러이 떨어지고	木蕭蕭而亂下兮
강물은 출렁출렁 끝없이 흐르네	江浩浩而無窮
고래는 오연하게 바다를 휘젓고	鯨敖敖而湧海兮
붕새는 훨훨 날개 쳐서 바람을 타네	鵬翼翼而承風
달은 채석강에 빛을 뿌리고	月生輝於采石兮
해는 봉우리에 빛이 머무네	日留景於嶽峰
천모에는 안개가 길게 덮어서	蔽長煙乎天姥兮

---

19 『왕양명전집』 권19 「태백루부太白樓賦」.

광려의 구름 속 소나무는 어슴푸레하네	渺匡廬之雲松
옛사람 어디에 있나 개연한 마음 들어	慨昔人之安在兮
내 장차 아래위로 찾아보려 하나 찾을 수 없었네	吾將上下求索而不可
시대가 달라 내 태백의 짝이 되지는 못하였지만	寒予雖非白之儔兮
나를 알아주는 계진(하지장賀知章)은 만나리라	遇季眞之知我
아! 뒷사람은 오늘날을(나를) 볼 터이니	羌後人之視今兮
어찌 (내가) 열매를 맺지 못할 것을 알겠는가!	又烏知其不果
아! 태백 공은 어찌하여 여기에 머물렀으며	吁嗟太白公奚爲其居此兮
나는 어찌하여 다시 왔나?	余奚爲其復來
높은 하늘에 의지하여 흘겨보니	倚穹霄以流眄兮
본래 천년에 한 번 겪을 슬픔이로다	固千載之一哀
옛날 하의 걸이 나라를 뒤엎어버려서	昔夏桀之顚覆兮
이윤은 유신의 들로 물러났다	尹退乎莘之野
성탕이 현자를 세움에	成湯之立賢兮
이에 그를 등용하여 하를 정벌하였다네	乃登庸而伐夏
음식을 만든 것은 유세를 하려 함이라 하지만	謂鼎俎其要說兮
당인이 배척하고 꾸짖는구나	維黨人之擠詬
일찍이 성인과 철인이 시대를 바로잡음에	曾聖哲之匡時兮
어찌 먼저 굽히고서 나중에 곧아지게 했겠는가!	夫焉前枉而直後
천보(742~756) 말기에	當天寶之末代兮
(황제가) 음란하게 호색하고 참소를 믿었으니	淫好色以信讒
악래, 매희 같은 사람이 창궐하여	惡來妹喜其猖獗兮
사람들은 모두 아첨하며 심하게 탐욕을 부렸다네	衆皆狐媚以貪婪
(태백이) 홀로 굳세어서 세태를 돌아보지 않으니	判獨毅而不顧兮

이에 사내에게 노비나 첩의 역할을 하라 하네   爰命夫以僕妾之役

차라리 누렇게 떠서 말라죽을지언정   寧直死以顑頷兮

어찌 득실을 근심하고 불안해했던가?   夫焉患得而局促

개원(713~741)에 나라의 기초를 다시 이어감에   開元之紹基兮

황황히 이치를 추구하였네   亦遑遑其求理

살아서 때를 만나 반열에 나아가니   生逢時以就列兮

운대와 기린각에 봉안된 초상화는 얼굴이 환하여라   固雲臺麟閣而容與

그러다 어찌하여 하늘 끝에 떠돌며   夫何漂泊於天之涯兮

이 누각에 올라 하염없이 서성였던가!   登斯樓乎延佇

참으로 유속이 질투를 하니   信流俗之嫉妬兮

예전부터 본래 그러했네   自前世而固然

선생의 옛 고향을 그리워함에   懷夫子之故都兮

내 눈물이 줄줄 흘러내리네   沛余涕之湲湲

묘당은 높이 솟아 있으나   廟堂之偃蹇兮

혹시라도 정을 두어 좋아하는 바가 아니었네   或非情之所好

오직 이 세대에 부합하지 않아   唯不合於斯世兮

멋대로 술에 빠지고 멀리 관망을 하였다네   恣沈酣而遠眺

나는 나아가도 무정(고종)을 만나지 못하였으니   進吾不遇於武丁兮

물러남에 내 안회의 단표를 취하리라   退吾將顏氏之簞瓢

무엇 때문에 술로 혼미했던가!   奚曲蘗其昏迷兮

역시 선생이 세상을 도피한 방법이었네   亦夫子之所逃

관중이 규(환공)를 보좌하고   管仲之輔糾兮

성인 공자는 행실을 고친 이를 인정했다네   孔聖與其改行

이린(720~757)을 돕다가 절개를 잃어버리고서   佐璘而失節兮

비로소 도를 아직 밝히지 못했음을 알았네	始以見道之未明
오만하게 재능을 마구 뽐내던 때 지은 시를 보아도	睨夜郎之有作兮
뛰어난 기상이 넘쳐흐르네	橫逸氣以徘徊
또한 처음 나라를 사랑한 마음은 다름이 없었으니	亦初心之無他兮
비록 후회할 일이 있었더라도 절개가 꺾이지는 않았네	故雖悔而弗摧
아! 누군들 허물이 없으랴!	吁嗟其誰無過兮
곧은 기운을 내세우기는 어렵다네	抗直氣之爲難
천자를 보통사람보다 가벼이 여긴 것은	輕萬乘於禑夫兮
본래 맹가(맹자)가 감탄한 바라네	固孟軻之所嘆
오랜 세월을 넘어 서로 감응하니	曠絶代而相感兮
아득히 먼 하늘을 바라보네	望天宇之漫漫
선생이 떠나가신 지 천년에	去夫子之千祀兮
세태는 더욱 각박하고 서로 잘 보이려 아첨하네	世益隘以周容
중매쟁이나 첩과 같은 사람들이 이리저리 치달리며	媒婦妾以馳騖兮
또한 좇아서 종기를 빨고 아부를 하네	又從而爲之吮癰
현자가 세태에 맞춰 법도를 고쳐서	賢者化而改度兮
마침내 각도와 곡척을 바로잡으려 하네	竟規曲以爲同
끝에 읊나니	卒曰
역산은 푸르고 황하는 급히 흐르네	嶧山靑兮河流瀉
바람은 소소하게 불고 평야는 담담하다	風颼颼兮淡平野
높은 누각에 올랐으나 태백을 보지 못하고	憑高樓兮不見
배를 띄워 노저어서 어지러이 누각 아래를 지나가네	舟楫紛兮樓之下
배에 탄 사람 반듯하고 장중한 복장은	舟之人兮儼服
또한 거의 선생의 자취와 같도다	亦有庶幾夫子之踪者

이 부賦는 그가 서울에서 보낸 3년 동안 시부와 사장을 닦고서 지은 '옛 시문'의 진정한 대표작이 되었다. 부는 천고 문인의 운명과 생사의 부침을 분연히 크게 슬퍼하고 애통해하며, 재주를 품고서도 때를 만나지 못하고 참소를 당해 쫓겨나서 하늘가를 떠도는 태백의 일생을 애도하였다. 또한 스스로 권력자의 거리낌을 당하여 과거에 낙방하고 세상의 험한 길을 떠돌며 하늘 끝 산림으로 돌아가서 거하는 자기 운명을 애도하고, 조정의 부패와 인심의 험악함, 간사한 사람이 권력을 잡고 현인이 멀리 배척당하는 현실을 격하게 비평하였다. 그래서 부는 마지막에서 대담하게 부르짖기를 "선생이 떠나가신 지 천년에, 세태는 더욱 각박하고 서로 잘 보이려 아첨하네. 중매쟁이나 첩과 같은 사람들이 이리저리 치달리며, 또한 쫓아서 종기를 빨고 아부를 하네. 현자가 세태에 맞춰 법도를 고쳐서, 마침내 각도와 곡척을 바로잡으려 하네"라고 하였다. 더욱 주의할 만한 점은 자기에게는 태백이 만났던 '계진'과 같은 지기知己와 동도同道가 없어서 "시대가 달라 내 태백의 짝이 되지는 못하였지만, 나를 알아주는 계진은 만나리라. 아! 뒷사람은 오늘날을(나를) 볼 터이니, 어찌 (내가) 열매를 맺지 못할 것을 알겠는가!" 하고 탄식했다는 사실이다.

'계진'은 하지장賀知章(659~744)의 자字이다. 이태백은 「술을 대하고서 하감을 추억하다(對酒憶賀監)」에서 "사명에 한 미친 손님 있으니 풍류의 하계진이라네(四明有狂客, 風流賀季眞)"라고 읊었다. 하지장의 호는 '사명광객四明狂客'이며, 팔선八仙 중 한 사람으로서 이태백과 마음을 나누며 서로 알아주는 사이였고, 이태백을 '적선인謫仙人'이라고 칭하였다. 따라서 이태백과 하지장은 이 시대 도교와 불교에 심취한 양명이 깊이 우러르던 선仙의 인물들이었다. 하지장의 자인 '계진'은 본래 선진先秦의 전국시대 도가 인물인 계진과 같은 이름이다. 계자季子는 직하稷下 사람으로서, 도는 저절로 그러함을 본질로 함(道本自然)을 숭상하고 학문은 '막위莫爲'와 '허무虛無'를 주로 하였으니 양명의 마음속 진인이었다. 그는 계진과 같은 진인을 만날 수 있기를 희망하였는데, 과연 그가 남도南都를 지나갈 때 참으로 '나를 알아주는(知我)' '계진', 곧 조천궁의 도사 윤 진인(*윤종룡尹從龍)을 만났던 것이다.

양명은 10월에 남도에 이르러서 곧바로 조천궁의 저명한 도사 윤 진인을 예방하여 그에게 도를 묻고 선仙을 배웠다. 이 일은 팽로彭輅(1547, 진사)가 「윤산인전尹山人傳」에서 다음과 같이 기록하였다.

> 윤 산인은 북쪽 땅(北地) 출신이다. …… 성화 연간(1465~1487)에 남도에서 노닐었는데, 머리를 여러 해 빗지 않고 스스로 머리를 묶지 않아서 남도 사람들이 '윤봉두尹蓬頭(윤 쑥대머리)'라고 불렀다. …… 문성공 왕수인이 예위禮闈의 시험에서 낙방하고 남옹南雍(*생각건대 마땅히 북옹이다. 아마도 남도에 발을 들여놓았기에 착오를 일으켰으리라)에서 학업을 마친 뒤 윤 산인을 따라 노닐었다. 100여 일 동안 같은 침실을 썼다. 윤 산인이 기뻐하며 말하기를 "그대는 아주 총명하나 다만 본래 귀한 집 공자라서 근골筋骨이 물러서 나를 따라 배우기는 어렵소. 내가 입도한 길은 어렵고 괴로운 길이라서 견고하게 참아야 하는데 세상 사람은 모두 견디지 못했소. 그대는 장생長生의 푼수가 없으니 끝내 업적(勛業)을 세워서 현달하시오!" 하였다. 문성공은 시무룩해지며 한탄하였다.[20]

윤 진인은 북쪽 땅 사람이다. 초년에 줄곧 경사에서 도를 전하고 선을 수련하여서 일찌감치 이름을 크게 떨쳤다. 나홍선羅洪先(1504~1564)은 "홍치 연

---

20 『충계선생집冲谿先生集』 권18 「윤산인전尹山人傳」.

간(1488~1505)에 서울에 윤 쑥대머리라는 이름이 많이 전해졌다."[21]라고 하였다. 윤 진인은 대략 성화 말에 남도 조천궁에서 도를 전하고 선을 수련하였는데 그때 이미 70여 세였다.

'왕수인이 예위의 시험에서 낙방하고 북옹에서 학업을 마친 뒤'라고 한 말은 바로 홍치 9년(1496)에 양명이 회시에서 낙방하고 태학에서 학업을 마친 뒤 여요로 돌아오는 길에 남도를 경유하면서 윤 진인에게 도를 묻고 선을 배웠던 사실을 가리킨다. 실제로 양명이 경사에 거주했을 때에도 틀림없이 윤 진인에 관해 듣고 보았을 가능성이 있다. 양명은 장안서가에 거주하였는데 북경 조천궁도 장안서가에 있었으니 양명은 분명히 윤 진인을 만날 수 있었을 것이다.

전덕홍은 『양명선생연보』에서 다음과 같이 말한다. 양명이 성화 18년(1482)에 경사에 왔다. 하루는 장안가를 거닐다가 우연히 '상사相士' 한 사람을 만났는데, 상사는 매우 경이롭게 여기며 그에게 다음과 같이 말했다. "내가 네 상을 봐줄 테니 나중에 반드시 내 말을 기억해라. 수염이 옷깃에 닿으면 그때에는 성인의 영역(聖境)에 들어가리라. 수염이 상단대上丹臺에 닿으면 그때에는 성태聖胎를 맺으리라. 수염이 하단전下丹田에 닿으면 그때에는 성인의 경지(聖果)를 원만하게 이루리라."[22] 이는 실제로 태를 맺고 성인의 결과를 원만하게 이루어서 성인을 완성하는(結胎果圓成聖)(*진인眞人) 내단內丹 수련법이다. 이른바 "수염이 옷깃에 닿으면 그때에는 성인의 영역에 들어가리라."라는 말은 수련을 하여서 성년이 되면 성인의 경지에 들어서기 시작함을 말한다. "수염이 상단대에 닿으면 그때에는 성태를 맺으리라."라는 말은 수련을 하여

---

21 『나홍선집羅洪先集』 권11 「수애집서水崖集序」.
22 『왕양명전집』 권33 「연보」 1. 추수익의 『왕양명선생도보』에도 (기록이) 같다.

서 중년이 되면 성단聖丹을 완성하는 경계에 이름을 말한다. "수염이 하단전에 닿으면 그때에는 성인의 경지를 원만하게 이루리라."라는 말은 수련을 하여서 노년이 되면 성인의 결과가 원숙해져서(*嬰兒現形) 성인을 완성하는 경계에 도달함을 말한다. 이는 바로 윤 진인의 독자적인 유범성성由凡成聖의 내단 수련의 설이다.

윤 진인의 『성명규지性命圭旨』는 바로 전문적으로 이런 종류의 '결태과원성성結胎果圓成聖'의 내단 수련을 강론한 책이다. 그는 맨 처음 「대도설大道說」에서 이러한 내단 수련을 다음과 같이 제시하였다.

> 이 때문에 건곤乾坤의 본체(體)를 법으로 삼고 감리坎離의 작용(用)을 본받으며 음양의 자루를 잡고 생사의 관문을 건너서 감坎 속의 양을 취하여 이離 속의 음을 메운다. 이의 음이 채워지면 순백純白을 회복하여서 건乾이 된다. …… 이에 다시 위를 향한 공부를 하여서 게으르지 않고 정진을 하면 금단金丹이 이루어지고 성태聖胎가 원만해진다. 성태가 원만해지면 진인이 드러난다. 진인이 출현하면 변화가 무궁하다.[23]

이어서 「사정설邪正說」에서 그는 더욱 구체적으로 이러한 '결태과원성성'의 구전九轉 수련 대법을 다음과 같이 논술한다.

> 첫째는 본원을 함양하고 명보를 구호한다(涵養本原, 救護命寶). 둘째는 조규(상단전)에 정신을 집중하고 선천을 모아들인다(安神祖竅, 翕聚先天). 셋째는 기혈을 깊이 간직하여 뭇 오묘한 것이 뿌리로 돌아가게 한다(蟄藏氣穴, 衆

---

23 『성명규지性命圭旨』 원집元集 「대도설大道說」.

妙歸根). 넷째는 하늘과 사람이 함께 발할 때 그 약을 채취하여 단지로 돌아가게 한다(天人合發, 採藥歸壺). 다섯째는 하늘과 땅이 서로 하나로 얽혀서 돌 찌꺼기를 제거하고 금 알맹이만 남게 한다(乾坤交媾, 去礦留金). 여섯째는 신령한 단을 솥에 넣고 성스러운 태를 크게 기른다(靈丹入鼎, 長養聖胎). 일곱째는 (진원의) 젖먹이가 형태를 띠면 고통의 바다에서 벗어난다(嬰兒現形, 出離苦海). 여덟째는 정신을 내원內院으로 옮겨서 단정하게 손을 모으고 앉아 마음(의 불)을 끈다(移神內院, 端拱冥心). 아홉째는 본체가 공허해지고 (윤회의) 삼계를 초월한다(本體虛空, 超出三界). 이 가운데에는 또 형체를 단련하고(煉形), 태를 맺고(結胎), 불 조절(火候)을 하는 여러 심법(*생각건대 진공련형법眞空煉形法을 가리킨다)이 있다.[24]

또한 뒷부분에는 「장양성태도長養聖胎圖」와 「영아현형도嬰兒現形圖」가 있어서 더욱 구체적으로 형상화하여 이러한 '결태과원성성'의 방법을 묘사 서술하고, 「영아현형출리고해嬰兒現形出離苦海」에서 총결을 내려서 다음과 같이 말한다. "앞에서 불 조절이 이미 충분하고 성태가 이미 원만해지면 마치 과일이 익듯이 아이는 반드시 태어나는데, 열 달이 지나면 포胞에서 벗어난다. …… 이를 핏덩이(赤子)라 하거나 젖먹이(嬰兒)라고 한다."[25] 영아현형이란 신령한 기운(神炁)이 응결하여 대단大丹을 이루고 단태丹胎가 원숙해져서 수련을 통해 성인을 완성하는 상태를 가리킨다. 이는 바로 '상사'가 "수염이 하단전에 닿으면 그때에는 성인의 경지를 원만하게 이룬다."라고 한 말이다.

그리하여 윤 진인은 「삼가상견설三家相見說」에서 더욱 명확하게 말한다.

---

24 『성명규지』 원집 「사정설邪正說」.

25 『성명규지』 정집貞集 「영아현형출리고해嬰兒現形出離苦海」.

몸(身)·마음(心)·뜻(意)을 세 집안(三家)이라고 한다. 세 집안이 서로 만나는 것을 태가 원만한(胎圓) 것이라고 한다. 정精·기氣·신神을 세 으뜸(三元)이라 하는데, 세 으뜸을 하나로 합한 것은 단이 완성된 것(丹成)이다. 셋을 포섭하여 하나로 귀결하는 것은 텅 비고 고요함(虛靜)에 있다. …… 몸·마음·뜻을 합하면 세 집안이 서로 만나서 영아가 맺힌다.[26]

이로 볼 때 서울에서 만난 이 '상사'는 윤 진인일 가능성이 매우 크다. 그는 늘 변장을 하고 다녔기 때문에 행적이 드러나지 않아 비밀스럽고 일정하지 않았다. 전덕홍은 이러한 사실을 몰랐기 때문에 말이 두루뭉술하고 뒤섞여서 분명하지 않다. 당초에 이 상사가 양명에게 "나중에 반드시 내 말을 기억하라." 하였는데, 그때 양명은 이미 '수염이 옷깃에 닿은' 나이(*成年)였기 때문에 남도 조천궁에서 다시 윤 진인에게 도를 물었던 것이다.

『성명규지』는 의심할 바 없이 윤 진인의 저작이다. 비록 나중에 그의 제자 조교상趙敎常이 보충하여 완성한 책이지만(*사실 윤 진인의 사상과 자료를 근거로 보충한 것이지만) 윤 진인이 세상에 살아 있을 동안에 이미 대체적으로 이 책이 완성되었고, 그의 '결태과원성성'의 내단 수련 사상도 일찍이 형성되었다. 팽로가 양명이 '윤 산인을 따라 노닐면서' 그에게 도를 물었다고 한 말은 긍정할 수 있다. 윤 진인은 다만 양명이 수련을 하여서 선인이 될 수 있는 성분(份)을 갖고 있지 않지만 도와 선을 배우는 일은 가능하다고 여겼다. 윤 진인이 그에 대해 말한 것도 모두 사실이다. 팽로가 윤 진인과 양명이 '100여일 동안 같은 침실을 썼다'고 한 말은 오해이다. 이는 양명이 윤 진인에게서 100일 동안 수련하는 '진공련형법'을 배웠기 때문에 팽로가 오해하고서 양명

---

26 『성명규지』 원집 「삼가상견설三家相見說」.

이 남도에서 100여 일을 기다렸다고 했던 것이다. 실제로 양명은 남도에서 진공련형법을 배운 뒤 즉시 여요로 돌아와서 수련을 계속하였고, 아울러 아주 빨리 양명동陽明洞을 찾아내어서 수련의 장소로 삼았으니 그가 남도에서 기다린 시간은 결코 길지 않았다.

윤 진인은 그의 '결태과원성성'의 내단 수련에는 여섯 가지의 핵심 방법이 있다고 하였는데, '진공련형법'을 최상승의 법문으로 삼았다. 『성명규지』에 「진공련형도」가 있는데 그는 「진공련형도」에서 이러한 진공련형의 첫 번째 방법을 다음과 같이 상세하게 논하였다.

> 장자양張紫陽(장백단張伯端, 984~1082)이 말하였다. "하늘과 사람은 한 기로서 본래 같은데 몸뚱이를 가져서 막혀 통하지 않게 되었다. 수련을 하여서 몸과 정신이 보이지 않게 합하게 되면 비로소 색과 상이 곧 진공임을 알 수 있다(天人一氣本來同, 爲有形骸礙不通. 煉到形神冥合處, 方知色相卽眞空)."
>
> 설복명薛復命이 말하였다. "기를 무어라고 말할 수는 없지만 터득한 뒤에 저절로 참답게 된다(不知將謂氣, 得後自然直)."
>
> 동한순董漢醇이 말하였다. "금은 쇳돌을 사용하여 녹여내고 형은 기로 말미암아 단련한다(金用礦銷, 形由炁煉)."
>
> 형을 단련하는 방법은 모두 여섯 가지 문門이 있다. 첫째, 옥액玉液으로 형을 단련한다. 둘째, 금액金液으로 형을 단련한다. 셋째, 태음太陰으로 형을 단련한다. 넷째, 태양太陽으로 형을 단련한다. 다섯째, 내관內觀으로 형을 단련한다. 이런 방법은 모두 허무虛無의 대도大道가 아니므로 끝내 태허太虛와 같이 한 몸이 될 수는 없다. 오직 이 한 가지 요결要訣은 다음과 같다. 진공으로 형을 단련하는데(眞空煉形) 비록 작위가 있다 하나 실은 함이 없다(無爲). 비록 형을 단련한다고 하나 실은 정신을 단련한다(煉神). 이는

바깥을 수련하되 안의 수련을 겸한다. 법에 따라 100일 동안 단련하면 칠백은 형이 없어지고(七魄亡形) 삼시가 자취를 감추며(三尸絶迹) 육적이 가라앉아 감추어지고(六賊潛藏) 십마가 멀리 숨어버린다(十魔遠遁). 1,000일 동안 단련하면 사대四大의 한 몸이 엄연히 수정탑水晶塔과 같아져서 겉과 속이 영롱하고 안과 밖이 투철해지며(洞徹), 마음의 정화(心華)가 찬연하고 신령한 빛(靈光)이 뚜렷해진다. 신령한 빛은 지혜의 광채(慧光)이다. 그러므로 신령한 빛이 생기는 곳에 깨달음의 꽃(覺花)이 피어난다. 대체로 지혜의 깨달음의 꽃이 피는 것은 형을 단련하여 은미한 경지에 들어가서 도와 그윽하게 하나가 되지 않고서는 이런 일이 있을 수 없다.[27]

즉 진공련형법은 수련을 하여서 형과 정신이 함께 변화하고 안과 밖이 투철해지며 마음과 몸이 모두 공허해지고 몸 전체가 빛나서 마치 수정탑과 같이 되어서 허공과 같은 몸이 되는 것을 말한다.

그래서 윤 진인은 「연형煉形」에서 '진공'과 '연형'의 두 측면을 다음과 같이 해설한다.

> 장전일張全一(장삼봉張三丰, 1247~?)이 말하기를 "태허가 바로 나이니 먼저 몸을 공허하게 한다. 몸이 공허해지면 천지도 공허해진다. 천지가 공허해지면 태공太空도 공허해진다. 공허하되 공허한 바가 없는 것(空無所空)이 바로 진공眞空이다."라고 하였다.
>
> 『청정경淸靜經』에서 이르기를 "안으로 그 마음을 관조하면 마음에 그 마음이 없다. 바깥으로 그 형체를 관조하면 형체에 그 형체가 없다(內觀其心,

---

27 『성명규지』 정집 「연형煉形」.

心無其心. 外觀其形, 形無其形)."라고 하였다. 형체에 그 형체가 없다는 것은 몸이 공허한 것이다. 마음에 그 마음이 없다는 것은 마음이 공허한 것이다. 마음이 공허해져서 막힘이 없으면 정신은 더욱 단련되어서 더욱 신령해진다(神愈煉而愈靈). 몸이 공허해져서 막힘이 없으면 형체는 더욱 단련되어서 더욱 맑아진다(形愈煉而愈淸). 단련을 하여서 형체와 정신이 서로 머금게 되면 몸과 마음이 하나가 되며, 비로소 형체와 정신이 함께 오묘해지고 도와 더불어 참된 것에 합하게 된다.[28]

양명은 윤 진인으로부터 바로 이러한 진공련형의 최상의 방법을 배우고 이후 양명동에서 이 같은 진공련형법을 수련하였다.

나중에 왕기王畿는 양명이 양명동에서 이러한 진공련형법을 수련한 사실을 직접 듣고서 다음과 같이 말하였다.

(*양명은) 이에 비로소 노, 불의 학문을 온 마음으로 탐구하여서 동천洞天과 정려精廬에서 밤낮으로 부지런히 수련하였다. (불교의) 경전(伏藏)을 수련하여 익히고 (도교의) 기밀이 되는 요결(機要)을 훤히 깨우쳐서 도가와 불가의 이른바 '견성見性', '포일抱一'의 요지에 대한 의미를 통달했을 뿐만 아니라 대체로 이미 그 정수를 터득하였다. 스스로 말하기를 "일찍이 고요한 가운데 안을 관조하니 몸뚱이(形軀)가 마치 수정궁水晶宮과 같이 되어서 나를 잊고 사물을 잊고(忘己忘物), 하늘을 잊고 땅을 잊어서(忘天忘地) 허공과 같이 한 몸이 되었다. 광휘가 신묘하고 기묘하였으며 황홀하고 환영을 보는 듯하여서 말을 하려고 해도 어떻게 말을 해야 할지 알 수 없게 되었다. 바

---

28 『성명규지』 정집 「연형」.

로 참된 정경(真境象)이었다."라고 하였다.[29]

여기서 '동천과 정려'란 양명동을 가리킨다. 양명이 말하는 '수정궁'은 바로 윤 진인이 말하는 '수정탑'이다. 양명이 "허공과 같이 한 몸을 이룬다."라고 한 말은 윤 진인이 "태허와 같이 한 몸이 된다."라고 한 말이다. 양명이 '안으로 몸뚱이를 관조한다'라고 한 말은 윤 진인이 「내조도內照圖」에서 "오장육부五臟六腑와 이십사추二十四椎, 임맥任脈과 독맥督脈 두 맥을 써서 내관을 하는 자로 하여금 착수할 곳이 있음을 알게 한다."[30]라고 말한 것이다. 양명이 "나를 잊고 사물을 잊고 하늘을 잊고 땅을 잊어버렸다"라고 한 말은 윤 진인이 "칠백은 형이 없어지고(七魄忘形)", "천지도 공허해지며", "형체에 그 형체가 없다, 마음에 그 마음이 없다"라고 말한 것이다. 양명이 말하는 '참된 정경'은 윤 진인이 말한 "신령한 빛이 뚜렷해 지는 것", "정신은 더욱 단련되어서 더욱 신령해지며 형체는 더욱 단련되어서 더욱 맑아지는" 것이다. 양명이 "황홀하고 환영을 보는 듯하다"라고 한 말은 윤 진인이 "그윽하고 어둑어둑하여서 황홀하며(窈窈冥冥生恍惚), 어슴푸레하고 흐릿하여서 성단을 맺는다(恍恍惚惚結成團)(*入窈冥)."라고 한 것이다. 양명이 "100일 간 도를 배운다"라고 한 말은 윤 진인이 "100일 동안 단련한다"고 말한 것이다. 양명이 양명동에서 '도인술導引術을 행한' 것은 원래는 진공련형법을 수련한 것임을 여기서 분명히 알 수 있다.

이와 관련한 사실은 왕기뿐만 아니라 나중에 경정향耿定向(1524~1596)도 파악하였다. 그는 「신건후문성왕선생세가新建侯文成王先生世家」에서 다음과

---

29 『왕기집王畿集』 권2 「저양회어滁陽會語」.

30 『성명규지』 원집에 「내조도內照圖」가 있다.

같이 말한다.

> 임술년(1502) 가을에 퇴직을 청하여 월越로 돌아왔다. 나이 32세였다. 두
> 학문을 온 마음으로 연구하였는데 양명 기슭에 동천을 쌓고 밤낮으로 부
> 지런히 수련하였다. 고요함을 익히는 가운데 안으로 몸뚱이를 관조하니 수
> 정궁과 같이 되어서 나를 잊고 사물을 잊으며 하늘을 잊고 땅을 잊어버려
> 서 혼연히 태허와 한 몸이 되었는데 말을 하려고 해도 할 수 없는 상황이
> 되었다.[31]

가장 주목을 끄는 점은 『성명규지』의 「천인합발채약귀호天人合發採藥歸壺」
중에서 양명이 '그윽하고 어두운 곳으로 들어가는(入窈冥)' 것을 체험한 「구결
口訣」이라는 시가 수록되어 있다는 사실이다.[32]

---

31 『경천대선생문집耿天臺先生文集』 권13 「신건후문성왕선생세가新建侯文成王先生世家」.

32 『성명규지』 이집利集 「천인합발채약귀호天人合發採藥歸壺」. 양명의 이 '그윽하고 어두운
곳으로 들어감'을 읊은 칠언절구는 나중에 정덕 5년(1510)에 「수기사회睡起寫懷」라는 칠
언율시로 발전하였는데, 아울러 흘러간다(流行)의 행行을 형形으로 고쳤다. 나는 일찍이
『왕양명전집보편王陽明全集補編』(上海古籍出版社, 2021)에서 다음과 같이 지적하였다. "시
는 『성명규지』 이집 「구결口訣」에 보인다. 살펴건대 『왕양명전집』 권19에 「수기사회」가
있는데 그중 4구가 이 「구결」과 같으니 바로 양명이 스스로 초년에 지은 칠언절구의 「구
결」을 「수기사회」라는 칠언율시로 고쳤음을 알 수 있다." 양명은 자기가 지은 시문을 즐
겨 고쳤으므로 이 점은 본래 이상할 것이 없다. 여기에서 몇 가지 예를 들면, 그는 소규
邵珪(1469, 진사)가 지은 「타마가墮馬歌」의 한두 글자를 고쳐서 자기의 「타마행墮馬行」으
로 변조하였다. 원래 구화산九華山에서 지은 「화구백로선시和九柏老仙詩」를 「매간梅澗」으
로 고쳐서 가흥에 있을 때 지은 시로 변조하였다. 또 원래 구화산에서 지은 시 「화성사化
城寺」를 「봉래방장우서蓬萊方丈偶書」로 고쳐서 모산茅山에서 노닐며 지은 시로 변조하였
다. 왕화가 지은 「교정설矯亭說」을 한두 구절 고쳐서 자기의 작품으로 변조하였다. 원래
의 '왕문사구교王門四句教'를 늘려서 '왕문팔구교王門八句教'로 고쳤다. 등등. 「수기사회」를

한가로이 사물의 형태를 관조하니 모두 생명의지가 있고　閑觀物態皆生意

고요히 천기를 깨달아 그윽하고 어두운 곳으로 들어가네　靜悟天機入窈冥

도는 험하고 평탄한 것이 있으니 처지에 따라 즐기고　道在險易隨地樂

마음에 물고기와 새를 잊으며 저절로 흘러가네　心忘魚鳥自流行

'고요히 그윽하고 어두운 곳으로 들어간다'는 정입요명靜入窈冥은 윤 진인의 진공련형법의 근본 수련 사상이며 '결태과원성성'의 근본 법문이다.

윤 진인은 첫 편 「대도설」에서 그의 '정입요명'의 법문을 한눈에 훤히 알아볼 수 있도록(開門見山) 다음과 같이 제시하였다.

번쩍거리는 빛은 땅에서 피어나고 써늘한 기운은 하늘에서 나온다. 나는 너로 하여금 크게 밝은 것(태양)의 위로 올라가게 하여서 저 지극한 양의 근원에 이르게 한다. 너로 하여금 그윽하고 어두운 문으로 들어가게 하여서

보면 중간의 4구가 다른 4구에서 읊은 것과 뚜렷이 조화를 이루지 않는데, 이는 늘려서 고친 것임을 일목요연하게 알 수 있다. 윤 진인이 정덕 초에 대엄大閹 유근劉瑾에게 죄를 입었기 때문에 '요사한 말로 군중을 현혹한다(妖言惑衆)'는 이유로 체포되어서 감옥에 갇혔다가 원적지原籍地로 압송되어서 칼을 쓰고 갇혔으며, 그의 학설은 마침내 '사설邪說'로 배척되고 금지되었다. 명대 황제는 대부분 도교의 외단外丹 소련술燒煉術을 좋아하였고 선단仙丹을 복용하는 데 깊이 심취했으나 도교의 내단 수련은 믿지 않았다. 그러므로 윤 진인의 내단 수련설도 금지되었으며, 유근의 권력 전횡 아래에서 사대부는 모두 감히 윤 진인을 언급하지 못한 채 피하였는데 오직 제때 피하지 못할까 두려워하였다. 그때 양명도 아마 자기가 초년에 윤 진인에게서 도를 배운 일을 감추기 위해 「구결」의 칠언절구를 늘려 고쳐서 「수기사회」라는 칠언율시로 변조하였을 것이다. 이때는 정덕 5년 2월이었는데 유근이 아직 조정에서 권력을 천단하며 악을 행하면서 아직 패배를 하지 않은 무렵이었다. 이듬해 곧 정덕 6년에 양명은 또 「화구백로선시」를 「매간」으로 고쳤는데, 역시 이런 의도에서 나온 것이다.

저 지극한 음의 근원에 이르게 한다.³³

이어서 그는 「천인합발채약귀호」에서 '정입요명' 사상을 반복하여 논술한다.

하늘과 땅은 혼돈하고 혼돈한 것(混混沌沌)을 태극으로 삼고 내 몸은 그윽
하고 그윽하며 어둡고 어두운 것(窈窈冥冥)을 태극으로 삼는다. …… 혼돈
은 바로 천지의 부곽郛郭이며 그윽하고 어두운 것은 역시 위대한 약의 포
태胞胎이다.

마음속에 사물이 없는 것을 생각(慮)이라 하고, 의념이 일어나지 않는 것을
고요함(靜)이라 한다. …… 위대한 도에는 음과 양이 있고 음과 양은 움직
임과 고요함(動靜)을 따른다. 고요하면 그윽하고 어두운 것에 들어가며 움
직이면 황홀함이 응한다. …… 바야흐로 몸과 마음이 안정이 되면 움직임
과 고요함이라 하고, 그윽하고 어두운 것이라 하고, 참된 토(眞土)라 하니
모두 살아서 움직이는 자시(活子時)를 밝혀서 드러내는 구결口訣이다.

무릇 사람은 움직임이 극에 이르면 고요해져서 저절로 그윽하고 어두운
곳으로 들어간다. …… 무엇을 일러서 참된 의념(眞意)이 있고 참된 납(眞
鉛)이 바야흐로 생겨난다고 하는가? 대체로 움직임이 극에 이르면 고요해
지고, 참된 의념이 이르면 곧 그윽하고 어두운 곳으로 들어가는 것이다.

그윽하고 어두운 것이 생겨나는 바는 참된 정기(眞精)가 바야흐로 달아나버

---

33 『성명규지』 원집 「대도설」.

리거나 잃어버리지 않는 것이니 이른바 채취采取 공부라고 한다. …… 순양 조사純陽祖師가 이르기를 "그윽하고 그윽하며 어둡고 어두운 것이 황홀함을 낳고, 황홀하고 황홀한 것이 성단을 맺는다."라고 하였는데 바로 이 요결 …… 사람이 만약 이 하늘과 사람이 발동을 합하는 기틀을 안다면 마침내 한밤중에 고요히 앉아서 정신을 응결하고 기를 모으며 시각을 거둬들이고 청각을 돌이켜서 태兌(감각의 구멍)를 폐색시키고 영주靈株를 견고하게 쌓아서 하나의 의념도 생기지 않고 온갖 인연이 한꺼번에 사라진다. 혼륜하고 혼륜하여서 마치 태극이 분화하지 않은 것 같고, 어둡고 어두우며 아득하고 아득하여서 마치 양의兩儀가 아직 조짐을 드러내지 않은 것 같다.[34]

양명의 시에서 "고요히 천기를 깨달아 그윽하고 어두운 곳으로 들어가네"라고 한 구절은 바로 정확하고 철저하게 윤 진인의 '고요히 그윽하고 어두운 곳으로 들어간다'는 정입요명 수련의 사상을 개괄한 것이다. 따라서 윤 진인은 양명의 이 시를 '구결'로 삼아「천인합발채약귀호」에 집어넣었고, 윤 진인이 스스로 지은 바, 깨달아서 그윽하고 어두운 곳으로 들어가는 것을 읊은 다음의 시는 그 표현은 달라도 주제는 같은(異曲同工) 오묘함을 지니고 있다.

도달하려 하나 아직 도달하지 못함에 의식이 비로소 열리고 　欲達未達意方開
깨달은 듯하나 깨닫지 못함에 기틀이 바로 치밀해진다 　似悟未悟機正密
지니고 보존하며 게을리하지 않아 신령한 뿌리를 기르고 　存存匪懈養靈根
원만하고 밝음을 움켜쥐어 자기에게서 찾는다 　一匊圓明自家覓

34「성명규지」이집「천인합발채약귀호」.

양명의 시 「구결」이 『성명규지』에 수록된 데에는 두 가지 가능성이 있다. 하나는, 양명이 남도에서 윤 진인의 '고요히 그윽하고 어두운 곳으로 들어가는' 정입요명 수련의 가르침을 듣고 받아들여서 스스로 정좌 수련하고 체험하여 터득한 뒤 이 '고요히 그윽하고 어두운 곳으로 들어간다' 시를 지어서 윤 진인에게 보냈을 것이다. 둘째는, 양명이 윤 진인의 진공련형법을 듣고서 받아들인 뒤 소흥으로 돌아가 양명동에서 정좌 수련하여 고요히 천기를 깨닫고, 이 '고요히 그윽하고 어두운 곳으로 들어간다' 시를 지어서 윤 진인에게 보냈을 가능성이다. 양명의 이 시는 바로 이와 같이 하여서 윤 진인에 의해 『성명규지』에 수록되었다.[35] 털끝만큼도 의문의 여지없이 양명의 '고요히 천기를 깨달아 그윽하고 어두운 곳으로 들어간다'는 표현은 윤 진인의 '고요히 그윽하고 어두운 곳으로 들어간다'는 설에서 나온 것이다.

사실 『성명규지』에서 간파할 수 있는 윤 진인의 '진공련형법' 수련(*'결태과원성성'의 수련)에는 세 가지 특징이 있는데 모두 양명의 사상에 직접적인 영향을 미쳤다. 첫째, 진공련형법 수련은 바로 '마음을 단련함(煉心)', '마음을 닦음(修心)', '마음을 회복함(復心)'으로써 수련을 통해 마음의 본체로 복귀한다고 인식한다. 윤 진인은 '수많은 성인의 마음은 하나이며, 만고의 도는 하나이다(千聖一心, 萬古一道)', '백, 천의 법문이 함께 사방 한 치(마음)로 귀결한다. 항하(갠지스)의 모래와 같은 오묘한 덕이 모두 마음의 원천에 있다(百千法門,

---

35 윤 진인은 정덕 원년(1506)에 졸하였으니 양명이 정덕 5년에 지은 「수기사회」를 보지 못하였다. 그러므로 그는 결코 「수기사회」에서 중간의 네 구절을 취하여서 '구결'로 삼아 『성명규지』에 수록할 수는 없었다. 그의 제자 조교상이 가정嘉靖 연간(1522~1566)에 스승인 윤 진인의 『성명규지』를 정리하여서 보충하였는데, 바로 그때 가정의 '학금學禁'을 당하여서 윤 진인의 내단 수련설과 양명의 심학은 모두 '사설邪說'로 금지되었으니 조교상은 더욱 「수기사회」의 중간 네 구를 취하여 '구결'로 삼아서 『성명규지』에 수록할 수는 없었다.

同歸方寸. 河沙妙德, 盡在心源)'[36]라고 인식하였다.

모든 이치(萬理)는 한마음으로 귀결되기 때문에 『성명규지』에 「구정련심
도九鼎煉心圖」가 있어서 마음을 본체로 삼아 마음을 단련하고 마음을 닦고 마
음을 회복할 것을 강조하여서 다음과 같이 말한다.

> 연단이라는 것은 마음을 억누르고 침울하게(陰霾) 하는 물건을 달구어 없애
> 서 마음의 본체를 회복하고 …… 그러므로 오제, 삼왕은 임금이니 임금의
> 도로써 날마다 그 마음을 단련한다. 이윤伊尹·부열傳說·주공周公·소공召公
> 은 재상이니, 재상의 도로써 날마다 그 마음을 단련한다. 공자·증자·자사
> ·맹자는 스승이니 스승의 도로써 날마다 그 마음을 단련한다. 마음이 도에
> 있지 않은 때가 없으며 도로써 그 마음을 단련하지 않는 때가 없다. 이것
> 이 바로 옛 선대의 위대한 성인과 현인이 학문을 한 요법이며, 마음을 단
> 련하고 본성을 단련하는 백 가지 단련의 밝은 가르침(明訓)이다.[37]

> 천하에서 가장 친밀한 것으로는 마음만한 것이 없다. 백성은 날마다 쓰면
> 서도 마음을 알지 못한다. 마치 물고기가 바다에 있으면서 물을 모르는 것
> 과 같다. …… 일체 경계境界가 모두 이 마음의 빛(心光)이니 만약 사람이
> 이 마음을 인식한다면 대지에 한 움큼의 흙도 마음 아닌 것이 없게 된다.[38]

윤 진인의 이러한 말은 나중에 양명도 모두 말하였다.

---

36 『성명규지』 형집亨集 「함양본원도涵養本源圖」.

37 『성명규지』 원집 「구정련심설九鼎煉心說」.

38 『성명규지』 형집 「함양본원구호명보涵養本源救護命寶」.

둘째, 진공련형법 수련은 바로 정좌하고서 고요히 관찰하며 안을 살펴서(靜觀內照) '고요히 그윽하고 어두운 곳으로 들어가는' 것이라고 인식한다. 『성명규지』에 실려 있는 수련도는 모두 정좌수련도이다. 윤 진인은 「내조도內照圖」 외에 「좌선도坐禪圖」에서 다음과 같이 말한다.

정좌는 생각을 적게 하고 욕망을 적게 가지며 마음을 어둡게 하고(冥心), 기운을 기르고(養氣), 정신을 보존하는(存神) 것이다. 이것이 참됨을 닦는(修眞) 요결이니 배우는 사람은 허리띠에 써두어야(書紳) 한다.

앉을 때 책상다리를 하지 않고 마땅히 평상시 앉는 대로 한다. 비록 보통사람과 같으나 공문孔門의 심법을 지니면 다른 사람과 다르게 된다. 이른바 공문의 심법이란 다만 마음을 보존하여서 참된 곳에 처하게 하는 것이다.[39]

정좌는 바로 '깨달아 들어가는 것(悟入)'이며, 마음을 어둡게 함은 바로 '그윽하고 어두운 곳으로 들어가는' 것이므로, 예컨대 '고요히 그윽하고 어두운 곳으로 들어가려고' 하면 모름지기 "한밤중에 고요히 앉아서 정신을 응결하고 기를 모으며 시각을 거둬들이고 청각을 돌이켜서 태兌(감각의 구멍)를 폐색시키고 영주靈株를 견고하게 쌓아서 하나의 의념도 생기지 않고 온갖 인연(萬緣)이 한꺼번에 사라지게" 해야 한다. 양명도 정좌와 내조를 고요히 그윽하고 어두운 곳으로 들어가는 것과 연계하여서 '천기를 고요히 깨달았던(靜悟天機)' 것이다.

셋째, 진공련형법 수련은 앎(知)을 마음의 본체(心體)로 삼기 때문에 앞서

---

39 『성명규지』 형집 「좌선도坐禪圖」.

알고(前知), 미리 알고(預知), 먼저 알(先知) 수 있다고 인식한 것인데, 윤 진인은 '먼저 알고(先知)' '먼저 깨닫고(先覺)' '참되게 알고(眞知)' '저절로 알고(良知)' '다른 사람의 마음과 통하는(他心通)' 것이라고 일컬었다. 그는 마음을 앎으로 삼았으니 앎은 곧 이 마음이며 앎은 마음의 본체라 하여서 "마음의 바탕이 담연하고 타고난 앎이 자유자재하다(心地湛然, 良知自在)."[40]라고 하였다.

그는 「이신내원단공명심移神內院端拱冥心」에서 이러한 선지, 선각의 '다른 마음과 통하는' 신통한 능력을 다음과 같이 논술하였다.

> 『선원집禪源集』에서 이르기를 "마음이라 말한 것은 마음의 이름이다. 앎이라 말한 것은 마음의 본체이다(言心者是心之名, 言知者是心之體)."라고 하였다. 하택荷澤(신회神會, 684~758)이 이르기를 "마음의 본체는 알 수 있으니 아는 것은 곧 이 마음이다(心體能知, 知卽是心)."라고 하였다. …… 공적空寂, 허령虛靈한 것으로 말미암아 아는 것이 앞서 아는 것이다. 공적, 허령한 것으로 말미암아 깨닫는 것이 앞서 깨닫는 것이다. 사려하지 않고서 깨닫는 것을 바른 깨달음(正覺)이라 한다. 생각하지 않고서 아는 것을 참된 앎(眞知)이라 한다.
>
> 신과 통하여 변화하고 자유롭게 출입하면서 시방十方의 중생을 꿰뚫어 보며 다른 사람의 마음속 은미한 일을 안다. 그는 비록 의념은 일어나지 않았지만 또렷하게 앞서 안다. 그는 비록 의념은 싹트지 않았지만 또렷하게 앞서 깨닫는다. 이것이 다른 사람의 마음과 통하는 것이다(他雖意念未起, 了了先知, 他雖意念未萌, 了了先覺. 此是他心通也).

---

40 『성명규지』 형집 「와선도臥禪圖」.

자사子思가 이르기를 "마음의 정과 신을 성이라 한다(心之精神之謂聖)."고 하였다. 그러므로 마음이 안정되면 지혜롭고, 마음이 평온하면 느끼고, 마음이 고요하면 알 수 있고, 마음이 텅 비면 신령하고, 마음이 성실하면 밝고, 마음이 아무것도 없으면 깨달을 수 있다(心定而能慧, 心寂而能感, 心靜而能知, 心空而能靈, 心誠而能明, 心虛而能覺). 4조 도신道信(580~651)이 말하기를 "일체 신통한 작용은 모두 자기 마음이 느껴서 드러난 것이다(一切神通作用, 皆是自心感現)."라고 하였다.[41]

양명은 나중에 역시 앎이 곧 마음이며, 양지가 곧 마음이며, 마음의 본체는 아는 능력이 있으며, 양지가 곧 마음의 본체라고 인정하였다. 윤 진인은 도문道門 중에서 심학종사心學宗師라고 일컬을 수 있는데, 그의 이 세 가지 심학사상은 양명의 이후 사상 발전에 줄곧 유형 또는 무형으로 부지불식중에 변화를 일으키는 작용을 하였다. 예컨대 먼저 아는(先知) '타심통他心通'으로 말하자면, 양명은 다만 자기가 이미 수련을 하여서 '타심통'의 경계에 이르렀다고 여겼는데, 이는 양명동에서 '도인술을 행하여' 수련한 뒤 이러한 '먼저 아는' 신통神通한 공부를 이루었다고 인정한 것이다.

그의 제자는 양명이 두 차례 양명동에서 '먼저 안' 신통한 사건을 기록하였다. 1차는 홍치 15년(1502)에 있었는데, 전덕홍은 다음과 같이 기록한다.

드디어 병을 구실로 월越로 돌아가서 양명동에 방을 꾸미고 도인술을 실행하였다. 오래되어 드디어 먼저 알 수 있게 되었다. 하루는 동에 앉아 있는데 벗 왕사여王思輿(왕문원王文轅) 등 네 사람이 찾아왔다. 막 오운문五雲門을

---

41 『성명규지』 정집 「이신내원단공명심移神內院端拱冥心」.

나섰는데 선생이 곧 노복에게 명하여 맞아들이게 하면서 그들이 오는 동안의 행적을 낱낱이 이야기하였다. 노복이 그들과 길에서 만나 말을 하니 들어맞았다. 뭇사람이 깜짝 놀라 신기하게 여기며 득도하였다고 여겼다.[42]

전덕홍은 양명이 양명동에서 '도인술을 행하고' 먼저 알고 터득했다고 말하였는데, 이는 틀림없이 양명이 양명동에서 진공련형법 수련을 행하였음을 인정한 것과 다름없다.

다른 한 차례는 정덕 2년(1507)에 있었는데, 동곡董穀(1541, 진사)이 다음과 같이 기록하였다.

정좌를 익혔다(習靜). 정덕 초년에 선사 양명이 양명동에서 정좌를 익혔다. 동은 남진南鎭의 깊은 산중에 있었는데 선생의 문인 주백포朱白浦(주절朱節, 1475~1523), 채아재蔡我齋(채종연蔡宗兗, 1517, 진사) 등 몇 사람이 성으로부터 찾아와서 방문하였다. 길에서 선생의 가동家童을 만났는데, 어디로 가느냐고 물었다. 대답하기를 "나리께서 여러 어르신들(相公)이 장차 오실 것을 알고서 저를 보내 술과 안주를 사오게 하셨습니다."라고 하였다. 여러 사람이 이상하게 여겼다. 이윽고 도착하여서 여쭈었다. "선생께서는 저희들이 장차 올 것을 어떻게 아셨습니까?" 선생이 말씀하셨다. "제군이 걸어오는 길에 아무개는 얼음을 깨서 씻었고, 아무개는 대나무를 쪼개서 시를 썼

---

42 『왕양명전집』 권33 「연보」 1. 추수익의 『왕양명선생도보』에서는 다음과 같이 말한다. "오래되어 홀연 예지를 할 수 있었다. 왕사유王思裕(왕문원) 등 네 사람이 오운문으로부터 찾아왔는데 선생이 종에게 명하여서 과일과 고기(果穀)를 준비하고 기다리게 하였다. 그들이 산골짜기 시내를 지나면서 복사꽃을 딴 종적을 낱낱이 이야기하니 네 사람은 득도하였다고 여겼다."

지요." 모두 눈으로 본 듯이 말씀하셔서 뭇사람이 더욱 크게 놀랐다. 대체로 아무 일이 없으면 안정되고, 안정되면 밝아진다. 그러므로 능히 마음이 통한 것이지(無事則定, 定則明, 故能心通) 어찌 다른 기술이 있었겠는가![43]

동곡은 양명의 '선지先知'를 '타심통'으로 말하여서 '일이 없으면 안정되고, 안정되면 밝아진다. 그러므로 능히 마음이 통한다'고 인정하였다. 이는 윤 진인이 말하는 "마음이 안정되면 지혜롭고, 마음이 평온하면(寂) 감각하고, 마음이 고요하면(靜) 알 수 있고, 마음이 텅 비면 신령하고, 마음이 성실하면 밝고, 마음이 아무것도 없으면(虛) 깨달을 수 있다."라고 한 것과 "그는 비록 의념은 일어나지 않았지만 또렷하게 앞서 안다. 그는 비록 의념은 싹트지 않았지만 또렷하게 앞서 깨닫는다. 이것이 다른 사람의 마음과 통한 것이다."라고 한 말과 한 입에서 나온 것 같다(如出一轍). 양명의 제자가 실은 모두 양명이 양명동에서 수련한 것이 윤 진인의 진공련형법임을 알고 있었음을 알 수 있다.

담약수는 양명의 평생 사상의 변화를 논할 때 거듭 말하기를, 양명은 "신선을 익히는 데 네 차례나 빠졌으며", "여러 차례 변화하여 옮겨서 신선으로 달아나고 선禪으로 달아났다"고 하였는데 실제로는 양명이 초년에 윤 진인에게서 선仙과 도道를 배운 사실을 가리킨다. 그는 다만 윤 진인의 이름을 직접 언급하지 않았을 뿐이다. 양명은 바로 이 시기에 '신선을 익히는 데 빠진' '선으로 달아나는' 심로의 역정을 시작하였던 것이다.

확실히 양명은 남도에서 윤 진인의 '결태과원성성' 수련의 가르침을 듣고 이를 받아들인 뒤 자연스럽게 바로 도가의 동천洞天을 찾아가서 진공련형의

---

43 『동한양벽리후집董漢陽碧里後集』「잡존雜存」.

실천과 수련을 행하려고 했던 것이다. 그는 여요로 돌아온 뒤 과연 소흥으로 이사하는 와중에 회계산의 '양명동'을 찾아서 도인을 단련하고 기를 운행하며 고요히 그윽하고 어두운 곳으로 들어가는 '양명산인'으로서 양명동에서 진공련형법 수련을 행하기 시작하였다.

소흥으로 이사:
양명동의 양명산인

양명은 10월에 여요로 돌아온 뒤 비도왕씨의 옛집에 거주하면서 여요와 소흥 사이를 오가며 소흥으로 이주하는 바쁘고 분주한 일을 시작하였다. 그는 여요에서 같은 향리의 명사 위한·한방문·육상·위조단 등과 용천사龍泉寺에서 시사詩社를 결성하고 늘 산을 유람하면서 시문을 주고받았다. 그중 벼슬에서 은퇴하고 돌아온 오송五松 위한은 시로 더욱 이름을 날렸는데 장기張琦(1499, 진사)·장녕張寧(1492~1496)·요수姚綬(1422~1495)와 함께 '절강의 네 재자(浙江四才子)'로 일컬어졌으며 양명과 매우 친밀한 관계였다. 양명과 늘 용산龍山을 오르고 연시聯詩로 승부를 겨루었는데 양명이 대부분 먼저 아름다운 구절을 얻었기에 위한은 우러러 탄복하면서 칭찬하기를 "이 늙은이는 마땅히 몇 사舍(30리)를 물러나야겠소."라고 하였다.

한번은 양명이 위한과 용산을 유람하였고 두 사람은 시를 주고받으며 읊었다. 양명은 화답시 두 수를 지었다.[44]

---

44 『왕양명전집』 권29 「우제유용산차오송운雨霽遊龍山次五松韻」.

비가 개어 용산을 유람하며 오송의 운을 따서 짓다 雨霽遊龍山次五松韻

맑게 갠 날 독수대에 오르니	晴日須登獨秀臺
푸른 산 겹겹이 그림처럼 펼쳐지네	碧山重疊畵圖開
마음은 한가하여 맑은 강과 더불어 늙어가고	閑心自與澄江老
한가한 감흥에 누가 흰머리로 돌아왔나?	逸興誰還白髮來
바다 어귀 조수가 밀려와 배는 어지러이 나가고	潮入海門舟亂發
바람 부는 소나무 꼭대기 쌍학이 돌아오네	風臨松頂鶴雙回
밤들어 빈 누각에서 은하수를 찾아보니	夜憑虛閣窺星漢
여러 봉우리에 북두성이 더욱 가까워 보이네	殊覺諸峰近斗魁

엄광의 정자는 운대보다 나아서	嚴光亭子勝雲臺
비온 뒤 오르니 안목이 탁 트이네	雨後高憑遠目開
고향에는 마침 우리 동무들이 있고	鄕里正須吾輩在
호수와 산이 어른 오심을 저버리지 않네	湖山不負此公來
강변 단풍은 다 떨어져 가을 상념이 일고	江邊秋思丹楓盡
서리 바깥 흰 기러기는 편지를 물고 오네	霜外緘書白雁回
북쪽 변방에선 전란이 끝났다는 전갈이 오고	幽朔會傳戈甲散
남쪽 변경에선 이미 두령을 임명했다 알리네	已聞南徼授渠魁

또 한번은 위한과 함께 남하정覽荷亭에 올라 시를 주고받으며 읊었는데 이때 양명은 화답시 두 수를 지었다.[45]

---

45 『왕양명전집』 권29 「차위오송하정만흥次魏五松荷亭晚興」.

위오송의 하정 만흥을 따서 짓다　　　　　　　　次魏五松荷亭晩興

소나무 그늘에 들어가 하루 종일 앉았으니　　　入座松陰盡日晴
난간에 다가와 들학이 다시 때맞춰 우네　　　　當軒野鶴復時鳴
풍광은 나에게 뜻을 남겨두고　　　　　　　　　風光於我能留意
공명에 취한 사람은 깨어나지 못하네　　　　　世味酣人未解醒
길이 마음은 사물 바깥을 엿보고　　　　　　　長擬心神窺物外
이름이 고을에서 중하게 나기를 바라지 않네　休將姓字重鄉評
높이 등용된들 어찌 모두 이윤과 여상처럼 될까!　飛騰豈必皆伊呂
산전으로 돌아가 밭이나 갈지　　　　　　　　　歸去山田亦可耕

취한 뒤 술잔을 어지러이 던지고　　　　　　　醉後飛觴亂擲梭
일어나 흔들리는 대나무 따라 춤을 추네　　　起從風竹舞婆娑
게으름은 기산과 영수에 던지고　　　　　　　疏慵已分投箕潁
사업은 후견인에게 물을 것 없네　　　　　　　事業無勞問保阿
푸른 물 층층한 성에 신선의 수레가 오고　　　碧水層城來鶴駕
보랏빛 구름 이는 쌍궐에 달님이 웃네　　　　紫雲雙闕笑金娥
바람을 타고 저절로 하늘 못에 날아오르고　　搏風自有天池翼
쑥대 사이 메추라기 둥지를 의지하지 말라　　莫倚蓬蒿斥鷃窠

　　양명의 이 시는 도를 품은 선비가 숲속으로 돌아가 거처하며 한가한 구름
과 들학을 벗 삼는 자아의 형상을 묘사하였다. 과거에 낙방하고 돌아와서 은
거하는 그는 스스로 "게으름은 기산과 영수에 던지고, 사업은 후견인에게 물
을 것 없네"라고 여겼다. 그러나 그는 본래 사물을 초월한 숲속의 생활을 지

향하여서 "길이 마음은 사물 바깥을 엿보고", "높이 등용된들 어찌 모두 이윤과 여상처럼 될까! 산전으로 돌아가 밭이나 갈지"라며 인정하였다. 따라서 그는 숲속에서 도를 닦은 엄자릉嚴子陵(엄광嚴光, B.C.39~A.D.41)을 본받아 '신선의 수레가 오는 푸른 물 층층한 성과 달님이 웃는 보랏빛 구름 쌍궐'에서 수련을 하여 신선을 이루는 경계를 추구하였으며, "바람을 타고 저절로 하늘 못에 날아오르고, 쑥대 사이 메추라기 둥지를 의지하지 말라"면서 천연을 품고(抱樸) 도를 얻은 초월을 기대하였다.

그는 소흥으로 건너가 왕희지의 옛집을 찾고 수련할 만한 동천을 찾고자 하였다. 산음山陰의 소명봉蕭鳴鳳(1480~1534)은 양명이 소흥에 와서 왕희지의 옛집을 찾은 바로 이해에 양명에게 와서 배움을 물은 사람으로서 그의 첫째 제자가 되었다.[46]

홍치 10년(1497) 봄에 양명은 또 소흥으로 가서 왕희지의 옛집을 찾았는데, 왕희지의 옛집 땅에 이사할 생각이었다. 이때 복사꽃이 한창 흐드러지게 피었다. 그는 우군右軍(왕희지)의 옛집을 찾았으나 찾지 못하고서 하늘을 우러러 물어보았고, 「맑은 봄날의 산보(春晴散步)」 두 수를 지었다.[47]

이른 새벽 비가 급히 숲속을 지나가고	淸晨雨急過林霏
나뭇가지 끝에 남은 연무에 옷이 젖네	餘點煙梢尙滴衣
물 건너 이내는 개고 복사꽃이 어지러이 피는데	隔水霞明桃亂吐

---

46 설응기薛應旂(1500~1575)의 「광동제학부사소공명봉묘표廣東提學副使蕭公鳴鳳墓表」에 다음과 같이 말한다. "나이 열일곱에 싫증이 나서 (*수사예문修詞藝文[문장을 닦고 글을 꾸미는 일]을) 버리고 양명 왕 선생을 따라 놀면서 성학聖學을 강론하여 밝혔다."(『국조헌징록國朝獻徵錄』 권99) 소명봉은 성화 16년(1480)에 태어났으니 17세면 홍치 9년(1496)이다.

47 『왕양명전집』 권29 「춘청산보春晴散步」.

시냇물 따라 바람이 따뜻하니 작약이 살쪄네	沿溪風暖藥初肥
물정은 끝내 게으름을 용납하고	物情到底能容懶
세상사는 이전대로 시비를 맡겨두네	世事從前且任非
눈앞의 봄빛을 저절로 받아들이니	對眼春光惟自領
누구처럼 달 속에 노래하며 돌아올거나?	如誰歌咏月中歸

예상곡을 춤추며	祗用舞霓裳
바위에 핀 꽃 아래에서 술잔을 드네	巖花自擧觴
옛 벼랑에 소나무 반나마 쇠했고	古崖松半朽
남쪽 골짜기엔 풀이 한창 푸르네	陽谷草長芳
샛길 대나무는 바위 위 돌계단을 뚫고	徑竹穿風磴
등나무는 돌 침상을 수놓았네	雲蘿綉石牀
홀로 양보음을 읊조리니	孤吟動梁甫
어디가 용이 누운 언덕이런가?	何處臥龍岡

"홀로 양보음을 읊조리니, 어디가 용이 누운 언덕이런가?"라는 구절을 통해 볼 때 양명은 자기 스스로를 돌아가 은거한 '누운 용(臥龍)'에 견주고, 당년에 제갈량諸葛亮(181~234)이 돌아가서 은거했던 산림의 땅을 물음으로써 자기가 소흥에서 왕희지의 옛집을 심방하고 소흥의 땅으로 이사하는 것을 은유하였다. 소흥에는 와룡산이 있는데 한 고을 산수의 승경으로서 소흥부의 관서가 그 산의 동쪽 기슭에 있었고, 산음현山陰縣의 관서가 남쪽 기슭에 있었다. 양명이 소흥으로 와서 지부 통진을 예방하기에는 매우 편리하였다. 이 시 두 수는 와룡산을 영탄한 작품인데 양명이 소흥에서 지은 것임을 알 수 있다.

3월 상사절上巳節에 이르러서 양명은 또 남경의 행인行人 진문秦文과 함께

다시 난정으로 가서 왕희지의 옛집과 당년에 곡수류상曲水流觴의 수계脩禊를
하던 유적을 돌아보고 시 한 수를 읊었다.[48]

난정에서 진 행인의 운을 따서 읊다	蘭亭次秦行人韻
흙먼지 무릅쓰고 십 리 길 걸어오니	十里紅塵踏淺沙
난정은 어디인가? 바로 우리 집일세!	蘭亭何處是吾家
우거진 숲 대나무엔 새가 울고	茂林有竹啼殘鳥
굽이진 물에 잔은 없고 꽃만 지네	曲水無觴見落花
들에 늙은이는 사람을 만나 옛일을 이야기하고	野老逢人談往事
산의 중은 손님을 잡아두고 햇차를 내놓네	山僧留客薦新茶
바람을 대하니 우리 학문에 감회가 끝없고	臨風無限斯文感
머리를 돌리니 천장사가 보랏빛 노을 사이에 있네	回首天章隔紫霞

왕희지의 옛집(故居)은 왕화와 양명 부자의 선조가 살던 집이다. "흙먼지
무릅쓰고 십 리 길 걸어오니, 난정은 어디인가? 바로 우리 집일세!"라고 한
구절은 양명이 이때 10리 흙길을 걸어서 난정에 이르러 왕희지의 옛집을 찾
았으나 여전히 찾을 수가 없어서 집이 어디에 있는지 구슬프게 묻지 않을 수
없었음을 이야기한 것이다. 천장사天章寺는 우군묵지右軍墨池 주변에 있는데
왕희지가 바로 천장사에서 수계를 하였다. 또한 "바람을 대하니 우리 학문에
감회가 끝없고, 머리를 돌리니 천장사가 보랏빛 노을 사이에 있네"라고 한 구

---

48 양명의 시 「난정차진행인운蘭亭次秦行人韻」은 심복찬沈復燦(1779~1850)의 『산음도상집山陰
道上集』에 보이며, 장원변張元忭(1538~1588)의 『난정유묵蘭亭遺墨』에서 나왔다.

절은 양명이 끝내 낙담하여서 난정에 이별을 고하고 돌아가서 소흥의 새 거처를 부성府城 서북쪽 동광상방東光相坊으로 정하기로 하였으며, 이곳이 난정과 아주 멀리 떨어져서 마주하고 있음을 말한다.

예로부터 전해오는 말에 따르면 왕희지의 옛집은 원래 두 곳에 있었다. 하나는 계주사戒珠寺에, 하나는 천장사에 있었다. 『소흥부지紹興府志』에는 다음과 같이 왕희지의 옛집이 계주사에 있었다고 말한다.

> 부성府城 안에 왕우군王右軍(왕희지)의 별업別業이 있는데 지금의 계주사이다. 산음 땅이다. 옛 경經(『수경주水經注』)에 이르기를, 왕희지의 별업은 양아지養鵝池, 세연지洗硯池, 제선교題扇橋가 있다고 하였다. 지금의 절에 우군사右軍祠가 있다.[49]

> 왕우군사王右軍祠는 즙산蕺山 계주사 동쪽에 있는데, 절이 곧 우군의 별업이다. 가정 10년(1531)에 지부 홍주洪珠(1521, 진사)가 불전佛殿의 서쪽에 옮겨서 설치하였다. 절 문 밖에는 지금도 아지鵝池, 묵지墨池가 있다.[50]

> 계주사는 즙산 남쪽에 있다. 진晉의 우군 왕희지의 고택古宅인데 혹은 별업이라고도 한다. 창시한 해는 고증할 수 없다.[51]

또한 『소흥부지』에는 다음과 같이 왕희지의 옛집이 천장사에 있었다고도

---

49 『만력소흥부지萬曆紹興府志』 권10 「별업別業」.

50 『만력소흥부지』 권19 「사祠」.

51 『만력소흥부지』 권21 「사寺」.

말한다.

산음 우군묵지는 부성 서남쪽 25리 난정교蘭亭橋 동쪽에 있다. 송宋 화진
華鎭(1079, 진사)의 「기記」에 이르기를 "듣건대, 우군이 상사일에 천장사에서
수계를 하였다. 묵지와 아지가 있으니 모두 그 유적이다. 못은 그리 깊지도
넓지도 않으며 계곡을 끌어들여서 원천으로 삼았다. 매 조정에서 은명恩命
이 이르면 반드시 못에 먹물이 먼저 나타났다. …… 아지는 묵지와 서로
가깝다 하였다."라고 하였다.[52]

산음 천장사는 난저산蘭渚山에 있는데 지금 난정곡수蘭亭曲水가 그 옆에 있
다. 예전에는 우군의 화상畵像과 서당書堂이 있었다. 송 지도至道 2년(996)
에 인종仁宗(1022~1063)이 어서御書 '천장지사天章之寺'라는 넉 자를 사액賜
額하였다. 어떤 사람이 말하기를 "인종이 이 편액을 썼을 당시 본래는 진
종眞宗(997~1022)의 어집각御集閣으로 '천장지각天章之閣' 넉 자를 썼는데,
쓰고 나니 황제의 마음에 들지 않아서 다시 쓰고 전에 쓴 것은 결국 사용
하지 않았다. 내시가 태후에게 주장奏章을 올려서 말하기를, 월주越州 천
장사는 천하의 명산이니 지금 황제에게 다시 '사寺' 한 글자를 써서 '각閣'
과 바꾸어서 하사하게 해달라고 청하였다. 태후와 황제가 모두 흔연히 허
락하였다."라고 하였는데, 이 넉 자가 그것이다. 소흥 8년(1138)에 고종高
宗(1127~1162)이 「난정서蘭亭序」를 손수 써서 내려주어 석각石刻을 하였다.
원元(1271~1368) 말기에 절은 불에 타버렸으나 비석에 새겨진 형상은 아직
남아 있다. 옛날에는 공응전供應田 1000무畝가 있었는데 지금은 호우豪右

---

52 『만력소흥부지』 권8 「지池」.

(호족)가 삼킨 지 오래되었다.[53]

양명은 천장사와 난정에서 왕희지의 옛집을 찾았지만 천장사는 원대에
큰불이 나서 타버렸고 1000무나 되던 사전寺田도 호족에 침탈당하였기 때문
에 끝내 찾아볼 수 없었다. 다만 돌이켜서 소흥으로 이주하여 새로 살 땅으
로 동광상방을 확정하였다.

『산음현지山陰縣志』는 양명이 동광상방으로 이사한 까닭을 마여룡馬如龍
(1626~1702)이 지은 「왕문성사비기王文成祠碑記」를 인용하여서 다음과 같이
밝혔다.

왕문성사는 부의 북쪽 2리 동광상방에 있다. 명 가정 16년(1537)에 어사
주여원周汝員(1493-?)이 세웠으며 신건백 왕수인을 제사한다. 처음 이름은
신건백사新建伯祠였는데 나중에 양명선생사陽明先生祠로 고쳤다. …… 생각
건대, 세상은 모두 문성공이 여요 사람이라고 알고 있는데 월중의 인사들
은 공이 산음으로 옮겨가서 거주한 것으로 알고 있다. 방백方伯 마여룡의
「비기」를 읽어보면 또 공이 산음에서 대대로 거주하였는데(公世居山陰) 나중
에 요강姚江으로 옮겼음을 알 수 있다. 그런즉 공이 산음을 잊지 못하는 것
은 영구營丘(臨淄, 고향을 뜻함)에 반장返葬한 정의情誼와 같다.[54] 「비기」에서
또 이르기를, 그 이거里居에 옛날에는 건사建祠가 있었는데 태수 이李 군이

---

53 『만력소흥부지』 권21 「사寺」.

54 [역주] 무왕이 태공太公 여상呂尙을 제나라 영구에 봉하였는데 후손이 5대에 이르도록 대
대로 주의 서울에 돌아가서 선친을 장사 지냈다. 예는 그 근본을 잊지 않는다는 뜻이다.
『예기禮記』 「단궁檀弓·상上」 참조.

수리했다고 하였다. 지금의 동광방은 곧 공의 옛 저택으로서 발상에 유래가 있고 조두(제기)가 법도에 맞았으며, 고상한 도덕과 높은 행실로 인해(東光坊卽公舊第, 發祥有自, 俎豆允宜, 高山景行) 사람들이 더욱 깊이 흠모한다.[55]

"공이 산음에서 대대로 거주하였다", "동광방은 곧 공의 옛 저택으로서, 발상에 유래가 있다"라고 한 말은 바로 동광상방이 소흥왕씨의 옛 저택임을 뜻한다. 왕희지의 후대에 동광상방으로 이주하여 거주한 사람이 있어서 왕씨의 옛 저택을 버려두었으므로 이전의 왕희지 옛집은 찾을 수 없었던 것이다. 양명은 이에 자연스레 왕씨의 옛 저택이 있던 동광상방에 거처를 정하였는데 이는 여전히 자기가 왕희지의 후예임을 표명한 것이다. 그러므로 '동광방은 곧 공의 옛 저택으로서 발상에 유래가 있고 조두(제기)가 법도에 맞았으며, 고상한 도덕과 높은 행실로'라고 하였던 것이다.

소흥의 지부 퉁진이 중간에서 도움을 주어 양명은 동광상방의 이 왕씨 옛 부지를 선정하여서 소흥의 새 거처가 아주 빨리 완공되었는데 늦가을에서 초겨울 즈음이었다. 양명이 동광상방의 새 거처로 이사한 뒤 곧바로 이어서 한 일은 회계산에서 도인수련導引修煉을 할 동천을 찾는 것이었다. 그는 한시도 지체하지 않고 늦겨울에 여러 차례 큰 눈을 무릅쓰고 얼어붙은 돌길을 밟으며 산을 올라서 마침내 수련을 할 만한 동천복지, 곧 양명동을 찾아냈다.

나중에 그는 「내우산설도부來雨山雪圖賦」에서 자기가 여러 차례 온 하늘 가득한 바람과 눈을 무릅쓰고 양명동을 찾아낸 일을 다음과 같이 묘사하였다.[56]

---

55 『가경산음현지嘉慶山陰縣志』 권21 「단묘壇廟」.

56 『왕양명전집』 권29 「내우산설도부來雨山雪圖賦」. '내우산來雨山'은 '내량산來兩山'을 잘못 쓴 것이다.

왕년에 회계산에 큰 눈이 와서	昔年大雪會稽山
나는 돌아다니다 그 사이에서 노닐었다	我時放迹遊其間
바위와 바위굴이 모두 제 빛깔을 잃었고	巖岫皆失色
벼랑과 골짜기가 함께 모습이 바뀌었다	崖壑俱改顔
높은 고개를 두루 넘고 깊은 숲속으로 들어가니	歷高林兮入深巒
은당과 보독*이 빽빽이 둘렀다	銀幢寶纛森圍圜
긴 모와 날카로운 극은 흰 이빨을 드러내어서	長矛利戟白齒齒
간담이 서늘하도록 놀라운데	駭心慄膽
마치 맹수가 지키는 겹겹한 관문이라도 뚫을 듯하였다	如穿虎豹之重關
산골짜기와 시내는 눈에 묻혀서 분간을 할 수 없고	澗溪埋沒不可辨
낙락장송의 끝	長松之梢
쭉쭉 뻗은 대나무 아래에서	修竹之下
때때로 차가운 물소리가 잔잔히 들려왔다	時聞寒溜聲潺潺
가파른 산들이 하늘에 이어졌고	沓嶂連天
상고대가 납처럼 하얗게 엉겼다	凝華積鉛
삐쭉삐쭉 깎아지른 듯하고	嵯峨斬削
드넓고 넓어서 끝이 없고	浩蕩無顚
가파르고 깊어서 눈앞이 아찔하여 넘어질 듯하였다	嶙峋眩耀勢欲倒
계곡을 돌고 길을 꺾어들자	溪回路轉
갑자기 벼랑이 나타나서	忽然當之
멈춰 선 채 바라보며 앞으로 나아갈 수 없었다	却立仰視不敢前
음푹한 동굴에서 폭포가	嵌竇飛瀑
홀연 쏟아져 내렸다	忽然中瀉
얼어붙은 돌 비탈길은 험준하여서	冰磴崚嶒

위로 하늘의 빈틈으로 통했다   上通天罅

마른 등과 묵은 칡넝쿨이 크고 작은 바위에 의지하여 높이 휘감고 있었는데

                     枯藤古葛倚巖數而高掛

마치 메마른 교룡과 늙은 이무기가 똬리를 틀고   如瘦蛟老螭之蟠糾

허물을 벗고 뼈대를 바꿔 승화할 듯하였다   脫皮換骨而將化

손을 들어 더위잡고 당기니 발은 둘 곳이 없고   擧手攀援足未定

비늘이 어지러이 떨어지는 듯하였다   鱗甲紛紛而亂下

간신히 발을 딛고 구불구불 용틀임하는 절벽을 오르며   側足登龍虯

귀 기울이고 몸 굽혀서 들으니 쏴쏴 오싹한 소리 들려왔다

                  傾耳俯聽寒籟之颼颼

조심조심 바람을 받으며   陸風蹀躞

하늘과 맞닿은 아득한 곳에서   直際縹緲

아찔하게 가장 높은 꼭대기까지 이르렀다   恍惚最高之上頭

바로 신선의 도읍이요 옥황상제의 서울이라   乃是仙都玉京

가운데에는 상제가 노니는 서른여섯 요궁이 있고

                 中有上帝遨遊之三十六瑤宮

옆에는 옥비가 파사무를 추는 열두 경루가 있었다

               傍有玉妃舞婆娑十二層之瓊樓

아래로 인간세상과 얼마나 떨어졌는지 모르겠지만   下隔人世知幾許

진경에서는 아래로 털끝도 비춰볼 수 있을 터이나   眞境倒照見毛髮

보통사람은 높고 추워서 오래 머물 수 없었다   凡骨高寒難久留

돌연 긴 한숨이 나오고   劃然長嘯

천상의 꽃이 공중에서 떨어진다   天花墜空

흰 병풍이 둘러쳐진 사이에 앉으니 싫증이 나지 않고   素屛縞障坐不厭

옥 같은 숲과 구슬 같은 나무는 영롱하게 보인다　　　　琪林珠樹窺玲瓏

흰 사슴이 와서 골짜기 물을 마시니　　　　　　　　　白鹿來飮澗

잡아타고서 수많은 봉우리 아래로 내려간다　　　　　騎之下千峯

외로운 원숭이와 한 맺힌 학이 마침 한 차례 우는데　　寡猿怨鶴時一唳

흡사 깊은 골짜기 낮은 곳에서 짝을 불러서　　　　　彷佛深谷之底呼其侶

끝없이 먼 바깥으로 다투어 달려가 빽빽하게 진을 쳐서 하늘 바람을 밀어

내는 듯하였다　　　　　　　　　　蒼茫之外爭行麾陣排天風

감호의 끝없이 뒤척이는 물결에 추위는 싸늘하고　　鑑湖萬頃寒濛濛

양 소매를 떨쳐서 호수 위 구름을 걷어내고　　　　雙袖拂開湖上雲

비춰보니 내 수염과 눈썹은 홀연 허옇게 새어서 노쇠한 노인이로세

　　　　　　　　　　　　　照我鬚眉忽然皓白成衰翁

손으로 호수 물을 움켜서 두 눈을 씻고　　　　　手掬湖水洗雙眼

뭇 산을 돌아보니 수많은 하얀 연꽃이 피어 있는 듯하였다

　　　　　　　　　　　　　回看群山萬朶玉芙蓉

짚자리 부들 휘장에 골풀과 쑥은 푸르고　　　　　草團蒲帳靑莎蓬

소리 높여 노래하며 밤에 호수 동쪽에서 잤다　　　浩歌夜宿湖水東

몽혼은 말똥말똥하여 잠들지 못하고　　　　　　夢魂淸徹不得寐

하늘을 우러르고 땅을 굽어보니 참으로 얼음 항아리 속에 있는 듯하였다

　　　　　　　　　　　　　乾坤俯仰眞在冰壺中

……

● 은당은 시신을 매장할 때 쓰는 의장용 흰 깃발이고, 보독은 황제가 출행할 때 수레에 세우는 깃발이다.

양명이 어째서 추운 겨울에 맹렬한 바람과 눈, 얼어붙어 미끄러운 돌 비
탈길의 위험을 무릅쓰고 여러 차례 회계산을 오르려고 했는지 유일하게 해석

할 수 있는 까닭은 바로 그가 산에 올라 수련할 수 있는 양명동을 찾고 아울러 그곳에서 정좌, 행기, 도인의 수련을 하려고 했다는 데 있다. 유선부遊仙賦 필법으로 써내려간 이 부는 실제로는 양명이 산에서 노닐며 양명동을 찾아낸 일을 읊은 글이었다.

원래 소흥의 회계산은 둘레가 350리이며 '신선과 성인과 하늘과 사람이 함께 모이는 장소(仙聖天人都會之所)'인 도가의 제11 동천洞天, 통칭 '양명동천陽明洞天'으로서 산중에는 서른여섯의 동천복지가 있는데 양명동은 바로 그 가운데 하나였다. 양명의 부에서 말하는 '서른여섯 요궁'은 바로 양명동을 포함하고 있는데, 이 구절은 양명이 폭설을 무릅쓰고 산에 올라 양명동을 찾은 소식을 넌지시 드러낸다. 양명동의 방위는 전덕홍의 말로는 "동洞은 월성越城 동남쪽 20리 떨어져 있다."[57]고 하였다.

『만력소흥부지萬曆紹興府志』에서는 양명동의 소재를 다음과 같이 고증하여 비정하였다.

회계 양명동은 완위산宛委山에 있다. 동은 거석 하나로 이루어졌는데 가운데에 틈이 있으며 용서궁 옆에 길게 잇닿아 있다(長衵龍瑞宮旁).
● 옛 경전 : 도가의 제11 동천인데 일명 '극현태원지천極玄太元之天'이라고 한다.
●『구산백옥상경龜山白玉上經』: 회계산은 둘레가 350리이며 양명동천이라고 일컫는데 모두 신선과 성인과 하늘과 사람이 함께 모이는 곳으로서 곧 제11 동천이니 이는 회계 여러 산의 통칭이며 다만 이 돌 틈만을 가리키는 것은 아니다. 돌의 이름은 비래석飛來石인데 위에는 당송 명현名賢의 제명

---

57 『왕양명전집』 권33 「연보」 1.

題名이 있다. …… 명 때 신건 왕수인이 형부주사를 사직하고 돌아왔을 때 동 옆에 초막을 지었다. 이로써 이름을 삼았다. 지금 옛터가 아직 있다.[58]

회계 용서궁은 완위산 아래에 있다. 그 옆은 양명동천이다. …… 궁은 회계산 남쪽에 있는데 높은 산봉우리가 푸른빛이며 그 동남쪽에 봉우리 하나가 우뚝 치솟았다. 위는 숫돌처럼 평평하며 '묘룡상승대苗龍上昇臺'라고 불린다.[59]

사실 양명동은 원래는 이보다 더 컸다. 송대 서천우徐天祐(1262, 진사)의 시에서 "어느 해던가, 과아가 신령한 돌을 가져다 둔 때가? 구름 깊은 동혈을 벽라가 막고 있네. 천 그루 큰 나무가 해를 가리니, 밝은 때는 적고 어두운 때가 많아라(何年靈石措夯娥, 洞穴雲深鎖碧蘿. 巨木千章陰翳日, 陽明時少晦時多)"[60]라고 하였다. 양명은 양명동을 찾은 뒤 즉시 동 안에 방을 꾸미고 정좌 수련을 하는 장소로 삼았다.

실제로 양명동은 용서궁과 하나로 되어 있는데, 이른바 "용서궁 옆에 길게 잇닿아 있다"라는 말은 양명동이 용서궁에 속해 있기 때문이다. 그래서 옛사람이 유람하러 오면 모두 양명동과 용서궁을 아울러 제題하였다. 당대 사람 손막孫邈은 「심룡서尋龍瑞」라는 시에서 "신선의 동굴에서 남긴 자취를 찾아 …… 고깃배는 불 밝히고 황금빛 동굴을 노래하고, 강비는 푸른 방에서

---

58 『만력소흥부지』 권6 「동洞」.

59 『만력소흥부지』 권22 「궁宮」.

60 『만력소흥부지』 권6 「동」.

춤을 추네(仙穴尋遺迹 …… 漁火歌金洞, 江妃舞翠房)"[61]라고 하였고, 원대의 양중홍楊仲弘(양재楊載, 1271~1323)도 그가 지은 시에서 "의관을 갖춘 사람에게 양명동은 길이 닫혔고, 밤에는 컴컴한 바위에서 귀신의 곡성이 들리네. 보배 같은 궁궐 이름은 용서, 사람의 꾀가 아니라 하늘이 만들고 땅이 설치한 것이라네(衣冠永閉陽明洞, 夜聞鬼哭巖之幽. 珠宮貝闕號龍瑞, 天造地設非人謀)"[62]라고 하였다. 나중에 양명의 문인 제자들이 양명동에 와서 배움을 묻고 가르침을 받을 때 실제로 양명은 언제나 용서궁에 이들을 모아서 도를 강론하였다.

양명이 도인을 수련하는 장소로 양명동을 선택한 까닭은 '양명陽明'이라는 동 이름이 바로 윤 산인의 '수정탑자水晶塔子'와 같이 몸과 마음 모두가 투명해지는 진공련형법 수련 사상과 딱 들어맞았기 때문이다. 도교에서 말하는 '양명(*양명자陽明子)'은 외단 수련에서는 본래 '수은(汞)'을 가리키는데 '태양太陽'이라고도 한다. 또한 내단 수련에서 '양명'은 '양신陽神', '순양純陽', '대명大明'이라고도 한다. 양신은 또 원신元神이라고도 하며, 수련을 하여서 신神·정精·기炁를 응결하여 태를 맺는 것을 말하는데, (양명을 이루면) 선지先知, 요감遙感, 타심통他心通의 신통한 경계가 나타날 뿐만 아니라 또한 신의 경지에 이르러서 태허와 같은 몸이 될 수 있다.

이것은 바로 윤 진인이 말한 '결태과원성성'의 수련으로서 그는 이것을 '대명'의 수련 경계라 일컬었다. 그가 『성명규지』의 첫머리에서 "번쩍거리는 빛은 땅에서 피어나고 써늘한 기운은 하늘에서 나온다. 나는 너로 하여금 크게 밝은 것(태양)의 위로 올라가게 한다."[63]라고 말한 것이다. '대명'과 '양명'

---

61 『만력소흥부지』 권22 「궁」.

62 『만력소흥부지』 권6 「동」.

63 『성명규지』 원집 「대도설」.

은 완전히 통하는데 이것이 바로 양명이 양명동을 선택하여서 진공련형법 수
련을 행한 진실한 원인이다. 그러므로 그는 양명동을 선정한 뒤 곧 스스로
'양명산인陽明山人'이라는 호를 지었다. 곧 수련을 하여서 '수정탑'처럼 몸과
마음이 투명해지고 허공과 한 몸이 되는 양명자가 되기 위해 윤 산인을 받들
어 동에서 정좌하여 그윽하고 어두운 곳으로 들어가는 수련을 시작하였음을
나타낸다.

　홍치 11년(1498) 내내 그는 주로 산속 양명동에서 행기와 도인수련에 깊
이 빠져 있었다. 봄 2월에 그는 회계의 도를 지닌 선비 육상 등과 진망산秦望
山·운문산雲門山·아미산峨嵋山 등을 유람하였다. 진망산에서 그는 산의 절벽
에 쓰여 있는 육유陸游(1125~1210)의 시 「취서진망산석벽醉書秦望山石壁」에 화
답하여 「진망산 절벽의 운에 화답하다(秦望山和壁間韻)」 한 편을 지었다.[64]

진망산은 수많은 산에서 단연 돋보이지	秦望獨出萬山雄
뒤얽힌 좁은 길이 창공에 서려 있네	縈紆鳥道盤蒼空
흘날리는 샘물줄기는 벽옥을 쏟아내고	飛泉百道瀉碧玉
깎아지른 천 길 푸른 절벽은 녹슨 구리 같네	翠壁千仞削古銅
오래 비 내리다 문득 개니 참으로 기쁜데	久雨忽晴眞可喜
산신령이 나에게 어찌 공연히 그러겠나!	山靈於我豈無以
처음엔 구름 속 걸어 들어가는 줄 알았는데	初疑步入畵圖中
나도 몰래 몸이 푸른 하늘 속에 있네	豈知身在靑霄裏
봉래산은 아득히 몇만 겹인가!	蓬島茫茫幾萬重
이곳에서 조룡(진시황)이 바라보았다고 한다네	此地猶傳望祖龍

---

64 「운문지략雲門志略」 권5 「진망산화벽간운秦望山和壁間韻」.

신선의 배는 한번 간 뒤 끝내 돌아오지 않고   仙舟一去竟不返

동강난 비석은 천고에 종적이 없어졌네   斷碑千古原無踪

북으로 회계산 바라보며 우임금 자취를 그리고   北望稽山懷禹迹

진시황의 부끄러운 안색을 탄식하네   却嘆秦皇爲愧色

지는 해 쓸쓸한 바람에 늦은 근심을 맺고   落日凄風結晚愁

몰려가는 구름은 푸른 봄 호수를 반나마 가렸네   歸雲半掩春湖碧

봉우리 꼭대기 돌을 훔치고 잠을 자려니   便欲峰頭拂石眠

옛일을 슬퍼하고 오늘을 아파하여 더욱 망연해지네   弔古傷今益惘然

장경(사마상여)은 이세를 슬퍼할 겨를도 없었고   未暇長卿哀二世

소 군(소식)은 관해편을 엮었네   且續蘇君觀海篇

길게 휘파람 불며 돌아오니 햇빛은 점점 급해지고   長嘯歸來景漸促

산새와 산꽃은 다 읊지를 못하네   山鳥山花吟不足

밤 깊어 비바람 찬 시내를 건너와서   夜深風雨過溪來

작은 침상 차가운 등불 아래 승방에 누웠네   小榻寒燈臥僧屋

육상도 양명의 시에 화답하는 시 한 수를 지었다.[65]

진망산에 올라 양명의 운을 따서 짓다   登秦望次陽明韻

회계 산수는 동남에서 으뜸   會稽山水東南勝

진망산 험한 봉우리 창공을 찌르네   秦望崒嵂摩蒼空

동부의 신령한 빛은 붉은 구렁에 가렸고   洞府靈光翳丹壑

---

65 『운문지략』 권5 「등진망차양명운登秦望次陽明韻」.

감호에 그림자가 청동거울처럼 걸렸네	鑑湖高影懸青銅
산꽃은 유람하는 사람을 보고 기뻐하는 듯	山花似見遊人喜
속세의 기틀을 벗어남은 진실로 까닭이 있네	脫略塵機良有以
시냇가 여인은 연꽃 속에서 노래하고	溪女曾歌菡萏中
신선은 다만 노을 속에 있네	仙人祇在煙霞裏
절벽에 구름 걷히니 비단으로 수놓은 듯하고	絶壁雲開錦繡重
깎아지른 벼랑에 늙은 나무는 규룡으로 서려 있네	懸崖古樹蟠虯龍
진시황 비석은 묻혀서 보이지 않고	秦碑埋沒不可見
이끼 낀 바위에는 새겨진 기이한 자취 남아 있네	自鐫苔石留奇踪
바다를 바라보던 자리 해묵은 흔적이 있고	可憐望海成陳迹
예나 오늘이나 구름 낀 산은 검푸르네	今古雲山空黛色
봉래산 어디쯤 금자라가 우뚝 솟았나!	蓬萊何處矗金鰲
망망한 푸른 하늘과 바다를 보며 한 차례 웃네	一笑茫茫海天碧
소나무 꼭대기 흰 학은 아직 잠들지 않고	松顚白鶴猶未眠
아무도 없는 산에서 근심에 잠겼네	空山無人思悄然
평범한 몸이라고 머무를 수 없으랴?	不知凡骨未可住
촌 노인 나를 불러 귀거래사를 읊으라 하네	野翁招我歸來篇
검은 구름 비를 띠어 재촉하는 듯하고	暝雲帶雨如相促
수많은 골짜기와 바위는 다 찾지 못하겠네	萬壑千巖探未足
자초 캐는 사람 은근히 말하기를	殷勤儔語採紫人
어찌 숲속에서만 신선을 찾는가 하네	豈必求仙向林屋

육상의 시에서 "동부의 신령한 빛은 붉은 구렁에 가렸고"라고 한 구절은
양명동을 가리킨다. 진망산·운문산·아미산은 모두 소흥성 남쪽에 있으므로

이로 미루어보아 양명이 육상 등과 함께 양명동에서 산을 유람하고 신선을 찾는 행적을 시작했음을 유추해볼 수 있다. 양명의 시에서 말하는 "소 군(소식)은 관해편을 엮었네"라고 한 구절은 소동파의 「관해觀海」, 「해상서회海上書懷」, 「등주해시登州海市」 등의 시를 가리키는데, 신선을 추구하고 도를 터득한 소동파를 흠모하는 정을 나타낸다. 양명은 바다에 배를 띄워 신선을 찾고 장생을 추구한 진시황의 미망을 비판하면서 역시 자기가 양명동에서 정좌하고 도인을 통해 신령한 빛을 수련하는 것을 긍정한다.

아미산을 오르고 운문산을 경유하여 돌아올 때 양명은 또 시 한 수를 지었다.[66]

아미를 오르고 운문을 경유하여 돌아오다	登峨嵋歸經雲門
바쁘게 한 해를 보내면서	一年忙裏過
몇 번이나 꿈속에서 노닐었던가!	幾度夢中遊
원량(도연명)이 아님을 알고 있는데	自覺非元亮
어찌 혜휴의 재능을 얻겠는가?	何曾得惠休
어지러운 등나무는 시냇가 집을 휘감고	亂藤溪屋遶
여린 풀은 돌을 두른 연못에 그윽하네	細草石池幽
머리 돌리니 모두 옛 자취라	回首俱陳迹
고향을 말하려 애쓰지 말게	無勞說故丘

운문산도 불교의 성스러운 산이다. 『가태회계지嘉泰會稽志』의 기록에 따

---

66 『운문지략』 권5 「등아미귀경운문登峨嵋歸經雲門」.

르면 진晉 의희義熙 2년(406), 중서령中書令 왕자경王子敬(왕헌지王獻之, 344~386)이 이 산속에 거처하였는데 오색 상서로운 구름이 나타나는 것을 보고서 진의 황제가 곧 조서를 내려서 절을 짓고 이 절을 '운문사雲門寺'라고 명명하였다고 한다. 이로부터 운문산은 천하에 이름이 났다.

양명의 시에서 "머리 돌리니 모두 옛 자취라, 고향을 말하려 애쓰지 말게" 하는 구절의 '옛 자취'는 운문사를 가리키고 '고향'은 왕희지와 왕헌지의 옛집을 가리킨다.

양명이 이때 운문산을 유람한 일은 한편으로는 오래된 불교 사찰의 옛 자취를 탐방하려는 것이었고, 다른 한편으로는 역시 왕희지와 왕헌지의 유적을 찾아보려는 것이었다. 이는 그가 산중의 도관과 신선의 자취를 찾는 것과 일치함을 알 수 있다. 이때 산을 유람하고 도사를 방문하고 진의 자취를 바라보며 물은 일은 그로 하여금 "신선의 배는 한번 간 뒤 끝내 돌아오지 않고, 동강난 비석은 천고에 종적이 없어졌"음을 보게 하여 마음속에 "옛일을 슬퍼하고 오늘을 아파하니 더욱 망연해지는" 미망을 불러일으켰으며, 다시 남도로 가서 윤 진인을 예방하고자 하는 마음이 생겨나게 하였다.

양명은 진망산·아미산·운문산을 유람한 뒤 곧 남도로 가서 윤 산인을 만났다. 전덕홍은 『양명선생연보』에서 특별히 양명이 이 한 해에 '도사' 한 사람과 양생의 도를 담론한 일을 언급한다.

> 홍치 11년(1498) 무오戊午 …… 이해에 선생은 양생을 담론하였는데 ……
> 우연히 도사가 양생을 말하는 것을 듣고서 마침내 세상을 버리고 산으로
> 들어갈 생각을 하였다.[67]

---

67 『왕양명전집』 권33 「연보」.

이 사건에 관한 전덕홍의 말은 두루뭉술하여서 이 도사가 누구인지 알 수 없다. 당시에 양명은 이미 소흥으로 이사하였고, 양명동에서 윤 산인의 진공련형법을 수련하여서 커다란 소득이 있었던 정황으로 판단하건대, 이는 양명이 더욱 '세상을 버리고 산으로 들어가려는 뜻을 가지도록' 부추긴 '도사' 역시 윤 산인일 수밖에 없음을 한층 더 자세히 설명한다.

윤 산인은 '결태과원성성'의 수련을 양생의 수련 체계로 말하고 있기 때문에 『성명규지』의 첫 편에서 곧바로 다음과 같이 선포하였다. "포희包犧(복희伏羲)는 위대한 성인(上聖)으로서 팔괘를 그려 사람에게 보이고 만세萬世로 하여금 양생의 도가 있음을 알게 하였다."[68] 곧 '양생'은 '본원을 함양하고 명보를 구하고 지키는(涵養本源, 救護命寶)' 일이다. 이러한 양생 수련의 요결은 '정좌하여서 생각을 적게 하고 욕망을 적게 가지며 마음을 어둡게 하고, 기운을 기르고 정신을 보존하는'(*정입요명靜入窈冥)[69] 것으로서 책에는 특히 「함양본원도」가 있는데 바로 이러한 양생의 수련을 전문적으로 논술한 것이다.

양명은 3월에 길을 떠나 남도로 가던 중 가흥嘉興을 지날 때 동남에 이름을 떨친 명찰 금속사金粟寺를 방문하고 절의 벽에 시 한 수를 제하였다.[70]

금속산에 제하여 남기다   留題金粟山

홀로 높은 봉우리 올라 멀리 바라보니   獨上高峰縱遠觀

---

68 『성명규지』 원집 「대도설大道說」.

69 『성명규지』 형집 「함양본원도」.

70 『가흥부도기嘉興府圖記』 권6, 『천계해염현도경天啓海鹽縣圖經』 권3, 『금속사지金粟寺志』 「역대금속시歷代金粟詩」.

산 구름은 머물렀고 소나무는 차네	山雲不動萬松寒
노을이 푸르게 비치고 비가 막 개어서	飛霞瀉碧雨初歇
산골짜기 붉은 꽃이 떠내려가니 봄은 끝나려 하네	古澗流紅春欲闌
절로 옮겨오니 용의 굴은 작고	佛地移來龍窟小
승방을 빌려 드니 학의 둥지 넓구나	僧房高借鶴巢寬
표연히 속세를 떠났음을 문득 깨닫고	飄然便覺離塵世
만 리 장공에 날개를 떨치네	萬里長空振羽翰

이 시는 양명이 이때 길을 떠난 이유가 불교의 사찰과 도관, 위대한 승려와 고상한 도사를 심방하려 한 것임을 밝히 드러내고 있다. 그러므로 그는 가흥에서 남도에 이르러 또다시 윤 진인에게 도를 물었다. 윤 진인은 그에게 양생 수련의 도를 크게 일러주어서 양명이 '세상을 버리고 산으로 들어가려는' 수련의 신념을 한층 더 굳게 만들었다.

이때 윤 진인이 양명에게 일러준 양생 수련의 도는 양명의 사상에 중요한 영향을 미쳤는데, 전덕홍은 다음과 같이 명료하게 기록하였다.

이해(1498)에 선생은 양생을 담론하였다. 선생은 사장辭章과 예능藝能으로는 지극한 도를 통달하기 어렵다고 생각하고서 천하에 사우師友를 찾았으나 또한 자주 만나지 못하여서 마음이 허둥지둥하였다. 하루는 회옹晦翁(주희)이 송 광종宋光宗(1189~1194)에게 올린 상소를 읽었는데, "경건에 거하고 뜻을 지니는 것이 독서의 근본이며, 순서에 따라 정밀함에 이르는 것이 독서의 방법(居敬持志, 爲讀書之本. 循序致精, 爲讀書之法)"이라는 말이 있었다. 이에 지난날 비록 널리 탐구하고 토론하였으나 순서에 따라 정밀함에 나아가지 않았기 때문에 당연히 얻은 바가 없었음을 뉘우쳤다. 또한 그 순서에 따라 사색하여서 점점 깊이 이르고 젖어들었으나 사물의 이치(物理)와 내 마음(吾心)이 끝내 판연히 둘이었다. 오래도록 침울하여서 묵은 질병이 도졌으며 더욱 성현이 되는 것은 분수가 정해져 있다고 여기고서 포기하였다.[71]

원래 홍치 10년에서 11년 사이에 양명은 한편으로는 시부와 사장을 짓는 것을 배웠는데 사장의 학이 지극한 성인의 도를 통달하는 데에는 부족하다고 느꼈으며, 또 한편으로는 송대 유학자의 글을 열심히 읽었으나 이 또한 순서에 따라 정밀함에 이를 수 없어서 하나도 터득한 바가 없었기에 사물의 이치와 내 마음이 처음부터 끝까지 쪼개져서 둘임을 느꼈던 것이다. 더욱더 자기는 성현이 될 분수가 없다고 느꼈기에 불교와 노자를 좋아하는 묵은 질병이 다시 도졌고, 도사의 양생수련설을 들은 뒤 더욱 '세상을 버리고 산으로 들어가' 동굴 안에서 양생 수련하는 데 더욱 깊이 잠겨들었다.

윤 진인의 도문道門 심학은 "수많은 성인의 마음은 하나이며, 만고의 도는 하나(千聖一心, 萬古一道)"이며, "마음이 도에 있지 않은 때가 없으며 도로써 그 마음을 단련하지 않는 때가 없음"을 인정한다. 그러므로 양명은 이러한 수련이라야 사물의 이치와 내 마음이 합해서 하나가 될 수 있다고 여겼다. 그는 이미 송유의 이학理學이 사물의 이치와 내 마음을 나누어서 둘로 삼는 병폐가 있음을 예감하고서 윤 진인의 도문 심학心學에서 도움을 받아 사물의 이치와 내 마음의 이원적 분열을 극복하고자 하였다. 이는 바로 '양명산인'으로서 양명이 3년 동안 소흥으로 돌아가 거처하던 시기에 사상이 도달한 인식의 수준이었으며, 그가 사상의 인식 상에서 새로이 돌진하고 있음을 희미하게 예시하고 있다.

---

71 『왕양명전집』 권33 「연보」 1.

그러나 회시가 가까워짐에 따라 양명산인도 부득불 '세상을 버리고 산으로 들어가' 동천에서 수련하던 데서 소란하고 복잡한 현세로 돌아와야 했다. 남도에서 돌아온 뒤 그는 더욱 박차를 가하여 정·주의 글을 읽고 또한 과거 시험 준비에 몰두하였다. 8월에 조정에서는 왕화에게 명하여 순천부順天府의 향시를 주관하게 하였는데 양명에게는 과거시험에 참가하라는 신호를 보낸 셈이었다. 이때 이직易直 선생 왕곤王衮이 불행히도 세상을 떠났다. 9월, 양명은 여요로 가서 왕곤을 곡하고 제사를 지낸 뒤 즉시 겨울에 북상하여 경사로 돌아가서 이듬해의 회시를 기다렸다. 3년 동안 소흥의 숲속으로 돌아가 거처하던 '산인'의 수련 생활이 끝났다. 그는 '세상을 버리고 산으로 들어갔던' 동천 세계에서 빠져나와 다시 경사로 돌아간 '상국유'의 길을 걸었던 것이다.

3장

'상국유上國游'의 새 교향곡 악장

처음 벼슬길에 올라 도를 행하다(筮仕行道): 산에서 나와 세상으로 나아간 진취적인 길

　　홍치 12년(1499)의 회시는 과거장에 작지 않은 풍파를 일으켰다. 호과급사중戶科給事中 화창華昶(1459~1521)이 상주하여, 예위禮闈의 과거시험을 주관하는 예부우시랑禮部右侍郎 정민정程敏政(1446~1499)이 시험문제를 유출하였으며 공사貢士인 강음江陰의 서경徐經(1473~1507), 오현吳縣의 당인唐寅(1470~1524)이 뇌물을 바치고서 시험문제를 얻었다고 탄핵하였다. 과거장에서 일어난 사건으로 서경과 당인은 모두 합격이 취소되었고, 정민정은 강압적으로 벼슬에서 물러나게 하였다. 양명은 본래 회시에서 제1명第一名으로 뽑혔으나 회시의 동同 고관 서목徐穆(1467~1511)이 사사로운 마음으로 강력히 다투고 떼를 써서 양명을 제2명으로 고쳤다. 양명은 정시廷試에서 제2갑甲 진사 제6명으로 정해졌다.

　　『홍치십이년진사등과록弘治十二年進士登科錄』에는 진사에 합격한 양명을 다음과 같이 상세히 소개하고 있다.

　　왕수인. 본관은 절강 소흥부 여요현 민적民籍이다. 국자생國子生이다. 『예기』를 전공하였다. 자는 백안伯安이고, 항렬은 첫째, 나이는 28세이며, 9월

30일생이다. 증조는 걸걸傑(*국자생), 할아버지는 천서天叙(*우춘방우유덕右春坊右諭德에 증직됨), 아버지는 화華(*우춘방우유덕)이다. 어머니는 정씨鄭氏(*의인宜人에 증직됨)이며, 계모는 조씨趙氏(*의인에 봉해짐)이다. 양친이 모두 살아 있다(具慶下). 아우는 수의守義·수례守禮·수지守智·수신守信·수공守恭·수겸守謙이다. 제씨諸氏에게 장가들었다. 절강 향시의 제17명, 회시의 제2명이다.[1]

양명은 비도왕씨 가문에서 전승한 예기학禮記學에 정통하여 우수한 성적으로 진사에 합격했음을 알 수 있다. 회시의 시권은 양명이 이 시기에 유가 성현의 학문 사상에서 도달한 인식의 새로운 경지를 명료하게 반영하고 있다.

『예기』의 시권에서 양명은 실제로 정주程朱의 '이일분수理一分殊'로써 악樂과 예禮의 관계를 해설하였는데, '조화를 돈독하게 하는 악(樂者敦和)'(*같음同)과 '마땅함을 변별하는 예(禮者別宜)'(*다름異)를 '이일'과 '분수'의 관계로 간주하여서 다음과 같이 인식하였다.

또한 예와 악이 조화에 부합하는 까닭은 과연 무엇으로 알 수 있습니까? 이런 까닭으로 인온화순絪縕化醇은 조화造化의 자연스러운 화해和諧(和)이며, 바로 기가 펼쳐져서(伸) 신神이 되고 하늘이 만물을 낳는(生物) 근거입니다. 음악의 쓰임은 화해를 주로 삼아 표현되어서 감동을 일으킴에 만물을 성숙하게 하고 양육하는(亭毒) 상황에 화해를 돈독하게 함이 있으니 어찌 기의 펼침에 따라 하늘을 따르지 않겠습니까? 위아래로 다양하게 흩어지는 것은 조화의 자연스러운 질서이며 바로 기가 굽혀져서(屈) 귀鬼가 되고 땅이 만물을 완성하는(成物) 근거입니다. 예의 쓰임은 질서를 주로 삼아

---

1 『홍치십이년진사등과록弘治十二年進士登科錄』.

마름질하고 마디를 짓고 제한을 하여서 기운이 성대하게 작용하는(磅礴) 즈음에 그 마땅함(宜)을 변별함이 있으니 어찌 기가 굽혀짐을 받아들여서 땅을 따르지 않겠습니까?[2]

양명은 예와 악을 하나(一)와 나뉨(分), 같음과 다름, 화해와 마땅함의 통일 관계로 간주하여서 예와 악은 자연의 조화에서 통일되고 성인으로 말미암아 예를 제정하고 악을 창작하는 위대한 공이 완성된다고 하였다.

그래서 그는 한 걸음 더 나아가 다음과 같이 인식하였다.

예와 악이 조화에 합하는 것이 이와 같습니다. 그러므로 성인이 나타나서 자연의 화해에 따라 창작하여서 음악이 되니 무릇 오성육률五聲六律의 문채, 종조리終條理와 시조리始條理의 상호작용(相生)이나 청음과 탁음의 상응이 모두 그곳에 근본을 두고 있습니다. 어찌 한갓 보고 들음에 아름다움이 될 뿐이겠습니까! 이에 조화의 화해에 감응하여서 양陽으로 하여금 지나치게 높이(亢) 이르지 못하게 함에 만물을 생성하는 공이 하늘과 하나가 될 것입니다. 자연의 질서에 기인하여서 예를 제정하니 3300가지 규범(儀)은 혹 제도에 등급이 있고, 명물名物에 도수가 있어서 모두 그것을 본받습니다. 어찌 한갓 새기고 꾸미는 도구이겠습니까! 이에 조화의 질서에 짝하여서 음陰으로 하여금 지나치게 싸늘한 데(肅) 이르지 못하게 함에 만물을 완성하는 공이 땅과 간격이 없을 것입니다.[3]

---

2 『홍치십이년회시록弘治十二年會試錄』.

3 『홍치십이년회시록』.

예악 문화에 대한 양명의 인식은 동시대 사람들의 유가문화 사상에 대한 인식의 극치에 이른 것이라고 할 수 있다. 그러므로 동고시관同考試官 수찬修撰 유춘劉春(1459~1521)은 비평하면서 다음과 같이 칭찬하였다.

> 이 시제試題를 지은 사람은 대부분 흠명欽明을 체인하였으나 한갓 부연하
> 는 데 힘쓰고 들뜨고 쓸모없어 염증이 나는데, 이는 대체로 시대 습속의
> 폐단이다. 이 시권은 이치를 말하고 문장을 조치함이 정교하고 심오하며
> 전아하여서 그 기운이 충만하니 어찌 구구하게 모방하는 선비이겠는가![4]

더욱 주의할 만한 사실은 역시 양명의 논권論卷이다. 양명은 '군자가 중도에 서서 기대지 않는(君子中立而不倚)' 중용의 도를 논하면서 홀로 혜안을 가지고 '중도에 섬(中立)'과 '기대지 않음(不倚)', '중도를 세움(立中)'과 '중도를 지킴(守中)'을 결합하여 더욱 강조함으로써 중용의 도를 행하려면 '중도에 홀로 섬(獨立於中)' 뿐만 아니라 더욱 '용력으로 중도를 지켜야(以用力守中)' 한다고 논술하였다.

그는 다음과 같이 말한다.

> 도의 중심에 홀로 서서 힘으로 충분히 지키려면 군자의 용기(勇)가 아니고
> 서는 행할 수 없습니다. 대체로 중도는 서기가 어렵고 지키는 것은 더욱
> 어렵습니다. …… 천하의 일은 내 앞에서 어지럽고 시끄럽게 일어나지만
> (紛紜轕轊) 나의 중도는 본래 있는 것입니다. 이를 한갓 세우기만 하고 힘으
> 로 지켜내지 못한다면 여기에서 붙잡아도 저기에서 옮겨가고 앞에서 세워

---

4 『홍치십이년회시록』.

도 뒤에서 쓰러지며, 아침저녁으로 아무 일 없을 때 아껴서 지켜도 준비되지 않은 창졸간에 쓰러지고 마니, 앞에서 이른바 중(中)이란 것은 뒤를 바싹 따르지 않으면 이미 잃어버리는 것입니다. 이것이 중도에 서서 기대지 않으면 군자의 강함을 보이고 천하의 위대한 용기가 되는 까닭입니까![5]

양명은 중도를 세우고 중도를 지키려면 한편으로는 그 마음을 보존하여 길러서 중도의 본체를 세우고, 다른 한편으로는 정미함을 성찰하여서 중도의 작용을 통달해야 한다고, "군자는 익숙하게 보존하고 길러서 중도의 본체를 세움이 있고, 정밀하게 성찰하여서 중도의 작용에 이름이 있다."[6]라고 인식하였다. 중도를 세움은 인에 있고, 중도를 지킴은 용기(勇)에 있다.

그는 특별히 이러한 중도를 잡고(執中), 중도를 행하고(行中), 중도를 지키는(守中) '용기'를 강조하여서 다음과 같이 말하였다.

선택하는 수단(所以)은 지혜(智)입니다. 행하는 수단은 인(仁)입니다. 지키는 수단은 용기(勇)입니다. 용기는 지혜와 인을 완성하여서 이 중도를 지키는 수단입니다. 그러나 역시 그것에는 변별이 있어야 합니다. 남방의 강함은 중도에 미치지 못합니다. 북방의 강함은 중도에서 지나칩니다. 오직 조화(調和)를 이루어서 흐르지 않고 중도에 서서 기울지 않으며, 나라에 도가 있건 없건 변하지 않음이 군자의 강함이니 대체로 중용은 불가능하다는 것입니다. 공자는 자로가 강함을 묻자 이렇게 일러서 혈기의 굳셈을 억누르고 덕

---

5 『홍치십이년회시록』.

6 『홍치십이년회시록』.

과 의리에 용감하게 나아가게 하였던 것입니다.[7]

양명은 중도에 서서 기울지 않고, 인으로 중도를 세우며, 용기로 중도를 지키는 인하고 용감한 군자의 모습을 빚어냈는데, 그 스스로 나중의 일생 행위에 모두 이러한 인하고 용감하며 중도를 행하는 무외無畏의 정신을 관철하였던 것이다.

이러한 중도를 행하는 인과 용기의 정신은 고관들 모두에게 인정(賞識)을 받았다. 동고시관 급사중 임정옥林廷玉(1454~1532)은 다음과 같이 비평하였다. "이 편은 의론이 흉중에서 도도하게 흘러나온 것으로서 의식意識을 거치지 않은 것 같지만 또한 이치가 정밀하고 깊으며 표현과 내용(言辭)이 깊고 두터우니 세속을 벗어난 기운(氣息)이다. 아! 나는 여기서 그대가 기른 바를 알겠다."

고시관 대학사 이동양李東陽은 다음과 같이 비평하였다. "이 편에서는 이치를 진실하고 절실하게 보았으며 말의 꾸밈이 조리 있고 유창하니 역시 어찌 그 사이에 열고 합치고(開合) 일어나고 엎드림(起伏)이 없겠는가마는 끝내 법도(繩準)의 바깥을 벗어나지 않았으니 학문을 논하는 사람으로 볼 수 있을 것이다."

고시관 학사 정민정은 심지어 다음과 같이 말하였다. "홀연 이 시권을 얻으니 말의 기운이 마치 산에서 물이 솟아나오는 것 같으며 의리가 그것을 좇아서 나오니 기복起伏이 있고 귀숙歸宿이 있어서 풍부하되 씩씩하며 요약하되 명료하여서 읽으면 단숨에 끝까지 읽을 듯하다. 사방에 전하여 외우게 한

---

7 『홍치십이년회시록』.

다면 문체文體가 장차 일변할 것이다!"[8]

이 진사 회시에서 조정은 사람을 더욱 성대하게 많이 얻었다. 양명은 일대 시인이며 문사로서 재능과 명성이 이삭이 패듯이 두드러져서(脫穎而出) 사람의 주목을 끌었고, 조정의 공경과 사대부도 이 인하고 용감하게 중도를 행하는 신과新科 진사를 더욱 우대하였다.

3월에 양명이 과거에 합격하고 소흥의 고향으로 영예롭게 돌아왔을 때 한림편수 황순黃珣(1447~1514)은 시를 지어서 그를 찬양하였다.[9]

동년 조카 왕백안의 과거 합격을 축하하다	賀年侄王伯安登第
내 동년(왕화)의 장원을 부러워했는데	羨我同年老狀頭
현랑의 이름과 지위 그와 서로 맞갖네	賢郎名位頗相侔
용산의 아름다운 기운 거듭 내보이고	龍山佳氣重重見
순임금 은혜로운 물결 출렁출렁 흐르네	舜水恩波滾滾流
맛을 내는 산사와 배는 같은 솥에 넣고	調味查梨同入鼎
가래나무 다리로 내를 건너고 배를 타네	濟川橋梓共爲舟
도를 다하여 합격한 즐거움 누리는 것을 봄에	相看盡道登科樂
도리어 낭묘의 근심을 짊어지겠네	却合同擔廊廟憂

한림수찬翰林修撰 모기毛紀(1463~1545)도 시 한 수를 지어서 칭송하였다.[10]

---

8 『홍치십이년회시록』.

9 『요강일시姚江逸詩』 권5 「하년질왕백안등제賀年侄王伯安登第」.

10 『오봉류고鰲峰類稿』 권21 「송왕백안남환送王伯安南還」.

남쪽으로 돌아가는 왕백안을 보내며 　　　　　　　　　送王伯安南還

문단에 일찌감치 명성을 날려서　　　　　　　　　　　　一代騷壇早著聲

이 시대 사람들 모두 자안(왕발)의 이름을 안다네　　　　時人盡識子安名

고향 땅은 우혈에 가까이 있어 뛰어난 승경을 유람하고　地臨禹穴遊偏勝

구름 근처 용루에 꿈만 홀로 맑네　　　　　　　　　　　雲近龍樓夢獨淸

백년 묵은 홰나무 그늘이 두텁고　　　　　　　　　　　槐樹百年重世蔭

계수나무 향기는 이월 봄을 맞은 성에 가득하네　　　　桂香二月滿春城

장정에서 한번 웃음에 그윽한 감회가 있으니　　　　　長亭一笑幽懷在

하늘과 땅이 이 사람을 저버릴 리 없으리　　　　　　　未信乾坤負此生

　양명은 소단騷壇의 '왕발王勃'(650~676)이라는 일대 재자시인才子詩人으로
금의환향하였다. 5월에 이르러 그는 소흥의 집안일을 모두 처리한 뒤 경사로
돌아갔다. 조정이 그에게 관정공부觀政工部를 명하여 둔전 청리사屯田淸吏司
밑에서 실습하고 일을 시험해보게 함으로써 그는 벼슬길에 첫걸음을 내딛었
으며 또다시 '상국유'의 교향악을 주고받기 시작하였다.

　양명은 제일 먼저 나흠순羅欽順(1465~1547)·나흠덕羅欽德(1472~1550) 형제
와 친교를 맺었다. 나흠순은 이해 2월 다시 조정에 나아가 국자조교國子助敎
에 기복起復되었으며, 나흠덕도 이해에 진사에 합격하고(*양명과 동년) 서울로
들어가서 나흠순과 함께 거주하였다. 두 사람은 양명과 함께 강학하고 수창
酬唱하는 주요 인물이 되었다. 훗날 나흠순은 「송왕백안입조送王伯安入朝」에
서 추억하여 읊기를 "불등 앞에서 술잔 돌리며 구절을 엮었는데, 구름처럼 흩
어지고 바람처럼 흐르기를 어느새 십 년(卮爐聯句佛燈前, 雲散風流頓十年)"이라

고 하였다.[11] 아울러 「제대사마왕양명선생문祭大司馬王陽明先生文」에서는 "아우와 형이 일찍 풍모를 흠모하여서 대대로 교유하였으며, 기질과 취미가 같았습니다. 관저官邸에서 글을 논함에 술잔에 술이 남아 있지 않았습니다."[12] 라고 하였다.

5월 17일은 잠岑 태부인의 80수 탄신일이어서 왕화는 성대한 축수祝壽의 경사스러운 잔치를 벌였다. 손님이 구름처럼 찾아와서 축하하였다. 이 손님들은 모두 양명이 경사에서 '상국유'를 함께한 공경 사대부들이었다. 왕화는 잠 태부인의 장수를 축하하는 잔치를 양명의 영예로운 금방金榜과 결합하여서 함께 열었는데, 이 일은 일시에 도하都下를 뒤흔들었다.

한림수찬 유춘은 「수왕모잠부인팔십서壽王母岑夫人八十序」에서 다음과 같이 말하였다.

이날, 공경에서부터 그 이하 선생을 아는 사람은 저마다 부인의 장수를 위해 예를 거행하였고, 비단 인끈을 차고 구슬 달린 깃을 꽂은 벼슬아치(錦紱珠翟)가 집과 방(堂室)을 가득 채웠으며, 관악기와 현악기 소리가 서로 어우러지고(琴瑟) 떠들썩하게 거리와 골목에 넘쳤으니 한때 성대한 일로서 견줄 데가 드물었다.[13]

그는 또 축하 시 한 수를 지었다.[14]

---

11 『정암존고整菴存稿』 권17 「송왕백안입조送王伯安入朝」.

12 「정암이력기整庵履歷記」, 『곤지기困知記』 부록에 보인다.

13 『동천유문간공집東川劉文簡公集』 권12 「수왕모잠부인팔십서壽王母岑夫人八十序」.

14 『동천유문간공집』 권23 「수왕태부인장원모壽王太夫人狀元母」.

장원의 모친 왕 태부인의 수연　　　　　　壽王太夫人狀元母

서울 서쪽에 악기소리 들썩이고　　　　　禁城西去管絃諠
붉은빛 자줏빛 어지러이 문을 들렀네　　朱紫紛紛欲塞門
함께 모친을 위해 장수를 기뻐하며　　　共爲慈闈稱壽喜
복 많은 이력을 사람들에게 논하네　　　謾得福履向人論
아들이 바야흐로 천하에 장원을 하였는데　大魁天下方推子
연래에 또 갑방에 불은 손자를 축하하네　甲榜年來又賀孫
백발이 다시 검어짐을 이상하게 보지 말라　白髮怪看常轉黑
이름난 사내 은혜 입지 않은 날이 없었네　名郞無日不承恩

한림편수 오엄吳儼(1457~1519)도 축하 시 한 수를 지었다.[15]

덕휘 모친 아무 태부인의 수연에　　　　壽德輝母某太夫人

근래 왕씨 모친 어디에 거처를 정하셨나　近時王母定何居
서왕모 요지 아니라 옥황상제 서울이라네　不在瑤池在帝都
섬돌 아래 부엌에서는 기린으로 포를 뜨고　階下行廚麟作脯
악곡의 새 악보는 봉과 추를 노래하네　　曲中新譜鳳將雛
(이때 덕휘와 아들 수인이 모두 조정에 있었다)　(時德輝與其子守仁皆在朝)
붉은 얼굴은 석류꽃으로 장식할 나위 없고　紅顏不假榴花映
씩씩한 걸음은 대지팡이 짚을 필요 없네　健步何須竹杖扶

---

15 『오문숙적고吳文肅摘稿』 권2 「수덕휘모모태부인壽德輝母某太夫人」.

자손의 효도와 나라의 은혜는 하늘이 빌려준 것 　　　愛日恩光天假貸

예부의 관리 강론을 멈추고 즐거운 잔치를 돕네 　　　青官報講助歡娛

　새 악보는 봉과 추를 노래하는데 새끼 봉이 늙은 봉보다 소리가 맑다. 양
명은 경사에서 과거에 진사로 합격한 이후 과거시험 공부(場屋擧業)의 속박에
서 벗어나 사상의 자유로운 방일, 얽매이지 않은 독립(獨立不羈)의 경계에 들
어갔으며, 시인의 영혼은 해탈을 얻었고 억압되었던 시정詩情은 폭발적으로
표출되어서 '전칠자前七子', '다릉파茶陵派'와 함께 시부와 사장으로 경쟁하며
노래하는 '상국유'의 새로운 장을 펼쳤다.

　이몽양李夢陽은 「조정창화시발朝正唱和詩跋」에서 홍치 연간(1488~1505) 이
래 경사에서 일어난, 시가를 주고받는 기상을 다음과 같이 말하였다.

　　시를 주고받기(唱和)로는 홍치 때보다 성한 적이 없었다. 대체로 고학古學이

　　점차 일어나서 선비들이 성대하게 빛나고 빛났으니(彬彬) 이는 한차례 운

　　수가 모인 것이었다. 나는 이때 낭서郎署에 근무하고 있었는데 더불어 창

　　화한 사람으로는 양주揚州의 저정부儲靜夫(저권儲罐, 1457~1513)·조숙명趙叔

　　鳴(조학린趙學鱗, 1496, 진사), 무석撫錫의 전세은錢世恩(전영錢榮, 1493, 진사)·진가

　　언陳嘉言(1432~?)·진국성秦國聲(진금秦金, 1467~1544), 태원太原의 교희대喬希

　　大(교우喬宇, 1464, 진사), 의흥宜興의 항씨杭氏(항제杭濟, 1452~1534) 형제, 침

　　郴(湖南)의 이이교李貽敎(이영부李永敷, 1496, 진사)·하자원何子元(하맹춘何孟春,

　　1474~1536), 자계慈溪의 양명보楊名父(양자기楊子器, 1458~1513), 여요의 왕백

　　안(왕수인), 제남濟南의 변정실邊廷實(변공邊貢, 1476~1532) 등이었고, 그 뒤로

　　또 단양丹陽의 은문제殷文濟(은오殷鏊, 1502, 진사), 소주蘇州의 도현경都玄敬

　　(도목都穆, 1458~1525)·서창곡徐昌穀(서정경徐禎卿, 1479~1511), 신양信陽의 하

중묵何仲黙(하경명何景明, 1483~1521) 등이었다. 남도에서 고화옥顧華玉(고린顧璘, 1476~1545)·주승지朱升之(주응등朱應登, 1477~1526)는 더욱 친밀하였다. 한림에 있던 사람들은 그 수가 많아서 모두 언급하지 않는다. 정덕 정묘년(1507)의 변란에 진신縉紳이 참혹한 재앙을 입었다. 이에 비로소 선비들이 모두 말을 꺼리며 발걸음을 무겁게 하고 숨을 죽이며 전에 시를 주고받던 사람들도 저마다 표연히 부평초처럼 흩어졌다.[16]

양명은 명성과 영예가 불쑥 일어난 당대의 '왕발'로서 홍치 연간에 경사의 여러 시인들이 참여한 시가 창화의 한복판으로 뛰어들었다. 그는 이동양·이몽양·하경명·고린·서정경·변공·교우·왕준汪俊(1493, 회원會元)·소보邵寶(1460~1527) 등의 유명 시인과 시를 주고받으며 어울리면서 홍치 시단에서 활약한 인물이 되었다. 나중에 그는 경사에서 쓴 시문을 엮어서 『상국유』를 편집하였다.

전덕홍은 「상국유고서上國遊稿序」에서 『상국유』의 편집 원고에 대해 다음과 같이 말하였다.

이 두루마리는 스승이 홍치 초년, 벼슬길에 나아가기 시작했을 때 지은 글인데 스스로 그 원고의 제호를 『상국유』라 하였다. 내(洪)가 스승의 기록을 모아 신사辛巳(1521) 이후부터의 문자를 정리해서 『정록正錄』이라 하였으며, 이전의 문자는 겸하여 모아서 『외집外集』이라 하였으나 모두 수록하지는 않았다.

스승의 학문은 양명동에서 고요함에 들어갔고(靜入), 용장에서 깨달음을

---

16 『공동집空同集』 권59 「조정창화시발朝正唱和詩跋」.

얻었으며(得悟), 영번寧藩(영왕寧王 주신호朱宸濠)을 정벌할 때 크게 통철하였다(大徹). 많은 어려움을 겪으면서 근심이 깊어졌고 마음을 뒤흔들고 성품을 인내함(動忍)이 더욱 늘어났으며 학문을 통철할수록 가르침을 세우는 것이 더욱 간단하고 쉬웠다. 그러므로 일체 주고받은 여러 작품이 많이 수록되지 않았다.

이 두루마리는 오랫동안 낡은 누각의 흩어진 원고 사이에 묻혀 있었던 것인데, 이에 『속록續錄』으로 판각하여서 다시 검토하고 읽어보았다. 그러고서 스승의 타고난 품성은 깨달음이 빨라서 마치 옥이 원석을 가공함에 아직 다듬지 않아도 은은히 안에서 광채가 나는 것과 같음을 알았다. 이어서 스승의 품성이 일찍 지혜를 얻어서 전적으로 학문에 공을 들이지는 않았으나 조예가 깊어짐에 따라 당연히 이와 같은 경지에 이른 것이라 감탄하였다.

가령 배우는 사람이 지혜는 스승에 미치지 못해도 기꺼이 학문에 전적으로 공을 들인다면 그 조예가 날로 정밀해져서 마땅히 아무도 막지 못하게 될 것이다. 만약 지혜가 스승보다 지나치나 공이 스승에 미치지 못하면 끝내 나아가는 바가 없어 저절로 그 자질을 저버리는 일이 많을 것이다. 이에 다시 취하여 판각함으로써 스승의 전체 기록을 읽는 자로 하여금 도를 들음에 참되이 수련하는 것을 귀하게 여기도록 한다. 한갓 자질만 믿어서는 유익이 없을 것이다.[17]

『상국유』는 양명이 홍치 12년(1499)에서 정덕 원년(1506) 사이에 경사에서 지은 시문을 대대적으로 수록하였다(*겸하여 홍치 12년 이전 경사에서 지은

---

17 『왕양명전집』 권29 「상국유고서上國遊稿序」.

시문도 수록하였다). 지금 양명의 문집으로는 『상국유』 한 권이 남아 있는데 이미 대부분 잔결되어서 온전하지 않으나 다만 그중에 양명이 경사에서 여전히 '상국유'로 활약했던 모습의 그림자를 볼 수 있다. 이는 그가 이미 자기 개인의 운명을 읊던 데에서 나랏일과 조정으로 관심을 돌렸음을 밝히 드러낸다.

5월에 그가 관정공부로 있을 때 형부원외랑 황숙黃肅(1478, 진사)이 광서廣西의 안찰첨사按察僉事로 나아가게 되었다. 양명은 「송황경부선생첨헌광서서送黃敬夫先生僉憲廣西序」를 지어 주면서 벼슬길에 나아가 도를 행하라고 황숙을 크게 격려하였다.

옛날 벼슬은 장차 그것으로 도를 행하려는 수단이었는데 지금의 벼슬은 장차 그것으로 자기 몸을 이롭게 하는 수단이다. 장차 도를 행하려고 하면 험하거나 평탄하거나 얻거나 잃거나 간에 자기 마음을 흔들지 못하며, 오직 도를 행할 수 있는지 여부로써 기쁨과 슬픔을 삼는다. 그러나 몸을 이롭게 하려고 하므로 토지를 추구하고 편안함을 훔치며(懷土偸安) 이익을 보면 달려가고 어려움에 맞닥뜨리면 두려워한다. 이는 고금에 본성이 다르기 때문이 아니라 평소 기르던 것이 다르기 때문이다. 그러므로 저 천하 사람들이 현달한가, 현달하지 않은가를 볼 뿐이다.

우리 고을의 황경부黃敬夫(황숙) 군은 형부원외랑으로서 광서 안찰첨사에 발탁되었다. 광서는 천하의 서남쪽 변경(徼)으로서 지대가 낮고 습하며 토양이 성기고 척박한 데다 여러 섬의 오랑캐(蠻夷)와 변경을 맞대고 있으며, 풍토병(瘴癘)과 찌는 듯한 기운이 아침저녁으로 가득차서 늘 해와 달을 볼 수가 없고 산의 동족(僮)과 바다의 요족(傜)이 시도 때도 없이 몰래 일어나고 요사한 새와 독사의 근심이 곳곳에 있어서 본래 지금 벼슬아치가 두려워하고 피하는 곳이다. ⋯⋯

옛날의 군자는 오직 천하의 정황이 한 고을의 정황과 다르지 않고, 한 고을의 정황이 한 집안의 정황과 다르지 않으며, 한 집안의 정황이 내 한 몸의 정황과 다르지 않음을 알고 있다. 그러므로 집안의 존비장유尊卑長幼 보기를 집안을 내 한 몸 대하는 것과 같이 한다. 천하의 존비장유 보기를 고을이 집안을 대하는 것과 같이 한다. 이 때문에 있는 곳에서 안주하고(安土) 천운을 즐기며(樂天) 어느 곳에 가더라도 자득한다. 뒷사람은 자기 형을 봄에 본래 이미 자기와 간극을 두니, 험한 곳을 피하고 평탄한 곳을 지향하며 이익과 손해의 상황에서 절조를 달리하는 것이 어찌 이상하겠는가!

지금 세상에서 벼슬을 함에 도를 행함을 마음으로 삼고 옛사람의 뜻을 추구하여서 천하에 달관한다면 영嶺(영남), 광廣(광동, 광서)이 비록 멀다 하더라도 본래 자기 고을과 마을(鄕閭) 같다. 영, 광의 백성은 모두 그 자제이며, 군과 읍의 성곽은 모두 부형과 종족의 거처이다. 산천, 길, 마을은 모두 친척과 분묘가 있는 곳이다. 그러면 영과 광의 백성도 나를 보기를 부형처럼 여기고 나를 친척으로 삼으며 화목하게 사랑하고 추대하며 서로 돌아보며 사랑하여서 차마 떠나지 않을 터인데 하물며 (그곳을) 두려워서 피하겠는가?[18]

이는 대체로 양명이 과거에 합격하고 벼슬길에 오른 뒤 경사의 '상국유'에서 처음 쓴 문장이다. 관료의 세계(仕世)에서는 도를 행함을 마음으로 삼는다. 이는 바로 양명이 벼슬길에 나아가 관직 생활을 하는 이념이었으며, 그 스스로도 평생 이를 실천하고 이행하였다. 그가 벼슬길에 나아가 맨 처음 관정공부로 있을 때 이미 이와 같이 실행하였던 것이다.

---

18 『왕양명전집』 권29 「송황경부선생첨헌광서서送黃敬夫先生僉憲廣西序」.

주목할 만한 사실은, 그가 공부 둔전 청리사 밑에서 군둔軍屯과 변수邊戍 등 군사적 주요 임무를 처리할 때 병법에 통달하고 군사 업무에 밝으며 용병을 잘하는 재능을 드러냈다는 점이다. 원래 양명은 일찍이 태학에 있을 때 병서를 즐겨 읽으며 병법을 열심히 연구하고 천하의 무사武事에 관심을 기울여서 용병과 전투의 기이한 방법에 잠심하여 이미 두드러지게 두각을 나타냈다.

　홍치 9년(1496) 여요로 돌아갔을 때 석보石珤는 '궁할수록 더욱 견고해진 복파장군, 병사가 많을수록 좋았던 회음후(伏波窮益堅, 淮陰多益善)'와 같은 양명의 군사상 재능(才華)과 용병의 도를 대단히 칭찬하였으며, '의지는 굽혀도 솜씨는 기이하고, 재주는 높은데 남이 알아보지 못하는(志屈藝乃奇, 才高君不見)'[19] 그를 위해 불평을 품었다. 양명은 소흥으로 돌아온 뒤 천하의 군비軍備와 무사武事에 더욱 관심을 기울였으며 실전의 병법과 병진兵陣에 잠심하여 연구하였다.

　전덕홍은 양명이 홍치 10년에 병법을 익히고 무사에 관심을 기울였던 일을 다음과 같이 말하였다.

　이해에 선생이 병법을 익혔다. 당시에 변방의 첩보가 매우 급하여서 조정에서는 장수의 재목을 추천함에 황급하지 않음이 없었다. 선생은 무과를 설치해도 다만 기사騎射나 박격搏擊의 선비를 얻을 뿐 도략韜略과 통어統馭의 재목을 발굴하지는 못한다는 점을 염두에 두었다. 이에 무사에 관심을 가지고 여러 병가의 비서祕書를 정밀하게 연구하지 않음이 없었다. 매번 빈연賓宴을 만나면 과일 씨앗(果核)을 모아서 진세陣勢를 벌여놓고 연습을 하였다.[20]

---

19 『웅봉집熊峰集』 권1 「송왕백안환강동送王伯安還江東」.

20 『왕양명전집』 권33 「연보」 1.

이해에는 변방의 일이 긴급하였다. 남경 이부상서 예악倪岳(1441~1501)이 군무軍務를 닦아 살피는 등 스무 가지 일을 건의하여 조정에서는 왕월王越 (1426~1499)을 총제 감량甘凉(甘肅省 甘州, 凉州) 각변 겸 순무總制甘凉各變兼巡撫에 기용하였다. 양명은 이러한 현실의 사건에 격발을 받아 병서를 더욱 정밀하게 연구하고 병법을 익혔다. 병서를 읽고서 비평을 곁들여 서술한 「무경칠서평武經七書評」은 당연히 이때 지은 글이다.

홍치 11년(1498) 10월에 이르러서 변방의 일이 긴박해지고 재이災異가 잇따르자 효종은 상황에 내몰려서 다음과 같이 구언求言하는 조서를 내렸다. "뭇 신하를 신칙하여 닦고 살피게 하고 직언을 구하며, 내년 상원上元의 등화燈火는 파하라."[21] 이는 관정공부로 있는 양명에게 변방의 급무를 진술하는 소를 올릴 수 있는 기회를 제공하였다.

우선 홍치 12년 초여름 이래 변방에 도적이 빈번하게 침입하여서 변방의 근심은 전에 없이 깊어졌다. 『국각』에는 다음과 같은 기록이 실려 있다.

> 홍치 12년 4월 계사에 오랑캐가 요동의 영원寧遠·의주義州·광녕廣寧·심양
> 沈陽 ……을 잇따라 침략하였다. 병오에 오랑캐가 요동의 심양 등의 보堡
> 를 자주 침략하였다. …… 기유에 오랑캐가 요동의 철령위鐵嶺衛로 쳐들어
> 왔다. …… 임자에 오랑캐가 대동 좌위大同左衛로 쳐들어왔다. …… 5월 계
> 해에 화사火篩가 대동으로 쳐들어왔다. 화사는 탈라脫羅(건주 좌위建州左衛 수
> 령) 칸(干)의 아들이며 소왕자小王子(타타르 수령)의 지부이다. 교활하고 영리
> 하며 용병에 능하였다. 여러 부를 겁탈하고 변방을 자주 침략하여서 재물
> 을 모으고 날로 강해졌으며 마침내 소왕자와 자웅을 겨루어서 변경의 근

---

21 『명사明史』 권15 「효종본기孝宗本紀」.

심이 다시 치성해졌다.[22]

　이는 양명이 「진언변무소陳言邊務疏」를 올리도록 추동한 직접적 배경이 된 변경의 근심이었다. 그는 관정공부로 시험 삼아 일을 맡게 되자 바로 5월에 격문을 받들고 사신의 자격으로 관문 밖으로 나가서 변수와 군둔을 상세하고 치밀하게 고찰하였고 변방의 정황을 탐색하였다. 그는 「타마행墮馬行」에서 다음과 같이 말하였다. "나 예전에 북관에 처음 돌아와 필마로 멀리 변방을 돌아다녔다. 위험을 무릅쓰고 하루에 100리 길을 다녔지만 그럭저럭 흙먼지에 옷을 적시지 않았다."[23] 그는 변방을 따라 순찰하고 돌아온 뒤 즉시 「진언변무소」를 올렸다.

　「진언변무소」는 양명이 평생 처음으로 올린 주소奏疏이다. 실제로 현실의 엄중한 변방 오랑캐의 큰 환란을 겨냥하여 안변팔책安邊八策을 올렸는데, 그 내용이 모두 부패하고 무능한 조정 군정軍政의 폐단을 조목조목 격중擊中하였다. 그 가운데 가장 중요한 내용은 인재를 양성하여서 급한 일에 대비하고, 둔전을 설치하여서 양식을 공급하고, 법을 집행하여서 위엄을 떨치고, 엄하게 지켜서 폐단을 청산하라는 네 가지 대책이었다.

> 무엇을 두고 인재를 양성하여서 급한 일에 대비하는 것이라고 합니까? 신이 생각하건대, 장수는 삼군三軍이 믿고 움직이는 바탕이니 합당한 사람을 얻으면 이겨서 승리할 수 있고, 합당한 사람이 장수가 아니면 패하여서 망하게 되니 미리 인재를 양성하지 않을 수 있겠습니까? …… 저 남송南宋

---

22 『국각』권44.

23 주 27 참조.

이 중원을 잃고 남은 영토에 구차하게 안주하고(偏安) 있으면서 그나마 종택宗澤(1060~1128)·악비岳飛(1103~1142)·한세충韓世忠(1090~1151)·유기劉錡(1098~1162)의 무리는 장수가 되고, 이강李綱(1083~1140)의 무리는 재상이 되었으나 오히려 금나라 사람의 침범을 그치게 하지 못하였습니다. 지금 일통一統의 위대한 사업을 위해 저 몇 사람과 같이 일을 맡길 만한 인재를 구하나 일찍이 한 사람도 보지 못하였습니다. 만일 오랑캐와 도적이 멀리서부터 빠르게 쳐들어온다면 폐하의 신하로서 누구에게 명하여 막을 수 있겠습니까? …… 어리석게도 신이 생각하기에 지금의 무과시험(武擧)은 겨우 기사騎射나 박격搏擊의 선비를 얻을 뿐 도략韜略과 통어統馭의 인재를 거두기에는 부족합니다. 지금 공후公侯의 가문에서 비록 교육을 하고 독서를 시키기는 하나 이 교육과 독서가 고사故事를 헛되이 적용하는 데 지나지 않고 나라에는 도움과 보탬이 되지 않습니다. 참으로 공후의 자제를 모두 한곳에 모아서 문무를 겸비한 인재를 선택한다면 다음과 같이 할 수 있습니다. 예컨대 지금의 제학提學의 직책을 맡고 있는 한 사람에게 이들을 교육시켜서 문서를 관리하고 말타기와 활쏘기를 익히게 하며 도략과 모유謀猷(계책)를 담당하게 합니다. 또한 무학생武學生 중에서 해마다 특별한 성적을 올리는 자를 승진시키고 그들로 하여금 서로 힘써 갈고닦게 하되 날마다 살펴보고 달마다 평가하여서 재능의 여부를 가려내고 해마다 시험을 보아 3년에 한 번씩 선발합니다. 병부에서도 상서尙書 이하 두 시랑侍郞으로 하여금 해마다 돌아가면서 변방을 순시하게 하고, 과도科道의 부속部屬 중에서 변화에 특별히 통달한 두세 사람을 뽑아서 따르게 하여 그들로 하여금 도리道里의 멀고 가까움, 변방과 관문의 요해처, 오랑캐 정황의 허실, 사태와 형세의 완급을 두루 파악하게 하여 평소 깊이 알고 익숙하게 살피지 않음이 없게 한다면 하루아침에 위급한 일이 일어날 때 멀리서 헤아리고 달려가서 임하게 함에 적합한 사람이 없음을 염려하지 않아도 될 것입니다. ……

둔전을 두어서 식량을 공급하는 일은 무엇을 말합니까? 신이 생각하건대 병력은 식량을 주로 삼으니 식량이 없으면 병력도 없습니다. 변방과 관문에 양식을 수송하는 일은 물과 뭍으로 천 리를 옮기는 과정에서 전복하여버리는 것이 열에 하나입니다. …… 지금 군관은 전진戰陣을 감당하지 못하며 또한 하는 일 없이 놀고먹는 사람을 시킴으로써 변방의 곤경을 더하게 하니 이는 적과 함께 도모하는 것입니다. 세 변경의 방비는 바야흐로 전투를 하여서 지켜야 하니 경작하고 농사지을 겨를이 없습니다. 시험 삼아 경군京軍을 그 지역에 분배하여 주둔하게 하고 씨앗과 농기구를 공급하여 추수하기를 기다려서 그들로 하여금 각자 자신이 수확한 것을 먹게 합니다. 도적이 쳐들어오면 갑옷을 주고 주둔지로 귀환시켜서 멀리서 성세聲勢를 일으키고 서로 의각犄角하게 합니다. 이에 도적이 물러나면 다시 직업으로 복귀시키고 겨를이 나면 오랑캐가 훼손하고 파괴한 변방의 담장과 정보亭堡를 보수하게 하여서 침범을 막아냅니다. 이와 같이 하면 비록 변방지역(塞下)에 양식을 완전히 공급해주지는 못한다고 하더라도 수송하여 먹이는 수고를 조금이나마 덜 수 있습니다. ……

법을 집행하여서 위엄을 떨친다 함은 무엇을 말합니까? 신이 듣건대 이광필李光弼(708~764)이 곽자의郭子儀(697~781)의 자리를 대신하게 되자 장용제張用濟를 원문轅門에서 참하였습니다. 적청狄青(1008~1057)이 광남廣南에 이르자 진서陳曙를 희하戲下(총사령관의 깃발 아래)에서 죽였습니다. 이로써 모두 피로하고 흩어진 병졸을 떨쳐 일으키게 하고, 바야흐로 강성한 오랑캐를 꺾을 수 있었습니다. 지금 변방의 신하로서 기율을 잃어버린(失機) 자가 곳곳에서 요행히 벗어나고 있습니다. 아침에는 동쪽 변방(東陲)에서 패전을 하여 군사를 잃어버리고, 저녁에는 서쪽 변방(西鄙)에서 병사를 소집하여 수비를 점검하는데도 벌은 더함이 없으며 군기(兵)는 잇따라 풀어지고 느슨해지는데 …… 법이 시행되지 않는 것은 위에서부터 법을 범하기 때문입니다. 지금 총병관의 우두머리(頭目)를 동원한다면 곧 100~200을 헤아리는데 저들이 참으로 무용(武勇)을 지닌 자들이어서 거두어 쓴다면 역시 무슨 불가함이 있겠습니까? 그러나 그들은 세력 있는 집안의 자제가 아니면 호족 가문의 인척으로서 모두 권력을 이용해 억지로 떠맡은 자들입니다. 또한 저들은 각박하게 재물을 요구하며 도로를 소란하게 하고, 세력을 믿고 공적을 탈취하거나 공로도 없이 남의 공로를 빼앗아 상을 바랍니다. 전사(戰士)의 마음을 해이하게 하고 변방 군병(邊戎)들의 원망을 불러일으킵니다. 총병이 된 자 또한 다시 권력을 바탕으로 서로 앞뒤로 자리를 차지하였기에 뇌물을 주면 감히 받지 않겠습니까? 뇌물을 받으면 준 사람을 기꺼이 비호하지 않겠습니까? 또한 그들이 만일 법에 저촉된다면 감히 참하여 법에 따라 죽일 수 있겠습니까? 이는 장군의 위엄이 본래 이미 이들로 인해 궁핍해진 것이니 또 무엇으로 군사들에게 임하고 무리를 복종시키겠습니까! 신은 원컨대 폐하께서 손수 제독 등의 군관에게 조칙을 내려서 호령을 발하는 날에 곧 먼저 군사를 잃은 자를 원문에서 참하여 군법을 바로잡으소서. 그리고 이른바 우두머리에 속하는 사람들은 모두 명령의 권한을 금하고 권한을 회수하여서 함부로 소요를 일으키고 모독하여 장수의 권한을 침해하지 못하게 한다면 장교와 병졸이 분발하여서 힘쓰며 군사의 위엄을 떨치고 엄숙해질 것입니다. 적을 이기고 승리를 얻는 것은 모두 이에 근원을 두는 것입니다. ……

엄하게 지켜서 적의 폐단을 노린다는 것은 무엇을 말합니까? 신이 듣건대 옛날 전쟁을 잘하는 자는 먼저 남이 이길 수 없도록 스스로를 강하게 한 뒤 자기가 이길 수 있는 적에게 대처했다고 합니다. 대체로 중국은 스스로 지키는 것을 잘하고 북방의 오랑캐(胡虜)는 야전野戰을 잘합니다. 지금 변방의 병졸이 막 격파되고 바야흐로 오랑캐의 기세가 등등하니 만약 다시 그들과 교전을 한다면 이는 자신의 장기長技를 던져버리고 적에게 승리를 갖다 바치는 격입니다. 지금을 위한 계책으로는 오직 마땅히 성을 둘러서 굳게 지키고 멀리 척후斥候를 보내 적의 기습을 막고 적의 정세를 근실하게 정탐하여서 오랑캐를 도모하며 훈련을 숙달하여서 장기를 발휘하고 호령을 엄하게 하여서 나태함을 엄숙하게 징계하고 또 자주 잘 먹여서(犒享) 그들로 하여금 힘을 축적하여 날카로움을 기르게 해야 합니다. 비유하자면 물을 가둬서 차고 흘러넘치기를 기다린 뒤에 노도가 급하게 일어날 때를 틈타서 터뜨리면 그 기세가 힘차고 빨라 산이 무너지고 돌이 떠내려가서 막을 수 없게 되는 것과 같을 것입니다. …… 지금 우리의 식량은 족하고 우리의 위엄은 성하며, 우리의 분노는 깊고 우리의 군사는 편안하며, 우리의 수비는 견고하고 우리의 기운은 날카로우니 주도면밀하고 모든 것이 온전하여서 남이 이길 수 없는 조건이 이미 우리에게 있는 것입니다. …… 실정을 탐색하고 계책을 헤아려서 (*오랑캐가) 반드시 지치고 달아난 뒤에 기이한 방법을 사용하거나 복병을 설치하고, 모든 군사를 정돈하여서 적이 대비하지 않는 곳을 공격하고 생각하지 못한 곳을 공략하며, 적을 맞아 협공을 하며 머리와 꼬리를 짓쳐서 공격을 합니다. 이는 바로 충분한 힘을 가진 군사로써 힘이 다한 적을 맞닥뜨리는 것이며, 성대한 힘으로써 쇠잔한 적을 대적하는 것이며, 분노한 군사로써 위축된 적을 치는 것이며, 편안한 군사로써 지친 적을 공격하는 것이며, 견고한 군사로써 엉성한 적을 깨부수는 것이며, 날카로운 군사로써 둔한 적을 공략하는 것입니다. 이른바 만전의 계책으로 승리를 거두고 불패의 처지에 서는 것이니 적을 패

퇴시키는 기회를 잃지 않는 것입니다.[24]

이 「진언변무소」는 양명이 조정에 진헌한, 변방의 업무를 경영하는 책략이라기보다는 차라리 적을 이기고 승리를 거두는 용병의 방도라고 하는 것이 더 알맞다. 이는 양명의 독특한 군사 사상 및 용병의 방법과 작전 모략을 뚜렷이 반영하였다. 그 스스로도 훗날 평생 이런 군사 사상과 용병의 도를 운용하여서 반란을 평정하고 승리를 얻을 수 있었다. 18년 뒤 조정에서는 양명을 발탁하여서 강서의 반란을 평정하게 하였으니 의심할 바 없이 그들은 일찌감치 「진언변무소」에서 양명의 번뜩이는 군사 사상과 용병의 재능을 간파했던 것이다.

양명은 상소에서 서슬 퍼런 칼날을 드러내어 어리석고 무능한 문무 대신을 통렬히 꾸짖었는데 특히 조금도 거리낌 없이 다음과 같이 질책하였다.

신이 생각하기에 오늘의 큰 근심은 대신이 겉으로는 신중하고 노성하다는 이름에 의지하고 안으로는 녹을 견고하게 하고 은총을 바라는 계책만 일삼고 있으며, 좌우 측근이 안으로는 서로 뒤얽혀 결탁하여서 정도를 가리는 바탕을 차지하고 밖으로는 권력을 농단하고 뇌물을 받아들이는 악을 자행하는 데 있다고 여깁니다. 이런 일이 습속을 이루어서 서로 간사한 일을 벌이고 있습니다. 그리하여 세상을 걱정하는 사람은 우활하고 날뛴다하며, 말씀을 올리는 사람은 들뜨고 조급하다고 지목합니다. 바르고 크며 굳세고 곧은 기운을 저지하거나 억제하고, 겁 많고 나약하며 관행을 그대로 따르는 풍조를 양성합니다. 그러므로 쇠퇴하고 소모하고 퇴락하고 무너

---

24 『왕양명전집』 권9 「진언변무소陳言邊務疏」.

져서 장차 지탱할 수 없게 되어도 스스로 깨닫지 못하는 지경에 이를 것입니다.[25]

그러나 애석하게도 조정의 대신은 아직 편외編外의 관정觀政으로 있는 보잘것없는 인물인 양명을 우활하고 날뛰며 들뜨고 조급한 유생으로 보아 그가 올린 상소에도 아랑곳하지 않았다. 나중에 양명은 스스로 이렇게 된 원인을 다음과 같이 말하였다. "이 소에서 진술한 내용은 역시 쓸모가 있었다. 다만 당시에는 학문이 투철하지 못하였고 중심에 격분하고 사납게 설쳐대는 기운이 있었다. 만약 이런 기운을 제거하지 못하면 천하와 함께 일을 도모하려고 하더라도 아마 일을 반드시 성취하지는 못할 것이다."[26]

양명은 「진언변무소」를 올린 뒤 조정의 분위기를 알지 못하였다. 7월에 그는 말을 타다가 낙상을 하였는데 서애 이동양, 백주白洲 이사실李士實(1443~1519) 등 여러 사람이 찾아와서 병문안을 하고 그들이 당년에 말에서 떨어져 부상을 입었을 때 지은 타마가행墮馬歌行을 그에게 보여주었다.

양명도 '격분하고 사납게 설쳐대는 기운'을 품고서 「타마행墮馬行」 한 수를 지었다.[27]

---

25 『왕양명전집』 권9 「진언변무소陳言邊務疏」.

26 『왕양명전집』 권41 「각문록서설刻文錄敍說」.

27 봉루헌蓬累軒 편編 『요강잡찬姚江雜纂』. 이 편집본에서 이 시 번역은 잘못이 있다. 이에 여기에서는 저우칭루周淸魯 선생이 소장한 「타마행」 진적에 근거하여 중역重譯을 하였다. 또한 살피건대, 지금 어떤 사람이 글을 지어서 고증하기를, 이 「타마행」의 수적手迹은 양명의 글이 아니라 소규邵珪가 쓴 것이며, 아울러 글 중에 '부賦'는 '규珪' 자로 볼 수 있으므로 그 설이 성립함을 입증한다고 하였다. 이제 나는 일찍이 『왕양명일문집고편년王陽明佚文輯考編年』과 『왕양명연보장편』에서 내가 발견한 자료에 근거하여서 우선 먼저 이 「타마행」은 본래 소규의 「타마가」에서 나온 것이며, 이동양과 소규 등이 말에서 떨어

나 예전에 북관에 처음 사행하고 돌아왔는데	我昔北關初使歸
필마로 멀리 변방을 돌아다녔네	匹馬遠隨邊徼飛
위험을 무릅쓰고 하루 백 리 길 달렸지만	涉危趨險日百里
그럭저럭 흙먼지에 옷을 적시지 않았네	聊無塵土沾人衣
장안성 안에 편안한 내 집 있어	長安城中乃安宅

진 일은 성화 17년(1481)에 있었고 이 「타마행」은 양명이 홍치 12년(1499)에 쓴 것이니 이 두 가지 일은 뒤섞을 수 없음을 고증하였다. 나는 이 일이 본래 이미 매우 분명하다고 생각하며 이에 다시 보충 설명을 다음과 같이 덧붙인다. ①이 「타마행」 후기의 마지막 구절의 글자를 자세히 살펴보면 마땅히 '부賦' 자이며 결코 '규珪' 자가 아니다. ②소규의 『소반강시邵半江詩』 권5에 「타마가」가 있으니 바로 이 「타마행」인데 다만 뒷면의 짧은 기록이 없다. 만약 이 「타마행」 수적이 소규가 쓴 것이라면 어째서 『소반강시』의 「타마가」에는 이 후기가 없는가? 이는 다만 이 「타마행」의 수적이 소규가 지은 것이 아님을 증명할 수 있을 뿐이다. ③소규의 『소반강시』에는 이 시의 제목이 「타마가」로 되어 있고, 이 「타마행」의 글자나 구절과 같지 않은 것이 있으니 아마 결정적인 부분에 구절의 뜻을 수정했을 것이다. 이 「타마행」 수적이 소규가 쓴 것이 아님을 더욱 알 수 있다. ④이동양은 소규가 지은 「타마가」 세 수에 맞춰 창화하였다고 했는데 지금 소규의 『소반강시』에는 「타마가」 두 수가 남아 있다. 그리고 소규는 여기에서 다만 「타마가」 한 수를 썼으니 이 또한 후기에서 말한 '모두 창화하다(盡出唱和)'라고 한 말과 합치하지 않는다. ⑤후기에서 말하기를 "마송馬訟에 관련한 일을 말씀해주셔서 모두 창화하였다. 받들어 보는 사이에 이 편을 기록하여 가르침을 구하니 만에 하나 붓을 놀려서 우스운 내용을 보완해주신다면 매우 다행이겠다."라고 하였다. 이 말은 소규가 말하는 뉘앙스(口氣)와 전혀 유사하지 않다. 소규는 말에서 떨어진 일을 제재로 창화한 일에 참가한 자로서 실제 정황을 가장 잘 알고 있었으니 어찌 이와 같이 국외자의 말과 같이 이야기할 수 있겠는가? 특히 '마송에 관련한 사건(故事)'의 '사건'은 과거의 옛일을 가리키므로 이동양, 소규 등이 말에서 떨어진 뒤 「타마행」을 지은 것과 이사실이 '마송'의 일을 평론한 일을 가리킨다. 그리고 이 일은 성화 17년에 일어났는데 소규는 홍치 3년에 이미 졸하였다. 이미 '사건'이라 일컬었으니 이 「타마행」 수적은 절대로 성화 11년(1475)에 지은 것이 아니며 후세 사람이 지은 것임을 알 수 있다. 다만 이 또한 이 「타마행」 수적이 소규가 지은 것이 아님을 충분히 입증할 수 있다. ⑥양명은 초년에 회소懷素에게 서법을 배웠는데 이 「타마행」 수적을 보면 오히려 회소 서법의 풍격을 느낄 수 있으니 양명의 수적임을 믿을 수 있다.

서가에서 동산(謝安)처럼 허둥지둥 달려갔다네   西街却倒東山屐

지친 나귀 빨리 달리다 잘못하여 넘어지니   疲驢歷塊誤一蹶

새는 울고 사람은 비웃어 갈 수가 없었네   啼鳥笑人行不得

베개 베고 누워 스무날을 뜰에도 내려가지 못했으나   伏枕兼旬不下庭

어린아이가 부축하면 걸을 수도 있으리!   扶携稚子或能行

포대 속 처방과 약재를 찾고   勘譜尋方於油皮

한가한 창가에 약과가 병에 담겨 놓여있네   閑窗藥果羅瓶罌

하늘이 이 몸을 동정하여 복을 많이 주어   天憐不才與多福

걸음이 지금은 완전히 가벼워졌네   步屧已覺今全輕

서애 선생 참으로 사랑하셔서   西涯先生眞繆愛

고맙게도 위문하여 다독여주셨네   感此慰問勤拳情

문에 들어와 말에서 내려 앉으시라 하니 곁에 앉고   入門下馬坐則坐

동쪽으로 올 때마다 한 차례 다녀가셨네   往往東來須一過

문단에서 기상이 은하수까지 닿으니   詞林意氣薄雲漢

높은 의리는 누가 조좌(조조의 보좌, 순욱荀彧)에게만 있다 하는가?

    高義誰云在曹佐

잠깐 사이 험하고 평탄함이 진나라와 월나라 사이 같은데   少頃險夷已秦越

다행히 지금 우물에 떨어진 것은 아니라네   幸而今非井中墮

탕탕 나무 찍는 노래에 화답하며   細和丁丁伐木篇

술에 취해 청평조 소리 높여 부르네   一杯已屬清平賀

침상 머리에서 옛날 태아의 먼지를 털어내고   拂拭牀頭古太阿

북두칠성 새긴 보검 금빛 안장에서 뽑았다네   七星寶拔金盤陀

혈성을 나라에 바친 뒤 오래도록 탈이 없으니   血誠許國久無恙

신령한 검이 보호한 것임을 정녕 알겠구나   定知神物相撝訶

황금대 앞 가을 풀이 짙은데	黃金臺前秋草深
형가의 노래에 감격하지 말라	不須感激荊卿歌
충언을 올리는 건 문자에 있다고 들었기에	嘗聞獻納在文字
내 지금 힘차에 붓을 창처럼 휘두르지만	我今健如筆揮戈
다만 글을 짓는 문호가 아닌 게 부끄러워	獨慙著作非門戶
밝은 시대에 오히려 대로에서 걸음을 멈추네	明時尙阻康莊步
도리어 준마를 향해 슬퍼하며	却向驊騮索惆悵
풍진 속에 머리 숙이니 누가 다시 돌아보랴!	俯首風塵誰復顧
곤륜산 요지를 가려니 아득히 먼데	昆侖瑤池事茫惚
조보같이 말을 잘 모는 이를 만날 수 없네	善御未應逢造父
사물의 이치는 본래부터 이러하니	物理從來有如此
외람되이 이름이 동조(吏部)의 명부에 올랐네	濫名且任東曹簿
세상사 어지러워 풀개와 같으니	世事紛紛一芻狗
때맞춰 약을 쓰기를 놓치지 말지니	爲藥及時君莫誤
생각나니 지난날 두 달 전 성 동쪽에서 만나	憶昨城東兩月前
튼튼한 말로 질주하다 그대도 넘어졌지	健馬疾驅君亦仆
황문(蕭顯) 댁으로 달려가 구제할 때	黃門宅裏赴拯時
신음하는 그대를 돕지 못해 함께 안타까워했네	殿屎共惜無能助
잠시 황문에 누워 있다가	轉首黃門大顚躓
황급히 만 리 남쪽 길을 달려갔네	倉遑萬里塡南路
물거품 같은 자질구레한 일 놀랄 것이 무엇인가?	幻泡區區何足驚
어찌해야 황숙도(황헌)를 좇을 수 있을까!	安得從之黃叔度
여섯 자 몸에 향기를 차고	佩擷馨香六尺軀
고운 봄날 저녁에 와서 앉았네	婉娩靑陽坐來暮

내가 말에서 떨어진 지 거의 한 달이 되었는데 국전 이사실 선생이 문안을 오셔서 마송에 관련한 사건을 말씀해주시어 모두 창화하였다. 받들어 보는 사이에 이 편을 기록하여서 가르침을 구하니 만에 하나 붓을 놀려 우스운 내용을 보완해주신다면 매우 다행이겠다. 옥하 동제에서 지었다.

8월 1일 쓰다. 양명산인.

余墮馬幾一月, 荷菊田先生下問, 因道馬訟故事, 盡出倡和, 奉觀間, 錄此篇求教, 萬一走筆以補, 甚幸. 賦在玉河東第. 八月一日書, 陽明山人.

이 강개한 비가悲歌 「타마행」은 양명이 소규邵珪(1469, 진사)의 「타마가墮馬歌」를 취하여 스스로 공부工部에서 관정觀政을 하는 낮고 미천한 처지를 영탄한 것인데, 다른 사람의 술잔에 자기의 분노를 쏟아부을 속셈이 있어서 그가 「진언변무소」를 올린 뒤 조정에 쓰이지 못한 비분강개와 자기 애도의 정을 강렬하게 반영하였다. 그는 "누가 다시 고개를 숙여 세상을 돌아보나!", "조보같이 말을 잘 모는 이를 만날 수 없네"라고 감탄을 하며, "물거품 같은 자질 구레한 일 놀랄 것이 무엇인가? 어찌해야 황숙도(황헌)를 좇을 수 있을까!' 하고 외쳤다.

조정에서는 양명의 상소를 채택하지 않고 도리어 8월에 그에게 준현濬縣으로 부임을 명하여서 위녕백威寧伯 왕월王越의 분묘 조성을 감독하게 하였다. 왕월은 홍치 11년 12월에 세상을 떠났다. 그는 당시 병사를 통솔하고 전쟁을 수행하는 데 가장 뛰어난 양장良將의 인재로 인정받았으며, 또한 양명의 마음속에 '도략통어韜略統馭의 재능'을 지닌 통수統帥였다. 왕월의 분묘 건조에 양명을 파견한 일은 오히려 그에게 왕월의 작전의 병법과 군법, 군진의 조련을 학습하는 좋은 기회를 제공하였다.

공부낭중工部郎中 근산董山 이당李堂(1487, 진사)은 시 한 수를 지어서 준현

으로 부임하는 그를 고무하고 격려하였다.[28]

대명으로 파견되는 진사 왕백안에게 증정하다　　贈進士王伯安使大名

게으른 습성으로 어리석어지고	習懶欲成愚
서툰 재주 기르다 도를 어겼네	養拙遂違道
성대하고 강함을 듣지 못했는데	無聞空盛强
늙음이 더디 옴을 느끼겠네	有覺恐遲老
굽힘은 고명을 바탕으로 삼고	屈敎藉高明
이별함에 공연히 울적해지네	分携徒鬱懊
글을 읽어도 기가 충실해지지 않고	讀書氣未充
현자를 그리워하나 자취가 쓸어버린 듯하네	懷賢迹如掃
온갖 염려가 뱃속을 채우니	百慮塡胃腸
하룻밤 사이에도 늙어버리네	一宵便華皓
넋을 따라 꿈속을 날고	將隨魂夢飛
말을 하여 회포를 실어 보내네	致語輸懷抱
술잔 들고 맑은 물가에 가고	把酒臨淸流
꽃을 심고 맑은 하늘에 춤추네	種花舞晴昊
배를 띄워 하늘 나루를 가리키고	解纜指天津
돛을 올려 가을 맑은 기운을 깨뜨리네	揚帆破秋顥
밝은 구슬은 말 앞을 비추고	明珠照先驅
가득 당긴 활은 노나라 비단을 꿰뚫네	威弧穿魯縞

---

28 『근산문집董山文集』 권1 「증진사왕백안사대명贈進士王伯安使大名」.

가던 날 바람과 이슬은 차고   去日風露寒

위수에 번민을 씻었네   衛水濯煩懊

대명은 참으로 웅대한 지방   大名實雄邦

그대는 문장이 풍부하여라   使君富文藻

말 머리에서 의관에 절을 하니   馬首拜衣冠

밭두렁에는 뽕나무 대추나무 드리웠네   陌上垂桑棗

옷을 걷어올리고 좋은 얼굴 보며   褰衣覿好顔

문에서 성스러운 풀을 구하네   闌戶乞聖草

태산 화산은 노인의 눈에 들어오고   泰華入霜眸

상서로운 구름은 신선의 섬을 지키네   祥雲護仙島

늙은 다리를 어린아이에게 의지하고   爲憑老脚稚

먼 길을 좇다 높은 봉우리에서 막히네   遠蹴危峰倒

머무는 곳에서 시를 짓고   住處引詩癸

환하게 깃을 펼치네   燁然張羽葆

왕은 나랏일 마치기를 생각하고   王惟王事終

나는 그대가 일찍 돌아오기를 부탁하네   我囑歸期早

기이한 발탁은 현자를 필요로 하고   異擢需賢豪

시대의 평론은 뒷공론을 쉬게 하네   時評息幽討

또한 관해 편을 생각하고   又維觀海篇

이미 퇴청고를 엮었네   已屬退聽稿

점차 좋은 음식에 물려   漸識厭珍羞

잡곡이라도 맛있게 여길 터이네   庶幾味粱稻

끝내 미혹을 풀어주고   終焉爲指迷

다행히 고용을 갖추었네   幸矣備庸保

서술하여 부끄러운 마음으로 드리니 　　　　　　　述贈自汗顏

삼가 술을 받아주시게 　　　　　　　　　　　願言收行潦

이당은 양명이 '현자로서 기이하게 발탁되어 시대의 평론으로 뒷공론을 그치게 하기를' 기대하였다. 양명도 준현에 부임하여서 왕월의 분묘 조성을 감독하게 된 일을 자기가 실제로 군사 용병의 재간을 훈련하고 펼쳐 보이는 기회로 삼겠다는 결심을 하였다. 왕월의 분묘 조성을 감독하는 동안 한가할 때에는 실제로 작전의 병법과 병진을 조련하여서 그가 「진언변무소」에서 진술한 용병의 도를 실천하였다.

황관은 양명이 흉중에 품은 이 용병의 큰 뜻을 다음과 같이 언급하였다.

위녕백 왕 공의 분묘 조성을 감독하기 위해 특명으로 하간河間에 파견되어서 역부役夫를 십오법十五法으로 부리고 한가할 때에는 팔진도八陣圖를 연습하였다. 식자들은 이미 그가 원대한 의지를 품고 있음을 알았다. 젊었을 때 일찍이 위녕백이 보검을 주는 꿈을 꾼 적이 있었다. 일을 준공하자 위녕의 가문에서 금폐金幣로 사례하였으나 사양하고 받지 않았다. 이에 위녕이 군중에서 차던 패검을 내어서 증여하였으니 그 꿈이 딱 들어맞아서 이를 받아들였다.[29]

---

29 『왕양명전집』 권38 「양명선생행장」. 전덕홍의 『양명선생연보』에서는 다음과 같이 말한다. "선생이 과거에 급제하지 못하였을 때 위녕백이 활과 검을 주는 꿈을 꾼 적이 있었다. 이해 가을에 위녕백 왕월의 분묘 조성을 감독하기 위해 특명으로 파견되어서 역부를 십오법으로 부리고 때로 휴식할 때 겨를이 있으면 팔진도를 연습하게 하였다. 역사를 준공하자 위녕의 집안에서 금백金帛으로 사례하였는데 받지 않았다. 이에 위녕이 차던 보검을 내어서 증여하였다. 꿈이 딱 들어맞아서 마침내 받았다."

이른바 '십오법'이란 십오법什伍法으로서 고대에 활용되었던 일종의 군대 작전의 편제編制이다. 장교와 병졸 다섯 사람을 한 오伍로, 열 사람을 한 십什으로 삼아 군사작전을 지휘하는 데 편리하게 한 편제이다. 이 십오법은 나중에 고대의 호적 편제로도 활용되어서 다섯 집을 한 오로, 열 집을 한 십으로 하여 서로 연대하며 보증하게 하였다. 양명은 이러한 십오법을 군용의 역부에 운용하여서 역부를 십오什伍로 편제하였고, 그들을 이용하여 병법 군진의 조련을 진행하였다. '팔진도'는 여덟 가지 진세로 조직된 도형으로서 군대를 조련하거나 작전을 지휘하는 데 사용되었다.

양명이 여기서 말하는 '팔진도'는 실제로는 『손자병법(孫臏兵法)』에서 말하는 여덟 가지 진의 전법을 가리킨다. 손자孫子(손빈孫臏, B.C.382~B.C.316)는 다음과 같이 말한다.

여덟 가지 진의 전법을 사용하는 자는 땅의 이로움을 근거로 여덟 가지 진의 마땅함을 사용한다. 진을 셋으로 나누어 매(＊誨, 每) 진에 선봉을 두고 매 선봉에 뒤를 두어서 모두 명령을 기다렸다가 움직이게 한다. 싸움이 하나, 수비가 둘이니 하나로써 적을 치고 둘로써 수비한다. 적이 약하고 어지러우면 먼저 선발된 병졸로 기세를 잡게 한다. 적이 강하고 군율이 서 있으면 먼저 하졸로 유인한다. 거기車騎로 싸우는 자는 셋으로 나누어 하나는 왼쪽에, 하나는 뒤쪽에 배치한다. 지세가 평탄하면 수레를 많이 사용하고 험하면 기병을 많이 동원하고, 협착(阨)하면 쇠뇌를 많이 사용한다. 험한 곳이든 평탄한 곳이든 반드시 생지生地와 사지死地를 파악해야 한다. 생지를 근거로 차지하여서 사지를 친다.[30]

---

30 『손빈병법孫臏兵法』「팔진八陣」.

양명은 바로 십오법을 써서 역부를 편제하고 조직하여서 팔진 전법의 조련을 진행하였다. 이는 일종의 실전의 의의를 가진 진전陣戰 조련으로서 그가 「진언변무소」에서 상술한 공수전법攻守戰法과 일치한다. 그는 실용에 절실하지 않은 유명무실한 전통적인 포진布陣의 작전법을 폐기하고 진전의 기동성을 민활하게 살렸다. 나중에 그가 일생 동안 반란을 평정할 때 시행한 작전에서도 모두 이러한 기동성이 민활한 실전의 정신을 관철하였다.

왕월의 분묘는 대비산大伾山 서쪽 기슭에 조성되었다. 대비산은 불교와 도교의 명산으로서 산의 동남쪽은 깎아지른 절벽의 바위에 여덟 길(八丈) 높이의 큰 불상이 새겨져 있고, 석불 바위에서 북쪽으로는 3대 천연 석혈石穴이 있는데 용동龍洞으로 불렸다. 석불과 용동은 양명이 큰 관심을 갖게 하였다. 그는 준현에 도착하자마자 대비산에 올라가 탐방을 한 뒤 대비산의 석불에 시 한 수를 제하였다.[31]

대비산에서 놀다	遊大伾山詩
새벽안개 헤치고 푸른 산에 오르니	曉披煙霧入青巒
산사에서 간간이 종소리 들리고 나무는 차다	山寺疏鐘萬木寒
수천 년 흐른 강물 옥토를 이루어내고	千古河流成沃野
몇 해 모래 쌓여 저절로 평평해졌네	幾年沙勢自平端
시냇물 자갈은 용 비늘처럼 흔들리고	水川石甲龍鱗動
해가 드리운 봉우리에 부처 머리는 시원하네	日繞峯頭佛頂寬
오색구름 드리운 궁궐은 하늘의 북극을 향하고	宮闕五雲天北極

---

31 『정덕대명부지正德大名府志』 권2 「유대비산시遊大伾山詩」.

청량한 가을이라 하늘 더욱 높아 보이네   高秋更上九霄看

대명 홍치 기미년(1499) 중추 초하루 여요 왕수인.

大明弘治己未中秋朔, 餘姚王守仁

"시냇물 자갈은 용 비늘처럼 흔들리고"라는 구절은 용동을 가리키는데 그 곳은 나중에 이름을 '양명동'으로 바꾸었다.

양명은 유흥遊興이 다하지 않아 9월 중양절에 다시 두세 사람과 함께 올라가 즐겁게 노닐고 까마득한 봉우리에서 술을 마시며 시를 읊으면서 옛일을 돌아보고 오늘날을 근심하며 「대비산부大伾山賦」 한 편을 지었다.[32]

왕 선생이 대비산 기슭에 유람을 하였는데	王子遊於大伾之麓
두세 사람이 따랐다	二三子從焉
들판에 가을비는 개었고	秋雨霽野
소나무에서는 찬바람 소리가 일었다	寒聲在松
깊숙한 용의 거처를 지나고	經龍居之窈窕
등두렷한 높은 부처고개를 올랐다	昇佛嶺之穹窿
하늘은 높고 햇빛이 비추는데	天高而景下
나뭇잎은 떨어져서 산이 텅 비었다	木落而山空
노나라 위나라 옛 자취로 감회에 젖고	感魯衛之古迹
긴 황하에 남긴 자취에 아쉬움을 담았다	弔長河之遺踪
맑은 가을날을 의지하여 멀리 바라보고	倚清秋而遠望

---

32 『정덕대명부지』 권2 「유대비산부遊大伾山賦」.

날아가는 기러기에 멀리 생각을 실어 보낸다　　　　寄遐想於飛鴻

이에 구름 아래 바위에서 술잔을 들고　　　　　　於是開觴雲石

높은 봉우리에서 술을 뿌려 고수레를 한다　　　　灑酒危峰

바위 골짜기 위에서 큰 소리로 노래를 하니　　　　高歌振於巖壑

남은 울림이 슬픈 바람에 전해진다　　　　　　　餘響遞於悲風

두세 사람이 개연히 탄식하며 말하네　　　　　　二三子慨然歎息曰

선생님께서 여기 오심에　　　　　　　　　　　夫子之至於斯也

시중들 사람이 없었는데　　　　　　　　　　　而僕右之乏

저희들이　　　　　　　　　　　　　　　　　二三子徒

우연히 모시게 되었습니다　　　　　　　　　　偶獲供焉

이 산이 길이 존속하는 한　　　　　　　　　　兹山之長存

본래 선생님의 명성은 무궁할 것입니다　　　　固夫子之名無窮也

그러나 만약 거니는 자가 곰팡이처럼 피었다가 말라버리고

　　　　　　　　　　　　　而若走者襲榮枯於朝菌

쓰르라미와 더불어 시작과 끝을 함께한다면　　　與螻蛄而始終

아! 허허!　　　　　　　　　　　　　　　　吁嗟乎

역시 우산 현수가 가슴을 적심과 어찌 다르겠습니까?

　　　　　　　　　　　　　亦何異於牛山峴首之霑胸

왕 선생이 말하였다　　　　　　　　　　　　王子曰

허!　　　　　　　　　　　　　　　　　　噫

여러분은 아직 지난번에 그대들과 감탄하면서 슬퍼했던 일을 깨닫지 못하

는가!　　　　　二三子尙未喩於嚮之與爾感歎而弔悲者乎

노나라와 위나라가 이곳에서 회맹을 할 때　　　當魯衛之會於兹

수레와 말, 옥과 비단이 번성하였고　　　　　車馬玉帛之繁

의관과 문물이 성대하였는데   衣冠文物之盛

우리들이 여기에 모인 것보다 백배는 더 성대하지 않았겠는가?

                                其獨百倍於吾儕之聚於斯而已耶

사불상과 사슴이 동산에 있고   而其囿於麋鹿

여우와 이리가 집을 지음은   宅於狐狸也

오늘이 되어서야 알 수 있는 것은 아니다   既已不待今日而知也矣

이런 까닭에 성하고 쇠함은 필연이다   是故盛衰之必然

그러나 긴 황하의 물이 용문을 터뜨리고   爾尙未睹夫長河之決龍門

지주를 내려와   下砥柱

여기에서 흘러나가는 것을 아직도 보지 못하는가?   以放於玆土乎

산을 삼키고 골짜기를 토하며   吞山吐壑

만 리를 치달리는 파도는   奔濤萬里

본래 천고의 중심 물줄기이다   固千古之涇瀆也

또한 평평해지면 벼와 기장을 심는 들판이 되고   而且平爲禾黍之野

쌓으면 촌락의 터가 되니   築爲邑井之墟

아! 허허!   吁嗟乎

흐르는 것은 잠기고   流者而有湮

우뚝 솟은 것은 평탄해지지 않을 수 있겠는가?   峙者其能無夷

이 산이 씻겨 내려가서 모래와 먼지가 되고 변화하여 연무가 되지 않는

것은 드물다!   則斯山之不蕩爲沙塵而化爲煙霧者幾稀矣

하물며 내가 그대들과 풀에 이슬처럼 모이고 바람에 잎이 날리듯 쓸려서

                                況吾與子集露草而隨風葉

일찍이 나무나 돌처럼 오래 존속하기를 기약할 수 없거늘 曾木石之不可期

어찌하여 가벼운 자질을 잊어버리고 근소한 분량을 기준으로 오래와 잠깐을

비교하려고 하는가!　　　　　　　　奈何忘其飄忽之質而欲較久暫於錙銖者哉

나는 먼저 그대들과 우주에서 달관하려고 하는데　　吾姑與子達觀於宇宙

가능하겠는가?　　　　　　　　　　　　　　　　可乎

두세 사람이 말했다　　　　　　　　　　　　二三子曰

어떻게 말입니까?　　　　　　　　　　　　　　何如

왕 선생이 말했다　　　　　　　　　　　　　王子曰

산하가 천지에 붙어 있는 것은　　　　　　　山下之在天地也

모발이 내 몸에 붙어 있는 것과 같지 않은가?　　不猶毛髮之在吾軀乎

천년이 일원(12,9600년)에 대한 것은　　　　　千載之於一元也

하루가 잠깐 사이에 대한 것과 같지 않은가!　　不猶一日之於須臾乎

그런즉 오래와 잠깐 사이에 어찌 일정한 주장을 용납하겠으며

　　　　　　　　　　　　　　　　然則久暫奚容於定執

크고 작은 것은 같이 한 모서리가 될 수 없다　　而小大未可以一隅也

내가 그대들과 함께 장차 숨쉬는 사이를 천년과 같이 여기며

　　　　　　　　　　　　而吾與子固將齊千載於喘息

산하를 지푸라기와 같이 여기고　　　　　　等山下於一芥

팔극의 표면에 노닐고　　　　　　　　　　遨遊八極之表

조물주의 바깥을 오고가리라　　　　　　　而往來造物之外

저 재빨리 사라지는 인간사가　　　　　　　彼人事之倏然

또한 어찌 족히 우리의 응어리가 되겠는가?　　又烏足爲吾人之芥蔕乎

두세 사람이 기뻐하며　　　　　　　　　　二三子喜

다시 술을 마셨다　　　　　　　　　　　　乃復飮

이윽고 석양이 서쪽 벽으로 들어오고　　　　已而夕陽入於西壁

동복이 산굽이에서 기다렸다　　　　　　　童僕候於巖阿

홀연 골짜기에서 노랫소리가 들려왔다	忽有歌聲自谷而出曰
높은 산이 평탄해지고	高山夷兮
깊은 골짜기는 높고 높아지도다	深谷嵯峨
굳은살이 스승이니	將胼胝是師兮
어찌 발을 헛디뎌 넘어질까!	胡爲乎蹉跎
뉘우치면 돌이킬 수 있으니	悔可追兮
다른 일을 돌아볼 겨를이 있으랴	遑恤其他
왕 선생이 말하기를	王子曰
저 노래는 우리를 위한 노래로다	夫歌爲吾也
급히 일어나서 뒤를 따르니	蓋急起而從之
그 사람은 이미 안개 낀 숲속으로 들어가버렸다	其人已入於煙蘿矣

대명 홍치 기미년(1499) 중양절 여요 왕수인 백안이 부를 짓고 쓰다.

大明弘治己未重陽 餘姚王守仁伯安賦竝書

이 부는 구상이 정교하고 기상이 순박하고 돈독하며 장자莊子의 황홀하고 오묘하며 심원한 설을 빌렸으며 또한 소동파蘇東坡의 「적벽부赤壁賦」 필법을 녹여 넣어서 장자의 제물론齊物論, 생과 사를 함께 여기는 현허玄虛한 이론을 표현하였고, 도가의 달관한 인생철학으로 귀결하였다. 부의 마지막에 등장한 '노래하는 사람(歌者)'은 양명의 마음속 '산인山人'의 이상적 전형을 암시하는 데, 출사한 양명산인이 산에 들어가서 은거하고 잠심하여 수도할 수 없는 창망悵惘한 감정을 다소간 노출하였다. 이 시부 두 편은 양명이 서울에서 '상국유'하여 전칠자前七子와 다릉파 등 여러 시인들과 각축을 벌인 시부사장의 대표작이라 할 수 있다. 그러나 이것들은 역시 양명이 역경을 딛고 갈고닦은 복잡한 영혼의 한 모습을 반영한 것이다.

또한 그는 준현에서 특별히 '효성이 지극한' 오관吳冠을 위해 「낙릉사훈오선생묘비樂陵司訓吳先生墓碑」를 지었는데, 세상을 구제하고 도를 행하는 데 용감한 유가적 자아의 진정한 정신을 강하게 드러내 보였다. 그는 효자 오관을 다음과 같이 칭찬하였다.

군의 재주는 탁월하고 위대하며 지모와 사려는 깊고 원대하며 자부심은 늠름하여서 훌륭한 일을 함에 통달하였다. 커다란 의리에 임하여서는 개연히 트이고 뛰어나서 비록 급한 일을 당하여도 군색한 모습을 보인 적이 없었다. 자기 몸가짐과 남을 대함에 그 뜻을 곡진히 하였다. 집안사람을 엄격히 다스리고 벗들과 의리로써 교제하였다. …… 옛날 검루黔婁가 이런 말을 하였다. "가난하고 천함에 근심하지 않았고 부유하고 귀함에 급급하지 않았으며 오직 가난을 편안히 여기고 도를 지키며 스스로 느긋하였다 (不戚戚於貧賤, 不汲汲於富貴, 惟安貧樂道以自適)." 군자는 이를 바르게 여긴다. 사람들은 모두 선생이 포부를 지니고서도 쓰이지 못했고, 또한 쓰이더라도 한가하고 잡다한 역할이 주어져서 장기를 다 발휘하지 못했음을 애석하게 여겼다. 나(守仁)는 홀로 그렇게 생각하지 않는다. 대체로 군자는 거취를 가볍게 여기며 나아가고 물러남을 상황에 따라 하며 부귀도 그를 유혹하지 못한다. 그러므로 그의 기운은 호연浩然하며, 용기는 맹분孟賁과 하육夏育을 능가한다. 선생은 무엇이 이와 다른가![33]

이는 사실 양명이 자기를 비유한 말이다. 양명은 바로 이러한 유가의 참

---

33 『광서개주지光緒開州志』 권8 「낙릉사훈오선생묘비樂陵司訓吳先生墓碑」.

다운 정신에 입각해서 곤경을 하나씩 해결해나갔던 것이다.

양명은 준현에서 석 달을 지내고 10월 말에 이르러서 비로소 일을 마치고 경사로 돌아왔다. 홍치 13년(1500) 6월, 그의 한 해 관정공부에서 보낸 사업의 시험 기간이 끝났다. 그의 특색 있는 업무 능력으로 인해 조정에서 그에게 형부운남청리사주사刑部雲南清吏司主事를 제수하여서 양명은 '서한림西翰林'의 정치를 논하고 학문을 강론하는 생활을 시작하였다.

형부刑部에서 :
'서한림西翰林' 문사 집단의 중견인

　　원래 양명이 재직했던 형부刑部에는 일찍부터 감히 직언을 하고 실행하는 (作爲) 문사들이 모여들었다. 그들은 형부에서 학문을 강론하고 글을 지었으며, 조정의 정사를 평론하고 글을 올려 논쟁을 함으로써 특별히 조정 안팎의 주목을 끌었다. 그들을 '서한림西翰林'의 명사라고 영예롭게 일컬었다. 양명은 형부에 재직하게 되자 매우 빠르게 '서한림'의 중견이 되었다.

　　한방기韓邦奇(1479~1556)는 「도찰원우도어사증공부상서정재진공봉오전都察院右都御史贈工部尙書靜齋陳公鳳梧傳」에서 이 '서한림'의 문사 집단을 다음과 같이 언급하였다.

　　공은 성이 진陳이며 휘諱가 봉오鳳梧, 자가 문명文鳴, 호가 정재靜齋이다. …… 무오년(1498)에 형부광서사주사刑部廣西司主事에 제수되었고 …… 임술년(1502)년 절강사원외랑浙江司員外郞으로 승진하였다. 2월에 「부방거인소副榜擧人疏」를 올려서 '부방副榜의 액수를 넉넉히 하라', '한년限年의 금지를 늦추라'고 하였다. 7월에는 「엄사전이존선사소嚴祀典以尊先師疏」를 올렸다. 계해년(1503)에 명을 받들고 강남으로 가서 중죄수를 심사하여 평번平

反한 것이 많았다. …… 공이 일찍이 말하기를 "벼슬살이에 여가가 나거든 반드시 먼저 형옥刑獄을 심리하는 일을 배워서 법률과 규례에 정통해야 고과考課에 나아갈 수 있다."라고 하였다. 당시의 주사 왕수인, 반潘 아무개, 정鄭 아무개가 모두 명사였는데, 학문을 강론하고 글을 논하며 한밤중까지 이르기도 하였다. 당시에 '서한림'이라고도 하였다.[34]

양명이 형부에 부임했을 때 '서한림'의 문사 집단은 이미 형성되어 있었다. '서한림'의 핵심 성원은 대다수 신진 문사와 신입 진사들로서 날카로운 의기와 진취적인 기상을 지니고 있었다. 앞뒤로 '서한림'의 구성원이 된 주요 명사는 다음과 같다.

● 반부潘府(1453~1525): 성화 23년(*1487)에 진사가 되었고 왕화의 '문생'이다. 그는 홍치 12년(*1499) 형부에 부임하자 즉시 연거푸 「내수외양이근천계소內修外攘以謹天戒疏」, 「구시십요救時十要」를 올렸는데 당시의 폐단에 절실하고 적중하여서 많이 채택되었다. 양명이 뒷날 「만반남산挽潘南山」이라는 시를 지어서 다음과 같이 그를 칭찬하였다. "성인 학궁도 오랫동안 황폐해졌는데 공 같은 이 힘을 다해 당에 올랐네. 천고 경륜의 수완을 발휘하였고 다만 늘그막에 저술에 바쁘네(聖學宮牆亦久荒, 如公精力可升堂. 若爲千古經綸手, 只作終年著書忙)."[35]

● 정환鄭瓛(1499, 진사): 홍치 12년에 진사가 되었으며 양명과 동년이다. 그는 홍치 14년 형부낭중에 부임하였으며 나중에 남창부南昌府 지부로 나갔다.

---

34 『국조헌징록國朝獻徵錄』 권59 「도찰원우도어사증공부상서정재진공봉오전都察院右都御史贈工部尙書靜齋陳公鳳梧傳」.

35 『왕양명전집』 권20 「만반남산挽潘南山」.

● 항회杭淮(1462~1538): 홍치 12년에 진사가 되었으며 양명과 동년이다. 양명과는 서울에서 이미 먼저 많이 학문을 강하고 시를 주고받았다. 홍치 14년, 형부에 부임하였다. 형 항제杭濟와 함께 시로 경사에서 이름을 날렸다.

● 서수성徐守誠(1490, 진사): 홍치 3년(1490)에 진사가 되었으며, 홍치 13년에 형부주사가 되었다. 『소흥부지』에서 그를 다음과 같이 말한다. "상복을 벗고 형부에 보임되었다. 날마다 사방 명사와 서로 토론하여서 학문이 더욱 진보하였다. 일찍이 10여 가지 시정에 관한 일을 진술하여서 많이 채택되었다."[36]

● 방량영方良永(1454~1528): 홍치 10년(1497)에서 홍치 13년까지 형부주사와 형부원외랑으로 재직하였으며, 권귀權貴에 대항하여서 명성을 얻었다. 나중에 그는 「기도헌왕양명공寄都憲王陽明公」에서 "저는 집사執事와 옛 인연의 아름다운 정이 있습니다."[37]라고 하였는데, 이는 바로 두 사람이 홍치 13년에 함께 형부에 재직한 일을 가리킨다.

● 양맹영楊孟瑛(1487, 진사): 홍치 13년에서 홍치 15년(1502)까지 형부에 재직하였다. 양명은 「평산서원기平山書院記」에서 다음과 같이 말한다. "온보溫甫(양맹영)는 처음 추관秋官(형부)의 낭관(郎)이 되었을 때 내가 실로 그의 요좌僚佐가 되어서 서로 매우 깊이 교류하였다. …… 이윽고 내가 병을 아뢰고 양명으로 돌아갔는데 온보가 얼마 뒤 항주 고을의 수령으로 부임하였다."[38] 양맹영은 나중에 서호西湖를 준설하고 양공제楊公堤를 축조하여서 세상에 이름을 날렸다.

---

36 『만력소흥부지萬曆紹興府志』 권41 「향현鄕賢」.

37 『방간숙문집方簡肅文集』 권9 「기도헌왕양명공寄都憲王陽明公」 2.

38 『왕양명전집』 권23 「평산서원기平山書院記」.

● 정악鄭岳(1468~1539): 홍치 10년에서 홍치 16년까지 형부주사와 형부원 외랑을 역임하였으며, 중귀中貴(권세와 총애를 누리는 환관)를 탄핵하다가 체포되어서 조옥詔獄에 갇혔다. 양명과 관계가 매우 친밀하였다. 정악은 홍치 16년 호광湖廣 안찰첨사를 맡아 나갔으며, 양명이 직접 그의 부임을 전송하였다.

● 내천구來天球(1490, 진사): 호가 양산兩山이며 시화詩畵에 능하였다. 그는 홍치 11년에서 홍치 14년까지 형부에 재직하였다. 양명은 일찍이 그가 그린 「설도雪圖」에 부를 지어서 칭송하였다.

● 진보陳輔(1490, 진사): 홍치 3년에 진사가 되었고 이후 줄곧 형부에 재직하였다. 법 집행이 공명정대하고 믿음직하였으며 강직하고 굽히지 않았다. 홍치 15년 형부낭중에서 절강 안찰첨헌按察僉憲(첨도어사僉都御史)으로 승진하였다. 훗날 심징沈澂의 대대적인 옥사에 연루되어서 파직되었다. 양명은 특별히 「양절관풍시서兩浙觀風詩序」를 지어서 그를 전송하였다.

● 오세충吳世忠(1461~1515): 홍치 10년에서 홍치 14년까지 형과급사중으로 재직하였다. 양명과 매우 친밀하였다. 양명은 나중에 「답무정소참答懋貞少參」에서 다음과 같이 말하였다. "이별한 뒤 그리워하고 바라는 마음 더욱 깊어집니다. 벗들 사이에서 어찌하면 집사와 같은 사람 몇을 얻어서 밤낮으로 서로 갈고닦아 나의 덕을 완성할 수 있겠습니까?"[39]

● 송면宋冕(1465~1537): 유명한 '요강삼렴姚江三廉' 가운데 한 사람이며, 양명과는 인척 관계이다. 그는 홍치 15년에서 정덕 3년(1508)까지 형부주사에 재직하였으며 양명과 매우 친밀하였다.

● 이원李源(1499, 병부주사): 자가 숭일崇一이며 호가 평대平臺이다. 이몽양의 스승이다. 이몽양은 「알평대선생묘謁平臺先生墓」에서 다음과 같이 말하였다.

---

39 『신간양명선생문록속편新刊陽明先生文錄續編』 권1 「서류書類」.

"평생 제자를 가르치고, 사해 사람을 예로 대하셨습니다(平生馬公帳, 四海孔融尊)."[40] 그는 홍치 13년 9월 형부낭중에 재직하며 '서한림'에서 활약하는 인물이 되었다.

● 유련劉璉(1493, 진사): 자가 정미廷美이며, 강서 파양鄱陽 사람이다. 그는 홍치 6년에 진사가 되었고 이후 줄곧 형부에서 재직하며 많은 공적을 쌓았다. 양명에 의해 중한 그릇으로 인정받았다.

● 이공李貢(1456~1516): 호가 방재舫齋이다. 성화 20년(1484)에 진사가 되었다. 홍치 10년 이후 형부낭중이 되었으며 홍치 15년(1502)에는 산동 안찰부사에 발탁되었다. 양명의 '인장寅長(동료의 선배)'으로서 양명은 그를 '3만 권의 책을 읽었다(胸中三萬卷).'라고 일컬었다. 『방재집舫齋集』이 있다.

● 진봉오陳鳳梧(1475~1541): 홍치 10년에서 홍치 15년까지 형부주사로 재직하였으며 양명과 정이 날로 깊어졌다. 양명은 그와 함께 '학문을 강론하고 글을 토론하면서 밤늦게까지 이른 적도' 있었다. 진봉오는 '서한림' 문사 집단의 영수라 할 수 있다. 양명은 나중에 「답진문명答陳文鳴」에서 다음과 같이 말하였다. "이별한 뒤 바라고 우러르는 마음 날로 깊어집니다. 문명께서는 취향이 반듯하고 충실하며 나이가 한창이고 힘이 강하며 또한 풍화風華의 임무를 맡으셨으니 뒷날 조예가 이르지 않을 곳이 어디이겠습니까? 우리 도를 위해 매우 기쁘고 경사스러운 일입니다."[41]

양명은 형부에 부임하자 곧 '서한림'에서 돋보이는 인물이 되었다. '서한림'은 그가 조정 안팎의 공경 사대부와 함께 학문을 강론하고 시를 주고받으며 조정의 정사를 평의하는 한원翰苑의 '진지陣地'가 되었다. 이는 그가 경사

---

40 『공동집空同集』 권28 「알평대선생묘謁平臺先生墓」.

41 『신간양명선생문록속편』 권2 「서류」.

에서 '상국유'로 가장 맹활약을 한 시기였다.

9월이 되자 병부주사 이영부李永敷(1455~?)가 명을 받아 남직례주南直隸州로 사신이 되어서 가는 길에 귀성을 하게 되었는데 양명은 서울의 대신과 문사 이동양·양일청楊一淸(1454~1530)·종문준鍾文俊(1493, 진사)·왕은王恩·저권儲巏(1457~1513) 등과 함께 시를 지어서 전송하였다. 양명은 「송이이교귀성도시送李貽教歸省圖詩」 한 수를 읊었다.[42]

깊은 가을날 깃발을 앞세우고 서울을 나서네	九秋旌旆出長安
천리 군대의 위용을 말 위에서 보네	千里軍容馬上看
가는 곳 임회 땅은 절제에 놀라고	到處臨淮驚節制
부모님 가르침을 받고 부모님 모시니 기쁨이 그지없네	趨庭萊子得承歡
구름을 보니 차츰 고향이 가까워져서 기쁘고	瞻雲漸喜家山近
대궐을 꿈에 보니 여전히 금루는 차갑네	夢闕還依禁漏寒
동네는 고상하고 오래되었다 들었는데	聞說閭門高已久
돌아가는 말안장을 관리가 옹위함에 손색이 없네	不妨冠蓋擁歸鞍

이영부는 다릉파 시인이다. 이동양이 이르기를 "영흥永興 사람 이이교李貽教는 나를 따라 놀았는데, 그의 글을 보니 분방하여서 붙잡아 맬 수 없었다. 마음속으로 그를 매우 아꼈다."[43]라고 하였으니 이때 이영부를 전송하는 문회文會에서 양명과 다릉파가 시를 주고받은 자취를 알 수 있다. 대략 같은 시기에 이몽양의 스승(業師) 평대 이원이 형부낭중으로 발탁되어서 양명의

---

42 『가경침현지嘉慶郴縣志』 권37 「송이이교귀성도시送李貽教歸省圖詩」.

43 『회록당집懷麓堂集』 권38 「유전송이영부남귀喩戰送李永敷南歸」.

'인장'이 되었는데 양명은 이몽양과 함께 시를 지어서 그가 '서한림'에 들어온 것을 축하하였다. 이몽양의 축하 시는 다음과 같다.[44]

선생의 운에 화답하고 겹하여 축하의 성의를 보이다　　奉和高韻兼申賀忱

봄바람 불고 흰머리에 새로 승진하셔서　　　　　　春風白髮拜新陞

옛 관서에 다시 오시니 꿈에 그리던 일이네　　　舊署重來有夢曾

관청 일 한가할 때 시와 술로 흥이 넉넉하고　　　官暇更饒詩酒興

병이 든 나머지 행정 능력을 사양하네　　　　　病餘甘遜簿書能

아전은 누각을 쓸고 대나무 옮겨 심고　　　　　吏人掃閣將移竹

손님은 난간에 찾아오고 가끔 스님을 만나네　　賓客臨軒或遇僧

뒷날 삼공에 오르시게 되리니　　　　　　　　　他日門墻三鱣在

저도 뒤따라 청운의 길 오르겠나이다　　　　　愧從雲路接飛騰

양명도 화답하는 시 한 수를 지었다.[45]

숭일의 운을 받들어 화답하다　　　　　　　奉和崇一高韻

한가한 관직을 사랑하여 승진을 바라지 않고　　懶愛官閑不計陞

비웃음을 풀고 돌아갈 계획을 옛사람이 했었네　解嘲還計昔人曾

장부와 문서의 길에 잘못 들었다가 이제야 면하고　沈迷簿領今應免

---

44 『주병기전집朱秉器全集』「유환여담游宦餘談·헌길백안화운獻吉伯安和韻」.

45 『주병기전집』「유환여담·헌길백안화운」.

시편을 짓는 것이 늙을수록 더 낫다네   料理詩篇老更能

소릉(두보)이 이은을 자랑하게 하지 말지니   未許少陵誇吏隱

참으로 마힐같이 선승이나 될거나   眞同摩詰作禪僧

용은 못에서 다시 삼동을 칩거하고   龍淵且復三冬蟄

붕의 날개는 끝내 만 리를 날아오르네   鵬翼終當萬里騰

이몽양은 또 화답하는 시 한 수를 지었다.[46]

선생의 운을 따서 짓는데 함부로 말을 하였으니 용서하시고 받아들이시기를

바라나이다   奉次高韻語意縱放伏惟恕而進之

시원함을 찾아 서쪽 서재에 들어가니   坐使凉爽入西齋

하늘 끝 누런 구름은 저녁 흙비를 보내네   天末黃雲送晚霾

호랑거미는 재주가 보잘것없어 공연히 집을 지키고   蠅虎技微空守戶

포도나무는 그늘 드리워 섭돌을 덮으려 하네   葡萄陰重欲龝堦

자하가 수척함은 병 때문이 아니고   瘦餘子夏非關病

취한 뒤엔 양성이 그립지 않네   醉後陽城不爲懷

예로부터 지금까지 함께 머리를 돌리니   古往今來共回首

세상 사람 오히려 교묘하게 안배하네   世人猶自巧安排

이때 이몽양, 이원과 시를 주고받으면서 양명이 전칠자와 함께 시부사장
을 다투며 겨룬 새로운 창작(新聲)의 흔적을 볼 수 있는데, 그는 '서한림' 문사

---

46 『주병기전집』 「유환여담·헌길백안화운」.

집단의 '끝내 만 리를 날아오르는 붕의 날개'와 같은 마음의 소리를 노래했던 것이다.

10월 26일에는 그의 친구 호부낭중 소보邵寶가 강서 안찰부사의 임무를 맡아 나가게 되었다. 양명은 또 흥분하여 의기가 비등하는 「시우부時雨賦」를 지어서 그의 부임을 전송하였다.[47]

이천(소보) 선생이 지관(호부) 정랑으로서 안찰부사, 서강 제할에 발탁되다

二泉先生以地官正郎擢按察副使提轄西江

이때 경사는 한창 가뭄이 들어서	於時京師方旱
백성은 곡식을 걱정하였다	民憂禾黍
선생이 장차 길을 떠나려 하여	先生將行
송별연을 하는데 비가 내려서	祖帳而雨
땅기운이 소생하였다	土氣蘇息
보내는 사람이 모두 기뻐하였다	送者皆喜
요산자(왕수인)가 잔을 들고 말을 하였다	樂山子擧觴而言曰
선생은 역시 때맞춰 오는 단비의 공을 아십니까?	先生亦知時雨之功乎
만물의 생기가 묵묵히 움직이고	群機黙動
온갖 꽃이 잠잠하게 어울려서	百花潛融
마른 것을 꺾고 메마른 것을 쓰러뜨리며	摧枯僵槁
우거지고 어지러이 얽혀서	茀蔚蒙茸
초목이 날로 무성해지게 하는데	惟草木之日茂

---

47 소증邵贈·오도성吳道成, 『소문장공연보邵文莊公年譜』.

그것이 어디에서 나오는 것인지 아십니까?	夫焉識其所從
선생이 말하기를	先生曰
어떤가 하여서	何如
요산자가 말하였다	樂山子曰
오르고 내리며 닫히고 막혀서	升降閉塞
온갖 만물이 나옵니다	品彙是出
그런데 만물이 수척하고 허약하며 비틀거리고 뻑뻑하며	尫羸蹇澀
마비되고 서로 버성기는 것은	瘻痺扞格
지맥이 타기 때문입니다	地脈焦焉
그리하여 땅의 기름진 것을 없애고	罔兹土膏
땅심을 고갈하여 윤택하지 않게 합니다	竭而靡澤
굽은 것과 뾰족한 것	勾者矛者
깍지가 있는 것과 껍질이 있는 것	莢者甲者
줄기가 있는 것과 싹이 있는 것	莖者萌者
뺨이 있는 것과 갈기가 있는 것들이	頰者鬣者
묵은 것은 새로워지려 하고	陳者期新
굽은 것은 펴지려 합니다	屈者期伸
이에 붉은 구름이 높이 일고	而乃火雲峰屼
온천이 들끓어 오릅니다	湯泉沸騰
산의 신령한 기운이 돌을 삭게 하고	山靈鑠石
작은 도랑에는 먼지가 일어납니다	泃澮揚塵
밭은 붉은색을 띠고	田形赭色
흙은 갈라 터져서 거북등처럼 됩니다	塗坼龜文
싹이 터도 이삭이 패지 않고	苗而不秀

말라서 불에 타는 듯합니다 槁焉欲焚

이에 풍륭이 일어나서 수레를 매고 於是乎豐隆起而效駕

덧방나무로 막고 바퀴를 밀어냅니다 屛翳輔而推輪

뇌백은 명령을 발하여 호령을 반포하고 雷伯渙汗而頒號

비렴은 벽제를 쳐서 경계를 펼칩니다 飛廉行闢而戒申

시내는 맑고 선명하게 기운을 토하고 川英英而吐氣

산은 뭉게뭉게 구름을 토해내며 山油油而出雲

하늘은 어득어득해서 색깔을 바꾸고 天昏昏而改色

해는 구름에 가려서 어득어득해지고 日霏霏而就曀

바람은 개구리밥 끝에서 우수수 불고 風儵儵於蘋末

우레는 물가에서 우르릉 웁니다 雷殷殷於江濆

처음에는 차츰차츰 적셔오다가 初霑濡之脈脈

점차 어지러이 가벼이 빗방울이 날립니다 漸飄灑之紛紛

처음에는 부슬부슬 내려서 자취가 없으나 始靡霖之無迹

끝에는 세차게 쏟아부어서 큰 소리가 납니다 終滂沱而有聞

바야흐로 신속하게 곧바로 내리쏟아지고 方奮迅而直下

순식간에 옆으로 비스듬히 터져서 곁으로 흘러 돕니다 倏橫斜以旁巡

천천히 한 방울씩 주입되어 시나브로 푹 젖어서 徐一一而點注

만물을 다시 새롭게 합니다 隨渾渾而更新

문득 뚝뚝 떨어지면서 끊어질 듯 이어질 듯하다가 乍零零而斷續

갑자기 컴컴해지면서 마구 쏟아져 흘러내립니다 忽冥冥而驟泣

유유히 멀리 가고 將悠悠而遠去

다시 깊고도 깊이 드넓게 펼쳐집니다 復深深而雜陳

이때를 당하여 當是時也

목마른 사람이 물을 마시듯	如渴而飮
술을 마셔서 취한 듯	如飮而醺
덕택이 점점 난초와 혜초에 스며들고	德澤漸於蘭蕙
은총과 은혜가 말과 미나리에도 베풀어지며	寵渥被於藻芹
광휘가 복숭아와 오얏에도 빛나고	光輝發於桃李
자양과 윤택이 솔바람에도 무젖으며	滋潤洽於松韻
깊은 은혜가 벼와 기장에도 모이고	深恩萃於禾黍
여파가 쑥과 삼에도 미칩니다	餘波及於蒿蕡
취했다가 깨어나며 꿈을 꾸다 깨어난 듯이	若醉醒而夢覺
걸리적거리는 곤경에서 곧추세워 일으키니	起精矯於遭迍
마치 궐리의 많은 선비가	猶闕里之多士
성인(공자)의 교화에 젖어서 모두 인한 것과 같습니다	露聖化而皆仁
많고 많은 선비들이 몰려들어	濟濟翼翼
강직하고 깐깐하며 조용히 부드럽게	侃侃暗暗
누추한 고을에서 청빈한 삶을 즐기며	樂簞瓢於陋鄕
늦은 봄 기수에서 목욕하고 읊조리는 것과 같습니다	詠浴沂於暮春者矣
지금 선생께서 서강의 선비에 대해	今夫先生之於西江之士也
또한 그러하지 않습니까!	不亦其然哉
본체를 탐색하자면 제자에 푹 젖어들어 배우고	原體則涵泳諸子
백씨(주석가)로서 넉넉히 물을 대며	灌注百氏
인의를 한곳에 모으고	渟滀仁義
경전과 역사를 속속들이 탐구하였습니다	鬱蒸經史
작용을 말하자면 사물에 응하여서 움직이고	言用則應物而動
때에 맞게 조종을 하며	與時操縱

어둡고 밝음에 따라 정신을 자유로이 변화하여서   神便化於晦明

형상이 장강과 황하가 흉흉하게 물결치는 것 같습니다   狀江河之洶湧

문사로 표현되어서는   發爲文詞

안개처럼 일고 노을처럼 퍼지며   霧滃霞撝

명예와 영광이 빛남에는   赫其聲光

우레와 번개가 번뜩이는 것 같습니다   雷電翕張

우러러보니 태산처럼 서 있어서   仰之嶽立

바람과 구름이 이에서 나오고   風雲是出

다가가니 시내가 달려가는 듯하여   即之川騰

가뭄과 더위에 의지할 바인 것과 같습니다   旱暵攸憑

만 리에 바람소리가 휩쓰는 듯하고   偃風聲於萬里

구천에 구름과 무지개를 바라보는 듯합니다   望雲霓於九天

어찌 우리에게 오시는 것은 나중에 하시는가 하고 탄식하는 듯하며

                                        歎爾來之奚後

왜 어떤 지역을 홀로 먼저 대하는지 원망하는 듯합니다 怨何地之獨先

그런즉 서강의 땅이라 하여   則夫西江之上

어찌 반드시 점차 푹 잠기고   豈必漸漬沐沃

흠씬 물을 대며 씻어내고 깊이 잠겨들지 않겠습니까!   澡滌沈潛

추위와 더위를 겪고   歷以寒暑

해가 쌓여서   積之歲年

본디 장차 조금씩 정성을 들여서 이삭이 패며   固將得微涓而已穎發

남은 물방울을 두루 적시어 마침내 불쑥 일어나는 것 같습니다

                                        霑餘滴而遂勃然

부추와 지칭개가 조화와 생육을 노래하고   詠菁莪之化育

풍수의 차조기가 삶을 온전히 함을 즐기며 　　樂豐艿之生全

수수와 사수(공자)에서 놀란 물결을 일으키고 　　揚驚瀾於洙泗

이천과 염계(정이와 주돈이)에서 갑자기 물결이 불어납니다 　起暴漲於伊濂

진실로 이 비가 때맞춰 내리니 　　信斯雨之及時

장차 선생과 덕을 나란히 하고 어짊을 함께 합니다!

　　　　　　　　　　　將與先生比德而麗賢也夫

선생이 말하였다 　　先生曰

어째서 이리 쉽게 말을 하는가? 　　是何言之易也

옛날에 공자는 태화의 원기이며 　　昔孔子太和元氣

지나가심에 교화하고 머무르심에 신묘한 영향을 미치며 　過化存神

말씀을 하지 않으시고도 깨우쳤으니 　　不言而喩

본래 이른바 때맞춰 내리는 비가 일으키는 작용이 있는 것입니다

　　　　　　　　　　固有所謂時雨化之者矣

내가 어찌 그런 사람이겠습니까? 　　而予豈其人哉

또 그대는 때맞춰 내리는 비의 공을 알고 　　且子知時雨之功

일찍이 그 근심은 보지 못했습니다 　　而曾未睹其患也

대화(心宿)가 서쪽으로 흐르고 　　乃若大火西流

휴식에서 농사가 시작되니 　　東作於休

농사꾼이 서로 말하기를 　　農人相告

장차 가을이 되면 　　謂將有秋

곡식이 단단하게 익고 실해져서 　　須堅須實

수확한다고 합니다 　　以獲以收

이에 뜰에서는 음악으로 연주하고 춤추며 　　遍乃庭商鼓舞

강의 학은 날아오릅니다 　　江鶴飛翔

구름이 짙게 깔리고	重陰密霧
여러 달 동안 안개가 자욱합니다	連月彌茫
차가운 바람과 장맛비가	凄風苦雨
아침저녁으로 그치지 않습니다	朝夕淋浪
벼의 끄트머리에는 귀가 나오고	禾頭生耳
기장의 눈에는 깜부기가 낍니다	黍目就盲
강과 하천은 넘쳐서 범람하고	江河溢而泛濫
초목은 뿌리가 드러나서 누렇게 시듭니다	草木泄而衰黃
공업은 이루어졌다 무너지고	功成而夫敗
풍성하게 익은 것은 변하여서 흉년이 됩니다	變豐稔而凶荒
진흙탕을 휘저어본들 무엇을 건져내며	汩泥塗以何救
몸과 발에 창상이 나는 것을 어찌 막겠습니까?	疽體足其曷防
비가 새는 방에서 공연히 부르짖고	空呼號於漏室
허물어진 담장에서 헛되이 탄식하고 원망합니다	徒咨怨於頹墻
아! 허허!	吁嗟乎
지금 흉으로 되어버린 것이	今之以爲凶
옛날에는 공업으로 이루어놓았던 것이 아닙니까?	非昔之以爲功者耶
어찌 사물의 이치가 멀리 끊어졌는데	烏乎物理之迥絶
인정이 갑자기 달라지겠습니까?	而人情之頓異者耶
이로써 비바람으로 자라게 하고	是知長以風雨
서리와 눈으로 거두게 하며	斂以霜雪
음이 있으면 반드시 양이 되고	有陰必陽
추위가 없으면 덥지 않음을 알 수 있습니다	無寒不熱
조화는 저절로 일어나지 않고	化不自興

때가 되어야 무성해지며	及時而盛
가르침은 정해진 아름다움이 없고	教無定美
때가 지나면 반드시 병폐가 됩니다	過時必病
그러므로 선왕이 백성을 사랑함에는	故先王之愛民
반드시 인으로 기르고 의로써 바르게 합니다	必仁育而義正

나는 참으로 감히 그대의 때맞춰 내리는 비와 같은 깨우침을 잊지 않으며

吾誠不敢忘子時雨之規

또한 지나쳐서 장마가 되어 근심을 생기게 함을 염려합니다

且慮其過而爲霖以生患也

이에 요산자가 머리 숙여 사례할 겨를도 없이	於是樂山子俯謝不及
자리를 피하여 일어나	避席而起
두 번 절하고 술잔을 비우고	再拜盡觴
시우가를 노래하였다	以歌時雨歌曰
격렬하게 소용돌이치니 깊은 못이요	激湍兮深潭
온화하게 비추니 차디차도다	和煦兮冱寒
비로써 윤택하게 하니	雨以潤兮
지나치게 비가 내리면 해롭게 하네	過淫則殘
오직 선생이여	惟先生兮
실로 부림(송의 법률가)과 같도다	實如傅霖
구름이 되고 무지개가 되니	爲雲爲霓兮
백성이 지금 바라도다	民望於今
규벽을 삼키고 토하니	呑吐奎璧兮
하늘의 문장을 나누어가졌도다	分天之章
바람을 타고 기운을 탐에	駕風騎氣兮

용을 끼고 날도다	挾龍以翔
강신의 혜택이 패연하니	沛江帝之澤兮
서방으로부터 오도다	載自西方
비가 오기도 하고 해가 나기도 하며	或雨或暘
추웠다 더웠다 하여	一寒一暑
사물에 따라 완성을 시키니	隨物順成兮
내 마음이 어떠한가!	吾心何如
바람과 비와 서리와 눈	風雨霜雪兮
어느 것인들 때맞춰 내리는 비가 아닐까!	孰非時雨

형부주사 요강 왕수인 쓰다.

刑部主事姚江王守仁書

소보는 이동양의 제자이며 다릉파 시인이다. 양명이 그에게 「시우부」를 지어준 일은 다릉파와 함께 시부사장의 솜씨를 겨루려는 깊은 뜻이 있었다. 이 부는 양명이 서울에서 '상국유' 시기에 지은 시부 창작의 최고봉에 오른 작품이라 할 수 있으며, '서한림' 문사 집단을 대표하여서 정치를 행하고 도를 실천하며 백성에게 혜택을 주는 관료의 이념을 제시한 것이다.

부는 풍자의 뜻이 높고 원대하다. 양명은 어진 사람은 산을 좋아한다는 '요산자樂山子'로 자처하고, 강서로 부임하는 소보는 백성을 윤택하게 하고 인을 기르는 '급시우及時雨'로 비유하면서 지금이 바로 '대한大旱'의 시들고 쇠약해져 무너지는 시대에 처했으니 조정의 수많은 선비는 모두 응당 민생과 시대의 어려움, 그리고 나라의 어려움을 구하는 일을 자기 임무로 삼고서 단비를 뿌리고 인仁한 혜택을 흘러보내는 '단비(時雨)'가 되어서 "본체를 탐색하자면 제자에 푹 젖어들어 배우고, 백씨에 넉넉히 물을 대며, 인의를 한곳에 모으고, 경전과 역사를 속속들이 탐구하고" 또 "작용을 말하자면 사물에 응하여서 움직이고, 때에 맞게 조종을 하며, 어둡고 밝음에 따라 정신을 자유로이 변화하여서, 형상이 장강과 황하가 흉흉하게 물결치는 것과 같이" 되어야 한다고 인식하였다. 소보가 강서로 부임하여 단비를 두루 뿌려서 "부추와 지칭개가 조화와 생육을 노래하고, 풍수의 차조기가 삶을 온전히 함을 즐기며, 수수와 사수(공자)에서 놀란 물결을 일으키고, 이천과 염계에서 갑자기 물결이 불어"나기를 희망하였다.

사실 '서한림'에서 양명도 이러한 단비를 뿌리고 인한 혜택을 흘려보내는 '시우時雨'로써 자기를 규율하였다. 그는 형부의 '요산자'로서 형부 형옥의 부패를 직접 목도하였다. 홍치 연간(1488~1505) 이래 법을 집행하는 삼사三司는 조정에서 이미 점점 극도로 어두운 불인不仁한 상황을 조성하였다. 명대의 중앙 정규 사법기구는 형부刑部·도찰원都察院·대리시大理寺의 세 법사法司로 구성되었다. 지방 각 성의 형옥은 모두 형부의 관할하에 있었다. 먼저 도찰원이 지방에서 보고한 안건의 형옥 처리가 공평하고 타당한지의 여부를 평의한 다음 대리시에 보내서 복심覆審을 하고 마지막으로 형부에서 황제에게 보고하여 재정裁定하였다. 그러나 정상적인 사법기구와 사법 집행 절차 외에도 금의위錦衣衛와 같은 황제 직속의 특수한 형옥기구가 전권專權을 갖고서 큰 안건이나 중요한 안건의 조옥을 황제의 재가를 받아(欽定) 결정함으로써 세 사법기구를 능가하였다. 나중에 또 동창東廠·서창西廠·내행창內行廠이 생겨서 횡행하고 발호하였다. 그러므로 양명이 형부에 부임하자마자 바로 형부의 형옥 폐단을 개혁하려는 생각을 갖게 되었던 것이다.

10월에 형부원외랑 방량영이 광동 안찰사첨사로 나갔다. 양명은 「송방수경광동첨헌서送方壽卿廣東僉憲序」를 지어서 다음과 같이 공공연히 형부 13사

司의 폐단을 드러냈다.

사대부가 서울에서 벼슬하는 것은 극히 번잡하여서 하기 어려운데 유독 부속部屬이 심하다. 그리고 부속 가운데 유독 형조刑曹의 옥송을 주관하는 일은 아침저녁으로 항상 장부와 문서와 안건이 올라와서 입으로 결정하고 귀로 변론을 듣고 눈으로 증거를 찾고 마음속으로 구하여서 잠시도 공무(公座)를 떠날 수 없으며, 손에서 필기도구(鉛槧)를 휘두르기를 멈출 수 없으니 대체로 부속 중에서도 더욱 심하다. 그리고 형조에 있는 13사司 가운데 유독 운남雲南은 직책이 경기京畿에 있고, 광동은 일이 권귀權貴를 상대해야 하니 까다롭고 어렵기가 다른 사司보다 더욱 심하다. 이와 같음에도 그 뜻을 행하여서 직책에 부끄러움이 없다는 것은 본래 뜻을 지닌 자가 하기를 원하는 바이며, 재능이 많은 자가 성취하기를 바라는 바이다. 그러나 온갖 일이 어지러이 뒤섞여 있고 번거롭게 모여서 또 뒤따라 억누르고 견제한다. 말이 입에서 나오기도 전에 욕됨이 이미 몸에 닥치며, 일이 위태로운 상황에서 해결되지 않았는데 기관이 이미 함정에 설치된다. 의논하는 자는 이런 상황에 처하여서 이법理法에 흔들리지 않을 수 있고, 재앙과 실패에 빠지지 않는다면 천하에 다시 하기 어려운 일이 없다고 하는데 이는 참으로 그러하다. 그러나 나는 한번이라도 재앙과 실패를 두려워한다면 이법은 때로 흔들림을 피할 수 없다고 생각한다. 진실로 이법이 펼쳐지기를 추구하되 반드시 재앙과 실패에 빠지지 않기를 바란다면 아마도 성인 이하로는 혹 그렇게 할 수 없는 바가 있을까 생각한다. 소송으로는 사람 목숨에 관계된 일보다 중대한 건이 없으며, 악이 지극한 것으로는 도적보다 심한 것이 없다. 조정에서는 한 백성이 극악하다는 누명을 뒤집어쓰고 아무 잘못도 없이 죽임을 당하는 것을 용서하지 못한다. 이는 세속의 여론이 모두 그러하다. 그러나 수경(방량영)은 홀로 첨사를 즐거움으로 여겼다. 이는 그 사이에 역시 아마도 (사람들 마음에) 편안히 여기지 않는 바가 있었기 때문에 차라리 (이런) 자질구레하고 성가신 일에 처하여서 과오와 사특함을 면하기를 추구함인가? (사람들 마음에) 편안히 여기지 않는 일을 알아서 거기에 처하지 않고 과오와 사특함을 두려워하여서 (차라리) 성가시고 자질구레한 일을 달게 여길 줄 안다면 이는 옛 군자의 마음이다.[48]

양명은 작은 일부터 다루어서 형부 13사의 폐단을 개혁하는 일에 착수하였다. 그는 먼저 제뢰청提牢廳을 정비하였다. 원래 형부에서는 제뢰청을 설치하고 13사의 형옥을 모두 제뢰청의 관할로 귀속하였는데 수감되어 있는 범인이 한 해에 1만 명을 헤아렸다. 그러나 제뢰청은 죄수를 가둬두는 일개 집행 기구에 불과하기에 상부 각 사의 형옥안 사정에 대해서는 모두 명료하지 않아, 해마다 10월에 죄수를 관리하고(提牢) 옥사를 판결할(決獄) 때 법을 상사 上司에서 집행하였으므로 선을 밝히지 못하고 중간에서 폐단을 저지르는 일이 많았다. '서한림' 관원이 공동으로 노력한 끝에 형부에서는 10월 15일에 제뢰청을 중수하여 낙성하였는데 마침 양명이 윤번에 따라 제뢰청 주사를 맡게 되었다. 그는 즉시 제뢰청의 인사제도를 정비하고 윤번에 따라 죄수의 관리를 맡았던 관원의 이름을 모두 청의 벽에 써두어서 실적을 살펴보고(査考) 법을 취하는 데 대비하도록 명하였다.

그는 특별히 「제뢰청벽제명기提牢廳壁題名記」를 지어서 그의 법을 집행하고 선을 밝히는 사상을 다음과 같이 논술하였다.

---

48 『왕양명전집』 권29 「송방수경광동첨헌서送方壽卿廣東僉憲序」.

경사는 천하의 옥송이 귀결하는 곳이다. 천하의 옥송은 형부의 13사가 나눠서 맡고 또 13사의 옥송은 아울러 제뢰청으로 연계된다. 그러므로 천하의 옥송은 모두 제뢰청에서 처리된다. 옥에 갇히는 사람은 한 해에 1만 명이나 된다. 아침이면 모두 제뢰청에서 나와 13사로 분산된다. 죄수를 관리하는 관리관은 눈으로 죄수의 상황과 모습을 파악하고 손으로 이름을 짚어서 가려내 입으로 묻고 귀로 들으며 한 사람 한 사람씩 진행하는데, 진시辰時(오전 8시)부터 시작하여 오시午時(낮 12시)에 비로소 끝난다. 저녁에는 13사에서 돌아오는데 미시未時(오후 2시)에서부터 유시酉時(오후 6시)에 끝나며 그 절차가 역시 같다. 본래 천하에 지극히 번거로운 일이다. 그 사이에 옥사가 결정된 자는 여섯 감옥(六監)에 나누어 수감한다. 죄의 경중이 같아서 결정하지 못한 자 또한 자연 여섯 감옥에 수감된다. 차꼬와 쇠고랑을 죄거나 늦추며, 출입문 열쇠를 열고 닫는 일, 추위와 더위에 아침저녁으로 달리 방비하는 일, 기갈과 질병에 따라 달리 관리하는 일, 청소하고 수리하는 지극히 자질구레한 일과 때를 벗겨내는 지극히 천한 일에 이르기까지 비록 저마다 여섯 감옥의 아전에게 맡겨져 있지만 죄수를 관리하는 관리관이 하나라도 알지 못하면 곧 폐단이 일어나고 해로운 일이 생기는데, 법을 집행하는 자가 그 뒤에 따지고 헤아리니 또한 천하에 지극히 비천한 일이다. 처벌(獄)이 중한 자는 죽음에 들어가고, 그다음은 모두 도류徒流에 처해진다. …… 옛 제도에서는 죄수를 관리할 때 한 달에 주사主事 한 사람을 교체했는데 홍치 경신년(1500) 10월에 이르러 나에게 마침내 일이 돌아왔다. 나는 천하에 지극히 졸렬한 자이며, 평소 아무런 문제가 없을 때에라도 번거롭고 어지러운 일을 만나면 갈피를 잡지 못하고(支離) 싫증을 내고 게으름을 피워서 제대로 대처하지 못한다. 하물며 이제 여러 병을 앓고 난 뒤라 매우 피곤하며 초췌하니 또한 내 평생 가장 억지로는 할 수 없는 날들이다. 해마다 옥사 판결은 모두 10월 하순에 이루어지는데 사람들이 나에 대해 의구심을 품고 대부분 헤아릴 수 없는 변고를 우려하니 또한 할 수 없는 때에 이른 것이다. 천하에 지극히 번거롭고 지극히 비천하고 지극히 중한 일인데 또 천하에 지극히 졸렬한 사람이 담당하게 되었으며 억지로 할 수 없는 날을 만나고, 할 수 없는 때에 이르렀으니 이 또한 어찌 천하에 지극히 어려운 일이 아니겠는가? 어려움에 처한 내가 옛날 이곳에서 다스리던 자를 감히 잊지 못하는 까닭은 장차 사숙私淑을 하려는 것이다. 그런데 청의 벽에 옛날 제명이 없어서 관련 기록(故牒)을 찾아보니 남아 있는 것은 겨우 100에 하나 정도일 뿐이었다. 이나마 없어질 것을 크게 두려워한 것은 옛사람의 잘잘못을 고증할 수 없으면 뒤에 올 사람이 더욱 두렵고 어렵고 구차한 일을 당했을 때 보고 느끼는 바가 아무것도 없을 것이기 때문이다. 이에 모두 취하여 청의 벽에 써둔다. 비록 이미 죽은 사람은 다시 추적할 수 없을 것이나 장차 오는 자는 오히려 끝이 없을 것이니 후세의 현자로서 판별하고 택하여서 취하고 버릴 수 있을 것이다. 그리고 그 사이에 만일 천하에 나처럼 지극히 졸렬한 자라도 법을 취하여 선을 밝힐 수 있으며 지나친 허물을 면할 것이니 장차 작은 보탬이나마 없지 않을 것이다. 그런 뒤에야 내가 이 일을 하는 것이 본래 나를 미루어 남들에게까지 미치는 지극한 정에 저절로 그만둘 수 없었기 때문임을 알 것이다.[49]

양명은 제뢰청에서 뜻밖에도 옥리獄吏가 옥중에서 죄수에게 줄 음식을 돼지에게 먹여서 기르고 있다는 사실을 알게 되었다. 그는 즉시 명령을 내려서 돼지를 잡게 하고 그 돼지고기를 죄수들에게 나눠주어 먹게 하였다.

---

49 『왕양명전집』 권29 「제뢰청벽제명기提牢廳壁題名記」.

나중에 김여해金汝諧(1603, 거인)는 이 기이한 사건을 다음과 같이 언급하였다.

신건백 온성溫成 왕 선생이 처음 형조에서 벼슬을 하였는데 윤번에 따라 제뢰청에 근무하게 되었다. 여러 아전이 돼지를 기르는 것을 목도하고서 측은하여 화를 내며 말하였다. "죄수는 죄를 지어서 갇힌 자이지만 오히려 먹을 것을 주는 까닭은 조정이 살리고자 하는 넓고 큰 은혜 때문인데, 너희들이 이 음식을 가져다가 돼지를 먹이니 이는 짐승을 몰고 와 사람의 먹을거리를 먹이는 짓(率獸食人食)이다. 덕을 베풀려는 조정의 뜻을 어찌 보고 이런 짓을 하는가!" 엄격하게 징계를 내리려고 하니 뭇 아전이 꿇어앉아 너그럽게 용서해달라고 청하며 핑계를 대기를 "이는 관례이며 당경堂卿도 아는 바입니다."라고 하였다. 선생이 "어찌 이럴 수가 있는가? 너희들은 당경을 끌어들여서 잘못한 일을 꾸며대고 있을 뿐이다."라고 하였다. 그날로 당경에게 말하였더니 당경이 의견을 밝혔다. 마침내 선생이 돼지를 잡아서 모든 죄수에게 나눠주라고 명령하였다. 그 뒤로 옥리가 지금까지 돼지를 기르지 않는다. 선생은 만년에 집에서 거하였다. 같은 마을에 형부에 벼슬하면서 정사를 주관하는 관씨管氏라는 자가 있었는데 그 일에 익숙하였다. 하루는 선생을 모시고 한숨을 쉬며 탄식하기를 "선생이 평생 세상을 경륜하여 쌓은 공적은 논하여 크게 내세우는 자가 없습니다. 다만 처음 형부에서 벼슬하실 때 돼지를 잡은 일은 지금까지 사람들의 입에 오르내립니다."라고 하였다. 선생이 다 듣고서 얼굴을 찌푸리며 말하였다. "내가 소년 때 학문을 하지 않아서 이처럼 하늘을 속이고 사람을 속이는 일을 하였다. 이제 와 들으니 오히려 부끄럽다. 그대가 이를 미담으로 여기는 까닭은 나에게 아첨하는 것인가?" 이에 관이 깨닫지 못하고서 말하기를 "위로는 조정의 덕과 혜택을 베풀고 아래로는 갇혀 있는 죄수를 마음 아파한 것이니 본래 지극히 덕을 베푼 일입니다. 선생께서는 오히려 깊이 뉘우치고 죄과로 여기시니 어찌 된 일입니까?" 하였다. 선생이 다시 얼굴을 찌푸리며 말하였다. "왕년에 한때 생각에 의지하여 앞뒤 가리지 않고 그렇게 하였으니 당경을 얼마나 난처하게 만들었겠는가? 다만 이는 바로 어질지 못한 일이었다."[50]

양명이 윤번에 따라 제뢰청에 근무할 때 마침 제뢰청의 사옥사司獄司를 중수하여서 낙성하였다. 그는 형부주사 유련劉瓛(1493, 진사)이 사옥사를 세우는 데 공을 세웠음을 듣고 즉시 「중수제뢰청사옥사기重修提牢廳司獄司記」를 지어서 유련의 정치 업적을 다음과 같이 칭송하였다.

홍치 경신년(1500) 7월, 제뢰청을 중수하는 공사가 끝났다. 또 두 달이 지나 사옥사가 낙성되었다. 이때 여요의 왕수인이 마침 이 차수로 옥사를 관장하고 감독하였다. 여섯 감옥의 아전이 모두 와서 말하기를 "생각건대, 이 청사가 정통正統 연간(1436~1449)에 건립되었는데 부서지고 헐고 기울어서 무너진 지 또한 20년이 됩니다. 낮고 작고 좁고 누추한 것은 처음 만들어질 때의 제도가 그러했으니 거기에 문제를 삼을 수는 없습니다. 이는 역시 관찰을 엄정하게 하고 법제를 엄격하게 하지 않는다면 일을 다스리는 자가 비바람과 서리와 눈을 피할 수 없을 터인데, 또한 어느 겨를에 직무를 행하고 간세奸細를 방지하겠습니까? 그러나 이 형부의 제도는 폐기된 것을 수리하고 무너진 것을 보수하는 데 주사 한 사람을 두어서 일을

---

50 『신편역대방촉新編歷代芳躅』 권하卷下 「왕수인王守仁」.

전담시킵니다. 또 무너져서 다스리지 못해도 우리 소인들은 알 수 있는 자가 없습니다. 실로 우리 유 공劉公께서 오직 좁은 것을 넓혀서 확장하고 썩은 것을 바꾸어서 견고하게 하는 이 일을 시작하셨습니다. 우리는 그 성취를 목도하였으며 직접 그 편안함을 향유하였으니 유 공의 공로를 감히 잊을 수 없습니다."라고 하였다. 이어서 말하기를 "여섯 감옥의 죄수는 온갖 극악무도한 죄를 지은 자들로서 재앙을 만들고 간사한 짓을 빚어내서 아전이 자주 재앙을 겪으며 백성이 그 죽음을 유익하게 여기니, 유독 금방禁防을 엄밀하게 하지 않겠습니까? (금방을 엄밀하게 하지 않으면) 역시 그 사이에 더러 금방을 엄밀하게 할 생각을 하고 있었습니다. 우리 유 공이 비로소 독창의 생각을 내어서 목한木閑을 창안하였는데 명령이 가혹하지 않아도 엄밀하고, 간사함은 그치게 하지 않아도 소멸되고, 차꼬와 쇠고랑은 느슨하게 하고 포승줄은 없앨 수 있었습니다. 우리들은 편안하게 베개를 베고 무사하였으며, 죄수도 법외의 주벌을 면할 수 있었습니다. 유 공의 공로가 이렇게 컸던 것입니다. 소인들은 일처리가 미미하며 모의가 막혀 있어서 (포장하는 일을) 할 수 없습니다. 감히 집사에게 포고하여 실로 중하게 도모해야 합니다."라고 하였다. 이에 나(守仁)는 이미 그 실정을 다스릴 수 없고 또 유 공은 동료라서 사사로이 칭찬하고 미화할 수 없으므로, 이에 말하기를 "내가 너희들을 위해 너희들의 말을 기록하고 유 공의 이름을 써서 유 공의 뒤를 잇는 사람들로 하여금 더욱 유 공의 직책을 닦게 하겠다. 너희들의 뒤를 이어서 이곳에서 복무할 자도 유 공의 공로를 잊어서는 안 된다. 그렇다면 너희들 마음 역시 흡족할 것이다." 하였다. 모두 응답하기를 "이는 소인들의 원하는 바입니다."라고 하였다. 드디어 다음과 같이 기록한다.

유 군의 이름은 연璉, 자는 정미廷美이며 강서 파양鄱陽 사람이다. 홍치 계축년(1493)에 진사가 되었고, 지금 형부 사천사四川司 주사이다.

홍치 경신년 10월 19일.[51]

유런도 '서한림'의 중요 인물이다. 이른바 '목한'은 나무로 만든 죄수의 감방으로서 중죄수가 손의 수갑과 발의 족쇄, 몸의 차꼬와 쇠고랑의 고통을 면할 수 있는 시설이니 역시 중죄수에 대한 '인도人道'적인 대우의 하나라 할 수 있다. 제뢰청 및 사옥사의 중건과 혁신은 '서한림'의 문사 집단이 이룬 정치적 업적의 상징이 되었으며, 죽음의 기운이 음침하게 퍼져 있는 형부에 어느 정도 법을 집행하고 선을 밝히는 새로운 기상이 나타났음을 드러낸다.

12월에 양명은 형부에서 한차례 직책을 맡았는데 홀연 양산兩山 내천구의 기세가 강렬한 「설도雪圖」가 형부의 대청(大堂)에 걸려 있는 것을 발견하고 흥분하여서 즉시 기세가 웅혼한 「내량산설도부來兩山雪圖賦」를 지어서 특별히 내천구의 신묘한 필치를 찬송하였다.[52]

      ……   ……

그윽한 북방 어둡고 바위투성이 땅에   幽朔陰巖地

세모에는 늘 눈이 많이 내리는데   歲暮常多雪

홀로 호수와 산의 승경이 없어서   獨無湖山之勝

나로 하여금 매양 눈을 대함에 오래도록 가슴이 콱 맺히게 했다

                                          使我每每對雪長鬱結

---

51 『왕양명전집』 권29 「중수제뢰청사옥사기重修提牢廳司獄司記」.

52 『왕양명전집』 권29. 이 부의 원래 제목은 「내우산설도부來雨山雪圖賦」로 되어 있는데 이는 잘못이다.

어느 아침에 말을 채찍질하여 추대(형부)에 들어갔는데 　朝回策馬入秋臺

높은 당 큰 벽이 춥고도 높았다 　　　　　　　　　高堂大壁寒崔嵬

어슴푸레 (그림 속에서) 옛날에 본 호수와 산을 발견하고 　恍然昔日之湖山

두 눈에 놀라움과 기쁨이 넘치니 삼 년 만에 또다시 놀라움과 기쁨에 눈

이 번쩍 뜨이네 　　　　　　　　　　　　　　雙目驚喜三載又一開

누가 축지법을 할 줄 알았으며 　　　　　　　　誰能縮地法

이 경치는 어디에서 왔는가? 　　　　　　　　　此景何來

석전(심주沈周, 1427~1509) 화사는 내가 아닌데 　　石田畫師我非爾

어찌 가슴속에 역시 이런 경치가 들어 있었는가? 　胸中胡爲亦有此

내 군은 신령스러운 뼈대의 맑음이 비할 데가 없는데 　來君神骨淸莫比

이 경치는 기이한 절경으로 (내 군과) 아주 흡사하다 　此景奇絶酷相似

석전의 이 경치는 그대가 아니면 그려낼 수 없다 　石田此景非爾不能摸

내 군이여, 내 군이여! 　　　　　　　　　　　來君來君

그대가 아니면 이런 그림을 감당할 수 없다 　　　非爾不可當此圖

나는 일찍이 직접 이 경치에서 노닐고 그 흥취를 누렸으니

　　　　　　　　　　　　　　　　　我嘗親遊此景得其趣

그대를 위해 시를 제하는데 　　　　　　　　　爲君題詩

내가 아니면 그 누가 하랴? 　　　　　　　　　非我其誰乎

　내천구가 그린 '겨울 눈(冬雪)'은 형부가 있는 공간의 위엄과 엄숙함, 옥사를 결정하고 형벌을 판결함에 공정무사함, 안건을 바로잡고 원통함을 씻는 맑고 밝은 깨끗함을 은유한다. 이 때문에 그의 「설도」를 형부의 대청에 내건 것은 '서한림'의 문사 집단이 형부에서 학문을 강론하고 문장을 논하며, 조정의 정치를 평의하고, 형옥의 폐단을 개혁하는 일에서 거둔 승리를 상징할 뿐

만 아니라 양명의 부 역시 은연중에 '서한림' 문사 집단의 정치적 업적을 찬송하는 의도가 담겨 있다. 이로부터 그는 '서한림'의 동도同道와 함께 한 걸음 더 강학講學과 의정議政, 수창酬唱과 교유交遊의 활동을 전개하였다.

홍치 14년(1501) 2월 호부낭중 전영錢榮(1493, 진사)이 질병으로 인해 석산錫山으로 돌아가 휴양을 하였는데, 양명과 '서한림' 문사가 문회文會를 열어서 그를 전송하였다. 서수성·항회·항제·진금·양자기·교우·진백헌陳伯獻(1499, 진사)이 모두 시를 읊고 부를 지어서 시권試卷을 엮었다.

양명은 「춘교부별인春郊賦別引」을 지어서 그 의의를 다음과 같이 밝혔다.

전세은錢世恩(전영) 군이 장차 돌아가서 정양을 하게 되었다. 세은과 관계가 두터운 사람은 모두 그가 떠나가는 것을 차마 보지 못하였다. 떠나기 사흘 전 천관天官(이부)의 낭관 항세경杭世卿(항제)의 저택에 모여서 함께 송별을 하였다. 이튿날 다시 지관地官(호부) 진국성秦國聲(진금)의 저택에 모였는데 참석한 사람은 여섯이었다. 수인(왕수인)과 추관秋官(형부) 서성지徐成之(서수성), 천관 양명보楊名父(양자기) 및 세경의 아우 진사 동경東卿(항회) 등이다. 세은은 돌아감에 병을 핑계로 삼고 다른 까닭은 모두 말하지 않았다. 이에 석별의 정회를 표현할 길이 없어서 시에 의탁했는데 앞뒤로 모두 시 10수를 얻었다. 여섯 사람은 세은이 있을 때 재회한 뒤로 한 번도 보지 못했었는데 그가 떠나가면 또한 어찌 볼 수 있겠는가? 이에 서로 교외에서 전송하기로 약속하고 반드시 세은과 한번 만난 뒤 보내기로 기약하였다. 떠나가는 날 성지는 성지聖旨를 기다리는 일로, 동경은 전형銓衡에 대기하는 일로, 세경과 명보는 저마다 부서에 일이 있어서 모두 나올 수 없는 형편이었다. 전송한 자는 수인과 국성 두 사람뿐이었다. 세은이 떠나간 다음 날 다시 수인과 함께 모여서 저마다 사정을 말하고 서로 아쉬움을 느끼고 탄식하면서 시 두 수를 완성하였다. 세경이 말하기를 "세은이 가게 되었는데 끝내 한 번도 전송을 하지 못했소. 비록 시로 표현하였으나 세은에게 전하지 못했으니 내 마음이 서운하오. 어찌 글의 차례를 정하여 엮어서 드리지 않겠소?" 하였다. 모두 말하기를 "그렇게 합시다."라고 하였다. 국성이 작은 두루마리를 만들고 세경으로 하여금 첫 번째 모임의 글을 짓게 하고, 국성과 명보 그리고 동경에게 나눠서 두 번째 모임의 글을, 성지에게 마지막 모임의 글을 짓게 하였다. 수인은 젊다고 하여 여러 공의 붓과 벼루를 시중드는 일을 맡았다. 아! 한번 이별하는 사이에도 세상사 들쭉날쭉 변화가 그 얼마인가! 비록 나와 세은이 내년 가을에 다시 만나기로 기약하여 반드시 이곳에서 모두 모이기로 하였으나 어찌 미리 확정할 수 있겠는가? 오직 도의를 서로 권면하고 덕업을 서로 기약하여서(相勉以道義, 而相期於德業) 진흙탕 속에 빠지더라도 밝은 하늘의 태양에 질정한다면 비록 약속을 지키지 못하고(斷金石) 평생 만나지 못하더라도(曠百世) 항상 함께함을 스스로 믿을 수 있을 것이다.[53]

전영은 조정에서 감히 직언을 하여 조정을 장악한 권귀에게 죄를 얻었는데 이것이 그가 사직하게 된 진정한 이유이다. 조정의 동도同道는 모두 말하기 어려운 고충이 있었기에 완곡하게 시를 지어서 서로 송별하였으며, 양명은 시의 머리말에서 진정을 토로하여 "도의를 서로 권면하고 덕업을 서로 기약하자" 하면서 고무하고 격려하였다.

형부의 진흙탕 같은 관료세계(官場)에 몸담은 양명은 스스로 '진흙탕 속에 빠진' 것으로 인식하였다. 그가 '서한림'의 문사와 조정의 사우士友와 함께

---

53 『왕양명전집』 권28 「춘교부별인春郊賦別引」.

학문을 강론하고 정사를 논의하며(議政) 글을 논하고 시를 짓는 것도 그 뜻은 '도의를 서로 권면하고 덕업을 서로 기약하는' 데 있었다. 그리하여 그는 더욱 그들과 학문을 강론하고 도를 논하는 일을 전개하고 성현의 학문을 탐구하는 데 치중하였다.

양명이 귀향하여 정양하려는 전영을 전송한 뒤 바로 호부원외랑 진금이 찾아와 그와 함께 학문을 강론하고 도를 논하면서 그에게 무석無錫 숭안사崇安寺의 승려 정각淨覺의 『성천권시性天卷詩』에 서문을 지어달라고 청하였다. 그는 마침 이 좋은 기회를 빌려서 '성천性天'의 성현 학문에 관한 관점을 논술하였다.

양명은 「성천권시서性天卷詩序」에서 다음과 같이 말한다.

> 잠시 시험 삼아 정각과 함께 천지 사이를 관조하여 이른바 '본성(性)'과 '천연(天)'을 탐구하여 논한다. 반짝반짝 밝으며, 우북하게 생겨나며, 우렁차서 놀라게 하며, 푹 젖어서 일어나게 하며, 앞으로 들끓고 뒤로 끌어안으며, 나아가서 보고 눈에 접하는 것이 어디에 간들 이것이 아니겠는가? 지금 물의 생리는 아래를 윤택하게 하고, 나무의 생리는 위로 생장하는 것이 본성이다. 그러나 그렇게 되는 오묘한 원리는 아무도 알지 못하며 물과 나무가 그것에 간여하지 않는 것은 천연이다. 위로 쳐올려서 산꼭대기로 올라가게 하거나 거꾸로 끝을 북돋게 하는 것이 어찌 물과 나무의 본성이겠는가? 터뜨려 치달리며 거꾸로 무성하게 자라는 것은 본래 천연이 아니다. 사람의 삶은 집 안에 들어가서는 부자·부부·형제이며, 밖으로 나가서는 군신·장유·붕우가 어찌 본성을 따라 천연을 온전하게 하는 관계가 아니겠는가? 성인이 세워서 기강으로 삼고 행하여서 예악으로 삼아 천하의 지나치고 미치지 못하는 것으로 하여금 모두 여기에서 중도를 취하게 하여 이르

기를 "이것은 하늘이 나에게 준 바이고 내가 삶으로 삼는 바이다." 하였을 뿐이다. 이와 같지 않으면 사람이 되기에 족하지 않으니 이는 본성을 잃고 천연을 잃는 것이다. 하물며 부자의 천륜을 끊고 부부의 인연을 막으며 안 일함을 찾아 속세를 떠나가는 것이랴? 우리 유학의 이른바 본성과 천연이라는 것은 이와 같은 것일 뿐이다.[54]

본성을 사물의 이법과 법칙(理則)으로 삼고 천연을 사물의 필연으로 삼아 양명은 여전히 정·주의 '인성이 곧 천리'라는 유가 '성천性天'의 성현 학문을 밝혀서 말하였다. 다만 한 발 더 나아가 사고하여서 불가의 성천설에 대해 질문을 제기하였던 것이다. 이 서문은 양명이 '서한림'에서 성현의 학문을 강론하여 도달한 또 하나의 중요한 사상의 수준을 반영하는 것으로서 이때 그가 서울(京華)에서 널리 유명한 시인일 뿐만 아니라 학술에 조예가 있는 '대유大儒'로서 사람들의 주목을 끌기 시작했음을 나타낸다.

대략 7월경 시허柴墟 저권이 태복소경太僕少卿으로 서울에 들어와서 양명과 서로 알게 되었다. 그는 곧 양명을 의리에 통달한 '순유純儒'로 보고 함께 강학론도를 전개하였다. 나중에 그는 황관에게 다음과 같은 편지를 보냈다. "근래 사대부로 채개부蔡介夫(채청蔡清, 1453~1508) 군, 왕백안(왕수인) 군이 모두 지향이 바르고 조예가 깊으며 의리를 강론하여 밝히면서 문자의 학문을 전공하지 않습니다. …… 족하께서 식견이 탁월하고 재주가 높으니 복을 벗은 뒤 나와서 그와 종유한다면 소득이 마땅히 더욱 승할 것입니다."[55] 양명도 유가 성현의 학을 잠심하여서 연구하려는 마음을 먹었다.

---

54 『왕양명전집』 권29 「성천권시서性天卷詩序」.

55 『시허문집柴墟文集』 권14 「여황관수재與黃綰秀才」.

윤7월, 형부의 동료 후수정侯守正이 사천四川으로 돌아가게 되었는데 양명은 촉蜀에 있는 스승(業師) '천하진유天下眞儒' 오백통吳伯通에게 편지 한 통을 써서 유가 성현의 학을 배우기로 결심한 사실을 전하였다.

편지에서 다음과 같이 말하였다.

촉의 선비로서 북쪽으로 온 자가 자못 스승님의 근황을 자세히 알려주었는데, 기거동작이 더욱 평강하고 저술이 더욱 풍부하며 몸은 한가하고 도는 더욱 높으며 연세가 높을수록 덕이 더욱 아름다우시다 하니 …… 저(生)는 근자에 형부 운남사雲南司에서 직책을 맡았습니다만(敎職) 재주는 거친데 일이 빽빽하여 오직 날마다 문서에 파묻혀서 분주할 뿐입니다(惟日擾擾於案牘間而已). …… 엎드려 생각건대, 대현군자께서 오래되었다 해서 끊어 버리지 않으시고, 미천하다 해서 버림을 받지 않게 하고 수록收錄해주셔서 다시 문하의 선비가 되게 해주시니 어찌 경행과 감격을 이길 수 있겠습니까![56]

그러나 형부의 '날마다 문서에 파묻혀서 분주한' 사무가 늘 그의 강학론도를 어지럽혔다.

---

56 『신간양명선생문록속편新刊陽明先生文錄續編』 권2 「봉석곡오선생서奉石谷吳先生書」.

'오늘 두 눈을 비비고(今日揩雙眼)': 남기南畿의 옥사를 판결하는 '유선遊仙'의 길

형부에서는 해마다 가을 8, 9월 사이에 관리를 지방의 각 성으로 파견해서 옥안獄案을 심의하여 판결하였다. 이해 8월에 형부에서는 운남사 주사 양명을 위임, 파견하여 직례와 회안淮安 등의 부府에서 중죄수를 심의, 판결하게 하였다. 이는 한 지역을 홀로 담당하는 중임이기에 '서한림' 문사 모두 그에게 두터운 희망을 걸었고, 조정의 동료(僚友)도 앞다투어 찾아와서 그를 전송하였다.

신임 형부주사 항회가 다음과 같이 시 한 수를 지어서 직례로 부임하는 그를 전송하였다.[57]

팔월 십육일 밤 왕양명의 관사에서 술을 마시다 八月十六日夜飮王陽明館

| 환한 달은 아직 이지러지지 않아서 | 素月殊未缺 |
| 밝고 밝게 은하수에 빛나네 | 皎皎銀漢光 |

---

57 『쌍계집雙溪集』 권1 「팔월십육일야음왕양명관八月十六日夜飮王陽明館」.

뜨락의 자리를 비추고	照見庭中席
술잔에 떠서 맑게 드날리네	浮杯宛淸揚
달을 대하고 다시 취하여	對此輒復醉
소리 높여 노래 불러 맑은 상음을 울리네	高歌激淸商
시절은 홀연 지나가고	時節忽已邁
허연 이슬이 옷자락을 적시네	白露沾衣裳
인생은 이별이 있게 마련	人生有離別
이 즐거움 항상 누릴 수는 없다네	此樂不可常
달이 높이 올랐으니 다시 일어나 춤을 추며	月高更起舞
맑은 밤 끝까지 즐겨보세	庶終淸夜長

동석한 하맹춘何孟春(1474~1536)이 긴 시 한 수를 지어서 송별하였다.[58]

남도에 형벌을 심의하러 가는 왕백안을 보내는 자리에서 스무 운을 나누어서 얻다　　　送王伯安南都審刑席上分得二十韻

가을비가 온 하늘에 내리고	秋雨彌天來
가을바람이 땅을 흔들며 불어오네	秋風動地發
추관이 바야흐로 권세를 부려서	秋官方用權
더운 기운 칠월을 쓸어가네	暑氣掃七月
사신의 말은 다시 어디로 가는가?	四牡復何之

---

58 『하연천시집何燕泉詩集』 권1 「송왕백안남도심형석상분득이십운送王伯安南都審刑席上分得二十韻」.

하늘의 벌을 받들어야 할 때이네	時當奉天罰
조서가 왕궁에서 내려오니	黃紙下青冥
공경해야 할 임금의 말씀	欽哉惟帝曰
죄는 진나라의 경형을 벗어날 수 없으나	罪無脫秦黥
법은 초나라의 월형을 더하지 말라	法勿加楚刖
세 차례 다섯 차례 복심을 하여	三覆五覆間
사정을 정확하게 살피기에 힘쓰라	務使事情核
임금의 한 조각 붉은 마음을	宸衷一寸丹
두 번 절하고 홀에 쓰네	載拜書之笏
근래 백성의 풍속이 엷어졌으니	年來民俗漓
기꺼이 알리고 들추어내며	肯長其告訐
근래 관리 일처리가 어수룩하니	年來吏事冗
기꺼이 당돌한 말을 듣네	肯聽其唐突
현과 같이 곧은 이 법을 가지고	持此直如弦
누가 뵙기를 청하러 가랴?	何人行請謁
저울과 같이 공평한 이 법을 가지고	持此平如衡
누가 요행히 이익을 취하랴?	何人得乾沒
다섯 가지 덕을 지닌 봉을	莫將五德鳳
독격골에 견주지 말라	擬以獨擊鶻
붓끝에 조화를 일으켜서	筆端有造化
원한을 품은 골육을 풀어주라	還解肉冤骨
산천은 얼마를 지나왔는가?	山川幾經歷
세월은 홀연히 가는도다	歲月去飄忽
문서는 책상에 가득하고	簿書盈几席

기꺼이 속세의 노고로 탄식하네	肯作塵勞咄
밤에는 등불만 외로워	夜分燈火孤
맑은 흥을 참으로 다스리기 어렵네	淸興諒難汩
기행 편을 검토하며	點檢紀行篇
떠도는 종적은 오나라 월나라를 두루 다니네	浮踪遍吳越
조정에는 어느 때나 돌아올지	歸朝擬何時
온갖 꽃은 향기 다하려 하네	欲及衆芳歇
백성을 슬퍼하고 불쌍히 여기는 나머지	民物哀矜餘
돌이켜 생각하니 마음이 아리네	轉覺心如齕
만언의 글을 지어서	好爲萬言書
엎드려 궁궐에 아뢰네	伏奏蒼龍闕

이당李堂도 장편의 송별시를 지었다.[59]

남기로 죄수를 판결하러 가는 추관 왕백안의 잔치 자리에서 운을 나누었는데
실 자 열네 운을 얻다   秋官王伯安南讞決囚席上分韻得室字十四韻

맑고 푸른 가을밤	良夜碧澄秋
등불은 빈방을 채우네	燈光滿虛室
잔치 자리 사방은 엄숙하고	筵高四座嚴
생각을 얽어 증정하는 글을 지으려 하네	構思惟贈述

---

59 『근산문집董山文集』 권1 「추관왕백안남기결수석상분운득실자십사운秋官王伯安南讞決囚席
上分韻得室字十四韻」.

주인은 옥사 처리하러 가게 되어서　主人戒使期

주머니에 석 자 법률을 지녔네　囊橐三尺律

평소 수많은 책을 읽었으니　平生萬卷心

내 사관의 붓을 시험해보네　試爾丹吾筆

엄정하고 정당함은 유자의 전승이니　明允自儒傳

임금께 이 꾀를 바치네　致君此其術

문서는 비단으로 싸고　案牘庸錦成

평판은 어찌 진실하지 않겠는가!　口碑无乃實

징계는 교화의 근원에 매어 있고　懲戒繫化原

나라의 교화는 보필을 빌리네　邦敎籍毘弼

이제 만 리 길 떠나니　萬里今發程

천균의 활을 한껏 당기네　千鈞方彀率

빗물이 모여서 국화 핀 못이 맑고　收潦菊潭淸

회오리바람 일어나 돛배는 빠르네　揚飆掛帆疾

달은 밝고 새는 머물러 지저귀며　月皎鳥停啾

매는 떨쳐 날고 여우는 깊이 숨었네　鷹奮狐藏密

세 산과 두 강을 건너보내니　三山二水寄

한가한 흥에 공은 편안하기를!　暇興公餘逸

뛰어난 승경에 우두커니 임하여서　形勝佇登臨

비단 주머니에 글 원고 가득하네　盈緗富篇帙

사사로운 생각을 다 기울인 글을　尙憐傾渴私

우편통이 다행히 잃어버리지 말기를!　郵筒幸毋失

양명으로 말하자면, 남기에서 옥사를 판결하는 일 또한 그의 인생에서 곡절이 많은 탐색을 향한 심로의 역정을 이루었다. 그는 조정의 혼탁한 관료세계에서 멀리 떠나 회전淮甸(회하 유역)으로 남하하면서 일로에 회안淮安·봉양鳳陽·남경南京·화주和州·무호蕪湖·여주廬州·지주池州의 죄수들을 심의하였으며, '서한림' 문사의 본분을 잃지 않았다. 산수에 정을 실어서 회포를 풀고 형승에 올라 관람하며 불교 사찰과 도관을 찾아다니면서 시를 읊고 부를 지었는데, 이때 남기의 옥사 판결을 한차례 산수 '유선遊仙'의 여행으로 삼았다.

그는 봉양에 도착하여 죄수를 심리하던 중에 시간이 나자 봉양의 유명한 초루譙樓에 올라 유람을 한 뒤 감회를 읊은 시 한 수를 지었다.[60]

초루에 올라	登譙樓
높은 난간은 푸른 하늘을 의지하고	千尺樓欄倚碧空
아래로 계곡에 임하여 홍몽을 흩어버리네	下臨溪谷散鴻濛
조릉의 왕기는 용과 범으로 서리고	祖陵王氣蟠龍虎
황제의 궁궐 겹겹한 성에 무지개 걸렸네	帝闕重城鎖蟠崍
나그네는 강남에서 고향을 생각하고	客思江南惟故國
북쪽 하늘 날아가는 기러기는 긴 바람에 시달리네	雁飛天北礙長風
패 땅 노래에 천자의 수레 돌아오던 날을 생각하니	沛歌却憶回鑾日
한낮에 깃발은 바다 동쪽을 건너가네	白晝旌旗渡海東

이는 옛일을 돌아보고 오늘을 개탄하는 시이다. 봉양은 태조 주원장의 고

---

60 『광서봉양부지光緒鳳陽府志』 권15 「등초루登譙樓」.

향이며, 그곳에는 아직 태조 선부先父의 '황릉皇陵'이 있으므로 봉양의 초루(*고루鼓樓)도 더욱 웅장하고 화려하며 우뚝하게 조성되었다. 아직도 군여軍餘 164명을 선발하여서 누각을 지키고, 북과 관악기를 연습시켜 황제의 궁궐과 조릉의 왕기王氣를 널리 떨쳐서 사람들로 하여금 당년에 태조가 고향으로 돌아와 조부의 능을 배알하고 부로를 만났던 더없이 높은 영광과 황서皇瑞를 회상할 수 있게 하였다. 그러나 이 시간 이 광경을 대면하고서 양명은 역시 '나그네는 강남에서 고향을 생각하고, 북쪽 하늘 날아가는 기러기는 긴 바람에 시달린다'라고 근심과 실의를 표현하였다.

양명은 9월 상순경에 남도南都에 도착하여서 본격적으로 남기 죄수의 평결을 시작하였다. 그는 주로 순무巡撫와 어사를 회동하고 엄격하게 중죄수를 심리, 판결한 뒤 원옥冤獄을 바로잡아 신원하여서(平反) 실효를 얻었다.

그의 동년 남호南濠 도목都穆(1458~1525)은 양명의 중죄수 심의 판결을 다음과 같이 언급하였다.

양명 왕 공은 형부주사로서 남기에서 죄수를 판결하였다. 진陳 지휘라는 자가 18명을 죽이고 옥에 갇혔는데, 여러 차례 당도當道에게 뇌물을 주어서 10여 년이 되도록 판결이 나지 않았다. 왕 공이 부임하여서 가장 먼저 그를 주벌하라고 명하였다. 순무와 어사가 반대하여 청을 드렸는데, 왕 공은 끝내 듣지 않았다. 진이 형을 당하면서 부르짖기를 "죽어서 지각이 있다면 반드시 그냥 두지 않겠다!" 하였다. 공이 웃으며 말하기를 "내가 너를 죽이지 않으면 18명의 혼령이 마땅히 나를 그냥 두지 않을 것이다. 네가 죽은 뒤 무엇을 하겠느냐?"라고 하며 끝내 저자에서 참하였다. 저자 사람들이 이를 갈며 통쾌하게 여기지 않는 사람이 없었다. 진의 아비가 진陣에서 죽었고, 그의 아들이 도적을 막다가 군율을 어겨서(失機) 복주되었는데,

3대가 형을 받았으니 역시 이상한 일이다.[61]

이는 전형적인 중죄수 옥안獄案 판결의 예로서 일관된 법 집행과 용병用兵, 치군治軍의 '철완鐵腕'으로서 양명이 지닌 풍모를 충분히 드러내 보여준다. 그러나 그가 심리하여 판결하려는 옥안의 대다수는 남직례의 각 부와 주의 사건이었으며, 그 가운데 지주池州는 옥사 판결의 중점 지역이었다. 그래서 양명은 매우 빨리 남경에서부터 화주和州·무호蕪湖·여주廬州의 선을 따라 남하하면서 가는 길마다 각 부府의 옥안을 심리, 판결하였다.

9월 하순경에는 지주에 도착하였다. 지주는 불교 승지勝地인 구화산九華山이 있어서 천하에 이름을 떨쳤는데, 양명이 일찌감치 마음속으로 달려갔던 불문佛門의 성산聖山이었다. 구화산이 불교의 명산이 된 까닭은 당대에 신라국 왕 김헌영金憲英(경덕왕景德王, 742~765)의 겨레붙이인 김교각金喬覺(696~794)이 동쪽에서부터 바다를 건너와 구화산에 주석住錫하면서 고행, 수련하였기 때문이다. 그는 지장보살의 화신으로 여겨졌으며, 김지장金地藏으로 존칭되었다. 특히 그는 화성사化城寺를 지어서 거주하였고, 그가 원적圓寂한 뒤에는 육신肉身으로 탑을 조성하여 안장하였다. 따라서 양명은 지주에 도착하자마자 곧 죄수를 판결하는 와중에 휴가를 내어서 구화산을 유람하였다.

그는 먼저 김지장의 화성사를 예방하고 지장탑을 찾아 추모하였다. 이어서 감회를 펼쳐서 시를 지어 읊었다.[62]

---

61 『도공담찬都公談纂』 권하卷下.

62 『왕양명전집』 권19 「화성사육수化城寺六首」; 『광서청양현지光緒靑陽縣志』 권10 「지장탑地藏塔」.

화성사, 여섯 수　　　　　　　　　　　化城寺六首

깊고 깊은 산속에 화성사가 높이 자리하여　　　化城高住萬山深

공중에 솟은 누각 하늘을 침범하네　　　　　　樓閣憑空上界侵

하늘 밖은 맑은 가을이라 밝은 달이 뜨고　　　天外清秋度明月

인간세상은 보슬비에 어득어득하네　　　　　　人間微雨結浮陰

바리때의 용이 내려온 곳에 구름이 일고　　　鉢龍降處雲生座

바위에 웅크린 호랑이 돌아갈 때 바람이 숲을 채우네　巖虎歸時風滿林

호사를 좋아하는 산승이　　　　　　　　　　最愛山僧能好事

밤 깊은 당에서 등불 벗 삼아 홀로 읊조리네　夜堂燈火伴孤吟

구름 속에 행랑의 창을 반나마 올리고　　　　雲裏軒窓半上鉤

멀리 바라보니 장강 물이 흐르네　　　　　　望中千里見江流

깊은 숲 해가 뜨니 삼경에 동이 튼 듯　　　　高林日出三更曉

그윽한 골짜기 바람 불어 유월에도 가을인 듯　幽谷風多六月秋

선골을 아끼니 어느 날에나 신선 되려나?　　仙骨自憐何日化

속세 인연에 문득 떠도는 이생을 느끼네　　　塵緣翻覺此生浮

깊은 밤 홀연 봉래의 흥이 일어　　　　　　　夜深忽起蓬萊興

푸른 하늘 열두 층 누각 높이 날아오르네　　飛上青天十二樓

구름 끝 풍악소리 북두성에 떨어지고　　　　雲端鼓角落星斗

소나무 끝에 걸어놓은 가사에 꽃비가 내리네　松頂袈裟散雨花

백여섯 봉우리 푸른 하늘을 열고　　　　　　一百六峰開碧漢

여든네 계단을 푸른 노을 밟고 오르네　　　　八十四梯踏紫霞

산은 텅 비어 선골을 금곽에 장사하고	山空仙骨葬金槨
따뜻한 봄이 되니 석지가 싹을 내미네	春暖石芝抽玉芽
홀로 먼지떨이를 휘둘러 안개와 노을을 떨치고	獨揮談塵拂煙霞
한번 웃으니 천지가 가없네	一笑天地眞無涯

하늘 높이 솟은 화성사	化城天上寺
돌길에 팔성이 펼쳐졌네	石磴八星躔
구름 바깥엔 단정이 열리고	雲外開丹井
봉우리 끝에서 돌밭을 가네	峯頭耕石田
달이 밝으니 원숭이가 게송을 듣고	月明猿聽偈
바람이 고요하니 학이 참선에 드네	風靜鶴參禪
오늘 두 눈을 비비고	今日揩雙眼
스무 해 그윽한 정회를 떠올리네	幽懷二十年

절집 연기는 빗속에 떠돌고	僧屋煙霏外
산은 깊어 세상의 시끄러움 끊어버렸네	山深絶世譁
용정의 물로 차를 달이고	茶分龍井水
석전의 주사로 밥을 짓네	飯帶石田砂
향기는 미세하여 구름과 이내에 섞이고	香細雲嵐雜
창은 높아 봉우리 그림자 가리네	窗高峰影遮
숲속에 깃들이니 아무 일 없어	林棲無一事
종일 붉은 노을 희롱하네	終日弄丹霞

| 오뚝하게 하늘 누각 열리고 | 突兀開穹閣 |

피어오른 기운은 새벽 종소리를 흩어가네	氤氳散曉鐘
누런 쌀밥을 먹다 남기고	飯遺黃稻粒
오차송엔 송화가 피었네	花發五釵松
금골은 신령한 탑에 묻고	金骨藏靈塔
신령한 빛은 먼 봉우리를 비추네	神光照遠峰
아련한 그것은 무엇인가?	微茫竟何是
늙은 중의 화두만 자취를 남기네	老衲話遺踪

지장탑　　　　　　　　　　　　　　　　　地藏塔

바다 건너 고국을 떠나	渡海離鄕國
영화를 버리고 고행으로 나아갔네	辭榮就苦空
쌍수 밑에 집을 엮고	結第雙樹底
만화 가운데에 탑을 이루었네	成塔萬化中

시에서 "오늘 두 눈을 비비고, 스무 해 그윽한 정회를 떠올리네"라고 한 구절은 양명이 여덟 살 때부터 불교를 좋아했으며, 20년 동안 불교와 노자 두 학설을 마음속으로 깨우쳤고, 지금처럼 구화산에 올라 김지장을 추모함에 범인의 안목이 바야흐로 불학의 새로운 경지를 열었음을 스스로 탄식한 것이다. 그는 또 사방으로 김지장 문하의 고승대덕을 찾아다녔는데, 장생암長生庵의 실암화상實庵和尙을 찾아가서 그와 함께 불교와 선을 담론하였다.

양명은 그에게 특별한 상찬像贊을 한 수 지어주었다.[63]

---

63 『민국구화산지民國九華山志』 권7 「실암화상상찬實庵和尙像贊」.

실암화상상찬　　　　　　　　　　　　　　　　　　　實庵和尙像贊

종래에는 번쩍번쩍 빛나는 기상을 알지 못했고　　　　從來不知光閃閃的氣象

역시 둥글둥글 원만한 모양을 몰랐네　　　　　　　　也不知圓陀陀的模樣

푸른 대와 누런 꽃이　　　　　　　　　　　　　　　　　翠竹黃花

무슨 봉래 방장을 말하랴!　　　　　　　　　　　　　　說什麼蓬萊方丈

저 산속 김지장을 보라!　　　　　　　　　　　　　　看那山裏金地藏

착한 아들과 손자 있어　　　　　　　　　　　　　　　　好兒孫

또 실암화상을 낳았네　　　　　　　　　　　　　　又生箇實庵和尙

아! 저 오묘한 곳은　　　　　　　　　　　　　　　　噫, 那些兒妙處

단청으로 그려낼 수 없네　　　　　　　　　　　　　　丹靑莫狀

"저 산속 김지장을 보라! 착한 아들과 손자 있어 또 실암화상을 낳았네"라는 구절에서 볼 때 실암화상은 당연히 화성사 출신의 화상이다. 양명은 구화산에서 수많은 승려와 법을 설하고 도를 담론하였는데, 전덕홍은 그가 화성사에 묵었을 때 "절의 승려 가운데 호사가가 있어서 다투어 종이를 가져가 시를 구하였다. 밤새도록(通夕) 붓을 휘둘러 글을 쓰기를 게을리하지 않았다. 스님이 모은 묵적이 자못 풍부했는데 스승의 숙성한 풍모(風範)를 사모하여서 스승의 형상을 석벽에 새기고 그 위에 정자를 세웠다."[64]라고 하였다. 이 「실암화상상찬實庵和尙像贊」은 응당 양명이 화성사 스님에게 '밤새도록' 붓을 휘둘러 써준 '한묵翰墨'의 하나이다.

그런데 구화산은 수많은(芸芸) 불승이 출몰하는 성산聖山일 뿐만 아니라

---

64 『왕양명전집』 권33 「연보」 1.

수많은(莘莘) 도교도가 수련하는 성경聖境이었으므로 산속에는 숨은 용과 엎
드린 호랑이(藏龍臥虎)같이 면모와 형적을 드러내지 않은 고매한 도사와 늙은
신선이 있어서 이들은 양명이 더욱 관심을 기울이는 바가 되었다. 그는 먼저
채봉두蔡蓬頭라는 도사를 찾아가서 그와 함께 선을 담론하고 도를 논하였다.
진위陳蔚가 이 채 진인眞人을 다음과 같이 언급하였다. "채 도사는 어디 출신
인지 알 수 없다. 늘 쑥대머리(蓬頭)를 하고 빗질을 하지 않아서 사람들이 '봉
두'라고 불렀다. 홍치 중에 구화산 동쪽 바위 아래에 거주하였다. 나중에 어
디로 갔는지 알려지지 않았다."[65]

전덕홍은 양명과 채봉두가 상견하고 도를 담론한 일을 다음과 같이 기술
하였다.

> 홍치 14년(1501), 명을 받들어 강북에서 죄수의 기록을 심리하였다. ……
> 일을 마치고 마침내 구화산을 유람하였다. …… 이때 도사 채봉두가 선仙
> 을 잘 말한다고 하여 객의 예를 갖추고 물었다. 채봉두가 말하기를 "아직
> 아닙니다."라고 하였다. 잠시 후 좌우를 물리고 후정後亭으로 안내하여 다
> 시 절을 하고 물었다. 채봉두가 말하기를 "아직 아닙니다."라고 하였다. 재
> 삼 묻자 채봉두가 말하기를 "그대가 후당後堂의 후정에서 보인 예가 비록
> 융숭하나 끝내 관상官相을 잊을 수 없을 것입니다."라고 하였다. 한번 웃고
> 서 헤어졌다.[66]

채봉두가 "(양명이) 끝내 관상官相을 잊을 수 없을 것입니다."라고 한 말은

---

65 『구화기승九華紀勝』 권8에 인용한 『구화산록九華散錄』.

66 『왕양명전집』 권33 「연보」 1.

윤 진인의 설법과 매한가지이다. 양명은 채봉두의 몸에서 윤 진인의 그림자를 보았다.

구화산에는 채봉두와 같은 고사高士와 진인들이 틀림없이 적지 않았다. 양명은 얼마 뒤 또 다른 신비한 '구백로선九柏老仙'을 찾아가서 도에 대해 담론하고 신선을 논하였는데, 두 사람은 서로 마음이 맞아서 시를 주고받았다. 양명은 다음의 화답시 한 수를 지었다.[67]

구백로선에게 화답하다	和九柏老仙
바위 골짜기 서쪽 끝에 천 그루 매화나무	石澗西頭千樹梅
동구 문은 깊이 닫혔는데 눈 속에 피었네	洞門深鎖雪中開
늘 보통사람 오도록 버려두지 않고	尋常不放凡夫到
오직 도사가 오는 것만 진중하게 받아들이네	珍重唯容道士來
바람은 어지럽고 향기는 은은한데 피리 소리 들리지 않고	風亂細香笛無韻
추운 밤 그림자 맑은데 옷에 이끼가 끼네	夜寒淸影衣生苔
이제야 돌다리 길을 밟으니	於今踏破石橋路
한 달에 모름지기 서른 번은 지나가리	一月須過三十回

구백로선의 작품에 본래 화답할 수 없으나 첨 연사가 반드시 얻고자 하기에 마침내 붓을 달려서 그 뜻을 채우고 또 내가 헤아리지 못함을 밝힌다. 홍치 신유년(1501) 중동 보름에 양명산인 왕수인이 기록한다.

---

67 이 시의 수적手迹 탁본이 있었는데, 지원위안計文淵이 수장收藏하고 있다. 또 『정덕가흥지보正德嘉興志補』권9에 이 시가 수록되어 있는데, 제목은 「매간梅澗」이다.

九柏老仙之作, 本不可和, 詹煉師必欲得之, 遂爲走筆, 以塞其意, 且以

彰吾之不度也. 弘治辛酉仲冬望日, 陽明山人王守仁識.

구백로선 또한 윤 진인과 같은 유형의 선도仙道 인물로 보인다. 이 시는 11월 15일에 지었는데, 이때는 이미 엄동으로 매화가 피는 시절이었다. 전덕홍은 양명이 "화성사에 여러 달 묵었다."고 하였는데, 이 시로 보아 양명이 줄곧 구화산 화성사에 머물렀음을 알 수 있다. 또한 '첨 연사詹煉師'라는 인물이 언급되어 있는데, 양명이 적지 않은 고사 및 도인들과 교제하였음을 알 수 있다.

9월부터 11월까지 양명은 구화산에 머물면서 구화산의 각 명승을 거의 모두 유람하였고 대량의 제시題詩를 남겼다. 12월에 이르러서야 그는 지주에서 옥사의 판결을 끝내고 북쪽으로 돌아가는 여정을 시작하였다. 이때의 구화산 유람은 양명 스스로에게는 비범한 '유선遊仙' 여행으로 간주되었으니 바로 그가 「열선봉列仙峰」 시에서 "신령한 봉우리는 구만 길, 삐죽삐죽 새벽 찬 기운 일으키네. 선인이 나를 부르느라, 푸른 구름 끝에서 손을 젓네(靈峭九萬丈, 參差生曉寒. 仙人招我去, 揮手靑雲端)"[68]라고 읊은 바와 같다.

양명은 선기仙氣가 푹 배어 있는 「구화산부九華山賦」를 지어서 이번 구화산의 '유선' 여행을 총결하였다.[69]

---

68 『양명선생연보』 권19 「열선봉列仙峰」.

69 『왕양명전집』 권19 「구화산부九華山賦」. 『건륭지주부지乾隆池州府志』 권8에 수록된 양명의 이 「구화산부」에는 앞에 서문이 있고 또 "사마천의 『사기』도 빠뜨리고 기록하지 않았으니" 이하 한 단락이 더 있다. 이에 여기서 보충한다. 또 『건륭지주부지』 「구화산부」는 양명 전집에 들어 있는 「구화산부」와 글자, 구절이 많이 다르다. 그러므로 여기에서는 『건륭지주부지』에 들어 있는 「구화산부」를 수록하고 아울러 조금 대교對校를 하였다.

장강을 따라 남하하여	循長江而南下
청양을 가리키며 그윽한 곳을 찾아 나서네	指青陽以幽討
홍몽의 신령하고 빼어난 기운을 열어젖혀	啓鴻濛之神秀
하늘의 솜씨로 구화산을 만들어냈네	發九華之天巧
땅의 축에서 영활함을 본받지 않고서	非效靈於坤軸
누가 현묘한 조화를 세우겠는가?	孰構奇於玄造
사마천의 『사기』도 빠뜨리고 기록하지 않았으니	遷史缺而弗錄
아마도 발자취가 이르지 못하였던가?	豈足迹之所未到
이백의 시는 저 구자를 비루하게 여겼으니	白詩鄙夫九子
실로 이 이름이 비롯한 바일세	實兹名之所肇
내 장차 높은 봉우리에서 비밀을 찾고	予將祕密於崔嵬
현묘함을 끝까지 찾아 낱낱이 더듬으리라	極玄搜而力考
오계를 건너 오솔길로 들어가	涉五溪而徑入
깊숙한 무상사에 묵네	宿無相之窈窕
깊은 골짜기로 왕생을 방문하고	訪王生於邃谷
금사의 맑은 물을 움켜서 퍼내네	掬金沙之清潦
반공 중의 비바람을 아랑곳하지 않고	凌風雨乎半霄
망강을 올라 먼 곳을 조망하네	登望江而遠眺
천 길 푸른 절벽에 다가가	步千仞之蒼壁
깊고 까마득한 용지를 굽어보네	俯龍池於深窅
적선(이백)의 유적을 추모하고	弔謫仙之遺迹
아득한 화성사를 올라가네	躋化城之縹緲
발우에 아침 이슬을 받아 마시고	飲鉢盂之朝露
홀로 우뚝한 연화봉을 바라보네	見蓮花之孤標

운문을 두드려서 천주봉을 바라보니	扣雲門而望天柱
여러 신선이 맑은 하늘에서 춤을 추네	列仙舞於晴昊
엄연히 쌍초가 문을 가리고	儼雙椒之闢門
진인이 구름을 타고 홀로 발돋움하네	眞人駕雲而獨蹻
비췻빛 일산은 석조에 평평히 임하였고	翠蓋平臨乎石照
비단 같은 노을은 천모를 감싸고 비추네	綺霞掩映乎天姥
두 신선은 취미에서 승천하고	二神升於翠微
아홉 아들은 적도에 임하였네	九子臨於積稻
불꽃은 옥증에서 일어	炎熇起於玉甑
돌비석의 글자를 뭉개버리네	爛石碑之文藻
머리맡에 달빛을 받으니 맑은 가을이 돌아오고	回澄秋於枕月
소미의 별자리가 자리를 잡네	建少微之星旐
사발을 엎어서 푸른빛 뚝뚝 듣는 물방울을 받으며	覆甌承滴翠之餘瀝
온갖 깃발을 펼쳐서 구름 바깥에 벌려 세우네	展旗立雲外之旌纛
앉아서 참선에 들고 위태로운 봉우리를 거닐며	下安禪而步岧嶢
소나무 끝 너머로 쌍천을 바라보네	覽雙泉於松梢
서홍을 넘고 황석에서 쉬니	踰西洪而憩黃石
백 길 높이 아득히 걸려 있네	懸百丈之灝灝
급류에 술잔을 띄워 휘돌아 흐르게 하고	瀨流觴而縈紆
산골짜기 길에 석선을 남겨두네	遺石船於澗道
구름 덮인 봉우리에서 백학을 부르고	呼白鶴於雲峯
용소에서 예쁜 물고기를 낚네	釣嘉魚於龍沼
푸른 투명한 높은 봉우리에 의지하여	倚透碧之峗屼
어수선한 세속을 하직하네	謝塵寰之紛擾

구름에 닿은 깎아지른 봉우리를 더듬고	攀齊雲之巉峭
넓게 벌창하는 유리 같은 물을 비춰보네	鑑琉璃之浩瀁
동양을 따라 서쪽으로 나아가	沿東陽而西歷
아홉 마디 부들로 저녁밥을 짓네	餐九節之蒲草
나무꾼은 어둠 속에서 더듬어 나를 인도하여	樵人導余以冥搜
푸른 구름 속 요도를 벗어나게 하네	排碧雲之瑤島
뭇 봉우리는 겹겹이 얽혀 가리워서	群巒蔚其繆蔚
밤인지 낮인지 분간할 수 없네	失陰陽之昏曉
칠포를 깊고 깊게 드리우니	垂七布之沈沈
영구가 숨었다가 다시 나오네	靈龜隱而復佻
고승을 찾아다니고 현자를 부르니	履高僧而厭招賢
밝은 해가 높이 떠올라오네	開白日之杲杲
봄볕에서 햇차를 맛보고	試胡茗於春陽
드리운 구름의 모인 물을 길어 올리네	吸垂雲之淵湫
수놓은 듯한 절벽을 아랑곳하지 않고 돌집을 세웠으니	陵繡壁而據石屋
문수보살 트레머리는 어찌하여 얽히고 꼬여 있는가?	何文殊螺髻之蟠紏
북극성을 끼고 올라 북쪽을 돌아보며	梯拱辰而北盼
남은 빛을 떨어뜨려 보물을 줍네	隳遺光於拾寶
검은 치마 입은 이는 누런 도포 입은 이를 맞이하고	緇裳迓於黃袍
원적의 그윽한 근심을 그치네	休圓寂之幽悄
새는 빽빽한 대숲에서 봄을 노래하고	鳥呼春於叢篁
'운문雲門'과 '대소大韶' 음악에 화답하여 지저귀네	和雲韶之鷺鷺
나를 일어나라고 재촉하는 새벽이 오니	喚起促予之晨興
은하수는 처마 서까래에 지네	落星河於簷橑

산을 지키던 새는 지저귀다 놀라서 날며　　　　　　護山嘎其驚飛

유람하는 사람이 너무 일찍 옴을 괴이하게 여기네　　怪遊人之太早

꽃나무를 꺾듯이 잡아당기고　　　　　　　　　　攬卉木之如攉

새벽빛을 맞아 어여쁨을 다투네　　　　　　　　　被晨暉而爭姣

땅을 가는 보습 소리 조용해지니　　　　　　　　靜鑱聲之剝啄

은자는 어두운 숲속에서 고비를 꺾네　　　　　　幽人劘薇蕨於冥杳

벽계는 푸른 숲에서 홰를 치고　　　　　　　　　碧鷄嘰於青林

백한은 구름 속을 훨훨 날아 깨끗함을 잃었네　　白鷴翻雲而失皓

은자는 뒤얽힌 덩굴 사이에서 약을 빻아　　　　隱擣藥於樛蘿

제호를 끼고 떡을 굽는데 백한이 날아 돌아드네　挾提壺餅焦而翔繞

봉황은 우관을 받아 남겨주고　　　　　　　　　鳳凰承盃冠以相遺

항해의 선표를 마시네　　　　　　　　　　　　飲沆瀣之仙醥

대나무 열매를 먹고 기뻐서 날고　　　　　　　羞竹實以嬉翶

오동나무 가지에 모여서 간들거리네　　　　　　集梧枝之嫋嫋

이내는 비가 올 듯 부슬부슬 날리고　　　　　　嵐欲雨而霏霏

무성한 풀잎에 뚝뚝 소리 내며 떨어지네　　　　鳴濕濕於薑葆

세 차례 유람을 나가니 더욱 푸르고 아득한데　　躐三遊而轉青峭

하늘 향기가 아득히 멀리 떨치네　　　　　　　拂天香於茫渺

깊은 못에 자리 잡고 갓끈을 씻음에　　　　　　席弘潭以濯纓

복숭아꽃 떠가는 물에 씻어서 흰빛을 드날리네　浮桃瀉而揚縞

물은 졸졸 흐르며 그늘로 이어지니　　　　　　淙漸漸而絡蔭

교활하고 재빠른 원숭이가 마시네　　　　　　飲猨猱之捷狡

도끼 자루 흘겨보며 크게 돌아 오르고　　　　睨斧柯而昇天還

구름을 벗어난 맨 꼭대기를 멀리 바라보며 깔보네　望會仙於雲表

자경(滕子京)[70]의 고택은 안타깝거니와	憫子京之故宅
지미(趙知微)[71]의 벽도암은 반갑기만 하도다	款知微之碧桃
금빛이 홀연 반짝이며	倏金光之閃映
깊숙이 팬 곳에 잠깐 사이 그늘을 드리우네	睫異景於穹垇
적수에서 현주를 가지고 놀고	弄玄珠於赤水
천 자(尺)나 되는 잠긴 교룡이 춤을 추네	舞千尺之潛蛟
꽃이 핀 못에 어울려 까마득히 높이 오르고	竝花塘而峻極
회오리바람이 향기로운 숲에 흩어지네	散香林之回飆
우뚝한 부도탑을 어루만지고	撫浮屠之突兀
오차의 그림자를 푸른 물결에 띄우네	泛五釵之翠濤
가파른 봉우리에 진귀한 꽃이 피어 있고	襲珍芳於絶巘
발걸음을 옮겨서 낭창거리며 가네	裹金步之搖搖
사라가 향기를 슬금슬금 흩뿌리며 찬란하게 빛나고	莎蘿躑躅芬敷而燦耀
옥녀의 어여쁜 몸짓을 펄럭이네	幢玉女之妖嬌
신령한 구멍에서 용의 수염을 뽑고	搴龍鬚於靈竇
바리때 자루를 멀리 던져버리네	墮鉢囊之飄颻
깊고 높은 선장을 열고	開仙掌之嶔嵌
맑은 향기를 멀리멀리 흩뿌리네	散清馨之迢迢
흰 구름을 타고 승수를 발돋움하며	披白雲而躍崇壽

---

70 [역주] 자경子京: 송나라 등자경으로, 일찍이 구화산九華山에 은거하였는데, 등사간서당滕司諫書堂의 고택故宅이 남아 있다고 한다.

71 [역주] 지미知微: 당나라 때 도사道士 조지미로, 일찍이 구화산 봉서봉鳳棲峰 아래 바위 밑에다 복숭아나무를 심었는데 꽃이 모두 벽색碧色이었으므로 이 바위를 '벽도암碧桃岩'이라 하였다는 고사가 전한다.

이리저리 가로지른 승료를 보네   見參錯之僧寮

날은 이미 저물어서 산은 어두워지고   日既夕而山冥

별들은 높은 산꼭대기 위에 걸려 있네   掛星辰於隆嶔

밝은 달 아래 남대에서 자니   宿南臺之明月

호랑이 밤새워 으르렁거리며 말곰이 울부짖네   虎夜嘯而羆嗥

사슴과 사불상 무리는 좌우에서 노닐면서   鹿麋群遊於左右

쓸쓸한 은자와 동무해주려는 듯하네   若將侶幽人之岑寥

높은 산에서 추위로 잠들지 못하여   回高寒其無寐

얼어붙은 골짜기 퉁소소리를 듣네   聞冰壑之洞簫

시냇가 여인은 비가 개자 삽주뿌리를 말리고   溪女屬晴瀧而曝朮

정령의 새싹을 섞네   雜精苓之春苗

멀리 나에게 선액 잔을 건네고   邀予觴以仙液

옥 같은 쌀로 밥을 짓네   飯玉粒之瓊瑤

홀연 나를 떠나 멀리 가버리고   溘辭予而遠去

바람은 하거를 나부끼네   颯霞裾之飄飄

다시 중봉에 이르러 시름없이 바라보니   復中峰而悵望

선인의 자취를 부를 수 있을 듯도 하네   或仙踪之可招

이에 아래로 구불구불한 능양을 내려다보니   乃下見陵陽之蜿蜒

문득 자명(두백옥)[72]처럼 되리라던 오랜 바람 감회가 이네

                         忽有感於子明之宿要

---

72 [역주] 자명子明: 한나라 때 도사 두백옥竇伯玉의 자字로, 원봉元封 연간에 능양 현령陵陽縣令을 지냈으므로 사람들이 그를 능양 자명陵陽子明이라 불렀는데, 능양산陵陽山 구역에 있는 구화산에서 도를 닦은 뒤 백룡白龍을 타고 승천하였다는 전설이 전한다.

내 장차 세상을 버리고 홀로 서서	逝予將遺世而獨立
층층한 하늘에서 석지나 챌까!	採石芝於層霄
궁벽한 곳에 오래 살더라도	雖長處於窮僻
영영 번거로운 곳을 떠나리라	乃永離乎廬囂
저 새카맣게 모여 있는 사람들은	彼蒼黎之緝緝
바로 나의 동포라네	固吾生之同胞
위급하고 괴로운 처지에 있는 사람들을 구할 수 있다면	苟顚連之能濟
내 어찌 터럭 하나를 아끼랴?	吾豈靳於一毛
하물며 울타리를 넘어오는 미친 도적을	矧狂寇之越狓
왕의 군사가 막으려고 분주히 수고하네	王師局而奔勞
내 차라리 궐 아래에서 긴 노끈을 청하여 적의 장수를 잡아 묶어서	
	吾寧不欲請長纓於闕下
평소 답답한 마음을 상쾌하게 하지 않으랴?	快平生之鬱陶
돌아보니 힘은 미약하고 책임은 무거운데	顧力微而任重
혹시라도 거꾸러짐을 당할까 두렵네	懼覆敗於或遭
또한 지위를 넘어서 원대한 도모를 하다가	又出位以圖遠
장차 뱁새나 메추라기에게 꾸짖음을 당하지 말기를!	將無誚於鷦鷯
아! 이 삶이 몹시도 험하고 궁색하니	嗟有生之迫隘
바람에 거품 꺼지듯 사라지는 것과 같네	等滅沒於風泡
부하고 귀한들 무엇하랴!	亦富貴其奚爲
하루아침 피었다 지는 무궁화꽃 같은 것을	猶榮蕣之一朝
백세에 없는 흥을 느끼어	曠百世而興感
영웅호걸은 쑥밭에 숨어버리네	蔽雄傑於蓬蒿
내 참으로 초목과 같이 썩어갈 수는 없으니	吾誠不能同草木而腐朽

어찌 뭇사람의 입이 찧고 까부는 떠들썩한 공론을 피하랴?

又何避乎群喙之呶呶

그만두자꾸나!	已矣乎
광풍과 우레를 채찍질하고 해와 달을 타고서	吾其鞭風霆而騎日月
구하의 푸른 도포를 걸치리라	被九霞之翠袍
북명에서 붕과 함께 날개를 치며	搏鵬翼於北溟
삼산에서 거대한 자라를 낚으리라	釣三山之巨鰲
곤륜의 길을 가다 수레를 쉬고	道崑崙而息駕
서왕모의 운오 소리를 듣네	聽王母之雲璈
자진(B.C.567~B.C.546)에게서 부구를 불러내고	呼浮丘於子晉
구곡의 삼모를 초청하네	招句曲之三茅
길이 벽락에서 흥겹게 노닐며	長遨遊於碧落
태허와 함께 소요하리라	共太虛而逍遙

이는 전형적인 유선부遊仙賦로서 허구의 묘사이기도 하고 진실한 묘사이기도 하다. 양명은 굴원屈原의 「원유遠遊」에 보이는 서사敍事 기법을 채용하여서 이때의 구화산 유람을 자기가 하늘에 오르고 땅으로 들어가 대도를 구하고 탐색한 '유선'의 역정으로 그려냈다. 더욱 특이한 것은 그가 '부처(佛)'를 추구하는 것을 '신선(仙)'을 추구하는 것과 결합하고 불교 승려와 도가 신선의 고사를 매우 많이 운용하여서 부처와 신선의 세계를 조성하였는데, 그가 위아래로 '유선'을 탐색한 길은 불도와 선도의 이중적인 추구를 포함하고 있다는 점이다.

이 부賦 또한 더욱 그의 내심의 유가적 자아와 불도의 자아 사이에서 고통스러운 모순을 표현하였다. 한편으로 그는 진세塵世의 혼탁하고 흉험함을 목도하고서 "내 장차 세상을 버리고 홀로 서서, 층층한 하늘에서 석지나 캘까! 궁벽한 곳에 오래 살더라도, 영영 번거로운 곳을 떠나리라" 하는 결의를 하였다. 또 한편으로 그는 나랏일이 날로 그릇됨을 통감하고서 차마 여민黎民과 백성을 버려두고 떠날 수 없었기에 '저 새카맣게 모여 있는 사람들은, 바로 나의 동포라네. 위급하고 괴로운 처지에 있는 사람들을 구할 수 있다면, 내 어찌 터럭 하나를 아끼랴? 하물며 울타리를 넘어오는 미친 도적을 왕의 군사가 막으려고 분주히 수고하네. 내 차라리 궐 아래에서 긴 노끈을 청하여 평소 답답한 마음을 상쾌하게 하지 않으랴? 돌아보니 힘은 미약하고 책임은 무거운데, 혹시라도 거꾸러짐을 당할까 두렵네. 또한 지위를 넘어서 원대한 도모를 하다가 장차 뱁새나 메추라기에게 꾸짖음을 당하지 말아야' 한다고 인식하였다.

그는 마지막으로 또 굴원과 같이 호연히 먼 길을 가기로 결의하였다. 그리하여 하늘에 오르고 땅으로 들어가 대도를 탐색하는 자아 분발의 길을 끊임없이 좇아서 스스로 더욱 넓고 큰 정신적 초월을 추구하여서 "내 참으로 초목과 같이 썩어갈 수는 없으니, 어찌 뭇사람의 입이 찢고 까부는 떠들썩한 공론을 피하랴? 그만두자꾸나! 광풍과 우레를 채찍질하고 해와 달을 타고서, 구하九霞의 푸른 도포를 걸치리라. 북명에서 붕과 함께 날개를 치며, 삼산에서 거대한 자라를 낚으리라. 곤륜의 길을 가다 수레를 쉬고, 서왕모의 운오 소리를 듣네. 자진에게로 부구를 불러내고, 구곡의 삼모를 초청하네. 길이 벽락에서 흥겹게 노닐며, 태허와 함께 소요하리라"라고 하였다.

부의 끝에서는 다음과 같이 부르짖었다.[73]

73 『왕양명전집』 권19 「구화산부」.

아득하고 아득한 봉래산은	蓬壺之邈邈兮
여러 신선이 도피한 곳이로다	列仙之所逃兮
우뚝하게 초탈한 구화산	九華之矯矯兮
내 장차 이곳에 둥지를 틀리라!	吾將於此巢兮
티끌 같은 마음은 족히 따를 것이 아니나	匪塵心之足攬兮
낳고 길러준 부모의 노고를 염려하네	念鞠育之劬勞兮
처음 마음을 이을 수 있다면	苟初心之可紹兮
영원히 흔들리지 않기를 맹세하네	永矢弗撓兮

여전히 '유선' 탐색의 길을 달려가려고 하였는데 구화산 유람은 역시 다만 양명의 '유선' 심로 역정의 '제1악장'이었다. 양명은 그 뒤로도 구화산을 오래도록 잊지 못해서 12월에 북쪽으로 돌아가는 길에 또다시 한 차례 구화산을 올랐다.

귀지현貴池縣에도 불도의 명산인 제산齊山이 있는데 당의 시인 두목杜牧 (803~852?)이 이곳을 유람하고 시를 지어서 천하에 이름이 알려졌다. 양명도 돌아가는 길에 귀지현을 지나가게 되어서 먼저 제산에 올라 유람하고 신선의 자취를 찾아다닌 뒤 「유제산부遊齊山賦」 한 편을 지었다.[74]

제산은 지군 남쪽 5리쯤에 있다. 당의 제영(747~795)이 지주의 자사가 되어서 자주 그 사이에서 노닐었는데 뒷사람이 이로 인해 영의 성으로 이름을 삼았다. 계속하여 또 두목의 시로 마침내 중국 전역에 이름을 떨쳤다. 홍치 임술년(1502) 정월 초하루에 내가 공사로 지주에 왔다가 이 산에 올

---

74 『건륭귀지현지乾隆貴池縣志』 권6 「유제산부遊齊山賦」.

라 두 현인의 유적을 찾아보았더니 이미 풀이 우거져서 황폐하였다. 감개한 나머지 암석을 헤치고 세월을 기록한다.

齊山在池郡之南五里許, 唐齊映嘗刺池, 亟遊其間, 後人因以映姓名也. 繼又以杜牧之詩, 遂顯名於海內. 弘治壬戌正旦, 守仁以公事到池, 登玆山, 以弔二賢之遺迹, 則旣荒於草莽矣. 感慨之餘, 因拂巖石而記歲月云.

공사의 휴가를 맞아	適公事之甫暇
공문서에서 벗어나 한가한 때를 만났다	乘案牘之餘輝
한 해도 다가고 새로 시작할 즈음이라	歲亦徂而更始
내 수레에 휘장을 치고 동쪽으로 돌아가게 되었다	巾余車其東歸
지양을 따라가며 멀리 바라보니	循池陽而延望
제산의 높은 봉우리가 보인다	見齊山之崔嵬
차가운 햇빛은 참담하나 오히려 습했으며	寒陽慘而尙濕
산인의 사립문에는 노을이 어려 있네	結浮靄於山扉
긴 회오리바람을 떨치고 휘파람을 불면서	振長飆以舒嘯
무지개에 알록달록 깃발 무늬가 드러나네	麾絲現於虹霓
수많은 바위는 시원하게 툭 트여 있어서	千巖谿其開朗
빽빽한 숲을 열어젖히네	掃群林之霏霏
희화는 위태로운 꼭대기에 머리를 내밀어 날씨를 알리고	羲和闞危巓而出候
푸른 자갈에 석양이 드리우네	倒回景於蒼磯
맑은 노을을 밟고 곧바로 올라	躡晴霞而直上
무성한 화개를 내려다보네	陵華蓋之葳蕤
끝없는 장강을 굽어보고	俯長江之無極
하늘에서 부는 바람이 옷깃에 나부끼네	天風颯其飄衣

바위 골짜기 어두운 굴을 끝까지 나아가니	窮巖洞之幽邃
취미에 외로운 정자 앉아 있네	坐孤亭於翠微
안개 자욱한 숲속에서 남은 발자취를 더듬고	尋遺躅於煙芬
애처롭게도 골짜기는 쓸쓸하고 샘은 슬피 우네	哀壑悄而泉悲
옛사람 어디 있는지?	感昔人之安在
국화는 가을을 지나고 봄에 비를 맞고 있네	菊屢秋而春霏
새는 서로 부르면서 골짜기를 나오고	鳥相呼而出谷
기러기는 울음 울면서 북으로 날아가네	雁流聲而北飛
인생사 갑자기 지나가며	歎人事之倏忽
잠깐 사이에 마르는 풀의 이슬 같음을 탄식하네	晞草露於須斯
구름 바깥을 아득히 바라봄에	際遙矚於雲表
비쭉비쭉 구화산이 보이네	見九華之參差
홀연 황곡이 외로이 나니	忽黃鵠之孤擧
한가로이 능양의 생각을 일으키네	動陵陽之遐思
혼탁한 진흙탕을 돌아보니	顧泥土之溷濁
염거가 묶인 말에 매여 있네	困鹽車於櫪馬
장생을 기약할 수 있으니	敬長生之可期
내 부귀를 기와 조각처럼 버리리라	吾視棄富貴如礫瓦
내 장차 드넓은 팔극을 한껏 노닐고	吾將曠八極以遨遊
구천에 올라 아래를 내려다보리라	登九天而視下
아침 이슬로 밥을 짓고 항해를 마시며	餐朝露而飲沆瀣
자명의 내달리는 수레를 붙잡네	攀子明之逸駕
어찌 속세의 그물에 잘못 얽혀서	豈塵網之誤羈
신선의 자질이 선화仙化하지 못함을 탄식하랴!	歎仙質之未化

끝으로 읊나니	亂曰
우주를 한없이 보니	曠視宇宙
막막하게 넓도다	漠以廣兮
우러러보고 돌아봄에	仰瞻却顧
끝내 방불하다	終焉仿兮
내 속박되어서 스스로 더럽힐 수 없는데	吾不能局促以自污兮
다시 그릇되어서 망령될까 염려하네	復慮其謬以妄兮
그만두자!	已矣乎
임금과 부모를 잊을 수 없으니.	君親不可忘兮
내 어찌 수레를 매어 홀로 갈 수 있으랴?	吾安能長駕而獨往兮

「유제산부」는 홍치 15년(1502) 정월 초하루에 지었는데 이 역시 유선부의 필법을 채용하였으며, 「구화산부」와 곡조는 달라도 솜씨는 같은(異曲同工) 묘함이 있으니 그의 이번 '유선遊仙' 심로 역정에서 '제2악장'의 서곡(開篇)이었다. 이어서 그는 제산에서 구화산으로 직접 들어가 무상사無相寺에 거주하면서 또 한번 산사와 불승을 예방하고 시를 읊으며 선을 담론하였다. 그 가운데 무상사에 적지 않은 제영시를 남겼다.[75]

무상사, 세 수　　　　　　　　　　　　無相寺三首

| 노승의 집은 바위 아래 | 老僧巖下屋 |
| 집을 두른 건 소나무와 대나무 | 繞屋皆松竹 |

---

[75] 『왕양명전집』 권19 「무상사삼수無相寺三首」, 「야숙무상사野宿無相寺」.

아침엔 새 울음소리 듣고　　　　　　　朝聞春鳥啼
밤에는 호랑이와 짝하여 잠드네　　　　夜伴巖虎宿

앉아서 푸른 구화산을 바라보니　　　　坐望九華碧
찬 새벽에 뜬구름 이네　　　　　　　　浮雲生曉寒
산신령은 응당 신비함을 아껴서　　　　山靈應秘惜
속세 사람 보도록 허락하지 않네　　　不許俗人看

고요한 밤 숲속에 비 내려　　　　　　靜夜聞林雨
산신령이 나를 머물게 하려는 듯　　　山靈似欲留
다만 근심하네, 돌계단 미끄러워　　　只愁梯石滑
봉우리 꼭대기에 이르지 못할까!　　　不得到峯頭

밤에 무상사에서 자다　　　　　　　野宿無相寺

봄 새벽 무상사에 누우니　　　　　　春曉臥無相
달은 오계의 꽃을 비추네　　　　　　月照五溪花
물을 움켜 두 눈을 씻고　　　　　　掬水洗雙眼
구름을 헤치고 구화산을 보네　　　披雲看九華
바위 꼭대기는 부처의 나라　　　　巖頭金佛國
나무 끝은 귀양 온 신선의 집　　　樹杪謫仙家
선학의 소리 들리는 듯한데　　　彷佛聞笙鶴
푸른 하늘에 붉은 노을 비끼네　　青天落絳霞

구화산을 떠나기 전날 저녁 그는 또 부용각芙蓉閣에 올라 유람하고 떨어지지 않는 발길을 돌리고 시를 지어서 구화산과 고별하였다.[76]

부용각, 두 수   芙蓉閣二首

청산을 다 보지 못했는데   靑山意不盡

돌이켜 달을 보네   還向月中看

내일 시내로 돌아갈 때   明日歸城市

먼지가 또 말안장에 일겠네   風塵又馬鞍

바위 아래 구름은 만 겹   巖下雲萬重

동구엔 복숭아나무 천 그루   洞口桃千樹

해가 다 가도록 사람은 오지 않고   終歲無人來

오직 산승만 부른다네   惟許山僧囑

정월 13일, 양명은 무호蕪瑚에 도착한 뒤 특별히 용산龍山으로 가서 방재舫齋 이공李貢(1456~1516)을 예방하였다. 이공도 '서한림'의 중요 인물로서 당시 마침 산동 안찰부사로 발탁되어서 승진하였다. 그래서 양명은 그에게 축하하는 글을 써주고 칭송하는 시를 지었다.[77]

○○원에 가히○○○○ 성의 기약○ 이 ○합니다. 선부仙府에 나아가 배

---

76 『왕양명전집』 권19 「부용각이수芙蓉閣二首」.

77 『절옥헌장송원명청법첩묵적截玉軒藏宋元明淸法帖墨迹』 「여방재서與舫齋書」.

알하니 너무나 마음이 편치 않습니다. 바라는 바를 털어놓고 모두 영질令侄 광실光實에게 맡기니 진실로 나를 위해 전달해줄 수 있을 것입니다. 말은 뜻을 다 나타내지 못하니 짧은 사詞를 덧붙입니다.

○○圍可○○○○城之期○此○矣. 進謁仙府, 無任怏悒. 所欲吐露, 悉以寄於令侄光實, 諒能爲我轉達也. 言不盡意, 繼以短詞.

이별한 뒤 더욱 그리운 마음	別後殊傾渴
하늘 끝 갈림길로 갈라졌네	靑冥隔路歧
지름길 가려니 나무 자르기 두렵고	徑行懼伐木
마음은 뜰의 지초에 맡기네	心事寄庭芝
발탁이 되어도 기뻐할 수 없으니	拔擢能無喜
우러러 의지함을 기약할 수 없네	瞻依未有期
가슴속엔 삼만 권이 들어 있으나	胸中三萬卷
벗의 굶주림을 생각해야 하네	應念故人饑

시생 왕수인이 방재 선생 인장 집사께 머리를 조아립니다. 새끼 양 한 마리를 끌고 온 것은 축하의 뜻일 뿐입니다. 정월 13일에 오다.

侍生王守仁頓首, 舫齋先生寅長執事. 小羊一牽將賀意耳. 正月十三日來.

　무호에서 양명은 또 역기산驛磯山 아래 청풍루淸風樓를 올라 유람하였다. 청풍루는 소동파의 '청풍각淸風閣'에서 이름을 따왔으며, 누각을 지은 것도 '파선坡仙(소동파)'을 기념하는 뜻이 담겨 있다.

양명은 시를 지어서 다음과 같이 영탄하였다.[78]

청풍루	清風樓

저 멀리 가을 학이 구름 언덕으로 내려오는데	遠看秋鶴下雲皐
모자가 푸른 하늘을 가려서 높이 볼 수 없네	壓帽靑天礙眼高
돌 아래 반교는 비단 같은 안개를 뿜고	石底蟠蟜吹錦霧
바다 문은 외로운 달을 은빛 파도에 실어 보내네	海門孤月送銀濤
잔설에 술을 마시니 완전히 나른하고	酒經殘雪渾無力
새봄 맞아 시는 호방해지네	詩倚新春欲放豪
느른하게 누각에 올라 애오라지 짧게 읊조리니	勸賦登樓聊短述
맑은 바람이 우리는 부끄럽지 않네	清風曾不愧吾曹

양명은 길을 가는 내내 이러한 선가仙家형의 인물에 온 마음을 기울였다.
그는 또 당도현當塗縣을 지나갈 때 채석기采石磯에 올라 적선루謫仙樓를 두루
관람한 뒤 시를 지어서 시선詩仙 이백을 추모하고 태백의 유선팔극遊仙八極을
뒤따르겠다는 소망을 밝혔다.[79]

적선루	謫仙樓

옷을 걷고 채석에 오르니	攬衣登采石

---

78 『태평삼서太平三書』 권4 「청풍루清風樓」.

79 『건륭태평부지乾隆太平府志』 권41 「적선루謫仙樓」.

밝은 달은 너럭바위 끝에 가득하네　　　　　　　　　明月滿磯頭

하늘은 오사모에 가리고　　　　　　　　　　　　　天礙烏紗帽

추위에 보랏빛 비단 갖옷을 입네　　　　　　　　　寒生紫綺裘

강은 시인의 한을 흘려보내고　　　　　　　　　　江流詞客恨

바람은 적선루에 맑네　　　　　　　　　　　　　風景謫仙樓

어찌해야 황학을 타고　　　　　　　　　　　　　安得騎黃鶴

그대를 따라 팔극을 노닐까?　　　　　　　　　　隨公八極遊

　2월, 양명은 진강부鎭江府에 도착한 즉시 단양丹陽으로 가서 운곡雲谷 탕
례경湯禮敬(1496, 진사)을 방문하였다. 탕례경은 홍치 9년(1496)에 진사에 합격
했으며 행인行人을 역임하였다. 조정에서는 감히 정직의 도를 말하였으며 더
욱 신선의 학문을 사모하여서 양명과 뜻이 같고 도가 합하였다. 양명은 「구
화산부」에서 이미 "구곡의 삼모를 초청하네"라며 원망願望을 부르짖었다. 그
랬기에 그는 탕례경과 함께 즉시 천하에 이름을 떨치는 도교 승지 모산茅山
을 유람하였다. 이는 양명의 '유선' 심로 역정에서 '제3악장'이다.
　양명은 「수탕운곡서壽湯雲谷序」에서 이때의 모산 유람을 다음과 같이 언
급하였다.[80]

　홍치 임술년(1502) 봄에 아무개는 서쪽으로 구곡을 찾아가 단양의 탕운곡과
　함께 지냈다. 이때 운곡은 바야흐로 행인行人으로 있었는데 신선의 학문에
　뜻을 두어서 나와 함께 호흡하며 굴신屈伸의 기술과 응신凝神·화기化氣의 도
　를 담론하여서 이르지 않는 곳이 없었다. 그와 함께 삼모三茅의 꼭대기에 오

---

80 『왕양명전집』 권22 「수탕운곡서壽湯雲谷序」.

르고 아래로 화양華陽을 찾아 옥신玉宸에서 쉬고 도은군陶隱君(도홍경陶弘景)의 유적을 감상하였으며, 혼탁하고 더러운 세상을 개탄하고서 표연히 인간 세상에서 벗어나려는 뜻을 두었다.

양명은 모산에서 사방으로 도교의 승적勝迹을 탐방하고 삼모산에 올라 화양동을 찾고 옥신관에 머물며 '산중의 재상(山中宰相)' 도홍경이 은거했던 유적을 찾아보았다.

그는 삼모봉 꼭대기에 올라서 시 두 수를 읊었다.[81]

모산에 노닐다	遊茅山
안개는 옷을 흥건히 적시고	山霧沾衣潤
골짜기 바람은 얼굴을 시원하게 하네	溪風灑面凉
이끼는 비를 머금어 푸르고	蘚花凝雨碧
봄이라 송홧가루 누렇게 날리네	松粉落春黃
옛날 검은 때로 울부짖고	古劍時聞吼
단약은 아직도 붉은빛 남아 있네	遺丹尙有光
못난 재주 송옥에게 부끄러운데	短才慚宋玉
어찌 감히 고당을 노래하랴!	何敢賦高唐
신령한 봉우리는 구천 길	靈峭九千丈
끝까지 오르기 어렵지 않네	窮躋亦未難

---

81 『모산전지茅山全志』 권13 「유모산遊茅山」.

강산은 경치를 숨기지 않고	江山無遁景
천지는 기이한 경관을 보이네	天地此奇觀
바다에 뜬 달 봉우리에 환하게 비치고	海月迎峰白
골짜기 찬바람은 마른 잎을 떨치네	溪風振葉寒
깊은 밤 깎아지른 산길을 가다	夜深凌絶嶠
머리 들어 장안을 바라보네	翹首望長安

그는 밤에 봉래방장에 머물면서 또 시 두 수를 읊었다.[82]

봉래방장에서 우연히 쓰다 　　　　　　蓬萊方丈偶書

흥이 다하여 밤에 잠을 이루지 못해	興劇夜無寐
밤중에 비 개는지 묻네	中宵問雨晴
물과 바람은 골짜기에 서늘하게 모이고	水風凉壑驟
바위 뜬 해는 창을 밝게 비추네	巖日映窗明
돌구멍으로 골짜기가 검게 보이고	石竇窺澗黑
구름다리로 맑은 물을 따라 오르네	雲梯上水清
복된 뜰은 참으로 살 만하니	福庭眞可住
어이 진토에서 떠도는 삶을 살랴?	塵土奈浮生

신선의 집 연기는 바깥에 날리고	仙屋煙外飛
푸른 덩굴은 세상의 시끄러움을 막았네	青蘿隔世譁

---

82 『모산전지』 권13 「봉래방장우서蓬萊方丈偶書」.

용정의 물로 차를 달이고	茶分龍井水
옥전의 주사로 밥을 짓네	飯帶玉田砂
향기는 미세하여 이내 빛과 섞이고	香細嵐光雜
창은 비어서 봉우리 그림자를 가리네	窗虛峰影遮
텅 빈 숲에 아무 일 없어	空林無一事
하루 종일 붉은 노을에 누워 있네	盡日臥丹霞

모산의 도교 승지와 구화산의 불교 승지는 양명이 이때 '유선'의 심로 역정에서 이리저리 찾아다녔던 양대 불도佛道의 천지였다. 이는 불교와 도교 학문에 대한 양명의 떨쳐버리기 어려운 탐닉을 표현하였다. 그러나 그의 내면에서는 유가적 자아와 불교·도교적 자아 사이에서 영혼의 교전을 드러내기도 하였다.

삼모산을 탐방한 후 그는 다시 엄준한 현실로 돌아와 '머리를 들고 장안을 바라보지' 않을 수 없었다. 모산에서 돌아온 뒤 그는 탕례경에게 「제탕대행전시책문하題湯大行殿試策問下」를 써주었는데 유가의 참된 혼이 맑게 깨어 있는 그의 면모를 회복하였다.

글은 다음과 같다.

선비가 예부에 이름을 올리고 천자의 조정에 나아가는 자에게 천자가 추녀에 임하여 물으면 글을 지어서(制) 아뢰는데 이를 모두 받아들여서 돌아가 묘당에 보관함으로써 만남의 성대함을 영광스럽게 하였다. 이는 대체로 오늘날 세상의 선비가 모두 그러하다. …… 아! 시험 삼아 말하자면 순임금의 조정(虞廷)에서부터 모두 그러하였기에 말을 하면 실적이 있었는데, 삼대三代 이래로는 내 그러함을 거의 보지 못하였다. 그대가 처음 나아감에 천자가 자문한 것은 어떠하였는가? 그리고 그대의 대답은 어떠하였는가? 대체로 허황한 말을 하여서 나아가기를 구함은 그대가 하지 않는 바이다. 또한 나아간 뒤 자기 말을 잊어버림은 그대가 참지 못하는 바이다. 이에 그대는 아침저녁으로 성천자의 밝은 명을 돌아보아 그에 관해 말하기를 "이는 천자가 나에게 자문한 바이다. 비로소 내가 이와 같이 천자의 뜻을 펼쳐야 한다. 지금 몸가짐을 반듯하게 하여서 우리 임금을 섬기는 일 또한 과연 이와 같은가? 아니면 아직 실천하지 못하였는가?"라고 한다. 저 이윤伊尹이 성탕成湯에게 알린 몇 마디 말을 죽을 때까지 실천하였으며, 태공太公이 무왕武王에게 알린 몇 마디 말을 죽을 때까지 실천하였다. 그 마음을 미루어서 그대는 이윤과 여상呂尙의 섬김에 뜻을 두었는가? 저 영광을 한때 만나면 세상에 자랑하는데 그대는 달가워하지 않는 바이다. 그렇지 않다면 이 지은 글은 그대가 거울로 삼을 바이다. 생김새가 추해서 거울에 비춰보기를 싫어하는 옛사람이 있었는데 (사람들이) 그를 만나면 소매로 가리고 떠나가버렸다. 그대는 장차 소매로 가리고 떠나가기에 겨를이 없을 터이니 또한 어찌 햇빛에 내걸어서 사람에게 보이겠는가? 이윤과 여상의 섬김에 뜻을 두고 어찌 의심하는가? 그대는 힘쓸지어다![83]

이는 탕례경을 면려한 글이지만 역시 스스로를 면려하는 글로서 적극적으로 세상에 쓰임을 받아 백성을 구제하려는(用世濟民) 양명의 진취적인 정신을 뚜렷이 드러내 보인다.

한편으로 양명은 윤주潤州에서 북고산北固山에 올라 유람한 뒤 시를 지어

---

83 『왕양명전집』 권24 「제탕대행전시책문하題湯大行殿試策問下」.

서 자기의 낙관적이고 명랑한 의기를 다음과 같이 표현하였다.[84]

북고산에 노닐다   遊北固山

우연히 북고산에 산행하였네   北固山頭偶一行

선림 감로사는 어느 때부터 이름이 났나?   禪林甘露幾時名

강가 좌우로 금산 초산의 절이 있고   枕江左右金焦寺

한낮에 철옹성처럼 둘러 있네   面午中節鐵甕城

양쪽 절벽 송죽은 푸른 들에 병사처럼 늘어서 있고   松竹兩崖青野兵

수많은 인가를 봄에 속으로 정을 읊조리네   人煙萬井暗吟情

강남의 경물은 바라보기 어려우나   江南景物應難望

눈에 들어온 풍광은 곳곳이 맑네   入眼風光處處清

다른 한편으로 섬 가운데 옥주屋舟를 지은 전조錢組를 예방하고 시를 지어서 은거하며 사는 그의 소탈하고 자유로움을 다음과 같이 칭송하였다.[85]

옥주에서 경구의 전종옥을 위해 짓다   屋舟爲京口錢宗玉作

섬 곁에 작은 집을 새로 엮어서   小屋新開傍島嶼

고기잡이배와 함께 떴다 가라앉았다 하네   沈浮聊與漁舟同

---

84 양명의 이 시 진적眞迹은 '博寶藝術拍賣網(www.artxun.com)'에 공개되어 있다.

85 『양리관과안속록穰梨館過眼續錄』 권7 「옥주위경구전종옥작屋舟爲京口錢宗玉作」. 이 시의 진적은 현재 미국 뉴욕 메트로폴리탄 박물관에 소장되어 있다.

때로는 모래톱 갈매기가 자리에서 날아오르고	有時沙鷗飛席上
깊은 밤엔 바다에 뜬 달 추녀에 오네	深夜海月來軒中
취하여 꿈을 꾸매 봄 미세기에 돌병풍은 차고	醉夢春潮石屛冷
푸른 물에 사공의 노래 가을 빈 강에 들리네	櫂歌碧水秋江空
인생의 어느 곳인들 소탈하고 분방하지 않기에	人生何地不疏放
어찌 반드시 저자에 숨은 호공과 같이 되랴?	豈必市隱如壺公

　3월에 양명은 북상하여 양주揚州에 이르렀는데 뜻밖에 길을 가는 내내 고
달픈 여정으로 피로에 지쳐서 병이 나는 바람에 그곳에서 석 달을 머물렀다.
5월이 되어서야 겨우 자리에서 일어나 다시 북쪽으로 길을 떠나 서울로 돌아
와서 복명하고 '유선'의 심로 역정을 마무리하였다.

4장

잘 배우고 잘 변화하다(善學善變) : 새로운 사상 변화의 용솟음

숲속에 돌아가 거처한 '양명산인'

홍치 15년(1502) 5월, 양명은 서울로 돌아와 복명한 뒤 형부에서 날마다 공문서 처리에 몰두하고 경전과 역사서를 힘써 읽으며 스스로 격려하는 생활을 시작하였다. 뜻밖에도 과로가 병이 되어서 피를 토하는 증상이 생겼다. 황관黃綰은 양명이 피를 토하는 병의 원인을 다음과 같이 언급하였다.

차사差使로 회전淮甸(회수유역)에 가서 죄수를 심리하여 억울한 옥사를 많이 바로잡았다(平反). 복명하고서 날마다 공문서(案牘)를 처리하고 밤에는 돌아와 반드시 등불을 밝혀놓고 오경五經 및 선진先秦, 양한兩漢의 서적을 읽어서 문자가 더욱 능숙해졌다. 용산(왕화) 공은 과로로 병이 생길까 걱정하여 집안사람들에게 서실書室에 등불을 두지 못하게 하였다. 용산 공이 잠자리에 들기를 기다렸다가 다시 불을 밝히고서 항상 자정이 될 때까지 글을 읽었는데, 이 때문에 피를 토하는 질환을 얻었다.[1]

---

1 『왕양명전집』 권38 「양명선생행장」.

사실 양명이 병에 걸린 근본 원인은 남기南畿(남경)에서 옥사를 판결하느라 매우 바쁘게 보냈기 때문이다. 양명은 스스로 「걸양병소乞養病疏」에서 매우 분명하게 말하였다.

신이 작년 3월부터 홀연 허약해지고 해수咳嗽의 증상이 나타나 약제와 뜸으로 번갈아 치료를 하였더니 가을이 되어서는 조금 차도가 있었습니다. 그래서 대뜸 약과 침을 끊으려고 하였는데, 의사가 말하기를 병의 뿌리가 이미 깊어져서 다시 재발할 것이므로 안 된다고 하였습니다. 애써 약을 복용하여서 그런대로 효험을 보았습니다. 그런데 명을 받들고 남쪽으로 가서 일을 하는 중에 점차 더욱 평복平復이 되었습니다. 마침내 또 다른 염려가 없겠기에 의사의 권고를 무시하고 약 복용과 식이요법을 중단하였습니다. 바람을 맞고 추위를 견디며 안이하게 아무런 조심을 하지 않아서 안으로 기운이 손상되고 밖으로 사기邪氣가 침범하여 묵은 병이 다시 도졌습니다. 일을 마치고 북쪽으로 올라가다가 양주揚州에 이르자 갈수록 번열煩熱이 올라 석 달이나 이어졌으며 날로 심하게 여위어갔습니다. 마음은 비록 궁궐을 연모하였으나 앞으로 나아갈 수 없는 형편이라 의사의 권고를 따르려고 해도 이미 늦었던 것입니다.[2]

양명은 바로 이 시기에 평생 고치지 못한, 각혈하는 폐병에 걸리고 말았다. 서울로 돌아온 뒤 병세가 더욱 중해져서 그는 병을 치료하고 조섭해야겠다는 결심을 하고 돌아가기를 청하였다. 8월에 그는 「걸양병소」를 올려서 조정의 윤허를 얻어냈다.

---

2 『왕양명전집』 권9 「걸양병소乞養病疏」.

8월 하순에 양명은 서울을 떠나 월越로 돌아가는 길에 올랐다. 이 여정은 그로서는 또다시 곡절이 반복되는 '유선遊仙'의 심로 역정을 밟아나간 것일 뿐만 아니라 그의 사상 발전의 역정에서 또 한 차례 이리저리 방황하는 굴곡이 많은 길이었다. 질병과 생사의 고통이 양명으로 하여금 일시에 장생구시長生久視의 불교, 도교 사상을 향한 마음을 들뜨고 넘쳐흐르게 하여서 양명동으로 돌아가 '정입요명靜入窈冥'의 양생과 치료의 수련을 갈망하게 했다고 한다면, 구화산九華山과 모산茅山을 유람한 뒤 얻은 개안開眼과 깨달음(啓悟)은 그가 양명동으로 돌아가 머무르며 도인수련導引修煉을 하도록 추동한 직접적인 동력이 되어서 계속하여 '유선'의 심로 역정을 향해 나아가도록 하였다.

그는 윤주潤州를 지나갈 때 또 금산金山·초산焦山·북고산北固山을 유람한 뒤 세 산의 고승들과 법法을 설하고 선禪을 담론하였다. 그리하고 시를 지어서 세 산의 고승들에게 증정하였다.[3]

금산에서 야한 흠 스님에게 드리다 　　　　　　金山贈野閒欽山人

강은 평야처럼 고요하고 　　　　　　　　　　江靜如平野
찬 물결은 푸른 이끼에 넘실거리네 　　　　　寒波漫綠苔
땅이 궁벽하여 손님은 오지 않고 　　　　　　地窮無客到
하늘 멀리 구름이 이네 　　　　　　　　　　天迥有雲來
선탑에선 아침에 느른히 일어나고 　　　　　禪榻朝慵起
사립문은 대낮에야 열리네 　　　　　　　　　松關午始開

---

3 장래張萊, 『경구삼산지京口三山志』 권5 「금산증야한흠산인金山贈野閒欽山人」, 「제포국옥상인방題蒲菊鈺上人房」, 「증설항상인贈雪航上人」, 「증감로사성공상인贈甘露寺性空上人」.

달이 밝아 늙은 학을 따라 月明隨老鶴

묘고대를 산보하네 散步妙高臺

포국 옥 스님의 방에 제하다 題蒲菊鈺上人房

선방은 닫혔고 구름은 흐르는데 禪扉雲水上

땅은 멀고 먼지 하나 없네 地迴一塵無

골짜기 시내에는 천년 국화 磵有千年菊

화분에는 구절창포 盆餘九節蒲

축축한 연기는 가랑비를 감싸고 濕煙籠細雨

맑은 이슬은 푸른 풀에 듣네 淸露滴蒼蕪

차가운 물을 길어 好汲中涼水

밥 짓는 향이 뱃속을 채우네 飧香嚼翠腴

설항 스님에게 드리다 贈雪航上人

신세는 참으로 묶이지 않은 배와 같고 身世眞如不系舟

물보라 깊은 곳에 한가한 갈매기가 따르네 浪花深處伴閑鷗

내가 온 것도 문득 흥이 일었기에 我來亦有山陰興

은빛 바다에 뗏목 띄워 북두성에 오르네 銀海乘槎上斗牛

감로사 성공 스님에게 드리다 贈甘露寺性空上人

조각달은 바다 문에서 나오니 片月海門出

흡사 백옥배와 같네 　　　　　　　　　　　　　渾如白玉舟

푸른 물결 천리의 저녁 　　　　　　　　　　　滄波千里晚

바람과 이슬 하늘에 가득한 가을 　　　　　　風露九天秋

찬 그림자 술잔을 따라 오가고 　　　　　　　寒影隨杯渡

맑은 빛은 느릅나무를 따라 흐르네 　　　　清暉共梗流

하필 피안을 나누랴! 　　　　　　　　　　　　底須分彼岸

천지는 저절로 가라앉고 뜨는 것을 　　　天地自沉浮

　소주蘇州를 지날 때 양명은 옛 땅을 다시 유람하고 불사佛寺와 선찰禪刹을 찾아다녔으며, 화엄사華嚴寺 오강탑吳江塔에 오르고 앙고정仰高亭을 관람한 뒤 그 감회를 시로 지었다.[4]

오강탑을 오르다 　　　　　　　　　　　　　登吳江塔

깊은 하늘 북두성 바라봐도 뵈지 않아 　　天深北斗望不見

다시 단제의 최상층을 오르네 　　　　　　更躡丹梯最上層

태화(화산) 서쪽은 두 눈에 보이지 않고 　太華之西目雙斷

형산 이북은 홀로 난간에 의지하여 보네 　衡山以北欄獨憑

고깃배 아물아물 한없이 떠가고 　　　　漁舟渺渺去欲盡

손님은 미적미적 근심을 가누지 못하네 　客子依依愁未勝

밤 깊어 달이 뜨니 바닷바람은 찬데 　　夜久月出海風冷

---

4 서숭徐崧(1617~1690)·장대순張大純(1637~1702), 『백성연수百城煙水』 권4 「등오강탑登吳江塔」, 「앙고정仰高亭」.

가벼이 구름 위로 붕이 되어 날아볼까?   飄然思欲登雲鵬

앙고정   仰高亭

누선에서 이별한 지 몇 해던가?   樓船一別是何年

외로운 정자에 해가 지니 생각이 아득하네   斜日孤亭思渺然

단풍나무 늦은 가을 기분이 애절한데   秋興絶憐紅樹晚

한가한 마음 흰 갈매기와 같이하네   閑心併在白鷗前

숲속 스님은 오래 선정에 들어 손님 올 줄 알고   林僧定久能知客

둥우리 학은 나이 드니 참선도 할 줄 아네   巢鶴年多亦解禪

병든 몸에게 출처를 묻지 말라   莫向病夫詢出處

꿈은 푸른 시내 안개에 길이 맴도네   夢魂長繞碧溪煙

가흥嘉興을 지날 때 양명은 폐관수련閉關修煉 뒤 석장을 짚고 유람을 나온 삼탑사三塔寺의 고승 방芳 스님을 우연히 만났는데, 시를 지어서 절로 돌아가는 스님을 송별하였다.[5]

삼탑으로 돌아가는 방 스님께 드리다   贈芳上人歸三塔

수수성 서쪽에서 오래도록 문을 닫아걸고 있다가   秀水城西久閉關

우연히 석장을 짚고 속세로 나왔네   偶然飛錫出塵寰

마음을 다스렸으나 다시 애오라지 속세와 같아졌고   調心亦復聊同俗

---

5 『만력수수현지萬曆秀水縣志』 권8 「증방상인귀삼탑贈芳上人歸三塔」.

참선을 익힘은 굳이 산에 있지 않네   習定由來不在山
넓은 호수에 가을 깊어 마름 따는 노래 들리고   秋晚菱歌湖水闊
한가한 탑 창에 달은 밝고 경소리 맑네   月明清磬塔窗閑
비로봉은 흡사 숭산처럼 솟았고   毘盧好似嵩山笠
하늘가엔 해그림자 멀어지네   天際仍隨日影邊

　해녕海寧을 지날 때 양명은 다시 동남쪽에 이름난 불도의 승지 심산審山을 찾아가서 장시 한 수를 지어 읊었다.[6]

심산 시   審山詩

아침에 협석 꼭대기에 오르니   朝登硤石巓
맑게 갠 빛깔이 하늘 높이 떠도네   霽色浮高宇
긴 언덕은 휘도는 용을 품고   長岡抱迴龍
괴이한 바위는 범을 놀라 달아나게 하네   怪石駴奔虎
옛 절은 층층한 구름이 덮고   古刹凌層雲
하늘 가운데엔 오주가 서 있네   中天立鰲柱
수많은 집은 비늘처럼 늘어서고   萬室湧魚鱗
맑은 빛은 강가에 일렁이네   晴光動江滸
굽은 길 등나무 넝쿨을 따라 들어가니   曲徑入藤蘿
걸음마다 위태로운 담장   行行見危堵
스님은 손님 왔다는 말을 듣고   寺僧聞客來

6 『건륭해녕주지乾隆海寧州志』 권2 「심산시審山詩」.

가사를 떨치고 뜰에서 기다리네 　　　　　裒裟候庭廡

당에 올라 전해오는 초상을 보니 　　　　　登堂識遺像

그림 속 의관은 옛것일세 　　　　　　　　畵繪衣冠古

고황의 집인 줄 알았더니 　　　　　　　　乃知顧况宅

지금은 부처의 땅이 되었네 　　　　　　　今爲梵王土

서대는 이름만 남고 　　　　　　　　　　書臺空有名

황폐해져 연기 속에 묻혔네 　　　　　　　湮埋化煙蕪

갈정은 그대로인데 　　　　　　　　　　　葛井雖依然

해는 져서 소와 양이 물을 마시네 　　　　日暮飮牛羖

늙은 소나무 가지는 묵은 것이 아니고 　　長松非舊枝

두견은 한창 괴로이 우네 　　　　　　　　子歸啼正苦

옛사람 어찌 서 있지 않아 　　　　　　　　古人豈不立

뒤에서 아득히 바라보기 어렵네 　　　　　身後杳難睹

슬픈 바람 숲을 가볍게 흔들고 　　　　　　悲風振林薄

가을비에 나뭇잎은 놀라 떨어지네 　　　　落木驚秋雨

인생에 하나도 성취하지 못하였는데 　　　人生一無成

적막하게 어디를 향할까? 　　　　　　　　寂寞知向許

　심산의 또 다른 이름은 동산東山이다. 전설에 의하면 당년에 진시황秦始皇(B.C.247~B.C.210)이 동쪽으로 순유巡遊하다가 이 산을 지날 때 왕기王氣가 있어 흩어지지 않았기에 곧 죄수 10만을 동원하여 큰 산을 뚫고 허물어서 동산과 서산으로 나누었다고 한다. 산에는 수많은 불사佛寺와 도관道觀의 유적이 있다. 심산은 당시 양명이 소흥으로 돌아가면서 유람하고 탐방한, 가장 주요한 불도의 승경이었다.

9월에 양명은 소흥으로 돌아왔다. 그는 3년의 시간을 두고 경사의 관료세계에서 숲속으로 돌아와 거처하면서 다시 '양명산인'의 본래 모습을 회복하였다. 그가 하려는 가장 중요한 일은 바로 회계산으로 가서 오래도록 황량해진 양명동을 깨끗이 정리하고 그곳에 집을 지어서 도경道經의 비지秘旨를 끝까지 탐구하여 도인술을 행하고, 정좌하여서 망념을 끊고, 선정을 익혀서 '정입요명靜入窈冥'의 양생 수련을 시작하는 것이었다. 황관은 다음과 같이 말한다. "병을 정양하기 위해 월로 돌아가서 양명서원陽明書院을 열고(*곧 양명동에 지은 것이다) 선경仙經의 비지를 탐구하였다. 정좌하여서 장생구시의 도를 익혔는데, 오래되자 예지預知의 능력이 생겼다."[7] 이는 실제로 정입요명의 진공련형법을 수련한 사실을 가리킨다.

양명은 「좌공坐功」이라는 시 한 수를 지어서 스스로 '정입요명'의 정좌공靜坐功을 다음과 같이 영탄하였다.[8]

봄에는 허하고 숨을 쉬어서 눈을 밝게 하고 여름에는 가하고 숨을 쉬어서 심
장을 돕고   春噓明目夏呵心
가을에는 희하고 숨을 쉬고 겨울에는 취하고 숨을 쉬면 폐장과 신장이 편안
하네   秋呬冬吹肺腎寧
네 철에 늘 호하고 숨을 쉬면 비장이 소화를 돕고   四季常呼脾化食
이 방법에 따라 행하면 상화가 평해지네   依此法行相火平

양명의 이 같은 정좌공(*호흡입정呼吸入靜)은 윤 진인이 「좌선도坐禪圖」에서

---

7 『왕양명전집』 권38 「양명선생행장」.

8 유일승游日升, 『억견회고臆見匯考』 권3 「좌공坐功」.

말한, "정좌할 때는 생각을 적게 하고 의욕을 적게 가지며 마음을 닫고 기를 길러서 신神을 보존하는데, 이는 수진修眞의 요결"이라 한 내용과 일치한다.

경정향耿定向은 양명이 양명동 안에서 이와 같은 '습정習靜'을 통해 "안으로 몸뚱이(形軀)를 관조하니 수정궁과 같이 되어서 나를 잊고 사물을 잊으며 하늘을 잊고 땅을 잊어버려서 혼연히 태허太虛와 한 몸이 되었는데 말을 하려고 해도 할 수 없는"[9] 경계에 도달했다고 말한다. 전덕홍·추수익·황관 등도 그가 선지先知의 타심통他心通 경계에 도달했다고 하였다.

장이張怡(1608~1695)는 양명이 양명동에서 '정중돈오靜中頓悟'한 사실을 다음과 같이 더욱 분명하게 말한다.

> 왕 문성王文成이 회전淮甸에서 옥사를 심리하다가 과로하여 질병을 얻어서 병을 알리고 월로 돌아왔다. 양명동 구관舊觀에 서원을 열고 장생도기長生導氣의 술법을 익혀서 정좌하는 가운데 문득 깨우쳤다(靜中頓悟). 하루는 벗 왕사유王思裕(왕문원) 등 네 사람이 양명동을 방문하였다. 이들이 문을 막 나섰을 때 문성은 이미 알고 종(僕)에게 명하여 산을 내려가서 과일과 안주를 사서 기다리라 하고 그들이 오는 자취를 낱낱이 말하였다. 종이 길에서 네 사람을 만나 말을 했더니 모두 들어맞아서 깜짝 놀라 이상하게 여기고 마침내 스승으로 섬겼다.[10]

회계산에 은거하는 도를 품은, '고사高士', '산인山人', '처사處士' 등도 모두 앞다투어 양명동으로 와서 도를 묻고 배움을 얻으며 선을 담론하고 현묘한

---

9 『경천대선생문집耿天臺先生文集』 권13 「신건후문성왕선생세가新建侯文成王先生世家」.

10 『옥광검기집玉光劍氣集』 권30 「잡기雜記」.

이치를 말하였다(談仙說玄). 그들 가운데 가장 유명한 사람은 허장許璋과 왕문원王文轅이었다. 허장은 진백사陳白沙(진헌장)의 재전 제자라고 할 수 있는데, 그는 백사의 심학을 좋아하여서 성명性命의 학을 깊이 연구하였으며, 기문둔갑奇門遁甲의 술수에 정통하였다.

『상우현지上虞縣志』에 수록된 「허장전許璋傳」에서는 다음과 같이 말한다.

허장은 자가 반규半珪이다. 순후하고 질박하며(淳質) 힘써 수행하였다. 성명性命의 학문에 깊이 마음을 쏟았다. 흰 도포와 짚신 차림으로 이불을 끼고 나가서 영남嶺南(광동성廣東省 강문시江門市)의 백사를 방문하고자 하였다. 왕사여王思輿(*왕문원)가 "작년에는 황석을 만나더니 올해는 백사를 방문하네(去歲逢黃石, 今年訪白沙)"라는 시로 송별하였다. 초楚에 이르러서 백사의 문인 이승기李承箕(1452~1505)를 만났는데 세 계절 동안 대애산大崖山에 머물면서 질의하고 토론하였다(問難). 대애(이승기)가 '정좌관심靜坐觀心'에 대해 말하기를 "옛글에 얽매이는(拘拘陳編) 것을 거경궁리居敬窮理라고 하는 자가 있는데, 나는 그렇지 않다고 생각합니다. 공허한 자취를 크게 떠벌리는(嘐嘐虛迹) 것을 방화수류傍花隨柳라고 하는 자가 있는데, 나는 그렇지 않다고 생각합니다. 형상을 없애는(罔象無形) 것을 장생불사의 근원을 추구하는 것이라고 하는 자가 있는데, 나는 그렇지 않다고 생각합니다."라고 하였다. 허장도 영남으로 가지 않고 돌아왔다. 양명이 양명동에서 정양하였는데 허장과 왕사여 등 몇 명이 서로 마주하고 앉아서 말을 잊고 속으로 깨달았다. …… 천문지리天文地理와 임둔손무任遁孫武(기문둔갑과 병법)의 술법을 마음 깊이 연구하지 않음이 없었다. 정덕正德 연간(1506~1521)에 건상乾象을 가리키며 양명에게 말하기를 "제성帝星이 지금 초楚(湖北)에 있습니다." 하였다. 이윽고 세종世宗(1521~1567)이 흥저興邸에서 일어났다. 그의 점이

기이하게 들어맞은 것이 대부분 이와 같았다. 일찍이 산음山陰의 범관范瓘이 그를 스승으로 섬겼다.[11]

이숭기가 말한 '정좌관심'은 바로 진백사의 '묵좌징심默坐澄心, 체인천리體認天理'의 심학 종지로서 양명이 양명동에서 수련한 정입요명, 정관내조靜觀內照의 양생 수련 사상과 서로 부합한다. 또 다른, 도를 품은 산인(抱道山人) 황여자黃轝子 왕문원도 허장과 마찬가지로 백사의 심학을 존신尊信하였는데, 학문은 '마음 다스림(治心)'을 근본으로 삼았다. 양명의 제자 계본季本(1485~1563)은 심지어 양명의 심학사상이 왕문원에게서 단서를 열었다고 하여 양명 심학이 백사 심학의 영향을 받았다는 정보를 고백하였다.

계본은 「왕사여전王司興傳」에서 다음과 같이 직접적으로 말한다.

양명의 학문은 왕사여(왕문원)로부터 시작되었다. 나는 어렸을 때 황여자를 스승으로 모셨다. 황여자는 성이 왕王, 이름이 문원文轅, 자가 사여思輿이며, 산음 사람이다. 홀로 은거하면서 뜻을 분발시키고 힘써 실천하며 선善에 힘썼다. 그의 덕에 감화를 받은 고을 사람 모두가 그를 좋아하고 친밀하게 여겼다. 어려서 고문古文을 배우고 장자莊子와 열자列子의 부류를 끊어버렸으며, 시는 당唐의 사람들과 매우 가까웠다. 독서는 장구章句에 얽매이지 않았다. 일찍이 말하기를 "주자朱子 집주의 설은 대부분 경의 의리(經義)를 얻지 못하였다."라고 하였다. 성화(1465~1487)·홍치(1488~1505) 연간에 학자들은 기성의 학설을 고수하였고 감히 주자를 비판하는 자가 없

---

11 『광서상우현지光緒上虞縣志』 권8. 『요산당외기堯山堂外記』 권90, 『서원문견록西園聞見錄』 권22를 참조하라.

었기 때문에 당시에는 신뢰를 받지 못하였다. 오직 양명 선사가 그와 벗이 되어서 홀로 옛 설을 타파하였으니 대체로 근본을 둔 바가 있었다고 하겠다. 양명 선사가 남안南安과 감주贛州의 명을 받은 뒤 황여자를 만났는데 황여자가 그의 터득한 바를 시험해보기 위해 매번 자극하고 격동을 하였으나 흔들리지 않았다. 사람들에게 말하기를 "백안(왕수인)은 이로부터 큰 일을 성취할 것이다."라고 하였다. 대체로 평소 경세經世의 뜻을 여기에서 알 수 있다. 황여자가 죽은 뒤 양명 선사가 양지의 심학을 강의하였더니 사람들이 대부분 비판하였다. 탄식하면서 말하기를 "왕사여가 있었더라면 내 말에 반드시 서로 부합했을 것이다." 하였다.[12]

나중에 계본은 「왕황여선생문王黃轝先生文」에서 더욱 명확하게 다음과 같이 말하였다.

선생의 뜻은 천고의 세월을 두루 꿰는 데 있었고, 선생의 학문은 마음 다스림을 주로 삼았다. 멀리 천원天元에 통달하고 장부章菩(중국 고대 역법)를 끝까지 탐구하였다. 가까이로는 사람의 감정을 살펴서 조리를 구획하여 나누었으며…… 선생은 갈천葛天의 짝으로서 환단還丹을 성취한 뒤 진토塵土에도 아랑곳하지 않았다. 허물을 벗듯이(蟬蛻) 형체를 벗어버리고 표연히 돌아가셨다(退擧).[13]

---

12 『계팽산선생문집季彭山先生文集』 권3 「왕사여전王司轝傳」. 이 밖에도 『설리회편說理會編』 권16에 보인다.

13 『계팽산선생문집』 권3 「왕황여선생문王黃轝先生文」.

'마음 다스림을 주로 삼았다'라는 말은 왕문원의 심학을 가리킨다. 또한 '환단을 성취했다'는 말은 그가 양명과 함께 양명동에서 행기도인行氣導引, 정입요명의 수련을 행한 사실을 가리킨다.

양명동에도 양명에게 배움을 묻고 가르침을 받으려는 소흥의 선비들이 몰려들었다. 산음 효의孝義의 겨레인 백만주씨白灣朱氏의 자제가 많았는데 주화朱和(1464~1505)의 처가 친히 가숙家塾을 열고 양명을 초빙하여 스승으로 삼고서 주절朱節(1475~1523)·주등朱簦(1519, 거인)·주보朱簠(1489~1576)·주호朱篪(1493~1546) 등 일반 자제들을 가르치게 하였다.

『산음현지山陰縣志』에 이 일을 다음과 같이 언급하였다.

> 법원암法源庵은 현 북쪽 도산塗山에 있다. 명 홍치 연간(1488~1505)에 백양 白洋 주화의 처가 절개를 지키며 자식을 길렀는데 집을 마련하고 문성 왕 수인을 초빙하여서 스승으로 삼았다. 아들과 조카 보·등·호·절 등이 모두 명성을 성취하였다.[14]

> 주도朱導는 자가 현문顯文이다. 홍치 기유년(1489)에 향천鄕薦을 받았으며 벼슬은 통강通江 지현知縣으로 마쳤다. 효도와 우애가 돈독하였으며 올바른 법도(義方)로써 자제를 가르쳤다. 아들 보와 호 및 조카(猶子) 절과 등이 함께 과거에 합격하여서 관에 들어갔다. 향리에 살 때 검약하였으며 공사 公事가 아니면 성부城府에 들어가지 않았다. 고을에서 효의 겨레로는 '백양 주씨'를 많이 일컬었다.[15]

---

14 『가경산음현지嘉慶山陰縣志』 권24 「사관寺觀」.

15 『가경산음현지』 권14 「향현鄕賢」.

주절과 주등은 주화의 아들이며 주보와 주호는 주도의 아들인데 그들은 모두 양명의 최초 산음의 제자가 되었다.[16]

이해 겨울에 저명한 시승詩僧 석로산釋魯山이 양명동으로 와서 양명을 예방하였다. 두 사람은 시를 읊고 도를 논하였다. 석로산은 시 한 수를 지어서 양명동에서 마음을 가다듬고 고요히 수련하는(心齋靜修) 양명의 생활을 다음과 같이 묘사하였다.[17]

왕백안의 서사	王伯安書舍
소나무 아래 땅을 찾아가니	一尋松下地
새로 작은 정려를 엮었네	新構小精廬
속세를 버리고 깊은 집으로 들어와	袪冗入深院
문을 닫고 옛글을 베끼네	閉門抄古書
화분에는 삶의 의지 가득하고	草盆生意滿
눈 쌓인 골짜기엔 속세의 정 버성기네	雪洞世情疏
매양 고를 안고 찾아가고자 하나	每欲携琴訪
마음을 가다듬어서 편안한 듯하여라	心齋恐宴如

'마음을 가다듬음(心齋)'은 『장자』「인간세人間世」의 우언寓言을 빌려온 말로서 본래 뜻은 마음속의 잡념을 막아 없애고 마음의 경지를 텅 비고 고요하

---

16 주호는 정덕 8년(1513) 거인擧人, 주보는 정덕 11년(*1516) 거인, 주등은 정덕 14년 거인, 주절은 정덕 9년의 진사이다. 『만력소흥부지萬曆紹興府志』에 보인다.

17 『성명백가시전편盛明百家詩前編』의 『석로산집釋魯山集』.

며 순수하고 한결같이(虛靜純一) 하여서 큰 도를 맑게 밝히는 일을 가리킨다. 여기서는 양명이 양명동에서 정입요명의 수련을 행한 일을 가리킨다.

석로산은 문장에 능하고 시를 잘 짓는 선승禪僧인데 그와 시를 주고받으며 교유한 이몽양은 다음과 같이 말한다.

> 승려(釋) 노산은 진秦(섬서陝西) 사람이다. 유학을 좋아하고 성음聲音의 학을 즐겼다. 일찍이 종남終南을 유람하고 태항太行에 올랐으며, 삼하三河를 보고 다시 강한江漢에서 해상으로 돌아가 추산郰山·역산嶧山·구산龜山·대산岱山에 올랐으며, 북으로 연燕(하북河北), 조趙(하북河北, 산서山西)에 이르렀다. 마침내 시로써 경사에 이름이 났다.[18]

석로산도 유불도儒佛道 삼교합일을 주장한 시승으로서 그의 내방은 양명에게 동남의 불국佛國인 항성杭城(杭州)으로 가서 선을 익히고 정양을 하도록 직접 추동하는 요인이 되었다.

양명동에서 양명은 바로 이와 같은 정입요명의 심재心齋 수련에 침잠하였지만 그의 마음속에는 여전히 고통스러운 모순이 날줄과 씨줄로 얽히고 있었다. '절정絶情'과 '염친念親'의 모순, '대시待時'와 '출사出仕'의 모순, '출세出世'와 '입세入世'의 모순이 줄곧 그의 마음속을 칭칭 감고 있었던 것이다. 또한 진세塵世의 현실적 모순도 그가 양명동에 조용히 앉아서 정입요명의 수련을 행하도록 가만두지 않았다. 그가 숲속으로 돌아와 거처한 것도 본래 때를 기다렸다가 나가려는 심산이었다.

그의 처남 제경諸經(*제용명諸用明)이 그에게 양명동에서 나와 출사를 하라

---

18 『성명백가시전편』의 『석로산집』 아래 유헌兪憲(1538, 진사)이 인용한 내용에 보인다.

고 권하는 편지를 보냈는데 그는 마음속의 이러한 풀기 어려운 고통스러운 모순을 다음과 같이 털어놓은 회답을 한 통 썼다.

편지를 받고서 그 뒤로 학력이 신장한 것을 충분히 알겠네. 매우 기쁘네! 군자는 오직 학업을 닦지 못함을 근심하지 과거 급제의 빠르고 늦음을 논하지 않는 바일세. 하물며 나는 평소 현제賢弟에게 기대하는 바가 본디 이보다 큰 것이 있었으니, 모르겠지만 또한 일찍이 여기에 뜻을 두지 않았는가? 인편을 통해 때때로 알려주기 바라네. 작년에 조카 계階와 양陽이 모두 시험(향시)에 나아갔다고 들었네. 어린 나이에 뜻을 둔 것은 기쁜 일이나 혼자 속으로는 그렇지 않다고 생각하네. 불행히도 과거에 합격해서 관리가 된다면 어찌 자기 삶을 그르치는 것이 아니겠는가? 무릇 좋은 자질을 가진 후생後生은 모름지기 재능을 숨겨서 속으로 길러 두텁게 쌓아야 한다네. 천도天道는 모여서 합하지 않으면 발산할 수 없는데 하물며 사람이랴! 꽃은 꽃잎이 너무 많으면 열매를 맺지 못하나니 꽃을 아름답게 피우려고 너무 힘을 쓰기 때문이네. 여러 현질賢侄이 내 말을 현실에 어둡다고 여기지 않는다면 곧 마땅히 진보하는 곳이 있을 것일세. 편지를 보내 나에게 벼슬을 하라고 권유하였는데 나 또한 내 몸을 깨끗하게 하는 자가 아니지만 물러나 수련하는 데 급급했던 까닭은 다만 시기가 마땅히 안으로 거둬들이고 배양할 때일 뿐만 아니라 내 학문을 아직 성취하지 못했기 때문이네(非獨以時當斂晦, 亦以吾學未成). 세월은 사람을 기다려주지 않으니 다시 몇 해가 지나면 정신은 더욱 피폐해져서 비록 힘써 진보하려고 해도 할 수 없는 바가 있어 장차 아무것도 성취하지 못하고 끝마칠 터이네. 이 모두 내가 형세상 어찌할 수 없는 바가 있는 것이라네. 다만 노조老祖 이하 여러 분의 생각에 모두 기뻐하지 않으니 지금 또한 어찌 결연히 행할 수 있겠는

가? 한갓 크게 탄식만 할 뿐이네!¹⁹

"노조老祖 이하"는 잠 태부인과 왕화 등 육친을 가리키는데, 양명은 양명동에서 적막한 수련을 하면서 '염친念親'에 대한 정서가 오히려 갈수록 강렬해졌다(＊思念親人). 이는 그의 감정을 끊고 욕망을 제거하는(絶情去欲) 정일요명, 태허와 한 몸(同體)이 되는 수련과 모순을 일으켜서 그로 하여금 '염친'과 '종성種性'의 관계 문제에 관한 사고를 시작하게 하였다.

12월 세모歲暮에 그는 양명동에서 수련하는 가운데 육친을 그리는 마음이 배가되어서 황여자 왕문원과 도를 논하고 시를 읊으면서 육친을 그리는 시 두 수를 지었다.²⁰

고향 생각, 두 수(차운하여 황여에게 답하다)　　　　鄕思二首(次韻答黃轝)

온갖 일 이리저리 생기는데 막을 힘은 없고　　　　百事支離力不禁

벼슬 마치고 쉬려 하니 병이 찾아오네　　　　一官棲息病相尋

위궐 위로 별이 빛나고 강호는 먼데　　　　星辰魏闕江湖迥

소나무 대나무 두른 초막집에 세월은 깊어가네　　　　松竹蒳茨歲月深

황정에 의지하여 백발을 줄이고　　　　合倚黃精消白髮

빈 골짜기에는 여음이 전해오네　　　　由來空谷有餘音

---

19 『왕양명전집』 권4 「기제용명寄諸用明」. 이 편지의 제호 아래 원래 주에 '신미辛未'라고 하였는데, 이는 잘못이다.

20 단방端方(1861~1911), 『임인소하록壬寅消夏錄』 「왕양명시진적王陽明詩眞迹」. 양명의 이 시 진적은 『중화문물집췌中華文物集萃·청완아집수장전淸翫雅集收藏展 (Ⅱ)』, 홍희미술관鴻禧美術館에 보인다.

| 팔 베고 누워서 뜬구름 같은 꿈을 꾸다 깨어나니 | 曲肱已醒浮雲夢 |
| 삼태기 진 노인은 경을 치는 마음 의심하지 말라 | 荷蕢休疑擊磬心 |

외로운 밤 깜박이는 등불에 꿈을 이루지 못하고	獨夜殘燈夢未成
창가 대숲에 부는 바람 고향의 소리일세	蕭蕭窗竹故園聲
우거진 풀 속 돌집에 날다람쥐 울고	草深石屋鼪鼯嘯
눈 그친 빈산에 원숭이 학이 놀란다	雪靜空山猿鶴驚
편지하여 옛 벗 부르려는 마음 가득한데	漫有緘書招舊侶
아직도 벼슬 생각에 처음 생각을 저버리네	尙牽纓冕負初情
구름 자욱이 낀 시내에 봄바람 감돌고	雲溪漠漠春風轉
자균과 황지는 날로 자라네	紫菌黃芝又日生

"삼태기 진 노인은 경을 치는 마음 의심하지 말라"고 한 말은 공자가 경쇠를 친 전고典故를 이용한 구절이다. 당년에 공자가 위衛나라에서 경쇠를 치고 있는데 문밖에 어떤 사람이 대나무 삼태기를 지고 지나가다가 경쇠 소리를 들었다. 그 소리에서 공자의 흉중에는 세상을 구제하고 백성을 건지며 도를 행하려는 사업의 큰 뜻이 있음을 간파하고서 공자가 태어남에 때를 만나지 못하고 시간은 함께해주지 않으며 세월은 무정하게 지나가버림을 애석하게 여겼다. 양명이 양명동에서 마음을 가다듬고 고요히 수련을 한 것은 당년에 공자가 위나라에서 경쇠를 치던 처지와 같았다.

이 시 두 수는 양명동에서 '염친'과 '절정', '대시'와 '출사' 사이에서 모순을 일으키는 양명의 심리를 곡절 있게 표현하고 있으며, "편지하여 옛 벗 부르려는 마음 가득한데, 아직도 벼슬 생각에 처음 생각을 저버리는" 비탄을 나타냈다. 더욱이 이 '양명산인'으로 하여금 고요히 수련하고 침묵할 수 없게 만든 것은 바로 그가 양명동에서 근실하게 수련을 하던 때 절강에서 일어난 세상을 깜짝 놀라게 한 큰 사건 때문이었다. 이 옥안獄案에 1천여 명이 연루되었는데, 절강에서 직책을 제대로 수행하지 않은 관원 한 무리를 숙청하여서 조야朝野를 놀라 떨게 만들었다. '서한림'의 문사이며 절강 안찰첨사 진보陳輔(1461~1520)도 연루되어서 파직되어 돌아갔다.

『명효종실록明孝宗實錄』에 이 대옥사가 다음과 같이 기재되어 있다.

홍치 15년(1502) 10월 병오, 처음에 감찰어사 임문헌任文獻(1502, 진사)이 절강에서 청군淸軍(양절 청리군오兩浙淸理軍伍)을 담당하였는데, 통판으로 면직된(閑住) 심징沈澂이란 자가 있었다. 전당 사람인데 그의 호명戶名이 군역을 마친 심삼沈三과 같아서 임문헌이 그를 소집하였다. 이름이 같으면서 군역을 마친 자가 또 10여 가였는데 심징이 무리를 모아 밖에서 소란을 피웠다. 문헌이 이를 듣고 곧바로 명령을 내려서 잘못을 저지른 사람을 느슨하게 처리하게 하였는데, 심징 등이 멈추지 않고 고시패告示牌와 동쪽의 책란柵欄을 함께 헐어버렸다. 이때 심징 등의 무리가 100여 명이었는데 저자의 백성들이 지나다가 보고 함께한 사람이 1천여 명으로 성 전체가 떠들썩하였다. 이에 임문헌이 총갑總甲 9명을 칼(枷)을 씌워 데려가서 군중에게 경계를 보이려고 하였는데 심징 등이 다시 칼을 부수고 풀어주었다. 또 이귀李貴라는 자가 늘 군의 문서(軍冊)를 기록하였는데 중간에서 농간을 부렸다고 그를 의심해서 군중이 그 집으로 몰려가 이귀를 잡으려고 했지만 잡지 못하자 마침내 그 문을 헐어버리고 기물器物을 탈취해가버렸다. 진鎭의 순관巡官이 변고를 듣고 심징 등 수십 명을 체포하여서 옥에 가두고 함께 충군充軍하게 한 뒤 심징의 이전 일을 다스리고 절호군絶戶軍에 보충시킨 뒤 그 일을 보고하였다. 심징도 아들을 궐하闕下에 보내 억울함을 호소하게 하고 아울러 임문헌이 절강에서 사사로이 민간의 부녀자와 간음하고 시동侍童을 데리고 다니면서 많은 사람에게 돈을 빌려주고 드나드는 사람에게 사사로이 혜택을 베푼 죄 및 다른 불법 10여 가지의 일을 고발하였다. 임문헌을 소환하고 급사중 장홍지張弘至(1496, 진사), 낭중 양금楊錦을 보내 안무하라는 전지를 내렸다. 또 심징이 군적에 편입된 것은 의심할 만하고, 그가 무리를 이끌고 함부로 난동을 부린 것은 마땅히 원래 심의해야 할 일이라고 하였다. 임문헌을 고소한 일은 서部에서 말을 대조해보았더니 무함한 것이 많았다. 임문헌이 평소 낭중으로 면직된 허륜許綸과 인연이 있었는데 역부驛夫로 하여금 그를 위해 일하게 하였으며, 또 선대관善大官의 주역廚役 심옥沈玉에게 그의 처를 위해 일을 거들게 하였다. 이 두 가지 일의 실상을 형부에 내려서 논의하게 하였다. 심징은 다시 일을 안찰하는 자가 인정에 치우쳐서 임문헌을 위해 숨긴다고 호소하였다. 이에 대리시大理寺의 시부寺副 임정무林正茂에게 명하여서 순안감찰어사 하경화夏景和(1487, 진사)와 함께 다시 조사하게 하였으며, 또 심징 및 여러 증인을 차꼬를 채워서 서울로 데려오게 하고 임문헌을 체포하여서 여러 관리가 다스리게 하였다. 이후 심징은 다시 상주하는 등 변론을 그치지 않았다. 임문헌도 상주하여서 안찰하는 자는 자기(臣)를 대신하여 일을 하다가 죄를 짓게 되었으며, 형부상서 민규閔珪(1430~1511)는 심징의 고향 사람이라고 하였다. 이에 도찰원都察院에 명하여서 형부·대리시·금의위가 모여서 국문하게(廷鞫) 하였다. 의논한 결과 심징의 호명은 심삼과 비록 같지만 연대가 멀고 호적이 없어졌으므로 마땅히 첨보僉補를 면해야 하며, 군중을 선동하여 함부로 난동을 일으키고 헌신憲臣을 속이고 모욕하고 여러 관원을 무함하는 글을 올리고 강상을 어지럽히고 교화에 완강히 버티고 번번이 재앙의 빌미를 일으켰으니 충군充軍에 연좌하며, 또한 무리를 모아 기물을 훼손한 범죄의 예(聚衆棄毀器物例)에 견주되 원래의 사정이 더욱 중하니 마땅히 용서할 수 없다고 하였다. 임문헌의 일은 비록 심정의 상주 내용과 모두 같지는 않으나 실로 헌관憲官의 체모에 밝지 못하여서 위세를 믿고 불법을 자행하는 자(奸豪)가 멋대로 모욕을 하도록 하였으니 의당 주사부실奏事不實(보고 내용이 사실에 부합하지 않음)에 적용하고 속도贖徒(벌금을 내고 도형을 속량함)에 처하되 이부吏部에 보내서 상주하여 처리하게 하였다. 옥안을 올리자 모두 비준하였다. 이 옥사에서 심정의 무리로 충군된 자가 9명이며, 조사를 받은(承勘) 자는 포정사 손수孫需(1472, 진사), 안찰사 주흠朱欽(1443~1520), 참정 구신歐信(?~1506), 부사副使 여장呂璋(1478, 진사), 참의參議 오기吳玘(1424~?), 첨사僉事 진보 등인데 모두 조사를 상세히 하지 못한 실책을 저질렀다(失於參詳) 하여 속장贖杖에 처하고 직책을 환수하게 하였다. 연루되어 체포된 1천여 명의 조사는 다시 해를 넘겼다. 여러 관사에서 임문헌의 일을 이러저러하게 처리하였으나 정황(有無)이 끝내 밝혀지지 않아서 그를 섬서陝西 남전藍田의 지현에 조용調用하였다.[21]

이 대대적인 옥안은 관료세계(官場)의 상하 관원이 얼마나 일처리가 엉성하고 거칠며 어리석고 무딘지를 폭로하였으며, 또한 조정의 세 법사法司와 지방 형법체계의 어둡고 부패한 정황을 폭로하였다. 진보와 같은 사람은 무고한 희생양일 뿐이었다. 형부주사 신분인 양명은 이를 매우 확실하게 알 수 있었다. 그래서 절강의 사대부가 『양절관풍시兩浙觀風詩』를 지어서 돌아가는 진보를 송별하였을 때 양명은 「양절관풍시서兩浙觀風詩序」를 지어서 다음과 같이 진보가 절강에서 거둔 정치 업적을 칭송하고 분연히 그의 억울함을 토로하였다.

---

21 『명효종실록明孝宗實錄』권192.

진 공은 집안에서 발탁되어 진사의 이름을 얻은 뒤 추관秋官(형부)의 낭관으로서 절강의 법(浙臬)을 집행하는 보좌관으로(僉事) 등용되었고, 여탈予奪, 생사生死, 영욕榮辱을 좌우하는 칼자루를 쥐고서 천자를 대신하여 한 지역의 풍화風化를 관찰하였으니 이 일은 영광스럽고 중요한 일이었다! 아, 또한 어려운 일이었다! 공이 처음 우리 절강에 오셨을 때 마침 가뭄이 들어서 백성이 살아갈 길이 없었다. 굶주린 자가 우러러 먹여주기를 기다리고 거꾸로 매달린 자가 호소하며 풀어주기를 바랐다. 병든 사람은 신음하고, 억울한 자는 원한이 맺히고, 평안을 얻지 못한 자는 울부짖었으며, 약한 자와 강한 자, 쓰러진 자, 이를 악문 자, 완강하게 뻗대고 요사한 자, 교활하고 훔치는 자가 틈을 타고 기회를 엿보아 마구 달려들어 둘러쌌다. 이런 때를 당하여서 공은 처할 방법이 없었으며, 나는 그의 위험하고 위태로움을 알았다. 공은 재능을 발휘하여서 밝은 지각과 신묘한 권위(神武)로 흔들리거나 격발하지 않고 부드럽게 어루만지고 쓰다듬으며 문제를 해결하여서 능히 구제할 수 있었다. 한 달 사이에 주린 자는 배부르고, 거꾸로 매달린 자는 풀려나고, 신음하던 자는 노래하고, 원한을 품은 자는 기뻐하고, 불평하던 자는 펴지고, 쓰러진 자는 일어나고, 이를 악문 자는 길이 들고, 뻗대던 자는 순종하고, 훔치던 자는 다스려져서 온갖 문제를 깨끗이 씻어내고 털어내어서 모든 이가 아무 일이 없게 되었다. 이에 폐기된 것을 수복하고 추락한 것을 들어올리며 민간의 질고를 탐문하여서 휴식하게 하였다. 농민을 열심히 일하게 만들고 학문을 권장하여서 교화를 일으키고 …… 그러나 공이 처음부터 백성의 근심을 염려한 것이 이르지 않은 곳이 없었다.[22]

---

22 『왕양명전집』 권22 「양절관풍시서兩浙觀風詩序」.

또한 양명은 호영胡瀛(1475, 진사)이 진보의 후임으로 절강 안찰첨사로 왔을 때 「호공생상기胡公生像記」를 지어서 호영이 여요餘姚와 홍국興國에 부임하여 이룬 정치 업적을 힘껏 칭송하고, 아울러 긴 시 한 수를 지어서 그가 홍국의 지주知州로 있을 때 했던 것과 마찬가지로 절강에서도 문치와 교화를 진흥하기를 은근하고 절실하게 기대하였다.

아! 호 공은 진실로 굳세고 크게 정직하시다(允毅孔直). 오직 올곧아서 휘지 않는 자질로 홍국에 오셨다. 이 홍국은 실로 여러 해 동안 흉년이 들었다. 공이 오신 뒤로 좋은 밭을 개간하였다. 도적이 담장을 넘고, (인민은) 수택水澤의 어세漁稅 때문에 죽었는데, 공이 말씀하기를 '아, 이는 나를 책망하는 것이다. 너희는 뽕과 벼를 부지런히 가꾸고, 너희 집안을 근실하게 돌보아라.' 하시니 농사는 풍년이 들고 시절은 화순하여서 백성이 노래하며 칭송하였다. 이에 반궁泮宮을 짓고 예양禮讓으로 가르쳤다. 시서詩書를 노래하고 읊는 소리가 마을과 골목에 넘쳐흘렀다. 서민은 충직하고 근실하며 선비는 꾸밈과 바탕이 함께 빛났다(彬彬). 공도 흔쾌히 기뻐하며 백성을 집안사람처럼 여겼다. 백성은 공을 우리 아비와 어미로 생각하였다. 공이 떠난 뒤 우리는 부모(恃怙)를 빼앗겼다. 공은 관대함만으로 정사를 돌보지는 않았다. 비와 볕이 절기에 맞고 더위와 추위가 시기에 맞았다. 공은 학문과 무략武略을 지녔고 또한 기예를 두루 갖추었다. 활쏘기, 수레 몰기에 공력을 들였으나 한 분야에만 국한하지는 않았다.

나는 공의 상像에 예배하고서 우리 부형으로 좇았다. 우리 자제를 이끌어서 반궁에 모였다. 원컨대 공은 영원히 천년, 백년의 제사를 받으시라. 공의 덕은 이미 넓으니 공의 수명에 어찌 끝이 있겠는가! 부형이 서로 말하기를, 너는 감히 천자가 공경을 시켜서 사방을 훈계하기를 바라지 말라

한다.[23]

또 나감羅鑒(1478, 진사)이 구신歐信의 후임으로 절강 참정으로 부임했을
때 양명도 홍분하여서 나감이 판각한 조부 나무羅懋의 『나리소시집羅履素詩
集』에 서문을 지어서 나감이 절강에서 문치와 교화를 진흥시킨 정치 업적을
칭송하였다.

대체로 옛날에 부자夫子(공자)께서 시詩를 편집할 때 반드시 모두 천하에
유명한 것이 아니라 환하고 분명하게 드러난 것을 취하였다. 「창랑지가滄
浪之歌」는 어린아이(孺子)에게서 채취하였고, 「평실萍實」의 노래는 아동에게
서 얻었으니 이와 같이 폭이 넓었던 것이다. …… 이소(나무)의 작품은 내
가 진실로 다 알 수는 없지만 돌아보면 어찌 도에 부합한 것이 한마디도
없겠는가? 도에 부합하는 말이 한마디라도 있다면 이는 세상에서 역시 한
마디 훈계의 말인데 또한 하물며 이에 그치지 않았음에랴! 그런데 또 어찌
하여 전할 수 없겠는가? 내가 참정(大參) 공이 우리 절강을 다스리심을 보
건대 너그럽되 방종하지 않고, 인하되 용감하며, 온화하고 문화가 있으며,
깊이 쌓아서 드러내지 않았다. 분명히 수많은 사람들은 본디 먼저 그를 열
어준 사람이 있었으리라 생각한다. 이에 지금 이소의 작품을 보고 나서야
유래한 바가 멀다는 것을 알 수 있었다. 만일 세상의 군자가 참정 공의 유
래한 바를 모른다면 내 청컨대 이소의 작품을 보라고 하고, 만일 이소의
현명함을 알지 못한다면 내 청컨대 참정 공의 현명함을 보라고 하겠다. 그

---

23 왕수인, 「호공생상기胡公生像記」, 『가정호광도경지서嘉靖湖廣圖經志書』 권2.

리하면 틀림없을 것이다.[24]

양명동에서도 그의 진정한 제세중민濟世拯民의 유가적 영혼이 결코 사라지지 않았음을 알 수 있다.

심징의 대대적인 옥안은 인문人文이 모여 있는 절중浙中의 정치, 교화에 일시에 좌절을 안겨주었으며 조정의 위아래, 안팎의 엄중한 문제를 폭로하였다. 이것이 바로 양명이 '시기가 마땅히 안으로 거둬들이고 배양할 때'라고 생각하게 된 진정한 원인이었다. 양명은 자기가 양명동에 은거하여서 마음을 가다듬고 고요히 수련하는 것에 급급한 까닭이 '내 학문이 아직 성취하지 못했기 때문'이라고 인식하였다. 조정 안팎의 위기는 덩굴처럼 퍼져나가서 그가 유불도의 학문에 관한 수많은 문제를 사색하도록 자극하였고, 특히 '염친念親(＊儒)'과 '종성種性(＊佛)'의 문제에 관한 반성을 하도록 촉발하였다.

그가 양명동에서 마음을 가다듬고 고요히 수련을 하는 동안 '염친'의 문제는 줄곧 그를 괴롭혔다. 그는 육친에 대한 강렬한 생각에서 벗어날 수 없었다. 홍치 16년(1503) 새봄에 양명은 육친을 깊고 절실하게 생각하는 심경으로 보냈다. 그러나 동시에 '석전釋典(불경)' 탐구로 전향하여서[25] 끝내 오랫동안 마음을 사로잡고 얽혀 있던 '염친'과 '종성'의 관계 문제를 활연대오豁然大悟하였다.

전덕홍은 그가 이때 마음속에서 깨달은 사실을 다음과 같이 묘사한다.

---

24 『왕양명전집』 권22 「나리소시집서羅履素詩集序」.

25 추수익의 『왕양명선생도보王陽明先生圖譜』에서 이르기를 "양명동 옛터(舊基)를 열어서 서옥書屋을 짓고 도교 경전의 신비한 취지를 탐구하였으며 …… 오랜 뒤 깨닫고서 말하기를 '이렇게 정신과 영혼(精魂)을 희롱하는 것은 도가 아니다.' 하고, 또 막아서 물리치고 석전釋典을 완색하였다. 이듬해 병을 아뢰고 전당錢塘으로 옮겨갔다." 하였다.

양명동에 집을 짓고 도인술을 행하여 …… 오랜 뒤 깨닫고서 말하기를 "이렇게 정신을 들까불어 가지고 노는 것은 도가 아니다."라고 하며 끊어버렸다. 이윽고 오랫동안 고요히 사색하며 세상으로부터 멀리 떠날 생각을 하였는데 오직 조모 잠씨와 용산 공 생각에 머뭇거리며 결단을 내리지 못하였다. 한참 뒤 또 홀연히 깨닫고서 말하기를 "이 생각은 어린아이(孩提) 때부터 생긴 것이다. 이 생각을 지울 수 있다면 종성種性을 끊어 없앨 수 있을 것이다."라고 하였다. 이듬해 마침내 병을 아뢰고(移疾) 전당錢塘의 서호西湖로 옮겨갔다.[26]

유원경柳元卿(1544~1609)은 『제유학안諸儒學案』에서 다음과 같이 말한다.

월로 돌아가기를 청하고 도교와 불교(二氏)의 학문에 마음을 쏟아 연구하였다. 양명산 기슭에 동을 쌓고 밤낮으로 부지런히 수련하며 정좌를 익혔다(習靜). 늘 세속의 얽매임(世累)을 버리려고 생각하였으나 조모 잠씨 및 상서 공을 염두에 두지 않을 수 없었다. 한참 뒤 이 생각은 어린아이 때부터 생긴 것이며 사람의 종성이므로 종성을 멸절하는 것은 바른 학문이 아님을 깨달았다.[27]

양명은 '염친'과 '종성'의 통일, '염친'이 곧 '종성'임을 깨닫게 되었다. 육친에 대한 생각은 어린아이 때부터 생기며 이는 나면서부터 갖춘 불멸의 인

---

26 『왕양명전집』 권33 「연보」 1. 추수익의 『왕양명선생도보』를 참조하라.

27 유원경柳元卿, 『제유학안諸儒學案』 「양명왕선생요어陽明王先生要語」. 경정향耿定向의 『신건후문성왕선생세가新建侯文成王先生世家』를 참조하라.

성人性이므로 육친에 대한 생각을 끊을 수 있다면 종성을 끊어서 없애는 것과 다름이 없다. '종성'은 '염친'을 끊을 수 없다는 이러한 신념이 그로 하여금 양명동에서 신심이 충만하여 고요히 수련하도록 하였다. 그는 '병을 아뢰고 전당으로 옮겨' 동남의 불국인 항성杭城으로 가서 선을 익히고 병을 정양하기로 결정하였다. 이는 한 걸음 더 나아가 그의 '종성'이 '염친'을 소멸하지 못한다는 사상적 깨달음을 인증하였다.

'염친念親'과 '종성種性':
전당에서 선을 익히고 병을 정양하다(習禪養疴)

　　홍치 16년(1503) 2월 양명은 전당으로 가는 여정에 올라 전당의 불사佛寺에서 선을 익히고 병을 정양하는 생활을 시작하였다. 담약수가 양명이 "넷째, 신선을 익히는 데 빠지고, 다섯째, 불교(佛氏)를 익히는 데 빠졌다" 하고 "여러 차례 정신의 변화를 겪어서 도교로 달아나고 불교로 달아났다(變化屢遷, 逃仙逃釋)"고 한 것은 바로 그가 이때 양명동에서 고요히 수련하다가 전당 불사에서 선을 익히게 된 일을 가리킨다. 도가의 정입요명의 고요함 수련(靜修)과 불가의 발명본성發明本性(*종성種性)의 선 수련(禪修)은 상통하기 때문에 수시로 '여러 차례 정신의 변화를' 겪었던 것이다. 양명은 줄곧 불사와 고찰을 찾아다니는 데 정신을 쏟았다.

　　양명은 산음을 지나갈 때 본각사本覺寺를 찾아 노닐고 시를 지어서 읊었다.[28]

---

28 『건륭소흥부지乾隆紹興府志』 권19.

본각사　　　　　　　　　　　　　　　　　　　　　**本覺寺**

봄바람이 꽃배에 부니　　　　　　　　　　　　　　春風吹畵舫

술을 싣고 청산에 드네　　　　　　　　　　　　　　載酒入靑山

구름은 맑은 호수 구비에 흩어지고　　　　　　　　雲散晴湖曲

강은 깊고 물굽이에는 나무 푸르네　　　　　　　　江深綠樹灣

절에는 저녁 종소리 급하고　　　　　　　　　　　　寺晚鐘韻急

큰 소나무에 학의 꿈 한가하다　　　　　　　　　　松高鶴夢閑

석양은 저녁 시간을 재촉하고　　　　　　　　　　　夕陽催暮景

늙은 중은 사립문을 닫네　　　　　　　　　　　　　老衲閉柴關

양명은 또 우두산牛頭山을 지나갈 때 우봉사牛峰寺를 찾아 배움을 묻고 선의 흥이 더욱 짙어졌다. 그는 우두산의 이름을 부봉浮峰으로 고치고 시 네 수를 읊었다.[29]

우봉사에 놀다, 네 수　　　　　　　　　　　　　**遊牛峰寺四首**

동구 문에 어린 봄 아지랑이 우거진 소나무를 가리고　洞門春靄蔽深松

가파른 돌비탈길 공중으로 얽혀서 바위 봉우리 돌아드네　飛磴纏空轉石峰

벼랑에 웅크린 맹호가 울타리에서 나오려는 듯하고　猛虎踞崖如出柙

이무기는 꼭대기에 서려서 매달린 종을 놀라게 하네　斷蛟蟠頂訝懸鐘

금성과 붉은 망루는 찾을 곳이 없고　　　　　　　金城絳闕應無處

---

29 『왕양명전집』 권19 「유우봉사사수遊牛峰寺四首」.

푸른 절벽에 붉은 글씨 자취가 남아 있네 翠壁丹書尙有蹤

천하명산이라도 한번 가면 그만이지만 天下名區皆一到

이 산은 거듭 와도 물리지 않네 此山殊不厭來重

얽혀 있는 좁은 길로 구름 사이 솔숲으로 들어가 縈紆鳥道入雲松

아래로 호남 백 두 봉우리를 헤어보네 下數湖南百二峰

바위 위 개는 때때로 나무 사이에서 나와 짖고 巖犬吠人時出樹

산승이 손님을 맞으니 종은 저절로 우네 山僧迎客自鳴鐘

세찬 바람 몰아치는데 병을 무릅쓰고 험한 길을 오르니 凌飇陟險眞扶病

지난날 탐방했던 기이한 경치는 옛 자취가 되었네 異日探奇是舊蹤

단결을 물으려고 신령한 관문을 두드리니 欲扣靈關問丹訣

봄바람에 등나무 왕모람 겹겹이 얽혀 있네 春風蘿薜隔重重

봄날 우연히 절을 찾아 층층한 봉우리로 들어가니 偶尋春寺入層峯

흡사 꿈속에서 이미 와본 듯 曾到渾疑是夢中

새 날아간 자리에 잔도가 걸려 있고 飛鳥去邊懸棧道

풍이가 묵는 곳에 유궁이 있네 馮夷宿處有幽宮

시냇가 건너 저녁 구름은 바위에 비를 뿌리고 溪雲晚度千巖雨

바다엔 달이 뜨고 만 리에 서늘한 바람 부네 海月凉飄萬里風

밤중에 푸른 절벽을 끼고 붉은 동구에 누우니 夜擁蒼厓臥丹洞

산중에도 왕공이 살고 있구나 山中亦自有王公

선방에 누워 한 해를 보내는 마음 一臥禪房隔歲心

오봉 안갯속에 달은 밝고 원숭이 울음 우네 五峰煙月聽猿吟

소용돌이 물결에 나무 그림자 비쳐 푸른 옥이 늘어진 듯 　　飛湍映樹懸蒼玉

향가루 금 부스러기처럼 날려 향기를 뿜네 　　香粉吹香落細金

푸른 절벽 해마다 서리와 이끼 번갈아 들고 　　翠壁年多霜蘚合

석상에 봄빛은 다하고 꽃비가 흠뻑 내리네 　　石牀春盡雨花深

눈으로 보는 명승은 모두 옛 자취 　　勝遊過眼俱陳迹

보배 같은 새로 지은 시는 대숲에 가득하네 　　珍重新題滿竹林

　2월 하순경에 양명은 전당에 도착하여서 남병산南屛山 정자사淨慈寺의 보조해원普照廨院의 우화거藕花居에 묵으면서 쿠마라지바鳩摩羅什(344~413)가 선을 수행하며 병을 정양했던 일을 모방하였다. 우화거는 서호西湖 뇌봉雷峰 가에 자리하고 있는데, 화엄천불각華嚴千佛閣, 종경당宗鏡堂과 매우 가까이 있어서 양명이 경전을 읽고 선을 익히기에 편하였다.

　나중에 그는 우화거에서 보낸 생활을 시를 지어서 읊었다.[30]

서호에서 취중에 내키는 대로 쓰다, 두 수　　西湖醉中漫書二首

십 년 동안 세상에 떠돈 일 꿈만 같은데 　　十年塵海勞夢魂

오늘이라 다시 오니 눈이 더욱 시원하네 　　此日重來眼倍清

좋은 경치에 소(소동파) 노인의 붓이 없어 한이요 　　好景恨無蘇老筆

돌아오길 청함에 한갓 하(하지장) 공의 정취만 남네 　　乞歸徒有賀公情

흰 오리 날아간 푸른 숲에 저녁 물들고 　　白鳧飛處青林晚

푸른 절벽엔 지는 해 비쳐서 환하여라 　　翠壁明邊返照晴

---

30 『왕양명전집』 권19 「서호취중만서이수西湖醉中漫書二首」.

호숫가 구름 사이에 흠뻑 취하여 호숫가 절에서 묵으니   爛醉湖雲宿湖寺

산에 뜬 달은 강가 어느 곳에 떨어졌는지?   不知山月墮江城

언뜻언뜻 비치는 붉은 꽃을 함부로 시기하지 말라   掩映紅妝莫謾猜

건너편 숲속에 연꽃이 피었다네   隔林知是藕花開

그대와 취해 누우니 굳이 가볼 것 없어   共君醉臥不須到

저절로 바람타고 향기가 얼굴에 스치네   自有香風拂面來

또 그가 화엄천불각에서 불전佛典을 탐구하고 익히던 일을 다음과 같이 시로 영탄하였다.

무제시   無題詩

푸른 산은 맑아서 초가집 추녀에 닿고   青山晴合小茆簷

가을 달은 밝아서 가는 발을 엿보네   明月秋窺細升簾

붉은 연꽃 꺾어 들고 말을 하려다   折得荷花紅欲語

맑은 향 깊은 곳에서 화엄경을 읽네   淨香深處讀華嚴[31]

양명은 항성杭城에 도착하자마자 곧 봄을 맞이하여 서호를 유람하고 사방으로 전당의 유명 사찰과 옛 절(古寺)을 탐방하며 분주하게 남병사南屏寺, 호포사虎跑寺 사이를 오가면서 선사를 찾고 도를 물었다. 서호 주변에는 범궁梵宮

---

31 이 시의 수적手迹은 『예원철영藝苑掇英』 제73기期에 보인다. 시에서 '讀'(독)은 원래는 '續'(속)으로 되어 있는데 잘못인 듯하다.

과 임우琳宇가 빽빽이 들어서서 모두 양명이 승려를 방문하고 도를 물었던 배움의 자취를 남겼다.

그는 매우 환하고 깨끗한 밝은 봄빛을 따라 먼저 운거산雲居山 성수사聖水寺를 탐방하고서 느낌과 깨달음을 시 두 수로 읊었다.[32]

성수사	聖水寺
속세를 선뜻 벗어나려 해도 하지 못하여	拂袖風塵尙未能
한가한 틈을 찾아 깨달으려 하니 산승에게 부끄럽네	偸閑殊覺愧山僧
지팡이를 짚으니 끝내 천축산에 들었나 생각되고	杖藜終擬投三竺
갖옷에 말은 애써 오릉군자 말할 것 없어라	裘馬無勞說五陵
느긋하게 서호에 작은 배 띄워	長擬西湖放小舟
봄 산에 마음대로 봄을 찾아 나서네	春山隨意逐春流
노을에 갈매기와 오리가 주인이니	煙霞只作鷗鳧主
어지러운 세상 근심 끊어버리네	斷却紛紛世上愁

이어서 그는 또 간산문艮山門 밖에 있는 보계사寶界寺를 찾아가서 시 한 수를 읊었다.[33]

---

32 『성수사지聖水寺志』 권3 「성수사聖水寺」.
33 『가정인화현지嘉靖仁和縣志』 권12 「춘일숙보계선방부春日宿寶界禪房賦」.

봄날 보계사 선방에서 자며 읊다   春日宿寶界禪房賦

맑은 날 노을은 물에 잠겨서 붉고   晴日落霞紅蘸水

명아주 지팡이 짚은 나그네 서쪽 나루 바라보네   杖藜扶客眺西津

꾀꼬리 우는 푸른 산에 새벽이 오니   鶯鶯喚處靑山曉

제비 날 때 푸른 들은 봄이 깊어가네   燕燕飛時綠野春

밝은 달은 바다 누각에 높이 올라 두루 비추고   明月海樓高倚徧

푸른 봉우리 안갯속 절에 멀리 나그네 자주 찾네   翠峰煙寺遠遊頻

정감 많아 시를 읊으니 시주머니 넘치고   情多漫賦詩囊錦

거울을 마주하니 새로 난 백발이 근심을 더하네   對鏡愁添白髮新

이어서 양명은 봉황산鳳凰山 승과사勝果寺를 찾아가 당의 승려 처묵處黙
(?~874?)의 다음 시를 보았다.[34]

중봉으로 길 올라   路自中峰上

얽힌 덩굴을 돌아 나오네   盤回出薜蘿

강에 이르니 오나라 땅이 끝나고   到江吳地盡

기슭을 마주하니 월나라 산이 많네   隔岸越山多

늙은 나무 빽빽이 푸른 노을 어리고   古木叢靑靄

먼 하늘은 흰 물결에 잠기네   遙天浸白波

성곽 가까이 내려가니   下方城廓近

종소리 경소리에 생황이 섞여 울리네   鐘磬雜笙歌

34『무림범지武林梵志』권2.

그는 다음과 같이 화답하는 시 한 수를 읊었다.[35]

승과사	勝果寺
깊은 숲에 좁은 길 나 있고	深林容鳥鳥
옛 동구는 덩굴 속에 숨었네	古洞隱春蘿
하늘은 먼데 아침 미세기 들려오고	天迥聞潮早
강은 비어서 달이 환히 비치네	江空得月多
얼음 서리 초목을 덮고	冰霜業草木
배를 저어 바람 이는 물결에 노니네	舟楫玩風波
바위 아래 그윽하게 깃든 곳에	巖下幽棲處
때때로 백석가가 들려오네	時聞白石歌

사람들이 가장 주목할 만한 일은 다음과 같다. 양명이 또 호포사를 찾아 갔다. 그는 그곳에서 3년 동안 눈을 감고 말을 하지 않으면서 좌관坐關하는 선승을 만났다. 양명은 위로 올라가서 불교의 '종성'설로 단숨에 이 폐관閉關하고 좌선하던 승려를 일갈一喝하여 깨우쳤다.

승사僧寺를 깜짝 놀라게 한 이 기이한 사건에 관해 전덕홍은 다음과 같이 기록하였다.

남병, 호포의 여러 사찰을 오고갔다. 3년 동안 좌관을 하는 선승이 있었는 데 말도 하지 않고 보지도 않았다. 선생이 일갈하였다. "이 화상은 종일 중

---

35 『무림범지』 권2 「승과사勝果寺」.

얼중얼 무엇을 말하는가! 종일 눈만 껌벅껌벅 무엇을 보는가!" 스님이 놀라 일어나서 즉시 사물을 보고 말을 하였다. 선생이 그 집안에 대해 묻자 대답하기를 "어머니가 계시오."라고 하였다. 묻기를 "생각나지(起念) 않소?"라고 하자 대답하기를 "생각나지 않을 수 없지요."라고 하였다. 선생이 곧 부모를 사랑하는 본성을 가르쳐서 깨우쳤다. 스님은 눈물을 흘리며 사례하였다. 다음 날 그에 관해 물었더니 스님은 이미 떠나고 없었다.[36]

전덕홍은 이 사건을 두고 '이해에 선생은 점차 선仙, 석釋(불교) 두 학문(二氏)의 그름을 깨달았음'을 증명하려고 하였는데 뜻밖에도 양명이 폐관한 선승을 불교의 '종성'설로 일갈하여서 깨우친 사실을 숨기려고 하다가 도리어 사람들로 하여금 오리무중에 빠지게 하였다.

그러나 추수익은 『왕양명선생도보』에서 진실한 이야기를 하고 있다.

남병, 호포의 여러 사찰을 오고갔다. 어떤 스님이 좌선을 하면서 3년 동안 말도 하지 않고 보지도 않았다. 선생이 일갈하기를 "이 화상은 종일 중얼중얼 무엇을 말하는가! 종일 눈만 껌벅껌벅 무엇을 보는가!" 스님이 놀라 일어나 부처를 향해 예배하고 재계를 끊고서 곧 선생에게 나아가니 (선생이) 마음의 요체(心要)를 알려주었다. 그 집안에 대해 물었더니 말하기를 "어머니가 계시오."라고 하였다. 묻기를 "생각나지 않소?" 하니, 말하기를 "생각나지 않을 수 없지요."라고 하였다. 말하기를 "이 생각이 사람의 종성이오. 만약 과감하게 끊어버릴 수 있다면 종성을 적멸하게 될 것이오(此念人之種性, 若菓斷, 寂滅種性矣). 우리 유학과 두 학문(二氏)의 털끝만큼의 차이

36 『왕양명전집』 권33 「연보」 1.

가 여기에 있을 뿐이오."라고 하였다. 스님이 울면서 사례하였다. 다음 날
(스님은) 마침내 돌아갔다.[37]

선사와 고승은 모두 기봉機鋒, 가매呵罵, 노갈怒喝과 같은 방법을 즐겨 사
용하여서 어린 스님(小僧)에게 마음의 깨달음을 열어주었는데, 분명 양명이
불교의 '종성'설을 이용해서 폐관한 선승을 일갈하여 깨우치게 한 것은 그가
이미 불가 '종성'설의 삼매를 깊이 터득했음을 뚜렷이 드러낸다. 양명은 본래
'염친'과 '종성'이 합해 있고 '염친'이 곧 '종성'임을 깨달은 뒤 전당의 불국으
로 가서 한 걸음 더 나아가 '종성'이 '염친'을 멸할 수 없다는 마음의 깨달음
을 인증印證하였던 것이다. 그는 폐관하고 좌선을 하던 스님을 일갈하여 깨
우치고 또 '종성'이 '염친'을 멸할 수 없다는 그의 사상을 성공적으로 인증하
였다.

이른바 종성이란 불가의 근본설根本說로서 『능가경楞伽經』에서는 다음과
같이 말한다. "한 성자가 본성의 씨앗을 심으면 삼승의 성자가 열반의 씨앗
을 증득한다(一聖種性, 三乘聖者證涅槃之種也)." 또한 『유실론唯實論』에서는 다음
과 같이 말한다. "대승은 두 가지 종성이 있다. 하나는 본성주종성(본성은 종
성에 머문다)이니, 붙어 있는 시초 없이 원래 있는 본식本識으로서 법이(타고난
본래 모습)가 얻은 무루의 법인을 말한다(大乘二種種性. 一本性住種性, 謂無始來依
附本識, 法爾所得無漏法印)." 종성으로써 열반의 씨앗을 증득한다. 그러므로 종
성은 곧 여래장불성如來藏佛性이다. 대승의 설에 의하면 일체 중생은 본래 구
경해탈究竟解脫의 종성을 갖추고 있는데 이것이 곧 불성이다. 불교는 자비를
품고서 중생을 널리 제도하며(普度衆生), 큰 사랑으로 세상을 구제하고 육친의

---

37 추수익, 『왕양명선생도보』.

사랑을 끊어버리지 않는다.

양명의 '종성'설의 특징은 바로 '종성'은 마음의 의식(心念)을 끊지 못하며 마음의 의식이 곧 종성임을 인정한 것이다. 마치 '염친'이 곧 '종성'이며, 염친과 종성은 서로 어그러지지 않고 끊어지지 않으며, 체와 용이 하나(體用一如)인 것과 같다. 그는 먼저 양명동에서 스스로 '염친'과 '종성'이 합한 것임을 증득하고 깨달아서(證悟) '이 생각은 어린아이 때부터 생긴 것이다. 이 생각을 지울 수 있다면 종성을 끊어 없앨 수 있을 것'이라고 여겼다. 병을 아뢰고 전당으로 옮긴 뒤, 좌관하던 선승을 바로 '염친'이 곧 '종성'이라는 설로 일갈하여 깨우친 것은 '이 생각이 사람의 종성이므로 만약 과감하게 끊어버릴 수 있다면 종성을 적멸할 것이라'고 여겼던 것이다.

양명이 '종성'설로 스스로 증득하여서 깨달은 것과 좌선하던 승려를 '종성'설로 일갈하여서 깨우친 두 가지 일은 모두 양명이 항주에서 불교를 배우고 선으로 달아나며 불가의 종성설(*불성설佛性說)을 증득하여 깨달아서 도달한 새로운 경계를 뚜렷이 나타내고 있으니, 이는 바로 담약수가 말한 그가 '불교를 익히는 데 빠져서'[38] 도달한 최고 수준의 표지이며 근본적으로 '이해에 선생이 점차 선, 석(불교) 두 학문의 그름을 깨달은' 일은 있지 않았던 것이다.

좌관하던 선승을 일갈하여 깨우친 뒤 양명은 더욱 선을 익히고 고요히 수련하는 가운데로 빠져들었다. 6월에 이르러 연꽃이 흐드러지게 피자 그는 또 서호로 유람을 떠나서 영은사靈隱寺를 탐방하고 심지어 임화정林和靖(임포林逋, 967~1028)이 전당으로 이사한 일을 본받으려는 생각까지 하였다.

---

38 『왕양명전집』 권 38 「양명선생묘지명陽明先生墓志銘」.

그는 다음과 같은 시를 지어서 읊었다.[39]

서호	西湖
영취봉 깊은 숲에 더위는 청량하고	靈鷲高林暑氣淸
천축산 석벽에 비 내린 자취 말랐네	天竺石壁雨痕晴
나그네 호수에 오니 구름이 일고	客來湖上逢雲起
스님은 봉우리 위에서 밝은 달을 말하네	僧住峰頭話月明
세상살이 어려운 줄 진작 알고 있었으니	世路久知難直道
이 몸은 어찌 헛된 이름 바랄까?	此身那得尚虛名
고산으로 이사할 계획 일찌감치 세웠으니	移家早定孤山計
과수 심고 초가집 짓기 도리어 쉬워라	種果支茅却易成

7월에 이르러 능계凌溪 주응등朱應登(1499, 진사)이 전당으로 양명을 예방하였다. 주응등은 양명과 동년으로서 홍치(1488~1505)·정덕(1506~1521) 연간의 저명한 시인이며, '홍치칠자弘治七子'의 한 사람이다. 그는 고린顧璘(1476~1545)·진기陳沂(1469~1538)·왕위王韋(1505, 진사)와 함께 '사대가四大家'로 일컬어졌으며, 또 경양景暘(1476~1524)·장산경蔣山卿(1486~1548)·조학趙鶴(1496, 진사)과 함께 나란히 '강북사자江北四子'로 일컬어졌다.

양명은 그와 함께 승과사를 유람하고 중봉中峯의 월왕대越王臺에 올라 누

---

39 『왕양명전집』 권20 「서호西湖」. 『무림범지』에는 이 시의 제목이 「유영은사遊靈隱寺」로 되어 있다.

대에서 시를 주고받았는데, 다음 시 한 수를 읊었다.[40]

무제시	無題詩

강에 뜬 달 또렷이 보이지 않고	江上月明看不徹
밤중에 창문은 열려만 있네	山窗夜半只須開
만송산 깊은 곳 찾는 이 없고	萬松深處無人到
아득한 공중엔 학이 날아오네	千里空中有鶴來
이곳을 얻어 참으로 그윽한 거처를 엮었는데	受此幽居眞結托
가련하다, 내 놀던 자취 바람과 먼지로 덮였네	憐予遊迹尙風埃
연래 병든 말 가을 되자 더 말라서	年來病馬秋尤瘦
높은 황금대로 가려 하지 않네	不向黃金高築臺

주응등은 다음 시 한 수를 차운하였다.[41]

성과사에서 중봉 월왕대에 올라 왕양명 시에 차운하다

由聖果寺中峰登越王臺次韻王陽明

절은 ○ 중봉의 수많은 나무가 감싸고	寺○中峰萬木迴
선방 사립문은 비스듬히 강을 향해 열렸네	禪扉欹側逐江開
마음을 가라앉혀 정좌를 익힘에 이를 ○하기 어렵고	安心習靜難○此

---

40 『양명선생문록陽明先生文錄』 권4 「무제시無題詩」.

41 『능계선생집凌溪先生集』 권9 「유성과사중봉등월왕대차운왕양명由聖果寺中峰登越王臺次韻王陽明」.

험한 곳 두루 거쳐 깊은 곳으로 우연히 왔네	歷險尋幽得偶來
지난밤 비로 바위 아래 김이 오르고	宿雨潤蒸巖下石
흐르는 샘 고요히 대나무 사이 먼지를 씻네	流泉靜洗竹間埃
병든 몸 의지할 곳 없어 가련한데	還憐病體猶無賴
억지로 몸 일으켜 지팡이 짚고 월왕대를 오르네	强起扶筇上越臺

"연래 병든 말 가을 되자 더 말라서 높은 황금대로 가려 하지 않네"라고 한 구절은 양명이 병든 몸으로 아직 완쾌되지 않아서 경사로 돌아가 복직할 수 없음을 말한다. 그래서 주응등은 그가 "마음을 가라앉혀 정좌를 익힐(安心 習靜)" 수 있다고 칭찬하였던 것이다.

8월에 이르자 더욱 많은 선비와 배우는 사람이 양명을 예방하여서 도를 묻고 선을 담론하였다. 남경 대리시 평사評事 적성赤城 하후夏鍭(1455~1537)는 성화 23년(1487)에 진사가 되었으며, 왕화의 '문생'이다. 그는 모친이 연로하다고 아뢰고 천태天台로 돌아갔는데 항성을 지나다가 양명을 예방하였다. 양명은 그와 함께 탑산塔山에 올라 유람하고 그 길로 선사를 방문하여서 시를 주고받았다.

하후는 시 두 수를 지었다.[42]

왕백안과 함께 밤에 탑산에 오르다　　　　　　　與王伯安夜登塔山

밤에 촛불 들고 어디로 가는가?　　　　　　　秉燭暮何之

---

42 『명하적성선생문집明夏赤城先生文集』 권7 「여왕백안야등탑산與王伯安夜登塔山」, 권9 「차백 안운次伯安韻」.

산은 늦게 가면 안 된다 하는데!	聞山不敢遲
흰 구름이 두루 덮으려 하고	白雲封欲遍
맑은 이슬 축축해서 걷기 좋네	清露濕相宜
스님은 선탑에서 선정에 들고	僧定自禪榻
학은 빈 나뭇가지에서 놀라네	鶴驚空樹枝
지둔 허순같이 되려는 사람들 있어	有懷支許輩
탑 뒤에는 풀이 우북하네	塔盡草離離

백안의 운을 따다	次伯安韻

전생에 나는 허원도(허순許詢)였지	前身我是許元度
청산을 홀연 발로 밟고 오르네	脚底青山忽漫躋
촛불 일렁일 때 숲 모습 드러나고	乍識林容隨燭影
차차 사람 소리 들리니 선방이 가깝네	漸聞人語近禪樓
우연히 우물 물었더니 쌍천이 있다 하여	偶來問井雙泉在
다시 산을 찾다가 길을 잃었네	更欲尋山一徑迷
왕랑을 일깨워서 함께 기어 올라가니	喚醒王郎同勃窣
범천에 구름은 차갑고 저자엔 바람이 서늘하네	梵天雲冷市風凄

하후와 거의 동시에 동계東溪 서패徐霈(1511~1600)가 전당의 양명을 찾아 와서 배움을 물었다. 양명은 서패와 함께 주로 격물치지의 학문을 강론하고 과거를 위한 배움을 비평하고 유불도 세 학문(三家)의 같은 점과 다른 점을 평론하였다.

서패는 나중에 그가 양명을 처음 만나서 가르침을 받은 정황을 세 차례 언급하였다.

> 나는 약관 때부터 양명 왕 노선생을 따라 치지격물의 의미(旨)를 강하여 밝혔으며, 마침내 과거를 위한 배움을 멀리하고 주자의 주석과 함께 건성으로 보았다.[43]

> 나는 약관 때 양명 부자의 문하에서 놀았는데 학문을 논하다가 과거 공부에 미쳤다. 양명 부자께서 말씀하시기를 "양절兩浙에서 과거에 합격한 사람이 가장 많은 곳으로 여요만 한 곳이 없는데 맨 먼저 합격한 사람은 선군인 해일옹海日翁(왕화)이시다."라고 하셨다.[44]

> 가르침을 받았는데, 세 학문의 같은 점과 다른 점은 털끝만 한 사이에 있다고 하셨다. 일찍이 양명 선사께 이 문제를 질의하였더니 말씀하시기를 "다만 털끝만 한 차이인데 역시 말하기 어렵다. 일찍이 오직 염계濂溪(주돈이)와 명도明道(정호)가 이 차이를 터득하였고 나머지 사람은 쉽게 알 수 없다."라고 하셨다.[45]

서패의 서술이 나타내는 바는 다음과 같다. 양명은 전당에서 정주 이학과 유불도 세 학문의 같은 점과 다른 점에 대해 온 힘을 기울여서 새로운 사고를 하였으며, 그의 평생 처음으로 주자학을 비평하고 유불도 세 가르침의 같

---

43 『동계선생문집東溪先生文集』 권3 「소양재선생강의찬요서邵養齋先生講意纂要序」.

44 『동계선생문집』 권3 「설진사창고서薛進士窗稿序」.

45 『동계선생문집』 권18 「우론삼교동이서又論三教同異序」.

은 점과 다른 점에 대해 역시 모호하고 희미하게 인식하기 시작하였다. 그러나 그는 아직도 세 가르침의 근원이 같다는 인식, 곧 선에 빠지고 신선에 빠진(溺禪溺仙) 데에서 벗어나지 못하였다.

자운사慈雲寺의 선승 추중秋中이 손님을 초대하여 술잔치를 벌였을 때 양명은 이 선문의 결사結社에 참석하고 「답자운노사서答慈雲老師書」 한 통을 써서 다음과 같이 회답하였다.

> 비루한 사람은 오랫동안 속세에서 세손世孫을 염려하느라 매우 고생을 많이 하였습니다. 그런데 버리지 않으시고 상오霜鰲를 나눠서 손님을 초대하여 술잔치를 베풀고 음식을 삶아서 술을 내어 오시니 흔쾌히 진정을 얻었습니다. 마치 원 공遠公(혜원慧遠)이 선정의 경계로 인도하는 것과 같아서 감동하여 참석하였습니다. 바야흐로 성에 들어오시면 기꺼이 저의 정원에 잠시 앉으시지 않겠습니까? 바람결에 절을 합니다.
>
> 자운 노사 좌하座下에 올립니다.[46]

"세손世孫을 염려"한다 함은 바로 '염친(혈육을 그리워하고 마음에 품다[懷念親시])'을 가리키며, "마치 원 공이 선정의 경계로 인도하는 것과 같다" 함은 이 자운선사가 손님을 초대하여 술잔치를 벌인 일을 동림東林 혜원(334~416)이 백련사白蓮社를 결성하여 선정의 수행을 행한 일에 견준 말이다. 양명의 이 편지는 정확하게 그의 '종성'은 '염친'을 끊을 수 없다는 사상을 반영하며, 또한 그는 '염친(＊儒)'과 '수선修禪(＊佛)'을 통일하였는데 유도와 불도의 통일을 의미하고 있다. 자운이 결사를 하여 선정을 한 일은 다시 한번 그의 '염친'과

---

46 『왕문성공진적王文成公眞迹』, 민국民國 영인본. 고사의顧思義가 서명을 제하였다.

'종성'이 합한다는 마음의 깨달음을 인증印證하였다.

더욱 주목할 만한 일은 8월에 자운선사가 결사를 하고 참선을 수련할 때 시인 요허了虛 오근吾謹(1485~1519)도 전당으로 와서 양명을 예방하고 그와 함께 유가 심성의 학문과 유불동이儒佛同異 논변을 전개하였다는 사실이다. 오근도 불교와 노자를 좋아하는 명사로서 여덟 살 때 부賦를 지을 줄 알았고, 경전과 해설서(經傳), 제자서와 역사서(子史), 천문天文·지리地理·병가兵家·음양陰陽, 불교와 도교(釋道)의 책을 두루 섭렵하였다. 소화산少華山에 은거하면서 이몽양·하경명何景明(1483~1521)·손일원孫一元(1484~1520) 등과 시를 주고받으며 우열을 겨루어서 '사재자四才子'로 일컬어졌다. 이때 오근이 전당의 양명을 찾아와서 진행한 유석심성이동儒釋心性異同 논변의 직접적인 자료는 모두 전해 내려오지는 않지만 오근이 나중에 양명에게 보낸 중요한 긴 편지 한 통에서 두 사람이 대면하여 유교와 불교, 마음과 본성의 이동異同을 논변한 정황을 애오라지 찾아볼 수 있다.

오근은 긴 편지에서 다음과 같이 말한다.

지난해 항성杭城에서 집사執事를 만나 뵙고 도를 논하여 가르침을 받았는데 시원하게 스스로 터득함이 있음을 깊이 깨달았습니다. 집사께서는 덕기德器가 온화하고 순수하시며 언론이 정밀하여서 오늘날 세상의 도의道義를 논하는 군자 가운데 집사 같은 사람은 없다고 생각합니다. 다시 가서 나머지 못다 하신 말씀을 모두 듣고자 하였으나 안타깝게도 집사께서 떠나셔서 실망하고 돌아왔는데 지금도 한이 됩니다.

저(謹)는 어렸을 때 석가와 노자(釋老)의 학술을 매우 좋아하여서 하루 종일 그 책을 찾아 읽으면서 싫증을 내지 않았으며, 맑고 공허하고 고상하고 넓은 이론에 기뻐하며 공통된 점만 보았지 (유학과) 다른 까닭을 살피지 못하였습니다. 마음은 무덤덤해지고 몸은 죽은 것이나 마찬가지 상태가 되어서 거의 끝 간 데가 없었습니다. 유학의 체용일원體用一原의 학문을 알게 되면서 편벽되고 치우치고 딱딱하고 비루한(僻側固陋) 습성이 점차 씻겨나갔습니다. 그러나 아마도 남은 찌꺼기를 실컷 달게 여겼기에 혹 찌꺼기를 다 씻어 없애지 못했을 수도 있으며, 때때로 말을 하다가 도리어 옛 습관을 답습함을 면하지 못합니다. 집사께서는 말마다 흠을 잡으면서 말씀하시기를 "이는 선가禪家의 말이다."라고 하셨는데 제가 어찌 감히 스스로 꾸며낸 말이겠습니까? 그러나 '허령한 지식은 알면서 천리의 진실에는 어두우며, 공허하고 적막한 가르침에 들떠서 죽을 때까지 돌이킬 줄 모르는(認虛靈之識而昧天理之眞, 浮於虛寂之敎而終身不知返)' 것으로 여긴다면 (이는) 실로 제가 기꺼이 하는 바가 아닙니다. 집사께서 정자程子의 뜻을 서술하여 말씀하시기를 "성을 말했을 때는 곧 이미 성이 아니다. 맹자가 성은 선하다고 한 것은 계승한 것을 말하며 본연의 성이 아니다(纔說性時, 便已不是性. 孟子所謂性善是繼之者, 非本然之性也)."라고 하셨는데, 이는 참으로 석씨의 지각이 성이라는(知覺是性) 설을 충분히 논파할 수 있습니다. 그러나 우리 유학의 천리자연天理自然의 오묘함은 따지고 의론하지 않아도 밝습니다. 제가 이른바 허령불매虛靈不昧는 성정을 통솔하는 마음(統性情之心)을 가리켜 말한 것이지 허령한 지식(虛靈之識)을 가리킨 것이 아닙니다. 저 모든 이치를 다 갖추고 만사에 대응하는 것은 혼연한 마음이 아니고서는 그렇게 할수 없으니, 이것이 곧 이른바 천명이며 명덕입니다. 그러므로 지극히 비어있으면서 지극히 신령한 것이 존재하는데(夫具衆理, 應萬事, 非渾然之心不足以當之, 卽所謂天命明德也. 故至虛而有至靈者存), 곧 정자가 이른바 '고요한 가운데 있는 물건(靜中有物)'이니 비어 있는 것을 성이 아니라고 할 수 있겠습니까? 빈 것과 기가 합하여서 성이라는 이름이 생기는데, 석씨는 다만 기의 지각, 운동만을 취하여서 본연의 성이라고 이름을 붙였으니 정자가 이른 바 "성은 바로 태허의 이름이라(性乃太虛之名)"고 한 것입니다. 제가 허령虛 靈을 성이라 함은 역시 장자張子(장재張載)의 '허와 기가 합한(合虛與氣)' 것을 취하여서 말한 것입니다. 진실로 허령불매를 갑자기 석씨의 지각설이라고 한다면 제가 미처 알 수 없는 것입니다. 또한 만약 허령불매로는 다만 마음을 말할 수 있고 성을 말할 수 없다고 한다면, 주자가 본래 이것으로 명덕의 뜻을 풀이한 것인데 명덕을 성이 아니라고 할 수 있겠습니까? 하물며 마음은 성을 겸할 수 있으므로 정자는 미발의 마음을 성이라고 하였으니 본디 허령불매를 이발이라고 할 수는 없습니다(若又以虛靈不昧爲但可言心, 不可以言性, 則朱子固以是訓明德矣, 明德可謂非性乎? 況心可以兼性, 故程子以未發之心爲性, 虛靈不昧固不可謂之已發也). 집사께서 저를 위해 분석해주신다면 다행이겠습니다.

가만히 말하건대 세상에서 석가와 노자를 명확히 배척하려고 하는 자는 대체로 마땅히 구양씨歐陽氏(구양수歐陽修)가 이른바 "근본을 닦아서 이긴다(修其本以勝之)."라고 한 말과 같이 해야지 이러쿵저러쿵 더불어 승부를 겨루려고 해서는 안 됩니다. 주렴계周濂溪(주돈이)는 언설을 많이 하지 않았으므로 그의 글을 읽는 자는 또 역시 충분히 옳고 그름의 변별을 할 수 있습니다. 정자에 이르러 비로소 변별하였으나 역시 "자취에서 보는 것만 못하다(不若迹上看)."고 하였으므로 그 자취를 공격하면 마치 굴욕의 맹서(城下之盟)를 하듯이 굴복하게 할 수 있습니다. 주자에 이르러서 비로소 원두源頭에 이미 우리 유학과 변별이 있다고 하였습니다. 그 원두를 변별하면 저들에게는 우리와 부딪히는 설이 있습니다. 이런 점에서 주자는 정자에 미치지 못합니다. 또한 양씨楊氏(양시楊時, 1053~1135)가 "움직이고 기뻐해도 중심은 본래 태연자약하다(其動其喜, 中固自若)."라고 한 말은 장주莊周의 "성이

나더라도 성을 내지 않는다(出怒不怒)"는 말을 인용하여 밝힌 것으로서 성인의 마음을 형용한 것인데 역시 이치를 해치지 않을 듯합니다. 주자가 참으로 그의 설과 같이 여겼다고 한다면 성인은 희로애락喜怒哀樂의 때를 당하여서 그 마음이 막연하게 목석木石과 같아서 우선 겉으로는 그 모습이 이와 같이 드러나 보이지만 모든 말과 행동이 다시 중심의 성실함에서 나오지 않게 됩니다. 이는 더욱 의심할 만합니다. 정자가 본래 말하기를, 성인의 마음은 명경지수明鏡止水와 같다고 하였는데, 대체로 (마음이) 대상사물에 따라 반응하는 것이 마치 물이나 거울이 사물을 비추는 것과 같으니 사물로 인해 물이 거울처럼 보일 뿐 (물은) 본래 막연하여 움직이는 바가 없다고 하는 말입니다. 지금 성인이 희로喜怒의 때를 당하여 오히려 그 마음을 움직여서 대상사물에 응함을 면치 못한다면 명경지수의 뜻과 다르지 않겠습니까? 만약 막연하여 움직이지 않음이 중심의 성실함에서 나오는 것이 아니라고 한다면, 가만히 생각건대 또한 그렇지 않습니다. 저 혼연히 가운데 있는 것(渾然在中)은 곧 천도天道의 성실함입니다. 기뻐하고 성낼 만하면 기뻐하고 성내는데 다만 마음이 그것을 뒤쫓아 움직이지 않는 것일 뿐이니 오히려 어찌 성실하지 않다고 할 수 있겠습니까? 하물며 정자가 소계명蘇季明(소태蘇迨, 1070~1126)에게 답한 편지에서도 "일로 말하자면 적중하지 않은 때가 있으나, 도로 말하자면 어느 때인들 적중하지 않겠는가(以事言之, 則有時而不中. 以道言之, 則何時而不中)?"라고 하였으니, 희로애락의 자취가 이른바 일이며, 성인의 마음이 혼연하여 전체인 것이 곧 도입니다. 만약 한낱 일에 적중하지 않는 때가 있는 것만 보고서 마침내 마음이 일에 반응할 때 역시 그에 따라 치우치고 기울어지는 바가 있다고 한다면 이는 바로 석가와 노자의 설이 섞인 것과 다름없지 않겠습니까? 어떻게 생각하십니까? 마치 양씨가 "안자는 비록 요절했지만 죽지 않은 것이 존재한다(顏子雖夭, 而有不亡者存)."라고 한 것을 주자가 흠으로 여긴 것이 바로 이것입니다. 그 말에 이르기를 "천명의 성은 옛날이나 지금이나, 성인이나 어리석은 이나 공공의(보편적) 물건으로서 안자 혼자서만 능한 것이 아니다. 만약 기는 흩어져도 정신과 혼백이 오히려 존재한다면 이는 물건이 변화하지 않는다는 뜻이니 어둡고 아득한 사이에 침체됨을 면하지 못한다. 안자를 말하는 근거가 더욱 아니다(若天命之性, 則是古今聖愚公共之物, 而非顏子所能專. 若曰氣散而精神魂魄猶有存者, 則是物而不化之意, 猶不免滯於冥漠之間, 尤非所以語顏子也)."라고 하였습니다. 이는 이른바 소멸하고 늘어나고 굽히고 펴는 것(消息屈伸)을 오고 가는 대로 맡겨서 드넓게 툭 트여 자연스레 조화하는 것과 같은 무리(徒)가 되는 것이니 석가와 노자의 신령하고 맑은(靈爽) 지각을 지킨다는 것보다 고상하기가 어찌 같은 등급에 그치겠습니까? 그러나 '사람의 마음은 죽지 않는다(人心不死)'는 설은 '원융하여 가없다(圓融無際)'는 말과 견주면 오히려 그 남은 실마리를 주워서 모은 것을 면하지 못하니 어찌 족히 그 마음을 복종하여서 그로 하여금 기꺼이 감히 시비를 가리지 못하게 하기에 충분하겠습니까!

저 성인은 마지못해 말을 할 뿐 말이 많은 것이 성인의 뜻은 아닙니다. 후세의 유자들은 왕왕 말할 수 있는 기회를 얻으면 그만두지 않기 때문에 때로 출입의 폐단이 있으며 고작해야 분쟁의 단서를 일으키기에 족할 뿐입니다. 전에 횡거橫渠(장재)의 말을 보았는데 이르기를 "도덕과 성명은 길이 존재하며 죽지 않는 물건이다. 내 몸은 죽지만 이것은 늘 존재한다(道德性命是常在不死之物也. 己身則死, 此則長在)."라고 하였습니다. 가만히 생각건대 말을 세움은 바로 이와 같이 해서는 안 됩니다. 공자는 일찍이 말을 하지 않은 것이 아니라 궁리窮理, 진심盡心, 지명至命을 이야기한 것에 지나지 않습니다. 지금 석씨를 공격하려고 이 이론을 크게 세운다면 거의 그들을 돕는 것이 아니겠습니까? 저 역시 성현이 참으로 엄격하게 법을 세웠고 지극하게 도를 지켰음을 알지만, 때때로 오히려 이단이 습격하여 포위망을 뚫고 들어옴을 면하지 못하는데 하물며 감히 스스로 이를 주장하여서 천하 후세의 소요를 불어나게 하겠습니까? 더불어 많은 변별을 할 필요가 없으며 우리 유학의 체용일원, 현미일치의 오묘한 이치를 밝혀서 독실하게 힘써 실천하여 스스로 고명함에 이르면 강한 적이라도 공격하지 않아도 격파할 수 있을 것입니다(徒以爲不必與之多辯, 明吾儒體用一源, 顯微一致之妙, 篤於力行, 以自致於高明, 則勍敵可不攻而破矣). 집사께서는 어떻게 생각하십니까? 경건함으로 인해 고요하고, 고요함으로 인해 텅 비는데, 텅 빈 것이 성性입니다. 이는 제가 스스로의 힘으로 사색한 것인데 아직 스스로 전복될 근심이 있지 않은지 모르겠습니다. 지시하여 가르쳐주신다면 다행이겠습니다. 정미精微한 논설은 당면하여서 탐구하지 않는다면 불가하니 이는 또 자세하게 쓰지 못합니다. 오직 집사께서 마음으로 살펴주시기 바랍니다.[47]

이 긴 편지는 심성의 설을 논하는 대단한 논술이라 할 수 있다. 두 사람이 벌인 논변의 초점은 '성性'에 있었다. 오근은 '성'을 허령불매로 보았기에 허령을 가리켜서 성이라 하고 '성은 바로 태허의 이름'이라고 인식하였다. 반대로 양명은 성을 가리켜서 허령불매라 하는 것은 '선가禪家의 말'이며 석씨의 지각을 성이라 하는 설과 같은 부류로 인정하고서 이는 "허령한 지식은 알면서 천리의 진실에는 어두우며, 공허하고 적막한 가르침에 들떠서 죽을 때까지 돌이킬 줄 모르는" 것이라고 비평하였다.

'성'의 설에서 두 사람은 모두 정주程朱의 설을 이용하여 자신의 설을 변

---

47 『요허선생문집了虛先生文集』 「서독류書牘類」.

중하였다. 오근은 자기가 말하는 '허령불매'는 정과 성을 통괄하는 '마음'을 가리켜 말한 것이지 결코 허령의 '지식(識)'을 가리켜서 말한 것이 아니라고 하였다. 이理는 허하고 기氣는 실하니 그가 말하는 '성'은 허와 기를 합하여서 말한 것이며, 다만 기를 취한 지각운동의 허적虛寂을 가리키는 석가釋家의 설과는 결코 공통된 점이 없다. 그는 특별히 강조하기를, 이미 허령불매로써 '마음'을 가리킬 수 있으며 또한 허령불매를 이용하여서 '성'을 가리킬 수 있다고 하였다.

'마음'은 만리萬理를 구비하고 있으며 혼연하여서 지극히 허하고 지극히 신령하기 때문에 그는 "모든 이치를 다 갖추고 만사에 대응하는 것은 혼연한 마음이 아니고서는 그렇게 할 수 없으니, 이것이 곧 이른바 천명이며 명덕입니다. 그러므로 지극히 비어 있으면서 지극히 신령한 것이 존재합니다."라고 말하였다. 이는 일종의 마음이 온갖 이치를 구비한다는(心具衆理) 심학사상이다.

'성'은 이理와 기氣를 합하여서 말한 것이며, 마음은 성을 겸할 수 있으므로 허령으로 성을 말할 수 있다. 그러므로 그는 "또한 만약 허령불매로는 다만 마음을 말할 수 있고 성을 말할 수 없다고 한다면, 주자가 본래 이것으로 명덕의 뜻을 풀이한 것인데 명덕을 성이 아니라고 할 수 있겠습니까? 하물며 마음은 성을 겸할 수 있으므로 정자는 미발의 마음을 성이라고 하였으니 본디 허령불매를 이발이라고 할 수는 없습니다."라고 하였다. 양명으로서는 다만 허령불매로는 '마음'을 말할 수 있을 뿐 '성'을 말할 수 없다는 인식을 견지하였다. 왜냐하면 마음은 본연의 마음이지만 성은 본연의 성이 아니기 때문이다. 그는 정자의 설을 이용하여서 해석하기를 "성性을 말할 때는 곧 이미 성이 아니다. 맹자가 성은 선하다고 한 것은 계승한 것이며 본연의 성이 아니다."라고 하였다. 여기에는 이미 주학朱學의 심성설에 대한 비평을 내포하고 있어서 양명도 은연중에 본연의 '마음(*心體)'에 대해 자기의 사고와 탐색을 하고 있었음을 드러낸다.

이로써 양명과 오근이 벌인 토론의 중점은 심성설 논변에 있었으며, 유불 학문의 이동異同의 논변에 있지 않았음을 알 수 있다. 비록 논변이 유불 학문의 이동 문제까지 나아갔지만 오근은 군이 유불 학문의 이동을 하나하나 논변할 필요는 없었다. 더욱이 불교와 노자를 배척할 필요가 없고 마땅히 구양수와 마찬가지로 먼저 '근본을 닦아서 이겨야' 한다고, 곧 먼저 자가自家의 유가 성학 사상을 탐구하여서 밝히고 잘 닦아서 독실하게 힘써 실천하고 용감하게 행동으로 옮겨야 한다고 주장하였다. 그리하여 그는 "더불어 많은 변별을 할 필요가 없으며 우리 유학의 체용일원, 현미일치의 오묘한 이치를 밝혀서 독실하게 힘써 실천하여 스스로 고명함에 이르면 강한 적이라도 공격하지 않아도 격파할 수 있을 것입니다."라고 하였다. 이렇게 불교와 도교에 대해 '시비를 따지지 않는(不讓是非)' 방식의 자세와 태도는 양명 역시 죽을 때까지 실천한 방침이다.

자운선사와 결사를 하여서 선을 수련하고 오근과 심성 논변을 펼친 일은 유불도 삼교의 동근과 동원에 대한 양명의 신념을 더욱 강화하였으며, 한 걸음 더 나아가 그의 '종성'은 '염친'을 끊을 수 없다는 핵심적인 깨달음을 인증함으로써 그로 하여금 돌아가 거처하다가 때를 기다려서 출사할 수 있다는 생각을 하게 하였다. 그래서 오근과 심성의 학을 논변한 뒤 9월에 양명은 곧 전당과 고별하고 소흥으로 돌아갔다. 그는 전당에서 평상시와 달리 선을 익히고 병을 정양하는 일곱 달을 보내면서 또 한 차례 자아의 탐색을 거쳐서 성공적으로 마음을 밝히고 선을 수련하는 깨달음의 길을 걸었다. 그가 이때 급히 소흥으로 돌아온 까닭은, 한편으로는 서울에 있는 왕화가 예부우시랑에 승진하여서 관원을 조견調遣하는 데 참여하고 예위禮闈(會試)의 중임을 다스리게 되었는데 이 일이 양명의 '출사'에 좋은 기회를 가져다주었기 때문이다.

또 한편으로는 왕화가 곧 예부시랑으로 명을 받들고 강회江淮의 여러 신들에게 제사를 올리게 되어서 내친김에 소흥으로 돌아가 귀성歸省을 하게 되었기 때문이다.

양명은 9월 초에 출발하였는데 가는 길 내내 이전처럼 선사를 찾고 도를 물었다. 그는 소산蕭山을 지나갈 때 상호湘湖를 유람하고 조림암曹林庵, 각원사覺苑寺를 찾아가 상호의 푸른 산과 빼어난 물(青山秀水)에 도취하였고, 결국 상호에 엎드려서 살려는 고아한 생각마저 갖기도 하였다.

그는 다음과 같이 시를 지어서 읊었다.[48]

조림암	曹林庵
멋진 산이 물과 구름 사이에 끼어 있어	好山兼在水雲間
이런 호수가 있으니 이런 산이 있지	如此湖須如此山
평소 양선에 엎드려 살려는 마음 있었는데	素有卜居陽羨興
이 몸은 어찌하여 한가한 틈을 낼 수 없네	此身爭是未能閒

각원사	覺苑寺
맑은 강가에 외로운 절	獨寺澄江濱
푸른 은하 밖에는 두 절 간	雙刹青漢表
옷자락을 들고 올라보니	攬衣試登陟
깊은 숲속에 자던 새 놀라 깨어나네	深林宿驚鳥

---

48 『강희소산현지康熙蕭山縣志』 권14 「조림암曹林庵」, 「각원사覺苑寺」.

노승은 구렁에서 여위어가고	老僧丘壑癯
늙은 얼굴 눈처럼 깨끗하네	古顔冰雪好
그윽한 담론이 술술 흘러나와	霏霏出幽談
고독한 포부를 시원스레 드러내네	落落見孤抱
비가 개니 강바람 잦아들고	雨霽江氣收
하늘은 텅 비어 달빛이 밝네	天虛月色皓
고요한 밤 선관에 누우니	夜靜臥禪關
내 붓은 새로 난 풀을 꿈꾸네	吾筆夢生草

산음山陰을 지나갈 때 양명은 부봉사浮峰寺에 올라 유람하며 또 새로운 깨달음을 얻고서 시를 지어 읊었다.[49]

우봉사에 노닐고 또 절구 넷을 짓다　　　　遊牛峯寺又四絕句

푸른 산은 봐도 물리지 않고	翠壁看無厭
산속 연못은 앉아서 보니 더욱 맑네	山池坐益清
깊은 숲속 잎사귀 가볍게 지니	深林落輕葉
가을 소리라 말하지 말라	不道是秋聲

괴이한 바위산엔 굴이 많고	怪石有千窟
늙은 솔은 가지가 반쯤 남았네	老松多半枝
맑은 바람 바위 동굴에 부니	清風灑巖洞

---

49 『왕양명전집』 권19 「유우봉사우사절구遊牛峯寺又四絕句」.

내가 다시 찾은 때라네	是我再來時
인간세상에는 혹서를 피할 길 없고	人間酷暑避不得
맑은 바람은 오로지 깊은 산속에 있네	淸風都在深山中
못가에 앉았더니 어느새 사흘이 가버리고	池邊一坐卽三日
홀연 바위 끝 푸른 나무 붉게 물들었네	忽見巖頭碧樹紅
두 차례나 부봉에 왔더니 흥이 더욱 일고	兩到浮峰興轉劇
사흘을 취하여 누워 돌아갈 줄 모르네	醉眠三日不知還
눈앞 풍경 색깔마다 다른데	眼前風景色色異
오직 사람 소리 있어 세상과 같네	惟有人聲似世間

양명은 9월 중순에 소흥으로 돌아와서 '출사'할 준비를 시작하였다.

태산은 높다(泰山高):
공맹유학으로 회귀한 '태산의 사색(泰山之思)'

양명은 소흥으로 돌아온 뒤 계속 집에 기거하면서 병을 정양하고 왕화가 귀성하여서 집안일을 처리하기를 기다렸다. 전당에서 돌아온 양명은 수도자로서 면모가 일신하였다.

조관趙寬(1457~1505)은 두 구절로 그를 가장 멋있게 평가하였다. "깊이 즐기는 것 모두 도의 기운임을 이미 깨달았으나 오직 몰아내기 어려운 것은 시마로세(已覺沉酣皆道氣, 獨難驅逐是詩魔)."[50] 조관은 왕화와 동년으로, 이때 절강 안찰부사 겸 동학사浙江按察副使兼董學事로 부임하여서 양명과 우호가 날로 친밀해졌으며, 더욱이 양명의 시사詩詞, 묵보墨寶를 높이 평가하고 칭송하였다. 중양절 날에 조관은 양명을 초대하여서 계산稽山에 올라 등고登高를 하기로 하였으나 양명이 병으로 가지 못하였다. 그러나 두 사람은 여전히 시를 지어서 주고받으며 서로 화답하였다.

조관은 양명을 당시팔선唐詩八仙의 한 사람인 하지장賀知章에 견주었는데,

---

50 『반강조선생문집』 권6 「화왕백안이수和王伯安二首」.

잇달아 시 세 수를 지어서 양명을 그리워하는 마음을 표현하였다.[51]

산에 올라 술을 싣고 온 괄창 이 원외를 만나서 함께 놀고 인하여 추관 백
안에게 보내다　　　　　　登山遇括蒼李員外載酒同遊因寄伯安秋官

나막신 신고 바삐 등고를 하는데	登高兩屐正匆匆
손님이 배로 오니 함께 흥이 넘치네	有客仙舟逸興同
가랑비 내리는데 신로(이윤伊尹)의 구절을 주고받고	細雨眞酬莘老句
높은 관을 쓰니 맹생(맹호연孟浩然)의 풍모 실추시키지 않네	峨冠不墮孟生風
구름이 서쪽 고개로 물러가니 가을빛이 열리고	排雲西嶺披秋色
동쪽 울타리에 술을 들고 국화 떨기를 찾네	把酒東籬探菊叢
난정에서 잠 못 듦은 도리어 우스워라	却笑蘭亭眠未穩
문을 닫고 때로 다시 시통을 놀리네	閉門時復走詩筒

다시 백안에게 보내다　　　　　　　　　　　　再寄伯安

그대 깃발이 앞 내에 머문다는 말 듣고	聞君旌節駐前川
축축한 날씨에 백 길 산에 오르자고 자주 재촉하네	衝濕頻催百丈牽
푸른 등불 들고 옥빛 나무를 보는 듯	擬剔靑燈看玉樹
거친 밥과 맹물로 강가에 머문 들 거리낄 것 없네	不妨疏水滯江天

---

51 『반강조선생문집半江趙先生文集』권6 「등산우괄창이원외재주동유인기백안추관登山遇括蒼
李員外載酒同遊因寄伯安秋官」, 「재기백안再寄伯安」, 권8 「왕백안추관약계산등고급기이병불
과王伯安秋官約稽山登高及期以病不果」.

야트막한 배에 홀로 앉아 멀리 바라보니   扁舟獨坐遙相望

쓸쓸한 관사에서도 응당 잠 못 이루리   孤館此時應未眠

오랫동안 입을 벌려 웃어주는 이 없어도   久矣無人開口笑

오늘밤 그윽한 흥 초연하다네   今宵幽興一超然

추관 왕백안과 계산 등고를 약속했으나 기일에 병으로 오지 못하다

王伯安秋官約稽山登高及期以病不果

호숫가 하지장은 끝내 못 오고   湖上知章竟不來

계산엔 주인 없어 공연히 돌아가려네   稽山無主欲空回

동쪽 울타리엔 하물며 바람 불고 비 내리니   東籬況値風兼雨

뉘와 함께 꽃 앞에서 술 한 잔 기울일까?   誰共花前倒一杯

심지어 그는 사詞 한 수를 또 지어서 양명을 그리워하였다.[52]

서강월(계산당에 비가 내리니 왕백안이 그리워진다)

西江月(稽山堂雨有懷王伯安)

괴이해라, 온 성 내 비바람   怪底滿城風雨

인간세상 내일은 중양절이라네   人間明日重陽

천암만학은 가을빛을 다투고   千巖萬壑競秋光

푸른빛은 계산당을 두르고 있네   翠擁稽山堂上

---

52 『반강조선생문집』 권8 「서강월西江月(계산당우유회왕백안稽山堂雨有懷王伯安)」.

호상에 홀로 오래 앉았으니　　　　　　　獨倚胡床坐久

속세의 염려 말끔히 잊어버리네　　　　　　爽然塵慮都忘

뉘라서 하지장을 불러올 수 있나　　　　　阿誰呼取賀知章

경호에서 함께 햇술을 맛보게　　　　　　共賞鏡湖新釀

양명은 병이 나은 뒤 곧바로 조관을 찾아가 예방하였다. 두 사람은 화주산火珠山 계산당에 올라 유람하고, 시를 주고받으며 읊었다. 조관은 또 양명에게 화답하는 시 두 수를 지었다.[53]

왕백안에게 화답하다, 두 수　　　　　　和王伯安二首

숲과 골짜기를 즐김은 참으로 성벽이 되어　　　性耽林壑眞成癖

안개와 노을 가슴 아리도록 좋아해도 아프지 않네　胸痼煙霞不作疹

깊이 즐기는 것 모두 도의 기운임을 이미 깨달았으나　已覺沉酣皆道氣

오직 몰아내기 어려운 것은 시마로세　　　　獨難驅逐是詩魔

좋은 날 어느 때나 운옥에서 잠을 잘거나　　　佳辰何時眠雲屋

속세 사람들 그대가 옥가를 싫어함을 아나니　俗駕知君厭玉珂

나에게 맑은 사와 신묘한 글을 주려　　　　惠我淸詞兼墨妙

바람 따라 읊조리며 몇 차례나 다녀갔던가!　臨風吟玩幾回過

한줄기 비로 씻겨 맑은 가을 드러나니　　　洗出淸秋片雨明

울퉁불퉁 수많은 바위 푸른빛을 다투네　　千巖相競碧崢嶸

53 『반강조선생문집』 권6 「화왕백안이수和王伯安二首」.

푸른 산 사이사이 좁은 길 나 있고	靑圍鳥道微通徑
숲속에 비 내려 성이 반나마 축축하네	濕重林霏半壓城
하늘가에서 불어오는 바람 듬성듬성한 살쩍을 스치고	天際緖風吹鬢短
꽃을 대하고 산속 햇술을 따르네	山中新酒對花盈
인간의 속됨을 면하지 못했으니	却嫌未免人間俗
오히려 소나무 그늘에서 일갈 소리 들을 듯	猶聽松陰喝道聲

조관이 양명을 초대하여 행대行臺에서 묵게 하였기에 양명은 조관이 엄격하고 근실하게 시를 짓고 선비의 원고(士卷)를 매우 진지하게 비평하고 수정하는 모습을 눈으로 직접 보았다.

그는 나중에 「반강선생문집서半江先生文集叙」를 지어서 이 일을 다음과 같이 언급하였다.

선생은 가군 용산 선생과 동년 진사이시다. 그러므로 나(守仁)는 집안끼리 통하는 사랑을 받았으며 또한 이 때문에 선생을 알게 되었다. 그 뒤 병을 아뢰고 양명으로 돌아갔는데 선생은 마침 학문을 다스리시어(董學) 월越에서 선비의 우열을 가렸다. 행대에 초대받아서 묵는 사이에 시고詩稿를 엿볼 수 있었는데, 모두 거듭 깎고 고쳐서 어떤 것은 한 편이 온통 남은 글자가 없을 정도였다. 선비의 글을 교정한 것이 곁에 있어서 펼쳐 보았더니 모든 글이 비평하고 깎아내고 점찍고 뭉개버린 것이었다. 이렇게 하여 딱 마음에 드는 것만 어지러이 뽑아서 십수 권으로 만들었는데 좋지 않은 글이 없었다. 또 작은 책자 하나를 보는데, 가본 곳의 산천과 풍속, 길에서 들은 내용, 경전과 역사에서 의심나는 내용을 갖추어 기록하지 않은 것이 없었다. 시동에게 듣자 하니 "공은 겨를이 있으면 책상을 닦고 책갑을 펼

처놓은 뒤 향을 피우고 고요히 대하고서 혹 글을 검토하되 한밤중까지 하시며 옷깃을 가다듬고 묵묵히 앉아 계시다가 오랜 뒤에야 자리에 누우십니다." 하였다. 그런 뒤에야 선생이 평소 기르시는 바가 이와 같이 깊었음을 알게 되었다. 비록 정무政務의 번거롭고 자질구레한 일이라도 모두 마음을 정밀하게 씀이 역시 이와 같았다.[54]

그러나 돌아온 양명은 도리어 현실의 민생 문제에 더욱 관심을 기울였다. 소흥은 홍치 16년(1503) 이래 큰 가뭄이 끊이지 않아 양식을 거두지 못하여서 민생이 매우 어려웠다. 소흥의 수령 퉁진佟珍은 명을 내려서 민간에 쌓아두고 저장한 곡식으로 장인을 불러모아서 예비창預備倉을 짓게 하였으며, 그곳에 양식을 비축하고 대비하여 재황災荒을 헤쳐나가게 하였다. 양명도 비가 오기를 빌고 재난을 구제하는 일에 참가하였다.

그는 특별히 「신건예비창기新建預備倉記」 한 편을 지어서 다음과 같이 경세치용의 실학 사상을 선명하게 반영하였다.

창름倉廩은 나라의 재용(國用)을 저장하고, 백성의 넉넉하지 못한 것도 여기에서 취한다. 그러므로 삼대三代 때에는 윗사람은 반드시 모두 수송하는 관부를 따로 둘 필요는 없었고, 아랫사람은 반드시 자기 집에 모두 간직해야 할 필요는 없었다. 후세에 상평常平의 의창義倉과 같은 창고는 대체로 백성을 위한 시설이었으나 거기에 담긴 선왕先王의 뜻은 이미 쇠퇴하였다. 이 제도가 크게 무너지면서 창름에 비축된 곡식이 마침내 막연히 백성과는 다시 아무런 상관이 없게 되었다. 흉년이나 홍수, 가뭄을 만나면 굶주

---

54 왕수인, 「반강선생문집서」, 『반강조선생문집』 권수卷首.

려 죽은 백성의 시체가 서로 깔고 누우니 만약에 위에서 진대賑貸의 명령
이 내려오지 않으면 비록 유능한 유사有司라도 가만히 앉아서 문을 닫아걸
고 감히 되(升)나 홉(合)이나 내어서 아랫사람을 건져낼 수 없다. 백성이 관
름官廩 보기를 마치 원수의 보루를 보듯이 한 까닭은 (창고를 털려고) 폭력
(刀爲)을 일삼을 수 없었기 때문이다. …… 소흥의 창고(倉目)는 산언덕(岻)
과 같아서 큰 것은 소속된 곳이 서너 구역이고, 중간급이라도 쌓을 수 있
는 물량이 역시 수십만을 밑돌지 않는다. 그러나 백성의 굶주림은 곡식을
조금이라도 수확하지 않으면 면할 수 없다.

　계해년(1503) 봄에 융풍融風(동북풍)이 날마다 불고 성화星火(유성)가 밤
에 떨어졌다. 태수 퉁 공이 말하기를 "이는 가뭄의 징조이다. 대비하지 않
을 수 없다." 하였다. 민간에 명을 내려서 쌓인 곡식을 근실히 저장하게 하
고 다시 장인을 불러모아 땅을 찾아다니다가 군치郡治(군 소재지) 동쪽에서
옛 태적고太積庫 터를 찾아서 예비창預備倉을 지었다. 4월부터 8월까지 비
가 내리지 않아 농사를 크게 망쳐서 집집마다 먹을거리가 텅텅 비었다. 백
성은 속속 수백 리의 가흥嘉興과 호주湖州의 곡식을 옮겨와 스스로 구제하
였다. 시장에서는 불이 가끔씩 났고 곡식을 사올 수 있는 곳도 없었다. 공
이 요리僚吏를 거느리고 산천과 사직社稷을 두루 다니며 기도를 하였더니
8월 기유己酉에 큰비가 열흘 간 흠뻑 내렸다. 말랐던 벼에서 다시 이삭이
나와서 백성은 비로소 10분의 1이라도 가망이 생겨 점차 소생하게 되었
다. …… 이에 더욱 공사를 서둘러 9월 정묘丁卯에 완공하였다. 창고는 세
면의 기둥이 26주인데 곡식을 약 10만 몇천 휘(斛)를 저장할 수 있다. 또한
전면에는 청사廳事가 있어서 출납을 맡아보았으며 평상시에는 손님이나
부사部使(어사)가 오갈 때 묵을 곳이 없는 자들이 모두 이곳을 숙소로 삼을
수 있다. 남쪽의 맨 끝은 백성의 거주지를 막아서 높은 담으로 경계를 지

었다. 동쪽의 꺾어진 곳에는 문을 만들어서 큰 거리로 나가게 되어 있다. 아울러 문에는 기둥 28주짜리 집을 지어서 남쪽에서부터 북쪽까지 무역을 하는 상려商旅가 거주하며 달마다 그 값을 받아 늠속廩粟을 채우게 하였다. 또한 창고에서 구획을 하여 종합해서 다스렸다. 대체로 세 해를 쌓으면 한 해의 양식을 대비할 수 있다.[55]

양명의 이 글은 한 차례 숲속 양명동으로 돌아가 은거하며 수도하고, 전당에서 선을 수련한 후 또 냉철하게 현실로 돌아와서 '다시 세상에 쓰이기를 생각하고(復思用世)'[56] '출사'할 계획을 결심하였음을 분명히 나타낸다.

마침 10월에 이르러 왕화가 명을 받들고 강회江淮의 여러 신들에게 제사를 지내게 되어서 내친김에 귀성하여 소흥으로 돌아왔다. 실제로 그가 이때 명을 받들고 강회의 여러 신들에게 제사를 지내는 참된 의도는 신에게 기도하여서 재앙을 떨쳐버리려는 것이었다. 이해에 강회 일대에는 재난이 매우 심각하였기 때문에 조정에서는 왕화를 파견함과 동시에 또 우첨도어사右僉都御史 왕경王璟(1447~1533)을 파견하여서 강회의 진재賑災를 순시하게 하였던 것이다.[57] 나기羅玘는 왕화를 보내면서 지은 「송실암선생봉명제고강회편성자위시送實庵先生奉命祭告江淮便省慈闈詩」에서 조정의 이러한 의도를 분명하게

---

55 『왕양명전집』 권23 「신건예비창기新建預備倉記」.

56 전덕홍은 양명이 '다시 세상에 쓰이기를 생각한' 일을 그가 질병을 아뢰고 전당으로 물러난 때로 서술하여서 "이듬해 마침내 질병을 아뢰고 전당 서호로 물러나 다시 세상에 쓰이기를 생각하였다."라고 하였는데 서술이 뒤바뀌었다.

57 『국각國榷』 권45에 보인다. "(*홍치 16년 9월 정축) 우첨도어사 왕경이 절강浙江을 순시하고 영파寧波의 재상災傷을 진휼하였으며, 여주廬州·봉양鳳陽·회안淮安·양주揚州·산동山東·호광湖廣의 재상을 각각 위탁하여서 진휼하였다."

표현하였다.

왕화는 예부시랑의 신분으로서 이미 이듬해 각 성省의 향시와 양명의 '출사'를 고려하고 있었다. 그는 경관京官으로 하여금 각 성의 고시를 주관하게 하라고 조정에 건의하였다. 그래서 그는 남하하여 산동을 지나갈 때 어사 육칭陸偁(1457~1540)에게(*양명과 함께 홍치 5년 절강 향시에 합격하였다) 산동에 형부주사 양명을 향시의 주고관으로 초빙하여서 맡기도록 건의하라고 넌지시 일러주었다. 절강에 도착한 뒤 그는 또 절강에 남경 광록소경光錄少卿 양렴楊廉(1452~1525, *왕화의 문생)을 초빙하여서 향시의 주고관을 맡기도록 건의하라고 넌지시 일러주었다.

그는 소흥에 도착한 뒤 먼저 양명과 함께 여요로 돌아가서 성묘를 한 뒤 잠 태부인을 뵙고 맞이하여서 소흥으로 돌아갔다. 소흥에서 그는 또 동년 조관을 방문하고 조관의 추천을 받아 소흥 부학의 제생諸生 서애徐愛(1487~1518)를 사위로 선택하였다. 서애는 양명의 가장 마음에 드는(得意) 여요의 제자가 되었다.

소명봉蕭鳴鳳(1514, 진사)은 나중에 서애의 묘지명墓志銘에서 이 사건을 다음과 같이 언급하였다.

군은 휘諱가 애愛이고 자가 왈인曰仁이며, 성이 서씨徐氏이다. …… 처음에 총재冢宰 해일 왕 선생이 사위를 골라 군을 얻었는데, 그의 아들은 도어사 양명 선생 수인이다. 학행學行이 천하에 높았으며, 사도師道를 자기 임무로 삼았으니 군은 이에 사승師承할 바를 얻었다. 해일에게 나아가 문을 두드렸는데 귀에 젖고 눈에 물들어 마치 금의 못, 옥의 바다(金淵玉海)를 더듬듯이 하였으며, 재물을 늘리지 않아도 저절로 부유하게 느꼈다. 물러나 양명에게 질정을 구하고 날마다 격언을 들으며 바른 학문으로 나아가니 마치

나무가 아름다운 재질로서 곧은 소나무와 단단한 측백나무 사이에 있으면 떠받치지 않아도 저절로 곧아지는 것과 같았다.[58]

「반강조선생실록半江趙先生實錄」에서도 명확하게 다음과 같이 말한다.

절강 부사副使에 발탁되어서 학교를 제독提督하였다. 선생은 절浙에 7년 있었는데 …… 여요의 왕화 공이 제생 중에서 사위를 선택하려고 하였다. 선생이 말하기를 "서애 같은 사람을 얻으면 좋겠습니다."라고 하였다.[59]

일단 집안일을 모두 처리한 다음 11월에 양명은 왕화를 강회의 신을 제사하는 일을 전송하고 북쪽으로 올라가 고소姑蘇에 이르러서 도유명都維明(도앙都昻)·도목都穆(1458~1525) 부자를 방문한 뒤 이들과 함께 현묘산玄墓山·천평산天平山·호구虎丘를 유람하고, 도목 부자와 함께 15일 동안 학문을 강론하고 도를 논하였다. 이때 고소의 회합은 '출사'하려는 양명의 사상에 대단히 커다란 영향을 미쳤다.

양명은 「예헌도선생팔십수봉서豫軒都先生八十受封序」를 지어서 이때의 매우 특별한 고소의 회합을 언급하였다.

홍치 계해년(1503) 겨울에 나(守仁)는 회계에서 천목天目으로 올라와 동쪽으로 진택震澤을 구경하였다. 오문吳門에서 남호자南濠子 도현경都玄敬(도목)을

---

58 소명봉蕭鳴鳳, 「명고봉의대부남경공부도수청리사랑중서군묘지명明故奉議大夫南京工部都水清吏司郎中徐君墓志銘」, 『횡산유집橫山遺集』 부록에 보인다.

59 『반강조선생문집』 권15 「반강조선생실록半江趙先生實錄」.

만났다. 마침내 함께 현묘에 들어가고 천평에 올랐다가 돌아왔는데 큰 눈을 만나 호구에서 묵었다. 모두 열닷새를 함께 지냈다. 나는 남호자와 동년인데, 이에 이르러서 비로소 그의 학문이 엿보지 않은 곳이 없음을 알게 되었다. 그의 여사廬舍로 돌아와서 그의 부친 예헌豫軒(도앙) 선생을 뵙고 절을 올렸다. 나와 함께 앉아서 말씀을 하시는데 대체로 막혀서(屯然) 마치 (세상을) 피하였으나 모여드는 듯하고, 정연하여서(秩然) 마치 거둬들여 숨겨도 볕에 드러난 듯하였다. 나는 불안하여 마음이 흔들렸으며 갑자기 부끄러운 기색이 들어서 놀란 눈을 하였는데(予培然而心撼焉, 俟而色慚焉, 俟而目駭焉) 나를 잃어버렸기 때문이다. 선생이 물러가시고 내가 남호자에게 말하기를 "선생께서는 아마도 도를 지니신 자(有道者)입니까? 어째서 기색이 나에게 끼치지 않았는데 덕이 나를 물들입니까?"라고 하였다. 남호자가 웃으면서 고개를 끄덕이며 말하기를 "그렇습니다. 그대는 사람을 아는군요! 우리 가군은 예藝에 통달하지 않은 곳이 드물지만 사람들은 그분의 학문을 알지 못합니다. 도에 대해 연구하지 않은 것이 드물지만(於道鮮不究) 사람들은 그분이 도를 지니고 계심을 알지 못합니다. 대체로 선善이 드러나지 않는 것은 그대에게도 드러내기를 피한 것입니다. 비록 그러하나 우리 가군께서는 선이 드러남을 매우 싫어하십니다. 그대가 이미 아는 것을 제(穆)가 감히 숨기겠습니까? 무릇 제가 그대에게 알려졌다는 사실을 우리 가군께서는 달갑게 여기지 않는 바입니다. 그러므로 고을 사람들이 가군의 덕에 관해 듣지 못하는 것입니다. 그대처럼 도에 순수하지(粹於道) 않고서 어찌 누가 그것을 알겠습니까?"라고 하였다. 저 남호자의 학문은 두루 포괄한 것으로 알려져서 사방의 배우는 사람이 남호자의 이름을 외지 않는 이가 없으나 그 학문이 선생에게서 나온 것임을 아는 이는 아무도 없다(夫南濠子之學以該治聞, 四方之學者, 莫而誦南濠子之名, 而莫有知其學之出自先生者). 선생의 학문은 남호자가 모두 숙달할 수 없는 바이며, 고향 사람은 일찍이 아무도 알지 못한 것이니 옛날 이른바 잠세潛世의 선비라 하겠다! 또한 그분은 꽃은 떨어져도 핵核은 남아 있으며, 영성(靈株)은 견고하되 그 감괘(兌)을 막으며, 거친 베옷을 걸쳐도(被褐) 옥을 품었으며(懷玉), 형적形迹을 벗어나고, 화려한 명성을 피해 숨고, 자기를 알아주는 것을 얽매임으로 여겼으니 수많은 사람들이 누가 이를 알겠는가? 형체의 자취를 통해서 찾는다면(迹形骸而求之) 너무 멀도다![60]

양명의 이 글은 장자의 필법을 채용하여서 어슴푸레하고 애매모호하며 함축적이고도 의미심장하게 쓰였다. 실제로 도유명도 노장류老莊流의 도를 품은 고사高士로서 도를 좋아하고 신을 공경하며, 학문이 넓고 기예가 많았으며, 그림을 잘 그려서 당시 이름이 알려졌으나 재능을 감추고서 벼슬하지 않았다. 도목이 그에 대해 말하기를 "도에 대해 연구하지 않은 것이 드물다" 하였고, 양명도 그를 칭송하여서 '도를 지닌 자'라 하고 '형체의 자취를 통해서는 찾을 수' 없다고 하였다. 그는 '도에 순수한' 양명과 함께 사상적으로 감응하고 소통하였다. 그러므로 처음 대면한 양명에게 바로 '나는 불안하여 마음이 흔들렸으며 갑자기 부끄러운 기색이 들어서 놀란 눈을 하는' 심령의 진동을 일으켰던 것이다.

도목은 육씨陸氏(육구연)의 심학을 더욱 숭상하는 학자 겸 시인으로서 노자와 장자와 주역(老莊易) 삼현三玄의 학문을 좋아하였으며, 맑게 수양하고 널리 배웠다. 저서에 『주역고이周易考異』, 『금해림랑金薤琳琅』, 『우의편寓意編』, 『남호시화南濠詩話』 등이 있다. 양명도 그가 널리 배운 것을 일컬어서 '도를

---

60 『왕양명전집』 권29 「예헌도선생팔십수봉서豫軒都先生八十受封序」.

지닌 자'라 하고, 학문이 그의 부친 도유명에게서 한길로 나왔다고 하였다. 그러므로 칭찬하여서 말하기를 "남호자의 학문은 두루 포괄한 것으로 알려져서 사방의 배우는 사람이 남호자의 이름을 외지 않는 이가 없으나 그 학문이 선생에게서 나온 것임을 아는 이가 아무도 없다."고 하였던 것이다. 양명이 이때 고소에서 도유명·도목 부자와 회합한 일은 분명히 양명이 출사하여 서울로 들어간 뒤 그의 사상의 새로운 변화에 시나브로 직접적인 추동을 일으켰다.

양명은 고소에서 돌아온 뒤 이미 출사할 작정을 하였다. 홍치 17년(1504) 2월 그는 다시 고소로 가서, 강회의 여러 신들에게 제사를 지내고 서울로 돌아가는 왕화를 전송하고 돌아온 뒤 곧 양명동에서 산동 향시의 주고관으로서 준비해야 할 일들에 몰두하였다. 4월에 그의 내형內兄(손위 처남) 제유기諸惟奇가 남도에서 향시에 참가하였는데 소흥을 지나면서 그를 찾아와 예방하였다.

양명은 시를 지어서 직접 그를 전송하며 약야계若耶溪에서 송별하였다.[61]

약야계에서 벗을 보내는 시	若耶溪送友詩
약야계에 내리던 비 막 개고	若耶溪上雨初歇
약야계가의 배는 떠나려 하네	若耶溪邊船欲發
버들가지 한들한들 흔들리다 늘어지고	楊枝嫋嫋風乍晴
버들솜은 어지러이 흰 눈처럼 날리네	楊花漫漫如雪白
호수와 산은 눈에 하나 가득 다 들어오지 않으니	湖山滿眼不可收
어느 화가가 아름답게 그려낼까?	畫手憑誰寫清絶

---

61 일본 오사카(大阪) 하쿠분도(博文堂) 영인 『왕양명선생약야첩묵묘王陽明先生若耶帖墨妙』.

술동이 녹주에 검은 머리카락 비치고	金樽綠酒照玄髮
그대를 잠시 모래톱에서 송별하네	送君暫作沙頭別
긴 바람 부서지는 물결에 오 월로 내려가니	長風破浪下吳越
나는 듯이 배는 달밤에 전당을 지나가네	飛帆夜渡錢塘月
멀리 부상을 향해 너른 바다로 나가니	遙指扶桑向溟渤
금성의 푸른 물에 궁궐이 보이는데	翠水金城見丹闕
붉은 기운 모락모락 피어 돌연히 감추고	絳氣扶疏藏兀突
한가운데 맑고 텅 빈 광한굴이 있네	中有清虛廣寒窟
차가운 빛 맑게 쏘아 넋은 두려워하고	冷光瑩射精魂懾
만 길 운제를 바람을 무릅쓰고 오르네	雲梯萬丈凌風躡
옥궁의 계수나무 가을 향기 뿜어내니	玉宮桂樹秋正馥
맨 꼭대기 가지를 손으로 꺾어서	最上高枝堪手折
대궐로 가져가 천자께 바치면	携向彤墀獻天子
금궤와 옥함에 진한 향기 어리리라	金匱琅函貯芳烈

내형 제유기 용면이 재주를 품고서 공도가 공평하지 않음을 오랫동안 불평했었다. 금년에 남도로 시험을 보러 가게 되어서 내가 야계가에서 송별하였다. 본래 북쪽으로 수레를 돌려 오래지 않아 도하에서 만나리라고 알고 있었으나 깊고 두터운 정은 어쩌지 못함이 있었다. 월산농 추로영이 야계에서 이별하는 뜻을 그려냈기에 나는 시로써 송별하였는데 재주가 모자라 긴 노래에 미치지 못한다. 원남초당에서 침상을 마주하고 마땅히 그대와 녹명의 노래로 화답하기를 기다린다.

    홍치 갑자년(1504) 4월 보름에 양명산인 왕수인이 서청헌에서 쓰다.

        원남초당은 나의 도하 우사이다.

內兄諸用冕惟奇, 負藝, 不平於公道者久矣. 今年將赴南都試, 予別之耶
溪之上, 固知其高捷北轅, 不久當會於都下, 然而繾綣之情自有不容已
也. 越山農鄒魯英爲寫耶溪別意, 予因詩以送之, 屬冗不及長歌. 俟其對
榻垣南草堂, 尙當爲君和鹿鳴之歌也. 弘治甲子又四月望, 陽明山人王守
仁書於西淸軒. 垣南草堂, 予都下寓舍也.

이 시도 양명이 2년 동안 숲속으로 돌아와 거주하며 수양하던 생활을 고
별하면서 지은 것이라고 할 수 있다. 서청헌西淸軒은 그가 소흥의 집에 거주
할 때의 서재이며, 원남초당垣南草堂은 그가 서울에 있을 때 거주한 우사寓舍
이다. 시는 그가 출사하여서 다시 경사의 원남초당 우사로 돌아갈 결의를 분
명히 나타내고 있다.

5월에 양명은 산동 향시의 주고를 위한 정문程文의 범본範本(*20편)을 작
성하였다. 이 정문 20편은 양명 스스로 시제를 정하고 글을 지은 것으로서 그
취지는 향거鄕擧의 고시를 위한 시범을 보여서 거자들에게 반복하여 갈고닦
아 익히게 하려고 제공한 것이었다. 원래 명대 이래 과거 고시관은 스스로 정
문을 짓는 관습이 있었다. '정문'이란 과거 고시용으로서 시범을 보이는 문장
인데 응시자는 반드시 이 정식程式에 따라 글을 지어야 하였다. 고시관이 시
범으로 짓는 글을 '정문'이라 하고, 거자가 짓는 글을 '묵권墨卷'이라 부른다.

양명의 이 정문 20편은 응당 「산동향시정문山東鄕試程文」이라고 불러야
하지만 지금 양명의 문집에는 제목이 「산동향시록山東鄕試錄」으로 되어 있어
서 명확하지 않다. 이는 바로 그것과 별도의 책인 『홍치십칠년산동향시록弘
治十七年山東鄕試錄』과 섞여서 한 책으로 이루어져 있기 때문이다. 이 정문 20
편은 전덕홍이 나중에 양명의 계자繼子(양명의 양자, 종제 왕수신王守信의 아들)
왕정헌王正憲(1507~?)의 집에서 얻은 양명의 수사본手寫本을 판각한 것이어서

전혀 의심할 바 없는 양명의 작품이다.

전덕홍은 「양명선생연보」에서 다음과 같이 말한다.

산동 순안감찰어사 육칭陸偁이 초빙하여서 향시를 주관하게 하였는데 시
록試錄은 모두 선생의 손에서 나왔다. 그 책문은 국조國朝의 예악제도, 노
불老佛이 도를 해치는 까닭은 성학聖學이 밝지 못하기 때문, 기강이 떨치
지 않는 까닭은 명기名器가 지나치게 범람하기 때문, 용인用人을 너무 급하
게 하고 효과를 너무 빨리 구하는 것과 분봉分封, 오랑캐를 소탕하고 막아
내는 일, 송사를 그치게 하는 일을 논하는 문제이다. 이런 일들은 모두 법
도가 제정되어(成法) 있었다. 향시록이 나오자 사람들은 이로써 선생의 경
세의 학문을 판단하였다(錄出, 人占先生經世之學).

가정嘉靖 29년(1550) …… 선생의 『산동갑자향시록山東甲子鄕試錄』을 중각
하였다. 『산동갑자향시록』은 모두 스승의 손에서 나왔다. 동문 장봉張峰이
응천부應天府 통판으로 있을 때 가의서원嘉義書院에서 번각翻刻하려고 우리
스승의 계자 정헌 씨의 원본을 얻어서 판각하였다.[62]

추수익은 『왕양명선생도보』에서 역시 다음과 같이 말한다.

여름, 산동에서 고시 주관으로 초빙하였는데 재문梓文이 모두 선생의 손에
서(手筆) 나왔다. 흉중에 평소 쌓은 학문을 펼쳐서 진부한 말과 공허한 투
식의 습성이 한꺼번에 씻겼다. 책문 5편은 모두 실용에 적용할 수 있는 내

---

62 『왕양명전집』 권33 「연보」 1.

용이었으며, 해내에 전해져서 법식이 되었다(海內傳以爲式).[63]

가정 29년에 판각한 『산동갑자향시록』은 이미 재판한 것이다. 초간은 당연히 가정 14년(1535)에 전덕홍·황관·문인전閻人詮(1526, 진사) 등이 판각하여서 『양명문록陽明文錄』에 수록한 것이다.[64] 나중에 융경隆慶 2년(1568)에 『왕문성공전서王文成公全書』를 편집하고 판각할 때 왕정헌이 소장한 원본 정문의 수고手稿를 근거로 판각하여서 권31 아래 수록하였다.[65]

---

63 추수익, 『왕양명선생도보』.

64 『왕양명전집』 권33 「연보」 1. "가정 14년(1535) 을미, 선생의 『문록』을 판각하였다. 이에 앞서 전덕홍과 왕기王畿가 스승의 상을 당해 달려가다가 옥산玉山을 지나면서 유서遺書를 검수檢收하였다. 6년 뒤 전덕홍이 고소姑蘇의 교수敎授가 되어서 금릉金陵을 지나다가 황관·문인전 등과 『문록』의 판각을 의논하였다. 전덕홍은 「구유문소購遺文疏」를 짓고 제생을 강江·절浙·민閩·광廣·직례直隸에 보내서 일고逸稿를 찾아 얻게 하였다. 이해 2월에 이르러 장인을 모아서 판각하였다."(부록 1)

65 현재 상하이도서관(上海圖書館)에서 소장하고 있는 가정 37년(1558)의 판각 『홍치십칠년산동향시록』은 양명의 정문 20편을 거자의 시권으로 보아 판각하여서 수록해 넣었는데 아마도 잘못 판각했거나 판각이 섞였을 것이다. 왕화가 사사로이 양명을 산동 향시의 주고로 삼게 한 일은 당시 곧바로 조신朝臣의 논란을 일으켰다. 이에 앞서 윤4월에 감찰어사 요당饒榶(1490, 진사) 등이 왕화를 '뇌물수수(暮夜受金)'로 탄핵하였다. 5월에 예과도급사중 이록李祿이 왕화를 '직임을 다하지 못하였다(不職)'며 재차 탄핵하여서 왕화로 하여금 치사致仕를 청하도록 내몰았다. 양명이 산동에서 향시의 주고를 하였는데 또 어사 육청과 갈등을 일으켜서 합치하지 않았다. 향시가 끝난 뒤 12월에 남경 어사 왕번王藩이 상주하여서 양명을 탄핵하기를, 병을 핑계로 산동 향시의 주고를 하였는데 "병을 정양하는 자가 병을 핑계하는 일은 충성스럽지 않다."고 하였다. 그 창끝이 실제로는 왕화를 겨냥하였다. 홍치 18년(1505) 6월에 이르러서 또 과도관科道官이 번갈아가며 장계를 올려서 "(왕화가) 학문을 다스리다가 논란을 초래하였다(典文招議, *예위를 다스리면서 일처리가 온당하지 않아 논의를 초래한 사실을 가리킨다)."라며 탄핵하고, 왕화로 하여금 재차 휴치休致를 청하도록 내몰았다. 왕화가 논핵을 당하고 또 육청이 산동에서 양명과 합치하지 않았기 때문에 양명이 제남에서 『홍치십칠년산동향시록』을 편집하였으나 당시에는 즉시

6월에 양명은 이 「산동향시정문」을 가지고 향시를 주고主考하기 위해 산동 제남濟南으로 길을 떠났다. 그는 가흥 석문石門을 지날 때 다시 도목을 만나 보았다. 양명은 그에게 「석문만박石門晚泊」이라는 시 한 수를 증여하였고, 도목은 시 한 수를 차운하였다.[66]

배로 석문을 지나다가 왕 형부의 운에 화답하다　舟次石門和王刑部韻

새로 쓴 글 읽어보니 얼굴을 마주한 듯　　讀罷新編如覿面

석문엔 몇 번이나 노닐었던가?　　　　　　石門知有幾番遊

저녁에 소헌에 앉으니 한가하기 그지없고　　小軒暮坐清閑甚

지는 해에 매미 소리는 푸른 나무 끝에 들리네　落日蟬聲碧樹頭

판각을 할 수 없었다. 이후 자료가 점차 흩어져서 잃어버렸다. 가정 37년(1558)에 산동의 관원이 『홍치십칠년산동향시록』을 판각했을 때는 홍치 17년(1504)으로부터 54년이 지났으니 그중 거자의 시권이 이미 산실되어 남아 있지 않았음을 고려하면, 전덕홍이 판각한 『양명문록』에서 이 정문 20편(*이 때문에 정문 20편에 『산동갑자향시록』이라는 잘못된 제호가 붙었다)을 잘못 취하여 거자의 시권에다 보충 편입하고서 『홍치십칠년산동향시록』으로 만들었던 것이다. 양명이 지은 정문은 이렇게 하여 거자가 지은 시권으로 변하였다. 이렇게 되기 전에 양명의 정문 20편은 일찍이 가정 14년에 이미 판각되어 『양명문록』에 수록되어서 유행하였고, 또 가정 29년(1550)에 양명의 수사본을 취하여서 판각한 것이 널리 성행하였는데 '향시록이 나오자 사람들은 선생의 경세의 학문을 판단'하였으며, '해내에 전하여 법식이 되었다.' 이때 홍치 17년의 산동 거자는 더 많았으며(*시권이 향시록에 뽑혀 들어간 거자를 포함하여) 만약 이 정문 20편을 양명의 작품이 아니라고 한다면 거자의 시권일 텐데 그들은 어떻게 (『양명문록』에 수록되는 것에) 이의를 제기한다거나 반대하지 않았을까? 또한 융경 2년(1568)에 전덕홍이 양명의 「산동향시정문」을 『왕문성공전서』에 판각해 넣어서 천하에 널리 전하였는데, 가정 37년에 『홍치십칠년산동향시록』을 간각한 산동 관원 역시 왜 이의를 제기하지도 반대하지도 않았을까? 이는 단지 가정 37년 『홍치십칠년산동향시록』의 각본刻本이 문제가 있는 잘못된 각본임을 알게 해줄 뿐이다.

66 『가흥부도기嘉興府圖記』 권6 「주차석문화왕형부운舟次石門和王刑部韻」.

시에서 말하는 '새로 쓴 글(新編)'은 분명히 양명이 막 써서 완성한 향시 정문 20편의 책자를 가리킨다. 두 사람은 먼저 고소에서 만났기 때문에 서로 각자의 사상을 잘 이해하였고, 특별히 양명이 향시정문에서 '심학'을 제출하였기에 더욱더 육씨의 심학을 존숭한 도목의 감탄과 상찬을 받았던 것이다. 그러므로 시에서 '새로 쓴 글 읽어보니 얼굴을 마주한 듯'하다고 하였다. 상견한 뒤 도목도 매우 빨리 기용되어서 서울에 들어가 양명과 함께 도하에서 심학 탐구와 토론을 전개하였다.

7월 초 양명은 서주徐州에 도착하였고 그곳에서 시흥詩興이 불쑥 크게 일었다. 이 서주라는 옛 도시(古城)는 사수泗水와 변수汴水가 만나는 곳에 자리하고 있어서 황하가 범람하여 흘러넘치면 곧바로 큰물이 왕왕 서주성 아래까지 들어찬다. 서주삼홍徐州三洪(물길이 좁고 급히 흐르는 곳) 중 하나인 백보홍百步洪은 사수의 급류처인데 소용돌이치는 물결과 험난한 여울이 많다.

소동파가 서주 지주知州로 부임하였을 때 백성과 함께 제방을 쌓아 여울(洪)을 막고 물이 빠지자 서주성을 증축한 뒤 성 동문에 높은 누대를 세우고 황토로 매흙질하였다. 그 누대를 황루黃樓라고 불렀다. 진관秦觀(1049~1100)과 소철蘇轍(1039~1112)이 「황루부黃樓賦」를 지었다.

양명이 서주에 도착하였을 때 마침 공부工部의 도수사주사都水司主事 주곤朱袞(*조장朝章, 1502, 진사)이 명을 받들고 서주로 와서 여울을 다스리고 황루를 수리 및 복구하였다. 주조장(주곤)은 호가 관미자觀微子이며 역시 노장을 좋아하는 명사로서 고문사古文詞를 잘 지었고, 초서에 정통하였으며 또한 성현 신심身心의 학문을 사모하였다. 양명이 서주에 도착하자마자 그는 바로 양명의 문하(門墻之下)로 투신하였다.

양명은 밤에 팽성彭城 아래 묵으면서, 당년에 백보홍을 노닐며 우의羽衣를 걸치고 황루 위에 우두커니 서서 젓대를 불고 술을 마시던 소동파를 회상하

면서 다음과 같이 기운이 대단한 「황루야도부黃樓夜濤賦」를 지었다.[67]

주조장 군이 황루를 복구하고 나에게 연고를 말하였다. 밤에 팽성 아래에 묵었는데 자첨(소식)이 나를 불러서 말하기를 "내 장차 그대와 함께 황루의 밤 미세기 소리를 들으려 하오만?" 하였다. 깨어나보니 꿈이었다. 자첨의 일에 감동하여서 「황루야도부」를 짓는다.

朱君朝章將復黃樓, 爲予言其故. 夜泊彭城之下, 子瞻呼予曰, 吾將與子聽黃樓之夜濤乎? 覺則夢也. 感子瞻之事, 作黃樓夜濤賦.

자첨이 손님과 황루 위에서 잔치를 하였다	子瞻與客宴於黃樓之上
이윽고 손님들은 흩어지고 저녁이 되어	已而客散日夕
황루는 어두워졌는데	暝色橫樓
밝은 달은 아직 나오지 않았다	明月未出
이에 안석에 기대어 앉아	乃隱几而坐
멍하니 쉬고 있었다	嗒焉以息
홀연 창공에서 큰 소리가 들려	忽有大聲起於穹窿
서서히 살펴보았더니	徐而察之
바로 서산 기슭에서	乃在西山之麓
갑자기 소리가 다시 들렸는데	倏焉改聽
마치 협하곡과 같았다	又似夾河之曲
나직하고 높고	或隱或隆
끊어질 듯 이어질 듯	若斷若逢

---

67 『왕양명전집』 권29 「황루야도부黃樓夜濤賦」.

몸을 굽혀 양보하고 음악에 맞춰 나아가는 듯	若揖讓而樂進
움츠렸다 펼쳤다 춤을 추며 서로 자웅을 겨루는 듯하였다	歙掀舞以相雄
벼랑 바위에 고독한 결을 드러내며	觸孤憤於厓石
긴 바람에 편안한 기운을 타고 흘렀다	駕逸氣於長風
이에 문득 닫혔다 다시 열리고	爾乃乍闔復闢
가로로 세로로	旣橫且縱
카랑카랑하고 웅웅거리고	摵摵渢渢
깊고도 깊게 넓고도 넓게	洶洶瀜瀜
마치 비바람이 몰아치듯	若風雨驟至
숲과 골짜기가 무너지듯	林壑崩奔
장평의 기왓장이 벗겨지듯	振長平之屋瓦
태산의 높은 소나무가 춤을 추는 듯하였다	舞泰山之喬松
아래 개에서 슬프게 흐느끼는 소리가 나고	咽悲吟於下浦
먼 공중에서 높은 소리가 세차게 울렸다	激高響於遙空
어슴푸레 어디까지 흘러가는지 알 수 없었는데	恍不知其所至
홀연 이미 여량의 동쪽을 지나갔다	而忽已過於呂梁之東矣
자첨이 말하였다	子瞻曰
아하! 이상도 하여라!	噫嘻異哉
이 어찌 소리가 장중하고도 슬픈가?	是何聲之壯且悲也
오강의 병사가	其烏江之兵
흩어져서 동쪽으로 내려가	散而東下
군막 안에서 슬픈 노래를 부르는 것인가!	感帳中之悲歌
비분강개한 감정이 격렬함인가!	慷慨激烈
소리를 삼키고 흐느낌을 들이마시는 것인가!	吞聲飮泣

분노한 전투가 끝나지 않아 怒戰未已

분한 기운이 가슴을 막아서 憤氣決臆

창을 거꾸로 들고 삼지창을 끌고 倒戈曳戟

이리저리 어지러이 뛰며 紛紛籍籍

미친 듯이 날뛰며 달아나고 狂奔疾走

서로 부르고 따라잡아 呼號相及

다시 팽성의 곁에서 모여듦인가? 而復會於彭城之側者乎

적제의 아들(한 고조 유방)이 其赤帝之子

해내에 위엄을 부리고 威加海內

고향으로 돌아갈 생각을 하며 思歸故鄉

수레 일천 대와 기병 일만으로 千乘萬騎

안갯속을 내달리고 구름 속을 가르니 霧奔雲從

수레바퀴는 우렛소리처럼 진동하고 車轍轟霆

갖가지 깃발은 허공을 가리며 旌旗蔽空

일만 명이 북을 울리고 擊萬夫之鼓

일천 석 종을 울리며 撞千石之鐘

「대풍」 노래를 부르고 唱大風之歌

채찍을 휘두르며 천천히 나아가 按節翱翔

빙 돌아 날며 패궁으로 돌아가는 것인가? 而將返於沛宮者乎

이에 개연히 길게 탄식하면서 於是慨然長噫

하품을 하고 몸을 쭉 펴면서 일어나 欠伸起立

동자를 시켜 문을 열게 하고 난간에 기대어서 바라보았다

使童子啓戶憑欄而望之

노을의 기운이 이미 흩어지고 則煙光已散

강에 무지개 그림자가 드리워졌으며	河影垂虹
돛과 돛대가 물가에 정박하고	帆檣泊於洲渚
밤기운이 먼 교외에서 일어나며	夜氣起於郊坰
밝은 달이 이미 망탕의 봉우리에서 나왔다	而明月固已出於芒碭之峰矣
자첨이 말하였다	子瞻曰
허허!	噫嘻
내 본래 파도 소리인 줄 알았더니	予固疑其爲濤聲也
바람과 물결이 드넓은 물가에 부딪혀서 나는 소리니	
	夫風水之遭於瀕洞之濱而爲是也
이는 남곽자기가 이른바 '천뢰'라는 것이 아닌가?	
	豈非南郭子綦之所謂天籟者乎
그 누가 노래를 하고	而其誰倡之乎
그 누가 화답을 하고	其誰和之乎
그 누가 듣는가!	其誰聽之乎
하늘을 할퀴고 해를 씻으며	當其滔天浴日
골짜기를 삼키고 산을 무너뜨리며	湮谷崩山
종횡으로 치달아 사방을 터뜨리며	橫奔四潰
아득히 동쪽으로 뒤치니	茫然東翻
한 자 한 뼘을 사이에 두고 나의 성과 다툰다	以與吾城之爭於尺寸間也
나는 바야흐로 계책은 다 떨어지고 힘은 다 빠지고	吾方計窮力屈
기운은 막히고 정신은 고달프며	氣索神憊
외로운 성이 흔들흔들 위태로워서	懷孤城之岌岌
잠깐이라도 허물어지지 않기를 바라며	覬須臾之未壞
산이 무너져서 눈이 어지럽고	山頹於目懵

번개가 쳐서 귀가 터질 듯하니	霆擊於耳聵
어찌 다시 이른바 '천뢰'라는 것을 알겠는가?	而豈復知所謂天籟者乎
물이 물러나고 성이 온전해지며	及其水退城完
강물이 제 길을 가니	河流就道
물고기 배에서 벗어나고 진흙탕에서 빠져나온 듯하여	脫魚腹而出塗泥
이에 그대들과 이 누대 위에서 배회하며 듣는 것이다	

乃與二三子徘徊玆樓之上而聽之也

그런 뒤 넘실넘실 흘러서 모든 것을 씻어가는 물을 보니	然後見其汪洋涵浴
출렁출렁 쿨렁쿨렁	潏潏汨汨
부딪히고 부서지고 솟구쳤다 가라앉았다	澎湃掀簸
못이고 바다고 뒤흔들어놓으니	震蕩潭渤
우는 소리는 피리가 되고	吁者爲竽
내뿜는 것은 긴 젓대가 되며	噴者爲麗
일어나고 그치고 빠르고 느리며	作止疾徐
종과 경쇠와 축과 어를 연주하는 듯하며	鐘磬柷敔
문악을 연주하여 시작하고	奏文以始
무악을 울려서 이어가며	亂武以居
떠들썩하고 엄하고	呶者嗃者
들레고 외치는데	嚻者嘑者
합함에 함께하고	翕而同者
이어짐에 따르고	繹而從者
시끄럽게 굴고	而啁啁者
큰 소리로 떠드는 것이었다	而嘐嘐者
내가 굽혀서 들어보니	蓋吾俯而聽之

동정에서 「소」나 「함」을 연주하는 듯하였으며	則若奏簫咸於洞庭
우러러 들었더니	仰而聞焉
마치 광야에 균천(천상의 음악)을 펼치는 듯하였다	又若張鈞天於廣野
이는 대체로 있음과 없음이 서로 부딪혀서	是蓋有無之相激
거의 조물주가 천고의 불평을 그려낸 듯	其殆造物者將以寫千古之不平
내 흉중에 콱 맺힌 것을 들끓게 하는 것인가?	而用以蕩吾胸中之壹鬱者乎
나 또한 어째서 즐겁지 않겠는가?	而吾亦胡爲而不樂也
손님이 말하였다	客曰
자첨은 말이 지나칩니다	子瞻之言過矣
바야흐로 어지러이 들끓어오르고 날뛰어서 넘치는 것이 그대의 외로운 성을 위태롭게 한다는데	方其奔騰漂蕩而以厄子之孤城也
본래 아무도 하는 것 없이 그렇게 하는 것이니	固有莫之爲而爲者
어찌 물이 그렇게 하는 것이겠습니까?	而豈水之能爲之乎
흘러가는 대로 흘러서 물길을 순순히 따라가며	及其安流順道
바람과 물이 서로 부딪혀서	風水相激
이루어지는 것이 천뢰인데	而爲是天籟也
역시 아무도 그렇게 하는 것 없이 그렇게 하는 것이니	亦有莫之爲而爲者
어찌 물이 그렇게 하는 것이겠습니까?	而豈水之能爲之乎
저 물도 어찌 마음이 있는 것이겠습니까?	夫水亦何心之有哉
그대는 그 있는 것에 근거하여 기쁨을 삼고	而子乃欲據其所有者以爲歡
이미 지나간 것을 좇아서 근심하는데	而追其旣往者以爲戚
이는 어찌 통달한 사람의 대관이겠습니까?	是豈達人之大觀
장차 상사의 오묘한 식견이 될 수 없을 것입니다	將不得爲上士之妙識矣
자첨이 껄껄 웃으며 말하였다	子瞻口展然而笑曰

손님의 말이 옳습니다	客之言是也
이에 노래를 지어서 불렀다	乃作歌曰
파도가 이네	濤之興兮
내 그 소리를 듣네	吾聞其聲兮
파도가 그치네	濤之息兮
내 그 자취를 잊어버리네	吾泯其迹兮
내 한 기운을 타고 홍몽에서 노니니	吾將乘一氣以遊於鴻濛兮
그 끝을 뉘라서 알랴?	夫孰知其所極兮

홍치 갑자(1504) 7월, 백보홍의 양호헌에서 쓰다.

弘治甲子七月, 書於百步洪之養浩軒.

양명의 이 부는 표현 기법과 풍유諷諭의 측면에서 모두 「대비산부大伾山賦」와 유사하다. 양명은 황루에서 파도 소리를 듣고서 천지의 무심無心, 천도天道의 자연무위自然無爲, 파도의 무심, 파도 소리의 무정無情, 천지 사이에서 만고에 드넓게 흐르고 팽배하며 흉용하게 날뛰고 울부짖으며 들끓어오르는 모든 것이 일종의 '아무도 그렇게 하는 것 없이 그렇게 하는' 영원 항구한 자연의 과정으로서 이미 '조물주가 장차 천고의 불평을 그려낸' 것도 아니며 '내 흉중에 콱 맺힌 것을 들끓게 하는 것'도 아님을 느껴서 깨달았던 것이다. 인仁한 사람은 응당 달관한 흉회胸懷로써 천지와 우주를 굽어보고 우러러보며, 사물 때문에 기뻐하지 않고 사물 때문에 슬퍼하지 않으며, 온갖 존재물(萬化)의 있고 없음, 움직임과 고요함, 상대방과 나, 지금과 옛날이 소멸하고 사라지며, 한 기운의 도를 타고 혼돈과 홍몽의 경계에서 소요유逍遙遊를 해야 한다. 이 부에서 양명은 실제로 스스로를 소동파의 상황에 빗대며 소동파라

는 시선詩仙의 입을 빌려서 노장老莊의 달관한 인생철학의 진제眞諦를 장쾌하
게 표현하였다.

양명은 줄곧 이러한 노장의 달관한 정회를 품고 7월 중순 제남濟南에 도
착하여서 즉시 향시의 주고라는 긴장된 업무에 뛰어들었다. 그러나 그는 옛
제나라와 노나라 땅에 몸을 두게 되자 바로 공맹 유가문화의 농밀한 분위기
에 강렬하게 취하였다. 제남에는 유명한 표돌천趵突泉이 있고, 낙원당濼源堂
벽에는 조맹부趙孟頫(1254~1322)의 시가 크게 쓰여 있다.

8월 1일에 양명은 곧 제학부사 진호陳鎬(?~1511)와 함께 표돌천을 유람하
고 조맹부의 시에 화답하는 시 한 수를 지었다.[68]

표돌천에서 조송설(조맹부)의 운에 화답하다	趵突泉和趙松雪韻
낙수가 흘러나오나 근원은 비었고	濼水特起根虛無
아래엔 자라 굴이 봉호(봉래)에 이어져 있네	下有鰲窟連蓬壺
땅의 신령이 환영을 일으키니 무척 기쁘고	絶喜坤靈能爾幻
도리어 땅의 맥이 때로 마를까 근심하네	却愁地脈還時枯
놀란 소용돌이 돌구멍에서 용솟음치고	驚湍怒湧噴石竇
흐르는 물 아래 개펄은 구름과 호수를 뒤집은 듯	流沫下瀉翻雲湖
달빛은 물에 비춰 홀로 돌아가고	月色照水歸獨晩
시냇가 수척한 그림자만 외로이 사람을 따르네	溪邊瘦影伴人孤

---

68 『가정산동통지嘉靖山東通志』 권5 「표돌천화조송설운趵突泉和趙松雪韻」.

진호도 화답하는 시 한 수를 지었다.[69]

양명 선생의 표돌천 시에 화답하다	和陽明先生趵突泉詩

포개져 쌓인 옥루는 있는 듯 없는 듯	玉壘嶙峋半有無
종소리 북소리 달빛을 끼고	金聲鏜鎝擁冰壺
발해로 통하는 근원 누가 참으로 보았는가!	源通渤澥誰眞見
오랜 세월에 기세는 아직 시들지 않았네	老盡乾坤勢未枯
수많은 구슬처럼 부서지는 물거품	萬點明珠浮泡沫
한줄기 강 물결은 평호에 닿네	一川輕浪接平湖
그대는 관란석 돌에 기대어 앉아	公餘坐倚觀瀾石
사방 맑은 바람에 흥이 외롭지 않네	四面淸風興不孤

홍치 갑자(1504) 8월 초하루에 제하다.

弘治甲子八月吉旦題

중원 역사의 중심지(腹地)인 제로齊魯에 몸을 둔 일은 양명에게 공맹 유가의 도에 대한 심층의 사고를 격발하였으며, 공맹 유가문화를 상징하는 태산을 유람하고 참배하고자 하는 뜨겁고 간절한 원망을 불러일으켰다.

8월 5일 밤, 그는 문형당文衡堂에 앉아 깊이 사색하고 느낌이 일어나서 시

---

69 진호陳鎬, 「화양명선생표돌천시和陽明先生趵突泉詩」, 표돌천시비趵突泉詩碑. 현재 표돌천
여조묘呂祖廟 제2대전第二大殿 안에 있다.

한 수를 지어서 문형당 벽에 크게 썼다.[70]

늦은 밤 당에 홀로 앉아 읊다　　　　　　　　　　　晩堂孤坐吟

늦은 밤 당에 홀로 앉으니 마음이 깊이 잠기고　　　晚堂孤坐漫沈沈

차가운 밤 다하도록 낙엽이 쌓이네　　　　　　　　數盡寒更落葉深

높은 기둥에 달이 밝아 제비가 지저귀고　　　　　高棟月明對燕語

낡은 계단 서리에 벌레가 우네　　　　　　　　　古階霜細或蟲吟

따지고 평하는 건 내 소관 아니니　　　　　　　校評正恐非吾所

한날 이 마음 다하여 보답할 뿐이네　　　　　報答徒能盡此心

명승을 유람하며 스스로 내 마음 풀어내고　　　賴有勝遊堪自解

가을바람 부는데 화악을 찾네　　　　　　　　秋風華嶽得高尋

내가 주제넘게도 글을 심사하러 이곳에 왔는데, 제남도의 관사를 빌려서 밤에 앉아 있다가 우연히 벽에 쓰고 겸하여 도주(안찰부사제독학정按察副使提督學政) 원(원문화袁文華) 선생에게 가르침을 청한다.

　　　　　　　　　　홍치 갑자 중추 5일, 여요의 왕수인이 쓰다.

予謬以校文至此, 假館濟南道, 夜坐偶書壁間, 兼呈道主袁先生請敎.

弘治甲子仲秋五日, 餘姚王守仁書.

'화악華嶽'은 동악태산을 가리키는데, 그가 일찍이 태산 성지를 심방할 계획을 정하였음을 분명히 나타낸다.

70『건륭역성현지乾隆歷城縣志』권25「만당고좌음晚堂孤坐吟」.

8월 초아흐레부터 열이레까지는 장옥場屋에서 거자들이 시험 보는 날이었는데, 삼장三場에 걸쳐서 시험을 치렀다. 29일 뒤 고관은 또 긴장된 열권閱卷, 비권批卷 작업을 진행하였다. 양명은 문형당에서 시험의 주고 업무를 마치고 문형당 벽에 감회시 두 수를 크게 썼다.[71]

문형당에서 시험 감독을 마치고 벽에 쓰다	文衡堂試事畢書壁

가을 시험장에 갇혀서 열흘을 보내고	棘闈秋鎖動經旬
일을 마치고 보니 놀랍게도 흰머리 생겼네	事了驚看白髮新
자잘한 지음새에 뛰어난 구절이 없고	造作曾無酣蟻句
지리한 생각으로 사족 그리는 이는 되지 말라!	支離莫作畵蛇人
미천한 사람이 뛰어난 재주를 보완하게 되어	寸絲擬得長才補
시권을 평가하려니 근심에 눈앞이 아찔하네	五色兼愁過眼頻
팔짱 끼고 빈 당에서 발표를 들으니	袖手虛堂聽明發
이 가운데 진정한 호걸은 누구인가?	此中豪傑定誰眞

백발을 두고 대충 절구 하나를 쓰다	白髮謾書一絶

제군이 백발을 쓴 구절을 주어서 시험 삼아 나의 살쩍을 보았더니 과연 한 올이 보였다. 내가 시를 지을 때는 실로 알지 못하였다. 대충 절구 하나를 써서 기록한다.

諸君以予白髮之句, 試觀予鬢, 果見一絲, 予作詩實未嘗知也. 謾書一絶識之.

---

71 『왕양명전집』 권29 「백발만서일절白髮謾書一絶」.

홀연 서로 봄에 아직은 때가 아닌데　　　　　　忽然相見尙非時

어찌 은근히 털 하나 비치나?　　　　　　　　豈亦殷勤效一絲

온통 희어져도 내 한탄하지 않으리니　　　　　總使皓然吾不恨

이 마음 너희 가운데도 아는 이 있으리　　　　此心還有爾能知

이번 산동 향시에서는 거인 75명을 뽑아서 등록(錄取)하였는데, 양명은 직접 당읍堂邑의 목공휘穆孔暉(1479~1539)를 제1명으로 뽑았다. 공자의 고향에서 실시한 이번 선비의 선발은 대단한 성공을 거두어서 '사람을 가장 많이 얻었다(得人最盛)'는 평가를 받았다. 심지어 이해에 양명이 산동 향시를 주관한 일은 '동쪽 사람을 모두 거둬들여서 과장이 성대하기로는 이 방榜이 최고였다'고 하였다. 그들 가운데 어떤 사람은 나중에 양명의 제자가 되었고(*예를 들어 목공휘), 어떤 사람은 입각하여서 수보首輔(수상)가 되었으며(*예를 들어 적란翟鑾[1478~1547]), 어떤 사람은 유명 시인이 되었다(*예를 들어 '십재자十才子의 한 사람인 은운소殷雲霄).

8월 27일, 양명은 『홍치십칠년산동향시록』을 편집하고 특별히 서문 한 편을 지어서 이때 사람을 가장 많이 얻은 향시를 다음과 같이 평가, 분석하였다.

> 산동은 옛 제齊나라·노魯나라·송宋나라·위衛나라 땅이며, 우리 부자夫子의 고향이다. 일찍이 부자의 『가어家語(공자가어)』를 읽었는데 그 문인의 뛰어난 제자들이 대부분 제나라·노나라·송나라·위나라의 언저리(葉)에서 나왔으니 본래 한번 그 땅에 가서 산천의 신령하고 빼어나며 기이하고 특별함을 보기를 원하였다. 장차 반드시 그 사이에 옛사람과 같은 이가 살고 있을 터이나 나는 갈 수 있는 방법이 없었다. 금년은 홍치 갑자년인데 천하에 대비大比가 돌아왔다. 산동 순안감찰어사 육칭의 무리가 예와 폐백을

갖추고 와서 나(守仁)에게 고시관이 되어달라고 청하였다. 옛날의 제도(故事)에서는 시험을 보아 선발하는(考校) 일을 맡길 자는 반드시 적합한 사람을 얻음에 힘썼고 애초에 직임에 한계를 두지 않았다. 그 뒤 30~40년 동안 비로소 모두 하나같이 학직學職을 써서 드디어 이름에 걸맞게 기구가 갖춰지고 시험에 관한 사무가 외렴外簾(과거시험의 실무를 맡은 사관)에게 귀속되었으나 이름을 쓴 난에 풀칠을 하고(糊名) 답안지를 바꿔서 베끼게 하는(易書) 시험제도의 의도는 미미해졌다. 근자에는 여론이 자못 불편하게 여겨서 대신이 개혁을 건의하였다. 천자가 말하기를 "그렇다. 옛날의 제도대로 하라." 하였다. 이에 예를 갖추어 교관을 뽑아서 모두 국초國初의 옛 전례와 비슷하게 되었다. 나도 부속部屬으로서 시험 감독을 맡아 이 땅에 왔으니, 비록 걸맞은 사람은 아니나 어찌 맡겨진 즈음에 스스로 경사로 여기지 않으랴! 또 하물며 부자의 고향은 본래 평소 꼭 한번 와보고 싶었던 곳인데(夫子之鄕, 固其平日所願一至焉者), 이에 이른바 현명한 선비의 글을 모두 보고 시험을 치러 선발하는 일을 맡았으니 어찌 평생의 큰 행운이 아니겠는가! 비록 그러나 역시 가만히 생각건대 크게 두려운 일이다. 시험을 보이고 평가하는 중임을 맡긴 까닭은 장차 인재를 구하려는 것이다. 인재를 구하되 마음을 다하지 않으면 충이 아니며(不忠), 마음을 다하되 진정한 인재를 얻지 못하면 이는 명철하지 않은(弗明) 것이다. 불충의 책임은 내가 내 마음을 다함에 있음을 알지만 명철하지 못한 죄는 내가 끝내 어찌하랴! 대체로 옛날 부자의 시대에 문하에 들어온(及門) 선비는 3000이나 되었고, 몸에 육예六藝를 통달한 자는 70여 인이었다. 그 가운데 더욱 두드러지게 돋보인 자는 덕행德行, 언어言語에 안연顏淵(안회顏回)·민자건閔子騫(민손閔損)·재여宰予(재아宰我)·단목사端木賜(자공子貢) 등이 있었고, 정사政事와 문학文學에는 중유仲由(자로子路)·염구冉求(염유冉有)·자유子游(언언言偃)·자하子

夏(복상卜商)의 무리가 있었다. 지금 선발한 선비는 처음 제학부사 진陳 아무개(진호)가 3000여 명 가운데에서 발탁하여 1400인을 얻었고, 시험을 보아 75인을 얻었다. 아! 이 3000여 명은 모두 부자의 고향 사람으로서 후진으로 문과 담 안에서 노닐었던 사람들인가? 이 75인은 모두 몸으로 육예를 통달한 사람들인가! 지금의 산동은 옛날의 산동과 같으니 비록 지금이 옛날만 못하다 하더라도 돌아보건대 역시 옛날과 같은 현자가 한두 사람이라도 없겠는가? 그러나 지금 발탁한 사람들 사이에는 진실로 참여하지 않았으니 어찌 시험을 보아 선발하는 일을 맡은 자의 명철하지 못한 죄가 아니겠는가? 비록 그러하나 나(某)는 여러 선비에 대해 한마디 하고자 한다. 마땅한 사람이 있는데 발탁하지 않으면 이는 참으로 시험을 보여서 선발하는 일을 맡은 자의 명철하지 못한 죄이다. 시험을 보여서 선발하는 일을 맡은 자가 명철함으로써 인재를 구하고 명철함으로써 인재를 발탁하는데 여러 선비 중에 진실로 마땅한 사람이 없어서 그 구하는 바에 응하지 못하고 취하는 바를 떠맡지 못한다면 이 또한 여러 선비의 부끄러움이다. 비록 그러하나 내 어찌 감히 과연 그런 사람이 없다고 하겠는가! 부자께서 일찍이 말씀하시기를 "노나라에 군자인 사람이 없다면 이 사람이 어디서 이런 덕을 취했겠는가(魯無君子者, 斯焉取斯)!"라고 하셨고, 안연이 말하기를 "순은 무엇인가? 사람이다. 나는 무엇인가? 사람이다. 훌륭한 일을 하면 역시 이와 같다(舜何? 人也. 予何? 人也. 有爲者亦若是)."라고 하였다. 저 부자의 고향 사람이 되어서 진실로 옛사람과 같이 되지 못하며 옛사람과 같지 못함을 부끄러워하지 않고 또 스스로 힘쓸 바를 알지 못한다면 이는 자포자기自暴自棄한 것이며, 이름하여 불초不肖라고 할 것이다. 저 불초한 사람은 명철하지 못한 사람과 더불어 서로 간의 거리가 얼마나 먼가? 그런즉 시험을 보여서 선발하는 일을 맡은 자는 여러 선비와 더불어 역시 똑같이 책임이 있을 뿐이다. 아! 시험을 보여서 선발하는 일을 맡은 자의 책임은 지금부터 두려워하는 마음이 없을 수 없으니 두려워하지 않는다면 훌륭한 일을 할 수 없기 때문이다. 저 여러 선비의 책임이라면 가르침을 듣지 않은 자는 오히려 스스로 힘쓸 수 있거니와 또한 혹 스스로 한계를 미리 정할까 두렵다. 여러 선비는 또한 다음과 같이 말하지 않겠는가! "내 힘쓸진저! 시험을 보여서 선발하는 일을 맡은 자로 하여금 끝내 명철하지 못함을 면하지 못하게 해서는 안 된다."[72]

이 서문은 양명이 공맹의 고향에 와서 향시를 주관한 뒤 도달한 공맹의 도에 대한 인식의 새로운 승화를 반영한다. 유가문화가 양명의 마음속에서 차지하는 비중이 중하며, '참으로 평소 꼭 한번 와보고 싶었던 부자의 고향'인 공자의 궐리闕里와 태산을 조배朝拜하려는 마음을 더욱 불러일으켰음을 알 수 있다. 그래서 향시 주고의 일이 끝난 뒤 9월에 그는 바로 제학부사 진호, 첨사 이종사李宗泗(1481, 진사)와 함께 공자의 궐리와 태산을 유람하였다.

원래 곡부曲阜의 공묘孔廟는 홍치 12년(1499)에 번개를 맞아서 대성전大成殿 등 120여 칸(楹) 건물이 잿더미가 되었다. 이후 5년의 세월을 거치면서 은자銀子 15만을 들여서 홍치 17년(1504) 정월에 궐리의 공묘를 중수하였다. 이동양은 「대고궐리공자묘기代告闕里孔子廟記」에서 다음과 같이 말한다. "홍치 갑자년(1504) 봄 정월에 궐리의 공자 사당을 중건하여서 완성하였다. …… 전 첨사 이종사가 계획하여 대략 정하고 …… 부사 신臣 진호가 제학으로 왔다."[73] 이 밖에 공자가 태묘太廟에 들어가 매사를 물었던 곳인 주공묘周公廟도 동시

---

72 『왕양명전집』 권22 「산동향시록서山東鄕試錄序」.

73 『회록당집懷麓堂集』 권96 「대고궐리공자묘기代告闕里孔子廟記」.

4장. 잘 배우고 잘 변화하다: 새로운 사상 변화의 용솟음　433

에 수리하여서 세웠다. 4월, 바로 양명이 산동에 와서 향시의 주고를 한 것과 거의 동시에 이동양은 명을 받들어 궐리에서 신축한 공묘에 제사를 올리고 새로 세운 주공묘에 참배하고 석채례釋菜禮를 거행하였다.[74] 그러므로 양명이 제남에 와서 향시의 주고를 한 일은 틀림없이 신축한 공묘와 주공묘에 제사를 지내기 위함이었다.

그가 걸은 길은 역시 소철蘇轍(1039~1112)이 당년에 제남에서 태산으로 갔던 옛길이었는데, 장청長淸의 영암사靈巖寺를 지날 때 그는 절의 벽에서 소철이 크게 쓴 시 한 수를 직접 보고 화답시 한 수를 지었다.[75]

영암에 노닐며 소영빈(소철)의 운을 따르다	遊靈巖次蘇穎濱韻
나그네가 그윽한 곳을 찾아와	客到亦幽尋
깊고 깊은 골짜기 밑바닥으로 들어가네	窅窱穿谷底
가슴에 가득 찬 속세의 때	塵土塡胸臆
이곳에 이르니 단숨에 씻겼네	到此乃一洗
우러러 칼날 같은 봉우리를 쳐다봄에	仰視劍戟峰
울퉁불퉁 가파른 산을 오르려니 땀이 이마에 솟네	巑岏顙有泚

---

74 『회록당집』 권96 「기행잡지紀行雜志」. "홍치 갑자년 4월 정묘에 조정을 떠나(陛辭) 하사한 주찬酒饌을 받들고 가서 …… 제학부사 진호, 수묘修廟 첨사 황수黃繡와 차례로 받들어 맞이하고 …… 주공묘에 가서 배알하였는데 자못 웅장하고 화려하였다. 역시 황 첨사가 세운 것이다. …… 신묘에 이산尼山의 성묘聖廟를 배알하고 석채례를 거행하였다."

75 『왕양명전집』 권29 「유영암차소영빈운遊靈巖次蘇穎濱韻」. 이는 『영암지략靈巖志略』에 실려 있는 원래의 제시를 따서 쓴 것이다. 생각건대, 제시에는 원래 '설암雪巖'이라 되어 있는데, 이는 잘못이다.

고개 숙여 용이 숨은 바위 굴을 엿보려	俯窺巖龍窟
바닥에 엎드리니 이마가 땅에 닿네	匍伏首若稽
세속을 벗어난 지경은 본디 신령하고 신비하여	絶境固靈秘
이곳에 노닐자니 실로 하늘이 열리네	兹遊實天啓
염불 소리는 바위 골짜기 너머 들리고	梵語過巖壑
처마 끝은 서까래가 맞닿았네	簷牙相角觝
스님은 나와서 손님을 맞아	山僧出延客
술자리를 베풀어주네	經營設酒醴
구름과 안갯속으로 이끌어 들여	導引入雲霧
차례차례 높은 법당의 섬돌을 오르네	峻陟歷堂陛
돌밭이라 애오라지 산초를 심었고	石田惟種椒
저녁밥을 짓고도 아직 쌀이 남았네	晚炊仍有米
추녀 밑 방에 등불 밝히고 앉아	臨燈坐小軒
낮은 침상에 느른하게 뒹구네	矮榻便倦體
청아한 유람은 옛 생각 나게 하니	清遊感疇昔
진(진호) 이(이종사) 두 형제가 있었네	陳李兩昆弟
이른 새벽 옛 자취를 찾노라니	侵晨訪舊迹
비갈이 우거진 풀 속에 묻혔네	碑碣埋荒薺

9월 9일 양명은 곡부에 도착하자마자 공자묘와 주공묘를 찾아 배알하였다. 그는 주공묘 앞에서 천만 마디의 말을 할 듯했지만 뜻밖에도 묵묵히 한 마디도 하지 않고 시 한 수를 읊었다.[76]

---

76 여조상呂兆祥, 『동야지東野志』 권2 「알주공묘謁周公廟」.

주공 사당을 참배하다   謁周公廟

나는 조정의 명을 받들어 산동 향시의 주고를 하러 왔다가 이를 계기로 원
성元聖 주공의 사당을 배알할 수 있었다. 삼가 시 한 수를 써서 높이 우러
르는 뜻을 부칠 뿐이다.

때는 홍치 갑자년 9월 9일.

守仁祇奉朝命, 主考山東鄉試, 因得謁元聖周公廟. 謹書詩一首, 以寓景
仰之意云爾.

時弘治甲子九月九日.

주공을 배알하러 와서   我來謁周公

묵묵히 아무 말하지 않네   嗒焉黙不語

돌아가 옛글을 펼치면   歸去展陳篇

『시경』『서경』이 너를 향해 말하리   詩書說向汝

    그가 공자의 사당을 참배하고 지은 시는 보존되어 있지 않으나 나중에 태
산에 올라 지은 시 「등태산登泰山」에서 "세상 사람들 내 말을 듣고서, 웃지 않
으면 괴이하다 하리라. 내 또한 억지로 말하지 않으나, 오직 다시 웃음으로
대하리. 노나라 늙은이는 되지 못할진대, 이런 생각으로 애오라지 스스로 흔
쾌해하네."[77]라고 하였고, 「태산고泰山高」에서는 "선니(공자)께서 지팡이 끌고,
소요하며 한번 가신 뒤 다시 오지 않네. 그윽한 샘은 흐느끼며 흘러 슬픔을
머금고, 뭇 산은 전송을 하는 듯 손을 맞잡고 읍을 한다(宣尼曳杖, 逍遙一去不復

---

77 『왕양명전집』 권19 「등태산오수登泰山五首」.

來, 幽泉嗚咽而含悲, 群巒拱揖如相送)"[78]라고 한 것으로 보아 이때 공자의 사당을 참배한 일은 그의 마음에 거대한 소용돌이를 일으켰음을 알 수 있다. 다만 그는 잠시 세상 사람들을 향해 말하려 하지 않고 '돌아가서 다시 너에게 말을 하리(歸去再向汝道)' 하였던 것이다.

양명은 바로 이러한 심령의 진동을 간직하고 북쪽으로 올라가 태산을 유람하였다. 그는 십팔반十八盤을 따라 산을 올라가 오대부송五大夫松을 지나 어장평御帳坪을 돌아서 천문天門에 오르고 곧바로 일관봉日觀峰 꼭대기에 올랐다. 크고 드넓으며 찬란한 태산의 세계가 양명의 눈앞에 펼쳐져서 그의 마음속에서는 천만 마디의 말과 수천, 수만 가지의 생각이 들끓어올랐다.

그는 일관봉 꼭대기에 우두커니 서서 옛일을 더듬고 오늘날을 물었으며, 단숨에 시 다섯 수를 읊었다.[79]

태산을 오르다, 다섯 수   登泰山五首

새벽에 태산을 오르네   曉登泰山道

가도 가도 밥 짓는 연기 피어오르고   行行人煙霏

햇빛은 바위와 골짜기에 흩어져   陽光散巖壑

가을 모습을 담담하게 서로 비추네   秋容淡相輝

높은 계단은 푸른 절벽에 걸려 있고   雲梯掛靑壁

쳐다보니 거미줄처럼 아스라하네   仰見蛛絲微

긴 바람 불어와 바닷빛이 되고   長風吹海色

---

78 손성연孫星衍(1753~1818), 『태산석각기泰山石刻記』 「태산고시비泰山高詩碑」.

79 『왕양명전집』 권19 「등태산오수」.

가벼이 천신의 의상으로 너울거리네	飄飄送天衣
봉우리 꼭대기에선 생황을 연주하고	峰頂動笙樂
푸른 옷 입은 동자 들이 서로 의지하네	青童兩相依
옷깃을 떨쳐 좇아가려 하니	振衣將往從
구름 위 홀연 높이 날아갔네	凌雲忽高飛
손을 휘저어 기다리게 하려니	揮手若相待
붉은 노을 반짝이며 남은 빛을 뿌리네	丹霞閃餘暉
보통사람 몸뚱이 튼튼한 깃이 없어	凡驅無健羽
창망하게 바라보며 돌아가지 못하네	悵望未能歸

천문은 어찌 저리 높고 험한가!	天門何崔嵬
아래를 보니 푸른 구름이 있네	下見青雲浮
아득하여 인간세상과 끊어지고	泱漭絶人世
높은 가을 하늘 툭 트였네	迥豁高天秋
어두운 빛이 땅에서 일어나	暝色從地起
밤이 되어 하늘 위 누각에서 자네	野宿天上樓
하늘 닭이 한밤에 우니	天鷄鳴半夜
해가 동해 끝에서 나오네	日出東海頭
희미하여라! 봉호(봉래)의 나무	隱約蓬壺樹
아득하여라! 어슴푸레한 부상의 모래톱	縹緲扶桑洲
호연한 노래가 검푸른 하늘로 떨어지고	浩歌落青冥
여운이 푸른 물결로 들어가네	遺響入滄流
요순의 시절이 초와 한의 다툼으로 변하여	唐虞變楚漢
바람에 흩날리는 물거품처럼 스러지네	滅沒如風漚

아득한 학산의 신선을　　　　　　　　　　　　藐矣鶴山仙

진시황이 어찌 구하려 하는가!　　　　　　　　秦皇豈堪求

금사를 연단하느라 세월을 허비해도　　　　　金砂費日月

사그라지는 얼굴 붙들어두기 어렵네　　　　　退顔竟難留

내 뜻은 아득한 옛날에 있으니　　　　　　　　吾意在龐古

시원하게 서늘한 바람을 불러 타고　　　　　　泠然馭涼飇

광성자와 기약하여　　　　　　　　　　　　　相期廣成子

태허에서 오연히 노니려네　　　　　　　　　　太虛顥遨遊

시들고 마른 모습으로 바위 골짜기 향해도　　枯槁向巖谷

상산의 늙은이는 짝하기에 족하지 않네　　　　黃綺不足儔

깎아지른 벼랑 끝까지는 갈 수 없으나　　　　窮厓不可極

날 듯이 연기와 무지개를 넘어가네　　　　　　飛步凌煙虹

높은 바위샘은 돌길 따라 쏟아지고　　　　　　危泉瀉石道

구름 속 소나무는 허공에 그림자를 드리우네　空影垂雲松

수많은 봉우리 서로 빽빽이 얽혀　　　　　　　千峰互儹簇

푸른 연꽃처럼 둘러 비치네　　　　　　　　　掩映靑芙蓉

깎아지른 높은 다락에 의지하고　　　　　　　高臺依巉削

몸을 기울여 공동 섬에 임하네　　　　　　　　傾側臨崆峒

발을 헛디디면 안갯속으로 떨어져　　　　　　失足墮煙霧

절벽에 부딪혀서 뼈가 부서지리라　　　　　　碎骨顚厓中

아주 어리석은 이는 끝내 깨닫기 어려워　　　下愚竟難曉

의기가 꺾여서 어지러이 서로 따르네　　　　　摧折紛相從

내 바야흐로 앉아서 해를 보며　　　　　　　　吾方坐日觀

구름을 헤치고 바람을 향해 웃네	披雲笑天風
적수에서 황제에게 묻고	赤水問軒后
창오에서 순임금을 부르네	蒼梧叫重瞳
은은하게 하늘에서 말소리 들리니	隱隱落天語
서쪽 하늘 문은 영롱한 모습 내보이네	閶闔開玲瓏
지나간 일은 다시 말하지 말라	去去勿復道
혼탁한 세상 장차 어찌 끝나려나!	濁世將焉窮

속세의 그물에 괴로이 얽매이고	塵網苦羈縻
부귀라도 참으로 풀잎의 이슬이라	富貴眞露草
차라리 흰 사슴 타고	不如騎白鹿
동쪽 봉래섬으로 들어가리라	東遊入蓬島
아침에 태산에 올라 바라보니	朝登泰山望
거센 파도 아득히 막아서네	洪濤隔縹緲
햇빛은 바다 구름을 뚫고 나오고	陽輝出海雲
천문에 새벽이 오네	來作天門曉
멀리 벽하군을 뵈니	遙見碧霞君
너울너울 원교산이 일어나네	翩翩起員嶠
옥녀는 보랏빛 생황을	玉女紫鸞笙
쌍으로 불며 맑게 갠 하늘로 들어가네	雙吹入晴昊
머리 들어 바라봐도 뵈지 않고	擧首望不及
아래로 드넓은 바람을 향하네	下拜風浩浩
내 옥허편을 던지네	擲我玉虛篇
읽어도 도무지 깨닫지 못했기에	讀之殊未了

곁에는 눈썹 긴 늙은이 있어서	傍有長眉翁
하나하나 길을 가리키네	一一能指道
이로부터 금사를 연단하여	從此煉金砂
인간의 자취 씻어버리려네	人間迹如掃

내 재주는 시대를 구제할 수 없는데	我才不救時
바로잡고 부지하려는 의지만 공연히 크네	匡扶志空大
나를 유와 무 사이에 두니	置我有無間
느슨하건 급하건 힘입을 바 아니네	緩急非所賴
수많은 봉우리 내려다보는 꼭대기에 외로이 앉아	孤坐萬峰巔
후련하게 아래 세상을 버리네	嗒然遺下塊
그만두자, 다시 무엇을 구하랴!	已矣復何求
지극히 정밀함 진실로 여기 있으니	至精諒斯在
담박함은 공허하고 아득하지 않아	淡泊非虛杳
쇄탈하게 응어리가 없네	灑脫無蔕芥
세상 사람들 내 말을 듣고서	世人聞予言
웃지 않으면 괴이하다 하리라	不笑卽吁怪
내 또한 억지로 말하지 않으나	吾亦不強語
오직 다시 웃음으로 대하리	惟復笑相待
노나라 늙은이는 되지 못할진대	魯叟不可作
이런 생각으로 애오라지 스스로 흔쾌해하네	此意聊自快

태산에 관한 이 시 다섯 수는 양명이 옛날을 생각하는 그윽한 정서를 표
현해낸 시편으로서 참으로 천지를 형상의 안에 집어넣고 만물을 붓끝에 묶어

두고서 옛날과 오늘날을 한순간에 어루만진 작품이라 할 수 있다. 이는 만고에 크고 드넓은 태산문화泰山文化에 대한 양명의 사색이다.

태산은 춘추전국시대 이래 역사의 상전벽해와 같은 무상한 변화 가운데 이미 유불도 삼대 문화가 풍부하게 쌓인 동쪽의 지주砥柱로서 천하독존이 되었다. 양명은 태산에 올라 천지의 풍운과 고금의 인물에 대해 물어서 "적수에서 황제(軒后)에게 묻고, 창오에서 순임금(重瞳)을 부르네"라고 읊었다. 그는 굉대한 태산문화에 관한 사색을 하던 중에 사상의 새로운 변화의 물결이 용솟음쳐서 "요순의 시절이 초와 한의 다툼으로 변하여, 바람에 흩날리는 물거품처럼 스러지네"라고 하였는데, 이는 제왕과 군주가 통치하는 역사를 비판한 것이다. "아득한 학산의 신선을 진시황이 어찌 구하려 하는가!"라고 한 구절은 진시황이 장생불사의 약을 추구한 미망迷妄을 부정한다. "금사를 연단하느라 세월을 허비해도, 사그라지는 얼굴 붙들어두기 어렵네"라고 한 구절은 도교 외단外丹의 연단(燒煉)과 복식服食의 포기를 표현한 것이다. "광성자와 기약하여 태허에서 오연히 노니려네. 시들고 마른 모습으로 바위 골짜기 향해도, 상산의 늙은이는 짝하기에 족하지 않네"라고 한 구절은 산림에 은거하여서 수련하는 도가에 대한 회의를 표현한 것이며, "내 옥허편을 던지네. 읽어도 도무지 깨닫지 못했기에"라는 구절 또한 도교 수련에 대한 곤혹감을 표현한 것이다. "그만두자, 다시 무엇을 구하랴!" 하고 양명은 이리저리 추구하다가 얻지 못하고 실망하던 중에 여전히 희망을 품고 맨 마지막으로 시선을 '공자'에게로 돌려서 "노나라 늙은이는 되지 못할진대, 이런 생각으로 애오라지 스스로 흔쾌해하네" 하였다. 양명은 마침내 성인 공자에게 가장 큰 희망을 품었던 것이다.

양명에게 '태산문화의 사색'은 사상의 새로운 변화를 향한 용솟음으로 충만하였다. 그리고 여전히 마음속의 모순, 갈림길에서 방황, 각성 전의 미망이 이리저리 직조되어 있었다. 그러나 성인 '공자'의 형상은 양명의 눈앞에서 높고 크게 광채를 발하여 그의 마음속에서 푸른 하늘에 높이 솟은 '태산'이 되었다. '태산의 사색'은 사실 양명에게 자아의 영혼에 대한 한 차례 '고문拷問'이었으며 '자아의 반성'이었다. 공맹유학으로 돌아오는 길은 이러한 자아반성 가운데 그를 향해 열렸던 것이다. 태산에 올랐다가 돌아온 뒤 양명에게는 일관봉에서 깨달은 '태산의 사색'이 다시 새롭게 승화하였다.

9월 16일 그는 구양수歐陽修(1007~1072)의 「여산고廬山高」를 본떠 「태산고」를 지었다.[80]

구생(구양수)은 참으로 옛날 초나라 땅 사람이라	歐生誠楚人
여산이 높음만 알 뿐이다	但識廬山高
여산의 높음은 오히려 얼마인지 잴 수 있거니와	廬山之高猶可計尋丈
저 태산은	若夫泰山
우러러보면 황홀하여서	仰視恍惚
나는 알지 못하나니 그것이 오히려 푸른 하늘 아래 있는지	
	吾不知其尙在青天之下乎
곧바로 푸른 하늘 위로 솟았는지!	其已直出青天上
나는 빗대어서 시험 삼아 「태산고」를 지으려고 하였는데	
	我欲仿擬試作泰山高
다만 개미 언덕과 같은 보잘것없는 식견으로는	但恐丘垤之見
높고 큼을 헤아려 알지 못하겠기에	未能測識高大

---

80 손성연, 『태산석각기』. 이 시는 『왕양명전집』 권19에 「태산고차왕내한사헌운泰山高次王內翰司獻韻」이라는 제목으로 실려 있다.

붓으로 형상을 그려내기 어려울까 걱정된다	筆底難具狀
가없이 드넓은 원기가 모여서	扶輿磅礴元氣鍾
우뚝하게 천지의 동쪽 반을 가렸네	突兀半遮天地東
남쪽엔 형산 북쪽엔 항산 그리고 서쪽엔 화산	南衡北恒西有華
굽어보니 곰사등이 같은데 뉘라서 자웅을 겨루겠는가!	俯視傴僂誰雌雄
인간세상은 아득히 보였다 숨었다 하고	人寰茫昧乍隱見
우레와 비가 걷히자 홍몽이 나타나네	雷雨初解開鴻濛
수놓은 듯한 절벽과 붉은 계단에	繡壁丹梯
안개가 감돌고 구름이 짙게 깔렸는데	煙霏靄霧
바다에 해가 막 떠올라서	海日初湧
푸른 산을 비춘다	照耀蒼翠
평평한 산기슭을 푸른 바다의 만이 멀리 감싸고	平麓遠抱滄海灣
일관봉은 바로 부상과 마주하고 있다	日觀正與扶桑對
쓸려가는 파도 소리를 들으니	聽濤聲之下瀉
모든 하천이 동쪽에서 모임을 알겠다	知百川之東會
천문 바위는 부채같이	天門石扇
중간이 탁 트여서 열려 있고	豁然中開
어두운 절벽과 깊은 골짜기로 통하며	幽崖邃谷
주름지고 쌓여서 감추어 있다	聚積隱埋
중간에 세상을 피한 사람들이	中有遯世之流
거북처럼 잠기어 숨어서 나오지 않고	龜潛雌伏
그 사이에서 노을을 먹고 빼어난 기운을 마시며	飧霞吸秀於其間
왕왕 신선의 다양한 재주를 괴이하게 부린다	往往怪譎多仙才
위에는 백 길 여울이 물보라치고	上有百丈之飛湍

공중에는 구름을 뚫고 곧바로 아래로 바위가 이어져 있는데

懸空絡石穿雲而直下

그 근원이 마치 푸른 하늘에서 내려오는 듯하다　　　其源疑自靑天來

바위 끝에서 구름이 자욱한데 연무가 나오며　　　巖頭膚寸出煙霧

잠깐 사이에 비가 퍼부어서 구해를 두루 적신다　　　須臾滂沱遍九垓

예로부터 산에 올라 봉한 사람은　　　　　　　　古來登封

일흔두 군주이며　　　　　　　　　　　　　　　七十二主

나중에 서로 본받기를　　　　　　　　　　　　後來相效

비 오듯이 어지러이 하였다　　　　　　　　　　紛紛如雨

옥 책갑과 금 책상자에 봉선의 글을 담았는데　　　玉檢金函無不爲

지금은 다만 매몰되어서 어디에 있는가?　　　　只今埋沒知何許

다만 흰 구름이 봉표封標에 다시 피어오르는 것만 보일 뿐

但見白雲猶復其封中

끊어진 비석에는 글자가 없고　　　　　　　　　斷碑無字

하늘 바깥에 세월이 가면서 강한 바람에 다 닳아버렸다　　　天外日月磨剛風

먼지가 날려서 눈 깜짝할 사이에 지나가고　　　飛塵過眼倏超忽

마구 들끓어 오르는데 어찌 다시 종적을 남기는가!　　　飄蕩豈復留其踪

공중에는 취화가 멀고　　　　　　　　　　　　天空翠華遠

지는 해는 수많은 봉우리를 하직한다　　　　　落日辭千峰

노나라 교외에서 기린을 잡고　　　　　　　　魯郊獲麟

기산 남쪽에는 봉이 모이며　　　　　　　　　岐陽會鳳

명당은 이미 헐었고　　　　　　　　　　　　明堂旣毁

비궁에서는 송을 연주한다　　　　　　　　　閟宮興頌

선니(공자)께서 지팡이를 끌고　　　　　　　　宣尼曳杖

소요하며 한번 가신 뒤 다시 오지 않는다　　　　　逍遙一去不復來

그윽한 샘은 흐느끼며 흘러 슬픔을 머금고　　　　幽泉鳴咽而含悲

뭇 산은 전송을 하는 듯 손을 맞잡고 읍을 한다　群巒拱揖如相送

우주를 굽어보고 우러러보며　　　　　　　　　　俯仰宇宙

천년에 서로 바라보되　　　　　　　　　　　　　千載相望

교악이 무너져도　　　　　　　　　　　　　　　　墮山喬嶽

오히려 그 빛을 비추니　　　　　　　　　　　　　尚被其光

높고 높은 하늘과 짝함에　　　　　　　　　　　　峻極配天

아무도 감히 맞겨루지 않는다　　　　　　　　　　無敢頡頑

아! 문과 담 밖에서 올려다보니　　　　　　　　　嗟予瞻眺門墻外

어찌 방과 당을 엿보는 것과 같으랴?　　　　　　何能仿佛窺室堂

역시 더위잡고 유적을 오르니　　　　　　　　　　也來攀附攝遺迹

삼천의 문하 뒤에서　　　　　　　　　　　　　　三千之下

또한 다시 절을 하고 행렬의 끝을 차지할 수 있겠는가?

　　　　　　　　　　　　　　　不知亦許再拜占末行

아! 허허!　　　　　　　　　　　　　　　　　　吁嗟乎

태산은 높아서　　　　　　　　　　　　　　　　　泰山之高

그 높은 끝까지 닿을 수 없네　　　　　　　　　　其高不可極

홀연 머리를 돌리니　　　　　　　　　　　　　　忽然回首

이 몸은 저도 모르게 동쪽 끝에 있네　　　此身不覺已在東斗傍

홍치 17년 갑자 9월 기망(16일)에 여요 양명산인 왕수인이 기록한다.

　　　　　弘治十七年甲子九月旣望, 餘姚陽明山人王守仁識.

이 「태산고」는 유가의 성인 공자에 대한 숭고한 예찬으로서 공자를 높아서 끝까지 오를 수 없는 '태산'으로 높이 받들어서 충심을 가지고 태산북두와 같은 성인과 그의 사상을 찬송한 것이다. 공자의 위대함은 바로 그가 고래로 태산에 올라가 봉한 72왕을 초월해 있었기에 비록 선니는 한 번 가서 돌아오지 않지만 그의 사상이 내뿜는 광휘는 영원히 천지를 비추며, "우주를 굽어보고 우러러보며 천년에 서로 바라보되, 교악이 무너져도 오히려 그 빛을 비추니, 높고 높은 하늘과 짝함에 아무도 감히 맞겨루지 않는다"라는 사실을 깨달았던 것이다. 양명은 스스로 공자의 문과 담장 밖에 있음을 탄식하고서 그 방(室)과 당堂으로 들어가기를 갈망하였으며, 공자의 3천 제자의 성현의 행렬에 들어갈 수 있게 되기를 바랐다. "아! 문과 담 밖에서 올려다보니, 어찌 방과 당을 엿보는 것과 같으랴? 역시 더위잡고 유적을 오르니, 삼천의 문하 뒤에서 또한 다시 절을 하고 행렬의 끝을 차지할 수 있겠는가?" 이는 바로 양명의 마음속에 표출된 유가 성현의 학에 대한 각성의 환호성이었으며, 불교와 노자의 학문으로부터 빠져나와 공맹유학으로 복귀하는 첫걸음을 내딛은 것이었다.

양명은 구화산을 종유하고 태산에서 노닐며 곡절이 반복되는 각성을 향한 한줄기 심로의 역정을 달려갔다. 구화산 유람이 '유선遊禪'의 길이고 모산의 유람이 '유선遊仙'의 길이었다면, 태산의 유람은 '유유遊儒'의 길로서 그가 끝내 유가 성현의 학을 향한 각성의 길로 나아가도록 추동하였다. 그의 '태산의 사색'은 실제로는 그가 심학의 길을 달려가기 전날 얻은 '태산의 깨달음(泰山之悟)'이었으며, 이는 유학이 불교와 도교의 학문보다 고상하고, 공성孔聖이 석가와 노자 두 사람보다 고매함을 각성한 것으로서 그는 공문의 제자로 자처하며 선불仙佛에 빠졌던 습성을 벗어버리고 귀유歸儒의 길을 밟아갔던 것이다. 「태산고」 시비는 사람의 주목을 끌 듯이 문묘文廟의 명륜당明倫堂에 서서 양명이 공맹유학으로 복귀한 각성의 비가 되었다.

9월 하순, 양명은 제남부에서 경사로 돌아왔는데 조정에서는 그를 병부무
선청리사주사兵部武選淸吏司主事로 고쳐서 제수하였다. 그는 '서한림'을 떠났
다. '서한림'의 문사는 사방에 별처럼 흩어졌으나 다만 양명은 서울에서 도리
어 귀유의 각성을 한 뒤 새로운 강학론도를 시작하였다.

10월에 그는 서애를 경사로 불러서 독서와 강학을 하기 위해 다음과 같
은 편지를 보냈다.

> 은미함은 속일 수 있다고 하여서 마음을 놓쳐버리지 말며, 총명은 믿을 만
> 하다고 하여서 나태한 뜻을 갖지 말라. 마음을 기름은 의리보다 좋은 것이
> 없으며, 학문을 함은 정밀하고 오직 한 곳으로 함(精專)보다 중요한 것이
> 없다. 습속에 의해 옮기지 말고 사물의 유혹에 끌리지 말라. 옛 성현을 구
> 하여서 스승과 법도로 삼으라. 절대로 이 말을 너무 현실에 어둡고 에두른
> 말(迂闊)이라고 여기지 말라.[81]

양명이 말하는 "스승과 법도로 삼으라!"라고 한 '옛 성현'은 바로 유가의
성인 공자를 가리킨다. 「태산고」의 광대한 찬송시는 양명이 공맹유학으로 회
귀한 '선언서'로서, 그가 '구화산'의 유선遊禪의 길과 '모산'의 유선遊仙의 길
을 초월하고 '태산'의 귀유의 길을 밟아나간 사실을 밝히 드러낸다. 그의 심
학사상은 '태산'의 정상에서 진정한 비약의 발걸음을 뗐던 것이다. 양명은 조
정으로 돌아온 뒤 홍치 18년(1505) 봄에 오산梧山 왕진王縝(1462~1523)을 남해
로 돌려보냈다.

---

81 『왕양명전집』 권26 「여서중인與徐仲仁」.

왕진은 양명과 이별하는 자리에서 시 한 수를 지어서 읊었다.[82]

백안과 이별하는 자리에서 왕사헌 태사의 운으로 쓰다

伯安席上留別王思獻太史韻

일곱 해 동안 집을 다녀오지 못해	七年未得過家庭
한 조각 돌아가려는 마음 온 세상에 부치네	一片歸心付八溟
제사를 맡아 남해로 돌아가는 편이 있어 기쁜데	分祀喜從南海便
이문을 보내면 북산의 신령이 응당 웃으리라	移文應笑北山靈
형세를 잊고 날 알아줄 이 몇 사람 있을까?	幾人知己忘形勢
뛰어난 현인 어디에 덕성처럼 모였으랴!	何處英賢聚德星
이 문화를 아껴 여기저기 많이 모여서 강습을 하며	極愛斯文多麗澤
갈림길에 임하여도 반명을 덮어버리지 말라	臨歧還不廢盤銘

왕진은 얼마 뒤 양명에게 써준 「진의 완사종의 운을 따서 정회를 읊고 겸하여 왕백안과 호세보에게 보내다, 두 수(詠懷次晉阮嗣宗韻兼東王伯安胡世甫二首)」에서 양명을 칭송하여서 다음과 같이 읊었다. "잘 배우고 또 잘 변하였으니, 대붕이 이로써 태어났네. 신묘한 변화는 본래 현묘하니, 하늘과 땅은 끝내 형체가 있다네(善學亦善變, 大鵬其自生. 神化固玄妙, 天地終有形)"[83]라고 하였다. 왕진은 진백사의 제자로서 그가 양명을 '잘 배우고 또 잘 변한' '대붕'이라고

---

82 『오산왕선생집梧山王先生集』 권17 「백안석상류별왕사헌태사운伯安席上留別王思獻太史韻」.

83 『오산왕선생집』 권15 「영회차진완사종운겸간왕백안호세보이수詠懷次晉阮嗣宗韻兼東王伯安胡世甫二首」.

칭송한 말은 바로 양명이 학술 사상에서 끊임없이 새롭게 변하고 새롭게 진보하였음을 인정한 것이다. 탕湯 임금의 「반명盤銘」에서는 "진실로 날로 새롭고 나날이 새롭고 또 날로 새로워져라(苟日新, 日日新, 又日新)."라고 하였다. 왕진은 「반명」을 차용하여서 양명의 사상이 날로 새롭고 날로 진보하였음을 말하였는데, 양명도 바로 「반명」의 "진실로 날로 새롭고 나날이 새롭고 또 날로 새로워져라."라고 한 정신의 지도 아래에서 그의 공맹유학으로 회귀하고 백사 심학을 향한 전향의 사상 역정을 시작하였다.

5장

을축년의 깨달음(乙丑之悟) : 양명 심학의 길로 가는 기점

경사京師에 새로 울린 사장詞章의 여운

　양명이 경사로 돌아왔을 때 서울의 시풍詩風은 또 현저하게 큰 변화를 일
으켜서 도리어 잘 배우고 잘 변하며(善學善變) 마음이 고양되고 기운이 왕성
한(心高氣盛) 양명을 끌어당겨서 일종의 사장의 학에 빠진 시심詩心의 '회광반
조廻光返照'를 방불케 하였다. 그는 더욱 침울하고 방일한 시정詩情으로 전칠
자前七子와 함께하는 교유와 수창酬唱의 한가운데로 뛰어들었다.

　홍치 15년(1502)에 서울에 체류하던 그는 옛 시문을 짓는 일은 쓸모없이
허문虛文에 정신을 소모하는, 한계가 있는 일이라는 생각이 들어서 병을 아뢰
고 월越로 돌아가 산림에 은거하며 잠심하면서 선을 배우고 도를 익혔다. 그
러나 시부사장詩賦詞章을 좋아하는 그의 습기習氣는 결코 사라지지 않았다.
두 해 뒤 경사로 돌아온 그는 선과 도를 배워서 터득한 것이 오히려 자유로
운 마음과 주체적인 정감(師心重情)을 따르는 감성적 시인의 기질을 더욱 격
발하여서 전칠자와 함께 시부사장을 익히기 위해 더욱더 열심히 치달렸던 것
이다. 이는 조관趙寬이 말한 "깊이 즐기는 것 모두 도의 기운임을 깨달았으나
오직 몰아내기 어려운 것은 시마로세(已覺沈酣皆道氣, 獨難驅逐是詩魔)."라고 한
그대로이다.

홍치 말 경사의 시단에 새로이 불어닥친 시풍의 성세는 전칠자가 불러일으킨 것으로서 문장은 진·한을 규범으로 삼고, 시는 한·당을 추구한다(文規秦漢, 詩追漢唐)는 구호를 크게 외쳤다. 맹단盟壇의 종주인 호부주사戶部主事 공동空同 이몽양李夢陽, 중서사인中書舍人 대복大復 하경명何景明, 한림원편수翰林院編修 대산對山 강해康海(1475~1540), 태상박사太常博士로 있다가 나중에 병과급사중을 역임한 화천華泉 변공邊貢(1476~1532), 한림원검토 미피渼陂 왕구사王九思(1468~1551), 한림원서길사翰林院庶吉士에 선발되었다가 뒤에 병과급사중에 제수된 준천浚川 왕정상王廷相(1474~1544), 대리좌시부代理左寺副 적공迪功 서정경徐禎卿(1479~1511) 등 일곱 사람이 일제히 도하에 모여서 시를 읊고 글을 논하여 새로운 바람을 격렬히 불러일으키면서 다릉시파茶陵詩派와 각축을 벌였다.

양명은 경사를 떠나 월로 갔는데 이에 앞서 홍치 15년의 성시省試에서 강해가 장원을 하였고, 왕정상·하경명·노탁魯鐸(1461~1527)과 같은 명사도 모두 진사에 합격하여서 서울에서 이몽양을 중심으로 모였으며, 왕구사·고린顧璘·주응등朱應登(1477~1526)·유린劉麟(1475~1561) 등과 서로 기질이 통하였다. 또한 홍치 18년(1505) 전시殿試에서는 서정경·은운소殷雲霄(1480~1516)·예종정倪宗正(1505, 진사)·왕위王韋(1505, 진사)·방헌부方獻夫(1485~1544)·육심陸深(1477~1544)·정선부鄭善夫(1485~1523)·사비謝丕(1482~1556)·담약수湛若水(1466~1560)·목공휘穆孔暉(1479~1539) 같은 명사가 모두 진사에 합격하였다. 한때를 떠들썩하게 한 '전칠자', '홍치십재자弘治十才子', '금릉사대가金陵四大家', '강동삼재자江東三才子' 등이 일제히 거의 도하에 모여들어서 문학 복고운동의 거대한 성세를 형성하면서 이서애李西涯(이동양)의 다릉파 영루營壘에 충격을 가하였다.

이개선李開先(1502~1568)은 「미피왕검토구사전渼陂王檢討九思傳」에서 당시

왕구사가 이서애를 따르다가 전향하여서 이공동(이몽양)에게 귀의한 사실을
다음과 같이 언급하였다.

이때 서애(이동양)가 국정을 담당했는데, 맑고 새롭고 유창하고 화려한(淸新
流麗) 시와 나긋나긋하고 늘어지며 진부하고 난만한(軟靡腐爛) 문장을 주창
하였다. 사림士林은 그 문체를 마루로 삼아 익혔고, 선생(翁, 왕구사)도 그들
의 예를 따랐다. 이로써 이름이 알려졌으며 한림원검토에 제수되었다. 이
공동李崆峒(이몽양)·강대산康對山(강해)이 뒤를 이어 일어나서 한때의 폐단
에 싫증을 내고 서로 모의하여서 바로잡고 고증을 하였는데, 글은 진·한
이 아니면 보지 않았고 시는 한·위가 아니면 입에 담지 않았다. 당시唐詩
에서도 모방하여 본받았으며 당의 글 이하는 취하지 않았다. 그리하여 자
서自敍에서 말하기를 "공동은 나를 위해 시고詩稿를 고쳐주었는데 그것이
지금도 있으며, 글은 대산이 고쳐주었는데 더욱 많다. 그러나 나에게 그치
지 않고 비록 하대복(하경명)·왕준천(왕정상)·서창곡徐昌穀(서정경)·변화천
(변공)과 같은 여러 사객詞客이 있었으나 역시 두 선생(二子)이 성취하였다."
라고 하였다. 남들이 일컫기를 서술함에는 사마자장司馬子長(사마천)과 같
이 언어의 말단을 자질구레하게 따지지 않았으며, 의론에는 맹자여孟子輿
(맹자, B.C.372~B.C.289)와 같이 평가하고 판단하는(抑揚) 즈음에 느긋하였으
며, 소회를 인하여 표현을 다하고 경물에 빗대어 감정을 표현한 것으로는
「풍風(국풍國風)」, 「아雅(소아小雅, 대아大雅)」, 「소騷(이소離騷)」, 『선選(문선文選)』
의 사이를 넘나들었고, 개원開元(713~741)과 천보天寶(742~756) 위에서 진동
하였다고 하였다. 사대부가 비록 마음을 쏟았으나 시기하는 사람이 있음은
어쩔 수 없었다. 유회암劉晦庵(유건劉健, 1433~1526)이 비록 시를 좋아하지는
않았지만 그들의 재주를 아꼈다. 그러나 이서애는 자기와 다른 점을 미워

하여서 분노를 쌓았다가 때를 기다려서 터뜨렸다.[1]

왕구사가 이서애를 따르다가 이공동으로 전향한 일은 일종의 역사적 상징으로서 전칠자 시파가 홍치의 쇠미한 시단에 별무리처럼 나타났음을 널리 알렸다. 시가詩歌의 창공에 전칠자라는 별무리가 나타나 경사에서 사장을 다투는 양명의 그림자를 비추었고, 옛 시문을 즐겨 짓는 양명은 경사로 돌아오자마자 이들의 기세가 흉용한 문학 복고운동의 조류에 신속하게 합류하였으며 이몽양·하경명과는 기질이 서로 통하였다.

나중에 그의 시우인 여요餘姚 시단의 패주霸主 소야小野 예종정은 다음과 같이 말한다. "양명의 시문은 애초 하(하경명), 이(이몽양)의 문에서 나왔다. 몇 년 뒤 곧 하, 이의 격식(窠臼)에서 벗어나 스스로 일가一家를 이루었다. 오호라! 당세에 양명과 같은 자는 참으로 호걸다운 선비라 할 것이다."[2] 소득우邵得愚도 다음과 같이 말한다. "명조(有明) 이래 우리 여요에서 시를 잘하는 자가 수십 가를 밑돌지 않는데 악부樂府에 뛰어난 이로는 오직 예소야와 왕양명 두 선생뿐이다."[3] 이몽양은 시단의 맹주로서 여러 동무들(群倫)을 이끌었고(領袖), 양명은 이몽양과 하경명이 영도하는 이 시문 복고운동의 조류에서 스스로를 '농조아弄潮兒(파도 타는 아이)'로 여겼다.

홍치 17년(1504) 11월 13일에 고우古迂 진장陳壯(1437~1504)이 졸하였을 때 이동양은 「하남안찰사부사치사진군직부묘지명河南按察司副使致仕陳君直夫

---

1 『국조헌징록國朝獻徵錄』 권22 「미피왕검토구사전渼陂王檢討九思傳」.

2 『예소야선생전집倪小野先生全集』 「별집부別集附」.

3 『예소야선생전집』 「별집부」.

墓志銘」을 지었고 양명도 「진직부남궁상찬陳直夫南宮像贊」을 지었다.[4]

옷은 성장을 하고	有服襜襜
관은 반듯하게 썼네	有冠翼翼
저 큰길을 걷고	在彼周行
용모는 크게 모범이 되었네	其容孔式
홀을 잡고 고깔을 반듯하게 하고	秉笏端弁
가슴속은 온화하고도 엄격하네	中溫且栗
술로써 취하고	旣醉以酒
덕으로써 배부르네	旣飽以德
저 사람 누구인가?	彼何人斯
나라의 사직일세	邦之司直
나라의 사직이라	邦之司直
공변되고 외롭네	宜公宜孤
그가 오고 감에	旣來旣徂
으뜸이 되고 모범이 되네	爲冠爲模
누가 그 길을 오래 따를까?	孰久其道
뭇사람 듣고 믿네	衆聽且孚
장강과 같고 황하와 같아	如江如河
추세가 더러워지는데	其趨彌污
나라의 사직이	邦之司直
지금은 없어졌네	今也則亡

---

4 『왕양명전집』 권25 「진직부남궁상찬陳直夫南宮像贊」.

이동양의 「하남안찰사부사치사진군직부묘지명」은 평면적이고 직설적인데 반해, 양명이 남다른 기발한 생각을 펼쳐서(別出心裁) 지은 「진직부남궁상찬」은 생동감이 문장의 기운에 깊이 배어 있어서 은연중에 다릉파와 우열을 다투려는 듯하다. 이는 양명의 문학사상이 이몽양과 일치함을 분명히 나타내고 있다.

이몽양은 시를 지을 때 참된 감정(眞情), 참된 마음(眞心), 참된 성품(眞性)을 주로 다루었기에 그가 창도하는 복고는 결코 옛것을 모방하고 옛것을 본뜨는 것(＊模擬)이 아니었다. 그의 진정한 의도는 근대 이래 날로 점차 쇠퇴하고 온갖 폐단이 속출하며 따분하여 생기가 없는 송시宋詩의 낡은 길을 뛰어넘어 한·당의 우수한 시문 전통으로 돌아가며, 시문 본연의 색채를 회복하려는 것이었다. 한·당의 전통에 근거하여서 송대를 되돌아보면 바로 송의 사람들에게는 시문이 없다고 말할 수 있다. 그러므로 그 스스로 표방하는 시 창작에서 복고의 길은 바로 송시를 초월하고, 성당盛唐으로 인해 육조六朝로 거슬러 올라가고, 위魏·진晉에 의해 양한兩漢으로 근본을 좇으며, 삼백편三百篇(『시경』)으로 말미암아 곧바로 민간의 진정한 시(＊民歌)의 학습을 창도하였다.

양명도 시를 지을 때 참된 감정, 참된 마음, 참된 성품을 주로 다루어서 마음으로 시를 썼다. 그가 말하는 '옛 시문(古詩文)'은 오로지 송대의 '오늘날 시문(今詩文)'을 겨냥한 말이다. 따라서 이몽양과 나아가는 길이 일치하였다. 그의 '복고'의 길은 위로 『시경』, 『초사楚辭』에 뿌리를 두고, 풍아風雅의 전통을 계승하고, 진·한의 문장, 한·위의 고시, 성당의 근체近體를 배웠다.

그가 서울로 돌아온 뒤 시문사장의 창작에 대해 품은 관점은 홍치 18년 정월에 용예龍霓(1473, 진사)를 위해 쓴 「홍니집서鴻泥集序」에 다음과 같이 반영되어 있다.

…… 사실을 묘사한(繪事) 시는 풍風(국풍), 아雅(대아와 소아)에 포함되지 않았다. 유자孺子의 노래는 공자와 맹자에게 칭찬을 받았다. 그런즉 옛사람이 전할 만한 데도 전하지 못한 것이 많았으며, 전해지기를 바라지 않았는데 전해진 것이 있을 터이다. 어쩌면 (진정한 시는) 전해지고 전해지지 않는 것 사이에 있는 것인가! 옛날 사마담司馬談(?~B.C.110)이 역사로 전한 것을 사마천司馬遷이 완성하였다. 반표班彪(3~54)가 전한 글을 반고班固(32~92)가 서술하였다. 위 무공衛武公(B.C.852~B.C.758)이 늙으니 「억抑」의 경계가 있었는데 대체로 도가 있었다. 부자께서 『시』를 깎아내고 『대아』를 배열하여서 세상을 훈계하셨다. 내 듣건대, 선생은 연세가 여든이며 널리 배우고 게으르지 않으며 경계하고 근심함(警惕)을 잊지 않았고, 또 일찍이 자주 육경六經과 송유宋儒의 서론緒論을 서술하였다. 도에서는 들음이 있었고, 말에서는 훈계가 되기에 충분하였다.[5]

여기서도 양명은 스스로 옛 시문을 배우고 짓는 길을 걸었음을 말한다. 양명이 이 「홍니집서」를 지었을 때 금릉金陵의 시인 용예가 형부원외랑에서 절강의 안찰첨사 직임을 맡아 나갔다. 공동 이몽양은 성세가 굉장한 문회文會를 열었는데 전칠자를 필두로 하여 서울의 문사 22명이 휘호를 하고 시를 짓는 장대한 행사가 되었다. 글을 지어서 글씨를 쓰고 책자로 엮었으며, 화가 소선小仙 오위吳偉(1459~1508)가 그림을 그려서 배치를 하고 한림편수 나기羅玘가 서문을 지었다. 시와 글과 그림을 집성한 큰 책자가 도하에 떠들썩하게 전해졌다. 이는 전에 없이 독특한 시서화의 성대한 모임이었다.

나기는 서문에서 매우 특별한 이 문회의 깊은 의의를 명확히 지적하였다.

---

5 『왕양명전집』 권29 「홍니집서鴻泥集序」.

…… 벗을 송별하기 위해 (모임을) 열었는데, 이에 평소 그의 벗으로서 문회에 참여한 자가 22명이었다. 사람들이 시 한 수씩을 써서 증정하였는데, 제재題材는 반드시 절浙의 승경을 읊어서 앞으로 치인致仁(용예)이 차례로 밟아나갈 이력에 뜻을 두었다. 내가 청컨대 치인을 위해 그 (부임의) 경위와 맥락을 헤아려보겠다. 북도北道에서 절로 부임하는 사람은 필히 취리檇李(절강성 가흥)로부터 들어간다. 춘추 말에 오나라와 월나라가 이곳에서 날마다 전쟁을 하여 한 자, 한 치의 땅을 다투었다. 지금은 동남쪽의 주도로(孔道)이니 천하가 안정을 이룰 수 있는 형세인가? 맹자가 말하기를 "미워하는 바는 하나에 집착하는 자가 도를 해치는 것이다(所惡, 執一者爲其賊道也)."라고 하였으니 살피지 않겠는가! 이때 (치인을) 맞이하는 자가 이르러서 그를 이끌어 회부會府(절도사)의 성으로 들어가니 옛날에는 전당錢塘이었다. 나아가 정해진 의식 절차의 예를 행하였다. 사흘이 지나 여러 사당에 부임을 아뢴 뒤 표충관表忠觀의 비문을 읽고 소공제蘇公堤를 따라 걸어 서호가에서 무목왕武穆王(악비岳飛)의 상에 참배하고 분발하여서 말하기를 "나는 어떤 사람인가(予何人哉)?" 하였다. 이로써 신하의 절개를 격려할 만하였다. 절浙은 동과 서의 두 도道로 나뉘는데 첨사가 해마다 한 곳씩 나누어서 관리한다. 절강을 건너 북쪽으로 거슬러 올라가면 동강桐江인데 이 주州를 성姓으로 삼은 집안은 누구인가? 태백사泰伯祠를 찾아가서 몸을 굽혀 절을 함에 줄어들고 늘어나고 차고 빈(消息盈虛) 사이에 탐욕을 청렴하게 하고 나약함을 용감하게 일으키니 어찌 명월천明月泉에서 그러한 것을 징험하지 않겠는가? 요컨대 오늘날 이천석二千石(지방 수령)으로서 게으르게 노닐며 백성을 병들게 하는 자는 없지만 있다면 반드시 베어야 한다. 사공루謝公樓를 닫고 백석동白石洞을 막고 녹파정綠波亭 아래에서 배를 대고 즐기는 것은 얼마나 엄한가? 가령 난정蘭亭의 제현諸賢이 아직 있다

면 역시 마땅히 좌중에서 술을 마시고 시를 읊는 사람 가운데 일곱을 감해야 하리라. 누가 조아강曹娥江의 사당(후한의 효녀 조아의 사당)을 지었는가? 총이(驄)가 지나감에 그에 경배한다. 청풍령淸風嶺의 사당(남송 말기 열부 왕씨의 처의 사당)에 참배하고 임포林逋(967~1028)의 집을 찾아가며, 또한 언덕을 쌓아 독서하기를 고야왕顧野王(519~581)처럼 할 자가 있는가? 그렇게 할 수 있다면 주절駐節(사신)이 그것에 대해 상을 주리라. 혹은 가리키는 곳(땅)을 보니 취생대吹笙臺가 그곳에 있는데 좌도左道를 꾸짖으니 들어갈 연고가 없었다. 절浙은 호수(澤)의 나라이다. 절동浙東의 아지鵝池・감호鑑湖・섬계剡溪와 절서浙西의 초계苕溪・갈홍천葛洪川에서 진흙이 찬 곳은 반드시 준설하고 무너진 곳은 반드시 보수하며, 호족에게 빼앗긴 것은 반드시 복구하여서 백성에게 이익이 되도록 해야 한다. 가령 백성이 백 공白公(백거이白居易, 772~846)을 노래하던 것처럼 노래한다면 치인은 일의 완성을 알릴 수 있을 것이다. 지금 이후 천하 사람이 호걸의 재능이 (다스릴 수 있는) 땅과 권력을 얻을 수 있음을 더욱 믿는다면 참으로 훌륭한 일을 할 수 있을 것이다! 22명의 시는 쓸데없이 지은 것이 아니다. ……[6]

이봉양이 문사를 모아서 문회를 베풀고 대대적으로 절중浙中 산수의 승경을 노래하는 시를 읊은 것은 표면상으로는 용예가 절에 도착한 뒤 어떻게 작위作爲를 할 것인지를 지적하는 것처럼 보이지만 참된 의도는 서울에 있는 복고파復古派 문사들에게 한・당 고풍의 시가를 감정을 다해 토해낼 수 있는 절묘한 공간을 제공하는 데 있었음을 알 수 있다.

---

[6] 『중국고대서화도목中國古代書畵圖目』 (2), 오위吳偉, 「문회증언도文會贈言圖」.

이몽양이 맨 먼저 「전당錢塘」이라는 시 한 수를 지었다.[7]

전당 팔월에 미세기 밀려오니	錢塘八月潮水來
수많은 쇠뇌로 쏴도 되돌릴 수 없네	萬弩射潮潮不回
사군은 강에서 미세기를 보며 즐기고	使君臨江看潮戲
월 사람은 땅을 걷는 듯 미세기를 건너네	越人行潮似行地
내 북을 울리고	捷我鼓
내 깃발을 드네	旌我旗
그대는 즐기지 않고 무얼 하는가?	君不樂兮君何爲
네 깃발을 내리고	投爾旗
네 북을 거두네	輟爾鼓
쏘는 사람 누구기에 쇠뇌 쏘기를 그치는가?	射者何人爾停弩
파도 소리 우렁우렁하여 교룡이 노한 듯	濤雷殷殷蛟龍怒
가운데 뜨거운 넋은 원래 성이 오(오자서)라네	中有烈魂元姓伍

양명은 곧바로 그 뒤를 이어서 이몽양과 같이 시운詩韻의 정신이 유사한 「서호西湖」 한 수를 지었다.[8]

내가 생각하는 것은 산의 비탈	我所思兮山之阿
아래로 호탕한 호수 물결과 이어진 ……	下連浩蕩兮湖之波
층층하고 가파른 봉우리	層巒復巘

---

7 오위, 「문회증언도」.

8 오위, 「문회증언도」.

두루 돌고 다시 합쳐지네 周遭而環合

구름을 인 나무 아득한 하늘은 비쭉비쭉 수많은 봉우리를 안고 있네

雲木際天兮擁千峯之嵯峨

먼 길 가는 그대를 보냄에 내 마음은 가없네 送君之邁兮我心悠悠

계수나무 노에 난목 배로 桂之檝兮蘭之舟

퉁소 불고 북 울리며 중류를 슬피 흘러가네 簫鼓激兮哀中流

봄 호수 가을 산의 달 湖水春兮山月秋

호수 구름은 막막하고 산바람은 쏴쏴 湖雲漠漠兮山風颼颼

소동파의 제방 임포의 집 蘇之堤兮逋之宅

산기슭에는 또 충성어린 넋이 있네 復有忠魂兮山之側

계수나무는 에워싸고 있고 빈산엔 저녁 기운 桂樹團團兮空山夕

푸른 절벽에 원숭이 어둠 속에서 울음 우네 猿冥冥兮嘯青壁

아득히 사람 그리운데 물가는 즐겁고 曠懷人兮水涯甘

눈은 어지럽고 가을 달빛은 시름에 겹네 目惝恍兮斷秋魄

그대 먼 길 감에 쌍 깃발은 나부끼고 君之游兮雙旗奕奕

학은 훨훨 날고 갈매기 오리는 이리저리 흩어지네 水鶴翩翩兮鷗鳧澤澤

그대는 어찌 늦게 와서 가기는 어찌 그리 서두르는가! 君來何暮兮去何毋疾

내 마음은 기쁘니 날더러 서둘게 하지 마오 我心則悅兮毋使我亟

먼 길 가는 그대를 보냄에 함께 가려도 할 수가 없네 送君之邁兮欲往無翼

기러기 울음 남쪽으로 흐르고 아득한 봄 강이 끝없이 흐르네

雁流聲而南去兮渺春江之脈脈

문회에 모인 '전칠자', '금릉 사대가'의 문사들은 어지러이 이몽양의 시풍을 좇아 저마다 절중의 풍경 하나를 골라서 시를 짓고 옛날을 생각하는 그윽

한 정을 표현하였다. 시풍은 저마다 달라서 온갖 꽃이 일제히 피어(百花齊放) 기이함을 다투고 농염함을 겨루는 듯하여서(爭奇鬪艷) 일시에 적막하게 가라앉은 홍치 말 시단에 기이한 광채를 발산하였다.[9]

신양信陽의 하경명은 「월계越溪」 한 수를 지었다.

시냇물 그윽이 흐르는데	溪之水兮幽幽
누가 그대와 함께 배를 타는가?	誰與子兮同舟
저물녘 배로 산음 길을 가니	舟行暮入山陰道
달은 흐릿하고 눈은 희디희네	月蒙蒙兮雪皜皜
천년 만에 거듭 대규의 집을 찾아	千載重尋戴逵宅
밤에 일찍 돌아오니 시냇가 집에 사람이 없네	溪堂無人夜歸早
흥이 일어 왔다가 흥이 다해 가니	乘興而來興盡休
그대는 왕자유를 보지 못했는가?	○君不見王子猷

제남濟南의 변공은 「태백사太伯祠」 한 수를 지었다.

만승의 지존도	萬乘尊
뜬구름 같고	如浮雲
머리털도 자를 수 있고 몸에 문신도 할 수 있네	髮乎可斷身可文
아우로는 중옹이 있고	弟有雍

---

9 이 문회에서 시를 지은 사람은 22명인데 현재 전해지는 오위의 「문회증언도」에는 13명의 시만 있을 뿐 9명의 시는 없다. 9명은 현재로서는 고증할 수 없다. 그러나 서울의 왕구사王九思·왕정상王廷相·강해康海·서정경徐禎卿·주응등朱應登·은운소殷雲霄·사적謝迪의 무리에서 벗어나지는 않는다.

후손으로는 계찰이 있으니	孫有札
대대로 맑은 기풍 가법에 보이네	歷代清風見家法
희생 고기의 포	牲牢脼
곡식의 향기	黍稷香
비단 같은 연기 하늘거리고	帛煙裊
퉁소 소리 드날리네	簫吹揚
사군이 제사 지내고 돌아오니 사당 문은 닫혔고	使君祭歸廟門掩
솔바람 쏴쏴 신령한 깃발 펄럭이네	松濤颯颯靈旗颭

강좌江左의 고린은 「소공제蘇公堤」 한 수를 지었다.

소 공은 이미 가신 지 오래	蘇公去已久
아름다운 이름 어제같이 완연하네	芳名宛如昔
미산은 황량한데 햇빛은 희미하고	眉山荒凉白日微
서호의 봄 물결은 해마다 푸르네	西湖春水年年碧
긴 제방은 이미 오가는 길이 되었고	長堤已作往來道
위에는 수양버들 아래에는 꽃과 풀	上有垂楊下芳草
거친 물결 넘어오지 않으니 물의 신령은 자애롭고	淫濤不泛水靈慈
사전에 풍년 드니 시냇가 농부는 배부르네	私田長稔溪農飽
마을 어른들은 눈썹이 길게 늙고 아들 손자 잘 자라니	厖眉父老長子孫
집안은 늘 공의 은혜를 칭송하고 제사 지내네	家常報祀頌公恩
남아가 세상에 나면 원대한 지략을 품어야 하니	南兒生世有遠略
어찌 장부를 받들고 관공서 문을 드나들까!	豈立簿領酬公門
사군은 아침저녁 제방을 거닐며	使君朝莫堤上行

천추만고에 이름을 취하네   認取千秋萬古名

고은古鄲의 진기陳沂는 「만정방滿庭芳·감호鑑湖」 한 수를 지었다.

물이 힘쓸어 호수가 되고   水蕩成湖

호수가 열리니 거울 같네   湖開如鑑

거울을 따서 호수 이름 붙이니   因將鑑字名湖

푸른빛 물결이 수천 이랑이네   碧光千頃

주재자가 신령한 모양을 만들어내니   眞宰鑄神模

가을 흥취가 하늘에 한 가지 색일세   秋興長天一色

밤은 길이 차갑고   寒宵永

밝은 달은 외롭네   明月同孤

누구를 기다리나   何須待

무소뿔을 태워 물을 비추니   燃犀津渚

온갖 괴물이 경건히 몸을 숨기네   百怪敬潛軀

당년에 하 노인(하지장)을 만나   當年逢賀老

사물의 바깥에서 노닐며   浮游物表

단련하고 허공을 뛰어올랐네   鍊化逃虛

사군이 이곳에 오셨는데   使君來此地

끝내 서로 만나지 못하네   竟不相如

경박한 기풍을 씻으며   要使澆風淨洗

봉강 바깥에   封疆外

한 점 먼지도 없게 하리   一點塵無

알아야 하네   須知道

호수는 제방과 성을 같이하여   湖如堤姓

천년에 소공의 성을 따르네   千載尙隨蘇

규구葵丘의 왕위王韋는 「취생대吹笙臺」 한 수를 지었다.

임금의 아들은 어느 때 이 누대를 쌓았던가?   帝子何時築此臺

누대에는 여운이 아직도 맴도네   臺中遺響尙徘徊

천년의 깊은 원한에 사람은 멀어지고   千年幽怨人應遠

높고 추운 누대에 봉이 스스로 오네   半臨高寒鳳自來

또렷한 가을 소리 하얀 달에서 들려오고   歷歷秋聲聞素月

망망한 선인의 자취 푸른 이끼에 어렸네   茫茫仙迹鎖蒼苔

이락(정호와 정이)의 새 계보를 뒤집으려 하나   欲求伊洛翻新譜

다만 이별의 정 쉬이 자르지 못할까 두렵네   只恐離情不易裁

여군汝郡의 유회劉淮(1487, 진사)는 「아지鵝池」 한 수를 지었다(*한운限韻).

월나라 산은 오나라 강을 건너 있고   越山只隔吳江在

삼도부의 풍류는 생각을 금할 수 없네   三賦風流思不禁

문장을 지음에 때로 옛일을 찾고   揮灑有時尋故事

서로 간의 생각은 어느 곳 시인에게 맡기려나!   相思何處寄騷吟

흰 거위의 옛 자취는 안개 낀 물 위에 텅 비고   白鵝舊蹟空煙水

글씨의 남은 향기 낭산을 채우네   墨本餘香滿閬岑

나도 몇 글자 휘갈겨 쓰니   我亦狂書數行字

시제를 나누어 지어 보내 산음을 추억하네　　　　　分題送贈憶山陰

봉동鳳東의 진흠陳欽은「동강桐江」한 수를 지었다.

동강은 아득히 흐르고	渺渺桐江流
낚시터엔 구름이 이네	釣臺峙雲上
낚싯줄 한 가닥으로 구정을 낚고	一絲系九鼎
이름은 높아 서로 숭상하네	名高屹相尙
맑은 바람 물결을 밀어내니	淸風激頹波
급한 여울에 가을 물이 불어나네	急瀨鳴秋漲
돛을 올려 두루 찾아가니	揚颿此巡歷
옛일을 생각함에 거듭 구슬프네	懷古重惆悵
물가 사당을 찾아가 물어보네	問訊水邊祠
소나무는 늙었으나 다행히 탈이 없는지	松朽幸無恙

강좌의 이희李熙는「난정蘭亭」한 수를 지었다.

무성한 숲은 지금 어디에 있는가?	茂林今何在
쭉쭉 뻗은 대나무도 이미 거칠어졌네	修竹亦已蕪
옛날 계를 닦던 현자는	昔時修禊賢
모두 저세상 사람이네	俱爲泉下徒
문장은 쇠와 돌에 남고	文章留金石
음악은 생과 우에 울리네	音發諧笙竽
옛날이나 지금이나 보는 것은 같은데	古今同厥觀

슬픔과 즐거움은 정취가 다르다네	悲樂乃異趣
천년을 돌이켜 그려보며	緬懷千載上
지금 사람은 다만 오래 탄식하네	今人但長吁
여러 현인은 우뚝하여라!	卓哉諸賢豪
청담을 함에 보탬이 없네	無補清談迂
옛사람이 어찌 어긋남을 말하랴?	昔人豈云違
지금 사람은 어찌 어리석음을 면할까?	今人豈免愚
속세를 벗어난 자는 세속 얽매임을 버리고	違者遺世累
천지를 풀개처럼 여긴다네	天地如狗蒭
어리석은 사람은 명교를 지켜서	愚者守名教
원대한 계획을 천하에 세우지 못하네	訏謨莫寰區
사군이 서릉을 지나니	使君過西陵
옛일을 아쉬워하여 주저하네	弔古知躊躇
주저하고 또 주저하여	躊躇復躊躇
즐거움을 잠시도 누리지 못하네	爲樂勿須臾
사군이 일찍이 돌아오니	早回使君駕
피로한 백성 소생하기를 바란다네	疲民望來蘇

흥안興安의 유린劉麟은 「명월천明月泉」 한 수를 지었다.

대조화의 시초를 생각해보니	吾懷大化初
음의 정기가 혼융하여 엉겼네	陰精渾融液
양의가 맨 앞에 거하고	兩儀上首居
흩어져서 샘의 자취가 되었네	散作泉月迹

샘은 맑고도 깊고 차니	泉清復深冷
산의 바위에서 뚝뚝 떨어지네	冷冷出山石
물을 떠서 갓끈을 씻으니	取之濯我纓
고운 먼지도 쌓이지 않네	纖塵不可積
외로운 달은 어찌 희고도 흰가?	孤月何皎皎
저녁이 되어 높이 떠올랐네	化昇當日夕
밝게 떠올라 어둠으로 들어가니	飛明入幽陰
엎은 동이 속이라도 대낮같이 밝네	覆盆如晝白
달빛이 차니 샘물이 흐르는 것 보이고	月盈泉始流
샘이 숨겨지니 달빛도 희미하네	泉秘月亦魄
이치는 본래 한 근원이니	兹理本一源
아득히 현묘한 맥이 통하네	杳杳通玄脈
보름마다 둥글기를 기약하니	願言三五期
원만한 빛이 푸른 하늘에 비치네	圓光浸虛碧
넘실거려 형태가 없고	蕩漾無定形
맑게 빛나니 완연히 옛날 같네	清輝宛如昔
기운이 다르지 않으니	氣味苟不殊
바람과 구름이 어찌 가릴 수 있으랴!	風雲詎能隔

의흥宜興의 항회杭淮는 「청풍령清風嶺」 한 수를 지었다.

깎아지른 고개는 은하수에 닿을 듯	絶嶺逼霄漢
꼭대기에는 맑은 바람이 부네	其顛多清風
사시로 끊이지 않고 불어	四時吹不斷

빽빽한 대숲을 뒤흔드네   震蕩叢篁中

가운데 정녀(맹강녀孟姜女)의 사당이 있어 中有貞女祠

오랜 세월 끝없이 전해지네   歲久不可窮

매운 마음 가을 햇살같이   烈心比秋日

밝고 밝게 푸른 하늘에 걸렸네   皎皎懸蒼穹

맑은 바람 이끼 낀 길을 쓸고   清風掃苺徑

사군의 청총마를 맞이하는 듯   如迎使君驄

사군의 얼음과 눈 같은 절조   使君冰雪操

정녀의 중함에 부끄럽지 않네   不媿貞女重

침양郴陽의 범연范淵(1453~1512)은 「임포택林逋宅」 한 수를 지었다.

아득한 서호 한쪽에   渺西湖兮一方

높은 고산에 바위는 푸른데   高孤山兮石蒼蒼

처사는 어느 때 떠나갔는가?   處士去兮何時

몇 칸 집을 이곳에 얽었다네   構數椽兮曾於斯

처사의 기풍을 들음에   聞處士之風兮

실로 내 깊이 생각을 하네   實勞我思

처사는 도를 지니고서도 스스로 감추어 處士自晦兮有道

때에 묘하고 정황도 좋으니   妙於時兮情況以好

사립문과 대나무문을 두고   柴之門兮竹之戸

연기는 나무에 어슴푸레 감돌고 물엔 꽃이 어지러이 지네

            煙樹茫茫兮水花亂吐

때맞춰 술을 싣고 배를 띄워 나와 時其出兮斗酒扁舟

통할 곳이 전혀 없어 학과 더불어 노니네 　　　　　　絶無所通兮有鶴與遊

아름다운 시호가 붙고 은혜가 남다르니 　　　　　　來美諡兮恩其殊

남모르는 덕을 펼친 우리 선비님이 있네 　　　　　　發潛德兮有吾儒

다행히 사군이 한번 가니 　　　　　　　　　　　幸使君兮一往

아름다운 사군은 흉금이 호방하네 　　　　　　　嘉使君兮胸懷浩放

서호에 배 띄우고 고산에 올라 　　　　　　　　泛西湖兮登孤山

읊조리고 웃으며 풍월을 농하네 　　　　　　　弄風月兮吟笑間

묻노니 처사는 집이 있는가? 　　　　　　　　爲問處士兮有無其家

늙은 매화는 누웠고 차가운 꽃은 그대로일세 　想老梅之偃寒兮依舊寒花

건주虔州의 사승거謝承擧(1461~1524)는 「조아강曹娥江」 한 수를 지었다.

아! 조아여! 아! 아비여! 　　　　　　　　　嗟如娥咄如父

무당이 되어 신을 영접한들 무슨 보탬이 될까! 　作巫迎神竟何補

절강의 조수는 범처럼 사납고 　　　　　　　浙江潮頭猛如虎

몸뚱이를 흙처럼 버림이 아깝지 않네 　　　　不惜捐軀棄如土

아! 아비여! 아! 조아여! 　　　　　　　　　咄如父嗟如娥

외로운 몸 고독하여 눈물 흘리며 　　　　　　孤身煢煢涕滂沱

북풍이 사방에서 일어 흰 물결 일으키네 　　　北風四起吹白波

남아로 태어나지 않았으니 어찌하려나! 　　　生身不男可奈何

조아의 효도와 의리의 마음 귀신이 알고 　　　娥心孝義神鬼知

사흘 만에 익사한 아비를 만나 아비 시체를 짊어졌네 　三日見盰負盰尸

옛날 열녀로 청사에 빛나니 　　　　　　　　古之烈女昭靑史

이름은 충신과 서로 비기네 　　　　　　　　名與忠臣幷相擬

지금 강물은 티 없이 맑고	至今江水淸無塵
멀리서 강 건너는 사람을 바라보니	照見望來浮渡人
건널 만한 사람 아니면 감히 건너지 못하네	渡若非人不敢渡
문득 바람과 물결을 쳐서 조아의 분노를 터뜨리네	輒鼓風濤觸娥怒
사군이 순행하여 이 강을 건넘에	使君巡行過此江
이름이 조아와 더불어 천지에 짝이 되리	期名與娥天地雙

경사의 명사와 재자가 절중의 산수와 명승을 읊은 전아한 이 문회는 전적으로 왕희지가 당년에 난정에서 전아한 모임을 만들어 술을 마시고 시를 읊던(觴詠) 풍류의 여운을 모방한 행사로서 '전칠자'를 대표로 하는 복고혁신파復古革新派 시가의 진용을 드러내 보였다.

이들 문사와 재자들은 특별히 시를 긴 두루마리 한 폭에 베끼고 각자의 서예와 심미의 풍모를 펼쳐 드러냈으며, 다시 오소선(오위)이 드넓고 탁 트인 방일한 산수도를 배합하여서 기세가 드높은 시서화의 긴 두루마리 한 폭을 구성하였는데 이는 전칠자파가 시단에 완연히 등장했음을 선포하는 무언의 '선언서宣言書'와 같았다. 이처럼 시재詩才가 함께 모이고(薈萃) 소리와 감정(聲情)이 무성한 시와 글과 그림이 하나로 녹아든 경사 문회의 아름다운 모임은 명대 홍치와 정덕 전 기간에 걸쳐서 시단에서 일찍이 볼 수 없었던 굉장한 기상이었다. 이때의 문회는 전칠자파 시인이 주체가 되었는데 표면상으로 그들은 옛 자취를 영탄하였으나 실제로는 저마다의 시풍을 펼치고 글의 정취를 드러냈으며 전칠자 공통의 시문의 심미적 추구를 토로하였다. 전칠자 시파가 홍치와 정덕 사이에 굴기한 것이라고 할 수 있는 까닭은 바로 이때의 비범한 문회의 아름다운 모임을 기점으로 삼았기 때문이다.

양명은 경사에서 열린 이 아름다운 문회의 모임에서 이몽양을 따르는 중견인물이면서 스스로 면모를 갖추고 특별히 독립한 시인이었다. 그는 늘 이런 문회에 참가하였는데, 이해 가을 문회에 나아가 경사의 유명한 화가가 먹을 뿌려서 거대한 크기의 산수화를 그리고 문사가 어지러이 시를 지어서 칭송하는 광경을 목도한 뒤 신경 써서 「화사가 그림 그리는 것을 보고 차운하다(觀畵師作畵次韻)」라는 장편 가행 한 수를 지었다.[10]

새벽 해가 화려한 집을 비추니	曉日明華屋
맑은 창에서 한가로이 글을 뒤적이네	晴窗閑卷牘
마른 붓에 먹물 묻혀 장난삼아 끄적이고	試拈枯筆事遊戲
마음을 기울이고 생각을 짜내며 수레를 돌리네	巧心妙思回長轂
차가운 숲에서 수많은 갈까마귀 모습을 드러내고	貌出寒林鴉萬頭
천 휘 먹물 항아리를 다 뿌려서	潑盡金壺墨千斛
의도 없이 되는 대로 그림을 그리네	從容點染不經意
홀연 놀라 신속하게 붓이 날아오르고	欻忽軒騰駭神速
흥에 겨워 느낌을 그려내니 저마다 모양을 갖추네	寫情適興各有得
어찌 글의 교정을 반드시 천록에 맡기랴!	豈必校書向天祿
괴이한 돌은 너무나 비범하여 호랑이처럼 바뀌고	怪石昂藏文變虎
늙은 나무는 삐죽삐죽 사슴 뿔 같네	古樹叉牙角解鹿
새들은 날며 울어 저마다 무리를 따르고	飛鳴相從各以族
뒤집고 춤추며 지는 해에 등을 쬐듯	翻舞斜陽如背暴
평평한 들판에 나뭇잎 우수수 지고	平原蕭蕭新落木
지는 놀 비쳐 외로운 오리 그림자를 따르네	歸霞掩映隨孤鶩

---

10 이 시는 문집에는 실려 있지 않다. 시의 진적은 현재 저장성浙江省 박물관에 소장되어 있다.

높은 행실은 긴 바람을 타고 어둠을 떨치며	高行拂暝挾長風
극렬한 기세는 가랑비를 말아 구름을 몰아내네	劇勢搏雲卷微霙
열고 닫으며 낮고 높으며 단정하고 또 어지러워지며	開合低昂整復亂
완연히 팔진을 물고기 뱃속에 늘어놓은 듯	宛若八陣列魚腹
기이하게 나오고 험함을 만나며 문득 변화하니	出奇邀險倏變化
무궁한 변화가 어찌 삼백예순 날에 그칠까!	無窮何止三百六
홀로 감에 썩은 쥐를 다투는 것이 부끄럽고	獨往耻爲腐鼠爭
재빨리 칠 때는 먹이를 좇는 가을 송골매 같네	疾擊時同秋隼逐
화사가 이처럼 정묘하다면	畫師精妙乃如此
날아 움직이는 천기도 움켜잡을 수 있을 듯	天機飛動疑可掬
가을밤 당에 밝힌 촛불 밝게 빛나고	秋堂華燭光閃煜
들어보니 두 눈에 군살 낀 것이 불만이네	展示還嫌雙眼肉
속된 사람들 들러보며 공연히 감탄하고 선망하며	俗手環觀徒嘆羨
따라 하더라도 어찌 한 걸음이나마 나아갈 수 있으랴!	摹仿安能步一蹴
아! 마음 씀은 비록 작은 기술이나	嗟哉用心雖小技

오히려 배불리 먹고 종일 귀속할 곳 없는 것보다는 나으리

　　　　　　　　　　　　　　　猶勝飽食終日無歸宿

시에서 묘사한 먹을 1000휘나 뿌린 '화사畫師'는 추측건대 오소선(오위)
이리라. 오소선의 산수화와 인물화는 당시 사람들 눈에는 입신의 경지에
오른 작품이었다. 그는 일찍이 성화成化 연간(1465~1487)에 헌종憲宗 황제
(1464~1487)의 부름을 받고 경사로 와서 인지전仁智殿에서 조명詔命을 받았
다. 그는 쑥대머리에 때가 낀 얼굴을 하고 발에는 다 해진 검은 짚신을 신고
취한 채로 그림을 그렸는데, 먹물을 흩뿌리고 튀기면서 손이 가는 대로 칠하

고 뿌려대어서 헌종 황제가 "참으로 선인의 필치로다!"라며 경탄하였다. 또한 홍치 연간(1488~1505)에 효종孝宗 황제(1487~1505)가 그를 불러서 특별히 '화 장원畫狀元'이라는 인장印章을 하사하고 장안서가에 저택을 제공하였다. 양명 도 장안서가에 거주하였기에 늘 오소선을 볼 수 있었다. 이때 양명은 경사에 서 착실하게 그림을 배우고 서법書法을 익혔는데 그의 회화 스승은 추측건대 이 오소선이었을 터이다. 시에서 말한 "속된 사람들 둘러보며 공연히 감탄하 고 선망하며, 따라 하더라도 어찌 한 걸음이나마 나아갈 수 있으랴!"라고 한 구절은 양명이 오소선에게서 그림을 배운 소식을 밝히고 있다.

시인이 무리 지어 모이고 시파詩派가 빽빽한 경화京華에서 양명은 전칠자 와 시를 주고받았을 뿐만 아니라 다릉파, '금릉사대가金陵四大家', '호남오은湖 南五隱', '홍치십재자弘治十才子' 등 시인 집단과도 서로 빈번하게 교류하였다. 정월 문회에 참가한 이로는 '금릉삼준金陵三俊'의 진기·왕위·고린이 있었고, 추측건대 또 주응등이 있어 그들과 함께 '금릉사대가'라 불렸는데, 이들 이름 은 강남을 뒤흔들었다. 유린·고린·서정경은 '강동삼재자江東三才子'로 높임을 받았다. 유린·용예·손일원孫一元(1484~1520)·시간施侃(1506, 진사)·오윤吳玧은 '호남오은'을 이루었고, 사승거·서림徐霖(1462~1538)·진탁陳鐸은 또 따로 '강 동삼재자'의 집단을 이루었다. 이몽양·하경명·서정경·변공·주응등·고린·진 기·강해·왕구사·정선부는 이름이 대강大江의 남북을 뒤흔든 '홍치십재자'를 이루었다. 정월의 문회에 그들 모두가 서로 드나들며 시를 주고받은 그림자 를 드리웠던 것이다. 이해 초 동교東橋 고린은 부름을 받고 서울에 왔는데 마 침 정월에 용예를 송별하는 문회에 나아갔다. 양명은 이 문회에서 그와 서로 알게 되었다.

나중에 고린은 남경 예부험봉주사禮部驗封主事로 나갔는데, 8월 계수나무 꽃이 향기를 발할 때 남경에서 양명에게 「계수나무를 읊어서 왕양명 주사에

게 보내다(詠桂寄王陽明主事)」한 수를 지어서 보냈다.[11]

밝은 달은 은같이 빛나는데	明月皎如銀
속에 붉은 계수나무 그림자 있네	中有丹桂影
아름다운 밤 그리운 사람 생각하며 앉았으니	懷人坐良宵
의상에 이슬이 차갑네	衣裳露華冷

「남경형부상서고공린전南京刑部尙書顧公璘傳」에서는 고린을 다음과 같이
말하였다.

문장은 음험하고 각박한 것을 일삼지 않았으며 『이아爾雅』에 조예가 깊었
다. 시는 특히 의미심장하였으며 때로 두드러지고 뛰어남을 보였다. 악부
樂府의 가사歌辭는 확연히 한·위의 풍격을 띠었다. …… 시강侍講 진로남陳
魯南(*진기陳沂), 태복太僕 왕흠패王欽佩(*왕위王偉) 및 종제 헌부憲副(*안찰부
사按察副使) 고영옥顧英玉(*고륜顧璘, 1514, 진사)이 서로 벗 삼아 학문을 토론
하고 익혀서(麗澤) 명망이 높았다. 평소 드나들며 노닐던 사람들인 이헌길
李獻吉(이몽양)·하중묵何仲黙(하경명)·주승지朱升之(주응등)·서창곡徐昌穀(서정
경) 등이 모두 중국의 명류名流였는데 공은 그들 사이에서 막상막하로 누
가 높고 누가 낮은지 알 수 없었다.[12]

이 시기는 홍치 말에서 정덕 초로서 경사의 문사들이 가장 왕성하게 시를

---

11 『고화옥집顧華玉集』권14 「식원존고시息園存稿詩·영계기왕양명주사詠桂寄王陽明主事」.

12 『국조헌징록國朝獻徵錄』권48.

주고받던 때이니 양명도 그들 사이에 포함되었으며, 그의 '상국유'도 이 시기에 최고조에 이르렀다.

사실 도하都下에서 양명도 이러한 크고 작은 시회詩會와 시사詩社를 결성하였다. 왕기는 「증순징별언曾舜徵別言」에서 다음과 같이 말한다.

> 홍치와 정덕 사이에(1488~1521) 경사에서는 사장詞章의 학문이 주를 이루었는데 이(이몽양)·하(하경명)가 종주가 되었고, 양명 선사는 시사를 결성하여 번갈아 서로 창화하여 한때를 풍미하였다. 생각을 갈고닦으며 어휘를 그려내어서 점차 서술에서 창작하는(述作) 단계(壇)에 올랐고, 거의 골수骨髓에 들어갔다.[13]

이때 양명과 늘 학문을 강론하고 시문을 주고받은 사람으로는 또 이부 고공주사吏部考工主事 양자기楊子器가 있었다. 용예를 송별하여 보내고 얼마 뒤,[14] 6월에 마침 양자기의 모친 장씨張氏의 생일을 맞아 경사에서는 공경대부(卿士) 동료가 모두 모여서 축수를 하였다. 장씨는 뜻밖에도 자계慈溪로 돌아가서 살고 싶다는 뜻을 밝혔는데 그 생각이 이상하리만치 완강하였다. 효자 양자기가 아무리 설득해도 도무지 말을 듣지 않았다. 이에 경사의 공경대

---

13 『왕기집王畿集』 권16 「증순징별언曾舜徵別言」.

14 용예는 실제로 3월 말에야 서울을 떠나 남쪽으로 돌아갔다. 『열조시집列朝詩集』 병집丙集 권14에 왕위의 「삼월회일송치인남귀三月晦日送致仁南歸」가 수록되어 있다. "오늘 성 남쪽으로 가는 길, 수양버들 꽃은 이제 날리지 않네. 꿈에 찾는 집은 멀리 있고, 봄에 나그네와 함께 돌아가네. 술기운 잔 속에서 아른거리고, 바둑 소리 뜰 건너에서 나직이 들리네. 이 좋은 시절 떠나보내는 마음, 오히려 남은 빛에 미련이 남네(今日城南路, 楊花已不飛. 夢隨家共遠, 春與客同歸. 酒氣薰杯淺, 棋聲隔院微. 韶華如別意, 猶自戀餘暉.)"

부 동료들은 모두 찬탄을 늘어놓으며 어지러이 시를 지어 주고받아서 장씨의 어짊을 칭송하였고 글을 모아 시권詩卷을 엮어서 송별하였다.

양명도 이 창수唱酬의 시회에 참석하여서 특별히 창수한 시권에 다음과 같이 서문을 지어서 깊은 뜻을 분명히 밝혔다.

금년(1505) 6월 태유인太孺人의 67세 수연이 있었는데 대부와 공경(大夫卿士)이 양씨 모자의 어짊을 찬미하여서 보기 드문 일이라 여기고 모두들 술을 들어서 축하를 하였다. 이에 태유인의 맏사위가 경사에서 일에 종사하다가 돌아가게 되었는데, 태유인이 하루아침에 혼연히 행장을 꾸리고 같이 남쪽으로 가려고 하였다. 명보名父(양자기)가 처자를 거느리고 친척과 함께 온갖 계책을 내어서 만류하였다. 이에 태유인이 말하였다. "허! 얘야, 너는 그럴 필요 없다! 네가 진사가 된 뒤로 세 고을의 수령을 지내고 이제 고공考功을 하게 되었으니 앞뒤로 18년이 지났다. 내가 하루라도 너를 떠난 적이 있더냐? 나는 네가 현령이 되어서 드나들 때 백성을 위한 일로 수고한 것만 보았고 아침저녁으로 한가할 겨를이 없었지만 너는 조금도 게으른 기색이 없었으니 나는 네가 근면하다는 것을 알았다. 그러나 그때에는 감사監司가 위에서 감독했기에 혹시라도 네가 이를 두려워하여 그러했던 것인지도 모른다. 너는 가난해도 자기 지조를 지키고 조금도 구차하지 않았으며 기쁜 안색으로 나를 봉양하였으니 나는 네가 청렴하다는 것을 알았다. 그러나 그때에는 뇌물을 받아 몰락한 사람이 있었는데 혹시라도 네가 (그 일로 마음에) 징계를 했는지도 모르겠다. 네가 음사淫祠를 훼철하고 정도正道를 높이고 선현의 후예를 예우하고 고상한 행실에 정표旌表하고 효도를 드높이고 부지런히 풍속을 교화하는 데 마음을 썼던 것을 보니 나는 네가 바른 도리에 뜻을 두었음을 알았다. 그러나 그때에는 원근에서 바야흐로 너를 높이 평가하였는데 혹시 네가 좋은 평판을 들으려고 그리했는지도 모르겠다. 네가 부속部屬에 들어간 지 5년 동안 거의 마음대로 행동할 수 있었으나 너는 먹어도 맛을 모르고 자도 편히 잠들지 못하고 닭이 울면 일어나서 내가 편히 자고 있는지를 살핀 뒤에야 출근했으며, 조정에 나가서도 바람이 세차게 불고 비가 심하게 내리며 번개가 치고 날이 어두워지면 하루 종일 편히 쉬지 않았으니 나는 그런 뒤에야 네가 참으로 부지런히 공무를 살폈음을 믿었다. 네 스스로는 처자와 청빈하고 어렵게 생활하되 마음 편히 즐기며, 천하의 선비와 교제하되 예물(苞苴)을 주고받거나 하지 않았으니 나는 그런 뒤에야 네가 참으로 청렴했음을 믿었다. 모든 교제하여 오는 자는 내가 그들의 말을 들어보니 문학과 도의로써 서로 보탬이 되지 않는다면 조정의 정사와 변방의 급무를 도모하며, 서로 갈고닦으며 격려하고 자극하는 사람들로서 오직 옛사람에 미치지 못할까 근심하였으니 나는 그런 뒤에야 네가 참으로 올바른 도리에 뜻을 두었음을 믿었다. 그러나 겉으로만 그런 기색을 보이며 이름을 얻으려는 것이 아니니 내 이에 너에게서 이런 것에 관해 근심하지 않았다. 또한 너는 아우도 잘 보살폈다. 나는 늙어서 늘 마음속에 친척과 고향 사람들이 생각난다. 남쪽으로 돌아가는 것은 나의 즐거움이다." 명보가 무릎을 꿇고 청하였다. 태유인이 말하기를 "그만해라. 너만 홀로 듣지 못하였느냐? 즐겁고 편안하게 음식을 받드는 것을 효도로 여기고 속으로는 가르침을 어기는 것과 부모의 마음을 즐겁게 하고 뜻을 받드는 것 중 어느 것이 낫겠느냐?"라고 하였다. 명보가 두려워하여 감히 청하지 못하였다. 태유인의 말을 들은 진신搢紳 사대부가 감탄하고 탄식하지 않는 자가 없었고, 옛날 문백文伯(공보촉公父歜)과 자여子輿(맹자)의 어머니라도 이보다 더 훌륭할 수 없다고 생각하였다. 이에 서로 제안을 하여서 시를 읊어 태유인의 어짊을 칭송하고, 명보가 부모

를 잘 봉양하였음을 아름답게 여겼다.[15]

서문은 표면상으로는 장씨의 명민한 지혜와 정숙함, 양자기의 충효와 근면, 청렴함을 표현하고 있지만 실제로 장씨가 서울을 떠나 남쪽으로 돌아가려는 데에는 배후에 무엇이라고 표현하기 어려운 원옥冤獄이 숨겨져 있었다.

원래 6월에 조정에서 효종의 산릉(*태릉泰陵)을 선정하고 태감太監 이홍李興, 신녕백新寧伯 담우譚祐(1446~1525), 공부시랑 이수李鏟(1448~1529)를 파견하여서 조성을 감독하게 하였다. 양자기는 태항太行의 산릉에 물과 돌이 있다는 말을 듣고 곧 소를 올려서 논란하다가 바로 태감 이홍에게 죄를 얻어서 결국 금의옥錦衣獄에 갇혔다. 다행히 황태후 장씨가 이 일을 듣고 (진상을) 알게 된 뒤에야 양자기는 석방되어서 옥에서 나왔다. 이 옥사는 양자기에게 매우 큰 타격을 입혔고, 모친 장씨가 자계로 돌아가 살려는 결의를 하게 한 진짜 원인이 되었다. 그래서 서문에 격분한 말이 가득했던 것이다. 양명은 이 창수의 시회에 참석한 사람들을 다만 함축적으로 '진신 사대부'라고 말했지만 추측건대 당연히 정월의 문회에 참석했던 시우詩友들이었으리라.

이몽양은 홍치 연간에 경사에서 가장 활발히 활동한 창화 시인을 말할 때 바로 양자기를 전적으로 언급하여서 다음과 같이 말하였다.

나는 이때 낭서郎署로 있었는데, 더불어 창화한 사람으로는 양주揚州의 저정부儲靜夫(저권, 1457~1513) · 조숙명趙叔鳴(조학령趙學鶴, 1468~?), 무석撫錫의 전세은錢世恩(전영錢榮, 1493, 진사) · 진가언陳嘉言(1432~?) · 진국성秦國聲(진금秦金, 1467~1544), 태원太原의 교희대喬希大(교우喬宇, 1464~1531), 의흥宜興의 항

---

15 『왕양명전집』 권29 「수양모장태유인서壽楊母張太孺人序」.

씨杭氏 형제, 침郴의 이이교李貽敎(이영부李永敷)·하자원何子元(하맹춘何孟春, 1474~1536), 자계의 양명보(양자기), 여요餘姚의 왕백안王伯安(왕수인), 제남濟南의 변정실邊廷實(변공) …… 이다.[16]

양명이 말한 '진신 사대부'는 당연히 바로 이들, 곧 창화하여 활약한 시인들을 제외할 수 없다.

양명이 경사에서 시를 읊고 부를 지으며 사장을 경쟁한 일은 이미 나랏일과 정치, 조정의 일 등과 서로 하나로 얽혀 있었기 때문에 이때 시회의 창화는 음풍농월하는 자아의 음창吟唱과 감정을 실어서 스스로 즐기는 사사로운 교유의 행위가 아니었음을 분명히 나타낸다. 그래서 뒤를 따라 왕화와 양명도 조정의 분쟁에 심각하게 말려들었다.

6월 28일, 과도관科道官이 홀연 서로 상주하여서 왕화가 "문형을 맡아서 논의를 초래하였으니(典文招議)" "함께 파출해야 마땅하다(俱宜罷黜)"고 하며 논란하였다. 이 사건은 아마도 양명이 「수양모장태유인서壽楊母張太孺人序」를 지어서 태감 이흥에게 죄를 얻은 일과 관련이 있을 것이다. "문형을 맡아서 논의를 초래하였다"라고 한 말은 왕화가 예부시랑으로 예위禮闈(예부 시험)를 담당하면서 일처리에 부당한 점이 많아 남들의 의론을 초래하였던 사실을 가리킨다. 내막은 아마도 멀리 홍치 14년(1501) 왕화가 응천 향시를 주관할 때 '남몰래 뇌물을 받은(暮夜受金)' 일과 연루되어 있을 터인데, 비록 왕화가 이미 돈을 토해내고 자수했지만 사람들에게 의론의 구실을 남겨놓았던 것이다. 그 뒤 홍치 17년(1504) 향시에서 왕화는 예부시랑의 신분으로 예부를 대표하여서 경관京官이 각 성의 고시를 주관하게 하자고 건의하였다. 이는 절강에는

---

16 『공동집空同集』 권59 「조정창화시발朝正倡和詩跋」.

남경의 광록소경光祿少卿 양렴楊廉(1452~1525), 산동에는 형부주사 왕수인을 초빙하여 주관하게 하라고 넌지시 추천한 셈이어서 남들에게 비판을 받게 되었다. 12월에 남경 어사 왕번王藩이 상주하여서 양명이 병을 요양한다는 핑계로 산동 향시를 주관하게 되었다고 탄핵하였는데 그 창끝은 실제로는 왕화를 겨냥하였다.

『만력야획편萬曆野獲編』에 이 사건이 다음과 같이 기재되어 있다.

> 홍치 17년 갑자과甲子科, 예부에서 경관을 각 성의 고시에 임용하자고 건의하였다. 이에 절강에는 남경 광록소경 양렴을, 산동에는 형부주사 왕수인을 초빙하였고 일이 마감되었다. 12월에 이르러 남경 어사 왕번이 양렴은 부모를 찾아본다는 구실로, 왕수인은 병을 요양한다는 구실로 그리한 것이라고 탄핵하였다. 부모를 찾아본다는 구실은 부모를 배신하여서 불효한 일이며, 병을 요양한다는 구실은 병을 빙자하였으므로 불충한 일이다. 불충하고 불효한 사람은 큰 근본을 이미 잃어버린 것이니 무엇으로 인물을 권형權衡하겠는가? 그리하여 이선里選의 제도를 회복하고 정직청렴(正廉) 등에 어긋난 죄를 (처벌하기를) 청하였다. 그러나 양렴은 실로 부모를 의지하여 절강에 있었고, 왕수인은 병이 나아서 북으로 올라갔으니 모두 (당시에는) 현재관現在官(현직)이 아니었다. 왕번의 말이 비록 지나치나 당시 어사가 초빙을 한 것 또한 상규에서 벗어난(出格) 듯하므로 지행止行 한 가지 분야(科)에서는 곧바로 보파報罷해야 하였다. 지금의 제도는 먼저 조정에서 기일을 청한 뒤 사림詞林(한림원翰林院), 간원諫垣(諫院) 및 부속部屬이 나가서 성시를 주관한다. 이것이 마침내 규례가 되었으니 고칠 수 없다.[17]

---

17 『만력야획편萬曆野獲編』 권14 「경고관피핵京考官被劾」.

사실 명대에 경관을 각 성 향시의 주관으로 삼은 데에는 본래 선례가 있었다. 양명은 병이 다 나은 뒤 북쪽으로 올라가서 산동 향시를 주관하였으며 결코 현재관이 아니었으므로 어사 왕번의 탄핵은 분명히 불합리한 것이었지만 그는 이 탄핵을 당함으로써 잠재적인 근심을 남기게 되었다.

곧이어 홍치 18년(1505) 2월의 성시에서 왕화는 예부시랑으로 예위를 주관하였다. 산동 지역에서 진사에 합격한 이로는 목공휘穆孔暉·유전劉田(1481~1519)·진정陳鼎(1505, 진사)·맹양孟洋(1483~1534)·은운소殷雲霄·원빈袁擯(1505, 진사)·동건중董建中(1475~1516)·적란翟鑾(1478~1547) 등 많은 사람이 있었다. 왕화는 그들에 대해 모두 '좌주座主'의 우의가 있었으며 나중에 이들 가운데 어떤 사람은 양명의 제자가 되었다.

절강 지역에서 진사에 합격한 인물로는 장방기張邦奇(1484~1544)·육심陸深(1477~1544)·호동고胡東皋(1472~1539)·예종정倪宗正·고응상顧應祥(1483~1565)·사비謝丕(1482~1556)·섭보葉溥(1505, 진사)·오앙吳昻·소민蘇民(?~1538)·진장陳璋(1470~1541)·호탁胡鐸(1469~1536)·문연聞淵(1480~1563)·동기董玘·채조蔡潮(1467~1549)·대덕유戴德孺(?~1523) 등 많은 사람이 있었다. 그들 가운데 어떤 사람은 왕화의 친척(*예컨대 호동고), 어떤 사람은 왕화의 문인(*예컨대 육심), 어떤 사람은 왕화와 관계가 밀접한 여요의 동향(*예컨대 예종정), 어떤 사람은 나중에 양명의 문인이 된 사람들(*예컨대 고응상)이었다. 바로 이런 점들이 사람들의 비판을 초래하였다.

그리고 3월에 새로 진사에 합격한 사람들 중에서 한림서길사를 선발할 때 또 예종정·육심·호탁·목공휘·장방기 등이 편파적으로 선발되어서 더욱 조신의 비난을 초래하였다. 과도관이 왕화를 질책하며 "문형을 맡아서 논의를 초래하였다"라고 지적한 내용은 바로 이러한 일을 가리키는 것이었다.

새로 등극한 무종武宗(1505~1521)이 탄핵을 윤허하지 않자 과도관들은 7

월 2일에 또 번갈아 왕화를 탄핵하는 장계를 올려서 왕화로 하여금 9월 18일 글을 올려서 휴직과 치사를 청하게 하였고, 양명은 병부 청리사에 눌러앉아 있을 수 없었다.

9월 중양절 이후 바로 왕화가 글을 올려서 휴직과 치사를 청하고 얼마 뒤 양명은 직방서職方署에 국화가 만개했다가 지려고 하는 광경을 목도하고서 풀이 죽은 채 무어라 표현할 길 없는 처량한 시흥이 일었다. 이에 곧 직방주사職方主事 황소黃昭(1466~1523)와 함께 직방사職方司 정랑 이영부를 방문하였다. 세 사람은 국화를 마주하고 시를 읊으며 무종이 등극한 이래 시사時事의 난맥상을 탄식하고 연구聯句를 주고받으면서 우분과 통탄에 빠졌다. 이미 연초의 문회에서처럼 꽃 앞에서 술을 진탕 마시며 노래하고 흥겹게 흠뻑 즐기던 홍치를 다시는 회복할 수 없었기에 도연명을 본받아 돌아가 숨어서 마음 편히 살려는 마음이 생기는 것을 금할 수 없었다.

그는 「대국련구서對菊聯句序」를 지어서 이때의 특별히 깊은 의의를 담은 시회를 다음과 같이 언급하였다.

직방 남서南署 앞에 국화 몇 그루가 있는데 한 해가 지나자 시들어버렸다. 이이교李貽敎(이영부) 군이 정랑이었다. 이때 천자가 양암에 계셨고 서북쪽에는 일이 많았다(於時天子 亮闇 西北方多事). 여름에서 가을이 되자 황폐해지고 군색하여서 처량하였다. 국화가 묵은 떨기에서 꽃을 피웠는데 높이가 담장에까지 이를 정도였다. 남서의 국화는 왕성하게 피었다가 시들었는데 이교는 오히려 이를 알지 못하였다. 하루는 내(守仁)가 황명보黃明甫(황소)와 함께 이교를 찾아가 이야기를 나누었는데 창문(軒)을 열고 보자 비로소 국화가 보였다. 시일을 헤아려보니 중양절이 이미 지나고 열닷새가 흘렀다. 서로 시간과 사물의 변화와 쇠퇴를 느끼고 인사人事가 너무도 빨리 흐름을 탄식하면서 시를 읊어서 마침내 연구聯句를 이루었다. 빽빽이 떨기가 져서 피었으니 근심이 깊은 듯하고, 조용히 말이 없으니 감정을 숨긴 듯하여서 비록 굳이 술과 시로 표현하려고 하여도 깊은 아쉬움에 한탄과 근심을 갖게 하니 끝내 옛날 꽃 앞에서 술을 들고 실컷 취하며 흥겹게 노래하면서 도도하게 즐기던 것과는 다르다. 옛사람은 국화를 꽃 중에 은일隱逸이라 하였는데, 이는 국화가 본래 시냇가 골짜기(澗谷), 바위 동굴(巖洞), 촌락의 채마밭(村圃), 울타리 밑(籬落)에서 잘 자라기 때문이다. 각종 문서와 글 두루마리 사이에 꽂아두는 까닭은 옛날 이른바 '낮은 벼슬을 하며 숨어 있는 이(吏而隱者)'이기 때문인가? 나는 (스스로) 성벽이 치우치고 촌스러우며 일찍이 사슴이나 돼지, 나무나 돌과 같은 무리라고 생각하였다. 이교와 명보는 비록 뛰어난 재능을 지니고서 요직에 있었지만 홀가분하게 늘 초야에 묻히려는 생각을 하고 있었다(守仁性僻而野, 嘗思鹿豕木石之群. 貽敎與明甫, 雖明惟利器處劇任, 而飄然每有煙霞林壑之想). 이런 사람이 이 국화를 대하고 있으며 또 이런 처지에 있으니, 아! 본래 거듭 감탄하는 것이 당연하지 않은가![18]

이영부는 이동양의 제자이며 다릉파 시인이다. 황소는 시를 잘 지었고 고문古文에 특히 더 뛰어났으며, 늘 양명에게 배움을 물었는데 본래 형부 '서한림'의 인물이며 나중에 양명의 제자가 되었다. 이때의 시회는 무종이 즉위한 뒤 안팎으로 얽힌 곤경에 처한 현실에 의해 격발된 모임으로서 역시 과도관이 번갈아 글을 올려서 왕화가 "문형을 맡아서 논의를 초래하였다"라는 탄핵에 대한 회답이며 오히려 '서한림'의 (인사들이) 정사를 논하고 학문을 강론하는 여운이 짙었다. 5월에 무종이 즉위하자 북방의 타타르(韃靼)가 대거 선부宣府를

---

18 『왕양명전집』 권29 「대국련구서對菊聯句序」.

침입하였다. 변방의 군사는 적이 두려운 나머지 머뭇거리며 감히 맞서 싸우지 못하였다. 이것이 바로 양명이 서문에서 말한 "천자가 양암에 계셨고 서북쪽에는 일이 많았다."라고 한 사실이다.

변방에서는 타타르가 침입하는 우환이 제거되지 않았고 조정에서는 '큰 좀(大蠹)'(*장학령張鶴齡, 1477~1546)이 제거되지 않아서 조정 내부에서 투쟁이 이미 일어나고 있음을 목도한 양명은 시대 의식을 느끼고 사물에 빗대어 시를 읊었는데, 침통하고 한탄스러우며 불안한 심정에 왕화와 마찬가지로 돌아가 은거하려는 생각이 뭉게뭉게 일었다. 그는 서문에서 직방서의 국화를 '낮은 벼슬을 하며 숨어 있는 이'로 비유하였는데 실은 스스로를 비유한 말이었다. 그래서 그는 "나는 (스스로) 성벽이 치우치고 촌스러우며 일찍이 사슴이나 돼지, 나무나 돌과 같은 무리라고 생각하였다. 이교와 명보는 비록 뛰어난 재능을 지니고서 요직에 있었지만 홀가분하게 늘 초야에 묻히려는 생각을 하고 있었다."라고 하였던 것이다. 이 몇 구절은 바로 왕화가 글을 올려서 휴직과 치사를 청하여 돌아가 은거하려는 거동에 호응한 것이며, 새로 군주가 등극한 이래 조정에 실망을 느낀 양명의 정서를 털어놓은 것이다.

무종이 즉위한 이래 정국은 들끓고 혼란하였으며, 양명은 조정의 모순과 분쟁의 와중에 처해 있었다. 이 서문도 그가 달 아래 꽃 앞에서 격하게 술을 마시고 노래를 부르며 전칠자와 함께 시부사장을 다툰 일에 대해 회의를 품었음을 분명히 드러내고 있다. 또한 사장의 학에 빠졌던 일에 대한 각성은 선불仙佛에 빠졌던 일에 대한 각성과 보조를 같이하는 것이었으며, 선불에 빠졌던 일에 대한 각성은 그가 사장의 학에서 성현의 학으로 전향하는 기점이 되었다. 그가 일관봉日觀峯 위에서 얻은 '태산문화의 사색'은 이미 신선도가의 외단에 속하는 소련燒煉과 복식服食에 대해 품은 회의를 강렬하게 토로한 것이어서 돌아온 뒤 아주 빨리 선도에 빠졌던 데서 각성을 하였다.

4월, 서울에서 회시에 응시했다가 낙제한 내제內弟 제칭諸偁이 돌아간다고 하자 양명은 시 한 수를 지어서 송별하였는데 30년 동안 그 자신이 선불에 빠졌다가 스스로 깨닫고 뉘우치는 정감을 모두 털어놓았다.[19]

부채에 써서 양백에게 주다	書扇贈揚伯
양백이 백양을 흠모하는데	揚伯慕伯陽
백양은 도대체 어디에 있는가?	伯陽竟安在
큰 도는 바로 내 마음이니	大道卽吾心
만고에 변함이 없다네	萬古未嘗改
장생은 인을 추구함에 있으니	長生在求仁
금단을 밖에서 찾을 필요가 없네	金丹非外待
잘못된 길을 걸은 지 서른 해	繆矣三十年
이제야 비로소 뉘우치네	於今吾始悔

제양백이 신선을 희구하는 뜻이 있어 내가 장차 도에 나아가도록 권하였다. 돌아감에 부채에 써서 이별한다. 양명산인 백안이 쓰다.
諸揚伯有希仙之意, 吾將進之於道也. 於其歸, 書扇爲別. 陽明山人伯安識.

"금단을 밖에서 찾을 필요가 없네"라고 함은 선가의 외단 수련에 의한 장

---

19 이 시를 쓴 부채의 진적은 현재 일본 테이세이토호定靜東方 미술관에 소장되어 있다. 『왕양명전집』 권19에도 이 시가 수록되어 있는데, 아래의 제사題辭가 없으며 '揚伯'이 '陽伯'으로 쓰여 있는데 이것도 잘못이다.

생불사를 부정한 것이다. "장생은 인을 추구함에 있으니"라고 함은 유가의 생명生命의 인학仁學으로 회귀하는 것이다. "큰 도는 바로 내 마음이니, 만고에 변함이 없다네"는 그가 '마음이 곧 이치(心卽理)'이니 이 마음이 만고에 닳아 없어지지 않는 '성현의 학'을 숭앙함에 대해 명확하게 선고한 것이며, 육구연陸九淵(1139~1193) 형제의 "마음이 곧 이치", "옛 성인이 서로 전수한 것은 다만 이 마음(古聖相傳只此心)", "이 사람은 마음이 천고에 닳아 없어지지 않는다(斯人千古不磨心)"라고 한 것과 한 입에서 나온 듯하다. "내가 장차 도에 나아가도록 권하였다."라고 한 말은 실제로는 선과 불교의 장생의 학문을 버리고 유가 성현의 인을 추구하는 학문으로 귀의하려는 마음이다.

분명히 이 시가 토로하는 '각성'은 다만 양명이 신선 외단 수련의 부정, 신선 장생불사의 설에 대한 회의 및 30년 동안 선과 불교의 장생설에 빠졌던 일에 대한 회한을 표현한 것에 지나지 않는다. 그는 결코 선과 불교의 학문을 부정하지는 않았다. 다만 이 소소한 '각성'은 그로 하여금 이미 충분히 유가 성현의 학문이 선과 불교의 장생의 학문을 초월한 정미하고 광대한 것임을 또렷이 볼 수 있게 하였다. 그러므로 이 시는 양명이 사장의 학문과 선과 불교의 학문으로부터 성현의 학문으로 전향하는 신호였다. 그가 홍치 말에 다시 경사로 돌아와서 전칠자와 다투어 시를 주고받던 것은 이미 그가 여러 해 사장의 학문에 빠졌던 탐닉의 마지막 여운이었다.

진백사(진헌장)의 심학은 그를 담감천(담약수)과 함께 '성현의 학'을 제창하는 새로운 길로 나아가도록 이끌었다. 나중에 왕기는 양명의 이 사상의 전변을 구체적으로 다음과 같이 언급하였다.

홍치·정덕 연간에 경사에서 사장의 학문을 이끈 사람으로는 이몽양과 하경명이 종주를 차지하였고, 양명 선사는 시사詩社를 결성하여서 서로 더욱 창화하며 한 시대를 풍미하였다. …… 이윽고 번연히 뉘우쳤다. "유한한 정신으로 쓸모없는 공담空談에 가렸으니 수주탄작隋珠彈雀과 어찌 다르겠는가! 경중輕重에 어두움이 또한 심하다! 가령 입언立言을 하여 불후의 업적을 쌓아서 등급이 높아지려고 한다면 마땅히 더욱 자립하는 곳이 있어야 한다. 대장부가 세상에 한번 나와서 어찌 이와 같이 조용히 잊히고 말겠는가?" 결사의 사람들이 서로 애석히 여겼다. "양명자는 학업이 거의 성취되었는데 중도에서 버리려고 하니 뜻이 한결같지 않은 사람이라 하겠다." 선사가 듣고서 웃으며 말하였다. "제군은 스스로 뜻이 있다고 여기는구나. 가령 학문이 한유·유종원과 같은 사람이라도 문인에 지나지 않는다. 문장(辭)은 이백·두보와 같은 사람이라도 시인에 지나지 않는다. 과연 심성心性의 학문에 뜻을 두고 안연·민자건과 같이 되기를 기약하여서 마땅히 함께 일을 삼아 제일등의 덕업을 이루려고 도모해야 한다. 해와 달에 비유하자면 아득한 옛날부터 늘 그대로 보여도 자취와 모양(景象)은 늘 새로운 것과 같다. 입언을 논하자면 역시 모름지기 하나같이 원만하고 밝은(圓明) 구멍(竅)으로부터 흘러나온 것이 하늘을 덮고 땅을 덮듯이 하여야 비로소 대장부의 행위일 것이다. 다른 사람에게 의지하고(傍人門戶) 비교하여 따지고 헤아리는(比量揣擬) 일은 모두 자잘한 기술이다. 『역』을 잘하는 자는 『역』을 논하지 않으며, 시의 도를 말하지 않아야 비로소 시의 지극한 경지가 된다."[20]

양명이 숭앙한 '심성의 학'은 바로 진백사의 심학이었다. 바로 이 심성의 학으로 향한 전변은 그의 백사 심학을 향한 '을축년의 깨달음(乙丑之悟)'을 열었다.

---

20 『왕기집王畿集』 권16 「증순징별언曾舜徵別言」.

백사 '심법心法':
묵좌징심默坐澄心, 체인천리體認天理

　　양명의 '을축년(1505)의 깨달음'은 바로 '사장詞章의 학'에서 '심성心性의 학'으로 전향한 깨달음이며, 공맹유학으로 회귀한 '태산의 사색'이 그 기점으로서 진백사의 심학을 전환의 매개로 삼은 한 차례 대전환이었다. "양명은 백사를 높여서 믿고 백사는 주(주돈이)와 정(정호)에게서 학문을 얻었다."라고 한 담약수의 말은 양명의 홍치 18년 '심학의 깨달음'의 비밀을 분명하게 밝힌 것이다. 굴곡이 반복된, 이리저리 탐구하고 동요하며 방황하던 그의 30년 동안의 사상 역정이 이 시기에 이르러서 비로소 명확한 귀착을 갖게 되었는데 이것이 바로 그의 '둥글고 밝은 구멍에서 흘러나온(從圓明竅中流出)' 심학의 깨달음이었다.

　　실제로 양명은 사장의 학에서 성현의 학으로 전향하였고, 선과 불교의 학에서 유가의 학으로 귀의하였는데, 그 직접적인 동인은 홍치·정덕 사이에 황제가 교체되는 시기의 국사와 정사가 쇠퇴하고 무너지며 썩어 문드러진 현실이었다. 그는 경사에서 재직하고 있을 때 조정의 모순과 분쟁에 말려들어가 빈번히 발생하는 조정 국면(朝局)의 내부투쟁 및 조정 정사(朝政)의 난맥상을 대면하는 가운데 음풍농월하는 사장의 학은 쓸모없고, 참선을 수행하고 신선을 추구하여 장생불사하는 것은 황망한 오류이며, 오직 '성현의 학'이라야 세도世道와 인심을 구제할 수 있음을 통절하게 깨닫기 시작하였다.

효종 황제는 종래의 마음가짐(宅心)이 인후仁厚한, 곧 도를 지닌 군주로 존경받았으며, 홍치 치세(1488~1505)는 빛나고 빛나는(煌煌) 태평성세로 일컬어졌다. 명대 사람들은 심지어 그를 한 문제漢文帝(B.C.180~B.C.157), 송 태종宋太宗(976~997)과 나란히 놓아 삼대三代 이후의 3대 명군明君이요 현주賢主로 여겼다. 사실 효종은 뼛속들이 나약하고 지모가 부족한 황제였으며 홍치의 태평한 치세 동안 승평昇平한 기상의 밑바닥에는 이미 엄중한 사회적 위기와 조정 정사의 위기가 잠복해 있었고, 홍치 말의 부패상이 이미 드러나고 있어서 밖으로는 타타르의 빈번한 침입과 안으로는 외척 및 엄수閹竪(환관)의 방자한 전횡과 권력 농단을 막을 수 없었다.

이몽양은 글을 올려서 홍치의 시정時政을 논하였는데 바로 '두 가지 병폐(二病: *원기元氣의 병, 복심腹心의 병)', '세 가지 해악(三害: *군사의 해악[兵害], 인민의 해악[民害], 장원과 경기 백성의 해악[莊場畿民之害])', '여섯 가지 심화(六漸: *재정 궁핍의 심화[匱之漸], 도둑의 심화[盜之漸], 신분 등급 붕괴의 심화[壞名器之漸], 법령 해이의 심화[弛法令之漸], 방술의 민심 현혹 심화[方術眩惑之漸], 귀척의 교만 방자함의 심화[貴戚驕恣之漸])' 현상이 골수에 깊이 박힌 사회적 병폐를 날카롭게 지적하였다. 양명도 서울에서 일찌감치 귀로 듣고 눈으로 보았기에 이몽양이 글을 올려서 수녕후壽寧侯 장학령張鶴齡(1519, 세종의 즉위를 도움)을 탄핵하는 일에 전력을 다해 남몰래 도왔다.

황제로서 효종이 지닌 가장 커다란 병(帝病)은 바로 외척外戚과 중귀中貴를 총애하는 문제였다. 그는 환관을 중용하여서 황성 내에서 분주히 일을 하는 태감이 이미 1만여 명이었는데 또 예부에 조칙을 내려서 민간에서 나이 15세 이하의 몸이 깨끗한 남자 500명을 선발하여서 궁으로 들여보내게 하였다. 수녕후 장학령은 장 황후張皇后의 비호를 믿고 일찍부터 귀하기가 천하에 이를 데 없었고, 교만하게 발호跋扈하여서 조정 내외의 관원이 어지러이 그에게 청탁하고 진출을 추구하였으며, 당을 결성하여서 사사로운 이익을 도모하였다. 그는 날개 돋친 호랑이처럼 흉포하였는데, 궁정에서 발포하는 것으로도 모자라 강호江湖에서까지 횡행하면서 무뢰배를 불러들이고, 인민의 전답을 강탈하고, 양가의 자녀를 잡아오고, 사사로이 점포를 열어서 상품과 재화를 약탈하고 가로챘다. 청렴하고 명망 있는 조정의 대신들 대부분도 두려워서 감히 말을 하지 못하였으며 황제의 분노를 살까 두려워하였다. 마지막으로 역시 일개 조정의 하급 관료인 호부주사 이몽양이 나서서 문제를 제기함으로써 제정帝政의 금단의 구역을 건드렸던 것이다.

홍치 18년(1505) 2월에 재변이 잇달아 일어나고 변방에 도적이 자주 침범하자 효종은 상황에 떠밀려서 12일에 구언하는 조서를 내려서 이르기를 "짐이 바야흐로 새로운 정치의 도(政理)를 도모하여 정직한 말(讜言)을 즐거이 들으려고 한다. 조종祖宗의 성헌成憲으로서 바꿀 수 없는 것 외에 군대와 민간의 병폐를 개선하는 데 이로운 것(利病)이라면 거리낌 없이 정직하게 말하기 바란다."[21]라고 하였다.

이몽양은 이 기회를 놓치지 않고 재빨리 장편의 주장奏章을 썼다. 그러나 주장을 올렸을 때 길한지 흉한지, 좋을지 나쁠지 당시로서는 역시 의심스럽고 염려가 되었다. 곧 주장의 원고를 소매 속에 감추고 태상박사太常博士 변공을 만나 보았는데, 마침 그곳에서 양명을 만났다. 양명이 이몽양의 소매를 보고 말하였다. "뭐가 들어 있군요? 필시 간언의 초고일 것입니다!" 이몽양은 속으로 이 주장은 처자식조차 알지 못하는데 어떻게 그가 알았을까 하고 생

---

21 『명사기사본말明史紀事本末』 권42 「홍치군신弘治君臣」.

각하며 주장의 원고를 양명과 변공에게 보여주었다. 양명이 "상소를 들이면 반드시 중한 재앙을 당할 것입니다. 점을 쳐보는 것이 어떻겠습니까? 회옹晦翁(주희)이 그렇게 하였습니다!"라고 하자 세 사람은 함께 집을 나와서 말을 타고 양명의 거처로 가서 양명에게 점을 쳐보라고 하였다. 양명이 점을 쳐서 해괘解卦 9·2를 얻었다. "사냥을 나가서 여우 세 마리를 잡는데 누런 화살로 잡는다. 곧으며 길하다(田獲三狐, 得黃矢, 貞吉)." 여우는 사람을 잘 홀려서 나쁜 일에 빠지게 하니 소인을 상징한다. 해괘에는 음효陰爻가 넷인데, 임금의 자리인 6·5 외에도 음효가 셋이 더 있으므로 '여우 세 마리(三狐)'라고 하였다. 9·2의 양효는 강건하고 내괘內卦의 중앙에 있으며 또한 임금의 자리인 6·5와 호응을 하여서 군주를 미혹하는 소인을 충분히 쫓아낼 수 있다. 그러므로 정도를 굳게 지켜야 비로소 길상吉祥을 얻는다. 이에 양명이 말하기를 "올려도 되겠습니다. 이는 충직한 점사입니다!"[22]라고 하자 이몽양은 그제야 안심하고 주장을 올렸다.

후세 사람들은 모두 이몽양이 올린 주소의 취지가 장학령을 탄핵하기 위한 것이라고 여겼는데, 이는 잘못이다. 이몽양은 사실 조칙에 응하여 글을 올려서 효종조의 정사를 논하였지 결코 단순히 상주하여 장학령을 탄핵하지는 않았다. 그는 다만 마지막에서 '귀척의 교만 방자함의 심화'를 논할 때 장학령을 규탄했을 뿐이다. 그러므로 실제로 그의 주장은 효종의 홍치 제정에 대해 암담하고 상서롭지 않은 총결을 내려서 '군주의 과오를 폭로하였다(顯暴君過)'는 혐의를 받았고, 자연 효종이 기뻐하지 않았다.

효종은 즉시 전지를 내려서 이몽양을 잡아들여 금의옥錦衣獄에 가두게 하였다. 장학령도 기세를 타고서 자기변호를 하는 글을 올렸는데, 이몽양이 주

---

22 『공동집』 권39 「비록祕錄」.

장을 올린 진의가 모후母后를 헐뜯는 데 있으며 죽여야 할 10대 죄를 지었다고 공격하였다. 다만 나중에 대신 사천謝遷(1449~1531) 등이 과도관과 함께 번갈아 글을 올려서 구원을 한 뒤에야 이몽양은 비로소 죽음을 면할 수 있었고, 3개월 벌봉罰俸이라는 가벼운 처벌로 일이 마무리되었다. 효종은 장학령에 대해서도 약간의 위로를 덧붙인 비평을 함으로써 사태를 종식시키고 무마하였으나 외척과 환관을 총행寵幸하는 짓은 조금도 바뀌지 않고 여전하였다.

사실 이때 이몽양의 장학령 주핵奏劾은 나중에 유근劉瑾(1451?~1510) 주핵의 전주가 되었다. 이 일은 양명에 의해 암암리에 힘을 받은 것으로서 양명에게도 커다란 영향을 미쳤다. 조정의 정사에 대해 이몽양이 쓴 주장의 관점은 또한 양명이 수긍한 것이기도 하다. 이몽양이 '방술의 민심 현혹의 심화'를 논하는 가운데 효종이 불교와 노자에 빠진 일을 날카롭게 비평했다는 사실은 더욱 주목할 만하다.

그는 다음과 같이 말한다.

저 방술이 점점 민심을 현혹하는데, 신이 생각건대 제거하는 데 힘쓰지 않으면 반드시 유혹하는 것이 들어옵니다. 대체로 예로부터 제왕이 오랫동안 나라를 향유해온 까닭은 하늘을 두려워하고 백성을 걱정했기 때문이지 부처를 받들었기 때문이 아닙니다. 건강하고 질병이 드문 까닭은 마음을 맑게 하고 욕심을 적게 했기 때문이지 신선을 섬겼기 때문이 아닙니다. 또한 폐하께서는 양 무제梁武帝(502~549)와 당 헌종唐憲宗(805~820)을 보지 못하셨습니까? 양 무제는 부처를 가장 근실하게 받들었으나 가장 참담한 재앙을 입었습니다. 또한 당 헌종은 신선을 가장 근실하게 섬겼으나 목숨이 가장 짧았습니다. 이는 분명하고 큰 효험이며 밝고 뚜렷하게 고찰할 수 있는 사실입니다. 그런데 지금 절을 짓고 도관을 지어서 편액을 청하는 것을 폐하께서는 금지하지 않으시고, 무너지고 황폐해진 것을 수습하라고 번번이 조칙을 내리시니 신은 폐하께서 그들에게서 무엇을 얻으시기에 그리하시는지 알지 못하겠습니다. 저 진인眞人이란 크게 비움으로써 이름을 삼습니다. 지금 폐하께서는 술을 마시고 고기를 먹으며 거칠고 저속한 도사를 마치 신처럼 공경하고 중시하여서 진인으로 존중합니다. 또한 부처(法王)와 나한(佛子)을 견여肩輿에 태워서 드나들게 하며 진귀한 음식과 비단옷을 입힙니다. 폐하께서는 즉위하시고(踐祚) 조칙을 내리시기를 "승려와 도사는 초재醮齋를 지내서 인심을 선동하고 현혹하게 할 수 없다."고 하셨는데, 당당한 임금의 말(天言)을 사해가 칭송하였습니다. 폐하의 정신은 성명한 자질이 전과 다름없는데 지금 다시 이렇게 되셨으므로 신은 유혹하는 자가 있음을 알겠습니다. 제거하려고 힘을 쓰지 않으면 유혹하는 것이 반드시 들어오니, 비유하자면 잡초를 다 뽑지 않으면 도리어 기세가 불어나는 것과 같습니다. 폐하께서는 어찌 제거하는 데 힘을 쓰지 않아 도리어 그들이 불어나게 하는 것입니까? 저 유혹하는 자가 필히 말하기를, 그 도道는 오묘하며 또한 그 법法은 신령하다고 합니다. 지금 위로는 하늘의 변괴가 자주 나타나고, 아래로는 백성이 부르짖으며, 변방에서는 이겼다는 보고가 없고, 창고는 텅 비었으니 참으로 만일 진인과 국사國師의 도가 충분히 비호하고 법이 충분히 돕는다면 폐하께서는 어찌 그들을 몰아서 한번 시험하지 않으십니까? 또한 저들이 초재를 한 번 베풀고 법을 잘 말해서 하늘의 변괴를 그치게 하고 부르짖는 백성을 편안하게 할 수 있습니까? 이는 본래 결코 있을 수 없는 일인데 폐하께서는 살피지 않으시고 오히려 그들의 유혹을 들어주시니 이는 신이 밤낮으로 마음이 슬픈 까닭입니다.[23]

---

23 『공동집』 권39 「상효종황제소고上孝宗皇帝疏稿」.

이몽양이 직언으로 불교와 노자를 비판한 것은 양명의 마음의 소리를 표현한 것으로서 불교와 노자에 대한 양명의 변화한 태도를 은연중에 드러냈다. 홍치 17년(1504) 봄에 쓴 불교와 노자를 논하는 책문 둘째 편에서 양명은 역시 유불로儒佛老 세 도가 동일하다고 인식하고서 불교와 노자 두 이단 학문에 대한 공격을 주장하지 않고 유가가 먼저 스스로의 폐단을 공격해야 한다고 깨달은 뒤 "먼저 스스로 다스린 뒤 남을 다스린다(先自治而後治人)"라고 하였다. 홍치 18년 2월에 이몽양이 주장을 올릴 때 양명이 그를 도운 일은 이미 불로佛老는 이단이며 선과 불교의 장생술은 믿을 수 없다고 비판한 이몽양을 크게 지지해준 것이었다.

이런 태도 변화의 이면에서는 양명 스스로가 30년 동안 선과 불교의 학에 빠졌던 일을 뉘우치고 선과 불교의 학을 버리고 유가 성현의 학으로 전향한 사실을 밝히고 있다. 4월에 그가 제칭에게 보낸 시에서 "잘못된 길을 걸은 지 삼십 년, 이제야 비로소 뉘우치네(繆矣三十年, 於今吾始悔)", "내가 장차 도에 나아가도록 권하였다(吾將進之於道)" 하고 크게 읊은 것도 이상하지 않다. 양명이 30년 간 선과 불교에 빠져서 길을 잃고 헤매던 일을 뉘우치고 각성한 것은 바로 그가 온 힘을 다해 이몽양을 도와서 주장을 올리도록 도운 일에서부터 시작되었다고 할 수 있다. 바로 이런 각성에 따라 그는 힘겹게 '심학'을 향한 심로의 역정을 힘겹게 탐색하기 시작하였다.

양명이 "내가 장차 도에 나아가도록 권하였다" 한 것은 바로 유가 성현의 도, 곧 성현의 학으로 나아간다는 말이다. 이몽양이 글을 올렸다가 옥에 갇히는 비극을 겪은 뒤 양명은 이미 이몽양이 제출한 '두 가지 병', '세 가지 해', '여섯 가지 심화' 외에도 위아래의 사회 부패가 이미 고황膏肓에 깊이 자리잡았으며, 그 근원은 역시 사람 '마음'이 무너진 결과라고 인식하였다. '마음'을 다스리고(治) '마음'을 제어하려면(制) 겉으로만 그럴듯한 '도가 오묘하고 법이 신령한(道妙法靈)' 선과 불교의 학은 이미 영활함을 잃어서 쓸모가 없으며 오직 유가 '신심의 학(身心之學)'을 수양함으로써 구제할 수밖에 없었다. 그가 귀의하고 탐구하며 창도하려고 한 성현의 학은 바로 유가의 이러한 '마음'을 다스리고 '마음'을 제어하는 신심의 학(*심성지학心性之學)을 가리키는데, 그는 이를 명확하게 '심학心學'이라고 일컬었다.

일찍이 그는 홍치 5년(1492) 향시의 시권에서 이미 '심체광명心體光明', '심유정주心有定主'의 심학사상을 제출하였다. 홍치 17년 「산동향시정문山東鄕試程文」을 지을 때는 한 발 더 나아가 유가의 '심학'을 제출하였다. 그는 "왕께서 큰 덕을 힘써 밝히고 백성에게 중도를 세워서 의로움으로써 일을 바로잡고 예로써 마음을 바로잡아 후손에게 넉넉함을 남겨주소서. 내가 듣건대, 스스로 스승을 얻을 수 있는 자는 왕 노릇을 한다고 하였습니다(王懋昭大德建中于民以義制事以禮制心垂裕後昆予聞曰能自得師者王)."[24]를 풀이할 때 특별히 다음과 같이 지적하였다.

일찍이 중훼仲虺의 이 장의 취지를 반복하여 살펴보니 덕을 힘써 밝히고 중도를 세움은 진실로 그 중도를 잡으라는(允執厥中) 가르침의 나머지이며, 마음을 바로잡고 일을 바로잡음은 바깥을 제어하고 중심을 기르는(制外養中) 것의 남은 법도입니다. 또한 '스스로 스승을 얻을 수 있다(能自得師)' 한 한마디는 심학의 격언이며 제왕의 큰 법도입니다. 그런즉 중훼의 학문은 요순에게서 깊은 영향을 받은 것입니다![25]

24 『상서尙書』「상서商書·중훼지고仲虺之誥」.

25 『왕양명전집』권22 「산동향시정문山東鄕試程文」.

이는 양명이 평생 처음으로 '심학'을 제기한 논설인데 다만 이때 그가 말한 '심학'은 주로 제왕의 마음을 기르고 마음을 바로잡는 중도의 대법을 가리키며, 아직 유가의 순수한 형이상의 심성의 학문이라는 의의를 갖는 '심학'은 아니었다.

홍치 18년에 그는 선과 불교에 빠져서 길을 잃고 헤매다가 각성하고 성현의 학에 귀의한 뒤 비로소 마음을 수련하고 본성을 기르는 진정한 '심학'(＊身心之學)을 잠심하여서 탐구하였다. 그는 더욱 경사의 선비 및 학자와 오가면서 '신심의 학'을 강학하였다. 마침 이해 2월의 회시에서 뽑은(錄取) 새로 합격한(新科) 진사들이 앞뒤로 어지러이 경도京都로 몰려들었다.

그들 가운데 매우 많은 사람들이 양명과 음으로 양으로 심상치 않은 관계를 맺었다. 예컨대 담약수湛若水·방헌부方獻夫·왕위王韋·동기董玘·유절劉節(1476~1555)·장방기張邦奇·육심陸深·주광周廣(1474~1531)·정일초鄭一初(1476~1513)·정선부鄭善夫·호동고胡東臯·호탁胡鐸·문연聞淵·예종정倪宗正·고응상顧應祥·서정경徐禎卿·사비謝丕·목공휘穆孔暉·대덕유戴德孺·진정陳鼎·허완許完(1505, 진사) 등과 같은 사람들이 그들이다. 이 가운데 어떤 이들은 진사에 합격한 뒤 바로 찾아와서 배움을 묻고 양명의 제자가 되었다. 전덕홍이 "이해에 선생의 문인이 나아오기 시작하였다."라고 한 말이 바로 이를 가리킨다. 3월에 조정에서는 담약수·방헌부·예종정·목공휘·육심·장방기·유우생劉寓生(1505, 진사) 등을 선발하여서 한림서길사에 제수하였는데, 그들은 양명이 서울에서 신심의 학을 강론할 때 핵심 인물이 되었고, 양명으로 하여금 진백사의 '심학'의 길로 달려가도록 추동하였다.

담약수와 방헌부가 경사에 오기 전 왕진王縝(1462~1523) 외에 이미 일찌감치 두 사람이 양명의 강학과 정치 논평에 아주 커다란 영향을 끼쳤으니, 바로 저권儲懽과 도목都穆이었다. 저권은 신동神童의 시재詩才로서 홍치·정덕 시단에서 활약한 다릉파 시인이다. 그는 홍치 14년(1501)부터 다시 태복소경 太僕少卿이 되어서 양명과 서로 알게 되었으며, 양명과 시문을 주고받고(唱酬) 학문을 강론한 중요한 인물이다. 저권은 정사와 병사兵事에 더욱 관심을 기울였으며 학문을 강론하고 정치를 논함에 양명과 서로 뜻이 잘 맞았다. 5월에 효종이 졸하고 무종武宗이 즉위하자 정국은 크게 변하여서 북방에서는 타타르가 기세를 타고 선부宣府와 상곡上谷으로 대거 침입해왔다. 저권은 이때 태복소경으로서 남도南都(남경)에서 마정馬政을 처리하였는데, 그는 즉시 양명에게 편지 한 통을 써서 보내고 양명이 조정의 국면과 정치에 대해 건의하기를 희망하였다.

그는 편지에서 다음과 같이 말하였다.

이별한 지 어느새 다시 해를 넘겼습니다. 그 사이 두 차례 기거起居를 여쭈었습니다. 그 뒤로 서울의 소식을 전해 들으니 선생님의 아름다운 자질과 호방한 기운이 옛날과 조금도 다름없다고 합니다. 생각건대 운명의 신(造化小兒)이 괴롭히지 않은 듯하니 참으로 위안이 됩니다(欣慰)! 저(嶂)는 송구하게도 분에 넘치는 일을 맡아서 날마다 일을 그르칠까 두렵습니다. 아는 사람들이 무엇이라 하든 저(某)로서는 참으로 소원하다 하여 마음에 담지는 않습니다. 오늘은 동산에 나가 살구꽃을 보면서 매우 간절히 그리워하였는데 마침 편지가 도착하였습니다. 북쪽 땅에도 꽃이 찬란하게 피었군요. 술을 마시고 시를 읊는 가운데 저에 대해서까지 생각을 하셨다니 가없이 우러러봅니다. 어제 호유신胡惟臣이 답장을 하였는데 덧붙인 편지를 자세히 읽으려고 생각하였더니 뜻밖에도 갑자기 국애國哀(국상)를 당하여서 신서臣庶가 모두 임금이 돌아가신 아픔(堯崩之痛)을 겪고 있으니 하늘의 뜻이 거의 믿을 수 없는 것입니까? 건의한 바는(所建明者), 생각건대 정직한 말을 구하는 조칙에 부응한 것일 터이나 연일 번잡하여서 대략 살펴볼 겨를이 없지만 분명히 선지에 걸맞을(亮稱先旨) 것입니다. 선부에서는 5000~6000인으로 패전하고 두 비장裨將까지 잃어서 인심이 흉흉합니다. 전해 듣기로는 오랑캐가 다시 상곡上谷을 약탈한다고 하며 경군京軍이 이미 출발했다고 합니다. 장차 어떻게 될지 알 수 없습니다. 외적을 물리치려면 반드시 안을 다스려야(攘外必須內治) 합니다. 지금 안이 다스려지지 못한 것이 많으나 가장 큰 좀(大蠹)은 아직 제거되지 않고 있어서 끼치는 근심을 이루 말할 수 없습니다. 이는 벼루와 붓(泓穎)으로 다 표현할 수 있는 것이 아닙니다. 사람이 돌아가니 애오라지 언급합니다. 일일이 다 아뢰지 못합니다.[26]

저권이 말한 '건의한 것'이란 아마도 양명이 새 황제가 등극하고서 내린 구언의 조서에 부응하여 글을 올려서 건의한 일을 가리키는데, 진술한 바가 선황제의 유지遺旨와 딱 부합하였던 듯하다. 그러므로 저권이 조칙에 응하여서 올린 양명의 글이 '분명히 선지에 걸맞다'고 칭찬하였던 것이다.

조칙에 응해 올린 양명의 글은 전하지 않지만 추측건대 그는 응당 병부주사의 지위로서 병사兵事와 변방의 일을 논하는 글을 올렸기에 저권이 그 글을 본 뒤 즉시 양명에게 답서를 보내서 오로지 변방에 도적이 침입하고 외환이 엄중한 일을 언급하고[27] "외적을 물리치려면 반드시 안을 다스려야 하며"

---

26 『시허문집柴墟文集』 권14 「복왕백안復王伯安」 서書 3.

27 저권이 말한 "선부에서 5000~6000인으로 패전하고 두 비장까지 잃어서 인심이 흉흉합니다."라고 한 내용은 『국각』 권45에 보인다. "홍치 18년 5월 무신에 오랑캐가 대거 선부에 처들어와서 신개구新開口에서 우대령虞臺嶺에 이르러 우심산牛心山과 흑류림黑柳林에 주둔하였고, 20리에 걸쳐서 영채를 펼쳤다. 순무 이진李進(?~1512), 총병 장준張俊(?~1519)

다시 건의하여서 큰 좀(*장학령)을 탄핵해 쫓아내기를 희망하였던 것이다. 다만 이때 과도관이 번갈아 왕화에 대해 "문형을 맡아서 논의를 초래하였다"고 탄핵하여서 반론이 크게 들끓었는데 일이 양명에게 연루되었으므로 양명도 다시 글을 올려서 정사를 논할 수 없었다. 그러나 저권은 매우 바삐 6월에 남도에서 서울로 돌아온 뒤 즉시 적을 막는 다섯 가지 방책을 조목조목 진술한 소를 올렸는데, 추측건대 양명과 상의하였을 것이다.

도목은 양명과 가장 잘 알고 지낸 동년으로서 저권보다 관계가 더욱 친밀하였다. 양명은 그를 일컬어 "그의 학문은 엿보지 않은 곳이 없다", "학문이 해박하고 넓은 것으로 소문이 났다"고 하였으니 당시 이미 '사방 학자들이 남호자南濠子의 이름을 입에 올리지 않는 이가 없었던' 것이다. 홍치 연간에 도목은 양명과 학문을 강론하고 시문을 주고받으면서 마음이 가장 통하는 동도同道의 인물이 되었고, 자기도 모르는 사이에 양명을 육구연, 진백사 '심학'의 문호 앞으로 이끌었다고 할 수 있다. 도목은 홍치 17년(1504) 8월 공부도수사주사工部都水司主事에 제수되어서 서울에서 양명과 더욱 긴밀하게 학

이 병사를 신하新河와 시구柴溝에 나누어서 영솔하였는데 모두 1만 5000인이었다. 이윽고 오랑캐가 성벽을 허물고 쳐들어왔다. 좌참장左參將 이계李稽가 맞서서 싸웠고, 부총병 백옥白玉, 황진黃鎭, 만전우위萬全右衛의 유격遊擊 장웅張雄, 대동大同의 유격장군 목영穆榮이 각각 우대령에서 적을 막았다. 오랑캐는 수천 기병으로 아군을 탐지하였다. 백옥이 영채를 높은 언덕에 설치하자 오랑캐가 웃으면서 말하였다. "저들이 스스로 마른 땅에 자리를 잡으니 서서 패배하겠다." 이에 군영을 합하여서 아군을 포위하고 물길을 끊고 좁은 한 모퉁이 땅만 남겨두었다. 장준은 이 계책을 알지 못한 채 3000인으로 만전우위 성의 왼쪽에 이르렀다가 말에서 떨어져 발을 다쳤다. 구원병 도지휘 조태曹泰가 웅주應州의 녹각산鹿角山에 이르렀는데, 백옥 등이 포위를 당하고 음식이 떨어져서 우물을 10여 길(丈)이나 팠으나 물을 얻지 못하였다. 말 오줌을 마시며 화살을 섭었다. 큰 우박을 만나서 포위를 뚫고 후영後營으로 들어왔다. 이계와 백옥도 포위를 뚫고 탈출했으나 장웅과 목영은 산간에 막혀서 해를 당하였다. 병졸 2165인을 잃고 ……"

문을 강론하기 시작하였고, 사상이 한 박자로 들어맞아서 서로에게 매우 깊은 영향을 끼쳤다.

도목은 실제로 육학을 숭상하는 학자이자 시인인데, 『남호시화南濠詩話』에는 마음의 깨달음을 읊은 시 세 수가 수록되어 있다.[28]

| 시 배우기 | 學詩 |

시 배우기는 참선 배우기와 똑같은데	學詩渾似學參禪
참된 이치를 깨닫지 못하고 평생을 헛되이 보냈네	不悟眞乘枉百年
마음도 너무 쓰지 말고 호흡도 심하게 하지 말며	切莫嘔心幷剔肺
모름지기 오묘한 말 자연스레 나와야 하네	須知妙語出天然

시 배우기는 참선 배우기와 똑같으니	學詩渾似學參禪
남들 따라 쓰면 세상에 어찌 전하랴!	筆下隨人世豈傳
좋은 글귀 눈앞에 있어도 다 읊지 못하고	好句眼前吟不盡
어리석은 사람 오히려 대롱으로 하늘을 보려 하네	癡人猶自管窺天

시 배우기는 참선 배우기와 같나니	學詩渾似學參禪
시어는 남을 놀라게 해야지 글귀를 잇는 데 있지 않네	語要驚人不在聯
참된 정감과 실제 경물을 그리되	但寫眞情幷實景
묻혀버리든 전해지든 그대로 맡겨두네	任它埋沒與流傳

---

28 『남호시화南濠詩話』「학시學詩」.

나중에 도목은 특별히 새로 판각한 엄우嚴羽(1192~1197)의 『창랑시화滄浪詩話』에 서문을 지었다. 그가 육학과 엄우의 시학詩學을 높이 받들고 믿었음을 알 수 있는데, 시학에서는 물론 유학에서도 양명과 함께 사상이 매우 잘 통하였다. 두 사람의 학문 강론은 서로에게 육구연·진백사의 '심학'에 관심을 갖게 하였다. 마침 홍치 18년(1505) 5월에 나교羅僑(1461~1534)와 장후張詡(1456~1515)가 편집한 『백사선생전집白沙先生全集』이 출판되었는데, 장후가 경사에 가지고 들어와서 선비들 사이에 전파되기 시작하였다. 양명은 장후에게서 이 『백사선생전집』을 얻었다.

동소東所 장후는 성화成化 20년(1484)에 진사가 되었는데, 이해에 바로 왕화가 정시의 미봉관彌封官에 충원되었으며, 양명도 왕화를 모시고 고관이 되어서 시험장에 들어가 시권을 평가하였기 때문에 왕화와 양명은 성화 20년에 이미 장후와 서로 알게 되었다. 장후는 실제로 왕화의 '문생'이었으며, 또한 양명이 평생 교제한 첫 번째 백사의 제자이다. 그는 성화 말경에 부모의 상(丁艱)을 당해 남해南海로 돌아간 뒤 20년 동안 은거하며 지냈다. 다만 그 사이 홍치 18년에 『백사선생전집』이 출판되었을 때 그는 이 전집을 가지고 경사에 와서 왕화와 양명을 한 차례 만나 보았다.

양명은 정덕 9년(1514)에 지은 「장동소에게 앞의 운을 따서 지어 부치다(寄張東所次前韻)」에서 다음과 같이 말한다. "강배에서 만나 이야기 나누고 천년이 지났는데 풍진 세상 사십 년의 잘못을 이제야 깨닫네(江船一話千年闊, 塵夢今驚四十非)."[29] 여기서 말하는 강배에서 한번 이야기 나누고 서로 헤어진 일은 홍치 18년 서울에서 양명이 장후와 이별한 일을 가리킨다. 이 때문에

---

29 『왕양명전집』 권20 「기장동소차전운寄張東所次前韻」. '천년이 지났다(千年闊)'라는 구절은 '십 년이 지났다(十年闊)'의 잘못이다. 홍치 18년에서 정덕 9년까지가 바로 10년이다.

장후가 서울에 갔을 때 필시 『백사선생전집』을 왕화와 양명에게 먼저 보내려고 했던 것이다. 바로 이 『백사선생전집』은 양명의 '묵좌징심默坐澄心, 체인천리體認天理'라는 심학의 깨달음을 얻는 '보배로운 열쇠(寶鑰)'가 되었다.

진백사는 평생 광동廣東의 남해에서 조용히 살았으며 세상을 떠난 뒤에는 시문詩文이 사방으로 흩어져버린 탓에 한때 중원의 선비들은 대부분 마치 안개 속에서 꽃을 보듯 진백사의 사상을 속속들이 밝혀내기가 어려웠다. 그러다가 『백사선생전집』의 각판刻版이 널리 전파되면서 세상 사람들에게 진백사의 심학사상을 가린 신비한 베일이 걷혔다. 백사의 문인 장후는 「백사선생전집서白沙先生全集序」에서 백사의 학문은 바로 도맥道脈을 올바르게 전승한(正傳) 성현의 학문임을 크게 내세웠다. "선생의 학문은 어떤 학문인가? 옛 성현이 서로 전승한 정학正學이다. …… 그 취지를 서술할 수 있고 그 말을 엮어 가르침으로 삼아서 육경六經과 사서四書에 날개가 되게 할 수 있을 터인데 거대한 천하와 아득한 천만 세대에 걸쳐서 내(翊) 어찌 감히 그럴 만한 사람이 없다고 절망하겠는가? 만약 그러하다면 도맥의 올바른 전승과 학술의 진실한 실마리가 마땅히 환해져서 스스로 믿을 수 있을 것이다."[30]

이는 마침 사상이 성현의 학문으로 형성되어가고 있으며 아울러 한창 도맥의 올바른 전승인 '성현의 학'을 힘들게 탐색하고 있던 양명에게 너무나 풍부한 매력을 가져다주었고, 백사의 도맥을 전승한 장후의 부름은 양명에게는 직접적으로 충격을 준 것이나 다름없었다. 양명은 극도로 흥분하여서 온 마음을 다해 『백사선생전집』을 연구하였으며, 어린 시절의 기억을 불러일으켜서 갑작스럽게(頓然) 전면적으로 진실하고 절실하게 백사의 사상을 깨달아 이해하였다.

---

30 『진헌장집陳獻章集』 부록 3 「백사선생전집서白沙先生全集序」.

그는 흥분하여서 다음과 같이 백사의 학문을 논평하는 글을 썼다.

백사 선생의 학문은 본원이 있기에 이와 같이 그만큼 진실하다(學有本源, 恁
地眞實). 가령 그 쓰임을 보면 당연히 저절로 (다른 학문과) 크게 변별이 된
다. 지금 그 행적(行事)을 고찰하건대, 부모를 섬기고 벗에게 믿음이 있으
며, 사양하고 받고 취하고 주며, 나아가고 물러나고 말을 하고 침묵하는 사
이에 하나라도 도에 관련되지 않음이 없었다. 한 시대의 명공석언名公碩
彥(명망 있는 귀족과 뛰어난 선비), 예컨대 나일봉羅一峯(나륜羅倫, 1431~1478),
장풍산章楓山(장무章懋, 1436~1521), 팽혜안彭惠安(팽소彭韶, 1430~1495), 장
정산莊定山(장창莊昶, 1437~1499), 장동소張東所(장후), 하의려賀醫閭(하흠賀欽,
1437~1510) 같은 사람들이 모두 마음을 기울여서 높이고 복종하였으니 그
유풍流風을 충분히 입증할 수 있다.[31]

이 논평하는 말은 실제로 양명이 홍치 18년에 얻은 '심학의 깨달음'에 대
한 자아의 기록이다.

양명은 진백사의 '학문은 본원이 있으니 그만큼 진실하다'며 긍정하였는
데, 여기서 이 '본원'을 분명히 말하고 있지는 않지만 실제로는 진백사의 학
문이 위로 육구연·이통李侗(1093~1163)·정호의 심학의 진전眞傳에 뿌리를 두
고 있음을 가리킨다. 양명은 『백사선생전집』을 읽으면서 진백사의 심학의 종
지를 날카롭게 파악하였고 진백사의 심학이 정호·이통·육구연에 내재한 유
맥儒脈을 계승했음을 통찰하였다. 그는 마침내 진백사로부터 자기가 꿈꾸던
'성현의 학'(*身心之學)을 찾아냈다.

---

31 위시량魏時亮, 『대유학수大儒學粹』 권8 상上 「백사진선생白沙陳先生」.

백사 심학의 유맥 연원에서 볼 때 진백사는 실제로 이통의 '묵좌징심, 체인천리'를 직접 취하여서 자기 심학의 종지로 삼고 독특한 심학의 체계를 세웠다. 양명은 『백사선생전집』을 읽으면서 마음으로 깨닫고 정신으로 이해하여 백사 심학의 근본 종지를 크게 깨달았다. 그리하여 그는 즉시 진백사의 '묵좌징심, 체인천리'를 성학을 창도하는 좌우명으로 삼고 자기 심학心學(*身心之學)의 근본 대지大旨를 확립하였다.

10월경에 도유명都維明(도앙)이 팔순 생신을 맞이해 아들로 인해 봉함을 받을 때 도목은 양명에게 「예헌도선생팔십수봉서豫軒都先生八十受封序」를 지어달라고 청하였다. 그는 양명의 거처에서 이 좌우명을 대단히 깊이 알아보고 보고 마음과 정신이 부합하여서 칭찬하였다. 양명은 이 좌우명을 써서 도목에게 증여하고 두 사람은 함께 이를 지켰다.

양명이 진백사의 '묵좌징심, 체인천리'의 심학 종지를 깨닫고 이해한 것은 '을축년 심학의 깨달음(乙丑心學之悟)'이라고 할 수 있다. 그의 평생 동안 심학 형성의 발전 과정에서 이는 나중의 '용장의 깨달음(龍場之悟)'에 견주어 더욱 중요한 의의를 갖는 깨달음(悟道)이다. '을축년의 깨달음'은 양명이 심학의 길로 나아가는 기점이 되며 성현의 학(*身心之學)으로 전향하는 지표가 된다.

그는 같은 시기에 쓴 「서명도연평어발書明道延平語跋」에서 을축년의 깨달음에 감춰진 진정한 비밀을 다음과 같이 말하였다.

> 명도 선생이 말하였다. "사람이 외부 사물로써 몸을 받드는 것에 대해서는 일마다 잘하려고 하는데 다만 자기 몸과 마음에 대해서는 도리어 잘하려고 하지 않는다. 만약 외부 사물에 잘하려고 할 때 도리어 자기 몸과 마음은 이미 먼저 좋게 되지 않음을 알지 못한다."

연평 선생이 말하였다. "묵묵히 앉아서 마음을 맑게 하고 천리를 몸으로 터득하여 알되 만약 여기에서 터득한 것이 있으면 이미 깨달음이 반을 넘은 것이다(思過半矣)."

위는 정명도·이연평 두 선생의 말씀인데 내가 일찍이 자리 오른쪽(座右)에 써두었다. 남호 도 군이 볼 때마다 번번이 그 말씀을 좋아하여서 외우고 이 종이를 가지고 와서 나에게 글로 써달라고 하였다. 나는 쓸 수 없지만 몸과 마음의 학에 뜻을 두었으니 이는 벗으로서 크게 바라던 바이다. 감히 명을 받들지 않겠는가?

양명산인 여요 왕수인이 쓰다.[32]

이 좌우명 중 첫째는 명도 정호의 말을 인용한 것으로서, 자기가 추구하는 성현의 학이 바로 '자기 몸과 마음에 좋은' 몸과 마음의 학(*심학)임을 설명하고 있다. 둘째 좌우명은 연평 이통의 말을 인용한 것으로서, 이통의 '묵

---

32 『계암노인만필戒庵老人漫筆』 권7 「서명도연평어발書明道延平語跋」. 이 좌우명의 수적手迹에 관하여 이후李詡(1506~1593)는 다음과 같이 말하였다. "이 면형지棉螢紙의 붓글씨는 지름이 한 치(寸)이다. 정강靖江 주근재朱近齋(*주득지朱得之, 1485~?, 양명의 문인)가 찾아와서 나에게 이 보물이 어디에서 났느냐고 물었다. 나는 비싼 값을 주고 오문吳門(*도목은 오강吳江 사람이다)에서 샀다고 대답하였다. 나에게 말하기를 '선사가 손수 쓴 글씨 중 아주 큰 것은 내가 얻었습니다. 소장한 「수도설修道說」은 중간 크기의 글자이며 이와 같은 글씨는 매우 적은데 뜻밖에도 그대가 갖고 계시다니요. 마음의 깨달음(心印)과 마음의 획(心畫)이 눈앞에 함께 있습니다. 종문宗門 일파로서 의기투합하고 묵묵히 정신으로 통하는 사람이 아닌데 어찌 이런 일이 있을까요?'라고 하였다. 마침내 손수 베껴서 가지고 갔다. 그런 뒤 나도 원본을 왜구에게 잃어버리고 말았으니, 생각하면 통탄하고 애석하다!' 양명이 손수 쓴 좌우명 중에서 큰 글자로 쓴 것(*원래 양명이 가지고 있었다)은 주득지가 얻었고, 중간 글자로 쓴 것(*도목에게 줌)은 이후가 얻었는데 나중에 일본으로 흘러들어 갔다.

좌징심, 체인천리'를 자기 몸과 마음의 학의 대지로 삼았다. 이 두 편의 좌우명을 결합하면 진백사의 '묵좌징심, 체인천리'의 심학체계와 딱 들어맞게 구성된다.

"백사 선생의 학문은 본원이 있다."라고 한 양명의 말은 백사가 원래 이통·정호 유맥의 '본원'을 계승한 사실을 가리킨다. 송유 이통은 저명한 '묵좌징심, 체인천리'의 사상을 제시했지만 그가 죽은 뒤로 오랫동안 사람들의 주의를 끌지 못하였으며, 그의 저작이 망실되고 전해지지 않아서 '묵좌징심, 체인천리'도 종래 정주程朱 학파의 '이학' 사상 중 하나로 간주되었을 뿐 '심학' 사상으로는 여겨지지 않았다. 진백사에 이르러서야 비로소 홀로 혜안을 가지고 이통의 '묵좌징심, 체인천리'를 자기 심학의 종지로 삼았다. 분명히 양명은 이통으로부터 직접 그의 '묵좌징심, 체인천리'의 이학 사상을 받아들인 것이 아니라 『백사선생전집』을 읽는 가운데 백사의 '묵좌징심, 체인천리'의 심학사상을 받아들임으로써 자기 심학의 좌우명을 확립했던 것이다.

이학 발전이라는 유맥의 진로에서 볼 때 이통은 '성즉리性卽理', '이일분수理一分殊'로부터 '묵좌징심, 체인천리'를 제출하였다. 따라서 이통의 '묵좌징심, 체인천리'는 역시 이학의 철학 명제였다. 그러나 진백사는 '심즉리心卽理', '심리합일心理合一'로부터 이통의 '묵좌징심, 체인천리'를 전석詮釋하였다. 따라서 진백사의 '묵좌징심, 체인천리'는 이미 심학의 의의를 갖춘 철학 명제였다. 양명은 분명 진백사가 심학을 전석하는 논리의 과정에서 '묵좌징심, 체인천리'의 사상을 받아들였는데, 여기서 양명과 백사의 심학적 유맥의 전승이 일목요연해진다.

진백사 심학사상의 독특성은 바로 그가 본체론상에서는 '심즉리'·'심리합일'의 심본론心本論을 제시하고, 공부론상에서는 '묵좌징심, 체인천리'의 수심론修心論을 제시하였다는 데 있다. '심즉리'·'심리합일'의 심본론은 위로는 육구연에게 뿌리를 두고 있으며, '묵좌징심, 체인천리'의 수심론은 이통에게 뿌리를 두고 있다. 진백사는 어린 나이에 이미 이러한 '묵좌징심, 체인천리'의 심학을 형성하였던 것이다.

진백사는 「복조제학첨헌復趙提學僉憲」에서 자신의 '묵좌징심, 체인천리'의 심학사상이 형성되는 과정을 다음과 같이 말하였다.

> 저(僕)는 재주가 남들만 못하며, 나이 스물일곱에 비로소 분을 내어 오빙군吳聘君(오여필吳與弼, 1391~1469)을 따라 배웠습니다. …… 그러나 들어갈 곳을 알지 못하였습니다. 백사로 돌아와 두문불출하고 오로지 힘을 쓸 방법을 찾았습니다. …… 그러나 끝내 터득하지 못하였습니다. 이른바 터득하지 못했다 함은 나의 이 마음(此心)과 이 이치(此理)가 서로 합하여서 딱 들어맞을 곳이 없었다는 말입니다. 이에 저것(외부 대상사물의 이치)의 번잡함을 버리고 나의 간약함을 추구함에 오직 정좌하고 있었는데 오랜 뒤에야 내 이 마음의 본체가 은연중에 드러나서(惟在靜坐, 久之, 然後, 見吾此心之體隱然呈露) 늘 사물이 있는 것과 같음을 알았습니다. 일상생활(日用)에서 갖가지 사태에 응수하고 내가 하고자 하는 대로 따르되(日用間種種應酬, 隨吾所欲) 마치 말에 재갈을 물리어 부리는 것 같았습니다. 사물의 이치를 체인하고(體認物理) 성인의 가르침을 상고하니 저마다 두서와 내력이 있었는데 마치 물이 발원과 귀결이 있는 것 같았습니다. 이에 환연히 스스로 믿음을 갖고서 말하기를 "성인이 되는 공부가 바로 여기에 있다!" 하였습니다.[33]

---

33 『진헌장집』 권2 「복조제학첨헌復趙提學僉憲」. 『국조헌징록』 권22 「한림원검토진공헌장전翰林院檢討陳公獻章傳」을 참조하라.

"오직 정좌하고 있었는데 오랜 뒤에야 내 이 마음의 본체가 은연중에 드러났다"고 함은 곧 '묵좌징심'을 가리키고, "일상생활에서 갖가지 사태에 응수하고 내가 하고자 하는 대로 따르되 …… 사물의 이치를 체인하였다"고 함은 곧 '체인천리'(*수처체인천리隨處體認天理: 처한 상황에 따라 사물의 이치를 체인함)를 가리킨다.

진백사 심학의 이 '묵좌징심, 체인천리'라는 종지를 가장 완정하고 깔끔하게 표현한 이는 구양영기歐陽永祺와 하유백何維柏(1510~1588)이다. 구양영기는 「중각백사선생전집서重刻白沙先生全集序」에서 다음과 같이 말한다.

> 선생은 어려서 바깥의 스승(外傳)에게 나아갔는데 곧 성현에 뜻을 두었다. 나중에 오강재吳康齋(오여필)를 좇아 공부하며 깊이 탐구하여서 스스로 터득하고(深造自得) 요체를 얻어서 묵묵히 앉아 마음을 맑게 하고 천리를 체인하였다. 「여임집희與林緝熙」 편지 한 통을 보면 증점曾點이 즐거워했던 경지를 드날렸으며, 분수分殊를 이해함에 이르러서는(*수처체인천리를 가리킨다) 본말을 모두 거론하였다. 하극공賀克恭(하흠)에게 한 말은 다음과 같다. "정좌하는 가운데 단예端倪를 길러내면(*묵좌징심을 가리킨다) 바야흐로 생각함(商量)이 있습니다." 대체로 염계濂溪(주돈이)의 주정主靜, 이천伊川(정이)의 정좌靜坐설과 앞뒤로 도리가 같았다.[34]

하유백은 「개창백사가사비기改創白沙家祠碑記」에서 다음과 같이 말한다.

> 내(柏)가 어릴 때 배움을 조금 알았는데 …… 이연평李延平(이통)의 묵좌징

---

34 『진헌장집』 부록 3 「중각백사선생전집서重刻白沙先生全集序」.

심, 체인천리의 취지를 독실하게 믿었다. …… 『백사자白沙子』와 서울에 떠
도는 초고初稿를 얻어서 요지를 완미하여 안 뒤 선생의 학문을 끝까지 탐
구하였다. 일찍이 선생이 스스로 말하기를 "…… 백사에 돌아오고 나서는
두문불출하고 오로지 힘쓸 방법을 추구하였다. 스승과 벗의 인도를 받을
여지가 없게 되어서 오직 날마다 서책書冊에 의지하여 탐색하였는데 여러
해가 되어도 터득하지 못하였다. 이에 번잡한 것을 버리고 간약한 곳으로
나아가 정좌를 하였다. 오랜 뒤에야 마음의 본체가 은연중에 드러남을 알
게 되었다. 일상생활에서 응수함에 저마다 두서와 내력이 있는데 마치 물
이 발원과 귀결이 있는 것 같았다. 비로소 환연히 성인이 되는 공부에 스
스로 믿음을 갖게 되었다."라고 하였다. 이윽고 또 말하기를 "도道에는 동
정動靜이 없으니, 보내고 맞이함도 없고 안팎도 없어서 고요하고자 하면
곧 고요하지 않다. 잘 배우는 사람은 고요함을 주로 하여서 움직임이 뿌리
를 둔 곳을 관찰하며(*묵좌징심을 가리킨다), 쓰임을 관찰하여서 본체가 존재
하는 곳을 관찰한다(*체인물리體認物理를 가리킨다). 움직임과 고요함이 두루
흐르고 본체와 작용을 하나로 합하여서 묵묵히 알면 (거기가) 나의 일상이
나오는 바이다. 그러므로 드넓어서 끝이 없다. ……"라고 하였다.[35]

그들은 모두 진백사의 심학에서 '묵좌징심'과 '체인천리'의 통일이 지닌
두 방면을 충분히 간파하여서 진백사의 '묵좌징심, 체인천리'의 심학을 동정
일여動靜一如, 체용일치體用一致, 내외합일內外合一의 본체공부론 체계로 간주
했음을 알 수 있다.[36]

---

35 『진헌장집』 부록 4 「개창백사가사비기改創白沙家祠碑記」.
36 생각건대, 뒷사람은 모두 '묵좌징심'(*정좌靜坐)에서 진백사의 심학을 논함으로써 한쪽으

진백사 스스로도 '묵좌징심'과 '체인천리' 두 부분의 통일에서 수심修心의 공부를 논술하여서 한편으로는 "이른바 텅 비고 밝고 고요하고 한결같음(虛明靜一)을 주로 심는다 함은 …… 이는 심학의 법문이다."(*「서자제대당서옥시후書自題大塘書屋詩後」)라고 강조하였고,[37] 또 한편으로는 "일상생활에서 처한 상황에 따라 천리를 체인하여 채찍질을 가하니 옛사람의 아름다운 경지에 이르지 못할 근심이 무엇인가?"(*「여담민택與湛民澤」 서11),[38] "그러나 만 가지 작용에는 (*분수分殊를 가리킨다) 그 가운데 본체 하나가 있지 않음이 없으니(*이일理一을 가리킨다) 처한 상황에 따라 탐색할 수 있다. 만 가지 변화 가운데 본체가 하나인 실상을 안다면 본성을 말할 수 있다(*「태극함허太極含虛」)."[39]라고 강조하였다. 도는 일상생활(日用)을 떠나지 않기 때문에 다만 묵좌징심을 말하고 체인천리는 말하지 않으면 허무적멸虛無寂滅·유체무용有體無用의 치우침에 빠질 수 있다. 또 체인천리만 말하고 묵좌징심은 말하지 않으면 유용무체有用無體와 분수는 있으나 이일理一은 없는 치우침에 빠질 수 있다.[40]

로 치우친 문제가 있다. 예컨대 『명사明史』「진헌장전陳獻章傳」에서는 "헌장의 학문은 고요함을 주로 한다. 배우는 사람으로 하여금 다만 단정하게 앉아서 마음을 맑게 하고 고요한 가운데에서 단예를 길러내게 한다." 하였으며, 『사고전서총목四庫全書總目』「백사집제요白沙集提要」에서는 "역사서(『명사』)에서는 '헌장의 학은 고요함을 주로 한다. 배우는 사람으로 하여금 다만 단정하게 앉아서 마음을 맑게 하고 고요한 가운데에서 단예를 길러내게 하니 자못 선에 가깝다.' 하였다."라고 하였다. 이런 설은 단지 '묵좌징심'만 언급하고 '체인천리'(*수처체인물리隨處體認物理)는 언급하지 않았으니 백사 공부론의 본뜻에 합하지 않는다.

37 『진헌장집』 권1 「서자제대당서옥시후書自題大塘書屋詩後」.

38 『진헌장집』 권2 「여담민택與湛民澤」.

39 『진헌장집』 부록 1 「태극함허太極含虛」.

40 장후의 「백사선생행장白沙先生行狀」, 담약수의 「백사선생개장묘비명白沙先生改葬墓碑銘」에 보인다. 『진헌장집』 부록 2.

이 사상은 분명히 연평 이통에게서 나온 것이기 때문에 진백사는 명확하게 그 사이에 이러한 유맥이 전승된 연원을 다음과 같이 언급하였다.

이천 선생은 매번 사람이 정좌한 것을 보면 곧 잘 배운다고 감탄하였다. 정靜 한 글자는 염계 선생의 주정主靜에서 발원한 것으로서 나중에 정문程門의 여러 선생(諸公)이 번갈아 서로 전수하였는데, 예장豫章(나종언羅從彦, 1072~1135)과 연평 두 선생에 이르러서는 더욱 오로지 이것을 들어서 사람을 가르쳤고 배우는 사람도 이것으로 힘을 얻었다.[41]

양명의 '묵좌징심, 체인천리'는 진백사에게서 직접 취한 것으로서 그는 『백사선생전집』을 읽는 가운데 진백사의 '묵좌징심, 체인천리'의 '심천心泉'을 길어냈다. 양명은 만년에 백부伯府에 '천천루天泉樓'를 세우고 누각의 벽에 진백사의 시 「제심천題心泉」을 커다랗게 써서 이 비밀을 도파道破하였다. 당시 천천루에서 직접 가르침을 받은 동운董澐(1457~1534)은 「종오도인어록·일성록從吾道人語錄·日省錄」에서 다음과 같이 말한다.

내가 옛날에 천천루에서 선사 양명 부자를 모시고 있을 때 백사白沙 선생의 시를 보았는데, '한밤중 산속 샘물을 길으니 샘물은 날마다 새롭네. 샘에 얼굴을 비추지 않음은 대낮에 먼지가 많이 날리기 때문. 날리는 먼지야 무엇이 해로우랴! 두레박을 자주 놀리지 말라(夜半汲山井, 山泉日日新. 不將泉照面, 白日多飛塵. 飛塵亦何害, 莫弄桔槔頻).' 하였다. 마침내 수많은 성인이 서로 전승한(千聖相傳) 기틀이 마지막 한 구절에서 벗어나지 않음을 조금 깨

41 『진헌장집』 권2 「여나일봉與羅一峰」 서2.

달았다. 이로 인해 또 호를 '천천경옹天泉經翁'이라고 일컬었다.[42]

원래 진백사의 이 시는 「제심천題心泉(*贈黃叔仁: 황숙인에게 드리다)」인데[43] 바로 그의 '묵좌징심, 체인천리'의 '심천心泉'사상을 읊은 것이다.

동운은 양명이 천천루 벽에 이 진백사의 「제심천」 시를 크게 써서 붙인 뒤 이 시를 자기 만년의 천천루에서 날마다 양지를 체인하는 심학의 좌우명으로 삼은 사실을 제 눈으로 직접 보았다. 이 백부의 주루主樓는 분명히 백사의 「제심천」 시를 제하고, 아울러 『백사선생전집』 한 부를 소장하였기에 '천천루'라고 불렸다. 천천루는 양명이 양지심학을 길어 올리는 '심천'의 누각이었다. 동운은 이 벽에 제한 시에서 수많은 성인이 서로 전승한 심학의 도통을 간파하였고 그리하여 그 또한 스스로 '천천경옹'이라고 자호를 하였는데 실제로는 수많은 성인의 전승에 의해 양명을 '심천경옹'으로 높였던 것이다.

동운은 소흥으로 와서 배움을 물었는데 주로 천천루에서 가르침을 받았다. 그는 「숙천천루宿天泉樓」라는 시에서 다음과 같이 읊었다.[44]

깊은 밤 높은 누각에 향기 어리고	高閣凝香夜色深
처마 끝 북두성 보려고 기쁜 마음으로 오르네	思簷星斗喜登臨
눈은 지금 수염과 머리에 흩날리니 얼마나 다행인지	雪垂鬚髮今何幸
봄이 하늘과 땅에 가득하니 도의 마음을 보겠네	春滿乾坤見道心
맑은 바람은 부드럽게 시든 풀에 불어오고	冉冉光風回病草

---

42 『동운집董澐集』 「종오도인어록·일성록從吾道人語錄日省錄」.

43 『진헌장집』 권4에 보인다.

44 『동운집』 「종오도인시고從吾道人詩稿」.

축축한 기운이 푸른 숲에 가득 차네   瀼瀼灝氣足青林

내일은 기수에서 목욕하고 남산으로 가서   浴沂明日南山去

노봉을 향해 한번 읊어보리라   擬向爐峰試一吟

양명은 일찍이 다음과 같은 시를 지어서 동운에게 주었다.[45]

너희 몸은 저마다 절로 천진하니   爾身各各自天眞

남에게 구하거나 물을 것 없네   不用求人更問人

양지를 실현하면 덕업이 이루어지니   但致良知成德業

쓸데없이 낡은 종이에 정신을 허비할 것 없네   謾從故紙費精神

건곤이 역이며 역은 본래 획이 아니니   乾坤是易原非畵

심성은 어떤 형상이기에 먼지가 끼겠는가?   心性何形得有塵

선생은 선어를 배운다 말하지 말라   莫道先生學禪語

이 말은 분명하게 그대를 위해 진술한 것이네   此言端的爲君陳

여기서 말하는 '선생'은 종래에는 누구를 가리키는지 알지 못했으나 동운의 화답시 한 수 「경건히 선사의 운을 따서 읊으며 가르침을 구하다(敬次先師韻求敎)」에서 다음과 같이 읊은 내용을 근거로 알 수 있다.[46]

학문은 마땅히 참된 한마음에서 시작해야 하나니   爲學當從一念眞

견문으로 이 시대 사람들을 놀라게 하지 말라   莫將聞見駭時人

---

45 『왕양명전집』 권20 「시제생삼수示諸生三首」의 1.

46 『동운집』 「종오도인어록從吾道人語錄·구심록求心錄」.

고요하고 묵묵하여 함이 없는 곳을 알기만 하면	要知靜默無爲處
저절로 원만하고 텅 비어서 헤아릴 수 없는 신령함이 있다네	自有圓虛不測神
곡식 씨앗은 북돋워 기르기를 일삼아야 하고	穀種滋培須有事
거울 빛은 닦아도 도리어 먼지가 앉네	鏡光拂拭反生塵
감추인 뒤에 방위와 형체가 없는 신령과 역이 드러남을	藏而後發無方體
강문 벽옥루의 진 선생에게 듣네	聽取江門碧玉陳

여기서 말하는 '강문 진 선생'은 바로 진백사를 가리키니 양명이 시에서
말한 '선생'은 필시 진백사를 가리킴은 의심할 여지가 없다. 또한 "고요하고
묵묵하며 함이 없는 곳을 알아야" 한다는 한 구절은 바로 진백사의 '묵좌징
심, 체인천리'를 가리킨다. "거울을 닦으면 도리어 먼지가 끼네"라고 한 구절
은 바로 진백사의 시 「제심천」에서 말한 "날리는 먼지야 무엇이 해로우랴!"라
고 한 것을 가리킨다. 이 때문에 양명이 시에서 "이 말은 분명하게 그대를 위
해 진술하네"라고 한 말은 필시 진백사의 시 「제심천」을 가리킨다. 양명의 이
시는 분명히 벽에 제한 백사의 시 「제심천」에 대한 깨달음에서 나왔다.

바로 이 천천루에서 양명이 또 백사의 '시의 가르침(詩敎)'을 길어 올리고
백사의 '고시가법古詩歌法'을 취하여서 '구성사기가법九聲四氣歌法'을 창안하
였는데, 이는 양명이 만년에 이르러서도 여전히 진백사 심학의 심법을 존중
하여 우러렀음을 밝히 드러낸다. 백사의 '묵좌징심, 체인천리'를 좌우명으로
정립함으로부터 백사의 '고시가법'을 받아들여서 '구성사기가법'을 창안하고
백사의 「제심천」 시를 크게 써서 좌우명으로 삼은 일은 양명이 평생 진백사
심학사상의 영향을 받은 전 과정을 전개하여 드러낸다. 양명의 '을축년의 깨
달음'은 백사 심학의 '심천'을 길어 올린 것이라는 비밀이 이로 인해 완전히
드러났다.

드물기는 해도 이에 견줄 만한 사실이 있다. 담약수도 혜안으로 진백사의 이 「제심천」 시를 간파하고서 자기 사상도 진백사 심학의 '심천'(*심법)을 길어 올린 것임을 인정하였던 것이다. 그는 『백사자고시교해白沙子古詩敎解』에서 「제심천」 심법의 교설을 다음과 같이 풀이하여 밝혔다.

부賦이면서 비比이다. 샘을 본심本心에 견주었고 먼지를 물욕物欲에 견주었으며, 방아두레(桔槔)를 지혜와 기교(智巧)에 견주었다. 날마다 새로워진다고 한 구절은 천리가 생생불식生生不息함을 비유한 것이다. 황숙인의 별호는 '심천心泉'이다. 선생이 이 시를 지었는데 "한밤중에 산의 우물에서 물을 긷는다(夜半汲山井)" 하였다. 한밤중은 고요하고 안정된 시간이며, 이 샘은 날마다 새로워지는데 마치 사람의 야기夜氣가 쉬지 않고 생겨나고 생겨나는 것과 같다. 이때 마음을 맑게 하고 돌이켜서 비춰보면(澄心返照) 천리가 저절로 드러난다. 만약 한낮에 말이 움직이고 사람이 가면 흩날리는 먼지도 일어나는데 마치 아침과 낮에 하는 일이 야기를 뒤흔들어 없애버리는(梏亡) 것과 같다. 이때 먼지에 가리면 본래면목本來面目이 어찌 드러나겠는가? 또 먼지가 날리는 것은 오히려 괜찮지만 만약 지혜와 기교가 그 본성을 뚫어버리면 마치 방아두레를 놀리는 자가 일을 기획함에 반드시 기심機心이 있어서 일을 극도로 망치는 것과 같다. 맹자가 지혜에서 미워한 바는 본성을 뚫어버리는 것 때문인데 역시 이 같은 뜻이다. 방아두레는 물을 퍼 올리는 기구이다. 『장자莊子』 「천운天運」에 "방아두레는 당기려면 몸을 숙이고 놓으려면 몸을 우러른다." 하였다.[47]

---

47 담약수, 『백사자고시교해白沙子古詩敎解』 권하 「제심천題心泉」. 『진헌장집』 뒤의 부록 1에 보인다.

담약수는 진백사에게는 평생 성리性理에 관한 저작이 없다고 하였는데, 그는 시로써 가르쳤던 것이다. 진염종陳炎宗(1748, 진사)은 다음과 같이 설명한다. "백사 선생은 도로써 천하에 이름이 났으나 저작을 하지 않고 오직 시를 좋아하였다. 시가 곧 선생의 심법이며, 선생이 가르침으로 삼은 방법이었다."[48] 여기서 '심법'이란 바로 '심학의 법문(心學法門)'을 가리키며, 담약수가 "이때 마음을 맑게 하고 돌이켜서 비춰보면 천리가 저절로 드러난다."라고 한 것은 바로 진백사의 '묵좌징심, 체인천리'의 '심법'을 가리킨다. 담약수도 양명과 마찬가지로 「제심천」이라는 시에서 진백사의 '묵좌징심, 체인천리'의 '심법'과 '심천'을 체인하였는데, 이것이 바로 두 사람이 '함께 성학聖學(*백사학白沙學)을 제창하는' 공동의 기점이 되었음을 알 수 있다.

백사의 '묵좌징심, 체인천리'는 위로 이통에게 뿌리를 두었기 때문에(*동운이 말한 바 수많은 성인이 서로 전승한) 양명도 담약수와 마찬가지로 근본으로 돌아가서 새로움을 추구하여(返本求新) 이통의 사상으로 거슬러 올라갔으며, 백사의 심학사상을 이용하여서 이통의 '묵좌징심, 체인천리'를 전석하였다. 이는 양명과 담약수가 함께 성현의 학을 제창하는 공동의 사상적 언어와 공통의 사상적 기초가 되었다.

이통 이학의 특징은 바로 본체론에 있는데, 한편으로는 이치가 내 마음에 있으며 마음이 모든 이치를 포함하고 있다고 인정하고, 또 한편으로는 이치가 사물 가운데 있으며 하나인 이치(理一)가 분수分殊에 있다고 인정한다. 따라서 공부론에서는 한편으로 '고요한 가운데 체인(靜中體認)'할 것을 말하고, 또 한편으로는 '분수에서 체인(分殊體認)'할 것을 말한다. 정중체인은 바로 '묵

---

48 진염종, 「중각시교해서重刻詩敎解序」, 『진헌장집』 뒤에 부록으로 있는 『백사자고시교해』에 보인다.

좌징심'이며, 분수체인은 바로 '체인천리'이다.

주희는 「이통행장李侗行狀」에서 이통의 이 사상을 다음과 같이 말한다. "학문의 길은 많은 말을 하는 데 있지 않다. 다만 묵묵히 앉아서 마음을 맑게 하고 천리를 체인하되 만약 털끝만큼이라도 사욕私欲이 생겨나는 것을 알면 역시 물러나서 천리를 순종해야 한다. 오랫동안 이것에 힘써서 점차 천리가 거의 밝아지면 학문을 강론하는 것이 비로소 힘을 얻는다."[49] 이른바 '묵좌징심'은 정중체인을 가리킨다. 고요한 곳에서 공부를 하고 마음을 맑게 하고 묵묵히 앉아서 대본大本과 달도達道를 체인하며, 고요한 가운데 희로애락喜怒哀樂이 아직 드러나지 않았을 때의 기상을 체인하는 것이다.

주희는 이통의 이 사상을 다음과 같이 상세히 논술한다.

하루 종일 꿇어앉아서(危坐) 저 희로애락이 아직 드러나기 전의 기상이 어떠한지 징험하고 이른바 중中을 추구한다. 이와 같이 오랫동안 하면 천하의 대본이 참으로 여기에 있음을 알게 된다. 대체로 천하의 이치는 이로 말미암아 나오지 않는 것이 없으며, 그 근본을 얻으면 여기에서 나오는 모든 것이 비록 모양과 특징(品節)이 저마다 다르고 곡절이 수만 가지로 변해도 여기에 포함되고 관통하지 않는 것이 없으며 이에 따라 녹아 풀어져서 저마다 조리가 있다. …… 거기서 고갱이(裏)를 얻지 않은 것이 없다. 이로 말미암아 잡고 보존함이 더욱 견고해지며, 간직하여 기름이 더욱 익숙해지며, 자세하고 밝음이 순수하고 하나가 되며, 접촉하는 곳이 환하게 통하며, 온갖 상황에 적용하여서 표현됨에 반드시 절도에 맞다.[50]

---

49 『주문공문집朱文公文集』 권97 「연평이선생행장延平李先生行狀」.

50 『주문공문집』 권97 「연평이선생행장」.

이통의 관점에서 볼 때 마음은 온갖 이치를 갖추고 있기 때문에 천리를 체인하려면 모름지기 고요함으로써 마음을 굳게 다잡고 묵묵히 비추고 맑게 관찰하여서(黙照澄觀) 고요한 가운데 대본과 달도를 체인해야 한다. 고요함은 바로 마음이 텅 비고 한결같고 고요한 것으로서(虛一而靜), '마음의 근원은 고요하며(心源寂靜)', '몸으로써 이면을 체인하는(以身去裏面體認)' 것을 가리킨다. 이통 스스로는 다음과 같이 해석한다. "텅 비고 한결같으며 고요하니, 마음이 바야흐로 차면 사물이 올라탄다. 사물이 올라타면 움직이니 마음이 바야흐로 움직이면 기운이 올라탄다. 기운이 올라타면 미혹되니 미혹되면 이에 한결같지 않아서 희로애락이 모두 절도에 맞지 않게 된다."[51] 정중체인은 고요히 앉아서(靜坐) 고요히 앉은 가운데 마음을 맑게 하고 관조할 것을 요구한다. 그러므로 '묵좌징심'이라고 한다. 이 사상은 자연스레 양명이 양명동에서 고요히 앉아 도인導引, 수련修煉을 실천한 것과 멀리서 서로 관통한다.

그러나 이통은 정중체인을 강조할 뿐만 아니라 분수체인을 더욱 중시하며, '묵좌징심'을 강조할 뿐만 아니라 '체인천리'를 더욱 중시한다. 그의 관점에서 볼 때 이치는 사물 가운데 있고 '이일理一'은 '분수' 가운데 있기 때문에 모름지기 사물에 나아가 이치를 궁구하고(卽物窮理) 분수에 나아가 이일을 체인해야 하는데, 이것이 바로 '분수체인'이며 '처한 상황에 따라 물리를 체인하는(隨處體認物理)' 것이라 한다.

당초에 주희가 처음 이통을 만나서 '소소령령昭昭靈靈'한 선학禪學을 대대적으로 담론하였을 때 이통은 간절하고 의미심장하게 주희에게 다음과 같이 말하였다. "천하는 이치가 하나이되 나뉘어 있는데, 지금 그대는 어디에서 허

---

51 『연평답문延平答問』 하.

공에 올라 큰 도리를 이해하려 하고 더욱 분수에 나아가 체인하지 않는가?"[52] 분수체인은 바로 분수에서 이일을 인식하는 것이며 일에 따라(隨事), 사물에 따라(隨物), 처한 상황에 따라(隨處) 천리를 체인하는 것이다. 그러므로 이통은 '정중체인'을 '고요한 곳(靜處)에서 공부하는 것'이라 일컫고, '분수체인'을 '일에 나아가(就事) 공부하는 것', '일상생활(日用處)에서 공부하는 것', '일상생활 사이(日用間)에서 착실하게(著實) 공부하는 것'이라고 일컬었다.

『연평답문延平答問』에서는 이통의 이러한 사상을 다음과 같이 기록하였다.

> (사람들이) 대체로 늘 고요한 곳에서 체인하여 공부를 하되 시끄러운 곳에서는 하지 않는데 대체로 (선유들은) 일찍이 이와 같이 공력을 쓰지는(用功) 않았다. 사 선생(謝良佐)이 확실히 일상생활에서 공부를 하지 않았다면 아마도 명도(정호)의 이 (억지로 마음을 잊어버리려 익히지 말고 바른 마음으로 사물을 대하며 조장하지도 말라는) 말도 반드시 이끌려 나오지 않았을 것이다. 이 어록은 매우 완색하기에 좋은데 근래에 바야흐로 이 뜻을 뚜렷하게 간파하였다. 원회元晦(주희)는 여기에서 더욱 사색하는 것이 어떻겠는가? 오직 일상생활에서 공부를 하고 혹 일에 나아가 공부를 하면 점점 거의 부합하여서 (공부가) 내 것(己物)이 될 수 있을 것이다. 그렇지 않으면 한낱 말일 뿐이다.[53]

주희도 구체적으로 일에 따라, 사물에 따라, 처한 상황에 따라 천리를 체인하는 이통의 분수체인을 다음과 같이 말한다.

---

52 서용검徐用檢(1528~1611), 『인산집仁山集』 권5 「인산선생집서仁山先生集序」.
53 『연평답문』 하.

옛날에 연평 선생의 가르침을 들으니 학문을 하는 처음에는 또한 마땅히 이 마음을 보존하여서 다른 일에 예속되지 않게 해야 한다고 하였다. 또한 한 가지 일을 만나면 곧 마땅히 이 일에 나아가 반복하여 찾고 추구하여서 그 이치를 궁구해야 한다. 이 한 가지 일이 융석탈락融釋脫落한 뒤에야 순서에 따라 조금씩 나아가 다른 한 가지 일을 궁구한다. 이와 같이 하여 오래되고 많이 쌓이면 흉중이 저절로 당연히 쇄연灑然한 곳이 있을 것이다.[54]

이른바 분수체인은 실제로 격물구리格物求理를 뜻함을 알 수 있다. 이치가 내 마음에 있다는(*心具衆理) 실마리로 말하자면 모름지기 고요한 가운데 체인하고 묵묵히 앉아서 마음을 맑게 해야 한다. 이치가 사물 가운데 있다는 (*物具萬理) 실마리로 말하자면 모름지기 분수체인을 하여서 격물구리를 해야 한다. 정중체인과 분수체인의 통일은 심학과 이학을 혼합한 이통의 사상체계를 구성한다. 그의 묵좌징심(*靜中體認)은 나중에 육구연의 심학으로 이어졌고, 분수체인(*格物求理)은 나중에 주희의 이학理學(*性學)으로 이어졌다.

진백사는 이통의 묵좌징심과 체인천리의 사상을 전면적으로 받아들였기 때문에 그의 사상체계도 육씨(육구연)의 심학과 주씨(주희)의 이학이 혼합된 특징을 지니고 있는데, 혹자는 진백사의 사상체계가 실제로는 역시 불철저한 심학체계로서 양명이 나중에 스스로 "비유하자면 이 밥 한 그릇을 다른 사람은 먹은 적이 없고, 백사는 먹기는 하였는데 다만 다 먹지는 못하였다."[55]라고 말한 바와 같다고 하였다. 바로 이 '다 먹지는 못하여'서 '불철저한' 심학

---

54 『대학혹문大學或問』 제5장.

55 『명유학안明儒學案』 권29 「주사우서천선생主事尤西川先生」에 인용한 「의학소기擬學小記」에 보인다.

체계는 이때 바로 사장의 학에서 성현의 학으로, 송유의 이학에서 심학으로 옮겨가던 양명에게 지극히 크게 주의를 끌었고, 역시 담감천과 왕양명에게 저마다 진백사의 심학을 빌려서 자기의 사상체계를 발전시키는 데 서로 다른 전석의 공간을 남겨놓았던 것이다.

양명의 '을축년의 깨달음'은 바로 양명이 진백사의 '심천'을 길어 올린 심학사상의 깨달음이다. 또한 그가 진백사의 '묵좌징심, 체인천리'를 체인하고 깨달은 심학 종지의 깨달음이며 역시 그가 일생에서 송유의 이학을 초월하여 심학으로 나아간 기점이었다. 양명의 이 '을축년의 깨달음'의 중요한 심학의 의의를 제일 처음 간파한 사람은 천태天台의 경정향耿定向(1524~1596)이다. 그는 「신건후문성왕선생세가新建侯文成王先生世家」에서 '을축년의 깨달음'이 양명의 전체 심학사상 형성과 발전의 역정에서 차지하는 의의를 다음과 같이 분석하였다.

> 이때 사람을 가르쳤는데, 일찍이 지행합일의 취지를 제기했으나 배우는 사람은 익숙하게 들었던 것에 막혀서 받아들이기 어려워하였다. 그 사이에 묵묵히 앉아서 마음을 맑게 하고(默坐澄心) 이 이치를 체인하도록 가르쳤는데, 고명한 사람은 혹 단박의 편안함을 즐겁게 여기고서 오래 쌓아나가는 것을 잊어버렸다. 선생은 이를 염려하여 저滁(안휘安徽), 유留(*도都, 남경)에서 돌아온 뒤 때로 이치를 보존하고 욕망을 제거하며(存理去欲), 성찰함으로써 성실함을 세우는 것을(克省立誠) 가르침으로 삼았는데, 대체로 체인한 것에 나아가 실제로 체득하게 한 것으로서 두 가지 취지가 아니었다. 신호宸濠·장충張忠·허태許泰의 반란을 당한 뒤 …… 이때 다만 이 앎(*良知)에 의지하여 관조하고 운용하였는데 의지하는 마음이 흩어져서 조금도 생기지 않았다. 이에 이 앎이 신묘하게 감응하며 원만한 기틀(圓機)로 오묘하게 운용되

어서 본래 충분히 이와 같이 충족됨을 더욱 믿게 되었다. 이로써 자신하였고 역시 이 공변됨으로써 사람들에게 나아갔다. 이로부터 가르침은 오로지 '치량지致良知' 세 글자를 제기하였는데 대체로 묵묵함은 앉기를 기다리지 않아도 이루어졌고, 마음은 맑게 하지 않아도 저절로 안정되었다.[56]

양명이 진백사의 '묵좌징심, 체인천리'를 자기 심학의 좌우명으로 삼은 것은 사장의 학에서 성현의 學(*心性之學)으로 전환이 완성되었음을 나타낸다. 그는 사장의 학을 초월하였고 송유의 學(*程朱學)을 초월하였으며 진백사 심학의 길을 걸었다. 이는 양명 평생의 제1차 오도悟道, 곧 심학의 깨달음으로서 15세에 격죽格竹에 실패한 뒤로 송유 사상에 대해 망연히 회의하고 방황하며 길을 찾지 못하고 있다가 이에 이르러서 비로소 실지實地를 밟고 견실한 귀결처를 갖게 된 것이다. 또한 이 심학의 깨달음은 그가 선과 불교에 빠졌던 잘못을 깨달은 것과 평행을 이루는데, 「부채에 써서 양백에게 주다(書扇贈揚伯)」에서 그가 "대도는 곧 내 마음", "내가 장차 도에 나아가도록 전하였다"라고 말한 것은 바로 진백사 심학의 도로 나아감을 말한다. 당시 경사의 시사詩社에서 시우들이 모두 그가 추구하던 사장의 학을 버린 것에 대해 도무지 이해하지 못한 것도 이상하지 않다.

양명은 도리어 웃으면서 이와 같이 대답하였다.

과연 심성의 학문에 뜻을 두고 안연과 민자건 같이 되기를 기약하여서 마땅히 함께 일을 삼아 제일등의 덕업을 이루려고 도모해야 한다. 해와 달에 비유하자면 아득한 옛날부터 늘 그대로 보여도 자취와 모양(景象)은 늘 새

---

56 『경천대선생문집耿天臺先生文集』 권13 「신건후문성왕선생세가新建侯文成王先生世家」.

로운 것과 같다. 입언을 논하자면 역시 모름지기 하나같이 원만하고 밝은 구멍으로부터 흘러나온(一從圓明竅中流出) 것이 하늘을 덮고 땅을 덮듯이 하여야 비로소 대장부의 행위일 것이다.[57]

'심성의 학문'이란 바로 진백사의 심학을 가리킨다. 또한 "하나같이 원만하고 밝은 구멍으로부터 흘러나온다"라고 한 말은 원만하고 지극히 선한 심체心體에서 흘러나오는 심성의 학을 가리킨다. 이는 바로 그의 '을축년의 깨달음'이 백사 심학에 대한 근본 깨달음임을 가리킨다. 바로 이때 진백사의 문인 담약수가 서울에 들어와서 한림원서길사가 되었다. 양명은 진백사 심학을 강론할 만한, 마음을 알고 도를 함께할(知心同道) 사람을 찾았는데 그의 '묵좌징심, 체인천리'의 좌우명은 그가 담약수와 함께 성현의 학을 제창하는 길로 인도하는 밝은 등불이 되었다.

---

57 『왕기집』 권16 「증순징별언」.

백사의 마음 길(心路)을 동행하다 :
담감천(담약수)과 함께 성학聖學을 제창하다

담약수는 진사에 합격한 뒤 한림서길사로 선발되어서 5, 6월경 증성增城 (광동성廣東省 광주廣州)에서 북상하여 서울로 올라왔다. 그가 온 것은 정주 이학의 어둠 속에 사로잡혀 있던 경도에 영남 백사 심학의 밝은 빛을 던져주는 일이었다. 사실 그가 봄철 회시에서 쓴 「중자천하지대본론中者天下之大本論」은 백사의 심학을 떨쳐서 드러낸 논문이었다.

그 글에서 다음과 같이 말한다.

희로애락이 아직 표현되지 않았을 때의 이치(理)는 그 마음에 온축되어 있습니다. …… 적연하여 움직이지 않으면서(寂然不動) 마침내 천하의 까닭(天下之故)에 통하니 그런 뒤에야 비로소 이치가 드러납니다. …… 군자는 여기에 처한 뒤에야 사람이 지극히 귀하며, 마음이 지극히 신령한 것임을 알 수 있습니다. …… 저 이치는 하나일 뿐입니다. 태허의 무형한 것을 일컬어서 하늘이라 하고, 만물에 부여된 것을 일컬어서 명命이라 하며, 허虛와 기氣가 결합한 것을 일컬어서 심心이라 하고, 마음에 갖추어진 것을 일컬어서 성性이라 하고, 성의 아직 드러나지 않으면서 치우치지 않은 것을 일

컬어서 중中이라 합니다.[58]

여기에는 이미 백사의 '묵좌징심, 체인천리'의 심학 종지가 함축되어서 표현되어 있다. 이 심론心論은 서울의 대신과 선비들에게 매우 큰 주목을 받았다.

또한 담약수는 한림서길사에 선발된 뒤 백사 심학을 고취하는 일련의 문장을 써서 사람들의 주목을 끌었는데, 「책지론責志論」에서 '심체'를 논하며 다음과 같이 말한다.

> 하늘이 낳고 땅이 기른 것으로는 사람이 크다. 사람이 큰 것은 이 성性을
> 갖고 있고 이 마음(心)을 갖추고 있기 때문이다. 이 마음이 있으니 이 기氣
> 가 없을 수 없고, 이 형形이 없을 수 없다. 이 형이 있으면 외물에 접촉하
> 지 않을 수 없다. 사람의 마음은 가는 곳이 없을 수 없으니, 가는 곳이 있
> 으면 기에 움직이지 않을 수 없다. 기에는 사특함과 올바름이 있으니 형에
> 얽매이지 않을 수 없다. 형에 얽매이면 사물에 접촉하지 않을 수 없다. 사
> 물에 접촉하면 점차 마음을 이루지 않을 수 없다. 이는 의지가 말미암아
> 생기는 바이며 기와 습성이 없을 수 없는 바이다.[59]

「학안자지소학론學顏子之所學論」에서 담약수는 '구심求心'이 성현의 학에 들어가는 지결指訣임을 다음과 같이 더욱 강조한다.

> 마음을 보존하고 성정性情을 바르게 한다. 안씨의 아들(顏氏之子, 안연)은 잘

---

58 『천옹대전집泉翁大全集』.

59 『천옹대전집』.

배웠으니 바로 배움의 표본(的)이라 할 수 있다. 그러나 내 마음의 본체(體)는 무궁하니 …… 그러므로 안자를 잘 배우는 자는 마땅히 내 마음의 무궁한 본체에서 구해야 할 뿐이다. …… 주자周子(주돈이)가 말하기를 "안자는 분노를 옮기지 않았고 잘못을 거듭하지 않았으며, 석 달 동안 인을 어기지 않았다(顔子不遷怒, 不貳過, 三月不違仁)."라고 하였으니 그렇다면 분노를 옮기지 않고 인을 어기지 않은 것은 그 정情일 뿐인가? 인을 어기지 않은 것은 그 성性일 뿐인가? 옮기지 않고 어기지 않고 잘못을 거듭하지 않은 것은 그 마음(心)일 뿐인가? …… 성정을 잘 다스리는 자는 내 마음에서 추구하면 된다. 내 마음의 본체는 무궁하며 안자의 배움은 근거가 있다. 근거가 있는 자취로써 무궁한 이치를 추구하니 성인의 영역에 들지 못함을 근심할 것이 무엇인가![60]

심지어 담약수는 「학설學說」에서 '양지良知'를 다음과 같이 언급한다. "옛날의 배움은 사람됨을 위해 배웠다. …… 그러므로 말하기를, 사람이 사려하지 않고서도 아는 것은 양지이며, 배우지 않고서도 능한 것은 양능이라고 한다."[61]

담약수의 이러한 문장은 필연적으로 양명의 관심을 끌었다. 그러나 담약수는 경사에 처음 와서는 양명을 결코 알지 못하였는데, 서길사로 선발된 뒤에는 매우 긴급하게 한림학사 장원정張元禎(1437~1507)과 유기劉機(?~1522)가 전수를 책임진 교습敎習의 일에 매진해야 했기 때문에 결코 양명과 바로 만

---

60 『천옹대전집』.

61 『천옹대전집』.

나거나 서로 알 수 없었다. 대략 겨울이 되어서야[62] 새로 선발된 서길사의 눈코 뜰 새 없이 바쁜 교습이 끝난 뒤에야 담약수는 양명이 진백사의 '묵좌징심, 체인천리'를 좌우명으로 삼았고 그의 사상이 진백사의 사상과 완전히 부합한다는 이야기를 들었을 것이다. 또한 양명은 아마도 서길사에 새로 선발된 예종정·목공휘·육심·왕위 등으로부터 담약수가 진백사의 문인이며 백사의 진전眞傳을 얻었음을 알게 되었고, 그리하여 두 사람은 비로소 갈망하는 마음이 생겨서 마음을 기울여 만나본 뒤 얼굴을 마주하고 학문을 강론하면서 서로 이해하였으며, 각자 '성학'의 사상과 학문의 대지가 완전히 통함을 알게 되었을 것이다. 이에 한 번 만난 뒤 곧 교제를 맺고 함께 성현의 학문을 제창하기로 약속하였다. 두 사람이 처음 만났을 때, 추측건대 서애와 방헌부가 함께 자리했을 것으로 보인다.[63]

담약수도 틀림없이 양명이 크게 쓴 '묵좌징심, 체인천리'의 좌우명을 보고서 단번에 담약수의 속마음(心坎)을 말한 것임을 간파하였을 것이다. 따라서

---

62 생각건대, 양명과 담약수가 서로 만나서 교제를 맺고 성학을 공동 제창한 시기에 관해서 전덕홍·황관·추수익은 홍치 18년(1505)으로 여겼는데, 담약수는 정덕 원년(1506)이라고 하였으니 1년의 차이가 난다. 생각건대, 서로 만나서 교제를 맺고 성학을 함께 제창한 것은 두 가지 일로서, 이는 앞뒤로 긴밀하게 서로 연결되어 있다. 두 사람은 당연히 홍치 18년 연말에 비로소 서로 만나 교제를 맺었고, 정덕 원년 초에 성학을 함께 제창하였다. 그러므로 설에 1년의 차이가 나게 되는 것이다. 담약수는 정덕 16년(1521)에 지은 「답양명왕도헌논격물答陽明王都憲論格物」(『천옹대전집』 권9)에서 분명히 말하기를 "저는 형과 교제를 맺은 지 17년입니다."라고 하였다. 이는 두 사람이 교제를 맺은 때가 홍치 18년임을 명료하게 알려준다.

63 『천옹대전집』 권15 「증별응원충길사서贈別應元忠吉士序」. "정덕 병인년(1506)에 경사에서 우리 양명 왕 선생을 비로소 알게 되었는데, 인하여 왈인曰仁 서 선생을 알게 되었다." 방헌부도 서길사에 선발되어서 담약수와 함께 경사에 왔는데, 양명과 방헌부가 서로 알게 된 시기도 역시 같은 해이다.

양명과 담감천은 이때의 처음 만남을 정신으로 사귀고 뜻이 맞으며(神交意會) 마음과 마음이 서로 통하는(心心相通) 만남이라고 일컬었다. 담약수는 스스로 "내가 그대를 처음 알고부터 도의道義가 날마다 더불어 함께하였다. 한 몸에 세 가지 유익함을 가져서 죽을 때까지 같이하기로 맹서하였다(自我初識君, 道義日與尋. 一身當三益, 誓死以同襟)."[64]라고 하였다.

나중에 그는 다음과 같이 말하였다.

> 정덕 병인년(1506), 비로소 성현의 학문으로 올바르게 돌아왔다. 서울에서 감천자甘泉子(담약수)를 만나고 사람들에게 말하기를 "내(守仁)가 벼슬살이를 한 지 30년에(*13년이라 해야 한다) 이런 사람은 아직 보지 못하였다."라고 하였다. 감천자도 사람들에게 말하기를 "내(若水)가 사방을 두루 다녀보았지만 이런 사람을 아직 보지 못하였다."라고 하였다. 마침내 서로 교제를 맺고 학문을 강론하였다. 한결같이 정씨程氏(정호)의 '인한 사람은 혼연히 천지만물과 한 몸이 된다(仁者渾然與天地萬物同體).'는 가르침을 마루로 삼았다.[65]

> 세성歲星이 병인에 있던 해에 형과 해후하고서 뜻이 맞고 정신으로 사귀었습니다. 함께 대도大道로 달려가면서 죽을 때까지 하기로 기약하였습니다. 혼연히 한 몸이 됨(渾然一體)을 정씨가 '인을 아는 것(識仁)'이라고 하였는데, 나는 이를 높였고 형도 옳다고 하였습니다.[66]

---

64 『천옹대전집』 권49 「구장증별九章贈別」; 『왕양명전집』 권7 「별삼자서別三子序」.

65 『왕양명전집』 권38 「양명선생묘지명陽明先生墓志銘」.

66 『왕양명전집』 권40 「전왕양명선생문奠王陽明先生文」.

병인에 서울에서 나는 양명과 벗을 하였소. 그대(*서애徐愛)는 어려서 곁에 모시고 있었는데, 옥과 같은 영재였소.[67]

양명은 더욱 흔연히 담약수를 '마음을 같이하는 사람(同心人)', '나와 같은 길을 걷는 벗(吾之同道友)'이라 일컫고[68] 또한 다음과 같이 말한다.

늘그막에 감천자(담약수)라는 벗을 얻고서 이후 내 의지가 더욱 견고해졌으며 의연히 막을 수 없는 듯하였으니 내가 감천에게서 힘입은 것이 많습니다. 감천의 학문은 스스로 터득하는 것을 추구하는 데 힘씁니다. 세상(世末)에서 그의 앎에 관한 설을 아는 자는 선禪이라고 의심합니다. 참으로 선이라 하더라도 나는 홀로 (그런 점을) 볼 수 없었는데 하물며 그 지향하는 바가 이처럼 우뚝한 것이겠습니까? 그런즉 감천과 같은 사람은 성인의 무리가 아니겠습니까?[69]

양명과 담약수는 서로 만나서 교제를 맺은 뒤 '함께 대도로 달려가기' 위해 정식으로 성학을 함께 제창하기로 약속하였고, 때는 바야흐로 정덕 원년(*1506) 새봄이 되었다. 담약수는 자기가 양명과 처음 성학을 함께 제창하기로 약속한 때가 정덕 원년(*병인)이라고 세 차례나 명확하게 말하였는데, 기억이 잘못되었을 리는 없다. '성현의 학문'이란 분명히 그들 두 사람이 함께

---

67 『횡산유집橫山遺集』 부록 「제서낭중왈인문祭徐郞中曰仁文」.

68 『왕양명전집』 권19 「양명자지남야기우담원명가구장이중최자종화지이오시어시양명자작팔영이답지陽明子之南也其友湛元明歌九章以贈崔子鐘和之以五詩於是陽明子作八詠以答之」.

69 『왕양명전집』 권7 「별담감천서別湛甘泉序」.

존신한 진백사의 심학을 가리키는데, 그들은 모두 비교적 함축하여 말하였을 뿐이다.

주씨朱氏 명 왕조의 통치자는 주원장朱元璋(1328~1398)부터 시작하여 정주 이학으로 천하를 통치하고 규제하였기 때문에 육구연의 심학을 이단으로 보았다. 진백사의 심학은 민간에서 일어났고 당시 사람들 눈에는 '선학禪學'으로 보였기에 담약수·왕양명의 사상마저도 그에 연루되어서 '선학으로 의심(疑其爲禪)'을 받았다. 이공동(이몽양)은 일찍이 주씨 명의 황제가 정주 이학으로 천하의 선비를 금고禁錮한 사건을 다음과 같이 말하였다. "태종太宗 (1402~1424) 때 파양鄱陽의 한 늙은 선비가 염락濂洛의 학문을 비난하고 배척하면서 자신의 저술을 진상하였다. 황상이 이를 열람하고서 크게 노하였다. 각신閣臣 양사기楊士奇(양우楊寓, 1365~1444)가 힘껏 구원을 하여서 죽임을 면할 수 있었다. 사람을 그 집에 보내서 그의 저서를 모두 태워버렸다."[70] 선비와 유생들은 그때부터 계속 두려워하였고 그로 인해 홍치 연간의 경사에서는 정통 정주 이학을 신봉하는 관원과 선비로 가득 차 있었다.

귀인이 경화에 가득 찼는데 이 사람만 홀로 초췌하다(冠蓋滿京華, 斯人獨憔悴)[71]는 격으로 양명과 감천은 부득불 '성현의 학문을 함께 제창한다(共倡聖賢之學)'는 기호旗號를 내세우고 '성현의 학문'으로 뒤덮어서 진백사의 심학을 토론하고 발전시키며 창도하였는데, 송유 정명도(정호), 이연평(이통, *주희의 스승)의 권위와 설법을 빌려서 진백사의 심학을 위한 합법적이고 정통적인 근거를 찾았다. 이른바 '성학을 함께 제창한다(共倡聖學)' 함은 바로 두 사람이 공동으로 진백사 심학사상의 '심천'을 길어 올리고 진백사의 심학사상을 강

---

70 『공동집』 권65 「외편外篇 1·치도편제治道篇第 4」.

71 두보, 『분류두공부집分類杜工部集』 「몽리백夢李白 2」

하여서 밝히고 토론하며, 한 걸음 더 나아가 진백사의 심학에 대한 두 사람의 여러 관점의 인식을 통일하여서 함께 인정하는 완전하고 좋은 심성의 학문체계(*성학)를 세운 뒤 광범위하게 학생과 선비들을 향해 창도하고 전파하고 추진한 것이다.

나중에 담약수는 그들 두 사람이 함께 제창한 성학은 명도의 '인한 자는 혼연히 천지만물과 한 몸(仁者渾然與天地萬物爲一體)'이라는 학문을 높인 것이라고 하였는데,[72] 두 사람이 함께 제창한 성학이란 바로 명도의 정학程學을 가리키는 듯하지만 역시 일종의 가리고 꾸민 말이다. 실제로 그들은 정학의 엄폐 아래 진백사의 심학을 강론하였으며, 그들이 토론한 심학의 문제도 매우 광범위하였다. 두 사람이 강론한 성학의 초점 역시 진백사의 '묵좌징심, 체인천리'에 있었으며, 이는 두 사람이 함께 제창하고 함께 높이고 함께 지킨 성학의 종지였다.

담약수는 진백사의 '묵좌징심, 체인천리'를 몸으로 깨닫는(體認) 과정에서 양명과 마음으로 깨닫는(心悟) 거의 같은 역정을 거쳤다. 홍치 7년(1494)에 담약수는 강문江門으로 가서 진백사에게 배움을 물었고, 백사는 가장 먼저 그에게 '묵좌징심, 체인천리'의 심학을 전수하였다. 담약수는 처음에 '체인천리'를 물었는데 진백사는 대답하기를 "이로써 성인의 영역에 이를 수 있는 것"이라고 하였다.[73] 다만 그는 '묵좌징심'(*靜坐)과 '체인천리'(*隨處體認)를 동일한 정관靜觀의 체인 공부를 표현한 두 구절로 간주하였기 때문에 진백사가 그에게

---

72 『감천선생속편대전甘川先生續編大全』 권5 「조주종산정사양명왕선생중리설자배사당기潮州宗山精舍陽明王先生中離薛子配祠堂記」.

73 담약수, 「백사선생개장묘비명白沙先生改葬墓碑銘」, 『진헌장집陳獻章集』 부록 2.

가르쳐준 '묵좌징심'과 '체인천리'를 모두 아직 깨닫지 못하였다.[74] 돌아온 뒤
그는 3년 동안 함양하고 체인하여서 마침내 활연대오豁然大悟하였다.

홍치 10년에 담약수는 진백사에게 편지를 써서 자기의 마음의 깨달음을
다음과 같이 말하였다.

> 문생 담우湛雨는 백사 노 선생님 어르신(函丈) 집사執事께 머리를 조아려 백
> 번 절합니다. 처음 문하에 절을 하고 친히 존귀한 가르침을 받았는데 잊지
> 도 말고(勿忘) 돕지도 말라는(勿助) 취지를 말씀하시고, 있지도 않고 없지도
> 않은(無在無不在) 요체를 계발해주셨습니다. 돌아가 추구하고 이로써 굳게
> 준수하였는데(持循) 오래도록 낙착할 곳이 없었습니다. 하루아침에 홀연 깨
> 달음을 얻은 듯하였는데 "내 학문은 비록 받은 바가 있으나 '천리' 두 글자
> 는 도리어 스스로 체인해낸 것이다."라고 한 정자의 말씀과 이연평이 말한
> '묵좌징심, 체인천리'에 감동을 받았습니다. 저는 말하기를 '천리' 두 글자
> 는 수많은 성인과 현인의 대두뇌처이며 요순 이래 공맹에 이르기까지 '중
> 中'을 말하고, '극極'을 말하고, '인의예지仁義禮智'를 말한 천 마디 만 마디
> 말씀이 모두 이미 이 안에 포괄되어 있다고 하겠습니다. 만약 처한 상황에
> 따라 체인하여서 진리를 볼 수 있다면 일상생활에서 앞에 나아가 참여하
> 고(參前) 가로대에 기대는(倚衡) 모든 행위가 이 몸이 아님이 없으며, 남에게
> 서 함양하여 나에게 간직하는 것일 뿐입니다. …… 운운.
>
> 정사 겨울 10월 1일 문생 담우 머리를 조아려서 백 번 절하고, 머리를
> 조아려서 삼가 아룁니다.[75]

---

74 완용령阮榕齡, 『편차진백사선생연보編次陳白沙先生年譜』를 참조하라.

75 『천옹대전집』 권8 「상백사선생계략上白沙先生啓略」.

진백사는 아주 빨리 편지를 써서 다음과 같이 담약수의 마음의 깨달음을 칭찬하였다. "지난겨울 10월 1일에 보낸 편지는 매우 좋았습니다. 일상생활에서 처한 상황에 따라 천리를 체인하고 여기에 채찍질을 가한다면 옛사람의 높은 경지에 이르지 못할 것을 어찌 근심하겠습니까? …… 탐스러운 영지(皇皇靈芝)는 한 해에 세 차례 꽃이 핍니다(三秀). 내 홀로 어찌하여 뜻을 가지고서도 나아가지 않겠습니까? 이런 일을 생각하니 역시 감탄할 뿐입니다!"[76]

실제로 진백사는 일찍이 자기의 '수처체인천리'를 경전적으로 독자적인 해설을 하였는데, 그는 명석하고 상세하게 다음과 같이 말한다.

종일 쉬지 않고 부지런히 힘써서(終日乾乾) 다만 이 이치를 거둬들일(收拾) 뿐이다. 이 이치는 범위가 지극히 넓어서 안팎이 없고 처음과 끝이 없으며, 어느 곳이라도 이르지 않는 곳이 없고 한순간이라도 움직이지 않음이 없다. 이를 이해하면 천지가 나에게서 확립하고 사물의 변화(萬化)가 나에게서 나오며 우주는 나에게서 존재한다. 이 손잡이(柄)를 손에 넣으면 다시 무슨 일이 있겠는가? 옛날부터 오늘날까지 상하사방이 모두 하나같이 꿰뚫어 묶이고 하나같이 거둬들여서 때에 따라, 처한 상황에 따라 이것이 채우지 않은 것이 없다. …… 이 이치가 위와 아래를 싸안아 망라하고 처음과 끝을 관철하며 섞여서 한 조각이 되어서 도무지 분별이 없어지는 것은 무진장하기 때문이다.[77]

그리하여 담약수는 처음 백사의 가르침을 받은 뒤 곧 백사의 '묵좌징심,

---

76 『진헌장집陳獻章集』 권2 「여담민택與湛民澤」 서11.

77 『국조헌징록國朝獻徵錄』 권22 「한림원검토진공헌장전翰林院檢討陳公獻章傳」.

체인천리'의 심학 종지를 받아들였고, 아울러 '묵좌징심, 체인천리'를 도출하여서 백사 심학에 입문하는 '불이법문不二法門'으로 정립하였으며, 백사 심학을 '선禪'으로 여기지 않았다.

나중에 그는 정암整庵 나흠순羅欽順(1465~1547)에게 보낸 편지에서 더욱 분명하게 처음 백사로부터 배운 '묵좌징심, 체인천리'의 심학 종지를 받아들인 상황 및 그 자신이 '묵좌징심, 체인천리'를 스스로 체득하여서 깨달은(自我體悟) 일을 다음과 같이 털어놓았다.

…… (*백사가) 가르침을 준 처음에는 곧 맹자의 "반드시 일삼음이 있으나 미리 기대하지 말고 마음에 잊지 말고 조장하지 말라(必有事焉而勿正, 心勿忘, 勿助長)."고 한 가르침을 목표로 삼았습니다. 또한 명도의 "배우는 사람은 모름지기 먼저 인을 알아야 한다(學者須先識仁)."라는 한 단락과 끝으로 역시 맹자의 이 단락을 마음을 보존하는 법으로 삼았습니다. 저(水)는 스스로 생각하기를 …… 편지로 질문을 여쭈었습니다. '천리' 두 글자는 가장 절실하고 긴요합니다. 명도가 말하기를 '내 학문은 비록 받은 바가 있으나 천리 두 글자는 도리어 스스로 체인해낸 것이다(吾學雖有所受, 然天理二字, 却是自家體貼出來).'라고 하였고, 이연평은 사람들에게 '묵좌징심, 체인천리'를 가르쳤습니다. 저는 '천리는 절실히 체인해야 하는 것이니 일상생활에서 처한 상황에 따라 천리를 체인하면 곧 부합하게 된다'고 이해하였습니다. 선사께서는 기뻐하시면서 저에게 편지로 답하시기를 "아무 달 아무 날에 쓴 편지를 받았는데 매우 좋았습니다. 읽고서 마침내 나의 처지를 잊어버렸습니다. '일상생활에서 처한 상황에 따라 천리를 체인하고' 여기에 채찍질을 가한다면 옛사람의 높은 경지에 이르지 못할 것을 어찌 근심하겠습니까!"라고 하셨습니다. 저 선禪이란 이치를 장애로 여기는데 선사께서는

우선 천리의 학문을 옳게 여기시니 선이 아님은 분명합니다. …… 호경재胡敬齋(호거인胡居仁, 1434~1484)의 『거업록居業錄』에 두 곳이 있습니다. 하나는 「답동백선생서答東白先生書」에 '간직한 뒤 표현한다(藏而後發)'라고 한 말을 선이라 하였는데, 제가 변박하여 말하기를 "그렇다면 『중용』에 '연못과 샘처럼 넓고 깊어서 때에 맞춰 나온다(溥博淵泉而時出之).'고 한 것도 선인가?"라고 하였습니다. 다른 하나는 '고요한 가운데 단예를 길러낸다(靜中養出端倪).'라고 한 말을 선이라 하였는데, 제가 변박하기를 "그렇다면 맹자가 '야기가 자라나는 것(夜氣之所息)'과 '사단을 확충한다(擴充四端)'고 한 설도 선인가?"라고 하였습니다. 대체로 사람의 마음은 천리와 본체가 갖춰 있으니 '반복하여 해친다면(梏之反復)' 역시 없어진 것 같으나 실은 없어진 적이 없으며, 야기를 기르면 본체의 단예가 발현하니 '평단의 기는 좋아하고 싫어하는 것이 남들과 서로 비슷하다(平旦之氣, 好惡與人相近).'고 한 것이 이것입니다. 이 단예를 보고서 마침내 이로부터 함양하고 확충하여서 성대해지면 천리가 유행할 것이니 어찌 선이라고 하겠습니까![78]

사실 진백사는 '일상생활에서 처한 상황에 따라(日用間隨處)' 천리를 체인할 것을 강조하였고, 담약수는 '처한 상황에 따라(隨處)' 천리를 체인할 것을 강조하였는데 모두 이통에게 뿌리를 두고 있다. 이통도 강조하여서 말하기를 "모름지기 고요히 앉아서 몸소 궁구하여(體究) 인륜을 반드시 밝히고 천리를 반드시 살펴야 한다. 일상생활에서 힘을 쓰면 단서를 볼 수 있다."[79]라고 하

---

78 나흠순의 『곤지기困知記』 부록 「기나정암태재서寄羅整庵太宰書」에 보인다. 담씨의 이 편지는 『천옹대전집』에는 실려 있지 않다.

79 『이연평집李延平集』 권1, 『연평답문』 하.

였다. 다만 진백사는 책을 쓰고 이론을 세우는 것을 좋아하지 않았으므로 당시 사람들은 진백사의 '묵좌징심, 체인천리'의 사상을 종래에는 제대로 살피지 못하고 알지 못하였으며, 대부분 선가禪家의 습정수선習靜修禪의 이단설과 유사한 것으로 여겼다. 장후는 감탄하여서 다음과 같이 말하였다. "문인이 저마다 자기가 보고 자기가 들은 것에 따라 법칙을 삼았고, 천하 사람은 또 저마다 자기가 보고 자기가 들은 것에 따라 일컬었으니 과연 족히 선생의 도를 알았다고 하겠다!"[80]

담약수가 스스로 깨닫고 몸에서 입증한 것(自悟體證)은 도리어 이통과 진백사의 '묵좌징심, 체인천리' 사상의 참된 맥을 진정으로 이해하고 계승하였으므로 이통과 진백사의 본의에 완전히 부합한다. 그의 자아초월의 깨달음(悟解)은 두 방면으로 표현된다.

하나는 정호와 정이(二程)가 말한 '천리 두 글자는 스스로 체인하여 나온 것'이라는 말과 이통, 진백사가 말한 '체인천리'를 두 가지 일로 인식한 것이다. 정호와 정이가 말한 '스스로 천리를 체인한다' 함은 내 마음이 고요한 가운데(靜中) 체인함(*묵좌징심)을 가리키며, 이통과 진백사가 말한 '체인천리'는 일상생활의 분수分殊에서 체인함(*때와 사물과 처한 상황에 따라 천리를 체인하는 것이니 곧 분수에서 이일理一을 체인하는 것이다)을 가리킨다. 그러므로 담약수는 다만 '체인천리' 앞에 '처한 상황에 따라(隨處)', '일상생활에서(日用間)'를 덧붙였으니 이통과 진백사의 '체인천리'의 본의를 완전히 정확하게 체득하여서 깨달았다. 그러나 진백사는 담약수가 환히 깨달았다고 칭송했을 때 명확하게 그의 '체인천리' 앞에 '일상생활에서 처한 상황에 따른' 방법을 더한 것을 긍정하였고 또한 백사의 '체인천리'는 사람들에게 아직 간파되지 않은 진제眞諦

---

80 장후, 「백사선생행장」, 『진헌장집』 부록 2.

임을 더욱 또렷하게 밝혀냈던 것이다.

또 다른 하나는 이통과 진백사가 말한 '묵좌징심'과 '체인천리'는 두 가지 일임을 인식한 것이다. '묵좌징심'은 고요한 가운데 대본大本과 달도達道를 체인하는 것으로서 희로애락이 아직 표현되지 않았을 때의 기상을 체인하는 것이다. 그러므로 정좌와 정관靜觀을 중시한다. '체인천리'는 일상생활에서 처한 상황에 따라 천리를 체인하며, 분수 가운데에서 이일理一을 체인하는 것을 가리킨다. 그러므로 처한 상황에 따라 격물궁리格物窮理하는 것을 강조한다.

진백사가 세상을 떠난 뒤 세상 사람들은 대부분 진백사의 학문을 '고요함을 주로 하였으나 다만 사람들로 하여금 단정하게 앉아서 마음을 맑게 하는' 향내向內 체인의 한 측면으로 인식하였으며, '처한 상황에 따라 천리를 체인하는'(*분수체인) 향외向外 체인의 한 측면을 버렸으므로 마침내 후세 사람들은 백사의 학문을 '선학'으로 규정하는 근거를 찾아냈던 것이다.

담약수는 맨 먼저 세상 사람들이 백사의 학문에 대해 가장 크게 오류를 범하는 이러한 인식을 바로잡았다. 그는 묵좌징심의 향내 체인의 측면과 처한 상황에 따라 이치를 인식하는(識理) 향외 체인의 측면을 통일함으로써 진백사 심학체계를 매우 잘 전석하였으며, 또한 뒷날 자신의 '처한 상황에 따라 물리를 체인하는' 심학체계를 위해 한 기초를 다졌던 것이다.

이를 통해 심학을 구축하는 데 진백사·담약수·양명이 실제로 동일한 유맥儒脈의 연원을 취하였음을 알 수 있다. 진백사는 송유 이통의 '묵좌징심, 체인천리'를 끄집어내어서 자기 주정체인主靜體認의 심학체계를 정립하였으며, 담약수는 진백사로부터 직접 '묵좌징심, 체인천리'를 끄집어내어서 자기의 '처한 상황에 따라 천리를 체인하는' 심학체계를 정립하였고, 양명도 진백사로부터 직접 '묵좌징심, 체인천리'를 끄집어내어서 자기의 초기 본체공부론의 심학체계를 확립하였다. 양명은 '묵좌징심, 체인천리'를 세워서 자기 심학의 좌우명으로 삼았는데 담약수와 도모하지 않고서도 부합하였으니 '마음에 신령한 무소가 있어서 서로 통한다(心有靈犀一點通)'[81]고 하겠다.

양명의 '묵좌징심, 체인천리'의 깨달음은 담약수의 깨달음과 일치한다. 현재 비록 두 사람이 경사에서 함께 '묵좌징심, 체인천리' 사상을 제창한 직접적인 자료는 볼 수 없지만 여전히 관련한 증거와 사상적 흔적은 분명하게 찾을 수 있다. '묵좌징심'(*靜坐) 상에서 양명은 본래 일찌감치 이미 양명동에서 진공련형법의 정좌 수련을 진행하였는데, 이는 백사의 '묵좌징심'과 완전히 맞아떨어졌다. 따라서 그는 백사의 '묵좌징심'을 자기 진공련형법의 정좌 수련과 함께 단번에 관통시켜서 연계하였다. 다만 양명이 정덕 원년(1506) 이후 힘써 정좌와 정관을 제창하였고 아울러 스스로 몸으로 힘써 행하여서 실천하였으며, 평생 끝까지 변함없이 정좌와 정관을 한 것으로 보아 그는 분명히 백사의 묵묵히 앉아서 마음을 맑게 하고, 고요한 가운데 대본과 달도를 체인하는 공부론 사상을 완전히 깨닫고(領悟) 받아들였다. 이는 양명이 담약수와 함께 공동으로 성학을 제창한 직접적인 사상의 성과이다. 양명은 나중에 더욱 이러한 '묵좌징심'의 정중체인을 '체인심체體認心體', '치량지'의 심학 공부론 속에 녹여 넣었다.

정덕 14년(1519) '양지' 설을 제시하기 전에 양명은 '묵좌징심'이 주된 본체 공부를 문인 학자들에게 전수하였다고 할 수 있다. 예컨대 정덕 13년에 구양덕歐陽德(1496~1554)이 감주贛州에 와서 배움을 묻고 수업을 하였는데, 그 스스로 한 말에 의하면 그는 주로 '묵좌징심'을 공부하였다. 그는 「송유청천북상서送劉晴川北上序」에서 다음과 같이 말한다. "양명 선생이 건대虔臺에서

---

81 이상은李商隱(812~858), 『이의산시집李義山詩集』「무제無題」.

학문을 창도한 해에 나(某)는 청천자晴川子(*유괴劉魁, ?~1549)를 좇아 날마다 수업을 하였다. 이때 묵묵히 앉아서 마음을 맑게 하고 자연스레 성품에 따랐는데, 시·서·예·악이 더욱 신묘하게 지혜로워졌으며 기질과 몸을 변화시키는 것이 모두 갖춰졌다."[82]

정덕 14년 '양지의 깨달음(良知之悟)'에 이른 뒤 양명은 또 '묵좌징심'의 정관체인을 양지심학에 녹여 넣었다. 가정 6년(1527)에 그는 주충周衝에게 보낸 편지에서 다음과 같이 말하였다. "사물의 이치를 고요히 관조하면(靜觀) 양지가 발현하여 유행하지 않는 곳이 없으니 또한 두 가지 일로 보아서는 안 됩니다."[83]

'체인천리' 상에서 양명도 담약수와 마찬가지로 진백사의 '일상생활에서 처한 상황에 따라 천리를 체인하는' 사상의 정의精義를 체득하여서 깨달았다. 바로 정덕 원년(1506) 봄에 그는 산수화 한 폭을 그려서 자여년耔餘年에게 증정하였는데 그림에 다음과 같은 발문 하나를 제題하였다.

어찌하면 평소 숲속 단 샘물 사이에 초가집 한 채를 지어서 타향에서 늙어 갈까! 무회, 갈천의 백성이 되기를 구하려면 멀지 않다. 대체로 학문의 도는 처한 상황에 따라 옳은 일에 나아가는 것인데 오직 글을 읽음을 앞세워야 한다.

　　　　　　병인 정월 7일, 자여년 선생을 위해. 수인이 (그림을) 그리다.

安得於素林甘泉間, 構一草舍, 以老他鄉. 無懷, 葛天之民, 求之不遠. 蓋

---

82 『구양덕집歐陽德集』 권7 「송유청천북상서送劉晴川北上序」.

83 왕수인, 「여주도통답문서與周道通答問書」. 일본 텐리대학天理大學 부속 도서관이 소장한 「왕양명선생소상부척독王陽明先生小像附尺牘」에 보인다.

學問之道, 隨處卽是, 惟宜讀書以先之. 丙寅正月七日, 爲籽餘年先生,
守仁學.[84]

"학문의 도는 처한 상황에 따라 옳은 일에 나아가는 것"이라는 표현은 분
명 담약수가 말한 '처한 상황에 따라 천리를 체인하는' 사상으로서 양명이 담
약수와 마찬가지로 진백사의 '체인천리'를 간단명쾌(簡捷明快)하게 깨달았으
며, 그의 수처체인과 분수체인의 진정한 뜻을 철저하게 파악하였음을 알 수
있다.

양명이 이 그림의 발문을 쓴 새봄은 바로 두 사람이 똑같이 성학을 제창
하기 시작한 때였다. 그리하여 양명이 특별한 의도를 갖고서 의미심장한 그
림의 발문을 쓴 것은 담약수와 함께 두 사람이 같이 성학을 공동 제창하기
시작했음을 선포하는 것만이 아니었다. 두 사람은 백사 심학이라는 동일한
출발선상에 서 있었기에 마음과 마음이 서로 통하여서 묵좌징심, 체인천리에
서 함께 나아가고 함께 길을 걸어갔다. 심지어 정덕 7년(1512)에 양명은 담
약수에게 보낸 편지에서도 "오직 날마다 문을 닫고 조용히 앉아서 …… 매번
징계해야 할 일을 만날 때마다 또 한 차례 경계하고 힘쓰며 분발하니 무익하
지 않습니다. 그러나 끝내 또한 천리 체인에 정밀하고 밝음을 잃어버리며 함
양 공부가 끊어질 뿐입니다."[85]라고 하였다.

만약 두 사람이 이때 사상의 인식에서 어떤 다른 점이 있었다고 한다면,

---

84 「산수화자제山水畫自題」. 생각건대, 양명의 이 산수화와 제사題詞 진적은 원래 일본 교토
京都 나가오長尾의 하야마羽山 옹이 소장하고 있었는데, 나중에 장쉐량張學良(1901~2001)
장군이 얻었다. 현재 복제품이 타이베이(臺北) 고궁박물원에 소장되어 있다.

85 왕수인, 「여담감천與湛甘泉」 서1, 『가정증성현지嘉靖甌城縣志』 권17 「외편잡문류外編雜文類」.

진백사의 '묵좌징심, 체인천리'의 체인과 실천(踐行)상에서 담약수는 처한 상황에 따라 천리를 체인하는 데 더욱 집중한 반면, 양명은 묵묵히 앉아서 마음을 맑게 하고 이치를 관조하는 데 더욱 집중하였다고 할 수 있다. 여기에는 이미 미래에 심학으로 나아가는 길에서 두 사람이 갈라서게 된 모순의 분화가 잠복해 있었다. 그들은 점차 진백사의 '묵좌징심'과 '체인천리'에 들어 있는 모순을 간파하였고 각자 온 힘을 다해 새로운 전석을 통해 백사 심학의 모순과 균열의 흔적을 메꾸고 통합하려고 애쓰기 시작하였다. 두 사람의 사상은 이로 인해 점점 멀어져서 끝내 서로 갈라서고 말았다. 담약수는 백사의 '체인천리'를 발전시켜서 '처한 상황에 따라 천리를 체인하는(隨處體認天理)' 심학사상의 체계를 세웠다. 양명은 백사의 '묵좌징심'을 발전시켜서 '양지를 이루는(致良知)' 심학사상의 체계로 나아갔다. '함께 성학을 제창하는' '밀월蜜月'의 시기는 막을 내렸고 두 사람은 각자 새로운 단계로 들어서서 성학 사상체계의 강론과 각축을 전개하였다.

정덕 원년(1506)에 두 사람이 함께 성학을 제창하면서 진백사의 '묵좌징심, 체인천리' 사상이 그 둘의 강론과 창도倡導의 초점이 된 것 외에도 정명도(정호)의 "인한 사람은 혼연히 천지만물과 한 몸이 된다(仁者渾然與天地萬物同體)."는 사상도 두 사람이 강론하고 창도하는 성학의 중심 의제議題였다. 담약수는 말하기를 "그때 함께 명도의 '인한 사람은 혼연히 천지만물과 한 몸이 된다'는 학문을 높였습니다.", "혼연일체를 정 선생은 '인을 앎(識仁)'이라고 일컬었는데, 내가 이를 숭상하였고 형도 그리하였습니다."[86]라고 하였다.

사실 이 사상도 백사와 감천이 이통으로부터 곧바로 이어받은 것이다. 『연평답문』에는 이통이 논한 '인한 사람은 혼연히 천지만물과 한 몸이 된다'

---

86 『왕양명전집』 권40 「전왕양명선생문奠王陽明先生文」.

는 사상을 논한 내용이 기록되어 있다.

『어록』에서 "인한 사람은 혼연히 만물과 한 몸이 된다."는 구절을 보았다고 하였는데, 이는 곧 「서명西銘」의 취지임을 알 수 있습니다. 소견은 노선이 매우 바른데 의당 이로써 미루어 넓혀서 추구해야 합니다. 그러나 요점은 일시동인一視同仁의 기상을 보아야 하는데 이는 어렵지 않습니다. 모름지기 분수를 이해하여서 비록 털끝만큼이라도 잃어버리지 않아야 바야흐로 유자儒者의 기상입니다.[87]

학문 강론은 절실히 깊이 잠기고 꼼꼼하게 치밀해야 합니다. 그런 뒤에야 기미氣味가 깊고 깊으며 가는 길이 어긋나지 않습니다. 만약 이치(理)를 틀로 삼되 나뉘어서(分) 다양해지는(殊) 것을 살피지 않으면 이는 배우는 사람이 의심스러운 사이비 이론(疑似)과 진리를 어지럽히는 설에 빠지고서도 스스로 알지 못하는 까닭입니다.[88]

양명과 담약수가 '인한 사람은 천지만물과 한 몸'임을 논한 것은 함께 '이일분수', '분수체인', '수처체인천리'를 논한 것과 매우 밀접한 관계가 있는데, 이로써 그들이 결국 함께 '묵좌징심, 체인천리'의 심학 종지를 논하는 가운데 일대 심학 본체공부론의 명제를 밝혀냈음을 알 수 있다.

'인한 사람은 천지만물과 한 몸이 된다'는 사상은 본래 진백사가 두드러지게 선양한 중요한 심학사상으로서 그의 '심즉리', '심리합일心理合一', '심물

---

87 『연평답문』 하.
88 『연평답문』 부록.

합일心物合一', '심외무리心外無理', '심외무물心外無物'이라는 심학 대지의 또 다른 표현에 지나지 않는다. 따라서 양명과 담약수 두 사람은 표면적으로는 마치 정명도의 '인한 사람은 천지만물과 한 몸이 된다'는 사상을 토론하고 존숭한 것처럼 보이지만, 실제로는 진백사의 심학을 토론하고 함께 존중한 것이다. 진백사는 육구연의 '심즉리', '심외무물'을 이용하여 명도의 '인한 사람은 천지만물과 한 몸이 된다'는 사상을 심학적으로 전석하였는데 그의 이 같은 신비한 인심人心과 만물의 혼연일체 사상은 당시에도 세상 사람들 사이에서 이해하는 사람이 드물었다.

담약수는 「백사선생개장묘비명白沙先生改葬墓碑銘」에서 다음과 같이 명석하게 밝혀 서술(闡述)한다.

…… 여러 서적을 널리 읽고 잘 기억하였는데 3년 동안 얻은 바가 없었다. 또 양춘대陽春臺에서 정좌를 익혔는데(習靜) 10년 동안 하나에 화합하지(協於一) 않았다. 이에 한숨을 쉬고 탄식하며 말하였다. "도는 움직임과 고요함 사이에 어찌 간격이 있으며, 잊지 말고 돕지 말라는 가르침은 어느 곳에 힘을 쓰겠는가! 인과 사물은 같은 몸이며 성실함과 경건함은 여기에 있으니 본성이 안정되면 안팎이 없는데, 공변됨에 한결같아서 욕망이 없음은 원공元公(원기元氣)과 순공淳公(순덕淳德)이 지극하다." 그러므로 동백東白 장자張子(장원정張元禎, 1437~1507)에게 말하기를 "배움은 지극히 없는 것이지만 움직이고, 지극히 가까운 것이나 신령하며, 감춘 뒤에 드러나며, 형태가 갖춰져서 이에 존재합니다. 지극히 가까운 곳에서 지극히 없음을 알면 어떻게 움직인들 신령하지 않겠습니까? 그러므로 감춰진 뒤 드러나니 그 기틀이 분명합니다. 형태가 갖춰져서 이에 존재하니 도가 나에게 있는 것입니다. 저 움직임은 이미 형태로 드러난 것입니다. 형태가 있으면 이에 실재

하는 것입니다. 형태로 드러나지 않은 것은 비었을 뿐입니다. 비어 있음은 근본이니, 비어 있음에 이르는 것은 근본을 세우는 방법입니다."라고 하였다. 남천南川 임생林生(임광林光, 1439~1519)에게 말하기를 "대저 이 이치는 안과 밖이 없고, 시작과 끝이 없고, 한 곳이라도 이르지 않는 곳이 없고, 한 순간(一息)이라도 움직이지 않음이 없습니다. 이것을 이해하면 천지가 나에게 서고, 만 가지 조화가 나에게서 나오며, 우주가 나에게 존재하는 것입니다. 이 자루(柄)를 얻으면 다시 무슨 일이 있겠습니까? 상하사방, 고금왕래가 혼연히 한 조각입니다. 이로부터 나아가면 더욱 분수(대상사물)가 있으니 마땅히 이해해야 하고 종일 쉬지 않고 부지런히 힘써서(終日乾乾) 이것을 보존할 뿐입니다."라고 하였다. 감천 담생이 양경행梁景行(1514, 지숭명현知崇明縣)생을 통해 만난 뒤 말하기를 "아! 오래되었다. 내가 이 학문을 강론하지 않았음이! 지극히 비어야 도를 받아들일 수 있는데, 그러면 빈 것과 찬 것이 하나가 된다. 쉬어야 이에 얻을 수 있는데, 그러면 쉬되 쉬는 것이 아니다. 잊지 말고 돕지 말아야 배움이 저절로 될 것이다. 있음도 없고 없음도 없어야 이에 잊는 것도 돕는 것도 없다."라고 하였다. ……[89]

담약수는 백사의 마음과 이치(心理), 사물과 내(物我)가 혼연히 한 몸이라는 설을 매우 명료하게 이해하고 스스로 백사 선생을 대신하여 다음과 같이 해설하였다.

감천생이 말한다. 저 지극한 없음(至無)은 욕망이 없는 것이다. 지극한 가까움(至近)은 가까이에서 생각하는(近思) 것이다. 신령함(神)은 하늘의 이치

---

89 『진헌장집』 부록 2 「백사선생개장묘비명」.

이다. 우주는 도의 본체를 말한 것이다. 부지런히 힘씀은 그 노력(功)을 말하는 것이다. 잊지 말라는 것과 돕지 말라는 것은 하나이니 중정中正한 것이며, 저절로 그러한(自然) 배움이다. 모두 주(주돈이), 정(정호)에게 근원을 두었으니 지극하다. 오직 선생님의 도는 저절로 그러함에 근본을 두었으므로 백성과 함께 일상생활에서 쓰임을 같이하고, 귀신과 함께 그윽함(幽)을 같이하고, 천지와 함께 그 운행(運)을 같이하고, 만물과 함께 그 흐름(流)을 같이하며 모여서 통한다. 낳고 낳으며 조화를 이루고 조화를 이룸(生生化化)이 모두 나와 한 몸으로서 무궁함에 가득 차서 유행하니 그 기틀을 파악할 수 있으나 그 일삼음이 없는 바에서 행할 뿐이다. 선생님의 학문은 오직 중정에 근본을 두었는데 중정하므로 저절로 그러하며 저절로 그러하므로 성실함이 있고 성실함이 있으므로 사물을 움직인다.[90]

도는 천지 사이에 운행하여서 사계절이 되고, 온갖 사물이 되고, 흘러가는 물이 되고, 솔개와 물고기가 되고, 바람과 달이 된다. 이 모두가 도와 몸이 되는 것이다. 우러러서 관찰하고 굽어서 살필 수 있다면 가득 차고 유행하는 것이 나와 같은 몸으로서 스스로 힘써 쉬지 않음(自强不息)을 알 수 있다.[91]

진백사(진헌장)는 이연평(이통)의 '묵좌징심, 체인천리'를 빌려서 단정히 앉아서(端坐) 관조하고 처한 상황에 따라 체인하는 자기 심학 공부론을 정립한 것과 마찬가지로 정명도(정호)의 '인한 사람은 혼연히 천지만물과 한 몸'이라는 사상을 빌려서 '마음과 이치, 사물과 내가 혼연히 한 몸'(*心理事三合一: 마

---

90 『진헌장집』 부록 2 「백사선생개장묘비명」.

91 담약수, 『백사자고시교해白沙子古詩教解』 권하 「증려수재贈黎秀才」, 『진헌장집』 부록 1.

음과 이치와 일의 셋이 하나로 합함)이라는 자기 심학 본체론을 정립하였다. 담약수가 자신이 양명과 "함께 명도의 '인한 사람은 혼연히 천지만물과 한 몸'이라 한 학문을 높였다."라고 한 말에서 두 사람이 함께 '마음과 이치, 사물과 내가 혼연히 한 몸(心理物我渾然一體)'이라는 진백사의 심학을 높이고 제창하였다는 사실을 알 수 있다.

담약수는 온 마음을 다해서 『백사자고시교해白沙子古詩敎解』를 지었는데, 진백사의 '마음과 이치, 사물과 내가 혼연히 한 몸'이라는 심학 본체론과 '묵좌징심, 체인천리'의 공부론을 천석하고 해설한 것은 바로 시를 해설하고 사람을 가르치는 이 책의 두드러진 양대 주지이면서 주제였다.

그는 백사의 시 「수필隨筆」에서 "사람은 일을 벗어날 수 없고, 일은 이치를 벗어날 수 없네(人不能外事, 事不能外理)"라는 구절을 천석할 때 다음과 같이 분명히 지적하였다.

우주 안의 일은 곧 자기 성분 내의 일이며 마음과 일은 서로 감응하므로
사람은 일을 벗어날 수 없다고 말한다. 일이 행해지면 의리가 생겨나니,
그러므로 일은 이치를 벗어날 수 없다고 말한다. 마음·일·이치, 이 셋은
일관되어서 떨어질 수 없다. 그러므로 정자가 말하기를 "본체와 작용은 근
원이 하나이며 현상과 본질은 간격이 없다(體用一源, 顯微無間)."라고 하였던
것이다.[92]

그는 백사의 시 「우연히 지어서 동소에게 부치다(偶得寄東所)」를 해설할 때 더욱 진백사의 '마음과 이치, 사물과 내가 혼연히 한 몸'이라는 심학 본체

---

[92] 담약수, 「백사자고시교해」 권하 『진헌장집』 부록 1.

론의 아직 드러나지 않은(未發) 비밀을 다음과 같이 밝혔다.

…… 지금 마음에 있는 것은 사람의 본심本心이니 옛날이나 오늘날이나 성인이나 어리석은 이나 같이 소유하고 있는 것이다. …… 이 두 구절은 마음의 본체本體를 가리킨다. …… 그러나 천지 사이에 생명 있는 모든 만물은 모두 나의 동무(與)이니 이것이 곧 혼연히 천지만물과 한 몸이 된다는 뜻이다. 이 두 구절은 도의 본체를 가리킨다. 그러나 이 마음으로 이 도를 이해하면 하나일 뿐이다. 이 마음을 잃어버리면 도는 만 리나 멀리 떨어지고 이 마음을 얻으면 도는 지척에 있다. 지척은 오히려 바깥에 있으나 도는 마음과 합하여서 하나가 된다. …… 대체로 기미는 운동의 미세한 것이므로 빨리 변별하지 않으면 안 된다. …… 보내고 맞이하는 마음의 싹이 트면 안절부절 왔다갔다하며 벗만이 너의 뜻을 따른다(憧憧往來, 朋從爾思)는 것으로서 이는 내 마음의 득실, 존망, 왕래(來去)의 기미이다. 기미를 알고서 그칠 줄을 안다면 이 마음이 항상 보존되어서 도를 체득할 수 있다.[93]

이는 바로 진백사의 도와 마음의 합일(道心合一), 마음과 사물의 합일(心物合一), 도와 사물의 합일(道物合一)의 심학이다.

진백사 심학의 범위에서 도는 내 마음에 있으며 도와 마음은 합일한다. 도는 또 만물에 있으니 도와 만물은 합일한다. 이 때문에 도가 내 마음에 있다는 점에서 모름지기 묵좌징심, 정중체인을 해야 한다. 도가 만물에 있다는 점에서는 모름지기 수처체인, 분수궁리分殊窮理를 해야 한다. '심리물아혼연일체心理物我渾然一體'의 심학 본체론과 '묵좌징심, 체인천리'의 심학 공부론

---

93 『진헌장집』 부록 1 「우득기동소偶得寄東所」.

은 하나로 통합되어서 나뉘지 않는다.

따라서 함께 성학을 제창했다는 점에서 담약수는 표면적으로는 두 사람이 함께 명도의 '인한 사람은 혼연히 천지만물과 한 몸'이라고 한 본체론을 높였다고 두루뭉술하게 말하였지만, 사실은 이미 두 사람이 완전히 '묵좌징심, 체인천리'를 높이는 공부론을 포함해 나아갔다. 그는 다만 정명도의 학문을 함께 높이는 것을 통해 두 사람이 함께 진백사 심학을 제창한다는 사실을 매우 힘써서 조심스럽게 덮은 것에 지나지 않는다.

양명은 명도의 '인한 사람은 혼연히 천지만물과 한 몸'이라는 설을 높이는 차원에서 역시 진백사의 '마음과 이치, 사물과 내가 혼연히 한 몸'이라는 심학 본체론을 속속들이 깨달았고, 담약수와 함께 같은 인식의 수준에 도달하였다. 그러므로 담약수가 "나는 이것을 높였고, 형도 역시 그러하였다."라고 말하였던 것이다. 앞서 홍치 18년(*1505)에 양명은 선과 불교의 잘못을 스스로 깨닫고 쓴 「부채에 써서 양백에게 주다(書扇贈揚伯)」에서 "큰 도는 곧 내 마음이니 만고에 바뀐 적이 없네. 장생은 인을 구함에 있으니 금단은 밖에서 기다릴 것이 아니네."라고 일컬었는데, 여기에는 이미 정명도의 '인한 사람은 혼연히 천지만물과 한 몸'이라는 설과 진백사의 '마음과 이치, 사물과 내가 혼연히 한 몸'이라는 설에 대한 그의 최초의 인식과 깨달음을 포함하였다.

정덕 원년(1506)에 이르러서 담약수와 함께 명도의 '인한 사람은 혼연히 천지만물과 한 몸'이라는 설을 높였을 때 양명은 전문적으로 문장 한 편을 써서 명확하게 자신의 인식을 다음과 같이 언급하였다.

맹씨(맹자)가 죽고 성인의 도가 밝지 않아 천하의 배우는 사람이 사장에 넘쳐흐르고 노자와 불교(老釋)에 깊이 빠져서 1천여 년을 지나왔는데, 두 분 정 선생이 비로소 나왔다. 그 학문은 인을 마루로 삼고 경건함을 주로 삼

아서 내외內外와 본말本末을 합하고 동정動靜과 현미顯微가 한마음에서 혼
융하였으니 대체로 무숙茂叔(주돈이)의 전승으로 인해 위로는 맹씨의 정통
으로 거슬러 올라가며 아래로는 무궁한 미래의 학문을 열었다.[94]

양명은 명도의 '인한 사람은 혼연히 천지만물과 한 몸'을 마음과 이치, 사
물과 내가 한 몸이며, 사람과 만물은 안팎과 본말, 동정과 현미가 한마음에
혼융한 것으로 이해하였다. 이는 일종의 심학의 전석詮釋으로서 진백사와 담
약수의 사상과 노선이 완전히 같아서 그가 정덕 연간(1506~1521)에 담약수와
함께 성학을 제창할 때 마음과 자아, 만물이 혼연일체라는 사상에 대한 인식
이 이미 당시 사람들이 도달할 수 없는 높은 경지에 이르렀음을 뚜렷이 보여
준다. 설령 양명 스스로 나중에 다시 새로이 초월을 하지 못했다 하더라도.

20년 뒤 그는 고동교顧東橋(고린顧璘, 1476~1545)에게 답한 편지에서 천지
만물, 남과 나(人己), 사물과 자아(物我)가 한 몸이라는 자신의 관점을 다음과
같이 전문적으로 논술하였다.

저 성인의 마음은 천지만물을 한 몸으로 삼고서 천하 사람을 보되 안과 밖,
멀고 가까움(의 구별)이 없으며, 모든 혈기血氣를 지닌 이를 모두 형제와 핏
덩이의 혈친으로 여겨서 편안하고 온전하게 하여, 가르치고 길러서 만물일
체의 염원을 완수하고자 하지 않음이 없었다. 천하 사람의 마음은 시초에
는 역시 성인과 다름이 있지 않지만 자아를 내세우는(有我) 사사로움이 그
사이에 끼어들고 물욕이 가려서 틈이 벌어지며, 큰 것(大者)은 작아지고 통

---

94 양명이 지은 글이지만 제호가 없다. 첨회詹淮의 『성리표제종요性理標題綜要』「담수潭藪」에
보인다.

하는 것(通者)은 막혀서 사람은 저마다 자기만의 마음을 소유하게 되었으며, 심지어 부모와 자식, 형과 아우를 원수처럼 보는 이도 있게 되었다. 성인이 이를 근심하여 이 때문에 그 천지만물을 한 몸으로 삼는 인仁을 미루어서 천하를 가르치고, 그들로 하여금 모두 사사로움을 극복하고 가림을 제거하여서 심체心體의 동연同然을 회복하게 하였다. …… 대체로 심학은 순수하고 밝아서 만물일체의 인을 온전하게 하기 때문에 이런 까닭에 정신이 흘러서 관통하고 지기志氣가 통달하여서 남과 나(人己)의 구분, 대상과 자아(物我)의 구별이 있지 않았다.[95]

양명 만년의 '천지만물이 혼연히 한 몸'이라는 사상의 정설은 정덕 원년에 깨달은 '마음과 이치, 만물이 혼융하게 한마음(心理萬物渾融一心)'이라는 사상의 초년 설과 맥락이 일맥상통하여서 두 갈래가 아님을 알 수 있다. 만년의 양명은 당초 담약수와 함께 성학을 제창했을 때의 관점을 완전히 반복하였으니, 그 가운데에서 그의 이 심학사상이 정명도와 진백사에 뿌리를 둔 명료한 흔적을 더욱 분명하게 볼 수 있다.

양명과 담약수가 함께 성학을 제창한 일은 바로 '인한 사람은 혼연히 천지만물과 한 몸'이라는 심학 본체론과 '묵좌징심, 체인천리'의 심학 공부론을 중심으로 전개되었다. '함께 성학을 제창했'고 함은 양명과 담약수 두 사람이 성학을 강학하고 토론하며 공통으로 인정한 성학을 함께 높이고 함께 지킨 것을 가리킬 뿐만 아니라 그들 두 사람이 공통으로 인정한 성학을 이용하여 선비와 유생들을 이끌고 강론하며 선전하여서 크고 빛나게 드날린 일을 가리킨다. 이 때문에 '함께 성학을 제창한' 일은 그들 두 사람 사이에서 이루

---

95 『왕양명전집』 권2 「전습록」 중.

어진 성학의 강학과 토론일 뿐만 아니라 경사의 수많은 선비와 학인學人들과 더불어서 전개한 것이었다. 이와 같이 두 사람의 공동 성학 제창은 곧 그들의 강학, 정치평론과 함께 연계되어서 그들의 '성학'은 학문을 강론하고 정치평론을 하는 가운데 한층 천양闡揚되고 승화하였던 것이다.

담약수는 회시에서 독특한 심학(*聖學)을 논하는 시권試卷인 「중자천하지대본론中者天下之大本論」으로 진백사에게서 배워 전수한 성학을 서울에서 크게 선양하기 시작하여 조신(朝士)의 주목을 받았다. 그와 함께 선발되어서 한림서길사가 된 방헌부·호탁·육심·예종정·목공휘·채조蔡潮·장방기·유우생·왕위王韋(1505, 진사) 등은 담약수와 함께 성학을 강론하는 '강우講友'가 되어서 날마다 서로 갈고닦았으며(切磋),[96] 서애西涯 이동양, 목재木齋 사천謝遷으로부터 중한 재목으로 깊이 인정받았다.

또한 그들은 동시에 양명과 함께 성학을 강론하는 '강우'가 되었다. 이때 양명과 함께 성학을 강론한 주요 인물은 두 부류로 나눌 수 있다. 한 부류는 홍치 18년(1501)에 새로 진사가 된 담약수·방헌부·유절劉節·장방기·육심·주광周廣·정일초鄭一初·정선부鄭善夫·호동고·호탁·문연·예종정·서정경·고응상·사비謝丕·적란翟鑾·목공휘·대덕유戴德孺·진정陳鼎·허완許完 등인데, 그들 중 어떤 사람은 조정에 남아서 직책을 맡았고, 어떤 사람은 한림서길사에

---

96 생각건대, 공용경龔用卿(1501~1563)의 「남경태복시경호공탁신도비南京太僕寺卿胡公鐸神道碑」에서는 다음과 같이 말한다. "지호支湖 호탁 공은 자가 시진時振이며 여요餘姚 사람이다. …… 홍치 무오년(1498)에 『역』으로 과거에 합격하였다(發解). 을축년(1505)에 진사가 되었고 한림원서길사 직책을 받았다. 날마다 여남汝南, 감천(*담약수), 소야小野(*예종정)와 함께 세 사람이 서로 갈고닦았다. 궁중의 장서(中秘書)를 읽으며 날마다 더욱 넓게 발전하였다. 대학사 서애 이 공, 목재 사 공이 그릇으로 깊이 중하게 여겼다."(『국조헌징록』권72) 생각건대, 채여남蔡汝南(1516~1565)은 정덕 10년에 태어났으며 가정 11년(1532)에 진사에 합격하여 출사하였으므로 채여남은 응당 채조蔡潮(1467~1549)를 잘못 쓴 것이다.

선발되었으며, 어떤 사람은 비록 지방 주현州縣의 관직을 맡았지만 늘 경사에 와서 양명을 만나 학문을 물었고 적지 않은 사람들이 나중에 양명의 제자가 되었다. 또 한 부류는 서울에 있는 동료 선비인 도목·탕례경湯禮敬·황소黃昭·이영부李永敷·양자기·진가陳珂·항회杭淮·저권·최선崔銑·왕순汪循·왕준汪俊·왕위汪偉(1496, 진사)·고우喬宇·임부林富·유채柳茞 등인데, 양명은 그들과 함께 늘 강학하고 시문을 주고받았다. 그의 '성학'은 이들과 강학하고 시를 주고받는 가운데 선양하고 승화하게 되었으며, 학문의 길에서 배회하는 선비들을 자기 '성학'의 '사정권 안으로(轂中)' 끌어들였던 것이다.

양명이 담약수와 강론하고 창도한 것은 진백사의 심학이었으나 경사의 수많은 학자와 선비는 주씨 명 왕조의 주자를 존중하는(尊朱) 통치 사상의 테두리 아래에서 대부분 주학朱學의 길로 달려갔기에 육구연의 학문을 알지 못하였으니 진백사의 학문은 더 말할 것도 없었다. 양명은 이미 그들과 함께 학문을 강론하는 것은 곧 그들을 주학의 잘못된 길에서 육학과 백사학의 사상 궤도로 돌아올 수 있도록 인도하는 일이었음을 의식하고 있었다.

한림서길사에 선발된 육심은 원래 왕화의 문생이었는데 양명과 함께 학문을 강론하는 가운데 양명의 '성학'으로 전향하여서 양명의 제자가 되었다. 육심은 나중에 「해일선생행장海日先生行狀」에서 다음과 같이 말한다. "나(深)는 선생에 의해 남기南畿(남경)에서 선발된(錄) 선비이다. 조정에 들어갔을 때 반열의 말단에 섰는데 그로부터 가장 깊은 가르침을 받았다. 또 신건공新建公(왕수인)에게 노닐면서 가장 오랫동안 문장門墻을 드나들었다. 매양 곁에 모시고 도를 강론할 때 진리를 관조한(觀法) 것이 많았다."[97] 여기서 '또 신건공에게 노닐었다'는 말은 정덕 원년(1506)에 서울에서 양명과 학문을 강론한 일을

---

97 『왕양명전집』 권33 「해일선생행장」.

가리킨다. '가장 오랫동안 문장을 드나들었다'는 말은 육심 스스로 양명의 문인임을 인정한 것이다. 나중에 양명이 용장역龍場驛으로 귀양 갔을 때 뭇사람이 대부분 두려워서 감히 말을 하지 못하였는데 육심이 뜻밖에도 장편 「남정부南征賦」를 지어서 양명을 위해 불평을 터뜨린 것도 이상하지 않다.

또 다른 양명의 제자 목공휘는 처음에는 양명의 학설을 마루로 삼으려고 하지 않았기에 양명의 사상을 결코 이해하지 못하였으나 역시 양명과 함께 성학을 강론하는 가운데 점차 왕학王學을 신뢰하게 되었다. 황좌黃佐(1490~1566)는 『남옹지南癰志』에서 목공휘의 전기를 다음과 같이 기록하였다. "주사 왕수인이 산동에서 과거시험을 채점하고(校文) 목공휘를 수석에 두었다. …… 목공휘는 천성이 배우기를 좋아하였는데 비록 왕수인이 선비로 취하였지만 일찍이 그의 학설을 마루로 삼지 않고 송유宋儒를 낮춰 보지 않았다. 만년에는 (왕학을) 독실히 신뢰하고 선학禪學의 돈종頓宗에 깊이 나아갔다."[98]

양명이 대면한 학자와 선비의 대다수는 모두 목공휘에 견주어 더욱 송유를 높이고(尊宋儒) 주학을 믿는(信朱學) '보수적인' 사람들로, 양명과 함께 성학을 강론하면서 결국은 얼마간의 간격이 있었다. '요강삼렴姚江三廉'의 한 사람인 호탁은 여요 사람으로서 양명과 일찍부터 아는 사이였으며 주학을 독실하게 지키는 정통 명사였는데, 사람들은 그를 '호도학胡道學'이라 일컬었다. 한림서길사에 선발된 뒤 담약수·양명과 함께 성학을 강론하였으나 모두 합치하지 않았다. 황종희는 『요강일시姚江逸詩』에서 다음과 같이 말한다. "호탁은 자가 시진時振, 호가 지호支湖이며, 홍치 을축년(1505)에 진사가 되었다.

---

98 『남옹지南癰志』 권21 「목공휘전穆孔暉傳」. 『명사明史』 권283 「추수익전鄒守益傳」의 다음 서술을 참조하라. "목공휘는 단아하고 배우기를 좋아하였으며, 처음에는 왕수인의 학설을 마루로 삼지 않았는데, 오래되어서 마침내 독실하게 믿었다. 스스로 왕씨의 학이라 명목을 댔으나 석씨釋氏에 깊이 배어들어 있었다."

…… 지호는 문성文成(왕양명)과 같은 고을 사람인데 의론이 서로 합치하지 않았다. 그의 「이학변異學辨」은 문성 때문에 발표한 글이다."[99]

호탁의 「이학변」은 정덕 16년(1521)에 양명의 『대학고본방석大學古本傍釋』과 『주자만년정론朱子晚年定論』을 겨냥하여 지은 논변의 글로서 양명의 왕학을 '이학異學'으로 지적한 것이니, 마치 그가 정덕 원년에 양명, 담약수와 함께 성학을 논변할 때의 인식의 기조를 되울린 것과 같았다. 이때 양명은 이미 '치량지'의 심학을 제출하였다. 호탁은 양명에게 편지를 써서 다음과 같이 날카롭게 비평하였다.

> 족하께서는 송유를 박하게 대하여서 견문의 지식(聞見之知)으로 덕성의 지식(德性之知)을 가라앉혔습니다. 앎은 하나일 뿐이니 덕성의 지식은 견문을 떠나지 않으며, 견문의 지식은 또한 덕성으로 귀결합니다. 깜짝 놀라 두려워하고 측은히 여기는 마음은 양심 견문인데, 반드시 어린아이를 얼핏 본 뒤에 일어난다면 누가 덕성의 지식이 견문에서 벗어난다고 하겠습니까? 사람은 몸뚱이(形)가 아니면 본성이 머물 곳이 없으며, 이목과 견문의 지식을 버리면 덕성 역시 발단할 곳(自發)이 없습니다. 『대학』에서 수신修身을 논하면서 치지致知에 미친 것은 본래 덕성과 견문을 합하여 말한 것입니다.[100]

이는 양명이 정덕 원년에 강론한 '성학'에서부터 정덕 16년(1521)에 강론한 '양지' 심학을 모두 '이학異學'으로 본 것이다.

---

99 『요강일시姚江逸詩』 권8.

100 『광서여요현지光緖餘姚縣志』 권23 「호탁전胡鐸傳」.

주자학을 숭상하는 다른 저명한 학자 인봉仁峰 왕순汪循(1496, 진사)도 양명과 함께 성학을 강론한 주요 인물이다. 그는 순천부順天府 통판通判을 지냈는데 특히 정치를 논하고 학문을 강론하기를 좋아하였다. 8월에 그는 잇달아 「진언외양내수소陳言外攘內修疏」와 「논재혁중관소論裁革中官疏」를 올렸다가 권세 있는 환관 유근劉瑾의 비위를 거슬러서 파직당하고 휴녕休寧으로 돌아갔다.

양명은 학문을 강론하는 서권書卷에 글을 지어서 증별贈別하였는데 간곡하고 뜻이 깊은 말로 다음과 같이 말하였다.

> 정程 선생(정이)이 이르기를 "성인이 되고자 하는 뜻을 지닌 뒤에야 더불어 함께 학문을 할 수 있다(有求爲聖人之志, 然後可與共學)."하였습니다. 진실로 반드시 성인이 되려는 뜻을 지닌 뒤에야 위기爲己, 근독謹獨의 공부를 할 수 있습니다. 위기, 근독의 공부를 할 수 있어야 천리와 인욕의 변별이 날로 정교하고 날로 치밀해져서 옛사람이 학문을 논한 득실과, 누가 지리支離하고 누가 공적空寂한지, 누가 옳은 듯하나 그르고, 누가 참인 듯하나 거짓인지 변별하여 말하지 않아도 저절로 밝아집니다. 무엇 때문입니까? 그 마음이 실제로 반드시 자기에게서 원인을 찾으려고 하기 때문입니다. 실제로 반드시 자기에게서 원인을 찾으려고 하면 길은 달라도 귀결은 같으며, 그리고 거짓된 것이 자연 억지로 들어올 수 없게 됩니다. 그렇지 않으면 끝내 자기를 잊어버리고 사물을 좇게 되며 한갓 문구文句 사이에서 정력을 낭비할 뿐이며, 내가 도를 밝힌다고 하는 것이 다만 바람을 잡고 그림자를 붙잡는(捕風逐影) 폐단이 있을 뿐만 아니라 손가락을 잡고서 달로 삼는(執指爲月) 병폐가 있으니 변석辯析을 많이 하면 할수록 도에서 더욱 멀어질 것입니다. 그러므로 저(某)는 붕우朋友와 학문을 논하는 즈음에 오직 뜻을 세워서(立志) 그것으로 서로 갈고닦습니다. 언론의 같고 다름에 관해서는 잠

시 놓아두고 변석하지 않겠습니다. 변석하지 않으려고 함이 아니라 근본이 서지 않으면 비록 변석하려고 하여도 변석할 근거가 없기 때문입니다. 저 뜻은 나무의 뿌리와 같습니다. 학문을 강론함은 나무를 심고 북돋우며 물을 대는 것과 같습니다. 뿌리가 내리지 않았는데 한갓 가꾸고 북돋우고 물을 대면 불어나는 것은 모두 쑥일 뿐입니다. 나아가고(進之) 힘쓰십시오(勉之)!101

이는 사실 성학을 함축하여 논변한 문장이다. 그 가운데 왕순이 양명과 함께 성학을 강론하는 바탕(存在)이 갈라져서 합치하지 않았음을 간파할 수 있을 뿐만 아니라 양명 스스로 정덕 원년에 어떻게 성학을 강론했는지 그 '전모(全豹)'를 엿볼 수 있다. 양명은 실제로 문장 가운데에서 성학을 논변하는 두 가지 기본 원칙을 제시하였다.

첫째, 강학은 모름지기 먼저 뜻을 세워야 하니 뜻을 세움은 뿌리이고 강학은 가지와 잎사귀이다. 이른바 뜻을 세움은 마음을 세움(立心, *마음이 지향하는 바)이니 먼저 성학을 믿는 마음을 세워야 비로소 성현의 학문을 강론할 수 있다. 그렇지 않으면 강학의 변석이 번잡할수록 도에서 더욱 멀어진다. 둘째, 성학을 논변하면서 예컨대 다름과 같음(異同), 옳고 그름(是非), 득과 실이 있어도 변별하지 않을 수 있으며 억지로 변별하여서 분쟁할 필요는 없다. 같은 점을 추구하되 다른 점도 유보하여(求同存異) 근본적인 입지에서 착수하고 위기, 근독의 공부를 더하면 다름과 같음, 득과 실, 옳고 그름은 변별하여 말하지 않아도 저절로 밝아진다. 사실 이 두 가지 원칙은 바로 양명과 담약수 두 사람이 성학을 함께 제창할 때 준행하였던 원칙으로서 나중에 양명 일생

---

101 『왕양명전집』 권28 「서왕진지권書汪進之卷」.

의 학문 강론에 관철되어 있다.

양명과 담약수의 공동 성학 제창은 그들과 학생, 선비들의 공동 성학 강론과 하나로 연계되었다. 바로 이러한 완고한 주자학을 존신하는 학생, 선비들과 성학을 강론하는 가운데 양명은 "아! 나는 역량을 헤아리지 못하였다(嗟予不量力)!" 하면서 자기 심로心路의 미망에 사로잡혀 고통스러운 정신의 배회를 하였고, 새로운 심성학의 깊은 사색에 침잠하여서 자신의 성학(*백사 심학)이 불완전함을 느꼈다. 이는 그와 담약수가 각자 자기 성현의 학을 반성하여 심학의 길에서 분발하고 용감하게 앞으로 나아가도록 추동하였다. 그리하여 그들 두 사람의 공동 성학 제창은 1년 남짓 진행되었는데, 양명이 글을 올려서 언관言官을 구원하려다 하옥되면서 중단되었다.

정덕 2년 윤정월에 양명이 서울을 떠나 적소謫所인 용장역龍場驛으로 갈 때 담약수는 마음을 다해 「구장증별九章贈別」을 지어서 양명에게 보냈는데, 그 서문에서 시의 참된 뜻을 다음과 같이 지적하여서 밝혔다.

「구장九章」은 양명산인 왕백안王伯安에게 증정하는 글이다. 산인은 천명의 덕성(天德)과 왕도王道의 학문을 하였는데, 때를 만나지 못하여서 말 때문에 견책을 당하였다. 그러므로 「요조窈窕」를 머리에 둔다. 요조는 비比이다. 견책을 당했으나 끝내 임금 사랑하기를 잊지 않았다. 그러므로 「지지遲遲」를 그다음으로 한다. 견책을 당하여 떠남에 벗이 애석해하니 그러므로 「황조黃鳥」를 그다음으로 한다. 애석하게 여기고 말뿐이 아니라 사랑함에 마음에 기약이 있으니 그러므로 「북풍北風」을 그다음으로 한다. 도로는 지나온 길(所經)이니 옛일을 슬퍼하는 마음이 없을 수 없다. 그러므로 「행행行行」을 그다음으로 한다. 길을 가면 반드시 증정하는 것과 가는 곳이 있으니 그러므로 「아유我有」를 그다음으로 한다. 증정은 공허한 말이 아니라 반드시 도의에 근본을 둔 말이다. 그러므로 「황천皇天」을 그다음으로 한다. 황천은 밝으면서 (인위로) 함이 없으니 함이 없으면 텅 비고 밝음이 저절로 생겨나며 벗이 따름을 생각하지 않아도 도의가 나올 것이다. 그러므로 「궁색窮索」을 그다음으로 한다. 궁색은 궁구하여 찾으나 궁구하여 찾음이 아니며, 생각이 없고 생각하지 않음도 없으며, 함이 없음(無爲)이 서며 텅 비고 밝음(虛明)이 생기며 도의가 나온다. 그런 뒤에 천지와 더불어 한 몸이 될 수 있고 우주가 한집안이 되며 감응하여 통해서 장차 떨어지고 합함(離合)에 간격이 없으니 비록 슬프나 아프지는 않다. 그러므로 「천지天地」로 마친다.[102]

시의 서문은 흔적을 드러내지 않고서도 「구장」이 '인한 사람은 혼연히 천지만물과 한 몸이 된다'는 것과 '묵좌징심, 체인천리'라는 성학의 주제를 읊고 있음을 드러내고 있다. 그러므로 여덟 째 수인 「궁색」 시에서 다음과 같이 읊었다.[103]

궁구하여 찾아도 궁구하여 찾지 못하니	窮索不窮索
궁구하여 찾는 일은 끝내 고롱이라네	窮索終役役
애오라지 궁구하여 찾지 못한다면	若惟不窮索
대상은 나와 간격이 있네	是物爲我隔
큰 밝음은 비추지 못함이 없고	大明無遺照
빈 방은 또한 밝음을 낳네	虛室亦生白

---

102 『천옹선생대전집』 권49 「구장증별九章贈別」.
103 『천옹선생대전집』 권49 「구장증별」.

지극하다, 텅 비고 밝은 본체는!　　　　　　　　至哉虛明體

군자는 침묵에서 성취된다네　　　　　　　　　君子成諸黙

아홉 째 수 「천지」 시에서는 다음과 같이 읊었다.[104]

천지는 나와 한 몸　　　　　　　　　　　　　天地我一體

우주는 본래 같은 집　　　　　　　　　　　　宇宙本同家

그대와 더불어 마음과 뜻이 통하니　　　　　　與君心意通

이별한들 원망하고 탄식할 게 무언가?　　　　離別何怨嗟

뜬구름은 흘러서 머물지 않고　　　　　　　　浮雲去不停

나그네는 가벼운 걸음으로 멀리 간다네　　　　遊子路輕賖

원컨대 밝은 덕을 높여서　　　　　　　　　　願言崇明德

가없이 드넓게 하기를!　　　　　　　　　　　浩浩同無涯

「구장」은 분명 두 사람이 1년 동안 함께 성학을 제창한 여운을 울리고 있었다. 양명은 스스로 마음의 깨달음을 드러내지 않았으나 심성의 사고는 담약수에 비해 더욱 심오하고 명철하였다. 그 역시 흔적을 드러내지 않고 「팔영八詠」으로 응답하였다. 셋째 수에서 두 사람이 함께 성학을 제창한 일을 다음과 같이 논하였다.[105]

104『천옹선생대전집』권49「구장증별」.

105『왕양명전집』권19「양명자지남야기우담원명가구장이증최자종화지이오시어시양명자작팔영이답지陽明子之南也其友湛元明歌九章以贈崔子鐘和之以五詩於是陽明子作八詠以答之」.

수사의 흐름은 점점 미약해지고	洙泗流浸微
이락은 겨우 실낱과 같네	伊洛僅如綫
뒤의 서너 분	後來三四公
미덕과 결점을 가리지 못하네	瑕瑜未相掩
아! 나는 역량을 헤아리지 못하고	嗟予不量力
비틀거리며 멀리 가려 하였네	跛鼈期致遠
여러 차례 일어났다 엎어졌다	屢興還屢仆
슘을 헐떡임을 면하지 못하네	惴息幾不免
길에서 같은 마음 사람을 만나	道逢同心人
내 감히 부절을 잡고 앞장설 수 있으랴!	秉節倡予敢
힘써 털끝만 한 차이에서 다투고	力爭毫釐間
만 리 길도 힘쓸 수 있네	萬里或可勉
풍파에 홀연 서로 잃어버리고서	風波忽相失
말을 하려니 공연히 눈물만 흐르네	言之淚徒泫

넷째 수는 심즉리, 만물일체의 심학을 다음과 같이 논하였다.

이 마음이 이 이치니	此心還此理
어찌 나와 남을 논하랴!	寧論己與人
천고는 한 호흡 간이니	千古一噓吸
누가 무리를 떠남을 한탄하랴!	誰爲嘆離群
넓고 넓은 천지 안에	浩浩天地內
어느 것인들 봄을 같이 누리지 않으랴!	何物非同春
서로 대뜸 분발할 생각을 하고	相思輒奮勵

세속의 분별은 할 것 없네	無爲俗所分
다만 마음에 간격이 없으면	但使心無間
만 리 밖 사람도 서로 육친 같다네	萬里如相親
잔치로 사귐을 보지 못하나	不見宴遊交
번갈아 오가며 서로 빠져드네	微逐骨以淪

다섯째 수는 처한 상황에 따라 천리를 체인함을 다음과 같이 논하였다.

그릇과 도는 떠날 수 없으니	器道不可離
둘로 나누면 본성이 아니네	二之卽非性
성인 공자는 말하지 않으려 했으니	孔聖欲無言
아래에서 배워 두루 대응하네	下學從泛應
군자는 자잘한 일에 힘을 쓰고	君子勤小物
온축하여 이에 행위를 이루네	蘊蓄乃成行
나는 「궁색」 편을 읊조리며	我誦窮索篇
그대에게 가르침을 듣네	於子卽聞命
어찌 세상 선비들은	如何圜中士
텅 빈 골짜기를 고요하다 하는가?	空谷以爲靜

여섯째 수는 묵묵히 앉아서 마음을 맑게 함을 다음과 같이 읊었다.

고요하고 빈 것은 비어서 적막한 것 아니니	靜虛非虛寂
가운데에 미발의 중이 있네	中有未發中
가운데에는 또 무엇이 있는가?	中有亦何有

없이 하면 바로 공하게 되네	無之卽成空
욕망이 없으면 진정한 본체를 보며	無欲見眞體
잊거나 돕는 것은 모두 공부가 아니네	忘助皆非功
지극하다, 현묘한 조화의 기틀!	至哉玄化機
그대가 아니고서 누가 궁구하랴?	非子孰與窮

양명의 「팔영」과 담약수의 「구장」은 두 사람이 각자 이때 스스로의 심학 사상을 총결한 시편임을 알 수 있다. 담약수와 용장역으로 폄적되기 전 양명이 「구장」과 「팔영」의 긴 시로 서로 화답한 일은 두 사람이 함께 성학을 제창한 비분강개의 마지막 한 장이었다. 이 두 조의 시편으로 두 사람의 공동 성학 제창은 어쩔 수 없는 결말을 선고해야 하였다. 그러나 두 사람의 심학을 향한 길은 결코 멈추지 않았다. 양명과 담학수의 공동 성학 제창이 끝을 맺고 두 사람은 각자 자기 심학에 대한 새로운 탐색을 이어나갔다. 정덕 2년 이후 담약수는 서울에서 분쟁의 소용돌이 속에서 심사숙고하여 '처한 상황에 따라 천리를 체인'하는 자기 심학을 발전시켰고, 양명도 궁핍하고 곤궁하게 오랑캐 사이에 처하여서 고통스럽게 갈고닦으며 새로운 심학의 깨달음(覺悟)의 길을 밟아나갔다.

6장

병부주사兵部主事에서 용장역 승龍場驛丞으로

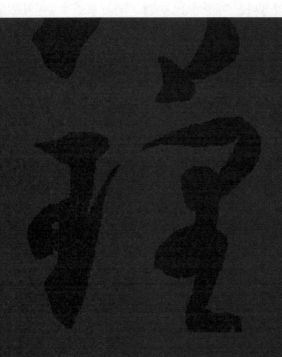

팔호八虎의 권력 농단 :
무종武宗 새 정치의 난맥상

사실 전제 황권의 중심인 경사京師에서 양명과 담약수의 공동 성학 제창은 새 황제 무종武宗이 날마다 황음하여 부패한 혼란한 정치 아래에서는 이미 지속되기가 어려웠다. 무종이 홍치 18년(1505) 5월에 등극한 뒤 조정 안팎에 숨은 위기는 심각하게 폭로되었고 조정에서는 내부투쟁이 더욱 극렬해져서 효종 시대의 빛나는 '태평성상太平成象'이라는 표면적 승평의 기상을 무너뜨렸다.

무종은 타고난 성품이 황음하고 어리석고 완고하였으며 강퍅하고 제멋대로여서 효종에 비해 독단과 전횡을 더욱 일삼았으며, 엄수閹竪(환관)를 배나 더 총애하고 신뢰하였다. 이에 효종조의 풍광風光을 거쳐온 8대 권엄權閹인 유근劉瑾·마영성馬永成·곡대용谷大用·장영張永·나상羅祥·구취丘聚·위빈魏彬·고봉高鳳 등은 때를 만난 듯 일어났는데 무종은 하나하나 더욱 총애하였다. 이들 팔호八虎는 날마다 무종을 연회와 유희에 빠지게 하여서 무종이 개와 말과 매와 토끼를 기르고 완상하며, 춤추고 노래하고 씨름을 하도록 부추겨서 (무종은) 그 모습이 광대와 같았다. 황궁에서 연주하는 각종 현악기와 관악기(竹絲鐘鼓) 소리가 궁궐 밖에까지 들렸다. 또한 표방豹房을 지어서 15세 '소년천자'에게 음란을 제공하고 비술祕術에 능한 번승番僧(라마교 승려)을 궁궐 안으로 끌어들였다.

유근은 본래 성이 담淡이며, 경태景泰 연간(1450~1457)에 스스로 거세하여(自宮) 생식기를 없애고(淨身) 황궁에 선발되어 들어와서 유씨劉氏 성을 얻었다. 몇몇 대자大字를 알았고 말재주가 뛰어나고 영리하여서 사람들이 '이취류利嘴劉(주둥이가 날카로운 유근)'라고 불렀다. 성화成化 연간(1465~1487)에 교방教坊의 희극戱劇을 좋아하고 노래와 춤에 능하여서 명을 받고 영교방사領教坊事가 되었으며, 헌종憲宗의 각별한 총행寵幸을 받았다. 홍치 연간(1488~1505)에 동궁의 태자를 세우자 유근은 순풍에 돛을 단 듯 동궁의 시신侍臣으로 선발되었는데, 무종이 아직 동궁의 태자로 있을 때 이미 유근과의 관계는 떼려야 뗄 수 없었음(如膠似漆)을 알 수 있다.

무종은 황제의 보좌에 오르자마자 힘써 팔호를 끌어들이고 중용하였다. 정덕 원년(1506) 정월 그는 친히 전지를 내려서 내관태감 유근에게 삼천영三千營을 관할하게 하였고, 어용태감 장영에게 신기영神機營의 중군中軍 및 현무영顯武營, 신기영의 우액右掖을 관할하게 하였으며, 사설감태감司設監太監 마영성에게 어마감태감御馬監太監을 맡겼다. 3월에 신기영의 좌액태감 마영성은 중군 2사司를 다스리게 되었다.

팔호가 권력을 장악한 뒤 기염을 토하며 억누르자 대신들은 어지러이 이들을 끌어들이고 결탁하여서 조신들 사이의 음모와 흉계, 투쟁과 각축을 더욱 심화하였다. 이부좌시랑 초방焦芳(1434~1517)은 태감의 후원에 기대어서 이부상서로 승진하였다. 그러나 그의 야심은 입각入閣하는 것이었으므로 원로대신이었던 왕화는 곧 그가 가장 먼저 공격해야 할 목표가 되었다.

왕화는 장원으로서 천하에 이름을 떨쳤고 또 세 조정을 섬긴 원로 중신으로서 본래 가장 먼저 입각될 것이라 기대되었는데 뜻밖에도 정적의 연쇄적인 탄핵을 만나 입각의 길이 가로막히고 말았다. 정덕 원년 정월에 예부우시랑 왕화는 직경연直經筵이 되었다. 2월에 왕화는 명을 받들어 여러 능과 역대 제왕의 능침陵寢, 악진해독岳鎮海瀆의 여러 신에게 제사를 올렸다. 5월에 왕화는 예부좌시랑으로 승진하였다. 그는 벼슬길에서 한때 점차 다시 일어서는 (復起) 형세였는데, 이는 간절한 마음으로 입각을 바라는 초방이 보기에는 눈엣가시여서 즉시 남몰래 과도관을 사주하여 다시 왕화를 탄핵하였다.

그에 앞서 3월에 병부시랑 웅수熊繡(1441~1515)가 갑자기 이유도 없이 좌도어사에 발탁되어서 양광兩廣을 순무하기 위해 조정을 떠나 멀리 나갔다. 사실 이 사건은 어사 하천구何天衢(?~1527)가 이부상서 마문승馬文升(1426~1510)을 탄핵한 일과 관련 있었는데, 모두 초방이 같은 당여黨與를 사주하여서 정적政敵을 공격하고 자기가 입각하기 위한 길을 청소한 작품이었던 것이다.

담천談遷(1594~1658)은 『국각國権』에서 이 일에 관한 내막을 다음과 같이 폭로하였다.

정덕 원년 3월 기해, 이부상서 마문승이 하천구의 탄핵을 받아 퇴직을 청하였는데 허락하지 않았다. 당초 마문승은 고을 사람 허진許進(1437~1510)을 제독단영提督團營에, 유우劉宇(1472, 진사)를 선부宣府와 대동大同의 총제總制에 천거하였다. 병부상서 유대하劉大夏(1436~1516)가 반대하였다. 시랑 웅수는 유대하의 고을 사람이었는데 양광 총독에 추천을 받자 불평하면서 가려고 하지 않았다. (웅수는) 하천구에게 바람을 넣어 마문승을 탄핵하기를, 노쇠하여서 책임을 맡을 수 없다, 사사로이 복건福建 우첨도어사 왕경王璟(1447~1533), 사위 최지학崔至學 등을 순무로 삼았다고 하였다.[1]

---

1 『국각國権』 권46. 왕세정王世貞(1526~1590)의 「이부상서마공문승전吏部尚書馬公文升傳」에

그러나 담천은 초방이 남몰래 사주한 사실을 언급하기를 회피하고 있는 듯하다.

주국정朱國禎(1558~1632)은 이 일의 진상을 다음과 같이 폭로하였다.

앞의 말은 틀림없이 초방이 지어낸 것이다. 당시 마문승·유대하·민규閔珪 (1430~1511)가 한마음으로 정치를 보좌하였는데, 초방이 사림詞林(한림翰林) 에서 밖으로 쫓겨나 있다가 은혜를 청하고서 재기하여 이부시랑이 되었다. 제공諸公을 예의 주시하기를 하루 이틀이 아니었다. 하천구가 마문승을 탄 핵하여서 제거하니 대신할 사람은 유대하 아니면 민규였는데, 또 사람을 부추겨서 그들을 막았다. 이에 초방이 아주 손쉽게 그 자리를 차지하였다. 본말이 분명하나 화합하지 않았다는 말을 만들어냈다. 실은 허진과 웅수 는 대체로 이 두 사람(각각 마문승과 유대하)의 고을 사람임을 끌어다 입증 할 수 있다. 이전 조정에서 안팎이 모두 수고한 것은 그 자체로 일상의 일 인데 웅수가 어찌 즐거워하지 않았겠는가? 허진은 홍치 초에 이미 순무로 서 위엄 있는 명성이 매우 중하였고, 오랫동안 단영을 총독하였는데 천거 가 어찌 사사로운 마음이었겠는가? 억지로 끌어들인 것은 근거(因)가 있는 것 같지만 끌어다 붙였다는 말은 도리어 사실이 아니다. 초방의 간사한 속 임수는 여기서 더욱 심하다. '참소하는 사람이 끝없이 일어나서 온 나라를 어지럽힌다(讒人罔極, 交亂四國).'고 하였는데 바로 이것을 말한다.[2]

이르기를 "초楚 사람 웅수는 병부좌시랑이었는데, 마문승이 양광 총제로 추천하였다. 불 평하면서 가려고 하지 않았다. 헛소문을 퍼뜨려서 고을 사람 어사 하천구의 귀에 들어가 게 하였고 이로 인해 (하천구가) 마문승을 노쇠하여 직임을 맡을 수 없다고 탄핵하였다. 마문승이 다시 소를 올려 돌아가게 해달라고 청하였다."고 하였는데 『국각』과 같지 않다.

2 『국각』 권46. '정덕 원년 3월 기해' 조 아래 인용.

유서劉瑞(?~1525)는 「남경도찰원우도어사시장간웅공수전南京都察院右都御史謚莊簡熊公綏傳」에서 다음과 같이 말한다. "효종 경황제孝宗敬皇帝께서 온 정력을 기울여 정치를 도모하였는데 두세 대신을 불러서 정치의 이치(治理)를 상의하셨다. 유계劉洎 공과 우도어사 대산戴珊(1437~1505) 공이 더욱 친근히 여김을 받았으며 공(웅수)도 이에 참여하였다. 얼마 지나지 않아 경황제께서 돌아가시고(上賓) 여러 사람이 공을 질시하여(衆疾公) 공을 들어서 우도어사로 삼고 양광兩廣으로 나가 순무하게 하였으니 그를 더욱 멀리한 것이다."[3] 이른바 '공을 질시한 여러 사람'에는 바로 초방이 들어간다.

웅수는 성화 2년(1466)에 진사가 되었으니 왕화에 비해 자력資歷이 더욱 노성한 세 조정의 원로 중신이었으므로 더욱 초방의 질시를 받았다. 왕화와 양명은 모두 마음속에 헤아리는 바가 있었다. 웅수는 양명에게는 병부의 상사上司였는데 웅수가 서울을 떠나 양광으로 부임할 때 병부의 동료가 시를 주고받아 송별하였기에 양명은 특별히 신경을 써서 다음과 같은 「동조창화시서東曹倡和詩序」를 지었다.

정덕 개원改元(1506) 3월 양광兩廣에는 총제 대신이 궐석이었다. 조정에서 의론하기를 동남쪽에는 일이 많으니 다른 때보다 선발에 더욱 신중해야 한다고 하였다. 이에 호남의 웅수 공이 병부좌시랑으로서 9년 임기가 찼기에 발탁하여 좌도어사로 삼아서 부임하게 하였다. 여러 사람이 모두 양광을 동남쪽의 거진巨鎭으로 여겼으며, 해외 여러 이민족(蠻夷)의 향배를 결정하는 곳이라 합당한 사람을 얻어서 맡긴다면 사방에 대한 천자의 근심을 둘

---

3 『국조헌징록國朝獻徵錄』 권64 「남경도찰원우도어사시장간웅공수전南京都察院右都御史謚莊簡熊公綏傳」.

로 나눔을 면할 수 있다고 여겼다. 비록 자력은 낮으나 맑은 덕과 두터운 신망이 있는 사람을 발탁해야 하므로 선발이 중함을 알 수 있다. 그러나 군사를 관장하는(司馬執兵) 권한(樞)은 중도에 근거해 알선하여서 사방(四外)을 제어해야 하므로 더욱 중하지 않은가? 바야흐로 처음 의론하던 때 역시 이런 말을 하는 자가 있었다. (공을 후임으로) 고려하지 않은 것은 아니나 일을 담당하는 자(當事者)가 끝내 공의 절조節操와 재능과 신망을 구실로 삼아 공이 아니면 안 된다고 하였는데, 사실 그 의도는 이로 인해 공을 밖으로 내보내려는 것이었다(基意實欲因是而出公於外也). 이에 옳지 않다고 여기는 선비들의 여론이 들끓었다(士論哄然). 그러나 이미 명령을 내려서 손을 쓸 수가 없었다. 중요한 지역(重鎭)을 위해서는 현명한 대신을 얻어서 위무하게 해야 하는데, 조정의 의론은 중요한 지역이라는 구실을 들었고 공은 덕으로 승진하였는데도 여론(物議)은 납득할 수 없어 불만스럽게 여겼다. 인재를 전형(衡物)할 때 사사로운 목적으로 행하면 사람들로 하여금 불만을 품게 하니(物議顧快然而不滿也, 衡物之情以行其私而使人懷不滿焉) 세상을 잊고 속세를 멀리하는 선비를 뽑지 않으면 근심이 없을 수 없다. 명이 내려지고 공이 떠남에 같은 부서에 소속된(曹屬), 시를 지을 줄 아는 몇몇 사람이 만류하는 정을 글로 썼다. 선발대(前驅)가 갑자기 떠나게 되어서 글을 서술하여 차례를 매겨보니 겨우 열에 하나였다. 공의 수레를 막고 비녀장을 빼서 던져 떠나감을 만류함에 용렬한 내가 사사로운 마음을 부친다.[4]

양명의 서문은 매우 함축적으로 쓰였지만 매우 날카롭다. "일을 담당하는 자"란 곧 암암리에 초방의 무리를 가리킨다. "그 의도는 이로 인해 공을 밖으

---

4 『왕양명전집』 권29 「동조창화시서東曹倡和詩序」.

로 내보내려는 것"이라 함은 초방의 무리가 웅수에게 군사를 관장하는 권한을 주어서 멀리 외직에 임용하여 쫓아내려는 속마음을 지적한 것이다. 또한 "선비들의 여론이 들끓어", "여론은 납득할 수 없어 불만스럽게 여겼다. 인재를 전형할 때 사사로운 목적으로 행하면 사람들로 하여금 불만을 품게 하니"라는 구절은 조정 내부의 투쟁이 격렬했음을 언급한 것이다. 조정 신하들이 유근을 탄핵하기 전에 양명은 「동조창화시서」를 씀으로써 이미 조정의 분쟁에 말려들었다.

초방은 마문승과 웅수를 배척하여 쫓아내고 영예롭게도 이부상서로 승진하는 포상(御賞)을 획득하였는데 이는 그가 입각하는 과정에서 넘어야 할 결정적인 한 고비였다. 이어진 목표는 바로 왕화를 배척하여서 공격하는 일이었다. 9월, 남경 13도道 어사 이희李熙 등이 홀연 다시 왕화를 탄핵하여서 왕화로 하여금 소를 올려서 항변하고 일강日講을 사면辭免하도록 핍박하였다. 정사正史에서는 이 일을 모두 두루뭉술하고 불분명하게 기록하여서 일의 진상을 덮어버렸다.

『명무종실록明武宗實錄』은 매우 황당하게 다음과 같이 기록하였다.

> 정덕 원년(1506) 9월 신묘辛卯, …… 남경 13도 어사 이희 등이 재이災異를 근거로 열 가지 일을 조목으로 진술하였다. …… 이부시랑 장원정張元禎이 연줄을 이용하여서 입각을 추구하였고(夤求入閣), 예부시랑 왕화는 명분을 어기고 뇌물을 받았는데(諱名首賂) …… 계사癸巳, 예부좌시랑 왕화가 명분을 어기고 금을 받았다는(諱名首金) 어사의 탄핵 때문에 그 일을 끝까지 밝혀내어서 억울함을 씻고 직책을 버리고 전리田里로 돌아가게 해달라고 청하였다. "왕화의 일은 이미 명백해졌으니 변론하지 말고 맡은 직분에 마음을 다하라."는 전지가 있었다. …… 계묘癸卯, 예부좌시랑 왕화가 일강을

하기에 관복을 하사하였는데 소를 갖추어 사양하면서 아울러 일강의 사면을 청하였다. 대체로 언관이 논하는 바 때문에 마음이 저절로 불안했기 때문이다. 상이 말하기를 "왕화는 이전 조정의 강관講官이니 짐이 친히 간택하여 쓴다. 상으로 관복을 하사한 것도 옛 법전이니 사양할 필요 없다."라고 하였다.[5]

사실 이는 초방이 배후에서 이희 등 어사를 사주하여 앞장서서 탄핵한 일인데, 의도는 자기가 입각하는 데 최대 적수인 왕화와 장원정 두 사람을 축출하려는 데 있었다.

왕오王鏊(1450~1524)는 『진택기문震澤紀聞』에서 이 일의 진상을 다음과 같이 폭로하였다.

정덕 초에 언관이 예부시랑 왕화를 탄핵하고 초방과 양저梁儲(1451~1527)가 크게 쓸 만하다고 천거하였는데, 초방이 사주한 일이다. 왕화는 자기일에 청렴했기에 대면하여 거절하였으므로 마침내 서로 원한을 맺었다. 당초 초방이 힘써 입각을 원했는데 사천謝遷이 번번이 억눌렀다. 이에 사천을 원망하고 매번 여요(*생각건대 왕화를 가리킨다)와 강서 사람에게 말이 미치면 욕을 하였는데 사천과 팽시彭時(1416~1475), 왕화 때문이었다. 호부상서 한문韓文이 소를 올려서 천하의 경비가 부족함을 논하였는데, 정신廷臣을 소집하여서 논의하였더니 모두 말하기를, 재용을 관리하는 데는 상책이 없으며 오직 상이 절약하고 검소해야 한다고 권하였다. 초방은 좌우에 엿듣는(竊聽) 자가 있음을 눈치채고 큰 소리로 말하였다. "서민의 집안에도 오

5 『명무종실록明武宗實錄』 권17.

히려 재용은 필수인데 조정은 사해의 부를 가지고서 어찌 비용을 인색하게 합니까! 속담에 이르기를 '돈(錢)이 없으면 옛 지폐(故紙)를 점검한다'고 하였습니다. 지금 천하는 조세를 포흠지고(逋租) 세금을 은닉하는(匿稅) 데 한이 없으니 이것을 검찰하지 않고 오직 성상의 절약과 검소만 권한단 말입니까!" 상이 듣고서 기뻐하며 이르기를, 초방은 크게 쓸 만하다고 하였다. 마문승이 자리에서 쫓겨나자 마침내 초방이 그 자리를 대신하였다. 중관中官(환관) 8명을 모아서 상이 유희와 오락을 즐기도록 유도하였다. 급사중 유채劉菜(1499, 진사)와 도해陶諧(1474~1546)가 소를 올려서 극력히 간언하였다. 왕오는 호부상서 한문과 친했는데, 틈을 내어서 한문에게 말하기를 "저 사람들은 낮은 관직으로 말을 하였는데 우리 대신들이 묵묵히 있을 수 있겠습니까?"라고 하였다. 한문이 말하기를 "이는 바로 내 마음입니다." 라고 하였다. 그러나 상소는 반드시 이부吏部를 머리로 삼아야 했기에 초방에게 알렸다. 초방이 말하기를 "나는 임금의 그른 마음을 바로잡는 것만 알뿐입니다. 간언을 하는 것은 내 일이 아닙니다."라고 하였다. 한문이 그 의도를 알고서 말하기를 "내(文)가 스스로 하겠습니다."라고 하였다. 소를 올리자 조칙을 내려서 대신들을 불러 좌순문左順門으로 나오라고 하였다. 초방은 일부러 천천히 걸으며 뒤쳐져서 말하기를 "오늘 일은 앞장선 사람이 스스로 감당할 것이다."라고 하였다. 문 아래 이르러서는 입을 다물고 한마디도 하지 않았다. 사사로이 내수內豎에게 말하기를 "상소는 모두 한문이 주도하였고 나는 알지 못하오."라고 하였다. 이에 한문이 죄를 얻어서 쫓겨났다. 내각에서 관직을 맡은 뒤로는 제고制誥나 비답批答에 한 마디도 내용을 꾸미지 못하고 오직 입으로 욕을 하면서 남을 해쳤다. 또한 유근과 결탁하여 서로 안팎으로 간사한 일을 행하였다. 유근이 하려는 일을 살펴서 미리 그 뜻에 영합하였다. 사방의 청탁하려는 자는 먼저 초방에게 뇌물을 주면 초방이 유근에게 뇌물을 건네서 응답을 받지 못하는 것이 없었다. 해액解額을 늘리고 한림을 배척하고 강서와 여요(*생각건대 사천·왕화·양명을 가리킨다)를 배제하여서 경관이 되지 못하게 한 것이 모두 초방의 뜻이었다.[6]

왕오의 진실한 기록은 정사에서 숨긴 수많은 비밀을 폭로하였다. 원래 초방은 유근과 결탁하여서 악을 자행한 대신으로서 진정한 원흉이었다. 그는 자기가 입각하기 위해 먼저 13도 어사를 사주하여서 왕화를 탄핵하였다. 왕화 탄핵이 실패하자 그는 유근에게 의탁하여서 안팎으로 간사한 짓을 행하였다. 유근에 의지한 내부의 후원으로 각로閣老의 보좌에 올랐다. 조신들이 유근을 탄핵하기 위해서는 이부상서가 앞장서야 했는데 그는 단연코 거절하였고, 도리어 대신이 복궐伏闕 상서한다는 소식을 내엄에게 발설하여서 호부상서 한문이 파직되고 축출되도록 방관하였다. 그는 유근에게 아부하고 노예처럼 섬겨서 순조롭게 각로에 올랐다. 나중에 '여요인' 양명·왕화가 폄적되어서 관직에서 쫓겨난 것은 모두 그가 중간에서 일으킨 재앙이었다.[7]

조정의 대신이 일어나 유근과 팔호八虎를 탄핵한 일은 바로 초방이 남경 13도 어사를 사주하여서 예부상서 장승張升(1442~1517), 예부좌시랑 왕화, 이부좌시랑 겸 학사 장원정 등을 탄핵함으로써 격화하였다. 팔호가 제멋대로

---

6 『진택기문震澤紀聞』 권하下. 「초방焦芳」.

7 왕오는 『진택기문』에서 다음과 같이 말한다. "(*초방이) 일찍이 유근에게 말하기를 '송대 사람의 말에 남쪽 사람(南人)은 재상을 할 수 없다고 한다.'고 하였는데 또한 의도를 갖고 말한 것이다. 유근이 옳게 여겨 비로소 남쪽 선비를 검열하지 않았다. 초방은 같은 고을 사람을 편당할 뿐만 아니라 북쪽 사람이 한 명이라도 진출하면 기뻐하는 기색을 보이고, 남쪽 사람이 한 명이라도 물러나면 역시 기뻐하는 기색을 보였다. 옛사람을 논할 때 북쪽 출신이면 칭찬해마지 않았고, 남쪽 출신이면 헐뜯었다."(권하 「초방」) 여기서 '남쪽 사람'이란 사천·왕화·양명을 포괄한다.

발호하자 조정의 신하들은 일찌감치 통탄하고 골치를 썩었다. 이전 2월에 예과도급사중 주새周璽(1461~1507) 등의 관료가 글을 올려서 다음과 같이 말하였다.

> 폐하께서 즉위하신 이래 오늘은 매를 먹이고 내일은 개를 먹이며 이와 같이 하기를 마지하지 않으니 술과 여자와 놀이와 관람 및 간교하고 아첨하고 사악하고 치우친, 눈과 귀를 부리고 마음과 의지를 바꾸는 모든 일이 날마다 심해질 것입니다. 어찌 매나 개에 그치겠습니까! …… 원컨대 몸을 닦고 덕을 기르며, 매와 개를 놓아 보내고 들뜬 일(浮辦)을 그만두고 국가의 재정을 절약하소서.[8]

무종은 충심衷心에 아무런 감동이 없었다.

6월에 이르러 또 급사중 유채와 도해가 태감 구취·위빈·마영성을 탄핵하다가 도리어 주장奏章에 잘못된 글자(訛字)가 있어서 처벌을 받았다. 9월에는 간관이 번갈아 장계를 올려서 논핵하였으나 소용이 없었으며, 조정의 대신들은 더 이상 침묵할 수 없어서 호부상서 한문이 가장 먼저 책상을 치고 일어나 속하屬下와 함께 분개하여 팔호가 이리저리 발호한다고 성토하며 통곡하면서 눈물을 흘렸다.

주사 이몽양이 한문에게 말하기를 "공은 대신으로서 의리가 나라의 기쁨과 근심을 같이해야 합니다. 한갓 눈물만 흘려서 무엇이 유익하겠습니까?"라고 하였다. 한문이 물었다. "어찌해야 하겠소?" 이몽양이 답하였다. "간신諫臣이 장계를 들여서 여러 엄수를 번갈아 논하면 그것을 내각에 내릴 것입니다.

---

8 『국각』 권46.

삼로三老는 고명顧命을 받은 신하이며 듣기에 간관의 장계를 지탱하는 데 매우 힘을 쓴다고 합니다. 공이 참으로 이 시기에 미쳐서 여러 대신을 거느리고 죽음으로써 다투며 각로閣老가 여러 대신과 함께 다투어서 지지하는 일에 더욱 힘을 쓰고 장계의 내용을 바꾸어 올리면 일이 어쩌면 성공할 수 있을 것입니다."[9]

이는 실제로 한문으로 하여금 대신을 거느리고 복궐하여 글을 올리게 하였다. 한문은 죽음을 각오하고 항쟁하기로 결정한 뒤 이몽양에게 주고奏稿의 기초를 마련하게 하였다. 다음 날 그는 은밀히 3대 각로인 이동양·유건·사천을 만나 그들의 허락과 지지를 얻어냈다. 또 육부六部의 대신이 떨쳐 일어나 논의함에 이르러서는 육부 대신의 용약 호응을 얻었다. 이튿날 한문은 대신을 거느리고 팔호를 탄핵하는 주장을 올렸다.[10]

한문의 주장은 창끝을 팔호에게 겨누어서 무종의 아픈 곳을 건드렸다. 주장에서 다음과 같이 말하였다.

…… 신 등은 엎드려 보건대 근세 이래 조정의 정사가 날로 그릇되고 호령이 정당성을 잃어버렸습니다. 가을에 들어선 뒤 조회를 보는 일이 점차 늦

---

9 『공동집空同集』 권40 「비록祕錄」.

10 생각건대, 한문이 대신을 거느리고 글을 올려서 유근을 탄핵한 때를 역사서에서 모두 10월이라고 하는데(*예컨대, 『국각』, 『명통감明通鑑』 등), 그것은 잘못된 것이다. 이는 이몽양의 「대핵환관장고代劾宦官狀稿」(『공동집』 권40) 아래 '정덕 원년 9월'이라고 분명히 주석을 달았으니 한문이 탄핵하는 장계를 올린 일이 9월에 있었음을 확실히 알 수 있다. 또한 초방이 10월에 입각하고, 유건과 사천이 10월에 치사致仕하였으니(*『명사明史』 권109 「재보연표宰輔年表」에 보인다) 한문이 유근을 탄핵한 일은 9월에 있었음을 충분히 입증한다. 한문이 유근을 탄핵한 일에 대하여 『국각』 등의 서술은 대부분 잘못되어 있다. 이에 이몽양의 「비록」(『공동집』 권40)에 근거하여서 서술한다.

어지는데 성상의 얼굴을 우러러보니 날로 점차 수척해지십니다. 모두 말하기를, 태감 마영성·곡대용·장영·나상·위빈·유근·구취 등이 교활하고 거짓된 일을 만들어내어서 성상의 마음을 음탕하게 한다고 합니다. 혹은 격구를 하고 말을 달리며, 혹은 매를 날리고 개를 달리게 하며, 혹은 배우를 불러들여서 잡극을 즐기는 등의 일이 앞에 잡다하게 늘어 있습니다. 혹 만승萬乘의 존귀한 분을 이끌어서 바깥사람과 더불어 사귀게 하되 함부로 부닐고 무람없이 굴어서 예의 체모를 회복하지 못하게 합니다. 낮에 노는 것도 부족하여 밤까지 이어지니 정신을 소모하고 의지와 덕을 훼손합니다. 그리하여 마침내 천도天道가 질서를 잃게 하고 땅의 기운(地氣)이 안정되지 않으며 우레가 울고 별의 움직임에 이상한 변괴가 생기며, 복사꽃과 오얏 꽃이 가을에 피기도 합니다. 점후占候를 살펴보니 모두 길한 징조가 아닙니다. 이는 이런 자잘한 사람들이 오직 군주와 윗사람을 미혹하게 하여서 자신에게 편리하게 하고 사사로운 이익을 취하며 빛나고 빛나는 천명과 성대한 황제의 사업이 폐하의 한 몸에 있음을 생각하지 않기 때문입니다. …… 엎드려 바라건대 폐하께서는 강단을 분발하시고 사사로운 사랑을 베어내시며 위로는 양궁兩宮께 아뢰고 아래로는 백료百僚에게 효유하여서 마영성 등을 잡아 법사法司에 보내 전형典刑을 밝히고 바르게 하소서. ……[11]

이몽양은 이때의 상소를 '제대신소諸大臣疏'라고 일컬었는데, 한문이 거느린 '제대신'은 육부의 상서와 시랑을 가리키므로 예부좌시랑 왕화도 반드시 여기에 포함된다.

나중에 무종은 조칙을 내려서 상소한 여러 대신을 소환하여 좌순문으로

---

11 『공동집』 권40 「대핵환관장고」.

나아오게 하고 문답을 하였는데 왕화도 참여하였다. 양명과 같은 조정의 일반 하급 신하들은 다만 이몽양과 마찬가지로 대신의 탄핵과 관련한 동향을 예의 주시하고 있었다. 여러 대신이 상소하여 탄핵한 일은 표면상으로는 성세가 매우 강경하였지만 실은 내부에서는 흩어진 모래와 같았다. 세 각로는 나약하고 무력하였으며, 여러 대신은 소심하고 일을 두려워하여서 탄핵은 결국 한 방에 궤멸되었고, 무종은 손바닥으로 하늘을 가리듯 막아버렸다. 유건, 사천, 그리고 한문은 모두 배척되어서 치사하였고, 팔호는 도리어 영광스럽게도 요직에 올랐다. 유근은 사례감 겸 제독단영司禮監兼提督團營, 구취는 제독동창提督東廠, 곡대용은 제독서창提督西廠이 되었다.

이 골계극滑稽劇의 한 막에서 무종과 유근의 졸렬한 연기와 사건은 미묘한 굴곡을 거치며 반복되었는데, 이몽양은 「비록」에서 이 사실을 다음과 같이 상세하게 폭로하였다.

…… 당초에 내각이 논의하여 간관의 장계에 결정을 내리려고 하지 않았는데, 여러 환관은 이미 군색해져서 서로 마주하고 눈물을 흘렸다. 여러 대신의 소를 모아서 또 올렸는데 이에 상이 사례司禮를 파견하여서 8인을 모두 내각의 논의에 나오게 하였다. 하루에 세 차례나 파견하였으나 내각의 논의에서 끝내 결정을 내리지 않았다. 왕악王岳은 8인 가운데 한 사람이었는데 주위를 돌아보고 홀로 말하기를 "내각의 논의가 옳습니다."라고 하였다. 이튿날 갑자기 여러 대신을 부른다는 전지가 있어서 사람들이 모두 두려워하였다. 좌액左掖으로 들어가자 이부상서 허진이 나서서 한 공을 허물하며 말하였다. "공의 상소는 무엇을 말함이오?" 이에 한 공이 일부러 신발을 끌고 천천히 나아가 이부시랑 왕오로 하여금 각으로 달려가서 동정을 살펴보게 하였다. 각로 유건이 왕오에게 이르기를 "일이 이미 7, 8

푼 성공하였습니다. 여러분은 다만 결정을 경솔하게 내리지 마십시오."라고 하였다. 좌순문左順門에 이르자 환관의 우두머리 이영李榮이 여러 대신의 상소를 손에 들고서 말하기를 "여러 선생께 물어보라는 전지가 계셨습니다. 여러 선생의 말씀은 참으로 옳으며 임금을 사랑하고 나라를 걱정하지 않음이 없습니다. 다만 저희들(奴儕)은 상을 오랫동안 모셨으니 차마 법대로 할 수 없을 뿐입니다. 다행히 조금 너그럽게 하여서 상이 스스로 처리하시게 할 뿐입니다."라고 하였다. 여러 사람은 두려워 떨면서 아무도 감히 나서서 한마디 답도 하지 못하였다. 이영이 한 공에게 물었다. "이 거동은 본래 공에게서 시작된 일입니다. 공은 무슨 말씀을 하시렵니까?" 이에 한 공이 답하였다. "지금 나라 안(海內)은 백성이 곤궁하고 도적이 횡행하며 홍수와 가뭄이 잇달아 일어나서 하늘의 변괴가 날로 늘어납니다. 저희(文)들 비원備員과 경좌卿佐는 바로잡아 구제한 바가 없습니다. 그리고 상이 즉위하시고(踐祚) 처음에 문득 만기萬機를 버리고 절도 없이 유흥을 즐기고 뭇 소인배를 가까이하여 부니시니 저희들이 어찌 아무 말 없을 수 있겠소?" 한 공의 말은 비록 단호했으나 기운이 강하지 못하고 또 줏대(肯綮)가 부족하였다. 이에 이영이 비웃으며 말하였다. "상소는 갖추었습니다. 상은 모르시지는 않으나 지금 의도는 늦추기를 바라실 뿐입니다." 마침내 여러 공은 웅성거리며 물러났다. 이날 여러 환관이 이미 군색해져서 스스로 남경에 편안히 자리하기를 구하고 내각의 의론을 붙잡고서 따르지 않았다. 이에 여러 공이 결국 차례로 물러나고 오직 왕오만 여전히 나서서 이영에게 말하였다. "만약 상이 처리하지 않으면 어찌하오?" 이영이 답하였다. "제(榮)목을 쇠로 감아놓았단 말입니까? 감히 국사를 그르치다니요!" 이영은 들어가버렸고 일은 변질되었다. 이날 밤 유근을 소대하여서 사례를 들여보내고 왕악과 범형范亨을 체포하여서 남경으로 유배하라는 조칙을 내린 뒤 두 사람을 따라가 길에서 죽였다. 이어서 또 잇달아 유건과 사천 두 원로를 배척하였다. 오직 이(*이동양)만 남겨두기로 하여 한 공의 무리는 수군거리며 함께 서로 잡아끌며 흩어졌다. 변고가 일어난 것은 대체로 아무도 상세히 알지 못하지만 이영은 다음과 같이 말하였다. "여러 대신이 물러난 뒤 유근 무리가 상을 앞에서 에워싸고 무릎을 꿇고 통곡하며 머리를 바닥에 처박고 말하였다. '상의 은혜가 아니면 저희들(奴才)은 갈기갈기 찢겨서 개의 먹이나 될 뿐입니다.' 상이 그들을 위해 움직이자 유근 무리가 대뜸 나서서 말하였다. '저희들을 해치려는 자는 왕악입니다.' 상이 '무슨 말인가?' 하고 물었다. 이에 유근이 답하기를 '왕악은 전에 동창을 관장했는데 간관에게 말하기를, 선생들은 하실 말씀이 있으면 다만 말씀하라고 하였습니다. 그리고 내각에서 논의할 때 왕악이 또 홀로 내각의 의론을 인정하였습니다. 이는 그 실정이 무엇이겠습니까? 상의 개와 말과 매와 토끼가 왕악이 일찍이 사다 바친 것인지 아닌지는 상의 마음이 밝히 아시는 바입니다. 지금 홀로 저희들만 허물하십니다.' 하였다. 이윽고 다시 땅에 엎드려서 더욱 통곡하였다. 이에 상이 노하여서 왕악을 체포하였다. 유근이 또 말하기를 '개와 말과 매와 토끼가 정치(萬機)에 무슨 손해를 입히겠습니까? 지금 좌반관左班官(문관)이 감히 함부로 거리낌 없이 떠드는 것은 사례감에 마땅한 사람이 없기 때문입니다. 있다면 오직 상께서 원하시는 바를 사람이 감히 말하지 못할 것입니다.'라고 하였다. 상이 이에 유근을 사례감에 들이라는 조칙을 내렸다." 이 설은 사실에 가까우나 다만 다 믿기는 어려울 뿐이다. 또 듣건대 내각의 논의 때 유건이 책상을 치면서 통곡하였고 사천도 끝없이 불평을 늘어놓았는데, 다만 이동양만 입을 열지 못하고 간절히 만류하였다고 한다.[12]

---

12 『공동집』 권40 「비록」, 『진택기문』 권하 「유근劉瑾」을 참조하라.

이는 근거리에서 독재, 폭군의 제왕적 심리 상태를 관찰하고 드러내어 밝힌 극히 드문 기이한 글이다. 무종은 번개같이 빠른 속도로 단숨에 대신들이 권엄을 탄핵한 대대적인 안건을 '흠정欽定'하였다. 10월 13일 유건과 사천이 모두 치사하고 파직되어서 돌아갔다. 내각에는 다만 우물쭈물하며 예예(唯唯 諾諾) 하는 이동양 한 사람만 남았고, 초방은 문연각文淵閣 대학사大學士로서 직각直閣이 되었다. 유근을 사례감에, 구취를 제독동창에, 곡대용을 제독서창에 제수하여 들인 것 외에도 삼천영三千營 태감 장영張永(1465~1529)을 신기영 파총把摠에 더하여 제독 십이영十二營에 조용하고, 분무영奮武營 태감 위빈으로 장영을 대신하게 하고, 효용영效勇營 태감 오가吳軻로 위빈을 대신하게 하고, 현무영顯武營 태감 왕윤王潤으로 오가를 대신하게 하고, 상의尙衣 태감 가화賈和로 왕윤을 대신하게 하고, 신기영 중군 두사頭司를 겸하여 관장하게 함으로써 권엄의 지위는 전에 없이 공고해졌다.

유건과 사천의 파출은 조정 안팎에 커다란 파란을 일으켰다. 조정 신하들은 즉시 떠들썩하게 성세를 일으켜서 '유건과 사천을 구원하고 다시 팔호를 탄핵하는' 행동에 돌입했으나 뜻밖에 한 사람 한 사람씩 금의옥에 갇히고 폄적되거나 파직당하여서 쫓겨나는 운명에 처해졌으며, 마음이 놀라고 혼이 빠지는 '당적黨籍'·'당고黨錮'의 재앙을 맞았다. 보잘것없는 병부주사인 양명도 뜻밖에 조정에 열거된 '간당奸黨' 53명 가운데 중요 인물이 되었다.

가장 크게 성세를 이룬 구원 상주와 탄핵은 10월 하순에 있었다.[13] 남경 급

---

13 대선戴銑이 주장奏章을 올린 시기에 대해 역사서에서는 모두 12월이라고 하는데 분명히 오류이다. 대선 상소의 취지는 유건과 사천의 유임을 청하는 데 있었고, 유건과 사천이 지위에서 물러난 일은 10월 13일에 있었으니 대선 등의 상소는 당연히 10월 말 이전에서 벗어나지 않음을 알 수 있다. 『명사』 188 「유채전劉蒆傳」을 상고하면 다음과 같다. "유건과 사천이 지위에서 물러나고, 유채와 형과급사중刑科給事中 여충呂翀(1469~1523)이 각

사중 대선戴銑(1464~1506)·이광한李光瀚·서번徐蕃(1463~1530)·목상牧相·임혜任惠(1462~?)·서섭徐暹(1502, 진사) 및 어사 박언휘薄彦徽(1496, 진사), 장흠蔣欽(?~1506) 등이 연달아 글을 올려서 유건과 사천의 유임을 아뢰었는데, 유근의 불법 열 가지 일과 아울러 태감 고봉高鳳(?~1587)의 조카 고득림高得林이 함부로 금의위 지휘첨사에 오른 일을 탄핵하고, 무종이 조회에 늦고 학문을 폐하고 유흥을 즐기며, 말을 달리고 활을 쏘며 사냥을 함으로써 군왕의 대체大體를 잃었다고 상소하였다.

주장奏章은 '원로는 보내서는 안 되며, 환수宦豎는 직임을 맡아서는 안 된다'는 취지로 무종에게 '권엄을 배척하고, 국법을 바로잡고, 보보保輔를 유임시키고, 대신을 발탁하여서 사직을 안정시키라'고 하였다. 주장의 비평은 창끝이 이미 곧바로 무종을 겨누었고, 무종은 골치 아프고 부끄러움이 분노가 되어서 벼락같은 화를 크게 터뜨리며 즉시 전지를 내려서 남경 언관 대선·목상·박언휘 등 18인을 체포하여 차꼬를 채워서 경사로 보내 금의옥에 가두라

각 항의하는 주장을 올려서 유임을 청하였는데 말이 유근을 건드렸다. 이에 앞서 병과 도급사중 애홍艾洪(1496, 진사)이 중관中官 고봉高鳳의 조카 고득림高得林이 금의위를 관장하게 된 일을 탄핵하였다. 여러 상소가 남경 수비무정백南京守備武靖伯 조승경趙承慶의 처소에 전해져서 응천윤應天尹 육형陸珩(1439~?)이 베껴서 여러 동료에게 보였다. 병부상서 임한林瀚이 열람하고 탄식하였다. 이에 급사중 대선, 어사 박언휘薄彦徽 등이 각각 상소를 올려서 극력 간하며 유건과 사천의 유임을 청하였다. 유근 등이 크게 분노하며 황제의 조칙을 위조하여서 대선과 박언휘 등을 체포하고 조옥詔獄에 가둔 뒤 국문하여서 다스렸다. 아울러 유채·여충·애홍은 모두 정장廷杖을 가하고 삭적削籍하였으며, 조승경은 반록半祿을 정지하고 한주閒住에 처했으며, 임한과 육형은 폄적하고 벼슬을 그만두게 하였다." 여충이 상소한 일은 10월 28일에 있었다. 『국각』권46에 "10월 계유, 형과급사중 여충이 유건과 사천의 유임을 청하였으나 듣지 않았다." 하였다. 대선이 상소를 올린 때는 애홍의 뒤, 여충의 앞에 있었으니 10월 하순이 분명하다. 『명통감明通鑑』은 이에 근거하여 대선의 상소가 10월에 있었다고 추정하는데 이것이 옳다.

고 명하였다. 언관은 뜻밖에도 말로 죄를 얻어서 감옥에 갇혔으며 무종은 단호하게 살수殺手를 보내 남경의 언관을 거의 일망타진하였으므로 온 조정이 놀라 떨었다. 신분이 낮은 신하였던 양명도 더 이상 침묵을 지키고 있을 수 없었다.

양명은 줄곧 조정 신료들이 권엄을 탄핵하는 동태를 주시하고 있었다. 초방이 과도관을 사주하여서 잇달아 왕화를 탄핵한 일과 왕화가 참여한 대신들의 유근 탄핵 상소가 실패한 일은 이미 양명에게 매우 큰 우려를 낳게 하였다. 각신인 초방이 '남인', '여요인'은 믿을 수도 없고 등용해서도 안 된다고 주장한 것도 그에게 매우 두려움을 느끼게 하였다. 이때 대선과 목상은 잇달아 유근을 탄핵하는 주장을 올렸다가 체포되어서 조옥에 갇혔고, 또한 목상은 양명의 고모부로서 더욱 왕화·양명과 함께 직접적인 이해관계가 있는 것으로 인식되었다. 그가 보기에 언관은 간언을 직분으로 삼으며, 말하는 자는 죄가 없으니 만약 말 때문에 죄를 주고 언관을 잔인하게 살육한다면 조정의 기강과 나라의 법을 어지럽히게 된다. 독재 제왕은 군주의 허물을 남에게 뒤집어씌우거나 덮어 가리고 꾸밀 수 없으며, 조정 신하는 저마다 모두 군주의 마음을 바로잡고 임금의 허물을 바로잡을 책임이 있었다.

이에 11월 중순[14] 그는 남경의 언관이 차꼬를 차고 아직 서울에 도착하지

---

14 양명이 언관에게 관용을 베풀 것을 청하는 상소를 언제 올렸는지 지금까지 불분명한데, 『명무종실록』과 『국각』 등은 모두 뭉뚱그려서 12월 이후라 하였고, 『명통감』과 『명사기사본말』도 12월로 비정하였는데 모두 잘못이다. 지금 양명의 「구언救言」을 살펴보면 분명히 다음과 같이 말한다. "정덕 병인(1506) 겨울 11월에 내(守仁)가 죄를 지어서 금의옥에 갇혔다." 이를 통해 양명이 언관에게 관용을 베풀 것을 청하는 상소는 11월에 있었음을 알 수 있다. 양명의 「송별성오임도헌서送別省吾林都憲序」에서는 다음과 같이 말한다. "정덕 초 내(某)가 무선랑武選郎으로서 역적 유근에게 거슬리어 금의옥에 체포되었는데 성오도 대리평大理評으로서 당시의 금기(時諱)를 건드려서 갇혔다. 서로 감옥에 갇힌 상

않은 때를 틈타 다음과 같은 「걸유언관거권간이장성덕소乞宥言官去權奸以章聖德疏」 한 통을 올렸다.

신이 듣건대 군주가 어질면 신하가 정직하다고 합니다. 위대한 순이 성인이 된 까닭은 악을 숨기고 선을 드러낼(隱惡而揚善) 수 있었기 때문입니다. 근래 신이 가만히 보건대, 폐하께서 남경 호과급사중 대선 등이 시사時事에 관한 말씀을 올렸을 때 특별히 금의위에 칙명을 내려서 관교를 파견하여 그들을 서울로 압송하라고(特敕錦衣衛差官校拿解赴京) 하셨습니다. 신은 그들이 말한 바가 이치에 합당한지의 여부는 알 수 없으나 생각해보면 그 사이에 필시 기휘忌諱를 함부로 건드려서 상께서 벼락같이 분노하게 한 까닭이 있었을 터입니다. 그러나 대선 등의 직분은 간사諫司에 있으니 말하는 것이 책임입니다. 그 말이 좋다면 마땅히 아름답게 받아들이고 시행하여야 하며, 만약 좋지 못하다면 역시 마땅히 포용하고 덮어주어서 충직한 (忠讜) 길을 열어주어야 합니다. 그런데 지금 분연히 명령을 내려서 죄수를 멀리서 체포해오게 하시니(赫然下令遠事拘囚) 폐하의 마음은 징계를 조금 보임으로써 뒷날 감히 경솔하고 망령되게 논열論列하지 못하게 하는 데 지나지 않으며 과연 분노하여서 끊으려는 뜻은 아닙니다. 아래 백성은 무지하여서 함부로 의심하고 두려워하니 신은 대단히 애석할 따름입니다. 지금 조정에 있는 신하는 이 일이 옳지 않은 일이라 여기지 않는 사람이 없습니다. 그러나 아무도 감히 폐하를 위해 말하는 자가 없으니 어찌 나라를

태에서 한 달 동안 『역』을 강론하였다." 양명은 한 달 남짓 감옥에 갇혀 있었으며, 양명의 출옥이 12월 21일에 있었음으로 미루어볼 때 한 달 남짓 앞으로 추산하면 11월 중순이다. 따라서 양명의 상소는 11월 중순에 있었음을 알 수 있다.

걱정하고 군주를 사랑하는 마음이 없어서이겠습니까? 폐하께서 다시 대선 등에게 죄를 준 것은 나랏일에 도움이 되지 않을 뿐만 아니라 단지 폐하의 잘못된 행동을 더하는 것일 뿐이니 걱정입니다. 그런즉 이로부터 종묘 사직에 관하여 위태하고 의심스러우며 제도에 어긋나는 일이 일어난다면 폐하께서는 누구에게서 (충언을) 들으시겠습니까? 폐하께서는 매우 총명하신데 진실로 이런 일을 염두에 두신다면 어찌 한심하지 않겠습니까? 하물며 지금 시절은 춥고 얼음이 어는 때인데 만일 관교를 차임하여 보내서 독속督束이 지나치게 엄하면 대선 등이 길에서 혹 제자리를 잃어버리는 지경에 이르고 결국 구렁텅이에 빠져서 폐하로 하여금 간신을 죽였다는 오명을 얻게 하고 뭇 신하가 어지러운 의론을 일으킨다면(使陛下有殺諫臣之名與 群臣紛紛之議) 그때 폐하는 필시 좌우에서 아무도 말하지 않은 허물을 들추어내려고 하실 터인데 그때는 이미 늦을 것입니다. 엎드려 바라건대 폐하께서는 이전에 내린 전지를 거둬들이고 대선 등이 그대로 직책에 복무하게 하여서 크게 공변되고 사사로움이 없는(大公無我) 인仁을 널리 펴고 잘못을 뉘우치는 데 인색하지 않는(改過不吝) 용기를 밝혀서 성덕이 멀리까지 밝게 펼쳐져서 인민이 서로 기뻐한다면 어찌 아름답지 않겠습니까! 신은 또 생각건대 임금은 머리(元首)이고 신하는 눈과 귀, 손과 발입니다. 폐하께서는 눈과 귀를 틀어막을 수 없으며, 손과 발을 시들게 할 수 없다고 생각하여 반드시 측연惻然히 차마하지 못하는 바가 있습니다. 신은 낮은 자리에서 재능도 없으나 사람이 없어서 쓰이고 있을 뿐인데 참람한 말을 하여서 실로 죄를 지었습니다. 엎드려 살피건대 폐하께서 내리신 전지에 분명히 "정사의 득실을 여러 사람들이 솔직하게 말하고 숨기지 않도록 하라." 하는 조항이 있었으므로 감히 죽음을 무릅쓰고 폐하께 한 말씀드립니다. 엎드려 생각건대, 굽어보아 너그러이 살피시기 바랍니다. 함부로 말씀드려

서 두렵고 떨리는 마음을 이길 수 없습니다!¹⁵

사실 양명의 이 상소는 언관에게 관용을 베풀어주기를 청하는 주장奏章에
지나지 않지만 후세에는 권엄에 항론抗論하는 탄핵 주장으로 흔히들 오인하
였다. 만약 장흠·유채·장부화張敷華(1439~1508) 등의 의분에 찬 격렬하면서
도 죽음으로써 항거하는 탄핵 주장과 비교한다면 양명의 이 소는 당시 태도
가 가장 온화한 주장임을 확실히 간파할 수 있다.

양명은 소에서 권엄을 탄핵하는 일을 전혀 언급하지 않았다.¹⁶ 다만 남경
언관 대선 등을 체포하여 차꼬를 채워서 서울로 올려 보내는 일에 관해 간하

---

15 『왕양명전집』 권9 「걸유언관거권간이장성덕소乞宥言官去權奸以章聖德疏」. 왕세정王世貞의
「신건백문성왕공수인전新建伯文成王公守仁傳」에서는 다음과 같이 말한다. "왕수인이 상소
하여 말하기를 '임금이 어질면 신하가 정직합니다. 대선 등은 말을 하는 책임이 있으니
그 말이 좋다면 마땅히 아름답게 받아들이고 좋지 못하다면 역시 포용하여서 충직한 길
을 열어야 합니다. 그런데 지금 분연히 명령을 내려서 죄수를 잡아들이고(緹騎旁午) 체포
하여 데려오게 하니 곧 폐하께서 분노하여 끊으려는 생각은 아니겠지만 아래 백성은 무
지하여서 함부로 의심하고 두려워하니 앞으로는 종묘사직과 관련하여 위태하고 의심스
러우며 법제에 어긋나는 일이 일어나더라도 누구에게서 들으시겠습니까? 다행히 이전
말씀을 거두고 그들로 하여금 저마다 그대로 직책에 복무하게 하여 마침내 충분히 크게
공변되고 사사로움이 없는 인仁을 널리 펴고 잘못을 뉘우치는 데 인색하지 않는 용기를
밝히소서.'라고 하였다."(『엄주속고弇州續稿』 권86) 왕세정이 인용한 소와 양명의 문집에
실려 있는 이 소의 구절은 많은 차이가 있는데, 아마도 왕세정이 인용한 소가 원래 소이
고 양명의 문집에 실려 있는 소는 나중에 윤문하여서 고친 것이리라.

16 양명의 이때 상소에 대해 『국각』에서는 다만 "소를 올려서 대선 등을 구원하다가 감옥에
갇혔다."라고 하였으며, 『명무종실록』에서도 다만 "왕수인이 주장을 갖추어서 구원하였
다."라고 하고 권간 유근을 제거하기를 청하는 일은 말하지 않았다. 『왕양명전집』 중에
이 소의 제목을 '언관에게 관용을 베풀고 권간을 제거하여서 성덕을 밝히기를 청하는 소
(乞宥言官去權奸以章聖德疏)'라고 한 것은 통하지 않으며, 또한 소의 내용과도 합치하지 않
는다. '권간을 제거한다'라고 운운한 말은 분명 나중에 덧붙인 것이다. 현존하는 『양명선
생문록陽明先生文錄』에 이 소는 제목이 「걸유언관소乞宥言官疏」로 되어 있다.

여서 말하는 자에게는 죄가 없음을 논하고 무종에게 간관을 관대하게 용서하기를 청하였다. 이는 당시 권엄을 탄핵하는 수많은 탄핵 주장과는 전혀 다르다. 권엄을 탄핵하는 수많은 탄핵 주장의 창끝은 유근과 팔호를 향하였는데 유근과 팔호를 죄와 재앙의 괴수로 여기고 일체 모두 유근이 조칙을 날조한 것으로 여겼고, 진정한 죄와 재앙의 괴수 무종에 대해서는 감히 한마디도 하지 않았다. 그러나 양명의 주장이 향하는 창끝은 유근과 팔호가 아니라 오히려 폭군 무종이며, 언관 대선 등을 체포하여 차꼬를 채워서 서울로 올려 보낸 것은 유근이 전지를 날조하여서 일어난 일이 아니라 무종 스스로 독단과 독행으로 이루어진 일이라고 하였다.

전체 소는 반복적으로 무종의 궐실闕失을 지적하여서 진술하고 직접 군주의 과실을 지적하였으며, 무종이 "분연히 명령을 내려서 죄수를 멀리서 체포해오게 하고", "특별히 금의위에 칙명을 내려서 관교를 파견하여 그들을 서울로 압송하라 하고", "폐하로 하여금 간신을 죽였다는 오명을 얻게 하고 뭇신하가 어지러이 의론하게 함으로써" 성덕을 훼손한 일을 비평하였다. 군주의 과실을 드러내 폭로하고 용린龍鱗을 건드린 이런 일은 간관의 큰 금기를 범하였기에 무종은 더욱 진노하였으며, 생각지도 못한 액운이 갑자기 양명의 머리에 떨어지게 되었다.

'당적黨籍'에 이름이 들다 : 용장역에 펌적되다

사실 양명이 언관의 관용을 청하는 이 주장奏章을 올렸을 때 무종은 이미 주장을 올려서 유근과 팔호를 탄핵한 조신을 모두 붕당을 결성한 '간당奸黨'으로 규정하고 공박하여 굴비처럼 엮어서 금의옥에 가둘 결정을 하고 있었다. 이때 양명이 주장을 올려서 언관의 관용을 청한 일은 바로 창끝으로 찌른 격이었다. 그의 주장은 직접 군주의 과실을 지적하고 성덕聖德을 비평하여서 무종의 살기를 더욱 발산시켰다. 초방의 '여요인은 등용해서는 안 된다'고 한 부르짖음은 이때 무종의 독재적 제왕의 심리 상태 깊은 곳에서 메아리쳤다. 그는 즉시 남경의 언관을 잡아들인 것과 마찬가지로 금의위에 칙명을 내려서 교관을 차임하여 보내 양명을 체포하여서 금의옥에 가두게 하였다. 양명은 감옥에서 길고 긴 죄수 생활을 시작하였다.

양명은 금의옥의 죄수실에 갇혔다. 조정에서는 '허물을 성찰하고 자기 스스로 안으로 자책하라(省愆內訟)!' 하고 늑령勒令을 내려서 그에게 죄의 허물을 반성하고 죄행을 솔직하게 자백함과 동시에 금의위의 국옥鞫獄을 거쳐서 안건의 확정을 기다리게 하였다. 마치 동굴과도 같은 어둠침침하고 부서져서 비가 새는 죄수실 안에서 햇빛도 보지 못하고 여름인지 겨울인지 알지도 못한 채 날마다 허물을 생각하고 죄를 반성하였는데, 이는 견디기 힘든 고통으로 영혼을 갈아대고 들볶아댔다.

그는 「유실칠장有室七章」을 잇달아 지어서 고통스럽게 읊었다.[17]

종 틀 같은 방이 있네	有室如簴
주나라는 담장을 높였네	周之崇墉
구멍 같은 방에는	室如穴處
가을도 겨울도 없네	無秋無冬
방구석에 구멍이 나서	耿彼屋漏
빛이 새어드네	天光入之
틈으로 해와 달을 보니	瞻彼日月
이 탄식을 어찌하랴!	何嗟及之
문득 어두웠다 문득 밝았다	倏晦倏明
바람은 싸늘하고	凄其以風
비가 왔다 눈이 내렸다	倏雨倏雪
대낮에도 어둡네	當晝而蒙
밤은 또 어찌 이런가!	夜何其矣
별도 숨고 빛은 사라졌네	靡星靡粲
어찌 해가 없단 말인가!	豈無白日

---

17 『왕양명전집』, 권19 「유실칠장有室七章」.

자나 깨나 길이 탄식하네   寤寐永嘆

마음속 근심은   心之憂矣
집안도 식구도 아니라네   匪家匪室
누군가 풀어준다면   或其啓矣
죽더라도 아깝지 않으리   殞予匪恤

먼지 사이로 아물아물   氤氳其埃
햇빛이 드네   日之光矣
둥둥 북소리 울리니   淵淵其鼓
밝음이 한창이네   明旣昌矣

아침인가 했더니   朝旣式矣
해가 져서 저녁이라네   日旣夕矣
밑도 끝도 없이 이는 생각은   悠悠我思
어찌 끝나지 않는가!   曷其極矣

　　이때는 큰 눈이 어지러이 날리는 엄동이어서 경사는 하늘과 땅이 얼어붙고 눈으로 뒤덮였으며 감옥 안은 싸늘한 추위가 뼛골에 사무쳤다. 양명은 족쇄를 차고 죄과를 참회하며 긴긴 밤 이 생각 저 생각으로 잠 못 이루고 언제 풀려날지 알 수 없는 앞날의 운명을 점치기 어려웠다. 가슴속에서는 가눌 수 없는 슬픔이 치밀었고 옥에서 풀려나기를 갈망하며 관료의 길에서 벗어나 돌아가 밭을 갈고자(歸耕壟畝) 하는 마음이 일었다.

그는 괴롭게 「불매不寐」 한 수를 읊었다.[18]

날씨는 차갑고 세밑인데	天寒歲云暮
얼음과 눈이 멀리 강기슭을 덮었네	冰雪關河逈
처량한 방에는 도깨비가 나오고	幽室魍魎生
잠 못 이루니 밤은 길기도 하다	不寐知夜永
숲에선 사나운 바람 일어	驚風起林木
흉흉한 물결처럼 몰려오네	驟若波浪洶
내 마음은 참으로 반석 같지 않으니	我心良非石
어찌 근심과 기쁨에 움직이지 않겠는가!	詎爲戚欣動
눈앞의 일은 도도한 물결 같아	滔滔眼前事
발뒤꿈치를 물고 잇달아 지나가네	逝者去相踵
하늘 끝이라도 오를 수 있고	厓窮猶可陟
깊은 물이라도 헤엄칠 수 있지만	水深猶可泳
어찌 알았으랴, 해와 달이 아니고도	焉知非日月
내 속마음 어지럽히는 것을!	胡爲亂予衷
깊은 골짜기 구불구불 길게 뻗어 있고	深谷自逶迤
노을과 안개는 늘 감도네	煙霞日悠永
시대를 바로잡음은 현자와 통달한 이에게 달려 있으니	匡時在賢達
어찌 돌아가 밭이나 갈지 않으랴!	歸哉盍耕壠

"시대를 바로잡음은 현자와 통달한 이에게 달려 있으니, 어찌 돌아가 밭

---

18 『왕양명전집』 권19 「불매不寐」.

이나 같지 않으랴!'라고 한 표현은 무고하게 죄수가 됨으로써 마음속 분노가 극에 달한 슬픔을 내뱉은 말이었지만 또한 그가 나중에 용장역으로 가지 않고 돌아가 은둔하며 살려는 마음속 외침을 토로한 것이었다.

감옥에 갇혀 있는 동안 양명에게 유일한 정신적 위안과 버팀목이 된 것은 한 죄수실에서 같은 길을 걷는 몇몇 벗이었는데, 임부林富(1475~1540)와 유채가 바로 그들이었다. 그들은 유근과 팔호를 탄핵하여서 금의옥에 갇혔는데, 양명은 그들과 이미 친분이 있는 사이였다. 귀매鬼魅와 같이 싸늘하고 적막하며 음침한 죄수실에서 양명은 그들과 함께 한소리로 호응하였고(同聲響應), 같은 기질로 서로를 찾았다(同氣相求).

대리시 평사評事 임부는 자가 수인守仁이며 호가 성오省吾인데, 역시 유근과 팔호를 탄핵하여서 양명과 같은 때에 금의옥에 갇혔다. 양명은 그와 뜻이 같고 도가 합하였으며, 동병상련의 정을 느꼈다. 두 사람은 주 문왕周文王(B.C.1152~B.C.1056)이 유리羑里에 유폐되어서 『역』을 부연한 고사를 본보기로 삼아 죄수실에서 손에 차꼬를, 발에 족쇄를 차고 서로 『주역』을 강론하였는데, 밤낮으로 게을리하지 않았으며 자기들이 옥에 갇혀 있는 죄수 신분이라는 사실을 잊어버렸다. 두 사람은 출옥할 때까지 한 달 남짓 계속 『주역』을 강론하였다.

양명은 옥중에서 「독역讀易」이라는 시 한 수를 지어서 다음과 같이 읊었다.[19]

무슨 일로 감옥에 갇혔나	囚居亦何事
허물을 살피자니 등 따습고 배부를까 두렵네	省愆懼安飽
가만히 앉아 『주역』을 연구하여	瞑坐玩羲易

---

19 『왕양명전집』 권19 「독역讀易」.

마음을 씻고 미묘한 진리를 보려 하니	洗心見微奧
이제야 알았네, 선천옹이	乃知先天翁
괘마다 지극한 가르침을 둔 까닭을	畵畵有至敎
몽매함을 받아들임은 침략을 경계한 것이고	包蒙戒爲寇
송아지 뿔에 나무를 덧댐은 일찍부터 해야 하네	童牿事宜早
직간은 절개를 위함이 아니며	謇謇匪爲節
두렵고 두려워함은 도를 어겼기 때문이 아니네	虩虩未違道
돈괘 네째 효에 내 마음을 알았고	遯四獲我心
고괘 상효로 스스로를 지키네	蠱上庸自保
하늘과 땅 사이를 우러러보고 굽어보니	俯仰天地間
눈 가는 곳마다 넓고도 넓다	觸目俱浩浩
광주리 밥과 표주박 물에도 남은 즐거움이 있으니	簞瓢有餘樂
이 뜻은 참으로 속임이 없네	此意良匪矯
그윽하도다, 양명의 산기슭은	幽哉陽明麓
내 늙음을 잊을 수 있겠네	可以忘吾老

　양명은 자신이 임부와 함께 옥중에서 『주역』을 강론한 취지가 '마음을 씻음'에 있다고 일컬었는데, 이는 사실 양명이 서울에서 선비와 배우는 사람들과 함께 성학을 강론했던 또 다른 특수한 방식이었다.

　'선천옹先天翁'은 복희를 가리키며 양명이 강론한 '지극한 가르침'은 복희의 선천학임을 밝히 드러낸다. 나중에 그는 폄적되어서 용장역에 도착한 뒤 완역와玩易窩를 지어서 『주역』을 완상하며 『오경억설五經臆說』을 썼다. 또 한걸음 더 나아가 불교와 도교에 빠졌던 잘못을 깨달았는데, 실제로 이런 일들은 그가 옥중에서 밤낮으로 『주역』을 잠심하여 연구하고 강론한 데에서 출발한 것이었다.

양명이 옥중에서 『주역』을 강론한 것은 실제로는 『주역』에서 위인처세爲
人處世와 명철보신明哲保身의 인생 지혜를 길어내고, 사람이 살면서 맞닥뜨리
는 흉액凶厄과 위난危難에서 벗어나려는 것이었다. 「돈遯」 괘의 9·4는 다음과
같이 말한다. "좋은 숨음이니 군자는 길하고 소인은 막힌다(好遯, 君子吉, 小人
否)." 이는 군자가 마땅히 은둔해야 할 때에는 반드시 단연코 은거해야지 미
련을 두고 머뭇거려서는(猶豫) 안 됨을 말한다. 「고蠱」 괘의 상·9는 다음과 같
이 말한다. "왕후를 섬기지 않고 그 일을 고상하게 한다(不事王侯, 高尚其事)."
이는 은사가 기질과 절조(氣節)를 고상하게 하는 것은 왕후를 위해 쓰이려는
것이 아니라 은둔하여서 스스로를 지키려는 것임을 말한다.

양명은 평소 일을 만나면 시점蓍占을 보는 습관이 있는데, 여기서 「돈」 괘
의 9·4와 「고」 괘의 상·9는 바로 그가 옥중에서 자기 운명의 길흉을 미리 점
쳐본 두 차례의 시점이었으며, 모두 그에게 마땅히 은둔하여서 스스로를 지
켜야 재액에서 벗어날 수 있으며 벼슬길에서 부귀를 탐하고 연연해서는 안
된다고 알려서 경계하게 하였다. 그리하여 시에서 "그윽하도다, 양명의 산기
슭은. 내 늙음을 잊을 수 있겠네"라며 낙관적인 마음의 소리를 노래할 수 있
었던 것이다. 나중에 그는 옥에서 풀려난 뒤 결국 적지謫地인 용장역으로 나
아가지 않고 멀리 무이산武夷山으로 숨어서 재앙을 피하였는데, 이 '천고의
수수께끼(千古之謎)'는 양명이 점을 쳐서 얻은 두 괘를 통해 풀 수 있다.

양명이 옥중에서 자신의 운명을 근심 걱정하고 점을 쳐서 물어본 것은 그
가 현실과 투쟁하면서 일종의 맑게 깨어 있는 명철한 지혜로 대책을 찾고 선
택한 일이었다. 그는 필경 끊이지 않고 금의옥에 갇히는 조정 신료들을 통해
밖의 정황을 명료히 이해할 수 있었다. 그가 옥에 갇힌 뒤 조정에서는 분쟁
이 갈수록 더욱 치열해졌다. 조정의 신하들이 잇달아 계속 글을 올려서 유근

과 팔호를 탄핵하고 남경의 언관을 구원하고자 하였다. 가장 격렬한 상주 탄핵은 공부상서 양수수楊守隨(1435~1519)와 좌도어사 장부화가 올린 글이었다.

장부화는 주장奏章에서 어리고 너절한 황제 무종을 조금도 거리낌 없이 통렬하게 다음과 같이 질책하였다.

…… 지금 내신內臣 유근·마영성·곡대용·장영·고봉·구취·나상·위빈 등 여덟 사람은 제각각 간사하고 음험한 성격, 교묘하고 말 잘하는 재주로 의도를 가지고 이끌어 아첨하여서 윗사람을 속이고 아랫사람을 잡아들이며 자기들 뜻대로 하고 싶은 대로 하여서 바깥사람이 팔호라고 지목하는데 유근이 더욱 심합니다. 폐하께서는 홀로 그들과 패거리를 지어서 서로 뒤를 좇으며 또 친하게 믿고 사랑하여서 비호합니다. 오늘은 편안하게 놀고 방탕하게 즐기는 일로 폐하를 이끌고, 내일은 아첨하고 뜻을 받들어서 따르는 말로 폐하의 마음을 맞춥니다. 혹은 서쪽 바닷가에서 매를 날리고 토끼를 잡으며, 혹은 남쪽 성에서 높고 험한 산을 오르며, 혹은 오랑캐 옷을 입고 말 타고 활쏘기를 하며, 혹은 조각상을 꾸미고 기념비(龜趺)를 세웁니다. 금내禁內에서 울리는 징과 북 소리가 멀리까지 퍼져나가고 궁중에서 쏘는 폭죽 소리가 밤새도록 들립니다. 온갖 잡스러운 연극을 공연하고, 악사와 무당을 불러서 신을 부르고, 존귀한 자와 비천한 자가 뒤섞이어 천하고 귀한 것에 분별이 없어졌습니다. 거기車騎를 끌어다 채찍을 잡는 일을 맡기고, 시사市肆를 벌여놓고 친히 장사치의 일을 합니다. 온갖 기술로 교묘하게 꾸며서 상의 마음에 꼭 들게 하려고 합니다. 고상한 방(蘭室)이 건어물 가게처럼 되었고, 번화한 거리(齊街)에는 온통 상스러운 말(楚語)이 넘쳐납니다. 근래 해가 높이 떠도 조회가 열리지 않고 일과가 다 끝나도(漏盡) 주무시지 않으니 어찌 만기萬機가 참으로 겨를이 없기 때문이겠습니까?

바야흐로 이 몇 사람은 (폐하께서) 친밀하게 총애하시니 권력을 장악하고 포학한 일을 함부로 자행하며, 조칙과 전지를 속여서 전하여 대신을 추방하고 대간을 주벌하며, 실봉實封을 저지하고 성명聖明을 속여서 미혹하게 합니다. 뇌물을 받는 문을 크게 열고 상벌의 법전을 오로지 멋대로 차지하였습니다. 전봉傳奉한 관원이 수백 수천에 이르고 모집한 무용武勇은 나이가 매우 어린아이에까지 미칩니다. 또 자수紫綬와 금초金貂는 모조리 조아爪牙의 선비에게 주고, 옥대玉帶와 망의蟒衣는 함부로 심복에게 줍니다. 안팎의 신료들은 오직 유근의 세력으로 모여듭니다. 지난날 두세 대신은 선황제께서 따로 불러 어린 후계자를 부탁하셨는데 지금 역시 몰래 교류하며 조용히 붙어서 일의 실정을 누설하는 자가 있습니다.[20]

장부화의 주장은 어리석고 간사한 무종의 추악한 면모를 남김없이 드러내어서 모습을 감출 곳이 없게 만들었다. 분노를 터뜨린 무종은 즉시 전지를 내려서 장부화를 쫓아냈다. 갈수록 더욱 격렬해지는 유근과 팔호를 탄핵하는 조신들의 흉흉한 기세를 막기 위해 무종은 음험하고 지독한 수법을 발휘하였다. 그는 주장을 올려서 탄핵한 조신 53명을 태감 왕악王岳과 당을 결성한 '간당'으로 무함하여서 공박하였는데, '당적'을 엮어서 천하에 방을 내걸고 그들을 일소하여 금고禁錮에 처하였다. 그는 국옥鞫獄의 진행을 더욱 서둘렀다. 12월 21일 양명의 죄안이 확정되었다. 그는 '간당'의 사람으로 규정되었고, 감옥에서 나와 오문午門에서 정장廷杖 30대의 형벌을 받은 뒤 귀주貴州 용장龍場의 역승驛丞으로 폄적되었다.

막 감옥에서 나온 양명은 무종이 당적을 꾸며서 간신과 언간을 함정에 빠

20 『국각國榷』 권46.

뜨려 해치려는 음모를 아직 꿰뚫어보지 못하였으며, 폄적도 본래 그가 예상하던 바였다. 그러나 그는 역시 비분강개를 금하기 어려웠다.

출옥할 때 그는 감옥에 있는 벗들에게 고별하는 시 한 수를 지었다.[21]

감옥에 있는 벗과 이별하다   別友獄中

늘 옛 벗을 생각하노라니	居常念朋舊
판결을 받고 오랫동안 못 만나게 되었네	簿領成闊絶
아! 우리 두세 벗은	嗟我二三友
어찌 이 비녀를 꽂지 못하나!	胡然此簪盍
감옥에 갇힌 몸으로도	累累囹圄間
강론하고 외는 일 그만두지 못했네	講誦未能輟
족쇄를 차고 있으니 감히 죄를 잊지 못하나	桎梏敢忘罪
지극한 도는 참으로 기뻐할 만하네	至道良足悅
한스러운 건 정성이 부족하여	所恨精誠眇
입에 올리고 말뿐이라네	尙口徒自蹶
천왕은 본래 명철하고 성스러우나	天王本明聖
돌이켜 속에서 열이 끓었네	旋已但中熱
갈지 말지 기약할 수 없으나	行藏未可期
분명한 건 그대들과 이별해야 한다는 것	明當與君別
원컨대 속이거나 멋대로 하지 말고	願言無詭隨
이전 철인을 힘써 따르도록 하게	努力從前哲

---

21 『왕양명전집』 권19 「별우옥중別友獄中」.

"갈지 말지 기약할 수 없으나"라는 구절은 그가 오랑캐(蠻夷) 지역의 적지
謫地로 갈지 말지 고려하는 중임을 분명히 나타낸다. "이전 철인을 힘써 따르
도록 하게"라고 함은 그가 이전과 마찬가지로 한결같이 굽히지 않고 이전 철
인의 '지극한 도(至道)'의 길을 따르려 함을 분명히 나타낸다.

그는 또 특별히 감옥의 벗 유채를 위해 고별 시 두 수를 지었다.[22]

유추패에게 주다	贈劉秋佩

강직하고 영걸한 기풍은 해외에도 알려졌으니	骨鯁英風海外知
하물며 청사에도 길이 드리우리	況於靑史萬年垂
보랏빛 안개 사방을 가려 기린도 놀라 달아나고	紫霧四塞麟驚去
붉은 해 빛나니 봉이 내려와 춤추네	紅日垂光鳳落儀
하늘이 충량한 이를 빼앗아감을 누가 물을 수 있으랴?	天奪忠良誰可問
신이 일으킨 우레와 번개를 귀신은 알기 어렵네	神爲雷電鬼難知
막야는 예로부터 끝내 없어지지 않는데	莫邪亘古無終極
굴일초는 어느 때나 대궐에 나올까?	屈軼何時到玉墀

또 유추패에게 주다	又贈劉秋佩

동년의 합격한 무리 삼백	檢點同年三百輩
대다수 세상 티끌 속에서 뒹굴고 있네	大都碌碌在風塵

---

22 『동치중수부주지同治重修涪州志』 권15 「증유추패贈劉秋佩」, 「우증유추패又贈劉秋佩」. 양명
의 문집에는 실려 있지 않다.

<table>
<tr><td>서천에 추패 같은 이 없다면</td><td>西川若也無秋佩</td></tr>
<tr><td>뉘라서 하늘땅 사이 늙지 않는 사람이 되랴!</td><td>誰作乾坤不老人</td></tr>
</table>

유채는 정덕 원년(1506)에 일찍이 유근과 팔호를 탄핵하는 상소를 세 차례나 올렸을 만큼 대의가 늠연하였고 죽음 보기를 고향에 돌아가듯 하였으며 금의옥에 갇히어 뼈를 깎는 잔혹한 고초를 겪었다. 양명이 가장 존경하고 존중하는 감옥의 벗으로서 본인은 그만 못함을 스스로 탄식하였다. 시에서 "보랏빛 안개 사방을 가려 기린도 놀라 달아나고"라는 표현은 조정이 음기陰氣(*암암리에 엄수閹豎를 가리킨다)로 에워싸여 있어서 태평성세에 나오는 어진 짐승 기린조차도 놀라고 두려워서 달아남을 말하는 것이다. '굴일屈軼'은 전설상의 '지녕초指佞草'의 한 가지로서 태평성세에 뜰 앞에 나서 아첨하는 사람을 가리켜주었다는 풀이다. 출옥하여 폄적을 당하는 양명이지만 아첨하는 사람(權閹)은 끝내 스스로 패망하리라는 믿음을 여전히 굳게 지니고 낙관하면서 '붉은 해 빛나고 봉이 내려와 춤추는' 시대가 도래하기를 마음 한가득 품고 있었다.

한 달 남짓 동안 옥중의 굴욕적인 시련을 돌아보면서 양명은 비분하여 장편 「구언咎言」을 지었다.[23]

> 정덕 병인년(1506) 겨울 11월, 나는 죄를 입고 금의옥에 갇혔다. 허물을 성찰하며 스스로 안으로 자책하다가 때로 서술한 바가 있었다. 출옥하여 기록한다.
>
> 正德丙寅冬十一月, 守仁以罪下錦衣獄. 省愆內訟, 時有所述. 既出, 而錄之.

---

23 『왕양명전집』 권19 「구언咎言」.

어두운 밤은 어찌 이다지도 길고 긴지	何玄夜之漫漫兮
나 홀로 얽혀서 근심을 하네	悄予懷之獨結
된서리 내려서 추위를 더하고	嚴霜下而增寒兮
밝은 달이 틈 사이로 보이네	皦明月之在隙
바람은 우수수 불어 나무를 괴롭히고	風呶呶以憎木兮
새는 놀라 울며 쉬지 못하네	鳥驚呼而未息
넋은 허둥지둥하여 시름없고	魂營營以惝恍兮
눈앞이 참참하니 언제나 끝나려는가?	目窅窅兮其焉極
차디찬 폭풍 속에서 떠는 사람은	懍寒飇之中人兮
폭풍이 어디서 온 것인지 아득히 알지 못하네	杳不知其所自
밤에 이리저리 뒤척이며 아홉 번이나 일어나	夜展轉而九起兮
옷깃을 눈물로 흥건히 적시네	沾予襟之如泗
어찌 아침저녁 문안할 겨를도 없고	胡定省之弗遑兮
어찌 쓴바귀가 냉이처럼 달까?	豈荼甘之如薺
이전 철인의 밝은 빛을 생각하니	懷前哲之耿光兮
남에게 잘 보여 나란히 함을 부끄러워하네	恥周容以爲比
어찌 높은 하늘은 어둡고 어두운지	何天高之冥冥兮
누가 내 충심을 살피랴?	孰察予之衷
내 죄수로 묶여 있어 슬픈 것이 아니며	予匪戚於累囚兮
차꼬가 나를 마음 아프게 하는 것이 아니네	牿匪予之爲恫
커다란 물결이 드넓게 닥쳐오고	沛洪波之浩浩兮
구름 낀 언덕은 어둑어둑하네	造雲阪之濛濛
내가 탄 수레는 어디에 멈춰 서려는지	稅予駕其安止兮
끝내 나는 이곳을 떠나 어디로 갈까?	終予去此其焉從

목에 혹이 난 사람이	孰瘰瘰之在頸兮
발에 난 상처를 어찌 아파하랴?	謂累足之何傷
눈이 어두워 돌아보지 못하는데	熏目而弗顧兮
오직 장님만 느긋하다네	惟盲者以爲常
공자의 가르침 가슴 깊이 간직하여	孔訓之服膺兮
들추어내고서 정직하게 여김을 미워하네	惡訐以爲直
말을 곱게 하여 골목에서 만나기를 기약하나	辭婉孌期巷遇兮
어찌 내 말은 힘이 없는가?	豈予言之未力
황천은 사사로움이 없으니	皇天之無私兮
내게 다른 마음 없음을 살피네	鑒予情之靡他
차라리 몸을 보호함을 알지 못할지언정	寧保身之弗知兮
혹독한 처벌을 받은들 무슨 말을 하랴?	膺斧鑕之謂何
지위에서 벗어나 허물을 짓게 되었는데	蒙出位之爲愆兮
참으로 어리석은 충성을 자주 보였다네	信愚忠者踏亞
진실로 성명께 도움이 된다면	苟聖明之有禆兮
아홉 번 죽더라도 어찌 아까우랴!	雖九死其焉恤
끝에 읊나니	亂曰
내 중년에 이르니	予年將中
세월이 그러하네	歲月迺兮
공동의 깊은 골짜기에서	深谷崆峒
숨어 살며 노닌다네	逝息遊兮
휙 바람이 불어	飄然凌風
온 사방에 두루 미치네	八極周兮
누가 함께 즐기려나	孰樂之同

고르지 않음을 근심하네   不均憂兮

이름을 닦고 인을 높임을 구하는 것이 아니라   匪修名崇仁之求兮

출처에 천명을 따르니 무엇을 근심하랴!   出處時從天命何憂兮

이 시부詩賦는 양명이 스스로 간언을 했다가 무고히 금의옥에 갇혀서 한 달 남짓 시련을 겪은 일에 대한 반성의 총결이었으며 또한 귀주貴州 용장역의 적지로 떠나기 전 마음속의 자아를 표현한 글이다. '구언'은 말로 지은 죄로서, 무종은 억지로 그에게 옥중에서 죄를 성찰하고 허물을 사고하며 잘못을 반성하고 스스로 안으로 자책하게 하였는데 양명 자신은 도리어 죄가 없고 허물이 없다고 인식하였다. 그러므로 반성하고 자백할 만한 죄와 허물이 없었다.

그가 간언을 한 것은 완전히 한 조각 충성스러운 마음에서 나온 것으로서 '성학聖學'의 위민행도爲民行道의 거조에 부합하였으니 '황천은 사사로움이 없으니 내게 다른 마음 없음을 살필' 터였다. 그는 앞으로도 지나온 일과 똑같이 성현의 학문이라는 대도를 걸으며 아홉 번 죽더라도 후회하지 않을 터이니 '참으로 성학에 도움이 된다면 아홉 번 죽더라도 아깝지 않았다.' 그는 스스로 죄 없는 몸으로서 멀리 이민족(蠻夷)의 땅으로 폄적된 것에 항의하여 차라리 은둔해서 죽더라도 폄적의 땅으로는 가지 않겠다고 하였다. 그러므로 시의 마지막에서 "공동의 깊은 골짜기에서 숨어 살며 노닌다네"라고 외쳤다. 보아하니 그는 나중에 용장의 적지로 나아가지 않고 멀리 무이산武夷山에 은둔할 결심을 이 시기에 암암리에 했던 것이다.

양명의 장독杖毒이 아직 회복되지도 않았는데 무종이 뜻밖에도 명령을 내렸기 때문에 양명은 한시바삐 서울을 떠나 적지로 가야만 하였다. 정덕 2년(1507) 윤정월 초하루 양명은 서울을 떠나 적지인 용장역으로 향하였다. 바로 이때 이몽양도 한문을 대신하여서 초안을 잡은 탄핵 주장 때문에 산서 포정사경력布政司經歷으로 폄적되어서 양명과 함께 같은 날 서울을 떠나 적지로 출발하였다. 서울에서 감천 담약수, 엄산儼山 육심, 쌍계雙溪 항회, 시허柴墟 저권, 후거後渠 최선崔銑, 석담石潭 왕준, 백암白巖 교우 등이 모두 시를 지어서 전송하였다.

담약수가 지은 「구장九章」 외에 사람들의 주목을 가장 많이 받은 글은 육심이 지은 「공동자와 양명자가 같은 날 서울을 떠남에 남정부를 짓다(空同子陽明子同日去國作南征賦)」이다.[24]

참으로 서둘러 밤길을 가자니	亶肅肅以宵征兮
갈 길 끝이 없어 슬프네	悲往路之未央
중도에 굴대 부러질까 두려우나	懼中道折軸兮
바퀴를 고치려 해도 또 좋아지지 않음을 싫어하네	思改轍又惡夫無良
앞뒤에 있는 종을 돌아보니	顧僕夫以先後兮
아! 넓은 강물을 누가 건널까!	喟河廣之誰航
뽕나무 가래나무 우거진 그늘을 보니	瞻桑梓之翳翳兮
누가 차마 고향을 버린다 하는가!	孰云忍捐夫故鄉
바야흐로 푸른 봄기운은 넘쳐흐르는데	方青春之駘蕩兮
어찌 눈비가 이리저리 날리는가?	何雨雪之縱橫
해는 그 밝은 빛을 가리고	白日匿其耿光兮
빽빽한 구름이 뭉게뭉게 이네	鬱浮雲以翻揚

---

24 『육문유공행원집陸文裕公行遠集』 권14 「공동자양명자동일거국작남정부空同子陽明子同日去國作南征賦」.

끝없는 산천을 흘끗 보니	睎山川以無極兮
아득한 언덕과 골짜기를 누가 밝히 볼까!	陵谷杳乎其孰明
여우는 울부짖고 바람은 사나운데	祥狐嗥而風厲兮
어찌 봉황은 절도 있게 우는가!	何有於噦噦之鳳凰
옛날 공자는 허겁지겁 돌아다니다	昔宣尼之遑遑兮
본래 초나라 광인의 웃음거리가 되었네	固蒙笑於楚狂
몸가짐을 곧게 하여 남을 섬겼으나	展直躬以事人兮
끝내 옛 나라에서 세 차례나 버림받았네	卒三黜乎舊邦
은 왕실에는 현자가 많았으나	慨殷室之多賢兮
비간은 심장을 발리고서 참으로 아름다운 이름을 남겼네	王子剖而信芳
박옥은 끝내 있을 터이니	苟璞玉之終在兮
누차 발꿈치를 베여도 어찌 마음 아프랴!	雖屢刖又何傷
남의 나라를 위해 도모하니	謀人之國兮
어찌 재앙이 있는데 오래 숨길 수 있을까?	焉有禍而彌藏
힘센 도적이 담을 넘는 것을 보니	覩巨盜之乘垣兮
본래 아뢰어서 높이 방비해야 하네	固將謁之以峻防
내 자나 깨나 이리저리 뒤척이며	謂余夢寐之轉倒兮
어찌 감히 반드시 합당하다 믿을 수 있겠는가!	豈敢信其必當
검은 것과 흰 것이 한 몸이 됨에	黑白之同體兮
옛날에는 어디에서 떳떳하게 여겼던가!	蓋昔焉之所常
사람들이 예쁜 것을 질투하나	憚嬋娟之翹妬兮
내 어찌 차마 흰칠한 눈매를 깎아버리랴!	吾安忍刓夫淸揚
고운 베 거친 베로 겨울을 나며	集絺綌以禦冬兮
가마를 타도 추위는 더욱 심하네	疇駕尤於寒凉

역린을 건드려 비답을 받음에   狃逆鱗而批之

본래 부서지지 않았으니 다행이네   固以不碎而慶也

범을 몰아서 가게 하려다   斥虎之使逝兮

도리어 물렸지만 재앙이 되지는 않았네   遭反噬未爲殃也

내 충심은 죽더라도 편안하니   印衷之殉安兮

애초에 얻고 잃음은 생각하지 않았네   初未量乎得喪

접때 동해에서 깃을 떨쳤으니   曩委羽於東海兮

어찌 성공을 바라랴!   奚成功之可望

곧은 마음 사라지지 않기를 맹세하니   矢貞心之不泯兮

아홉 번 죽더라도 내 어찌 두려워하랴!   瀕九死吾猶悁

옛날 숙원이 배신을 당하였으나   昔淑媛之見背兮

끝내 머리를 묶고서 잊지 못했네   竟結髮之難忘

중간에 은정이 끊어지니   悵恩情之中絶兮

돌아가 집 안을 물 뿌리고 쓸리라   往將灑掃乎室堂

저 훌륭한 농부는 농사일을 시작하여   彼良農之倣載兮

가라지와 강아지풀을 힘써 베어내네   力刈乎莠與稂

좋은 곡식 훤칠하니   誕嘉穀之離離兮

거두어 수많은 창고에 갈무리하네   竟收功於千倉

중류에서 노를 잃어버렸는데   度中流以失楫兮

어찌 함께 허둥지둥 타고 가랴!   豈俟共載而助勩

제비와 참새는 초나라 마룻대에 둥지를 틀고서   燕雀安於楚棟兮

이 물건 자라지 않음을 알았네   斯物知之不長

이전 철인의 밝은 훈계에 복종하고   服先哲之明訓兮

곁에 켠 촛불이 밝기를 바라네   希旁燭之煌煌

신령한 용이 못과 하늘에 있으니	神龍之淵天兮
착한 사람이 올라타기를 바라네	諒所乘之允臧
밤중에 돌아보니	步中夜以顧瞻兮
견우성과 직녀성이 환하네	睆牽牛與七襄
길이 지척에서 서로 바라보며	永相望於咫尺兮
정성이 전해지기를 바라네	庶精誠之可將
아홉 겹 하늘 궁전의 문을 우러러보며	仰天閽之九重兮
태양이 빛을 돌리기를 바라네	冀羲馭之回光
넋은 두근거리며 위로 올라가	魂怦怦以上征兮
배회하며 방황하네	蹇徘徊以彷徨
끝에 읊나니	亂曰
계수나무 수레 아름다운 가마	桂車蘭軒
기린이 끌고	服麒麟兮
높은 산 깊은 물을 가니	登高臨深
길 떠나는 이를 전송하네	送征人兮
향기로운 풀을 품고 그러쥐고서	懷芳握馨
마음은 친함을 남기네	遺心親兮
바라봄에 미치지 못하니	瞻望弗及
눈물과 콧물이 줄줄 흐르네	涕泗零兮

육심의 「남정부南征賦」는 양명과 이몽양의 마음의 소리를 노래하였다. 그는 양명과 이몽양이 주장을 올린 일을 감히 역린을 건드린 쾌거라고 칭찬하였다. 그들은 유근과 팔호를 쫓아내려다 도리어 권엄에게 물러버렸으며, 조정은 흑백이 불분명하고 큰 도가 행해지지 않게 하며 원통하게 굽힌 사람이

펴지 못하고 현자가 굽혀서 폄출을 당하게 한다고 인식하였다. 육심은 왕화의 문생이며 또한 스스로 양명의 제자임을 인정하였는데 이때 왕화는 여전히 비록 예부시랑의 직위에 있었으나 이미 급급하고 위태로운 상황에 처해 있었다. 떠나는 길을 전송하는 동료들 대부분은 입을 다물고 감히 말을 하지 못하였으나 육심의 「남정부」는 공공연히 그들의 공평하지 못함을 외쳤으니 빈 골짜기에 울리는 발자국 소리(空谷足音)라 할 만하였고, 양명에게 아주 커다란 위안을 주었다.

양명과 이몽양은 서로를 가장 잘 알아주는 시우詩友이며 도우道友로서 학단學壇과 시단詩壇의 영수였는데, 두 사람이 동시에 서울을 떠나 멀리 폄적된 일은 하나의 상징을 방불케 하였으니 홍치, 정덕 사이에 경도 시단의 전칠자가 치달리며 새로운 목소리를 내던 아름다운 시절이 어둡게 끝났음을 선고하였던 것이다.

두 사람은 창의문彰義門을 통해 서울을 나와서 백구하白溝河를 지나 위수衛水에 이르러 헤어졌다. 백구의 옛 전쟁터는 황량한 모래가 넓게 펼쳐졌고 바람은 음산하고 써늘하였다. 백골이 언덕을 이루었던 황량한 물가에 깎아지른 기슭의 백구하를 마주한 두 사람의 가슴속에는 옛일을 생각하고 오늘날을 개탄하는 그윽한 감정이 치밀어 올라서 울고 싶어도 눈물이 말랐다.

이몽양은 다음과 같이 「곡백구문哭白溝文」 한 편을 지었다.[25]

정덕 2년 윤월 초길(초하루)에 나는 직방 왕 선생과 함께 방귀를 당하여 남쪽 백구의 들로 길을 잡았다. 백구의 전쟁터를 지나가게 되었는데 이곳은 왕 선생의 백대부와 나의 증대부께서 돌아가신 곳이다. 수많은 전쟁에 분

---

25 『공동집』 권60 「곡백구문哭白溝文」.

통을 느껴서 이 글에 부친다.

正德二年閏月初吉, 予與職方王子俱蒙放歸, 南道白沟之野. 往白溝之
戰, 王子伯大父與曾大父死焉, 百戰憤痛, 爰託於斯文.

오호라, 안타깝다!	嗚呼嗟哉
이 강은 무슨 강인가?	此何流兮
흰 모래가 천 리	皓沙千里
안개는 사방에 이네	霜霧四興
거친 물가 깎아지른 기슭	荒濱斷岸
구릉은 가라앉고 골짜기는 무너지고	陵沉谷崩
쌓인 뼈가 언덕을 이루네	積骨成丘
깊은 물결 자욱한 구름	冲波沃雲
달이 뜨고 별이 뜬 밤	月星夜昏
살기는 낮에도 머물러 있네	殺氣晝屯
아! 농사는 벌써 시작되었는데	粤春事之旣載
이때 나는 이 들판을 지나가네	逎予邁於玆野
빈터를 보며 눈물을 훔치고	覽殘墟以掩涕
옛 목책을 뽑아내어 말을 묶네	搴故柵而維馬
따뜻한 물가를 지나니 또 언덕이요	暄水畔而復峙
사물은 맺혀서 펴지 못하네	辰物鬱而未申
해는 어둑어둑하여 장차 지려 하고	日蒼茫兮將墜
하늘은 써늘하여 정신이 어지럽네	天慘恓而愴神
이전 벗들은 우두커니 서서 놀라 돌아보고	前儔伫而驚顧
뒷사람들은 슬퍼하며 더욱 의혹을 갖네	追侶悵而增惑

발걸음은 나아가려 해도 머뭇거리고	趾欲進而躑躅
속으로 측은하여 목멘 한숨이 나오네	哽歔欷乎內惻
용과 뱀이 서로 싸우는데	爾其龍蛇鬪爭
아직 자웅을 가리지 못하여	雌雄未決
전투의 형상은 열리고	戰形辟
병영은 줄지어 있네	兵營列
진나라 초나라의 잘 싸우는 병사와	乃有秦楚善戰之士
제나라 진나라의 모략에 능한 사람들이 있어	齊晉詭謀之生
궤도가 맞붙고 바퀴가 나란하니	接軌方轂
땅의 밧줄을 들추어내고 하늘의 문을 열어젖혔네	抉地維而劃天門
갑주의 빛이 사방 들을 비추고	甲光鏡四野
창 가지가 하늘 구름에 닿았네	戟枝亘長雲
징과 북을 울리니 강과 바다가 마르고	鉦鼓鳴兮河海竭
군사의 함성이 드높으니 산악이 무너지네	軍聲振兮山嶽裂
아! 시세가 이롭지 않으니	嗟時弗利
용도는 끊어졌네	甬道絶
약한 자의 고기를	弱之肉
강한 자가 먹네	强之食
사람의 오줌을 마시고	飮人尿
말가죽을 씹으니	咀馬革
마침내 누운 시체가 두렁을 덮고	遂爾橫尸蔽畛
살이 썩어 흘러내리네	崇齒載流
곡소리는 하늘을 뒤흔들고	哭聲振天
흐르는 피는 도랑을 이루네	漂血成溝

천해지면 노예가 되고	賤至臺隷
귀해지면 임금과 제후가 되지만	貴或君侯
칼날이 뼈를 자르고	刃劇其骼
창이 목구멍을 꿰뚫었네	戈穿於喉
밟은 곳은 모래가 되고	踐爲土沙
겹친 곳은 언덕과 같네	疊若陵丘
넋은 떠돌며 돌아갈 곳이 없고	魂營營以無歸
뼈는 포개져서 서리 밑에 누웠네	骨交加而臥霜
귀신은 웅얼거리며 밤에 휘파람 소리를 내고	鬼啾啾以宵嘯
사람은 벌벌 떨며 길을 가지 못하네	人懍懍而斷行
바람은 써늘하게 사방에서 일고	風陰陰以四起
화살은 부러지고 해골은 썩었네	折鏃朽髑
기왓장과 조약돌이 뒤섞여 날리네	雜瓦礫兮飛揚
오호라!	嗚呼
이 강은 무슨 강이며 이곳은 어떤 전쟁터인가?	此爲何流而有斯戰場邪
성명의 근원을 구명하고	竊嘗究性命之原
흥망의 단서를 미루어보니	推興替之端
인민의 죽음은 깃털처럼 가벼우나	民死等於鴻毛
또한 태산보다 무겁도다	亦有重於泰山
단병이 맞붙으니	彼短兵旣接
하늘은 획 기울고 땅은 흔들리네	晝天傾兮地搖
눈동자를 찔러도 돌리지 않고	乃有睛被刺而不轉
살갗을 도려내도 도망하지 않네	膚受剒而弗逃
갓끈을 묶고 강하게 논란하는 사내는	此結纓抗論之夫

달갑게 탐욕스러운 입을 놀리며	甘心烏鳶之口
밤에 풀이 기름진데 돌아보는 이 없네	膏夜草而罔顧者也
아! 우리 선조는	猗嗟我祖
살아서는 영웅의 선비요	生爲士雄
죽어서는 국상이로다	死爲國殤
태산 화산이 무너져도 든든히 지탱하고	岱華摧而敦支
옥과 돌이 불탐에 함께 사라지네	玉石灼而竝戕
영웅의 간을 모래 먼지에 내던지고	委英肝於塵沙
음성과 그림자 사라지나 길이 간직되네	滅聲景而永藏
우레와 번개가 치니 소리가 빠르고	雷霆結而迅音
사나운 바람 불어 드날리네	烟飆烈而怒揚
정신은 사나워서 아득히 멀어지고	神怦怦以縹緲
슬픈 기분에 고향 땅을 바라보네	馮悲氣而望故疆
철없는 어린이가 어찌 알겠는가	猥小子兮何知
선조의 유업을 이어가야 함을!	纘箕裘之末躅
시대의 운명에 정성을 바치기 어려움을 개탄하고	慨時命之難忱
빛이 멀어서 욕됨을 두려워하네	懼遐耀之埋辱
들과 진펄에 버려짐을 분노하고	憤原隰之衰棄
염을 해도 관이 없고 장사하려니 무덤이 없네	束無棺而葬無塋
빈 광중을 새끼로 동이고	匝虛壙以冥索
우거지고 아득한 숲을 이리저리 누비네	林莽杳兮縱橫
창자는 꼬여서 찢어지고	腸紆迴以崩裂
난간에 기대어 눈물 흘리니 갓끈을 적시고	涕欄杆而染纓
미세한 물건이라 하여 창대하지 않으며	物何微而不昌

덕이 멀다 하여 있지 않으랴!　　　　　　　　德何遠而不存

장차 수레를 움직이려 함에 다시 묶고서　　軫將發而復結

이 글에 애달픈 소리를 맡기네　　　　　　托哀響於玆文

　사실 이몽양의 이 「곡백구문」은 옛 전장을 조문하는 부賦였다. 옛 전쟁터 백구는 천하에 유명하였다. 백구하는 송대에 송과 글안(契丹)의 경계를 이룬 강으로서 요遼의 군대가 일찍이 이곳에서 송의 군사에 대패하여 시체가 언덕을 이루었다.

　건문建文 2년(1400) 4월 연왕燕王(주체朱棣)의 군대와 건문제(주윤문朱允炆, 1398~1402)의 군대가 백구하에서 결전을 벌였다. 건문제의 대장군 이경륭李景隆(?~1423)이 진격하여 백구하에 이르렀는데, 연왕이 마보군馬步軍 30만을 거느리고 맞서서 전투를 벌인 끝에 건문제의 군대가 크게 무너져서 10여만 명이 죽고 다쳤으며 백구하는 피가 흘러 강을 이루었고 백골이 들판을 뒤덮었다. 이몽양은 바로 이 참담한 백구의 대전을 통곡하였는데, '정난의 역(靖難之役)'의 이 백구대전을 통해 현재 눈앞의 엄수閹豎가 권력을 천단擅斷하고 무종이 어둡고 어리석어서 나라를 망치는 것을 연상하였다. 그는 양명과 함께 흔들흔들 금방이라도 무너질 듯한 대명왕조에 새로운 '백구대전'이 엄습해올지도 모른다는 걱정을 하였던 것이다.

　불행한 것은 그들의 예감이 12년 뒤 실제 현실이 되어서 오로지 양명이 강서江西에서 승리한 '백구대전'에 의지하여 무종의 통치를 구제하였으며, 이몽양의 이 옛 전장을 조문한 부는 바로 양명의 강서 '백구대전'을 위해 미리 써놓은 슬픈 부를 방불케 하였다.

　양명과 이몽양은 모두 백구의 옛 전장에 관한 침통한 심정을 품고서 헤어졌다. 이몽양은 대량大梁으로 돌아가고 양명은 계속 남하하였다. 3월 그는 동남쪽 불국佛國인 전당錢塘에 이르렀는데, 기이하게도 그의 아우 왕수장王守章·왕수검王守儉·왕수문王守文이 모두 미리 전당에 와 있었다. 북신관北新關에서 그를 영접하여 남병사南屛寺에 묵으면서 병을 요양하게 하고 여러 아우들을 만나고서야 조정에서 당적을 꾸며 '간당'을 공박하였다는 소식을 알게 되었다. 자기 이름이 당적에 들게 되자 양명은 결국 용장의 적지로 가지 않겠다는 결심을 하였다.

그는 다음과 같이 「적지에 나아가다 북신관에서 여러 아우를 반갑게 만나다(赴謫次北新關喜見諸弟)」한 수를 지었다.[26]

비바람 부는 강 마을에 조각배를 대고	扁舟風雨泊江關
꿈에도 그리던 형제가 상봉했네	兄弟相看夢寐間
하늘 끝 나뉘어서 사별이 이뤄졌는데	已分天涯成死別
뜻밖에 살아서 돌아올 수 있을지 어찌 알랴!	寧知意外得生還
황량한 곳에 가서야 임금의 은혜 멂을 알았고	投荒自識君恩遠
병든 몸과 마음은 편하고 공무는 한가하네	多病心便吏事閑
너희들 데리고 밭 갈고 나무할 날이야 있겠지	携汝耕樵應有日
구름 낀 산 곁에 초가집 짓고 ……	好移茅屋傍雲山

이른바 "너희들 데리고 밭 갈고 나무할 날이야 있겠지, 구름 낀 산 곁에 초가집 짓고……"라고 한 구절은 바로 자기가 용장의 적지로 나아가지 않고 돌아가 숨어서 살겠다는 결심을 토로한 것이다.

양명이 전당에 이르러 홀연 체류하면서 나아가지 않고 절에 은거하여 병

---

26 『왕양명전집』권19 「부적차북신관희견제제赴謫次北新關喜見諸弟」.

을 요양하면서 시일을 끌었던 데에는 까닭이 있었다. 원래 양명이 서울을 떠나 적지謫地로 나아간 뒤 조정에서는 유근과 팔호를 탄핵한 '간당' 53인에 대해 실수殺手라는 채찍을 내려보냈다. 이에 앞서 윤정월 6일에 조정에서는 53인을 중형으로 다스렸다.

나중에 『국각』에서 이 피비린내 나는 내막을 다음과 같이 털어놓았다.

정덕 2년 윤정월 경술, 남경 병부상서 임한은 절강 포정사우참정浙江布政司右參政으로 강등되었고, 응천부 윤應天府尹 육형은 양회 도전운염사동지兩淮都轉運鹽司同知로 강등되었는데 모두 치사하였다. 수비무정백守備武靖伯 조승경趙承慶은 반록半祿을 박탈당하였고, 급사중 애홍艾洪(1496, 진사)·여충呂翀(1469~1523)·유채, 남경 급사중 대선·이광한·임혜·서번·목상·서섬, 어사 박언휘·공안보貢安甫(1472~1527)·왕번·갈호葛浩(1496, 진사)·사량좌史良佐(1499, 진사)·이희·임락任諾·요학례姚學禮(1460~?)·장명봉張鳴鳳(1496, 진사)·육곤陸崑(1496, 진사)·장흠·조민曹閔(1496, 진사)에게는 궐 아래에서 장형을 내렸다. 어사 황소도黃昭道(1467~1541)·왕홍王弘·소건원蘇乾元(1499, 진사)은 체포하여 아직 도착하지 않은 상태에서 남경 궐 아래에서 장형에 처하라는 명과 함께 모두 삭적削籍하였다. 왕번과 임락은 처음 진무사로 내려갔는데 속임수임을 미리 알지 못하였다. 금의위 지휘 모빈牟斌이 말하였다. "옛사람은 당에 참여하지 않음을 뉘우쳤는데, 그대는 뉘우치는가?" 옥사가 꾸며졌는데 유근이 주장의 머리에 있는 '권간' 두 글자를 없애려고 하였다. 모빈이 불가하다 하고 동료 관원에게 말하였다. "이것을 유지하는 것은 여러분의 처지를 위한 일이다. 옛날 송의 추호鄒浩(1060~1111)가 원래 주장을 잃어버려서 해를 입었는데, 우리들은 스스로를 위한 계책을 세우지 않겠는가!" 유근이 미워하였다. 임한이 조승경과 육형에게 애홍 등의 소장을 보여주고 견책당한 것을 탄식하였다. 장흠이 매우 다급해하였다. 처음 주장을 초하였을 때 귀신이 밤에 떠들썩하자 탄식하며 말하였다. "우리의 의리는 사사로움을 돌아보아서는 안 된다." 황제에게 간언을 했다가 정장을 맞고 치료하지 않았다. 그리고 말하기를 "내가 어리석었다."라고 하였다. 『계암만필戒庵漫筆』을 살펴보니 원년 11월 기묘에 장흠·공안보·사량좌가 함께 소를 올렸다가 조칙으로 옥에 갇혔다. 명년 윤정월 보름에 장흠이 다시 단독으로 소를 올렸다가 장 30대에 처해졌다. 또 이튿날 소를 올려서 장을 맞고 죽었다. 장흠은 모두 세 차례 소를 올렸다.[27]

장흠이 장을 맞고 죽은 뒤 29일에 왕화도 서울에서 쫓겨나 남경 이부상서로 강등되었으며, 왕수검도 할 수 없이 부친을 따라 북감北監에서 남감南監으로 옮겼다. 3월 16일에 무종이 정식으로 53인을 '간당'으로 규정하고 당적을 꾸며서 조당朝堂에 방을 내걸었으며, 당적칙黨籍敕을 내려서 조정의 문무 신하들에게 모두 금수교金水橋 아래에서 무릎을 꿇고 전지를 받으라고 명하였다.

짐은 어린 나이에 황위를 이어받았으니 오직 정신廷臣의 보필에 의뢰하여 미치지 못함을 바로잡을 뿐이다. 지난해 간신 왕악·범형范亨·서지徐智가 위복威福을 훔쳐서 함부로 주무르고 옳고 그름을 뒤바꾸어서 사사로이 대학사 유건·사천, 상서 한문·양수수楊守隨·장부화·임한, 낭중 이몽양, 주사 왕수인·왕륜王綸(?~1510)·손반孫磐(1496, 진사)·황소黃昭, 검토 유단劉端, 급사중 탕례경·진정陳霆(1477~1550)·서앙徐昻(1487, 진사)·도해陶

27 『국각』 권46.

諧(1474~1546)·유채·애홍·여충·임혜·이광한·대선·서번·목상·서섬·장량필·갈숭葛嵩(1448~1531)·조사현趙士賢(1493, 진사), 어사 진림·공안보·사량좌·조민·왕홍·임눌任訥·이희·왕번·갈호·육곤·장명봉·소건원·요학례·황소도·장흠·박언휘·반당潘鐘(1465~?)·왕량신王良臣(1493, 진사)·조우趙祐·하천구·서각徐珏·양장楊璋(1466~?)·웅탁熊卓·주정성朱廷聲(?~1537)·유옥劉玉(1496, 진사) 등이 서로 교류하고 통하여서 뜻을 굽혀 아부하고 혹 착한 사람들을 해치고 혹 흑백을 바꾸어서 어지럽히고 근거 없는 말로 선동하고 매우 치우친 행위를 할 것이라고 어찌 생각하였겠는가! 짐이 비록 자세히 살피고 오히려 넉넉하게 용납하려고 하였으나 나중에 점점 일의 자취가 밝히 드러나자 저들은 저마다 몸을 뒤척이며 불안하여 스스로 휴직과 치사를 아뢰고서 만약 스스로 실패하면 견적을 당할 것이라고 여겼다. 조칙 내에 이름이 있는 자는 죄가 아직 없더라도 이부에서 억지로 치사를 명하여 악이 쌓여서 후회해도 미치지 못하는 일이 없도록 하라. 장무張懋(1441~1515) 등은 주장에 열거되었는데 짐은 너희들을 모두 풀어주니 나중에 다시 답습하여서 스스로 욕을 당하지 않게 하라.[28]

간당의 당적을 꾸며서 조당에 방을 내걸었다는 말은 바로 북송 원우당적元祐黨籍(1085)과 남송 경원당적慶元黨籍(1195)의 옛 수법을 본받아서 반대파 언관言官·간관諫官·조관朝官을 '간당'이나 '난당亂黨' 집단으로 삼아 금고禁錮를 하고 당인의 명부에 열거하여 조당에 방을 내걸고 천하에 밝히 포고하여서 영구히 서용하지 않게 한 것이다. 이는 역대 어리석은 군주와 권력을 전횡하는 간신이 습관적으로 사용한 가장 음험하고 악독한 수단이었다.

---

28 『국각』 권46.

무종은 신하를 모욕하고 관료를 죽이는 일을 마치 아이들 장난하듯 하여서 끝내 근거 없이 날조하여 탄핵한 언관과 간관 53명을 태감 왕악과 붕당을 결성한 '간당'으로 규정하여서 살육하고 추방 및 폄적하였는데, 원우당적과 경원당적보다 한층 더 졸렬한 거조였으며 결국 나중의 가정嘉靖 당금黨禁과 학금學禁의 선하先河를 열었다. 양명이 3월에 전당에 도착했을 때 무종의 당적칙도 남경과 전당에 이르렀다. 양명은 틀림없이 왕수장·왕수검으로부터 자기 이름이 '당적'에 들어서 앞길이 더욱 흉악하여 예측할 수가 없음을 알게 되었을 것이다. 이는 결국 그가 용장의 적지로 가지 않고 멀리 무이산으로 들어가 숨어 살기로 결정한 직접적인 동인이 되었다.

양명은 병 요양을 명분으로 정자사靜慈寺에 잠시 묵었는데 사실은 은둔할 시기를 기다리고 있었던 것이다. 그는 곤경 속에서도 여전히 학자와 선비들과 학문을 강론하기를 잊지 않았고, 마음을 씻고 스스로 영혼의 승화를 추구하였다. 이해는 향시가 예정되어 있었으므로 절강의 거자와 선비들이 일찌감치 전당으로 왔는데 양명이 전당 정자사에 잠시 묵고 있다는 소식을 듣고 많이 찾아와서 절을 하고 배움을 물었다.

가장 먼저 양명의 매부(妹婿) 서애徐愛가 전당으로 왔는데 가군의 명에 따라 정식으로 제자의 예를 갖추었다. 서애는 「동지고서同志考叙」에서 다음과 같이 말하였다. "존사尊師 양명 선생께서 도를 듣고 몇 년 뒤 나(某)는 정묘년(1507) 봄에 비로소 가군의 명으로 제자의 예를 갖추었다. 이때 문하에 나보다 먼저 온 사람은 아무도 없었다."[29] 아마도 그는 왕수장·왕수검·왕수문과 함께 전당에 왔을 터인데, 주목적은 역시 이해의 향시에 참가하려는 것이었다. 그는 양명과 함께 정자사에 묵으면서 한편으로 배움을 묻고 한편으로

29『횡산유집橫山遺集』권하卷下「동지고서同志考叙」.

추시秋試를 준비하였으며, 많은 시가詩歌를 주고받았다. 6월에 그는 집안일로 여요로 돌아갔다가 7월에 다시 전당으로 돌아와 향시에 참가하였다. 그는 양명이 전당에서 취한 행적과 행방을 마치 손바닥을 보듯 명료하게 알고 있었는데, 양명이 나중에 은밀히 무이산으로 숨은 사실을 추정해보면 아마도 사전에 그와 상의하였을 것이다.

서애가 찾아왔을 때와 거의 동시에 승과사勝果寺의 시승詩僧 석설강釋雪江도 양명을 방문하였다. 두 사람은 시를 읊어서 주고받았으며 양명이 용장역으로 폄적된 일을 언급하였다. 석설강은 「양명 선생이 용장의 관리로 폄적되어서 지은 시의 원운을 따다(次陽明先生謫官龍場所作原韻)」 한 수를 지었다.[30]

꽃은 지고 새는 울고 봄은 깊어가는데	花落鳥啼春事晚
마음을 졸여도 편지로 부름에 부응하기 어렵네	心旌難副簡書招
오랑캐 땅에 수척한 말로 산골 역을 지나니	蠻煙瘦馬經山驛
장기를 품은 비에 한계는 이른 아침 꿈을 깨우네	瘴雨寒鷄夢早朝
차고 있는 검 기운은 남두성 별을 쏘고	佩劍衝星南斗近
간언하는 글에서 머리를 돌리니 북신이 멀리 있네	諫章回首北辰遙
강동 길은 지나간 것 같은데	江東便道如相過
솔숲에서 차를 달임에 나뭇가지를 줍네	煮茗松林拾墮樵

"마음을 졸여도 편지로 부름에 부응하기 어렵네"라는 시구로 볼 때 응당 양명은 먼저 석설강에게 찾아오라고 편지로 불렀을 것이다. 석설강의 호는

---

30 『성명백가시盛明百家詩·전편前編·석설강집釋雪江集』; 『석창역대시선石倉歷代詩選』 권506 「차양명선생적관용장소작원운次陽明先生謫官龍場所作原韻」.

석문자石文子이며 손태백孫太白(손일원孫一元, 1484~1520)·정소곡鄭少谷(정선부鄭善夫, 1485~1523)·심석전沈石田(심주沈周, 1427~1509)과 교유하면서 시를 주고받았고, 시를 지음에 당 시인(唐人)의 풍운風韻이 있었으므로 양명이 깊이 알아주었다. 대략 홍치 16년(1503) 양명이 전당에서 선을 익히며 병을 요양할 때 석설강과 알게 되었는데 이때 석설강은 여전히 승과사에 거주하였고, 양명이 적막한 은거 생활을 하는 중에 늘 정신의 위안을 받았던 시우詩友가 되었다.

여름에 들어선 뒤 양명은 요양한 덕으로 병에 점차 호전을 보였다. 그는 「정자사에서 와병하며 감회를 쓰다(臥病靜慈寫懷)」를 지어서 스스로 마음속 회포를 풀어냈다.[31]

빈산에 병으로 누워 봄이 가고 여름 오니	臥病空山春復夏
산중의 그윽한 사정을 가장 잘 안다네	山中幽事最能知
비가 갠 계단 아래 물소리 급하고	雨晴階下泉聲急
고요한 밤 솔 사이 달빛이 더디네	夜靜松間月色遲
책장 넘기다 때로 흰 바위에서 잠들고	把卷有時眠白石
갓끈 풀어 내키는 대로 맑은 물에 머리를 감네	解纓隨意擢淸漪
오나라 산 월나라 봉우리와 함께 늙어가니	吳山越嶠俱堪老
연운 땅에 멀리 생각을 보내네	正奈燕雲繫遠思

양명을 곁에서 모셨던 서애는 나중에 화답시 한 수를 지었다.[32]

---

31 『왕양명전집』 권19 「와병정자사회臥病靜慈寫懷」.

32 『횡산유집』 권상 「남병차운이수南屛次韻二首」의 2.

산사람은 남병호를 더욱 좋아하고	山人南屛湖更好
산신령은 나를 옛 친구로 생각하네	山靈許我舊相知
봄에 돌아오는 길 응당 멀지 않고	春歸便過應非芒
늦은 가을 다시 와도 더디지 않네	秋老重來不太遲
삐죽삐죽 대나무는 볼수록 푸른 노을을 범하고	修竹愈看凌翠靄
시든 연꽃 아직도 맑은 물에 비치네	殘荷猶自映淸漪
선인의 자취는 다름없는데 세월은 가니	仙蹤無異年光改
이날 바람을 맞으니 생각이 이네	此日臨風有所思

6월에 이르러서 날씨가 무더웠다. 양명은 만송령萬松嶺의 승과사로 옮겨서 거주하였다. 그는 「승과사에 옮겨 거주하다, 두 수(移居勝果寺二首)」를 지어서 깊은 산에서 더위를 피한 자신의 생활을 묘사하였다.[33]

강 위에서 보니 산 경색이 좋고	江上俱知山色好
봉우리를 돌아가니 열린 절 문이 보이네	峰廻始見寺門開
반공중 빈 누각에 구름이 머물고	半空虛閣有雲住
유월 우거진 소나무는 더위를 식히네	六月深松無暑來
폐병으로 자리를 옮길 생각을 하니	病肺正思移枕簟
마음을 씻음에 먼지도 씻어내네	洗心兼得有塵埃
부춘은 가까이 연기와 물결 너머 있어	富春咫尺煙濤外
때로 층층 노을에 기대어 조대를 바라보네	時倚層霞望釣臺

---

33 『왕양명전집』 권19 「이거승과사이수移居勝果寺二首」.

병 여가에 바위 사이 누각에 앉으니 아침 볕이 따사롭고	病餘巖閣坐朝暄
기이한 경관은 새로워서 들어보지 못한 바이네	異景相新得未聞
태양이 지나가며 천 이랑 안개를 걷어가고	日脚倒明千頃霧
빗소리 높은 곳에 만 봉우리 구름이 끼었네	雨聲高度萬峰雲
월나라 산은 물을 따라 오나라 높은 산에 다가가고	越山陣水當吳嶠
강의 달은 조수를 따라 바다 문에 이르네	江月隨潮上海門
책을 끼고 이대로 늙고 싶어	便欲携書從此老
원숭이와 학으로 공문서를 바꾸게 하지 않네	不敎猿鶴更移文

서애도 화답시 두 수를 지었다.[34]

하늘가 뜬구름에 저녁볕이 비추고	天際浮雲照夕暄
솔숲 샘은 가늘게 흘러 돌집 창문에 들리네	松泉細瀉石窗聞
참선에 들어 마음을 고요히 하고 강의 달을 보니	禪生心靜看江月
불공 드리는 누각은 바다 구름 사이로 보이네	供佛樓閑出海雲
가을 국화 갓 피어 진의 선비 생각하고	秋菊初生思晉士
봄바람은 정문에 앉은 듯한 생각을 떠올리네	春風或憶坐程門
내일 아침 평생 일을 마친다면	明朝若了平生事
만고에 한 글자도 전할 길 없으리	一字無傳萬古文

짚신 신고 다시 가을 새벽 바위산을 오르니	芒鞋重踏秋巖曉
길을 끼고 맑은 시내 차가운 빗속에 열리네	夾道淸溪霜雨開

---

34 『횡산유집』 권상 「승과차운勝果次韻」.

새 우는 솔숲 길로 나그네는 지나가고	松徑鳥聲啼客過
강 마을 산 빛은 사람을 비추네	江城山色照人來
하늘가 아득히 눈을 들어 바다가 보이고	眼窮天際聊觀海
바람 속에 있는 몸 먼지가 끼지 않네	身在風中不染埃
동쪽으로 양명을 바라봄에 멀지 않으리니	東望陽明應未遠
뭉게뭉게 구름 깊은 곳이 서대일세	萬雲深處是書臺

양명이 승과사로 피해 거처한 것은 그가 전당에서 5개월 동안이나 곤궁하게 은거하며 병을 요양하고 세상을 멀리한 생활 중에서는 분명히 비교적 평정한 시기였다. 그러나 이는 폭풍우가 몰아치기 전의 평정이었다.

서애는 「억관루기憶觀樓記」에서 그와 양명이 승과사에서 보낸 짧은 생활을 다음과 같이 추억하였다.

> 나는 예전에 양명 선생을 따라 전당의 여러 산에서 노닐었는데, 만송의 고찰古刹에 거주하였으니 이름은 승과勝果이다. 만송은 오월吳越의 모든 산 중에서 홀로 두드러지고 승과는 그 중간 봉우리에 자리하였다. 강은 산의 발치를 가로질러서 형태가 좁은 도관 같았는데 바다를 보기에 가장 가깝고 아침저녁 경치가 매우 기이하였다. 양명의 시에서 "강의 달은 조수를 따라 바다 문에 이르네"라고 하였는데, 아침은 언급하지 않고 저녁을 언급하였다. 아침에 해를 보는 것이 가장 좋은데 보면 즐거워서 권태를 잊는다.[35]

승과사에서 그는 이전대로 진백사의 '묵좌징심默坐澄心, 체인천리體認天理'

를 좌우명으로 삼았다. '마음을 씻고', "참선에 들어 마음을 고요히 하고 강의 달을 보니"라는 구절은 바로 '묵좌징심'의 심학 수양 공부를 하는 것이었으며, "책을 끼고 이대로 늙고 싶어"라는 구절은 독서와 강학을 하여서 '처한 상황에 따라 천리를 체인'하려는 마음을 암시한다. "가을 국화 갓 피어 진의 선비 생각하고"라는 구절은 양명이 동진의 은일 선비 도연명이 되고자 하는 결의를 말한다. 그의 머릿속에서는 이미 멀리 무이산에 은거하려는 '풍폭風暴'이 무르익고 있었다. "봄바람은 정문에 앉은 듯한 생각을 떠올리네"라는 구절은 전당의 많은 학자와 선비가 양명을 찾아와서 배움을 묻고 가르침을 받은 것을 말한다. 향시가 가까이 다가옴에 따라 거자 선비들은 시험을 보기 위해 어지러이 전당에 도착했는데 적지 않은 사람이 모두 시험 전에 양명을 방문하였다.

6월경에 강서의 선비이며 나기羅玘의 문인 하량승夏良勝(1480~1538)이 만송령에 올라 양명을 찾아왔다. 두 사람은 서로 학문을 강론하고 시를 주고받으며 매우 잘 알게 되었다. 양명은 하량승과 함께 중봉에 올라 유람하였는데 하량승은 화답시 두 수를 지었다.[36]

중봉에서 양명산인에게 화답하다, 두 수　　　　中峰和陽明山人二首

나그네 신세 풍토가 좋아 감회를 일으키니　　　　客裏有懷風土好
눈앞에 거침없이 그림이 펼쳐지네　　　　眼中無障畫圖開
강에는 안개와 그림자에 외로운 돛배 지나가고　　　　一江煙影孤帆過
한밤 미세기 소리는 달을 보내네　　　　半夜潮聲送月來

---

36 『동주초고東洲初稿』 권10 「중봉화양명산인이수中峰和陽明山人二首」.

소나무 누각에 회오리바람 일어 종경소리 저절로 일고	松閣迴颸自鐘磬
대숲에 비는 먼지를 씻어내네	竹裏分雨淨飛埃
산승도 그윽한 승경을 다 보려고	山僧也欲窮幽勝
두루 돌아 가장 높은 대를 오르네	踏遍繙經最上臺

저물녘 층층한 절벽에 기대어 지는 해를 기다리니	暮倚層厓候落曛
훨훨 돌아가는 새소리 어지러이 들리네	翩翩歸鳥亂聲聞
모자를 기울이고 놀라 부서지는 파도를 보며	帽欹驚見隨濤雪
엷은 얼음 밟고 깎아지른 절벽 구름을 뚫고 가네	履薄曾穿絶嶠雲
폄적당해 온 소동파는 월나라 승리를 노래하고	坡韻謫來收越勝
오자서의 눈동자는 도리어 오나라 문을 보네	伍瞳還去看吳門
대의는 통하여 막힘이 없음을 알아야 하니	須知大義無通塞
무슨 마음으로 조롱과 원망을 하여 글을 낭비하는가!	嘲怨何心却費文

하량승은 양명을 폄적당한 소동파, 참소를 입은 오자서伍子胥(B.C.559~B.C.484)에 견주어서 대의가 천지를 꽉 채우고 대도가 천하에 퍼져 운행하여서 끝내 어느 날에는 구름이 걷히고 해가 드러날 날이 있을 것이라 믿었다. 시 두 수는 양명의 깊은 마음속을 말한 것으로서 양명에게는 큰 위안이 되었다.

하량승은 양명의 가르침을 받고 깊은 깨달음이 있었다. 돌아온 뒤 그는 즉시 스승을 존경하는 마음으로 「양명 선생의 가르침을 얻고 돌아와서 백마석 장을 짓다, 장마다 네 구(得陽明先生教歸賦白馬三章章四句)」를 지어서 양명에게 보냈다.[37]

---

37 『동주초고』 권8 「득양명선생교귀부백마삼장장사구得陽明先生教歸賦白馬三章章四句」.

백마가 흘륭하니	白馬之良兮
도금으로 장식했네	鋈以爲飾兮
도읍에서 그대를 보니	子觀於都兮
내 그대 위해 수레를 몰리	予欲爲子馭兮

백마가 끌밋하니	白馬之騯兮
옥을 쪼아 굴레를 먹였네	琢玉以爲勒兮
그대 들로 나아가니	子適野兮
내 그대의 채찍을 잡으리	予欲執子鞭兮

백마가 느긋하니	白馬之宜兮
역시 꼴을 두고 고개를 들어 귀를 쫑긋거림인가!	亦或仰於秣兮
그대 노닒에 어디로 가려는가?	子遨遊其何之兮
내 그대의 종이 되니	予爲子僕
얼마나 통쾌한지!	其何痛兮

"내 그대 위해 수레를 몰리", "내 그대의 채찍을 잡으리", "내 그대의 종이 되니"라고 한 뜻은 바로 양명의 제자가 되겠다고 청하는 것이다. 실제로 하량승은 이 시를 보낸 뒤 정식으로 양명에게 절하고 스승으로 삼겠다고 경건하고 정성스럽게 알리고 입문하여서 양명의 제자가 되었다.[38]

---

38 하량승은 자가 우중于中이며 호가 동주東洲이고, 양명의 강우江右 제자이다. 『전습록』에 '우중'과 문답한 어록이 있는데, 주석가들은 모두 '우중'이 어떤 사람인지 분명하지 않다고 하였다. 대체로 '우중'이 곧 하량승이며 양명의 제자임을 몰랐던 것이다.

또 다른 여요의 선비 육간陸榦도 전당으로 시험을 보러 왔는데 그는 손유렬孫惟烈과 함께 만송령에 올라 양명을 예방하고 다 같이 중봉을 유람하며 시를 주고받고, 달빛이 비치는 선창禪窓에서 글을 논하였다.

육간은 「승과사에서 양명의 운을 따다(勝果寺次陽明韻)」 한 수를 지었다(*이날 손유렬이 함께 유람하였다).[39]

중봉 높은 곳 저녁 해 비끼고　　　　　　　中峰高處對斜暉

대숲 건너 새소리 고요히 들리네　　　　　靜愛幽禽隔竹閑

바다에 성난 파도 쌓인 눈을 할퀴고　　　海上怒潮吹積雪

산꼭대기 늙은 나무 구름을 가로막네　　山頭老木礙飛雲

신령한 바위 취묵엔 먼지가 끼고　　　　　靈巖醉墨留塵迹

작은 동구 신선의 집 돌문이 닫혔네　　　小洞仙宮鎖石門

내 바라기는 왕백자를 다시 불러　　　　　我欲再呼王伯子

선창에 등불 밝히고 글을 논함일세　　　禪窓燈火夜論文

육간은 자가 양재良材이다. 육상陸相(1493, 진사)의 아우이며 역시 양명의 제자이다. 그는 향시에 참가하려고 전당에 거주하고 있었는데 양명이 전당에 은거하였다가 이후 멀리 무이산으로 가서 은둔한 상세한 정황을 귀로 듣고 눈으로 보았다. 나중에 양명이 홀로 육상에게 유해遊海 이야기를 전수하고 『양명산인부해전陽明山人浮海傳』을 쓰라고 일렀는데, 이는 아마도 그의 아우 육간이 직접 눈으로 목도하고 사정의 경과를 자세히 알고 있었기 때문일 터

---

39 『요강일시姚江逸詩』 권8. 육간 「승과사차양명운勝果寺次陽明韻」. 손유렬은 아마도 손유휘孫允暉로 생각되는데, 나중에 양명의 「유해시遊海詩」를 얻었으며 역시 양명의 제자이다.

이다. 육상은 『양명산인부해전』을 쓰면서 수시로 육간에게 물을 수 있었다.

7월에 이르러 서애는 또 산음山陰의 주절朱節(1475~1523)과 채종연蔡宗兗(1517, 진사)을 데리고 양명을 만나러 왔다. 주절과 채종연도 향시에 참가하러 전당에 왔는데 시험 전에 역시 여러 차례 양명에게 배움을 묻고 제자의 예를 갖추었다. 그러나 이때 양명은 이미 다시 승과사에서 은거하고 세상을 피하여 학문을 강론하며 시를 주고받는 평정한 생활을 할 수 없었다. 조정으로부터 끊임없이 전해오는 '간당' 타격의 흉악한 소식이 그를 부들부들 떨며 두렵게 만들었던 것이다.

조정에서는 '당적黨籍'을 반포한 이후 한 발 더 나아가 '간당'을 대대적으로 숙청하였다. 4월에 요경상姚景祥과 장금張錦이 '왕악의 당(王岳黨)'으로 몰려서 장형을 당해 죽었고, 왕진王縉(1493, 진사)·곽인郭仁·장흠張欽(1511, 진사)·나금羅錦·설감薛鑑·심예沈銳(1448~?)·유웅劉雄·주수朱綬·동안균董安均이 '왕악의 당'으로서 변경의 수자리에 배치되었다. 5월에 사천의 아우 사적謝迪(1467~1529)이 치사하였다. 7월에 감찰어사 왕환王渙(1496, 진사)이 정장廷杖에 처해지고 삭적되었으며, 사천의 아들 사비謝丕(1482~1556)도 삭적되었다. 8월에 이동양이 한 등급 가봉加俸을 받았으며, 초방이 소부 겸 태자태부少傅兼太子太傅, 근신전謹身殿 대학사로 승진하였고, 허진이 병부상서로 승진하였다. 양원楊源이 천상天象을 말했다며 정장을 당하고 수자리에 폄적되었는데, 하양역河陽驛에서 졸하였다.

만일 양명이 다시 날짜를 지연하고 적지로 나아가지 않는다면 장차 더욱 흉악한 운명이 그의 머리에 떨어질 터이다. 양명은 이미 진퇴양난의 위태한 지경에 처하였다. 만일 용장의 적지로 나아가지 않고 조정의 명에 항거하여 시일을 지체한다면 반드시 더욱 엄혹한 징벌을 당하고 그를 사지로 몰아넣을 것이었다. 또 만일 용장의 적지로 나아간다면 장차 온갖 재난에서 회복할 수 없고 생사를 예측하기 어려웠으며 살아서 영영 돌아오지 못할 터였다.

재삼 방황하고 저울질하면서 양명은 세상이 깜짝 놀랄 선택을 하였다. 그는 기자箕子가 거짓으로 미친 체하며(佯狂) 재앙을 피한 계책을 취하여서 스스로 미친 척하면서 멀리 무이산에 은둔하여 재앙을 피할 결심을 하였다. 그는 우겸于謙(1398~1457)과 마찬가지로 자신은 죽고 집안은 망하는 비참한 운명이 그를 향해 엄습해오는 것을 고통스럽게 예감하고서 세상을 피해 은둔할 결정을 하기 전에 우겸의 사당을 배알하였다.

그곳에서 양명은 우충숙于忠肅(우겸)의 초상화 앞을 배회하며 오랫동안 격렬하게 울부짖고, 생각이 물밀 듯이 몰려와서 사당의 벽에 먹물이 뚝뚝 듣는 큰 글자로 우충숙 상찬像贊을 한 수 지었다.

일찍이 우공이 벼슬을 한 일(釋褐)을 상고해보니 처음 어사에 제수되었을 때 한漢의 서인庶人(한왕漢王 주고후朱高煦, 1380~1426)으로 하여금 죄를 자복하게 하였으니 대의를 편 것이다. 강우江右를 순무함에 백성의 원옥冤獄을 평번平反하였으니 무고한 사람을 풀어준 것이다. 다시 산서山西를 순무함에 홍수와 가뭄 두 가지 재앙에서 구제하였으니 백성의 생계를 진휼한 것이다. 그 뒤 하남河南을 순무함에 온갖 폐단을 없앴으니 시정時政을 맑게 한 것이다. 영종英宗(주기진朱祁鎭, 1435~1449, 1457~1464)이 북쪽으로 수렵을 나가려고 하자 극력 불가함을 아뢰었으니 성궁聖躬을 보호한 것이다. 여러 사람이 왕진王振(?~1449)을 탄핵했는데 조정의 떠들썩한 논의를 부지하였으니 조정의 의론을 엄숙하게 한 것이다. 삼영三營의 의군을 모집하되 백성의 장정을 모았으니 뜻밖의 일을 막아낸 것이다. 뭇사람의 의견이 (피난을 하여) 남쪽으로 옮기자 하였는데 통곡을 하면서 막아내었으니 나라의 근본을 무겁게 한 것이다. 백성을 이주시키고 곡식을 내어 육군六軍이 견고

하게 지키도록 하였으니 외부의 동요를 막아낸 것이다. 오랑캐를 치고 개
선한 뒤 승진(陞秩)을 힘써 사양하였으니 지위가 가득 차는 것을 두려워한
것이다. 상황上皇을 맞이하여 대위大位를 안정시켰으니 군주의 정통을 바
로잡은 것이다. 도둑 떼를 잡아들여 평정하였는데 공을 이루고는 자처하지
않았으니 몸이 나라를 위해 죽은 것이다. 매우 겸손하고 하사한 저택을 사
양하여서 집안이 쓸쓸한 것은 청렴한 절개를 굳게 벼린 것이다. 무함을 당
하고 죽임을 당해서 천심이 진노하였으니 공도를 밝힌 것이다. 숙민肅愍이
라는 시호를 추중하고 백세에 사당의 제사를 받게 되었으니 충정忠貞을 표
창한 것이다. 아! 공은 희단姬旦(주공周公)과 제갈무후諸葛武侯(제갈량諸葛亮,
181~234)와 같이 나라를 경제經濟한 공훈이 있었으나 오자서와 악무목岳武
穆(악비岳飛, 1103~1142)의 뒤를 따라 몸은 죽고 집안은 망하는 재앙을 당하
였으니 신과 인간이 함께 분노하는 바이다. 끝내 두 지역에서 독자의 사당
(專祠)을 갖게 되어서 네 충신과 병렬되고 자손은 음직蔭職을 세습하게 되
었으니 하늘이 가엽게 여기고 인민이 기뻐하였다. 어두운 가운데 공에게
보답한 것이 어찌 미미한 것이겠는가![40]

무함을 받고 죽임을 당한 우겸의 비극적인 일생에 대한 사색은 양명으로
하여금 생사화복과 수요壽夭, 영허盈虛가 무상한 인생의 진리(眞諦)를 깨닫게
하였다. 그는 우겸과 같이 제왕 독재의 순장품이 되기를 바라지 않았으므로
굴원을 본받아서 세상을 피하여 멀리 달아나 은거하기 위해 막다른 골목에
내몰리듯이 탐색하였다.

---

40 손고량孫高亮, 「우소보췌충전于少保萃忠傳」의 맨 앞부분(『고본소설집성古本小說集成』 천계각
본天啓刻本).

멀리 무이산에 은둔한 수수께끼

양명이 옥중에 있을 때 운명의 길흉을 점치기 위해서 두 차례 본 시점著占(*「돈遯」괘 9·4와 「고蠱」괘 상·9)은 모두 그에게 은둔하여서 스스로를 보호하고 벼슬길에 미련을 두어서는 안 된다고 알려주었다. 시점은 신통하였다. 그리하여 그는 출옥한 뒤 자기는 비록 폄적을 당하여 용장역 승이 되었다는 사실을 분명히 알았지만 견결하게 시점의 판정을 듣고서 용장역이라는 흉악한 땅으로 나아가지 않고 세상을 피해 은둔할 준비를 하였다.

그는 「구언」에서 명확하게 "공동의 깊은 골짜기에서 숨어 살며 노닌다네(深谷崆峒, 逝遊息兮)"라고 표명하였다. 그리하여 전당에 도착한 그는 곧 앞으로 나아가지 않고 머무른 채 암암리에 은둔할 '공동의 깊은 골짜기'를 찾았다. 맨 처음 그는 천진산天眞山에 은거하기로 하였다.

전덕홍은 다음과 같이 말한다. "천진天眞은 항주성杭州城 남쪽 10리에 있다. 산에는 기암奇巖과 고동古洞이 많은데 아래로 팔괘전八卦田을 굽어보고 왼쪽으로는 서호西湖를 안고, 앞에는 서해胥海에 닿아 있다. 스승께서 옛날 월越에서 강학을 하실 때 일찍이 호수와 바다가 만나는 곳으로 눈앞에는 늘 드넓은 물을 볼 수 있는 곳을 택하여 집을 지어서 장차 늙어 죽을 때까지 지내려고 하셨다."⁴¹ 이른바 '스승이 옛날 월에서 강학을 했다'는 말은 두루뭉술하게 꾸민 말이며, 실제로는 양명이 정덕 2년 승과사에 우거할 때 천진산으로 은둔하여 늙어 죽으려고 한 사실을 가리킨다.

20년 뒤 양명이 다시 천진산을 찾았을 때 비로소 진상을 다음과 같이 털어놓았다. "내가 20년 전 이곳에서 노닐었는데, 옛 생각을 하니 그때 한번 오르지 못했던 것을 후회한다."⁴² 시를 지어서 감탄하기를 "천진의 샘과 돌은 빼어나니 녹문의 기약을 새로이 하네(天眞泉石秀, 新有鹿門期)."⁴³ 하고, "천진의 길을 밟지 못했네, 20년 동안 …… 문명은 원래 상이 있고, 집을 지으려니 어찌 인연이 없겠는가?(不踏天眞路, 依稀二十年. …… 文明原有象, 卜築豈無緣)"⁴⁴라고 하였는데 사실 천진산에 집을 지음에 인연이 전혀 없었던 것은 아니었다.

천진산은 전당이라는 도시와 매우 근접해 있었기에 가까이 은둔하여 거처하면 남들 눈에 쉽게 띄어서 도리어 재앙을 입을 수 있었다. 이에 그는 도교의 승지인 무이산武夷山을 생각하고 그곳에 은둔의 이상적인 무릉도원(世外桃源)을 꿈꾸며 멀리 무이산으로 은둔하여 세상을 피해 살면서 무이산중의 은사 도연명이 될 결심을 하였다. '가을 국화 갓 피니 진의 선비가 생각나서' 7월 이후 그는 거짓으로 미친 체하며 멀리 은둔할 방법을 생각하고 은둔할 때를 기다리고 있었다.

향시의 도래는 양명에게 멀리 무이산으로 은둔할 가장 적당한 때를 제공

---

41 『양명선생연보』권36 「연보·부록」1.

42 『양명선생연보』권36 「연보·부록」1.

43 『왕양명전집』권20 「서안우중제생출후인기덕홍여중병시서원제생西安雨中諸生出候因寄德洪汝中并示書院諸生」.

44 『왕양명전집』권20 「덕홍여중방복서원성칭천진지기병기급지德洪汝中方卜書院盛稱天眞之奇并寄及之」.

하였다. 향시는 8월 초아흐레에서 열이레까지 거행되었다. 온 전당 시내를 가득 채운 거자들이 모두 시험장으로 들어갔다. 양명과 함께 거처했던 서애, 함께 와서 배운 주절과 채종연 등의 제자들도 모두 시험장으로 들어가 시험을 보았다. 만송령 위아래에는 아무도 없어서 쓸쓸하여 초초히 멀리 은둔하기에 편하였다.

8월 16일,[45] 양명은 멀리 은둔하기 전에 거짓으로 미친 체하고 헛소리를 하였다. 우선 유근이 군교軍校(*특무特務) 두 명을 전당으로 파견하여서 양명을 쫓아가 죽이려 하였고 양명을 붙잡아 전당강에 빠뜨렸다는 이야기를 허구로 상세히 꾸며내 집으로 보내는 편지처럼 썼다. 입에서 나오는 대로 종이 두 장에 차고 넘치는 글을 써서 그가 거주하던 승과사 승사僧舍의 벽에 붙였다.

나는 여요의 왕수인이다. 죄를 짓고 남쪽으로 폄적되어서 전당을 지나가다가 병과 더위로 강어귀의 승과사에 우거하고 있었다. 하루는 두 군교가 문을 밀고 들어와서 곧바로 내가 누운 실내까지 들어오더니 나를 옆에 끼고 갔다. 어떤 두 사람이 어느 산의 우거진 숲에서 나왔는데 아주 빨리 나타나 마치 내 뒤를 밟아온 듯하였다. 곧 따라잡고서 두 군교를 붙잡았다. 두 군교가 즉시 각각 칼을 뽑아 들고 사나운 소리로 말하였다. "오늘의 일은 네가 죽든지 우리가 죽든지 해야지 둘 다 살지는 못한다. 우리는 우리 주

---

45 생각건대, 양명이 멀리 무이산에 은둔한 행적에 관해 전덕홍과 추수익은 모두 '유근이 군교 두 사람을 파견하여서 양명을 쫓아가 죽이려 하였고, 양명이 바다로 떠돌다가 신선을 만나 죽지 않고 무이산으로 가서 호랑이를 만났으나 잡아먹지 않았다'는 신화를 허구로 꾸며냈는데, 500년 동안 사람들은 이를 믿고서 의심치 않았다. 나는 이 천고의 수수께끼를 상세하고 엄밀하게 고증하여서 사정의 진상을 들추어냈다. 상세한 내용은 『왕양명연보장편』을 참조하라. 여기에는 덧붙이지 않는다.

인의 명을 받고 만여 리를 왔는데 적소에서 잡지 못하고 이제 이곳에서 찾아냈으니 오히려 수고를 덜고 우리 일을 끝내는 것이 아니겠는가?" 두 사람이 청하였다. "왕 공은 오늘날의 큰 현인이시다. 칼날 아래 죽게 한다면 역시 곤란한 일이 아니겠는가?" 두 군교가 "그렇구나."라고 말하고 즉시 한 길 남짓 되는 노끈을 꺼내더니 나더러 스스로 목을 매라고 하였다. 두 사람이 또 청하였다. "목을 매 죽으나 칼에 죽으나 참혹하기는 매한가지이다. 스스로 강에 빠져 죽게 하는 것이 어떻겠는가?" 두 군교가 "그렇게 하는 것이 좋겠다."라고 말하며 나를 강어귀 빈집에 가두었다. 나는 창을 통해 두 사람에게 말하였다. "내가 오늘밤 죽기로 되어 있으니 나를 위해 집안사람들에게 알려주시오."라고 하자 두 사람이 말하였다. "공이 손으로 쓴 글이 없으면 아마도 믿지 않을 것이오." 내가 글을 쓸 방법이 없다고 하니 두 사람이 창틈으로 나에게 종이와 붓을 주었다. 나는 시 두 수를 짓고 「고종사告終辭」를 한 장 써주어서 집에 보내는 편지로 삼았다.

하나 其一

도를 배워 들은 것 없이 세월만 헛되이 보내다 學道無聞歲月虛

하늘은 어찌하여 이 지경에 이르게 하는가? 天乎至此欲何如

살아서는 나라에 몸을 바쳤으나 보탬이 없어 부끄럽고 生曾許國慙無補

죽으려니 부모를 잊을 수 없어 한이 남누나 死不忘親恨有餘

스스로 믿나니 외로운 충정은 해와 달처럼 빛나는데 自信孤忠懸日月

어찌 몸을 강 물고기에게 장사 지냄을 따지겠는가! 豈論有骨葬江魚

평생 신하로서 슬픔은 끝이 없는데 百年臣子悲何極

밤낮 미세기 소리 오자서를 위해 우네 日夜潮聲泣子胥

둘   其二

장차 세상의 도를 한 몸에 지려 하여   敢將世道一身擔
하늘의 형벌을 받아 만 번 죽음 달게 여기네   顯被天刑萬死甘
속에 가득 찬 문장은 바야흐로 쓰임이 있었으니   滿腹文章方有用
평생 신하로서 홀로 부끄러움 없노라   百年臣子獨無慙
개울물 바다를 보태는 진기함을 이제 보겠고   涓流裨海今眞見
흩날리는 눈 도랑을 채움은 예전에 입에 담던 말이라네   片雪塡溝舊齒談
옛날 선비로 뉘라서 뛰어났던가?   昔代衣冠誰上品
장원의 저택에 기이한 남자가 있었네   狀元門第好奇男

세상을 고별하는 사   告終辭

하늘은 아득하고   皇天茫茫
재앙이 내리는데 의지할 데 없으니   降殃之無憑兮
어디서 오는지 알 수가 없네   宵莫知其所自
참으로 나는 음으로 양으로 길이 끊겨   予誠何絶於幽明兮
가서 호소할 문이 없네   羌無門而往訴
신하가 임금에게 죄를 얻었으니   臣得罪於君兮
하늘땅 사이에 달아날 곳이 없네   無所逃於天地
본디 당인이 이렇게 만들었으니   固黨人之爲此兮
내 장차 목숨을 바쳐 뜻을 이루리라   予將致命而遂志
몸을 바쳐 군주를 섬김에   委身而事主兮
내가 있을 곳이 어디인가?   夫焉吾之可有

좋은 소리와 낯빛을 따라 용납되기를 구함은   殉聲色以求容兮

이전에 수양하여 지킨 바가 아니네   非前修之所守

내 어찌 곧은 도가 죽음을 가져옴을 모르겠는가!   吾豈不知直道之殞軀兮

내 마음은 거의 잊지 않았네   庶予心之不忘

내 뜻이 정해졌으니 어찌 아침저녁으로 다르겠으며   定予志詎朝夕兮

위급한 상황이 누군들 없으랴?   孰沛顚而有亡

위로는 우거진 숲이 아득하고   上穹林之杳杳兮

아래로는 깊은 골짜기가 어둑어둑하네   下深谷之冥冥

흰 칼날을 어찌 향하겠는가!   白刃奚其相向兮

나는 마치 사나운 바람처럼 보네   盻予視若飄風

안으로 정성이 맑고 고요하니   內精誠以淵靜兮

정신이 깃들어 가득 차네   神氣泊而冲容

신명이 지각을 가지고 있으니   固神明之有知兮

장사를 어지러운 가운데에서 일으키네   起壯士於蒙茸

이전의 지조를 떨쳐 서로 맞서니   奮前持以相格兮

누가 충성스럽고 곧은 사람을 찌르는가?   曰孰爲事刃於忠貞

해가 뉘엿뉘엿 져서 저녁이 되려 하니   景冉冉以將夕兮

나는 낡은 집을 벗어나네   下釋予之顏宮

명을 받아 서로 미친 일이지   曰受命以相及兮

그대가 공격했기 때문이 아니라네   非故於子之爲攻

자진하여 면하지 않고   不自盡以免予兮

저녁에 내 강에 물을 따라 떠가리라   夕予將浮水於江

아! 허허!   嗚呼噫嘻

내 참으로 명철보신에 부끄러우니   予誠愧於明哲保身兮

어찌 스스로 목을 매는 필부를 본받으랴?　　豈效匹夫而自經

끝내 면하지 못하리니 오자서처럼　　終不免於鴟夷兮

장차 강물을 거슬러 위로 올라감을　　固將溯江濤而上征

그만두자!　　已矣乎

옛날 내가 꿈에 두 기둥 사이에 앉았더니　　疇昔之予夢坐於兩楹兮

홀연 두 사자가 와서 나를 보고　　忽二伻來予覲

내가 오 군(오자서)과 삼려(굴원)의 종이라 하며　　曰予伍君三閭之僕兮

꿇어앉아 말을 전하고 벽옥을 주었네　　跽陳辭而加璧

봉투를 뜯어서 읽어보니　　啓緘書若有覩兮

황홀한 정신이 천년을 두고 교차하네　　怳神交於千載

세상이 혼탁하여 살 수 없으니　　曰世濁而不可居兮

내 어찌 넓은 바다로 나아가지 않으랴!　　予奚不來遊於溟海

나의 소회가 어지러우니　　鬱予懷之怳愴兮

옛날 서울을 생각하여 가슴에 품고　　懷故都知拳拳

평탄하든 험하든 오직 운명을 따르리니　　將夷險惟命之從兮

어느 군주가 친한 이를 차마 버리는가?　　孰君親而忍捐

아! 허허!　　嗚呼噫嘻

운명이 참으로 이런 지경에 이르렀으니　　命苟至於斯

또한 내 마음이 편안한 바이다　　亦予心之所安也

밤이나 낮이나 떳떳하니　　固晝夜以爲常兮

내 죽음이 어려운 것 아니라　　予非死之爲難也

가로막은 절벽이 높고 높으니　　沮隱壁之岑岑兮

원숭이가 나에게 긴 가지를 주는 듯하네　　猿猱若授予長條

살모사가 무너진 담에서 똬리를 틀고 있고　　虺結蠆於圮垣兮

산귀는 바위 끝에서 흐느끼네	山鬼弔於巖嗷
구름이 뭉게뭉게 일어 낮에도 어둡고	雲冥冥而晝晦兮
세찬 바람이 노하니 강이 울부짖네	長風怒而江號
지는 해는 훌쩍 서쪽으로 숨고	頹陽倏其西匿兮
길은 강가 파도에 이르렀네	行將赴於江濤
아! 허허!	嗚呼噫嘻
죽으면 어디로 가는가	一死其何至兮
층층한 궁궐에서 중상을 입었네	念層闥之重傷也
내 홀연 죽는다면	予死之奄然兮
우리 부모님 길이 마음 아파하시리라	傷吾親之長也
아, 우리 군주는 명철하고 성스러우시니	羌吾君之明聖兮
신하의 죽음이 마땅하네	亦臣死之宜然
신하가 참으로 군주에게 서운함이 있으니	臣誠有憾於君兮
참소하는 도적의 아첨하는 말이 안타깝네	痛讒賊之諛便
말을 얽어서 서로 기뻐하며	構其辭以相悅兮
흑과 백을 바꾸고 더위와 추위를 바꾸었네	變黑白而燠寒
궁벽한 곳에 떠도니	假遊之窮僻兮
군주의 말은 저들의 잔인함을 살피네	君言察彼之爲殘
죽어도 지각이 있으니	死而有知兮
저세상 가서 하느님의 궁정에 하소연하리라	逝而訴於帝廷
참소에서 벗어나고 아첨을 멀리하니	去讒而遠佞兮
어찌 어두움이 밝음에 이끌림을 받지 않는가?	何幽之不贊於明
옛날 고종은 은에서	昔高宗之在殷兮
선량한 보필을 얻어 중흥을 이루었네	齎良弼以中興

신백과 보후가 나와서 병풍과 울타리가 되어	申甫生而屛翰兮
주가 강왕 성왕에서 선왕으로 이어지게 하였네	致周宣於康成
임금이 어찌하여 북쪽에서 참소를 들으니	帝何以投讒於有北兮
어떻게 임금의 충심을 깨우칠까?	焉啓君之衷
열조의 음덕을 드날려서	揚列祖之鴻庥兮
길이 무궁토록 하늘에 짝하네	永配天於無窮
신하는 죽어서도 썩지 않으니	臣死且不朽兮
강물을 따라가 조상을 뵙네	隨江流而朝宗
아! 허허!	嗚呼噫嘻
대자연의 조화가 굽히고 펴져서	大化屈伸兮
기운이 오르내리고 드날리네	升降飛揚
바람과 우레의 기운을 느끼고	感神氣之風霆兮
문득 내 임금의 고을로 돌아가네	溘予將反乎帝鄕
규룡을 곁에 메어 구불구불 나아가니	驂玉虯之蜿蜒兮
봉황이 날개 치며 높이 날아오르네	鳳凰翼而高翔
영균(굴원)과 오서(오자서)를 좇고	從靈均與伍胥兮
팽함이 수레를 몰아 따르네	彭咸御而相將
신도(신도적)의 옛집을 지나가고	經申徒之故宅兮
중화(순임금)가 순수한 지방을 따라가네	歷重華直防方
위대한 신령을 아득히 불러 내리고	降大靈之茫茫兮
하늘 문에 올라 나를 위해 호소하게 하네	登閶闔而愬予
시도 때도 없이 옛 서울을 그리워하니	懷古都之無時兮
세찬 바람을 타고 멀리 가네	振長風而遠去
그만두자!	已矣乎

위에는 뭇별이 늘어서고	上爲列星兮
아래에는 강이 흐르네	下爲江河
산에서는 구름이 일고	山嶽興雲兮
비가 흥건히 내리네	雨澤滂沱
바람이 불고 우레가 울어	風霆流行兮
만물이 고루 제 모습을 갖추네	品物咸和
본디 올바른 기운이 있으니	固正氣之所存兮
어찌 삿되고 더러운 것이 나란히 하겠는가?	豈邪穢而同科
내 장차 별을 타고 높이 날아올라 부열을 좇아	將予騎箕尾而從傅說兮
높이 뜬 해와 달을 깔보리라	凌日月之巍峨
하늘의 궁궐을 열고 맑은 바람을 체질하며	啓帝閽而簁淸風兮
육합(상하사방)의 자질구레한 것을 쓸어버리리라	掃六合之煩苛
사에 이르나니	辭曰
내 어리고 순진하여 아무것도 몰랐고	予童顚而罔知兮
함부로 어리석고 날뛰어서 어둠 속을 걸었네	恣狂愚以冥行
중도에 뉘우치고 길을 고쳤으나	悔中道而改轍兮
갈 곳을 모르니 어디가 밝은 곳인가?	亦悵悵其焉明
문득 바른길을 깨닫고	忽正途之有覺兮
말을 채찍질하여 멀리 달렸네	策予馬而遙征
가시밭길로 홀로 가니	搜荊其獨往兮
내 힘이 닿지 못함을 잊었네	忘予力之不任
하늘이 이 문화를 없애려 하여	天之喪斯文兮
나에게 가르침을 듣지 못하게 했네	不畀予於有聞
맹세코 이 마음에 거짓이 없으니	矢此心之無諼兮

내가 공자의 문하에서 죽기를 바라네	斃予有求於孔之門
아!	嗚呼
그만두자	已矣乎
다시 무슨 말을 하랴!	復奚言
내 귀와 내 눈이여	予耳兮予目
내 손과 내 발이여	予手兮予足
깨끗한 내 마음이여!	澄予心兮
엄숙하고 화평하며 기쁘네	肅雍以穆
대자연의 순리를 따라	反乎大化兮
맑고 빈 드넓은 세계에서 노니네	游清虛之寥廓
(양명 공이 물에 들어갔고, 심옥과 은계가 알렸다)	(陽明公入水, 沈玉·殷計報)[46]

양명은 자서自敍의 글을 절의 승사 벽에 붙인 뒤 곧 급히 만송령을 내려와 전당강으로 달려가서 신발 두 짝을 벗어놓고 강변으로 내달려 스스로 강에 빠져 죽은 현장을 조작하였다. 그런 뒤 강의 배에 올라 부춘강富春江, 난강蘭江을 따라 남쪽으로 달아났다.

그는 허구로 「범해泛海」라는 시 한 수를 지어서 스스로 세상을 피해 멀리

---

46 양의楊儀 『고파이찬高坡異纂』 권하. 이 자서는 원래 양명의 「유해시遊海詩」 및 육상의 『양명산인부해전陽明山人浮海傳』에 있었는데, 양의가 가져다가 『고파이찬』에 수록하였다. 양명의 이 글은 허구이기는 하나 당시 양명의 사상 상태를 진실하게 반영하였다. 만일 이 「고종사告終辭」를 실제로 굴원이 스스로 물에 빠져 죽은 일을 본떠 지은 초사의 작품으로서 「이소離騷」의 여운이 있다고 한다면 허망한 고종사로 읽어서는 안 된다. 시 두 편 또한 마땅히 이와 같이 보아야 한다.

은둔하려는 결심을 다음과 같이 토로하였다.[47]

험하고 평탄함은 애초에 마음에 담지 않았으니	險夷原不滯胸中
허공을 지나는 뜬구름과 무엇이 다르랴	何異浮雲過太空
고요한 밤 파도는 삼만 리에 일고	夜靜海濤三萬里
밝은 달은 날아오르고 바람이 이네	月明飛錫下天風

사실 양명이 허구로 지은 이 「범해」라는 시는 사람들의 귀와 눈을 가려서 자신의 진실한 행적을 덮으려는 것이었다. 그는 결코 강에 투신하거나 바다를 건너지 않았으며, 더욱이 '고요한 밤 파도치는 삼만 리'를 날아서 '범해'를 한 일이 없었다. 그는 다만 내륙에서 배를 타고 부춘강을 따라 급히 남하하여서 이레 만에 강서의 광신廣信에 이르고, 또 이레 동안 배를 타고 가마를 타고 8월 말경에 복건福建의 무이산에 도착하였던 것이다.

다음 날 그는 곧 교자轎子를 타고 유유히 무이산에 올라 세상을 피해 은둔할 장소를 찾아다녔다. 그는 먼저 구곡계九曲溪를 찾아 노닐고 5곡에서 은병봉隱屛峰 아래 저명한 무이정사武夷精舍를 참배하였는데 별 소득은 없었다. 이에 그는 또 6곡 부근에 있는 저명한 천유봉天遊峰에 올라 천유관天遊觀 도사를 예방하였다.

'천하제일산天下第一山'으로 받들어지는 무이산은 도교 36동천 가운데 제16번째인 승진원화동천升眞元化洞天에 해당한다. 천유봉은 6곡 계곡 북쪽에 높이 솟아 있는데 만 길 깎아지른 절벽으로 서 있으며(壁立萬仞), 봉우리에 올

---

47 『왕양명전집』 권19 「범해泛海」. 이 시는 마땅히 원래 「유해시」 중에 수록되어서 허구의 「유해시」 머리편이 되어야 한다.

라 조망하면 아득한 연무와 구름이 산과 골짜기를 가득 메워서 마치 망망대해에 파도가 포효하여 물보라가 말려 올라가는 듯하였고, 마치 봉래蓬萊 선경에 있는 듯 황홀하며 천궁의 경각瓊閣에서 마음껏 노니는 듯하여서 '천유봉'이라 일컬어졌다.

기이하고 장대한 천유관은 봉우리 꼭대기에 높이 걸터앉아서 금방이라도 날개를 치며 날아갈 듯하다. 무이산 제일가는 도관으로서 송대의 도사 유벽운劉碧雲과 장희미張希微가 세운 것인데 개산조사開山祖師 팽조彭祖 및 두 아들 팽무彭武와 팽이彭夷를 받들어서 향불이 왕성하다. 전설에 따르면 팽조와 두 아들 팽무·팽이는 만정봉幔亭峰 아래에 은거하여 지초芝草를 먹고 폭포수를 마시며 자취를 감추고 양생을 하였는데 도술의 수련을 특히 잘하였으며 도인導引과 행기行氣를 하여서 불로장생의 선인이 되었다. 윤 진인의 '진공련형법' 수련에 탐닉한 '양명산인'이 보기에 이는 아주 풍부한 매력을 지닌 곳이었다. 양명이 길흉화복을 헤아리지 않고 천신만고를 두려워하지 않으면서 거짓으로 미친 체하며 멀리 무이산에 숨은 까닭은 바로 이 천유관을 눈여겨보고 온 것으로서, 그는 무이산에 있는 천유관을 선택하여 자기가 미래에 새로 은둔하여 수련할 '양명동'으로 삼았던 것이다.

옛날에는 한 사람이 멀리 은거할 때 세상과 격절하고 아무도 알지 못하는 숨겨진 산림의 땅을 찾아 혼자서 자리를 잡고 거처할 수는 없었다(*생존할 방법이 없었다). 일반적으로 대부분은 산림의 황벽한 사묘寺廟나 도관을 찾아서 성명을 감추고 숨어 살았는데, 당시 전해진 바에 의하면 건문제建文帝가 어느 불교 사찰로 도망하여서 삭발을 하고 중이 되었다는 이야기와 마찬가지로 양명 스스로도 전당에서 승과사로 옮겨서 은거하였다. 이 때문에 양명이 천 리 먼 무이산에 은둔한 것은 아마도 결코 어떤 목적도 없이 아무렇게 이루어진 행동이 아니라 마음속에서 일찍부터 이름을 숨긴 채 천유관을 은둔할 목표로 정하였던 것이라고 할 수 있다.

천하의 불교 사찰의 화상和尙과 도관의 도사라도 도망한 황제가 성명을 감추고 숨어서 승려가 되는 것을 감히 도와줄 수 있는 충심을 가진 자는 없었는데, 더욱이 조정에서 대대적으로 체포하려는, 죄를 짓고 몰래 도망하여서 은거하려는 관리를 감히 수용할 만큼 담이 큰 사람은 없었다. 하물며 천유관은 천하에 이름이 널리 알려져 있어서 유람하는 사람이 줄을 잇고, 조정에서는 해마다 요원을 파견하여 무이산 산신에게 제사를 지냈으니, 뭇사람의 눈을 피해 도망하여 천유관에 은거하면서 발견되지 않으리라는 생각을 한다는 것은 근본적으로 불가능하였다.

양명은 천유관의 도사를 예방하고 멀리 숨어서 은거하기 위해 온 뜻을 설명하였다. 천유관의 도사는 그에게 이곳은 은둔할 만한 장소가 아니라며 다음과 같이 말하면서 빨리 돌아가라고 권하였다. "그대에게는 부모가 계십니다. 만일 유근이 노하여 그대의 부친을 추적하고 그대가 북쪽의 오랑캐 땅이나 남쪽의 월로 달아났다고 무함하면 거레가 또한 처벌을 받을 것입니다."

양명은 무이산 천유관에 이르러서 자기가 그 지경에 처하자 도사의 지시가 없어도 사실 천유관이 몰래 은둔하여 거처할 장소가 아님을 또렷이 간파하였다. 이에 그는 다시 시점으로 길흉화복을 결정하였다. 점을 쳐서 '기자의 명이(箕子之明夷)'를 얻었다.[48] 이른바 '기자의 명이'란 바로 「명이明夷」 괘 6·5로서 "기자의 명이이니 곧음이 이롭다(箕子之明夷, 利貞)." 하고, 「상象」에 이르기를 "기자의 곧음은 현명함이 끝나지 않는 것이다(箕子之貞, 明不可息也)."라고 한 것을 말한다.

이는 다음과 같은 내막이 있다. 기자가 주왕紂王에게 간하였으나 듣지 않

---

48 추수익, 『왕양명선생도보』.

자 어떤 사람이 그에게 멀리 달아나 도망하라고 하였다. 기자는 이를 받아들이지 않았다. 군왕에게 간하다가 듣지 않는다고 바로 떠나는 것은 군왕의 죄행을 들추어내어서 인민에게 잘 보이려는 것이 아닌가 하고 생각했기 때문이다. 이에 그는 곧 머리카락을 풀어헤치고 거짓으로 미친 체하며 노예의 신분으로 전락하여서 차라리 스스로 밝은 덕을 해쳐서 바름을 지킬지언정 달아나 숨어서 자기를 보호하지는 않겠다고 하였다.

6·5효는 중간에 자리하며 가장 어두운 시각이므로 응당 기자와 마찬가지로 굳은 정절을 잃지 않으면 밝은 빛이 끝내 돌아온다는 조짐에 해당한다. 시점은 양명에게 달아나 숨어서 자기를 보호하지 말고 마땅히 바른 도를 굳게 지키면 밝은 빛이 저절로 비춘다고 알려주었다. 양명은 마침내 멀리 달아나 숨어 살려는 생각을 버리고 내일에는 돌아가리라고 결의하였다.

그는 시 한 수를 지어서 천유관 벽에 크게 써서 제하였다.[49]

---

49 『왕양명전집』 권19 「무이차벽간운武夷次壁間韻」. 양명이 이때 무이산에서 어떤 시를 지어서 어느 벽에 붙였는지에 관해 전덕홍과 추수익은 양명이 「범해」라는 시를 지어서 어느 황벽한 불교 사원에 붙였다고 하였는데 오류가 심하다. 「범해」는 제벽시題壁詩가 아니며 더욱이 불교 사원의 벽에 제한 시가 아니다. 양명의 이 시 이름은 「무이차벽간운」이므로 벽에 제한 것은 바로 이 시임을 분명히 알 수 있다. 이는 본래 아주 또렷하고 분명하다. 전덕홍과 추수익은 「범해」를 가져다가 진짜와 가짜를 바꾸어 속여서 불교 사원의 벽에 붙였다고 하였는데, 아마도 (양명이) 진상을 가리고 거짓으로 꾸민 마각이 드러날까 두려워했기 때문이리라. 양명의 제자 백열白悅(1532, 진사)의 『백락원유고白洛原遺稿』 권5에 다음과 같이 「무이산등천유관용양명선사운武夷山登天遊觀用陽明先師韻」이 수록되어 있다. "보랏빛 구름이 감도는 수천 봉우리를 바라보니, 잔잔한 시냇물 소리 숲 건너 들리네. 병들어 지친 몸 세상을 잊었기에, 어찌 마음껏 노닐며 그대를 저버릴까? 꿈에도 못 잊을 하늘의 짝을 만나지 못해, 느긋이 머물러 벽라 덩굴을 아끼네. 화산 숭산 태산이 속세를 잊게 하니, 집을 지음에 모름지기 골짜기 하나를 구하네(眺望千峯盤紫雲, 潺潺溪流隔林聞. 祇緣病拙疑忘世, 豈爲遨遊敢負君? 夢寐不逢霄漢侶, 棲遲眞愛薜蘿群. 華嵩太岳空塵鞅, 卜築須求一壑分)." 백열이 차운한 시는 곧 양명의 이 「무이차벽간운」이며 이것으

무이에서 벽에 붙은 운을 따다　　　　　　　　武夷次壁間韻

견여 타고 만 봉우리 구름을 넘어　　　　　　　肩輿飛度萬峰雲

머리 돌리니 달 아래 푸른 물소리 들리네　　　回首滄波月下聞

바다는 참으로 신선의 사자요　　　　　　　　海上眞爲滄水使

산에서는 또 무이산 신령을 만났네　　　　　　山中又遇武夷君

구곡 흐르는 시내에서 처음 길을 찾았고　　　溪流九曲初諳路

천년 정사 문에 비로소 들어갔네　　　　　　　精舍千年始及門

집으로 돌아가 백발 부모님을 위로함은　　　歸去高堂慰垂白

세세히 더듬어보니 춘분 즈음일세　　　　　　細探更擬在春分

이 제벽시題壁詩는 양명이 멀리 무이산에 숨었던 '천고의 수수께끼'의 진

로 양명의 「무이차벽간운」이 바로 천유관 벽에 제한 시임을 충분히 증명할 수 있다. 나중에 백열은 천유관에 유람을 와서 양명의 이 시가 아직 벽에 붙어 있는 것을 보았으므로 그 운에 차운할 수 있었다. 또 『왕기집』 권18에도 「숙천유차양명선사운宿天遊次陽明先師韻」이 실려 있다. "선장봉 꼭대기엔 흰 구름 가득, 바람이 이니 대자연의 소리 계곡 건너 들리네. 푸른 산색 아득하니 인간세상 아니고, 푸른 옥 같은 봉우리 조촐하게 그대를 대하네. 늙은이 가을 소리에 초가집 그리워하고, 밤 깊어 달빛이 솔문을 지나네. 천유봉을 우리에게 돌려주면, 푸른 물 붉은 산을 나눠 가지리(仙掌峰頭多白雲, 風回天籟隔溪聞. 翠微杳杳非人世, 碧玉蕭蕭對此君. 老去秋聲憐草閣, 夜深月色度松門. 天遊指點還吾輩, 碧水丹山好共分)." 「숙무이관宿武夷觀」. "구곡계가의 흰 구름 사이에 누우니, 금계 소리 달 속에서 들려오네. 추운 계절 여전히 나그네라 근심하지 않고, 오히려 개구리밥 그대에게 주네. 도는 본래 허무하니 이단의 학문 아니고, 얇은 견해에 따라 여러 문이 있다네. 자양의 향불 천년을 잇고, 의와 이익의 근원이 자세히 나뉘네(九曲溪邊臥白雲, 金鷄正好月中聞. 未愁歲冷仍爲客, 猶有苹香把贈君. 道本虛無非異學, 知從見解始多門. 紫陽香火千年在, 義利源頭仔細分)." 왕기는 가정 33년(1554)에 무이에 와서 유람하였는데 그때 양명의 이 시를 천유관 벽에서 보았으므로 차운할 수 있었다.

상을 밝혀주는 가장 관건이 되는 시이다. 양명은 이 시에서 자기가 멀리 무이산에 은둔한 전체 과정을 또렷하게 서술하고 있다. "견여 타고 만 봉우리 구름을 넘어"라고 한 구절은 그가 남여籃輿(*대교擡轎)에 앉아서 유유히 자득하여 무이산에 올랐음을 말하니, 유근이 두 군교를 파견하여 그를 뒤쫓아서 죽이려 하였고 이에 양명이 비틀거리며 허둥지둥 달아나 황량한 산의 낡은 사당으로 숨어 들어간 일이 결코 없었음을 알 수 있다. "구곡 흐르는 시내에서 처음 길을 찾았고"라는 구절은 구곡계를 찾아 유람한 일을 가리킨다. "천년 정사 문에 비로소 들어갔네"라고 한 구절은 무이정사를 배알한 일을 가리킨다. "산에서는 또 무이산 신령을 만났네"라는 구절은 천유관 도사를 예방한 일을 암시한다. "집으로 돌아가 백발 부모님을 위로함"이라는 구절은 스스로 내일 곧 귀성하여서 백발의 늙은 부친 왕화를 찾아뵙겠다는 결의를 말한다. "세세히 더듬어보니 춘분 즈음일세"라고 한 구절은 아마도 내년 춘분에 용장역 적지로 나아가려 한다는 말이리라. 양명은 스스로 멀리 무이산에 은둔한 비밀을 전부 털어놓았다. 도가의 은둔 수련을 지향하던 '양명산인'은 표연히 왔다가 또 아주 빨리 표연히 떠나갔던 것이다.

다음 날(*9월 초) 양명은 무이산을 떠나 북쪽으로 돌아가 남경에 가서 왕화를 찾아뵐 준비를 하였는데, 이때는 그가 무이산에 온 지 반 달밖에 되지 않은 시간이었다. 그는 건양建陽을 향해 길을 나섰다. 길을 가는 동안 유연하고 자득한 심정이었다. 북쪽으로 돌아가는 길을 산수를 유람하고 옛 친구를 방문하는 여정으로 삼았던 것이다. 연산鉛山을 거쳐 상요上饒를 지나서 그는 누량婁諒(1422~1491)의 옛집을 예방하였다. 옥산玉山을 지나면서 북쪽의 동악묘東嶽廟를 유람하고 엄성嚴이라는 점성술사(星士)를 만나 점을 물었으며, 이를 통해 그가 시점을 보아 결단한 내용을 더욱 인증하였다.

서안西安을 지나갈 때 그는 구주衢州의 지부이며 동년인 장유신張維新을 방문하였다. 두 사람은 함께 대중상부사大中祥符寺에서 노닐었는데 양명은 「대중상부선사大中祥符禪寺」 한 수를 읊었다.[50]

이리저리 떠돌다 바다로부터 이르러서	漂泊新從海上至
우연히 강가 절을 지나다 노니네	偶經江寺聊一游
노승들은 손님을 보고 성을 묻고	老僧見客頻問姓
행자는 사람을 피해 머리를 흔드네	行子避人還掉頭
산수는 나에겐 고질이 되었고	山水於吾成痼疾
험하고 평탄함은 하루살이같이 지나가네	險夷過眼眞蜉蝣
동년 장 수령에 보답하려고	爲報同年張郡伯
이내 낀 강에 고깃배를 저어가네	煙江此去理漁舟

"이리저리 떠돌다 바다로부터 이르러서"라는 구절은 여전히 허구의 바다를 떠돌아 표류하고 정박한 이야기를 써서 자기가 멀리 무이산에 숨었던 진실한 행적을 덮어 가린 것이다. '장 수령(張郡伯)'은 곧 장유신이다. 그의 자는 숭덕崇德이며 양명과 서로 잘 아는 동년이었기에 양명은 그에 대해 피하거나 의심을 품지 않았다. 양명은 내내 모두 이와 같이 남의 눈길을 끌지 않는, 바다를 떠돌아 돌아온 떠돌이로서 길을 지나고 사묘에서 묵었다.

용유龍遊를 지날 때 그는 또 사리사舍利寺를 탐방하고 「사리사舍利寺」 한 수를 지었다.[51]

---

50 『가경서안현지嘉慶西安縣志』 권44 「대중상부선사大中祥符禪寺」. 이 시는 원래 양명의 「유해시遊海詩」 중에 들어 있었을 텐데 양명의 문집에는 수록되어 있지 않다.

51 『만력용유현지萬曆龍遊縣志』 권2 「사리사舍利寺」. 이 시는 원래 「유해시」에 있었다.

사리사를 지나다	經行舍利寺
절에 올라 굽어보며 배회하네	登眺幾徘徊
골짜기는 구불구불 여울 소리 급하고	峽轉灘聲急
비가 개니 강에 안개가 걷히네	雨晴江霧開
곤경에 처하니 지난 일을 알겠고	顚危知往事
떠돌아다니니 시재가 늘어가네	漂泊長詩才
한 가닥 창주의 흥이 이니	一段滄洲興
모래톱 갈매기는 함부로 시기하지 말라	沙鷗莫浪猜

"곤경에 처하니 지난 일을 알겠고"라는 구절은 양명이 항소를 올려서 대선을 구원하려다 장형을 맞고 폄적된 뒤 바다를 떠돌다가 산으로 들어가서 위험과 어려움을 차례로 겪은 일을 암시한다. "떠돌아다니니 시재가 늘어가네"라고 한 구절은 스스로 바다를 떠돌며 흘러가다가 인생의 경력과 식견이 늘어난 것을 말한다. '한 가닥 창주의 흥'이란 거짓으로 미친 체하며 재앙을 피해 멀리 무이에 은둔한 사실을 한 가닥 창주에 은거하려는 전아한 흥으로 삼아 가볍게 말하였는데, 그 속의 숨은 정서를 세상 사람은 함부로 시기하지 말기를 바랐다. 그는 창주로 가서 은거하려다가 돌아온 사람에 지나지 않았다.

그래서 그는 난계蘭溪를 지나갈 때 또 대운산大雲山 아래에 있는 성수교사聖壽教寺를 유람하고 풍산楓山의 장무章懋를 예방한 뒤 그곳에서 10여 일을 묵었다. 그는 돌아가 은거한 풍산의 장무를 매우 흠모하여 성수교사 벽에 시한 수를 제하였다.[52]

---

52 『만력난계현지萬曆蘭溪縣志』권6「제난계성수교사벽題蘭溪聖壽教寺壁」. 이 시는 원래 「유해시」중에 실려 있었다. "명 정덕 연간에 왕양명 선생이 용장에 폄적되어서 난계를 지

난계 성수교사 벽에 제하다　　　　　　　　　題蘭溪聖壽敎寺壁

산수가 아름다운 난계에　　　　　　　　　　蘭溪山水地

구름 봉우리에 집을 지었네　　　　　　　　　卜築趁雲岑

다시 지나가는 날　　　　　　　　　　　　　況復遄行日

땅을 피할 마음 많이 생기네　　　　　　　　方多避地心

깊은 못에는 가을빛 고요하고　　　　　　　　潭沉秋色靜

산속 저자에 저녁연기 감도네　　　　　　　　山晩市煙深

더욱이 풍산 노인이 있으니　　　　　　　　　更有楓山老

때로 지팡이 짚고 찾아가려네　　　　　　　　時堪杖履行

　장무는 자가 덕무德懋이며 호가 암연거사黯然居士이다. 그는 서울에서 일찍이 군주를 속이고 권력을 농단하려는 유근의 음모를 간파하고 정덕 원년(1506) 10월에 소를 올려서 치사를 청하고 난계로 돌아가 풍목산楓木山 아래에 집을 짓고 글을 읽으며 학문을 강론하면서 풍산선생이라고 일컬었다.

　양명은 장무가 미리 눈치채고 은퇴한 일을 다음과 같이 칭찬하였다. "선생은 오직 한결같이 경건(敬)을 주로 하였으며 국자좨주國子祭酒로 있을 때 나이가 일흔 셋을 넘겨서 소를 올려서 청하여 허락을 받았다. 반역자 유근이 권력을 천단하여서 유명한 재상들이 배척과 욕을 많이 당하였는데 옹이 미

나가다가 대운산 절에서 거의 반 달가량 머물렀는데 ○벽에 시를 제하였다. …… 나중에 승려 방숙方叔이 이를 알고서 난음산蘭陰山으로 쫓아가 다시 축에 ○○ 벽간壁間을 (써달라고) 청하였다. 시는 정鄭○이 얻었다. ○는 나중에 오유자吳孺子가 가져갔다."

리 눈치를 채고 떠나갔다."[53] "구름 봉우리에 집을 지었네"라고 한 구절은 바로 장무가 미리 눈치를 채고 돌아가서 풍목산에 거처하며 집을 지은 사실을 가리킨다. "땅을 피할 마음 많이 생기네"라고 한 구절은 스스로 돌아가 멀리 무이산에 은둔하려 하는데 가는 길 내내 보는 눈과 귀가 많고 위기가 사방에 도사리고 있으나 여전히 땅을 피하고 재앙을 피할 마음이 있었음을 말한다. 이에 그는 난계를 지난 뒤 다시 지나가는 길에 골치 아픈 전당을 피하고 싶은 마음이 생겨서 도리어 금화金華를 경유하여 무호蕪瑚로 돌아서 곧바로 남도로 들어갔다.

그는 무호를 지나갈 때 교기蛟磯에 올라 처량하게 허물어진 교기묘蛟磯廟를 추모하고 도도하게 흐르는 장강의 물결을 마주하고서 옛날을 생각하고 오늘날을 돌아보며 동병상련하면서 옛날을 추억하는 시 두 수를 지었다.[54]

---

53 『풍산어록楓山語錄』 부록.

54 『왕양명전집』 권20 「등교기차초천심유석문운이수登蛟磯次草泉心劉石門韻二首」. 이 시는 원래 「유해시」에 들어 있었다. 양명의 이 두 시는 『왕양명전집』에는 정덕 15년(1520)에 지은 시 속에 잘못 들어 있었다. 전덕홍이 그 잘못을 지적하고 홍치 15년(1502)에 지은 것으로 추측하였지만 그 설 역시 오류이다. 『교기산지蛟磯山志』 권하에는 육상陸相의 화답시 두 수가 실려 있는데 서문에서 다음과 같이 말한다. "이는 내 벗 지금의 도헌都憲 양명 왕백안 공의 시이다. 공은 옛날에 어떤 사건으로 용장에 폄적되었는데 이곳을 경유하면서 이 시를 지었다. 그 시를 보면 머무는 곳을 편안히 여겼는데 대략 분개하고 번민하며 슬퍼하는 뜻이 없으니 공의 함양涵養을 알 수 있다.……" 육상이 명확하게 말하기를, 두 시는 양명이 어떤 사건으로 용장에 폄적되어서 무호를 경유할 때 지었다 하였으니 응당 양명의 「유해시」에 의거한 것이다. 육상의 화답시 두 수는 정덕 15년에 지은 것이다. 정덕 15년에 육상이 강서로 와서 양명과 함께 소고小孤와 교기를 유람하고 양명이 직접 이 두 시를 써서 돌에 새긴 것을 보았으며 육상도 화답시 두 수를 지어서 역시 돌에 새겼다. 그런즉 육상은 양명이 이 두 시를 용장역에 폄적되어서 무호를 경유할 때 지었음을 분명 알았다. 이는 필시 양명을 대면하고서 직접 말해준 사실을 들은 것이니 틀림없이 믿을 만하다.

교기에 올라 초천심 유석문의 운을 따서 짓다, 두 수

登蛾磯次草泉心劉石門韻二首

중류의 한 조각 바위 고독한 영웅 같고	中流片石依孤雄
아래엔 풍이의 백 자 궁궐이 있네	下有馮夷百尺宮
염여퇴는 서쪽에 서려서 거의 땅을 잃어버렸고	灩澦西蟠渾失地
장강은 동쪽으로 끝없이 흘러가네	長江東去正無窮
옥녀가 뼈를 묻었다 하거니와	徒聞玉女埋香骨
보이나니 모래톱 갈매기 눈바람 속에 어지러이 나네	惟見沙鷗亂雪風
지나간 일 처량하여 묻기에 뭣하고	往事凄微何足問
영안궁은 우거진 풀숲에 묻혔네	永安宮闕草萊中
강가 외로운 신하의 일편단심	江上孤臣一片心
몇 차례나 잠겨서 물에 깊이 흔적만 남기네	幾經漂沒水痕深
예부터 지탱해온 것 지극히 가련하나	極憐撐住卽從古
이제부터 무너질까 바로 걱정일세	正恐崩頹或自今
가을 고둥 푸른빛으로 삭아버리고	蘚蝕秋螺殘老翠
씽씽매미 봄비에 헛울음 우네	蜩鳴春雨落空音
쌍학 데리고 낚시 바위에 앉아	好攜雙鶴磯頭坐
한밤중 밝은 달 아래 한 차례 읊조리네	明月中宵一朗吟

교기묘는 소열昭烈(유비劉備)의 부인 손씨孫氏의 사당이다. 당년의 영안궁永安宮은 일찍이 우거진 풀숲에 묻혔고 교기묘는 금방이라도 무너질 것 같았다. 손 부인이 촉蜀으로 돌아가지 못해 강에 몸을 던져 스스로 빠져 죽은 것

은 자기가 물에 몸을 던져 바다에 떠서 멀리 은둔한 운명과 천년을 두고 서로 이어져서 통한 것이라는 생각이 들었다. 양명이 지은 시 두 수는 은연중 '손 부인'에 스스로를 견주어 권엄이 군주를 속이고 군주가 신하의 충성을 알아주지 않은 사실을 한탄한 것으로서 오직 "강가 외로운 신하의 일편단심"을 슬퍼할 뿐이었다. 이 시 두 수는 양명이 이때 한 달 남짓 멀리 무이산에 은둔한 행적의 마지막 악장의 여운이 되었다.

9월 하순 양명은 무호로부터 남도에 도착하여서 부친 왕화와 잠 태부인을 만나 뵙고 왕화가 이미 11일에 조정으로부터 억지로 치사를 강요받고 남경 이부상서를 그만뒀다는 사실을 비로소 알게 되었다. 원래 양명이 강에 투신하여 자살한 것으로 위조한 현장에서 멀리 무이산으로 은둔하기 위해 떠난 다음 날 절의 승려가 벽에 써 붙인 「절명사」를 발견하고 양명이 어디로 갔는지 알지 못하여서 즉시 관청에 보고하였다. 관부에서는 공차公差에게 명하여서 승과사 승려를 압박하여 사방으로 찾게 하였다. 이때 마침 과거시험이 끝나고 장옥場屋 문이 열려서 거자들이 나왔는데 시민들과 함께 어지러이 모여들어서 둘러싸고 구경을 하여 전당이 떠들썩하였다.

기이한 사건은 빠르게 경도에 전해져서 조정 대신들 모두 저절로 사태를 파악하였다. 유근은 곧 양명이 조정의 명령을 어기고 적지謫地로 나아가지 않고 죽은 것으로 위장하여 몰래 달아났다는 사실을 알고서 9월 11일에야 비로소 전지를 빙자하여 왕화를 남경의 이부상서에서 파직하고 양명에 대해서도 엄중하게 경고하며 처벌을 하였다.[55]

---

55 육심陸深(1477~1544)의 「해일선생행장海日先生行狀」에 이르기를 "정묘에 남경 이부상서에 올랐다. 유근이 오히려 옛날 사건으로 사람을 보내 위로하며 말하기를 '오래지 않아 크게 불러 쓸 것이다.'라고 하였는데, 반드시 가서 사례하기를 바란 것이다. 선생이 가지 않았다. 유근이 다시 크게 노하였다. 그러나 선생에게는 덧붙일 만한 죄가 없어서 마침

9월 29일은 왕화의 62세 생일이었다. 양명의 귀성은 본래 29일 전에 남도에 도착하여 왕화에게 축수하려고 한 것이었으나 뜻밖에도 축수연이 송별연으로 바뀌고 말았다. 29일에 남도의 동료들이 어지러이 찾아와 축수함과 동시에 왕화와 양명을 소흥으로 전송하였다.

남경의 병과급사중 주용周用(1476~1547/8)이 「왕룡산 상서의 수를 축하하다(壽王龍山尙書)」라는 축하 시 한 수를 지었다.[56]

제전에는 악목에게 자문한 일 들어 있고	帝典仍咨岳
왕풍 시에는 신보에게 내린 일 들어 있네	王詩復降申
한 해 일 기록은 국사에 보존되고	紀年存國史
송을 지음은 문인에게 허락되었네	作頌許門人
대각엔 동벽이 걸려 있고	臺閣懸東壁
의상은 북신에 가깝네	衣裳近北辰
경연에서는 친밀하게 논의를 하였고	經帷資密勿
그림을 자주 하사하였네	畵賜見繁頻
예악은 여러 사람에게 이어지고	禮樂承諸子
조정은 옛 신하를 그리워하네	朝廷念舊臣
강호에서 백수로 한가히 지내니	江湖閑白首

내 예부 때의 옛일로 선생이 간여하지 않은 일을 찾아내고는 전지를 내려서 치사하게 하였다. 선생이 명을 듣고 흔쾌히 행장을 꾸려 돌아가면서 말하기를 '내가 이제야 재앙에서 면하게 되었다.'고 하였다."라고 하였다. 왕화가 남경 이부상서에서 파직된 사건은 사실 양명이 몰래 달아나 적지로 나아가지 않았기 때문에 일어난 일이며, 이른바 '예부 때의 옛일을 찾아내었다'는 말은 바로 표면적인 구실일 뿐이다.

56 『주공숙공집周恭肅公集』 권8 「수왕룡산상서壽王龍山尙書」.

복숭아 오얏 같은 청춘을 얻었네	桃李得青春
큰 고을에 어머니를 모시고	大郡方將母
높은 집에서는 늘 손님을 정성껏 모시네	高齋每戒賓
무지개가 해를 꿰뚫으니	虹光渾貫月
바다에선 먼지가 이려 하네	海水欲生塵
위현이 늙음을 깨닫지 못한 사이에	未覺韋賢老
응당 이한의 친함을 보네	應看李翰親
계산이 지금 눈앞에 있으니	稽山今在眼
초당 이웃에 집을 지으리	謾卜草堂鄰

새로 급제한 거인 모백온毛伯溫(1482~1545)은 「상서 해일옹의 수를 축하하다(壽尙書海日翁)」 한 수를 지었다.[57]

상서로운 기운 봉래섬에 엉기고	瑞氣凝蓬島
신선은 옥빛 얼굴로 머무네	仙翁駐玉顔
맑은 바람에 바다 해 빛나고	清風明海日
남극성은 용산에 비치네	南極映龍山
푸른 들에 봄기운 가득한데	綠野歲春滿
맑은 술엔 달이 비치네	清尊照月間
북당에 모친이 계시니	北堂有慈母
색동옷 입고 그리워하네	還戀綵衣斑

---

57 『동당집東塘集』 권3 「수상서해일옹壽尙書海日翁」.

"계산이 지금 눈앞에 있으니", "남극성은 용산에 비치네"라고 한 구절은 모두 왕화가 장차 소흥으로 돌아가 거주할 것을 가리킨다. '당적'을 추방하고 살육한 이 일로 남경은 '재앙이 엄중한 구역(重災區)'이었고 언관은 떨치지 못하였기에 축수하고 전송하러 온 동료들은 모두 억제하기 어려운 분개한 감정을 품고서 왕화를 위해 불평을 털어놓았다.

남경의 국자좨주 석보石珤는 잇달아 「여요로 돌아가는 상서 왕덕휘를 전송하다(送王尙書德輝還餘姚)」 다섯 수를 지었다.[58]

머나먼 계산은 푸르고	杳杳稽山靑
아득한 순강은 희네	茫茫舜江白
느른한 생각에 가다 쉬다	意倦行且休
지금 한 해가 다 가려 하네	身存歲寧迫
당우(요순) 세상은 이미 먼 옛날	唐虞世已遠
공맹의 도는 아직 막히지 않았네	孔孟道未塞
가을 하늘에 긴 한숨 쉬니	長嘯凌秋空
국화는 길가에 가득 피었네	黃花正盈陌
내 무엇을 찾아가는가?	吾行何所求
청산에 꽃은 만발한데	靑山映華發
가마 곁으로 봄꽃은 피었고	板輿傍春花
맑은 물결 아득히 신선의 버선을 적시네	淸波濺仙韈
공명은 손님 접대와 같으니	功名一炊黍

58 『웅봉집熊峰集』 권1 「송왕상서덕휘환여요送王尙書德輝還餘姚」.

인간사 달은 몇 번이나 밝았던가?　　　　人世幾明月

천만 년 세월을 두루 보니　　　　　　　歷覽千萬秋

온갖 기교가 졸렬함만 못하네　　　　　　百巧未如拙

봄꽃이 어찌 가을을 견디며　　　　　　　春花豈勝秋

새 사람은 옛 벗만 못하네　　　　　　　新人不如故

어지러운 붉은빛 무리　　　　　　　　　紛紛紅紫群

한창 고운 것을 깨닫지 못하네　　　　　酣艶良未悟

천금으로 말 머리를 사고　　　　　　　千金買馬首

넓은 그물로 교활한 토끼를 잡네　　　　百網捕黠兔

옹문의 노래를 부르니　　　　　　　　　一曲雍門歌

석양은 높은 나무에 비치네　　　　　　夕陽在高樹

변방 북으로 기러기 때 돌아가고　　　　塞北多歸雁

강남으로 가는 사람 있네　　　　　　　江南有去人

속세에서 신선 되려는 꿈을 꾸고　　　　塵寰回鶴夢

신령한 검은 용의 비늘을 모으네　　　　神劍斂龍鱗

어린아이 어른과 삼월을 함께하고　　　童冠同三月

꾀꼬리와 꽃으로 또 한 봄이 가네　　　鶯花又一春

엄릉은 여울 아래 있으니　　　　　　　羊裘灘底在

내가 건너갈 나루를 묻고자 하네　　　吾欲問吾津

봄꽃 꽃받침을 보려니　　　　　　　　試看春花萼

아침에 가지 끝이 성그네　　　　　　　朝來枝上疏

형체는 오히려 조화를 면하고	有形寧免化
강물이 어찌 어부를 받아들이지 않으랴!	何水不堪漁
도덕경은 오천 글자요	道德五千字
호화로운 거리는 열두 거리	豪華十二衢
한 치 마음은 줄어들지 않았으니	寸心應未減
길이 임금의 거처를 향하네	長拱帝王居

이어서 남경 독마정督馬政으로 온 태복시경太僕寺卿 저권도 「여요로 돌아가는 왕덕휘를 전송하다(送王德輝歸餘姚)」한 수를 지었다.[59]

잠시 궁궐 관료를 그만두고 남쪽으로 오니	南來暫輟紫宸班
배를 젓고 강에서 낚시하러 돌아온 듯하네	弭棹江干便擬還
동관에선 도서를 보느라 머리가 반백이고	東觀圖書頭半白
북당에 잉어와 죽순을 올리려는 꿈 늘 막혔네	北堂魚筍夢常關
돌아가는 기러기는 구름 밖으로 멀어지고	歸鴻縱目雲霄外
늙은 학은 그늘에서 아득히 우네	老鶴鳴陰莽蒼間
옥당에 아름다운 이야기 다소 전해지니	多少玉堂嘉話在
풍류는 응당 사안을 상대하네	風流應對謝東山

"잠시 궁궐 관료를 그만두고 남쪽으로 오니"라고 한 구절은 왕화가 조정에서 물러나 남경 이부상서가 된 사실을 말한다. "배를 젓고 강에서 낚시하러 돌아온 듯하네"라고 한 구절은 왕화가 아주 빨리 남경 이부상서에서 파직

---

59 『시허문집』권4 「송왕덕휘귀여요送王德輝歸餘姚」.

되어 돌아온 사실을 말한다.

양명은 남도에 이르러 왕화가 파직된 소식을 알게 되었다. 그도 곧 다시는 남들의 이목을 피하지 않고서 기탄없이 축수하고 전송하는 자리에 함께 하였다. 심지어 그는 저권과 함께 청량산淸凉山을 유람하고 정사를 큰 소리로 토론하였다. 저권이 나중에 그에게 쓴 편지에 의하면 "청량산에서 노닐고 고상한 주장을 실컷 들었습니다. …… 제(鄙) 시를 아직 완성하지 못한 것은 바로 번잡한 일이 많았기 때문인데 겸하여 아름다운 글(嘉章)을 완색하니 맛이 있어서 역시 스스로 붓을 놀리기 어렵습니다."[60]라고 하였다. 여기서 천천히 음미하고 즐긴 '아름다운 글'은 응당 양명이 멀리 무이산에 은둔하며 오간 길에서 지은 시를 가리키는데, 양명은 나중에 이 시들을 모두 「유해시」에 편집하여서 실었다.

양명의 멀리 무이산에 숨은 수수께끼 같은 행적은 전당에서 시작하여 남도에서 끝을 맺었다. 몰래 숨었다가 돌아오기까지 걸린 한 달 반의 시간은 다만 그가 정식으로 용장역의 적지로 나아가기 위한 괴상한 '전주곡'이 되었을 뿐이다. 아득한 하늘과 땅 사이에서 양명은 꽉 막힌 울타리 하나에 둘러싸여 있어 적지로 떠나는 것 외에는 달리 나아갈 길이 없었다. 10월 초 왕화와 양명은 잠 태부인을 모시고 소홍으로 돌아왔다. 남도에서 서로 알고 지낸 공경대부와 선비들이 모두 도성문까지 나와 전별을 하였다.

태상시소경 나기羅玘는 겉으로 드러나지 않고 함축적인 「송총재공귀여요서送冢宰公歸餘姚序」 한 편에서 다음과 같이 말하였다.

정덕 정묘년(1507) 겨울에 유도留都(남경) 총재冢宰 왕 공이 사직을 하고 모

---

60 『시허문집』 권14 「답왕백안쌀王伯安」 서1.

태부인을 모시고 고향으로 돌아가게 되었는데, 이해는 60여 세였다. 유도의 공경대부와 선비들이 서로 도성 문 밖에서 공에게 전송의 예(祖)를 갖추었다. 술이 세 순배 돌았을 때 어떤 사람이 일어나서 공이 돌아감을 말하였다. "벼슬하는 사람의 끝은 오직 돌아감이 영화롭습니다. 주현州縣의 수령이 되어서 돌아가거나 부속部屬으로 돌아가거나 방악方岳으로 돌아가거나 경이卿貳(재상의 다음 2, 3품 관원)가 되어서 돌아가거나 영화롭지 않음이 없습니다. 그런데 어느 것이 총재가 되어서 돌아가는 것만큼 영화롭겠습니까? 처첩이 모시고 돌아가거나 자손의 손자, 증손자가 모시고 돌아가거나 완전하지 않음이 없습니다. 그런데 어느 것이 모친을 모시고 돌아가는 것만큼 완전하겠습니까? 나이로 치면 40이나 50에 돌아갈 수도 있고 70이나 80에 돌아갈 수도 있는데 40~50에 돌아가면 너무 빠르고 70이면 지나치게 관직에 얽매인 것이고 80이면 또 노쇠하니 어느 것이 60에 성하고 건강한 것과 같겠습니까? 강건한 나이에 총재의 영화를 띠고 돌아가서 부모님을 모시게 되었으니 공은 또한 이 돌아감이 즐겁지 아니합니까?" 뭇사람이 모두 말하기를 "그렇소!" 하였다. 공이 웃으면서 말을 하지 않았는데 내가 일어나 공을 대신하여서 해명하였다. "공의 즐거움은 본래 당연한 것이니 요컨대 공의 즐거움을 다 말해도 되겠습니까? 공은 월越 땅 사람으로서 어려서부터 이름이 높았고, 구오勾吳의 서쪽, 호상湖湘의 동쪽에서 해와 달로 하여금 다투어 맞이하고 초빙하게 하여서 총애와 욕됨을 점을 치게끔 되었습니다. 일어나자마자 천하에 으뜸이 되었으니 조정의 대부, 선비와 천하 사람으로서 어떻게 해야 공같이 되기를 바랄 수 있겠습니까! 내가 오래도록 따라 배웠는데 일찍이 가만히 엿보니 포괄하지 않은 바가 없어서 만경창파처럼 깊었으며, 원하는 대로 순조롭게 목표를 이루었는데 마치 천리마가 넓은 길을 거침없이 내닫는 듯하였습니다. 갑자기 다가가려고 해도 만 길 절벽처럼 우뚝 서서 다가갈 수 없었습니다. 때로 제 몸에 사무치는 질병에도 남의 위급함을 벗겨주고는 이미 잊어버립니다. 뜰에서 자식을 가르침에는 다른 세상 사람을 보듯이 하여 말을 할 때에는 기세가 낮았는데, 고운高雲을 주로 삼고 그 뜻을 근본으로 삼았으니 천하의 근심과 즐거움 보기를 어떻게 하였겠으며, 나아가고 물러나는 사이에 공이 즐거움을 돌아보았겠습니까? 부모를 모시는 날을 천금같이 아꼈으며(愛日), 북쪽에서 남쪽으로 왔으나 남쪽에서 집안을 이루지 않은 것은 형세가 그리할 수 없었던 것입니다. 하물며 현명한 천자가 효도로 천하를 다스리고 맑고 밝아서 아무 일 없는 조정을 당하여 유도의 여러 직분은 최最(인사고과의 상등급)는 있으나 전殿(인사고과의 하등급)은 없었으니 본디 공에게 매인 것이 아니겠습니까? 공은 일부러 스스로 핑계대어 말하기를 '내가 지금 가지만 서둘러 갔다가 천천히 올 터인데 어찌 그날이 없겠는가?' 하였습니다."라고 하였다. 뭇사람이 모두 말하기를 "그렇소!" 하였다. 북을 울리고 잔을 전해주면서 내 말을 기록한 뒤에 증정하라고 하였다. 공이 또 웃으면서 말하지 않았다. 대체로 두 가지 말 가운데 반드시 택하여 처할 것이 있으리라.[61]

이 글은 절묘하게 자조하는 풍자의 문장이다. 이른바 "현명한 천자가 효도로 천하를 다스리고 맑고 밝아서 아무 일 없는 조정을 당하여"라고 한 표현은 무종의 난정亂政, 대엄大閹의 권력 천단에 대한 풍자가 은밀히 숨겨져 있었다.

나기는 실제로 명암이 교차하고 곡절이 있는 붓을 놀려서 왕화의 귀향이 양로효친을 위한 것이라는 설법을 부정하고 그의 "만 길 절벽처럼 우뚝 서서

---

61 『규봉집圭峯集』 권10 「송총재공귀여요서送冢宰公歸餘姚序」.

다가갈 수 없는" 광명정대한 인격을 긍정하였으니, 왕화가 파직되어서 돌아가는 진정한 원인은 말을 하지 않아도 이미 그 가운데 들어 있었다. 나기의 이 문장은 세 조정의 원로인 왕화의 사환仕宦 생애에 대한 가장 뛰어난 정리였으며, 동시에 양명이 조정에서 언관을 구원하고 권간權奸을 탄핵하여서 공격한 일에 대한 긍정을 암암리에 담고 있었다.

10월 중순경에 왕화와 양명은 소흥으로 돌아왔다. 왕화는 편안하게 늙으신 부모를 모시고 받드는 생활을 시작하였다. 양명은 이듬해 봄이 되면 다시 용장역으로 나아갈 결심을 하였다. 그는 적지로 향하기 전 제한된 시간 안에서 또 빡빡한 강학과 수련의 생활에 들어갔다. 그는 소흥으로 돌아오자마자 곧 저권에게 편지를 보내서 소흥으로 돌아온 정황을 알렸다.

저권은 다음과 같이 위로와 권유를 하는 답신을 보냈다.

청량산 유람으로 고상한 담론을 넉넉히 듣고서 도리어 서울에 있을 때 많은 시간을 빈둥거리며 하는 일 없이 날을 보내고 일찍이 자주 도가 있는 곳에 나아가지 못했던 점을 뉘우쳤습니다. 저(曜)는 비루한 자질로 꺾이고 문드러짐이 매우 심하였는데 다행한 것은 좋은 사우師友를 얻어서 때로 이끌어주어 아주 조금 진보가 있었다는 점입니다. 평소 경모傾慕하던 사람은 해내海內에 몇 사람 되지 않습니다. 실의에 빠지고 뿔뿔이 흩어져서 지금은 나만 남겨두고 모두 가버렸습니다. 이를 어찌해야 하겠습니까, 어찌해야 하겠습니까(奈何)! 기대가 지나치게 깊으시니 어찌 부응해야 할지 다만 더욱 부끄러울 따름입니다. 제 시를 아직 완성하지 못한 것은 바로 번잡한 일이 많았기 때문인데 겸하여 아름다운 글을 완색하니 맛이 있어서 역시 스스로 붓을 놀리기 어렵습니다. 존보尊甫 노선생께서는 갑자기 정사를 그만두셨다는데(致政), 말씀을 드리려니 가슴이 먹먹합니다(於邑). 조금 편찮

으셨는데 평복되셨다니 기쁘며, 뵙지 못한 사이에 위로가 됩니다. 도를 위

해 자중자애(珍愛) 하시기 바랍니다. 다 아뢰지 못합니다(不宣).[62]

사실 저권 스스로도 사람은 떠나가고 도는 없어져서 일종의 비참한 마음

을 품고 있었으니 무종의 조정에서는 더 이상 어찌할 수 없다는 실망을 느꼈

던 것이다. 양명은 이런 조정에서 '당적'의 시련과 멀리 무이산에 은둔하려다

실패한 뒤 앞날의 운명에 한없는 미망을 느끼고 마음 깊은 곳에서 선을 수련

하며 도를 연마하려는 생각이 일시에 조수처럼 밀려들기 시작하였다. 이는 그

에게 폄적이라는 곤경의 생활 속에서 가장 커다란 정신적 위안이 되었다. 그

는 냉락冷落한 양명동에 올라가서 또 도인과 연기煉氣의 수행을 시작하였다.

양명의 제자 동곡董穀(1541, 진사)은 그가 양명동에서 정좌를 익히고 수련

하던 일(習靜修煉)을 다음과 같이 묘사하였다.

정좌를 익혔다(習靜). 정덕 초년에 선사 양명이 양명동에서 정좌를 익혔다.

동은 남진南鎭의 깊은 산중에 있었는데 선생의 문인 주백포朱白浦(주절朱節),

채아재蔡我齋(채종연) 등 몇 사람이 성으로부터 찾아와서 방문하였다. 길에

서 선생의 가동家童을 만났는데, 어디로 가느냐고 물었다. 대답하기를 "나

리께서 여러 어르신들(相公)이 장차 오실 것을 알고서 저를 보내 술과 안주

를 사오게 하셨습니다."라고 하였다. 여러 사람이 이상하게 여겼다. 이윽고

도착하여서 여쭈었다. "선생께서는 저희들이 장차 올 것을 어떻게 아셨습

니까?" 선생이 말씀하셨다. "제군이 걸어오는 길에 아무개는 얼음을 깨서

씻었고, 아무개는 대나무를 쪼개서 시를 썼지요." 모두 눈으로 본 듯이 말

---

62 『시허문집』 권10 「답왕백안」 서1.

씁하셔서서 뭇사람이 더욱 크게 놀랐다. 대체로 아무 일이 없으면 안정되고, 안정되면 밝아진다. 그러므로 능히 마음이 통한 것이지 어찌 다른 기술이 있었겠는가![63]

보아하니 양명동에서 양명은 진백사(진헌장)의 '묵좌징심默坐澄心(*정좌)', 윤 진인의 '진공련형법眞空煉形法'을 결합하여서 도인과 연기煉氣를 수행함으로써 거듭 이전에 없던 수련의 경계에 도달하였던 것이다. 이른바 '여러 어르신들'이란 바로 서애·주절·채종연 등의 제자들로서 그들은 모두 추시秋試에 합격하였고, 전당으로 돌아온 뒤 또 함께 소흥의 양명을 찾아와서 배움을 물었다. 그들은 12월에 함께 경사로 가서 이듬해 봄 성시省試에 참가할 준비를 하였다. 세 사람은 이로부터 양명과 긴 이별을 하게 되었는데 저마다 앞날을 헤아리기 어려웠다.

양명은 특별히 다음과 같은 「별삼자서別三子序」 한 편을 지었다.

대개 근년부터 채희안蔡希顔(채종연)·주수충朱守忠(주절)을 산음의 백양白洋에서 얻었고, 서왈인徐曰仁(서애)을 여요의 마언馬堰에서 얻었다. 왈인은 나의 매서妹婿이다. 희안의 깊이 잠심함(深潛), 수충의 명민함(明敏), 왈인의 온화하고 공손함(溫恭)은 모두 내가 따라가지 못하는 바이다. …… 세 사람(三子)이 떠날 터인데 마침내 가령 진사에 합격하고 직임을 맡아 자리에 나아간다면 나는 그들이 잘하리라는 것을 알고 있으나 이는 내가 바라는 바가 아니다. 가령 마침내 나아가지 않고 돌아가서 노래를 읊고 넉넉하게 노니는 날을 보낸다면 나는 그것이 즐거운 일임을 안다. 그러나 반드시 그렇게

---

63 『동한양벽리후집董漢陽甓里後集』「잡존雜存」.

될 것이라고 할 수는 없다. 하늘이 장차 이 사람에게 큰 임무를 맡기려면 반드시 먼저 그 즐기는 바를 어기며 바라지 않는 바에 그들을 던져 넣는 다. 그리하여 생각을 가로막고 사려를 뒤흔들어서(衡心拂慮) 그가 하지 못하던 것을 잘할 수 있게 만든다. 이는 옥으로 완성하는 것이니 이제 그들이 떠남에 있어서랴?[64]

이는 스스로 벼슬길에 나아가는 제자들을 보내는 축사의 글(祝詞)이며 또한 스스로 폄적의 길을 밟아가면서 제자들과 고별하는 이별의 글(別詞)이다.

용장역으로 떠나기 전날 저녁 세상 사람들이 어지러이 몰려와서 그에게 강에 투신하여 바다를 떠돌고 멀리 무이산에 은둔했던 일, 또 마지막으로 절조를 굽히고 온전함을 추구하여서 적지로 나아가게 된 일에 대해 질문과 의혹을 품었다. 그러자 양명은 「전횡론田橫論」 한 편을 지어서 옛일에 빗대어 현실을 풍자하고 스스로 생사의 숙명적인 결단에 정정당당한 회답을 하였다.

죽음이 의로운 일임을 알지만 의를 저울질하지 못하면 용기는 넉넉하지만 지혜가 부족한 자이다. 천하에 일찍이 처하지 못할 일은 없으며 내 마음에는 일찍이 저울질(權)하지 못할 이치는 없었다. 죽음과 삶, 이익과 손해가 내 앞에 닥칠 때 내가 오직 의를 기준으로 저울질한다면 따르거나 어기거나 받아들이거나 물리치건 간에 저절로 일정한 원칙이 있는 것이다. 살아도 인을 해치지 않게 되며 죽어도 의를 해치지 않게 된다. …… 전횡田橫 (?~B.C.202)은 죽음에는 용감했으나 지혜는 얕았다. 내가 전횡을 위해 헤아려보건대 비록 죽지 않아도 옳다. 한漢과 서로 겨루던 날 죽을 수도 있었

---

64 『왕양명전집』 권7 「별삼자서別三子序」.

고, 백이·숙제·왕촉王燭(B.C. 3세기)처럼 죽을 수도 있었으니 전횡 또한 어찌 마음속에서 저울질하지 않았겠는가? 죽을 만한 때에 죽지 않고 죽어서는 안 될 때에 죽었으며, 부득이한 처지에서 죽지 않고 어떻게라도 할 수 있는 처지에서 죽었다. …… 죽지 않아야 할 때 전횡은 죽었으며, 죽어야 할 때 전횡은 죽지 않았다. 그만두지 않아야 할 일을 전횡은 그만두었으며, 그만두어야 할 일을 전횡은 그만두지 않았다. 본디 지혜로운 자는 이와 같이 하는가? …… 그렇다면 그 죽음은 모두의 앞에서는 기회를 잃어버렸고 뒤에서는 곤란해진 것이며, 한갓 의를 사모할 줄만 알고 의의 경중은 알지 못한 것이다.[65]

이는 양명이 스스로 삶과 죽음 앞에서 숙명적인 결단을 내리고 의와 용기를 취사선택하는 호쾌한 정서와 장한 거동을 쏟아놓은 속마음의 독백으로서 참으로 상궤를 벗어난(離經叛道), 세속을 깜짝 놀라게 한 위대한 논설이라 할 만하다. 이는 스스로 강에 투신하여 빠져 죽으려다 절조를 굽히고 온전함을 구하여서 적지로 나아가려는, 생사의 숙명적인 결단을 겨냥하여 지은 변명의 글이다. 또한 자기가 맞닥뜨린 일이 자못 전횡과 유사함을 느끼고 지은 글로서 자기의 생사 간 숙명적인 결단이 전횡과 다른 점에 대해 자기를 변명하고 억울함을 변론한 것이다.

양명은 상소하여서 권간을 거슬렀고 옥에 갇혀서 정장을 당하였으며 만이蠻夷의 지역에 폄적되어서 생사의 숙명적인 결단에 직면하게 되었으니 전횡이 맞닥뜨렸던 운명과 서로 유사하였다. 그러나 그는 결코 기꺼이 한을 섬기

---

65 전보錢普, 『비선육대가론批選六大家論』 「양명선생론陽明先生論」; 임유망林有望, 『신간회헌임선생류찬고금명가사강의변新刊晦軒林先生類纂古今名家史綱疑辨』 권3.

지 않고 죽음을 택하여서 의를 취한 전횡과 다르게 절조를 굽혀서 온전함을 구하여 적지인 용장역으로 나아가 굳세게 생존하려고 하였다. 그가 볼 때 전 횡의 죽음은 필부의 용기를 드러낸 것에 지나지 않았다. 전횡이 몸을 죽여서 의를 취한 일은 역시 용기는 있되 지혜는 없는 것이었으므로 용기는 넉넉하 였으나 지혜는 부족한 자였으니 의를 저울질할 수 없었던 것이다. 그러나 양 명은 의를 취하기 위해 반드시 몸을 버려야 하는 것은 아니며 응당 의로써 저울질하여서 삶이냐 죽음이냐를 선택해야 하는 것이라고 여겼다.

'죽음과 삶, 이익과 손해가 내 앞에 닥칠 때 나는 오직 의를 기준으로 저 울질'한다. 이것이 바로 인과 지혜와 의와 용기를 어리석은 충성, 어리석은 지혜, 어리석은 용기와 구별하는 방법이다. 그가 몸을 버리거나 몸을 죽이는 것을 취하지 않고 절조를 굽혀서 온전함을 구하여 적지로 나아간 일은 바로 의를 저울질한 용기 있고 지혜로운 쾌거였다. 양명은 몸을 버려서 의를 취하 고(舍身取義) 몸을 죽여서 인을 이룬다(殺身成仁)고 한 맹자의 말을 완전하고 아름답게 전석하였던 것이다. 「전횡론」은 양명이 적지로 나아가기 전날 저녁 에 지은, 축출당한 신하가 적지로 나아가는 마음을 표현한 '선언서'였다. 그 는 바로 이러한 의를 저울질하는 지혜와 용기를 품고서 용장역으로 폄적의 길을 밟아갔다.

7장

용장의 깨달음(龍場之悟) : 백사 심학을 초월하는 길

용장역으로 나아가다:
폄적 도중 심학의 깊은 사색

양명은 아직 무이산에 있을 때 이듬해 봄에 바로 용장역으로 나아가기로 결정하였다. 정덕 3년(1508) 정월 초하루, 봄볕이 따사하고 선명한 가운데 그는 적지로 나아가는 길에 올랐다.

소야小野 예종정倪宗正이 시 두 수를 지어서 전송하였다.[1]

왕양명을 용장의 적지로 보내다   送王陽明謫龍場

봉이 처음 울음 울던 날   一鳳鳴初日

유유히 상림을 떠났네   悠悠別上林

떠도는 건 문사의 운명   流離文士命

강개함은 쫓겨난 신하의 마음   慷慨逐臣心

정신만 건강하다면야   但得精神健

---

1 『예소야선생전집倪小野先生全集』권5 「송왕양명적룡장送王陽明謫龍場」; 『예소야선생전집』권6 「송왕양명적관送王陽明謫官」.

풍토병쯤이야 무슨 걱정이랴!	何憂瘴癘侵
아름답고 뜻깊은 날	風華長滿日
맑은 읊조림 없어서는 안 되리	應不廢淸吟

폄적된 왕양명을 보내다 　　　　　　　送王陽明謫官

구름과 노을 깃발로 삼고 푸른 규룡을 수레에 매어	雲旌霞旆駕靑虯
이제 떠나 천하를 두루 소요한다네	此去逍遙歷九州
그대에게 산수는 타고난 분깃	山水於君直有分
하늘이든 땅이든 가는 곳 따라 맑게 노닌다네	乾坤隨處是淸遊
말 머리 앞 봄빛은 고운 풀에 아물거리고	馬頭春色搖芳草
강가 한가한 꽃은 갈매기와 마주하네	江上閒花照白鷗
바람은 고요하고 하늘은 드높아 느긋하게 바라보며	風定長空舒望眼
한없이 높은 흥에 누각을 오르네	無涯高興一登樓

　　예정종은 양명을 떠도는 문사와 하늘 끝으로 쫓겨난 신하로 간주하였고, 양명도 영주永州와 유주柳州로 폄적되었던 당대의 유종원柳宗元에 스스로를 견주었다. 그러나 양명은 도리어 유종원보다 더욱 낙관적이고 자신감이 충만하여서 이때 나쁜 일은 많고 좋은 일은 적은 폄적과 고달픔을 가벼이 '산수를 타고난 분깃으로 삼고 하늘이든 땅이든 가는 곳 따라 맑게 노니는' 한 차례 산수 유람의 기회로 삼아 아득히 먼 폄적의 길에서 겪을 간난신고와 번뇌를 잊어버렸다.

　　그는 길을 가는 내내 감정이 치달리는 대로 마음껏 명산대천을 노닐며 옛 유적을 찾아 감개에 젖었고, 벗을 방문하여서 시를 읊고 부를 지었다. 특히 더욱 불사와 도관을 예방하고 도를 논하고 선을 담론하였으니 폄적의 비참하고 고통스러운 먼 길을 허위허위 나아가는 것이 아니라 마치 굴원屈原처럼 팔극 八極을 주유하고 위아래로 탐구하고 탐색하는 도를 묻는 길로 내달렸으니 처한 상황에 따라 천리를 체인함(隨處體認天理)을 방불케 하였다.

그는 개화開化(절강성浙江省 구주衢州)를 지날 때 초평역草萍驛에 묵었는데 벽에 견소見素 임준林俊의 제시題詩를 발견하고서 즉시 화답시 한 수를 써서 임준에게 부쳤다.[2]

초평역에서 임견소의 운을 따서 지어 받들어 부치다

草萍驛次林見素韻奉寄

수척한 몸으로 눈바람 치는 산길을 가네	山行風雪瘦能當
기쁘게도 강가 꽃이 밤배를 마주하네	會喜江花照夜航
본래 벼슬길이 나태하고 데면데면하여	本與宦途成懶散
한가할 때나 바쁠 때나 자못 시로 감당하네	頗因詩景受閑忙
멀리 고향에도 이 봄에 풀빛 푸르겠지	鄉心草色春同遠
나그네 살쩍은 솔가지 끝처럼 저녁 빛에 더욱 푸르네	客鬢松梢晚更蒼
안개와 노을도 분수가 있을 터이니	料得煙霞終有分
밤마다 계당의 꿈을 꿀 것이 없네!	未須連夜夢溪堂

옥산玉山을 지날 때 그는 다시 동악묘를 찾아갔다가 또 옛날에 알고 지내던 엄 성사嚴星士를 만나 보고서 작년에 멀리 무이산에 숨었던 지난 일을 감

---

2 『왕양명전집』 권19 「초평역차임견소운봉기草萍驛次林見素韻奉寄」.

개하여 시 한 수를 지었다.[3]

옥산 동악묘에서 옛날 알았던 엄 성사를 만나다 玉山東嶽廟遇舊識嚴星士

작년 동쪽으로 돌아갈 때 정자를 지났더니	憶昨東歸亭下路
여러 봉우리에서 가을 구름 뚫고 퉁소 소리 들렸네	數峰簫管隔秋雲
가마 타고 가려니 성가신 일 많고	肩輿欲到妨多事
노를 저어 다시 오니 구름을 만나네	鼓枻重來會有雲
대보름 가까운 봄밤이라 마음 들뜨고	春夜絶憐燈節近
달 아래 시냇물 소리 듣기 좋아라	溪聲最好月中聞
가건 오건 엄군평의 점을 볼 필요는 없으니	行藏無用君平卜
갯가 갈매기 해오라기 무리를 보게나	請看沙邊鷗鷺群

양명은 엄 성사를 엄군평嚴君平(B.C.87~B.C.6)에 견주었다. 지난번에 동악묘를 지나갈 때 마침 도사가 퉁소와 피리를 은은하게 울리는 도장道場을 만나서 양명은 엄 성사에게 점을 보았다. 이번에 동악묘를 방문할 때는 다시 엄 성사에게 점을 볼 필요가 없었다. 그는 이미 의를 저울질하여 적지에 나아가기로 결의하였기 때문에 다시 앞날의 길흉화복을 점칠 필요가 없었던 것이다.

정월 15일 원소절에 양명은 광신廣信에 도착하였다. 그는 광신의 장蔣 태수를 예방하였는데 두 사람은 밤에 배를 타고 담소를 나누며 진세塵世 밖의 일을 유쾌히 담론하였다. 양명은 「광신에서 원소절 저녁에 장 태수와 함께

---

3 『왕양명전집』 권19 「옥산동악묘우구식엄성사玉山東嶽廟遇舊識嚴星士」.

배 안에서 이야기를 나누다(廣信元夕蔣太守舟中夜話)」한 수를 지어서 기념으로 삼았다.[4]

누대 등불이 물에 이리저리 일렁이고	樓臺燈火水西東
퉁소 북소리 성교 너머 푸른 하늘에 들리네	簫鼓星橋渡碧空
어디서 홀연 진세 밖 일을 담론하랴!	何處忽談塵世外
백 년에 오직 이 밝은 달 아래로세	百年惟此月明中
나그넷길 쓸쓸하기는 늘 있는 일	客途孤寂渾常事
먼 곳에서 옛 기풍을 찾으려 하네	遠地相求見古風
이별 뒤 새로 지은 시는 아깝지 않아도	別後新詩如不惜
형남에는 지금도 기러기 날겠지	衡南今亦有飛鴻

정월 중순 끝 무렵 양명은 광신에서 남창南昌에 이르러 석정사石亭寺에 우거하였다. 그는 남창부의 동지부同知府 진단陳旦과 누량의 아들 빙계冰溪 누침婁忱을 예방하였다.

석정사는 장강章江 문 밖에 있었는데, 당대의 승려 영철靈徹(746~816)이 창건한 명찰로서 앙산 혜적仰山慧寂(815~891) 선사가 일찍이 이 절에서 포교를 하였다. 일찍이 양명은 홍치 원년(1488) 남창에서 부인 제씨를 맞이할 때 늘 석정사에 가서 유람하였는데, 20년 뒤 다시 오게 되자 무한한 감개에 젖었다. 그는 잇달아 시 두 수를 지어서 진단과 누침에게 증정하고 아울러 저권·교우喬宇와 같은 남도의 동도들에게 부쳐 보내서 '옛날 그대로 흐르는 창

---

4 『왕양명전집』 권19 「광신원석장태수주중야화廣信元夕蔣太守舟中夜話」.

랑 물결에 조각배를 타고' 돌아가 숨으려는 자기 마음을 표현하였다.[5]

밤에 석정사에 묵으며 운을 써서 진, 누 제공께 드리고 이어서 도헌 저시허 및 태상 교백암 벗들에게 부치다

夜泊石亭寺用韻呈陳婁諸公因寄儲柴墟都憲及喬白巖太常諸友

이십 년 석정사에 못 와봤더니	廿年不到石亭寺
서산엔 다만 푸른색 그대로일세	惟有西山只舊青
흰 불진 벽에 걸어두고 중은 이미 떠났는데	白拂掛墻僧已去
물에 비친 붉은 난간에 나그네 다시 지나가네	紅闌照水客重輕
강 마을 먼 나무는 봄빛 엉기고	沙村遠樹凝春望
떠도는 삶에 강의 밤비 소리 들리네	江雨孤蓬入夜聽
어디서 친구들과 다시 담소를 나눌까!	何處故人還笑語
봄바람 새 울음에 꿈을 설핏 깨네	東風啼鳥夢初醒

오래도록 모래밭 머리에 앉아 구슬피 바라보니	悵望沙頭成久坐
강 모래톱에 봄 나무는 어찌 그리 푸른지!	江洲春樹何青青
안개와 놀에 고향을 헛꿈 꾸고	煙霞故國虛夢想
비바람은 나그넷길 익숙하여라	風雨客途眞慣經
흰 벽옥은 자주 버려져도 끝내 스스로 지키고	白璧屢投終自信
붉은 현 한번 끊어지니 뉘라서 들을까!	朱絃一絶好誰聽

---

5 『왕양명전집』, 권19 「야박석정사용운정진루제공인기저시허도헌급교백암태상제우夜泊石亭寺用韻呈陳婁諸公因寄儲柴墟都憲及喬白巖太常諸友」.

조각배에 실은 마음 창랑 물결은 옛날 그대로인데　　　扁舟心事滄浪舊

어부를 따라 웃으며 홀로 깨어 있네　　　從與漁人笑獨醒

　　정월 하순에 양명은 분의分宜를 지나 원주袁州에 도착하였다. 원주의 앙
산仰山과 의춘대宜春臺는 천하에 이름을 떨쳤다. 그는 즉시 앙산에 올라 유
람하고 앙산사仰山祠를 참배한 뒤 의춘대에서 노닐며 옛날을 회고하는 시 네
수를 지었다.[6]

원주부 의춘대, 절구 넷　　　袁州府宜春臺四絶

의춘대에서 봄을 바라보는데　　　宜春臺上還春望

남쪽에 와서 산수를 아직 보지 못했네　　　山水南來眼未嘗

가소롭게도 한 공은 일이 많아　　　却笑韓公亦多事

남포에서 와 등왕을 부러워하네　　　更從南浦羨滕王

대 이름 어찌하여 의춘이라 하였는가!　　　臺名何事只宜春

산 빛깔 사람들 마음에 들지 않은 때 없어라　　　山色無時不可人

노을과 꽃으로 단장하지 않더라도　　　不容煙花費妝點

깎아낸 것 모두 가파른 봉우리를 짓네　　　儘敎刊落儘嶙峋

강의 마름 정갈하게 마련하여 사당에 참배하니　　　持修江藻拜祠前

봄바람 불어오고 날은 저물어가네　　　正是春風欲暮天

---

6 『왕양명전집』, 권19 「원주부의춘대사절袁州府宜春臺四絶」.

| 아이나 어른이나 감흥에 겨워 읊조리며 돌아가는데 | 童冠儘多歸詠興 |
| 성 남쪽에는 온천이 있다 하네 | 城南見說有溫泉 |

옛 사당 향불은 몇몇 해를 이어왔나	古廟香燈幾許年
증수할 때 거액의 관전이 들었지	增修還費大官錢
지금은 초나라 땅 비바람 치는데	至今楚地多風雨
산신이 철선을 타고 온다 하네	猶道山神駕鐵船

양명은 평향萍鄉을 지나갈 때 선풍관宣風館에 우거하면서 또 흥이 우쩍 일어 염계사濂溪祠에 참배하고 무운관武雲觀을 방문한 뒤 도사 임옥기林玉璣 와 교제를 맺었다.

그는 다음과 같이 시를 읊었다.[7]

평향 가는 길에 염계사를 참배하다   萍鄉道中謁濂溪祠

전해져온 목상은 참모습 아니나	木偶相沿恐未眞
맑은 광채에 옷과 두건이 의젓하네	清輝亦復凜衣巾
승전리에게는 수발할 문서가 많고	簿書曾屑乘田吏
외루의 백성은 오히려 현인을 떠받드네	俎豆猶存畏壘民
푸른 물 푸른 산에 감화가 남아 있고	碧水蒼山俱過化
맑은 바람 맑게 갠 달은 정신을 전하네	光風霽月自傳神
천년을 사숙하며 심상을 마친 뒤	千年私淑心喪後

---

7 『왕양명전집』 권19 「평향도중알염계사萍鄉道中謁濂溪祠」, 「숙평향무운관宿萍鄉武雲觀」.

수레 내려 봄 사당에 참배하고 물가 마름을 올리네　　　下拜春祠薦渚蘋

평향 무운관에 숙박하다　　　　　　　　　　　　　　　宿萍鄕武雲觀

새벽 산행길에 크고 작은 나무들　　　　　　　　　　　曉行山徑樹高低

비 온 뒤 진흙에 말발굽 빠지네　　　　　　　　　　　雨後春泥沒馬蹄

구름 끝에 비췻빛 먼 봉우리 열리고　　　　　　　　　翠色絶雲開遠嶂

대숲 너머 시내에서 차디찬 물소리 들리네　　　　　　寒聲隔竹隱淸溪

남쪽으로 가는 뱃길 험난하다 하는데　　　　　　　　已聞南去艱舟楫

동쪽으로 갈 때 짚은 명아주 지팡이 생각이 나네　　漫憶東歸沮杖藜

밤에 신선의 집에 묵으며 밝은 달을 보니　　　　　　野宿仙家見明月

맑은 빛은 감호 서안과 흡사하네　　　　　　　　　　清光還似鑑湖西

　　염계사는 평향현 동쪽 노계시蘆溪市에 자리하고 있다. 당년에 주돈이가
이곳에서 진鎭의 감세監稅를 맡았었는데, 많은 선비들이 와서 따라 놀며 도를
물었고 후세 사람들이 다리 동쪽에 염계사를 세웠다. 양명의 마음속에서 주
돈이는 '심학心學'의 개산開山이기에 가슴 한가득 천년 동안 사숙하는 마음을
품고서 경건하고 정성을 다해 염계사를 참배하였던 것이다.

　　무운관武雲觀은 평향현 남문 밖에 있었는데 본래 이름은 진성관眞聖觀이
다. 설에 따르면 진무대제眞武大帝(현천상제玄天上帝)가 일찍이 구름 속에서 진
신眞身을 나투었기 때문에 나중에 무운관으로 이름을 고쳤다고 한다. 나중에
양명이 귀주貴州에서 돌아갈 때 다시 평향을 지나가면서 「다시 무운관을 지
나며 임옥기의 벽에 쓰다(再經武雲觀書林玉璣壁)」라는 시를 지어서 "푸른 산 도
사와 일찍이 약속을 하여, 돌아가는 길에 다시 무운에 묵었네(碧山道士曾相約,

歸途還來宿武雲)."[8]라고 한 것으로 보아 그가 이때 용장역으로 나아가면서 평향 무운관을 지나갈 때 임옥기라는 도사와 알게 되었으며, 두 사람은 도를 담론하고 진리를 설파하면서 혼연히 의기투합하였고, 그리하여 장차 돌아가는 길에 다시 만나기로 약속했음을 알 수 있다.

2월 상순경에 양명은 평향으로부터 호남湖南의 경내로 들어섰는데, 눈앞에 활연히 형초荊楚의 대지가 나타나서 특별히 사람을 끌어들이는 산수의 풍정風情을 전개하였다. 그는 예릉醴陵을 지나갈 때 사주사泗州寺에 우거하면서 이정李靖(571~649)의 군사 유적을 찾아보려는 흥취를 일으켰다. 그는 특별히 정흥산靖興山에 올라서 정흥사靖興寺를 참배하고 정흥담靖興潭에서 배를 띄워 노닐며 이정이 용병하고 전쟁을 치렀던 유적을 참배하였다.

그는 절의 벽에 고적의 회포를 읊는 시 두 수를 제하였다.[9]

정흥사　　　　　　　　　　　　　　　　　　　　　　　靖興寺

물 건너 절은 보이지 않는데　　　　　　　　　　　　　隔水不見寺

맑은 경쇠 소리 들려오네　　　　　　　　　　　　　　但聞淸磬來

봉우리 오르는 길을 가리키니　　　　　　　　　　　　已指峰頭路

비로소 구름 밖 누대가 보이네　　　　　　　　　　　始瞻雲外臺

동천은 해와 달을 감추고　　　　　　　　　　　　　　洞天藏日月

못의 굴은 바람과 우레를 숨기네　　　　　　　　　　潭窟隱風雷

흥폐의 자취를 알아보려니　　　　　　　　　　　　　欲尋興廢迹

---

8 『왕양명전집』 권19 「재경무운관서임옥기벽再經武雲觀書林玉璣壁」.

9 『건륭장사부지乾隆長沙府志』 권47 「정흥사靖興寺」, 권49 「용담龍潭」.

황량한 비갈만 쑥대밭에 묻혔네	荒碣滿蒿萊

용담 　　　　　　　　　　　　　　　　　　　　　龍潭

천년 늙은 나무엔 학만 머물고	老樹千年惟鶴住
백 척 깊은 못에 용이 서렸네	深潭百尺有龍蟠
중은 떠났으나 구름 깊은 곳에 있어	僧去却在雲深處
별다른 인간 경계를 보이네	別作人間境界看

　양명은 어려서부터 병법을 좋아하고 병서를 잠심하여 읽었다. 정벌에 뛰어나고 전쟁을 잘 수행했던 당대唐代의 이정도 그가 숭앙하는 병가의 한 사람이었다. 정흥산은 예릉현 서쪽에 우뚝 솟아 있는데 일찍이 이정이 이곳에서 병사를 영솔하여 전쟁을 치렀다. 이정은 병사를 산중에 주둔시켰는데 정흥사도 병사를 주둔시킨 곳이었다. 석벽에는 이정의 상이 한 폭 새겨져 있다. 지금처럼 황폐한 비갈과 부서진 비석이 쑥대 사이에 묻혀 있었고 귓가에는 당시의 마음을 서늘하게 하고 넋을 빼놓을 듯한 죽여라는 소리와 말이 울부짖고 칼이 우는 소리가 울려오는 듯하였다. 아마도 이때 이정의 유적을 참배한 일은 나중에 양명이 강서江西에서 병사를 거느리고 전쟁을 할 때 얼마간 부지불식간에 잠재적인 영향을 미쳤을 것이다.

　18년 뒤 추수익도 정흥산에 와서 유람을 하며 양명의 제시를 보고 화답시 한 수를 지어서 감개하여 말하였다.[10]

10『건륭장사부지』권49「정흥사靖興寺」.

대궐에서 한번 부르짖다 멀리 배척을 당하고	鳳闕一鳴成遠斥
천리 용장에 깊이 서렸네	龍場千里且深蟠
제시는 행정의 기록을 남기니	題詩留得行程記
늙은 나무 깊은 못을 차마 못 볼레라	老樹深潭不忍看

추수익은 대체로 벽에 제한 양명의 시로부터 양명이 용장에 깊이 서린 것이 일종의 병가의 '궤도詭道'임을 깨달았던 것이다.

양명은 정흥산에서 서쪽으로 가서 장사성長沙城으로 들어갔다. 장사는 양명이 폄적되어서 괴로운 나그네의 길을 가는 동안 중점적으로 노닐고 탐방한 옛 성이었다. 그는 장사에 8일 동안 머물렀다. 양명은 스스로 참소를 받아 굴욕을 당한 당대의 '굴원'이라 여겼다. 그가 강에 빠지고 멀리 숨고 오랑캐 땅에 폄적당한 일은 굴원이 참소를 받아 추방당하고 강에 투신하여서 자살한 사실과 매우 비슷하였다.

그가 특히 장사에 오래 머물며 떠나지 않았던 까닭은 주로 굴원을 참배하고 추념하는 마음이 컸기 때문이었다. 또한 장사의 악록서원嶽麓書院은 천하의 선비들 마음이 쏠린 강학의 성지였다. 당년에 주희는 친히 장사로 가서 장식張栻(1133~1180)과 함께 악록서원에서 강학하였다. 혁희대赫羲臺 아래에는 유명한 주장사朱張祠가 건립되어 있는데 이 또한 천하의 선비들이 경앙하는 곳이었다.

양명은 평생 주희를 별로 언급하지 않았는데 대부분 '송유宋儒' 또는 '속유俗儒'라고 에둘러 일컬으며 은연중에 주희의 이학을 비평하였다. 그러나 주희는 그가 용장에서 도를 깨닫기(龍場悟道) 전에 경앙하던 '선철先哲'이었다. 그럼에도 주희의 이학에 대한 새로운 반성이 이미 그의 머릿속에서 자리잡고 있었다. 그리하여 그는 장사에 도착하자마자 제학첨사提學僉事 진봉오陳鳳梧

(1475~1541), 참의 오세충吳世忠(1461~1515), 첨사 서수성徐守誠(1493, 진사), 태수 조유번趙維藩(1490, 진사), 추관推官 왕교王敎 등을 예방한 뒤 곧 부학府學의 학생 주금周金(1473~1546)과 함께 악록서원을 탐방하고 주장사를 참배하는 내내 주회와 장식이 악록에 모여서 태극을 논변했던 일을 사색하였다.

당시 마침 오세충이 악록산의 공사를 기획하여 바위를 뚫고 산을 열어서 두 봉우리로 나누어 주장사가 탁 트인 강의 모래톱을 마주하게 하자고 주장하였다. 뜻밖에 동료 관원의 반대에 부딪혔으나 마지막에 조유번이 그의 건의를 지지해주었다. 그리하여 그는 왕교와 함께 직접 악록서원에 가서 양명에게 정황을 설명하고 다 같이 악록산을 유람하였다.

양명은 감상이 끝없이 뭉게뭉게 일어서 전례 없이 장편 서사시 한 수를 지어서 다음과 같이 사정의 경과를 상세히 서술하였다.[11]

악록에서 노닐며 사연을 쓰다	遊嶽麓書事
서쪽 예릉에서 와서 상수를 건너고	醴陵西來涉湘水
비바람에 막혀 강가 성에서 묵네	信宿江城沮風雨
아픈 이 습기가 두려울 뿐 아니라	不獨病齒畏風濕
진창이 길을 덮쳐서 여행길이 끊겼네	泥潦侵途絶行旅
악록은 경치가 가장 뛰어나다 하는데	人言嶽麓最形勝
물 건너 구름과 안개로 흐릿하게 가려져 있네	隔水溟濛隱雲霧
조 수령(조유번趙維藩) 날이 맑아 나를 청해 유람하니	趙侯需晴邀我游
옛 벗 서(서수성徐守誠)와 진(진봉오陳鳳梧)이 저마다 말을 전하네	故人徐陳各傳語

---

11 『왕양명전집』 권19 「유악록서사遊嶽麓書事」.

주 생(주금周金)은 호기심 많아 빨리 따라오는데	周生好事屢來速
억수같이 쏟아지는 비에 어디서 머무를까	森森雨脚何由住
새벽 되자 어둠이 조금씩 열려	曉來陰黯稍披拂
주 생을 데리고 강을 건너네	便携周生涉江去
명을 내려 부중이 알지 못하게 경계하여	戒令休遣府中知
남들 수고롭고 공무에 방해되지 않게 하네	徒爾勞人更妨務
귤주의 절은 강가에 떠 있고	橘洲僧寺浮江流
종소리 울리면 나와서 모래톱에 우두커니 서 있네	鳴鐘出延立沙際
배를 세우고 내려가 정의에 보답하니	停橈一至答其情
모래톱 이어져서 아름다운 곳이라네	三洲連綿亦佳處
한가로이 떠가는 구름에 햇빛이 어리고	行雲散漫浮日色
때마침 연봉은 구름 걷혀 드러나네	是時峯巒益開霽
급류에 노를 저어 순식간에 건너서	亂流蕩槳濟倏忽
강변 늙은 박달나무 아래 배를 매네	繫檥江邊老檀樹
기슭에서 일 리쯤 악록 입구가 있어	岸行里許入麓口
주 생이 나에게 차분히 가리켜주네	周生道予勤指顧
버드나무 시내와 매화 핀 제방은 옛 모습 방불하고	柳溪梅隄存仿佛
도림의 숲과 골짜기는 홀로 옛날 그대로이네	道林林壑獨如故
붉은 모래는 텅 빈 밭을 생각나게 하고	赤沙想像虛田中
서쪽 섬은 무너져 무덤처럼 되었네	西嶼傾頹今塚墓
아름다운 고을에 어지러운 발자국만 또렷하고	道鄕荒趾留突兀
붉은빛에 멀리 바라보니 바위가 북 같네	赫羲遠望石如鼓
전당에서 석채례를 법도대로 하고	殿堂釋菜禮從宜
내려와서 주(주희) 선생 장(장식) 선생 노닐던 곳에서 쉬네	下拜朱張息遊地

바위를 뚫고 산을 열어 형세를 바꾸고   鑿石開山面勢改

두 봉우리 열어서 강을 드러나게 하였네   雙峯辟闢見江渚

듣기에 오 군이 기획하였다는데   聞是吳君所規畫

이 일이 도리어 시기를 샀다네   此擧良是反遭忌

누가 아홉 길 쌓은 공을 한 삼태기로 허무는가!   九仞誰虧一簣功

남겨진 터를 보고 홀로 우두커니 탄식하며 섰네   歎息遺基獨延佇

부도탑과 전각이 하늘에 치솟아 있고   浮屠觀閣摩靑霄

반석에 선 명승지는 공간에 퍼져 있네   盤據名區遍寰宇

그 무리 평소 유학자들이 배제했는데   其徒素爲儒所擯

여기서는 도리어 그들에게 부끄럽네   以此方之反多愧

예를 아껴 곡삭의 양을 존속시킬 생각을 하니   愛禮思存告朔羊

하물며 이는 실로 문구만이 아니라네   況此實作匪文具

사람들 말하기를 조 수령 의지가 자못 깊어   人云趙侯意頗深

참고 견디며 조정을 하여 선뜻 공정을 일으켰는데   隱忍調停旋修擧

어젯밤 비바람에 들보가 부러져서   昨來風雨破棟脊

바야흐로 일꾼을 부려 부서진 곳을 보수했다 하네   方遣圬人補殘敝

나는 이 말 듣고 마음이 조금 위안되고   予聞此語心稍慰

촌사람들은 나물과 산나물 벌려놓았네   野人蔬蕨亦羅置

흥겹게 술을 따라 잔을 들어올리는데   欣然一酌才擧杯

나루터지기 달려와 군수가 오신다 하네   津夫走報郡侯至

이번 길 자취를 숨겼는데 어디서 들었기에   此行隱迹何由聞

말 탄 사람 보내어 내 묵는 곳에 찾아온다 하네   遣騎候訪自吾寓

이럴까 봐 몰래 왔는데   潛來鄙意正爲此

갑자기 음식을 장만하느라 더욱 수고롭게 되었네   倉卒行庖益勞費

갓을 바로잡고 나아가 가마 두 채를 맞이하고서　整冠出迓見兩蓋

그제야 왕(왕교王敎) 군도 함께 온 줄 알았네　乃知王君亦同御

안주는 층층이 쌓였고 연주는 쟁쟁한데　肴羞層疊絲竹繁

자리 옮기자 일깨우는 말이 간절하여 거절할 수 없었네　避席興辭懇莫拒

복잡한 의례는 졸렬하여 갖추지 못하였는데　多儀劣薄非所承

음악이 끝나고 술잔을 돌리니 해는 저물어가네　樂闋觴周日將暮

수령의 아전들이 흩어지니 그대는 먼저 일어나시게　黃堂吏散君請先

병든 몸 크게 취해 잠시 쉬어야 하네　病夫沾醉須少憩

배에 오르니 어둠이 점점 밀려오고　入舟暝色漸微茫

뜻밖에도 순류를 타고 쉬이 건너가네　却喜順流還易渡

성에는 등불 밝히고 오가는 사람 드문데　嚴城燈火人已稀

구불구불 좁은 골목에 돌아가는 길 잊었네　小巷曲折忘歸路

선궁에서 다디단 잠을 자고 나니　仙宮酣倦成熟寐

새벽에 처마에서 다시 물 듣는 듯한 소리 들리네　曉聞簷聲復如注

어제는 하늘의 도움으로 우연히 유흥을 즐겼으니　昨遊偶遂實天假

행락이 모두 운수에 달렸음을 참으로 알겠네　信知行樂皆有數

세상을 떠돌고 사냥을 하는 것은 일찍부터 좋아하였고　涉獵差償夙好心

오히려 명산이 있어 많이 사모하였네　尚有名山敢多慕

벼슬이 차고 모자람은 분수가 저절로 그러한 것이니　齒角盈虧分則然

행장이 물에 빠진들 성가시지 않네　行李雖淹吾不惡

　　이는 양명이 평생 쓴 시 중 가장 긴 시인데, 그가 신산한 폄적의 길에서
의구히 충심으로 도를 찾고 학문을 강론한 그림자가 뚜렷이 나타나 있다. 그
러나 이때 그의 마음속에는 아직도 주희·장식과 같은 송유 선철을 존경하고

숭앙하는 감정과 새로운 심학의 사고가 식지 않았는데, 이는 그가 즉흥으로 지은 「상강을 건너 악록으로 가서 선철을 높이 우러러 사모하며 인하여 벗들과 이택의 감흥이 일어 깊고 두터운 우의를 전하다(涉湘于邁岳麓是尊仰止先哲因懷友生麗澤興感伐木寄言)」에 더욱 반영되어 있다.[12]

첫째	其一

나그넷길 장사를 지나가는데	客行長沙道
산천은 빽빽이 뒤얽혔네	山川鬱稠繆
서쪽으로 향하니 악록이라	西探指嶽麓
새벽을 무릅쓰고 상수를 건너네	凌晨渡湘流
언덕을 넘고 봉우리를 오르며	逾岡復陟巘
옛사람을 추모하고 그윽한 곳을 찾네	弔古還尋幽
숲과 골짜기엔 풍채가 남아 있고	林壑有餘采
옛 현자들 이곳에서 수양을 했네	昔賢此藏修
내 실로 선현을 우러러 사모하여왔으니	我來實仰止
일삼아 놀러 온 것은 아니네	匪伊事盤遊
형산의 구름을 새벽에 한가히 바라보니	衡雲閑曉望
동구와 들이 봄 세상에 떠 있네	洞野浮春洲
우리 두세 벗을 그리워하니	懷我二三友

---

12 『왕양명전집』 권19 「섭상우매악록시존앙지선철인회우생이택흥감벌목기언涉湘于邁岳麓是尊仰止先哲因懷友生麗澤興感伐木寄言」. 시 첫째 수는 『왕양명전집』에 "영웅호걸 삼상에 모이고" 이하 네 구가 빠졌는데 아마도 전덕홍이 누락한 듯하다. 이에 『석고지石鼓志』 권5에 근거하여 보충한다.

벌목 시가 이별의 근심을 더하네	伐木增離憂
어찌해야 다 함께 와서	何當此來聚
날마다 도의로 서로 구할까?	道誼日相求
영웅호걸 삼상에 모이고	英傑三湘會
주 선생 장 선생이 두 달 머물렀네	朱張二月留
학문은 염락에 이어지고	學在濂洛系
문장은 한강의 흐름과 함께하네	文共漢江流

둘째 　　　　　　　　　　　　　　　　其二

숲속 흰 바위에서 쉬니	林間憩白石
상쾌한 바람 때맞춰 불어오네	好風亦時來
봄볕은 만물을 비추고	春陽熙百物
흔연히 내 마음에 드네	欣然得予懷
두 분 선생님을 조용히 생각하며	緬思兩夫子
이 땅에서 배회하네	此地得徘徊
당년에 동자도 관자도 없었는데	當年靡童冠
오랜 세월 지나 전당의 계단을 올랐네	曠代登堂階
고상한 정감이 어찌하여 오늘과 지난날	高情詎今昔
사물의 형상을 우리에게 남겨놓았나	物色遺吾儕
여러분을 돌아보니	顧謂二三子
슬을 타며 나와 어울리네	取瑟爲我諧
나는 연주하고 너는 노래하며	我彈爾爲歌
너는 춤추고 나는 장단 맞추네	爾舞我與偕

내 도는 지극한 즐거움을 지녔으니	吾道有至樂
부귀는 참으로 뜬 먼지 같아라	富貴眞浮埃
때로 자연의 조화를 타고서	若時乘大化
증점과 안회에 부끄럽지 않게 하라!	勿愧點與回
언덕을 오르며 소나무 측백나무 가지를 꺾어	陟岡采松柏
장차 추억으로 삼을까 하나	將以遺所思
소나무 측백나무 가지를 꺾지 말지니	勿采松柏枝
두 현인 옛날에 의지하던 바일세	兩賢昔所依
봉우리 더듬어 누대 돌을 밟아 올라	緣峰踐臺石
장차 기약한 것을 바라보려 하나	將以望所期
누대의 돌을 밟지 말지니	勿踐臺上石
두 현인 옛날에 오르던 곳일세	兩賢昔所躋
두 현인 떠나신 지 아득히 오래고	兩賢去邈矣
벗들은 어찌 서로 어긋나 있나	我友何相違
내 이를 믿을 수 없어	吾斯未能信
분주히 다니며 공연히 피곤하네	役役空爾疲
어찌 벗들이 모여	胡不此簪盍
서로 강습하고 즐기지 않는가?	麗澤相邀嬉
목마르면 솔 아래 샘물을 마시고	渴飲松下泉
배고프면 바위 위 영지를 먹네	飢餐石上芝
눕거나 일어나거나 다른 생각 않고	偃仰絕餘念
폄적된 관원 오래 머물기 어렵네	遷客難久稽
동정호 봄 물결은 넓기도 하고	洞庭春浪闊
뜬구름은 구의산을 가리네	浮雲隔九疑

강 모래톱은 풀이 우거지고	江洲滿芳草
끝 간 데 바라보니 구슬픈 생각이 드네	目極令人悲
그만두자! 이대로 떠나면	已矣從此去
이 산이 있은들 무엇하랴!	奚必此山爲
연연하여 하고 싶은 대로 하고	戀系乃從欲
오로지 시운을 따라 처지에 편안하리	安土惟隨時
느지막이 듣자 하니 바라던 바를 얻었다고 하니	晚聞冀有得
이 밖에 내 무엇을 알랴!	此外吾何知

　양명의 이 시 두 수 중 첫째 수는 그가 송유 주희와 장식에 대한 존경과 숭앙, 곧 '선철을 우러러 사모하는(仰止先哲)' 마음을 표현하였는데, 주희와 장식을 '염락의 학문 계통(濂洛學系)'의 선철로 귀속시켜서 그들의 '학문은 한강의 흐름과 같이하는' 위대한 업적임을 긍정하였다. 그러나 둘째 수는 도리어 그가 호상湖湘의 선비들과 거듭 새로이 주자학을 강론하고 명료하게 변석하려는, 곧 '벗들이 서로 강습하는 감흥(麗澤興感)'의 바람을 토로하였다.

　주희가 장식과 악록서원에서 '먼저 살펴서 인식하고 나중에 함양함(先察識, 後涵養)', '미발未發과 이발已發', '주경主敬' 등의 문제를 토론하여 '초연히 태극과 합하는(超然會太極)' 회귀와 통일에 도달하였기 때문에 나중에 장식은 완전히 주희에게로 전향하였다. 양명은 주희와 장식이 학문을 강론한 옛 자취를 찾아 방문한 뒤 그들의 학문에 대해 심학의 새로운 반성을 하였으며, 양명 스스로 존신하는 진백사의 '학문을 함은 마땅히 마음에서 탐구하고(爲學當求諸心)', '묵묵히 앉아서 마음을 맑게 하고, 천리를 체인하는(默坐澄心, 體認天理)' 사상으로부터 주희와 장식이 악록에서 변론하고 강학한 것에 대해 질의를 하였고, 주자학에 대해서도 회의와 불신을 일으켜서 선비들과 함께 이곳에서 벗들과 강습하여 더욱 진보하고 주자학의 시비와 득실을 명료하게 변석하기를 희망하였다.

그리하여 시는 명확하게 말하기를 "내 이를 믿을 수 없어, 분주히 다니며 공연히 피곤하네. 어찌 벗들이 모여 서로 강습하고 즐기지 않는가? …… 느즈막이 듣자 하니 바라던 바를 얻었다고 하니 이 밖에 내 무엇을 알랴!"라고 하였다. 이는 양명이 평생 처음으로 명확하게 주학에 대한 회의, 불신과 비평을 설파한 발언으로서 그의 '용장의 깨달음(龍場之悟, *주자학의 그름을 깨달음)'의 사고는 이미 은연중에 이 시선을 끌지 않는 시에서 첫발을 떼었던 것이다. 만일 양명의 이 시가 비교적 함축적으로 설파한 것이라고 한다면 그가 동시에 담연자澹然子 '전남滇南의 조趙 선생'과 학문을 강론하고 도를 논하는 가운데 바로 그의 심학사상은 더욱 분명하게 표현되었다고 할 수 있다.

양명도 장사에서 이 신비한 담연자를 만났는데, 현묘한 도를 담론하는 가운데 양명은 교묘하게 전남 조 선생의 네 가지 자호自號를 빌려서 자기의 심학체계를 제출하였다.

> 사람은 천지의 마음이며 오행五行의 꽃(秀)이다. 엉기면 형체를 갖추어서 삶을 이루고 흩어지면 떠돌아서 변질한다. 도가 엉기지 않는 것은 비록 살아 있더라도 오히려 변질한 것이다. 몸에 돌이켜서 성실하면 도가 엉길 것이다(反身而誠, 而道凝矣). 그러므로 먼저 '응수凝秀'라고 하였다. 도가 나에게 엉겨 있으면 이는 본성을 따르는 것(率性)이다. 본성을 따르면 사람의 도가 온전해진다. 이를 일러 '완전함(完)'이라고 한다. 그러므로 다음으로 '완재完齋'라고 하였다. 완재란 자기 본성을 다하는 것이다. 나의 본성을 다한 뒤 남의 본성을 다할 수 있으며, 만물의 본성을 다하고 풀과 나무에까지 이르러 지극하게 된다. 아욱(葵)은 초목 가운데 보잘것없는 것이다.

그러므로 '우규友葵(아욱을 벗삼다)'라고 하였다. 우규란 사물과 같아지는 것이다. 안으로는 나에게서 다하고 밖으로는 사물과 같아지면 하나가 된다(內盡於己, 而外同乎物, 則一矣). 하나가 되면 단짝이 되어서 하늘과 노닐고, 혼연히 신과 화합하여서 귀결은 같이하되 길은 달라지며 하나로 이르되 온갖 사려를 하니(一則吻然而天遊, 混然而神化, 同歸而殊途, 一致而百慮) 천하에 무엇을 생각하며 무엇을 염려하겠는가! 그러므로 다음으로 '담연자澹然子'로 끝을 맺었다.[13]

양명은 여기에서 심본心本 – 도응道凝 – 명성明誠 – 솔성率性 – 이일理一의 '심일분수心一分殊'의 사상체계를 세웠다.

"사람은 천지의 마음"이라고 함은 바로 마음을 본체로 삼은 것으로서 '하나의 근본이 맑고 흐리게 나뉜(一本分澄淤)' 것이다. 오행이 모여서 형체를 이루고 흩어져서 기를 이룬다. 도가 엉기면 이치는 하나가 되며(理一), 도가 흩어지면 만 가지로 달라지니(萬殊) 이것이 바로 이치는 하나인데 만 가지로 달라지는 것이다. 그러나 도는 내 마음에 있으며 한 마음은 만 가지 이치를 응집하고 있으니 '도가 나에게 엉겨 있으며' 따라서 다만 '몸에 돌이켜서 성실하면 도가 엉기는 것'이다. 그러므로 이일분수理一分殊가 곧 심일분수心一分殊인 것이다.

사람은 천지만물과 한 몸이므로 내 본성을 다하면 사람의 본성을 다하는 것이고, 사람의 본성을 다하면 만물의 본성을 다하는 것이다. 하늘과 땅, 대상사물과 나, 안과 밖이 혼연히 엉겨서 한 몸이 되는 것이다. 이러한 물아일체론物我一體論은 밖으로는 사물과 같아지고 안으로는 나와 같아지는 것으로

---

13 『왕양명전집』 권29 「담연자서澹然子序」.

서 "안으로는 나에게서 다하고 밖으로는 사물과 같아지면 하나가 되는" 것이다. 한 몸이 되면 나와 도가 하나로 합하고, 마음과 사물이 하나로 합하니 "하나가 되면 단짝이 되어서 하늘과 노닐고, 혼연히 신과 화합하여서 귀결은 같이하되 길은 달라지며 하나로 이르되 온갖 사려를" 하는 것이다.

　양명은 다시 시 네 수를 지어서 한 걸음 더 나아가 이러한 나와 도와 만물이 한 몸이 되는 '심일분수'를 다음과 같이 분명하게 말하였다.[14]

둘(음양)의 끝이 오묘하게 열렸다 닫혔다 하여	兩端妙闔闢
다섯(오행)의 운행이 머물지 않네	五運無留停
아득한 천지 사이에서	藐然覆載內
참된 정기가 이에 엉겼네	眞精諒斯凝
닭과 개는 한번 잃어버리면	鷄犬一馳放
흩어져서 뿔뿔이 사라져버리네	散失隨飄零
말똥말똥 깨어서 날마다 거둬들여	惺惺日收斂
부분에서 최선을 다하여 이치에 밝아져서 성실해지네	致曲乃明誠
이치에 밝아져서 성실해지면 욕됨이 없고	明誠爲無忝
욕됨이 없으면 이에 온전히 돌아가네	無忝斯全歸
깊은 못에 봄이 오니 어름은 엷어지고	深淵春冰薄
천균 무게에 실 한 가닥은 미약하다네	千鈞一絲微
살갖과 머리털은 여전한데	膚髮尚如此
천명을 어찌 어길 수 있으랴!	天命焉可違

---

14 『왕양명전집』 권29 「담연자서」.

증삼은 내가 더불어 할 이니	參乎吾與爾
다행히 흠 없이 면할 수 있다면	免矣幸無虧
사람과 사물은 저마다 품수 받음이 있어	人物各有稟
이치는 같아도 기운이 다르다네	理同氣乃殊
다르다 하여 둘이 아니니	曰殊非有二
하나의 근본이 맑고 흐리게 나뉜 것이라네	一本分澄淤
뜻과 기운이 천지를 채우니	志氣塞天地
만물은 모두 내 몸뚱이라네	萬物皆吾軀
밝고 밝은 빛을 향하는 성질은	炯炯傾陽性
아욱이야말로 내 벗이라네	葵也吾友於
누가 아욱이고 누가 나인가?	孰葵孰爲予
벗하니 오히려 둘이 되네	友之尙爲二
자연의 조화가 어찌 마음을 용납하며	大化豈容心
나를 얽어맴에 또 무슨 뜻이 있으랴!	縶我亦何意
느긋한 담연자	悠哉澹然子
조화를 따라 저절로 오가네	乘化自來去
담박하되 어둡지 않아	澹然非冥然
잊지도 조장하지도 않네	勿忘還無助

첫째 수는 마음이 본래 도를 응축하고 있으니 자기에게 돌이켜서 마음을 추구함을 논한 것이다. 둘째 수는 이치를 밝혀서 성실함에 도달하고 마음을 다하며 본성을 다하고 도를 아는 것을 논하였다. 셋째 수는 심일분수와 만물

일체를 논하였다. 넷째 수는 심물합일心物合一과 자연스러운 신묘함(自然神化)을 논하였다.

이는 양명이 길고 긴 폄적의 괴로운 여행을 하는 '철학적 사색'의 길에서 승화하여 제련해낸 심학의 체계로서 용장의 깨달음 이전에 심학사상에서 도달한 인식의 수준을 반영한다. 그는 이러한 심학을 '위기지학爲己之學', '신심지학身心之學', '군자지학君子之學'이라고도 일컬었다. 장사에서 진봉오·오세충 등과 함께 토론을 전개하면서 양명이 용장역에 도착할 때까지 그들은 멈추지 않고 계속해서 이러한 위기지학을 토론하고 탐구하였다.

양명은 용장역에 도착한 뒤 진봉오에게 다음과 같이 회고하는 편지를 썼다.

…… 그래서 자기를 위한(爲己) 학문에 뜻을 두었음을 알았는데, 문명文鳴(진봉오)이 3년 동안 다른 벗들에게 보낸 서찰에서는 매우 간단하게 문안하였으나 저(僕)는 홀로 세 차례나 받았습니다. 지금 또 수백 리에 사람을 보내 길에서 문후를 하시니 모두 네 차례 편지를 보내신 것입니다. …… 이는 필시 문명에게는 몸에 절실한 아픔이 있어 의사를 찾으려고 하였으나 얻지 못하고 생각하기를 아마도 제가 같은 병이 있으니 저에게서 의사와 약을 구하려는 것입니다. 그러므로 다시 때때로 생각을 하니 이는 바로 자기를 위함이 아니겠습니까? …… 배워서 남을 위하는(爲人) 것은 비록 날마다 인의仁義, 도덕道德을 강론하더라도 역시 바깥으로 대상사물(物)만 화려하게 하는 것일 뿐 몸과 마음에는 간여하는 바가 없습니다. 만일 자기를 위함을 안다면 먹고 자고 웃고 말함에 어느 곳을 가더라도 배움이 아니겠습니까? 비유하자면 나무의 뿌리를 심고 물의 근원을 치면 나무는 무성하게 자라고 물은 터져서 흘러 날마다 다르고 달마다 달라지는 것과 같습니다. 증자曾子의 '뜻을 성실하게 함(誠意)'과 자사子思의 '중화에 이름(致中和)'

과 맹자孟子의 '놓친 마음을 찾음(求放心)'이 모두 이것입니다.[15]

사실상 양명은 폄적의 괴로운 여행길에서 줄곧 끊임없이 심학을 깊이 사색하였다. 그가 장사長沙에서 쓴 시에서 말한 "우리 두세 벗을 그리워하니", "여러분을 돌아보니"라고 한 구절은 진봉오·오세충·서수성 등 '서한림'의 동도 외에 맨 먼저 역시 감천 담약수를 가리킨다. 담약수는 양명이 서울에서 벗들과 어울려 강학하여(麗澤) 진보하고 함께 성학聖學(*心學)을 제창한 도우道友였다. 양명은 적지로 나아가는 남쪽 여행 중에 심학을 깊이 사색하여 새로 터득하고서 더욱 급하고 절실하게 담약수가 주희와 육구연의 학문을 강론하는 유익한 벗(益友)이 되기를 바랐다.

그는 즉시 시 세 수를 지어서 담약수에게 부쳐 보내면서 거듭 담약수에게 남쪽으로 와서 유람하기로 한 약속을 다졌다.[16]

남쪽 유람, 세 수　　　　　　　　　　　　　　　南遊三首

원명(담약수)과 나는 형악과 나부를 유람하기로 기약하였는데 「남유」를 지어서 약속을 다진다.

元明與予有衡嶽, 羅浮之期, 賦南遊, 申約也.

남쪽 여행은 어찌 그리도 먼지　　　　　　　　　南遊何迢迢

푸른 산도 남쪽으로 치달리네　　　　　　　　　蒼山亦南馳

---

15 『신간양명선생문록속편新刊陽明先生文錄續編』 권1 「답문명제학答文鳴提學」.

16 『왕양명전집』 권19 「남유삼수南遊三首」.

어찌하여 형양 기러기는	如何衡陽雁
연대의 글을 보이지 않는가?	不見燕臺書
풍포 노래를 부르지 말고	莫歌灃浦曲
상군의 사당에 참배하지 말라	莫弔湘君祠
창오에 안개와 비가 그치니	蒼梧煙雨絶
누구에게 구의산을 물어볼거나	從誰問九疑

구의산은 물어볼 수 없을지라도	九疑不可問
나부산은 더위잡고 오를 수 있으리	羅浮如可攀
멀리 나부산 구름을 바라보고	遙拜羅浮雲
쌍경옥 고리를 제물로 드리네	奠以雙瓊環
아득한 동정의 물결은	渺渺洞庭波
동으로 흘러 어느 때나 돌아오려나!	東逝何時還
사람이 힘을 수고로이 하지 않고	人生不努力
초목과 함께 쇠잔해가네	草木同衰殘

동정호는 어찌 아득하기도 하며	洞庭何渺茫
형악은 어찌 높고도 높은지?	衡嶽何崔嵬
회오리바람은 기러기 흰 깃털을 뒤척이고	風飄迴雁雪
미인은 아직 돌아오지 않는가?	美人歸未歸
내게 보랏빛 옥패가 있어	我有紫瑜珮
부용대에 걸어두네	留掛芙蓉臺
아래에는 교룡협이 있어	下有蛟龍峽
왕왕 구름과 우레가 이네	往往興雲雷

양명이 경사에 있을 때, 이미 조정에서는 장차 담약수를 서창왕瑞昌王을 책봉하는 부사로 삼고서 그에게 지절持節을 가지고 가서 종번宗藩을 봉하게 하도록 파견하였는데 가는 길에 영외嶺外로 가서 모친 진씨陳氏를 서울로 모셔오기로 했다는 소식을 들었다. 그러므로 양명은 담약수와 먼저 남쪽 형악衡嶽과 나부산을 유람하기로 약속을 했던 것이다. 그러나 담약수는 3월에야 비로소 종번을 봉하기 위해 서울을 떠나게 되어서 두 사람은 만날 기회를 놓쳐버렸고, 이 때문에 서로 소식이 통하지 않았다. 정덕 5년(1510)에 이르러서야 두 사람은 겨우 새로 주희와 육구연같이 학문을 강론하고 성학을 함께 밝히는 교류를 회복하여서 양명이 악록에 있을 때 밝힌 '기약期約'을 실현할 수 있었다.

사실 폄적 도중 양명의 마음속에 자리한 더욱 커다란 '선철先哲'은 역시 굴원이었기에 그는 원수沅水, 상수湘水로 길을 잡아서 동정호를 방문하여 노닐고 굴원을 추모하였으며 자기 그림자를 보고 스스로 연민에 빠졌다. 가슴 속에는 한없는 비감한 충분忠憤이 끓어올랐다. 출렁출렁 흘러가는 동정호의 파도를 마주하고 그는 다음과 같은 「조굴평부弔屈平賦」 한 편을 지었다.[17]

정덕 병인년에 나는 죄를 입고 귀양에 폄적되었다. 원수, 상수로 길을 잡아갔는데 굴원의 사적에 느낌이 있어 글을 지어서 조문하였다. 그 내용은 다음과 같다.

正德丙寅, 某以罪謫貴陽. 取道沅, 湘, 感屈原之事, 爲文而弔之. 其詞曰

산은 어둡고 쓸쓸한데 강에는 밤물결 이네   山黯慘兮江夜波

---

17 『왕양명전집』 권19 「조굴평부弔屈平賦」.

바람은 우수수 낙엽은 어지러이 지네   風颷颷兮木落森柯

증류에 뜬 배는 어디에 댈까?   汎中流兮焉泊

산초로 빚은 술을 굴원에게 올리네   湛椒醑兮湘纍

구름은 어둡고 달과 별은 희미한데   雲冥冥兮月星蔽晦

얼어붙은 절벽은 아래로 걸려 있고   冰峻嶒兮霰又下

굴원의 집은 어디인가?   纍之宮兮安在

보이지 않아 실의에 빠져 근심에 잠기네   悵無見兮愁予

기슭은 높고 울퉁불퉁하며   高岸兮嶔崎

나뭇가지는 어지러이 이리저리 뒤섞이고   紛絪錯兮樛枝

아래에는 깊은 못이 몇 길인지 알 수 없네   下深淵兮不測

깊은 동굴에는 교룡이 숨었네   穴瀆洞兮蛟螭

산은 까마득히 높고   山岑兮無極

골짜기는 휑뎅그렁 비어서 아득히 쓸쓸하네   空谷谽谺兮迥寥寂

원숭이는 슬피 울고 비는 내리는데   猿啾啾兮吟雨

곰은 울부짖고 범은 어슬렁거리네   熊羆嗥兮虎交跡

굴원의 곤궁함을 생각하니 그는 어디에 의탁할까?   念纍之窮兮焉託處

사방 산에는 사람이 없어 여우와 쥐가 놀라게 하네   四山無人兮駭狐鼠

이매가 무리 지어 날뛰고 울부짖고   魑魅遊兮群跳嘯

드나드는 것을 보니 굴원을 간사하게 해치는 사람이네   瞰出入兮爲纍姦宄

정직한 굴원을 질투하여 비난을 당하게 하고   嫉纍正直兮反詆爲殃

상관(상관대부)은 아첨하여 부닐고 자란은 뇌물을 받았네

                           昵比上官兮子蘭爲臧

빽빽한 숲은 어두운데 짝이 없네   幽叢薄兮疇侶

옛 서울을 생각하니 가슴이 더욱 아리네   懷故都兮增傷

구의산 바라보니 울퉁불퉁하고	望九疑兮參差
순임금께 나아가 말씀을 올리네	就重華兮陳辭
쌓인 눈이 산골짜기 길을 막고	沮積雪兮磵道絶
동정호 아득하여 하늘에 닿은 길이 보이지 않네	洞庭渺邈兮天路迷
팽함의 강과 못에 나아가	要彭咸兮江潭
신도적을 불러 수레에 배행하게 하네	召申屠兮使驂
상아는 슬을 타고 풍이는 춤을 추며	娥鼓瑟兮馮夷舞
애오라지 상강 포구에서 노닐며	聊遨遊兮湘之浦
물결을 타고 난주 물가에 정박하네	乘回波兮泊蘭渚
옛 서울 돌아보며 홀로 우두커니 서 있네	瞻故都兮獨延佇
그대는 영 땅 폐허를 지나가며	君不過兮郢爲墟
마음이 울울하여 누구에게 말을 하려는가?	心壹鬱兮欲誰語
영 땅은 폐허가 되고 함곡관 효관도 불에 탔네	郢爲墟兮函崤亦焚
참소하는 소인배 붙잡아 죽여서 쾌히 원수를 갚지 않는가!	
	讒鬼逋戮兮快不酬冤
천년이 지나도 충성은 다함이 없으니	歷千載兮耿忠悃
그대는 돌아와 궁궐 문을 열어젖히지 않는가?	君可復兮排帝閽
숨은 자취 바라보니 위양 땅이로다	望遯迹兮渭陽
기자는 죄수가 되어 미친 체하였다	箕雁囚兮其佯以狂
고통스러운 충정은 어둡기도 하고 밝기도 한데	艱貞兮晦明
그대를 생각하여 나는 장차 물러나 숨으려네	懷若人兮將予退藏
종묘와 국가는 몰락하여 간장을 찢어놓고	宗國淪兮摧腑肝
충분은 격렬한데 중도는 지키기 어렵네	忠憤激兮中道難
억지로 배회하며 참지 못하여	勉低回兮不忍

스스로 물에 뛰어들었으니 마음은 편하네	溘自沈兮心所安
아첨하는 사람 입은 대단하고	雄之諛兮讒喙
뭇사람 날뛰고 어리석어 굴원을 입에 올렸네	衆狂稚兮謂纍揚
이미 이매와 도깨비로 여기고 잉첩처럼 헐뜯었네	已爲魍爲魅兮爲讒媵妾
굴원이 쥐새끼처럼 여기니 아첨꾼 이마에 땀이 흘렀네	纍視若鼠兮佞額有泚
굴원이 홀연 구름 속의 용처럼 오르니	纍忽擧兮雲中龍
깃발은 노을에 가리고 바람에 흩날렸네	旌晻靄兮飄風
갑자기 사해를 치달리며	橫四海兮倏忽
옥룡을 타고 위로 치솟았네	駟玉虯兮上衝
아래로 거대한 구렁으로 떨어지고	降望兮大壑
산천은 쓸쓸하고 텅 비었네	山川蕭條兮淒寥廓
멀리 한없이 가며	逝遠去兮無窮
뭉게뭉게 옛 서울을 생각하네	懷古都兮蜷局
끝으로 읊나니	亂曰
해는 서산에 지고 원수 상수는 흐르는데	日西夕兮沅湘流
초나라 산은 삐쭉삐쭉 겨울 가을 할 것 없이	楚山嵯峨兮無冬秋
굴원이 보이지 않아 눈물 콧물 흘리네	纍不見兮涕泗
세상은 더욱 막히니 누가 내 근심을 알랴!	世愈隘兮孰知我憂

이 「조굴평부」와 해설은 굴원을 애도하는 글이라기보다는 양명 스스로를 애도하는 글이라고 할 수 있다. 그가 멀리 무이산에 은둔하여서 지은 「절명사」와 표현은 달라도 주제는 같은(異曲同工) 묘함이 있다. 천고불후千古不朽의 선철 굴원에 대해 양명이 긍정한 것은 고국에 대한 그의 연정, 군주에 대한 충성과 아첨에 대한 항거, 정도를 굳게 지킴, 죽음에 이르러서도 더럽히지 않

는 고결하고 굳은 품격이었고, 양명도 굴원의 이러한 정신적인 지조로 스스로를 '위양에서 자취를 감추고 기자가 죄수가 되어서 거짓으로 미친 체하였던' 것에 견주었는데, 사실 양명 스스로 거짓으로 미친 체하여 재앙을 피하고 멀리 무이에 숨었던 진정한 의도는 굴자屈子(굴원)의 정신과 천년을 두고 서로 이어져서 소통한 것임을 말하였다. 그리하여 비록 폄적 중에 있었지만 그도 여전히 굴원과 마찬가지로 '끝없이 멀리 가며 옛 서울을 그리워하는 마음이 서려' 있었다.

이러한 굴자의 정신은 또한 도연명의 청렴하고 정직하며 권귀에 아부하지 않고 전원으로 돌아가 숨어서 몸소 밭두둑에서 농사짓는 고사高士의 인격과 서로 융화하였다. 동정호는 멀리 도화원桃花源과 이어져 있었기에 양명은 동정호와 고별하고 상음湘陰을 지나 무릉武陵에 도착한 뒤 바로 도원산桃源山으로 가서 도원사桃源祠를 찾아보고 도원동桃源洞을 읊는 시 한 수를 지었다.[18]

밤에 원강에 정박하다	晚泊沅江
오랜 동구에 일곱 선인 숨은 때가 언제인지	古洞何年隱七仙
선인의 자취 더듬으니 생각이 아득하네	仙踪欲扣意茫然
동구에는 복사꽃만 남아 피었는데	惟餘洞口桃花樹
동풍에 의지하여 세월 감을 웃어넘기네	笑倚東風自歲年

도연명이 당시 묘사한 도화원은 이미 아득해져서 찾을 수 없었고 다만 일곱 선인이 숨어서 수련했던 도원동만 남아 있어서 양명으로 하여금 자기 집

---

18 『도화원지략桃花源志略』 권8 「만박원강晚泊沅江」.

양명동에 대한 회상을 뭉글뭉글 일게 하였고, 세상을 피해 은거하고 수련하며 양생을 하려는 한없이 아득한 생각을 불러일으켰다. 귀주로 나아가는 펌적의 도상에서 양명동과 비슷한 이러한 수많은 산과 바위와 동굴은 양명을 나아가게도 하고 머물게 하기도 하였다.

그는 무릉에서부터 서포溆浦를 지나 신계辰溪에 도착했을 때 원수역沅水驛에서 묵으면서 즉시 또 저명한 종고동鐘鼓洞을 찾아 노닐고 시 두 수를 읊었다.[19]

원수역　　　　　　　　　　　　　　　　　　　　　　沅水驛

신양은 남으로 원주와 닿아 있어　　　　　　　　　辰陽南望接沅州

푸른 숲에 옛 역사 누각이 있네　　　　　　　　　　碧樹林中古驛樓

멀리서 온 나그네 낯선 풍토에 날마다 가련하고　遠客日憐風土異

빈산엔 오직 독한 구름만 떠 있네　　　　　　　　　空山惟見瘴雲浮

약야계의 소식은 누구에게 물어보나?　　　　　　耶溪有信從誰問

무정한 초나라 강은 절로 흐르네　　　　　　　　　楚水無情只自流

다행히 이 몸은 들의 학처럼　　　　　　　　　　　　刻幸此身如野鶴

인간세상 어디서나 머물 수 있다네　　　　　　　　人間隨地可淹留

종고동　　　　　　　　　　　　　　　　　　　　　　鐘鼓洞

원수 남쪽엔 이상한 일 많다는데　　　　　　　　　見說水南多異迹

---

19 『왕양명전집』 권19 「원수역沅水驛」, 「종고동鐘鼓洞」.

바위에서 때때로 종소리가 울린다네	巖頭時有鼓鐘聲
천년 석벽만 남아 있고	空遺石壁千年在
아홉 번 정련하면 금사가 된다는 말 믿지 못하겠네	未信金砂九轉成
아득히 먼 땅에서 북극의 별을 보고	遠地星辰瞻北極
봄 산 밝은 달은 앉아서 보니 더욱 심원하네	春山明月坐更深
근래 쉽고 험함 잊어버렸으니	年來夷險還忘却
구불구불 좁은 길도 평탄함을 믿겠네	始信羊腸路亦平

종고동은 구산龜山에 있는데 동 가운데 거대한 바위 두 덩이가 거꾸로 걸려 있어서 두드리면 종소리나 북소리가 들린다. 깊은 밤에 바람이 동구로 불어오면 역시 괴이한 종소리가 난다. 양명은 이곳을 수련하기에 가장 좋은 바위 동구(石洞)로 여겨서 직접 동구 안 '밝은 달 아래에서 보니 더욱 심원한 봄 산에' '아홉 번 정련하면 금사가 된다는 말은 믿지 못하고' 스스로 종고동에서 정입요명의 도인과 내적 연단의 수행을 하였다. 이는 그가 구전금단九轉金丹의 외단外丹 연단(燒煉)은 허망하여서 믿을 수 없었지만 양명동에서 윤 진인의 '진공련형법'의 정좌 수련을 체험한 것과 같았음을 밝히 드러낸다. 양명이 마음속으로 윤 진인의 '진공련형법' 수련에 대한 신념을 갖고서 흉하고 험악한 폄적으로 나아가는 길을 밟았음을 알 수 있다. 그가 용장역에 도착하자마자 바위 동구를 찾아 작은 동천으로 여기고 바위굴을 파서 완역와玩易窩로 삼아 동굴에서 정좌 수련을 진행하였던 것도 이상하지 않다.

2월 하순경에 양명은 호남에서부터 귀주의 경내로 들어갔는데 눈앞에 또 갑자기 '오랑캐 땅(蠻夷之地)'의 가파르고 험악한 뭇 산과 장기瘴氣가 자욱한 풍토와 인민의 풍속이 펼쳐졌다. 그는 푸른 절벽과 붉은 낭떠러지를 뚫고 산길을 헤치고 나아가 평계위平溪衛에 도착하여 평계관平溪館에 묵으면서 귀주

참의參議 왕개王鎧와 사귀었다. 두 사람은 밤새 담론하고 시를 주고받았는데, 양명은 화답시 한 수를 지어서 자기가 귀주의 '낯설고 외딴 지역(殊方絶域)'에 와서 처음 받은 느낌을 토로하였다.[20]

평계관에서 왕문제(왕개)의 운을 따다	平溪館次王文濟韻
산성은 황혼에 쓸쓸히 닫혀 있고	山城寥落閉黃昏
건너편 강 마을 인가에는 등불이 밝네	燈火人家隔水村
깨끗한 세상이라면 홀로 내 직분을 쉽게 했으리	清世獨便吾職易
앞길이 막히니 이 마음에 힘입을 뿐	窮途還賴此心存
오랑캐 땅 장기 속에서 찾아주시니	蠻煙瘴霧承相往
푸른 절벽 붉은 낭떠러지에 함께 담론하기 좋네	翠壁丹厓好共論
밭이랑에서 한가히 하루를 보내니	畎畝投閒終有日
보잘것없는 신하 무엇으로 임금 은혜 보답하랴!	小臣何以答君恩

평계위로부터 청평위清平衛에 도착하자 산으로 둘러싸인 외로운 성만 보였으며, 봉우리 꼭대기에는 주둔한 군대의 처량한 호각(戌角) 소리만 들려오고 토착 묘족苗族이 서로 복수를 하여서 죽이고 죽고 하였다는 소식이 전해졌다. 양명은 중화와 이민족(華夷)의 풍습과 토속의 차이에 느낀 점이 있어서 즉흥으로 시 한 수를 읊었다.[21]

---

20 『왕양명전집』 권19 「평계관차왕문제운平溪館次王文濟韻」.

21 『왕양명전집』 권19 「청평위즉사清平衛卽事」.

청평위에서 눈앞의 일   清平衛即事

산길에 오랜 비 문득 개니   積雨山途喜乍晴

따뜻한 구름 떠돌고 물에 비친 꽃 아름답네   暖雲浮動水花明

고향의 동산은 날마다 푸른 봄과 함께 멀어지는데   故園日與青春遠

헤진 솜옷에 마음은 쓸쓸한데 흰 모시옷은 가볍네   敝縕凉思白苧輕

연기 피는 곳에 알록달록 옷 입은 오랑캐 깎아지른 잔도를 엿보니

煙際卉衣窺絕棧

(이때 토착 묘족이 막 서로 복수를 하여서 죽고 죽이고 하였다)   (時土苗方仇殺)

봉우리 외로운 성에서 주둔군 호각 소리 들려오네   峯頭戍角隱孤城

중화와 이민족을 다스림에 기강을 엄하게 해야 함에   華夷節制嚴冠履

함부로 먼 지역에 행정구역 설치를 말하네   漫說殊方列省卿

그러나 그의 뇌리에 있던 중화와 이민족을 차별하는 전통 관념은 아주 빨리 충격을 받았다.

양명은 청평위로부터 흥륭위興隆衛에 도착하여서 월담사月潭寺 공관에 묵었다. 원래 흥륭의 남쪽에는 저명한 월담암月潭巖이 있어 깎아지른 절벽이 천 길로 우뚝 서 있고, 바위 기슭에 월담사가 자리하여서 오가는 행인의 휴식 장소가 되었다. 묘족과 노족(苗佬) 여러 인민이 이곳에서 성채를 이어서 거주하고, 변경을 수비하는 병사와 관리도 이곳에 주둔하여서 연말연시나 절기에 절에 와서 복을 빌었다. 그런데 성화(1465~1487), 홍치(1488~1505) 이래 절은 점차 황폐해져서 나중에는 헌부憲副 주문단朱文端이 부속部屬을 거느리고 이곳에 와서 승려 정관正觀에게 책임을 맡겨 공사를 진행하여서 절을 복원하게 하고 아울러 새로 공관 한 채를 짓게 하였다. 양명이 이곳에 도착했을 때 마침

공관이 완성되어서 절의 스님들이 양명에게 기문을 지어달라고 간청하였다.

양명은 '오랑캐 땅'에서 생긴 이러한 신선한 일에 감개무량하여 「중수월담사공관기重修月潭寺公館記」를 써서 다음과 같이 말하였다.

…… 행각승(遊僧) 정관에게 전체 책임을 맡기고, 지휘 적원遶遠에게 공사를 조직하게 하고, 천호 아무개 아무개에게 공정을 감독하게 하였다. 멀고 가까운 곳에서 시주를 하고 노동으로 돕는 사람이 흔연히 모여들어 두 달이 못 되어서 공사가 끝났다. 이로부터 주린 사람은 먹을 곳이 있고, 수고한 사람은 쉴 곳이 있고, 유람하는 사람은 묵을 곳이 있으며, 복을 비는 사람은 우러러 의지할 곳이 있어서 경건을 다하고 정성을 바칠 곳으로 삼았으니, 이 바위의 기이함이 더욱 중대하고 더욱 뛰어나게 되었다. 정관이 돌에 이 일을 기록하려고 하였는데 마침 내가 지나가자 나에게 청하였다. 내가 생각건대 군자의 정치는 반드시 법을 오로지할 필요는 없으니 사람에게 마땅하게 하는 데 요점이 있으며, 군자의 교육은 반드시 옛것에 얽매일 필요는 없으니 선에 들어가게 함에 요점이 있다(君子之政, 不必專於法, 要在宜於人. 君子之教, 不必泥於古, 要在入於善). 이렇게 해야 대체로 성과가 있다. 하물며 법망이 엄밀한 때를 당하여서 뭇사람은 바야흐로 숨을 헐떡이고 근심하고 위태하게 여기며 행동이 법에 저촉될까 걱정한다. 능히 산수와 자연을 좋아하는 마음을 따르며, 마음에 부끄러움이 없도록 행하되 세속을 면하기를 구하지 않는 것은 바깥을 가벼이 여기고 마음속이 안정된 자(見外之輕而中有定者)가 아니면 능히 이와 같이 할 수 있겠는가? 이는 참으로 지향하지 않을 수 없는 것이다![22]

22 『왕양명전집』 권23 「중수월담사공관기重修月潭寺公館記」.

묘족과 노족의 이민족 땅에 조성된 이 월담사 공관은 민간의 '무료 숙박 시설(義舍)'로서 자선의 성격을 띠었다. 묘족과 노족 등 이민족의 오랜 풍속의 특징을 체현하고, 중원 화하華夏의 예의 바른 민속과 일치하는 시설이었다.

이민족의 풍속은 누추하지 않으니 행정을 담당한 군자는 응당 마음에 부끄러움 없이 행하는 자이어야 하며, 한결같이 이민족의 풍속에서 면하기를 구해서는 안 된다. 그리하여 양명은 "군자의 정치는 반드시 법을 오로지할 필요는 없으니 사람에게 마땅하게 하는 데 요점이 있으며, 군자의 교육은 반드시 옛것에 얽매일 필요는 없으니 선에 들어가게 함에 요점이 있다."고 인식하였다. 이 역시 토착 묘족 이민족 땅에서 추진한 정치와 교육의 대강大綱이었다.

그는 법망이 엄밀하여서 행동만 하면 곧 죄를 얻게 되기에 사람들이 위태롭게 여기고 두려워하는 무종의 전제를 비평하였고, 스스로 "바깥을 가벼이 여기고 마음속이 안정된 자"가 되어서 이민족과 함께 거주하려는 의지를 굳혔다. 그리하여 구불구불하고 험준한 칠반七盤의 좁은 산길을 넘어 평월위平越衛에 도착했을 때 뭇 산과 골짜기를 마주하고서 오랑캐 땅에 거하여 풍속을 교화하고(居夷化俗), 선비는 곤궁해도 의를 보여야 한다(士窮見義)는 마음속의 함성을 내질렀다.[23]

칠반   七盤

얽히고설킨 좁은 산길로 칠반을 내려가니   鳥道縈紆下七盤
묵은 등넝쿨 푸른 나무에 얽히고 골짜기에 물소리 서늘하네 古藤蒼木峽聲寒

---

23 『왕양명전집』 권19 「칠반七盤」.

기이하고 절묘한 지경은 내 땅이 아니나	境多奇絶非吾土
때로 폄적당한 관리 머무를 만하네	時可淹留是謫官
변방 봉우리에 격문이 전해옴을 기억하는데	猶記邊峰傳羽檄
근래 묘족 풍속이 교화되었다고 들었네	近聞苗俗化衣冠
비녀를 빼 던지고 실로 오랑캐 땅에 살고 싶은 뜻 있으나	投簪實有居夷志
늙으신 부모 섬기는 기쁨 이어갈 수 없기에!	垂白難承菽水歡

3월 상순에 양명은 "비녀를 빼 던지고 실로 오랑캐 땅에 살고 싶은" 마음
을 가득 품고서 용장역에 도착하여서 오랑캐 땅에 거하여 곤경에 처한 생활
을 시작하였다.

오랑캐 땅에 거하여 풍속을 교화하고(居夷化俗), 선비가 곤궁해도 의를 보이다(士窮見義)

　용장역은 귀양貴陽의 치성治城 서쪽 50리 밖에 뭇 산과 수많은 골짜기로 둘러싸여 있다. 홍무洪武 연간(1368~1398)에 사향奢香(1358~1396)이 적수赤水, 오살烏撒의 길을 열어서 오몽烏蒙으로 통하는 용장·육광陸廣·수서水西·사향·금계金鷄·각아閣雅·귀화歸化·위청威淸·곡리谷里 등 아홉 역을 세웠는데, 이 길고 긴 역로는 곧 귀양과 수서水西 사이에 동서 교통의 요충지가 되었고, 묘족민과 한인漢人의 유대를 이어주어서 묘족과 한족이 이곳에 섞여서 살았다. 아홉 역 중 용장역과 육광역만 귀양 경내에 있었는데 이미 점차 '묘족 풍속이 중국식으로 변화하는(苗俗化衣冠)' 지역이었다. 전덕홍은 "온갖 독사와 도깨비, 독충과 장기가 들끓고 왝왝거리는 알아듣기 어려운 말을 하는 오랑캐들 사이에 거주하니 말이 통하는 사람은 모두 중국 땅에서 망명해온 사람들"이라고 하였으나 전혀 그렇지 않았으며, 더욱이 묘족 인민은 낙후하여서 "거처할 곳이 없었는데 (*양명이) 비로소 벽돌을 찍고 나무를 얽어서 살 수 있도록 가르쳤다."[24]라고 한 말은 더욱 말이 되지 않는다.

---

24 『왕양명전집』권33 「연보」1.

양명은 결코 편관編管되거나 추방당한 죄수가 아니라 용장역의 역승이었으며, 높건 낮건 역시 관리였고 또한 경도에서 하방下放된 명사였으며 무고하게 폄적된 신하였다. 그는 "관직은 낮아도 도리어 자유로워서 기쁘다(却喜官卑得自由)."라고 하였다. 그리하여 지방의 관원과 인민은 그를 더욱 존경하였고 생활 면에서 한껏 보살펴주고 안배하였다. 용장역에 막 도착했을 때는 거처가 없는 그를 위해 우선 초암草庵을 지어서 임시로 거주할 수 있도록 하였다. 동료들이 모두 와서 소식을 묻고 축하해주었으며 흉금을 열고 취하도록 술을 마셨다.

그는 「처음 용장역에 도착하여 머물 곳이 없어 초암을 엮어서 거처하다(初至龍場驛無所止結草庵居之)」라는 시 한 수를 지어서 다음과 같이 읊었다.[25]

초암은 어깨에도 못 미치나	草庵不及肩
나그네 지친 몸 그럭저럭 쉴 만은 하네	旅倦體方適
가시덤불 열어젖히니 절로 울타리가 되고	開棘自成籬
흙 계단은 밋밋하여 층계도 없네	土階漫無級
불어오는 바람은 쓸쓸하고	迎風亦蕭疏
비가 새는 지붕은 손보기 쉽네	漏雨易補緝
신령한 여울에는 콸콸 아침 물 흐르는 소리	靈瀨響朝湍
깊은 숲에는 저녁 어둠이 서려오네	深林凝暮色
요족 무리 둘러 모여 형편을 묻는데	群獠環聚訊
말은 난잡해도 뜻은 질박하네	語厖意頗質
순임금은 사슴 돼지와도 함께 놀았는데	鹿豕且同游

---

25 『왕양명전집』 권19 「초지용장역무소지결초암거지初至龍場驛無所止結草庵居之」.

이들 무리야 오히려 사람에 속하나니!　　　　　　茲類猶人屬

흙으로 빚은 술동이에 질그릇 비치고　　　　　汚樽映瓦豆

다들 취하여 시간 가는 줄 모르네　　　　　　　盡醉不知夕

황제와 요임금 교화를 그리워하니　　　　　　　緬懷黃唐化

아마도 띳집이 자취에 걸맞을 듯　　　　　　　略稱茅茨迹

이때는 마침 봄의 끝자락으로 묵은 곡식은 다 떨어지고 햇곡식은 나오지 않아(靑黃不及) 양식이 끊어지는 때로서 양명은 주도적으로 농부에게 배움을 청하는 제안을 하였으며, 도연명과 같이 몸소 밭을 갈아 이랑을 만들고 남산 밭에 씨를 뿌리는(種田南山) 등 땅에서 일을 하여 먹고살려고 하였다.

그는 시를 지어서 읊었다.[26]

적거에서 양식이 떨어져서 농부에게 배움을 청하여 장차 남산에서 농사를 지으려 함에 길게 읊어서 소회를 부치다

　　　　　　　　謫居絕糧請學於農將田南山永言寄懷

적거에서 여러 차례 양식이 떨어지니　　　　　謫居屢在陳

시중드는 사람도 성질이 났네　　　　　　　　從者有慍見

산은 거칠어도 밭을 갈 만하고　　　　　　　　山荒聊可田

가래와 호미로 쉽게 일굴 수 있네　　　　　　　錢鎛還易辦

오랑캐 습속은 화전을 주로 부치는데　　　　　夷俗多火耕

---

26 『왕양명전집』 권19 「적거절량청학어농장전남산영언기회謫居絕糧請學於農將田南山永言寄懷」, 「관가觀稼」.

습속을 따라보니 자못 편하네	仿習亦頗便
아직 봄이 깊지 않았는데	及玆春未深
몇 이랑으로도 족히 농사지을 만하네	數畝猶足佃
어찌 배만 채우겠는가!	豈徒實口腹
또한 걸게 잔치도 베풀 수 있네	且以理荒宴
떨어진 이삭일랑 새들의 차지	遺穗及鳥雀
가난하고 의지할 이 없는 사람에게 남은 양식을 나눠주리	貧寡發餘羨
내일 새벽에는 밭을 갈아둬야지	出耒在明晨
산속 추위는 쉽게 서리가 되니	山寒易霜霰

농사를 살피다 　　　　　　　　　　觀稼

낮은 논엔 벼를 심고	下田旣宜稌
높은 밭엔 기장을 심네	高田亦宜稷
푸슬푸슬한 땅에는 나물을 심고	種蔬須土疏
축축한 땅에는 참마를 심네	種蕷須土濕
추위가 심하면 이삭이 패지 않고	寒多不實秀
더위가 심하면 온갖 해충이 끼네	暑多有螟螣
잡초는 자주 뽑아야 하고	去草不厭頻
김매기는 꼼꼼하게 해야 한다네	耘禾不厭密
사물의 이치를 이미 즐기고	物理旣可玩
조화의 기틀도 묵묵히 알아가네	化機還默識
이는 곧 참여하여 돕는 공이니	卽是參贊功
농사를 가벼이 여기지 말지니라!	毋爲輕稼穡

양명은 역승이라는 '지방의 낮은 관리'로서 앞장서서 농사를 짓고 오랑캐 풍속인 화전(火耕)을 배움과 동시에 화하華夏의 농경법을 널리 보급하면서 '가난하고 의지할 이 없는 사람들에게 남은 양식을 나눠주는' 춘궁기의 구제를 진행하였다. 그는 스스로 직접 밭을 가는 실천을 행하는 가운데 '낮은 논에는 벼를 심고 높은 밭에는 기장을 심으며, 거친 땅에는 나물을 심고 윤택한 땅에는 참마를 심으며, 추위가 심하면 꽃이 피지 않고 열매가 맺지 않으며 더위가 심하면 온갖 해충이 끼며, 잡초는 자주 뽑아야 하고 김매기는 꼼꼼하게 해야 하는' 농사의 '물리物理'를 깨달아 "사물의 이치를 이미 즐기고" 진정으로 '사물을 탐구하여 이치를 궁구하고(格物窮理)', '처한 상황에 따라 물리를 체인(隨處體認物理)'하는 진제眞諦를 체득하였다. 직접 농사를 짓는 일은 양명이 용장역에 와서 오랑캐 땅에 거주하며 풍속 교화를 실천하려는 의지를 나타낸 가장 뛰어난 행동이었다.

그러나 폄적의 곤경에 처한 '양명산인'은 '묵좌징심', '정입요명靜入窈冥'의 마음과 자아의 수련을 더욱 잊어버리지 않았다. "조화의 기틀도 묵묵히 알아가네"라고 한 구절은 바로 그의 '묵좌징심', '진공련형법' 수련을 가리킨다. 그래서 그는 용장역에 도착하자마자 곧 정좌 수련을 할 수 있는 동혈洞穴을 찾아다녔다. 그는 먼저 동봉東峰에서 동동東洞이라고 불리는 바위굴을 발견하였는데, 높고 평평하며 깊고 넓은 동굴 바위 위에는 절과 문창각文昌閣이 세워져 있었다. 이에 그는 곧 동동의 이름을 '양명소동천陽明小洞天'이라 고치고 초암에서 동혈로 이주하여 거처하였다. 이 양명소동천은 그가 기거하는 집이었고 또한 수련하는 장소였다.

그는 석동石洞으로 이주하여 거처한 생활을 다음과 같은 시에서 읊었다.[27]

---

27 『거이집居夷集』 권2 「시득동동수개위양명소동천始得東洞遂改爲陽明小洞天」, 「이거양명소동천

비로소 동동을 얻어 마침내 고쳐서 양명소동천으로 삼다

始得東洞遂改爲陽明小洞天

높은 산들이 용장으로 모이고	群峭會龍場
깃털 긴 꿩들이 사방에 모여드네	戢雉四環集
가까이 가보면 남은 경치가 있고	遍觀有遺觀
멀리서 보면 자못 충분하지 않네	遠覽頗未給
계곡을 찾아 깊은 숲을 지나고	尋溪涉深林
가파른 산을 오르고 낮은 습지로 내려가네	陟巇下層隰
동봉엔 총석이 빼어나서	東峰叢石秀
홀로 지는 해를 깔보네	獨往凌日夕
절벽 동굴엔 덩굴이 휘감고	崖穹洞蘿偃
이끼는 미끄러워 좁은 길 더듬어가네	苔滑徑路澁
달은 돌문 사이로 비치고	月照石門開
바람은 나그네 옷에 부네	風飄客衣入
기대어 엿보니 산 동굴이 어둡고	依窺嵌竇玄
굽어서 엿들으니 어두운 곳에서 샘물 흐르네	俯聆暗泉急
흡족한 마음에 맑은 밤을 즐기고	愜意戀淸夜
다채로운 경치는 나그네 번민을 잊게 하네	會景忘旅邑
바위엔 송골매 선명하게 뒤집고	熠熠巖鶻翻
풀벌레는 처량하게 우네	凄凄草蟲泣

移居陽明小洞天」. 「이거양명소동천」 세 수는 『왕양명전집』 권19에 '시득동동수개위양명소동천始得東洞遂改爲陽明小洞天'이라는 제호로 되어 있는데 잘못이다.

증점의 노래는 기수의 벗을 그리워하고	點詠懷沂朋
공자의 탄식은 진나라의 노에 막혔네	孔嘆阻陳桴
머뭇거리다 또 돌아가 쉬니	躊躇且歸休
서리와 이슬 미치게 하지 말라	毋使霜露及

양명소동천에 옮겨와 거주하다　　　　　移居陽明小洞天

낡은 동굴 황폐하고 후미져서	古洞閟荒僻
기다렸다는 듯 비어 있네	虛設疑相待
우거진 풀 헤치고 돌계단을 올라	披萊歷風磴
옮겨와 거주하니 쾌적하고 그윽하네	移居快幽塏
바위굴에서 밥을 해 먹고	營炊就巖竇
돌무더기 의지하여 침상을 놓았네	放榻依石壘
구멍을 막고 연기를 피워 두루 손보고	穹室旋薰塞
평평한 구덩이를 깨끗이 쓸고 닦네	夷坎仍掃灑
책은 아무렇게 쌓여 있고	卷帙漫堆列
술잔과 항아리에 빛이 어리네	樽壺動光彩
오랑캐 땅에 산다고 어찌 누추하랴!	夷居信何陋
평안하고 담담한 마음 이에 있으니	恬淡意方在
어찌 고향을 그리워하지 않으랴만	豈不桑梓懷
지금 이 처지도 애오라지 후회가 없네	素位聊無悔

| 아이 종이 말하네 | 童僕自相語 |
| 동굴에 사는 것도 나쁘지 않다고 | 洞居頗不惡 |

집을 지음에 힘들이지 않고 人力免結構

저절로 이루어져 뚫고 새기고 할 것도 없네 天巧謝雕鑿

맑은 샘물은 부엌가로 흐르고 淸泉傍廚落

푸른 안개 둘러서 장막이 되네 翠霧還成幕

우리는 날마다 즐겁게 놀고 我輩日嬉偃

주인님은 저절로 유쾌하니 主人自愉樂

비록 병기로 호위하는 영화는 없지만 雖無棨戟榮

속세의 시끄러움 멀리 할 수 있다네 且遠塵囂聒

다만 걱정은 서리나 눈이 쌓일 때 但恐霜雪凝

짙은 구름 속에 솜옷이 엷은 것이라오 雲深衣絮薄

내 듣고 빙그레 웃네 我聞莞爾笑

두루 널리 생각하는 네 말이 부끄럽다 周慮愧爾言

아득한 옛날 나무 둥지나 굴에서 살 때 上古處巢窟

땅을 파서 술을 담고 손으로 움켜 마셨다 抔飮皆汚樽

추위가 극에 이르면 양이 안에 엎드리고 沍極陽內伏

바위굴엔 겨울 볕이 많이 들었다 石穴多冬暄

표범은 숨어서야 비로소 무늬가 윤택하고 豹隱文始澤

용은 틀어박혀서 도리어 몸이 보존되느니라 龍蟄身乃存

어찌 몇 자 서까래 집과 豈無數尺椽

가벼운 갖옷이 없다고 내 따뜻하지 않으랴? 輕裘吾不溫

안연은 이미 아득히 멀어졌어라 邈矣簞瓢子

이 마음 더불어 논하기에는! 此心期與論

양명이 바위굴을 거주지로 선택한 것은 결코 용장역이 궁핍하여 그가 살 만 한 집을 구하지 못하기 때문이 아니며, 또한 그 지역의 묘족 인민이 몽매 하여 흙을 이기고 나무를 얽어서 집을 지을 수 없었기 때문도 아니며, 더욱 낭만적으로 상고의 선민先民이 동굴과 들에서 살던 생활을 본받으려고 하였 기 때문이 아니라 그 스스로 '양명산인'으로서 '표범처럼 무늬를 숨기어 비로 소 윤택하고 용처럼 칩거함으로써 몸을 보존하려' 하였기 때문이다. 그가 동 동의 이름을 '양명소동천'으로 고친 것으로 보아 분명히 그는 소흥의 양명동 에서 행했던 것처럼 양명소동천에서도 단정히 거처하고 정좌하여 '묵좌징심', '진공련형법'의 수련을 진행하고자 하였던 것이다.

　　황관은 「양명선생행장」에서 다음과 같이 말한다.

> 공은 일체 득실과 영욕을 모두 초탈하였으나 오직 생사의 일념은 오히려 마음에서 떠나보내지 못하였다. 이에 석곽石廓을 만들고서 스스로 맹서하 기를 "나는 이제 오로지 죽음을 기다릴 뿐이니 다시 달리 무엇을 계획하겠 는가?" 하고서 밤낮으로 단정하게 거처하고 묵묵히 앉아서 마음을 맑게 하 고 사려를 정밀하게 하되(端居默坐, 澄心精慮) 정일精一한 가운데에서 추구하 였다.[28]

　　여기서 말하는 '석곽'이란 바로 양명소동천의 바위굴을 가리키며, "단정히 거처하고 묵묵히 앉아 마음을 맑게 하고 사려를 정밀하게"라고 한 것은 바위 굴에서 '묵좌징심', '정입요명'의 수련을 행한 일을 가리킨다.[29]

---

28 『왕양명전집』 권38 「양명선생행장」.

29 『왕양명전집』 권33, 전덕홍의 「양명선생행장」에서도 다음과 같이 말한다. "이때 유근의

양명은 정좌하여서 도인수련을 하기 위해서 아주 빨리 양명소동천 부근에 바위 동굴을 하나 찾아냈는데 널찍하고 높고 깊어서 백 사람이 앉을 만하였다. 그는 곧 바위 동굴의 이름을 '완역와玩易窩'라 붙이고 동굴의 바위에 '양명완역와陽明玩易窩'라는 다섯 글자를 새겼으며, 동굴 입구에도 '양명소동陽明小洞'이라는 넉 자를 새겨서 이 바위굴이 이미 그의 '역'을 완상하고, '역'을 운용하는 양명동이며, 또 그가 정좌하여서 마음을 맑게 하고 수련하는 양명동임을 밝힌 것이다.

도교의 내단학內丹學은 본래 '역'학의 괘효 사상체계를 취해 세워진 것이다. 완역와에서 양명이 기묘하게도 '역'을 사용하고 '역'을 점치는 것을 정좌수련의 실천과 결합함으로써 유가의 '역'의 학문이 도교의 내단 수련의 학문과 하나로 감쪽같이 엮이게(珠聯合璧) 되었다. 그는 「완역와기玩易窩記」를 지어서 다음과 같이 말한다.

> 양명자陽明子는 오랑캐 땅에 거주하면서 산기슭의 굴(窩)을 파고(穴) 그 속에서 『역』을 읽었다. 아직 『역』을 터득하지 못하였을 때는 우러러 생각을 하였고 굽어서 의심을 하였는데, (『역』이) 크게는 우주(六合)를 포함하고 작

원한이 아직 풀리지 않아서 스스로 득실과 영욕을 모두 초탈하였으나 오로지 생사 일념에서 오히려 벗어나지 못함(未化)을 깨닫고 이에 석곽石槨을 만들어서 스스로 맹서하기를 '나는 오직 명을 기다릴 뿐이다.'라고 하였다. 밤낮으로 단정하게 거처하며 맑고 묵묵하게 하여 정일함을 추구하였는데, 오래되자 가슴속이 깨끗해졌다." 여기서는 고의로 '석곽石廓'을 '석곽石槨'으로 잘못 고쳤는데(*뜻이 통하지 않는다) 사람들로 하여금 석곽石槨(*석관石棺)으로 오인하게 한 것이다. 나중에 양명이 스스로 석관을 만들어 그 속에 누워서 생사의 감각을 체험했다는 괴이한 설이 전해졌으니 매우 황당무계하다고 할 수 있다. 500년 동안 양명을 신비화하여 '신기한 성인(神奇聖人)'이라고 여긴 것이 대체로 모두 이와 같다. 그러나 양명을 누추하게 만든 것을 면하지 못한다.

게는 아무리 미세한 것이라도 담고 있어서 (구체적으로) 무엇을 가리키는
지 망연하여 마치 한 그루 나무처럼 고립되었다(丞六合, 入無微 茫乎其無所
指 孑乎其若株). 혹시라도 터득한 것이 있으면 물결이 터지듯 시원하게 풀
리고 밑바닥까지 명료해져서 잡초가 우거진 진흙탕에서 빠져나와 정화精
華로 들어갔는데 마치 진상을 본 것이 있으나 그 까닭을 아무것도 알지 못
한 듯하였다. 터득하여서 완상하니 유연하게 쉬는 것과 같고, 충만하여서
기뻐하게 되며, 뭉게뭉게 일어서 봄에 생기가 도는 것과 같았다. 정밀하고
거친 것이 하나가 되고 바깥과 안이 합하며(精粗一外內翕) 험한 곳을 보기
를 평탄한 곳처럼 보였으나 평탄한 곳이 험한 곳인 까닭을 알지 못하였다.
이에 양명자가 책상을 어루만지면서 탄식하기를 "아! 이것이 옛날 군자가
(『역』을 탐구하느라) 수노囚奴가 됨을 달게 여기고, 붙잡혀 구속됨을 잊어버
리고(甘囚奴, 忘拘幽), 늙음이 장차 이르는 것도 알지 못한 경지이다! 나는 내
몸을 마칠 곳을 알았다."라고 하였다. 그 굴을 '완역玩易'이라 부르고 ……
나에게 수십 년을 빌려주어 『역』을 배운다면 또한 크게 잘못이 없게 될 것
이다![30]

양명은 완역와에서 스스로 "수노가 됨을 달게 여기고, 붙잡혀 구속됨을
잊어버리고" 역의 괘를 부연한 주 문왕으로 간주하였다. 그러나 그가 『역』
을 완상하고 『역』을 이용하는 일은 도리어 그의 정좌 도인의 수련을 실천하
는 가운데 실현되었다. 그리하여 '상하사방의 우주와 모든 미세한 문제에까
지 깊이 파고들었으나 가리키는 바가 없는 것처럼 망연하였고 마치 한 그루
나무처럼 고립되고' 마지막으로 "정밀하고 거친 것이 하나가 되고 바깥과 안

---

30 『왕양명전집』 권23 「완역와기玩易窩記」.

이 합해지는" 수련의 경계(*만물은 한 몸이며 나와 도는 하나로 합한다[萬物一體, 我道合一])에 도달하였다. 이는 또한 직접 그의 '용장의 깨달음'을 열어젖힌 마음의 열쇠가 되었다. 작디작은 완역와와 양명소동천은 그가 정좌 수련하는 동천복지일 뿐만 아니라 그가 경전을 읽고 도를 추구하며, 송유宋儒의 학을 반성하고 심학을 돈오하는 정신적 소요유逍遙遊의 천지였다. 그는 나중에 「오경억설서五經臆說序」에서 말하기를 "용장 남쪽 오랑캐 땅 첩첩한 산속에 거처하면서 책(書卷)을 손에 잡을 수가 없어서 날마다 바위굴(石穴)에 앉아 옛날 읽은 글을 묵묵히 기억하여서 기록하였다."[31] 하였는데, '바위굴'은 바로 완역와와 양명소동천을 가리킨다. 그의 『오경억설五經臆說』은 바로 완역와와 양명소동천에서 쓴 것이며, 그의 '용장의 깨달음'도 완역와와 양명소동천에서 '날마다 바위굴에 앉아', '마음을 맑게 하고 사려를 정밀하게' 하는 가운데 활연히 돈오한 것임을 알 수 있다.

나중에 황관은 「양명선생행장」에서 양명이 바위굴에서 마음을 맑게 하고 사려를 정밀하게 하여서 크게 깨달은 내막을 다음과 같이 기록하였다.

바로 석곽을 만들어 …… 밤낮으로 단정하게 거처하고 묵묵히 앉아서 마음을 맑게 하고 사려를 정밀하게 하되 정일한 가운데에서 추구하였다. 어느 날 저녁, 홀연 크게 깨닫고서 마치 미친 사람처럼 들뛰었다. 기억하던 오경의 말씀을 가지고 입증하였는데 하나하나 서로 딱 들어맞았으나 오직 회암 晦庵(주희)의 주소注疏와는 서로 어긋났다. 늘 마음속에 이리저리 생각하고서 이에 「오경억설」을 지었다.[32]

---

31 『왕양명전집』 권22 「오경억설서五經臆說序」.

32 『왕양명전집』 권38 「양명선생행장」.

그러나 용장역에 폄적된 양명은 개인적으로 도를 닦고 스스로 깨달으려는 신념을 품었을 뿐만 아니라 더욱이 백성을 위하고 오랑캐 땅에 거처하면서 풍속을 교화하려는 '군자유君子儒'의 지향을 품었다. 그는 '성현의 학'을 제창하여 천하에 이름을 떨친 이학가로서 폄적되어 용장역에 왔으므로 귀주지방의 관리와 백성의 입장에서는 저절로 양명이 남쪽 오랑캐의 민간에 학문을 강론하고 학문을 가르치며 제생諸生을 배양하고 백성을 교화하며 중원의 문화를 널리 전파할 수 있기를 가장 희망하였다. 이는 바로 양명이 오랑캐 땅에 거처하면서 풍속을 교화하려는 지향 및 포부와 들어맞았다. 그리하여 양명이 용장역에 도착한 지 겨우 한 달, 4월에 이르러서 역 소재지 오랑캐 백성이 양명을 위해 용강서원龍岡書院을 짓고 양명을 청하여서 서원의 교육을 주관하게 하였다. 용강서원은 용강산龍岡山 아래 있으며 서원에는 서원西園을 세웠는데 양명이 기거하는 장소였다. 그는 초암에서 이 서원으로 이사한 뒤 마침내 생활의 안정을 찾았다.

그는 「용강신구龍岡新構」와 「서쪽 동산(西園)」을 지어서 용강서원의 서원에서 꾸려가는 생활을 다음과 같이 영탄하였다.[33]

용강신구	龍岡新構

여러 오랑캐가 청하기를 나의 혈거가 자못 음습하니 작은 여막을 지으라고 하였다. 흔연히 일을 하였는데 한 달이 못 되어 완성하였다. 제생이 듣고 역시 모여와서 이름을 '용강서원'이라 하고 그 헌을 '하루'라고 하기를 청하였다.

---

33 『왕양명전집』 권19 「용강신구龍岡新構」, 「서원西園」.

諸夷以予穴居頗陰濕, 請構小廬. 欣然趨事, 不月而成. 諸生聞之, 亦皆來集, 請名龍岡書院, 其軒曰何陋.

적거에서 애오라지 잠시 쉬고　　　　　　　　謫居聊假息

거칠고 더러운 땅도 모름지기 다스려야 하네　荒穢亦須治

산을 뚫고 풀과 나무를 베어내고　　　　　　鑿巇薙林修

작은 집을 지으니 절로 운치가 있네　　　　　小構自成趣

창을 여니 먼 봉우리가 들어오고　　　　　　開窗入遠峰

사립문을 달아서 깊은 숲으로 나가네　　　　架扉出深樹

언덕배기 오두막집은 굽어보니 구불구불하고　墟寨俯逶迤

대나무는 서로 얽혀 그늘을 드리우네　　　　竹木互蒙翳

밭두둑엔 나물 심고 물 대고 김매고　　　　　畦蔬稍漑鋤

온갖 꽃과 약초도 심네　　　　　　　　　　花藥頗雜蒔

잔치를 차림은 어찌 나만 위한 것이겠나!　　宴適豈專予

오는 사람 함께 쉴 수 있다네　　　　　　　來者得同憩

고대광실로 아름다운 것은 아니나　　　　　輪奐非致美

쉽게 무너지게 하지 말라　　　　　　　　　毋令易傾敝

농한기에 지붕을 이어　　　　　　　　　　營茅乘田隙

열흘 만에 비로소 그럭저럭 갖추었네　　　　洽旬始苟完

처음에는 그저 비바람만 막을까 했는데　　　初心待風雨

낙성하니 도리어 보기에도 아름답구나　　　落成還美觀

호미로 거친 풀을 뒤집어 길을 열고　　　　鋤荒旣開徑

울타리를 치고 동산을 손보네　　　　　　　拓樊亦理園

처마는 낮아서 소나무 가지 늘어지는 것을 막고	低簷避松偃
성긴 땅에는 대나무 뿌리 뻗네	疏土行竹根
담장 아래 가시는 베지 말지니	勿剪墙下棘
묶어서 늘어놓아 울타리를 삼을 수 있네	束列因可藩
숲속 넝쿨을 걷어내지 말라	莫撷林間蘿
구름 속 다락집 무성히 덮어 가리도록	蒙籠覆雲軒
본디 농사짓고 채소 가꾸는 걸 배우지 않았으나	素缺農圃學
이 일로써 깊은 이치를 터득하네	因兹得深論
하찮고 비루한 일로 여기지 말라	毋爲輕鄙事
내 도는 본디 여기에 있나니	吾道固斯存

서쪽 동산	西園

동산이 한 뙈기도 되지 않는데	方園不盈畝
채소와 꽃이 자못 줄지어 자라네	蔬卉頗成列
시냇물 끌어들여 물 대기 면하고	分溪免甕灌
울타리 보수하여 돼지를 막네	補籬防豕蹢
우거진 풀을 조금씩 베어 태워버리고	蕪草稍焚薙
맑은 비는 밤들자 개네	清雨夜來歇
산뜻하게 새잎 우거지고	濯濯新葉敷
반짝반짝 밤 꽃이 피네	熒熒夜花發
호미 내려놓고 무성한 그늘에서 쉬고	放鋤息重陰
한가하게 옛 책을 뒤적이네	舊書漫披閱
느른하면 대나무 아래 바위에 눕고	倦枕竹下石

깨어나면 소나무 사이 달을 바라보네	醒望松間月
일어나면 한가히 거닐며 노래하고	起來步閑謠
저녁에는 처마 아래 술자리 벌이네	晩酌簷下設
잔뜩 취한 뒤엔 풀밭에 자리 깔고 누워	盡醉卽草鋪
이웃집 노인과 인사도 잊어버리네	忘與鄰翁別

'용강'은 제갈량이 은거한 와룡강臥龍岡의 이야기에서 따온 것으로, 양명은 스스로 공명孔明에 견주려는 뜻이 있었으니 용강산 아래에 숨어서 허유許由·자유子游(B.C.506~B.C.443)·안회顏回(B.C.521~B.C.481)·관중管仲(?~B.C.645)·악의樂毅·방통龐統(179~214)과 같은 사람이 되고자 하였다.

오랑캐 땅을 고향처럼 여기고 오랑캐 땅에 거처하는 누추함을 알지 못하여서 그는 「용강의 만흥, 다섯 수(龍岡漫興五首)」를 지어서 그 속에 진정한 뜻을 표현하였다.[34]

만 리 황량한 남쪽 나라에 들어왔는데	投荒萬里入炎州
도리어 낮은 관직으로 자유를 얻어 기쁘네	却喜官卑得自由
마음은 오랑캐 땅에 있어도 무엇이 누추하랴?	心在夷居何有陋
몸은 낮은 직책에 묻혀 있어도 우환을 잊지 못하네	身雖吏隱未忘憂
봄 산에 좋은 옷 입고 때로 찾아다니고	春山卉服時相問
눈 내리는 산채에 남여 타고 홀로 노니네	雪寨藍輿每獨遊
쟁기와 호미 잡고 허유를 따를까 하고	擬把犁鋤從許子
고를 타고 노래하는 자유子游를 그만두게 하네	謾將絃誦止言游

---

34 『왕양명전집』 권19 「용강만흥오수龍岡漫興五首」.

쓸쓸한 나그네 신세 초당에 맡기고	旅況蕭條寄草堂
처마에 해 떨어지니 저절로 처량하네	虛簷落日自生凉
화사한 봄은 아련한 풍광과 함께 끝나고	芳春已共煙花盡
초여름 문득 초목이 자람에 놀라네	孟夏俄驚草木長
천 길 절벽엔 짙은 구름 서리고	絶壁千尋凌杳靄
깊은 벼랑엔 유월에 얼음과 서리 녹지 않았네	深厓六月宿冰霜
인간세에 공자 같은 어른이 없었더라면	人間不有宣尼叟
신정이 굳세지 않은 줄 누가 믿으랴?	誰信申棖未是剛

길은 궁벽하고 관직은 낮은데 병으로 더욱 한가하고	路僻官卑病益閑
텅 빈 숲에 오로지 새소리 간간이 들리네	空林惟聽鳥間關
이곳엔 의약 없어 서책에 의지하고	地無醫藥憑書卷
오랑캐 땅에 있으나 고향에 있는 듯	身處蠻夷亦故山
세상에 쓰여서는 이윤의 부끄러움 생각하고	用世謾懷伊尹恥
고향을 생각하니 노래자의 색동옷만 절실하네	思家獨切老萊斑
꿈에도 아무 일 없어 기뻐함은	夢魂兼喜無餘事
다만 야계가 순수 물굽이에 있으니	只在耶溪舜水灣

와룡은 한번 떠난 뒤 소식이 없고	臥龍一去忘消息
천년 용강은 이름만 떠들썩하네	千古龍岡漫有名
초가집에선 누가 스스로를 관중과 악의에 견주었나?	草屋何人方管樂
뽕나무 사이에선 함지와 육영을 듣는 이 없네	桑間無耳聽咸英
강가 모래톱엔 아득히 구름 속 나는 새의 자취 남았고	江沙漠漠遺雲鳥
초목은 소슬하여 군사를 움직이는 듯	草木蕭蕭動甲兵

녹문의 방 처사(방덕공)와 함께	好共鹿門龐處士
깊은 산에 들어가 약초 캐기를 기약하네	相期採藥入靑冥
돌아가자꾸나! 내 도는 창랑에 있으니	歸與吾道在滄浪
안연이 딱따기 치는 일로 바쁜 적 있었던가?	顏氏何曾擊柝忙
한 자를 굽힘은 현자의 일 아니며	枉尺已非賢者事
바퀴장이는 한갓 옛사람을 비평했네	斲輪徒有古人方
흰 구름 이는 저녁 바위 동굴로 돌아갈 생각하고	白雲晚憶歸巖洞
푸른 이끼는 봄철에 석상을 덮었네	蒼蘚春應遍石牀
봉우리 꼭대기 흰 쌍학에 말을 전하네	寄語峯頭雙白鶴
촌사람 오랫동안 용장에서 썩을 수는 없다고	野夫終不久龍場

용강서원에 하루헌何陋軒·군자정君子亭·빈양당賓陽堂을 지었다. 서원에 배우러 오는 제생을 위해 지은 이 건물들은 '군자'를 양성한다는 서원 교육의 종지를 선명하게 드러내어 밝혔다. 하루헌은 제생이 모여서 도를 묻는 장소인데 그 이름은 양명이 붙였으니 이는 공자의 "군자가 (*구이九夷에) 거한다면 어찌 누추함이 있겠는가?"[35]라고 한 사상을 발휘한 것이다.

그는 「하루헌기何陋軒記」 한 편을 지어서 제생에게 보여주면서 다음과 같이 말하였다.

…… 와서 노니는 학사學士들이 역시 조금씩 이곳에 모여들었다. 나의 하루헌에 오는 사람들은 번화한 도시(通都)를 보듯이 하였고 나 또한 내가 오

---

35 『논어』 「자한子罕」. 子欲居九夷. 或曰, 陋如之何. 子曰, 君子居之, 何陋之有.

랑캐 땅에 거함(居夷)을 잊어버렸다. 이로 인해 '하루何陋'라고 이름을 붙였는데 이로써 공자의 말씀을 확신한다. 아! 제하諸夏가 성대하였을 때 그 전장典章, 예악禮樂을 역대 성인이 닦아 전하였으나 오랑캐는 그렇게 하지 못하였으니 오랑캐를 누추하다고 하는 것은 본디 마땅하다. 후세에 (제하는) 도덕을 멸시하고 오로지 엄격한 법령을 적용하며 수색하고 붙잡아 묶어두는 기술을 다 쓰고 교활하고 간사함이 이르지 않는 곳이 없어서 웅혼하고 질박한 성품이 다 없어졌다. 오랑캐 땅의 백성은 바야흐로 쪼지 않은 박옥璞玉, 먹줄을 받지 않은 원목과 같아서 비록 거칠고 완고하고 뻣뻣하나 오히려 몽치로 쪼고 도끼로 다듬을 수 있으니 어찌 누추하다 하겠는가! 이것이 공자가 이른바 '거하고 싶다(欲居)'고 한 까닭인가![36]

양명의 관점에서 볼 때 중원의 화하華夏는 전장과 예악의 문명이 찬란하고 성대하였으나 다만 옛날부터 지금까지 권력자들은 도덕을 멸시하여 저버리고, 오로지 법령만 따르고, 전제와 독재를 자행하고, 법망이 엄격하고 가혹하여서 백성을 죽이고 잔인하게 대하는 권모술수를 극진히 사용하고, 사람의 마음이 궤휼을 일삼고 간사하고 교활하여서 웅혼하고 질박함을 다 잃어버리고 예의의 풍속이 이미 추악하고 누추해졌다. 그러나 변방의 오랑캐는 도리어 원시의 순박한 기풍을 아직 간직하고 있고 순박한 천성이 남아 있어서 계몽하고 교화할 수 있으며 예의를 행하고 풍속을 변화시킬 수 있으니 무슨 누추함이 있겠는가! 그러므로 군자가 구이九夷에 거주하고자 하는 까닭은 오랑캐 땅에 거하고 백성의 교화를 낙으로 삼으려는 것이기에 오랑캐 땅과 백성과 풍속을 '누추하게' 보지 않는다.

---

36 『왕양명전집』 권23 「하루헌기何陋軒記」.

양명은 곧 군자정에 '군자'를 상징하는 대나무를 사방에 심고 또 「군자정
기君子亭記」 한 편을 지어서 한 걸음 더 나아가 군자가 오랑캐 땅에 거하면
누추하지 않다는 사상을 발휘하여서 오랑캐 땅에 거하는 군자의 4대 품격을
다음과 같이 제시하였다.

　　…… 대나무에는 군자의 도가 넷이 있다. 가운데가 비어서 고요하고 통하
되 간격이 있으니 군자의 덕德이 있다. 바깥은 마디가 있으면서 곧고 사철
을 두고 줄곧 가지와 잎이 변함이 없으니 군자의 절조(操)가 있다. 경칩이
되면 싹이 나오고 삼복을 만나면 숨으며 비가 오나 눈이 오나 흐리거나(晦)
맑거나(明) 마땅하지 않은 바가 없으니 군자의 시중時中이 있다. 맑은 바람
이 불어올 때면 옥 같은 소리가 살랑거리니 「채제采齊」에 적중하고 「사하
肆夏」에 부합하여 겸손하게 읍하고 조아리며 우러르는 모양이 마치 수사洙
泗의 여러 현자가 모여 있는 것과 같다. 또한 바람이 그치고 자연의 소리
(籟)가 고요해지면 빼어나게 홀로 서서 휘지도 굽히지도 않으니 마치 순임
금(虞) 조정에서 여러 제후가 단복端服을 입고 면관冕冠을 쓰고 홀笏을 바르
게 쥐고서 전당의 계단 곁에 서 있는 것과 같으니 군자의 용모(容)가 있다.
대나무에는 이 네 가지가 있기에 '군자'라는 이름을 붙이니 그 이름에 부
끄럽지 않다. …… 문인이 말하기를 "선생님께서는 (대나무로) 스스로를 말
씀하신 것입니다(自道). 제가 보기에 선생님께서 이 정자에 거하심은 경건
을 지니고서 안을 곧게 하시고, 텅 비고 고요하여 어리석은 것 같으니 군
자의 덕이 아닙니까? 어려움(屯)을 만나 두려워하지 않으며 곤경(困)에 처
하여 형통하니 군자의 절조가 아닙니까? 예전에는 조정에서 행세하였으나
지금은 오랑캐 땅에서 행세하며 상황(物)에 순응하여 합당하게 행하며 비
록 정해진 법도를 지키되 얽매이지 않으니 군자의 시중이 아닙니까? 교제

는 느긋하고 여유로우며(翼翼), 처세는 조화롭고 온화하며(雍雍), 뜻은 평담
하되 게으르지 않고, 기운은 화평하되 공손하니 군자의 용모가 아닙니까?'
라고 하였다. 양명자가 말하기를 "······ 옛날 부자께서 말씀하시지 않았던
가? '너는 군자다운 선비가 되고 소인다운 선비가 되지 말라(汝爲君子儒, 無
爲小人儒).' 하고. 내가 대나무로 정자의 이름을 붙인 까닭은 대나무의 의미
를 따른 것이다."라고 하였다.[37]

양명이 말하는 '군자'는 바로 군자다운 선비를 가리킨다. 그는 스스로 이
러한 군자다운 선비가 되기를 기약하였다. 그가 오랑캐 땅에 있는 서원에서
교육을 주관하고 학문을 강론한 것도 이러한 군자다운 선비를 양성하기 위함
이었다. 서원에 있는 '군자정'은 군자다운 선비를 성취하는 숭고한 상징이었
다. 양명이 묘사하는 이러한 위대하고 뛰어난 군자다운 선비는 경건을 지니
고서 안을 곧게 하며, 텅 비고 고요하여 어리석은 것 같으며, 어려움을 만나
두려워하지 않으며, 곤경에 처하여 형통하며, 상황에 순응하여 합당하게 행
하며, 정해진 법도를 지키되 얽매이지 않으며, 뜻은 평담하되 게으르지 않으
며, 기운은 화평하되 공손하였다. 사실 양명은 오랑캐 땅에 거하여서 곤경에
처한 폄적된 자의 모습을 자아냈을 뿐만 아니라 더욱이 오랑캐 땅에 거하여
서 풍속을 교화시키는 심학 대유大儒의 모습을 형성하였다.

이러한 군자다운 선비라는 사상을 한층 더 발휘하기 위해 양명은 특별히
서원에 역전驛傳의 빈양당賓陽堂을 짓고 「빈양당기賓陽堂記」 한 편을 지어서
다음과 같이 깊은 뜻을 발휘하였다.

---

37 『왕양명전집』 권23 「군자정기君子亭記」.

역전의 당 동쪽을 '빈양賓陽'이라고 하는데 「요전堯典」의 "뜨는 해를 공경히 인도한다(寅賓出日)."는 뜻에서 취하였으니 지향志向을 말한다. 해를 인도하는(賓日) 것은 희씨羲氏의 직분인데 역전이 그 일을 담당하였다. 역전의 직책은 손님을 맞이하는 일(賓賓)이므로 희씨는 손님을 맞이하는 공경으로 해를 맞이하고, 역전은 해를 맞이하는 공경으로 손님을 맞이한다. 그런데 빈일賓日이라고 말하지 않는 것은 바로 해가 양에 속하기 때문이다. (양은) 해, 으뜸(元), 선, 길함, 형통한 다스림이 되며, 사람에게서는 군자이니 그 의의가 넓고 다 갖추었다. 군자를 안으로 들이고 소인을 밖으로 내침은 태괘의 의미(泰)이다. (누군가) 말하기를 "손님이 밖에서 오면 역전으로 맞아들임(內)은 장차 군자를 손님으로 맞이하여서 안으로 맞아들이는 것이다. 역전은 군자를 손님으로 맞이하려고 하는데 혹시 그곳에 소인이 있게 되면 어찌하는가?"라고 하였다. (나는) 말하기를 "나는 군자로 알고서 그를 손님으로 맞이할 뿐이다. 나는 군자로 여기어 그를 맞이하는데 손님이 기꺼이 소인이 되려고 하겠는가?"라고 하였다.[38]

역전이 손님을 공경하여 인도하는 것(寅賓)은 희중羲仲이 손님을 맞이하는 공경을 모방하여서 그 직책을 본받은 것이다. 희중은 손님을 맞이하는 공경으로(賓賓之寅) 해를 맞이하고(賓日), 역전은 해를 맞이하는 공경으로(賓日之寅) 손님을 맞이한다(賓賓). 해는 양이며 사람에게서는 군자이므로 역전의 직책은 실제로 군자를 공경스럽게 맞이하는 것이며, 군자를 안으로 들이고 소인을 밖으로 내치는 것이다.

양명은 의도적으로 역전의 빈양당을 서원 안에 건립함으로써 바로 서원

---

38 『왕양명전집』 23 「빈양당기賓陽堂記」.

의 '지향' 역시 군자를 공경히 맞이하고 군자를 양성하며 군자를 안으로 들이고 소인을 밖으로 내치는 것임을 분명히 하였다. 서원의 제생은 날마다 동쪽에서 해가 뜰 때 모두 태양을 향해 해를 맞이하는(賓日) 노래를 불러서 스스로를 배양하여 군자를 성취하려는 '지향'을 견고하게 다지는 취지를 밝히 드러냈다. 양명이 쓴 「하루헌기」·「군자정기」·「빈양당기」 세 기문은 오랑캐 땅에 거하면서 풍속을 교화하고 군자다운 선비를 양성하는 서원 교육의 사상체계를 세운 것이다. 아울러 양명은 이런 의의를 용강서원의 교육 실천에 관철시켰다고 말할 수 있다.

용강서원은 4월에 개학을 하였는데 배우러 오는 제생 대부분은 모두 묘족 학생(學子)이었다. 그러나 그들은 모두 한어漢語를 할 줄 알고 한자를 알았으며 한인 학생과 같았다. 양명은 개학 전례에서 제생을 향해 「교조시용장제생教條示龍場諸生」을 선포하였다. 이는 실제로 양명이 용강서원을 위해 제정한 학규學規로서 입지立志·근학勤學·개과改過·책선責善 등 4대 교조를 정한 것인데, 모두 서원이 군자를 양성하고 제생이 용감하게 군자가 되게 하는 숭고한 교육 목표를 지향하였다.

입지: 군자가 되려는 뜻을 세운다

뜻을 세우지 않으면 천하에 이룰 수 있는 일이 없다. …… 성인이 되려는 뜻을 세우면 성인이 될 것이다. 현자가 되려는 뜻을 세우면 현자가 될 것이다. …… 선을 행하면 부모가 그를 사랑하고 형제가 그를 기꺼워하며 종족과 향당이 그를 공경하고 믿을 것이니 무엇 때문에 착한 일을 하여 군자가 되지 않겠는가?

근학: 군자의 배움을 부지런히 한다

이미 군자가 되려고 뜻을 세웠다면 스스로 마땅히 배움을 일삼아야 한다.

…… 만일 겸손하고 묵묵하게 자기를 견지하며, 무능함으로써 자처하며, 의지를 독실하게 하고 힘써 실행하며, 부지런히 배우고 묻기를 좋아하며, 남의 선을 칭찬하고 자기 실수를 허물하며, 남의 장점을 따르고 자기의 단점을 밝히며, 충직하고 신실하고 즐겁고 평이하며, 겉과 속이 일치하는 자가 있다면 …… 제생이 이를 관찰하면 또한 배움에 종사할 바를 알 수 있다.

개과: 용감하게 군자가 허물을 고치고 날로 새로워지려는 마음을 먹는다

저 허물이란 위대한 현자라도 면할 수 없는 것이지만 (허물이 있더라도) 끝내 위대한 현자가 됨에 문제가 없는 까닭은 허물을 고칠 수 있기 때문이다. …… 다만 하루아침에 탈연히 묵은 오염을 씻어버리면 비록 옛날에는 도적이었다 하더라도 오늘날 군자가 됨에 문제가 없다.

책선: 군자의 충직하고 사랑하는 도를 행한다

선을 책하는 것은 벗의 도이다. 그러나 모름지기 충고하고 잘 이끌어야 한다. 충직과 사랑을 다하되 완곡하게 하여 상대방이 듣고서 따르며 궁구하여 고치며 느낀 바가 있고 노하는 바가 없도록 한다면 이것이 바로 선을 행하는 것일 뿐이다.[39]

일개 서원의 학생이 반드시 군자가 되고자 하는 의지를 다져서 부모형제와 종족, 향당과 돈독하게 화목하고, 뜻을 세워 변하지 않고, 군자의 배움에 부지런하고, 뜻을 돈독하게 하며 힘써 행하고, 부지런히 배우며 묻기를 좋아하고, 충직하고 신실하며 즐겁고 평이하고, 겉과 속이 일치하고, 용감하게 허물을 고치고 착한 데로 옮아가고, 날마다 스스로 새로워지고, 군자의 충직하고 사랑하는 도리를 행하고, 남들과 선을 행하고, 남들을 충직함으로써 책한

---

39 『왕양명전집』 권26 「교조시용장제생教條示龍場諸生」.

다. 이렇듯 양명은 맑고 밝고 어질고 사랑하는(淸明仁愛) '군자다운 선비'의 모습을 만들었던 것이다.

그는 오랑캐 땅의 서원에서 '군자다운 선비'의 문화적 교육을 추진하여서 오랑캐 땅의 오랑캐 백성들 가운데서 '군자다운 선비'의 문화를 전파하는 데 온 마음을 다하였다. 양명은 이러한 '군자다운 선비' 문화의 인격 특징을 두 가지로 지적하였다. 하나는 도를 행함(行道)이고, 둘은 의를 행함(行義)이다.

용강서원을 위해 제정한 교육 규범과 통합하여서 그는 서원의 제생을 위해 특별한 「용장생문답龍場生問答」을 지었는데, 용장생龍場生과의 문답을 작성하고 '군자다운 선비' 문화의 인격적 특징을 다음과 같이 밝혀서 서술하였다.

…… 양명자가 말하였다. "(이곳을 떠나려고 했던 까닭은 예전에는 귀하고 지금은 천해졌기 때문도 아니며 예전에는 내직에 있었고 지금은 외방에 있기 때문도 아니다. 떠나려고 했던 까닭은) 이런 것을 말하는 것이 아니다. 군자가 벼슬하는 것은 그것으로써 도를 행하기 위함이다. 도를 행하지 않고 벼슬을 하는 것은 벼슬을 훔치는 것이다. 지금 나는 도를 행할 수가 없다. 비록 옛날에는 녹을 위해 벼슬하는 경우가 있었으나 독직瀆職을 한 적은 없었다. 소와 양이 잘 자랐다(牛羊茁壯), 회계가 정확하다(會計當也)고 말한 것이 그것인데, 지금 나는 이런 점에 부끄러움이 없지 않다. 녹을 위해 벼슬하는 것은 가난하기 때문이다. 그런데 나는 선대의 밭이 있어서 힘써 경작하면 아침저녁 음식을 충분히 제공할 수 있다. 그대는 내가 도를 위해 벼슬하기를 바라는가, 내가 가난을 위해 벼슬하기를 바라는가?" 용장생이 말하였다. "선생께서 오심은 견책을 받은 것이지 벼슬을 위함이 아닙니다. 자식은 부모에 대해 오직 명을 하시면 따를 뿐이며, 신하가 군주에 대해서도 마찬가지입니다. (군주를 부모와) 똑같이 섬긴다고 말하는 것은 아니나 거스를 수 있

다면 공경하지 않는 것이 아닙니까?" 양명자가 말하였다. "내가 온 것은 견책당한 것이지 벼슬한 것이 아니며, 나의 견책은 벼슬이지 노역이 아니다. 노역을 하는 자는 힘으로써 하고 벼슬하는 자는 도로써 한다. 힘은 굽힐 수 있지만 도는 굽힐 수 없다. 내가 만 리 길을 온 것은 견책을 받은 것이지만 오히려 지켜야 할 직분이 있다. 직책을 벗어날 수 없는 것은 견책을 당했기 때문이 아니다. 군주는 부모와 같아서 한결같이 섬겨야 하는 것은 분명하다. 가까이 나아가 봉양함에 정해진 방소가 있다고(就養有方) 하지 않는가? 오직 명을 좇되 도로써 하지 않으면 이는 첩부妾婦의 순종이지 공경하는 것이 아니다." …… 용장생이 말하였다. "제가 듣기에 현자가 사람에게 유익한 점은 오직 쓰임에 있으니 (쓰임에) 크고 작은 것을 가릴 것이 없다고 합니다. 만약 이와 같다면 역시 이롭지 않음이 있겠습니까?"라고 말하였다. "현자가 세상에 쓰임은 의를 행하기 때문일 뿐이다. 의는 마땅하지 않음이 없으며 이롭지 않음이 없다. 마땅하지 않으면 비록 사업이 광대하다 하더라도 군자는 이롭다고 하지 않는다."**40**

군자다운 선비의 숭고한 인격은 바로 벼슬에 나아가 도를 행하고(出仕行道), 세상에 쓰여서 의를 행하는(用世行義) 것으로 표현된다. 도는 굽힐 수 없으며 오직 의를 따른다. 의는 마땅하지 않음이 없으며 기氣는 빼앗을 수 없다. 이런 사람은 홀로 우뚝 서서 남을 따르지 않고 고결하게 행동하며, 도가 막혔을 때 의를 크게 넓히며, 곤경에 처했을 때 기운을 기르며, 본래 궁핍해도 절조를 지키기에 군자다운 선비의 비극적 인격미의 광채를 번쩍하고 내비춘다.

---

40 『왕양명전집』 권24 「용장생문답龍場生問答」.

양명은 폄적당한 자로서 오랑캐 땅에 거하여 곤경에 처하고 가난함을 편안히 여기고 도를 지킨 자라는 관점에서 볼 때 군자다운 선비의 숭고한 인격이었다. 그리하여 그는 특별히 군자다운 선비가 곤궁하면서도 절의를 지키는 사대부의 지조와 호연한 정기正氣를 강조하였다. 이를 위해 그는 온 마음을 다하여 「사궁현절의론士窮見節義論」이라는 대단한 문장 한 편을 지어서 「용장생문답」의 도를 행하고 의를 지키는 사상을 다음과 같이 한층 더 발휘하였다.

군자의 정기正氣는 또한 불행하게도 격동하는(激) 바가 있다. 저 군자는 정기로써 자기를 지키기에 돌아보아 기꺼이 두드러지게 드러내어(表表) 스스로를 볼 수 있는 것이다! …… 이런 까닭에 군자가 부득이 불행하게도 궁핍한 상황을 만나게 되면 차마 선뜻한 마음으로 자기를 숨기지 못하기에 정기가 격동하는 것이다. 대체로 억누르면 반드시 튕겨나가고 단련하면 반드시 굳세어지며 지키면 더욱 견고해지고 일을 지으면 더욱 높아지니 비로소 이른바 큰 절조(大節)를 온전히 하고 큰 의리를 의지하며 고고하게(落落) 기이하고 위대하여서 높이 뛰어난 품격(品彙)으로 무리들의 위에 뛰어나게 된다. …… 또한 정기가 유행하고 광대하니 오히려 하늘에서는 성신星辰이 되고 땅에서는 하악河嶽이 되며, 사람에게서는 공적과 사업(功業)이 되고 절조와 의기(節義)가 되는 까닭은 무엇 때문인가? 순조로움에 처해 통달하면 정기가 퍼져서 공적이 되고 사업이 되며, 역경에 처해 곤궁해지면 정기가 격해져서 절조가 되고 의기가 된다. 이는 이치가 떳떳한 것이니 족히 괴이하지 않다. …… 맹자가 말하기를 "나는 내 호연한 기를 잘 기른다(我善養吾浩然之氣)." 하였다. 그러므로 약한 사람이 이를 기르면 군셈에 이르고, 부족한 사람이 이를 기르면 충만함에 이른다. 불행히 곤궁함을 만나고 우리 도의 곤액을 당하면 앞에서는 펼칠 수 없고 뒤로는 좇을 수 없으며 왼쪽으로는 당길 수 없고 오른쪽으로는 돌아볼 수 없다. …… 이런 까닭에 몸을 숨기는 것도 가능하고 머리를 부수는 것도 가능하고 피를 뿌리는 것도 가능하고 죽는 것도 사는 것도 살아 있는 것도 없어지는 것도 가능하나 이 기는 빼앗을 수 없다. …… 차라리 절조를 온전히 하여 죽을지언정 절조를 잃고 살지는 않으며, 의를 향하다 망할지언정 의를 등지고 존속하지는 않는다. 이 때문에 정기가 격동한 곳에는 우뚝하고 웅대하며 드높고 툭 트여서 위로는 해와 달과 빛을 다투고 아래로는 산악과 같이 치솟았다. …… 공자가 말하기를 "계절이 추워진 뒤에야 소나무, 측백나무가 나중에 시듦을 안다(歲寒然後知松柏之後凋也)." 하였으니 군자의 절의 또한 곤궁에 이른 뒤에야 나타나는 것이다.[41]

이는 군자다운 선비를 논한, 기운이 크고 굉대한 글로서 양명이 일생 동안 쓴 문장 중에서는 (이런 생각을 진술한 것으로는) 쉽게 찾아볼 수 없다. 「사궁현절의론」에서 양명은 군자다운 선비의 인격적 특징을 정확하게 밝혀 서술하였다. 이는 「용장생문답」의 사상을 한 걸음 더 전석한 것으로서 바로 군자다운 선비의 사상이 용강서원의 교육 실천과 서로 뜻이 통한 것이다. 용강

---

41 전보錢普, 『비선육대가론批選六大家論』 「양명선생론陽明先生論」. "선비가 곤궁하여 절의를 보인다."는 말은 한유韓愈의 「유자후묘지명柳子厚墓志銘」에 나온다. 유종원은 유주 자사柳州刺史에 폄적되었고, 유우석劉禹錫(772~842)은 파주(*귀주貴州 준의遵義) 자사播州刺史에 폄적되었는데, 유종원은 파주가 오랑캐 땅에 있는 곤궁한 곳이라며 조정에 유주와 파주를 바꿔달라고 제안하였다. 이에 한유는 선비가 곤궁하면 절의를 보인다고 칭찬하였다. 양명은 이 「사궁현절의론」을 지어서 은연중에 유종원에 자기 상황을 빗대어서 스스로 오랑캐 땅에 폄적되고 오랑캐 땅에 거하여서 곤궁에 처한 유감有憾을 표현한 것임을 알 수 있다. 이 글은 양명이 용장역에 폄적되었을 때 지은 것임을 분명히 알 수 있다. 이 글과 「용장생문답」의 논한 바가 완전히 서로 같음을 근거로 고찰할 때 아마도 이 두 글은 동시에 지어졌으며, 모두 용강서원의 교학을 위해 지은 글인 듯하다.

서원에서 그는 '곤궁하여 절의를 나타내는 선비'로 군자다운 선비이며, 스승으로서 군자다운 유생을 교육하였다.

그는 자기와 제생들이 친밀하고 격의 없이 학문을 강론하고 교학상장敎學相長하는 생활을 다음과 같이 시를 지어서 생동감 있게 묘사하였다.[42]

제생과 함께 밤에 앉아서	諸生夜坐
적거의 생활 담담하고 쓸쓸한데	謫居澹虛寂
아득히 함께 노닐던 이들 생각하네	眇然懷同遊
해가 지자 산그늘 저녁 빛이고	日入山氣夕
외로운 정자에서 너른 들을 굽어보네	孤亭俯平疇
풀밭 끝 말 탄 몇 사람	草際見數騎
길을 잡아 나를 찾아오는 듯	取徑如相求
가까워지니 얼굴을 알겠고	漸近識顏面
나무를 사이에 두고 귀인이 타고 온 말 묶어두네	隔樹停鳴騶
고삐를 던져두고 기러기 오리를 들여오고	投轡雁鶩進
가져온 찬합에는 여러 음식 들어 있네	携榼各有羞
밤에 자리 나누어 앉으니	分席夜堂坐
붉은 촛불 빛 맑은 술잔에 어리네	絳蠟清樽浮
고를 타고 또 책장을 넘기며	鳴琴復散帙
투호 놀이에 술잔과 주령酒令이 오가네	壺矢交觥籌
밤에는 냇물에 비친 달을 완상하고	夜弄溪上月

---

42 『왕양명전집』 권19 「제생야좌諸生夜坐」, 「제생래諸生來」.

새벽에는 숲속 언덕을 오르네	曉陟林間丘
어쩌다 촌 늙은이 불러 술을 마시고	村翁或招飲
동구에 온 손님과 함께 그윽한 풍취를 더듬네	洞客偕探幽
강학하고 익힘에 참된 기쁨 있으며	講習有眞樂
담소를 나누니 저속함 없어라	談笑無俗流
기수에 목욕하고 읊조리는 흥을 생각하니	緬懷風沂興
천년을 두고 서로 같은 생각일세	千載相爲謀

제생이 오다 諸生來

대범한 성격 탓에 걸핏하면 재앙에 걸렸는데	簡滯動罹咎
유폐되어서도 요행히 죽음을 면하네	廢幽得幸免
오랑캐 땅에 거하니 풍속은 비록 달라도	夷居雖夷俗
질박한 촌 기풍은 마음에 끌리는 바가 있네	野樸意所眷
부모님 생각에 마음만 괴로워	思親獨疚心
자식 걱정 끼칠까 스스로 견책하네	疾憂庸自遣
문생은 자못 무리 지어 모이고	門生頗群集
술잔을 때로 주고받네	樽斝亦時展
강학하고 익히니 성정이 즐겁고	講習性所樂
외고 문답한 일 다시 마음에 부끄럽네	記問復懷靦
숲속을 거닐다가 물가를 따라가며	林行或沿澗
동구에 노닐고 높은 산을 오르네	洞遊還陟巘
달빛 밝은 정자에 앉아 고를 타며	月榭坐鳴琴
구름 감도는 창 아래 누워 책을 뒤적이네	雲窗臥披卷

담박한 삶은 참된 도리를 자아내고 　　　　　　澹泊生道眞

광달한 행동은 난잡한 연회가 아니라네 　　　　曠達匪荒宴

어찌 반드시 녹문에 거해야만 하랴! 　　　　　豈必鹿門棲

스스로 터득하면 바로 고상한 자취라네 　　　自得乃高踐

역승이라는 낮은 관리가 서원 교육을 맡았다. 양명이 이와 같이 유사儒師
와 제생(*吏民)이 융화하여 함께 처하고 지역에 따라(隨地) 강학을 하는 교육
방법을 채택한 것은 귀주성 전체에 (전례가) 전혀 없었던 신선한 일이었다. 양
명이 용장역에서 서원 교육을 일으킨다는 소식은 매우 빨리 귀양貴陽의 성
성省城에 전해져서 제학부사 모과毛科(1478, 진사)를 깜짝 놀라게 하였다. 5월,
그는 곧 심부름꾼을 보내 양명에게 귀양 문명서원文明書院의 교육을 맡아달
라고 청하였다.

졸암拙庵 모과는 홍치 15년(1502)에 귀주 안찰부사 겸 제학부사로 귀양에
와서 학교와 서원 교육에 힘써왔다. 정덕 원년(1506)에 문명서원을 설립하고,
정덕 3년 5월에 또 문명서원 서쪽에 충렬교忠烈橋와 원속정遠俗亭을 세워서
제학의 분사分司와 문명서원 사이의 도로를 이어지게 하였다. 이때 귀양의
학교 교육은 규모가 상당히 커서 성성의 유학儒學에는 제자원弟子員 170명이
있었고, 무변武弁의 유관幼官이며 관직을 응습應襲할 생도로서 글을 읽고 예
를 익히는 자가 100명에 가까웠다. 사학社學은 24개 처가 있어서 학문을 익
히는 동생童生이 모두 700명이었으며, 서원에 선발되어 들어가서 학업을 익
히는 자가 모두 200명이었다. 성곽 가까운 사학私學에는 중가仲家·채가蔡家·
흘료仡佬·묘자苗子·라라羅羅(롤로)의 유생幼生이 모두 100명이었다. 문명서원
의 교육이 그 가운데서 중요한 지위를 차지하고 있음을 알 수 있다.

그러나 양명은 뜻밖에도 문명서원의 청빙을 완곡하게 거절하고 모과에게

다음과 같이 시를 지어서 회답하였다.[43]

모 졸암이 서원에 초빙을 하였기에 답을 하다   答毛拙庵見招書院

촌사람 병으로 누우니 엉성하고 게으른 성벽이 되고	野夫病臥成疏懶
오랫동안 책을 던져두어 전에 배운 것도 거칠어졌네	書卷長抛舊學荒
어찌 본받을 만한 위의가 있겠는가!	豈有威儀堪法象
초청장이 지나치게 칭송하여 실로 부끄럽다네	實慙文檄過稱揚
거처를 옮기면 곧바로 의원에게 가야 할 텐데	移居正擬投醫肆
자리를 비워도 잇따라 강당을 피하느라 힘드네	虛席仍煩避講堂
내 모범을 따른다면 정녕 얻을 것 없으리니	範我定應無所獲
공연히 선비들로 왕량을 비웃게 할 터이네	空令多士笑王良

양명은 겉으로는 "촌사람 병으로 누우니 엉성하고 게으른 성벽이 되고, 오랫동안 책을 던져두어 전에 배운 것도 거칠어졌네"라면서 초빙을 사양했지만 실제로 진짜 원인은 사주思州의 관원이 용장역에 와서 양명을 모욕하는 사건이 일어났기 때문이다.

6월경에 사주의 관원 한 사람이 용장역을 지나가다가 스스로 당당하게 주부州府의 요원要員이라고 하면서 뜻밖에도 자잘한 역승인 양명에게 무릎을 꿇고 접대하라고 하였다. 역장驛場의 오랑캐 백성과 서원의 제생들은 사주 관원이 이처럼 양명을 능욕하는 것을 보고 분개하여 불평하면서 무리 지어 일어나 이 관원을 구타하였다. 사주의 지부知府 이개李槩가 이 일을 알고서

43『왕양명전집』권19「답모졸암견초서원答毛拙庵見招書院」.

크게 노하여 즉시 귀주 순무 왕질王質에게 통고하였고, 진상을 정확하게 알지 못하는 왕질은 곧 모과에게 명하여 양명에게 귀양 순부巡府로 가서 사죄하게 하라고 통지하였다.

양명은 모과에게 자기를 변론하는 서신 한 통을 써서 사건의 원인과 내막을 다음과 같이 설명하였다.

어제 사람을 보내서 화복禍福과 이해利害로 깨우쳐주시고 또 태부太府로 나아가 사죄를 청하게끔 하셨는데 이는 도의道誼가 깊은 정이 아니면 결코 이렇게 할 수 없습니다. 지극히 감격하여 무어라 말씀드릴 수 없습니다! 그러나 차인差人이 용장에 와서 능욕하고 모욕한 일은 본래 차인이 세력을 믿고 위세를 함부로 부린 것이지 태부에서 시킨 일이 아닙니다. 용장의 여러 오랑캐가 그와 다툰 사건은 본래 여러 오랑캐가 분개하고 불평하여서 그리한 일이지 또한 제(某)가 그렇게 시킨 것이 아닙니다. 그런즉 태부는 애초에 저를 모욕하려 하지 않았고 저 또한 태부에게 오만하게 굴지 않았으니 무슨 죄를 얻었다고 급히 사죄를 청해야 한다는 말입니까? 무릎을 꿇고 절하는 예는 역시 낮은 관리의 떳떳한 분수이니 욕이 될 여지가 없습니다. 그러나 역시 아무 이유 없이 해서는 안 되는 일입니다. 해서는 안 되는 일을 하거나 마땅히 해야 할 일을 하지 않아서 욕을 취한다면 이는 마찬가지입니다. ……

군자는 충신忠信으로써 이익을 삼고 예의로써 복을 삼습니다. 만일 충신과 예의가 있지 않다면 비록 만종萬鍾을 녹으로 받고 후왕侯王의 귀한 작위를 받는다 하더라도 군자는 오히려 재앙과 해로움으로 여깁니다. 만일 충신과 예의가 있는 곳이라면 비록 가슴을 쪼개고 머리를 바수더라도 군자는 이롭게 여기고 행동하며 스스로 복으로 여길 터인데 하물며 떠돌고 쫓겨난 미천한 신분임에 더 말할 나위도 없습니다. …… 만일 태부에서 해를 가하려 하고 저로서는 진실로 받아들여야 한다면 유감이 없다고 할 수 없으며, 만약 제가 받아들여야 할 이유 없이 걸려들었다면 역시 장려瘴癘일 뿐이며 고독蠱毒일 뿐이며 이매망량魑魅魍魎일 뿐이니 제 어찌 이로써 저의 마음을 움직이겠습니까![44]

양명이 역전에 빈양당을 세워서 경건하게 맞이한 것은 바로 군자를 맞이하고 군자를 안으로 소인을 바깥으로 하려 한 것이다. 역참의 낮은 관리를 능욕하여 무릎을 꿇리는 사주 관원과 같은 사람은 소인이며 군자가 아니므로 자연 역참에서 거절을 당하고 서원 제생들에게 구타를 당했던 것이다.

양명은 「시제생유작試諸生有作」 한 수를 지어서 이 사건을 다음과 같이 언급하였다.[45]

취한 뒤 마주 보니 눈이 배나 밝고	醉後相看眼倍明
극히 사랑스러운 시의 품격 사람을 맑게 하네	絕憐詩骨逼人淸
인재들 욕을 당해 내가 참으로 부끄러운데	菁莪見辱眞慙我
긴밀한 우의가 늘 있으니 맹서할 필요 있으랴!	膠漆常存底用盟
푸른 바다 뜬구름에 황량한 곳을 슬퍼하고	滄海浮雲悲絕域
푸른 산 가을 달에 새로운 정 일깨우네	碧山秋月動新情
근심 일 때 한밤중에 느른히 일어나 앉아	憂時謾作中宵坐
우수수 낙엽 지는 소리 함께 듣네	共聽蕭蕭落木聲

---

44 『왕양명전집』 권20 「답모헌부答毛憲副」.

45 『왕양명전집』 권29 「시제생유작試諸生有作」.

"인재들 욕을 당해(菁莪見辱)"라는 것은 바로 사주의 관원이 양명을 능욕한 사건을 말한다. 양명은 이 사주의 관원이 그에게 가한 모욕을 전체 서원의 수많은 학생(莘莘學子)에 대한 모욕으로 간주하였다. 『시경』 「청청자아菁菁者莪」에 "이미 군자를 보니 즐겁고 또 위의가 있네!(旣見君子, 樂且有儀)"라고 한 표현은 군자가 오는 것을 보고 학사學士가 마음으로 기뻐하고 또 예의로써 접대함을 말한다. 그러나 역참에 온 사주의 관원은 군자가 아닌 데다 또한 낮은 관리에게 무릎을 꿇으라고 무례한 요구를 하였다. 이는 심각한 '인재의 모욕(菁莪之辱)'이었고, 제학부사가 된 모과의 명성을 훼손하는 일이었다.

모과가 양명을 초빙하여서 문명서원의 교육을 주관하게 하려던 일은 이로 인해 어그러졌다. 그러나 양명은 다시 요청에 응하여 그를 위해 「원속정기遠俗亭記」 한 편을 써서 '군자의 마음(君子之心)'으로 모과를 깨우치고 '저속함을 멀리하는(遠俗)' 자기 고백을 말하였다.

헌부 모응규毛應奎(모과) 공은 퇴청하여 거처하는(退食) 처소의 이름을 '원속遠俗'이라 하였다. 양명자가 그를 위해 다음과 같이 기문을 쓴다. 습속과 옛 도(古道)는 서로 소장消長하니 더럽고 어수선하고 어지럽고 탁한 것이 멀어지면(遠) 반드시 높고 밝고 맑고 드넓은 것이 그곳에 자리한다(宅). 이것이 '원속'이라는 이름의 유래이다. 그러나 공은 제학提學을 직책으로 삼았고 또 겸하여 옥송獄訟과 군부軍賦를 다스린다. 저 과거를 위한 문장 공부(擧業辭章)는 속유俗儒의 배움이며, 출납 장부와 행정 문서를 기록하고 정해진 시기에 보고하는 것은 속리俗吏의 업무인데 두 가지는 모두 공이 면하지 못하는 일이다. 해야 할 일을 버려두고 "나는 저속함을 멀리한다"고 말한다면 저속함은 멀리하지 못하면서 관직을 비움에 따른 견책은 가까워진다. 군자의 행위는 자질구레한 일상과 부분의 작은 일(微近纖曲)을 멀리

하지 않고서도 성대한 덕이 그곳에 있으며 드넓은 업적이 드러난다. 이 때
문에 그 시를 읊고 그 글을 읽으며 옛 성현의 마음을 탐구하여서 덕을 쌓
고 적용에 통달하면 과거 공부와 문장 공부를 멀리하지 않고서도 옛사람
의 배움을 얻을 수 있다. 이것이 속세를 멀리하는 것일 뿐이다. 공이 공변
됨에 처하고 명료하게 판결하고 너그러움에 거하고 남의 사정을 알아서
행하면 출납 장부와 행정 문서를 기록하고 정해진 시기에 보고하는 일을
멀리하지 않고서도 옛사람의 정사를 얻을 수 있으니 이것이 속세를 멀리
하는 것일 뿐이다. …… 이런 까닭에 구차하게 세속에서 함께하여 통달한
것으로 여긴다면 이는 본래 군자의 행위가 아니며 반드시 세속에서 멀어
져 특이함을 구하는 것은 더욱 군자의 마음이 아니다.[46]

양명은 군자다운 선비의 사상으로써 거듭 새롭게 '원속'의 내포된 의미를
밝혀 풀이하였으며, 또한 모과가 스스로 맑고 고결하고 탈속한 선비의 풍습
이라고 인정한 것을 완곡하게 비평하였다. 7월 그는 귀양으로 직접 가서 순
무 왕질을 만나 진술하고 오해를 풀었다.

문명서원은 멀어서 갈 수 없었기에 양명은 '속세를 교화하려는(化俗)'의
지를 품은 채 '속세와 멀어지지(遠俗)' 않고 계속 용장역 용강서원에서 '옛사
람의 학문(古人之學)'을 가르치고 '옛사람의 정사(古人之政)'를 행하기로 결심하
였다. 그러나 이때 서쪽의 묘족 아가阿賈·아찰阿札의 반란이 일어나서 그가
용강서원 하루헌에 편안히 앉아 '옛사람의 학문'을 강론하도록 놓아두지 않
았다.

---

46 『왕양명전집』 권23 「원속정기遠俗亭記」.

의견을 건의하여 공적을 세운(建言立功) '말의 선비(言士)':
아가阿賈·아찰阿札의 반란 가운데에서

　양명이 폄적당해 거주한 귀주성은 명대 전국 13개 행성行省 중에서 관할 지역이 가장 작고 편성된 호구가 가장 적으며 재정수입이 가장 빈곤한 행성이었다. 이 좁고 긴 고원 산지에서 토사土司의 영지 외에 '생계生界'에 수많은 민족이 잡다하게 흩어져 살면서 번성하고 증가하였다.

　일찍이 원대에 조정에서는 '팔번八番(＊팔성번八姓番)'에 14개 토사를 설치하였는데 그중 10개 토사는 안무사급이었다. 지원至元 연간(1264~1294)에 원 조정은 이족彝族 토사의 반란을 평정하고 팔번 각 토사의 영지를 합병하여서 순원로順元路를 설치하고 토사제도를 추진하였다. 팔번 순원로의 치소治所는 신건新建의 귀주성貴州城(＊귀양貴陽)에 두었으므로 이 순원로를 관할하는 선위사사宣慰使司를 귀주 선위사사로 개칭하였다. 순원로 휘하에는 또 귀주 선위동지宣慰同知를 설치하였는데, 실제로 귀주 선위사와 함께 저마다 관할 지역을 소유하고 각 관서官署와 건제建制를 소유하며, 각 민족에 귀속되어서 대대로 전승되는 두 개의 선위사를 두었다.

　명 초에 이르러 원래 명의 옥진玉珍에 귀속된 귀주 각 토사는 서로 명에 항복하기로 약속하였는데 총 16개의 크고 작은 토사가 네 부류로 나뉘었다.

하나는 파주播州 선위사사이며, 둘은 귀주 선위사사 및 예속된 귀죽貴竹 등 11개 장관사長官司, 셋은 보정부普定府, 넷은 팔번 각 안무사였다.

16개의 토사 중 귀주 선위사 애취靄翠와 귀주 선위동지 송 몽고알宋蒙古歹이 있었다. '애취'는 귀주 선위사사 안씨安氏 가족의 수령을 이족 말로 부르는 명칭이었는데, 훗날 귀주 선위사사는 수서水西 토사라는 별칭으로도 불렸다. '몽고알'은 귀주 선위동지를 몽골어로 부르는 명칭이었다. 성은 송씨이며 한족 토사로서 주원장이 한족 이름을 특별히 흠정하여 하사하였다. 영락永樂 연간(1402~1424)에 귀주 포정사사를 설립할 때 귀주 선위사사와 귀주 선위동지의 직권과 영지는 모두 변동이 없었다. 귀주 선위사사 안씨는 수서 지구를 통할하였는데 48겨레의 묘족 백성을 관할하였다. 귀주 선위동지 송씨는 수동水東 지구를 통할하였는데 수동과 귀축貴築 등 10개 장관사를 관할하였다.

양명이 용장역에 왔을 때 귀주 선위사는 안귀영安貴榮(?~1513)이었고, 귀주 선위동지는 송연宋然이었다. 안귀영은 애취의 손자로, 사향奢香이 죽은 뒤 애취의 아우 안균安均이 계승하였으며 자손은 '안'을 성으로 삼았다.[47] 선위의 관사官司는 귀양성 안에 설치되었는데 안귀영의 장인掌印으로 인해 평상시에는 함부로 수서로 돌아갈 수 없었다. 다만 시간을 안배하여 순력소부巡歷所部에서 공부貢賦의 독판督辦을 윤허할 때 잠시 수서로 돌아가서 인장을 선위동지 송연에게 주어서 대리할 수 있었다.

양명은 원래 조정의 병부주사로서 병법에 정통하였다. 또한 천하에 명성이 자자한 대유학자로서 문무에 통달한 인재였다. 그리하여 양명은 용장역에 오자마자 가장 먼저 안귀영의 주의를 끌었다. 그는 양명이 처음 용장역에 와서 생활이 곤란할 것을 짐작하고 즉시 곡식(粟米)과 고기(肉禽)를 보내고 일꾼

---

47 전여성田汝成(1503~1557)의 『염요기문炎徼紀聞』 권3 「안귀영安貴榮」에 보인다.

을 보내 집을 지어주었다. "창고지기를 시켜서 곡식을 가져다주고 푸주한을 시켜서 고기를 가져다주고 정원사를 시켜서 물 긷고 나무하는 수고를 대신하게 하였다(使廩人餽粟, 庖人餽肉, 園人代薪水之勞)."[48]

그 땅의 영박산靈博山 아래에 오래되고 특이한 상사象祠를 세워놓았는데, 묘족 백성이 우순虞舜의 아우 상象을 신으로 받들어 대대손손 모두 상의 사당에서 순의 아우 '상신象神'에게 제사를 올렸다. 상사는 수리를 하지 않아 오랜 세월이 지나면서 허물어졌다. 안귀영은 묘족 백성의 청을 받아들여 4월에 상사 전체를 복구하여서 일신하고 즉시 사람을 보내 양명에게 상사를 위한 기문을 지어달라고 청하였다.

상은 순舜의 이복동생인데 타고난 성품이 흉악하고 오만했으며 순의 아버지 고수瞽瞍와 함께 여러 차례 순을 죽이려고 하였다. 역사서에서는 "고수는 완악하고 어머니는 어리석었으며 아우 상은 오만하였는데 모두 순을 죽이려고 하였다."[49]라고 하였는데 무엇 때문에 귀주의 묘족 백성은 상신을 숭배하였을까? 안귀영은 양명이 이 역사적인 수수께끼를 풀어주기를 바랐다.

양명은 「상사기象祠記」 한 편을 지어서 인성이 본래 선하다는 것과 인성의 감화라는 시각에서 귀주의 묘족 백성이 상신에게 제사 지내는 이 역사적 현상을 전석하였다. 그는 다음과 같이 해석하였다.

…… 유비有庳의 사당을 당唐 때 사람들이 헐어버렸다. 상의 사람됨(道)은 자식으로서는 불효하였고 아우로서는 오만하였다. 당 때는 배척당했는데 오히려 지금은 존속하며, 유비에서는 헐리었으나 이 땅에서는 오히려 번성

---

48 『왕양명전집』 권21 「여안선위與安宣慰」 서1.
49 『사기史記』 권1 「오제본기五帝本紀」.

하니 어째서 그러한가? 나는 알고 있다. 군자가 어떤 사람을 사랑하면 그 집의 까마귀에게도 사랑이 미치는데 하물며 성인이 아우에 대해서랴? 그런즉 제사의 대상은 순이지 상이 아니다. 생각건대 상의 죽음은 방패와 깃(干羽)을 들고 춤을 추어서 삼묘三苗가 감화하여 이른 뒤의 일일 터이다! 그렇지 않다면 옛날이라고 흉포한 자가 어찌 적었겠는가? 그런데 상의 사당만이 세상에 이어졌으니 내 이에 더욱 순의 덕이 지극하고, 사람들에게 감화함이 깊고, 흘러간 혜택이 멀고 또 오래됨을 알 수 있다. 상이 어질지 않음은 애초에 그러했을 뿐이니 또한 어찌 그가 끝내 순에게 감화하지 않았는지 알겠는가? 『서』에 이르지 않았는가? "능히 효로 화합하여 꾸준히 이끌어서 간사함에 이르지 않게 했는데 고수도 기꺼이 따랐다(克諧以孝, 烝烝乂, 不格奸, 瞽瞍亦允若)."고 하였으니 고수는 이미 교화되어서 자애로운 아비가 되었다. 상은 오히려 공경하지 않아서 화합하지 못하였다. 선으로 나아가도록 다스렸다면 악에 이르지 않은 것이고, 간사함에 이르지 않았다면 반드시 선에 도달한 것이다. 믿을 만하다, 상이 이미 순에게 감화한 것이! 맹자가 말하기를 "천자가 관리에게 그 나라를 다스리게 하여 상은 무슨 일을 할 수 없었다(天子使吏治其國, 象不得以有爲也)."라고 하였다. …… 이에 상이 이미 순에게 감화하였으므로 현자에게 맡기고 유능한 사람을 시켜서 자기 지위를 편안히 누리고 백성에게 혜택을 더욱 베풀었기에 죽은 뒤에 사람이 그를 그리워했다는 것을 알 수 있다. …… 나는 이에 더욱 사람의 본성이 선하며 천하에는 교화할 수 없는 사람이 없음을 믿는다. 그런즉 당 사람은 상의 처음 행위에 근거하여서 사당을 헐어버렸고, 지금 여러 오랑캐는 상이 나중에 감화하여서 뉘우치고 베푼 일을 받들고 있다.[50]

---

50 『왕양명전집』 권23 「상사기象祠記」.

양명이 기문에서 가장 강조한 점은 고상한 '군자'의 덕을 닦고 인을 행하여 지고한 도덕의 경지에 이르는 것인데 이렇게 하면 상과 같이 흉포하고 인仁하지 않은 악한 사람도 감화하여 선으로 향할 수 있다는 것이다. 양명의 「상사기」는 인간의 본성이 선을 향한다는 적극적인 의의를 갖고서 상이 후세에 제사와 숭배를 받게 된 특수한 문화적 현상을 해석하여 묘족 백성이 상신象神에게 제사 지내는 오랑캐 풍토와 토착의 습속에 대한 존중을 표현했는데, 이는 안귀영을 매우 만족시켰다.

안귀영은 즉시 사람을 파견하여서 금과 비단, 안장을 얹은 말로 후하게 사례하였다. 양명은 그에게 다음과 같은 편지를 보내서 완곡하게 사양하였다.

저(某)는 조정에 죄를 짓고서 이곳에 왔으므로 어둡고 험한 깊은 골짜기에 숨어 엎드려서 도깨비들이나 상대하는 것이 마땅합니다. 그러므로 비록 일찍이 사군使君께서 저에게 깊은 후의를 갖고 계시다 들었으나 열흘이 가고 한 달이 지나도록 감히 뵙지 못했으니 매우 오만한(簡傲) 듯합니다. 그러나 허물을 반성하고 마음을 꾸짖으며 스스로 통렬히 자책(削責)하면서 감히 관리(冠裳)와 나란히 자리하지(比數) 못함은 역시 쫓겨난 신하의 예입니다. 사군께서는 저의 잘못을 허물로 여기지 않으시고 창고지기를 시켜서 곡식을 가져다주고 푸주한을 시켜서 고기를 가져다주고 정원사를 시켜서 물 긷고 나무하는 수고를 대신하게 해주셨으니 이 또한 어찌 사군의 의리를 귀하게 여기고 그 정을 믿지 않겠습니까? 저는 오직 죄인이므로 어찌 땅을 지키는 대부를 욕되게 할 수 있겠습니까? 두려워서 감당하지 못하겠기에 곧 예로써 사양한 것입니다. 사군께서는 다시 죄로 여기지 않고 어제 또 금과 비단을 후히 주시고 안장을 얹은 말을 덧붙여서 주시니 예는 더욱 융숭하고 정은 더욱 지극하여서 저는 더욱 두렵고 떨립니다. 이는 사군의 욕을 무겁게 하고 쫓겨난 신하의 죄를 중하게 하는 것이니 더욱 감당하지 못할 바입니다! 심부름꾼이 견결한 터라 물리치지 못하였고 설득을 구하였으나 얻지 못하였습니다. 그만두지 말라 하시면 어려운 형편에 보태주시는 것입니까? 보태주시는 것이라면 또한 받을 수 있습니다. 공경히 쌀 2석을 받고 땔감(柴薪)과 닭과 거위를 보내주신 수효대로 받겠습니다. 금과 비단과 안장을 얹은 말은 사군께서 경이나 사대부와 교제하는 수단이며 쫓겨난 신하에게 이런 물건을 주시는 것은 듣도 보도 못한 놀라운 일입니다. 감히 고사固辭하겠습니다.[51]

양명은 겸손하고 공손하며 예와 공경으로 땅을 지키는 관리를 대하였고, 안 선위는 이로부터 양명을 더욱 공경하고 존중하였으며 신뢰를 가지고 성심으로 자주 정사를 자문하였다.

원래 안귀영은 정덕 2년(1507) 보안普安 향로산香爐山 정벌에 공을 세우고 조정에 청하여서 귀주 포정사우참의右參議를 겸하였는데 그의 마음은 만족하지 않았다. 바로 이때 조정에서는 수서에 군위軍衛를 설치하고 역성驛城을 쌓아서 병사를 주둔시키려는 결의를 하였다가 중간에 비록 중지되었지만 역전驛傳은 여전히 존속하였다. 그는 수서의 한복판에 역위驛衛를 설치하는 일은 두려움과 원한을 품어서 뱃속에 든 근심(心腹之患)으로 보고 곧 이 역위를 줄이거나 폐기할 생각을 하였다. 그러나 마음에 의구심이 일어서 곧 사자를 보내 양명에게 역위의 규모를 줄이는 일의 이해득실을 자세히 물어보았다.

양명은 벼슬길에 나아가려는 안귀영의 간절한 마음을 간파하고 그가 한 지역을 지키는 관원이나 '제후'로서 역위를 마음대로 줄이는 것은 정치 참여

---

51 『왕양명전집』 권21 「여안선위」 서1.

를 간구하는 것과 마찬가지이며, 마음대로 조정의 예법과 제도를 바꾸고 어지럽히는 의롭지 않은 행동이므로 다만 재앙을 초래할 뿐임을 알았다. 그는 안귀영에게 간곡한 편지를 보냈는데 다음과 같이 분석하였다.

> 역참을 줄이는(減驛) 일은 죄인이 감히 간여하여 들을 바가 아닙니다. 사군의 두터운 사랑을 입었고 이어서 보내신 사자가 은밀히 탐문하여 그에 관해 말을 하였는데 제 생각이 사군(左右)에게 이르게 해서는 안 된다고 여겼습니다. …… 무릇 조정의 제도는 조종祖宗 때 정해진 것이라 후세에는 이를 지켜야지 함부로 고쳐서는 안 됩니다. 이런 일이 일어나면 조정에서도 변란으로 여길 터인데 하물며 제후이겠습니까! 조정이 죄로 여기지 않는다 하더라도 유사有司인 자가 법을 집행하여서 구속한다면 사군은 반드시 무익할 것입니다. 가령 요행히 한때나 5, 6년 혹은 8, 9년 면할 수 있고 멀게는 20~30년까지 면한다 하더라도 일을 담당하는 자가 오히려 전장典章을 근거로 후세에 논의할 것입니다. 만약 이렇게 된다면 사군에게 무엇이 이롭겠습니까? 사군에 앞서 한·당 이래로 천 몇백 년 동안이나 토지와 인민의 규모를 개정하지 않았습니다. 이와 같이 오래 지속된 까닭은 대대로 천자의 예법을 지키고 충성을 다하고 힘을 다하여 감히 분촌分寸이라도 어김이 없었기 때문입니다. 이런 까닭에 천자도 예법을 뛰어넘어 까닭 없이 충성스럽고 선량한 신하에게 죄를 줄 수는 없었습니다. 예법을 지키지 않는다면 사군의 토지와 인민이 부유하고 번성해졌을 때 조정에서 다 거둬들여 군과 현으로 나눈다 하더라도 어느 누가 안 된다고 하겠습니까? 역참은 감축할 수도 있고 증치할 수도 있습니다. 역참은 고칠 수도 있고 선위사 또한 혁파할 수도 있습니다. 이로 말미암아 말하자면 (역참과 선위사를 줄이고 혁파하는 일은) 매우 해로울 터인데 사군은 그렇게 생각하지 않습니까?

말씀하신 바, 공을 상주하여 직책을 올려달라고 하는 일은 생각하면 이러합니다. 도적을 제거하여 선량한 백성을 편안하게 어루만지는 것도 땅을 지키는 자의 당당한 직분입니다. 지금 공적을 낱낱이 열거하여서 상을 요구한다면 조정이 평소에 베풀어준 은총과 녹봉과 지위는 장차 무엇을 하려는 것이겠습니까? 사군은 (지금) 참정參政인데 이는 이미 옛날에 설치한 관직이 아닙니다. 그런데 지금 또 끊임없이 벼슬을 구한다면 벼슬 요구가 끝이 없을 터이니 뭇사람이 반드시 참을 수 없게 됩니다. 선위는 땅을 지키는 관리이므로 대대로 토지와 인민을 소유합니다. 그러나 참정이라면 유관流官으로서 동서남북 오직 천자가 시키는 대로 가야 합니다. 조정이 사방 한 자 격문을 내려서 사군에게 한 가지 직책을 맡기면 민閩이든 촉蜀이든 감히 가지 않겠습니까? 가지 않는다면 항명의 처벌이 금세 이를 것이며, 격문을 받들어 일을 좇으면 천백 년 토지와 인민은 다시는 사군의 소유가 되지 않을 것입니다. 이로 말미암아 말씀드리자면 비록 오늘의 참정이라는 직책을 사군이 장차 사직하려고 해도 겨를이 없을 터인데 또 다른 직책을 구할 수 있겠습니까?[52]

양명은 편지에서 안귀영에게 다음과 같이 경고하였다. 선위는 토관土官이며 참정은 유관流官이다. 관행상(故事) 토관이 공을 세우면 오직 의대衣帶

---

[52] 『왕양명전집』 권21 「여안선위」 서2. 역대로 안귀영의 '감역減驛'이 용장역의 폐쇄(減)를 가리킨다고 하는데, 이는 잘못이다. 전덕홍의 「양명선생연보」에 매우 분명하게 서술되어 있다. "처음 조정에서 수서에 설위設衛를 논의하였는데 이미 성城을 설치하였기에 중지하여서 역전이 여전히 존속한다. 안귀영은 그것이 복심에 자리하는 것이 싫어서 없애고 싶었기에 선생께 물었다. 선생은 글을 보내 불가함을 분석하고 또 조정에 알려서 위망과 신뢰로 법령을 반포하게(令甲) 하여서 의론이 마침내 중지되었다." 용장역은 수서의 복심에 있지 않고 군위軍衛도 아니다.

를 하사받거나 부줄郫卒을 상급으로 받았다. 안귀영이 조종의 제도를 지키지 않고 월권하여서 참정을 구한 것은 예법과 제도를 어기고 어지럽히는 짓이 며, 토관이 유관을 겸할 경우 조정에서는 예컨대 이를 구실로 삼아 군현郡縣 의 제도를 설치하면 장래 수서의 토지와 인민은 다시는 안씨 소유가 되지 않 는다. 군위는 조정이 설치하고 유관이 관할하는 역위인데, 안귀영이 역위를 줄이는 것은 역시 권한을 함부로 남용하고 제도를 넘어선 것이며 예법을 바 꾸고 어지럽히는 일이다. 토관이 만일 멋대로 역위를 혁파할 수 있다면 조정 에서도 이를 구실로 삼아 선위사를 혁파할 수도 있으며 천백 년 동안 내려온 수서의 토지와 인민도 다시는 안씨 소유가 되지 않을 수 있다. 안귀영은 이 에 비로소 문제의 심각성을 깨닫고 역위를 줄일 생각을 버렸다. 그러나 참정 을 사퇴하지 않아서 후환을 남기게 되었다.

7월에 이르러 괴서乖西 묘족 파씨跛氏 부락의 추장 아가阿賈와 아찰阿札이 난동을 부리며 송연을 상대로 반란을 일으켰는데 안귀영까지 연루되었다. 원 래 안귀영은 벼슬길에 나아가고 싶어하였고, 송연은 지나친 향락을 탐하였기 에 두 사람은 서로 자주 다투고 불화하였다. 송연이 관할하는 진호陳湖 등 열 두 마두馬頭의 묘족 인민은 송연의 폭정과 착취의 피해를 심하게 입었기에 격변을 일으켰다. 안귀영은 기세를 몰아 송연의 영지를 병탄할 생각이었다. 대외적으로 전해지기로는 안귀영이 일찍이 아가·아찰에게 양탄자·칼·활·쇠 뇌(氈刀弓弩) 등을 하사하였고, 아가·아찰의 반란은 안귀영이 암암리에 사주 한 것에서 비롯된 것이라고 하였다.

'삼당三堂, 양사兩司'의 회심會審을 거쳐[53] 총병摠兵 시찬施瓚(?~1529)이 출

---

53 삼당三堂은 총독總督·순무巡撫·순안巡按을 가리키고, 양사兩司는 승선포정사사承宣布政使 司, 제형안찰사사提刑按察使司를 가리킨다.

병하여서 진압하기로 결정되었고, 선위사 안귀영은 '편사偏師' 병력을 동원하여 반란 평정에 협조하기로 하였다. 그러나 시작하자마자 시찬은 반란 평정에 힘을 쓰지 않았고 안귀영도 적극적으로 출병하지 않았다. 삼당과 양사에서 세 차례나 이문移文을 내려서 재촉한 뒤에야 안귀영은 억지로 편사의 병력을 동원하여 주력부대와 협력하여서 홍변洪邊의 반란군을 패퇴시키고 묘족 추장 아마阿麻를 공격하여 죽이고 작은 승리를 거두었다. 그러나 시찬과 안귀영은 홍변의 포위를 풀자마자 또 병사를 머물게 한 뒤 움직이지 않고 배회, 관망하면서 석 달을 질질 끌고 출병하지 않았다. 안귀영은 병을 핑계로 수서로 돌아가서 엎드리고 각 군도 싸우지 않고 몰래 돌아가버렸다. 채寨나 보堡에 나뉘어 주둔했던 군대는 도리어 사방에서 노략질을 일삼고 소요를 일으켜서 백성들의 원망이 들끓었고 안귀영을 헐뜯거나 분한을 품어서 흉흉하였다.

이와 같이 위급한 상황에서 양명은 스스로 폄적된 죄신罪臣의 신분을 돌아보지 않고 의연히 다시 안귀영에게 편지를 써서 통렬하게 관계를 진술하고 그에게 속히 출병을 권하여서 반란을 평정하게 하였다. 양명은 편지에서 다음과 같이 말하였다.

아가·아찰 등이 송씨를 상대로 반란을 일으켜서 지방의 근심이 되었는데, 전하는 사람의 말에 따르면 사군이 시킨 일이라고 합니다. 이는 어쩌면 질투하는 부녀자 같은 사람의 입에서 나온 말이라고는 하나 아가 등이 스스로 말하기를, 사군이 일찍이 양탄자와 칼을 하사하고 활과 쇠뇌를 보내주었다고 하였으니 비록 그럴(반란을 부추길) 마음이 없었다고 하더라도 불행히 그러한 여지는 있는 셈입니다. 처음 삼당三堂과 양사兩司에서 이런 말을 듣고 곧 조정에 알리려고 하였으나, 사군이 평소 충실하였기에 반드시 이런 일이 있지는 않으리라 여겨서 반신반의하고 먼저 사군으로 하여금 적을 토벌하게 하였습니다. 만일 마침내 군사를 동원하여서 토벌하고 사로잡는다면 전해진 소문이 모두 낭설이 될 터이니 어찌 충직하고 선량한 사람에게 근거 없이 연루시킬 수 있겠습니까? 혹 앉아서 관망하며 보류하였다가 가부를 천천히 논의해도 늦지 않다고 여겼기에 잠시 논의를 미루고 참고 있었던 것입니다. 이는 사군을 매우 두텁게 대우한 것입니다. 그런 뒤 이문이 세 차례 이르고서야 사군이 비로소 출병하자 중론이 분분했고 의심하던 사람들이 믿게 되었습니다. 말들이 들끓는 즈음에 마침 사군(左右)이 아마의 머리를 바치고, 편사가 홍변의 포위를 풀자 여러 대신들은 논의를 또다시 느긋하게 미루었는데, 지금 또 석 달 남짓이 지났습니다. 사군이 병을 핑계로 돌아가 눕고 여러 군사가 차례로 회군하였습니다. 그 사이에 채와 보에 나뉘어 주둔하던 자들이 적을 사로잡고 참수하여서 국위國威를 떨친다는 말은 들리지 않고 오직 노략질을 더욱 일삼아 백성의 원망이 거듭 쌓여서 불평하는 뭇사람의 감정이 더욱 커져갑니다. 그런데 사군의 백성은 제대로 아는 바가 없어서 남들에게 말을 퍼뜨리기를 "송씨의 위난은 마땅히 송씨가 스스로 평정해야 한다. 안씨가 무엇 때문에 관여하여 그들을 위해 왜 노역해야 하는가? 우리 안씨는 땅이 천 리에 이어지고 보유하고 있는 무리가 48만이며 구덩이가 깊고 성채가 막혀 있어서 나는 새도 넘지 못하고 원숭이도 오르지 못한다. 끝내 높이 앉아서 지키고 송씨를 위하여 졸개 한 사람이라도 내지 않는다면 남들이 기어이 우리를 어찌할 것인가!"라고 하였습니다. 이 말이 이미 조금씩 널리 퍼지고 있으니 삼당과 양사가 이미 듣지 않았겠습니까? 사군이 참으로 오랫동안 누워 지내고서 출병하지 않으면 안씨의 재앙이 반드시 이로부터 시작될 것입니다. 사군과 송씨는 함께 땅을 지키고 있으며 사군은 그의 우두머리가 됩니다. 지방에 변란이 생기면 모두 땅을 지키는 자의 죄인데 사군이 홀로 송씨에게만 (변란의 평정을) 맡겨두겠습니까? 천 리의 땅이 이어져 있다 하지만 중국의 큰 군 하나만 하겠습니까? 거느리는 무리가 48만이라고 하지만 중국의 한 도사都司만 하겠습니까? 깊은 구덩이와 막힌 성채는 안씨도 소유하고 있으나 안씨와 같은 규모로 사면을 둘러싸고 있는 자가 백을 헤아립니다. 지금 파주播州에는 양애楊愛(1446~1517)가 있고, 개려愷黎에는 양우楊友가 있으며, 유양酉陽과 보정保靖에는 팽세기彭世麒(1477~1532) 등 여러 사람이 있습니다. 이런 말이 만일 조정에 전해지고 조정에서는 양애 등 여러 사람에게 서찰을 보내 저마다 전투를 하여서 안씨의 소유를 함께 나눠가지라고 한다면 아침에 명령이 내리고서 저녁에는 안씨가 없어질 것입니다. 구덩이가 깊고 성채가 막혔다 해도 그 험한 것이 무슨 소용이겠습니까? 사군은 가슴이 서늘하지 않습니까? 또 안씨의 직분은 48개의 지파가 차례로 번갈아 맡는 것이지만 지금 사군이 홀로 3세대나 전승하였는데도 다른 지파에서 감히 다투지 못하는 까닭은 조정의 명 때문입니다. 만약 틈탈 수 있는 기회가 있다면 누가 일어나 대신하려고 하지 않겠습니까? 그런즉 이 말이 밖으로 퍼지면 안씨의 재앙이 가속화하여서 거의 남들에게 어부지리의 계책이 될 터이니 내부에 잠복한 근심(蕭墻之憂)을 헤아릴 수 없습니다. 사군은 마땅히 속히 군사를 출병시켜서 순복하지 않는 적을 평정하고 뭇 참소하는 말을 차단하여서 단서가 많은 의론을 종식시키고 바야흐로 일어나는 변고를 막고 헤아리기 어려운 재앙을 끊어버리고 지나간 허물을 보완하여서 장래의 복을 추구해야 합니다.[54]

---

54 『왕양명전집』 권21 「여안선위」 서2.

양명은 종횡가縱橫家와도 같이 이리저리 자유자재로 치달리는 붓을 놀려서 안귀영에게 이익과 손해를 분석하고 죄와 잘못을 지적하여 서술하였는데, 굳센 필치(入木三分)와 늠연한 대의, 간담을 헤치고 적시는 설득은 안귀영을 격동시켜서 마침내 출병하게 하였다. 아가·아찰의 반란을 평정함에 도리어 양명이 안귀영을 설득하여 출병하게 함으로써 으뜸가는 공을 세웠던 것이다.

그러나 반란은 결코 종식되지 않았다. 관건은 역시 총병 시찬에게 있었다. 시찬은 정덕 2년(1507)에 회유백懷柔伯으로 총병관에 충원되어서 귀주를 진수鎭守하였다. 그는 증조부 시취施聚(1389~1462)의 작위를 세습하여서 회유백이 되었지만 평소 문학文學과 서화書畫를 좋아하였는데, 실제로 병사를 이끌고 전쟁을 할 줄 몰라서 반란을 진압함에 안귀영보다 도움이 되지 못하였다. 삼당과 양사의 귀주성 관원들은 그제야 자연 병법을 잘 아는 양명을 생각하게 되었다.

양명은 비록 병부주사로 폄적되어서 용장역에 온 '쫓겨난 신하(逐臣)'였지만 귀주성 관원들의 눈에는 여전히 그가 병법에 정통한 '병부주사'였으며, 그를 깊이 경외하면서 아가·아찰의 반란을 평정함에 그에게 거듭 귀양으로 와서 모략을 제시하고 획책하기를 청하며 용병의 법을 물었다. 이에 7월부터 양명은 귀주성 관원들의 요청으로 용장역과 귀양성 사이를 빈번히 오가기 시작하였다.

7월 7일에 양명은 처음으로 귀양에 갔다. 천생교天生橋, 서하산棲霞山을 지나면서 그는 자신의 초조한 마음을 시로 읊었다.[55]

---

55 『왕양명전집』 권19 「과천생교過天生橋」; 일본 동아동문서원東亞同文書院 편編 『신수지나성별전지新修支那省別全志』의 『귀양명승고적부분貴陽名勝古迹部分』 「서하산棲霞山」.

천생교를 지나다 過天生橋

누인 명주 같은 물빛에 낙락장송 그림자 어리고	水光如練落長松
구름가 천생교는 흰 무지개를 가리네	雲際天橋隱白虹
요동학은 오지 않아 화표만 문드러지고	遼鶴不來華表爛
선인은 한번 가니 빈 돌다리만 남았네	仙人一去石橋空
가을 저녁에 까치가 다리를 만들었단 말만 들리고	徒聞鵲駕橫秋夕
진시황이 채찍으로 돌을 쳐서 동해까지 닿았다 하네	謾說秦鞭到海東
이 다리를 장강에 옮긴다면 험한 물 건너게 할 터인데	移放長江還濟險
가련하네, 첩첩한 산에 헛되이 걸려 있으니	可憐虛却萬山中

서하산 棲霞山

구불구불 남명의 물	宛宛南明水
이 산을 감싸 도네	回旋抱此山
안장에서 내려 평평하고 굽은 돌길 올라	解鞍夷曲磴
지팡이 짚고 두루 선문을 찾네	策杖列禪關
옅은 안개 축축이 옷을 적시고	薄霧侵衣濕
외로운 구름에 한가히 앉았네	孤雲入座閑
잠깐 사이 마음은 이미 고요하니	少留心已寂
오랑캐 땅에 있다고는 믿을 수 없네	不信在烏蠻

양명은 죄를 얻어 폄적된 관리이니 규정에 따르면 마음대로 적지謫地에서 벗어나 성성省城으로 달려갈 수 없었는데, 그가 이때 귀양의 성성으로 간 것

은 필시 삼당, 양사 성관省官의 명을 받들어 아가·아찰의 반란을 평정하는 일을 논의하기 위함이었을 것이다. 그래서 그는 귀양으로 가자마자 먼저 순무 왕질을 예방하고 용장의 제생이 사주의 관원을 구타한 일에 대한 오해를 해명하였다. 왕질은 그와 함께 아가·아찰의 반란을 평정하는 큰일에 대해 대담하려고 하였으며, 담론하는 중에 반란을 평정하기 위해 내놓은 양명의 계책이 왕질에게 인정을 받은 것으로 추정된다. 왕질은 그제야 즉시 흔연히 양명에게 자기를 위해 「와마총기臥馬塚記」 한 편을 써달라고 청하였다. 이어서 양명은 또 총병 시찬을 예방하였는데 틀림없이 주로 아가·아찰의 반란을 평정하기 위해 상의하고 토론하는 일 때문이었을 것이다.

양명은 나중에 함축적인 「시 총병이 소장한 소옹의 용 그림에 제하다(題施總兵所翁龍)」 한 수를 지었다.[56]

그대는 보지 못하는가, 소옹이 그린 용 그림을	君不見所翁所畫龍
두 눈은 그렸으나 눈동자를 찍지 않았네	雖畫兩目不點瞳
듣기에 제자가 잘못 붓을 놀리자	曾聞弟子誤落筆
곧바로 번개와 비가 치고 하늘로 날아올랐다 하네	卽時雷雨飛騰空
정기를 운용하고 신묘한 경지에 들어 조화를 빼앗으니	運精入神奪元化
천박한 사람은 알지 못해 놀라 어리둥절하기만 하네	淺夫未識徒驚詫
배를 저어 산으로 옮기고 음률을 양으로 돌려놓음은	操舵移山律回陽
세간에 소옹의 그림만 그런 건 아니라네	世間不獨所翁畫
높은 집 사방 벽엔 바람과 구름이 일고	高堂四壁生風雲
검은 우레 보랏빛 번개 대낮에도 어둡네	黑雷紫電日畫昏

---

56 『왕양명전집』 권29 「제시총병소옹룡題施總兵所翁龍」.

산은 무너지고 골짜기는 꺼지며 지붕의 기와가 흔들리고	山崩谷陷屋瓦震
빗소리는 장평의 군사를 쓸어버리는 듯	雨聲如瀉長平軍
머리 뿔은 우뚝하여 수천 길 드높고	頭角崢嶸幾千丈
홀연 신령한 용의 모습 드러내네	俙忽神靈露乾象
낮은 신하는 마침 오호 활을 안고 생각하고	小臣正抱烏號思
수염에서 한번 떨어지니 오를 수 없네	一墮胡髥不可上
오래 보노라니 아찔한 마음 안정되어 정신을 모으니	視久眩定凝心神
높은 산은 비단같이 아득히 펼쳐져 있네	生綃漠漠開嶙峋
이제야 남아 있는 소옹의 필적 알아보니	乃知所翁遺筆迹
당년에 창룡의 참모습을 그렸구나!	當年爲寫蒼龍眞
지금은 가뭄 극심하여 들판이 말라가는데	只今旱劇苦原野
온 나라 창생은 적셔주기를 바라네	萬國蒼生望霑灑
누구에게 맡겨서 붓을 들어 두 눈동자를 찍으랴!	憑誰拈筆點雙睛
천하를 한번 두루 달게 적셔줄 터인데	一作甘霖遍天下

표면상 양명의 시는 소옹所翁(진용陳容, 1235, 진사)이 용을 그린 "정기를 운용하고 신묘한 경지에 들어 조화를 빼앗은" 신묘함과 진기함을 묘사하였지만, 실제 참된 의도는 회유백 시찬이 한 마리 참된 '창룡'이 되어서 적극적으로 반란을 평정하고 인민을 물과 불에서 구하기를 바란 것이다. 시의 마지막에 "지금은 가뭄 극심하여 들판이 말라가는데, 온 나라 창생은 적셔주기를 바라네. 누구에게 맡겨서 붓을 들어 두 눈동자를 찍으랴! 천하를 한번 두루 달게 적셔줄 터인데!"라고 부르짖었는데, 바로 총병 시찬이 응당 온 마음과 온 힘을 다하여 아가·아찰의 반란을 평정해야 한다고 암시한 것이다. 애석하게도 회유백은 '회유懷柔'를 좋아하지 않았다. 그는 문학과 서화를 완상하는 풍

류의 정조에 깊이 빠져서 양명 시의 화룡점정畵龍點睛의 참된 의도를 간파하지 못하였고 끝내는 탄핵을 받아 파면되는 쓰디쓴 결과를 맛보았다.

귀양에서 양명은 또 순안巡按 왕제王濟를 예방하였는데 주로 아가·아찰의 반란을 평정하는 일에 대해 상의하고 토론하는 일 때문이었다. 왕제는 정덕 3년 정월에 감찰어사로 귀주를 순안하였는데, 그의 흥취는 주로 마정馬政과 귀주의 거업擧業을 정돈하는 일에 있었고 반란을 평정하는 일에는 그다지 관심을 기울이지 않았으며, '속속들이 살피지 못하는(考察不及)' 드러나지 않은 근심을 묻어두었다.

이전 정덕 원년(1506)에 왕제의 부모는 왕제로 인해 귀하고 현달해져서 각각 감찰어사에 증직되고 유인孺人에 봉해졌는데, 양명과 서울에 있는 뛰어난 선비(彦士)들이 모두 왕제의 어진 효행을 칭송하는 시를 지어서 경하하였고 이를 모아서 『은수쌍경시恩壽雙慶詩』라는 시집을 만들었다. 정덕 3년에 왕제는 귀주를 순안하였는데 위아래 모든 귀주 동료가 또 한목소리로 더불어 『은수쌍경시』에 창화하였는데 이를 연결하여서 거질을 이루었다. 양명이 귀양에 오자 왕제는 곧 그에게 『은수쌍경시』의 서문을 지어달라고 청하였다.

양명은 「은수쌍경시후서恩壽雙慶詩後序」 한 편을 짓고 의미심장하게 다음과 같이 말하였다.

> …… 대부나 선비들 중 귀양에 공무로 온 사람으로서 도헌都憲 왕 공(*생각건대 우첨도어사 왕질을 가리킨다) 이하 여럿이 다시 서로 더불어 노래하고 화답하여 엮어서 거질을 이룬 뒤 나(守仁)에게 시집 뒤에 서문(敍)을 지어달라고 부탁하였다. 저 효자가 부모를 모시면서 본래 반드시 술잔을 받들고 화려하게 장식을 하여 행사를 베풀어야만 축수하는 것은 아니며, 반드시 부드럽고 기름지고 달콤하고 맛있는 음식을 드려야만 봉양을 하는 것은

아니며, 반드시 일상생활을 살피고 분주하게 부축하고 이끌어야만 노인을 위해 수고하는 것은 아니다. …… 시어 군侍御君(왕제)은 조정에서는 충성과 사랑이 위에 이르렀고, 이곳에 순안하심에는 덕과 위엄이 아래에 펼쳐졌다. 은혜를 선포하고 갓난아이를 어루만지며 아픈 사람을 일으키고 젖을 먹이듯이 하는 것은 공과 유인孺人의 자애로움이 아니겠는가? 크게 간사한 사람을 을러서 멋대로 행하지 못하게 하며, 큰 폐단을 없애서 다시 일어나지 못하게 하며, 빗으로 머리를 빗고 복장을 가다듬듯이(爬梳調服) 여러 오랑캐를 어루만져서 중국(夏)으로 들어오게 함으로써 천자가 한 지방에 대한 염려를 면하게 한 것은 시어 군의 효가 아니겠는가? 무릇 이와 같은 것은 역시 시어 군이 공과 유인의 장수를 축수하는 방법이 아니겠는가?[57]

양명은 효를 논함에 별도로 한 가지 격식을 갖추었다. 그는 "여러 오랑캐를 어루만져서 중국으로 들어오게 함으로써 천자가 한 지방에 대한 염려를 면하게 한" 것도 '효'의 도리를 행하는 근본 방향으로 인정하였다. 실제로 순안 왕제를 권하여 응당 적극적으로 아가·아찰의 반란을 평정하도록 하였으니 '오랑캐를 어루만지는 것'도 순안의 중요한 직책이었다. 그러나 왕제는 양명이 서문에서 에둘러 한 말(弦外之音)을 결코 듣지 않고 도리어 귀주의 거업을 진흥시키는 데 열중하였다.

정덕 3년 과거의 회시에 귀주성에서는 진사에 합격한 사람이 거의 없었다. 왕제가 귀주에 도착한 때에는 마침 회시가 끝났는데 왕제는 귀주 과거의 쓸쓸하고 낙후한 모습을 목도하고서 포정사 곽신郭紳(1448~1513)과 함께 송의 사방득謝枋得(1226~1289)의 『문장궤범文章軌範』을 간행하여서 거자와 학자

---

57 『왕양명전집』 권22 「은수쌍경시후서恩壽雙慶詩後序」.

가 과거 공부를 익히는 데 제공하기로 결정하였다. 사방득의 『문장궤범』은 한·당·송의 고문 69편을 선별하여서 과거 정문程文의 모범을 삼은 책이다. 편마다 편장자구篇章字句를 두드러지게 드러내는 편집 방법은 학생이 과거 공부를 익히는 간편한 '입문서'가 되었지만 귀양의 거자와 학자들 대부분은 의외로 이 책이 있는 줄도 몰랐다. 왕제는 곧 또 양명에게 새로 간행한 『문장 궤범』을 위해 서문을 지어서 (책의 취지를) 밝히 드러내달라고 청하였다.

양명은 「중간문장궤범서重刊文章軌範序」 한 편을 지어서 순안 왕제와 포정사 곽신을 대신하여 다음과 같이 생각을 말하고 뜻을 드러내었다.

> …… 저 백가百家의 말이 일어난 뒤 육경六經이 있게 되었고, 거업擧業(과거 공부)을 익히기 시작하면서 이른바 고문古文이 있게 되었다. 고문은 육경의 뜻에서 멀리 벗어났는데 고문으로부터 거업에 이르러서는 더욱 (육경의 뜻에서) 멀어졌다. 사군자士君子가 성현의 학문에 뜻을 두고 오로지 거업을 추구하니 그 거리가 어찌 천 리뿐이겠는가! 그러나 중세中世에는 과거로 선비를 뽑았기에 선비가 비록 성현의 학문을 터득하고 자기 군주를 요순堯舜으로 만들겠다는 의지를 가졌으나 이로써 진출하지는 못하였으며 끝내 천하에 성현의 학문이 행해지지 못하였다. 대체로 선비가 처음 상견할 때에는 반드시 폐백(贄)을 가져간다. 그러므로 거업이란 사군자가 임금을 뵈려고 가져가는 새끼 양이나 꿩(羔雉)일 뿐이다. …… 이런 까닭에 새끼 양과 꿩으로 꾸미는 것은 군주에게 아첨하기 위함이 아니라 나의 정성을 다하는 것일 뿐이다. 거업에 공을 들이는 것은 임금에게서 이익을 얻으려는 것이 아니라 나의 정성을 다하는 것일 뿐이다. 세상에서는 한갓 과거에 급제하여(科第) 진출하는 자가 대부분 사사로움을 추구하고 이익을 도모하며 임금을 섬기는 실상이 없음만 보고서 마침내 거업에 허물을 돌린다. (이는)

바야흐로 과거 공부를 하는 시기에 오로지 명성과 이익을 낚고 자신과 집안의 부유함(腴)만 취하여서 하루아침에 얻으려고 할 뿐 애초에 성실함이 없었음을 알지 못한 것이다. …… 공경의 실상이 새끼 양과 꿩으로 꾸미기 전에 있음을 안다면 자기 임금을 요순으로 만들려는 마음이 거업을 익힌 뒤에 있는 것이 아님을 알 것이다. 쇄소응대灑掃應對로 성인의 경지에 나아갈 수 있음을 안다면 거업으로 이윤伊尹·부열傅說·주공周公·소공召公의 경지에 이를 수 있음을 알 것이다.[58]

양명 스스로는 용장역에 폄적된 뒤 줄곧 더욱 빈틈없이 '성현의 학문'을 사고하고 탐색하여서 자아의 새로운 앎과 새로운 깨달음을 얻을 수 있기를 희망하였다. 이 서문에서 그가 '성현의 학문'과 '과거의 학문(*거업擧業)'을 통일한 것은 거업의 목적이 결코 한 몸의 명성을 얻고 이익을 꾀하며 자신과 집안의 부를 취하려는 것이 아니라 임금에게 정성과 충성을 다하려는 수단임을 인정한 것이다. 이 때문에 성현의 학문과 거업은 모순되지 않으며 일개 사인士人이 만일 '성현의 학문'에 뜻을 두고 임금에게 정성과 충성을 다하려는 마음이 있다면 오로지 마음과 뜻을 다하여 거업을 추구하고서도 '이윤·부열·주공·소공'과 같은 성현의 경지에 이를 수 있다. 양명이 성현의 학문과 과거의 학문을 서로 통일한 의의에서 거업을 긍정한 것은 역시 귀주의 사인이나 거자가 거업을 익히고 벼슬길로 나아가는 방향을 밝히 가르쳐준 일이었다.

양명은 귀양에서 삼당, 양사의 주요 관원과 함께 광범위한 접촉을 하였다. 아가·아찰의 반란을 평정하는 데 책임을 지고 직접 참여하는 관원들, 예컨대 포정사 곽신, 안찰사 장관張貫(1449~?), 안찰부사 모과, 감찰어사 유우생

---

58 『왕양명전집』 권22 「중간문장궤범서重刊文章軌範序」.

劉寓生(1505, 진사), 귀주 첨사 육건陸健(1502, 진사), 참의 호홍胡洪 등과 논의한 핵심 문제는 모두 어떻게 출병하여서 아가·아찰의 반란을 평정할 것인가 하는 원대한 계책이었다. 그러나 이때 안귀영은 멀리 수서로 돌아가 와병으로 인해 나오지 않았고, 귀주의 삼당, 양사의 관원들 사이에서도 불화와 대립으로 인해 의견이 일치하지 않았다. 게다가 조정에서는 유근이 중간에서 방해를 하여서 아가·아찰의 반란을 평정하기 위해 출병하는 일은 지지부진하고 낙착을 보지 못하였다.

8월에 양명은 귀양에서 안찰사 장관이 변방의 업무를 부지런히 신칙하고 법 집행을 엄격하고 분명하게 하다가 유근의 심기를 거슬러서 반란 평정의 관건이 되는 시기에 운남 참정으로 좌천되어 가는 일을 직접 목격하였다. 양명은 동병상련의 심정으로 비분하여 시 한 수를 지어서 그를 송별하였다.[59]

전남 대참(운남참정)으로 좌천된 장 헌장을 송별하며 차운을 하다

送張憲長左遷滇南大參次韻

공은 세상의 인정을 가장 물리도록 아시지요	世味知公最飽諳
오래 쌓은 청렴한 덕 또한 무슨 부끄러움 있겠어요	百年清德亦何慙
어사대 참정 벼슬은 좌천이 아니고	柏臺藩省官非左

---

59 『왕양명전집』 권19 「송장헌장좌천전남대참차운送張憲長左遷滇南大參次韻」. '장 헌장張憲長'은 곧 장관이다. 『정덕운남지正德雲南志』 권1. "좌참정 장관, (자는) 일지一之이며 직례直隸 여현蠡縣 사람이다. 귀주 안찰사로 좌천되었다." 『광서여현지光緖蠡縣志』 권6. "장관, 북대류北大留 사람이다. 성화成化 을미년(1475)에 진사가 되었다. …… 홍치弘治 무오년(1498)에 합밀哈密이 순응順承하지 않아서 명을 받고 군사를 내어 평정하였다. 채대綵帶를 하사받고 사천四川 부사, 귀주 안찰사로 승진하였다. 법 집행으로 유근을 거슬러서 참의參議로 폄적되었다."

강수 한수 건너 전지로 가는 길 더욱 남으로 향하네	江漢滇池道益南
외딴 지역 아지랑이는 멀리서 온 나를 가련하게 여기고	絶域煙花憐我遠
오늘밤 바람과 달은 누구와 얘기할까?	今宵風月好誰談
벗들이 오랑캐에 사는 일을 묻는다면	交遊若問居夷事
산과 샘 자못 즐길 만하다 말하리	爲說山泉頗自堪

장관이 운남 참정으로 좌천된 일은 귀주성 관원들 사이의 모순을 충분히 드러내었다. 7월에 감찰어사 유우생은 귀주에 쇄권刷卷을 하러 왔는데 마침 양명과 귀양에서 상견하였다. 그러나 그는 기운이 왕성하고 오만하여서 총병 시찬, 순안 왕제, 포정사 곽신, 안찰사 장관을 깔보고,[60] 귀주 첨사 육건과 모순이 격화하여서 서로 분을 내고 다투어 큰 사건을 일으켰다. 마침내 조정을 놀라게 하여 사람을 파견해서 정탐하고 조사를 하게 하였다. 그러나 시비를 가리지 못하여 양쪽 관원 모두 처리하였다. 이 사건은 출병하여 아가·아찰의 반란을 평정하려는 원대한 계책에 엄중한 영향을 미쳤음에도 오랫동안 현안이 해결되지 못하였다.

양명은 다투는 양쪽(유우생과 육건) 중 어느 한쪽의 편을 들지 않고 삼당, 양사의 관원들 사이를 분주히 오가며 협조와 화해를 시키려는 노력을 하면서 삼당, 양사의 관원들이 출병하여 아가·아찰의 반란을 평정하는 원대한 계책

---

60 『명무종실록明武宗實錄』 권59. "정덕 5년(1510) 정월 병술, 어사 유우생이 귀주에 쇄권을 하러 왔는데 진순鎭巡 및 이사二司의 관원을 깔보고 홀대하며 그 단점을 폭로하여서 첨사 육건이 분을 내고 다투었다. 황제는 일을 정탐한 자가 아뢴 것을 근거로 금의옥에 체포(逮系)하고 문 밖에서 며칠 차꼬(枷)를 채웠다." '진순의 관원'은 총병 시찬, 순안 왕제를 가리킨다. '이사의 관원'은 포정사 곽신과 안찰사 장관을 가리킨다. '단점을 폭로하여'라는 말은 총병 시찬, 순안 왕제의 무리가 아가·아찰의 반란을 평정하는 데 힘쓰지 않았다고 폭로한 사실을 가리킨다.

을 결정하기를 희망하였다. 양명은 삼당, 양사 관원의 다툼과 불화에 대해 매우 마음 아프게 생각하였다.

그는 남제운사南霽雲祠에 가서 참배(弔祭)하고 옛일을 빌려서 오늘을 풍자하는 시 한 수를 지었다.[61]

남제운사   南霽雲祠

죽은 중승을 함부로 의심 말라   死矣中丞莫謾疑

외로운 성 오랫동안 고립무원으로 위태로웠음을 아나니   孤城援絶久知危

하란이 적을 멸하지 않아 헛되이 한만 남겼으나   賀蘭未滅空遺恨

남팔이 살았더라면 반드시 큰일을 했으리!   南八如生定有爲

비바람 치는 긴 회랑엔 풍경이 우는데   風雨長廊嘶鐵馬

소나무 삼나무를 덮은 안개에 깃발이 말려 있네   松杉陰霧卷靈旗

천년 영웅의 혼은 어디에 있는가?   英魂千載知何處

해마다 변방 사람 다투어 사당에 제사하네   歲歲邊人賽旅祠

남제운南霽雲(712~757)은 장순張巡(709~757)의 부하 장령이다. 안록산安祿山(703~757)의 반란 때 윤자기尹子奇가 휴양睢陽을 포위하여(757) 성안의 양식이 떨어지자, 남제운이 장순의 명을 받들어 일기一騎로 포위망을 뚫고 하란진명賀蘭進明(728, 진사)을 찾아가서 구원을 요청하였다. 하란진명은 삶을 탐하고 죽음이 두려운 나머지 구원 요청에 응하지 않았다. 이에 남제운은 칼을 뽑아 손가락을 자르고 한을 품은 채 피눈물을 흘리며 돌아갔다. 오래지 않아

---

61 『왕양명전집』 권19 「남제운사南霽雲祠」.

휴양성은 함락되었고 장순과 남제운은 모두 사로잡혀서 해를 입었는데 처형을 당할 때 장순은 크게 울부짖었다. "남팔南八(남제운)! 남아는 죽을지언정 불의에 굴복하지 않는다!" 남제운은 큰 소리로 대답하였다. "장차 큰일을 하고자 하였으나 공은 나를 알아주는 자입니다. 감히 죽지 않겠습니까?" 나중에 남제운의 아들 남승사南承嗣가 귀주의 관리로 부임하여서 빛나는 정치 업적을 이루었는데, 당시 사람들이 귀양에 남제운의 사당을 세우고 해마다 남제운 장군에게 제사 지냈다.

양명은 하란진명이 병사를 동원하여 구원하지 않아서 휴양성이 함락되고 남제운이 해를 입은 일에 더욱 통한을 품었으며 이로써 삼당, 양사 관원이 질질 끌면서 병합하여 아가·아찰의 반란을 평정하지 않은 일을 떠올렸다. "하란이 적을 멸하지 않아 헛되이 한만 남겼으나, 남팔이 살았더라면 반드시 큰일을 했으리!"라고 한 구절은 현재 반란 평정에 관한 현실을 겨냥하여 말한 것으로서 지금 세상에는 남제운과 같이 반란을 평정하고 난리에 대항하는 영웅이 없으며, 있는 사람들이라고는 대다수 하란진명과 같이 죽음을 두려워하여 병사를 동원하지 못하는 겁쟁이뿐임을 개탄하고 남제운과 같은 사람이 나타나서 아가·아찰의 반란을 평정할 수 있기를 부르짖은 것이다. 양명의 이 시는 삼당, 양사의 모든 관원을 대대적으로 경계警戒하고 진동을 일으켰다.

양명이 중간에서 협조하고 노력하여 논의에 참여하고 계획을 도모함으로써 9월에 이르러서야 삼당, 양사의 관원은 반란 평정의 문제에서 마침내 일치를 보았다. 아가·아찰의 반란을 평정하기 위해 출병하는 원대한 계책을 정하였다. 그러나 가을이 이미 지나서 출병할 좋은 시기를 놓쳐버렸으므로 삼당, 양사에서는 그해 겨울 동안 먼저 반란 평정에 필요한 준비를 충분히 하고 수동水東의 괴서乖西 내지에 깊이 들어가 군정을 정탐한 뒤 이듬해 봄이 되면 출병하여서 반란을 평정하기로 하였다. 이 반란 평정의 대계는 틀림없이 첨사 육건이 제시한 것으로서 아마도 양명과 상의를 거친 일일 터인데 삼당, 양사의 관원이 이를 받아들였다. 출병하여 반란을 평정할 대계가 마침내 낙착을 보자, 양명은 귀양으로 온 사명을 완수하였기에 9월에 바로 용장역으로 돌아갔다.

용장역에서 양명은 『오경억설五經臆說』을 저술하는 데 몰두하였다. 그러나 그는 여전히 아가·아찰의 반란을 평정하는 일에 깊은 관심을 기울였다. 그가 용장역으로 돌아온 뒤 오래지 않아 총병 시찬이 두터운 예의를 갖추어서 「칠십이후도七十二候圖」 한 폭을 보내와서 서문을 써달라고 청하였다. 아가·아찰의 반란을 진압하는 총령인 회유백 시찬이 이때 그에게 그림을 보내와서 서문을 청하였기에 속속들이 꿰뚫어보는 혜안(靈犀一點通)을 지닌 양명은 시찬이 여전히 그대로 변함없이(依舊故我) 문학과 서화에 심취하는 미련을 품고 있으며, 출병을 하여 반란을 평정하는 일에는 여전히 힘을 쏟지 않고 있다는 사실에 걱정하였다. 이에 즉시 「칠십이후도서七十二候圖序」 한 편을 써서 성심껏(坦誠) 다음과 같이 훈계하였다.

…… 대총병 회유백 시 공(시찬)이 화공에게 명하여 「칠십이후도」를 그리게 한 뒤 사자를 파견하여서 폐백을 갖추고 용장에 와서 나(守仁)에게 그 그림에 서문 한마디를 써달라고 부탁하였다. 나는 사자에게 다음과 같이 말하였다. "이 그림은 공이 정치에 임하는 근본이며 착한 단서의 발로이자 마음을 경계하는 싹입니다." 사자가 "어떻게 압니까?"라고 물었다. 내가 말하였다. "사람의 감정은 반드시 감히 소홀히 하지 못함이 있은 뒤에 생각(念)에 드러나며, 반드시 감히 잊지 못함이 있은 뒤에 그 마음에 존속합니다. 생각에 드러나고 마음에 존속한 뒤 얼굴빛과 언론에 나타나며 활과 화살과 안석과 지팡이와 대야와 그릇과 검과 자리(弓矢几杖盤盂劍席)에 뜻을 새

기고 그림으로 그려두고 날마다 그 마음을 살피는 것입니다. 이런 까닭에 말달리고 사냥(馳騁)을 생각하는 자는 활을 쏘고 사냥하는(射獵遊田) 데 필요한 물건 보기를 좋아하고, 유흥(逸樂)을 달갑게 여기는 자는 바둑과 장기, 유흥(博局燕飲)을 하는 도구를 가까이하기를 좋아합니다. 공이 그림을 보는 것은 뜻이 전자(물건)에 있지 않고 후자(마음)에 있으니 나는 이로써 착한 단서의 발로로 여기며 이로써 마음을 경계하는 싹임을 압니다. 그것은 아마도 사람이 하는 일을 경계하고 두려워하여서 정령을 삼가 닦는 것(警惕 夫人爲而謹修其政令)입니까? 혹은 기운의 운행을 끝까지 살펴서 천도를 받드는 것(致察乎氣運而奉若夫天道)입니까? 경계하고 두려워하는 것은 모든 선의 근본이며 모든 아름다움의 터전입니다. 공이 이에 마음을 쏟을 수 있으니 현명하다 하겠습니다! 이로 말미암아 사람의 일로부터 천도에 도달하며 한 달의 기후로부터 세운회원世運會元을 관찰하여서 만물의 심오하고 정미함 (幽賾)을 탐구하고 천지의 시작과 끝을 궁구하는 것이 모두 여기에서 시작합니다. ……"[62]

시찬이 화공에게 명하여 후도候圖를 그리게 한 데에는 본래 아무런 깊은 의도가 없었는데, 양명이 교묘하게 절후의 변화를 정사의 득실, 천도의 흥망성쇠 및 인사의 타락과 융성에 결합하여서 자기 '심학'의 시각으로 새롭게 후도의 의의를 전석詮釋하였다. 절후는 기의 운행에 관련이 있으며 후도로부터 천도의 운행과 변화, 인도의 흥망성쇠와 치란을 관찰할 수 있으니 "무릇 기후가 이상하게 변하고 종잡을 수 없는 것을 보면 세도의 흥망성쇠와 치란, 인간사의 타락과 융성, 득실이 모두 이에서 증거를 갖는다. 그러므로 세상의 군주

---

62 『왕양명전집』 권22 「칠십이후도서七十二候圖序」.

와 신하에게 두려워하고 닦고 성찰하는 도(恐懼修省之道)를 보이는 것이다."[63] 라고 인식하였다. 따라서 후도의 기능은 곧 군주와 신하에게 '두려워하고 닦고 성찰하는 도'를 보이고, 군주와 신하에게 '사람이 하는 일을 경계하고 두려워하며 정령을 부지런히 닦고', '기의 운행을 끝까지 살펴서 천도를 받들게' 하는 데 있었으며, 실제로는 회유백 시찬에게 부지런히 정령을 닦고 천도를 받들어 행하고 두려워하고 닦고 성찰하여서 스스로 회유하고 반란을 평정하는 본래의 직책과 원대한 일을 정중하게 권고하는 데 있었다. 이는 아가·아찰의 반란을 평정하기 위해 출병하기 전 양명이 총병 시찬에게 주는 마지막 경고였다.

석 달 동안의 추운 겨울은 매우 빨리 지나가고 양명은 양명소동천에서 경전을 읽고 사색을 하며 묵좌징심하면서 마침내 활연豁然 깨달음을 얻었다. 동지에 양 하나가 생길 때 한밤중에 홀연 뇌성이 일어서 양명의 마음속에 '용장의 깨달음(龍場之悟)'이 도래함을 예고하는 것을 방불케 하였다.

양명은 흥분하여 「동지冬至」 한 수를 지었다.[64]

나그네 침상에서 잠을 못 이루고 땅 밑 우렛소리 듣네	客牀無寐聽潛雷
진중해야 하나니 한밤중에 첫 양기가 돌아오기에	珍重初陽夜半回
천지는 애초에 생명의지가 쉰 적이 없고	天地未嘗生意息
살쩍은 간난 세월을 견디지 못하고 세어지네	冰霜不耐鬢毛催
봄에 곤복의 솔기를 누가 기울까?	春添袞綫誰能補
해가 저무는데 마음은 붉어 저절로 재를 움직이네	歲晚心丹自動灰

---

63 『왕양명전집』 권22 「칠십이후도서」.

64 『왕양명전집』 권19 「동지冬至」.

할머님은 강건하게 계신지 헤아리며 　　　　　料得重闈强健在

창 앞 매화가 봄소식 전하는지 보네 　　　　　早看消息報窗梅

"마음은 붉어 저절로 재를 움직이네"라고 한 표현은 마음의 자오自悟를 가리키는데, 양명은 율관律管이 기의 흐름에 반응하여 재가 움직이는 것으로써 자기 마음의 활연대오豁然大悟(*심률오동心律悟動: 마음의 율관이 깨달아 움직임)를 비유하였다.

'마음은 붉어 저절로 재를 움직이는' 심오心悟에 이어서 양명은 재빨리 12월 세모歲暮에 「논원년춘왕정월論元年春王正月」 한 편을 지었다. 이 문장은 그의 '마음은 붉어 저절로 재를 움직이는' '용장오도龍場悟道'의 선언서이면서 동시에 그가 다음 해에는 새로워지고 바뀌는(維新更化) 기상의 바람을 강렬하게 표현하여서 '임금 된 자가 더욱 마땅히 마음을 씻고 사려를 씻어서 새로워지는 시초로 삼으며(人君者, 尤當洗心滌慮以爲維新之始)', '뭇 신하와 백성이 뜻을 다하고 눈을 밝혀서 새로워지는 시초를 보며(群臣百姓悉意明目以觀維新之始)', '원년을 고쳐서 임금이 과오를 바로잡고 선으로 옮겨가며 몸을 닦고 덕을 세우는 시초로(改元年者, 人君改過遷善, 修身立德之始也)'[65] 삼기를 희망하였는데, 이듬해 봄이 되면 출병하여서 반란을 평정하기를 바라는 염원도 포함되었다.

눈앞의 겨울이 지나고 봄이 찾아와서 출병하여 반란을 평정할 일이 곧 다가왔다. 이때 삼당과 양사에서는 양명에게 급히 귀양으로 와 사안에 대해 논의하자고 청하였는데 바로 양명의 마음속 바람과 합치하였다. 정덕 4년(1509) 정월 초하루, 양명은 말을 타고 눈을 밟으며 귀양으로 향하였는데 길을 가던

---

65 『왕양명전집』 권26 「오경억설13조五經臆說十三條」 '원년춘왕정월元年春王正月' 조.

중 목각산木閣山 길에서 시 한 수를 지어서 이때 급히 귀양으로 가는 참된 목적을 표현하였다.[66]

목각 도중에 눈이 내리다   木閣道中雪

비쩍 마른 말을 타고 비척비척 절벽을 따라가며   瘦馬支離緣絶壁
잇닿은 봉우리 아득히 층층 구름 속에 들어가네   連峯窅窕入層雲
산촌에 어둠이 내려 숲에선 갈까마귀 떼 놀라 날고   山村樹暝驚鴉陣
냇가 길 쌓인 눈에 사슴 무리 마주치네   澗道雪深逢鹿群
얼어붙은 오두막집엔 밥 짓는 연기도 끊어졌는데   凍合衡茅吹火斷
외로운 수자리 아득한데 저녁 갈잎피리 소리 들려오네 望迷孤戍暮笳聞
생각하나니 강습하던 자리에 제현이 있었고   正思講習諸賢在
한밤중 붉은 촛불 아래 술잔 기울이며 둘러앉았었지   絳蠟清醑坐夜分

"생각하나니 강습하던 자리에 제현이 있었고"라는 구절은 바로 귀양의 삼당, 양사 관원과 함께 출병하여 아가·아찰의 반란을 평정하는 일에 대해 논의한 사실을 은연중에 가리킨다. 봄이 온 뒤 출병하여서 반란을 평정하자는 계책은 주로 첨사 육건의 기습 계책을 채택한 것으로서 역시 그가 선봉이 되어 앞장서서 병사를 깊이 진격하기로 하였다. 그리하여 양명은 귀양에 도착하자마자 먼저 육건과 다시 기병奇兵을 출동시켜서 적의 진영 깊숙이 들어가 공격하는 계책을 상세히 토론하였다.

양명은 「육첨헌의 '정월 초하루에 밝게 개다' 시에 차운하다(次韻陸僉憲元

---

66 『왕양명전집』 권19 「목각도중설木閣道中雪」.

日喜晴)」한 수를 지어서 다음과 같이 읊었다.[67]

성안에 있을 땐 석양이더니 성 밖에 나가니 눈이 내려	城裏夕陽城外雪
십 리 사이에 맑고 갬이 다르네	相將十里異陰晴
조물주는 무슨 생각으로	也知造物曾何意
도대체 사람들 괴로운 마음 평온을 얻지 못하게 하나!	底是人心苦未平
백부의 누대는 물에 거꾸로 비치고	柏府樓臺銜倒景
초가집엔 솔숲 대숲에서 싸늘한 바람 흐르네	茆茨松竹瀉寒聲
삼베 이불 덮고 자다가 얼어붙을까 근심하지 말지니	布衾莫謾愁僵臥
흰 눈은 쌓이는데 새벽빛이 밝아오네	積素還多達曙明

'백부柏府'는 안찰사를 가리키며 "도대체 사람들 괴로운 마음 평온을 얻지 못하게 하나!"라고 한 구절은 바로 아가·아찰의 반란이 아직 평정되지 않고 사람의 마음이 어지러이 흩어진 상황을 가리킨다. 이때 귀양에서 두 사람이 만나 논의하고 토론한 일은 분명히 봄에 출병하여서 반란을 평정하는 일에 가장 직접적으로 영향을 미쳤다.

잇달아 대규모로 출병하여 아가·아찰을 진압한 전투에 대해 정사에서는 모두 숨기고서 기록하지 않았는데, 다만 『귀주통지貴州通志』의 「육건전陸健傳」에 육건이 기병을 동원하여서 아가·아찰의 소굴을 습격하고 양명이 아가·아찰의 반란에 대한 계책을 건의하여서 공을 세운 비밀을 다음과 같이 털어놓았다.

---

67 『왕양명전집』, 권19 「차운육첨헌원일희청次韻陸僉憲元日喜晴」.

첨사 육건은 자가 문순文順이며 은현鄞縣 사람이다. 홍치에 진사가 되었다. 정덕 연간(1506~1521)에 귀주 첨사로 부임하였다. 서묘西苗의 난에 영리한 자를 뽑아서 행각승行脚僧으로 위장시켜 성채로 들여보내 의연금을 모금하게 하고 암암리에 묘족 경내의 풀이 없는 곳에 씨를 뿌리고 갈림길을 기록하게 하였다. 또 군중에 명령을 내려서 사람마다 조약돌을 무릎 사이에 달아두게 하였다. 봄이 되어서 풀의 씨앗이 싹틀 때 무릎 사이의 돌을 떼어내고 풀이 난 곳을 따라 묘족의 소굴로 곧바로 쳐들어갔다. 또 판옥板屋을 설치하고 상자 둘을 뽑아내어서 비호庇護로 삼아 돌무더기와 화포(礌炮)를 피하게 하였다. 묘족은 깜짝 놀라 귀신으로 여겨 근심을 하고 괴수를 죽였다. 묘족의 경내가 모두 평정되었다. 복건 부사로 옮겼다.[68]

기병을 동원하여 묘족의 병영을 습격하는 육건의 계책은 양명이 나중에 강서江西에서 계책을 세워서 출병하여 난을 평정하고 신호宸濠의 반란을 진압한 일과 매우 유사하다. 묘족 진영을 기습하는 육건의 계책은 양명이 그에게 제시하였거나 적어도 두 사람이 주도면밀하게 상의하고 토론하여서 정하였을 가능성이 아주 크다. 출병하여 반란을 평정하는 일은 봄 2월로 결정하였다.

양명은 정월 15일 원소절元宵節에 귀양에서 용장역으로 돌아갔다. 도중에 풍한병風寒病을 얻어 서원西園에서 와병하였는데 육건이 즉시 시를 보내 위로하였다. 양명은 도리어 육건이 반란을 평정하는 일에 더욱 관심을 쏟아 화

---

68 『건륭귀주통지乾隆貴州通志』 권19. '서묘의 난'은 곧 괴서 묘족 백성 아가·아찰의 반란을 가리킨다. 『민서閩書』 권48. "육건 …… 귀주 첨사로 승진하였다. 강직하게 법을 집행하였고 솔선하여 군사행동을 벌여서 괴서의 반란을 일으킨 묘족을 토벌하여서 평정하였다." '괴서의 반란을 일으킨 묘족'은 곧 괴서 묘족 백성 아가·아찰을 가리킨다.

답시 두 수를 지어서 증여하였다.[69]

육문순 첨헌에게 차운하다 　　　　　　次韻陸文順僉憲

봄 임금 치세의 정월 열이레 　　　　　　春王正月十七日
어스름 저녁 비바람에 천둥 번개 심하게 치네 　薄暮甚雨雷電風
내 초가집 날아갈까 어찌 염려하랴! 　　　　卷我茅堂豈足念
이해에 해야 할 일 공을 이루기 어려울까 마음 아프네 　傷玆歲事難爲功
「금등」의 가을 날씨와는 이미 다르지만 　　金縢秋日亦已異
노나라 역사책의 겨울과는 다름없지 않으랴! 　魯史冬月將無同
노신은 원기가 새나갈까 근심하여 　　　老臣正憂元氣泄
한밤중에 일어나 앉아 마음 졸이네 　　　中夜起坐心忡忡

병에서 일어나 육 첨헌이 부쳐온 시에 차운하다 　次韻陸僉憲病起見寄

귀거래사 한번 읊은 뒤 다른 소원 없었고 　一賦歸來不願餘
사마상여는 병이 많았으나 문원에 오래 머물렀네 　文園多病滯相如
울타리가 죽순은 한창 푸르고 　　　　　籬邊竹笋靑應滿
동구 밖 복사꽃은 저절로 붉게 폈네 　　　洞口桃花紅自舒
삼태기 멘 노인은 경쇠를 치는 마음 알아차렸으나 　荷簣有心還擊磬
주공을 꿈에서 못 봐 『서경』을 깎아내려 했네 　周公無夢欲刪書

---

69 『왕양명전집』 권29 「차운육문순첨헌次韻陸文順僉憲」; 『왕양명전집』 권19 「차운육첨헌병기
견기次韻陸僉憲病起見寄」.

운간에서 헌백은 위로 삼아   雲間憲伯能相慰

편지지에 길게 글을 써서 적거의 형편을 물어오네   尺素長題問謫居

"이해에 해야 할 일 공을 이루기 어려울까 마음 아프네"라고 한 구절은 출병하여 아가·아찰의 반란을 평정하는 일을 가리킨다. 또한 '금등金縢'은 『상서尚書』 중의 「금등」이다. 주 무왕周武王이 죽자 관숙管叔·채숙蔡叔·곽숙霍叔이 유언비어를 퍼뜨리고 난을 일으켰으며, 회이淮夷가 반란을 하였다. "가을, 곡식을 거둬들이지 못하였다. 하늘에서 크게 우레와 번개가 치고 바람이 불어서 벼가 다 쓰러졌고 큰 나무가 뽑혀나갔다. 나라 사람이 크게 두려워하였다(秋, 大熟未獲. 天大雷電以風, 禾盡偃, 大木斯拔. 邦人大恐)."[70]

양명의 시는 이 전고를 인용하여서 가을 7월에 묘족 추장 아가·아찰이 반란을 일으킨 사실을 암암리에 가리킨다. '노나라 역사책(魯史)'은 곧 『춘추』를 말한다. 공자는 노나라 역사에 근거하여 『춘추』를 지었는데, 주력周曆은 자월子月을 정월로 삼으니 하력夏曆으로는 11월에 해당한다. 명대에는 하력을 사용했는데 (하력의) 겨울은 주력으로는 봄에 해당한다. 육건은 봄에 출병하여서 반란을 평정하려고 하였는데, 이는 바로 주공이 동쪽으로 회이를 정벌한 것과 같다. 양명의 시는 이 전고를 인용하여서 육건이 반란을 평정하는 일은 필시 주공이 동쪽을 정벌한 일과 마찬가지로 승리를 얻을 것이라고 은연중에 시사하고 있다. 양명은 출병하여 반란을 평정하기 전날 이 시 두 수로써 육건을 마지막으로 고무하고 격려하며 그에게 기대를 걸었다.

반란의 평정은 2월에 출병하여 4월에 승리를 함으로써 막을 내렸다. 육건은 기병奇兵을 이끌고 가서 직접 묘족 진영을 쑥대밭으로 만들고 묘족 추

---

70 『상서尚書』「금등金縢」.

장을 쳐 죽여서 으뜸가는 공을 세웠다. 이상하게도 그는 6월에 복건 안찰부사로 자리를 옮겨서 떠났다. 양명은 반란 평정의 승리와 육건이 공을 세워서 복건 부사로 승진했다는 소식을 듣고 곧 6월에 귀양으로 달려가 복건 부사로 부임하는 육건을 전송하였다.[71] 두 사람은 서로 시를 주고받으며 이별하였다.

양명은 「차운하여 육문순 첨헌을 전송하다(次韻送陸文順僉憲)」 한 수를 지었다.[72]

귀양에서 동쪽을 바라보니 초나라 땅 산은 평평한데	貴陽東望楚山平
하늘가에 또 떠나는 길 보내니 어찌할거나!	無奈天涯又送行
술잔 기울여 다시 만날 날 기약하며	杯酒豫期傾蓋日
봉한 편지로 문에 기대 기다리는 어버이 마음 위로하네	封書煩慰倚門情
마음은 궁궐로 달리지만 별처럼 멀고	心馳魏闕星辰迴
길은 고향 산으로 이어지고 초목은 무성하네	路遠鄕山草木榮
서울에서 사귄 벗들 거의 다 몰락하여	京國交游零落盡
공연히 가을 달을 원숭이 울음에 부치네	空將秋月寄猿聲

양명이 시에서 "서울에서 사귄 벗들 거의 다 몰락하여"라고 한 표현은 보이지 않는 사람들의 비밀을 털어놓은 것이다.

원래 육건이 홀연 복건 부사로 임명된 것은 결코 공에 따른 승진이 아

---

71 『왕양명전집』 권29에 「하일등역씨만권루용당운夏日登易氏萬卷樓用唐韻」에서 "높은 누각엔 유월인데 찬바람 일고, 겹겹이 빙 둘러싼 봉우리는 푸른 난간을 끼고 있다(高樓六月自生寒, 匝嶂廻峰擁碧闌)."라고 하였다. 양명이 6월에 귀양에 이르렀음을 알 수 있다.

72 『왕양명전집』 권19 「차운송육문순첨헌次韻送陸文順僉憲」.

니라 한을 품은 어사의 상주 탄핵 때문에 일어난 일이었다. 육건이 양명과 고별하고 복건 부사로 부임할 때 양명은 그에게 일찍이 편지 한 통을 서울로 가지고 가서 한림검토 장방기張邦奇(1484~1544)에게 전해달라고 부탁하였다. 나중에 장방기가 회신에서 "향기로운 꽃이 시들어 떨어졌다(芳馨凋落)"라고 감탄한 것으로 볼 때 양명이 아가·아찰의 반란을 평정하는 일을 장방기에게 알린 것으로 보인다. 그러므로 시에서 "서울에서 사귄 벗들 거의 다 몰락하여 공연히 가을 달을 원숭이 울음에 부치네"라고 탄식하였던 것이다. 육건은 홍치 15년(1502)에 진사가 되었고, 형부에서 직책을 맡았으며 양명과 서로알게 되었는데 역시 '서한림'의 인물이었다. 그러므로 양명은 그를 서울에서사귄 인물이라고 일컬었다. 양명은 육건이 멀리 복건 부사로 부임하는 일을"사귄 벗들 거의 다 몰락하여"라고 일컬음으로써 은연중에 어사의 무함하는상주 때문에 육건이 공적을 박탈당하고 떠난 내막을 드러냈던 것이다.

『민서閩書』는 이 사건의 진상을 다음과 같이 기재하였다.

> 육건 …… 괴서의 반란을 일으킨 묘족을 토벌하여서 평정하였다. 쇄권하는 어사의 등등한 기세가 양사를 능멸하여 양사는 기가 죽었는데 육건이홀로 저항하여서 간사한 당상관을 잡아내었기에 다른 어사가 마음에 원한을 품어서 전공戰功을 잃어버렸다. 결국 복건 부사로 전출되었는데 관직에이르러서 분을 품고 죽었다. 주머니에는 남긴 재물이 없어서 고을 사람 요막姚鏌과 동관同官이 후속 처리를 하였다.[73]

'쇄권하는 어사'는 유우생을, '양사'는 안찰사와 포정사를 가리키며 '다른

---

[73] 『민서閩書』 권48.

'어사'는 감찰어사(*순안巡按) 왕제王濟를 가리킨다. 아가·아찰의 반란이 아직 평정되지 않은 상태에서 삼당, 양사의 관원들은 이미 앞서서 스스로 공을 두고 다투기 시작하였다. 순안어사 왕제는 함부로 육건의 공을 빼앗았으나 그도 5월에 "속속들이 살피지 못했다(考察不及)"고 한 평가에 의해 동평주東平州 판관으로 폄적되어 갔다. 감찰어사 유우생은 양사가 반란 평정에 힘을 쓰지 않는다고 공격하다가 육건과 분쟁을 일으켰는데 그도 10월에 금의옥에 체포되어서 갇혔다. 총병 시찬, 선위 안귀영도 모두 두려워하고 피하여 나서지 않아서 반란 평정은 거의 통솔할 관리가 없어졌다. 조정에서는 할 수 없이 다시 감찰어사 서문화徐文華(1480~1537)를 파견하여 귀주를 순안하게 하였고, 또 반란 평정을 주도하고 나머지 국면을 수습하게 하였다.

서문화는 왕제가 8월에 귀주로 부임하자 그를 영접한 뒤 즉시 반란 평정의 일을 상의하기 위해 양명을 귀양으로 청하였다.[74] 양명은 곧 9월 초에 또한 차례 귀양에 가서 서문화와 만났다. 이때 서문화는 이미 반란을 평정할 준비를 마쳤는데, 이때 양명을 문장과 도덕으로 당대 이름을 날린 '도를 지닌 선비(有道之士)'이자 병법에 깊이 통달한 '병부주사'로 여겨 귀양으로 청하여서 반란을 평정하는 일의 타당함을 물었던 것이다.

『가정귀주통지』에서 "아가·아찰의 변란에 서문화가 다방면으로 주획籌畵하여 전투(兵戈)를 벌이지 않고서도 병란을 모두 평정하였다. 지금까지 귀주 사람들이 괴서의 일을 말하면서 모두 그의 공덕을 칭송한다."(*권9)라고 한

---

74 석서席書(1461~1527)의 「여왕수인서與王守仁書」에 이르기를 "두 사(二司)의 제공諸公으로서 예를 높이고 도를 지닌 선비가 이와 같은데 …… 어제 이생二生의 말에 의하면 집사께서 이달(卽月) 23일에 억지로 귀성貴城으로 갔다고 합니다."라고 하였다(『가정귀주통지嘉靖貴州通志』권11). '두 사의 제공'은 서문화를 포괄한 삼당, 양사의 관원을 가리킨다. '이달'은 8월이다.

말에 근거하면 서문화는 이때 출병하여서 이전의 관리가 살육하여 진압한 것과 반대로 초무招撫하는 방법을 채택하였다. 출병의 도리를 따르고 전투를 벌이지 않고 한 사람도 죽이지 않고서도 반란을 모두 평정하여서 괴서 묘족 백성에게 무량한 공덕을 쌓았음을 알 수 있다.

이 초무의 방법은 응당 서문화가 양명과 공동으로 상의하여 정한 것으로서 심지어 양명이 제시한 것일 가능성이 매우 높다. 왜냐하면 삼당, 양사의 여러 관원은 살육하여서 진압하기를 좋아하고 서로 남다른 공적을 세우려고 다투었으나, 양명은 줄곧 오랑캐 풍속을 누추하게 여기지 않고 오랑캐 백성을 교화하여 '여러 오랑캐(諸夷)를 어루만져서 중국(夏)으로 들어오게' 할 것을 주장하였으며, 함부로 죽이고 어지럽게 정벌하는 것에 반대하였기 때문이다.

군사의 출병에는 명분이 있어야 하며 초무를 상책으로 여긴 것은 그가 평생 동안 지킨 용병의 주지主旨였다. 나중에 그는 강서江西에서 삼리三浰의 반란을 평정하고 광서廣西에서 노소盧蘇 및 왕수王受의 난을 평정할 때 모두 초무의 방법을 채택하였으니, 이때 초무의 방법을 채택하여 아가·아찰의 반란을 평정한 것과 같은 방법이었다. 반란을 평정한 지 1년여가 지나 이미 기본적으로 승리를 쟁취한 정세 아래에서 초무의 방법을 채택하여 반란을 일으켰던 백성을 위무하고 평정한 일은 현명한 지혜를 잃어버리지 않은 용병의 도리를 따른 행위였다. 초무하여 반란을 평정하려는 두 사람의 논의는 틀림없이 십분 융화하고 일치하여서 서문화로 하여금 반란 평정에 매우 큰 자신감과 홀가분한 심정을 느끼게 하였다.

그는 심지어 양명을 초청하여 함께 남암南庵에서 노닐며 서로 시를 주고받았는데, 양명은 잇따라 화답시 세 수를 읊었다.[75]

---

75 『왕양명전집』 권19 「서도헌동유남암차운徐都憲同遊南庵次韻」, 「남암차운이수南庵次韻二首」.

서 도헌과 함께 남암에서 노닐며 차운하다　　　徐都憲同遊南庵次韻

바위 절은 봄을 감춰 오래도록 여름 오지 않고　　　嚴寺藏春長不夏
강의 꽃은 햇빛에 비쳐 복사꽃보다 어여쁘네　　　江花映日艶於桃
산그늘 문에 들고 시냇물에 저녁 빛 어리니　　　山陰入戶川光暮
숲 그림자 공중에 떠서 더운 기운 높아지네　　　林影浮空暑氣高
나무가 늙는다고 어찌 세월을 알랴!　　　樹老豈能知歲月
맑은 시내 참으로 가을 터럭도 비추네　　　溪清眞可鑑秋毫
좋은 경치 만나거든 모름지기 즐기고　　　但逢佳景須行樂
세월에 살쩍 희어지지 말게 하게　　　莫遣風霜著鬢毛

남암에서 차운하다, 두 수　　　南庵次韻二首

물 건너 나무꾼과 어부는 몇 집인가!　　　隔水樵漁亦幾家
언덕을 따라 돌길로 비스듬히 시냇가로 들어가네　　　緣岡石路入溪斜
솔숲에 저녁 기운 어리고 봉우리엔 비 내리니　　　松林晚映千峯雨
가을이라 단풍잎 붉고 나무마다 노을 지네　　　楓葉秋連萬樹霞
점점 몸뚱이 사물 밖으로 벗어남을 느끼고　　　漸覺形骸逃物外
하늘가 노닒에 거리낄 것 없네　　　未妨遊樂在天涯
자주 오더라도 스님 성가시게 하지 않으리　　　頻來不用勞僧榻
물가 갈매기에게 모래톱 한 자리 빌렸나니　　　已僭汀鷗一席沙

비낀 해 강 물결은 나그네 옷을 건드리고　　　斜日江波動客衣
물가 남쪽 짙은 대숲 사이 바위 동굴 문이 보이네　　　水南深竹見巖扉

어부는 그물 걷어 배가 모여들기 시작하고	漁人收網舟初集
시골 노인 세상을 잊고 앉아 돌아갈 줄 모르네	野老忘機坐未歸
구름 사이로 새들 어지러이 깃듦을 깨닫고	漸覺雲間棲翼亂
하늘 끝 흘러가는 저문 구름 근심스레 보네	愁看天北暮雲飛
해마다 연말이면 길이 나그네되어	年年歲晚長爲客
서호의 옛 낚시터를 아예 찾지 못했네	閒殺西湖舊釣磯

이러한 유연하고 자득한 창수시唱酬詩의 밑바닥에는 사실 두 사람이 출병하여 반란을 평정하기 전날 서로 반란 평정의 일처리(事宜)를 논의하는 긴장된 정서가 감추어 있었다. 그들은 함께 남암에서 노닐며 마음속 긴장과 흥분을 해소하였다. 나중에 정덕 14년(1519) 남암은 무후사武侯祠로 바뀌어서 제갈무후諸葛武侯(제갈량)에게 제사 지냈고, 귀주에서 공덕을 세운 명신 16명을 선별하여 합사合祀하였는데 서문화도 선정되었으니 아마도 서문화가 무후의 초무 방법을 채택하여서 아가·아찰의 반란을 평정한 것, 그리고 양명과 함께 남암에서 노닌 것과 관련이 있을 터이다.

서문화는 남암에서 함께 노닌 뒤 곧 참장參將 낙충洛忠을 거느리고 출병하여서 반란을 평정하였고, 양명은 귀양에 머물면서 문명서원의 교육을 주도하며 소식을 기다렸다. 도리에 따른 초무의 방법을 채택하였기에 서문화는 신속하게 9월에 아가·아찰의 반란을 평정하였다.[76] 1년 반 동안이나 끌었던

---

76 아가·아찰의 반란은 최종적으로 서문화에 의해 평정되었다. 『가정귀주통지』 권9. "서문화는 정덕 연간에 순안하였다. 아가·아찰의 변란을 맞아 서문화는 다방면으로 주획하여서 전투를 벌이지 않고도 병란을 모두 평정하였다. 지금까지 귀주 사람들이 괴서의 일을 말하는 자는 모두 그의 공덕을 칭송한다." 권10 「병변兵變」. "선위가 괴서 묘족 아가·아찰의 반란을 다스렸는데, 참장 낙충 등이 초병勦兵을 나누어 진격하여서 평정(剿平)하였다."

아가·아찰의 반란은 마침내 평안하게 종식되었다.

안귀영 선위에게 편지를 써서 출병을 권한 것에서부터 시작하여 서문화와 함께 논의하여 초무의 방법으로 반란을 평정하고 끝나기까지 양명은 묵묵히 소문도 없이 배후에서 아가·아찰의 반란을 평정하는 모든 과정에 참여하였다. 그는 비록 폄적당해 쫓겨난 신하의 처지였지만 귀주의 지방관원은 여전히 그를 경도에서 온 '병부주사'로 존경하여서 용병의 방도를 물었고, 그는 배후에서 외부 사람은 알지 못하는 반란 평정의 공로를 세웠다. 곧 그는 반란 평정에서 '의견을 건의하여(建言)' 공을 세운 '말의 선비(言士)'였던 것이다. 서문화는 조정에 반란 평정의 첩보를 올리는 소장(捷音疏)에서 틀림없이 반란 평정에 공을 세운 인원과 반란 평정에 힘을 쏟지 않은 인원을 열거하여서 상벌을 청했을 터이다. 이에 반란 평정에 힘을 쏟지 않은 시찬은 9월에 탄핵을 받아 파직되었고,[77] 반란 평정에 의견을 건의하여 공을 세운 양명은 윤9월에 여릉 지현廬陵知縣으로 승진하였다.[78]

양명이 아가·아찰의 반란을 평정하는 과정에서 의견을 제시하고 계책을 건의하여 공을 세운 사실은 다음과 같은 500년 동안 오래도록 묻혀 있던 비밀을 드러냈다. 정덕 2년에 '간당'으로 폄적되고 파직되었던 관원 53명은 모두 정덕 5년 8월에 유근이 복주된 뒤에야 비로소 차례로 기용되었는데 어째

---

77 『국각』 권47. "정덕 4년(1509) 9월 기유…… 귀주 총병 회유백 시찬, 광서 부총병 장용張勇이 모두 탄핵으로 파면되었다.

78 『헌장류편憲章類編』 권39. "정덕 4년 윤9월에 용장역 승 왕수인을 승진시켜서 여릉 지현으로 삼았다." 전덕홍의 『양명선생연보』를 살펴보면, 양명이 여릉 지현으로 승진한 일을 두루뭉술하게 정덕 5년 아래 두었는데 이는 잘못이다. 황관의 「양명선생행장」에서도 두루뭉술하게 말하기를 '경오(1510), 여릉 지현으로 승진하였다.'고 하였다. 이로 인해 후세 사람은 모두 양명이 정덕 5년 8월 유근이 복주伏誅된 뒤 기용되어서 여릉 지현으로 승진하였다고 여겼는데, 이는 더욱 잘못이다.

서 양명 한 사람만은 정덕 4년 윤9월에 기용되어서 여릉 지현이 되었는가? 양명의 기용은 분명히 유근의 생사와는 전혀 관계가 없고 그가 반란 평정에 의견을 건의하여서 공을 세운 것과 밀접한 관계가 있었다. 석서는 「송별왕수인서送別王守仁序」에서 진실한 소식을 들추어냈다. "내가 바야흐로 지난날을 깊이 뉘우치고 또 너무 늦게 만난 것을 한으로 여겼는데 마침 천자께서 조서를 내려 언사言士를 기용하시어 양명이 다시 여릉으로 가시게 되었으니 내 차마 한번 이별을 하겠습니까?"[79]

원래 정덕 4년 8, 9월에 지진이 일어나고 천문 현상의 재변이 끊이지 않자 오락과 놀이에 정신이 없던 무종은 부들부들 떨고 두려워하며 압박을 받아서 조서를 내려 구언求言하고 '언사'를 기용하였다. 바로 마침 양명은 아가·아찰의 반란에 의견을 제시하여 공을 세웠기에 무종의 '언사' 기준에 완전히 부합하였고, 서문화는 적당한 때를 만나 양명이 '언사'로서 세운 공적을 조정에 보고하여서 무종의 눈에 들었던 것이다.

아무것도 할 수 없었던 이때 무종의 '내각'은 유근에게 비굴한 얼굴로 아양을 떠는 '각로閣老'들이 모두 장악하고 있었다. 무종의 총애를 배나 받고 있던 '각로' 초방焦芳은 "여요 사람은 경질京秩에 선발하지 말라"는 광기 어린 어조를 크게 터뜨려서[80] 여요 본적의 적당을 엄하게 징계하였다. 양명이 이

---

79 『가정귀주통지』 권11 「송별왕수인서送別王守仁序」.

80 『국각』 권47. "정덕 4년 2월 …… 병술, 전 대학사 유건劉健과 사천謝遷이 삭적削籍되었다. 이에 앞서 재주를 품고 덕을 지닌 선비를 거용하였는데, 여요의 주례周禮·서자원徐子元·허룡許龍, 상우上虞의 서문표徐文彪가 거명되어서 자주 임용을 요구하였다. 역적 유근이 유건과 사천에게 원한을 품고 전지를 속여서 말하기를, 여요에 은사隱士가 많아서 반드시 사사로움을 따라 끌어당긴다고 하였다. 주례 등을 진무사鎭撫司의 감옥에 처넣고 또 유건과 사천에게까지 연루시켰다. 유근이 그 집안에까지 연좌하여 잡으려고 하였는데 이동양이 힘써 해명하였다. 초방이 말하기를 '비록 가볍지만 마땅히 제명해야 한다.'라고

때 서울에 들어가는 것은 바로 그들의 창끝에 부딪히는 일이었다. 또한 유근도 이전보다 더욱 가혹하게(變本加厲) 폄적되고 파직된 '간당'에게 타격을 입히는 가운데 뜻밖에도 5월에 이미 치사한 '여요인' 왕화가 남경의 이부우시랑으로 내려갔다.

더욱 주의할 만한 사람은 '각로' 양정화楊廷和이다. 그는 유근이 권력을 전횡할 때 청운을 타고 곧바로 날아올라서 정덕 2년에 관직이 문연각文淵閣 대학사에 제배되어 입각하였고, 정덕 5년 2월에 또 이부상서, 무영전武英殿 대학사로 승진하여서 관원의 승진과 좌천, 진출과 퇴출, 등용과 버림의 대권을 장악하고 있었다. 그는 또 관방의 정주 이학程朱理學을 신봉하는 대신이었으며 정치적으로 유근의 권력 전횡에 맞서는 양명과 대립하였고, 양명이 기용되어서 서울에 들어가는 것을 마음속으로 꺼리고 두려워하였다. 나중에 담약수는 양명에게 보낸 편지에서 "대체로 형에 대해 잠복해 있는 재앙은 앞으로 재상의 혐의(宰相之隙)가 있고, 뒤로 강우江右의 싹트지 않은 근심이 있다."라고 하였는데,[81] 여기서 '재상의 혐의'는 바로 양정화가 암암리에 양명이 '언사'로 서울에 진출하여서 관직을 맡지 못하도록 저지하고 억제한 사실을 가리킨다.

바로 이들 유근에게 아부하는 '각로'들이 양명이 '언사'로 서울에 진출하

하였다. 주례 등이 변방 수자리에 배속되었다. 포정사 임부林符(1437~?)·소보邵寶·이찬李贊(1424~?), 참정 오부伍符(1487, 진사), 참의參議 상형尙衡·마로馬輅, 소홍 지부 유린劉麟(1475~1561)이 각각 미米 300석의 처벌을 받았다. 추관推官 심총諶聰, 지현 왕도汪度가 면관免官되었다. '여요 사람은 경질京秩에 선발하지 말라.'는 법령을 정하였다." 이것이 곧 양명이 '언사'로서 서울에 올라가 임직에 나아가지 못하고 여릉 지현이라는 지방의 낮은 관직에 제수된 진정한 이유이다.

81 『천옹대전집泉翁大全集』 권9 「기왕양명도헌寄王陽明都憲」.

여 관직을 맡지 못하도록 저지하고 양명에게 보잘것없는 여릉 지현을 주어서 대충 무마했다고 할 수 있다. 무종은 '언사'를 기용하겠다는 임금의 승낙(御諾)을 스스로 뭉개버리고 두루뭉술하게 "(*내년) 겨울에 들어와 뵈어라(冬聞入覲)!"라는 한마디 말로 실망하고 낙담한 양명에게 실속 없는 위무를 하였다.

양명이 공을 세워서 여릉 지현으로 승진한 사실은 죄지은 신하로서 그의 폄적 생활이 끝났음을 알리는 신호였다. 그는 용장역에서 실제로 1년 반의 시간을 보냈는데, 오랑캐 땅에 거주하며 곤경에 처하였으나 해를 이어서 분주하게 용장역과 귀양성 사이를 오갔으니 전체 기간의 반은 용장역에서 거주하였고 반은 귀양성에서 지냈다. 그는 '언사'로서 폄적되었고 또 '언사'로서 기용되었으니 이는 그의 암담하고 부침을 겪는 생명의 역정에서 기이하고 다채로운 고깔을 씌웠다.

10월 감찰어사 유우생이 경사로 돌아갔는데 양명도 이때 용장역을 떠나 여릉의 임직으로 나아가려 하고 있었다. 그는 유우생을 송별하는 시 한 수를 지었는데, 표면적으로 유우생이 귀양에서 온갖 곤욕을 겪은 일을 깊이 동정하였지만 사실은 자신을 표현한 것이었다(夫子自道). 1년 반의 세월을 오랑캐 땅에 거주하며 폄적당하고 환난 속에서 연마하던 자기 삶을 총결산한 것으로 간주할 수 있다.[82]

유 시어에게 드리다　　　　　　　　　　　　　　　　　　　贈劉侍御

'건蹇'으로 몸에 돌이키고 '곤困'으로 뜻을 이룬다. 오늘날 환난은 바로 각하께서 쓰일 곳을 얻은 것이다. 이를 알면 이에 처함에 마땅히 스스로 남

---

82 『왕양명전집』 권19 「중유시어贈劉侍御」.

달라야 할 일이다. 흠이 많은 글이 충분히 그에 미칠 수 없으나 나머지는
또한 족히 말할 것이 없기에 애오라지 차운한다. 아무개가 유 시어 대인
계장契長께 머리를 조아린다.

蹇以反身, 困以遂志. 今日患難, 正閣下受用處也. 知之, 則處此當自別.
病筆不能多及, 然其餘亦無足言者, 聊次韻. 某頓首, 劉侍御大人契長.

시냇가 다리에서 이별하고 한 해도 가지 않았는데	相送溪橋未隔年
서로 만나 또다시 소춘의 때를 보내네	相逢又過小春天
시대를 근심하니 군신의 의리를 감히 저버릴 수 없고	憂時敢負君臣義
이별할 생각에 아녀자처럼 연민에 젖을까 부끄럽네	念別羞爲兒女憐
도는 절로 오르내리되 차라리 정함이 있고	道自升沈寧有定
마음에 지닌 기절은 치우침이 없지 않네	心存氣節不無偏
그대 이미 빈 배의 뜻을 터득했음을 아나니	知君已得虛舟意
곳곳에 풍랑 일어도 마음은 느긋하네	隨處風波只晏然

'건'은 험한 곳이고, '곤'은 곤경을 말한다. 험한 곳에 처하여 돌이켜서 내
마음에서 구하고 스스로 돌이켜서 곧으며, 곤경에 처하여 의지가 변하지 않
고 지조(操守)를 고치지 않는다.

양명은 이와 같이 용장역의 적지謫地에서 곤경에 처해서도 굽히지 않고
힘껏 지탱하며 시대를 근심하고 군신의 의리를 저버리지 않았으니, 끝내 "도
는 절로 오르내리되 차라리 정함이 있고, 마음에 지닌 기절은 치우침이 없지
않은" 견고하고 안정된 신념을 품고서 용장역에서 나왔으며 또한 시대의 '풍
파' 가운데에서 분투하며 헤쳐나갔던 것이다.

용장의 깨달음(龍場之悟):
간이직절簡易直截한 심학 본체공부론의 깨달음

　　용장역에서 양명은 생활면에서 간난신고의 곤궁한 고난을 겪었으나 정신적으로는 찬란한 심학의 깨달음이 꽃을 피웠다. 용장역은 아무에게도 알려지지 않은 오랑캐 지역의 한 줄기 역도驛道이나, 양명이 마음으로 구불구불 지나가면서 양명의 심학이 승화하여 전개한 새로운 길, 정신적 봉황이 열반하여 날아오른 새로운 기점, 백사白沙를 초월한 지행합일 심학의 탄생지가 되었다.

　　양명은 본래 백사 심학의 굳은 신념을 품고서 적지로 나아갔는데 심학은 그가 용장역에서 온갖 고난을 겪을 때 정신적 지주가 되었다. 그러나 적지로 나아가는 도중 그의 마음속 깊은 곳에서는 이미 주자학에 대한 새로운 질의質疑의 사고가 형성되고 있었으며, 또한 진백사의 '묵좌징심, 수처체인천리'의 심학에 대한 역방향의 질문을 제기하도록 추동하였다. 그리하여 그는 용장역에 도착하자마자 곧 호광湖廣 참의 오세충吳世忠(1461~1515)에게 편지를 써서 주자학, 육학陸學과 백사 심학에 대한 자신의 인식을 상세히 언급하였다.

　　…… 곤경에 처한 가운데 홀연 편지로 가르침을 받으니 봄바람에 썻긴 듯 말끔하고 홀로 더불어 진보하게 됨에 비록 처음 배우는 선비라도 곧 이로

써 표적을 삼을 수 있을 터입니다만 제가 어찌 감당하겠습니까? 두렵고 부끄러운 가운데 듣자 하니, 근래 학술이 비루함을 탄식하면서 말씀하시기를 '전배前輩 서너 분이 이락伊洛 본원의 학을 한다고 하는데 스스로 꽃을 피워서 결실을 맺지 못하고 오로지 뿌리를 지키는 데 힘쓰며, 스스로 별도의 유파를 세우지 못하고 오로지 근원을 지키는 데 힘써서 마치 화상和尚이 염불을 하되 염주만 헤아리면서 성불하기를 바라는 것과 같은데 아마도 그러한 이치는 없을 것이라' 하셨다고 합니다. 또한 스스로 일컫기를 '옛사람의 체용體用의 학문을 사모한다고 하는데, 아마도 끝내 외물에 이끌려(恐終爲外物所牽) 두 갈래의 길(兩途)은 모두 도에 이르지 못할 것이라' 하셨다고 합니다. 이로써 집사께서 학문사변學問思辨에 온 힘을 쏟고 안을 중시하고 밖을 경시하되 오직 부족하다 여겨서 공허하고 아득한 지경에 처하지 않을 것임은 의심할 수 없음을 알 수 있습니다. 저는 여기에서 조금이라도 미진한 것이 있음은 공훈을 이루기를 바라는 것이 아니라 장차 유익을 추구하는 것일 뿐입니다. 저 군자의 학문은 먼저 큰 것을 세우면 작은 것이 빼앗을 수 없습니다. 그러므로 자사子思가 덕을 닦고 도를 엉기게 함(修德凝道)을 논하면서 반드시 덕성을 높이고 묻고 배움을 따른다(尊德性而道問學) 하였습니다. 그런데 주자가 논하기를, 마음을 보존하지 않고서는 앎에 이를 수 없으며 마음을 보존하려면 앎에 이르지 않고서는 행할 수 없다고 여겼습니다. 집사께서 스스로 꽃을 피워서 결실을 맺지 못하고 별도로 유파를 세우지 못하면서 오로지 뿌리와 근원을 지키는 데 힘쓴다고 하셨는데 저들이 지키는 것이 과연 근원에서 얻은 것인지 아닌지 모르겠습니다. 만일 참으로 근원을 얻었다면 꽃을 피워서 결실을 맺고 별도로 유파를 세우는 것은 장차 이로부터 나올 터인데, 다만 마땅히 홀로 이를 지키지 않고 다시 학문사변도 일삼지 않을 뿐입니다. 군자의 학문은 자립한 뒤에 진보하는 자가 있고, 진보한 뒤에 자립에 이르는 자가 있는데 양자에는 등급의 차이가 있습니다. 대체로 자립한 뒤에 진보하는 자는 우뚝하게 선 뒤에 진보하는 바가 있는 것이니 이른바 '서른에 섰다(三十而立)', '나는 그 나아가는 것만 보았다(吾見其進)'라고 한 것입니다. 진보한 뒤 자립에 이르는 자는 더불어 도로 나아갈 수 있으며(可與適道), 더불어 섬에 이를 수 있는 자입니다. 대체로 차등이 없을 수 없습니다. 부자께서 자공子貢에게 이르기를 "사야! 너는 내가 많이 배워서 기억하는 사람으로 여기느냐?(賜也, 汝以予爲多學, 而識之者與)"라고 하시고, 또 "대체로 알지 못하고서 일을 만드는 사람이 있지만 나는 그렇지 않다(蓋有不知而作之者, 我無是也).", "많이 듣고 좋은 점을 택해서 그것을 따르며, 많이 보고 그것을 기억하는 것이 앎의 다음이다(多聞, 擇其善者而從之, 多見而識之, 知之次也)."라고 하셨습니다. 집사의 말씀은 거의 세상의 선학을 하는 자를 징계하여 하신(殆有懲於世之爲禪學而設) 말씀인데 또한 조금 평안하지 않음이 있는 것입니까? 저 '두 갈래의 길'이라는 말씀은 집사께서 가리키는 바가 무엇인지 알지 못하겠습니다. 도는 하나일 뿐인데 어찌 두 갈래가 있겠습니까? 두 갈래를 두는 마음, 이는 마음이 하나가 아닌 것이며, 이는 거의 본원이 아직 서지 않은 것이 아니겠습니까? 아마도 외물에 끌리는 것 또한 이 때문일 뿐입니다. 정자가 말하기를 "만일 외물을 외부의 것으로 여기어 외물에 이끌려서 이를 따라간다면 이는 자기 본성을 안팎이 있는 것으로 여기는 것이다(苟以外物爲外遷, 己而從之, 是以己性爲有內外也)." 하고, 또 말하기를 "(마음을) 스스로 사사롭게 하면 유위로 자취(의 당연함)에 대응하기를 일삼을 수 없으며, (인위적으로) 지혜를 쓰면 밝은 깨달음(지각)으로써 (이치의) 저절로 그러함을 일삼을 수 없다. 지금 외물을 미워하는 마음으로 사물이 없는 경지를 비추기를 추구한다면 이는 거울을 돌려놓고 사물을 비추려고 하는 것이다(自私, 則不能

以有爲爲應迹. 用智, 則不能以明覺爲自然. 今以惡外物之心而求照無物之地, 是反鏡而索照也)."라고 하였습니다. 또한 "군자의 학문은 탁 트여서 크게 공변되고, 사물이 다가오면 순응하는 것만 한 것이 없다(君子之學, 莫若廓然而大公, 物來而順應)." 하였습니다. 이로 말미암아 말하자면 마음의 자취는 쪼개서 둘로 나눌 수 없음이 분명한 것입니다.[83]

오세충이 말한 '이락 본원의 학을 하는 전배 서너 분'이란 바로 은연중에 육학파를 가리킨다. 그들 학문의 편파성은 "스스로 꽃을 피워서 결실을 맺지 못하고 오로지 뿌리를 지키는 데 힘쓰며, 스스로 별도의 유파를 세우지 못하고 오로지 근원을 지키는 데 힘씀"에 있었는데 이는 육학파가 마음의 근원을 지키는 데 힘쓰고 오로지 한번 깨달음을 추구하며 학문사변에 힘쓰지 않음을 말하는 것이다. 이는 체體는 있고 용用은 없으며, 이일理一은 있고 분수分殊는 없으며, 공허하게 그 뿌리를 지키고 꽃과 열매는 맺지 못하며, 그 근원을 죽음으로 지키되 유파는 살아 움직이지 않으며, 용에 나아가서 체를 추구할 수 없고, 분수에 나아가서 이일을 체인하는 것이다.

오세충 자신이 뒤따라 사모한다고 한 '옛사람의 체용의 학문'은 바로 체용일여體用一如, 격물궁리格物窮理의 주자학을 가리키는데, 다만 외물에 이끌려 밖을 중시하고 안을 경시할 우려가 있었다. 양명은 오세충이 학문사변에 힘을 쏟아 안을 중시하고 밖을 경시하며, 공허하고 아득한 경지에 처하지 않을 수 있다고 인정하였으나 다만 그의 주장에 비평을 제기하였다.

양명이 보기에 '군자의 학문(*心學)'은 반드시 먼저 큰 것(*體)을 세워야 비로소 작은 것(*用)이 빼앗을 수 없다. 이 '큰 것'은 바로 '덕성을 높임(尊德性)'

83 『양명선생문록속편陽明先生文錄續編』 권1 「답무정소참答懋貞少參」.

이며, '작은 것'은 '묻고 배움을 따르는(道問學)' 것이다. 그러므로 자사가 말한 "덕성을 높이고 묻고 배움을 따른다"는 것은 일종의 진정한 '덕을 닦고 도를 엉기게 하는' 군자의 학문이다. 그러나 주희가 말하는 "마음을 보존하지 않고서는 앎에 이를 수 없으며, 마음을 보존하려면 앎에 이르지 않고서는 행할 수 없다(非存心無以致知, 而存心者又不可以不致知)."라고 한 말은 이미 자사의 주장과 갈래가 다르다. 이로 인해 문제의 관건은 오로지 근원을 지킴에 있지 않으며, 힘써 지키려는 것이 참된 근원인가의 여부에 있었다. 만약 참으로 그 근원(*心)을 얻으면 꽃과 열매와 별도의 유파가 저절로 그 속에서 나온다.

양명은 이로부터 한 걸음 더 나아가 지적하기를, 군자의 학문을 하는 사람은 두 개의 등급이 있다고 한다. 한 등급은 '자립한 뒤에 진보하는 사람'인데 앎을 지니고서 지어내는(有知而作之) 자이므로 공자와 같은 사람이다. 또 다른 등급은 '진보한 뒤에 자립에 이르는 사람'인데 알지 못하면서 지어내는(不知而作之) 자이므로 주자와 같은 사람이다. 두 등급은 체와 용, 높음과 낮음, 순조로움과 거스름의 나뉨이 있다. 이 때문에 근저로 귀결하는 문제는 도가 하나이고 둘이 없으며(道一無兩), 마음은 도의 근원이라는 데 있다. "도는 하나일 뿐인데 어찌 두 갈래가 있겠습니까? 두 갈래를 두는 마음, 이는 마음이 하나가 아닌 것이며, 이는 거의 본원이 아직 서지 않은 것이 아니겠습니까?(道一而已矣, 寧有兩也. 有兩之心, 是心之不一也, 是殆本源之未立與)"

양명이 여기서 말하는 '거의 세상의 선학을 하는 사람들을 징계하기 위하여 말한' 내용은 실제로는 암암리에 백사의 심학을 가리킨다. 양명은 이미 백사의 심학에 '아마도 외물에 끌리는' 폐단이 있음을 의식하기 시작하였다. 왜냐하면 백사가 말하는 '묵좌징심'은 이理가 내 마음에 있음을 인정하는 것인데 이 때문에 안을 향해 마음속의 이치를 체인하기 위해서는 오로지 마음의 근원을 지켜야 한다. 그러나 백사가 말하는 '수처체인천리'는 도리어 이치가 사물 가운데 있음을 인정하는 것이니 이 때문에 밖을 향해 분수를 체인하기 위해서는 일에 나아가고 사물에 나아가(即事即物) 이치를 추구해야 한다. 이것은 '외물에 끌림이 됨'을 면하지 못한다. 양명은 백사의 학문이 가진 이러한 내재적 모순은 곧 '마음 자취가 판연히 둘로 나뉨'에 있다고 통찰하였다. 그리하여 양명은 마지막으로 인위적인 '지혜를 씀(用智)'을 반대하고 자연스러운 '밝은 깨달음(明覺)', 곧 마음의 깨달음(心悟)을 주장하였다. 백사 심학을 초월한 그의 '용장의 깨달음'은 바로 여기서 첫발을 떼었다.

용장역에서 이루어진 양명의 심학의 깨달음은 바로 백사의 '묵좌징심' 체인으로부터 시작한 것으로서 양명은 백사의 '수처체인천리'를 버리고 소옹邵雍(1011~1077) 심학의 심법인 역학易學을 통해 지행합일의 심학 본체공부론의 경계에 도달하였다. 그리하여 그는 용장역에 도착하자마자 완역와를 마련하고 바위 동굴에서 잠심하여 주역의 심법을 완색하였다. 양명소동천을 열어서 소흥 양명동에서와 마찬가지로 진공련형법 수행을 진행하였다.

그는 한번은 기원형冀元亨(1482~1521)에게 자기가 용장역에서 수행한 묵좌징심을 다음과 같이 언급하였다. "하루는 용장역에서 정좌하다가 고요한 경지에 이르러서 몸뚱이(形骸)를 완전히 잊어버렸다. 집안사람이 문을 여는 소리에 깨어났는데 향기로운 땀이 온몸에 흥건하였다. 석가釋家(불교)에서 이르는 '견성見性'이 바로 이와 같다."

또 장신蔣信(1483~1559)에게도 다음과 같이 말하였다.

정좌를 익히는(習靜) 배움은 염계濂溪(주돈이)로부터 입에서 입으로 전해졌습니다. 주자周子(주돈이)가 말하기를 "중정, 인의로 안정하되 고요함을 주로 삼는다(定之以中正仁義而主靜)." 하였습니다. 명도明道(정호)는 종일 단정하게 앉아(端坐) 있었는데 마치 진흙으로 빚은 사람 같았습니다. 이천伊川

(정이)은 사람이 고요히 앉아 있는 것을 보면 곧 잘 배웠다고 감탄하였습니다. 이통이 나종언羅從彦(1072~1135)에게 배운 뒤 말하기를 "선생이 고요히 앉아 있는데 내가 방에 들어가 역시 고요히 앉았다. 선생이 매양 나에게 고요한 가운데 희로애락이 아직 일어나지 않았을 때 어떤 기상인지 보라고 하셨다(先生靜坐, 侗入室中亦靜坐. 先生每令侗於靜中看喜怒哀樂未發作何氣象)." 하였습니다. 다만 처음 배울 때 마음을 억지로 고요하게 해서는 안 되며, 다만 한가한 때를 당하여서 하되 공부를 오래 하면 광경光景이 저절로 분별될 것입니다.[84]

'정좌하여 고요한 경지에 이르러 몸뚱이를 완전히 잊어버린' 것은 바로 그가 말하는 "일찍이 고요한 가운데 안을 관조하니 몸뚱이(形軀)가 마치 수정궁과 같이 되어서 나를 잊고 사물을 잊고(忘己忘物) 하늘을 잊고 땅을 잊어서 (忘天忘地) 허공과 같이 한 몸(同體)이 되었다."[85] 한 것이며, 역시 『성명규지』에서 말한 "고요히 그윽하고 어두운 곳으로 들어가고(靜入窈冥)", "태허와 한 몸이 되고(與太虛同體)", "칠백은 형이 없어지고(七魄忘形)", "엄연히 수정탑과 같아져서 겉과 속이 영롱하고 안과 밖이 투철해지는(儼如水晶塔子, 表裏玲瓏, 內外洞徹)" 것이었다.

그는 백사의 '묵좌징심'의 정좌체인을 도가의 도인련형導引煉形의 심신 수련과 결합하여서 주역 심학의 심법을 체득하고 깨달았다. 이는 북송의 소옹이 체득하여 깨달은 일종의 심학 심법의 길이었다. 양명은 완역와를 짓고 주역의 심학 심법을 체득하여서 깨달았는데 실은 바로 소옹이 안락와安樂窩를

---

84 『장도림선생도강일록蔣道林先生桃岡日錄』.

85 『왕기집』 권2 「저양회어滁陽會語」.

짓고 주역의 심학 심법을 체득하여서 깨달은 것과 비슷하다.

진관陳瓘(1057~1124)은 「답양중립유정부서答楊中立游定夫書」에서 소옹의 심학 심법이 역학에서 연원한 것임을 다음과 같이 밝혔다.

> 강절康節(소옹)이 이르기를 "선천도는 심법이다. 그림에는 비록 글자가 없지만 내가 종일 말한 것이 여기서 벗어난 적이 없다(先天圖, 心法也. 圖雖無文, 吾終日言, 未嘗離乎是)."라고 하였습니다. 그러므로 그의 시에서 "몸은 천지 뒤에 있고 마음은 천지에 앞서 있다. 천지는 나로부터 나오니 나머지는 족히 어찌 말하랴!(身在天地後, 心在天地先. 天地自我出, 自餘惡足言)" 하였습니다. 또한 "지나간 것을 헤아림은 순조롭고 올 것을 아는 것은 거슬러야 한다(數往者順, 知來者逆)." 하였습니다. 이 한 구절은 그림의 의미를 곧바로 직접 풀이한 것인데 마치 사계절의 변화를 맞이하는 것과 같습니다. 그런즉 선천의 학은 마음을 근본으로 삼으며 경세經世에 관한 것은 강절에게는 나머지 일입니다. …… 강절의 시에 이르기를 "가죽 끈이 세 차례 끊어진 뒤 글을 읽지 않은 지도 열두 해. 우러러보고 굽어봐도 부끄러움 없으니 사람들 신선이라 헐뜯어도 상관없네(自從三度絶韋編, 不讀書來十二年. 俯仰之間無所愧, 任人謗道是神仙)."라고 하였으니 같은 시대 사람들 눈에 그 사람은 신선으로 보였으며, 후세 사람들은 그 책을 수數를 고찰한 것으로 명명했는데 모두 강절이 서운해하지 않았으나 그 마음은 세 성인(의 역학)에 힘쓰는 것일 뿐이었습니다.[86]

---

86 『소씨문견후록邵氏聞見後錄』 권5 「답양중립유정부서答楊中立游定夫書」.

소옹은 「관역음觀易吟」을 지어서 다음과 같이 영탄하였다.[87]

한 물건이 오면 한 몸이 있고	一物其來有一身
한 몸에는 한 건곤이 있다	一身還有一乾坤
만물이 나에게 갖춰 있음을 안다면	能知萬物備於我
삼재가 따로따로 뿌리를 두겠는가!	肯把三才別立根
하늘은 하나에서 체와 용을 나누고	天向一中分體用
사람은 마음에서 경륜을 일으키네	人於心上起經綸
하늘과 사람이 어찌 두 가지 의미가 있겠으며	天人焉有兩般義
도는 공허하게 행하지 않고 다만 사람에게 있네	道不虛行只在人

만물이 모두 나에게 갖춰 있으니 내 마음이 자족하다. 그는 「관물외편觀物外篇」에서 명확하게 다음과 같이 말한다.

선천학은 심법이다. 그러므로 그림은 모두 가운데에서 시작되며 만물의 변화와 만사가 마음에서 생겨난다. 선천학은 (*마음의) 성실함을 주로 하니 지극히 성실하면 신명에 통할 수 있고 성실하지 않으면 도를 얻을 수 없다. 선천의 학은 바로 마음의 지극히 성실한 학문이니 "선천의 학은 마음이며 후천의 학은 자취이다." 마음은 태극이며, 또한 도는 태극이라고 한다.[88]

---

87 『이천격양집伊川擊壤集』 권15 「관역음觀易吟」.

88 『황극경세皇極經世』 권12 「관물외편觀物外篇」 하.

또 「어초문대漁樵問對」에서는 다음과 같이 말한다.

대저 관물이라고 일컫는 까닭은 눈으로 보는 것이 아니기 때문이다. 눈으
로 보는 것이 아니라 마음으로 보는 것이다. 마음으로 보는 것이 아니라
이치로 보는 것이다.
　한 마음으로 모든 마음을 보고, 한 몸으로 모든 몸을 보고, 한 물건으로
만물을 보고, 한 세대로 모든 세대를 볼 수 있다.[89]

소옹이 말하는 마음의 지극히 성실한 '심법'은 실제로는 마음을 태극(*도)
으로 삼는 '심학'(*선천심학)이다.
　그러므로 북송 말기 장행성張行成(1132, 진사)은 소옹의 역학을 천석하면서
맨 처음으로 명확하게 소옹의 선천 심법을 '심학'이라고 일컬었다. "지극히
성실한 것은 심학이다(至誠者, 心學也).", "선천의 만물을 지어낸 시초에 관한
학문은 마음으로 말미암아 자취를 드러내는 학문이며, 후천의 만물이 생겨난
뒤에 관한 학문은 자취로 인하여 마음을 추구하는 학문이다."[90] 이는 진정한
의미에서 일종의 심즉리의 유가 심학이니 소옹은 송대 유가 심학사상의 체계
를 세운 일인자이며, 육구연의 심학은 분명히 소옹의 심학에서 연원한 것이
라고 할 수 있다.[91]

---

89 「어초문대漁樵問對」.

90 『황극경세관물외편연의皇極經世觀物外篇衍義』 권8.

91 육구연 심학의 전승 연원에 관해 종래에는 분명하지 않아서 일반적으로 모두 육씨의 심
학을 장구성張九成(1092~1159)의 선학禪學으로 소급하였는데 실은 그 본원을 탐색하지 못
하였다. 장행성 뒤에 호굉胡宏(1105~1161)도 '심학'이라는 용어를 사용하였다. 다만 역시
정주程朱 '이학'에 서로 대립하는 육씨 '심학'의 의의를 갖지는 않는다.

사실 육구연 이후 하덕보夏德甫 또한 소옹의 뒤를 따라 역와易窩를 세우고 주역의 심학 심법을 잠심하여서 완색하였는데, 하몽계何夢桂(1229~1303)는 「하덕보역와음서夏德甫易窩吟序」에서 다음과 같이 말하였다.

「역와음易窩吟·자연自然」은 하덕보의 시이다. 하덕보가 읊은 것은 시인의 장구章句가 아니라 다만 광경을 완상한 것일 뿐이다. 그런데 '역와'로 기필期必한 것은 대체로 강절의 안락와安樂窩의 정취에서 얻은 것이 있었기 때문이다. 그러므로 그 시에 이르기를 "안락와에는 아무 일 없고 오직 한 권 복희의 책이 있다네(安樂窩中事事無, 惟存一卷伏羲書)."라고 하였다. 강절의 20년 공부는 전부 안락와 하나에 있다. 버드나무에 부는 바람과 부용에 어린 달(柳風蓉月), 만나는 형편에 따라 공을 이루는 것을 오히려 군더더기(長物)로 여기며 복復(복괘)과 구姤(구괘) 사이에서 마음대로 포환을 가지고 놀 듯이 하여 즐거운 뜻이 끝이 없었으니 이는 무명공無名公의 지극히 오묘하고 지극히 오묘한 것인가?[92]

양명이 완역와를 세워서 주역의 심학 심법을 잠심하여 완색한 것은 소옹이 안락와를 세워서 주역의 심학 심법을 잠심하여 완색하고, 하덕보가 역와를 세워서 주역의 심학 심법을 잠심하여 완색한 것과 일맥상통한다.

소옹은 안락와에서 역학을 잠심하여 완색하여서 유가의 역학을 도가의 수심양성修心養性의 학과 결합하여 자신의 선천 심학을 세웠고, 나중에 육구연의 심즉리心卽理 심학을 열었다. 소옹의 이러한 선천 심학의 참된 비밀을 가장 분명하게 드러내 보여준 이는 명明 초의 정일파正一派 천사天師이며 '도

---

92 『잠재문집潛齋文集』 권7 「하덕보역와음서夏德甫易窩吟序」.

교 문파의 뛰어난 유학자(道門碩儒)'인 장우초張宇初(1359~1410)이다. 그는 「독관물편讀觀物篇」에서 다음과 같이 말한다.

…… 송이 일어나면서 도가 드러났는데, 주자周子(주돈이)는 앞에서 태극이 아직 밝아지기 전의 온축된 것을 펼쳐냈고, 소자邵子(소옹)는 뒤에서 선천의 무궁한 이치를 밝혀냈다. 이로 말미암아 복희·문왕·주공·공자의 취지, 곧 끊어진 학문을 이은 것으로서는 이와 같은 것이 없다. 성인의 도는 마음에 근본을 두며 『역』은 심학이다. 소자는 "마음은 태극이다.", "학문을 하여 마음을 기른다(爲學養心).", "선천의 학은 마음이다."라고 하였으니 마음을 말한 것이 지극하고, 이치를 논한 것이 분명하다. 모와 동그라미(方圓)를 그림으로써 『역』의 오묘한 이치를 모두 밝힌 것에 이르러서는 비록 천지가 크고 음양이 은미하고 귀신이 그윽하고 상象과 수數가 오묘하고 유有와 무無가 변하고 사물이 지극히 넓고 이치가 지극히 신령하나 모두 태극에서 나와 무극에 복귀하는 것이며 한 마음으로 수렴될 뿐이다. 넓히면 우주宇宙가 되고 흩으면 극히 미세한 털끝(毫忽)이 되며, 그것은 깨끗하고 맑고 정밀하고 은미하며(潔淨精微), 깊고 심오하고 그윽하고 미묘한 것(淵深幽眇)이니 상세하고 치밀하다 하겠다. 이것이 이른바 마음으로 보고 이치로 본다는 것이다. 또 말하기를, 마음으로 사물을 보지 않고, 나로써 사물을 보지 않고, 사물로써 사물을 보지 않는다고 하였다. …… 광범위하게 표현하자면(大而化之) 천지와 음양의 수는 체가 없는 하나로써 저절로 그러함을 형용한다. 쓰이지 않는 하나로써 도를 형용한다. 쓰는 것이 셋인데 이로써 저 하늘과 땅과 사람을 형용한다. 그러므로 말하기를 "무극 이전에는 음이 양을 안고 있으며, 상이 생겨난 뒤에는 양이 음을 나눈다(無極之前, 陰含陽也. 有象之後, 陽分陰也)."고 하였으니 천근天根과 월굴月窟의 왕래가 무극의

사이에 존재한다. …… 그 누구 마음을 잘 기를 수 있는 사람을 얻어서 더불어 심학을 말할 수 있을까? ……[93]

명이 들어선 뒤 소옹은 북송오자北宋五子 중 특히 빼어나게 되었고 그의 선천 심학은 널리 유행하고 그의 수많은 관물음의 시체詩體마저도 명의 이학가와 시인들이 다투어서 모방하는 신품神品이 되었다. 소옹이 명의 시단에서 받들어 모시는 성리性理의 우상이 된 것은 이상하지 않다.

양명의 시작詩作도 소옹을 배운 것이니 그의 수많은 성리와 양지良知를 읊은 시는 소옹의 관물음觀物吟·음물시吟物詩와 곡조는 달라도 솜씨는 같은 (異曲同工) 오묘함을 지녀서 정신이 같고 뜻이 합하였다. 그러므로 심학에서 양명은 이미 스스로 백사의 심학에 대해 마음에 질의를 하였고, 자연 백사를 초월하여 시선을 소옹·육구연이라는 심학의 원천으로 향하게 되었다. 이는 바로 그가 완역와에서 주역을 잠심하여 완색하고 심학을 돈오한 '밝은 깨달음(明覺)'의 힘이었다.

양명의 '용장의 깨달음'은 바로 완역와에서 묵묵히 앉아 마음을 맑게 하고 주역 심학의 심법을 체인하는 가운데 일어난 일인데 다만 양명 스스로 나중에 의도적으로 함축하여서 말하고 분명하게 드러내지 않았으며, 그의 제자들도 모두 그 깨달음을 신화화하여서 대부분 양명의 용장의 깨달음을 선사禪師들이 고의로 아리송하고 밑도 끝도 없는 말을 하고(故弄玄虛) 까닭을 분명하게 말하지 않는(莫名所以) 선禪의 깨달음처럼 묘사하였다.

황관은 「양명선생행장」에서 양명의 돈오를 다음과 같이 기술한다.

---

93 『현천집峴泉集』 권1 「독관물편讀觀物篇」.

밤낮으로 단정하게 거처하며 묵묵히 앉아서(端居默坐) 마음을 맑게 하고 사려를 자세하게 하여(澄心精慮) 정밀하고 한결같은 가운데에서(精一之中) 탐구하였다. 어느 날 저녁 홀연 크게 깨달아 미친 사람처럼 펄쩍 뛰었다. 기억하고 있던 오경의 말씀으로 입증하였더니 하나하나 딱 들어맞았는데 오직 회암(주희)의 주소注疏와는 서로 어긋나는 듯하였다. 늘 마음으로 이리저리 사색하다가 이로써 『오경억설』을 지었다. …… 공이 이로써 『주자대전』을 가져다가 만년의 논의를 열람한 뒤 스스로 배운 것이 그릇되어 자기를 속이고 남을 속이는 데 이르는 설이 있음을 알고서 말하기를 "회옹晦翁(주희)도 이미 스스로 뉘우쳤을 것이다."라고 하였다.[94]

"단정하게 거처하며 묵묵히 앉아서 마음을 맑게 하고 사려를 정밀하게 하여 고요하고 한결같은 가운데에서 탐구하였다."라고 한 말은 바로 양명이 완역와에서 백사의 '묵좌징심'을 실천하고 고요한 가운데 대본大本과 달도達道를 체인하며, 이치(理)가 마음 가운데 있으며 마음 밖에는 이치가 없음을 체인한 것이다. 이른바 "오직 회암의 주소와는 서로 어긋나는 듯하였다."라고 함은 양명의 '큰 깨달음(大悟)'이 주학을 겨냥한 것임을 말한다. 그의 '용장의 깨달음'은 바로 주학이 틀렸고 심학이 옳음을 깨달은 것으로서 실질적으로는 '육학을 긍정하고 주학을 비판하는(是陸非朱)' 깨달음임을 밝히 드러낸 것이다. 『오경억설』과 '주자만년정론朱子晚年定論' 설은(*나중에 『주자만년정論』이라는 책을 완성한다) 바로 그가 주학의 그릇됨을 크게 깨달은 두 산물이다.

그러나 황관은 뜻밖에도 양명이 결국 무엇을 크게 깨달았는지 의도적으로 숨기고 말하지 않았는데 도리어 전덕홍은 「양명선생연보」에서 한 가닥 소

---

94 『왕양명전집』 권38 「양명선생행장」.

식을 드러내 보인다.

밤낮 단정하게 거처하며 맑고 묵묵하게 정밀하고 한결같음을 추구하였다.
오래되자 마음속이 깨끗해졌다(灑灑). …… 이로 인해 '성인이 이에 처하여
다시 무슨 도가 있겠는가?'라고 생각하였다. 홀연 한밤중에 격물치지格物致
知의 취지를 크게 깨달았는데, 잠자는 중에 마치 누군가 말을 해준 사람이
있는 것 같았다. 갑자기 부르짖고 날뛰어서 모시는 사람이 모두 깜짝 놀랐
다. 비로소 성인의 도는 내 본성에 자족한 것이며(聖人之道, 吾性自足), 종래
사물에서 이치를 추구하는 것은 잘못임을(向之求理於事物者誤也) 알았다. 이
에 묵묵히 오경의 말씀을 기억하여 입증하였더니 딱 들어맞지 않는 것이
없었다. 이에 『오경억설』을 지었다.[95]

전덕홍은 양명이 '격물치지의 취지'를 크게 깨닫고 "비로소 성인의 도는
내 본성에 자족한 것이며, 종래 사물에서 이치를 추구하는 것은 잘못임을 알
았다."라고 명확하게 말하였다. 이른바 "종래 사물에서 이치를 추구하는 것은
잘못"이라고 한 말은 바로 주회의 외부를 향해 사태에 나아가고(卽事), 사물에
나아가(卽物) 이치를 추구하는 방법을 가리키며, 역시 이통과 백사의 '처한 상
황에 따라 천리를 체인(隨處體認天理)'하는 것을 가리킨다.

이통·백사와 주회의 격물구리格物求理의 설은 일맥상통한다. 주회의 격
물치지설은 이치가 사물 가운데 있으며, 이일理一이 분수分殊 가운데 있으며,
체가 용 가운데 있음을 인식하여 이로 인해 모름지기 용에 나아가 체를 추구
하고 분수 가운데에서 이일을 체인하며, 사물에 나아가고 사태에 나아가 그

---

95 『왕양명전집』 권33 「연보」 1.

이치를 끝까지 탐구하는 것이다. 주희의 이 격물궁리설은 위로 이통의 '분수체인', '체인천리'에 근본을 둔다. 또한 백사의 '수처체인천리'설은 분명히 위로 이통과 주희의 설을 계승한 것이며 역시 이치가 사물 가운데 있으므로 이로 인해 사태에 따라, 사물에 따라, 곳에 따라 천리를 체인해야 한다고 인정한다.

양명이 말하는 '종래 사물에서 이치를 추구하는 자'란 바로 이통·주희·백사 등을 가리킴을 알 수 있는데, 여기에서 그는 백사의 '묵좌징심'을 긍정하고 '수처체인천리'는 부정하였다. 양명이 크게 깨달은 '격물치지의 취지'는 바로 아래에서 말한 "성인의 도는 내 본성에 자족한 것이며, 종래 사물에서 이치를 추구하는 것은 잘못"이라 하는 것이다. 이는 기왕 마음이 곧 이치이며(心卽理), 마음이 곧 태극이며(心卽太極), 마음은 온갖 이치를 갖추고 있으며(心具萬理), 마음은 만물을 포함하고 있으니(心舍萬物), 내 본성은 원만자족圓滿自足하며 이치는 내 마음에 있고 마음 바깥에는 이치가 없으니 자연스레 바깥에서 구할 것이 없으며, 모름지기 바깥을 향해 격물구리하지 말고 다만 모름지기 스스로 마음에서 구하며, 마음속의 이치에 다가가 바로잡는(格正) 것을 인정하는 것이다.

이는 일종의 굉대하고 드넓으며(宏大開闊), 쉽고 간단하고 직접적이며 명쾌한(易簡直截) 심학 본체공부론의 깨달음이다. 이러한 '격물치지'에 대한 커다란 깨달음 가운데에는 본체론의 깨달음과 공부론의 깨달음이라는 두 가지 커다란 깨달음을 포함하고 있다. (1) '격물' 상에서 양명은 '심즉리'를 일종의 심학 본체론으로 삼았다. 이는 이치가 내 마음에 있으며, 격물은 마음속의 이치에 다가가 바로잡는 것이며, 바깥 사물의 이치에 다가가는 것이 아님을 깨달은 것이다. 이에 그는 '격물'을 '정심正心'으로 해석하였다. (2) '치지' 상에서 양명은 '치지'를 일종의 심학 공부론으로 삼았다. 이는 '지知'이며 또한

'행行'이니 지가 곧 행이며 행이 곧 지이고, 치지致知는 곧 행지行知이다. 이에 그는 '치지'를 '지행합일'로 해석하였다.

'격물' 상에서 주희는 이치가 만물 가운데 있다고 하여 '격물'을 향외적인 '궁리窮理'(*바깥 사물의 이치를 탐구함[格外物之理])로 해석하였다. 양명은 주희의 설에 반대하고 이치를 내 마음에 있다고 하여 '격물'을 향내적인 '정심正心', '정념두正念頭'로 해석하였다.

『전습록』은 양명이 용장에서 얻은 이 '깨달음'을 다음과 같이 기록하였다.

> 뭇사람은 다만 격물을 회암(주희)에 의지하여 …… 나(某)는 스스로 궁리격
> 물(窮格)을 하였는데 아침저녁으로 해도 그 이치를 얻지 못하였다. …… 오
> 랑캐 속에서 3년을 지내다가(*생각건대 용장역에 있었던 일을 가리킨다) 자못
> 이 생각을 보아내고서 이에 천하의 사물이 본래 (바깥에 따로) 탐구할 만한
> 것이 없음을 알게 되었다(乃知天下之物本無可格者). 격물하는 공부는 다만 마
> 음과 몸에서 하는 것이며(其格物之功, 只在身心上做) 성인은 사람마다 반드시
> 도달할 수 있는 것으로 여겼다.[96]

"이에 천하의 사물이 본래 탐구할 만한 것이 없음을 알게 되었다. 격물하는 공부는 다만 마음과 몸에서 하는 것"이라고 함은 격물은 곧 마음속의 이치에 다가가서 바로잡는 것이며, 격물이 곧 정심正心임을 인정하는 것이다.

나중에 담약수는 「조주종산정사양명왕선생중리설자배사당기潮州宗山精舍陽明王先生中離薛子配祠堂記」에서 다음과 같이 또렷하게 말한다. "신건백 양명왕 선생은 호걸로서 필시 성인이 된 자인가! 폄적되어서 용장으로 갔다가 돌

---

96 『왕양명전집』 권3 「전습록」 3.

아와서 사람을 가르쳤는데, 한 번 변하여서 정념두의 설을 내세운 것도 이것이다. 두 번 변하여서 양지의 설을 내세운 것도 이것이다."[97] '정념두'가 바로 '정심'이라는 것은 격물을 정념두로 삼은 것이다.

양명은 '격물이 곧 정심'이라는 설로 주희의 '격물이 곧 궁리'라는 설을 대체하였고 또한 백사의 '처한 상황에 따라 천리를 체인함'을 부정하였다. 양명은 이 격물이 곧 정심이라는 깨달음으로 백사의 심학을 초월하고 직접 육구연의 심학으로 달려갔다.

'치지' 상에서 주희는 경지쌍수敬知雙修, 곧 "함양은 모름지기 경건으로써 하며 학문의 진보는 앎을 끝까지 이룸에 있다(涵養須用敬, 進學則在致知)."라고 하는 주장을 제출하였다. 그러나 그가 말하는 주경主敬과 격치格致(격물치지), 곧 "마음을 보존하지 않고서는 앎에 이를 수 없고, 마음을 보존하는 것은 또한 앎을 이루지 않으면 안 된다(非存心無以致知, 而存心者又不可以不致知)."라고 한 말은 앎과 행함을 두 가지 일로 나눈 것으로서 앎을 먼저 행한 뒤 행동을 뒤에 하며, 행동한 뒤 나중에 알며, 앎과 행동이 순환하여서 상호작용하는 것임을 주장한다. 양명은 주희의 설에 반대하여 지행합일, 앎이 곧 행함, 행함이 곧 앎, 앎 가운데 행함이 있음, 행함 가운데 앎이 있음, 앎과 행함은 하나로서 같은 몸(一如同體)임을 제시하였다.

전덕홍은 「양명선생연보」에서 양명이 용장역에서 이러한 '지행합일'의 깨달음을 얻은 사실을 다음과 같이 기술하였다.

정덕 4년(1509) 기사, 선생은 38세였다. 귀양에 있었다. 이해에 선생은 비로소 지행합일을 논하였다. 처음 제독 학정 원산元山 석서席書가 주륙동이

---

97 『감천선생속편대전甘泉先生續編大全』 권5.

朱陸同異의 변별을 물었다. 선생이 주자와 육상산의 학문을 말하지 않고 자기가 깨달은 내용을 알려주었더니 석서가 의심을 품고 돌아갔다. 다음 날 다시 왔는데 지행의 본체를 알려주고 오경과 제자諸子(四書)로 입증하였더니 점차 성찰하였다. 서너 차례 왕복하자 활연 크게 깨달았다. 말하기를 "성인의 학문을 오늘날 다시 보았다."라고 하였다.[98]

또 「각문록서설刻文錄敍說」에서 다음과 같이 말하였다.

선생의 학문은 모두 세 차례 변하였다. …… 귀양에 거처할 때 처음으로 배우는 사람들과 '지행합일'의 설을 말하였다. …… 선생이 일찍이 말하기를 "내가 처음 용장에 거할 때 향토 사람(鄕民)의 말과 통하지 않았고 더불어 말할 수 있는 사람은 중국 땅에서 망명한 무리들뿐이었다. 그들과 더불어 지행의 설을 말하였는데 흔쾌히 이해하지 않는 사람이 없었다. 오래 지나 오랑캐 사람들과도 역시 흡연翕然히 서로 반향이 있었다. 나가서 사대부들과 말을 하였더니 어지러이 같으니 다르니(異同) 하였는데, 도리어 대부분 어긋나고 받아들이지 못하였다. 무엇 때문인가? 선입견이 있었기 때문이다."[99]

전덕홍은 결코 양명의 용장의 깨달음을 '양지의 깨달음'이라 하지 않고 '지행합일'설을 양명이 평생 동안 변화를 겪은 세 차례의 학술 사상 가운데 첫 번째 변화로 간주하였는데, 이는 양명의 심학사상의 변화 역정 중에서 가

98 『왕양명전집』 권33 「연보」 1.

99 『왕양명전집』 권41 「각문록서설刻文錄敍說」.

장 관건이 되는 '깨달음(悟)'이었다.

양명이 용장역에서 깨달은 이러한 '지행합일'설을 『전습록』에서는 매우 상세하게 다음과 같이 기술하였다.

나(愛)는 선생의 '지행합일'의 가르침을 이해하지 못하여 종현宗賢(황관)· 유현惟賢(진구천)과 함께 논변을 주고받았으나 해결하지 못하였기에 선생께 질문을 하였다. 선생께서 말씀하셨다. "시험 삼아 네 생각을 말해보아라." 내가 말하였다. "예를 들어 지금 어떤 사람이 부모에게 마땅히 효도하고 형을 마땅히 공경해야 한다는 사실을 다 알고 있지만 도리어 효도하지 못하고 공경하지 못합니다. 이는 곧 앎과 행함이 분명 두 가지 일입니다." 선생께서 말씀하셨다. "이는 이미 사욕에 의해 단절된 것으로서 앎과 행함의 본체가 아니다. 알면서도 행하지 않는 사람은 없었다. 알면서 행하지 않으면 다만 아직 알지 못하는 것이다. 성현이 사람들에게 앎과 행함을 가르친 것은 바로 그 본체를 회복하기를 바란 것이지 네가 다만 그렇게 (알기만) 하면 된다는 것이 아니다. 그러므로 『대학』에서는 참된 앎과 행함을 사람들에게 가리켜 보여서 말하기를 '미인을 좋아하듯이 하고 악취를 싫어하듯이 하라(如好好色, 如惡惡臭).' 하였다. 미인을 보는 것은 앎에 속하고 미인을 좋아하는 것은 행함에 속한다. 다만 그 미인을 보는 순간 이미 저절로 좋아하는 것이지 본 뒤에 또 마음을 세워서 좋아하는 것이 아니다. 악취를 맡는 것은 앎에 속하고 악취를 싫어하는 것은 행함에 속한다. 다만 그 악취를 맡는 순간 이미 저절로 싫어하는 것이지 악취를 맡은 뒤 따로 마음을 세워서 싫어하는 것이 아니다. …… 앎과 행함을 어떻게 나눌 수 있겠는가? 이는 곧 앎과 행함의 본체로서 일찍이 사사로운 뜻에 의해 단절된 것이 아니다. 성인이 사람을 가르친 것이 반드시 이와 같이 하여야 비로소 앎이라고 할 수 있다. 그렇지 않으면 결코 앎이 아니다. 이는 도리어 얼마나 긴요하고 절실하며 착실한 공부인가! 지금과 같이 억지로 굳이 앎과 행함을 둘로 말하려고 하는 것은 무슨 뜻인가? 내가 하나라고 말하는 것은 무슨 뜻인가? 만약 이론을 세운 종지宗旨를 알지 못하고 다만 하나이니 둘이니 말하는 것은 또한 무슨 소용이 있는가!" 내가 말하였다. "옛사람이 앎과 행함을 두 가지로 말한 것은 역시 사람들이 분명하게 알게 하기 위해서입니다. 한편으로 앎의 공부를 하고 한편으로 행함의 공부를 하면 곧 공부가 비로소 낙착이 됩니다." 선생께서 말씀하셨다. "이는 도리어 옛사람의 종지를 잃어버린 것이다. 내가 일찍이 말하기를 '앎은 행함의 주의主意이며 행함은 앎의 공부이다. 앎은 행함의 시작이며 행함은 앎의 완성이다. 만약 이를 이해할 때 다만 앎을 한번 말하기만 하면 이미 저절로 행함이 그 안에 있고, 다만 행함을 한번 말하기만 하면 저절로 앎이 그 안에 있다. 그리하여 옛사람이 앎을 하나 말하고서 또 행함을 하나 말한 까닭은 다음과 같다. 다만 세간에는 한 종류의 사람이 있어서 흐리멍덩하여(懵懵懂懂) 멋대로 생각하고 전혀 사유하거나 성찰할 줄 모르며 다만 아무것도 모르고 함부로 행동하기 때문에 반드시 앎을 말해야 비로소 행함이 있으며, 또한 종류의 사람이 있어서 들뜨고 허황하여(茫茫蕩蕩) 공허하게 사색을 하고 전혀 착실하게 몸소 실천하려고 하지 않으며 다만 그림자나 메아리만 붙잡으려고 하기 때문에 반드시 행함을 말해야 비로소 앎이 참다워진다. …… 지금 사람은 도리어 앎과 행함을 두 가지 물건으로 나누어서 반드시 먼저 앎이 명료해진 뒤에 행할 수 있다고 여긴다. 내가 만일 지금 강습하고 토론하여서 앎의 공부를 하고 앎이 참다워진 뒤에 바야흐로 행함의 공부를 해나간다면 마침내 죽을 때까지 행할 수 없으며 또한 마침내 죽을 때까지 알 수 없다. 이는 작은 병통이 아니며 그렇게 된 지 이미 하루 이틀이

아니다. 내가 지금 말하는 앎과 행함이 하나라는 것은 바로 대증對症의 약
이다. ……'라고 하셨다."[100]

서애의 이 어록은 정덕 7년(1512)의 기록이지만 양명이 정덕 4년 용장역
에 있을 때 얻은 '지행합일'의 인식을 반영하고 있다. "내가 일찍이 말하기
를"이라 한 말은 그가 용장역에서 크게 깨달은 '지행합일'의 관점을 가리킨
다. 양명은 용장의 깨달음이라는 심학의 관점에서 '지행합일'을 일종의 긴절
하고 착실한 심학의 치지 공부론으로 삼아 제창한 것이다. 이것은 백사의 '수
처체인천리'의 착오를 수정하고, 육구연 심학 공부론의 결점을 보완하였다.

왕기王畿는 「서산전군행장緖山錢君行狀」에서 '지행합일'을 심학 공부론으
로 삼은 특징을 분명하게 나타냈다. "군은 일찍이 부자夫子(왕양명)의 학문에
세 차례 변화가 있었음을 기록하였다. …… (양명은) 귀양貴陽 이래 지행합일
설을 제창하여서 이르기를, 지知와 행行 두 글자는 모두 공부로부터 논한 것
으로서 참으로 앎은 바로 행함의 까닭이며, 행하지 않으면 앎이라 하기에 충
분하지 않다고 하셨다."[101]

양명의 '지행합일'의 깨달음은 마음을 본체로 삼고, '심즉리'를 심학의 본
체론으로 삼고, '지행합일'을 심학의 공부론으로 삼아 앎과 행함을 한 기가
관통하고(一氣貫通), 분할할 수 없는(不可分割) 치지의 공부로 인정하는 것인데,
이로 인해 앎과 행함은 통일된 것일 뿐만 아니라 합일된 것이다. 앎과 행함
은 하나로 관통하여서 동일한 것이며, 앎과 행함은 상즉불이相卽不二이고 앎
은 행함의 주의主意이며 행함은 앎의 공부이다. 앎은 행함의 시초이며 행함

---

100 『왕양명전집』 권1 「전습록」 상.
101 『왕기집王畿集』 권20 「서산전군행장緖山錢君行狀」.

은 앎의 완성이다. 앎을 말하면 이미 저절로 행함이 그 안에 있고 행함을 말하면 앎이 저절로 그 안에 있다. 마음은 지행합일의 본체, 지행합일은 마음의 공부이다.

양명은 '마음은 온갖 이치를 갖추고 있고 앎과 행함은 하나로 합한다.'고 하는 심학으로 백사의 '묵묵히 앉아서 마음을 맑게 하고, 처한 상황에 따라 천리를 체인하는' 심학을 대체하였음을 알 수 있다. 이 '용장의 깨달음'은 그의 '마음은 온갖 이치를 갖추고 있고 앎과 행함은 하나로 합한다.'고 하는 심학의 본체공부론 체계가 탄생했음을 선포하였다.

양명의 '용장의 깨달음'은 쉽고 간단하며 직접적이고 명쾌한 심학 본체공부론의 깨달음임을 알 수 있다. 이 심학 본체공부론의 체계는 본체론상에서는 '마음과 사물이 하나로 합함'을 말하고, 공부론상에서는 '앎과 행함이 하나로 합함'을 말한다. 이러한 총괄적인 심학 본체공부론의 깨달음 아래에서 양명은 일종의 더욱 드넓은 심학문화의 관점에서 주자학을 거듭 자세히 살펴본 뒤 주자학과 육학의 동이同異를 비교하고서 활연히 세 가지 깨달음을 얻었다. 이는 그가 삼부작을 저술하는 동기가 되었다.

하나, 주희의 오경 주소五經注疏의 설을 거듭 자세히 살펴본 뒤 주희의 번쇄한 훈고와 주해의 오류를 발견하였는데, 이는 그로 하여금 『오경억설』을 써내도록 추동하였다. 이는 바로 황관이 말한 "어느 날 저녁 홀연 크게 깨달아 미친 사람처럼 펄쩍 뛰었다. 기억하고 있던 오경의 말씀으로 입증하였더니 하나하나 딱 들어맞았는데 오직 회암(주희)의 주소注疏와는 서로 어긋나는 듯하였다. 늘 마음으로 이리저리 사색하다가 이로써 『오경억설』을 지었다."고 한 것이다. 전덕홍은 「오경억설십삼조서五經臆說十三條序」에서 역시 다음과 같이 말한다. "스승께서 용장에 거하실 때 배워서 깨달은 바를 오경으로 입증하였는데, 선유(주희)의 훈석訓釋이 미진함을 깨닫고 이에 기억하는 바에 따라 소통하여서 풀이하였다. 19개월 동안 열람한 뒤 오경을 대략 정리하여 『오경억설』이라고 이름 붙였다."[102]

『오경억설』은 양명이 정덕 3년(1508) 4월에 용장역에 도착해서 완역와를 지으면서 쓰기 시작하여 정덕 4년 10월에 양명이 장차 용장역을 떠날 때 대부분 완성하고 서문을 확정하였는데, 양명 스스로 말하기를 19개월 동안 썼다고 하였다. 이는 양명이 용장역에 도착하자마자 마음속에 이미 주학에 대한 비판이 무르익었음을 나타낸다. 그는 주희의 오경 주소의 설을 비평하는 것에서부터 파고들어가 그의 심학적 '용장의 깨달음'을 열어젖혔던 것이다. 사실 『오경억설』은 주학을 비판하는 책으로서 그의 '용장의 깨달음'을 (얻고서) '시작하는 글(始筆)'이다.

양명은 스스로 「오경억설서五經臆說序」에서 이 비밀을 다음과 같이 밝히고 있다.

물고기를 잡으면 통발은 잊어버리고 막걸리를 거르고 나면 지게미는 버린다. 물고기를 잡지도 못하고 막걸리를 거르지도 못했는데 이것을 통발과 지게미라고 한다면 물고기와 막걸리는 끝내 얻을 수 없다. 오경은 성인의 학문이 갖춰진 것이다. 그러나 이미 들은 것을 가지고 말하는 것은 도에 대해서는 역시 통발이며 지게미일 뿐이다. 일찍이 가만히 저 세속의 선비(世之儒者)들이 물고기를 통발에서 구하고 지게미를 막걸리라고 하는 것을 괴이하게 여겼다. 술지게미를 막걸리라고 하는 것은 그래도 진상에 가깝다. 술지게미 중에는 막걸리가 남아 있기 때문이다. 통발에서 물고기를 구한다면 통발은 물고기와 거리가 멀다. 용장은 남쪽 오랑캐 땅 수많은 산

---

102 『왕양명전집』 권26 「오경억설십삼조서五經臆說十三條序」.

가운데 있어서 서권書卷을 손에 잡을 수 없었기에 날마다 바위굴에 앉아서 예전에 읽은 내용을 묵묵히 기억하여서 기록하였다. 생각하여 터득한 것이 있으면 바로 훈석을 하였다. 1년 하고 일곱 달 만에 오경의 취지를 대략 정리하여 이름을 「억설」이라고 붙였다. 대체로 반드시 모두 선현에게 부합한 것은 아니나 애오라지 가슴속의 견해를 써서 이로 인해 감정을 즐겁게 하고 본성을 기를 뿐이다. 그런즉 내가 이 책을 지은 까닭은 애초에 물고기를 잊고 낚시를 하며 누룩에 흥을 맡긴 일이지 참으로 맛을 아름답게 여긴 것이 아니다(則吾之爲是, 固又忘魚而釣, 寄興於曲蘗, 而非誠旨於味者也). 아! 나의 이 설을 보되 마음으로 터득하지 못하고 이 역시 통발과 술지게미로 여기고 여기에서 물고기와 막걸리를 찾는다면 그것들을 잃어버릴 것이다

(觀吾之說而不得其心, 以爲是亦筌與糟粕也, 從而求魚與醪焉, 則失之矣).……[103]

양명이 비평하는 '세속의 선비'는 은연중에 주희를 가리킨다. 양명이 보기에 오경은 비록 성현의 학과 성현의 도를 포함하고 있지만 오경의 '말씀'에서 성현의 '도'인 '물고기와 막걸리'는 '통발과 술지게미'에 지나지 않으며, 참된 선비(眞儒)라면 응당 물고기를 얻고 통발을 잊으며 막걸리를 거르고 나면 술지게미는 버려야 한다. 그런데 주희와 같은 이런 '세속의 선비'가 오경에 번쇄한 주해를 한 것은 '통발과 술지게미'에서 도를 구하면서 실제로는 '통발에서 물고기를 찾고 술지게미를 막걸리라고 하는' 것과 다름이 없다. 유가의 오경에 대해 참된 선비는 '말'에서 도를 구하지 않고 '마음'에서 도를 구한다. 그리하여 주희와 같이 문자의 훈고와 성인의 '술지게미'를 미주알고주알 따지고 말에 떨어지고 통발에 들어가는 것과 달리 양명이 『오경억설』을 지은

---

103 『왕양명전집』 권22 「오경억설서五經臆說序」.

것은 마음에서 구하며, '애오라지 가슴속 견해를 써낸' 것이니 '가슴속'은 바로 마음의 뜻(心意)을 가리키며, '마음(心, *억견을 가리키는 것이 아니다)'을 가리키니 '억설'이란 바로 마음의 말이다. 그러므로 그의 『오경억설』을 보면 성인의 마음을 터득할 수 있으며, "나의 이 설을 보되 마음으로 터득하지 못하고서 이 역시 통발과 술지게미로 여기고 바로 거기에서 물고기와 막걸리를 찾는다면 그것들을 잃어버릴 것이다."

양명의 『오경억설』은 심학으로 오경을 해석한 저작으로서 '용장의 깨달음'의 첫 번째 산물임을 알 수 있다. 다만 그가 주희의 경 해설을 비판한 것이 명조 당권자의 정주 성리의 학으로써 천하를 다스리고 사류士類를 금고禁錮하는 큰 금기(大忌)를 건드렸기에, 양명 스스로도 『오경억설』을 지은 것이 마찬가지로 말이라는 통발에 떨어져서 글자를 풀이하고 구절을 분석하고 술지게미를 가지고서 향기로운 막걸리로 여기며 물고기를 잊고서 낚싯대를 드리우는 격이 아닌가 걱정하여 "내가 이 책을 지은 것은 애초에 물고기를 잊고서 낚시를 하며 누룩에 흥을 맡기는 일이지 참으로 맛을 아름답게 여긴 것이 아니다."라고 하였던 것이다. 그러므로 나중에 그는 결국 『오경억설』을 미정未定의 설이라 여기어 태워버리고서 스스로 해명하기를 "다만 치량지일 뿐이다. 비록 수많은 경전이나 이단의 왜곡된 학문이라 하더라도 만일 권형權衡(양지)을 잡으면 천하의 경중이 이를 벗어날 수 없을 것이니, 더욱 문장을 나누고 구절을 분석하여서 남들을 이해시킬(知解) 필요가 없다."[104]고 하였다. 『오경억설』을 태워버린 일은 난해한 수수께끼를 남겨놓았다. 다만 다행스럽게도 남아 있는 『오경억설』의 잔문殘文 13조항은 양명이 어떻게 심학으로 오경을 전석하였는지 분명히 이해할 수 있게 한다.

---

104 『왕양명전집』 권26 「오경억설십삼조서五經臆說十三條序」.

둘, 거듭 주희의 『대학』 정본定本 및 『대학장구大學章句』의 격물치지格物致知설을 자세히 살펴본 뒤 주희의 『대학』 정본과 '격물' 장을 보완해 넣은 것의 잘못과 『대학장구』가 성인 문하의 본지가 아님을 발견하고서 스스로 『대학』의 고본古本을 정하여서 격물이 곧 정심正心이라는 『대학』의 종지를 확립하였다. 이는 그로 하여금 나중에 『대학고본방석大學古本傍釋』을 쓰도록 추동하였다. 이에 대해 전덕홍은 「양명선생연보」에서 바로 다음과 같이 말한다.

> 선생이 용장에 계실 때 주자의 『대학장구』가 성문聖門의 본지가 아님을 의심하고 먼저 고본을 베껴서 자세히 읽고 정밀하게 사색한 뒤 비로소 성인의 학문은 본래 간단하고 쉽고 분명하며(簡易明白), 그 책은 다만 한 편일 뿐으로 원래 경經과 전傳으로 나뉘지 않았으며, 격물치지는 성의誠意에 근본을 두니 원래 누락되어서 보완할 만한 전傳은 없으며, 성의를 주로 하여서 치지격물의 공부를 하는 것이므로 '경敬'이라는 글자 하나를 보탤 필요가 없다.[105]

주희의 대학학大學學에서는 스스로 고본 『대학』을 개정하여서 『대학』을 경과 전으로 나누고 그중 '격물' 한 장을 망일亡佚된 것으로 여겼다. 이에 그는 『대학』에 '격물' 한 장을 보완하였고, '격물'을 해석하여서 외부를 향해 사물에 깊이 들어가 사물의 이치(物理)를 궁구하는 것이라고 하였다. 양명은 주희의 대학학에 반대하고 고본 『대학』의 원래 모습을 복구하였다. '대학'은 원래 완정한 한 편으로서 본래 경과 전의 구분이 없었고 또한 보완해야 할 만한 전의 결함도 없다고 여겼다. 이에 그는 '격물'을 '정심'으로 해석하고 격물치

---

[105] 『왕양명전집』 권33 「연보」 1.

지는 성의에 근본을 둔다고 인정하였다. 양명은 이 『대학』의 깨달음을 근본적으로 주자학에까지 미루어갔는데, 이는 그가 나중에 『대학고본방석』을 저술하는 계기가 되었을 뿐만 아니라 직접 '치량지'의 학문으로 통하는 넓은 길을 열었다.

셋, 주희의 전체 저작을 거듭 자세히 살펴본 뒤 주희 초년의 설과 만년의 설이 전혀 같지 않으며 또한 만년의 주희 사상은 이미 육구연에게로 전향하였음을 발견하고서 말하기를, 주희는 만년에 이미 스스로 초년설의 과오를 뉘우쳤으며 주학(*性學)에서 육학(*心學)으로 전향하였으므로 만년의 설이 비로소 주희 사상의 정론이라고 하였다. 그리하여 양명은 '주자만년정론朱子晚年定論'설을 제출하였다. 이에 대해 황관은 「양명선생행장」에서 다음과 같이 말한다.

공은 이로 인해 『주자대전朱子大全』을 가져다 열람하고 만년의 논의를 보고서 그 배운 바가 그릇되었으며 자기를 속이고 남을 속이는 설까지 있음을 저절로 알게 되었다. 그리고 말하기를 '회옹(주희)도 이미 스스로 뉘우쳤다.' 하였다. 날마다 배우는 사람들과 강론하고 탐구하며 체득하고 관찰하였는데 더욱 정밀하고 명료해졌으며 좇아서 배우는 사람들이 많아졌다.[106]

사실 가장 먼저 '주자만년정론'설을 제출한 사람은 정민정程敏政(1446~1499)이다. 그는 『도일편道一編』에서 가장 먼저 주희와 육구연의 학문이 초기에는 달랐으나 만년에는 같아졌다는 설을 내세워서 주자만년정론이 이미 육구연의 학문과 서로 같다는 견해를 주장하였다. 양명은 틀림없이 일찍부터 『도일

---

106 『왕양명전집』 권38 「양명선생행장」.

편」을 읽었으며, 그리하여 그가 용장역에서 거듭 『주자대전』을 읽자마자 단번에 깨닫고서 '주자만년정론'이 저절로 그의 뇌리에 갑자기 현현하였던 것이다.

그러나 '주자만년정론'이란 정민정과 양명이 주학을 비판하고 육학을 존신하는 그들의 입장을 감추고 꾸미는 구실에 지나지 않는다. 왜냐하면 그들은 직접 주학을 공격하여서 비판하고 부정하기에는 모두 마음속으로 꺼림칙했기 때문인데, '주자만년정론'의 기치는 양명의 '용장의 깨달음'을 위해 필요한 것이었다. 다만 용장역에서 양명은 이러한 '주자만년정론'의 사상을 싹 틔웠다. 나중에 남도南都에서 주희·육구연 학문의 동이同異 논전을 거쳐서 그의 '주자만년정론' 사상이 비로소 최종적으로 형성되어 공개되었고, 아울러 그로 하여금 『주자만년정론朱子晚年定論』이라는 책을 쓰도록 추동하였다. 그런데 나중에 양명이 '치량지' 심학사상을 형성하였을 때에는 그도 곧 '주자만년정론'의 구설을 다시 사용하여서 자기의 반주학反朱學·존륙학尊陸學의 입장을 숨길 필요가 없었다.

양명의 '용장의 깨달음'은 본래는 주학의 그름을 깨닫고 육학의 옳음을 깨달은 것이므로 그의 이러한 '용장의 깨달음'이 바로 주희와 육구연 학문의 동이를 변석하고 강론하는 과정에서 촉발된 것임은 조금도 이상하지 않다. 양명은 정덕 3년 3월 용장역에 도착하자마자 오세충·진봉오·모과 등과 함께 '군자의 학문'을 강론하고, 주희와 육구연의 학문을 변석하기 시작하였다. '해가 저무는데 마음은 붉어 저절로 재를 움직이는(歲晚心丹自動灰)'[107] 11월 동지

---

107 『왕양명전집』 권19 「동지冬至」. 양명은 「주자만년정론서朱子晚年定論序」에서 다음과 같이 말한다. "그 뒤 용장에 폄적된 관원으로서 오랑캐 땅에 거하며 곤경에 처하여서 마음을 격동시키고 본성을 인내하던(動心忍性) 나머지 황홀하게 깨달음이 있었다(忧若有悟). 몸으로 증험하고 탐구하면서 다시 추위와 더위를 보내고서(*생각건대 다시 한 해가 지나가고 정

에 이르러서 주희와 육구연 학문의 동이를 사색하고 변석하는 가운데 활연히 격물치지와 지행합일의 취지를 돈오하였다. 이는 바로 양명이 걸어간 '용장의 깨달음'의 마음의 길이었다.

그는 깨닫고 난 뒤에 쓴 '시작하는 글(始筆)' 「논원년춘왕정월論元年春王正月」에서 단도직입적으로(開門見山) 다음과 같이 말하였다. "성인의 말은 명백하고 간단하며 진실하나 배우는 사람이 매양 어렵고 깊고 은밀하고 심오한 데서 구한다. 이 때문에 논술이 상세할수록 의미는 더욱 어두워진다(聖人之言明白簡實, 而學者每求之於艱深隱奧, 是以爲論愈詳而其意益晦). 『춘추』에서 '원년춘왕정월'이라고 쓴 것은 대체로 중니仲尼(공자)가 경전을 지을 때 붓을 들기 시작한 때이다."[108] 이른바 '배우는 사람이 매양 어렵고 깊고 은밀하고 심오한 데서 구한다. 이 때문에 논술이 상세할수록 의미는 더욱 어두워진다.'라는 말은 바로 주학을 가리킨다. 또한 '성인의 말은 명백하고 간단하며 진실하다'라는 말은 바로 육학을 가리킨다.

그는 이어서 한 걸음 더 나아가 『오경억설』의 '원년춘왕정월' 조에서 자기가 깨달은 심학을 다음과 같이 상세하게 천석闡釋하였다.

> 원元(으뜸)은 시작이다. 시작이 없으면 끝을 맺을 것이 없다. 그러므로 원년元年이라고 쓴 것은 시작을 바르게 하는(正始) 것이다. 위대하다! 하늘의 으뜸이라(大哉乾元)고 한 것은 하늘의 시초이다. 지극하다! 땅의 으뜸이라(至哉

덕 4년이 된 것을 가리킨다), 오경과 사자四子(四書)로 입증하니 마치 시원스레 마치 장강과 황하가 터져서 바다로 흘러드는 듯하였다." 여기서 말하는 '황홀하게 깨달음이 있었다'는 말은 곧 양명이 정덕 3년 11월 '한 해는 저물고 붉은 가슴 저절로 식어버린' 동지의 깨달음을 가리킨다.

108 『왕양명전집』 권24 「논원년춘왕정월論元年春王正月」.

坤元)고 한 것은 땅의 시초이다. (하늘과 땅의) 가운데에서 자리를 이루니 거기에 사람의 으뜸(人元)이 있다. 그러므로 천하의 으뜸은 왕王에게 있고, 한 나라의 으뜸은 군주(君)에게 있고, 군주의 으뜸은 마음(心)에 있다. 원(으뜸)이라는 것은 하늘에서는 만물을 낳는 인仁인데 사람에게서는 곧 마음이 된다. 마음은 태어나면서 지닌 것인데 어찌 임금이 되어야 시작이 되는 것인가? 말하기를 "마음은 태어나면서 지닌 것이다. 임금이 되지 않고서는 그 (마음의) 쓰임이 한 몸에 그친다. 임금이 되어서는 그 쓰임이 한 나라에 관련된다. 그러므로 원년이란 임금이 나라를 다스리는 시초이다. 이때를 당하여 뭇 신하와 백성은 마음을 다하고 눈을 부릅뜨고서 유신維新의 시초를 본다. 그런즉 임금(人君)이 된 자는 더욱 마땅히 마음을 깨끗이 하고 사려를 씻어서 유신의 시작으로 삼아야 한다. 그러므로 원년元年은 임금이 마음을 바로잡는 시초이다."라고 한다.[109]

마음으로 으뜸을 해석한 이런 방법은 틀림없이 소옹 심학의 심법이다. 『오경억설』에서 양명은 이런 심학을 사용하여 마음으로 경전을 풀이하였으며 마음으로 역사를 풀이하였다. 이런 경학에 대한 심학의 전석詮釋은 현재 남아 있는 「오경억설」의 열세 조항에서도 다음과 같이 또렷하게 볼 수 있다.

원년춘왕정월. …… 그러므로 원년은 임금이 마음을 바로잡는 시초이다.

천지가 감응하여 만물이 화생化生함은 실리實理가 유행流行하는 것이다. 성인이 사람의 마음을 감화하여 천하가 화평함은 지극한 성실함(至誠)이 발현

---

109 『왕양명전집』 권26 「오경억설13조」.

한 것이다. 모두 이른바 '곧음(貞)'이다.

「항恒」. …… 하늘과 땅, 해와 달, 사계절과 성인이 오래가고 그침이 없는 까닭이 한결같은 곧음(一貞)에서 벗어나지 않음을 볼 수 있으니 천지만물의 실정(情)은 그 또한 한결같은 곧음에서 벗어나지 않는다.

마음의 덕은 본래 밝지 않음이 없다. 그러므로 밝은 덕(明德)이라고 한다. 때로 밝지 않음이 있는 까닭은 사사로움에 가려지기 때문이다. 사사로움을 없애면 밝지 않음이 없을 것이다. 해가 땅에서 나오는 것은 해가 저절로 나오는 것이며 하늘은 그것에 간여하지 않는다. 군자가 밝은 덕을 밝힘은 저절로 밝히는 것이지 사람은 그것에 관여하는 바가 없다.

「집경執競」 열네 구는 무왕武王이 스스로 힘쓰고 쉬지 않는(自强不息) 마음을 말한 것이니 그 공렬功烈의 성대함은 천하에 아무도 그를 능가할(强) 수 없다.[110]

양명의 '용장의 깨달음'은 소옹·육구연·진백사 심학의 경로를 따라간 것이다. 주희와 육구연 학문의 동이를 강론하고 변석함으로써 그는 스스로의 마음이 온갖 이치(萬理)를 갖추고 있으며, 앎과 행함이 하나라는 심학체계를 세웠다. 그의 『오경억설』은 '심학'의 깨달음이라는 의의에서 보자면(*'양지良知'의 깨달음이라는 의의에서 말하는 것이 아니다) '용장의 깨달음'의 지표가 되는 저작이라고 할 수 있다. 그러므로 동지에 '크게 깨달은(大悟)' 뒤 그는 여전히 계

---

110 『왕양명전집』 권26 「오경억설13조」.

속 주희와 육구연 학문의 동이를 강론하고 변석하는 과정에서 자기 심학의 '용장의 깨달음'을 심화해나갔다.

나중에 그는 「여신중제생與辰中諸生」에서 이 사건을 다음과 같이 언급하였다. "적거에서 두 해를 보냈는데 더불어 말할 사람이 없었습니다. 돌아오는 길에 다행히 제우諸友를 만날 수 있었습니다. 아쉽게도 지난날 귀양에 있을 때 지행합일의 가르침을 거론하여 어지러이 같고 다름을 따졌는데 들어갈 곳을 알 수 없었습니다."[111]

여기서 관건이 되는 것은 '성학聖學'을 함께 제창한 인물인 석서席書이다. 앞서 원래 제학부사였던 모과는 정덕 4년 4월에 치사하고 동강서원桐江書院으로 돌아갔는데 석서가 모과의 뒤를 이어서 귀주의 제학부사를 맡았다. 그가 7월에 귀양에 도착하여서 맨 처음 한 일이 바로 양명을 청빙하여 문명서원의 교육을 주관하게 한 일인데, 모과가 이루지 못한 소원을 실현한 것이었다. 석서는 육학을 존신하였고, 일찍이 홍치 13년(1500) 서울에서 이미 양명과 서로 알게 되었는데 두 사람은 학문을 많이 강론하며 왕래하였다. 석서는 이미 양명의 문장과 학문과 재능과 슬기와 공훈과 업적에 깊이 감복하였다. 그리하여 이때 그가 귀주에서 교육행정(學政)을 주관하면서 곧 흔연히 성학을 창도하여 밝히는 한 시대의 대유大儒이며 심학의 영도자로서 양명을 존경하였던 것이다.

그가 양명을 청하여서 문명서원의 교육을 주관하게 한 진정한 의미는 사실 귀양에서 공동으로 주희와 육구연 학문의 동이를 강론하고 성현의 학문(*심학)을 창도하여 밝히는 데 있었다. 그는 귀양에 도착하자마자 먼저 긴 편지 한 통을 써서 양명에게 보냈는데 주희와 육구연의 학문을 대대적으로 이야기하

---

111 『왕양명전집』 권4 「여신중제생與辰中諸生」. 또 전덕홍 『양명선생연보』 정덕 4년 아래 인용.

고, 아울러 양명을 초빙하여서 문명서원의 교육을 주관하게 하였다. 석서는 편지로 충심에서 우러난 존경과 숭앙을 다음과 같이 말하였다.

편지를 올립니다. 가만히 생각건대 집사의 문장과 기절氣節은 해내海內에 두드러지게 소문이 났는데 이제 귀양에 폄적을 당하셨으니 인문人文이 빛을 발하고 먼 지방(遐土)에 큰 경사입니다. 접때 응광應光 모 선생(모과)이 임직에 계실 때 또 집사께서 오셔서 서원에 거처하시며 가르침을 주셨으니 배움을 받는 여러 학생들이 바야흐로 우러러 성취함이 있었습니다. 뜻밖에도 모 공이 우연히 떠나고 집사께서 마침내 용장으로 돌아오셨으나 후생後生은 함께 믿고 의지할 바를 잃어버렸습니다. 이로써 제(書)가 평범한 재주로 외람되게도 교육의 책임(學柄)을 맡았습니다. 비록 변진邊鎭은 중주中州에 견줄 수 없으나 책임의 중요함은 마찬가지입니다. 이에 다시 선생님(文旆)께서 가시는 길에 우리 귀성貴城을 지나가실 때 우리 도의 빛을 드날리시어 하학下學의 바람에 부응하기를 원하였습니다. 제가 스스로 결정할 수 없어서 두 사(二司)에 상의했더니 두 사에서 동의하였습니다. 세 당(三堂)에 아뢰었더니 세 당에서도 좋다 하였습니다. 아래로 관료와 부로父老에 이르기까지 선생님의 맑은 풍모(淸塵)를 우러르지 않음이 없어서 함께 말하기를 "이는 우리 귀성貴城의 문명文明의 날이다."라고 하였습니다. 관사를 청소하고 향을 피워서 깨끗이 하고 기다리니 집사께서 한번 개연히 오실 수 있을지 모르겠습니다. 옛날 한유와 유종원 두 분이 항거하는 상소로 시대를 거슬렀다가 멀리 이광二廣에 폄적되었을 때 이광 사람이 그의 도덕의 교화에 감화하여서 지금까지 무궁토록 제사를 올리고 있습니다(廟食). 집사께서는 이 시대 학문으로 널리 알려졌고 언론으로 폄적을 당하셨으니 바로 두 분이 만난 일과 유사한데 어찌 뒷날 귀성 사람들이 집사를 생각하는 것이 광의 사람들이 두 분을 생각하는 것과 같지 않을 줄 알겠습니까! 지금 현재 성시省試가 임박하였는데 제 생각(愚意)에 선생님의 수레(文車)가 이곳에 오기를 기다려서 형편을 살펴 조치하여서 순시할 기일을 의논하는 것이 어떻겠습니까? 만약 외람된 생각이 거절을 당하지 않는다면 우리 문화(斯文)에 심히 다행이며, 수많은 선비에게 심히 다행이겠습니다! 변변치 못한 의례 외에 장차 공경을 받들겠습니다. 바라건대 밝히 헤아려주십시오![112]

양명은 즉시 천여 마디나 되는 답신을 써서 문명서원의 교육을 맡기로 승낙하고 아울러 자신이 용장에서 심학을 깨달은 사실을 상세히 말하여서 석서로 하여금 마치 정수리에 제호를 들이붓듯이(醍醐灌頂) 양명에게 더욱 마음이 쏠리게 하였다.

8월에 그는 긴 편지 한 통을 써서 정식으로 양명을 청하여 귀양에서 문명서원의 교육을 주관하게 하였는데 편지에서 다음과 같이 말하였다.

먼 지방(遐方)에 들어온 뒤로 오랫동안 군자의 논의를 접하지 못하였습니다. 이생二生이 다녀가고 고명高明께서 저(僕)를 더불어 말하지 못할 사람이라 여기지 않고 손수 편지로 귀에 쏙 들어오는 천여 마디 말씀의 가르침을 주셨는데 산성山城에서 이를 들으니 저도 모르게 마음의 눈이 맑게 열리고 시원스레 상쾌하였습니다. 또한 저를 더불어 거하지 못할 사람이라 여기지 않고 한번 성성省城을 다녀가심으로써 저의 간절한 소원을 이루어주신다니 듣고서 기뻐 뛰고 손뼉을 치며 어쩔 줄 몰랐습니다. 가만히 생각건

---

112 『원산문선元山文選』 권5 「여왕양명서與王陽明書」 1.

대 옛사람이 오랜만에 만나 침상을 나란히 하고 밤을 새워 이야기를 나눠도 마음은 호월胡越처럼 떨어진 경우가 있으며 또한 한 번도 만나지 못했지만 그 글을 외고 그 사람을 생각하고 천리에 정신으로 통하는(神會) 자가 있습니다. 저는 집사께 비록 가르침을 받지는(下風) 못하였지만 거의 또한 천리에 정신으로 통하는 것이 아니겠습니까? 저는 가만히 생각건대 지금 거업擧業의 배움은 옛 성현의 학문과 참으로 같은 것이 아닙니다. 그러나 거업이란 시왕時王의 제도입니다. 저는 어려서 부모와 스승의 명으로 거자擧子의 학업을 전공하였는데 이에 그 가운데에서 이전 철인의 유훈을 듣고 역시 일찍이 이른바 이윤伊尹의 뜻을 뜻으로 삼고 안자顏子가 배운 학문을 배우기로 하였습니다. 그러나 하루 볕을 쬐고 열흘 추위에 시달리듯(一曝十寒) 글을 짓는(文業) 학습에 빼앗기지 않을 수 없었습니다. 그러므로 등제登第한 뒤 현縣을 맡아 지금에 이르렀으니 분주한 것이 형세이며, 취향趣向하는 바가 이록利祿이라서 취한 듯 꿈을 꾸는 듯 20여 년을 지내왔습니다. 거자의 학업을 전공할 때 이전 철인에게서 가만히 들은 것이 있었는데, 다만 들은 바가 없지는 않으나 또한 들은 바를 탐구하지도 않았고 거의 장차 이대로 죽을 때까지 할 듯이 하였습니다. 어제 가르침을 받고서 저는 예전에 배워서 아직 없어지지 않았던 것이 마치 달콤한 잠에 빠진 사람을 놀라게 하여 깨우듯이(提醒驚寐) 황홀하게 마치 깨달음이 있는 듯하였습니다. 집사께서 앞서 하신 말씀에 언급한 것이 이와 같은데 하물며 직접 가르침을 듣는 것(親炙)이겠습니까? 근래 제사諸士를 감독하는 자는 제목에 따라 의미를 엮어내고 과문課文을 고치고 자구字句를 연습하여서 주사主司의 뜻에 영합하려 하고, 새롭고 교묘하게 마름질해서 주사의 눈을 기쁘게 하려고 합니다. 위에서는 이런 방법으로 선비를 취하고 아래에서는 이런 방법으로 독서(挾策)를 하며, 스승은 이를 버리고서는 가르침을 삼을 것이 없고 제자는 이를 버리고서는 배움으로 삼을 것이 없습니다. 오늘과 같은 시대에 거하면서 오늘의 습속을 바꾸려고 한다면 참으로 어려운 일입니다! 그러나 이런 것이 어찌 조정에서 선비를 취하려는 애초의 뜻이겠습니까? 저는 잘못하여 인재를 독려하고 가르치는 책임을 맡았으니 장차 어렸을 때 전공하던 것으로 가르침을 삼겠습니까? 장차 이전 철인에게서 가만히 들은 것으로 가르침을 삼겠습니까? 이에 장차 집사께 자문하여 꾀를 얻고 다시 과문의 학습으로 집사를 번거롭게 해드리니 이는 집사를 마주하는 바에 도리가 아니며 집사를 대하는 것이 참으로 박한 것입니다. 그러나 귀남貴南의 선비가 토착의 습속을 편안히 여겨서 녹리祿利로 이끌어도 오히려 따르기를 즐거워하지 않고, 거업을 가르쳐도 다시 다스릴 수 없었습니다. 다행히 다스림이 있어도 날마다 살피고 달마다 시험하되(日省月試) 또한 솜씨가 늘지 않는데 하물며 거업보다 큰 학문이겠습니까? 이를 버려두고 귀남을 가르치는 것은 역시 참으로 어렵습니다. 저 거업이란 녹리의 매개인데 세상의 벼슬하지 않은 사람(白首)은 줄곧 모두 녹리를 위할 뿐입니다. 저 한 사람으로 미루어보면 저는 어렸을 때 거업을 닦은 까닭이 녹리의 계획을 위한 것에 지나지 않았습니다. 그러나 옛날에 이것을 빌려서 지금에 소문이 난 것이니 이를 벗어나면 더욱 어두울 뿐입니다. 저는 천하의 호걸을 그르치는 것이 거업임을 알고 있습니다. 그러나 아래에 있는 선비가 이를 빌려서 위로 향하는 바 또한 거업입니다. 그러므로 한자韓子(한유)는 글로 인해 도를 보았고, 송유宋儒 또한 말하기를 과거가 사람을 비루하게 하는 것이 아니라 사람이 스스로 과거를 비루하게 한다고 하였습니다. 지금의 교육은 능히 성현의 학문에 근본을 두면서 거업의 학문에 종사한다면 역시 어찌 서로 방해가 되겠습니까? 집사께서는 일찍이 문학文學으로 도리道理에 나아가고 만년에는 도리로써 문장을 발휘하셨는데(早以文學

進於道理, 晚以道理發爲文章), 가령 진학塵學을 폐기하지 않고서 나아가 강론하는 사이에 성性 가운데의 도의道義를 깨닫고, 거업 안에서 옛사람의 덕업德業으로 나아가는 것이라(因進講之間, 悟以性中之道義, 於擧業之內, 進以古人之德業) 한다면 이는 집사께서는 한 가지 일이나 여러 선비에게는 두 가지 이익 되는 바가 있습니다. 그러나 집사께 바라는 바가 어찌 오직 이와 같은 것일 뿐이겠습니까? 옛날 제나라 선왕(齊宣王)이 맹자를 붙들어 둔 것은 나라 사람들(國人)로 하여금 모두 본받게(秖式) 하려는 것인데 이런 방법으로 거처를 마련하고 봉급을 주어서 맹자를 붙들어 둔 것은 본래 잘못이지만 집사께 대처하는 것으로는 참으로 옳습니다. 집사께서는 명성이 중외中外에 무거우시니 배우기를 원하는 선비가 비록 천리 밖에 있다 하더라도 오히려 마땅히 옷자락을 걷어들고 북을 울리고 책 상자를 열어서(攝衣鼓篋) 문하에 따르기를 구할 텐데 이에 다행히 좌우에서 빗자루를 들고 모시며(箕帚) 가르침을 접하고 서론緒論을 들어서 오래도록 귀로 익숙하게 듣고 눈으로 물들어서 구름이 용을 따르고 바람이 호랑이를 따르는(雲龍風虎) 기틀이 되니 본래 붓과 벼루를 잡은 뒤에야 일어나고 훈고를 들은 뒤에야 깨우침을 받지는 않을 것입니다. 그러나 집사께 바라는 바는 또한 유독 이와 같은 것일 뿐이겠습니까? 사도師道가 일어나지 않은지 오래되었는데 집사께서 한번 오시니 먼 지역 사람으로 하여금 모두 칭송하여 말하기를, 집사의 문장과 도덕은 당도當道의 중히 여김을 받음이 이와 같고 두 사(二司)의 제공諸公이 도를 지닌 선비를 예로 존중하기가 이와 같으니 귀남의 선비가 이로부터 도덕, 인의의 영역에서 바람처럼 감동을 받아(貴南之士從是風動於道德仁義之域) 장차 어깨를 서로 부딪고 발꿈치를 뒤따를 것이라 하게 합니다. 만약 그러하다면 집사께서 한번 거동하는 사이에 풍교風敎에 관계됨이 어찌 작겠습니까? 어제 이생의 말에 근거하면 집사께서 장차 이달 23일에 귀성으로 억지로 나아가신다 합니다. 가만히 생각건대 시절이 성탄聖誕에 가까우니 대뜸 한번 성에 들어오면 문이 닫혀 나갈 수 없어서 예禮에 불가합니다. 무리들 가운데 걸음을 하시는 것도 형세에 할 수 없습니다. 또한 저는 26~27일에 제생의 작은 시험을 마치고 더불어 나아갈 만한 자 10여 명을 뽑아서 기거를 모시게 하려고 합니다. 번거롭겠으나 다시 열흘이 지나서 제가 사람을 보내 그곳에 이르게 한 뒤 돌아가신다면 어떻겠습니까? 급히 쓰느라 많은 말을 미처 꼼꼼하게 검토하지(刪次) 못하였으니 오직 살펴주십시오. 다 말씀드리지 못합니다.

이달 21일에 서가 두 번 절합니다.[113]

석서의 진정한 의도는 양명을 청하여서 귀양의 문명서원에서 강론하고 교육을 하여 '성현의 학'을 펼치고, 거업의 비루한 습속을 타파하고 귀주의 선비를 가르치고 이끌어서 '성현의 학'에 근본을 두고 '거업의 학'에 종사하며, '나아가 강론하는 사이에 성性 가운데의 도의를 깨닫고, 거업 안에서 옛 사람의 덕업으로 나아가게' 하려는 것이었음을 알 수 있다.

문명서원에서 사도師道를 진흥시키고 귀주의 선비(士子)를 교화하고 선생(老師)이 새로 깨달은 '성현의 학'을 전파하는 것은 '귀남의 선비로 하여금 이로부터 도덕, 인의의 영역에서 바람처럼 감동을 받게 하는' '문명文明'이 크게 열리게 하는 일이었다. 석서가 양명을 칭송하면서 "일찍이 문학으로써 도리에 들어갔고 만년에는 도리로써 문장을 발휘하였다."라고 한 말은 그가 말하는 '성현의 학'이 실은 양명이 용장에서 크게 깨달은 지행합일의 심학을 가리키는 것이며, 석서가 그를 초청하여서 귀양에 오게 한 것도 그와 함께 이러한

---

113 석서席書, 「여왕수인서與王守仁書」, 『가정귀주통지嘉靖貴州通志』 권11.

성현의 학을 강론하고 주희와 육구연 학문의 동이를 묻고 변별하여서 지행합일 심학의 가르침을 받아들이려는 것임을 알 수 있다.

그리하여 양명도 흔연히 9월 초에 귀양으로 가서 정식으로 문명서원의 교육을 주관하고 즉시 성현의 학을 크게 펼치는 강학과 교육에 온 힘을 쏟아 한편으로는 서원의 제생을 향해 지행합일의 심학을 크게 드러내고 한편으로는 또 석서와 함께 주희와 육구연 학문의 논변을 전개하였다. 그가 용장에서 크게 깨달은 심학은 가장 먼저 성성省城인 귀양에서 전파되고 심화하였다.[114]

귀양에서 주희·육구연 학문에 대한 양명과 석서의 논변은 '지행합일'의 심학을 둘러싸고 전개되었다. 두 사람은 늘 강론하고 탐구, 토론하여서 한밤중까지 이르렀다. 바로 전덕홍이 「양명선생연보」에서 양명과 석서의 심학 강론을 다음과 같이 기술한 바와 같았다.

처음 제독 학정 원산元山 석서席書가 주륙동이朱陸同異의 변별을 물었다. 선생이 주자와 육상산의 학문을 말하지 않고 자기가 깨달은 내용을 알려주었더니 석서가 의심을 품고 돌아갔다. 다음 날 다시 왔는데 지행의 본체를 알려주고 오경과 제자諸子(四書)로 입증하였더니 점차 성찰하였다. 서너

---

114 『가정귀주통지』 권9. "석서는 정덕 연간(1506~1521)에 제학으로 부임하였는데, 성품은 고요함을 좋아하였고 학문은 주렴계周濂溪와 정자程子에게 근본을 두었다. 이때 양명 왕수인이 폄적되어서 용장에 거하였는데 문명서원으로 맞이하여서 제생을 가르치게 하였다. 여유가 있으면 서원으로 가서 한밤중까지 학문을 논하였다. 이로부터 귀주의 선비로서 심성의 학문에 종사하게 된 자는 모두 두 선생이 이끈 것이다." 양일청楊一淸, 「석공서묘지명席公書墓志銘」. "정덕 기사년(1509)에 귀주 제학부사로 승진하였다. …… 이때 왕백안王伯安(왕수인)이 용장역에 폄적되었는데 공이 매양 배움이 뛰어난 한두 사람을 뽑아 성성의 서원에 모으고 백안을 맞이하여서 스승으로 삼았다. 선비가 비로소 옛 도를 듣고 바른 학문으로 나아갔다."(『국조헌징록』 권15)

차례 왕복하자 활연 크게 깨달았다. 말하기를, "성인의 학문을 오늘날 다시 보았다. 주자와 육상산의 다름과 같음은 저마다 득실이 있으니 변론하고 따지기를 일삼지 말고 내 본성에서 구하면 본래 저절로 밝아진다."라고 하였다.[115]

석서는 양명과 함께 『오경억설』 중의 문제를 중점적으로 토론하였고 또한 양명의 심학사상을 밝히 깨달았다.

윤9월에 석서는 양명에게 편지를 써서 이 문제를 전문적으로 담론하였다.

'춘왕정월'의 원고는 바로 제(書)가 무오년(1498)에 회淮에 있을 때 쓴 것입니다. 어제 가르침을 받으면서 이에 관한 언급이 있어 돌아가 남은 원고를 찾아보았더니 완연히 양명의 뜻과 암암리에 부합하는 바가 있었습니다. 가만히 생각건대 이는 천백 년 동안 어지러이 의혹을 가진 문제인데 저와 같이 어리석은 사람이 한 가지 터득한 것이 고명께는 이를 수 없지만 참으로 예로부터 오늘날까지 천하에 이 마음, 이 이치는 둘이 없는 것이다 하였습니다! 처음에 제가 『춘추』를 논하기 시작하면서 자못 전傳을 믿지 않고 경經을 믿었으며, 사람을 믿지 않고 마음을 믿었습니다. 이때 동지가 없어서 오히려 의견을 내는 데 염려하였으며 더욱 감히 스스로 깊이 인정하지 못하는 점이 있었습니다. 이에 다행히 한번 가르침을 얻었으니 끝까지 가르쳐주시기를 원합니다.

윤9월 18일, 글(稿)을 올립니다.[116]

---

115 『왕양명전집』 권33 「연보」 1.
116 『원산문선』 권5 「여왕양명서」 3.

석서 스스로도 양명과 날마다 주희·육구연의 학문을 논변하면서 활연히 양명의 지행합일의 심학을 밝히 깨달았고 마음으로 기뻐하며 성심으로 복종하여서 양명 심학의 '왕문王門' 아래 절을 하였다.

그는 날마다 직접 배운 왕문 제자로서 「송별왕수인서送別王守仁序」에 시원스런 말투로 스스로 다음과 같이 진술하였다.

올해 귀양에서 학교를 감독하였는데 마침 양명 왕백안 선생께서 언론 때문에 용장역 승으로 폄적되었다. 문명서원으로 맞이하여 후학의 스승이 되게 하였다. 나는 예전에 양명을 알았고 그의 글도 알았으며 그의 재주와 지략과 공훈과 업적을 알았다. 이에 두 가지 문제를 질문하였다. 양명이 말하기를 "나는 그대가 대인大人의 학문을 물으리라 여겼는데 어찌 귀와 눈에 관해 묻습니까? 하늘이 나에게 준 것으로서 가장 큰 것은 마음이고 가장 작은 것은 귀와 눈입니다. 그대는 문업文業을 일삼아서 보고 듣는 즐거움으로 삼되 애초에 끝이 없었습니다. 마음은 지극히 크고 지극히 밝으니 군자가 먼저 그 큰 것을 세우면(先立其大) 그 밝음을 어둡게 할 수 없습니다. 비유하자면 넓은 거처(廣居)를 열고 거울(藻鑑)을 내걸어서 사물이 다가오면 수용하고 일이 이르면 순응하는 것과 같습니다. 속에 쌓은 것은 도덕이며 말로 표현한 것은 문장이 되고 몸에 둔 것은 사업이 됩니다. 크게는 천지가 하는 일에 참여하고(參天地) 조화와 양육을 돕고(贊化育)도 남음이 있을 터이니 작은 것을 하여 무엇을 하겠습니까! 공자가 이르기를 '너는 군자다운 선비가 되고 소인다운 선비가 되지 말라(女爲君子儒, 無爲小人儒).' 하였고, 맹자가 이르기를 '큰 것을 따르면 대인이 되고 작은 것을 따르면 소인이 된다(從其大者爲大人, 從其小者爲小人).' 하였습니다. 배움의 길에 들어서서 삼가지 않으면 소인과 군자의 나뉨에 이르게 되니 기술을 가리지 않겠습니까?'라고 하였다. 나는 듣고서 마음이 두려웠고 등에 땀이 났다. 날마다 직접 배운 바는 바르고 에두르지 않으며, 반듯하고 더럽지 않으며, 통달하고 속되지 않았다. 만 가지 변화에 적용하여도 한 마음(一心)을 벗어나지 않았고, 그윽하고 깊은 진리를 가려내되 인사人事에서 멀지 않았다. ……[117]

양명은 석서가 말하는 이러한 내용이 실은 그 스스로가 용장에서 크게 깨달은 심학에 대한 가장 좋은 천석이며 총결이라고 여겼다. 그는 석서가 작은 것을 따르는 '눈과 귀의 물음(耳目之間, *耳目之學)'에 집착하고 큰 것을 따르는 '마음의 물음(心之間, *心學)'을 내버리는 것을 비판하였다. 그가 보기에 마음은 앎과 행함의 본체이며, 심체心體는 모든 이치를 널리 포함하고 있으므로 마음은 지극히 크고 지극히 밝으며, 천지에 참여하고 조화와 양육을 도우며, 도덕과 문장과 사업을 포괄하고 만 가지 변화에 적용하되 한 마음에서 벗어나지 않으며, 그윽하고 은미한 진리를 탐색하되 인사에서 멀지 않고, 사물이 다가오면 포용하고 일이 이르면 순응하는 것이다. 그러므로 그 큰 것(*心)을 따르는 자는 군자다운 선비가 되고, 작은 것(*耳目)을 따르는 자는 소인다운 선비가 되는 것이다.

큰 것을 따르는 마음의 학에 대한 양명의 찬양은 육학에 대한 긍정을 포함하고 있으며, 작은 것을 따르는 이목의 학문에 대한 비판은 주학에 대한 부정을 포함하고 있다. 이는 양명이 석서와 함께 귀양에서 주희와 육구연 학문의 같음과 다름에 대한 논변의 마지막 결론이다. 나중에 석서는 저명한 『명원록鳴寃錄』을 저술했는데 300년 동안 육학이 선학禪學으로 날조된 사실을 변론하여 억울함을 푼 책으로서 이 책의 최초 사상의 원류는 바로 그가 귀양

---

117 『가정귀주통지』 권11 「송별왕수인서送別王守仁序」.

에서 양명과 벌인 주륙동이朱陸同異의 변론에서 나왔다.

양명은 귀양의 문명서원에서 약 3개월 동안 강학을 하였는데 이는 그가 용장의 폄적된 땅에서 지낸 마지막 3개월이었다. 석서와 함께 주희와 육구연 학문을 변론한 것도 양명 스스로 지행합일의 심학에 대한 인식과 신념을 지극히 크게 끌어올려서 그로 하여금 진정으로 백사를 초월하여 소옹과 육구연의 심학으로 나아가도록 촉구하였다. 그는 바로 이러한 지행합일의 심학에 대한 각성을 품고서 용장역을 벗어났다.

12월 초 양명은 용장역을 떠나 여릉 지현의 임직으로 나아갔는데, 석서는 「송별왕수인서」를 지어서 그를 전송하며 양명의 '용장의 깨달음'에 대해 가장 좋은 총결을 내렸다.

나는 어려서 배움에 뜻을 두었는데 처음에는 거업에 의지를 분산하였고 계속해서 벼슬길에 나아가는 데 마음을 빼앗겼다가 장성한 때가 되어서야 여유가 있었다. 매양 고정考亭(주희)의 가르침을 외고 격물치지에 종사하였는데 마치 발해渤海에 배를 띄웠으나 나루터를 찾을 수 없는 것 같았다. 탄식하여 말하기를 "내 말은 넘어지고(我馬踣矣) 내 종은 아프며(我僕痡矣) 나는 여기서 더 나아갈 수 없구나."라고 하였다. 듣건대 옛사람은 문장으로 명성을 드날린 사람이 있고 사업으로 당대에 유명해진 사람이 있어서 영광이 흘러넘치고 여운이 남아서 오늘날에 이르기까지 사람의 귀와 눈을 어지럽게 하였다. 내 장차 이를 일삼아 내 삶을 늙어가려 하였다. 이에 또 몇 년 동안 문장에 이름을 날리지 못하고 사공事功에 업적을 쌓지 못한 채 정신과 기운(神氣)이 날마다 흐려지고 날마다 막혀서 마치 마비되고 뻣뻣한(木强) 사람처럼 되었다. 올해 귀양에서 학교를 감독하던 중에 마침 양명 왕백안 선생이 언론 때문에 용장역 승으로 폄적되어서 문명서원으로 맞이

하였다. …… 날마다 직접 배운 바는 바르고 에두르지 않으며, 반듯하고 더럽지 않으며, 통달하고 속되지 않았다. 만 가지 변화에 적용하여도 한 마음에서 벗어나지 않았고, 그윽하고 깊은 진리를 가려내되 인사人事에서 멀지 않았다. 그 나머지를 낱낱이 시험해봄에 예악禮樂, 문물文物, 천문天文, 율력律曆을 모두 또렷하게 마치 손바닥을 가리키듯 제시하였으며, 희로애락喜怒哀樂의 이발已發과 미발未發 사이에서 중요하고 절실한 것을 궁구하되 더욱 그것에 힘을 쏟았으니 대체로 배움에서 큰 것을 먼저 행하면 저절로 작은 것을 이끄는 것이었다. 아하! 도는 맹씨孟氏(맹자)로부터 전승이 끊어져서 천년 동안 쓸쓸하고 휑뎅그렁하였는데 염濂(주돈이)·낙洛(정호와 정이)에 이르러서 빗장을 풀고 대문을 열어 다시 들어가는 길을 전수하였으니, '고요함(靜)' 또는 '한결같이 함(一)'이라 한 것은 이미 법도(程度)가 있었다. 구산龜山(양시)은 친히 정문程門에서 수업하고 다시 전해져 예장豫章(나종언)·연평延平(이통)이 이에 종사하여서 끝내 들어간 바가 있었다. 주자와 육상산 두 선생에 이르러서 저마다 문호를 나누었다. 당시 문인이 서로 나서서 변론과 논쟁을 하였는데 육 선생을 따르는 자는 선회禪會로 지목되고, 주 선생을 따르는 자는 지리支離하다고 일컬어졌다. 도가 이에 이르러서 한번 밝아졌는데(道至是而一明), 역시 이에 이르러서 한번 어두워졌다(亦至是而一晦). …… 나는 역대 문화의 운세(文運)가 반드시 100여 년이 흐른 뒤 동董(동중서)·한韓(한유)·주周(주돈이)·정程(정호와 정이) 선생 같은 위대한 학자가 나와서 한 시대의 학문을 성대히 일으키는 일을 담당하였음을 보았다. 우리나라는 140여 년에 도를 지키고 돌이키지 않은 사람으로서 오강재吳康齋(오여필吳與弼, 1391~1469), 설하동薛河東(설선薛瑄, 1389~1464) 같은 이가 있었고, 마음을 맑게 하고 스스로 터득한 이로는 진백사(진헌장) 같은 이가 있었으나 염락濂洛의 전승을 오묘하게 깨달아 문화의 흐름을 태평하게 하는 성대한 뜻을 충분히 담당할 자를 지금 기다릴 수 있겠는가? 양명은 내 말을 듣고 장차 스스로 그 이를 곳에 이르겠는가? 나는 바야흐로 지난날을 깊이 징계하고 또한 늦게서야 만나 알게 됨을 한탄하였다. 마침 천자께서 언사言士를 불러일으키심에 양명이 다시 여릉으로 가게 되었으니 내가 차마 한번 이별할 수 있겠는가? 저 군자는 자기가 때를 만나지 못함을 안타까워하지 않고 도가 전해지지 않음을 근심하니 만나고 만나지 못함은 명에 달려 있고, 전하고 전하지 못함은 사람에게 달려 있다. 회계會稽 사이에서 양명과 더불어 벗할 자가 있으니 서애 무리가 그런 사람이다. 양명을 따라 노니는 자가 있으니 채종연 무리가 그런 사람이다. 나는 비록 양명산 기슭에서 두세 사람과 서로 좇아 시를 읊고 노닐며 무우舞雩의 정취를 추모하지는 못했지만 의기意氣가 서로 감동하고 이미 절해浙海의 구석에서 정신의 만남을 가졌다. 다행히 서로 이 도를 채찍질하고 격려하여서 하늘이 나에게 맡긴 것을 저버리지 않게 되었으니 이는 본래 양명의 마음이며 역시 제군諸君의 소원이 아닌가?[118]

특히 주의할 만한 사실은 석서가 여기에서 처음으로 이전 사람과는 그 방향이 크게 다른, 마음에서 마음으로 서로 전한(心心相傳) 심학의 도통道統을 제시하였다는 점이다. 그는 양시·나종언·이통·진백사를 심학상전心學相傳의 도통에 포함하였는데 이는 분명히 양명의 사상에 뿌리를 둔 것이다. 이른바 "도가 이에 이르러서 한번 밝아졌다."고 함은 육구연의 심학을 긍정한 말이며, "도가 이에 이르러서 한번 어두워졌다."고 함은 주희의 이학(*性學)을 부정한 말이다.

---

118 『가정귀주통지』 권11 「송별왕수인서」.

석서가 제시한 이러한 심학 도통의 관점에서 도통이 전하고 전하지 않음은 사람에게 달려 있었다. 석서가 생각하기에 심학의 위대한 유학자(大儒)가 100년에 한 번 나오는데 명조가 개국한 지 지금 100여 년이 되었으니 바로 일대 심학의 성인이 장차 하늘을 열고 나올 즈음이며, 이 불세출의 심학 성인은 이미 위대한 유학자 양명의 몸에 응험하였고, '용장의 깨달음'은 일대 심학 도통의 성인이 탄생함을 예고한 것이었다. 곧 이것이 바로 석서가 양명의 '용장의 깨달음'을 해독한 내용이다.

또한 '용장의 깨달음'의 각성은 양명으로 하여금 일대 심학 도통의 성인으로서 사명감과 용맹한 결단을 불쑥 일으켰다. 그리하여 그는 스스로 범상치 않은 '용장의 깨달음'에 대해 자기식의 총결적인 설법을 하였다. 그는 「주자만년정론서朱子晩年定論序」에서 다음과 같이 총결하여 말하였다.

나(守仁)는 어렸을 때 거업을 하여 사장詞章을 익히는 데 온 정신을 쏟았다. 이윽고 바른 학문(正學)에 종사해야 함을 조금씩 알게 되었으나 수많은 학설로 어지럽고 피곤하며 괴롭고 아득하여서 입문할 수가 없었다. 이에 노자·석가에게서 구하여 혼연히 마음에 이해하는 바가 있어 성인의 학문이 여기에 있다고 여겼다. 그러나 공자의 가르침 사이에 출입하고 일상생활에 적용하면서 곳곳에서 터지고 물이 새서 귀착할 곳이 없는 듯하였고, 의지하다가 벗어나다가 왔다갔다하며 반신반의하였다. 그 뒤 용장에 폄적된 관원으로서 오랑캐 땅에 거하며 곤경에 처하여서 마음을 격동시키고 본성을 인내하던(動心忍性) 나머지 황홀하게 깨달음이 있었다(恍若有悟). 몸으로 증험하고 탐구하면서 다시 추위와 더위를 보내고서, 오경과 사자四子(四書)로 입증하니 시원스레 마치 장강과 황하가 터져서 바다로 흘러드는 듯하였다. 그런 뒤 성인의 도가 큰길처럼 평탄함에 감탄하였으나 세상의 유학자들은 망령되이 좁은 구멍과 좁은 길을 열며 가시를 밟고 구덩이에 떨어졌다. 그들의 학설을 구명해보면 도리어 두 학문(불교와 도교) 밑에서 나왔으니 세상의 고명한 선비가 이것(유학)을 싫어하고 저것(불교와 도교)을 취할 것임은 당연하다. 이것이 어찌 두 학문의 죄인가!(世之儒者妄開竇徑, 蹈荊棘, 墮坑塹. 究其爲說, 反出二氏之下, 宜乎世之高明之士厭此而取彼也. 此豈二氏之罪哉)[119]

『양명선생유언록陽明先生遺言錄』에서 양명은 자기의 '용장의 깨달음'을 총결한 어록 한 조항을 기록하였다.

내(某)가 15~16세 때 곧 성인의 도에 뜻을 두었다. 그러나 선유先儒의 격물치지설에서 들어갈 바가 없는 듯하여서 줄곧 놓아두고 있었다. 하루는 서재에 있다가 대나무 몇 그루를 대하고서 그 이치의 소이연所以然을 탐구하려고(格) 하였는데 아득하여 터득하지 못하였다. …… 이에 또 감정이 내키는 대로 불교와 도교의 학문(二氏之學)을 배웠는데 두 학문은 우리 유학에 견주어 도리어 첨경임을 깨닫고서 마침내 혼연히 그 학설을 끝까지 탐구하였다. 나중에 용장에 이르러서 또 두 학문이 미진함을 깨달았다. 험한 곳을 걷고, 곤경에 처하여서 마음이 곤고하고, 사려가 막힌 끝에 또 활연히 이 유학의 두뇌를 보아내고서(豁然見出這頭腦來) 참으로 통쾌하여 나도 모르게 손을 젓고 발을 굴렀다(不知手舞足蹈). 생각건대 이 학문은 수천백 년 만에 천기가 이에 이르러 반드시 밝히 드러나서 나온 것이라고 여겼다(此學數千百年, 想是天機到此, 也該發明出來了).[120]

---

119 『왕양명전집』 권7 「주자만년정론서朱子晚年定論序」.
120 증재한曾才漢, 『양명선생유언록陽明先生遺言錄』 권하.

'활연히 이 유학의 두뇌를 보아냈다'고 한 말에서 '두뇌'는 바로 '마음'을 가리킨다. 또한 "황홀하게 깨달음이 있었다"고 함은 바로 '격물치지의 설'에서 마음이 온갖 이치를 포함하고 있고, 내 본성이 자족하며 외물에 나아가서 이치를 탐구할 필요가 없음을 인식하여 '격물'을 '마음을 바르게 함'으로 풀이한 사실을 가리킨다. "생각건대 이 학문은 수천백 년 만에 천기가 이에 이르러 반드시 밝히 드러나서 나온 것이라 여겼다."라고 함은 바로 석서가 말한 바, 명조가 여기에 이르러서 또 100여 년이니 심학의 성인 역시 한번 나와서 흙덩이를 일구고 가린 것을 열어서 심학 도통의 정전正傳에 접속한 것이다. 주의할 만한 점은 양명 스스로 이러한 '용장의 깨달음'을 석가와 노자두 학문의 잘못을 크게 깨달았다고 말한 것이다. 이는 양명이 정덕 4년에 이미 불교와 도교의 잘못을 깨닫고 완전히 선과 불교(仙佛)의 습속에 빠졌다가 초월하여 벗어난 것과 같다는 사실이다.[121]

한번은 양명이 제자 소혜蕭惠에게 더욱 명확하게 다음과 같이 말하였다.

> 소혜가 도교(仙)와 불교(釋)를 좋아하였는데, 선생이 경책하여 이르기를 "나
> 도 어려서 두 학문에 독실하게 뜻을 두었는데 스스로 이미 얻은 바가 있
> 다고 여겨서 유학은 배우기에 충분하지 않다고 하였다. 그 뒤 오랑캐 땅에
> 거한 지 3년에 성인의 학문이 이와 같이 간단하고 쉬우며 넓고 크다는 것
> 을 알고서 비로소 30년 동안 기력을 잘못 사용했음을 스스로 탄식하고 뉘

---

121 양명이 어느 때 불교와 도교의 잘못을 깨달았는가 하는 점에 대해 이미 양명 자신의 여러 설법이 있었다. 예컨대 홍치 18년(1505)에 양명이 지은 「서선중양백書贈揚伯」에서 말하기를 "잘못된 길 삼십 년, 이제야 비로소 뉘우치네(繆矣三十年, 於今吾始悔)."라고 하였는데, 이는 홍치 18년에 비로소 불교와 도교에 빠진 잘못을 깨달았음을 스스로 말한 것이다.

우쳤다. 대체로 두 학문은 그 묘하기가 성인과 더불어 다만 털끝만 한(毫釐) 사이이다."라고 하였다.[122]

나중에 방헌부方獻夫(1485~1544)가 더욱 발휘하여서 말하기를 "일찍이 도교와 불교를 편력하다가 나중에 시원스레 바른 곳으로 돌아간 뒤 스스로 이르기를 용장의 적지에서 얻었다고 하였다."[123]라고 하였다.

사실 도교와 불교의 잘못을 깨달았다고 한 말은 다만 양명이 자기 심학의 '용장의 깨달음'에 대한 일종의 가려서 꾸미는 말이며 시선을 가리는 방법이었다. 양명은 평생 변함없이 불교와 노자를 좋아하였으며 결코 선과 불교의 잘못을 크게 깨달은 일이 없었다. 유·불·도에 대한 그의 기본 관점은 유·불·도 세 가르침이 같은 뿌리, 같은 근원이며, 사상이 서로 합치하여서 "그묘하기가 성인과 더불어 다만 털끝만 한 사이"로 인식하였다. 그리고 불교와 도교의 설은 결코 틀리지 않으며 다만 유가의 설이 더욱 정미精微하고 광대廣大하며 불교와 도교의 위에 있으니 불교와 도교는 물리칠 필요가 없으며, '불교와 노자를 의심하지 않고(不疑佛老)' 다만 자기 유가의 설을 믿을 뿐 불교와 도교의 설을 빌릴 필요가 없다고 인식하였다.

이러한 독특한 불도佛道의 관점은 양명이 나중에 「간영불소諫迎佛疏」에서 정확하고 요령 있게 천술闡述하여서 불교와 노자를 배척하지 않고 불교와 노자의 설을 융화하여 취하는 그의 진실한 태도와 입장을 밝히 드러냈다. '용장의 깨달음'을 경계로 하여 양명의 초기와 후기의 유·불·도에 대한 인식의 차이는 다음과 같이 표현된 것에 지나지 않는다. 초기에는 불교와 도교에 빠

---

122 『왕양명전집』 권1 「전습록」 상.
123 『서초유고西樵遺稿』 권7 「제왕양명문祭王陽明文」.

져서 유가는 불교와 도교의 정미하고 광대함에 미치지 못한다고 생각하고서 "유학은 배우기에 충분하지 않다" 여기고, "두 학문은 우리 유학에 견주어 도리어 첩경임을 깨달았다." 후기에는 유가의 설의 정미하고 광대함이 불교와 도교 위에 있어서 "성인의 학문이 이와 같이 간단하고 쉬우며 넓고 크다는 것을 알았고", "성인의 도는 큰길처럼 평탄함을 감탄하였다."

분명히 이러한 전·후기 인식의 다른 점은 결코 불교와 도교의 그름을 깨닫고 불교와 도교를 배척하는 의의를 갖고 있지는 않다. 양명은 여전히 불교와 도교의 설이 유교와 합치됨을 긍정하였고, 결코 불교와 도교의 설을 부정하지는 않았다. 다만 '두 학문의 미진함을 깨닫고' 유가 성학 아래에 있음을 깨달았을 뿐이다. 그는 유가의 설이 간단하고 쉽고 넓고 크며, 유학의 도는 큰길처럼 평탄하고 불교와 도교 위에 있음을 깨닫고서 "손을 젓고 발을 굴렀다(手舞足蹈)." 그리하여 그가 비판하는 것은 '망령되이 좁은 구멍과 좁은 길을 열며 가시를 밟고 구덩이에 떨어지되 도리어 두 학문 밑에서 나오는 세상의 유학자(*세유世儒. 주로 주희를 가리킨다)들'이었다. 그는 결코 불교와 도교 두 학문을 비판한 것이 아니었다. 그리고 바로 이러한 '세상의 유학자들'이 유가의 성학을 파괴하고 선비들로 하여금 어지러이 유학을 버리고 불교와 도교를 따르도록 이끌었는데, 이는 결코 석가와 노자 두 선생의 죄는 아니라고 인식하였다.

양명의 '용장의 깨달음'은 결코 불교와 도교를 부정하고 석가와 노자 두 선생의 그름을 깨달은 점에서 의의를 갖는 것이 아니며, 그가 크게 깨달은 것은 주희 이학의 그름(非)과 육구연 심학의 옳음(是)임을 알 수 있다. 다만 주학은 명 통치자가 '흠정欽定'한 정통 통치 사상으로서 천하에 미루어 시행되었고, 육학과 백사학은 당시에 '선학'으로 지목된 이단의 학문이며 변종으로서 배척을 받았기에 양명이 만일 자기의 '용장의 깨달음'을 곧바로 주학의 그름을 깨닫고 육학의 옳음을 깨달은 것이라고 한다면 이는 곧 흠정 정주 이학의 금망禁網을 저촉한 것이 된다. 그리고 그가 크게 깨달은 '심학'도 육학의 '선'의 색채를 띠고 있어서 통치자에게 심학은 '선학'으로 배척되어서 공격의 구실을 찾게 할 것이었다. 그리하여 양명은 스스로 주학의 그름을 깨달은 것을 두루뭉술하게 불교와 노자의 그릇됨을 깨달은 것이라고 하였으니 그 의도는 주학을 반대하고, 육학을 존중하는 그의 '용장의 깨달음'의 본래 모습을 지키려는 데 있음에 지나지 않는다.

양명의 '용장의 깨달음'은 한마디로 심학의 깨달음이다. 그의 '용장의 깨달음'은 유맥儒脈의 진로에서 『대학』의 '격물치지'설에서부터 깨달아 들어가 심을 본체로 삼고, 지행합일을 공부로 삼는 심학 본체공부론의 체계를 세웠다. 그러나 '격물치지'설에서 그는 주로 '격물'의 사상적 노선에서 깨달아 들어가 '격물'을 '정심'으로 해석하여서 마음이 온갖 이치를 갖추고 있다, 마음 밖에 사물이 없다, 내 본성은 자족하다, 바깥에서 구하기를 기다리지 않는다, 앎과 행함은 합일한다고 하는 인식의 수준에 이르렀다. 그는 아직 '치지'의 사상적 노선에서 깨달아 들어가 '치지'를 '치량지'로 해석하여서 양지를 체로 삼고 치량지를 공부로 삼는 인식의 수준에까지 이르지는 못하였다. 이 때문에 '용장의 깨달음'은 역시 철저하지 못한 심학의 깨달음으로서 그는 백사의 심학을 초월하였으나 아직 육구연의 심학은 초월하지 못하였다. 그러나 이러한 '격물'의 사상 노선에서부터 깨달아 들어간 '용장의 깨달음'은 양명이 나중에 '치지'의 사상 노선에서 깨달아 들어간 '양지의 깨달음(良知之悟)'을 위한 충분조건을 갖추었다. 그는 격물정심格物正心의 깨달음의 길을 밟으면서 용장역에서 빠져나왔고 또한 육구연 심학을 초월하는 '양지의 깨달음'을 향한 마음의 길을 탐색하는 역정을 시작하였다.

8장

봉황의 재생(鳳凰再生)
: 여릉 지현廬陵知縣에서 이부주사吏部主事로

정덕 4년(1509) 12월 초 양명은 1년 반 동안 폄적 생활을 한 용장역과 고별하고 여릉 지현廬陵知縣의 직임을 맡아 나아갔다. 마음에 담아두고 차마 떨어지지 못하는 서원의 문인 제생들은 줄곧 그를 송별하기 위해 용리위龍里衛까지 따라왔다.

그는 시 두 수를 지어서 그들과 고별하였다.[1]

여러 문인이 전송하여 용리 길까지 이르다, 두 수

諸門人送至龍里道中二首

오르락내리락 지름길로 어지러운 산을 들어가는데	蹊路高低入亂山
제현이 멀리까지 전송하여 부끄럽네	諸賢相送愧間關
계곡 구름은 모자를 눌러 수심이 무겁고	溪雲壓帽兼愁重
봉우리 눈은 옷에 들이쳐 살쩍이 얼룩지네	峰雪吹衣著鬢斑

---

1 『왕양명전집』 권29 「제문인송지용리도중이수諸門人送至龍里道中二首」.

촛불 켠 방에 들러앉아 함께 이야기 나누고 花燭夜堂還共語

가을 전시에 급제하여 높은 벼슬 올랐다 듣기 바라네 桂枝秋殿聽躋攀

(높은 벼슬 오른다는 말은 매우 비루한데 애오라지 그 대우를 취할 뿐이다)

(躋攀之說甚陋, 聊取其對偶耳)

서로 그립더라도 편지 쓰느라 애쓰지 말게 相思不用勤書札

이별한 뒤 내 말은 정완(『서명』)에 들어 있네 別後吾言在訂頑

눈 덮인 산성을 저녁에 들어서니 雪滿山城入暮天

돌아가는 마음과 이별하는 뜻 서로 먹먹하네 歸心別意兩茫然

문하생들 나를 따르느라 고생한 일 참으로 부끄럽고 及門眞愧從陳日

(공자가) 미복으로 송나라 지나가던 때를 다시 생각하네 微服還思過宋年

술동이 술 마심은 세밑이기 때문 樽酒無因還歲晚

봄 오기 전에 편지를 써서 기러기 편에 부치리라 織書有雁寄春前

밤새도록 촛불 잡고 앉기를 사양하지 말지니 莫辭秉燭通宵坐

내일이면 언덕 안개를 사이에 두고 서로 그리워하리니 明日相思隔隴煙

'여러 문인(諸門人)'이란 문명서원의 제생을 가리킨다. 그들 가운데 유명한 이로는 장시유張時裕・하자패何子佩・월문실越文實・추근인鄒近仁・범희이范希夷・학승지郝升之・왕원명汪源銘・이유선李惟善・진량신陳良臣・탕백원湯伯元・진종로陳宗魯・섭자창葉子蒼・역보지易輔之・첨량신詹良臣・왕세신王世臣・원방언袁邦彦・이량신李良臣・고명봉高鳴鳳・하천원何遷遠・진수녕陳壽寧・주광필朱光弼・주광제朱光霽(1492~1570) 등이 있다. 이들은 나중에 대부분 귀전貴滇의 명사가 되었다.

양명은 진문학陳文學(*진종로, 1516, 거인)을 더욱 인정하여서 특별히 시 한

수를 지어서 증정하였다.[2]

| 진종로에게 드리다 | 贈陳宗魯 |

글을 배움은 모름지기 옛것을 배우고	學文須學古
속세를 벗어나 진부한 말 버려야 하네	脫俗去陳言
천 길 나무처럼	譬若千丈木
덩굴이 휘감게 하지 말라	勿爲藤蔓纏
곤륜산 물결처럼	又如崑崙派
한번 쏟아지면 큰 강을 이루어라	一瀉成大川
사람의 말은 예와 오늘이 다르다 하지만	人言古今異
이 말은 모두 허망하게 전해진 것	此語皆虛傳
내 만일 그 뜻을 터득한다면	吾苟得其意
오늘과 옛날이 어찌 다르랴?	今古何異焉
그대 재주 참으로 진보할 만하니	子才良可進
너는 성현을 스승으로 삼으라	望汝師聖賢
글을 배움은 몸소 행한 여가의 일이니	學文乃餘事
애오라지 그대가 치우칠까 하는 말일세	聊云子所偏

양명은 한편으로는 진문학에게 글을 배우려면 옛글(古文)을 배우고 거업
擧業의 글을 내버리며 세속을 초탈하고 진부한 말을 버리라고 경계하였으며,
또 한편으로는 도를 배우려면 성현의 도를 배우고 성현의 뜻(*心)을 얻고 말

---

2 『왕양명전집』 29 「증진종로贈陳宗魯」.

의 통발(言筌)에 떨어지지 말라고 경계하였다.

그는 해석하기를, '말'은 비록 옛날과 오늘날 차이가 있으나 옛날과 오늘날의 '말'은 모두 마찬가지로 허망하게 전해진 것이며, 다만 성현의 마음(＊意)을 터득해야 비로소 참으로 성현의 전승을 얻을 수 있다고 하였다. 성현의 마음은 천고에 서로 전해진 것이므로 옛날과 오늘날의 성현의 마음은 서로 차이가 없다. 그러므로 응당 '뜻'을 얻고 '말'을 잊어야 하며, '마음'을 스승으로 삼고 '도'를 전해야 한다. 이는 바로 육구령陸九齡(1132~1180)이 말하는 "옛 성인이 서로 전수한 것은 다만 이 마음(古聖相傳只此心)"이며, 육구연이 말하는 "이 사람은 마음이 천고에 닳아 없어지지 않는다(斯人千古不磨心)."[3]라고 한 것이다. 양명이 진문학에게 경계하여서 말한 성현의 학문은 사실은 바로 양명의 "내 만일 그 뜻을 터득한다면"이라고 한 심학이며, 그는 용장의 적지謫地를 떠나온 뒤 오매불망 이러한 심학으로 귀주의 선비를 계도하고 문명서원의 교육에 관심을 기울였다.

그 가운데 운남雲南에서 온 주광필·주광제 형제도 양명이 더욱 주목한 제자인데, 귀양을 떠난 뒤 그가 서원의 제생에게 보낸 편지에서 두 차례 주광필·주광제 형제를 다음과 같이 언급하였다.

귀양 제생에게 보내는 편지 1

상아祥兒가 집에서 휘젓고 다니니 조만간에 경고를 하여 함부로 나대지 않게 하는 것이 좋겠습니다. 편지에 써서 (맡긴 일을) 하나하나 처리하게 하십시오. 제우諸友가 이곳에 와서 대부분 건성으로 하고 게으른데 지금 시대

---

3 『강서통지江西通志』 권145 「어록語錄」.

에는 뜻을 다해야 할 것입니다. 서徐 노선생께 특별히 한 차례 경의를 전해주기 바랍니다. 주극상朱克相(주광필) 형제에게도 한 차례 문안하고 면려하는 뜻을 드립니다. 나머지 자세한 내용은 마음으로 살피기 바라고 하나하나 말하지 않습니다.

수인이 이유선 추원秋元(추시 합격) 현계賢契에게 절합니다.

귀양 제생에게 보내는 편지 2

떠나올 때 범희이가 편치 않다는 말을 듣고서도 문안 한번 하지 못하였고 제우諸友와 모두 이별을 하지 못하였습니다. 성을 나올 때 두세 사람을 길 섶에서 만났는데 역시 바쁜 겨를에 상세히 안부를 묻지 못하였으니 모두 정을 전해주시기 바랍니다. 사들인 주석朱錫은 왕상王祥으로 하여금 큰 주발(大碗) 네 개를 각각 두 근쭝으로 만들되 모름지기 두껍고 튼튼하고 크고 투박한 것이 좋겠습니다. 그 나머지는 채소접시(蔬楪)를 만드십시오. 거친 자완磁碗 10여 개를 사고 수은水銀을 두른 주석 젓가락(錫筋) 한두 쌍을 사십시오. 도관의 내방문(觀上內房門)에는 역시 모름지기 소금 너 근 반을 보내서 장료醬料로 쓰게 하십시오. 주씨 형제(昆季)도 도를 하려는 뜻을 가지고 있습니다. 염閻 진사眞士(도관에 거주하는 사람을 높이 부른 말)는 매우 가련합니다. 그가 객방客房에서 와병하고 있으니 지금 말을 보내 그를 맞이하여서 억지로라도 이곳으로 데려와 조리하도록 하십시오. 배나무 판(梨木板)을 수습하여서 흩어지지 않게 하십시오. 제가(區區) 작은 책 하나를 찍어내고 싶기 때문입니다(梨木板可收拾, 勿今散失, 區區欲刊一小書故也). 부디 잘 부탁합니다! 근인·양신·문실·백원 제우들도 모두 보고 싶습니다. 일일이 이름을 열거하지 못합니다. 이유선 현추원賢秋元과 왕원명이 지출환枳朮丸

을 조합하는 것이 좋겠습니다. 부디 잘 부탁합니다(千萬)!⁴

'서 노선생'은 문명서원의 서 장교掌教를 말하는데, 양명이 홍치 17년 (1504) 산동 향시의 주고를 맡았을 때 이미 그와 서로 알게 되었고, 이때 귀양에서 두 사람이 다시 만나 함께 문명서원에서 교육을 관장하였다. 양명은 「서 장교에게 부치다(寄徐掌教)」라는 시를 지어서 그에게 증정하였다. "서치 (97~168)는 지금 어디 있나? 빈 들보에 걸상이 오래 걸려 있네. 북문에서 잠시 만났었는데 동쪽 노나라에서는 시험 감독을 했었네. 세월은 홀연히 지나고 풍운은 쉽사리도 변하네. 새로 시를 지어 보내 위로해주니 새 울음 읊은 시편(『시경』 「벌목伐木」)에 부끄럽지 않네.(徐稚今安在, 空梁榻久懸. 北門傾蓋日, 東魯校文年. 歲月成超忽, 風雲易變遷. 新詩勞寄我, 不愧鳥鳴篇)"⁵ 귀양에서 잡은 손을 놓고 이별한 뒤 양명은 그가 문명서원의 교육을 관장하던 일을 마음에 담고 잊지 못하였다.

'주극상 형제', '주씨 형제(昆季)'는 바로 주광필(*자 극상克相)·주광제(*자 극명克明) 형제를 말하며, 귀주 안찰부사 주기朱璣(1487, 진사)의 아들들이다. 주기는 운남雲南 몽화蒙化 사람이다. 정덕 4년(1509) 4월에 모과가 치사하고 돌아간 뒤 주기가 귀양에 와서 안찰부사의 직임을 맡았는데, 곧 주광필·주광제 두 아들을 양명에게 보내서 좇아 배우게 하였다. 양명은 나중에 「증주극명남귀언贈朱克明南歸言」에서 다음과 같이 말하였다. "주광제는 자가 극명이며, 염헌廉憲(안찰사) 주 공의 아들이다. 일찍이 형 광필과 더불어 나를 좇아서 배웠

---

4 『장도각서화록壯陶閣書畫錄』 권10 「명왕양명예홍보수찰합권明王陽明倪鴻寶手札合卷」; 「청범루속각서화기聽帆樓續刻書畫記」 권하.

5 『왕양명전집』 권19 「기서장교寄徐掌教」.

고 향시에 천거되었다."[6]

주광필·주광제는 나중에 또 문명서원에서 가르침을 받았으며, 양명은 그들을 운남에서 온 선비로 더욱 중시하였다. 주씨 형제는 나중에 운남으로 돌아가서 양명의 많지 않은 운남의 제자가 되었고, 또한 최초로 전남滇南에 양명의 왕학王學을 전파하였다. 편지에서 말한 "배나무 판을 수습하여서 흩어지지 않게 하십시오. 저의 작은 책 하나를 찍어내고 싶기 때문입니다."라고 한 말은 더욱 주목할 만한데, '작은 책'이란 곧 『오경억설』을 가리킨다. 『오경억설』은 '용장의 깨달음' 뒤 처음 저술한 책(*始筆)으로서, 당시 양명이 매우 중시하였으며, 이미 배나무 목판을 준비해둔 뒤 판각하여 책으로 만들어서 제일 먼저 귀양의 문명서원에서 사용할 생각을 하였다. 양명이 용장역을 떠나기 전 이미 귀양의 제생 선비를 위해 다방면으로 안배를 하였음을 알 수 있다.

그러므로 그는 동쪽으로 돌아가던 중에도 마음은 여전히 귀양 제생들에게 향해 있어서 진원부鎭遠府에 도착하자마자 또 서원의 제생들에게 셋째 편지를 보냈다.

---

6 『몽화지고蒙化志稿』 권8; 『몽화부주씨가보蒙化府朱氏家譜』 권수卷首. 이원양李元陽(1497~1580) 「서안부동지주공광제묘지명西安府同知朱公光霽墓志銘」: "공은 휘가 광제이며 자가 극명, 호가 방모方茅이다. …… 부친 항재恒齋는 휘가 기璣이며, 성화成化 정미년(1487)에 진사에 합격하였다. 항재가 관직을 역임하여서 귀주의 헌장憲長(안찰부사)이 되었을 때 마침 양명 왕 선생이 용장 적거에 있었는데 공과 두 형에게 명하여서 배우게 하였으므로 양지의 설을 들을 수 있었다."(『국조헌징록』 권94) 『강희몽화부지康熙蒙化府志』 「인물지人物志」: "주기는 자가 문서文瑞이며, 성화 정미년에 진사가 되었다. 이때 양명 왕수인 선생이 용장역에 폄적되었는데 공이 자제를 보내서 좇아 배우게 하였다. 기질(聲氣)이 서로 잘 맞았다."

이별할 때 처연한 마음 가눌 수 없었는데 몽매에도 오히려 서쪽 산기슭에 있다가 깨어나면 도리어 수백 리 밖에 있습니다. 만날 날을 기약할 수 없으니 진보하고 닦아나가기를 노력하며 뒷날에 만나기로(努力進修, 以俟後會) 합시다. 이날 진원에 도착하여서 잠깐 사이에 곧 배를 놓아 떠났습니다. 서로 거리가 멀어질수록 말을 하려니 마음이 아픕니다. 서원의 제우는 일일이 편지로 사례하지 못합니다. 수인이 장시유·하자패·월문실·추근인·범희이·학승지·왕원명·이유선·진량신·탕백원·진종로·섭자창·역보지·첨량신·왕세신·원방언·이량신 등 추원의 여러 어진 벗들께 절합니다. 모두 열거할 수 없으니 헤아려주시면 다행이겠습니다. 고명봉·하천원·진수녕이 멀리 전별하였는데 별도로 사례합니다. 부디 잘 부탁합니다(千萬)![7]

"진보하고 닦아나가기를 노력하며 뒷날에 만나기로 합시다."라고 한 말은 서원의 제생에게 양명이 서원에서 강론한 지행합일의 심학을 닦고 익히기를 바란다는 말이다. 왜냐하면 당초 그가 서원에서 "지행합일의 가르침을 거론하자 (제생이) 어지러이 (이학과 심학의) 같고 다름을 논하였는데 들어갈 곳을 알 수 없었으며"[8] 서원의 제생은 대부분 아직 양명 심학의 중요한 뜻을 잘 이해하지 못하여서 이동異同을 어지러이 논쟁하였기 때문에 양명은 그들이 앞으로 한 걸음 더 노력하여서 진보하고 닦아나가기를 희망하였던 것이다.

양명은 자기가 이미 크게 깨달은 지행합일의 심학을 필연적으로 보수적

---

7 『장도각서화록』, 권10 「명왕양명예홍보수찰합권」; 「청범루속각서화기」 권하.

8 『왕양명전집』 권33 「연보」 1.

인 선비들이 이해하지 못할 것이며 더욱이 정치를 전단專斷하는 당정當政의 사람들은 인정할 수 없음을 분명하게 의식하였다. "나가서 사대부들과 말을 하였더니 어지러이 같으니 다르니(異同) 하였는데 도리어 대부분 어긋나고 받아들이지 못하였다." 그리하여 그는 용장역을 떠나 흉험한 폄적의 곤경에서 벗어나자 더욱 날카로운 뜻과 진취적인 기상으로 의기가 양양하여서(風發) 길을 가는 내내 그의 지행합일의 심학을 강론하고 전파하였다. 귀주, 호남으로부터 강서에 이르기까지 길고 긴 울퉁불퉁한 먼 길을 석 달 동안 이동하면서 가는 곳마다 강학을 하고 도처에서 학문을 강론하며 심학을 크게 빛내는 그의 족적을 남겼다. 규모가 가장 큰 강학회는 두 차례 있었는데, 제1차는 신주辰州 호계虎溪 용흥사龍興寺에서 있었고, 제2차는 상덕常德 무릉武陵 조음각潮音閣에서 있었다.

정덕 5년(1510) 정월, 그는 신주에 도착하여 호계 용흥사에서 묵었다. 신주의 1천여 명 선비들이 명성을 듣고 어지러이 몰려들었다. 양명은 용흥사 빙허루憑虛樓에서 1개월여 동안 강학하였다.

추수익은 「신주호계정사기辰州虎溪精舍記」에서 다음과 같이 말한다.

> 양명 선생(夫子)께서 회계의 용장 적지에서 길을 나서 신양辰陽으로 나왔다. 신양의 승경으로는 호계산사虎溪山寺가 있는데, 세상에서는 26동천洞天이라고 한다. 승사僧舍에 만 한 달을 묵었다. 묵은 소나무가 매우 기이하여서 그 헌軒에 크게 '송운松雲'이라 썼고, 다시 벽에 시를 남겼다. 한때 종유한 여러 학자들(諸彦), 예컨대 주사柱史 당후唐詡, 독학督學 소구蕭璆와 같은 사람들 1천여 명이 올바른 학문을 갈고닦았으며(切磋) 뭇 혼잡한 학문을 쪼개고 깎아내서(剖劉群淆) 마치 뭇 새들이 지저귀는 사이에서 위세 당당한 봉의 울음소리(鳳鳴)를 듣는 것 같았다. 이를 이어받아 대유大酉의 헌부憲副

왕세륭王世隆이 우거에 제하기를 '사현당思賢堂'이라 하였으며, 동교東橋 중 승中丞 고린顧璘은 『통지通志』에 기록하였다.[9]

나홍선羅洪先(1504~1564)은 「신주호계정사기辰州虎溪精舍記」에서 다음과 같이 말한다.

양명 선생께서 3년 만에 사면을 받아 돌아가게 되어서 신주 길을 지났는데 용홍사에서 쉬었다. 오래 묵은 뒤 절의 벽에 제하고 떠났다. 곤경이 극에 달했다가 더욱 형통하였으며 마침내 천하에 끊어진 학문(絶學)을 밝힐 수 있었다. …… 학자가 드디어 그를 사모하였다. 모든 거쳐간 곳에서 모두 특별히 사당을 세우고 위패를 모셨는데, 용홍사 뒤에 있는 것은 호계정사라 한다. …… 또 서쪽에서 남쪽으로는 수도당修道堂이 있는데, 당 위는 호경루好景樓이며 그 뒤는 사현사思賢祠로서 선생의 위패가 그곳에 있다. …… 동쪽으로 조금 앞에는 견강헌見江軒이 있고 가운데는 송운헌松雲軒이 있으며, 헌 앞에 기이한 소나무가 많이 있었는데 연륜이 매우 오래되었다. 선생이 손수 쓴 편액 글자가 있는데 …… 들어가서 절의 오른쪽으로 돌아가면 호계별원虎溪別院이 나온다. 사당의 명칭은 대체로 대유 왕 헌부가 선생의 우사寓舍에 편액한 것에서 취하였다. 오오塢 안에 있는 누각과 헌거軒居의 이름은 모두 선생이 벽에 제한 말에서 취하였다.[10]

---

9 『추수익집鄒守益集』 권7 「신주호계정사기辰州虎溪精舍記」.

10 『나홍선집羅洪先集』 권4 「신주호계정사기」. 『건륭신주부지』 권29의 다음을 참조하라. "왕수인 …… 여릉 지현으로 양이量移하였는데 돌아가는 길에 신계辰溪를 지나면서 대유산大酉山 종고동鐘鼓洞에서 놀고 돌에 시를 제하였다. 여정이 신주에 이르렀는데, 군의 인사 박무朴茂를 좋아하여 순수하게 도로써 가까이하였다. 이어서 호계 용홍사에 머물렀는데 빙

양명은 용흥사에서 1개월 남짓 강학을 하였는데, 1천여 명의 선비가 와서 올바른 학문을 갈고닦았으며 용흥사 주승主僧까지 배움을 물었으니 양명 평생 가장 규모가 크고 가장 오랜 시간 강학한 성대한 모임이라 할 수 있고, 최초로 양명이 심학대사로서 날카로운(犀利) 사상의 칼끝(鋒芒)을 드러낸 일이다.

찾아와 수학한 유명한 학자로는 당유현唐愈賢(1526, 진사)·당후唐詡·소구蕭璆(1523, 진사)·왕세륭王世隆(1526, 진사)·왕가수王嘉秀·오학吳鶴·오백시吳伯詩·장명경張明卿·동도부董道夫·탕백순湯伯循·동수부董粹夫·이수부李秀夫·유관시劉觀時·전숙중田叔中 등인데, 이들 중 어떤 이들은 나중에 양명의 제자가 되었고, 어떤 이들은 담감천(담약수)의 문인이 되었다. 그 가운데 오학 등은 건주乾州에서 책상자를 지고 와서 배운 묘족 선비(儒士)였는데 이후 여릉까지 양명을 따라가서 다시 가르침을 받았다.

"벽에 시를 남겼다"라고 한 말은 호광 참의湖廣參議 양자기가 용흥사를 찾아 학문을 논하였으며 양명이 「신주 호계 용흥사에서 양명보가 온다는 말을 듣고 벽에 시운을 남기다(辰州虎溪龍興寺聞楊名父將到留韻壁間)」한 수를 지은 사실을 가리킨다.[11]

명아주 지팡이 짚고 호계를 건너니	杖藜一過虎溪頭
어디가 혜휴 스님의 승방인가	何處僧房是惠休
구름 피는 봉우리 누각 그림자 짙고	雲起峰頭沈閣影
성근 숲 끝에 흐르는 강이 보이네	林疏地底見江流

허루에서 만 한 달을 묵었다. 무릉武陵 장신蔣信과 오가며 강론하였고, 원릉沅陵 당여현唐與賢이 좇아서 노닐었다. 유관시·왕가수 등 여러 사람이 폐백을 가지고 와서 수학하였다."

11 『왕양명전집』권19 「신주호계용흥사문양명보장도유운벽간辰州虎溪龍興寺聞楊名父將到留韻壁間」.

아지랑이 피고 날은 따뜻한데 비를 머금어서	煙花日暖猶含雨
한가한 봄 갈매기 해오라기 모래톱에 가득하네	鷗鷺春閒欲滿洲
좋은 풍경 같이 와서 함께 즐기지 못하여	好景同來不同賞
친구를 위해 시편을 남기네	詩篇還爲故人留

담감천은 나중에 「금릉답문金陵答問」, 「금대답문록金臺答問錄」에서 양명이 용흥사에서 강학을 한 생동감 있는 한 막을 다음과 같이 기록하였다.

지난날 양명 선생이 신주 용흥사에서 강학을 하였다. 이때 왕세륭·오백시·장명경·동도부·탕백순·동수부·이수부·유역중劉易仲(유관시)·전숙중 등이 같은 시기 서로 종유하면서 매번 강론하는 자리가 한밤중에까지 이르렀다. 하루 저녁은 강론이 호색好色에 이르렀는데, 여러 사람이 함께 말하기를 "오백시와 장명경은 아마도 이를 면하기 어려우리라."라고 하였다. 이에 선생이 말하기를 "만약 줄곧 이렇게 지냈다 하더라도 홀연 뉘우치고 깨달으면 역시 스스로 결단코 갈라서야 한다. 만약 이런 일을 겪지 않고 삼가 지키지 않다가 하루아침에 속으로 빠져들어서 왕왕 대부분 벗어나지 못한다. 이전에 전배 두세 사람을 보았는데 평소 술을 마시지 않고 호색하지 않는다고 하였으나 나중에 치사하고 집에 거처할 때 우연히 기생집에서 술을 마시고 마침내 집안의 재산을 탕진하여서 다 줘버렸는데도 늙어서 후회하는 바가 없었다. 이 또한 겪어보지 못하고 삼가 지키지 않았기 때문이다. 이로써 사람들이 여기에서 대단히 모름지기 결단코 갈라서고 삼가 지켜야 비로소 이를 면할 수 있음을 알 수 있다."라고 하였다.[12]

---

12 『천옹대전집泉翁大全集』 권76 「금릉답문金陵答問」.

왕세릉이 양명 선생에게 물었다. "신선의 이치는 아마도 모름지기 있겠지만 죽지 않는다고 하면 옳지 않습니다. 생각건대 정자程子가 수양을 하여서 수명을 늘린다(引年)고 한 말은 이치가 혹 그러합니다." 선생이 답하였다. "본래 그러하다. 그러나 말하자면 신선은 모름지기 죽지 않으니 죽는다면 신선이 아니다." 왕세릉이 이 말을 하였을 때 선생의 나이가 서른아홉이었다.

오백시가 양명 선생에게 물었다. "심상하게 미색美色을 보면 일찍이 사랑하는 마음이 생기지 않은 적이 없었는데, 지금 이 생각을 없애려고 해도 할 수 없는 것은 무엇 때문입니까?" 선생이 답하였다. "이는 어렵지 않다. 다만 착실하게 그 궁극(究竟)을 생각하지 못했기 때문이다. 예를 들어 미색의 부인을 보고 사랑하는 마음이 생겼을 때 '이 사람은 오늘 소년 시절에는 비록 이와 같이 아름다우나 장래에 늙음을 면하지 못하리니 늙게 되면 이가 빠지고 머리가 새고 추한 늙은 몸이 될 터인데 사랑하는 마음이 생기겠는가?', 또 '이 사람은 다만 이와 같을 뿐이 아니라 이미 늙으면 죽음을 면하지 못하며 죽으면 뼈와 살이 썩고 벌레가 생기며 또 오래되면 흩어져서 흙부스러기가 되고 다만 백골과 마른 뼈다귀만 남을 것이다. 사람이 썩은 마른 뼈를 보면 다시 사랑하는 마음이 생기겠는가?'라고 생각하여서 오래되어 터득하면 저절로 해탈하는 곳이 있으니 사랑하는 마음이 생기는 것을 근심할 것은 없다."고 하였다.

양명 선생이 신주 용흥사에 묵을 때 주승 아무개가 바야흐로 선정禪定을 배웠는데 선생에게 물었다. 선생이 이르기를 "선가禪家에는 잡雜(뒤섞임)·혼昏(어두움)·성惺(깨우침)·성性(본성) 넉 자가 있는데 그대는 아십니까?"라고 하였다. 스님이 대답하지 못하였다. 이에 선생이 말하기를 "처음 선을 배울 때 온갖 상념(百念)이 어지러이 섞여서 일어나는데 비록 10년 전의 세속(塵土)의 일이라도 한꺼번에 모두 마음속으로 들어옵니다. 이를 뒤섞임(雜)이라고 합니다. 사려가 이미 많은데 주재할 것이 아무도 없어서 줄곧 어둡게 됩니다. 이를 어두움(昏)이라고 합니다. 어둡고 어리석음(昏憒)이 오래되어서 조금씩 점점 그 그릇됨을 알고 한결같이 갈아 없애면 이를 깨우침(惺)이라고 합니다. 잡된 생각(塵念)이 사라지면 저절로 속에서 광명이 생겨나와 비로소 원래의 성품(元性)을 회복합니다. 이를 본성(性)이라고 합니다." 스님이 절을 한 뒤 사례하고 돌아갔다.[13]

양명이 용흥사에서 강학을 한 이 어록 네 조는 '용장에서 깨달은' 심학이 도달한 인식의 수준을 분명하게 반영하고 있다.

제1조와 제3조는 '호색'을 논하였는데, 실제로 이는 마음의 천리인욕天理人欲의 변별을 강론하고 마음(＊天理)과 욕망의 관계를 논한 것이다. 양명은 그 마음을 삼가 지키고 생각의 시초(念頭)를 바르게 해야 비로소 진정으로 음악淫惡을 제거하고 애련愛戀을 물리칠 수 있다고 인식하였다. 이는 '격물'을 '정심', '정념두'로 해석한 독자적인 경전의 전석詮釋이었다.

제2조와 제4조는 신선과 불교를 논하였는데, 양명은 신선의 이치를 인정하여서 선도는 수양을 통해 생명을 연장할 수 있다고 여겼다. 이는 유가 학설과 서로 같다. 그러나 또한 죽지 않아야 신선이라고 할 수 있으며 죽으면 신선이 아니라고 인식하였는데, 이는 신선설이 유가 학설의 정미함에 미치지 못한다고 승인한 것이다. 불가의 선정에 대하여서 양명은 불교의 '잡雜·혼昏

---

13 『천웅대전집』 권76 「금대답문록金臺答問錄」.

·성성(性惺)·성성(性性)'의 설을 이용하여서 선정설을 미혹에서 깨달음으로, 어두움(혼)에서 각성(醒)으로 이르는 마음의 깨달음(心悟) 과정으로서 마음속에 광명을 생기게 하고 불성으로 돌이켜서 회복하는 것이라 하였는데 이를 곧 선오(禪悟)라고 하였다. 이로써 양명이 신선과 불교의 설로 돌아가지 않았음을 알 수 있는데, 이런 설법은 양명의 '용장의 깨달음'이 결코 선과 불교의 그름을 깨달은 의의를 가진 것이 아님을 한층 더 멋지게 실증하였다.

사실 용흥사에서 장장 한 달여 동안 이어진 강학은 양명이 찾아와 배우는 제생들을 향해 그가 크게 깨달은 심학의 두 가지 사상을 반복 강론하여서 서술한 것에 지나지 않는다. 하나는 정좌하여서 심체(心體)를 체인하는 것(*묵좌징심)이며, 하나는 지행합일의 공부론이다.

양명은 정좌하여서 심체를 체인하는 것에 대해 얼마 후 「여신중제생(與辰中諸生)」에서 다음과 같이 분명하게 말한다.

> 이전에 절에서 정좌를 말한 것은 좌선하여 선정에 들기를 바란 것이 아닙니다. 대체로 우리가 평소 사물에 어지러이 이끌려서(紛拏) 위기(爲己)를 알지 못하고 있기에 이것으로써 놓친 마음을 거둬들이는(收放心) 소학(小學)의 공부 한 단락을 보완하게 하려는 것이었을 뿐입니다. 명도(明道)(정호)가 이르기를 "배우자마자 모름지기 힘 쏟을 곳을 알아야 하고, 이미 배우면 모름지기 힘을 얻을 곳을 알아야 한다(纔學便須知有著力處, 旣學便須知有得力處)"라고 하였습니다. 여러 벗들은 마땅히 여기에 힘을 쏟아 바야흐로 진보가 있어야 다른 때 비로소 힘을 얻을 곳이 있습니다.[14]

---

14 『왕양명전집』 권4 「여신중제생(與辰中諸生)」.

이는 바로 전덕홍이 「양명선생연보」에서 "이로부터 곧 제생과 함께 승사僧寺에서 정좌하였는데 스승은 스스로 성체性體를 깨닫고서 황홀하여 바로 부합할 수 있는(可即) 듯하였다."[15] 하고, "스승이 예전에 용장에서 돌아올 때 문인 기원형冀元亨·장신·당유현 등과 용흥사에서 강학을 하였는데 밀실에서 정좌하여 성체를 깨달아 보게 하였다."[16]라고 한 것이다.

이른바 정좌하여 성체를 스스로 깨닫는다고 함은 바로 이통과 백사가 말하는 묵좌징심, 정중체인천리靜中體認天理(*大本과 達道)이다. 양명은 다만 그것을 격물치지와 연계하여서 격물을 정심으로, 내 본성의 자족한 것으로 삼았기 때문에 고요한 가운데 마음속의 이치에 이르러 추구하려(格求)고 하였으며 사물 가운데에서 그 이치를 궁구하려고 한 것은 아니다. 또한 지행합일의 공부론에 대해 양명이 「여신중제생」에서 "적거에서 두 해를 보냈는데 더불어 말할 사람이 없었습니다. 돌아오는 길에 다행히 제우諸友를 만날 수 있었습니다. 아쉽게도 지난날 귀양에 있을 때 지행합일의 가르침을 거론하자 (제생이) 어지러이 같고 다름을 논하였는데 들어갈 곳을 알 수 없었습니다."[17]라고 말한 것과 같다. 그가 용흥사에서 역시 주로 지행합일의 가르침을 강의하였음을 알 수 있다.

그는 나중에 상덕常德에 이르자마자 신주 제생들에게 다음과 같은 편지두 통을 보내서 그들이 지행합일에 힘쓰기를 바랐다.

…… 바야흐로 기쁘나 또한 갑자기 이별하게 되어서 매우 마음이 아픕니다.

---

15 『왕양명전집』 권33 「연보」 1, 정덕 5년조 아래.
16 『왕양명전집』 권36 「연보·부록」 1.
17 『왕양명전집』 권4 「여신중제생」.

······ 배움이 끊어진 나머지 도를 구하는 자는 적고 주위의 나쁜 영향을 쉽게 받아(一齊衆楚) 가장 쉽사리 (마음을) 흔들리고 빼앗깁니다. 스스로 호걸이 아니고서는 우뚝하게 서서 변하지 않는 자가 드뭅니다. 제우諸友는 마땅히 서로 갈고닦으며 서로 도와서 성취하기를 기약하는 데 힘쓰십시오. 근세 사대부는 도를 조금 추구할 줄 아는 자가 있으나 모두 실제 덕(實德)을 성취하지 못한 상태에서 먼저 표방標榜에 내걸려서 세속의 비방을 초래하는데, 이 때문에 왕왕 타락하고 서지 못하며 도리어 사도斯道에 대못(梗)이 됩니다. 여러 벗은 마땅히 이를 거울삼아 명성과 영예를 털어버리고(刊落聲華) 자기에게 절실한 곳에서 착실하게 노력하는 데 힘을 쓰십시오.

이전에 절에서 말한 바 ······ '배움은 채찍질하여서 내면에 가깝게 다가가 자기 몸에 붙게 한다(學要鞭辟近裏著己)', '군자의 도는 어두운 듯하나 날로 환해진다(君子之道闇然而日章)', '이름을 위하는 것과 이익을 위하는 것은 비록 맑고 탁하여서 같지 않으나 이익을 추구하는 마음은 하나이다(爲名與爲利, 雖淸濁不同, 然其利心則一)', '겸손하면 이익을 얻는다(謙受益)', '남과 다르기를 추구하지 않고 이치와 같아지기를 추구한다(不求異於人, 而求同於理)'고 한 몇 마디 말은 마땅히 벽에 써놓고 늘 눈으로 보십시오. 거업은 공부에 방해가 되기 때문에 근심이 아니라 뜻을 빼앗기 때문에 근심이 됩니다. 지난날 약속한 바와 같이 순순히 실천하면 또한 저절로 두 가지가 서로 장애가 되지 않을 것입니다. 이른바 쇄소응대灑掃應對를 알면 곧 정의입신精義入神인 것입니다.[18]

---

18 『왕양명전집』 권4 「여신중제생」.

고요한 가운데 마음속의 이치를 체인하는 것(*格物正心)과 지행합일은 양명이 여릉으로 부임하는 도중 심학을 강론한 두 가닥 주된 선율이었다.

2월, 양명은 상덕常德에 도착하여 무릉武陵 조음각潮音閣에 우거하면서 또 20여 일 강학을 하였다. 무릉의 선비 수백 명이 어지러이 찾아와서 배움을 묻고 가르침을 받았다. 이 또한 강학의 승회勝會였다. 가르침을 받은 유명한 선비로는 장신·기원형·문주文澍(1466, 진사)·유관시·두세영杜世榮·왕문명王文鳴·호산胡珊·유환劉瓛·양약楊礿·양사楊襫(1496, 진사)·하봉소何鳳韶·당연唐演·용기소龍起霄·용상소龍翔霄(1496~1569) 등이었다.

나중에 서애는 「동유덕산시서同遊德山詩序」에서 다음과 같이 말하였다. "정덕 을해년(1515) 봄 정월 임오壬午에 나와 함께 덕산에서 노닌 자가 14명이었는데, 두세영 인부仁夫는 절浙 사람이고, 나머지는 모두 무릉의 인사였다. 왕문명 응규應奎, 호산 명옥鳴玉, 기원형 유건惟乾, 유환 덕중德重, 장신 경실卿實, 양약 개성介誠, 하봉소 여해汝諧, 당연 여연汝淵, 용기소 지지止之였다. 다른 날 우리 스승 양명 선생을 따라 노닌 사람 가운데 서보徐輔 여주汝周, 양찬楊襸 개경介敬, 양진楊袗 개례介禮, 기문명冀文明 여성汝誠은 곧 풍문을 듣고 일어난 사람들이다."[19] '다른 날 우리 스승 양명 선생을 따라 노닌 사람'이란 양명이 무릉 조음각에서 강학할 때 (참석한 사람들을) 가리킨다. 신주 용흥사에서 강학한 것과 마찬가지로 양명은 여전히 수많은(莘莘) 무릉의 선비들을 향해 고요한 가운데 마음속의 이치를 체인하는 것과 지행합일의 가르침을 크게 천명하였다.

유동백柳東伯(1553, 진사)은 「귀주등처제형안찰사부사장공신행장貴州等處提刑按察司副使蔣公信行狀」에서 양명이 조음각에서 강학한 내용을 다음과 같이

---

19 『횡산유집橫山遺集』 권상 「동유덕산시서同遊德山詩序」.

서술하였다.

정학正學 선생 장 공 휘諱 신은 자가 경실卿實이며, 호가 도림道林이다.
…… 나이 25세에 비로소 같은 군의 암재공闇齋公 기원형과 학문을 논하였
다. …… 하루는 『대학』을 논하다가 선생이 말씀하시기를 "그침을 아는 것
(知止)은 당연히 인의 본체(仁體)를 아는 것이다."라고 하였다. 기(기원형) 공
이 뛸 듯이 기뻐하며 일어나 말하기를 "이와 같다면 안정되고(定), 고요하
고(靜), 편안하고(安), 사려하는(慮) 것이니 이는 곧 성실함과 공경함으로써
보존하는 것입니다."라고 하였다. 대체로 선생은 스승에게 전수한 바가 없
었으며 다만 『노론魯論(논어)』과 「정성定性(定性書)」, 「서명西銘」 두 책에 잠
심하여 완색하고서 뜻에 합하는 바가 있었다. 그런데 기 공은 「서명」을 즐
겨 보았다. 그러므로 모르는 사이에 일시에 이와 같이 계합契合하였던 것
이다. 5년 경오(1510)에 양명 선생이 용장의 적지로 나갔다가 (*돌아올 때)
군의 서쪽 조음각에 묵었는데 의사醫師 두인부杜仁夫라는 자가 「복춘시復
春詩」 두루마리(卷)를 끼고 배알하였는데 선생이 절구를 제하여서 이르기를
"안배는 반드시 나를 말미암지 않으며, 이치를 고르게 함은 종래 절로 사
람에게 속하네. 세상 사람 도무지 이해하지 못하니 구환단에서 괴로이 삶
을 훔치네(安排必定非由我, 燮理從來自屬人. 堪嘆世人渾不解, 九還丹裏苦偷生)."라
고 하였다. 양명 선생이 한번 보고서 놀라 기이하게 여기며 마침내 두씨로
인해 암재(기원형)를 만나 보았다. 양명이 나중에 기 공에게 말하기를 "경
실 같으면 곧 안자顏子가 될 수 있을 것이다."라고 하였다.[20]

---

20 『국조헌징록國朝獻徵錄』 권103.

장이張怡(1608~1695)는 『옥광검기집玉光劍氣集』에서 말하기를, 장신蔣信이 "나중에 정좌하는 가운데 만물일체를 깨달았는데, 숨을 쉬고 들이마시고 아프고 가렵고 간에 전혀 단절(間隔)이 없었다. 이에 명도(정호)의 확연대공廓然大公이 이처럼 만물과 평등함을 알았다."[21]고 하였는데, 장신이 말한 "그침을 아는 것(知止)은 당연히 인의 본체(仁體)를 아는 것", "안정되고, 고요하고, 편안하고, 사려하는 것이니 이는 곧 성실함과 공경함으로써 보존하는 것"이란 바로 양명이 말하는 묵묵히 앉아 마음을 맑게 하고, 고요한 가운데 스스로 성체를 깨닫는(靜中自悟性體) 것임을 알 수 있다.

양명과 유관시의 강학에 대해서는 장신이 「명공사유사계선생묘지명明貢士劉沙溪先生墓志銘」에서 다음과 같이 말한다.

> 내가 정월 경오에 양명 선생을 우리 군의 조음각에서 배알하였는데, 곧 듣기에 신양辰陽에 유역중劉易仲(유관시)이라는 자가 있어 배알한 제자 가운데 영특한 자질(英發)이 남들보다 매우 특이(逈異)하다고 하였다. 양명자陽明子가 『이락연원록伊洛淵源錄』을 꺼내서 보여주자 곧 청하여서 손수 베꼈다. 한 해 뒤 우리 벗인 기 암재(기원형)에게서 수간手簡을 얻어서 보니 또 의취意趣가 고원하여서 장차 반드시 옛 성현의 사업을 좇아 오늘날 세상의 이록문사利祿文詞의 습성을 달갑지 않게 여겼음을 알 수 있었다. 남도南都(남경)에서 양식을 준비하여 양명자에게 갔다가 돌아갈 때 상덕으로 가면서 정사에서 여러 날 묵었다. 이에 (양명에게서) 들은 바 격치格致의 학문을 모두 도로 삼았다.[22]

---

21 『옥광검기집玉光劍氣集』 권13 「이학理學」.

22 『장도림선생문수蔣道林先生文粹』 권5 「명공사유사계선생묘지명明貢士劉沙溪先生墓志銘」.

양명과 유관시가 주로 격물치지의 학문을 강론했음을 알 수 있다.

심지어 양명과 귤암橘庵 문주文澍 두 사람의 학문 강론은 더욱 격렬하였다. 두 사람은 열닷새 동안 논변하였다. 양명은 「문귤암묘지文橘庵墓志」에서 다음과 같이 말한다.

> 기원형이 말하기를 "옛날 양명자가 귀양에서 여릉으로 옮기게 되어서 신양을 지나가게 되었는데 문자文子(문주)를 무릉 시냇가에서 만나 그와 더불어 사흘을 쉬지 않고 논변하였다. 열닷새가 지나도 떠날 수 없었다. 문인이 묻기를 '부자께서는 뜻이 깊으신 것입니까?' 하였다. 이에 양명자가 '사람이 소박하되 결이 있으며 곧으면서 비었고, 독실하게 배우고 자세히 물으며, 늙어가면서도 쇠하지 않았다. 내가 듣기에 관직에 임해서는 엄격하게 집행하되 관용이 있었고, 혜택을 베풀되 절도가 있었다고 하니 장숙張叔(전한 대리大理 사람. 대리에 중국 문화를 전파함)의 짝인가? 내 듣기에 그가 고을에 거함에 면려하면서 행동하고 자신을 신칙하며 말을 하지 않으면서 풍속을 교화하였으니 태구太丘(진식陳寔, 104~187)의 짝인가? 아! 지금 시대에 얻기 어려운 사람이다.'라고 답하였다."라고 하였다. …… 문자는 이름이 주澍이며, 자가 여림汝霖, 호가 귤암이다. 진사가 되었고 관직은 형부낭중을 역임하였으며 나가서 중경 수重慶守가 되었다. 얼마 뒤 당시 귀인을 건드려서 사주思州로 옮겨졌고 끝내 병으로 사양하고 떠났다.[23]

문주는 장신과 나란히 이웃하여 살았다. 장신, 기원형과 함께 양명을 찾아와서 배움을 물었다. 양명이 문주와 15일 동안 논변한 것은 사실 장신, 기

---

23 『왕양명전집』 권25 「문귤암묘지文橘庵墓志」.

원형과 함께 논변한 일을 포함하며, 강론은 고요한 가운데 마음속의 이치를 체인함과 앎과 행함이 합일하는 공부론을 둘러싸고 전개되었다.

등구鄧球(1559, 진사)는 나중에 『황명영화류편皇明泳化類編』에서 다음과 같이 기록하였다.

> 경오년(1510)에 여릉 령廬陵令으로 승진하였다. 상덕부常德府를 지나갔는데 기원형·장신·유관시 등 여러 선비가 찾아와서 배알하고 앎과 행함이 같은지 혹은 다른지를 논하고 어지러이 변론하였다. 선생이 이르기를 "이로부터 제생과 절에서 정좌하며 스스로 성체性體를 깨닫게 하였다."라고 하였다. 인하여 「비가 개다(雨霽)」 시를 제하였는데 다음과 같다. "모래가에 자는 해오라기 추위에 그림자 없고, 동구에 흐르는 구름은 밤에 소리가 나네. 고요하자 비로소 뭇 움직임 함부로 일어남을 알고, 한가하니 도리어 도심이 놀람을 깨닫네.(沙邊宿鷺寒無影, 洞口流雲夜有聲. 靜後始知群動妄, 閑來還覺道心驚)"[24]

여기서 말하는 「비가 개다」는 양명의 「비 갠 밤(霽夜)」이라는 시를 가리킨다.[25] 양명이 조음각에서 비가 갠 밤에 정좌하다가 지은 작품으로서 묵묵히 앉아 마음을 맑게 하고 스스로 성체를 깨달은 것을 읊은 시이다.

그는 정좌하여서 성체를 체득하여 터득한 뒤 바로 「무릉 조음각에서 원명을 그리워하다(武陵潮音閣懷元明)」 한 수를 지어서 담감천(담약수)에게 알렸다.[26]

---

24 『황명영화류편皇明泳化類編』 권45 「왕양명선생王陽明先生」.

25 『왕양명전집』 권19 「우제雨霽」.

26 『왕양명전집』 권19 「무릉조음각회원명武陵潮音閣懷元明」.

높은 누각 허공에 의지하여 대는 열 자나 되고	高閣憑虛臺十尋
발을 걷어올리고 성긴 비에 나지막이 읊조리네	卷簾疏雨動微吟
강에 구름과 새 저절로 오가고	江天雲鳥自來去
초나라 못의 바람과 연기 옛날이나 오늘이나 다름없네	楚澤風煙無古今
산색은 점차 형산에 가깝고	山色漸疑衡嶽近
꽃이 떠내려오는 물에 무릉이 얼마나 깊은지 묻네	花源欲問武陵深
새봄에 오히려 동쪽으로 돌아가는 배를 막으니	新春尚沮東歸楫
떨어지는 해에 누구에게 이 마음을 말할까?	落日誰堪話此心

"강에 구름과 새 저절로 오가고 초나라 못의 바람과 연기 옛날이나 오늘이나 다름없네"라고 한 구절은 바로 「비 갠 밤」에서 말한 "고요하자 비로소 뭇 움직임 함부로 일어남을 알고, 한가하니 도리어 도심이 놀람을 깨닫네"라고 한 뜻이다.

귀양에서 여릉에 이르는 전체 장도의 치달리는 물결 가운데 양명은 가는 곳마다 이러한 묵좌징심, 자오성체自悟性體의 본체 공부를 스스로 실천하였다. 그가 나중에 여릉에 도착하여서 무릉의 선비들에게 보낸 편지의 "내가 유건(기원형)과 무릉에서 여릉에 이르렀는데 배에서 흥이 일 때는 역시 서술한 바가 있었습니다(亦有所述). 다만 솜씨를 추구하지 않았을 뿐입니다. 유건이 돌아감에 애오라지 이것을 씁니다."[27]라고 한 말에 근거하면 원래 기원형은 양명을 모시고 무릉에서 곧바로 여릉에 도착했는데 "역시 서술한 바가 있다"고 한 말은 바로 양명이 가는 길 내내 기원형 등과 '주정主靜'을 강론하고,

---

27 왕양명, 「여모인서與某人書」, 『애일음려서화별록愛日吟廬書畫別錄』 권2. '모인某人'은 아마도 무릉의 문주인 듯하다.

정좌와 스스로 성의 본체를 깨닫는 공부를 실천했음을 가리킨다.

그는 무릉 조음각을 떠나 원강沅江에 도착하여서 밤에 강사호江思湖에 묵으며 묵좌징관默坐澄觀을 하면서 고요히 천기天機를 깨닫고 「잠에서 깨어나 정회를 그려내다(睡起寫懷)」 한 수를 지었다.[28]

강가 해는 온화하여 봄잠에서 깨니	江日熙熙春睡醒
구름은 다 날아가고 초나라 산은 푸르네	江雲飛盡楚山青
한가히 물상을 보니 모두 삶의 의지가 넘치고	閑觀物態皆生意
고요히 천기를 깨달으며 명상에 드네	靜悟天機入窅冥
도는 험하고 평탄함이 있으니 처지에 따라 즐기고	道在險夷隨地樂
마음은 새도 물고기도 잊고 저절로 형태를 따르네	心忘魚鳥自流形
다시 복희와 요임금 시절 찾을 것 없이	未須更覓羲唐事
창랑과 격양의 노래 한 곡을 듣네	一曲滄浪擊壤聽

이 또한 묵묵히 앉아서 마음을 맑게 하고 고요히 성의 본체를 깨닫는 것을 읊은 시로서 중간의 네 구는 본래 양명이 홍치 9년(1496)에 진공련형법을 수련하면서 지은 칠언절구에 뿌리를 둔 것인데, 양명은 바로 그것을 고쳐서 정좌하여 스스로 성의 본체를 깨달음을 읊은 칠언율시로 지었다. 한편으로는 본래 그가 윤 진인에게 신선과 도를 배우던 진상을 숨겨서 꾸미고, 또 한편으로는 도리어 그의 묵묵히 앉아서 마음을 맑게 하고 고요히 성의 본체를 깨닫는(靜悟性體) 심학과 윤 진인의 정입요명靜入窅冥의 진공련형법을 추구하는 단학이 겉으로는 단절된 것 같아도 사실은 이어져 있는(藕斷絲連) 관계임을 폭

---

28 『왕양명전집』 권19 「수기사회睡起寫懷」.

로하였다.

그는 강사호에서 정좌하여 성의 본체를 스스로 깨달아 터득한 뒤 즉시 「밤에 강사호에 정박하면서 원명을 생각하다(夜泊江思湖憶元明)」라는 시 한 수를 지어서 담감천에게 보냈다.[29]

느지막이 어부집 근처에 조각배 대니	扁舟泊近漁家晚
버드나무 깊숙이 초가집을 들러싼 동네는 맑네	茅屋深環柳港清
우레와 비 갑자기 내려 강 안개를 흩어버리고	雷雨驟開江霧散
은하수는 움직이지 않고 저문 강은 잔잔하네	星河不動暮川平
천리 멀리 나그네는 꿈에 들고	夢回客枕人千里
달은 봄 제방에 뜨니 밤은 사경이네	月上春堤夜四更
근심을 부치려 해도 지나가는 기러기는 없고	欲寄愁心無過雁
옷을 걸고 앉아서 밤에 닭 울음소리 듣네	披衣坐聽野鷄鳴

"우레와 비 갑자기 내려 강 안개를 흩어버리고, 은하수는 움직이지 않고 저문 강은 잔잔하네"라고 한 구절은 역시 "한가히 물상을 보니 모두 삶의 의지가 넘치고, 고요히 천기를 깨달으며 명상에 드네"라고 한 뜻이다.

양명은 담약수에게 두 차례 시를 보냈는데 이는 모두 그가 묵묵히 앉아서 마음을 맑게 하고 고요히 성의 본체를 깨닫고서 터득한 뒤 당년에 두 사람이 서울에서 강론했던 묵좌징심과 체인성체에 대해 새로운 깨달음과 인식이 있었음을 나타내는 데 뜻이 있었으니, 그들 두 사람이 한 차례 새로이 성학을 강론하고 공동으로 창도하기 시작하였음을 보여주는 징조일 뿐만이 아니었다.

---

29 『왕양명전집』 권19 「야박강사호억원명夜泊江思湖憶元明」.

양명은 원강에서 평향萍鄉에 이르기까지 줄곧 묵좌징심, 정오성체靜悟性體
의 본체 공부를 사고하고 실천하였다. 3월, 그는 강서 평향에 도착한 뒤 특별
히 염계사濂溪祠에 가서 참배하고 「다시 염계사를 지나며 이전 운을 쓰다(再
過濂溪祠用前韻)」한 수를 지었다.[30]

일찍이 글과 그림에서 진면목을 알았고 　　　　　　曾向圖書識面眞

반평생 길 유건이 부끄러웠네 　　　　　　　　　半生長自愧儒巾

우리 학문에 오랫동안 선각자가 없었으나 　　　　斯文久已無先覺

성인의 세상에 응당 일민이 있으리 　　　　　　　聖世今應有逸民

한번 곁가지로 흘러 학술이 어그러져서 　　　　　一自支離乖學術

억지로 다듬느라 정신을 허비했네 　　　　　　　競將雕刻費精神

우러러 의지하니 높은 산에 오르는 뜻 있고 　　　瞻依多少高山意

물이 가득한 연못에 푸른 개구리밥 자라네 　　　水漫蓮池長綠蘋

양명이 다시 염계사를 찾은 것은 깊은 뜻이 있었다. 이 시는 그가 이전
반평생(*40세) 사상을 즉흥적으로 총결한 것이라 할 수 있는데, 자신의 반생,
주희의 이학을 존신하던 데서 육구연 심학을 숭앙하는 데로 전향한 심로의
역정을 내세워서 밝힌다. "한번 곁가지로 흘러 학술이 어그러져서, 억지로 다
듬느라 정신을 허비했네"라고 한 구절은 지리하고 번쇄하며 큰 도를 무너뜨
리는 주학에 대한 부정이며, 더욱이 300년 동안 장구훈고章句訓詁의 주자학
을 이용하여서 경서를 조탁하고 훼손하는 선비들의 습성에 대한 부정이었다.
"반평생 길 유건이 부끄러웠네"라고 한 구절은 자기가 이전 반평생 잘못된

30 『왕양명전집』 권19 「재과염계사용전운再過濂溪祠用前韻」.

길로 들어섰던 사실에 대한 회한이다. "우리 학문에 오랫동안 선각자가 없었으나"라고 한 구절은 염계학에 대한 긍정이다.

양명의 눈에 주돈이야말로 진정한 심학의 개산開山이며, 주돈이의 근본 사상인 '주정主靜'은 400년 동안 가라앉고 숨겨져서 들리지 않아 아는 사람이 없었고, 도통道統은 중간에 끊어졌던 것이다. 현재 양명이 제출한 묵좌징심, 정좌체오성체靜坐體悟性體는 백사·육구연·이통·소옹을 거쳐서 주돈이의 '주정'으로 거슬러 올라간다. 이는 바로 그가 자기 심학을 유맥의 정종正宗인 심전心傳의 도통에 이은 것이며, 또한 교외별전教外別傳의 주학을 비평하기 위해 학문 이론의 근거를 제공한 것이다. 그리하여 그는 큰 소리로 "성인의 세상에 응당 일민이 있으리"라고 부르짖었으니 은연중에 스스로 당금에 주돈이 심학의 도통을 이은 '일민'(*전인傳人)으로서 스스로를 명명한 것이다. 바로 이러한 심학은 그가 여릉에서 행정을 다스림에 정신적 지주가 되었다.

3월 18일, 양명은 심학으로 행정을 다스린다는 이러한 이념을 품고서 여릉에 도착하여 '인심 개도를 근본으로 삼는(以開導人心爲本)' 여릉의 다스림(廬陵之治)을 시작하였다.

여릉의 선치善治:
인심 개도開導를 근본으로 삼는다

양명은 폄적의 고통스러운 연마를 거쳐서 도팽택陶彭澤(도연명)과 마찬가지로 사람의 마음이 얼마나 흉험하고 거짓되었는지, 세상의 풍조가 날로 하락하며 조정이 부패하고 무너지는지를 골수에 새겼다. 다시 산에서 나와 자잘한 여릉 현령의 자리를 맡아서 양명도 도팽택과 마찬가지로 처음의 마음을 잃어버리고, 낮은 관료에게 굽실거리고, 마음이 몸에 부림을 당하는(心爲形役) 고통을 깊고 절실하게 느꼈다. 그러나 그는 여릉에 부임하여서 도팽택이 정도正道를 곧게 행하며 사람의 마음을 열어서 이끌고(開導) 백성의 곤경을 풀어주고 구제한 일을 본받기 위해 견결하게 계획하였다.

그는 안복安福을 지나갈 때 「안복을 지나며(過安福)」 한 수를 지어서 이러한 결심을 토로하였다.[31]

| 돌아갈 마음 오랫동안 절실했는데 | 歸興長時切 |
| 곧바로 지금까지 붙들려 있네 | 淹留直到今 |

---

31 『동치안복현지同治安福縣志』 권28 「과안복過安福」.

부끄러움 무릅쓰고 무릎을 굽히려니	含羞還屈膝
곧은 도리 처음 먹은 마음이 부끄럽네	直道愧初心
세상사에 아무런 보탬이 없으나	世事應無補
남은 경전 오히려 찾아볼 수 있네	遺經尙可尋
맑은 풍모의 팽택령이야말로	淸風彭澤令
천년의 지음이로세	千載是知音

그가 말하는 정도를 곧게 행하는 것은 바로 심학(＊聖學)으로 정치를 하고, 사람의 마음을 열어서 이끄는 것으로 정치를 펼치는 근본으로 삼고, 사람의 마음과 세상의 풍속을 힘써 끌어당기고, 백성을 위해 '이익을 일으키고 폐단을 제거하는(興利去弊)' 것이었다.

양명 심학의 확립은 '마음 다스림(治心)'의 정치 이념을 형성하였다. 전덕홍은 그에 대해 말하기를 "선생은 3월에 여릉에 이르러서 행정을 펼치는데 위세와 형벌을 일삼지 않고 오직 사람의 마음을 열어서 이끄는 것을 근본으로 삼았다."[32]라고 하였는데, 양명이 여릉에서 선치한 특징을 나타냈다. 또한 담약수가 말하기를, 양명은 "다시 여릉의 수령(尹)에 기용되어서 6개월을 무위無爲로 다스렸는데(臥治) 온갖 업무가 모두 처리되어서 명성이 있었다", "여릉의 수령에 기용되어서 무위로 다스리며 뜰을 나서지 않았다. 6개월 사이에 온갖 폐단이 모두 해결되었다."[33]라고 하여서 양명이 사람의 마음을 열어서 이끄는 것을 근본으로 삼은 심학으로 여릉을 다스려서 공을 이루었다고 칭송하였다.

---

32 『왕양명전집』 권33 「연보」 1.

33 『감천선생속편대전甘泉先生續編大全』 권11 「양명선생왕공묘지명陽明先生王公墓志銘」.

정치를 하려면 먼저 마음을 다스려야 한다. 여릉의 정치는 일종의 마음 다스림(心治)이었다. 양명은 '마음 다스림'으로써 여릉을 7개월 동안 무위로 다스렸는데 온갖 업무가 모두 처리되고 온갖 폐단이 모두 해결되었다. 정치적으로 처음 그는 지행합일의 심학을 실천하는 날카로운 칼끝을 시험 삼아 드러냈던 것이다.

양명이 3월에 여릉에 도착하자마자 한림검토 장방기張邦奇(1484~1544)가 그에게 편지 한 통을 보내서 다음과 같이 열렬하게 말하였다.

> 지난 가을 육문순陸文順(육건陸健) 첨사가 가는 길에 편지 한 통을 올렸는데, 근래 집사께서는 임지를 바꾸라는 명을 받으셨으니(移袁之命) 모르겠습니다만 편지를 받으셨는지요? 근래(辰下) 엎드려 생각건대 이미 여릉에 도착하셨을텐데 겨울에 들어가 뵈올 수 있다면 다행이겠습니다. 저(邦奇)는 서울의 풍진 속에 있어서 족히 말할 것이 하나도 없으며 오직 그리움만 품을 뿐입니다. 옛사람이 말하기를 '전지는 변하여서 향이 나지 않게 되었고, 난혜는 변하여서 띠가 되었다(荃芷變而不芳兮, 蘭蕙化而爲茅).' 하였습니다. 역시 뿌리가 튼튼하지 않은 채로 한갓 난혜의 방형芳馨을 받아들여서 자기 소유로 삼으니 한번 동요가 일면 시들어 떨어짐에 겨를이 없습니다. 저 이른바 난혜도 오히려 이와 같은데 하물며 난혜처럼 되려고 하지 않는 자임에랴 더 무엇을 말하겠습니까? 그리움을 깊이 품으면 역시 볼 수 있으리라 생각합니다. 나머지 드릴 말씀은 더욱 보중하시기를 바란다는 것입니다. 다 말씀드리지 못합니다.[34]

---

34 『장문정공환벽당집張文定公環碧堂集』 권3 「기왕백안寄王伯安」.

이때 유근이 권세를 믿고 정치를 천단하여서 흉흉한 소식이 도처에 퍼진 즈음 사대부들은 어지러이 변절하고 그에게 투신하였다. 음험하고 교묘한 속임수와 거짓이 판을 쳐서 도의 '근본'을 지키는 데 힘을 쓸 수 없어서 전지는 향이 나지 않고 난혜는 띠처럼 되어버렸으며, 큰 도는 잠겨서 숨겨지고 사람의 마음은 타락하였다.

장방기는 편지에서 양명이 지난날과 똑같이 여릉에서 정도를 곧게 행하고 절조를 굳건히 지키며(操守) 사람의 마음을 바로잡고 세상의 도리를 되찾기를 열망하였는데, 양명 스스로 '잘 다스리려는(善治)' 마음의 소원을 정확하게 표현해냈다. 여릉은 본래 저명한 문헌의 지역(文獻之邦)으로서 문명이 개화하고 민심은 선을 지향하고 명인이 배출되었지만 명 이래 통치자가 가혹하게 착취하고 압박을 가하여서 경제는 낙후하였고 사람의 마음은 악을 향하였으며 관부官府는 포학하고 민생은 곤궁하여서 자그마한 일개 현이 송사를 일삼는 풍조가 이루어지고 도적이 횡행하는 지역으로 변하고 말았다.

양명은 여릉에 도착하자마자 곧 송사를 일삼고(健訟) 도적이 횡행하고(盜行) 민생이 곤궁한(民困) 여릉의 3대 사회적 폐단을 발견하고서 이는 모두 사람의 마음이 파괴되고 타락하여서 발생한 것으로 인식하였다. 그리하여 그는 사람의 마음을 열어 이끄는 것에서부터 시작하여 여릉의 3대 폐단에 칼을 들이댔다. 그는 가장 먼저 사송詞訟을 정돈하여서 한 현의 사송과 쟁투의 정황을 확실하게 파악하고 대책을 마련하여서 대중의 약을 처방하였다.

전체 현을 향해 다음과 같이 「고유여릉부로자제告諭廬陵父老子弟」 한 건을 반포하였다.

여릉은 문헌의 지역인데 소송을 일삼는 것으로 일컬어지니 우리 인민에게 매우 수치이다. 현령이 현명하지 못하여서 소송을 할 때 올바른 판단(聽斷)을 내리지 못하고 또한 기질이 약하고 병이 많다. 지금 내가 우리 인민과 약속을 하나니, 앞으로 생명에 위협을 받거나 아주 부득이한 일이 아니면 곧바로 송사를 일으키지 못한다. 송사를 일으킬 때는 다만 한 가지 일로 한정하며 다른 일을 결부시키지 말며, (소송 문안은) 두 줄을 넘지 못하고 매 줄마다 서른 글자를 넘지 못한다. 이를 넘는 사건은 듣지 않을 터이며 고의로 어기는 자는 처벌을 한다. 현의 부로父老로서 삼가고 후덕하여서 예법을 아는 자는 돌아가서 내 말을 자제들에게 전하여 쟁송을 가라앉히고 겸양을 일으키는 데 힘쓰라. 아! 하루아침의 분노로 자기 본분을 잊어서(忘其身) 화가 부모에게 미치며 집안을 몰락시키고 자손에게 재앙을 미치게 하는 것과 온화하고 공손한 태도로 행동하며 선량함으로써 고을과 겨레에게 칭찬을 받으며 사람들에게 공경과 사랑을 받는 것 가운데 어느 것이 나은가? 우리 인민은 생각하라![35]

3월은 봄갈이와 농사로 한창 바쁜 때인데 송사를 일삼는 여릉의 수천 명무리는 뜻밖에도 농사일을 버려둔 채 어지러이 거리로 달려 나와서 관사官司를 두드리며 호소하였다. 그리하여 판결 문서는 법정에 가득하였는데 대부분 허망하고 근거 없는 말이었다. 양명은 '함부로 고소하지 못하는(不放告)' 법을 채택하였다.

양명은 또 「고유여릉부로자제」 한 건을 반포하여서 다음과 같이 경고하였다.

부로에게 알리나니 나를 위해 자제에게 훈계하라. 내가 함부로 고소하지

35 『왕양명전집』 권28 「고유여릉부로자제告諭廬陵父老子弟」 서1.

못하게 하는 까닭은 내가 일을 다 맡지 못함을 병으로 여기기 때문만이 아니다. 지금은 농사를 시작하는 달인데 너희 백성은 바야흐로 마땅히 밭일에 힘을 써야 하니 만약 봄에 때를 한번 놓치면 연말에 바랄 것이 없다. 함부로 고소를 하게 되면 너희 백성은 서로 연루되어서 (법정에) 출석하느라 너희 전무田畝는 황폐해지고, 너희 가정(室家)을 버리게 되며, 노인과 어린이는 부양을 받지 못하고, 가난하고 병든 자는 아무도 온전함을 얻을 수 없으며, 대출을 받아서 생활을 영위해야 하고, 분주히 오가며 양식을 제공하면서 더욱 조송기訟의 풍조를 조장하게 되어서 해가 더욱 심하게 불어날 터이다. 어제 너희 백성이 거리에서 호소하는 것을 들어보니 마치 참으로 큰 고통이 있으나 펼 수 없는 것 같았다. 잠시 함부로 소송을 하도록 두었더니 너희 백성 중에 찾아와서 소송하는 자가 수천 명이었다. 그 내용을 펼쳐 보니 모두 허망하였다. 그럴듯한 사안을 취하여서 자세히 심리해보니 역시 대부분 공허하고 날조된 사건이어서 이미 실제 내용이 없었다. 심하다, 너희 백성을 깨우치기 어려움이! 앞으로 나는 다시 함부로 고소를 하지 못하게 하겠다. 너희 백성에게 과연 큰 원한과 억울한 일이 있고 사람마다 함께 분노하는 일이 있으면 끝내 반드시 밝혀지고 알려질 터이니, 내스스로 찾아가서 알아내겠다. 제대로 알지 못하는 내용에 대해서는 고을의 원로(鄕老)가 사실에 입각하여 현령에게 보고하고, 사실이 아니면 고을의 원로가 번좌反坐하여서 죄를 받을 것이다. 나머지 묵은 원한이나 작은 분함은 마땅히 서로 참고 용납하라. 참고 용납하는 미덕은 모든 사람이 기뻐하고 좋아하는 것이니 몸을 온전히 하고 집안을 지키는 것일 뿐만이 아니다. 아! 나는 준엄한 형벌로 너희 백성의 허탄함을 징계하지 않을 수 없으나 내가 정치를 편 날이 얕음을 돌아보건대 너희 백성이 나를 믿지 못할 것이다. 아직 덕과 혜택이 너희에게 미치지 않았고, 먼저 법으로 일괄 다스렸는데 이는 비록 정치를 하는 상도이나 내 마음은 오히려 차마하지 못하는 바가 있다. 우선 너희들에게 가르침을 편다. 너희들에게 가르침을 편 뒤 다시 내 말을 듣지 않으면 나 또한 너희들을 다시는 관대하게 다스릴 수 없다. 너희 백성은 익숙히 생각하여서 후회를 남기지 말라.[36]

양명은 결코 소송하는 백성을 준엄한 형벌로 징치하지 않고 인의仁義와 예양禮讓으로 그들을 권유하고 이끌어서 서로 참고 용납하며 소송을 중지하게 하고 다툼을 멈추게 하였다. 그는 이역里役에 대해 직접 찾아가서 묻고 각 고을의 가난하고 부유함, 간사하고 선량한 정황과 소송 및 투쟁, 원한과 분노의 실상을 고찰하였다. 국가 초기의 옛 제도를 상고한 뒤 각 고을에 명하여서 신중하게 이정里正과 삼로三老를 선출하고, 그들을 통해 송사를 책임지게 하면서 소송 안건을 심리(坐審)하고, 부드럽고 간곡하게 권유하고 타일러서 소송하는 백성을 열어서 인도하고 다툼을 화평으로 변하게 하였다.

양명은 여릉에서 쟁송의 풍조가 성행하는 까닭은 사람의 마음이 무너졌기 때문임을 분명히 인식하고 있었다. 그리하여 그는 예의로 백성을 교화하고 효제충신을 행하여서 사람의 마음을 바로잡고 백성의 마음이 선을 향하도록 감화시켜서 인도하는 것을 중시하였다. 이때 마침 여릉에는 엄중한 재역災疫이 발생하였다. 질병이 유행하고 많은 백성이 굶어 죽어서 골육骨肉도 서로 돌보지 못하였으며 주려 죽고 병들어 죽은 시체가 길바닥에 나뒹굴었다. '노인과 어린이는 부양을 받지 못하고, 가난한 사람과 병든 사람이 아무도 보전할 수 없어서(老幼失養, 貧病莫全)' 민간의 가정불화와 쟁송의 풍조가 더욱 심해졌다.

---

36 『왕양명전집』, 권28 「고유여릉부로자제」 서3.

양명은 세 가지 방법을 동시에 시행하는 방법을 채택하였다. 한편으로 의원을 각 고을에 내려보내서 질병을 치료하게 하고 의약을 공급하여서 유행하는 역질을 소멸시키게 하였다. 또 한편으로 삼로에게 명하여서 향정鄉井의 민호를 방문하여 질병의 상황을 묻고 향민에게 효제의 도를 권유하고 신뢰를 가르치고 화목을 닦게 하여서 질병에 서로 부지하게 하고 가난과 굶주림을 서로 돕게 하였다. 다른 한편으로 여릉 현성 내에서 덕망이 높고 중하며 의를 돈독히 실행하고 효를 행하는 '부로父老'를 조직하여서 각 고을에 내려보내 위로하고 어루만져서 구휼하게 하고 향민에게 효제인애孝悌仁愛를 행하게 권유하고 탕약을 보내주고 밥과 죽을 베풀어서 집집마다 가정이 돈독하고 화목하며 마을마다 향리가 화해和諧하게 하였다.

양명은 자기 직책을 다하지 못했다고 스스로 탄핵하며(自劾不職)「고유여릉부로자제」한 건을 반포하여서 현 전체에 다음과 같이 고유하였다.

지금 재역이 크게 유행하는데 무지한 백성은 점차 (병자를 돌보다) 감염된다는 설에 미혹되어서 심지어 골육끼리 서로 돌보고 치료해주지 않는 자까지 있다. 탕약과 죽을 먹이는 것이 이어지지 않아서 많은 사람이 굶주려서 죽으면 그 허물을 역질로 돌린다. 저 이웃과 서로 어울려 지내는 도리는 마땅히 출입할 때 서로 우애 있고(出入相友), 지키고 망을 볼 때 서로 돕고 (守望相助), 질병에 서로 부지해주는(疾病相扶持) 것이다. 그런데 지금은 골육이 서로 돌보지 않는 지경에 이르렀다. 현의 부로 가운데 어찌 한두 사람이라도 돈독하게 효의를 행하고 자제를 위해 이끌고 거느릴 자가 없겠는가? 저 백성이 죄에 빠지면 오히려 세 가지로 경감하여(三宥) 형벌을 시행한다. 지금 우리 무고한 백성이 문을 닫고 서로 깔고 누워서 죽어 있으니 백성의 부모로서 어찌 차마 앉아서 보겠는가? 말을 하려니 마음이 아프다.

한밤중에 근심과 두려움이 일어서 구제하고 치료할 방도를 생각하니 오직 여러 부로가 자제에게 권고하여 효제를 일으켜서 행하게 하는 데 있다. 저마다 너희 골육을 생각하여 차마 등지고 버리지 말라. 너희 집(室宇)을 물뿌리고 쓸며 너희 탕약을 갖추고서 음식과 죽을 때에 맞게 공급하라. 가난하여 할 수 없는 자는 관청에서 약을 공급하겠다. 비록 이미 의원을 파견하고 노인을 나누어서 향정鄕井에 보냈으나 아마도 허문虛文뿐이고 실적은 없는 듯하다. 부로 사이에서 명령을 보좌하라고 하였으나 실행하지 않은 자는 모두 이미 고발을 당하였다. 능히 효의를 일으켜서 행하는 자가 있으면 현령이 마땅히 친히 그 집을 예방할 것이다. 이 재역은 실로 현령이 직책을 다하지 못했기 때문이며, 아끼고 기르는 도리를 거슬렀기 때문이며, 위로 하늘의 조화를 범하였기 때문에 이런 지경에 이르렀다. 현령도 바야흐로 질병이 있어서 몸소 질병을 문안하지 못하는 점이 있다. 부로는 나를 위해 위로하고 불쌍히 여겨서 구휼하라. 이 뜻으로 깨우친다.[37]

병을 치료하고 진제賑濟하고 효를 권하고 거행하는 양명의 방법은 매우 빨리 실효를 보아서 병든 백성은 구제를 받아 살아나고 역재는 소멸하였으며, 효제의 기풍이 행해지고 쟁송하는 일이 멈추어서 감옥이 텅 비었고 여릉 백성의 기풍이 크게 변하였다.

여릉에서 소송이 일어나고 도둑이 횡행하고 백성이 곤경에 처한 세 가지 사회적 병폐는 서로 인과관계로 얽혀서 한꺼번에 일어났다. 양명은 그중에서 사람의 마음이 파괴된 근원을 간파하였다. 그리하여 그는 도둑을 다스리는 사안에서 결코 오로지 죽이고 처벌하고 형벌을 시행하는 것만 능사로 여기지

---

37 『왕양명전집』권28 「고유여릉부로자제」서2.

않고 예와 법을 병용하는 방법을 채택하였다. 한편으로는 보갑법保甲法을 추진하여서 도적을 방지하거나 금하였는데, 성곽에는 열 집을 갑甲으로, 향촌에서는 한 촌락을 자체 보保가 되게 하였다. 또 한편으로는 예의의 교화를 더욱 강화하고 민심을 계몽하여서 악을 고치고 선을 행하게 하며, 평소에는 신뢰를 구축하고 화목을 닦으며 도적이 침범할 때에는 서로 구원하게 하였다.

4월에 그는 이를 위해 또 특별히 「고유여릉부로자제」 한 건을 반포하여서 다음과 같이 말하였다.

> 지금 현의 경내에 도적이 많은데 참으로 유사有司가 위무하여서 모아들이지 못했고 민간에서는 또 방어하는 법도가 없었다. 이 때문에 도적이 일어나 더욱 횡행한 것이다. 지금 부로, 호걸과 함께 도모하여서 성곽에 거주하는 자는 열 집을 갑으로, 향촌에 사는 자는 촌락이 스스로 보保가 되게한다. 평소에는 서로 신뢰를 구축하고 화목을 닦으며, 도적이 이르면 서로 구원하기에 힘쓴다. 모든 출입에는 서로 우애가 있고, 지키고 망을 볼 때에는 서로 돕는다는 뜻이다. 지금 성안에는 대략 (보와 갑이) 이미 편정編定되었다. 부로가 저마다 향성鄉城의 지도를 그려서 노인老人에게 가져다 보이게 하라. 자제 가운데 평소 박하고 악한 습성에 물든 자는 본래 유사가 위무하여서 모아들이지 못했기 때문이며 역시 부로가 평소 가르치는 도리를 결여했기 때문이다. 지금은 역시 허물을 따지지 않을 터이니 저마다 행동을 바로잡아 선을 행하라. 노인이 가면 더욱 이 뜻을 깨우치며 소요하는 바가 없게 하라.[38]

---

38 『왕양명전집』 권28 「고유여릉부로자제」 서6.

양명은 결코 간단히 도적이 생기면 도적을 다스리며 겉만 다스리고 근본을 다스리지 않는 일은 하지 않았다. 그는 여릉에서 소송이 일어나고 도적이 횡행하는 근원은 백성이 곤궁하기 때문이며 또한 백성이 곤궁한 근원은 조정의 부세가 가혹하고 중하며 관부가 잔학하게 착취했기 때문임을 인식하였다. 그리하여 그는 송사와 도적을 다스림과 동시에 또 큰 힘을 써서 백성의 곤궁을 구제하고 명목 없는 가혹한 부세를 감면하고 최징催徵을 정지하고 온 힘을 다하여 한재旱災와 화재火災를 진압하는 데 힘썼다.

여릉에는 4월부터 한재가 발생하여서 기세가 흉흉하였으며 한재는 또 화재를 유발하여서 쟁송이 어지러이 일어나고 눈으로 보기에도 여름의 수확을 기대할 수 없게 되었는데, 관부는 도리어 의구히 본래 수준에서 더욱 가혹하게 전량錢糧을 독촉하였으며 기한에 교부交賦하도록 백성을 옥죄었다.

양명은 즉시 「고유여릉부로자제」 한 건을 반포하여서 최징을 정지하고 재해를 극복하여서 백성을 구제할 사안을 다음과 같이 선포하였다.

> 지금 날씨가 오래도록 가물고 화재가 유행하며 물과 샘이 마르고 다해서 백성은 집(屋廬)을 갖지 못하고 곡식 또한 익지 않는다. 실로 현령이 직책을 다하지 못하였기에 신과 사람의 분노를 사서 이런 형편에 이르렀다. 그렇지 않다면 너희 백성이 무슨 죄가 있느냐? 지금 바야흐로 재계齋戒하고 허물을 성찰하여서 산천과 사직社稷에 죄를 청하며 최징을 정지하고 가벼운 죄수를 놓아준다. 너희 백성 역시 마땅히 송사를 중지하고 다툼을 멈추며 마음의 분노를 가라앉혀서 걷잡을 수 없는 불길같이 일어나지 않도록 하라. 민간에서는 가축을 도살하거나 술에 빠지는 행위를 금한다. 이전에 이미 노인老人을 보내 거리와 골목을 두루 다니며 화재에 더욱 대비하도록 하고, 간사한 백성이 불을 지르고 도적질하는 행태를 살피게 하였다. 현령

이 정사에는 공평하지 않고 자신에게는 문제(缺失)가 있거든 저마다 현에 나와서 직언을 하라. 나는 고치기를 꺼리지 않는다.[39]

여릉 옛 성안은 거리와 골목(街巷)이 비좁고 백성의 거처가 조밀하며 높은 집과 큰 누각 사이에는 화항火巷(화재 예방 공간)의 간격이 없었다. 가뭄으로 인해 화재가 발생하면 불의 기세가 흉맹하게 번져나가서 잇달아 1천 여 민가가 불에 타서 무너졌다. 양명은 화재를 거울삼아 가도街道를 개조하고 화항을 세우는 데 착수하여서 화재 방비를 더욱 강화하였다.

그는 부로를 거리와 골목마다 내려보내 화항을 설치하는 일을 감독하게 하고 가도를 넓혔으며, 「고유여릉부로자제」 한 건을 준수할 규약으로 반포하여서 백성에게 가도를 넓히고 화항을 건설하는 방법을 다음과 같이 가르쳤다.

어제 화재를 당한 집을 둘러보았더니 1천여 가구를 밑돌지 않아서 실로 마음이 절절하게 아프다. 어찌하여 이토록 연소되었는가? 모두 구도衢道가 너무 좁고 집들이 너무 빽빽하고 가옥架屋이 너무 높은 데다 벽돌담과 기와집 사이에 간격이 없고 화항의 간격이 없기 때문이다. 이 때문에 한번 불이 나면 곧 걷잡을 수 없다. 어제 어떤 사람이 말하기를, 백성의 거처가 도로를 끼고 있는 것은 저마다 다섯 자씩 뒤로 물러나 구도를 열게 하고, 구도와 바로 이어진 것은 저마다 한 자씩 뒤로 물러나 화항을 열게 하라고 하였다. 이는 참으로 지극한 계책이다. 다만 작은 백성이 눈앞의 이익에 눈이 멀어서 원대한 도모에 어두우니 누가 기꺼이 장구한 염려를 하겠는가? 곳곳마다 어려움에 처해서는 뒤늦게 후회를 한들 미치지 못할 것이다.

---

39 『왕양명전집』, 권28 「고유여릉부로자제」 서8.

지금 우리 백성과 약속을 하나니 남북의 도로를 끼고 거주하는 자들은 저마다 땅을 석 자 물러나서 거리를 이루며, 동서로 서로 이어져 있는 자들은 매 칸마다 땅을 두 치(寸) 양보하여서 골목(巷)을 삼으라. 또 칸마다 은銀 1전씩을 내어서 골목 가장자리에 보조 담을 만들어서 바람과 불을 단절하게 하라. 거리에 이어진 가옥은 높이를 한 길(丈) 5~6치를 넘지 못하고, 상루廂樓는 두 길 1~2치를 넘지 못한다. 위반하는 자는 저마다 처벌할 것이다. 지역의 부로 및 자제 가운데 일의 체모를 깨달아 통달한 자는 즉시 현의 의논하는 곳에 나아오되 소홀히 하지 말라.[40]

그러나 군민軍民 사이에서 화항을 설치할 땅을 두고 다투느라 분규가 발생하여서 쟁송이 일어났다. 여릉 현의 백성은 여릉에 있는 길안吉安의 주둔군을 줄곧 외부에서 온 군사로 여기고 평소 서로 이미 마찰을 일으키고 화해를 하지 못하고 있었다. 이때 화항 설치로 다투느라 모순이 격화하여서 현의 백성 오괴호吳魁昊와 석홍石洪이 일반 인민을 모아 현아縣衙에 나아가서 "군사를 억누르고 백성을 부축하라(抑軍扶民)!"고 호소하며 요구하였다. 양명은 시비와 이해를 저울질하여서 현 백성의 무리한 요구를 부결하고 공정하게 이 소송 안건을 판결하였다.

그는 또 「고유여릉부로자제」 한 건을 반포하여서 현 전체를 향해 다음과 같이 판결을 선포하였다.

어제 오괴호와 석홍 등 군인과 백성이 서로 화항 설치로 인하여 다투었는데 오괴호 등이 현에 와서 고소하기를(騰告), 군이 강하고 백성이 약한 지

---

40 『왕양명전집』 권28 「고유여릉부로자제」 서9.

(軍强民弱) 이미 오래되었는데 현의 인민은 모두 군을 누르고 백성을 부양하기를 청한다고 하였다. 어찌 너희 백성은 나를 우습게 여기는가? 저 백성은 나의 백성이며 군인도 나의 백성이다. 나는 그들의 전업田業에서 세금을 거둔다. 나는 그들의 집(室宇)으로 촌락(井落)을 이룬다. 나는 그들의 형제와 종족에게 일을 부린다. 그들 조상의 분묘는 나의 토지이니 어찌 피차를 가르겠는가? 지금 길안의 군사는 변방 요새와 견주어 비록 간격이 있으나 그들의 차역差役 또한 매우 번다하고 어려우며, 매달 양식을 얻지 못한 지 반년이 되었다. 바야흐로 내가 그들의 궁핍을 불쌍히 여기는데 또한 억누를 수 있겠는가? 지금 법도가 엄격하니 한번 죄에 빠지면 변방 지역(邊裔)으로 내쳐져서 낙토를 떠나고 친척과 헤어지며 분묘는 지키고 돌봄(守領)을 보존할 수 없다. 국가의 법전이 갖춰져 있으니 내가 그들을 처리할 터인데 어찌 함부로 일을 저지르겠는가? 저 군사들의 우두머리(官長) 된 자를 내가 평심으로 보고 있으며 일찍이 조금도 차이(同異)를 두지 않았는데 너희 백성이 먼저 이런 설을 만들어내어서 나로 하여금 그들에게 많은 부끄러움을 느끼게 한다. 지금 잠시 너희들을 책망하지 않고 너희들에게 돈독하고 화목하기를 가르치니 저마다 다툼을 멈추고 분수를 편안히 여기며 서로 침범하여서 모욕하지 말라. 화항은 내가 직접 보고 하나라도 제대로 안 되어 있으면 내 너희들을 죄주리라. 소장에 이름이 오른 군사들은 내일 일찍 먼저 현에 나아가 심리를 받으라.[41]

양명은 군과 백성에게 돈독하고 화목하며 분쟁을 종식하고 분수를 편안히 지키라고 권하여서 이 화항을 둘러싼 군사와 백성의 분쟁을 평화롭게 마

---

41 『왕양명전집』 권28 「고유여릉부로자제」 서10.

무리하게 하고 큰 재앙이 지속되는 도중에 송사를 일으키고 도적이 횡행하려는 기세를 막았다. 이는 그로 하여금 시간을 내서 전력으로 가혹한 부세를 면제하고 백성의 곤경을 소생시킬 큰일을 근본적으로 해결하게끔 하였다.

여릉은 본래 갈포葛布가 나지 않는 지역인데 정덕 4년(1509) 11월에 길안부는 홀연 관리 공창龔彰을 파견하여서 원발은原發銀 100냥을 지니고 여릉현에 도착한 뒤 현 주부 송해宋海와 함께 갈사葛紗를 수매하는 일을 감독하게 하였다. 양명은 여릉에 부임한 뒤 일찍이 정덕 2년에 진수태감鎭守太監 요姚 아무개가 포정사布政司에 안건을 고지하여 갈포를 생산하는 현을 조사하여서 반드시 기한 안에 갈포를 마련하게 하고 갈포를 생산하지 않는 현은 지방의 크기에 따라 은량을 내어서 갈포를 수매하게 한 사실을 적발해냈다.

여릉현은 절은折銀 105냥을 대신 내도록 규정되어 있었다. 그러나 정덕 5년 3월 길안부에서 관리 곽공무郭孔茂를 파견하여서 갈포를 매판하도록 독촉하였으며 이외에도 별도로 105냥을 더 내게 하였다. 이와 더불어 쇠털같이 많은 갖가지 명목이 없는 잡세가 있었다. 예컨대 해마다 삼나무(衫)·녹나무(楠木)·숯(炭)·생구牲口 등의 항목을 마련해야 해서 액수가 구액舊額 3498냥에서 1만여 냥까지 늘어났다.

이때는 가뭄과 화재가 빈발하고 역질이 크게 일어난 시기로서 향민 가운데 어떤 사람은 문을 닫아걸고 굶어죽고, 어떤 사람은 불을 때는 연기가 끊겼다. 그러나 관부에서는 도리어 백성의 사활을 돌보지 않고 최징을 더욱 바짝 죄어서 향민으로 하여금 대거 도망하고 터전을 잃고 떠돌게 하였기에 어떤 사람들은 무리를 이루어 도적이 되어서 촌락을 치고 향촌을 겁탈하였다. 한번은 향민 1천여 인이 현아로 달려와서 하늘을 우러러 부르짖고 땅을 치며, 대출을 쉽게 할 수 있도록 해주고 부세를 면제해달라며 울면서 호소하였다. 양명은 당장 위로하고 즉시 길안부에 공이公移 한 통을 올려서 잡다한 부세(雜賦)

를 견면鐲免하여 백성의 곤궁한 삶을 구제하게 해달라고 청하였다.

공이에서는 관부가 교묘한 명목을 내세워 갖가지 명분 없는 가혹한 부세의 액수를 늘리고 아전을 파견하여서 소요를 일으키며 민호民戶를 착취하는 상황을 다음과 같이 비중 있게 언급하였다.

…… 정덕 5년 3월 18일 본직本職이 바야흐로 임지에 도착하였을 때 부府에서 파견한 해당 아전(該吏) 곽공무가 현으로 와서 감독을 하였는데 식량 산지에서 수매를 맡은 진강陳江 등에게 영을 내려서 값을 치르고 수매하게 하였습니다. 각자 주장하는 내용에 근거하여 말씀드립니다. 본 현은 지방이 전부터 갈포를 생산하지 않았으며, 원래 할당된 매해 세액은 애초에 갈포의 명색으로 책정된 것이 아닌데 정덕 2년에 흠차 진수태감 요 아무개가 본 포정사로 순시할 때 갈포를 생산하는 현 단위를 전부 조사하여서 시기에 따라 구입하게 하였습니다. 생산하지 않는 현의 단위는 지역의 크기에 따라 은자를 내어서 해송解送하여 수매하게 하였습니다. 본 현은 절은 105냥을 냈습니다. 당시 백성은 불평을 하였고 여러 사람의 입이 들끓었습니다. 진강 등이 징최徵催에 내몰렸는데 일시 공소控訴할 길이 없었고 다만 저마다 방법을 생각하여 부족분을 배상(賠販)하게 하였습니다. 정덕 4년 백성은 또다시 고통을 참으며 전과 마찬가지로 105냥을 배상(賠解)하였습니다. 지금 다시 매판買辦을 독촉받았고 또 종전 항목의 105냥 외에 더 증액이 되었습니다. 백성은 더욱 놀라고 당황해하며 이후로 영구히 정액定額이 되어서 벗어날 길이 없을까 두려워하였습니다. 겸하여 해마다 삼나무·녹나무·숯·생구牲口 등 항목을 마련해야 하는 비용이 구액舊額 3498냥인데 금년에는 1만여 냥까지 늘어나서 원래 할당된 액수에 견주어 거의 세 배나 됩니다. 그 밖에 공차公差가 왕래하면서 소란을 일으키고 착취하는

일이 날로 더 심해졌습니다. 진강 등이 작년 이래 앞뒤로 배상한 액수가 70여 냥인데 모두 실수實數로 조사한 것입니다. 백성의 생산은 이미 궁해 졌고 징구徵求는 그치지 않습니다. 하물며 가뭄의 재해가 잇따르고 역질이 크게 발생하여 골목과 마을에 퍼져서 대부분 문을 닫아걸고 죽으며, 골육 은 뿔뿔이 흩어지고 서로 돌보거나 치료하지 못하고 있습니다. 산 사람은 또 징구에 내몰려서 약한 사람은 달아나 숨고 이리저리 떠돌며, 강한 사 람은 무리를 이뤄 도적이 되어서 향촌을 치고 겁탈하니 하루도 조용한 날 이 없습니다. 지금에 이르러 만약 관대한 면제를 청하지 않으면 여러 사람 의 분노와 원한을 사서 하루아침에 격분하여 큰 변란을 일으킬 것입니다. …… 이를 근거로 이유를 갖추어 신청을 제출하는 사이 돌연 향민 1천 명 이 현의 문을 밀고 들어와서 울부짖는 소리가 땅을 진동하였습니다. 동시 에 말하는 바를 제대로 알아듣지 못하였는데 대체로 관대하게 처리해달라 는 내용이었습니다. 창졸간에 참으로 변고가 일어날까 두려웠으나 다만 권 도로 위로하고 풀어주는 말을 하였으며, 지현知縣으로서 책임지고 너희들 을 위해 상급기관(上司)에 신청하여서 모두 견면하게 하겠다고 효유하였습 니다. 무리가 듣고서 비로소 순순히 물러가기 시작하여 서서히 다 흩어졌 습니다. ……[42]

이 한 편은 보기 어려운 지현의 이문移文으로서 명조의 관부가 교묘하게 착취하고 당당하게 빼앗는 흉악한(猙獰) 면모와 인민이 곤궁하고 도적이 횡행 하는 진정한 원인을 폭로했을 뿐만 아니라 양명이 평생 받들어 행한 친민親民 과 명덕明德의 정치 이념을 명확하게 나타냈다.

---

42 『왕양명전집』 권28 「여릉현공이廬陵縣公移」.

그는 「서조맹립권書趙孟立卷」에서 다음과 같이 말한다. "군현의 직책은 백성을 친하게 대하는(親民) 것이다. 친민의 학이 밝지 않으면 천하에 선한 다스림은 없다. …… 오직 저 밝은 덕을 밝혀서 백성을 친하게 대하는 것이다. 그러므로 능히 한 몸으로써 천하를 삼는다. 백성을 친하게 대함으로써 밝은 덕을 밝힌다. 그러므로 능히 천하로써 한 몸을 삼는다. 저 천하로 한 몸을 삼으니 그런즉 온 세계(八荒四表)가 모두 내 몸의 지체인데 하물며 한 군을 다스림은 심복心腹 사이에 있는 것이다!"[43] 이는 고본古本 『대학』의 "대학의 도는 밝은 덕을 밝힘에 있으며, 백성을 친하게 대함에 있으며, 지극한 선에 그침에 있다."라고 한 구절에서 끄집어낸 일종의 '선한 다스림(善治)'의 이념이다.

양명이 볼 때 일개 지방 군현에서 가장 좋은 '선한 다스림'은 바로 덕을 밝히고 백성을 친하게 대하여 덕으로써 백성을 교화하고 관과 인민이 하나가 되며 천하가 한집안이 되어서 천하의 백성을 위해 정치를 베풀고, 한 몸을 천하로 삼고 천하로 한 몸을 삼는 것이다. 그리하여 그는 가혹한 부세를 견감하고 백성의 곤궁을 갱생시켜서 구제하는 것으로써 덕을 밝히고 백성을 친하게 대하는 '착한 다스림'의 제일 큰일로 삼았다.

그는 여릉 '백성의 곤궁(民困)'은 주로 두 방면에서 증액이 거듭되고 위협하여 억지로 빼앗는 착취(盤剝勒索)로부터 유래된 것이라고 분명하게 간파하였다. 하나는 관부가 교묘하게 명목을 내세운 가혹한 잡세를 내게(捐) 한다는 것이고, 또 하나는 탐욕스러운 관리와 간사한 아전(貪官奸吏)이 속이고 쥐어짜서 긁어대고(詐欺誅求), 뇌물을 탐하여 법을 왜곡한(貪贓枉法) 것이다. 그러므로 양명은 가혹한 부세와 잡세를 견감하고 관대하게 함과 동시에 특별히 주의하여서 탐욕스러운 관리와 간사한 아전을 타격하여 징계하였다.

---

43 『왕양명전집』 권28 「서조맹립권書趙孟立卷」.

여름 6월에 전량錢糧을 징수하고 처리할(徵辦) 때 각 향은 본래 모두 이미 전량을 교판(交辦)하였으나 몇몇 탐욕스러운 관리와 간사한 아전이 암암리에 현부縣府의 이름을 참칭하고 향으로 내려가서 사사로이 위협을 하여 전량을 재차 징수하며 억지로 빼앗았다. 양명은 「고유여릉부로자제」 한 건을 반포하여서 이들 간사한 아전을 다음과 같이 징계 처리하였다.

은량銀兩을 차판借辦하는 것은 본래 정법正法이 아니다. 그러나 윗사람(上人)이 일시 급한 계책으로 행하는 것으로서 어쩔 수 없는 상황(無聊)에서 나온 일이다. …… 내 어찌 너희 백성이 편안히 살고 생업을 즐기기를 바라지 않기에 이러한 소요하는 일을 처리하지 않겠는가? 일의 형세가 마주한 바가 역시 부득이하다. 지금 급한 어려움이 이미 지나갔으며 본부本府에서는 결코 다시 추급하여 요구(追求)할 리가 없다. 이는 반드시 간사한 거짓의 무리가 부府를 내세워 명목을 삼아서 사사로이 수색(需索)을 행한 것이다. 앞으로 향에 내려가 징수하여서 취하는 자가 있다면 너희들은 차례로 함께 나아오라. 내가 그들을 처치할 것이다. 대뜸 술렁거리지(洶洶) 말라.**44**

당시 적지 않은 공차公差 관리가 오가며 여릉 하하河下를 지나가면서 모두 기회를 틈타 위협을 하여 억지로 빼앗고 긁어대서 일을 벌였다. 양명은 「고유여릉부로자제」 한 건을 또 반포하여서 다음과 같이 이들 공차의 이역吏役을 징치하는 법을 제출하였다.

한결같이 공차의 인원이 하하를 지나갈 때 관문關文을 받으면 즉시 관문에

---

44 『왕양명전집』 권28 「고유여릉부로자제」 서5.

따라 응부應付할 것이며 고의로 트집을 잡아(留難) 죄를 취하지 말라. 관문이 없거나, 관문이 있더라도 분수에 넘치게 요구하여서 일을 만드는 자는 미리 적재한 선호船戶를 붙잡아 현에 보내서 공술을 받게 하라. 즉시 행리行李와 역에 봉하여서 간수한 것(封貯)을 수색하고 장본인을 묶어서 현으로 압송하여 참구參究를 근거로 징치할 것이다. 공차인은 분수를 편안히 여기고 법을 지켜서 예로써 자처하라. 관에 있는 인역人役으로서 모욕을 하고 태만한 자는 탐방해서 찾아내어 배를 징구하고 용서하지 않겠다.[45]

여릉의 여름에 거두는 전량은 '태운兌運' 법을 채택하였는데,[46] 군대가 백성의 양곡을 운송하였던 것이다. 그런데 전량을 모두 거두어서 현에 도착하면 향두鄕頭, 양장糧長이 차일피일 미루면서 즉시 운송을 하지 않았고, 군대도 운송에 게으름을 피웠다. 양명은 또 「고유여릉부로자제」 한 건을 반포하여서 군대가 즉시 수로水路로 운반하도록 다음과 같이 독촉하였다.

향두, 양장 등에게 유시한다. 상사에서 상주하여 부두에서 (군과 인민이) 차례로 태운하게 정하였는데 바로 너희들이 현에서 지연을 하고 즉시 운송하지 않을 것을 염려했기 때문이다. 만약 전량에 손실이 없고 기일에 앞서 완납한다면 어찌 부두에 운반하는 책임을 반드시 너희들에게 지울 리가

---

45 『왕양명전집』 권28 「고유여릉부로자제」 서4.

46 명 선덕宣德 6년(1431)에 강남의 농호農戶가 양곡을 북방 각 창고에 운송하고 돌아가기까지 약 1년이 걸려서 농사일에 지장이 있었기 때문에 마침내 법령을 개정하여서 농호가 양곡을 회안淮安과 과주瓜州에 운송하여 위소衛所에 교부하고 관군이 북쪽으로 운반하게 하였다. 그러나 농민은 관군에게 노비路費와 모미耗米를 납부해야 했기 때문에 태운兌運이라고 일컬었다.

있겠는가? 죄는 면하지 못하지만 기일을 어기고 납부하지 않는(後期不納) 자에 견주어 죄를 얻는 것이 필시 가벼우리라. 어제 태운군을 불러서 기일에 맞추라고 말하였는데 모두 즐거이 따랐으며 감히 다른 말이 없었다. 너희들이 다만 부두에서 속히 태운을 하여 만약 백성에게 유익함이 있다면 내 마땅히 몸소 그 허물을 책임지고 상관에게 얽히게 하지 않을 것이다. 다만 기일을 어기고 일을 그르치면 내 반드시 너희들을 처벌하겠다. 29일 미시까지 완전히 보고하라.[47]

양명은 이러한 일들 중에서 여릉 이치吏治의 부패를 간파하였기에 이치를 정돈하는 데 온 힘을 기울여서 현서縣署를 수리하여 세웠다. 곤궁한 여릉현은 현서가 이미 파괴되고 무너졌는데 잇달아 현아縣衙의 '애민여자愛民如子(백성을 자식처럼 사랑한다)'라는 문 앞에 표지로 세운 계석비戒石碑도 퇴락한 채로 한쪽 구석에 방치되어 있었다.

원래 송 이래 지방의 부·주·현의 관서 대당大堂 정중앙에는 모두 관리를 경계하는 명문銘文을 새긴 석비가 하나씩 서 있어서 '계석戒石'이라 하였는데, 그 위에 계문 네 구절이 다음과 같이 새겨져 있었다.

너희가 받는 봉록은	爾俸爾祿
백성의 기름이다	民膏民脂
백성을 학대하기는 쉬우나	下民易虐
하늘을 속이기는 어렵다	上天難欺

47 『왕양명전집』 권28 「고유여릉부로자제」 서7.

일찍이 후촉後蜀의 맹창孟昶(934~965)이 다음과 같은 「영잠令箴」(*일명 「계유사戒諭辭」)을 지었다.[48]

짐은 백성을 염려하여	朕念赤子
밤늦게 밥 먹고 한밤이 되어서야 옷을 벗었다	旰食宵衣
수령에게 부탁하니	托之令長
백성을 편안히 어루만지고 기르라	撫養安綏
정치는 세 가지 이적을 낳음에 있고[49]	政存三異
도는 일곱 가닥 현을 탐에 있다[50]	道在七絲
닭을 닭장에 몰아넣은 이치를 따르고[51]	驅鷄爲理
송아지를 묶어두고 떠나는 규례를 따르라[52]	留犢爲規
너그럽고 엄격함을 상황에 맞게 하면	寬猛得所
풍속을 바꿀 수 있다	風俗可移

---

48 『용재수필容齋隨筆·속필續筆』권1 「계석명戒石銘」.

49 [역주] 후한後漢의 노공魯恭이 중모中牟를 다스릴 때 해충이 고을을 침범하지 않았고 새와 짐승도 감화하여 순해졌으며 어린아이들까지도 인애한 마음을 갖게 되었다고 한다.(『후한서後漢書』「탁로위류열전卓魯魏劉列傳」)

50 [역주] 춘추시대 공자의 제자 복자천宓子賤이 선보單父를 다스릴 때 인민의 자발적인 협력을 이끌어냈기 때문에 고를 타고 가만히 있어도 저절로 고을이 다스려졌다고 한다.(『여씨춘추呂氏春秋』「찰현察賢」)

51 [역주] 후한 순열荀悅의 저서 『신감申鑒』「정체政體」에 나오는 말로서 인민을 다스릴 때에는 어린아이가 닭을 닭장에 몰아넣듯이 해야 한다는 데서 유래한다. 너무 급하게 몰아대지도 말며 너무 느슨하게 방치해도 안 되고, 몰지 않듯이 몰아야 한다는 뜻이다.

52 [역주] 후한의 시묘時苗가 수춘령壽春令으로 부임했다가 떠날 때 수레를 끌고 온 소만 데려가고 그 소가 낳은 송아지는 그곳 재산이라 하여 남겨두고 떠났다 한다.(『삼국지』「위서魏書·상림열전常林列傳」)

침탈하고 착취하지 말며	毋令侵削
상하게 하고 해치지 말라	毋使瘡痍
백성을 학대하기는 쉬우나	下民易虐
하늘을 속이기는 어렵다	上天難欺
부역은 절실한 것이니	賦役是切
군대와 나라가 바탕을 삼는다	軍國是資
짐의 작위와 포상은	朕之爵賞
본래 때를 어기지 않는다	固不逾時
너희들의 봉록은	爾俸爾祿
백성의 기름이다	民膏民脂
인민의 부모가 되어서	爲人父母
인자하지 않겠는가?	罔不仁慈
부지런히 너희 경계로 삼아	勉爲爾戒
짐의 깊은 생각을 체득하라	體朕深思

송 태종이 기발한 생각을 내어서(別出心裁) 「영잠」 중에 "너희가 받는 봉록은 백성의 기름이다. 백성을 학대하기는 쉬우나 하늘을 속이기는 어렵다." 라는 네 구를 뚝 떼어서 돌에 새겨 계명戒銘을 만들고 전국 부·주·현의 관서 대당 중앙에 계석비를 세워서 관리를 경계하라고 명령을 내렸다. 명조에 이르러 비록 각 부와 주, 현의 관서에는 예전 그대로 허울만 그럴듯한(冠冕堂皇) 계석이 세워져 있었으나[53] 이는 형식에 불과했으며(虛應故事), 문전만 겉치레

---

53 전예형田藝蘅(1524~1591) 『유청일찰留靑日札』 「계석戒石」에 이르기를 "우리 조정에서는 부와 주와 현의 용도甬道 중앙에 돌을 세우고 정자를 지어서 덮었는데 이름을 '계석'이라

로 꾸며서(裝點門面) 백성을 속이고 자기를 속이는 거조가 되었다.

양명은 계석명의 원초적인 관리의 잠언과 경계의 실천적 기능을 진심으로 크게 넓힐 결심을 하고 계석명으로써 이치를 정돈하는 계심戒心의 대법大法과 관리가 삼가고 두려워하며(戒懼) 받들어서 행할 '착한 다스림(善治)'의 좌우명으로 삼았다. 6월에 그는 현서를 수리하기 시작했는데 먼저 의문儀門을 세웠다. 7월에는 회랑 두 채를 세웠는데 문 오른쪽에는 감監을, 왼쪽에는 무廡를 세웠다. 9월에 이르러 현서의 대문 밖 공유지를 크게 넓혀서 동쪽과 서쪽에 담(垣)을 세웠다. 당 위에 새로 새긴 계석비를 세우고 계석정戒石亭을 지어서 덮어 보호하게 하였다.

명대의 계석비는 계명을 모두 뒷면에 새겼으나, 양명은 신기원을 세우는 방식으로(獨出心裁) 계명을 눈에 확 띄게 정면에 새겼으며 뒷면에는 「중수여릉현서기重修廬陵縣署記」를 다음과 같이 새겼다.

> 여릉의 현치縣治가 무너져서 지현 왕수인이 이어서(茸) 새로 수리하였다. 6월 병신에 의문儀門을 세웠다. 7월에 두 회랑(兩廊)을 완성하였다. 대문 오른쪽에 감監을 세우고 대문 왼쪽에 무廡를 덧대었다. 9월에 이르러 대문의 바깥을 넓히고 동서로 담(垣)을 만들어서 남쪽을 둘러막게 하였고 마침내 계석정戒石亭 및 정선정旌善亭, 신명정申明亭을 닦아서 세웠다. 후당後堂 뒤 백성의 거처를 바꾸어서 좁은 곳을 넓히고 기와와 벽돌과 담과 서까래가 부서지고 벗겨지고 기울고 퇴락한 것을 고치게 하였다. 10월 을유였다. 공

하였다. 앞면에 戒石(계석)이라는 두 글자를 크게 새기고 음각으로 '爾俸爾祿, 民膏民脂, 下民易虐, 上天難欺(너희가 받는 봉록은 백성의 기름이다. 백성을 학대하기는 쉬우나 하늘을 속이기는 어렵다).'라는 열여섯 자를 새겼다."라고 하였다.

사를 마치고 계석의 뒷면에 글을 새겨서 후임자에게 알린다. 헤지고 갈라

진 것을 대부분 보수하였으니 고쳐서 짓는 수고를 하지 말라.[54]

양명은 여릉의 현서를 중수하면서 계석비를 세우고 계석정을 지은 것을
중심으로 그의 명덕·친민의 선치 이념을 두드러지게 드러냈다.

얼마 뒤 엄숭嚴嵩(1480~1567)이 여릉에 유람을 와서 양명이 손수 쓴 계석
비를 살펴보고 「관왕양명서석각觀王陽明書石刻」 한 수를 지어서 다음과 같이
칭송하였다.[55]

여릉현 수령이 되어서	作宰廬陵縣
양명은 옛 풍조에 걸맞게 하였네	陽明稱古風
무너진 건물을 일으키고 이었는데	起廢葺宮宇
물자를 아껴서 불쌍한 사람들을 걱정했네	節用恤癃恫
새긴 말은 나중 올 사람을 이끌고	刻辭招後來
돌에 새겨서 뜰 가운데 두었네	庋石當庭中
어질다는 말 널리 퍼져 감탄했는데	已嘆仁言博
겸하여 글씨 자취 뛰어남을 아끼네	兼憐書跡工
아무 때나 와서 볼 수 있으니	來遊非在日
보고서 품은 마음 끝이 있으랴!	懷覽意何窮

---

54 『광서길안부지光緒吉安府志』 권7. 『광서길안부지』 권7에 "정덕 5년 현서가 무너져서 지현
　왕수인이 수리하여 이었다. 땅을 바꾸어서 문 바깥을 크게 넓히고 동서로 담을 세웠으며
　남쪽에 큰 울타리(大防)를 두르고 스스로 계석에 그 일을 기록하였다."라고 하였다.

55 『검산당집鈐山堂集』 권3 「관왕양명서석각觀王陽明書石刻」.

엄숭의 시는 양명의 여릉 선치에 대한 매우 좋은 총결이며, 양명도 확실히 마음을 써서 현서를 수리하고 이고 계석비를 세워서 그의 7개월 여릉 선치의 정치적 성공의 표지로 삼았다.

여릉 현서의 수리는 10월에 완공되었는데 마침 이때 조정의 정국도 거대한 변화가 일어났다. 간당 유근이 옥에 갇혀 주벌을 당함으로써 5년 동안 팔호八虎가 권력을 농단한 난정亂政도 끝을 맺었다. 양명은 하늘이 내린 기회를 만나 때맞춰 움직이고 기세를 타고 일어나서 다른 사람은 넘볼 수 없는 여릉 선치의 정치적 업적을 내세워서 서울로 돌아가 직책을 보고하였다(入觀述職).

정덕 5년(1510)은 무종武宗의 '신정新政' 면에서는 매우 불안정하고 다사다난한 해였는데 양명의 벼슬길에는 새로운 전기를 마련해준 시기였다. 양명이 여릉에서 덕을 밝히고 백성과 친하며(明德親民), 이익을 일으키고 폐단을 제거하는(興利去弊) 선정에 바쁘게 매달려 있을 때 무종의 통치는 또 공전의 위기가 폭발하였다. 팔호의 권력 농단과 유근의 정치 천단은 야심이 파들파들한 번왕藩王에게 반란을 일으킬 구실을 제공하였으며, 번왕의 반란은 권력을 천단하며 악을 자행하던 권엄權閹 유근에게 영원히 돌아올 수 없는 무덤을 마련해주었다.

이에 앞서 4월 영하寧夏에 주둔하여서 지키고 있던 번왕 안화왕安化王 주치번朱寘鐇(1453~1510)이 반란을 일으켜서 황위皇位를 탈취하려고 도모하였다. 이는 유근이 어사를 각지에 파견하여서 둔전을 깨끗이 정리하라고 주청한 일이 도화선이 되었는데, 이 어사들이 영합하여서 둔전 수백 경頃을 거짓으로 늘려 허위로 보고한 뒤 일괄적으로 조세를 내도록 명령하였다. 영하에 파견된 대리시소경 주동周東(?~1510)은 심지어 50무畝를 1경으로 하여 많은 무은畝銀을 징수하여서 유근에게 뇌물을 바침으로써 백성의 분노와 군사의 원한을 불러일으켰다.

4월 5일, 주치번은 '임금의 측근을 숙청하고, 유근을 제거한다(清君側, 除劉瑾)!'는 기치를 내걸고 거사하여서 유근의 죄상을 낱낱이 열거하는 격문을 발표한 뒤 "지금 의병을 일으켜서 임금의 측근을 숙청하여 제거한다(今擧義兵, 清除君側)!" 하고 선포하였다. 이는 당년에 주체朱棣(성조成祖 영락제永樂帝, 1402~1424)가 반란을 일으켜서 황위를 찬탈한 일을 완전히 졸렬한 방법으로 모방한 사건이었다. 반란은 안화왕이 성급하게 거사한 데다 유격 장군 구월仇鉞(1466~1522)의 거짓 투항 계책에 속아서 19일 만에 실패하고 말았다. 조정에서는 전 도어사 양일청楊一清(1454~1530)을 총제군무總制軍務로, 태감 장영張永(1465~1529)을 감군監軍으로 기용하여서 대군을 거느리고 서쪽을 토벌하게 하였다. 대군이 영하에 도착하자 안화왕 주치번은 이미 구금되어 있었다. 주치번의 반란은 유근의 죄악과 반역의 형적을 충분히 폭로하였다.

양일청은 사사로이 장영에게 현재 외란外亂은 이미 평정되었으니 국가의 내환은 어떻게 해야 하겠는가 하고 물었다. 그는 손바닥에 '근瑾'이라는 한 글자를 쓴 뒤 장영에게 서울에 돌아가 공을 이룬 첩보를 상주하면서 기회를 틈타 유근의 간악함을 폭로하여서 진정으로 '임금의 측근'을 맑게 제거하라고 권유하였다. 이에 장영이 "아! 이 늙은이(老奴)가 어찌 남은 목숨이 아까워서 왕에게 보답하지 않겠습니까!"라고 하였다. 8월 10일, 장영은 안화왕을 서울로 압송하여서 포로를 인계하였고 무종은 즉시 명을 내려서 안화왕을 처형하였다.

장영은 기세를 몰아 안화왕이 유근을 성토한 격문을 바쳐서 유근이 간악하고 불법을 저지른 17대 죄상을 진술하여 아뢰고, 영하 주치번의 반란은 사실 유근이 일으킨 격변이며 유근은 스스로 그 죄가 발각될 것을 알고 장차 불궤不軌를 도모하려 했다고 위협적으로 말하였다. 무종은 명을 내려서 그날 밤으로 유근을 체포하고 집안의 재산을 초몰抄沒했는데, 곤복袞服 4건, 망복

蟒服 470벌(襲), 아패牙牌 2궤櫃, 금룡갑金龍甲 30부副 및 도刀, 갑옷, 활, 쇠뇌 등을 무수히 적발하였다. 무종은 대노하여 "노재奴才가 과연 조반造反을 하려고 하였구나!"라고 하였다. 유근은 금의옥에 갇혀서 심문을 받았고 과도관은 무리 지어 일어나서 유근의 죄상 30여 조를 탄핵하였다. 8월 25일 유근은 능지처사凌遲處死를 당하였고 천하에 방이 내걸렸다.

유근의 복주伏誅는 무종이 등극한 이래 팔호가 권력을 농단하고 정치를 어지럽힌 일이 끝났음을 시사하였으며, 역시 금고된 '간당' 53명의 해방과 양명의 여릉의 다스림이 너무 일찍 끝났음을 알렸다. 교활한 무종은 자기의 부패한 통치에 대한 죄책을 전부 유근에게 떠넘기고 천하 인민을 속이고 우롱하였으며 결국 박부득이하여 8월 18일에 곧 '근당瑾黨'을 징치하고 폄척貶斥하기 시작하였다.

9월 20일, 조정에서는 폄적貶籍된 명부(謫籍)의 53인을 복권시키기로 논의하고 전부 관직에 복귀시키고 녹용錄用하기로 하였다. 그러나 그중에 양명 등 폄적된 많은 요범要犯들은 포함되지 않았으며[56] 가장 먼저 원래의 관직에 복권된 사람은 뜻밖에도 왕화였다. 그 이전 9월 8일 조정에서는 명령을 내려서 치사한 왕화를 원래의 남경 이부상서 관직으로 복직시켰으나 부임하게 하지는 않았다. 이어서 무종은 양명에게 "겨울 동안에 들어와서 알현하고 직책을 보고하라(冬間入覲述職)!" 하고 윤허하였는데, 이는 무종이 양명과 왕화에 대하여 줄곧 마음속에 의심과 남은 한을 품고 있었음을 시사한다.

서울에 있던 담약수는 조정 국면이 깜짝 놀랄 만큼 뒤바뀐(驚天飜覆) 상황

---

56 『국각國榷』 권48에 이르기를 "(*정덕 5년 9월 계유) 폄적된 명부의 53인을 복권시키기로 논의하여 모두 관직에 복귀시키고 녹용하였다."고 하였다. 그러나 아래에 복권된 53인의 명단을 열거하였는데 정덕 원년 폄적된 53명의 '간당' 인원과는 같지 않다.

을 목도하고 9월에 양명에게 추회시秋懷詩 세 수를 보냈다.[57]

가을의 정회 세 수를 여릉 왕양명 선생께 보내다 秋懷三首寄王廬陵陽明子

가을 달은 이지러졌다 다시 둥글고	秋月缺復圓
나그네는 떠나간 뒤 오래도록 돌아오지 않네	客行久不還
돌아오지 않는데 해도 저물고	不還歲亦暮
그대 생각에 자주 길게 탄식하네	念子屢長歎
탄식하고 이어서 노래를 하고	歎罷繼以歌
노래가 끝나니 눈물이 샘솟네	歌竟淚如泉
어느 때나 만나서	何時得會晤
회포를 만에 하나 풀어나 볼까!	所懷萬一宣

동산을 돌아다니며 복숭아 오얏을 따서	涉園采桃李
아는 이에게 가져다주려네	持以贈所知
복숭아 오얏이 귀한 것 아니나	非貴桃李顔
말을 하지 않아도 저절로 길이 생기네	不言自成蹊
어찌 난초와 계수나무 좋지 않으랴만	豈無蘭桂好
향기로운 자질이 저절로 이지러지네	質以香自虧
묵묵히 우의자와	默默牛醫子
가없는 곳에서 만나기를 기약하네	心期浩無涯

57『천옹대전집』권4「추회삼수기왕여릉양명자秋懷三首寄王廬陵陽明子」. 시에서 "해도 저물고 (歲亦暮)"라고 하였으므로 당연히 가을 9월에 지은 것이다.

남으로 가는 기러기에게 편지를 부쳐도	封書寄燕雁
기러기는 형양을 넘지 못하고	雁不過衡陽
강 물고기에게 편지를 부쳐도	封書寄江魚
물고기는 깊이 숨고 강물은 길이 흐르네	魚沈江水長
강물은 마를 때가 있지만	江水亦有竭
편지는 영원히 없어지지 않으리	封書永不滅
안타까운 마음 펼칠 길 없어	耿耿無由宣
마음의 자락 저절로 속에서 맺히네	心緒自中結

"강 물고기에게 편지를 부쳐도"라는 표현으로 보아 담약수가 이 추회시 세 수를 양명에게 보냈을 때 틀림없이 편지도 함께 보내서 서울의 소식을 알렸으며, 양명에게 서울로 들어와 황제를 뵙고 직책을 보고할 마음의 준비를 잘하라고 하였으리라.

'우의자牛醫子'란 동한東漢의 위대한 명사 황헌黃憲(*숙도叔度, 109~156)의 전고를 이용한 말이다. 황헌은 대대로 빈천한 가문 출신으로서 아버지가 소의 병을 치료하는 수의사였다. 그가 열네 살 때 영천潁川의 순숙荀淑(83~149)이 그를 예방하였는데 크게 놀라서 말하기를 "그대는 나의 사표師表이다!"라고 하였다. 그러나 황헌은 출사하기를 원하지 않았다. 조정에서는 억지로 그를 불러들였으나, 그는 경사에 갔다가 바로 돌아와서 죽을 때까지 벼슬하지 않았다. 담약수는 왕양명을 황헌에 견주어서 이 '우의자'의 불행한 일을 비탄하고 한편으로는 은근히 그가 와서 만나기를 기대하고 또 한편으로는 그가 서울에서 마주할 예측할 수 없는 운명에 우려를 표하였다.

양명은 서울로 가기로 결심하였다. 10월 상순 양명은 서울로 떠나기 전날 마지막으로 「고유여릉부로자제」한 건을 반포하여서 여릉의 부로와 자제에게 깊은 애정을 갖고 고별하고 7개월간 여릉에서 펼친 자신의 다스림을 다음과 같이 총결하였다.

> 현령으로 도임한 지 7개월, 병이 많아서 너희 백성의 이익을 일으키고 폐단을 제거하지(興利去弊) 못하였다. 중간에는 시세에 국한되어서 또다시 최과催科의 우려를 면하지 못하고 덕택德澤이 백성에게 미치지 않았으니 너희 부로, 자제를 저버린 일이 많았다. 이제 또 북쪽으로 임금을 뵈러 가게 되었으니, 사사로이 생각건대 갔다가 돌아오기까지 부로와 또 반년간 이별하게 되었다. 겸하여 역시 나아갈지 말지(行藏) 정해지지 않았으니 부로는 저마다 자제를 훈계하여서 분쟁을 종식하고, 신뢰를 구축하고 화목을 닦아서 저마다 자기 집에서 편히 살며, 너희 산업을 지키며 힘써 선량해지고, 사람들로 하여금 사랑하고 즐기되 흉악하고 완악하여서 아래로 향리에 원한과 악을 취하지 말고 위로 유사에게 형벌과 죽임을 초래하지 말라. 아! 말은 다함이 있으나 뜻은 끝이 없다. 현령은 이제 가야 한다. 내 백성은 들으라![58]

양명이 반년 뒤 다시 여릉으로 돌아올 마음을 먹었던 것은 역시 지나치게 낙관적인 생각이었다. 그는 산이 험하고 물이 세찬 여릉에서 빠져나온 뒤 지난날 칼날이 번뜩이던 경도의 살육의 전장으로 다시 돌아와서 새로이 더욱 순탄치 않은(乖蹇) 벼슬길의 사나운 물결을 타기 시작하였던 것이다.

---

58 『왕양명전집』 권28 「고유여릉부로자제」 서11.

'상국유上國遊'로 되돌아오다

　　양명은 마음속으로 다소 낙관과 자신감을 지닌 채 서울에서 임금을 만나 뵙기(入勤) 위해 나섰다. 화주和州를 지날 때 그는 흥치가 물씬 일어서 저명한 향림탕천香淋湯泉을 찾아가 놀면서 「한낮에 향사사에서 쉬다(午憩香社寺)」 한 수를 지었다.[59]

길을 떠나 백 리를 가며	修程動百里
곳곳마다 스님 거처에서 끼니를 때우네	往往餉僧居
관리를 응접하라고 북소리 급히 울리고	佛鼓應官急
선방 침상은 손님을 위해 비워두었네	禪床爲客虛
복사꽃은 촌락을 이루고	桃花成井落
구름과 물은 먼 언덕에 잇닿아 있네	雲水接郊墟
진흙길 껄껄한 것도 모른 채	不覺泥塗澁
산을 보느라 흥이 넉넉하네	看山興有餘

---

59 『왕양명전집』 권20 「오계향사사午憩香社寺」.

그가 남도南都에 도착했을 때 그의 친구 호곡虎谷 왕운봉王雲鳳(1465~1518) 이 임금을 뵈러 가는 길을 축하하는 시 한 수를 지어서 보냈다.[60]

백안이 폄소에서 부름 받아 서울에 왔다는 말을 듣고 聞伯安自貶所召至京

하늘 끝에 한번 헤어진 뒤 몇 해가 흘렀나	一別天涯經幾載
병이 많아 응당 수척함을 이기지 못하였네	多病應是不勝癯
산의 동쪽에서 일찍이 기산의 봉을 보았더니	朝陽曾覩岐山鳳
밝은 달은 멀리 합포의 구슬로 돌아오네	明月遙歸合浦珠
나라에 보답하려는 마음은 쇠하여도 손을 놓기 어렵고	報國心老難措手
당에 계신 부모님 늙어서 몸을 바칠 수 없네	在堂親老莫捐軀
여러 해 도를 배웠는데 지금 무엇을 얻었는지	年來學道今何得
은미한 말을 종이에 가득 써 보낼 수 있겠는가!	可寄微言滿紙無

왕운봉은 이때 남도에서 우통정右通政의 직책에 있었다. 그는 양명을 해를 향해(朝陽) 노래하는 '기산의 봉황'에 견주었고, 그가 폄소에서 다시 경사로 돌아온 것을 '합포환주合浦還珠'에 견주어서 그에게 '나라에 보답하는' 새로운 쾌거를 기대하였다. 그러나 왕운봉은 이 몇 해 양명의 견고하고 흔들림 없이 도를 밝히고 학문을 창도하는 심로의 정진에 더욱 관심을 기울였다. "여러 해 도를 배웠는데 지금 무엇을 얻었는지, 은미한 말을 종이에 가득 써 보낼 수 있겠는가"라는 표현은 양명이 서울에서 학문을 강론하고 도를 논하며 성학을 창도할 것을 바라는, 서울에 있는 지난날 도우들의 급박한 심정을

---

60 『박취재고博趣齋稿』 권11 「문백안자폄소소지경聞伯安自貶所召至京」.

토로한 말로서 사실 이 또한 양명이 심중에 생각하고 있던 바와 은연중에 부합하였다. 이때 뜻밖에 서울에 들어가 임금을 뵙게 된 일은 그가 담약수와 만나서 다시 함께 성학을 논하려는 오랜 마음속 소원을 실현하는 계기가 되었다.

10월 하순, 양명은 경사에 도착하여 대흥륭사에 우거하였다. 장안 서가의 장려하고 비범한 대흥륭사는 종래 외성外省의 지방관원이 임기가 만료되어서 입근入覲하거나 추천으로 부름을 받아 서울에 온 사람들이 임시로 머무는 곳이었다. 양명은 소년 시절 진백사(진헌장)가 부름에 응하여 도성에 들어와서 대흥륭사에 묵으면서 견소 임준과 학문을 강론하고 도를 논하던 광경을 직접 목격하였다. 그리하여 그도 진백사를 본받아 대흥륭사를 이때 입근하고 학자와 학문을 강론하고 도를 논하는 '성지聖地'로 여겼다.

그가 경사에 도착하여서 행한 첫 번째 행보는 바로 대흥륭사에서 담약수와 상견하고 두 사람이 4년 동안 중단했던 성학을 함께 논하기 시작한 일이었다. 그의 친구 호부좌시랑 저권은 세상에 이름이 널리 알려지지 않은 후군도독부 도사 황관黃綰(1477~1551)을 양명에게 소개해주었다. 황관은 대흥륭사에서 양명과 담약수를 배알하고, 세 사람이 종신토록 함께 학문을 하기로 맹약하였다.

황관은 일찍이 여러 차례 양명, 감천과 함께 대흥륭사에서 학문을 강론하고 세 사람이 종신토록 성학을 함께 제창할 것을 맹세한 사실을 다음과 같이 언급하였다.

> (양명은) 조근朝覲하러 서울에 들어와 남경 형부주사에 조용調用되어서 대
> 흥륭사에 묵었다. 나는 그때 후군 도사였는데 어려서 일찍이 성학에 뜻
> 을 두었고, 자양紫陽(주희)·염濂(주돈이)·낙洛(정호)·상산象山(육구연)의 서적

을 탐구하고 날마다 정좌를 일삼았다. 비록 공과 집안끼리 오래 통하는 정의가 있었으나 실로 일찍이 그의 학문을 깊이 알지는 못하였다. 뜻과 도를 같이하는 벗(執友) 시허 저권 공이 나에게 편지로 이르기를 "근래 사대부로 왕백안 군 같은 사람은 나아가는 지향이 바르고 조예가 깊으며 문자의 학문을 전공하지 않으니 족하足下께서 기꺼이 나아가 그와 더불어 교유한다면 이택麗澤의 유익이 반드시 적지 않을 것입니다."라고 하였다. 내가 이로 인해 공을 사모하고 그날 저녁에 찾아가보았다. 마침 담(담약수) 공이 함께 방 안에 앉아 있었다. 공(양명)이 나와서 함께 말하고 기뻐하며 말하기를 "이 학문(此學)이 끊어진 지 오래인데 그대는 무슨 말을 들었기에 대뜸 이곳에 이르렀는가?" 하였다. 내가 말하기를 "비록 거칠게 뜻을 갖고는 있었으나 실로 용공用功을 하지 못하였습니다."라고 하였다. 공이 말하기를 "사람은 오직 뜻이 없는 것이 근심일 뿐 공이 없는 것은 근심하지 않습니다." 라고 하였다. 곧 묻기를 "일찍이 담원명湛原明(담약수)을 아십니까? 내일 모여서 우리 세 사람이 종신토록 함께 학문을 하기로 맹세를 합시다."라고 하였다. 다음 날 공이 사람을 보내 나를 청하여서 공의 관사에 가서 담 공과 만나 함께 절하고 맹약을 하였다.[61]

나는 본성을 온전히 하는 도를 배우고자 하였으나 견문이 적어서 고명한 사람들과 더불어 (교제)하기에는 족하지 않음을 알았다. 3년 동안 (합당한) 벗을 원하였으나 얻지 못했으며, (합당한) 스승을 6년 동안이나 구했으나 만나지 못하고서 스스로 말하기를 "끝내 덕을 포기해야 할까!"라고 하였다. 돌이켜보니 그 몸은 늘 마른 짚 같았고, 그 의지는 늘 잃어버린 것 같

---

61 『황관집黃綰集』 권24 「양명선생행장陽明先生行狀」.

아서 관직 하나를 얻으면 더러운 것을 짊어진 듯하였다. 어떤 사람(*생각건 대 저권을 가리킨다)이 알려주기를 "월越(절강)의 양명자陽明子라는 이가 왔습 니다. 그대는 어찌 직접 알아보지 않습니까?"라고 하였다. 급히 그 관사로 달려가서 그를 보았다. 양명자는 나와 함께 앉아서 이야기를 하였는데 돌 아오니 꿈에도 보여서 황홀하게 마치 양명자가 와 있는 듯하였다. 감히 털 끝만큼도 사사로운 생각을 할 수 없었다. 이에 그를 줄곧 만나본 뒤 마침 내 나의 백해구규百骸九竅가 있는지도 몰랐다.[62]

세성歲星이 경오庚午에 있던 해(1510), 보잘것없는 녹봉(斗升)에 분주하고 먼지 나는 세상살이(塵埃)에 답답하고 번민하던 차에 다행히 양명 왕 선생 (陽明王子)을 황성皇城의 북쪽(陰)에서 만났는데 옛 절에서 불을 밝히고 한번 말하자마자 곧 마음이 부합하였습니다. 이윽고 다음 날 다시 왕 선생의 관 사에서 담 선생을 만나 마침내 종신의 맹약을 하였습니다.[63]

황관의 아버지 황보黃俌와 왕명의 아버지 왕화는 모두 성화 17년(1481)에 진사가 되었으며 두 사람은 일찍부터 서로 알고 지낸 사이로 교제를 이어왔 다. 그리하여 황관은 '공과 집안끼리 오래 통하는 정의가 있다'고 하였다. 황

---

62 『황관집』 권11 「별감천자서別甘泉子序」.

63 『횡산유집橫山遺集·부록」 「서왈인제문徐曰仁祭文」. 『황관집』 권28 「제서왈인문祭徐曰仁文」 은 이 글과 조금 다르다. "세성이 경오에 있던 해에 보잘것없는 녹봉에 분주하였는데 왕 선생을 저 도성에서 해후하였습니다. 옛 절의 등불 앞에서 한번 이야기한 뒤 곧 마음이 기울었습니다. 다음 날 담 선생이 와서 이에 다시 맹약을 다졌습니다. 종신토록 하기로 정하고 서로 성취하기로 기필하였습니다. 이때 도성을 보니 걸출한 선비(俊髦)가 숲을 이 루었는데 뜻을 지니고 우리 세 사람과 함께할 사람을 찾았지만 드물었습니다."

관은 스스로 이르기를 이때 사상적으로 아직 자양·염·낙·상산의 사이에 출입하였다고 했는데, 이는 분명히 일종의 감추고 꾸미는 말이며 그가 일찍이 육상산과 진백사의 심학에 마음으로 귀의하였던 진상을 덮어 가린 것이다. 여기서 말하는 허다한 설법은 모두 두루뭉술하여서 명확하지 않다. 실제로 황관은 일찍이 진백사의 심학에 마음을 기울여 우러렀고 나중에 진백사를 다음과 같이 평가하였다. "아! 성학의 흐름이 끊어진 지 거의 2천 년이 되었다. 송의 여러 선생에 이르러서 터뜨렸으나 흘러가지 못하였다. 우리 명의 백사가 터놓아서 끝없이 흐르게 하였다."[64]라고 하였다.

홍치 16년(1503) 황관은 백사의 대제자 남천南川 임광林光(1439~1519)에게 절하고 스승으로 삼았으며, 백사 심학을 마음을 기울여서 탐구하였다. 그는 「사임남천서謝林南川書」에서 배사拜師의 경과를 다음과 같이 언급하였다.

저(縮)는 오래전 집사께서 백사의 전승을 얻었다는 말을 듣고 다박머리 시절에 이미 나아갈 방향을 정하고 동서로 발자취를 좇았으나 만나 뵐 기회가 없어 늘 허전한 마음을 품고 있었습니다. 작년에 가존家尊께서 경사에 오시어 뵈었는데 집사께서 아직 태학박사의 반열에 있음을 알고 가만히 기뻐하였으니 수년 동안 서로 듣고서도 볼 기회가 없었으며 서로 바라면서 마주치지 못했던 일이 이제 반드시 원하던 바를 얻게 되었기 때문입니다. 어찌하여 뜻밖에도 완전하지 못한 몸으로 쉽게 질병에 걸리고 사관舍館에 얽매어서 어제에야 겨우 나아가 문하에 절을 할 수 있었습니다. 불초한 사람을 부족하다고 여기지 않고 또 뜻있는 사람으로 인정해주시고 성현이 마땅히 힘써야 할 바를 가르쳐주셨습니다. …… 지금 배우기를 바라는 것

64 『황관집』 권28 「제담태부인문祭湛太夫人文」.

은 역시 심히 고상하고 행하기 어려운 일에 있지 않고 오직 성분性分의 타고난 바를 다하기를 추구하고 이로써 성인의 도를 천년 뒤에 밝혀서 그들로 하여금 시원하게 당시에 다시 행해지게 하는 것일 뿐입니다.[65]

역시 황관이 양명보다 일찍 백사 심학에 마음으로 귀의하려 하였음을 알 수 있다.

임광이 어떤 '성학聖學'을 전수하였는지 황관은 「기임남천서寄林南川書」에서 다음과 같이 토로하였다.

헤어진 지 어느새 1년이 되었는데 소식을 듣지 못하여 마치 우물 속에 앉아 있는 것 같습니다. 향방鄕邦의 벗들과 사귐에 뜻이 있는 사람으로 이름이 났지만 거업擧業을 강습하여서 명성을 낚고 이록을 도모하는 데 지나지 않을 뿐입니다. 몸과 마음을 돌이켜보니 어떤 물건이 되려는지 모르겠습니다. 이에 사람으로 하여금 이 세상에서 더욱 외로움을 느끼게 하며, 이 도가 끊어짐에 더욱 마음 아프게 하여서 마땅한 사람에게 나아가서 물어보고자 하였으나 그렇게 하지 못하였습니다. 옛날 진묵당陳黙堂(진연)이 나예장羅豫章(나종언)에게 편지를 보내 말하기를 "성인의 도가 매우 미약한데 후생 가운데 여기에서 하나나 반이라도 얻어 들을 수 있다면 거의 전하는 것이 더욱 넓어지고 우리 도가 외롭지 않을 것입니다(聖道甚微, 能於後生中得一箇半箇可與聞於此, 庶幾傳者愈廣, 吾道不孤)."라고 하였습니다. 예장이 신경을 써서 찾아가 묻고 이연평李延平(이통)에게 전수하였으며 나중에 이 도가 크게 밝아졌습니다. 저(綰)는 비록 불초하나 스스로 힘을 헤아리지 않고 일찍

---

65 『황관집』 권16 「사임남천서謝林南川書」.

이 가만히 이 도(斯道)에 뜻을 두었는데, 알지 못하겠습니다만 집사께서 백사로부터 얻은 것은 무엇인지요? 만약 가르치기를 아끼지 않는다면 이 도에 다행함이 마땅히 어떻겠습니까![66]

황관은 여기서 비교적 함축적으로 말하고 있지만 역시 진백사의 '묵좌징심, 체인천리' 심학의 학맥 연원을 분명하게 말하였다. 진연陳淵(1067~1145)은 양시楊時의 제자이며 호는 '묵당黙堂'이다. '연묵淵黙'을 주장하였고, 정좌와 내적 관조(內照)를 좋아하였는데 사실은 '묵좌징심, 체인천리'의 공부를 한 것으로서 나종언·이통의 사상과 일맥상승一脈相承한다.

그는 「존성재명存誠齋銘」에서 나종언·이통보다 더욱 분명하게 다음과 같이 말하였다.

군자의 마음 기름(養心)은 하나(一)에 이르는 것일 뿐이다. …… 고요하여 움직이지 않다가(寂然不動) 사물이 이르면 감응하여서 체를 온전히 하고 용에 나아가는 것(全體卽用)을 하나라고 한다. …… 나는 이 서재를 지었는데 크기가 무릎을 들일 만하다(容膝). 그 사이에 편안히 앉아서(晏坐) 마음을 비우고 다그치지 않으며(虛而不迫) 빛을 돌이켜서 안으로 비춘다(回光內照). 책상에 기대어 말없이 기를 오롯이 하고 정신을 엉기게 하며 숨을 고르고 깊게 하여서 겉과 속이 함께 융화한다.[67]

진연의 '연좌내조晏坐內照'는 나종언의 '심원적정心源寂靜(마음의 근원을 고

---

66 『황관집』 권16 「기임남천서寄林南川書」.

67 『묵당집黙堂集』 권20 「존성재명存誠齋銘」.

요하게 함)', 이통의 '묵좌징심, 체인천리', 그리고 진백사의 '묵좌징심, 체인천리'의 심학에 이르는데, 이는 바로 황관이 임광에게 물었던 '이 도'와 임광에게 배웠던 '성학'이었다.

황관이 날마다 더욱 정좌하고 징관澄觀을 한 일은 그가 이때 이미 백사 심학의 '삼매三昧'를 깊이 터득했음을 충분히 밝히고 있다. 양명이 경탄하고 "이 학문이 끊어진 지 오래인데 그대는 무슨 말을 들었기에 대뜸 이곳에 이르렀는가?" 하였는데 '이 학문'도 바로 진백사의 '묵좌징심, 체인천리'의 심학이다. 다만 황관은 임광에게서 백사 심학을 배운 사실을 숨기고 피하면서 답을 하지 않아 결국 양명이 곤혹스럽고 경악하여 뜻밖에도 황관과 함께 성학에 대해 토론하자고 제안하게 하였던 것이다. 황관은 일개 무명의 소졸이었는데 양명, 담감천과 함께 동등한 위치에서 서로 대하며(平起平坐) 종신토록 함께 배우기로 맹약을 한 비밀이 바로 여기에 있다.

사실 저권은 황관이 백사 심학을 배운 진면목을 일찍이 간파하였다. 정덕 2년(1507)에 그는 황관에게 양명을 종유하라고 권하는 다음과 같은 편지를 보냈다.

> 근래 사대부로 채개부蔡介夫(채청蔡淸, 1453~1508) 군, 왕백안 군은 모두 나아가는 지향이 바르고 조예가 깊으며 의리를 강론하여 밝히면서 문자의 학문을 전공하지 않습니다. 지금 개부는 치사하고 천주泉州로 돌아갔고, 백안은 평소 산수의 즐거움을 누렸는데 오래지 않아 역시 월중越中으로 돌아갔습니다. 족하께서 식견이 탁월하고 재주가 높으니 복을 벗은(服闋) 뒤 나와서 그와 종유한다면 소득이 마땅히 더욱 능할 것입니다.[68]

---

68 『시허문집柴墟文集』 권14 「여황관수재與黃綰秀才」.

황관은 즉시 회신을 하여서 흔연히 따를 뜻을 전하였다.

재능을 구하는 것은 본래 참으로 좋아하는가에 달려 있습니다. 그러나 역
시 마땅히 구별할 줄 알아야 합니다. 그렇지 않으면 장차 들새를 봉황으
로 여기며, 연석燕石을 백옥으로 여길 것입니다. …… 지금 혹 국사國士가
있고 천하의 선비가 있으며 불세출의 선비가 있다면, 장차 어떻게 오게 할
것이며 장차 어떻게 쓸 것입니까? 그렇지 않다면 이 세상의 호걸은 항구히
때를 만나지 못하고 천하는 항구히 그 사람이 있음을 듣지 못할 것입니다.
마땅히 채개부 공, 왕백안 군에게 직접 나아가 배우라고 하셨는데, 저는 오
래전부터 그 사람의 이름을 들은 뒤 지금에 이르러서 더욱 사모합니다. 복
을 벗은 뒤 즉시 양식을 싸고 옷자락을 걷어올리고서(裹糧攝衣) 달려가겠습
니다.[69]

그러나 채청은 주학을 존중하는 명사였으므로 황관은 양명을 선택했으
며, 양명이 일단 입근하여 서울에 이르자 바로 문에 올라 배움을 논하였다.
양명이 이때 입근하여 경사에서 대기한 시간은 비록 매우 짧았지만 의의는
매우 중대하였다. 바로 이 일이 양명으로 하여금 담약수와 다시 학문을 강론
하고 도를 논하게 하여서 두 사람이 새로이 함께 성학을 창도하는 일을 시작
하게 하였던 것이다. 이에 앞서 양명이 담약수와 함께 공동으로 성학을 논한
것이 그들 두 사람을 공동으로 진백사의 '묵좌징심, 체인천리'의 심학의 길로
들어서게 했다면, 그 뒤 곧 양명·담약수·황관 세 사람이 함께 성학을 논하기
시작한 일은 양명과 담약수가 백사 심학에서 서로 다른 길을 걷게 하였다.

---

69 『황관집』 권16 「기저시허선생서寄儲柴墟先生書」 3.

그러나 양명이 입근하기 위해 서울에 왔을 때는 적절한 시기가 아니어서 벼슬길에서 의외의 작은 곡절을 겪을 수밖에 없었다. 유근이 복주된 뒤 조정에서는 서둘러 '근당瑾黨'을 징치하고 폄적되었던 '간당奸黨'을 기용하였는데, 높고 낮은 관품이 뒤섞여 들어가고 위아래가 한꺼번에 뒤엉켜서 혼란스러웠다. 각 부의 관원은 결원이 생기면 바꾸고 교체하여서 정사政事가 자질구레한 일들로 어지러이 산적하였다. 대신과 요직(要官)들은 모두 자기 관위官位 승진을 위하여 앞다투어 애를 썼으므로 양명과 같이 지방의 하찮은 벼슬아치의 입근은 돌아볼 겨를이 없었다. 하물며 양명은 폄적된 관원에서 기용된 신분으로서, 서울에 들어와 직책을 맡은 것이 아니라 일개 현관의 신분으로 입근하고 술직述職하는 것이었기에 더욱이 신임 조정 대신과 요직의 안중에 있을 리 없었다.

더욱 기괴한 일이 있었다. 양명이 입근을 하기 위해 서울에 왔을 때 마침 조정에서는 대대적으로 공신을 봉하였다. 이동양은 좌주국左柱國으로 특진하였고, 양정화는 소부少傅 겸 太子太傅태자태부, 근신전謹身殿 대학사로 승진하였으며, 유충劉忠(1452~1523)은 소부 겸 태자태부로, 양저梁儲(1451~1527)는 소보少保 겸 태자태보太子太保, 무영전武英殿 대학사로 승진하였고, 이부상서 유기劉機(?~1522)는 태자소보로 승진하였다. 이들은 유근이 권력을 전횡하던 시기 한때 추앙을 받던 인물들인데 물러나지 않고 도리어 진출하였다. 본래 심학을 창도하던 양명에 대해 그다지 호감을 갖지 않아서 양명이 서울에 들어와서 다시 기용되는 것을 마음속으로 결코 환영하지 않았다.

임기가 찬(考滿) 관원의 입근과 술직, 승진과 좌천은 이부에서 담당하였는데 새롭게 이부상서가 된 유기는 '명리名理를 담론하기 좋아하는' 주자학을 숭상하는 조정 대신이었고, 관계에서는 양정화에게 투신하여 의지하였다. 실제로 무종이 등극하고서 유근이 권력을 농단하던 시기에 관직에 올라 출세한 사람이었다. 유기는 원래 지위가 왕화의 아래였지만 정덕 원년(1506)에 예부 우시랑으로 승진하고 정덕 2년에 다시 예부좌시랑으로 승진하였다. 이는 바로 왕화의 좌시랑 관위를 차지한 것이었다. 그리고 그는 매우 빠르게 이부상서로 승진하였다. 그는 무종과 유근이 매우 깊이 의지하던 사람이었으나 무종이 바른 신하 53명을 폄적하여서 쫓아내고 '간당'으로 금고했을 때 그도 마땅히 거기에 참예해야 하였다. 다만 그는 정덕 3년(1508)에 계모의 상 때문에 귀가하여서 조정의 분쟁에서 벗어나 있었기에 다행히 겁난劫難을 겨우 피할 수 있었다. 정덕 5년에 복을 벗고 또 당당하게 유근의 박해를 받은 대신으로 서울에 들어와서 양정화에게 의지하며 후원을 받아 이부상서의 관직에 제배되었다.

이제 막 소부 겸 태자태부, 근신전 대학사가 된 양정화는 기세가 더욱 대단하였다. 양명은 본래 양정화와 혐극이 있었는데, 양정화는 이때 이미 심학으로 명성이 대단한 양명이 서울에서 직책에 복귀하는 것에 대해 마음속으로 더욱 시기하고 의혹을 품고 있었다. 그리하여 양명이 술직한 뒤 유기는 양정화의 암시에 영합하여서 뜻밖에도 무종이 당년에 양명을 '언사言士'로 기용하여 서울로 불러들이라고 한 명을 뒤집고 터무니없이 기묘하게도 양명에게 일개 남경 형부사천청리사주사南京刑部四川淸吏司主事라는 관직을 제수하여서 즉시 서울을 떠나 부임하라고 재촉하였다. 담약수가 나중에 "전에 재상(*양정화)과 틈이 있어서"라고 한 말은 바로 이 일을 가리킨다.

양명은 11월 상순경에 담약수, 황관과 고별한 뒤 부임하기 위해 서울을 출발하여서 11월 하순 남도에 도착하였다. 남경은 지세가 험준한 옛 도읍지로서 명조의 번화한 유도留都였다. 인문人文이 대단히 성대하고 많은 사대부가 모여들어서 준재가 숲을 이루고 있었다. 양명이 남도에서 관직을 맡은 것은 도리어 그에게 남방의 선비들과 학문을 강론하고 심학을 창도할 신천지를 제공한 셈이었다.

남도의 선비들은 양명을 명성이 크게 알려진 심학의 종사로 맞아들여서 어지러이 찾아와 배움을 논하였다. 그러나 이때 남도는 아직 관방에서 규정한 정주 성리의 학이 독존하는 사상적 영향 아래 놓여 있어서 학풍이 보수적이었고, 남도의 선비와 학자들은 대부분 주자학을 존신하였다. 그들은 양명과 학문을 강론하고 도를 논하였으나 뼛속에서부터 양명의 심학을 전혀 이해하지 못하였다.

가장 먼저 찾아와서 학문을 논한 사람은 남경 우통정右通政 왕운봉王雲鳳 (1465~1518)이다. 그는 일찌감치 성리의 학에 정통한 저명한 사림士林으로서 왕경王瓊(1459~1532), 교우喬宇(1464~1531)와 함께 '태원삼봉太原三鳳'으로 일컬어졌다. 그러나 왕운봉은 정주 이학을 존신하였고 진백사의 심학을 좋아하지 않았다. 여남呂柟(1479~1542)이 그에 대해 말하기를 "관호부 산동 사정觀戶部山東司政으로 있을 때 광동廣東의 진백사 선생, 섬서陝西의 설현사薛顯思(설경지薛敬之, 1435~1508) 선생이 명망이 높았는데 문하에 들어온 자들이 정자와 주자처럼 존경하였다. 선생이 그들의 언론을 듣고 평가하였더니 사람들이 옳게 여겼다."[70]라고 하였다.

설경지薛敬之(*자, 현사顯思)는 섬서 위남渭南 사람이며, '관서의 부자關西夫子'로 존경받았고 소천小泉 주혜周惠를 스승으로 섬겨서 주자학을 존신하였다. 당시 심학을 존신한 진백사와 함께 남북에서 나란히 이름을 떨쳤다. 왕운봉은 설경지와 진백사 학술의 동이를 논하면서 설경지를 높이고 진백사를 낮췄으며 스스로를 매우 높이 평가하였다. 두 차례 문에 올라 양명과 학문을

---

70 여남呂柟, 「첨도어사전국자감좨주호곡선생왕공운봉묘지명僉都御史前國子監祭酒虎谷先生王公雲鳳墓志銘」, 『국조헌징록』 권63.

강론하였지만 전혀 합치하지 않아서 지론을 다투고 양보하지 않았다.

양명은 나중에 그에게 편지를 써서 두 사람의 분기점을 다음과 같이 상세히 평하였다.

어제 찾아주셨는데 마침 부서의 번거로운 일로 달려가 사례하지 못하였습니다. 지난번 백암白巖(교우)이 관중關中에서 돌아와 자주 집사의 의지와 행적이 고상하다고 하기에 매우 절실하게 바라고 사모하며 오직 상견이 늦어짐을 두려워하였습니다. 그런데 정절旌節이 이곳에 이르러서 상견하게 되니 또 서로 속히 이별하게 될까 두렵습니다. 이 때문에 여러 차례 급급하게 한번 만나 뵈려고 계획하였는데 바로 청하고자 하는 바였습니다. 또한 밝히 헤아려주시고 두 차례나 가르침을 주서서 애써 궁구하던 어려운 문제를 질정해주시니 다시 물러나 사양할 수 없었습니다. …… 이별한 뒤 가르침의 말씀을 깊이 생각함에 홀로 마음속으로 매우 타당하지 않은 점이 있었습니다. 만나 뵙고 청하려고 하였으나 인사人事에 뒤얽혀서 끝내 기약을 하지 못하기에 먼저 편지로 아룁니다. 강론하신 여러 설 가운데 합치하지 않은 것은 모두 따져볼 겨를이 없습니다. 다만 집사께서 스스로 이르시기를 다른 병통이 없으니 의약이 필요 없다고 하셨으며, 또 말씀하시기를 남들이 입을 열어 말하기를 기다리지 않고서 이미 그 말이 반드시 잘못되었음을 알고 있다고 하셨습니다. 집사께서는 자기를 위한 학문을 함이 독실하여서 결코 황당한 말로 세상을 속이고 말재주로 남을 막는 분이 아니십니다. 그러나 저(守仁)는 가만히 매우 의혹합니다. 옛날 부자夫子께서 말씀하시기를 "쉰에 『역』을 배우면 큰 허물이 없을 수 있다(五十以學易, 可以無大過)."고 하셨고, 또 "나는 다행이다. 만일 허물이 있으면 남들이 반드시 그것을 알아본다(丘也幸, 苟有過, 人必知之)."라고 말씀하셨으니 허물이 없다고 여겼다는 말은 듣지 못하였습니다. 자로子路는 남들이 자기의 잘못을 지적해주면 기뻐했으니 남이 허물을 지적해주려고 하면 거부했다는 말은 듣지 못하였습니다. 지금 집사께서는 한 가지 잘못을 하면 한 번 반발을 하는데 이는 천박하고 누추한 제가 헤아릴 수 있는 바가 아닙니다. …… 부자께서 말씀하시기를 "남이 속일까 미리 짐작하지 않는다(不逆詐)."라고 하셨고, 또 "사람 때문에 그 말을 버리지는 않는다(不以人廢言)."라고 하셨으니 지금 남이 입을 열어 말하기를 기다리지 않고서 이미 그 잘못을 안다는 말은 무슨 뜻입니까? 또한 제가 시골 의사(鄕醫)라서 처방과 진맥에 밝지 못하다 하여 설을 듣고자 하지 않는 격입니다. 의술에 정통했는지의 여부는 오로지 시골이냐 서울이냐(鄕國)에 달려 있지 않았습니다. 세상에는 본래 서울 의사(國醫)이면서 잘못하여 사람을 죽이는 경우도 있습니다. 지금 한갓 시골 의사라서 견문이 넓지 않고 처방과 진맥에 결코 능통하고 밝지 못하겠지만 본래 한 가지 전래된 증방證方이 있다면 그것을 진실하고 절실하게 알고 있을 터인데 차라리 개괄하여서 용의庸醫로 본다면 이는 사람 때문에 그 말을 버리는 데 가깝지 않겠습니까? 비록 그러하나 저로서는 지금 병든 사람으로서 오히려 시골 의사조차도 되지 못합니다. 손발이 저리고 마비되어서 일으키지 못할 때 멀리 국도에까지 나아가지 못하기에 바야흐로 장차 시골 의사를 구하여 물어보려고 하였습니다. 돌연히 듣기에 집사께서 서울에서 내려오셨다 하니, 생각건대 의술에 능통할 듯하여 달려 나아갔습니다. 그런데 집사의 수족을 보니 굽은 듯하였는데 오히려 내가 저리고 마비되었다 하시면서 마침내 그 병을 의혹하시니 본래 당연히 집사께서 웃고 받아들이지 않은 것입니다. 엎드려 생각건대 집사께서는 그야말로 서울 의사이시니 원컨대 한 숟가락 약을 내어서 저리고 마비된 몸을 일으켜주시기 바랍니다. 또한 걸음이 참으로 비틀거리니 원컨대 병을 얻은

원인을 강구해주시기 바랍니다.[71]

양명의 편지는 비교적 함축적이었다. 왕운봉은 지나치게 오만하고 자부심이 강했기 때문에 양명은 두 사람이 "강론한 여러 설 가운데 합치하지 않은" 부분을 피하여서 왕운봉이 맹목적으로 남의 좋은 말을 거부하고, 의사의 좋은 치료를 거부하며, 자기의 병과 자기의 잘못을 알지 못한다고 비평하였다. 사실 이는 당시 일반 주자학을 존중하는 학자와 선비의 공통된 병폐였다. 그리하여 그들은 모두 완고하게 양명 심학의 '양방良方'을 거부하였다. 이른바 '강론한 여러 설 가운데 합치하지 않았다'는 말은 필시 그들 두 사람이 백사 심학과 주자학을 토론하는 과정에서 대부분 합치하지 않았으며, 왕운봉이 양명 심학의 새로운 학설을 부정하였음을 가리킨다. 그가 양명의 심학을 부정한 사실은 두 번째 학문 강론 중에서 관련 소식을 드러내었다.

두 사람의 두 번째 강학과 토론은 정덕 6년 5월에 있었다. 이때 양명은 서울에 들어와서 입조入朝하였고, 왕운봉도 벼슬을 그만두고 호곡으로 돌아가서 거처하였다. 그러나 두 사람은 그대로 남도의 첫 번째 강학에 이어서 토론을 전개하였다. 양명의 편지에 대한 답신으로 왕운봉은 또 편지를 보내 '지성知性', '홍의弘毅' 등의 설에 관한 관점을 언급하였다.

양명은 즉시 다음과 같은 회신을 보냈다.

> 이별한 뒤 보내주신 편지를 보니 '성性' 자에 관한 가르침이 친절하였습니다. 맹자가 이르기를 "마음을 다하는 자는 본성을 알고, 본성을 알면 하늘을 안다(盡其心者, 知其性也, 知其性, 則知天矣)." 하였는데, 이는 우리 도의 다

---

71 『신간양명선생문록속편新刊陽明先生文錄續編』 권2 「답왕응조答王應詔」.

행입니다. 기쁨을 무어라 표현할 수 있겠습니까! '홍의弘毅'의 설은 매우 옳습니다. 다만 "이미 내다버릴 수도 없고 또 경감할 수도 없다. 머무르거나 쉴 수도 없고, 이르지 않을 수도 없다." 하였으니 오히려 부득이한 뜻이 있는 것입니다. 부득이한 뜻이 있는 것과 저절로 부득이한 것은 아직 한 층이 떨어진 것입니다. 정자가 이르기를 "(본성이 선하지 않음이 없음을) 알아서 (그 앎이) 지극해지면 이치를 따라서 즐겁고, 이치를 따르지 않으면 즐겁지 않다(知之而至, 則循理爲樂, 不循理爲不樂)." 하였습니다. 저절로 그만둘 수 없음이 있음에 이치를 따르면 즐거운 것입니다. 참으로 본성을 아는 자가 아니면 마땅히 쉽게 미칠 수 없습니다. 본성을 알면 인仁을 아는 것입니다. 인은 사람의 마음입니다. 마음의 본체는 본래 저절로 크고 굳센데(弘毅) 크지 않은 것은 덮였기 때문이며, 굳세지 않은 것은 얽매였기 때문입니다. 그러므로 이치를 밝힘이 분명하면 사사로운 욕망은 저절로 덮고 얽맬 수 없으며, 사사로운 욕망이 덮고 얽맬 수 없으면 크고 굳세지 않을 수 없습니다. 큰 것은 넓히는 바가 없어도 커집니다. 굳셈은 작위하는 바가 있지 않아도 강해지는 것입니다. 대체로 본분 안에서는 털끝만 한 것도 더할 것이 없습니다. 증자曾子의 '홍의'설은 배우는 사람을 위해 말한 것이니 "크고 굳세지 않으면 안 된다(不可以不弘毅)." 하였습니다. 이는 증자가 이치를 궁구한 근본이니 참으로 인의 본체를 안 뒤에 이런 말을 한 것입니다. 배우는 사람이 한갓 크고 굳세지 않으면 안 되는 것만 알고서 이치를 궁구할 줄 모른 채 미루어 넓혀서 크게 하는 것이 홍弘이며, 작위로 강하게 하는 것이 의毅라고 하였습니다. 이는 역시 한때 사사로운 의기意氣에서 나온 것이니 인도仁道에서 오히려 멀리 벗어난 것입니다.[72]

---

72 『왕양명전집』 권4 「답왕호곡答王虎谷」.

양명은 맹자의 "마음을 다하는 자는 본성을 알고, 본성을 알면 하늘을 안다."고 한 유명한 명제를 새롭게 전석詮釋하였다. 그가 보기에 인은 곧 마음의 본체이며 인의 본체는 곧 사람의 마음이므로, 이 때문에 본성을 알면 인을 알고 인을 알면 마음을 알며, 크고 굳세면 마음의 본체를 크고 굳세게 하며 이치를 따르고 이치를 궁구한다. 분명히 주희가 맹자의 이 '마음을 다하고 본성을 알고 하늘을 아는' 명제를 전석하여서 '본성이 곧 이치(*人性卽天理: 사람의 본성이 곧 천리)'라는 성학性學의 종지를 이루어냈다고 한다면, 양명은 맹자의 이 '마음을 다하고 본성을 알고 하늘을 아는' 명제를 전석하여서 '마음이 곧 이치(*人心卽天理: 사람의 마음이 곧 천리)'라는 심학의 종지를 이루어냈다. 이는 완전히 맹자의 사상에 대한 일종의 심학적 전석이다. 그리하여 그는 증자가 "선비는 크고 굳세지 않으면 안 된다."라고 한 말을 크게 칭찬하여서 "참으로 인의 본체를 보았다(*참으로 마음의 본체를 보았다)" 하였다.

또한 방붕方鵬(1470~?)을 위해 지은 「절암방공묘표節庵方公墓表」에서 특별히 사농공상관士農工商官의 '마음을 다함(盡心)'을 다음과 같이 강조하였다.

옛날에는 네 부류의 인민이 생업은 달라도 도는 같아서 그 마음을 다하였는데 그런 점에서 하나이다. 선비는 이로써 다스림을 닦고, 농민은 이로써 부양의 수단을 갖고, 장인은 이로써 기물을 날카롭게 하고, 상인은 이로써 재화를 유통하여서 저마다 자질이 가까운 바, 힘이 미치는 바에 따라 나아가 생업으로 삼고 그 마음을 다하기를 추구하였다. …… 관직에 거하여서 인민에게 임하며 세상을 구제하고 만물에까지 미치는 데 힘쓰며 그 마음을 다하기를 추구하였다.[73]

---

73 『왕양명전집』 권25 「절암방공묘표節庵方公墓表」.

주의할 만한 점은 양명이 정자의 "알아서 (앎이) 지극해지면 이치를 따라서 즐겁다."라고 한 말로 맹자의 '본성을 안다', '마음을 다한다'는 말을 해석했다는 것이다. '알아서 (앎이) 지극해진다'고 한 것은 바로 『대학』에서 말한 '앎을 끝까지 이룬다(致知)', '앎이 이른다(知至)'고 한 것으로서 그는 '앎을 끝까지 이룬다', '앎이 이른다'로 '본성을 안다', '마음을 다한다'를 전석했다는 사실이다. 여기에는 이미 은연중 양명이 나중에 마음을 '양지'로, '앎을 끝까지 이룸'을 '치량지'로 삼는 사상의 맹아가 내포되어 있다. 이는 또한 그가 용장역에서 '격물'로부터 '격물치지'설을 깨달은 뒤 매우 빨리 '치지'에서 '격물치지'설을 깨달아 그의 격물치지, 구심궁리究心窮理 사상의 새로운 발전을 전개하기 시작했음을 표명한 것이기도 하다.

남도에서 그가 왕운봉과 함께 학문을 강론한 것에 견주어서 사람들의 주목을 더욱 끈 일은 그가 주충周衝(1511, 진사)·주형周衡 형제와 더불어 학문을 강론하고 도를 논했다는 사실이다. 주충은 자가 도통道通, 호가 신재慎齋이고, 상주常州 의흥宜興 사람이다. 그와 아우 주형은 마침 이해 가을 남도에서 향시에 참가했는데, 주충은 과거에 합격하고 주형은 낙제하였다. 두 사람은 곧 양명을 찾아와서 배움을 물었다. 토론의 핵심 문제는 '양지'와 '지행합일'이었는데, 뜻밖에도 그와 왕운봉의 학문 강론의 기조가 놀랍게도 일치하였다.

양명은 나중에 주충에게 보낸 편지에서 다음과 같이 말한다.

이른바 '양지'는 맹자가 "옳고 그름을 가리는 마음은 앎이다(是非之心, 知也)."라고 한 것으로서 사람이라면 옳고 그름을 가리는 마음이 어느 누구인들 없겠습니까? 다만 이 앎을 끝까지 이루지 못할 뿐입니다. 이 앎을 끝까지 이룰 수 있다면, 곧 옳고 그름을 가리는 마음을 채워서 앎을 이루 다 쓸 수 없다고 한 것입니다. 보내신 편지에 이르기를 "양심이 발현한다." 하고 다시 이르기를 "흡사한 것 사이에서 이치와 욕망을 가리지 못한다."고 하였으니 "양심이 발현한다."고 함은 과연 어떤 물건입니까? '지행합일'설의 경우 근세 학자들은 오로지 앎과 행함을 두 가지 일로 나누고 반드시 먼저 앎의 공부를 힘쓴 뒤에 행하려고 하여서 마침내는 죽을 때까지 행하지 못합니다. 그러므로 부득이 치우침을 보완하고 폐단을 구제하는(補偏救弊) 말을 하는 것입니다. 배우는 사람이 착실하게 몸소 실천하지 못하고 또 언어 사이에서 견제당하고 얽혀든다면 잃어버릴수록 더욱 멀어집니다(學者不能 著實體履, 而又牽制纏繞於言語之間, 愈失而愈遠矣). 행함을 명료하게 깨닫고 정확하게 살피는(明覺精察) 곳이 곧 앎이며, 앎의 진실하고 절실하며 독실한 (眞切篤實) 곳이 곧 행함입니다. 다만 족하께서는 이 말씀을 자세히 생각해 보면 마땅히 스스로 볼 수 있으니 헛되이 어지럽게 해서는(徒爲之紛紛也) 안 됩니다. 명공明公께 답한 말씀을 기억해보니 자못 실수가 없었습니다. 만약 견해가 밝고 맑지 않은데 문득 의론을 한다면 도리어 도에 어두워지니 두루 포괄하여서 진실함을 잃어버리지 않은 이 말과 같지 않습니다. 영제 令弟께서 돌아가시는 길에 서둘러 쓰느라 다른 말은 쓰지 않습니다. 생각 건대 오직 힘써 배우고 게으르지 않음으로써 기약하는 바에 위안을 삼습니다. 두서없이 씁니다. 수인이 절합니다.

도통道通 추원 도계 문시秋元道契文侍께.[74]

---

74 『왕양명선생소상부척독王陽明先生小像附尺牘』 「여주도통서與周道通書」 4. 양명의 이 편지에 '도통 추원道通秋元'이라 쓴 것은 주도통(주충)이 가을 향시에 합격한 사실을 가리킨다. 담약수의 「주도통묘비명周道通墓碑銘」에 "정덕 경오년(1510), 응천應天(남경)의 향천을 받았다. 이듬해 회시에서 을방乙榜에 합격하여 만안萬安 훈도에 제수되었다."라고 하였다. 주충은 정덕 5년 가을에 향천을 받고 그 다음 해 봄에 진사에 합격하였으니 양명의 이 편지는 필시 정덕 5년 가을 이후에 썼음을 알 수 있다.

이는 양명이 평생 처음으로 '양지'를 언급한 글로서 특히 사람들의 주목을 끈다. '양지 양능良知良能'의 개념이 가장 빨리 나타난 문헌은 『맹자』인데 일종의 사려하지 않고서도 알고, 배우지 않고서도 할 수 있는 선천적인 인지認知 능력을 가리킨다.

송대에 이르러 육구연 형제는 맹자의 '양지 양능'설에 주의하였다. 육구령陸九齡(1132~1180)이 읊은 "어린아이도 사랑할 줄 알고 자라서는 공경할 줄 아니 옛 성인이 서로 전한 것은 다만 이 마음(孩提知愛長知欽, 古聖相傳只此心)"이라고 한 시구는 이미 마음을 양지 양능의 본체로 간주한 것이다. 다만 그들은 '양지 양능'에 대해 본체론과 공부론에서부터 심도 있는 심학의 전석을 하지 않았기 때문에 육씨 형제의 '양지 양능' 사상은 송 이후 결코 학자들의 광범위한 관심을 끌지 못했고 소수의 사람들이 『맹자』와 육구연의 '양지'설을 탐구하고 고찰하였다.

이때 양명과 주충의 강학에서 대체로 주충이 먼저 '양지'의 문제를 제시하였다. 그리하여 양명은 '양지'에 대한 인식을 겨냥하여서 언급하였다. 그는 여전히 맹자의 사상 노선을 따라가면서 양지는 곧 '옳고 그름을 가리는 마음(是非之心)'으로서 사람마다 모두 가지고 있다고 인식하였다. 그러나 그는 별도로 사상 노선을 개척하고 홀로 지름길을 열어서 양지를 '끝까지 이루는(致)' 공부론 사상을 제시하였다. 비록 사람마다 양지를 가지고 있고, 사람마다 옳고 그름을 가리는 마음을 가지고 있지만, 관건은 역시 사람이 '이 앎을 끝까지 이루는(致此知)' 공부를 할 수 있는가의 여부에 달려 있다고 인식하였던 것이다. 이른바 '이 앎을 끝까지 이룸'은 바로 '옳고 그름을 가리는 마음을 채우는(充)' 것으로서 곧 맹자가 말한 그 마음을 확충擴充하는 것이다. 따라서 이러한 그 마음을 확충하는 치량지는 역시 맹자가 말한 그 마음을 다하면 그 본성을 안다는 공부론 사상과 서로 소통한다. 여기에서 양명은 『대학』의 '치지'로 『맹자』의 '양지', '확충', '마음을 다하고 본성을 앎'을 해설하여서 '치지'의 사상 노선으로부터 심학 공부론을 깨달아 들어갔으니 혜안을 홀로 갖추었다고 할 수 있다. 양명의 양지심학은 바로 여기서 자기도 모르는 사이에 '남상濫觴'을 이루었던 것이다.

다만 이때 그의 깊고 심오한 심학의 안목은 아직 전적으로 '지행합일'의 탐구에 향해 있었고, 여전히 '치량지'의 사상 노선으로부터 별도로 경계를 열어서 깊이 들어가는 사고를 전개하지는 못하였다. 이 편지 가운데에서 양명의 요점은 여전히 '지행합일'설을 토론하는 것이었고, 자기가 용장역에서 제시한 "앎은 행함의 주의이며 행함은 앎의 공부이다. 앎은 행함의 시작이며 행함은 앎의 완성이다."라고 한 '지행합일'설에 대해 한 발 더 나아가 명석하게 천석闡釋하였다. 그가 보기에 '마음'은 체體이며 '지행합일'은 용用이다. '마음'은 본체이며 '지행합일'은 공부이다. 앎과 행함은 상호작용을 하여 인지가 순환하면서 상승하며 일의 공적이 완성되는 것이었다.

"행함을 명료하게 깨닫고 정확하게 살피는 곳이 곧 앎"이라고 함은 '행함'이 실제로 행해져서 명료하게 깨닫고 정확하게 살피는 곳에서 더욱 높은 층차의 새로운 지식이 생성되는데, 이는 행함 가운데 앎이 있고 행함은 앎을 낳을 수 있다는 것이다. "앎의 진실하고 절실하며 독실한 곳이 곧 행함"이라고 함은 '앎'이 인지하여서 진실하고 절실하며 독실하게 되는 곳에서 곧 상승하여서 더욱 높은 층차의 실제 행동이 되는데, 이는 앎 가운데 행함이 있고 앎은 행함을 낳을 수 있다는 것이다. 그리하여 앎과 행함은 결코 둘로 나뉘어서 앞뒤로 두 가지 일이 되지 않으며, 동일하고 통일되고 합일된 것으로서 순환하여 함께 진행한다. 앎과 행함은 상호 융합하며 체와 용이 하나이다. 양명의 이러한 '지행합일'설은 분명히 이미 그의 나중 '치량지' 심학의 구축을 위해 깊고 튼튼한 사상적 토양을 준비하였던 것이다.

그러나 남도는 주자학을 존중하는 선비들의 '대본영'으로서 그들이 지행에 있어서 "착실하게 몸소 실천하지 못하고 또 언어 사이에서 견제당하고 얽혀들어서 잃어버릴수록 더욱 멀어졌기에" 양명은 그들과 '헛되이 어지럽게' 따져서 논변하였으나 설이 대부분 합치하지 못하였다. 예컨대 이때 남경의 국자사업國子司業 직책을 맡았던 정암整庵 나흠순羅欽順은 유도留都(남경) 존주학자들의 영수가 되는 인물이었다. 10년 전 양명은 그와 경도에서 서로 알게 되었고 학문을 논하였으나 합치하지 못하였다. 10년 뒤 양명은 그와 남도에서 재회했는데 이전 그대로 학문을 논하였으나 합치하지 못했고 '하나로 귀결(歸於一是)'할 수 없었다. 그리하여 이 잠깐 동안 남도에 재직하면서 이루어진 학문 강론은 양명이 나중에 다시 남도로 돌아와서 진행한 굉대한 주륙동이 논전의 '전주곡'이 되었다. 그러나 돌연 경도로 부임하여서 직임을 맡게 된 일로 인해 남도에서 그의 학문 강론은 갑자기 중단되었다.

기연機緣은 우연히 찾아왔다. 12월에 이부상서 유기劉機가 인망을 얻지 못하여서 치사하고 귀향하였는데 양일청이 그 뒤를 이어서 이부상서를 맡게 되어 있었다. 담약수와 황관은 즉시 호부좌시랑 교우喬宇를 찾아가서 상의하고 그에게 부탁하여 양일청에게 알려서 양명을 이부의 직임에 등용하게 하였다. 이로써 양명의 벼슬길은 새로운 전기를 맞이하게 되었다. 바로 12월에 양일청이 천거하여서 양명은 이부험봉청리사주사吏部驗封淸吏司主事로 승진하였다. 마침내 '상국유上國游'의 문이 활짝 열리게 되었다.

12월 하순, 양명은 남도를 떠나 먼저 월로 돌아갔는데 나흠순이 특별히 시 한 수를 지어서 그를 전송하였다.[75]

---

75 『정암존고整庵存稿』 권17 「송왕백안입조送王伯安入朝」.

입조하는 왕백안을 보내다	送王伯安入朝

불등 앞에서 술잔 돌리며 구절을 엮었는데	卮壚聯句佛燈前
구름처럼 흩어지고 바람처럼 흐르기를 어느새 십 년	雲散風流頓十年
산동에서 과거시험 선발하는 것 보았는데	曾見山東題小錄
또 너른 바다에서 진선을 만났다 하네	又聞瀛海遇眞仙
조정에 올린 글은 마음만 절실하고	一封朝奏心徒切
만 리에서 살아 돌아오니 명이 걸려 있네	萬里生還命有懸
오늘 벼슬 넉넉함은 배움을 좋아했기 때문	今日仕優仍好學
홀로 책을 끼고 서울을 향하네	獨攜書卷去朝天

"불등 앞에서 술잔 돌리며 구절을 엮었는데"라고 한 구절은 그들 두 사람이 남도에서 학문을 강론하고 시를 주고받은 일을 말한다. "오늘 벼슬 넉넉함은 배움을 좋아했기 때문, 홀로 책을 끼고 서울을 향하네"라고 한 구절은 양명이 오늘 벼슬이 넉넉하여 조정에 들어갈 수 있게 된 것은 그가 배움을 좋아했기 때문이며, 그가 서울로 간 뒤 여전히 학문 강론을 중시하고 황상皇上을 향해 넓고 크고 고명한 '성학'을 올릴 수 있기를 바란다는 말이다. 이는 사실 양명의 마음의 소리를 표현한 시로서 이때 다시 양명의 '상국유'의 포부와 지향을 표명하고 있다. 한차례 폄적을 거치면서 부침하고 연마하여 얻은 그의 심학은 응당 경사에서 다시 수련과 연마를 하고 경사의 선비들과 함께 배우고 창도할 때가 이르렀다.

정덕 6년(1511) 정월, 양명은 소흥에서 길을 떠나 북상하여서 서울로 향했는데 오랫동안 묻혀 있던 시정詩情이 또 크게 폭발하였다. 가흥嘉興을 지나갈 때 그는 가흥 지부 우봉개于鳳喈(1462~1514)를 예방하였다. 우봉개는 왕화와 동년으로서 이때 그는 마침 추형鄒衡과 함께 『정덕가흥지보正德嘉興志補』
를 찬술하였다.

양명은 숭현도원崇玄道院에 우거하면서 우봉개를 위해 「숭현도원崇玄道
院」 한 수를 지었다.[76]

숭현에 나그네로 몇 차례나 왔던가!	逆旅崇玄幾度來
주인은 손님이 배를 띄워 돌아온다는 말 들었네	主人聞客放舟回
작은 산의 꽃과 나무는 새로 경치를 더하고	小山花木添新景
옛날 벽의 시편은 묵은 먼지를 훔치고 보네	古壁詩篇拂舊埃
늙어감에 수염과 눈썹 눈처럼 하얘지고	老去鬚眉能雪白
봄이 돌아와 매화꽃 피는 소식 기다리네	春還消息待梅開
송당의 하룻밤 눈 깜짝할 사이 가버리니	松堂一宿殊匆遽
호수 곁에 낚시터를 쌓음 본받을거나	擬傍駕湖築釣臺

"늙어감에 수염과 눈썹 눈처럼 하얘지고"라는 구절은 자기가 나이 마흔
에 이미 수염과 머리털이 모두 하얗게 세고 늙었는데 성취함이 없음을 개탄
한 말이다. "봄이 돌아와 매화꽃 피는 소식 기다리네"라고 한 구절은 새봄이
와서 만상이 다시 새로워진 모습을 흔쾌히 보면서 스스로 뼛속 깊이 차가운
매화 향기를 맡고서 자아가 환골탈태하여 서울에 들어가 큰일을 한번 하기를
바라는 내용이다. 그는 희비가 교차하는 심정으로 서울로 향했던 것이다.

배가 진강鎭江을 지나갈 때 그는 초산焦山과 금산金山을 유람한 뒤 높고
높은 초산의 바위 벼랑에 양일청이 초산에 올라 유람하고서 쓴 시의 각자刻字

---

76 『정덕가흥지보正德嘉興志補』 권9 「숭현도원崇玄道院」.

를 보고 감흥이 잇달아 일어서(聯翩) 차운시 세 수를 지었다.[77]

초산을 노닐며 수암의 운을 따다	遊焦山次遼庵韻

장강 이월 봄물이 일고	長江二月春水生
모래톱에 앉으니 태청이 떠오르네	坐沒洲渚浮太淸
놀란 바람에 외로운 바위를 들어올릴 듯한 기세	勢挾驚風振孤石
흐린 물을 뿜어 빈 성을 흔들 듯한 기운	氣噴濁浪搖空城
바다 어귀로 초나라 산 자그마하게 보이고	海門靑覕楚山小
하늘 끝 푸른 바람에 오나라 나무 가지런하네	天末翠飄吳樹平
바람을 거슬러 원교에 오를 것 없이	不用凌飆躝圓嶠
눈앞의 물고기 새와 함께하기를 맹세하네	眼前魚鳥俱同盟

구름에 의지하여 동쪽을 바라보니 새벽이 어슴푸레	倚雲東望曉溟溟
강가 여러 봉우리 부평초처럼 떠 있네	江上諸峰數點萍
떠도는 몸 도리어 녹을 훔쳐 부끄럽고	漂泊轉慙成竊祿
그윽이 깃들어 살려 하나 끝내 낡은 경전을 안고 있네	幽棲終疑抱殘經
바위에 핀 꽃 따뜻한 날씨에 보랏빛으로 엉기고	巖花入暖新凝紫
절벽 나무는 강에 거꾸로 푸른 그림자를 떨어뜨리네	壁樹懸江欲墮靑
봄물이 매우 깊은 곳은 학을 묻은 곳이요	春水特深埋鶴地
비낀 해를 따라 강가로 내려가네	又隨斜日下江汀

---

77 장래張萊, 『경구삼산지京口三山志』 권6 「유초산차수암운遊焦山次遼庵韻」.

쪽배로 비를 맞으며 청산을 건너고	扁舟乘雨度青山
앉아서 보니 만은 넘실거려 맑은 모래를 덮칠 듯	坐見晴沙漲幾灣
높은 집은 강으로 떨어질 듯 아찔하게 홀로 섰고	高宇墮江撑獨柱
긴 강물 여러 관문을 지나 바다로 들어가네	長流入海振重關
북쪽으론 궁궐이 비쭉비쭉 보이고	北來宮闕參差見
동쪽으로 봉래 영주 아득히 바라보네	東望蓬瀛縹緲間
한 해가 다가도록 분주히 쫓아다니며 무엇을 성취했나?	奔逐終年何所就
단정히 앉으니 문득 스님의 한가함이 아쉽네	端居翻覺悔僧閑

양일청은 본래 운남 안녕安寧 사람이다. 나중에 진강으로 이사하여서 대은원待隱園을 세우고 거처하였다. 그는 정덕 5년(1510) 초산에서 노닐고 시를 제한 뒤 우도어사에 기용되었는데 서쪽으로 주치번朱寘鐇을 정벌하여서 공을 세우고 태자소보, 호부상서로 승진하였다. 양명이 이때 입조하여서 직임을 맡은 것은 양일청의 천거에 의한 것이다. 그리하여 그는 초산 바위 벼랑에서 양일청의 시를 보자마자 특히 더 감개가 무량하였다. 왜냐하면 그도 양일청과 마찬가지로 변방 오랑캐 사이에서 떠돌고 부침하다가 겨우 기용되어서 서울로 돌아오게 되었기 때문이다. 그러나 양일청과 같은 그런 행운과는 거리가 멀어서 스스로 한 가지 일도 성취하지 못했음을 부끄러워하고 "떠도는 몸 도리어 녹을 훔쳐 부끄럽고"라고 하였으며, 아득한 앞날을 마주하고서 "한 해가 다가도록 분주히 쫓아다니며 무엇을 성취했나?"라며 고함을 터뜨렸다. 또한 그는 이때 은연중에 앞날의 길흉을 알 수 없는 '상국유'의 우려를 드러냈다.

2월 중순, 양명은 경사에 도착하여 장안회창長安灰廠에 거주하면서 '홀로 책을 끼고 서울을 향한' 상국유를 시작하였다.

찾아보기

찾아보기

- 인명 가운데 성姓 없이 자字나 호號로 표기한 경우가 많은 경우에는 본이름 외에 따로 항목으로 두고 이름을 괄호 안에 병기했다. 예 감천(담약수) / 백사(진헌장) / 상산(육구연) / 염계(주돈이)
- 개념어는 풀어 쓴 경우에도 해당 항목의 쪽수에 포함했다.
  예 체용일원體用一源(체와 용이 하나, 본체와 작용은 근원이 하나) / 현미무간顯微無間(현상과 본질에 간격이 없음)

922

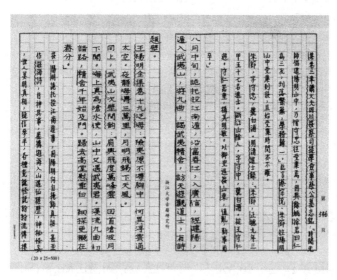

저자 수정난의 육필 원고